Haier 海尔

海尔 中国第一家物流示范基地

2001年10月17日，中国物流与采购联合会命名海尔集团为“中国物流示范基地”，这是中国第一个物流示范基地。

在物流领域，海尔创新了一套富有特色的现代物流管理模式——“一流三网”的同步流程。海尔“一流三网”充分体现了现代物流特征：“一流”是以定单信息流为中心；“三网”分别是全球供应链资源网络、全球配送资源网络和计算机信息网络。海尔“一流三网”的同步物流模式使海尔实现零缺陷、零距离、零资金周转三个零的目标，成为海尔新经济时代的核心竞争力。

中国物流与采购联合会

CHINA FEDERATION OF LOGISTICS & PURCHASING

概　况

中国物流与采购联合会是由国务院批准设立、受国家经贸委业务指导、民政部社团登记管理的具有社团法人资格的全国性行业组织，是由全国性或省、自治区、直辖市、副省级城市物流和生产资料流通专业社团，各种经济成分的生产资料流通企业、物流企业、批发市场以及相关的科研、教学单位自愿联合组成的全国性行业组织联合会与国际物流与采购组织有着广泛、密切的联系与合作，是亚太物流联盟的主席国，是国际采购与物资管理联盟的理事。联合会的宗旨是：遵守中华人民共和国的宪法、法律、法规和政策，全心全意为会员及行业服务，密切社团、企业与政府间的联系，维护会员及企业的改革和发展，更好地为我国社会主义现代化建设服务。联合会的主要任务是：推动中国物流业的发展，推动政府与企业采购事业的发展，完成政府交办事项。

根据国务院关于国家经贸委管理的国家局机构改革的意见，国家国内贸易局撤销后，中国物流与采购联合会成为国家经贸委直接管理的15个综合性行业协会之一，政府授予外事、行业统计、行业标准制修订等职能，并受经贸委委托，代管26个全国性专业协会和7个事业单位。

地址：北京市西城区月坛北街25号　邮编：100834　Add: 25 Yuetan Beijie, Beijing China　100834　电话(Tel)：86-10-683

第四次中国物流专家论坛
中国物流与采购联合会
中国物流学会
主办
首届中国企业采购国际论坛
1st International Purchasing Forum in China
2002
CFLP
CHINA LOGISTICS & PURCHASING
中国物流与采购
中国物流企业名录
CHINA LOGISTIC ENTERPRISES DIRECTORY
(2001-2002版)
我国首部物流年鉴 大型物流工具书
中国物流与采购联合会
《中国物流年鉴》(2002版)
CHINA LOGISTICS
YEARBOOK
中国物流联盟网

■ 目前，集团改革与发展正呈现出新的气象。2001年财政部按照“企业效绩评价规则”的8项基本指标和16项修正指标进行综合排序，华星集团在169家中央直管企业排名第45位，按保值增值率高低排名为第20位，按商贸类企业排名为第一，是63家优良企业之一。国家统计局评选2000年中国最大1000家企业，华星集团名列第324位。在江泽民同志“三个代表”重要思想的指引下，集团领导班子决心带领广大职工按照集团制定的发展思路和发展战略，继续拼搏，不断创出新的成果。

集团公司总经理、法人代表：宋耀华

集团公司党委书记：王志森

办公地址：北京市宣武区广安门外大街180号新纪元大厦5层

邮政编码：100055

电话（TEL）：（010）63274896　（010）63461188–507

传真（FAX）：（010）63279097

E–mail：csjhuaxing@163.com　hx0516@hotmail.com

中国汽车贸易中南公司

武汉华星汉迪汽车销售服务有限公司　奥迪店

地址：湖北省武汉市汉阳区龙阳大道26号

电话：027–84628849 84639202

强大的汽车流通设施

上海华星汽车广场

占地50亩，集汽车展示、销售、仓储、维修、清洗美容于一体

西南汽车广场

占地50亩，集汽车展示、销售、仓储、维修于一体。

CPBC
中邮条码　一马当先
CPBC
广州中邮条码有限公司
地址：广州市番禺区陈涌工业区条码工业楼
电话：(020)84732887　84732899
传真：(020)84732889
邮政编码：511486

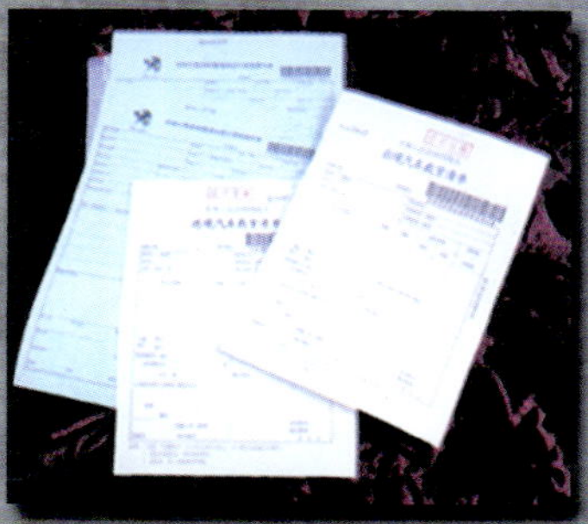

报关单、出入出境单

物流快递货运单

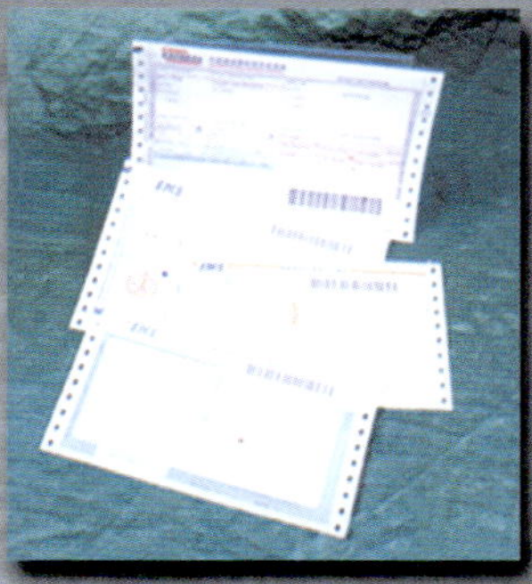

EMS快递单

条码识读器

高精度数字化印刷设备
运行时间创世界记录

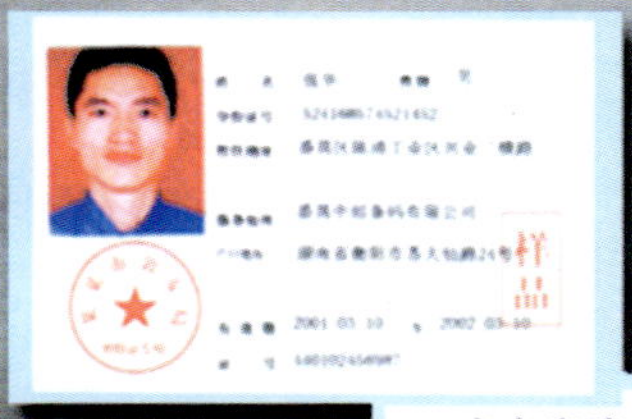

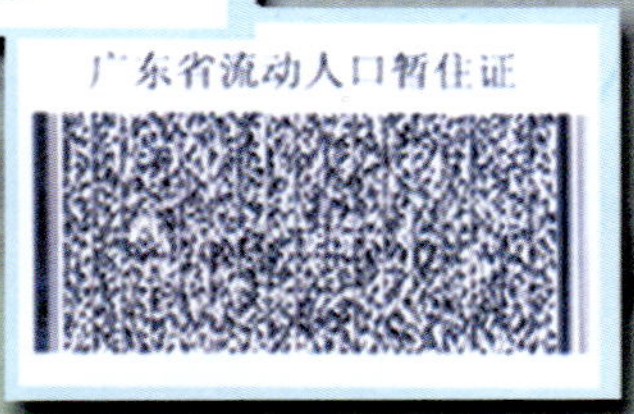

暂住证

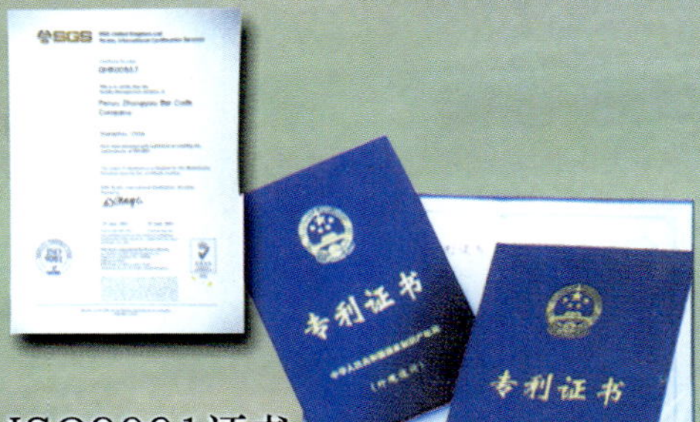

ISO9001证书

http: //www.gzcpbc.com
E-mail:cpbc@21cn.com

中原物流中心商业园、储运园园区效果图

中原物流中心交易中心

中原物流中心商务理赔中心

二期工程包括大型商务活动会展中心、生活园区、工业园区，占地172公顷，分两个阶段投资建设，大型商务活动会展中心和生活园区占地40公顷，投资3亿元人民币，拟于2003年底以前完成一阶段工程建设；二阶段工程拟于2003年底以前全部建成投用。

工业园区一阶段工程占地53公顷，拟于2003年底以前建成投用；二阶段工程建设占地79公顷，工程建设投资2.9亿元人民币，拟于2006年底以前完成全部建设。

中原物流中心是我国加入WTO之后中西部开发战略中，引导国际贸易和沿海经济向西部过渡的重要物流平台，是洛阳市利用工业基础，资源优势，原料产业优势、科研技术优势，历史文化优势，交通地理优势对外辐射的重要窗口。

中原物流中心，定鼎中原宝地，面向全国辐射！

芳达商务会馆矗立于洛阳市的黄金旺地——牡丹广场北侧，环境优美、交通便利，总投资1.8亿元人民币，楼高17层，总建筑面积1.7万m^2，会馆在高楼林立的广场周围颇为引人注目，尤其是欧式风格的造型，在广厦丛林中尤显王者之气。优越的地理位置，现代欧式的建筑风格，国际五星级酒店的标准配置，人性化的管理服务，乃一方人气的凝聚之源。

会馆整体达到国际5A级智能化标准，先进的楼宇自动化系统，世界第一的美国YORK空调系统，全球一流的美国OTIS电梯，数字化网络通讯系统，计算机管理系统，卫生电视系统及保安监控系统。

会馆旨在为社会名流及各界的成功人士提供高贵典雅的社交场所，在商务洽谈、宴饮酬酢、休闲度假、健身娱乐等方面提供高品质、高品位的服务。

公司总部大厦
芳达商务会馆

中原物流中心商业街效果图

中原物流中心会展中心

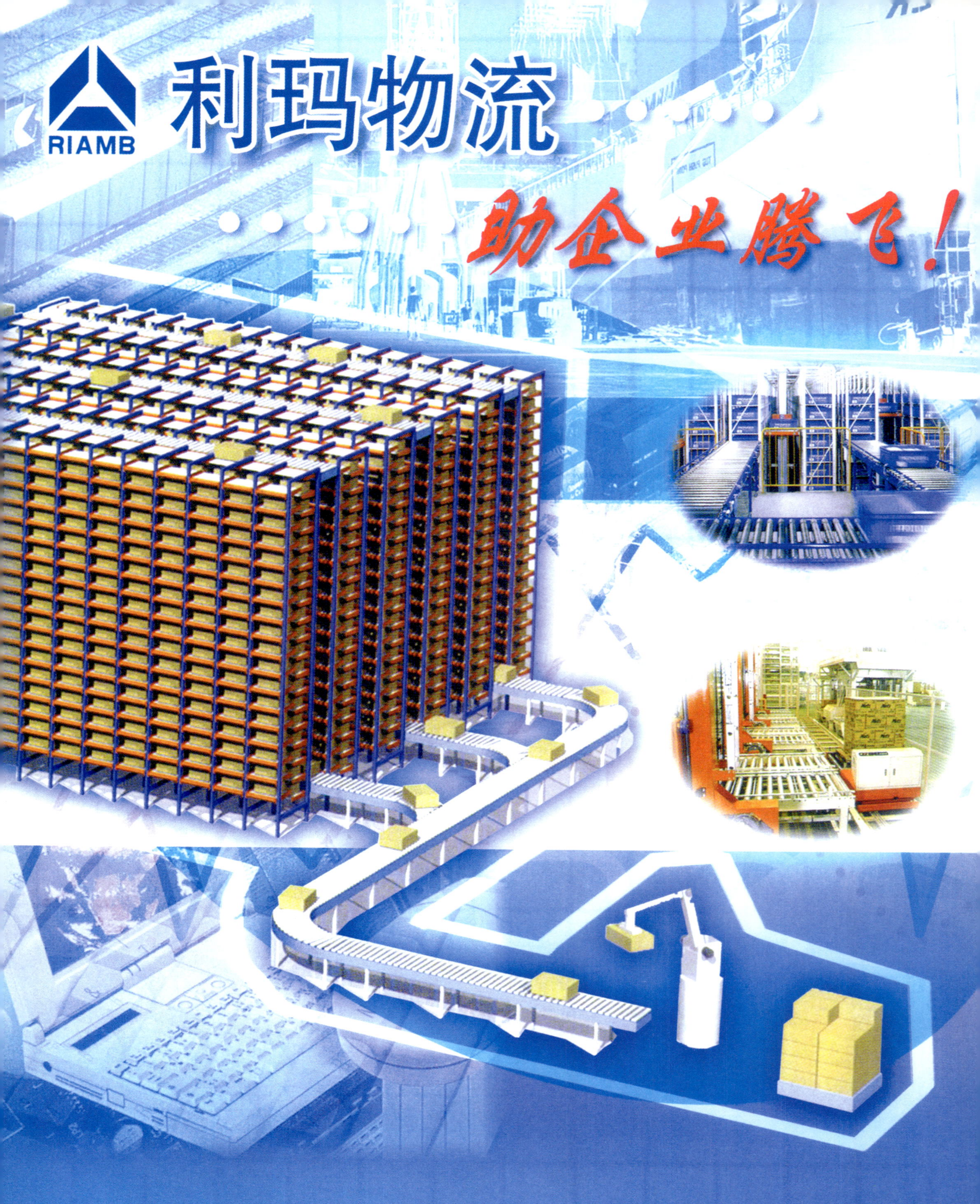
RIAMB
利玛物流
助企业腾飞！

京泰實業(集團)有限公司

BEIJING HOLDINGS LIMITED

北京物流港

北京物流港是北京市大型的物流综合发展基地之一。北京物流港通过构筑以陆港、空港、海港为基础，集物流、商流、信息流为一体的现代物流服务平台；提供贯穿于国际物流、区域物流和城市物流的综合物流服务；实现物流基础设施的规模化、枢纽化，物流服务的专业化、系统化和物流信息的网络化、高效化。

九省通衢　物流天下

①武汉汉阳客运中心
②武汉阳逻新港物流园区
③武汉舵落口货运中心
④武汉郭徐岭物流园区
⑤武汉交通信息中心

武汉市是中国地理位置最佳的中部大城市：两江交汇，国道主干线京珠高速、沪蓉高速交汇，内环线、中环线、外环线联接城市放射性网状公路，拥有京广铁路线、阳逻深水港及武汉天河机场，具有现代物流得天独厚的发展优势。

①

②

③

④

贸易服务业
房地产物业
金融期货业
高科技实业
四十年元通 永恒的服务

输送系统

拣选系统

物流管理软件

立体自动仓库

安徽省徽商集团有限公司

ANHUI HUISHANG GROUP CO.,LTD

徽商集团董事长：蔡文龙先生

▲ 安徽省徽商集团有限公司是2000年6月经安徽省人民政府批准成立的大型一类国有独资企业，公司占地面积68.69万平方米，建筑面积48.12万平方米，现有总资产16亿元。是省委、省政府直接管理的16户国有重要骨干企业之一。

▲ 公司传统主营业务为各类生产资料贸易，主要经营品种有钢材、有色金属、汽车、煤炭、燃料油和成品油、化肥、石化产品、化工轻工材料、建筑材料、机电产品、家用电器、报废汽车拆解回收、废金属材料回收、旧船拆解、仓储服务以及期货经纪、拍卖、民爆、旧机动车交易等特行业务。

徽商集团公司经常开展各类活动以丰富职工的业余文化生活。图为徽商集团公司 2002年春节联欢会现场。

▲ 近年来，公司在巩固传统业务的基础上，加快产业结构和经营结构调整，加强对外经济技术合作和交流，积极探索新的经营业态，强化资本运作，大力发展旅游文化产业、进出口贸易以及信息（网络）、房地产开发、装饰装潢、物业管理等新型业务，初步形成了以生产资料贸易为主，以资本运营和新兴实业并重，国内贸易和国际贸易并举的多元化发展格局。

▲ 公司通过高强度的改革，经营能力和管理水平迅速提升，经营规模和经济效益实现了跨越式发展，2001年实现销售57.8亿元，净盈利5092万元，净资产收益率17.8%，分别位居全国同行业的第五位、第三位和第一位。

▲ 公司将继续进取，奋力开拓，努力实现从单一的国有独资公司向多元投资主体跨越，从单纯流通型企业向实业型企业跨越，从传统的粗放型企业向科技含量高的企业跨越，尽快发展成为集国内外市场为一体，生产资料、生活资料为一体，流通与生产、科技开发为一体的大型贸工科企业集团。

卢家丰副省长（右一）在蔡文龙董事长（左一）陪同下视察徽商集团公司。

地址：合肥市芜湖路 258号　邮编：230061

电话：0551-2862337　传真：0551-2866348

E-mail:huishang@mail.hf.ah.cn

TUOYE®

LOGISTICS SYSTEM

拓野物流系统

随着信息技术的高速发展，企业对市场信息的反应处理能力日趋演变成竞争的核心要素，企业内外的物流及信息技术的运用将对企业的整合与管理产生深远的影响。拓野集科研、制造、引进于一体，将一直致力于供应链管理模式下的物流装备制造与系统集成。

多年来，我们努力使您对车间内物流及装配的自动化要求不断提高得以实现，使一直困扰您企业全面物流信息管理的不足得到解决。

在我们广泛涉足的领域里，拓野物流系统以其全面系统的解决方案，高起点、高品质的技术装备及其与客户间的密切合作而著称。无论您的项目有多特殊，拓野的物流专家都会为您制订出独特和高性能的物流技术解决方案。

Integrating scientific research, manufacture industry and import, Shanghai TUOYE Logistics Equipment Co.,Ltd devotes itself to the manufacting of logistics equipment under the management modle of supply chain.

During the past years, we have devoted great effects to make you realize your increasing demand for the automation of the logistics and also equipments of workshop and sucessfully help you resolve the problems which have been troubling the overall logistics information management of your company. TUOYE logistics system is famous for its comprehensive and systematic schemata, advanced technology equipment with high level and good quality and close cooperation with clients wide business areas related to our business.

No matter how special your projects, the logistics experts of Tuoye will make you unique logistic technology schemata with high performance.

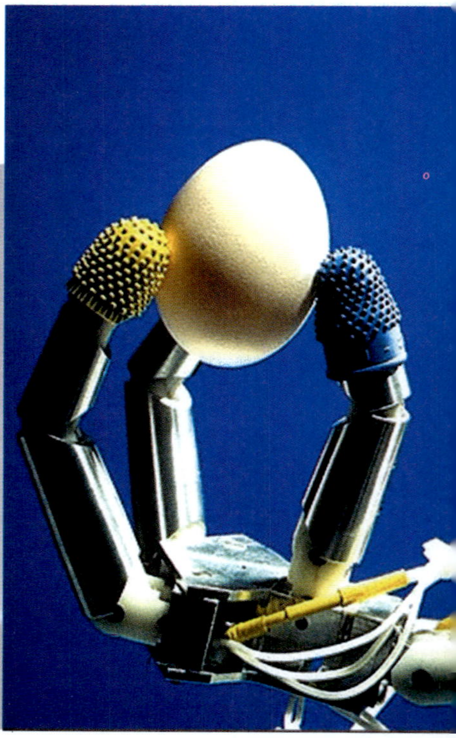

浙江省金属材料公司

ZHEJIANG METAL MATERIALS CO.

ZMMC

METAL MATERIALS

浙江省金属材料公司是1963年成立的国有大型物资流通企业，是国家120家大集团试点企业之一浙江省物产集团公司的主要成员企业，于1995年跻身中国国有企业500强。改革开放以来，公司取得了迅猛发展，与1984年相比，年经营规模增长30倍，年实物供应量增长25倍，资本金增长23倍。经营规模、经济实力和经济效益已连续多年居全国省（市、区）同行业领先地位。

公司在钢材流通主业上，积极发展代理制等先进经营方式，经营稳健。1996年初，公司被国家列为首批钢材代理制试点流通企业，目前，已与首钢、鞍钢、马钢、武钢、邯钢、唐钢、本钢、攀钢、鄂钢等全国近二十家大钢厂建立了代理关系，代理钢厂、代理量方面成为名列前茅的钢材流通企业。为了顺应市场经济的发展，公司通过多层次、全方位的服务，强化销售网络的建设和营销市场的开拓，在全国二十多个大中城市设有经营网点，发展了250多家年经销（消费）量在1000吨以上的二级经销户，营销范围覆盖全国各省市，销售网络已具较大规模。1997—2001年，公司实现销售额285亿元，实物供应量820万吨；其中2001年经营实物量210万吨。

为了壮大公司实力，增强企业抗风险能力，公司坚持“一业为主，多业并举”的经营方针，积极在巩固主业的同时，发展多元经营。目前，公司拥有全资、控股、参股企业30余家，经营触角延伸至房产开发、期货经纪、宾馆旅游、物产保税、生产资料市场、高科技产业和实业开发等多个领域。

公司也十分注重发展外向型经济并开展国际贸易，拥有自营进出口经营权、钢材进口权和燃料油进口经营权。公司本部设有国贸分公司，在深圳创建以服装为主导产品的出口创汇基地和外贸实业开发基地，在宁波组建有保税仓库，另公司设立有数家中外合资企业。公司进出口商品包括金属材料、五金制品、服装、纺织品、工艺品、日用品、化工原料、电子器材、机械设备等等；出口国家布及欧美、日韩、东南亚、非洲、西亚等国家和地区，具有较多长期稳定的出口渠道。1995年至2001年，累计进出口额7.2亿美元，其中出口5.1亿美元。2001年，公司进出口总额1.27亿美元。

公司具有良好的企业信誉和物流设施：连续11年被政府部门和多家银行评为“信用优等企业”、“重合同、守信用”单位和“物价、计量、质量”信得过单位；现有员工大中专以上学历的占64%，平均年龄36岁；本部拥有建筑面积6.3万平方米、具备5A功能支持的现代化办公大楼，13万平方米的物资仓库和3万平方米的宁波保税仓库；已经实现业务、财务及综合查询的计算机网络化管理，具备较强的现代国内外贸易的物质基础和人才基础。

①

②

③

④

① 宁波保税仓库
② 浙金钢材现货市场
③ 金达期货经纪公司
④ 物流仓库一角
⑤ 公司大楼

地址：浙江省杭州市凤起路78号　邮编：310003　网址：www.zmmc.com.cn
电话：0571—85271168　传真：0571—85271111

广州市商业储运公司

◀ 总经理　黄荣新

▲ 可停泊2500吨海轮的码头

▼ 位于揭东的仓库

广州市商业储运公司成立于1953年，至今已发展成为华南地区规模较大，集储、运、贸于一体的大型综合性储运企业，并在同行业内较早通过ISO9002质量认证。

公司拥有储运基地面积近50万平方米，仓库面积20多万平方米，自有铁路专用线及专用码头，并形成了南有大干围分公司、北有北站分公司两大储运核心基地，以及多个储运分支机构，物流中转网络覆盖全国130多个城市，为顾客提供公路、铁路、水路、航空运输、快件、多式联运和仓储及其储运延伸综合物流服务，并获得多家大型外资公司和企业集团的充分肯定，被原国家国内贸易局确定为全国“发展商品物流配送重点企业”。公司现有固定资产近3亿元，员工800多人。

经营理念：

先人一步，天堑变通途

荣誉：

重合同，守信用企业

广州市文明服务示范单位

广州市文明单位

创建国家卫生城市模范单位

▲ 位于开发区内的园林式环保型仓库

公司名称：广州市商业储运公司

公司地址：广州市六二三路沙基东约七号

邮　　编：510130

电　　话：020-81885488总机　81885510

E-mail：gzcst@public.guangzhou.gd.cn

集团领导班子成员：王玉娣董事长（中）、孟伟林总经理（右二）、孙月芬副董事长（左二）、隋剑光纪委书记（左一）、陈敏副总经理（右一）

浙江物产
ZHEJIANG MATERIALS INDUSTRY

今天：

国家120家试点大型企业集团之一

浙江省政府重点培育发展的18家大型企业集团之一

浙江省政府授权的25家国有资产营运机构之一

浙江省“五个一批”重点企业之一

中国质量管理协会“质量效益型先进企业”

明天：

坚持“团结、求实、高效、创新”的企业精神，

加快主业改造提升，发展现代物流，积极培育新产业增长点，

实现“十年三步走”战略，

争做现代流通行业的领先者！

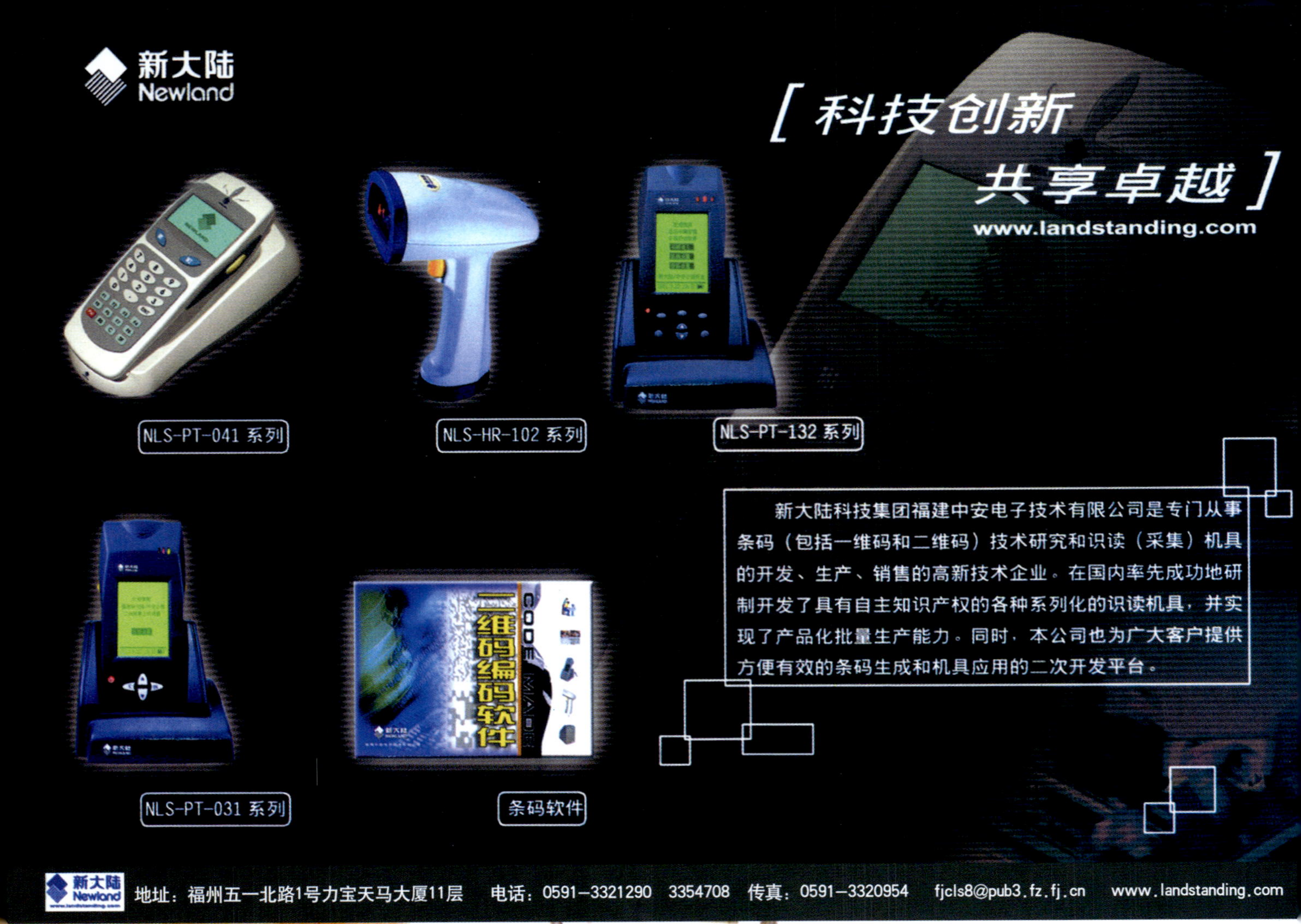

新大陆 Newland
[科技创新
共享卓越]
www.landstanding.com
NLS-PT-041 系列
NLS-HR-102 系列
NLS-PT-132 系列
NLS-PT-031 系列
二维码编码软件
条码软件
新大陆科技集团福建中安电子技术有限公司是专门从事条码（包括一维码和二维码）技术研究和识读（采集）机具的开发、生产、销售的高新技术企业。在国内率先成功地研制开发了具有自主知识产权的各种系列化的识读机具，并实现了产品化批量生产能力。同时，本公司也为广大客户提供方便有效的条码生成和机具应用的二次开发平台。
新大陆 Newland
地址：福州五一北路1号力宝天马大厦11层　电话：0591-3321290　3354708　传真：0591-3320954　fjcls8@pub3.fz.fj.cn　www.landstanding.com

如此繁重的拣货作业
如此多的订单
?
ABLEPICK是由上尚科技研发的电脑辅助拣选系统，此系统是通过灯光与数字显示，引导拣货人员正确、快速、轻松地完成拣货工作，使物流中心物畅其流。此系统获台湾专利，并在1996年通过了日本富士通集团严格的品质检验，进入日本市场。经过上尚人多年的不懈努力，使得ABLEPICK电脑辅助拣选系统占有90%以上的台湾市场，并在日本、欧洲、美国拥有多个成功案例。
使用ABLEPICK电脑辅助拣货系统的优势：
1. 有效地提高拣货速度，使用ABLEPICK后的拣货速度比使用前提高30%至40%；
2. 降低拣货差错率，使拣货正确率达到99%以上；
3. 实现拣货现场无纸化作业；
4. 合理安排拣货人员的行走路线，减少无谓的走动；
5. 使单单之间，通道与通道之间的衔接更加顺畅，避免因交接不利而造成的等待；
6. 连接各种外围设备，如条形码、扫描仪。
ABLEPICK电脑辅助拣选系统
——配送中心拣选作业效率专家
成功案例（节选）：
1. 医　药　业：大陆三九物流、台湾百灵佳殷格翰制药等十来家
2. 物流配销业：统一　捷盟行销、桂冠世达低温物流中心、联强国际等数十家
3. 出　版　业：滚石唱片、诚品书店、台祥书画等十来家
4. 制　造　业：裕隆汽车、环球国际股份、益大制衣等十来家
5. 日　　　本：日本电讯NTT、丸一物流中心（罗森超市）等50家
6. 美　　　国：HGP物流中心等十来家
7. 欧洲5家以上
上海上尚自动化技术有限公司
地　址：上海市漕河泾新兴技术开发区虹梅路2008号虹梅大楼2F
电　话：021-64956231/32/33 64854140 64858741
传　真：021-64956231/32/33转18分机
邮　编：200233
主　页：http://www.atop.com.cn　http://www.ablepick.com
电子邮件：ablepick@atop.com.cn

光明物流

上海光明乳业股份有限公司　SHANGHAI BRIGHT DAIRY & FOOD CO.,LTD.

Bright Dairy Logistics

光明物流中心成立于2000年，是一家拥有强大实力的新型物流企业。在过去的5年中，光明物流中心得到了稳步发展。不断在实际中积累起丰富经验，总结出适合中国国情的物流实施方案，同时不断吸收国际先进理念与技术。创新与实践使我们成为专业化的第三方物流公司。

光明物流中心拥有强大的物流基础设施：冷库面积共计8700平方米，常温库面积达15000平方米；自备冷藏车105辆共365吨，自备常温车223辆共1043吨。并在全国各地设配送中心和中转仓库，2001年的发运量已达200万吨。

- 形成以客户为中心的供应链业务流程的服务，理念及标准化的服务质量管理体系。
- 凝聚力的企业文化，不断吸引优秀人才，不断创新为客户提供物流增值服务
- 以快速消费品和超市为主的供应链行业解决方案的设计与实施。
- 区域化的物流管理中心，覆盖全国的物流网络。
- 智能化的第三方物流信息管理系统

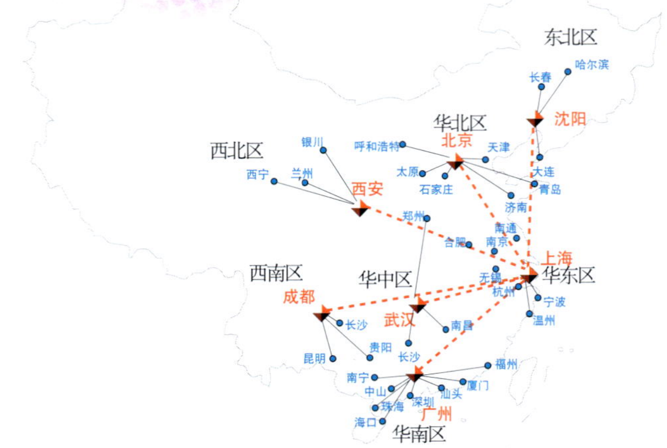

地址：上海彭联路101号
邮编：200072
电话：（021）66522793
传真：（021）56655889
Email：service@brightdairy.com　网址：www.bdl.com.cn

深圳市物资集团公司

SHENZHEN WUZI

深圳市物资集团公司是深圳经济特区的**大型物流企业**，以经营物流配送服务、仓储运输、燃气油品、汽车、新型建材、民爆剧毒品、环保再生项目为主体，国内和国际贸易方式齐备。现有10家全资专业公司，14家控股、参股公司，5家保税贸易公司。**注册资本5.23亿元**。拥有24万平方米的仓库区、10万平方米的国际汽车交易博览中心、10万平方米的科技工业园，2.9万平方米的新型建筑材料交易市场、40万平方米的物流配送基地，3.5公里的铁路专用线。享有全国口岸进出口权，与数十个国家和地区的商家建立了广泛的**贸易联系**，拥有数个出口产品生产基地，是国家外经贸部指定的全国100家重点联系出口企业，国家统计局评定的2000年度中国最大1000家企业，国家外经贸部评定的中国最大进出口额500强企业。

法人代表、总经理：钟　铮
地址：中国广东省深圳市笋岗东路3002号
电话：0755-5867524
传真：0755-5867530
电子邮箱：wuziqg@163.net

前　言

中国从1979年引进物流这一概念以来，经过20年，才迎来了现代物流业的快速发展。到2002年，我们终于有了第一部《中国物流年鉴》。《中国物流年鉴》的诞生是个新的里程碑，他标志着中国作为一个物流大国正在崛起。

随着信息技术的发展，经济全球化的形成，电子商务以及现代物流不仅掀起了一场流通革命，而使生产与再生产的经济链发生巨大变革。企业之间的竞争将变成了供应链之间的竞争。发达的市场经济国家都把流通功能的扩大以实现用时间来消灭空间，或用空间来消灭时间，从而在国际竞争中处于有利地位，电子商务与现代物流已成为获取产业利润的主要模式与手段。

中国已把现代物流业定位于国民经济的重要产业与进入21世纪新的经济增长点，是实现中国流通现代化的三大重点之一，并已列入“十五”规划。中国的物流业已经起步，但起步是艰难的，我们碰到了体制性障碍、物流市场发育不全、物流人才严重缺乏、物流设施多元化投入不足、物流企业集中度低等许多问题，但中国物流业既然已经启航，必然要乘风破浪的进步，不进则退，别无出路。经过加入WTO5年过渡期，中国将初步形成物流市场的总格局，经过20—30年的奋斗，中国可以实现物流业的跨越式发展，从一个物流大国走向物流强国。

为了让国内外了解中国物流业的基本概况，以便加强中外交流与合作，为了让中国政府部门、经济界、企业界、科技界、理论界有一本有关物流的工具书，中国物流与采购联合会组织专家完成了《物流术语》国家标准、《中国物流发展报告（2001）》、《中国物流企业名录》之后，组织力量攻关，经过近一年的奋斗，终于完成了《中国物流年鉴》一书，经国家新闻出版管理部门批准，由《中国物流与采购》杂志社承办，经编委会评审定稿，由中国物资出版社出版。《年鉴》是集体智慧的结晶，是物流界共同的成果。

《中国物流年鉴》由“物流综合概要”、“行业物流”、“地区物流”、“WTO与物流”、“供应链管理与物流技术”、“物流教育与研究”、“物流媒体”、“物流相关社团组织”、“国内部分知名物流企业及案例”、“国外物流”及“附录”构成。全书分上下两册，近100万字。

由于第一次编纂《中国物流年鉴》，虽然借鉴了其它国家的一些经验与做法，但由于中国长期以来缺乏物流信息统计系统，由于编写人员收集资料有一定局限性，加上物流理论体系还没有完全建立，《年鉴》的缺陷与错误在所难免，希望得到大家的谅解并提出宝贵意见，以便在今后《年鉴》的编纂中不断加以改进。

丁俊发

2002年8月18日

《中国物流年鉴》（2002）编委会

张智文 国家科技部高新司自动化处处长、博导

张晓萍 清华大学教授

张炳华 中国集装箱总公司总经理

周　云 中国机械工程学会物流分会秘书长

周继刚 广州铁路（集团）公司物资处处长

洪水坤 中国物资储运协会会长、中国物资储运总公司总经理

赵文澄 国家邮政局邮电文史中心党委书记、原科学研究规划院副院长

徐天亮 华中科技大学管理学院副院长

索沪生 交通部公路司处长

梁海山 海尔集团副总裁

董峰贵 中国铁道物资流通协会理事长、原中国铁道物资总公司总经理

蒋　波 芜湖安得物流有限公司总经理

翟学魂 快步易捷（广州）信息服务有限公司首席执行官

谢德华 中国物资出版社社长、总编辑

靳　伟 北京科技大学物流研究所副所长

缪立新 清华大学深圳研究生院物流研究中心主任

戴定一 中国物流信息中心主任

特别支持单位

中国华星集团

广州中邮条码有限公司

广州铁路（集团）公司

国际商业机器中国有限公司（IBM）

《中国物流年鉴》（2002）编辑成员

主　　编　丁俊发
　　　　　中国物流与采购联合会常务副会长
副 主 编　余　平
　　　　　《中国物流与采购》杂志社社长、总编辑

编辑部主任　余　平
编辑部副主任　潘筱洋　李宗民
策划总监　王青道
编　　辑　方平生　张弘　徐向国　徐小青
　　　　　和晴　张钰　丁翔　曹真　高晓艳
　　　　　张实　王文杰　蔡晓春
发行部主任　汪夕田
美　　编　吕　浩　徐鸿雁
文字审校　朱红莉
设　　计　北京三言堂志奥文化传播有限公司
电　　话　010-68391634　68391593

目　录

第三部分　地区物流

第四部分　WTO 与物流

第五部分　供应链管理与物流技术

第六部分　物流教育与研究

第七部分　物流媒体

第九部分 部分知名物流企业（单位）及案例（排名不分先后）

第十部分 国外物流

附 录

中国物流年鉴

2002 上

CHINA LOGISTICS

■ YEARBOOK ■

2002

CFLP

中国物流与采购联合会

中国物资出版社

China Logistics Publishing House

第一部分

物流综合概要

江 泽 民　同志论物流

目前农村的市场体系还很不健全，农产品和农业生产资料产销之间的联系不够通畅，流通环节多，中间流失大，生产者和消费者得到的好处少，市场调节能力差，时常出现某些农产品积压和短缺并存的现象。有的地方，为了局部利益，随意封锁市场，引起某些农产品的购销大战，造成市场很不稳定，使农民无所适从。解决这些问题，需要进一步改革农产品和农业生产资料的流通体制，加快市场体系的建设，加快供销体制改革。同时，要大力发展农业的社会化服务体系，发展贸、工、农一体化的产业化经营方式，引导农民发展各种新的联合与合作，逐步建立和发展连接农户与市场的各种必要的中介组织。

——摘自1996年6月4日江泽民同志在河南考察农业和农村工作时的讲话，原载《十四大以来重要文献选编》下册第1948页

商品流通要坚持为人民生活服务、为生产建设服务的根本宗旨。

——1997年1月10日江泽民同志给全国商品流通工作会议的题词

搞低水平重复建设，生产不管销售，库存大量积压，是经济生活中的一个顽症。

——摘自1998年12月7日江泽民同志在中央经济工作会议上的讲话，原载《十五大以来重要文献选编》上册第661页

技术创新和实现产业化，重点要解决两头。一头要加强技术研究和开发能力，一头要加强系统集成、总装、检测和行销服务。原材料、零部件以及中间的加工制造，应尽可能与现有的企业择优协作，不能再搞重复建设，再搞自成体系的"小而全"、"大而全"。

——摘自1999年8月23日江泽民同志在全国技术创新大会上的讲话，原载《十五大以来重要文献选编》中册第959～960页

对经济结构问题，认识早、调整快，就主动；见事迟、调整慢，就被动。我们必须抓紧做好推进农业和农村经济结构调整，加快工业改组改造和结构优化升级，大力发展服务业，实施西部大开发战略，促进地区协调发展等方面的工作。

——摘自2000年10月11日江泽民同志在中共十五届五次全体会议上的讲话，原载《十五大以来重要文献选编》中册第1401页

要适应我国加入世界贸易组织的新形势，把"引进来"和"走出去"紧密结合起来，不失时机地实施"走出去"战略，更好地利用国内外"两种资源、两个市场"，在更大范围内进行专业化、集约化和规模化的跨国经营，努力形成我们参与国际市场竞争新优势和占据有利地位。

——摘自2000年11月14日江泽民同志在深圳经济特区建立20周年庆祝大会上的讲话，原载《十五大以来重要文献选编》中册第1443页

从长远来看，我国经济发展在水资源、能源、交通等方面存在不少制约因素。西气东输、西电东送、交通网络干线等基础设施，要抓紧建设。对南水北调和建立国家石油战略储备等关

系全局的项目，也要加紧论证，尽早实施。修建进藏铁路，无论从经济发展、政治稳定和国家安全着眼，还是从促进民族团结考虑，都是十分必要的，在抓紧搞好可行性研究和勘探设计的基础上，下决心开工修建。

——摘自2000年11月28日江泽民同志在中央经济工作会议上的讲话，原载《十五大以来重要文献选编》中册第1468～1469页

服务业是增加就业和扩大内需的重要渠道，要大力发展住房、旅游和社区服务业，积极发展连锁经营、物流配送等现代流通方式。

——摘自2001年11月27日江泽民同志在中央经济工作会议上的讲话

李 鹏　同志论物流

在物资销售中要努力降低费用水平，大力发展物资配送，以减少库存，加速社会资金周转。物资配送在国外很普通，现在国内市场平稳，比较好办，要想办法在供应紧张时也能坚持。

——1991年12月李鹏同志在物资部呈送报告上的批示

企业提高流动资金利用率的潜力很大，要缩短资金周转期，尽可能地实现物资配送，减少材料库存。要加快生产资料市场的建设，发展物资配送等现代物资流通形式。

——1992年2月李鹏同志在物资部上报汇报材料上的批示

发展物资配送，搞社会化大流通，要按照先试点，再总结经验，逐步发展的原则。开展物资配送，要突出为生产建设服务的宗旨，物资配送中心的建设要与产业结构的调整紧密结合，要用好现有的流通设施和流通网点。有关部门要大力支持这项工作。

——1992年5月19日李鹏同志在国务院生产办、中国人民银行、物资部《关于发展物资配送问题的汇报》上的批示

在重点加强交通运输、邮电通信和科技教育的同时，积极发展商业、服务业、金融业、信息业、咨询业、旅游业，增加服务项目，拓宽服务领域。

——摘自1993年3月15日李鹏同志在全国人大八届一次会议上所作的《政府工作报告》，原载《十四大以来重要文献选编》上册第175页

杭州应该搞大的配送中心，先抓住几个大宗的材料，这样企业的流动资金马上就能降下来。这是工业管理上的一次改革。现在上海已经启动了，包括粮食商店也搞这种配送中心，实际上把“小而全”都给打破了。

——1996年1月13日李鹏同志在杭州视察时的谈话

我国经济规模已经很大，每年新增加的投入相当可观，但在生产、建设和流通等领域，经济效益低的问题十分突出。必须通过深化改革，形成有利于节约资源、降低消耗、提高质量、增加效益的企业经营机制，有利于自主创新的技术进步机制，有利于市场公平竞争和资源优化配置的经济运行机制。

——摘自1996年3月5日李鹏同志在全国人大八届四次会议上所作的《政府工作报告》，原载《十四大以来重要文献选编》中册第1757～1758页

朱镕基 同志论物流

先在有仓储设施的城市搞(配送)试点，以减少建设投资。

——1992年5月15日朱镕基同志在国务院生产办、中国人民银行、物资部《关于发展物资配送问题的汇报》上的批示

商品流通要搞好，要搞活，要把流通放在国民经济更加突出的地位。社会主义市场经济要真正搞好，解决好流通问题十分重要。商业要贯彻"为民、便民、利民"的方针，工商联手，发展连锁经营。物资要发展代理与配送制，建立新型工商关系，更好地为经济建设服务。

——摘自1997年1月14日朱镕基同志《给全国商品流通工作会议全体代表的一封信》

要加强公路、铁路、机场、天然气管道等交通运输基础设施建设，加快打通西部与中部和东部地区、西南与西北、通江达海、连接周边国家的运输通道。

——摘自2000年1月22日朱镕基同志在西部地区开发会议上的讲话，原载《十五大以来重要文献选编》中册第1129页

发展第三产业，对于优化经济结构、广开就业门路和扩大消费，有着重要作用。在继续发展运输、商贸等产业的同时，要大力发展信息、金融、旅游、社区服务和中介服务等产业，逐步提高第三产业在国民经济中的比重。

当前和今后一段时期，要集中力量抓好以下几个方面。一是加快基础设施建设。以公路建设为重点，加强铁路、机场、天然气管道干线的建设。

——摘自2000年3月5日朱镕基同志在全国人大九届三次会议上所作的《政府工作报告》(《十五大以来重要文献选编》中册第1176页)

要加强公路、铁路、港口、航道、机场、管道系统的建设，建立健全畅通、安全、便捷的现代综合运输体系。

运用现代经营方式和服务技术，改造商贸流通、交通运输、市政服务等传统服务业，提高服务质量和效益。

西部开发要依托亚欧大陆桥、长江水道、西南出海通道等主要交通干线，发挥中心城市的集聚功能和辐射作用，以线串点，以点带面，培育西部陇海兰新线经济带、长江上游经济带和南(宁)贵(阳)昆(明)等经济区，带动周围地区发展。

——摘自2001年3月5日朱镕基同志在全国人大九届四次会议上所作的"关于国民经济和社会发展第十个五年计划纲要"的报告，原载《十五大以来重要文献选编》中册第1689、1690、1691页

大力推广连锁经营、物流配送等现代营销方式。

——摘自2001年11月27日朱镕基同志在中央经济工作会议上的讲话

李 岚 清 同志论物流

连锁经营的实质，是把现代大工业、大生产的组织原则应用于商品流通领域，达到提高协调运作能力和规模效益的目的。将采购配送与零售经营服务分开，同时又实行统一核算和管理，既相互促进，又相互制约，这是连锁经营能做到价廉物美，具有较强竞争优势的关键。

——摘自1995年3月27日李岚清同志在部分省市连锁商业座谈会上的讲话

要扭转物资行业目前的局面，办法有两条：一是利用物资行业的资产优势，有仓储设施、铁路专用线和经营网络，这是最大优势。二是搞好服务，不要像过去当“官商”，要送货上门，要搞加工配送。

——摘自1996年1月10日李岚清同志听取国内贸易部汇报时的讲话

商业叫连锁经营，物资叫代理配送，就是要搞现代化物流，是要跨地区、跨部门的。

要搞加工配送，小生产企业自己根本搞不了原料初加工，各生产企业都自己搞同样的初加工是重复浪费，不经济。流通企业要按照生产企业的尺寸要求搞加工配送，钢材实行开卷、剪切、冲切等，电子电力、电机业需要大量矽钢片，如果流通企业能够按照要求进行冲切，提供半成品，这个市场就很大。

——摘自1996年10月24日李岚清同志听取国内贸易部代理制试点工作汇报时的讲话

大力发展各种形式的连锁商业是流通领域结构调整和改革的重要方向，而发展连锁商业的核心是要有配送中心，也可以说没有配送中心就谈不上“连锁”。所以我原则上赞成加强配送中心的建设。

——摘自1997年4月李岚清同志对国内贸易部《关于加快我国商品物流配送中心建设工作的请示》的批示

配送是一种流通的产业化。你们已经发展了钢材剪切加工、商品混凝土、动力配煤、散装水泥、机电产品等配送，要总结前段工作的经验，继续向前推进。对于利用原有仓库发展配送，搞一些现代物流设施，优化资产结构，应给予支持，有关征收土地使用税要加以协调解决。配送只有产业化发展才有良好前途，通过粗加工、包装、分拣、送货和信息等服务，流通企业会有新的发展，流通服务是朝阳产业。

——摘自1997年7月21日李岚清同志在听取国内贸易部领导汇报工作时的讲话

要继续大力推进以连锁经营、代理配送制为代表的新的营销方式，加强规范、有序和集中配送。连锁经营一定要坚持“为民、便民、利民”的原则，突出大众消费，发展不同业态，建高档商场一定要严格控制；代理配送制一定要建立代理配送双方的利益共同体，不断扩大代理品种与规模。我这里还要特别强调现代物流，要开阔我们的眼界，寻求新的经济增长点，拓展我们的生存空间。

——摘自1997年12月25日李岚清同志在全国商品流通工作电视电话会议上的书面讲话

城市是商流、物流、信息流、资金流和人流的中心，并以此影响和带动农村的发展。流通越发展，城市就越繁荣，就越具有竞争力、生命力和辐射力。

流通是现代经济的火车头。现代流通是社会再生产过程的血脉和神经，是各种生产要素集结、整合与聚变的载体，是决定经济运行速度、质量和效益的引导性力量。

要大力发展连锁经营、物流配送、电子商务等现代流通方式，把社会再生产的全过程紧密连接起来，使生产企业和最终消费者信息畅通，实行全过程服务与监督，最大限度地提高经济运行效率。这是代表先进生产力发展要求的，也是适应加入世贸组织后参与国际竞争的迫切要求。

大力发展现代流通，第一，要提高对现代流通的认识，统一思想，高度重视；第二，各级政府要抓紧制定发展现代流通的总体规划，整合存量资源，再造我国现代流通体制；第三，要做好各种基础性工作，例如，搞好物流过程中的标准化建设，培养急需的专业人才，特别要注意运用现代信息网络技术，尽快建立社会化的现代流通体系；第四，必须坚决打破行业垄断、部门分割和地区封锁。我国最大的优势就是可以建立健全统一的市场，这是建立现代流通的优越条件和基础前提；第五，要改革纳税方式，以利于统一大市场的形成和完善。

——摘自2001年9月17日李岚清同志在纪念邓小平同志“发展高科技、实现现代化”题词10周年暨国家高新技术产业开发区所在市市长座谈会上的书面讲话

吴 邦 国　同志论物流

随着现代科学技术的迅猛发展，全球经济一体化的趋势加强，各国都面临着前所未有的机遇和挑战。现代物流作为一种先进的组织方式和管理技术，被广泛认为是企业在降低物资消耗、提高劳动生产率以外的重要利润源泉，在国民经济和社会发展中发挥着重要作用。加快中国现代物流的发展，对于优化资源配置，提高经济运行质量，促进企业改革发展，推进中国经济体制与经济增长方式的两个根本性转变，具有十分重要的意义。

由于我国长期实行的计划经济体制和受经济发展水平的制约，我们对现代物流的认识和实践，与发达国家相比还存在较大的差距。在我国工商领域中，采购、制造、运输、仓储、代理、配送、销售等环节彼此分割，造成一方面生产企业的原材料和产成品库存过大，占压资金较多，产品成本上升；另一方面，运输、仓储等企业有效货源不足，现有设施能力未能充分利用。因此，大力推进现代物流发展，把彼此分割的环节有机地连接起来，优化企业物资供应链，是国民经济发展的迫切需要。

中国经济要融入世界经济，需要加快创造现代物流发展的宏观环境。中国企业要参与国内外两个市场竞争，需要增强现代物流的意识，积极采用先进的组织方式和管理技术。同时，为了改善投资环境，吸引更多的外商投资，也迫切需要提供高质量的现代物流服务。可以预料，21世纪，现代物流业将会成为中国经济发展的重要产业和新的经济增长点。我们必须抓住有利时机，继续坚持对外开放的方针政策，广泛开展国际交流与合作，学习借鉴发达国家的先进技术和管理经验，结合实际，开拓创新，努力实现我国现代物流业的跨越式发展。

现代物流是一项跨行业、跨部门、跨地区甚至跨越国界的系统工程。国家经贸委要会同有关部门抓紧研究相关政策措施，大力推动此项工作。有关部门要积极参与，形成合力。各级政府要从政策、规划、法规、资金等方面给予支持，为发展现代物流创造良好的外部条件。广大企业要加强对现代物流的理解认识和实践探索，真正成为现代物流发展的市场主体。通过各方共同努力，在我国逐步建立起专业化、社会化、现代化的物流服务网络体系。

——1999年11月25日吴邦国同志在“现代物流发展国际研讨会”上的讲话

企业信息化提出了资金流、物流、信息流和流程再造的概念。流程再造是企业信息化的基础。流程再造就是适应市场竞争的一种管理体制的创新。海尔的组织结构经历了3个阶段：第一个阶段是“金字塔式”的组织管理，在企业规模小、品种单一的情况下实现了有效管理；第二阶段是在海尔进入多元化发展阶段后，实行了“矩阵式”的管理，也就是事业部的管理。以洗衣机、彩电、空调等项目为中心，事业部内设计划、财务、供应等职能部门；第三阶段是“市场链式”的管理模式，把各事业部的财务、采购、销售分离出来，整合为总部的商流推进部、物流推进部、资金流推进部，实行集团统一的营销、采购、结算，同时组建新品开发和生产制造的支持流程，实现了企业的管理创新。

——2001年12月6日吴邦国同志在全国经贸工作会议上的讲话

吴 仪 同志论物流

加快中国现代物流的发展，对于增强企业竞争能力，优化资源配置，提高经济运行质量，实现中国经济体制与经济增长方式的两个根本性转变，推动我国经济的持续健康发展都有非常重要的意义。中共中央关于“十五”计划的建议已把物流配送作为中国“十五”时期着重发展的服务业。希望采购、制造、仓储、运输、货代、配送、销售等涉及物流各环节的广大企业抓住有利时机，学习借鉴发达国家物流发展的先进经验，结合中国实际，努力开拓，推动我国现代物流与电子商务的结合，尽快提高我国的物流发展水平。各级政府有关部门要密切协作，研究制定促进现代物流发展的政策、措施，搞好发展现代物流的规划、指导、推动工作，为物流业的发展创造一个良好的条件。

——摘自2000年10月29日吴仪同志在“2000年现代物流与电子商务国际研讨会”上的讲话

没有流通的现代化，就没有真正意义上的社会主义市场经济，国民经济的整体素质和运行效率也就不可能得以提高。

一些工商企业发展现代物流后，大幅度降低了成本。上海联华超市与大的供应商联网，相当于将自己的商品库存和配送交给供应商管理，部分商品实现了“零存库”。中石化物资采购网上交易系统运行不到一年，累计成交30多亿元(人民币)，节约采购资金1.87亿元(人民币)。这些都说明，加入世贸组织后，更广泛地参与国际合作与竞争，流通现代化是非常重要的手段。

流通现代化的内涵很丰富，包括商业观念的现代化、流通管理的现代化、商业人才的现代化、流通基础设施的现代化等等，各地一定要结合本地实际，提出切实可行的目标，认真做好发展规划，扎扎实实抓好推进工作。一定要以企业为主体，按市场经济规律办事，政府不能越俎代庖，不能搞行政命令，更不能搞形象工程。现在一些地方出现“物流中心”热的苗头，都想把本地建成区域性、全国性甚至国际性的物流中心，实际上这是不可能的，反而有可能延误流通现代化的进程。各地要充分考虑现代化流通方式的强大辐射功能，避免因重复建设造成社会资源的浪费。财政困难的省、区、市不能搞攀比，一定要从自己的实际出发。

——摘自2002年1月21日吴仪同志在“全国推进流通现代化工作现场会”上的讲话

关于加快我国现代物流发展的若干意见

国经贸运行[2001]189号

随着经济全球化和信息技术的迅速发展，企业生产资料的获取与产品营销范围日趋扩大，社会生产、物资流通、商品交易及其管理方式正在并将继续发生深刻的变革。与此相适应，被普遍认为企业在降低物质消耗、提高劳动生产率以外的“第三利润源”的现代物流业正在世界范围内广泛兴起。

现代物流泛指原材料、产成品从起点至终点及相关信息有效流动的全过程。它将运输、仓储、装卸、加工、整理、配送、信息等方面有机结合，形成完整的供应链，为用户提供多功能、一体化的综合性服务。

我国现代物流发展正处于起步阶段，与先进国家相比尚有很大差距，但市场潜力和发展前景十分广阔。加快我国现代物流发展，对于优化资源配置，调整经济结构，改善投资环境，增强综合国力和企业竞争能力，提高经济运行质量与效益，实现可持续发展战略，推进我国经济体制与经济增长方式的根本性转变，具有非常重要而深远的意义。

一、关于现代物流发展的指导思想与总体目标

随着全球经济一体化发展趋势的加快，现代物流将成为我国经济新世纪发展的重要产业和新的经济增长点。各地政府部门和有关企业要充分认识现代物流在经济发展中的重要作用，抓住有利时机，加快发展步伐。

发展现代物流的指导思想：以加快发展为主题，以结构调整为主线，坚持以市场为导向，以企业为主体，以信息技术为支撑，以降低物流成本和提高综合服务质量为中心，大力提高全社会对现代物流理念的认识，切实增强我国企业及其产品在国内外市场的竞争能力。

发展现代物流的总体目标：积极采用先进的物流管理技术和装备，加快建立全国、区域、城镇、企业等多种层次的，符合市场经济规律的，与国际通行规则接轨的，物畅其流、快捷准时、经济合理、用户满意的社会化、专业化现代物流服务网络体系。

二、积极培育现代物流服务市场

工商企业要转变传统观念，树立现代物流意识，充分认识优化物流供应链管理是降低生产总成本，提高产品附加值、增强企业竞争力，获取新的利润源的重要手段。鼓励工商企业积极创造条件，逐步将原材料采购、运输、仓储和产成品加工、整理、配送等物流服务业务有效分离出来，按照现代物流管理模式进行调整和重组，既可自己承担部分或全部的物流业务，也可将其部分或全部业务委托给专业物流企业承担，以培育和发展物流市场。

交通运输、仓储配送、货运代理、多式联运等企业要从实际出发，根据自身优势，紧紧围绕用户的需求，提供优质高效的部分或全程物流服务。物流服务市场的供给能力增强和服务质量提高，不仅可以满足市场和用户的需要，还可以引导和开发各类企业及全社会对物流服务的需求。

积极发展第三方物流，推进我国工商领域由企业物流向社会专业物流的转变。社会化、专业化的第三方物流企业的出现，是社会化分工

和现代物流发展的方向。第三方物流企业要充分发挥其专业化、规模化的优势，建立信息管理系统，将物流服务与工商企业的生产和营销紧密融合，强化服务意识，完善服务功能，真正具备为用户优化物流管理提供策划设计、组织运筹和实际操作等综合服务的能力。

鼓励物流企业之间加强联合，支持工商企业与物流企业、物流企业与运输、仓储、货代、联运、集装箱运输等企业结成合作联盟，以提高我国物流企业的市场竞争能力。提倡物流企业经营主体、投资主体的多元化和物流服务形式的多样化。

三、努力营造现代物流发展的宏观环境

政府部门在现代物流发展中要从政策法规方面提供保障，推进物流发展的市场化进程，为各类企业参与市场公平竞争创造良好的外部条件，为物流企业的经营和发展提供宽松的宏观环境。

各地政府部门要抓紧研究制定促进现代物流发展的政策措施，加快引入竞争机制，简化相关程序和手续。基于我国现代物流发展刚刚起步，政策的导向应立足于加快发展。谨防政出多门，草率定规，出现新的政策性、体制性障碍。

按照现代物流发展的特点和规律，必须打破地区封锁和行业垄断经营行为，加强对不正当行政干预和不规范经营行为的制约，创造公平、公正、公开的市场环境，使各类物流企业能够平等地进入市场，在竞争中优胜劣汰。

政府有关部门要转变职能，强化服务意识，积极帮助解决物流企业在跨地区经营中遇到的工商登记、办理证照、统一纳税、城市配送交通管制、进出口货物查验通关等方面的实际困难，逐步建立起与国际接轨的物流服务及管理体系。

四、继续加强物流基础设施的规划与建设

我国的物流基础设施近年来虽有较大改善，但仍不能适应现代物流发展的需要。应继续加强物流基础设施的规划与建设，尽快形成配套的综合运输网络、完善的仓储配送设施、先进的信息网络平台等，为现代物流发展提供重要的物质基础条件。

应重视对物流基础设施的规划，特别要加强对中心城市、交通枢纽、物资集散地和口岸地区大型物流基础设施的统筹规划。规划工作要充分考虑物资集散通道，各种运输方式衔接及物流功能设施的综合配套。

物流基础设施的建设要充分发挥市场机制的作用。在全面规划和充分论证的基础上，鼓励国内不同所有制投资者和外商投资企业参与物流基地（物流中心）的建设。物流基地（物流中心）的建设，要兼顾近期需要与长远发展，注重硬件建设与软件管理相结合。政府部门对公益性物流基础设施的建设，应在土地、资金、税收等方面提供优惠政策。物流基地（物流中心）的建设，一定要遵循市场经济规划，防止出现贪大求洋和盲目重复建设。

五、广泛采用信息技术，加快科技创新和标准化建设

信息网络技术是构成现代物流体系的重要组成部分，也是提高物流服务效率的重要技术保障。物流企业积极利用EDI、互联网等技术，通过网络平台和信息技术将企业经营网点连接起来，既可以优化企业内部资源配置，又可以通过网络与用户、制造商、供应商及相关单位联结，实现资源共享、信息共用，对物流各环节进行实时跟踪、有效控制与全程管理。要加快物流与电子商务的融合。一方面，物流要为电子商务服务，另一方面，物流也要积极运用电子商务，实现电子化物流。

加快先进适用技术的推广应用，广泛采用标准化、系列化、规范化的运输、仓储、装卸、搬运、包装机具设施及条形码等技术。借鉴国际上比较成熟的物流技术和服务标准，加快对我国物流服务相应技术标准的研究制定工作。

六、加快对外开放步伐，学习借鉴国外先

进经验

现代物流业是一个开放性、国际化的产业。认真学习发达国家在物流理论研究和市场实践方面的先进经验，消化吸收，结合实际，开拓创新，这是加快我国现代物流发展的有效途径。

我国物流领域扩大对外开放，将与我国加入世界贸易组织（WTO）的对外承诺中有关运输服务和分销领域的开放同步进行。各地政府部门要进一步加快物流领域对外开放步伐，大力提倡国内外物流企业携手合作，优势互补。积极利用国外的资金、设备、技术和智力，学习借鉴国际现代物流企业先进的经营理念和管理模式，加快建立符合国际规则的物流服务体系和企业运行机制。积极支持国外物流企业进入中国市场，同时鼓励本国物流企业走向国际市场，加速实现国内外物流市场服务一体化。

七、加强人才培养，促进产学研结合

高素质人才是现代物流发展的关键因素。针对我国目前物流专业人才匮乏、管理水平较低的突出问题，要采取多种形式，加速人力资源的开发与培养。通过长期培养与短期培训、学校培养与在职培训等多种方式，培养造就一大批熟悉物流业务，具有跨学科综合能力的物流管理人员和专业技术人员。

物流企业要与研究咨询机构、大专院校进行资本与技术的融合，发挥各自特长和优势，形成利益共同体，实现物流产学研紧密结合、相互促进。物流研究咨询机构、大专院校和社会团体组织，应面向市场和企业的实际需求，切实做好有关咨询、研究、培训、服务等工作。

八、继续深入研究探索，不断适应现代物流发展需要

现代物流作为正在兴起的产业，国内外关于这方面的理论研究和实践探索仍在发展之中。对于现代物流的认识和发展趋势的把握，还需要进一步深化。

现代物流发展进程与社会经济发展水平密切相关。各地区务必结合地方经济发展和市场供需现状，因地制宜，正确引导，更新观念，积极推进。有关部门要切实转变工作职能，调整管理方式，根据现代物流发展的客观规律，加强行业之间的协调，通过体制和管理创新，适应新的生产方式和先进科学技术的发展。国家经贸委将会同有关部门，组织专门力量，深入调查研究，借鉴国外经验，抓紧研究制定具体政策及措施，进一步加快推进我国现代物流发展。

（国家经济贸易委员会、铁道部、交通部、信息产业部、对外贸易经济合作部、中国民用航空总局　2001年3月1日）

中国物流发展的历史沿革

物流，这个古老而又全新的概念正在神州大地上为越来越多的人所了解。说它是古老的，是因为自从人类社会开始商品交换以来就存在着（如运输、仓储、装卸搬运等）；说它是全新的，则是因为随着科技的发展与社会的进步，物流被赋予了新的内涵。

物流（Physical Distribution）一词最早出现于美国。在第二次世界大战中，美国军队将后勤（Logistics）理论成功地用于战争期间的物资生产、采购、运输、配给等活动。后来，"后勤"一词在生产过程中、在流通过程中得到了更广泛的应用，使得物流包含了更广泛的内容。所以，现在定义物流概念时更多地使用Logistics而不是Physical Distribution。

物流概念在日本的形成虽然比美国晚很多，但发展迅速。日本在引入物流概念的过程中，把物流看作是一种综合行为，即"各种活动的综合体"。"物流"一词包含了运输、配送、装卸、仓储、包装、流通加工和信息传递等活动。日本在20世纪50年代引入"物流"概念，到70年代，已成为世界上物流最发达的国家之一。

中国从1979年引入现代物流概念到今天已有二十多年的时间。物流在中国从引入物流概念以前到全面发展，大致经历了以下几个阶段：

一、计划经济下的物流，即建国初期至80年代初

这一时期，中国尚未引入物流整体概念，更没有现代物流的概念，只有流通业、运输业、仓储业等与物流相关的行业。

这一时期，我国实行的是高度集中的计划经济管理体制，国家的整个经济运行处于计划管理之下。国家对各种商品特别是生产资料和主要消费品，实行指令性计划生产、分配和供应，商品流通企业的主要职责是保证指令性分配计划的实现。为了节省流通领域的费用，政府在综合发展各种运输方式，合理布局物资储运点，建立合理库存，编制并不断修改主要物资的合理流向图，提倡综合利用各种运输方式及发展联运，但总体上是按计划生产、储存和运输，实现计划分配与供应。特别是1963年物资部门实现统一管理中转供销仓库以后，全国商品的物流活动基本上由各级物资储运公司和商业储运公司来承担。物资储运公司遵循"以收抵支，收支平衡"的原则，无论中转次数多少，只向用货单位按国家规定的收费标准收取一次性管理费用，物资系统内部调拨物资不收管理费，国家要求物资企业发挥蓄水池的作用，导致社会物资库存量不断上升，物资周转缓慢。工业消费品的储存和运输按三级批发的供销体制进行，即对应一、二、三级商品批发供应站设立相应的商业储运公司，分别承担三级批发过程中的储运业务。当时的商品零售业主要是由国营的百货商店、粮店、副食店和各种物资供应站构成的，它们成了物流的终点，而且大都规模不大，内部物流活动主要是储存。与此相对应，企业生产按计划安排，物资供应按计划调拨，产品销售按计划分配，交通运输按计划执行，几乎所有的生产资料和消费资料都是由各级政府按部门、按行政区域通过计划手段进行分配和供应的。涉及"物流"的各个环节，包括采购、运输、仓储、包

装、加工、配送等，均完全通过计划手段进行管理和控制，企业基本没有自主经营的空间。这种计划经济体制下形成的管理方式，在生产规模小、产业结构简单、基础设施短缺、物资供应匮乏的经济发展阶段，虽然使政府比较容易掌握当时的社会物资供应状况，能在一定范围内调剂余缺，保持社会供应的相对稳定，但却导致了条块分割，自成体系，机构重叠，生产、流通、销售等环节相互分离，社会库存量大，物资周转缓慢，资金占用较多，给社会资源造成极大的浪费。

可以说，这个时期中国还没有“物流”的概念。资源分配和组织供应是按行政区划进行的，物流活动的主要目标是保证国家指令性计划分配指标的落实，物流的经济效益目标被放到了次要位置。物流活动仅限于对商品的储存和运输。物流环节相互割裂，系统性差，整体经济效益低下。

二、有计划的商品经济下的物流，即20世纪80年代初至90年代初

这个时期，中国引入了“物流”概念。中国物流概念的引入主要通过两条途径：一条途径是“Physical Distribution”从美国传入日本，日本人将其译为日文“物流”。1979年6月，中国物资经济学会派代表团参加在日本举行的第三届国际物流会议，回国后代表团第一次把物流这个概念介绍给中国。1987年7月11日在安徽蚌埠召开了中国学科的基础理论，物流的发展战略、物流技术等有关理论与实践问题，对中国物流业的发展开创先河。另一条途径是在20世纪80年代初随欧美“市场营销”理论传入。在欧美所有的市场营销教科书中，毫无例外地的要介绍“Phycisal Distribution”，这两个单词直译为中文是“实体分配”、“实物流通”的意思，所谓“实体分配”指的是商品实体从供给者向需求者进行的物理性移动。

这个时期，中国经济开始从计划经济逐步向市场经济过渡，随着产品和服务的商业化和市场化，市场竞争日益加剧，各类企业开始意识到现代物流的重要作用，不仅流通部门加强了物流管理，生产部门也开始重视物流问题。不仅国营物流企业的建设有所加强，同时一些集体和个体物流企业也有了发展，物流业已打破部门地区的界限，向社会化、专业化的方向发展。但这时还没有真正意义上的现代物流运作和现代物流企业。

这个时期，我国实行了对内搞活、对外开放的政策，宏观经济环境发生了变化。企业经营自主权增加，多种经济成分进入市场，国民经济步入高速发展时期。与此同时，中国的物资分配体制、商品流通体制、交通运输体制也发生了重大变化。政府逐步放开了对企业生产、物资、价格的管理，工业企业自主决定其原材料的采购和产品的生产与销售。商贸企业根据流通体制改革和供应方式的调整变化，开展了商品物流配送中心的试点工作。交通运输企业突破传统的观念，把业务范围向运输前后的两头延伸。货运代理企业作为托运人与承运人之间的桥梁与纽带，开办了代理货物托运、接取送达、订舱配载、联运服务等多项业务。国外先进的物流概念和物流管理方式随着外商投资企业进入我国。

这个时期，由于经济活动已向商品经济转变，物流业开始注重经济效益。物流活动已不仅仅局限于被动的仓储和运输，而开始注重系统运作，即考虑包括运输、仓储、包装、装卸、流通加工在内的物流系统的整体效益。按系统化思想，推出了仓库一次性作业、集装单元化技术、自动化立体仓库、各种运输方式综合利用和联合运输等系统应用形式，用系统思想对物流全过程进行优化，使物流总费用最低。这个时期，物流的经济效益和社会效益有所提高。

三、社会主义市场经济下的物流，即20世纪90年代中期至今

1993年，党的十四届三中全会通过了《关于

建立社会主义市场经济体制若干问题的决定》，我国加快了经济体制改革的步伐，经济建设开始进入到了一个新的历史发展阶段。科学技术的迅速发展和信息技术的普及应用，消费需求个性化趋势的加强，竞争机制的建立，使得我国的工商企业，特别是中外合资企业，为了提高竞争力，不断提出新的物流需求，我国经济界开始把物流发展提到了重要议事日程。国家逐渐加大力度对一些老的仓储、运输企业进行改革、改造和重组，使他们不断提供新的物流服务，与此同时，还出现了一批适应市场经济发展需要的现代物流企业。国内市场上出现的不同形式的物流服务企业，大致有四种类型：第一种是商业、物资储运企业经过重组改造，利用原有仓储设施建设商品物流配送中心，向用户提供物流配送服务；第二种是交通运输企业和货运代理（含联运、集装箱）企业通过扩大业务经营范围，开展门到门运输，进而转向为用户提供部分物流服务；第三种是工业生产企业自身成立相对独立的物流机构或实体，自己全部承担原材料和产成品的后勤保障服务；第四种是少数专门从事物流服务的企业，面向全社会提供公用型物流服务。此外，还出现了连锁商业代理配送、航空快件运输和专递服务等。

2001 年 3 月 2 日，国家经贸委、铁道部、交通部、信息产业部、对外贸易经济合作部、中国民用航空总局联合下发了《关于加快我国现代物流发展的若干意见》。这是中国政府发布的有关现代物流业发展的第一个政策性、指导性文件，标志着我国的物流业真正开始起航。

经过多年发展，目前全国已经在交通运输、仓储设施、信息通讯、货物包装与搬运等物流基础设施和装备等方面取得了长足的发展，为物流产业的发展奠定了必要的物质基础。配送中心的发展、商品代理配送制的发展、第三方物流的发展使得物流产业呈现一片欣欣向荣的景象。随着买方市场的形成，企业对物流领域中存在的“第三利润源泉”开始有了比较深刻的认识，优化企业内部物流管理，降低物流成本成为目前国企最为强烈的愿望和要求。

物流产业的发展正在引起各级政府的高度重视，准备通过各方努力，在我国逐步建立起专业化、现代化、社会化的物流服务网络。目前，深圳、北京、天津、上海、广州等地政府极为重视本地区物流产业发展，并已开始着手研究和制定地区物流发展的规划和有关促进政策。

物流企业逐渐摆脱部门附属机构的地位，开始按照市场规律的要求开展物流活动。

（撰稿：中国物流与采购联合会）

2001 年中国物流发展报告

第一章　中国物流发展综述

2001 年是中国物流实践与物流理论快速发展的一年，在这一年中，物流领域发生了许多重大的事件，这是中国物流史上所没有过的。这些大事件说明，中国物流业正在迅速发展，向国民经济各个领域扩展。

一、中国物流的相关政府管理部门与协会

目前，我国现代物流刚刚起步，物流市场管理和物流行业管理还没有理顺，物流管理还比较分散，涉及物流系统的各环节的管理分别由有关部门与协会承担。

（一）相关部门

与物流有关的政府部门主要有国家发展计划委员会、国家经济贸易委员会、对外经济贸易合作部、信息产业部、交通部、铁道部、民航总局。

1．国家发展计划委员会

国家发展计划委员会涉及物流方面的主要职责有：

研究提出国民经济和社会发展战略、生产力布局，提出国民经济中长期发展、总量平衡和结构调整的目标和政策建议，编制中长期发展规划，衔接平衡各行业规划和政策。研究分析宏观经济形势。拟定重要物资储备计划，做好经济、社会、国防计划的衔接。研究提出石化、化工、中西医药、钢铁、有色、黄金、稀土、建材、机械、汽车、轻工、食品、纺织、烟草等产业的发展战略和对策，以及石油天然气储运设施、管网布局规划。提出能源、交通、原材料的发展战略。提出内外贸的发展战略，跟踪监测和分析国内外市场的发展状况，研究国内重要商品的市场平衡和进出口的总量平衡，提出重要商品的调控政策。编制除工业产品外的关系国计民生和大宗、重点敏感商品的进出口计划，组织编制国际收支计划。组织实施粮食、棉花、植物油等重要商品的进出口计划。指导、监督重要商品的国家订货、储备、轮换和国家投放，引导和调控市场。下设国家物资储备局，对国家物资储备工作进行管理。

2．国家经济贸易委员会

国家经济贸易委员会涉及物流方面的主要职责有：

研究和指导流通体制改革，培育发展和完善市场体系，拟定规范流通秩序和市场规则的法规、政策；监测分析市场运行和重要商品的供求状况并组织调控；组织拟定和协调内外贸政策和进出口政策，与国家发展计划委员会编制关系国计民生和大宗、重点工业品、原材料的进出口计划，根据经济运行情况进行计划调整并向国家发展计划委员会备案；协调外贸货运；组织拟定工业、商贸方面的综合性经济法规和政策并监督检查；收集、整理、分析和发布经济信息。

3．对外贸易经济合作部

对外贸易经济合作部涉及物流方面的主要职责有：

拟定和贯彻实施对外贸易、经济合作和外商投资的具体政策、改革方案；拟定和执行外贸进出口中长期规划和发展战略；分析国际经贸形势和我国进出口状况，提出总量平衡、结构调整等项宏观调控建议。拟定和执行进出口商

品配额招标政策；研究和推广各种新贸易方式（含电子商务）；负责进出口配额计划的编报、下达和组织实施，制定和管理进出口商品目录，负责配额、许可证的确定和发放。拟定和执行国家出口管制政策，颁发与防扩散相关的出口许可证。拟定和执行国别（地区）外经贸政策；处理国别（地区）经贸关系中的重要事务；管理同未建交国家的经贸活动。制定各类企业外经贸经营权和国际货运代理企业的资格标准，承担法律法规规定的资格审定。

4.信息产业部

信息产业部涉及物流方面的主要职责有：

振兴电子信息产品制造业、通信业和软件业，推进国民经济与社会服务信息化；统筹规划国家公用通信网、广播电视网、军工部门和其他部门专用通信网并进行行业管理；负责通信网络设备入网认证和电信终端设备进网管理；负责全国无线电频率、卫星轨道位置、通信网码号和域名、地址等公共通信资源的分配与管理；制订通信与信息服务资费政策，确定基本邮政、电信业务收费标准并监督执行；推进电子信息产品制造业、通信业和软件业的科研开发工作，组织重大科技项目攻关和引进技术的消化、吸收、创新，促进科研成果产业化；根据国务院规定，管理国家邮政局。

5.交通部

交通部涉及物流方面的主要职责有：

拟定公路、水路交通行业的发展战略、方针政策和法规并监督执行； 拟定公路、水路交通行业的发展规划、中长期计划并监督实施；对国家重点物资运输和紧急客货运输进行调控；组织实施国家重点公路、水路交通工程建设；指导交通行业体制改革；维护公路、水路交通行业的平等竞争秩序；引导交通运输行业优化结构、协调发展；组织公路及其设施的建设、维护、规费稽征；组织水运基础设施的建设、维护、规费稽征；负责水上交通安全监督、船舶及海上设施检验和防止船舶污染、航海保障、救助打捞、通信导航工作； 实施船舶代理、外轮理货、航道疏浚、港口及港航设施建设使用岸线布局的行业管理；管理公路、水路交通与国际组织有关事宜，开展国际交通经济技术合作与交流。

6.铁道部

铁道部涉及物流方面的主要职责有：

拟订铁路的发展战略、方针政策和法规、发展规划、中长期计划并监督实施；负责全路性客货运能力分配，组织提出跨局客货列车开行方案，组织编制全路运输生产经营计划；组织客、货运输市场研究和客流货源分析预测；拟定铁路货物运输和危险货物、鲜活货物、超限货物、军事物资、集装箱、集装化等运输及货物运输包装、装载加固、装卸技术业务、货车篷布管理、专用线及专用铁路管理等规则和办法，并监督实施；拟定铁路货物运价；合理安排客、货运输比例，经济合理地使用机车、车辆；负责国家重点物资运输，掌握国家指定的各类重点物资装车运输情况，协调全路装卸车和港口、口岸站换装的组织工作；承担铁路设计、施工、验收、规范拟定及大中型建设项目。

7.民航总局

民航总局涉及物流方面的主要职责有：

研究并提出民航事业发展的方针、政策和战略；编制民航行业中长期发展规划；制定保障民用航空安全的方针政策和规章制度，监督管理民航行业的飞行安全和地面安全；负责民航航路的建设和管理，对民用航空器实施空中交通管理，负责空中交通管制人员的资格管理；制定民用机场建设和安全运行标准及规章制度，监督管理机场建设和安全运行；制定航空运输、通用航空政策和规章制度，管理航空运输和通用航空市场；对民航企业实行经营许可管理；组织协调重要运输任务。

（二）相关协会

物流市场需要规范，一是靠政府，二是靠中介组织，如协会、学会等。这些协会与学会起着政府不能起到的作用，实施行业自律，规范市场行为。

我国有关物流的行业协会众多，主要有以

下协会：

中国物流与采购联合会

中国物流与采购联合会（原中国物资流通协会）是受国家经贸委业务管理、民政部社团登记管理的具有社团法人资格的全国性行业组织，是经国务院批准设立的。联合会的宗旨是：遵守中华人民共和国的宪法、法律、法规和政策。全心全意为会员及行业服务，密切社团、企业与政府间的联系，维护会员及企业的合法权益，加强行业自律，推进我国生产资料流通与物流产业的改革和发展，更好地为我国社会主义现代化建设服务。

联合会涉及物流方面的主要职能和业务有：

贯彻党和国家有关生产资料流通与物流产业发展方面的方针、政策和法规，研究贯彻中出现的问题，向政府有关部门反映企业的正当愿望和合理要求，维护企业的合法权益。受政府委托，组织和实施行业调查与行业统计，向政府有关部门提出行业发展规划、行业产业政策、经济立法等建议，并参与有关活动。开展市场调查，分析市场形势，开发信息资源，建立信息网络，为会员、企事业单位、政府部门提供信息咨询服务。推进本行业的企业改革与产业发展，表彰先进，组织经验交流，提高企业现代化管理水平。组织流通经济理论以及现代物流、电子商务、政府采购、理论与实务研究，举办各种类型的学术讨论会、报告会，促进流通经济理论水平的提高。开展行业自律，制定行规行约，参与商品流通与物流方面国家标准和行业标准的制修订，参与行业职业技能鉴定和质量认证，不断提高行业素质和职业道德水准。采取多种形式为企业培训各种专业人员，提高生产资料流通行业与物流产业的队伍素质。组织本行业开展各项与国外有关经济组织和物流团体的活动，包括组织考察、人才培训、举办展览、经贸洽谈等，促进会员发展对外贸易、经济技术、科学管理、学术研究等方面的合作与交流。组织全国性和区域性商品交易活动，促进电子商务、物流配送、政府采购、连锁经营、代理制等新型营销方式的发展，提高生产资料流通与物流产业的科技含量，以信息化带动流通的现代化。

根据国务院关于国家经贸委管理的国家局机构改革的意见，国家国内贸易局撤销后，中国物流与采购联合会成为经贸委直接管理的 15 个综合性行业协会之一，并受经贸委委托，代管 26 个全国性专业协会。

受国家经贸委委托代管的协会：

中国物流学会（原中国物资流通学会）

中国煤炭城市发展联合促进会

中国农业机械流通协会

中国经济信息报刊协会

中国汽车流通协会

中国水利电力物资流通协会

中国木材流通协会

中国机械工业供销协会

中国菱镁行业协会

中国民用爆破器材流通协会

中国燃料流通协会

中国散装水泥推广发展协会

中国建筑材料流通协会

中国机械设备成套工程协会

中国机电产品流通协会

中国基建物资承包协会

中国轮胎翻修利用协会

中国铁道物资流通协会

中国化工轻工物资流通协会

中国物资再生协会

中国金属材料流通协会

中国物资储运协会

中国拆船协会

中国物资流通技术开发协会

中国医药物资协会

中国拍卖行业协会

除此以外，从事物流相关工作的社团组织还有许多，他们在各自的领域中，推动着中国物流业的发展，发挥着重要的作用。这些社团组织主要有：

中国交通运输协会

中国交通企业协会
中国仓储协会
中国物资储运协会
中国船东协会
中国港口协会
中国民用航空协会
中国国际货运代理协会
中国公路学会
中国铁道学会
中国机械工程学会物流工程分会
中国船舶代理协会等

二、中国物流发展的经济环境

2001年以来，国际经济环境剧烈变化，世界经济普遍下滑。“9.11事件”更加剧了世界经济增长的下滑，短时期内美国经济一片混乱，空运、快递、海运等物流业务陷入停滞。9.11事件后短短的10天时间，世界空运、海运、快递等行业就损失了数百亿美元。然而，2001年的中国经济增长依然平稳，GDP（国内生产总值）增长率为7.3%。与国际经济形势相比，我国经济形势良好，这与我国政府在内部困难和外部冲击下采取积极有效的经济调控政策和正确的政治政策是分不开的。

目前，在我国由于国内政策环境的改善，企业改革日益深化，为物流业的发展建立了良好的宏观环境与微观基础；现代信息技术和商品流通技术的进步为物流快速发展准备了充分的技术条件。特别是以下因素使得我国物流业处于千载难逢的大好时机。

（一）我国加入WTO

加入WTO（世界贸易组织）对我国的物流业来说既是机遇又是挑战，随着我国终于迈入了WTO的门槛，在新的世纪内中国的物流也将进入一个崭新的时期。

加入WTO将对我国物流业的发展带来前所未有的巨大机遇。加入WTO后，国际投资和贸易将大幅增长，更多的国外企业进入我国，我国更多的企业走向世界，为物流发展提供了广阔的空间。加入WTO后，中国的经济和国际经济将全面接轨，中国企业可以无条件地享受最惠国待遇，有效地消除中国在国际贸易中所受的歧视性的待遇，这将极大地促进中国对外贸易的发展。另一方面，随着进口关税的减少，将使国外优质产品进入中国市场更容易。在这种情况下，企业为了增强竞争力，将更专注于本企业的核心技术，生产商更集中精力制造产品，因此也会更多地把物流交给高效优质的第三方物流去完成，这对物流业来说既是机遇又是挑战。

加入WTO也将使我国物流市场的竞争更加激烈。根据对WTO承诺的内容，中国道路货运，仓储行业，货运代理及其他辅助服务等将会对外开放。因此，国际大航运企业就会利用这个有利条件和时机把现有的全球运输服务网络延伸至中国各主要城市，通过独资、合资、合作等方式，涉足长江驳船、内陆集卡、仓库堆场、码头公司、货代船代甚至航空货运，国际航运企业在中国开展国际物流就有了基本的保障和支持。目前国际航运企业特别是欧美等地的航运集团已将目光投向了中国市场的物流业，在中国加入WTO后，它们将大举进军中国的物流市场。而有了基础网络后，国际航运企业会利用现有的全球物流公司把为国际跨国企业提供的全球物流和供应链管理服务理念及模式引入中国。另外，它们也会利用自己在资金、管理、人才等方面的优势，参与国内物流的建设与发展，在各主要的经济中心建立相应的配送中心，并以此向周边辐射形成网络，同时着手建立覆盖全国的运输体系，促进中国物流业的发展。

另外，随着中国加入WTO，中国政府对物流业发展采取了积极的鼓励政策，鼓励国外资本投入物流和配送设施，人们有充分理由相信在新的世纪里中国的物流业将进入一个崭新的时期。

（二）电子商务的迅速发展

随着经济全球化和信息技术的快速发展，电子商务已经成为人们进行商务活动的新模式，电子商务也在改变着传统物流业的运作方式。

随着电子商务务实成分的加强，越来越多的传统企业开始介入电子商务领域。它们在互联网上建造网上商店的时候，发现在网络前端的背后存在着物流的制约，缓慢的物流已成为网上交易的障碍，物流成为电子商务发展的一个瓶颈，成为电子商务能否顺利进行和发展的一个关键因素。如果没有一个高效、合理、畅通的物流系统，电子商务所具有的优势就难以得到有效的发挥。如何建立一个高效率、低成本运行的物流体系来保证电子商务的通畅发展，成为人们非常关心的问题。这促使人们聚焦于物流，大力发展物流。

在信息经济时代，物流不只是司机和搬运工的职业，不只是出力流汗的职业，物流将成为高素质的行业。信息化、全球化、多功能化和一流的服务水平，已成为电子商务下的物流追求的目标。这些需求极大地推动、促进和刺激了中国物流的发展。

（三）西部大开发

发展物流特别是国际物流，西部的省市区没有得天独厚的优势，然而，实施西部大开发将有数以万亿元计的资金投入到西部大开发的项目中去。东西部的交流与西部经济的发展将使中国物流网络发生巨大的变化，为物流企业带来无穷的商机。

西部大开发战略的实施占着天时、地利、人和的优势，使西部迎来了国内物流乃至国际物流大进大出、大流通的局面。“道”的问题成为东部省市区地方政府和西部省市区地方政府、国外企业和国内企业讨论的重点，是顺江而上的水路好，还是跑的比轮船快的铁路和公路好，可谓是津津乐“道”。无论是长江沿岸的省市和企业，还是铁路沿线的省市和企业都在争取机会，积极参与西部大开发战略的物流建设。一些东部企业特别是从事国际货物运输的企业（包括国外著名运输企业）已经开始了西部开发的物流业务。

（四）北京申奥成功

北京申办2008年奥运会成功，无疑是我国物流发展千载难逢的大好机会。从奥运会的设施建设到奥运会的召开，始终需要比平常更为庞大、更为复杂的物流系统作为支撑，所以，在物流设施规划与建设、物流组织与管理、物流技术创新与应用等方面对北京提出了更高的要求，这既给我国物流业带来巨大的挑战，同时也给物流业的发展带来无限商机。北京奥运会将使我国物流业与国际物流业同场竞技，按国际标准和惯例提供服务，我国物流业只有与国际接轨，才能分享奥运物流市场这块大蛋糕。可以说，北京奥运会在给我国物流业提供巨大的市场空间的同时，也使我国物流业找到了高水平服务的参照系，国际上高水平的物流服务的示范作用将进一步加快我国物流的现代化进程。

（五）传统产业的迫切需求

面对现在日益激烈的市场竞争，众多的传统企业在经历了没完没了的价格战以后，已经到了山穷水尽的地步了。为了想进一步降低成本、提高服务质量，提高企业的市场竞争能力，这些传统企业纷纷将目光转向了物流这个“第三利润源泉”，随着买方市场的形成和竞争格局的形成，企业对物流作为“第三利润源泉”有了比较深刻的认识，优化企业内部物流管理，降低物流成本成为目前多数国内企业最为强烈的愿望和要求。其中，电子信息行业的传统企业最为活跃。例如：海尔、春兰、科龙、美的等企业纷纷抛出了自己的物流计划，出资建立起自己的物流体系。

在我国当前的环境下，除了有这些刺激物流发展的因素外，还存在一些不利于物流发展的因素，阻碍着物流产业的发展，如：条块分割的物流管理和流通体制；物流资源的分散；物流企业自身的管理水平、业务能力的欠缺；物流基础设施落后，装备条件水平低；物流管理和经营人才的缺乏等等，使得我国物流业的发展在面对众多机遇的同时还困难重重。

与国外相比，中国的物流产业仍处在起步阶段，但在相当一些领域和地区已经表现出快速发展的趋势和潜力。随着中国经济的快速发展和经济体制改革的不断深化，物流产业的发展将成为21世纪中国经济发展的一个重要产业部门和新的经济增长点。可以断定，中国物流产业的发展，将从整体上改变经济运行的方式，提高经济运行的效率，对增强我国的国际竞争能力起到重大的推动作用。

第一，我国物流产业的发展将从整体上改善国民经济的运行效率，直接提高全社会的经济效益。

我国的物流成本占GDP的比例按世界银行的估算为16.7%，而据美国物流专家罗伯特·德兰雷在《2000年美国年度物流状况报告》中指出，1999年美国物流成本为9210亿美元，占当年GDP92600亿美元的9.9%。这说明我国物流成本的节约空间还非常大。2001年我国的GDP为95933亿人民币，物流成本按16.7%计算是16020.81亿人民币，如果按15%计算，物流成本为14389.95亿人民币，将可为全社会节省1630.86亿人民币的物流成本，或者说可以多产生1630.86亿元的利润。所以如果降低我国的物流成本，将会为企业和社会带来极为可观的经济效益。

第二，物流产业发展将促进国民经济各产业部门的健康发展。

首先，物流产业发展在促进制造业降低产品成本，提高经济效益的同时，调整传统的"大而全、小而全"的经营组织形式，有助于制造业企业提高核心竞争能力。其次，物流产业的发展能够促进新型商业企业和业态形式的发展。传统的批发企业和储运企业，近年来都在尝试向物流服务领域延伸。在零售企业中，大型连锁商业企业内部的物流配送工作和为中小连锁企业提供服务的物流配送中心也发展得十分迅速。第三，物流产业能够促进运输服务方式的创新和传统运输企业管理手段和技术水平的提高。最后，物流产业发展还会带动和促进许多相关领域（如物流设备制造行业、电子商务等）的发展。

第三，中国物流发展对提高我国的国际竞争能力有极其重要的影响。

一方面，发达的物流产业和基础设施有助于改善投资环境，吸引更多的外国企业和国际资本进入中国市场。另一个更为重要的方面是，在中国加入WTO后，中国经济融入世界经济，从整体上提高中国企业和中国经济的竞争能力，对促进中国经济发展有十分重要的现实意义。

2001年加快了我国物流行业的重组整合，我国物流服务企业以及系统集成与设备制造企业应抓住机遇，调整市场定位，开发适合市场需求的高附加值的产品（服务），提高企业的综合竞争能力和我国物流业的整体水平。物流产业的发展，将从整体上改变经济运行的方式，提高经济运行的效率，对增强我国的国际竞争力将起到巨大的推动作用。中国物流业的发展正在进入一个崭新的阶段。

三、2001年中国物流重大活动及背景

2001年是中国物流理论和物流实践快速发展的一年，中国物流在这一年迅速扩展到国民经济的各个领域，形成普遍发展的势态。在物流基础设施建设、物流服务供给与需求、技术装备与信息技术、政府施政导向等方面都有快速发展。纵观这一年，物流领域发生了许多重大的事件，这是中国物流史上所没有过的。

（一）"物流配送"列入"十五"计划

中国共产党第十五届中央委员会第五次全体会议通过的《中共中央关于制定国民经济和社会发展第十个五年计划的建议》在"大力发展服务业"部分指出："现代服务业要提高服务水平和技术含量，大力发展信息、金融、会计、咨询、法律服务等行业，带动服务业整体水平的提高。传统服务业要运用现代经营方式和服务技术进行改造，着重发展商贸流通、交通运输、市政服务等行业，推行连锁经营、物流配送、多式联运、网上销售等组织形式和服务方式，提高服务质量和经营效益。"

第九届全国人民代表大会第四次会议批准的《国民经济和社会发展第十个五年计划纲要》在第5章第2节中进一步明确了"发展主要面向

生产的服务业积极引进新型业态和技术、推行连锁经营、物流配送、代理制、多式联运、改造提升传统流通业、运输业和邮政服务业。”

上述精神极大地鼓舞和激发了全社会大力发展物流事业的热情和信心。目前，我国制定了未来5年物流配送发展初步规划，以推动物流业的快速发展。该规划包括扶植和规范发展一批第三方物流企业，争取“十五”期末社会化配送企业比重达五成以上；培育若干条贯通全国并且使之开展国际配送业务的联运干线，构建全国性的商品物流配送绿色通道；在全国各大中城市，主要商品生产、集散地和交通枢纽，建设若干有合理规模，运作规范的现代化商品物流中心和专业化配送中心，构建全国性物流配送网络；培育若干国家物流骨干基地，有条件的可争取发展成为亚洲的重要物流中心；确定一批物流配送示范项目，在全国各大区的中心城市，选择符合现代商品物流配送基础条件的企业，建立具有全国性经营网络的专业化骨干物流配送企业。

（二）中国加入世界贸易组织，物流领域将全方位、宽领域、深层次对外开放

加入WTO后，我国物流业将成为最早开放的领域之一，经过合理过渡期之后，包括运输、批发、仓储、包装等在内的我国物流领域将取消大部分对外国股权的限制，对外开放。目前国际航运企业特别是欧美等地的航运集团已将目光投向了中国市场的物流业，在中国加入WTO后，它们将大举进军中国的物流市场。根据对WTO承诺的内容，中国道路货运，仓储行业，货运代理、海上运输、邮政服务及其他辅助服务等将会对外开放。

（三）世界各大物流企业纷纷抢滩中国物流市场

2001年以来，世界经济增长一直下滑，尤其“9.11事件”以后，素有世界经济龙头之称的美国的物流业务陷入停滞，各大物流公司业绩纷纷下滑，他们在抓紧时间计算所受损失的同时，不约而同的发现：中国才是真正的避风港，中国潜力无限。

素有世界航运旗舰美誉的马士基公司（Maersk）2001年7月，在广州获得独资附属公司牌照，成为北京申奥运输及物流业的独家赞助商，目前马士基在中国设9家分公司、6个办事处。美集物流6月28日宣布与华东中铁快运有限公司和沈阳运输集团分别签署了合作意向书，共同开拓物流市场。东方海外将大力拓展中国大陆物流服务业务，在上海设立了中国公司总部，在全国设立21个办事处。美国联合包裹运送服务公司（UPS）继4月1日获得在中国的直航权后，已将业务重点转向亚洲，未来准备在中国增设19个办事机构，将势力范围从目前的21个城市扩大到40个城市。联邦快递（FedEx)公司从2000年底开始，在中国的航班增加了两倍。另外，它还将其在内地的飞行城市从去年的144个增加到了现在的190个。该公司希望五年内在内地的飞行城市网络能达到290个。敦豪速递公司(DHL)等快递公司均与中国最大的货运代理公司中外运建立了多年的合资合作关系。日本邮船的独资物流公司日本邮船（中国）公司继去年在上海成功地开设分公司后，正预备在天津、青岛、福州、厦门、广州、大连设立物流分公司。其它国际知名物流企业也不甘示弱，如美国总统轮船有限公司（APL）、日本的佐川急便、日通、德国西门子等外资公司也正在中国各地建立办事处或洽谈合资，部署设立物流网络。

（四）国家标准《物流术语》实施，中国物流业走向规范

我国物流产业第一个基础性的标准——国家标准《物流术语》(GB/T18354——2001）由中国物流与采购联合会牵头编写，通过了专家论证，国家质量技术监督局于2001年4月17日发布，于8月1日正式实施。这部标准收入并确定了物流领域当前已基本成熟的145条术语及其定义，旨在规范我国当前物流业发展中的基本概念，以适应物流业迅速发展和与国际接轨的需要。在物流管理部分选用一些较新的术语，是国际上近期发展出来的。在中国加入WTO前夕，介绍物流术语和相关的新概念，无论是对生产企业、流通企业还是对物流企业都是有益的。《物流标准》的实施意味着现代物流业这个重要产业正在告别无序，逐步走向规范。这对我国物流业的发展将起到重要作用。

国家物流术语标准的原则是在保证物流（行业）术语标准系统性完整的前提下，侧重先进性、创造性、统一性，不追求多而全。主要选取：

一、物流活动中涉及基本概念的术语。

二、物流各环节中均要使用的术语和随业务、技术发展新出现的各种术语。

三、国际接轨应该统一的术语。中国物流与采购联合会要求物流系统今后在各种物流合同中使用标准《物流术语》。

（五）各级政府开始高度重视物流发展

2001年3月1日，国家经贸委、铁道部、交通部、信息产业部、外经贸部、民航总局联合印发了《关于加快我国现代物流发展的若干意见》的通知，《关于加快我国现代物流发展的若干意见》包括以下主要内容：

(1) 关于现代物流发展的指导思想与总体目标；

(2) 积极培育现代物流服务市场；

(3) 努力营造现代物流发展的宏观环境；

(4) 继续加强物流基础设施的规划与建设；

(5) 广泛采用信息技术，加快科技创新和标准化建设；

(6) 加快对外开放步伐，学习借鉴国外先进经验；

(7) 加强人才培养，促进产学研结合；

(8) 继续深入研究探索，不断适应现代物流发展需要。

8月，国家经贸委建立现代物流工作重点企业联系制度，以加强政府与企业的沟通，及时了解物流发展中存在的问题，以便政府部门协调解决，为企业发展现代物流创造良好的环境。国家经贸委9月发出《关于建立现代物流工作重点企业联系制度的通知》，确定了中国邮政等34家企业为现代物流工作重点联系企业，并且实行动态管理。通知要求各联系企业注意收集整理并及时向国家经贸委反映物流工作中存在的问题，各地经贸委、交通委要帮助所辖区域联系企业协调解决在物流发展中遇到的困难。国家经贸委将会同有关部门及时研究解决所反映的一些共性问题，并定期组织联系企业进行交流，促进我国现代物流业的快速健康发展。

在国家计委、国家经贸委最新发布的《当前国家重点鼓励发展的产业、产品和技术目录》中，把发展物流配送中心列为重点鼓励发展的内容。交通部也发布了《关于促进运输企业发展综合物流服务的若干意见》。

现代物流在地区经济发展中的重要作用，也越来越为人们所认识，不少省市把发展现代物流列入了重要议事日程。上海市政府在《上海市国民经济和社会发展第十个五年计划纲要的报告》中，把现代物流列为上海市四大新兴产业之一，采取多种措施加快发展；天津市政府把现代物流作为五大支柱产业之一，并由主管市长负责，组织了20多个有关部门，研究提出《天津市现代物流发展纲要研究报告》；深圳市为提升综合经济实力，改善投资环境，把现代物流与高新技术和金融同时列为新世纪经济发展的三大支柱产业，编制了《深圳市“十五”及2015年现代物流发展规划》；浙江省为推进物流业的协调发展成立了由浙江省政府、省计委、省经贸委等十几个有关部门人员参与的“浙江省现代物流业发展联席会议”，制定了《浙江省现代物流发展纲要》。

（六）物流基地的建设纳入了地方经济发展规划

北京将投资110亿元人民币建设物流港，该物流港的物流中心已由京港合作开发并将启动，物流港内的商贸中心、会展中心、信息中心和综合服务中心等五大中心也进入规划阶段。物流港将为北京高科技园区、居民消费区和中央商务区提供国际物流区域物流和城市物流服务。北京物流港由京泰集团和香港嘉里集团联合开发。

上海将投资上千亿建设物流基础设施，全力打造物流中心城市，进一步发挥上海的物资集散功能。建设中的国际物流基地项目总规划面积13万平方米，并计划在2001年率先建成两座大型、先进、功能齐全的示范仓库，同时将引进国际上先进的管理软件，并建立能与海关、港口、铁路、航空公司、货运船务代理以及其它港口兄弟保税区等专业网站相联系的电子商务平台和物流网络，为货主提供最经济、最快捷、最安全的货物清关、报检、配送、运输等一站式服务，以及多式联运、多种金融支付手段等条件。

（七）大力改善物流网络

2001年10月21日，全国铁路进行第四次大提速，并对列车运行图进行全面调整，提速范围基本覆盖全国较大城市和大部分地区。这次提速是从进一步适应国民经济和社会发展的要求出发，在“九五”期间成功进行三次列车大提速的基础上进行的。提速的范围主要是京九线、武昌至成都（经汉丹、襄渝、达成线）、京广线南段、浙赣线、沪杭线和哈大线。在提速的同时，根据市场需求对全路列车运行图进行了调整。

中国邮政特快专递全面提速，形成覆盖全国最大的快速服务网络。国家邮政局决定，自2001年8月1日起，在全国范围内开办国内快递包裹业务。国内快递包裹业务是介于普通包裹和特快专递包裹之间的包裹寄递业务，主要服务对象为工商企业、电子商务公司、邮购公司等，可以满足居民扩大的包裹寄递需求。这样，国内包裹快递业务的省会城市全程运递时限为4至6天，全程采用陆路运输，按每日两个频次组织投递到户。

除此以外，3月28日中国邮政航空快速网开通北京、广州、青岛、厦门、成都5个城市分别至上海的5条航线，6月8日，中国邮政航空公司从中国航空工业集团公司租赁3架运八型飞机，用于开通沈阳至上海、深圳至上海、西安至上海3条邮政航空快递新航线。国家邮政局局长刘立清同时宣布：7月1日起实施中国邮政航空提速第二步战略，全面加快特快专递邮件传递速度。9月中国邮政再次提速特快专递，进一步开通了上海至沈阳、西安、武汉、深圳的干线航空邮路，将航空快速网的范围扩大到东北、西北和华中，并同步调整相关的地面运输网络。提速全部完成后，北京、天津、石家庄、沈阳、大连、长春、上海、济南、青岛等十九个城市间互寄的特快专递邮件的次日投递率平均达到85%左右。

（八）物流信息化建设稳步推进

在信息通讯方面，目前我国已拥有电信网络干线光缆超过30万公里，并已基本形成以光缆为主体，以数字微波和卫星通讯为辅助手段的大容量数字干线传输网络；四大骨干网络的覆盖范围包括全国地市以上城市和90%的县级市及大部分乡镇，并连通世界主要国际信息网络，从而使EDI（电子数据交换）、ERP（企业资源计划）、MRP（物料需求计划）、GPS（全球卫星定位系统）等一些围绕物流信息交流、管理和控制的技术得以应用。我国的物流软件市场也正稳步增长，杰合伟业、快步易捷等一批新兴的物流软件企业正在成长，跨国IT企业如IBM（美国国际商用机器公司）等也努力开拓我国物流软件市场。

值得一提的是，上海构建全国第一个关港贸一体化口岸物流信息平台。这个信息平台整合原上海市EDI中心、上海港航EDI中心和上海经贸网络科技有限公司等三家企业的业务、市场和数据资源，同时成立了上海亿通国际股份有限公司。

第二章　2001年中国物流发展的特点

2001年，中国物流业的发展引起了社会各界的广泛关注。中国“十五”规划明确提出“改造提升传统流通业、运输业和邮政服务业”，为我国物流业的发展提供了政策依据；各部委和有关部门积极制定行业规划，并联合下发文件，为物流业的发展提供指导性意见；物流业的行业组织“中国物流与采购联合会”成立，旨在推进我国物流发展和行业自律；各地方政府相继推出城市物流规划，把发展现代物流业最为城市发展的重心；物流标准化工作开始起步；第三方物流公司迅速兴起。传统储运企业实施战略转型，发展现代物流服务；制造企业纷纷设立或强化物流事业部，健全自己的物流管理体系；更多的跨国物流企业进入中国市场，抢占市场份额；物流学科的教学研究工作取得了重大进展。现将2001年中国物流发展的特点作一描述。

近几年来，随着我国国民经济的高速发展，市场经济体制的逐步建立、市场竞争的加剧和现代科学技术的日益更新，物流引起了社会各界的广泛关注和重视。2001年，中央政府各有关部门、地方政府、各协会学会、高等院校、各类企业、新闻媒体、网站等对物流业发展的推动和促进，使物流成为热点之一。

一、物流业——2001年经济热点之一

（一）中央政府积极制定相关政策，大力推动物流业发展

2001年发布的政策、意见和通知主要有：

1.“十五”规划中，“物流”被列为要大力发展的新型服务业之一

2.国家经济贸易委员会、铁道部、交通部、信息产业部、对外贸易经济合作部、中国民用航空总局印发《关于加快我国现代物流发展的若干意见》

3.国家经贸委等六部委在上海召开现代物流工作座谈会

4.国家经贸委建立现代物流工作重点企业联系制度

5.国家经贸委贸易市场局关于做好2001年商品流通工作的若干意见

6.交通部发布《关于促进运输企业发展综合物流服务的若干意见》

（二）“十五”规划中，物流被列为要大力发展的新型服务业之一

2001年我国制定了未来5年物流配送发展的初步规划，以推动物流业的快速发展。该“规划”包括扶植和规范发展一批第三方物流企业，争取“十五”期末社会化配送企业的比重达五成以上；培育若干条贯通全国并且使之开展国际配送业务的联运干线，构建全国性的商品物流配送绿色通；在全国各大中城市主要商品生产、集散地和交通枢纽，建设若干有合理规模、运作规范的现代化商品物流中心和专业化配送中心，构建全国性的物流配送网络；培育若干国家物流骨干基地，有条件的可争取发展成为亚洲的重要物流中心；确定一批物流配送示范项目，在全国各大区的中心城市，选择符合现代商品物流配送基础条件的企业，建立符合现代商品物流配送，具有全国性经营网络的专业化骨干物流配送企业。

（三）国家经济贸易委员会、铁道部、交通部、信息产业部、对外贸易经济合作部、中国民用航空总局印发《关于加快我国现代物流发展的若干意见》

2001年3月1日，六部委联合印发《关于加快我国现代物流发展的若干意见》，这是我国政府部门颁布的第一个关于现代物流发展的指导性文件。

《意见》首先指出“加快我国现代物流发展，对于优化资源配置，调整经济结构，改善投资环境，增强综合国力和企业竞争能力，提高经济运行质量与效益，实现可持续发展战略，推进我国经济体制与经济增长方式的根本性转变，具有非常重要而深远的意义。”

《意见》同时指出发展现代物流的指导思想：“以加快发展为主题，以结构调整为主线，坚持以市场为导向，以企业为主体，以信息技术为支撑，以降低物流成本和提高综合服务质量为中心，大力提高全社会对现代物流理念的认识，切实增强我国企业及其产品在国内外市场的竞争能力”。发展现代物流的总体目标应当是“积极采用先进的物流管理技术和装备，加快建立全国、区域、城镇、企业等多种层次的、符合市场经济规律与国际通行规则接轨的，物畅其流、快捷准时、经济合理、用户满意的社会化、专业

化现代物流服务网络体系”。

《意见》要求：“积极培育现代物流服务市场”，具体表现在：工商企业要转变传统观念，树立现代物流意识；积极发展第三方物流，推进我国工商领域由企业物流向社会专业物流的转变；鼓励物流企业之间加强联合，支持工商企业与物流企业、物流企业与运输、仓储、货代、联运、集装箱运输等企业结成合作联盟，以提高我国物流企业的市场竞争能力。

《意见》要求：“努力营造现代物流发展的宏观环境”，具体表现在：“政府部门在现代物流发展中要从政策法规方面提供保障，为物流企业的经营和发展提供宽松的宏观环境”，以推进物流发展的市场化进程，为各类企业参与市场公平竞争创造良好的外部条件；“各地政府部门要抓紧研究制定促进现代物流发展的政策措施，加快引入竞争机制，简化相关程序和手续”，这说明由于我国现代物流发展才刚刚起步，所以政策的导向应立足于加快发展；“必须打破地区封锁和行业垄断经营行为，加强对不正当行政干预和不规范经营行为的制约”，以创造公平、公正、公开的市场环境；“政府有关部门要转变职能，强化服务意识，积极帮助解决物流企业在跨地区经营中遇到的工商登记、办理证照、统一纳税、城市配送交通管制、进出口货物查验通关等方面的实际困难”，逐步建立起与国际接轨的物流服务及管理体系。

《意见》要求：“继续加强物流基础设施的规划与建设”，主要表现在：“继续加强物流基础设施的规划与建设，尽快形成配套的综合运输网络、完善的仓储配送设施、先进的信息网络平台等”，“特别要加强对中心城市、交通枢纽、物资集散和口岸地区大型物流基础设施的统筹规划”，这将为现代物流发展提供重要的物质基础条件；“物流基础设施的建设要充分发挥市场机制的作用”，“鼓励国内不同所有制投资者和外商投资企业参与物流基地（物流中心）的建设”，“政府部门对公益性物流基础设施的建设，应在土地、资金、税收等方面提供优惠政策”。

《意见》要求：“广泛采用信息技术，加快科技创新和标准化建设”，具体表现在：物流企业要积极利用EDI、互联网等技术，通过网络平台和信息技术将企业经营网点连接起来，实现资源共享、信息共用，对物流各环节进行有效控制与全程管理；借鉴国际上比较成熟的物流技术和服务标准，加快对我国物流服务相应技术标准的研究制定工作。

《意见》要求：加快对外开放步伐，学习借鉴国外先进经验。只有认真学习发达国家在物流理论研究和市场实践方面的先进经验，并开拓创新，才是加快我国现代物流发展的有效途径。

《意见》要求：加强人才培养，促进产学研结合。人才的培养将采取长期培养与短期培训、学校培养与在职培训等多种形式。物流企业要与研究咨询机构、大专院校进行资本与技术的融合，发挥各自特长优势，形成利益共同体，实现物流产学研的紧密结合、相互促进。

《意见》要求：继续深入研究探索，不断适应现代物流发展需要。具体体现在：国家经贸委将会同有关部门，组织专门力量，深入调查研究，借鉴国外经验，抓紧研究制定具体政策及措施。

（四）全国现代物流工作座谈会

2001年6月27日，国家经贸委、铁道部、交通部、信息产业部、外经贸部和民航总局联合在上海召开了“全国现代物流工作座谈会”。大会肯定了现代物流业近年来的快速发展，并正成为国民经济发展的新的增长点；阐述了物流方面的政策，介绍了地方政府和企业的典型经验；发布了《我国物流发展现状及对策研究报告》，并讨论了今后现代物流工作的思路，对我国物流业的发展具有普遍的指导意义。

（五）国家经贸委建立现代物流工作重点企业联系制度

国家经贸委发出《关于建立现代物流工作重点企业联系制度的通知》，确定34家企业为现代物流工作重点联系企业。《通知》要求各联系企业注意收集、整理并及时向国家经贸委反映物流工作中存在的问题，各地经贸委、交通委要帮助所辖区域联系企业协调解决在物流发展中遇到的困难。国家经贸委将会同有关部门及时研究解决联系企业所反映的一些共性问题，并定期组织联系企业进行交流，以促进我国现代物流业的快速健康发展。这就为企业发展现代物流创造了良好的环境。

（六）国家经贸委贸易市场局关于做好2001年商品流通工作的若干意见

按照中央经济工作会议的决定和全国经贸工作会议的部署，国家经贸委贸易市场局对2001年的商品流通工作提出了指导思想及若干意见。

《意见》在“加强批发市场建设，培育发展市场体系”中特别提出要“选择一批流通规模大、辐射范围广、交易比较规范的重要商品批发市场，进行分类指导和改建扩建，重点是加强物流、配送、信息和交易系统的建设，以达到扩大功能和增加科技含量的目的；”

《意见》在“发展新型营销方式，推动流通体制与技术创新”中提出要“把发展物流配送作为传统流通企业进行改革的重要内容；充分利用流通企业现有的设施，发展、建设和改造各类商品的物流配送中心；物流中心建设要同发展连锁、代理、电子商务等结合起来，提高物流配送的现代化、电子化、数字化水平；积极推动和发展社会化的第三方物流，合理利用社会资源，提高流通效率”。

（七）交通部发布《关于促进运输企业发展综合物流服务的若干意见》

交通部在认真研究和广泛听取专家意见的基础上，制定了《关于促进运输企业发展综合物流服务的若干意见》。

《意见》指出，引导道路运输、水路运输、港口装卸、运输代理及多式联运企业大力发展现代物流，对于调整交通运输结构，优化交通资源配置，实现交通运输可持续发展战略，提高交通运输企业的竞争力，更好地为国民经济和社会发展服务，具有重要意义。

《意见》提出了交通运输企业发展物流服务的指导思想和总体目标。总体目标是：充分发挥道路运输、水路运输和公路、港口以及相关产业的优势，鼓励运输企业的业务向综合物流服务延伸。通过为生产、加工、贸易企业和消费者提供更加富有效率的供应链管理以及更加低廉的供应与配送服务，扩展传统运输产业的发展空间；通过推动交通运输企业参与物流服务市场的竞争，促进交通运输的结构调整，增强交通运输业的竞争力。

《意见》并对促进运输企业发展综合物流服务提出了七项措施：

1.加强主枢纽建设、发展中转货运站和运输仓储设施。

2.鼓励不同类型企业联合联营，发挥综合优势。这是鼓励不同企业之间要进行联合投资、相互融合，打破行业封锁、地方分割，促进专业化分工，提高经济活动效率。

3.鼓励发展多式联运和“门到门”服务。对于符合《国际集装箱多式联运管理规则》基本条件的企业，如果申请从事多式联运业务，各级交通主管部门要予以积极支持。具体体现在简化程序，加快办理有关手续。支持和鼓励国际海运经营人建立和完善包括国内市场在内的全球营销网络，发展内陆运输及货物集疏运或分销服务，实现国内和国际两个市场的有机融合。

4.鼓励开发第三方物流服务。要求各级交通主管部门要支持物流服务企业的设立，参照运输服务企业设立的条件，依法尽快办理有关登记手续；对于在专业物流公司业务中，按照交通行政法规和规章规定，需要办理行政许可证的，有关交通主管部门应依法尽快办理审批手续。

5.利用港口优势发展仓储与物流服务。具体表现在：鼓励和支持进出口商在港口自建仓库经营分拨业务或委托港务局经营；鼓励和支持进出口商租赁仓库或与港务局组建合资公司，利用现有设施或通过扩充新的设施开展分拨业务；经有关行业主管部门的批准，允许港口经营人与进出口商、航商或其他投资者设立合营公司，共同开展内河水运、道路运输、报关、报验、包装、库存管理、订货处理等服务；鼓励道路运输企业在搞好运输服务的基础上，从事港口和航运服务。逐步使港口成为具有较强集聚效应的产业园区。

6.利用现代信息技术，提高物流服务水平。要求各级交通主管部门对企业开发物流服务的电子商务系统给予支持；要求在政府部门的指导和支持下，逐步实施对运输、仓储、装卸和搬运等物流环节的标准化，统一物流设备的技术标准，实现物流作业的规范化。

7.坚持适度对外开放原则，提高开放的质量和水平。对依法设立的中外合资经营企业和合作经营企业，经营国际集装箱中转货运服务、海运货物仓储服务和道路货物运输服务，要按照有关法律法规和规章的规定办理审批，不受区域限制和数量限制。要根据实际需要，在国家产业政策的指导下，适当允许外资以中外合资或合作方式从事沿海、内河和道路运输服务。

（八）中国物流与采购联合会成立

我国物流产业第一个跨部门、跨行业、跨地区、跨所有制的行业组织“中国物流与采购联合会”2001年4月20日正式挂牌成立，对行业进行协调和指导。

中国物流与采购联合会的前身是中国物流研究会、中国物资流通学会和中国物资流通协会，中国物流研究会成立于1984年8月，中国物资流通学会成立于1990年7月，中国物资流通协会成立于1995年。

中国物流与采购联合会是目前带中国字头的第一个跨行业、跨部门的物流业行业组织，以“推动中国物流业的发展与开展物流业的行业自律”为使命，目前正在物流标准化、物流国内外培训、物流企业名录、中国物流年鉴、中国物流论坛、中国物流专家论坛、大专院校物流教学与科研、物流设备展览等方面开展工作。

二、物流标准化建设得到加强

现代物流是一项跨行业、跨部门、跨地区、甚至跨国界的系统工程。物流系统是指经济活动中采购、包装、运输、仓储、装卸、流通加工、配送、物流信息交换等诸多要素相互联系、相互制约、相互结合、共同组成的一个有机的整体，各要素的协调配合活动的目标是：优质服务、迅速及时、节约空间、合理库存和规模合理，以及取得最大限度的利润。随着全球经济全球化和物流国际化的发展，物流标准化和规范化愈来愈重要，它是实现物流合理化、高效化的基础条件，对促进我国现代物流发展，提高物流服务质量和效率具有重要意义。2001年，我国的物流标准化工作开始启动。

2001年完成的标准化工作是《物流术语》国家标准的实施。2001年4月17日，国家质量技术监督局发布了《物流术语》国家标准，2001年8月1日起正式实行。这部标准由中国物资流通协会(现为中国物流与采购联合会)牵头组织编写并通过专家论证，《物流术语》国家标准主要选取了物流活动中涉及的基本概念的术语、物流各环节中均要使用的术语和随业务、技术发展而新出现的种种术语及国际接轨应该统一的术语，规定了物流活动种的基本概念术语、物流作业术语、物流技术装备与设施术语、物流管理术语的定义，并引用了集装箱名词术语、包装术语基础和集装箱术语国家标准。这一标准的制定意味着现代物流业这一已列入“十五”规划的新世纪中国经济发展的重要产业正在告别无序，逐步走向规范。

2001年4月，快步易捷（广州）信息服务有限公司与中国物流与采购联合会签订了《关于〈推动标准化促进物流现代化〉项目的合作备忘录》。2001年6月20日，中国物流与采购联合会主办，快步公司和《物流技术与应用》杂志协办的物流信息标准化研讨会，拟定物流信息标准化框架。此框架初步涵盖三个方面的内容：1.企业间流程信息标准化；2.名词标准化；3.实施框架。

国家质量技术监督局成立全国供应链过程管理与控制标准化技术委员会，加强物流标准化的管理工作。该委员会的对外名称是SCM CHINA,秘书处设在中国物品编码中心，主要职能之一就是开展物流标准化管理的协调工作，最大限度的实现技术标准的统一。

三、城市区域性物流中心规划开始起步

我国部分省市政府已开始认识到物流对于推动经济发展、改善投资环境和提高地区经济和工商企业在国内外市场竞争能力的重要性。深圳市把物流业的发展作为三大支柱产业之一，是最早制定物流规划的城市。以北京、天津、上海、广州、深圳、厦门、邯郸、芜湖、苏州、为例，为了使地区经济持续高速发展，地方政府都从战略高度出发把发展现代物流作为经济腾飞的重要措施和支撑点之一，并出台了一系列相关的政策、规划和报告。

(一)《北京市“十五”计划纲要》将“现代物流”作为现代服务业“十五”发展的重点，在北京市《十五时期商业发展规划》中明确指出:“综合考虑交通、用地等条件，在公路一环以外京石高速路附近、京津或京沈高速公路附近以及靠近京沪或京九铁路附近地区，规划三至四个大型物流配送区，每个占地面积分别为2~5平方公里，根据市场发展需要逐步建设现代化的物流配送区。鼓励中外企业到物流配送区投资建设各类物流配送设施，开办物流配送中心。鼓励现有四环路以内有条件的仓储企业，优化资产经营，调整到物流配送区投资重建。鼓励大型连锁公司在物流配送区建设配送中心，或依靠大型物流配送区发展属于第三方物流的配送中心，逐步实现物流配送的社会化。”

(二)天津市把现代物流作为本市五大支柱产业之一，从2000年开始着手研制《天津市现代物流发展纲要》，力争成为中国及东北亚地区重要的物流及信息枢纽。2001年，天津市将发展好物流体系作为实现跨越式发展的前提，制定出天津物流系统总体规划。“十五”期间，天津市将投入50多亿元建设12个物流中心、两大物流区以及其他各类配送中心。以天津港南疆散货物流中心和北疆集装箱物流中心为代表的12个物流中心将投入建设，其中天津港南疆散货物流中心占地12平方公里，投资达23亿元。两大物流园区是天津港保税区国际物流运作区和滨海国际机场空港物流园区。目前，天津港保税区国际物流区已形成一定规模，空港物流区已投入建设。

(三)上海市出台了《上海市“十五”现代物流产业发展规划》，以“国际物流中心”为发展目标。上海市政府规划在:“十五”期间，着重发展三类物流：陆、海、空港的口岸物流；商业零售行业的配送物流；依托信息平台发展的电子商务物流；建立五个园区：浦西的桃浦和莘庄、浦东的机场、外高桥和港口城。在“十五”期间将建成市内配送中心20个，市外配送中心3~5个。预计“十五”期间上海物流业将有4500亿元产值的发展空间。

(四)广州规划建设成为最大物流中心。广州新白云国际机场是重点建设项目，将建成华南地区航空枢纽港。建成后，白云国际机场将解决广州的空中交通矛盾，并使广州成为一个重要的航空货运中转站。在规划中，广州准备建设辐射全国和海外的四个大型物流中心：在广州北部地区，结合新白云国际机场铁路、公路等对外交通优势，建设发展一个商贸物流中心；在南部地区，结合龙穴岛深水港、疏港铁路、疏港公路等重大工程的建设，发展一个仓储物流中心；在西部地区，在芳村建设一个商品物流中心；在东部地区，充分利用现有的黄埔港、新沙港等设施，结合产业发展布局，建设一个生产资料物流中心。四大物流中心集商贸物流、仓储物流、商品物流、生产资料物流于一体，具有综合性强、规模大的特点。

(五)深圳市开始实施《深圳“十五”及2015年现代物流业发展规划》，市政府将现代物流产业作为三个重要支柱产业之一，“十五”期间将物流产业产值从占GDP的8%~10%提高到15%~20%。该市规划建设23个大型物流项目，总投资估算229.75亿元，“十五”期间拟安排投

资219.98亿元，主要集中在公路、港口、商贸等领域。这些项目建成后，可以加速港口、公路、铁路的货运发展，加快物流配送中心的建设，促进批发市场的升级和仓储业的转型，加强转口贸易体系的建设，提高物流信息化和网络化水平，以实现“现代物流中心”的目标；规划建设8个物流园区，其中，大型“平湖物流基地”占地16平方公里，计划吸引投资1600亿元。同时，政府进行了《深圳经济特区道路货物运输管理条例》的立法工作，目前，已经进入实施阶段。

（六）厦门确定“十五”期间以建设区域性航运中心、旅游中心和商务中心为目标，重点发展信息、物流、旅游3大支柱产业，海港投入将达35亿元，比“九五”增加一半，新增泊位23个，其中万吨泊位17个。厦门正在成为宁波以南、深圳以北1000多公里东南沿海的区域性物流中心。

（七）苏州市把发展现代物流作为“以港兴市”，编制了《苏州市物流规划》，《规划》提出，苏州市将依托港口、开发区，以区域物流为重点，以国际物流和市内物流为补充，将其物流定位于：苏锡常区域的物流枢纽城市；长江三角洲地区及长江中上游的物流中转城市；上海都市经济区的物流辅助城市。苏州市将推动大中型工交企业争取用3年时间全部实现物流创新，在全国率先培育出一批第三方物流企业，同时分别建设各具特色的6个物流园区，逐步形成与国际接轨的物流服务网络体系。

（八）芜湖市将投入数十亿元巨资，建设安徽省现代物流中心，使之成为区域物流中心。规划中的现代物流中心近期项目总投资近25亿元，包括交通基础设施系统——年吞吐30万吨集装箱专用码头、百万吨吞吐能力的散装水泥码头、年吞吐600万吨煤港、芜太运河、疏港铁路和公路；多式联运及物流中心信息平台——带宽100M的信息平台，远期将发展GPS跟踪系统、智能配送，与金融、保险、税务等结算支付部门的电子数据交换系统；物流园区，形成货运物流化、信息网络化、服务社会化的现代物流体系。建成后的现代物流中心市场辐射近期以合肥、芜湖地区的物流服务为对象，中期以安徽省为主要服务对象，远期以长江三角洲及东中部地区为主要服务对象。

（九）邯郸市政府在中国物流与采购联合会的协助下，作出了《邯郸市物流发展规划》。通过发展现代物流，可以提升社会经济的运行质量，满足各个部门在未来经济发展过程中对现代物流的需求，带动整个社会经济的快速增长，提高邯郸经济实力，创造有利于吸引外资的良好的基础环境。规划涉及了物流基础设施平台、区域物流中心、物流信息平台和物流产业组织等方面的内容，提出了邯郸发展现代物流的整体构架，该报告的规划期为10年。

（十）在中部地区，物流发展也提上重要日程。武汉市《十五规划》提出，将武汉阳逻港建成华中地区现代物流中心和长江外向型主枢纽港。未来的阳逻港区将形成连接中西部，以集装箱转运为主体、有多式联运功能、有强大集散能力的现代物流中心。甘肃提出用5年时间，建成西部物流中心；四川成都国际物流中心一期工程已于9月开工。

从2001年我国物流业发展的实际情况看，物流业的发展水平总体上与市场化程度和经济发展水平在某种程度上是相互关联的：沿海地区比中西部地区、南方地区比北方地区起步早，发展快。深圳市与上海市已进入规划的实施阶段，但同先进国家和地区相比还存在不小的差距，要通过现代化、系统化、社会化和国际化的发展道路，逐步向国际化物流中心的目标靠拢；天津市和北京市基本还处于课题研究阶段。我国西部物流主要集中在成都——重庆、西安——兰州两大区域。

四、第三方物流迅速兴起

目前我国有第三方物流企业1000多家，以上海、广州等地最为成熟。第三方物流企业有五种类型：

一是随外商独资企业带进中国的第三方物

流企业。

二是中外合资成立的第三方物流企业。

三是传统运输、仓储企业改造成第三方物流企业。

四是生产与流通企业成为第三方物流企业。

五是民营资本成立第三方物流企业。

以宝供与大通为例。宝供物流公司是新兴的物流企业中，发展迅速、态势良好的典型企业之一。宝供物流公司创立于1994年，总部设在广州，它的运作网络遍布全国。通过学习借鉴国外先进的管理模式，并与国情和企业自身情况相结合，宝供走出了一条民营第三方物流企业的发展之路。宝供在全国40多个中心城市建立了6个分公司、43个办事机构，形成了一个覆盖全国，并向美国、澳大利亚、泰国、香港等地延伸的物流运作网络，并拥有先进的物流信息平台。宝供的客户有40多家跨国公司和十几家国内大型企业，其年营业额达数亿元。客户涉及电器、日用品、食品、化工、饮料啤酒等行业。其主要客户有宝洁、飞利浦、松下、LG电子、联合利华、安利、雀巢、可口可乐、万客隆等跨国企业。2001年，全集团实现营业收入4.2多亿元，增长40%，人均年产值近56万元，年运作货物总量超过200万吨，仓库年进出货物超过1亿件。

大通国际运输有限公司拥有3000余名中外员工，在国内设有91个分公司和办事处，在国外也设有分支机构。大通的运输网络遍布全国，在空、海、陆运、海关关务、仓储、分拨等各方面都有一定的优势。目前大通已经形成了覆盖国内近1100多个城市和地区的物流配送网络，同时还能为国内客户提供通达200多个国家和地区的运输服务。其主要客户有戴尔、柯达、惠普、嘉士多等跨国公司。

五、传统储运业向现代物流业转化

2001年是传统储运业向现代物流业转化积极推进的一年。由传统运输、储运及批发贸易企业转变形成的物流企业依托原有的物流业务基础和在客户、设施、经营网络等方面的优势，通过不断拓展和延伸其物流服务，不断向现代物流企业转化。

（一）在发展战略上，由提供物流活动过程中的单一服务向多功能服务转变，由国内市场向全球市场发展。如中远集团在传统的航运业务基础上，实施向“全球物流经营人”的战略；中外运大力推行综合物流发展战略，从运输发展为全程物流服务。

（二）在组织机构上，许多传统储运企业设立专门的物流事业部，对物流进行综合的统一协调管理。

（三）在物流设施建设和信息技术应用上，有能力的大型传统储运企业建立了自己的物流中心，如石家庄中储物流中心等。另外，这些企业纷纷投资建立自己的现代化仓库、集装箱货场，并启用ERP管理软件、GPS卫星定位系统等，为发展现代物流提供设施、技术和信息保障。

（四）范例：2001年，中国邮政进行了大幅度的改革，确定将物流作为未来邮政的主要发展方向，努力成为未来中国物流业最大的主导企业之一。目前中国邮政拥有200多个处理配送中心，6.7万个营销网点，3万多辆汽车，独立的邮运飞机3架，15万人的投递大军和邮政航空公司，全国邮路总长度达到340万公里，形成了航空、铁路、公路、水路等立体运输体系和独立的快速邮政运输网络，建成了邮政专用的综合业务信息网，提供实时的数据、语音和图像信息的传输，网络覆盖全国31个省会城市和205个地级城市。中国邮政计划在年内完成邮政储蓄金融计算机网络的改造，经过改造的绿卡网将覆盖31个省份，提供电子现金、银行卡等各种电子支付方式及电子汇兑业务。中国邮政将以省会城市和大城市为主，大力发展区域和城市内的BtoC配送服务，稳妥地开展BtoB配送业务。未来5年，将大力发展邮政信息类业务，到“十五”末，以电子信息类业务为主导的新型业务收入占邮政总收入的比重要达到10%以上。将积极发展物流，构成服务最优、功能最全、效益最好的物流平台，建成国内最大的物流配送体系。到

2005年，物流业务收入占邮政业务总收入比重要达到20%。中国邮政与40余家企业进行了物流配送洽谈会，并与其中的戴尔、IBM、青岛海尔、中国惠普、施乐、西安杨森、深圳润迅等当场签订了物流合作意向书。

六、企业物流初见端倪

我国一批颇具竞争实力的优势企业，在不断优化企业内部物流系统的基础上，已开始尝试和利用专业化物流服务。国内著名的企业纷纷设立或强化了物流事业部，通过对产品原材料的供给、产品的仓储、运输、包装、配送等一系列物流环节的有效管理和监控，以及通过采用先进的物流技术、建立物流信息系统等手段，生产企业在物流方面的成本大大降低，显示出强大的生命力。其中，最具代表性的是海尔集团。

海尔集团被中国物流与采购联合会授予"中国物流示范基地"称号，集团成为中国首家物流示范基地，被国家经贸委授予"现代物流工作重点企业"，并先后获得省、市级管理、技术方面奖项的首位。

海尔建立了自己的物流公司，其电子商务模式可以更详尽地划分为B2B2C，中间的B是指海尔的IT经理人和各地的代销商、分销商。B2B是海尔的物流公司来做，B2C是各地的代销商来做，对企业进行全方位流程再造。海尔创建了一套现代物流管理模式——"一流三网"的同步流程："一流"是以定单信息流为中心；"三网"分别是全球供应链资源网络、全球配送资源网络和计算机信息网络；"三网"同步流动，为定单信息流的增值提供支持。

2001年3月，海尔的国际物流中心开始启动，通过BBP(企业间采购系统)交易平台，每月接到6000多销售订单，定制产品品种逾7000个，采购的物料品种达15万种。现在，海尔100%的采购订单由网上下达，采购周期由原来的平均10天降低到3天；网上支付已达到总支付额的20%。在企业内部，计算机自动控制的各种先进物流设备不但降低了人工成本、提高了劳动效率，还直接提升了物流过程的精细化水平，达到质量零缺陷的目的。海尔集团，已在全国建立42个配送中心，可调配车辆1万辆以上，每天可将5万台定制产品配送到1550个海尔专卖店和9000多个营销点。在中心城市8小时配送到位，幅射区内24小时配送到位，全国4天以内到位。形成了快速的产品分拨配送体系、备件配送体系和返回物流体系。与此同时，海尔与中远集团、和黄天百等企业合作，在国内调配车辆可达16000辆。

海尔现代物流的意义在于，第一，率先用信息化带动工业化，用高新技术和市场化的业务流程改造传统产业，通过建立现代物流体系，不仅创造了企业的市场竞争力，而且使企业生产经营的全过程实现运行的精确化、信息化、数字化、高效化，提升了产业水平。第二，生产企业把构筑企业核心竞争力的着眼点，开始转向流通领域，通过流通创新，进行物流的重新设计整合，赢得了分销领域中的利润份额。海尔现代物流体系减少了资本占用，加快了资本周转。

有许多大型制造企业及商业企业，如TCL、康佳、美的、联想集团、方正集团、青岛啤酒、上海宝钢、通用汽车、红塔集团、华联超市、国美电器、海信等企业都已经建立或正在筹建自己的物流体系。

七、跨国物流企业悄然进入

中国经济的快速稳定增长、中国物流市场巨大的潜力以及入世的机会吸引着外资物流企业加速了扩张的进程：一些国际著名的专门从事第三方物流的企业和运递业巨头如美国联合包裹公司、美国联邦快递、美国总统轮船公司、德国邮政、日本通运、丹麦马士基、佐川急便等或结成联盟，或并购股权，组成专业化的物流企业，作为专业化的"第三方物流"供应商进入物流领域，跨国物流企业纷纷进军中国物流市场。的跨国物流企业都已开始在中国登陆并在许多城市布点。提供涉及全国配送、国际物流服务、多式联运和邮件快递等服务。

美国总统轮船公司旗下的美集物流在中国已经建立了7个分公司，近来又决定在今后两年将其势力范围扩展至12个城市；联邦快递在中国202个城市建立了服务网络，明年还将增加20个城市；敦豪速递的网络已覆盖到了300个城市，共39家分公司，明年还将再建11家分公司。德国西门子已在北京成立专门的物流公司；新加坡与上海联手，成立上海招新物流有限公司，以上海为龙头，以华中、华南、华北为三大区域分销中心的覆盖全国的物流网络，并开辟了100余条运输线路；美国总统轮船有限公司(APL)全面进军中国物流领域，将其亚洲业务管理中心移至上海。目前在中国已拥有30家分支机构和联络处；美国物流业巨头BALLY公司登陆南京，开办了百利物流超市，新加坡港务集团加盟广州港，双方合资8亿元组建广州集装箱码头有限公司；美国联合包裹运送服务公司在美国国内经济不景气的情况下，在中国的业务全年内呈现增长态势。

八、传统国有物流企业重组整合迈出坚实步伐

物流业涉及到多个产业、行业和部门，需要综合利用公路、铁路、航空、水运等多种运输方式，并充分利用仓库、运输工具、信息平台设施设备，扩大规模，集中资源、形成规模效益，统一协调管理才能满足全球化或区域化的物流服务。近几年来，已有不少企业开始走重组整合的道路。在2001年，许多企业，尤其是国有物资企业已取得初步成效。

铁道部将启动以网运分离为核心的运输体制改革，彻底改革已经存在几十年的铁路局、分局的企业组织结构，按照业务性质重组为客运、货运和路网公司，为进入物流市场创造条件。

中远重组拉开序幕重组工作。中远集团下属企业将重新按照班轮与物流两大体系进行构架。通过重组，中远将全面整合管理及运力，充分发挥自身优势，力争获得更大的市场竞争力。

中远集团充分利用中国储运总公司的优势，把集团定位于物流企业，将通过资产与业务整合，发展第三方物流业务。

九、物流研究与人才培养进展加速

(一) 2001年，物流的理念得到了普及。在物流管理理论方面，最主要的特点是对物流概念认识的逐步深入。各界对物流的认识取得了跳跃式的进展。“仓储和／或运输就是物流”、“物资管理就是物流”的认识开始转变，经过近几年物流理论和实践的发展，人们开始从供应链管理的高度和物流为企业所创造的经济增加值 (Economic Value Added－EVA) 的角度，来衡量物流的作用。物流管理开始注重研究通过内部的精细化运作来提高企业的利润率，而不是盲目的追求销售额的扩张。供应链管理的概念开始引入并进入实际操作阶段，电子化物流 (egistics) 理论的研究取得进展并在部分企业中实际应用。对“第四方物流”的研究取得了一定进展，但并未深入。有理论认为第四方物流要比第三方物流利润更加丰厚，它对公司内部和具有互补性的服务供应商所拥有的不同资源、能力和技术进行整合和管理，提供一整套供应链解决方案。

(二) 在物流技术方面，主要表现为物流信息系统倍受重视，物流企业把信息技术能力作为企业的核心竞争能力之一。许多有能力的企业纷纷研发自己的管理信息系统和信息平台，互联网的技术、全球卫星定位技术得到了广泛应用。ERP (企业资源管理计划) 系统在企业得到广泛的认可，作为企业供应链实施的WMS(仓库管理系统)、TMS (运输管理系统) 和DPS(数字化商品分拣系统)始被企业重视。物流和供应链解决方案成为ERP之后，软件行业的又一热门。与物流相关的各种软件和技术产品开始形成一个产业，国民经济中发挥越来越重要的作用。但是作为企业间供应链管理一体化和协同物流的信息技术手段，比如EAI (企业应用集成)、EDI (电子数据交换系统)、XDI (物流数据

交换）等尚待被市场接受。

（三）在教育和人才培养方面，一些具备条件的高等院校将物流作为重点研究项目，物流管理专业，不断完善课程设置，加大物流专业人才的培养力度。同时，与物流相关的科研院所纷纷开展物流研究。很多大专院校、协会、著名的大企业都在研究系统理论及规范的技术和管理，并联手进行培训。企业与高校联合，政府与各协会、企业联合，国内企业与国外企业联合。有的已在实践、运用之中。发展较好的企业，如海尔集团、宝供等都形成了独特的人才培养模式，并为其他企业提供帮助。

（四）在学术交流方面，各种物流高峰会、研讨会、展览会、研讨班为物流业界人士提供了交流的媒介。如在中国物流与采购联合会于2001年8月31日召开的首次“中国物流专家论坛”中，大型制造企业的物流部，第三方物流公司代表、物流专家等各抒己见，就“当前发展中国物流的主要矛盾和对策”展开讨论，进行了认真的分析，并提出了具有建设性的对策，新华社为此发表了专稿。9月18日召开的第二次“中国物流专家论坛”将物流与经营结合起来，各界人士交流了研究成果和管理经验。此外，新闻媒体、网站及专业报刊杂志也对学术交流起到了重要作用。

总之，在2001年，我国的物流业在社会各界的共同推动下进入了一个新的发展阶段。我们认为2001年的物流业的迅速发展主要有以下原因：

1.物流业有广阔的市场空间

物流业的发展与一个国家的经济总量及经济发展水平成正比。物流的发展首先决定于物流需求。

2001年中国国内生产总值又增长到9.59万亿人民币。在“十五”期间，GDP将保持7%左右的增长率。

2001年，中国商品零售总额为3.76万亿人民币，生产资料销售总额为5.5万亿人民币，进出口总额超过5000亿美元。这些都构成了较大的国内外物流需求，为物流业提供了广阔的市场空间。

2.企业改革的深化使越来越多的企业开始寻找降低成本的“第三利润”。

3.市场竞争的加剧，使产品的流通环节更为重要。

4.加入WTO后，一方面跨国公司进入中国市场后，要求有现代物流业的配合，急需物流合作伙伴，另一方面，传统物流企业面临巨大的生存危机，希望尽快提升服务水平、扩大服务第三方物流提出了新的要求。

6.各级政府的大力推动，为物流业发展提供了有利的宏观环境。

第三章　中国物流发展存在的问题与建议

一、物流发展存在的问题

（一）管理体制分割，缺少宏观的协调管理机构

物流业涉及多个部门和行业，大量的发展政策、法规、发展战略及规划、组织管理及协调工作需要各个部门和行业的互相配合，统一管理。目前在政府部门的“三定”方案中，还没有一个明确主管物流的政府部门，实际上是国家经贸委在抓物流方面的总体工作。物流业在发展的过程中部门分割的状况，条块分割的体制性障碍，在相当程度上影响和制约物流产业的发展，是制约我国物流业发展的关键因素。

条块分割主要表现在：

第一，物流产业存在政企不分的现象。在计划经济体制下，物流企业成为政府部门的附属企业，充当政府调剂物资的运输工具，政府部门直接参与物流企业的经营活动，制定政策也多从自身利益出发。在市场经济体制改革的过程中，这种现象依然存在，严重影响物流产业的整体竞争力。

第二，从中央到地方有相应的管理部门和层次分割。这种管理体制，造成了部门之间、地区之间的权力和责任的交叉和重复，难以有效合作和协调。

第三，各部门、各行业各自分管。铁路运输由铁道部管理，公路、水路、海运由交通部管理，航空运输由民航管理。

第四，物流业涉及到外贸、内贸、仓储业、流通加工、国家信息产业、海关、工商、税务等部门，缺乏统一管理。

这种分段式的管理模式将全社会的物流过程分割开来，存在以下弊端：

1.造成物流资源的分散和浪费，影响物流系统的协调发展。物流业所需的资源处于供给不足且分布不均衡的状态。如，铁路、公路、航空、海运等运输资源，除深圳等个别新建城市统一由运输局管辖外，其他均分别直属铁道部、交通部、航空总局等统辖，各种基础设施的规划和建设缺乏必要的协调，无法做到科学有效的统一配置。

第一，大量的重复建设和过度竞争，如公路主干网络与铁路网络的平行发展，各地争相建设港口、机场等导致资源浪费；

第二，涉及到各种运输方式之间、国家运输系统与地方运输系统之间、不同地区运输系统之间相互衔接的枢纽设施和有关服务设施建设方面缺乏投入，对物流产业发展有重要影响的各种综合性货运枢纽、物流基地、物流中心建设发展十分缓慢，影响着整个物流系统的协调发展。

2.影响现代化物流服务方式的发展。现代化的物流服务方式是以多式联运为基础的，需要各种运输方式之间的统一协调以便于转换。由于各种运输方式的多头管理、相互分割和独立发展，一个物流企业如果要在国内从事铁路、公路、航空、海运货物运输，它必须分别向不同的部门有关审批单位提出申请，这样造成了手续繁琐和效率低下等弊病。不同运输方式在运输组织方式、服务规范、技术及装备标准等方面存在较大差距，物流企业很难根据需要选择合理的运输服务方式，许多企业只能用单一的运输方式来开展物流服务。

3.导致部门、行业和地方保护现象。现代物流业的发展需要形成社会化的物流系统和跨区域、跨行业的物流网络。由于各管理部门、各地方政府制定政策法规多从本部门、行业和地方利益出发，致使许多物流企业的物流服务活动是在有保护的情况下开展的，各个物流企业想方设法寻求部门或地方政府的保护，造成一种不正常的、不公平的的竞争格局。在多头管理、分段管理的体制下，受部门、地方利益牵制，现行政策法规数量虽多，但相互之间有矛盾且难以协调一致。在价格、税收、投资等政策方面，都存在不统一、不协调的现象，制约着物流业的发展。加上许多产业部门现在都要培育和引领物流，使得物流活动运作分散的现实与物流产业发展整合的要求形成较大的反差，以至于物流产业自己倒反显得没有特定的经济活动领域了。

4.致使新一轮的多头管理。物流业的经济活动领域不明确，许多产业部门现在都要培育和引领物流，使得物流活动运作分散的现实与物流产业发展整合的要求形成较大的反差，若不及时加以引导，就会形成新一轮的多头管理。为此，有必要成立一个宏观的管理协调机构统一引领现代物流业的发展。

（二）推进物流发展的政策尚未配套

一方面，与物流业相关的部门和行业，如国家计委、国家经贸委、铁道部、交通部、民航总局、国家邮政局、教育部、科学技术部等部门以及各级政府部门都制定了促进现代物流业发展的相关政策和规定，但各层次各部门所制定的政策措施都从自身出发，缺乏同其他部门的协调，造成政策不到位或不合理。另一方面，由于我国现代物流业的发展还处于初级阶段，理论体系尚未健全，实践经验还不丰富，虽然国家从政策上和舆论上给物流业的发展提供了非常广阔的空间和支持，但仍然缺乏相关的政策支持来保护物流业的发展。

（三）物流标准化体系尚未健全

我国在物流标准化体系建设方面已做了一些工作，如《物流术语》、《商品条码》等国家标准的制定，但在推广力度、标准化程度和范围上仍存在一定的问题。

1.物流标识标准体系推广不力

尽管我国建立了物流标识标准体系，并制定了一些重要的国家标准，如《商品条码》、《储运单元条码》、《物流单元条码》等，但这些标准的应用推广存在着严重问题。以《储运单元条码》为例，应用正确率不足15%。

2.物流设施和设备的标准化程度低

物流设施和装备的标准化是物流产业发展中一个关键问题，标准化程度的高低不仅关系到各种物流功能、要素之间的有效衔接和协调发展，也在很大程度上影响着全社会物流效率的提高。

我国的物流设施和设备的标准化程度较低，主要表现在：

第一，各种货物运输方式之间装备标准不统一。如，海运与铁路集装箱标准的差异，在一定程度上影响着我国海铁联运规模的扩展。海铁联运的集装箱运输总量及集装箱在铁路运输总量中所占的比例偏低，这对我国国际航运业务的拓展、港口作业效率的提高以及进出口贸易的发展产生了一定程度的影响。

第二，物流器具标准不配套。其中，托盘标准存在的问题较为典型。有的物流企业采用欧美标准，有的采用日韩标准，还有的自己定义。由于与各种运输装备、装卸设备标准之间缺乏有效衔接，降低了托盘在整个物流过程中的通用性，严重影响了物流配送系统的运作效率，也在一定程度上延缓了货物运输、储存、搬运等过程的机械化和自动化水平的提高。

第三，物流包装标准与物流设施标准之间缺乏有效的衔接，虽然目前我国对商品包装已有初步的国家和行业标准，但在与各种运输装备、装卸设施、仓储设施相衔接的物流单元化包装标准方面还比较欠缺，这对各种运输工具的装载率、装卸设备的荷载率、仓储设施空间利用率方面的影响较大。物流环节的运输工具、承载设施、设备的标准和规范不统一，导致物流无效作业环节增加，物流速度降低和物流成本上升，影响了物流的效益和竞争力。

3.商品信息标准化工作滞后

我国许多部门和单位都在建自己的商品信息数据库，但数据库的字段、类型和长度都不一致，反而形成一个个信息孤岛。

4.物流标准化管理工作落后，各种标准难以推广。

这一问题的出现的原因主要是：

第一，部门分割、资源管理的体制性障碍的直接影响。国家标准的行政主管部门是国家质检总局，但由于物流产业跨越了行业，标准的归口管理大多设在各个管理部门的标准化技术委员会。这些标准要达成统一，需要在各部门间进行很多协调工作，衔接难度非常大。如条形码标准的归口管理单位是中国物品编码中心，集装箱标准的技术归口单位是交通部科学研究院，托盘标准技术的归口管理单位是铁道部科学研究院。

第二，市场化发育不足。在市场经济中，技术标准通常是从行业自发需求中产生的，标准化的真正动力来自于市场而非政府的行政手段。我国的市场需求还没有形成足够的规模，国内搞物流的企业除了宝供、海尔等几家大企业之外，很多企业都是从传统储运公司等转型的中小企业，其操作理念还比较陈旧，技术水平低。由于标准化的普及有赖于产业自身的发育程度，在这些企业中推行物流标准化显然具有很大难度。

（四）物流企业不能适应社会发展要求

市场化程度的不断提高使得越来越多的企业需要专业化的物流企业为其提供高效服务。我国的物流企业大部分为传统储运公司转型而成，尽管已出现了一些很专业化、发展较好的物流企业，但总体来说，物流企业物流服务水平和效率还比较低，不能适应社会发展要求。主要表现在：

第一，服务项目单一。目前多数从事物流服务的企业只能提供运输和仓储服务，不具备开展网络化、系统化物流服务的能力，而在流通加工、物流信息服务、库存管理、物流成本控制等物流增值服务方面，尤其在物流方案设计以及全程物流服务等更高层次的物流服务方面还没有全面展开。

第二，物流企业组织规模较小，竞争实力不足。目前从事物流服务的企业，包括传统的运输和储运等流通企业和新型的专业化物流企业，还有一些本是农民仓、部队仓和停产厂房转营仓库，以及个体、私营车队，只是挂上“物流”的名称，其规模和实力较小，网络化的经营组织尚未形成。

第三，物流企业经营管理水平较低，物流服务质量难以保障。多数从事物流服务的企业对现代物流企业的理念、必要的服务规范和内部管理规程缺乏深度的理解，经营管理粗放，很难提供规范化的物流服务。

第四，信息技术应用水平较低，设备落后。以信息系统建设滞后为例，工商企业内部物流信息管理和技术手段都还比较落后，如条形码技术、企业资源管理（ERP）等管理软件，在物流领域中的应用水平较低。许多企业的设备仅停留在七、八十年代的水平，无法提供现代化、高效率的服务。

（五）信息化水平低，物流基础设施、技术设备落后

我国物流业的信息技术应用水平较低，其主要表现是：第一，企业内部物流信息管理和技术手段都还比较落后，如条形码技术、全球卫星定位系统（GPS）、物资采购管理（MRP）和企业资源管理（ERP）等管理软件，在物流领域中的应用水平较低，能进行系统化、信息化管理的物流企业较少。第二，缺乏必要的公共物流信息交流平台，以EDI、互联网等为基础的物流信息系统在我国还没有得到广泛的应用。一个高速畅通，动态互联的标准化信息系统，是第三方物流企业保证其各项职能相互协调并高效运作，实现与其它企业联盟使得物流服务整体化的必要条件。由于我国的网络普及率较低，EDI技术落后，难以实现不同计算机系统之间数据的传递和交换，致使大多数的物流企业信息数据系统处于孤立的状态。一些现代化的物流手段：计算机网络技术，机电一体化技术，语音识别技术，全球卫星定位系统（GPS）、卫星通讯、谢频识别装置（RF）、电子数据交换系统（EDI）、管理信息系统（MIS）等等的使用还不是很广泛。这直接影响了物流中心与用户各方的沟通和协作，阻碍物流服务质量的提高。

在物流基础设施和装备条件方面，我国现有状况距离高水平、高效率的物流服务需求存在一定差距。首先，在基础运输设施布局方面，公路网的布局不合理使陆路运输出现“瓶颈”制约现象；对江河的治理不到位，限制了船舶的运载能力；主要的铁路干线运输存在超负荷运载等情况；运输设施的布局存在中西部地区明显落后于东部地区的现象。第二，在基础运输设施的技术条件方面，以货物运输设施和装备为例，铁路的货运重载、高速、自动化管理目前仍处在起步阶段，高速公路和高等级公路还比较少，沿海港口装备水平参差不齐，近年来建设的北仓港、盐田港、秦皇岛港及大连、天津、青岛、上海等港口的集装箱码头的现代化程度比较高，相当于发达国家80年代的水平，其他大部分港口或港区的装备水平仅相当于发达国家60－70年代的水平；民航货运业还不发达，以客运飞机搭载货运还是主要的航空货运方式。第三，运输、装卸、包装组织管理和技术落后。目前发达国家普遍采用的集装箱运输、公铁联运、水陆联运、陆桥运输等，我国主要在外贸运输中运用，国内运输与外贸运输在技术及组织上差距较大。

在专业化物流设施如物流中心、高架自动仓库等的建设方面，我国尚处于发展初期，设施设备普遍比较落后，未达到第三方物流的条件。许多仓库经过几十年的使用，已是破旧残损，严重老化，年久失修，智能化、自动化仓库还比较少，货运汽车、叉车等车型旧、吨位少，日常装卸、码垛作业以人力肩扛背托为主，机械化作业程度不高。仓储运输系统的整合效能比较低，信息流通不畅，不能保证随时随地的资产可见，也不能形成对物流服务需求全面及时的了解，更难以达到对物流过程的合理、有效的控制，难以满足用户的要求。车辆、船舶等技术水平仍不高，速度慢，安全性差，大量仓库为60年代老旧建筑，标准较低。

（六）物流人才短缺

缺乏具有一定物流知识水平和实践经验的物流专业人才是制约我国物流业发展的另一障碍。

1、物流专业人才不足。第一，从事物流研究的大学和专业研究机构较少，企业层面的研究和投入不足。第二，缺乏规范的物流人才培育途径。在高等院校中开设物流专业课程的大学仅有10所左右，仅占中国全部高等院校的百分之一；研究生教育刚刚开始起步；物流职业教育则更加贫乏，企业的短期培训仍然是目前物流培训的主要方式，但也远远不够。

2、物流企业工作人员的业务素质较低。物流是操作性较强的管理活动，同时又是高新技术支持下的策略，它要求从业人员必须是管理类和技术类相结合的复合人才，既要掌握物流优化管理的理论与方法，同时应具备计算机和网络、自动化技术方面的知识。但是目前我国的物流企业工作人员多数未经过正规培训，业务素质较低，难以达到提供综合物流业务的要求。

3、由于物流方面的教育比较滞后，一些物流专业毕业生理论与实践相脱离，难以及时适应工作。

（七）物流行业的统计数据匮乏

由于国家对于物流业的统一领导还没有形成制度性、规范性的体系，对于物流企业的准入、发展缺乏跟踪，各类统计数据很难查找。同时，由于行业规范、标准体系还未建立，各个企业的内部统计数字缺乏可比性。

二、物流发展的政策建议

（一）建立物流业的统一协调管理机构

物流业涉及到多个部门、行业，但总体的协调必不可少。我国政府机构改革的逐步到位及政府部门与所办企业脱钩任务的完成，为政府部门统一归口管理物流行业创造了条件。我们建议由国家有关经济综合部门牵头，交通、铁路、内贸、外经贸等有关部门参加，建立一个物流业管理机构，统一领导、组织、协调多个交通部门、流通主管部门和行业的工作，加强政府部门的协调，制定规范的物流产业发展政策措施，通过政策引导、改进管理、强化服务，为物流产业发展营造良好的制度环境。

（二）整合物流资源

现代物流业具有社会化、系统化、网络化的特点，对各种物流功能、要素进行整合是发展现代物流业首当其冲的问题。

首先是进行资产重组，通过重组、兼并与联合向集约化与协同化发展，新组成的物流企业将充分发挥互联网的优势，及时准确地掌握物流动态信息，协调物流网点，构筑起本公司全球一体化的物流网络，最大限度地节省时间和费用，以赢得竞争优势，为货主提供优质服务。

第二，建立战略联盟。同一经济区域中的企业可以将各自独特的企业资源整合为一体，实现互补和共享，同时还能使优势企业形成规模化经营，降低其运作成本；规模的扩大可以通过业务合作与建立战略联盟实现，但更多的是通过企业合并实现的。

第三，对相互联系、分工协作的整个产业链进行整合，形成以供应链管理为核心的、社会化的物流系统，使物流活动逐步从生产、交易和消费过程中分化出来，成为一种专业化的、由独立的经济组织承担的新型经济活动。

（三）统一规划物流业发展

由于现代物流涉及交通运输、代理服务、仓储管理、加工配送、信息网络、营销策划等多行业的综合性产业，是一项十分复杂的系统工程，规划不合理，将会造成市场混乱。为此，必须做好物流产业发展规划，包括国家的物流发展规划，地区性的物流发展规划，口岸物流发展规划等。

制定全国的物流规划是当务之急。建议国家应尽快研究制定全国物流业发展的近期、中期和长期规划。

首先应打破地区、部门和行业的限制，按照大流通的思路去进行物流的全面统筹，整体设计，合理布局综合物流中心或物流基地，并按照规划构建我国运输大通道。在全国范围规划物流园区的空间布局、用地规模与未来发展；通过调查生产力布局、物流现状，根据各种运输方式衔接的可能，统筹考虑交通干线、主要枢纽的规划建设。改变目前我国物流业各部门互不协调、重复建设的现状。特别要充分利用大中城市的地理优势和经济实力，规划建设一些大型的物流中心和配送中心，以形成比较完整的全国性物流网络，推动物流业向集团化、联合化、规模化发展。另外，制定规划时应综合考虑到不同地区的地理位置因素、基础设施条件和经济发展状况，循序渐进，注重实效。

第二，现有涉及物流产业发展的部门，应尽快建立物流工作的联系会议制度，加强发展现代物流进程中的协调，加大推动现代物流产业发展的力度。建议在这几个部门体制改革方案设计中，把如何整合物流运力资源、合理设置物流设施，发挥整体合力，避免存量资源闲置、增量资源浪费作为重要的设计原则。

第三，应根据全国的统一规划将有限的资金投入到一些亟待解决问题的领域，形成配套的综合运输网络，完善的仓储配送设施和先进的信息网络平台。

在地方政府的层次上，各省市地区应按照国家总体规划制定区域性规划。在物流园区，将运输、集散、中转、储存、配送、租赁、定货、销售、售后服务等功能有机结合起来，提高物流设施的利用效率。把集中在大城市中心部位的流通设施向郊区集中搬迁，以提高大城市的流通机能，保证道路通畅，增强城市的整体功能。就目前的情况看主要是各口岸城市要尽快制定物流产业发展规划。因为沿海口岸城市是国内市场与国际市场的主要物流接口。跨国公司在考虑市场营销全球化和物流支援一体化运作的时候，一般将物流服务基地设在口岸城市。所以，口岸城市物流发展规划的制定要充分考虑辐射区域的纵深和口岸物流的技术经济特点，要考虑与境外港口的连接，特别是要考虑网络化信息平台和商务平台的建设。

（四）规范市场准入和改进市场监管

为防治物流市场无序竞争，必须通过行政干预、政策引导、建立约束机制等方法，规范市场准入和改进市场监管，加强行业管理。建议采取以下措施：

1.对现行的与物流业相关的法律法规、政策规定等进行梳理、清理，根据情况的发展变化，修订和完善物流法律法规体系，制订并完善管理实施细则，堵塞管理漏洞，进一步提高宏观调控能力。

2.扩大监控力度。以往从事物流服务经营范围的企业，在进行货运经营资质评定时，重新对照经营资质条件进行审核，凡达不到经营资质条件的企业从事物流服务，一律不予核准。剥离低效的物流部门，逐步实现企业物流活动的社会化，为物流产业发展培育广泛而坚实的市场需求基础。

3.建立市场准入制度，对申请开办仓库租赁、中介运输服务的经营者进行从业人员、经营场地、经营能力、管理技术条件等方面的资格审查，限制不合格者进入物流市场，控制恶性竞争。对物流试点企业在达到经营资质条件后，即办理核准手续，换发许可证。

（五）重点扶持龙头物流企业

发展现代物流是一项复杂的社会系统工程，难以在全社会范围内同步实现。因此应采取以点带面的方法，先选择重点企业进行试点，通过试点培育典型，培养一批龙头物流企业，通过总结经验教训，研究出适合我国实际的理论、方法，在龙头物流企业的带动下，全面推进我国现代物流业的快速、稳定、健康发展。

1.通过兼并、重组、联营、撤销等多种形式，优化物流资源的配置组合，推进企业公司制和股分合作制改革，组建一批上规模的骨干物流企业，通过开展技术改造，充分挖掘现有物流设施的潜力。

2.以优先推荐符合条件的股份制企业上市等方式，帮助重点企业开拓融资渠道，加快基础设施建设，添置自动化机械设备，实现信息管理等技术的升级换代，促进物流企业增强经营能力，全面提升供应链理论延伸服务功能，深层次地开展流通加工、多式联运、多点配送和第三方物流服务。

3.加强政府与企业的沟通，加强和试点企业的联系，帮助企业重新整合现有的物流资源，帮助企业制定发展战略和开展物流业务，及时了解企业发展中存在的问题，以便政府部门协调解决，为企业发展现代物流创造良好环境。各有关部门要帮助所辖区域联系企业协调解决在物流发展中遇到的困难，及时研究解决各重点企业的一些共性问题并定期组织企业进行交流。

4.加强组织物流试点企业学习和考察，加强和物流专家联系，加强对物流试点企业的诊断，指导物流试点企业提高物流生产力。

5.主管部门在编制计划或规划时，应对物流试点企业的物流设施建设给予政策倾斜，加大力度帮助物流试点企业引进资金，盘活资产。

（六）推进物流标准化进程

物流标准的不统一已成为制约我国物流业向规范化、高效化发展并与世界接轨的一大障碍。因此，必须加快步伐推进物流标准化进程。建议采取以下措施：

1.制定标准化体系框架。通过对国内外物流标准状况进行调查，收集全面、详细的资料并进行层次结构划分，构造出标准化体系框架，明确物流标准化的发展方向和工作重点。

2.在物流用语、计量标准、技术标准、数据传输标准、物流作业和服务标准等方面作好基础工作。

3.统一相关行业，如包装、装卸搬运、仓储、计算机数据传输格式及接口等的技术标准和作业标准

4.加强标准化工作的协调和组织工作。对国家现行的各种与物流活动相关的国家标准、行业标准进行深入研究，对已经落后于经济技术发展水平的标准尽快淘汰，并代之以新型标准；对托盘、集装箱、各种物流搬运和装卸设施、物流中心、条形码等通用性较强的物流设施和装备的标准进行全面梳理，并进行适当的修订和完善，以使各种相关的技术标准协调一致，提高物流产业中货物和相关信息流转效率。

5.充分发挥科研机构和社团组织的作用，帮助企业研究解决带有共性的物流技术标准和服务规范标准，如托盘、机具的尺度规格，以及条形码、自动扫描等技术标准。在统一标准的基础上，不断改进完善物流的设施及装备，实现物流活动的合理化，加快提高物流服务的质量与效率。

（七）物流发展的扶持政策

政府可以通过制定新政策和改革已有政策对物流业的发展加以扶持，创建一个良好的宏观环境。如：加大投资进行物流基础设施的改造和新建；放宽物流技术装备更新的融资政策和物流基地的土地使用政策；调整物流服务及运输价格政策以及工商登记管理政策 ；改革征税办法，对经营困难的大型物流企业特别是国有物流企业给予减免税优惠；放松对运输行业的管制，鼓励竞争；鼓励从事运输服务、仓储服务、货运代理服务和批发配送业务的企业，允许它们根据自身业务优势，围绕市场需求，延伸物流服务范围和领域，逐渐成为部分或全程物流服务的供应者；在规范市场准入标准基础上，鼓励多元化投资主体进入物流服务市场等。

（八） 加快物流信息化进程

网络经济时代，信息化是第三方物流企业成长的必然要求，必须重视物流信息系统的建设和发展。

首先，应引导企业利用先进的信息技术和物流技术。加强条形码（BC）、全面质量管理(TQM)、电子数据交换(EDI)、管理信息系统(MIS)、射频技术(RF)、地理信息系统(GIS)和全球定位系

统(GPS)、弹性制造系统(FMS)、计算机集成制造系统(CIMS)、制造资源计划(MRP)、企业资源计划(ERP)以及供应链管理等物流理论和技术等在物流企业和广大工商企业内部物流管理中的应用，全面提高企业的信息管理水平。

第二，推进网上物流信息和商务平台的建设。物流企业要做到对客户的要求快速反应，必须及时接收和处理有关参与方的数据。因此，物流网络平台的建设必须有工业企业，物流企业和系统集成商等方面的共同参与。物流网络平台尤其是物流商务平台本身就是一个协议。另一方面，没有真正的服务网络，物流企业的经营站点是孤立的，难以协调。利用网络技术将物流企业散布在不同区域的服务网点联结起来，改变有点无网、有网无流的状况，形成物流服务平台，将会提高物流营运水平。

第三，加强开发，推进应用新的计算机软件。新的物流战略的实施必须依靠计算机软件的更新。如在线交易与市场依赖于供应链执行与计划软件来处理互联网上的订单，同时也依靠供货人具有库存可见性的软件。因此，必须以物流战略的发展为依据，投入大量资金进行计算机软件的研发。

第四，对物流信息资源进行管理。如设计物流产业统计核算的指标体系，确定核算的方法，建立统计报告的格式和程序制度，定期发布物流产业的统计信息等。最根本的是根据工业化发展的要求和市场化的原则创建全新的经济管理体制。

（九）加强物流专业化人才的培养

物流专业人才的数量和素质直接影响物流业的发展。据预测：中国的高级物流管理人才到2010年需求为30万人左右。物流是一门综合性很强的学科，它所需要的人才必须既懂经济和管理，又懂技术。因此，必须全方位培养物流专业化人才。

我们建议：

第一，国家有关部门制订中长期人才培养、学科设置规划。

第二，建立完整的现代流通理论、商业经济及物流科学学科体系，完善相关课程设置；

第三，重视继续教育和在职培训，提高现有从业人员素质。

第四，引导政府部门、企业、行业组织、咨询机构及民办教育机构参与并采取多种形式开展多层次的物流人才培训和教育工作。

第五，推行物流从业人员的资格认证制度，根据从业人员的学历、技术管理水平、工作经验等确定等级和可以从事的工作。

第六，引导企业加大人力资源开发的投入，深化企业内部用人制度改革，建立与业绩挂钩的激励机制，引入竞争机制，合理使用人才。

第七，扩大与国际先进企业的合作，联合培养物流专业人才。

（十）积极引进资金、技术和管理

我国物流发展起步较晚，水平较低，而北美、日本、西欧等国家在物流理论的研究及实践方面都已形成体系。学习发达国家的先进经验，积极借鉴国外先进的物流理念和物流技术，加强国际间的合作，引进资金是加快我国现代物流发展的一个好途径。可通过定期举办国际性的物流研讨会，汲取国外先进物流企业的发展经验；积极利用外资，与跨国物流企业合资、合作，引进先进设备和技术，如托盘运输技术、条形码标识技术、计算机控制的自动拣选技术等，学习以信息技术、运输技术、配送技术、装卸搬运技术、自动化技术、库存控制技术、包装技术等专业技术为支撑的现代化物流装备技术，加强基础设施建设，扩充企业实力。

我们在引进资金技术，学习、借鉴国外物流经验的同时，要结合实际开拓创新，积极发展有中国特色的物流业。

第四章　中国物流未来发展展望

如果将1999年以前中国物流产业的发展称为“淘金”阶段，将1999年－2001年中国物流产业的发展称为“热身”阶段，那么2002年后的物流产业将进入“全面启动”阶段，中国物流产业发展的诸多战略构想也将由“纸上谈兵”进入大规模实际运作阶段，物流业全方位启动的高潮即将到来。本书从物流研究、物流环境、物流市场、物流信息化和物流人才几方面阐述中国物流发展趋势。

一、物流研究

（一）物流研究的主力军逐步明确化

经济全球化趋势不可阻挡，随着我国经济的发展，特别是我国加入WTO，物流业的发展也跨入了一个新的时期。物流业的蓬勃发展，客观上推动了物流研究的进步，新的经济环境、网络信息技术的进步和Internet电子商务的深入应用，更加剧了开展物流研究的必要性和紧迫性。正是在这种背景之下，国内物流研究如火如荼，综观国内外的各种物流研究力量，我们发现存在着这四种研究力量：高等院校研究机构、各级科研院所、大专院校科研院所与公司合作力量、企业。研究我国物流队伍现状，旨在促进物流研究者之间开展学术交流，也为企业特别是物流企业寻求智力支持提供一定的帮助。

高等院校研究机构。高等院校作为培养专门人才、开展科学研究的基地，一方面担负着培养本科学生、硕士生、博士生甚至博士后的社会职责，另一方面也承担了大量的科学研究任务，特别是近年来一些知名的高等学校相继提出由“教学科研型”向“科研教学型”转变的发展战略，科研工作在高校中的地位逐步得到进一步的提高。由于1998年国家教育部调整专业目录，物流学科并入管理科学与工程，几年的发展证明，设立独立的物流学科对发展物流教育和研究十分必要。正因为此，各高校在继续开展物流研究的基础上寻求物流研究工作的基础——设立物流专业。目前，国内高校设立和筹备设立物流专业的高等学校近20所，已经设立物流研究所的高等学校也达到10多所。这些高校中，一部分是原来从事物资流通研究的高等学校，如北方交通大学、华中科技大学等；另一部分是原内贸部所属的高等学校，如北京物资学院、北京工商大学等；第三部分是原来从事交通运输、仓储等研究的高等学校，如上海海运学院等；还有一部分是以工科为基础的从事机械、工业工程等研究的高等学校，如清华大学等。第一类和第二类研究机构主要从事物流方案设计、物流规划、物流系统分析、物流整合等综合研究，后两类侧重于物流要素的研究。

各级科研院所。科研院所的主要职责就是从事科研活动，现阶段从事物流研究的科研院所主要有：国家计委和经贸委下设的专门研究机构、原内贸部系统的科研单位、交通部属科研单位、行业部门属科研单位和地方科研单位等。中国物流与采购联合会在物流研究领域也做了大量的工作，客观上已经成为业内的领头人。交通运输系统的公路研究机构、水运研究机构和民航货运研究机构以及邮政系统研究机构也从事了较多的研究，他们的研究核心主要集中在交通的规划与整合方面。另外，机械行业在物流自动化等领域的研究也为我国物流业的发展做出了巨大的贡献。值得注意的是，国务院研究发展中心在宏观物流研究方面也开展了大量的工作，并取得了一批不可替代的研究成果。

大专院校科研院所与企业合作力量。大专院校科研院所多年从事研究工作，积累了雄厚的知识和经验，且有其人才优势，而资金是他们开展研究工作的一大制约因素。与企业力量合作，为企业在物流方面的发展注入智力力量，这对大专院校的科技成果转化有很大的推动作用，同时也为企业的发展提供了智力支持，社会效益和经济效益并举。对外经济贸易大学与大田物流合作开展物流研究就是一则实例。对外经济贸易大学大田物流研究中心一方面主办《物流世界》，架设物流信息的集散器，另一方面还资助一批物流研究课题。目前该中心的第一批研究项目开标揭晓，第二批项目招标同时进行。我们完全有理由相信，大专院校科研院所与企业合作将为我国物流的发展提供强大的支持。

企业。企业是以盈利为目的的经济组织，因

而企业开展物流研究也与企业的经济利益直接相关，他们的针对性和实用性较强。企业研究物流有以下三种情况：为企业研究物流解决方案；研究物流设施设备新技术；研制物流管理信息系统软件。

汉普咨询公司和快步易捷（Egistics）信息服务有限公司就是为企业研究物流解决方案的成功典范。汉普咨询公司提出基于计算机信息技术手段的支撑作用进行业务流程优化重组，将企业弯弯曲曲的低效流程“拉直”，并彻底清除流程中的无效环节，辅助企业创建高效运行的“管理流水线”，以期达到“没有管理的管理”的最高境界。正是基于“管理流水线”的思想，汉普已为包括海尔、海信、实达在内的众多大型企业进行了管理改造，并取得明显成效，汉普也在短短4年间发展到两个亿的规模，并准备与国外著名的SAP、ORACLE、安达信、普华永道等咨询公司一较高低。快步易捷（Egistics）信息服务有限公司是由来自IBM、普华永道、CRS（西斯尔）、Macquairie Bank（麦格理投资银行）、TNT等跨国公司的职业经理人创建的一家专业的物流解决方案提供商，有IDC的风险资金入股，提供包括物流策略、物流流程重组、物流ERP系统、仓库管理系统、物流信息平台以及高级物流专业培训等在内的整体物流方案，目前正致力于XML技术应用领域的研究。

研究物流设施设备的企业很多，涉及的面也很广，如研究和建设自动化立体仓库的云南昆船集团、太原刚玉集团等，再如研究信息识别与信息采集的SYMBOL公司和北京高立开元数据有限公司(Gicom Data Enterprises Inc.)等。另外还有建设物流信息网络的一批网络公司。

由于目前企业对ERP、SCM等新型管理工具的认识不断加深，研制物流管理信息系统软件的企业得到了长足的发展。除了世界知名的SAP、ORACLE、四班、SSA等管理软件巨头之外，国内知名的ERP软件供应商如开思（CASE）软件、东大博安（NEU-BAAN）、浪潮国强等定位于大中型企业，而和佳（HJSOFT）软件、利玛（BRITC）、金蝶（KINGDEE）等则主要服务于中小企业。最近用友（UFSOFT）借发布U8而大举进入ERP软件市场，已在行业内产生不小的影响。这些ERP软件厂商的产品中，物流信息化模块是整个系统的重要组成部分，也各有特色。一般来说，国内的管理软件产品本土化的方面较国外产品要好，价格也便宜得多。

综观这四类物流技术研究力量，前两类更多地侧重于理论研究，后两类则主要着眼于物流应用。随着物流行业的发展，高等院校、科研机构与企业间的合作与交流也越来越频繁，在物流领域也取得了不少突破。但任何理论要想很好地应用于实际，都需要建立在对企业的具体情况相当熟悉的基础上，而且物流管理作为企业管理中一个非常关键的环节，其管理思想推行的复杂程度也高于其他方面，因此整体来说，我国物流研究还处于起步阶段，还需要各方力量共同努力。

（二）物流理论研究有待继续深入

物流理论研究首先要解决物流领域的重大基础理论问题，这些问题的研究对探讨物流发展至关重要，是物流领域的基础研究工作。其次，物流理论研究还要针对物流运作过程中带有共性的问题进行探讨，从而用理论来指导具体的物流实践工作。

建立和完善物流基础理论体系。《物流术语》国家标准对物流的定义做出了明确的界定，但关于物流的基础理论体系尚未建立。物流在国民经济中的地位问题已经有“第三利润的源泉”等论述，物流系统化思想基本确立，但物流学科建立在一套什么理论体系之上的问题尚有待进一步研究。

深入研究物流经营的机理。物流活动要展开，必须首先弄清物流经营的机理。从宏观上讲，为什么要发展物流，物流的优势有哪些，物流业发展的动因是什么，物流规模经济的表现形式是怎样的。这些问题虽然有一些总括性的答案，但由于人们对这些抽象的解释缺乏具体认识，使物流的概念难以普及，物流业发展缺乏必要的推动力。作为一种方法上的指导，我们应该深入研究物流经营的具体形式、物流服务的内容、工作程序和管理方法。对于物流管理技术和优化手段等方面的内容，也应有所突破和创新。研究这些问题，必须紧密联系实际，根据我国企业经营的具体环境，从物流需求出发，在现有软硬件条件下，挖掘和开拓我国物流经营的新思路，提高物流管理水平。

物流成本核算方法。物流成本核算包括社会物流成本核算和企业物流核算两部分，也就是对宏观物流和微观物流成本进行分别核算。宏观物流成本核算口径如何规范，微观物流成本核算指标如何建立，企业物流成本的明确化问题尚不清晰，这都直接影响了物流的投入产出分析，成为发展物流的桎梏。

物流需求核算方法。同物流成本核算相似，物流需求也有宏观的需求和微观需求的问题。从宏观来讲，尽管现在已经明确物流需求与国民经济发展总量、产业结构和产业布局等因素相关，但如何确定数量化指标的问题也有待建立一套完整的核算方法。微观领域，企业物流需求的确定，物流能力与物流服务水平之间的数量关系也有待进行深入探讨，而不应仅仅停留在经验估计和发现问题个案分析的程度上。

区域物流政策研究。区域物流既不同于宏观的国民经济物流，更不同于微观的企业物流。为了对物流产业进行有效管理，必须制定综合性的物流产业政策。但由于我国经济发展的不平衡，各地区市场状况、企业素质和融资能力不同，物流业发展的规模和水平存在较大差异，近期内难以建立起全国性的物流政策体系。因此各地区应根据自身的基础和条件，首先制定一些符合本地特色的区域物流政策。为了做好这项工作，理论界必须加大区域物流政策研究的内容。只有作好了区域物流政策的研究，才能建立起行之有效的物流政策体系，也才能为全国性的宏观政策提供依据和经验，从而规范我国物流企业的经营行为、培育健康活跃的物流市场，促进我国物流产业的全面发展。

充实和完善物流规划的理论体系。很多传统的物流规划项目都是仅凭决策者的主观意志和经验确定的，造成了很多决策上的失误。一些依赖于理论计算的规划决策方法，结果也往往不尽如人意，实际中由于各种规划论证的失误所造成的损失不计其数，其中很多问题就出在理论方法本身，物流规划理论的研究已刻不容缓。物流规划的模型化方法中，存在很多难题，其中最主要的就是对不确定性问题的描述。笔者认为，我们应该突破传统数学模型的框架，运用各有关学科的最新成果，采用学科交叉的方式，开发符合我国物流本身特点的研究方法和思路，将我国物流规划的理论水平提高到一个新的层次，为我国物流规划工作提供切实可行的理论工具。

（三）物流实践研究任重道远

理论落后于实践，是我国理论界长期存在的问题，特别是流通领域中理论的研究，远跟不上实践的发展，为了扭转这一局面，作为物流实践研究今后的研究方向，我们认为应注重如下几个方面。

生产企业内部物流研究。随着供应链理论的发展、战略同盟概念（Strategic Alliance）以及有效的消费者对应概念（Efficient Consumer Response）的产生，生产与流通的关系愈来愈密不可分。物流已不仅发生在流通领域，生产企业的内部物流、采购物流等同样对企业的利润将会产生重要影响。但由于我国的物流体制的原因，研究的重点更多地放在流通领域，而忽略了对生产企业物流的研究，或微观物流研究投入不足等，使这部分研究相对滞后。

流通企业物流。其中包括物资流通企业、商业流通企业和一般储运企业。流通企业物流在我国经济中占有很重要的地位，特别是随着加入ＷＴＯ的临近，我国的流通市场将进一步开放。面对这一事实，如何重组、改造目前的流通企业使之成为现代综合物流业，占领市场，应是目前研究的重点。

物流结点研究。物流系统中，由物流的各项

功能和物流形态组成。物流的功能一般被分为运输、保管、装卸、包装、流通加工和配送等部分。而物流形态则由线（Line）、手段（Carrier）和节点（Node）组成。线是指公路、铁路、空路、海路等；手段是指汽车、火车、船舶、飞机等运输工具；节点则是指车站、集散中心、仓库、港口、机场等设施。随着经济的发展，消费对生产、流通的需求愈来愈多样化，在流通领域则出现了物流合理化的动向。而如何有效地利用点与线的关系，如何加速建设流通节点，特别是物流基地、物流中心、配送中心的设计、建设、管理等问题的研究，如何充分发挥运输、保管、装卸、包装、流通加工等物流机能，成为物流合理化的巨大源泉。在我国物流的早期研究中，很多人侧重于对线、手段功能的研究，而忽视了对节点功能的研究，这也是影响我国物流进一步发展的原因。

消费者物流。市场经济的发展促进了消费，也带来了消费需求的多样化。特别是近几年电子商务的发展，给物流提供了新的商机。因为电子商务的完成只是流通中商流形式的结束，还需要物流完成其实物的转移，完成其流通的全过程，而这种物流形式的特点在我国的物流研究中还是空白。另外，与消费者息息相关的诸如搬家、快递、临时储存、废弃物物流等领域，还有待进一步开发、研究、利用。

物流管理技术。物流技术是物流管理的重要保证，而物流合理化又是企业追求的目的。虽然过去我国的仓储、运输、包装、装卸等技术的研究比较发达，但物流技术对物流合理化的影响，现代物流管理技术、信息技术在物流领域的应用等，与发达国家相比还有很大的距离。

二、物流环境

（一）经济环境形势很好

企业改革日益深化，国有企业从计划的执行者逐步转变成为市场主体。到目前为止，14000多家国有大中型企业中，1/3以上实行了公司化改造，国有小企业完成改组、改制的已达50%～70%；此外，近年来一大批非国有经济市场主体迅速成长起来，成为中国大陆经济发展中不容忽视的经济力量。这些都为物流业发展建立了良好的微观基础。在物流系统中，小批量、多品种、高价值的货物越来越多，客户在运输的时间性和服务质量方面的要求越来越高。生产制造业为了专注于本企业的核心业务，对第三方物流的专业物流服务需求不断增长。一些大型生产企业开始转向寻求专业运输企业为其在全国乃至全球范围内组织运输和配送。

2001年国内生产总值完成95933亿元，比上年增长7.3%。全社会固定资产投资36898亿元，增长12.1%。市场物价稳定，居民消费价格总水平上升0.7%。外贸进出口总额5098亿美元，增长7.5%。财政收入增长较快，财政赤字控制在预算目标之内。金融运行平稳，现金净投放1036亿元。国际收支状况良好，年末国家外汇储备2122亿美元。根据国家计划委员会的报告，2002年国民经济和社会发展的主要预期目标是，经济增长率7%左右；全社会固定资产投资增长10%左右；居民消费价格总水平上涨1%～2%；外贸进出口总额力争有所增长。这些都为物流的发展提供了良好的外部环境。

（二）政策环境将进一步促进物流发展

中央政府支持，统筹规划，建立现代物流体系。2001年3月，国家经贸委、铁道部、交通部、信息产业部、对外贸易经济合作部和中国民用航空总局联合印发《关于加快我国现代物流发展的若干意见》，提出“发展现代物流的总体目标，是积极采用先进的物流管理技术和装备，加快建立全国、区域、城镇、企业等多种层次的，符合市场经济规律、与国际通行规则接轨的，物畅其流、快捷准时、经济合理、用户满意的社会化、专业化现代物流服务网络体系。”8月，国家经贸委决定建立现代物流工作重点企业联系制度，以加强政府与企业的沟通与联系，并确定中国邮政等34家企业为现代物流工作重点联系企业。在国家计委、国家经贸委最新发布的《当前国家重点鼓励发展的产业、产品和技术目录》

中，把发展物流配送中心列为重点鼓励发展的内容。交通部也发布了《关于促进运输企业发展综合物流服务的若干意见》。

地方政府重视，积极推动区域物流的发展。现代物流在地区经济发展中的重要作用，也越来越为人们所认识，不少省市把发展现代物流列入了重要议事日程。上海市政府在《上海市国民经济和社会发展第十个五年计划纲要的报告》中，把现代物流列为上海市四大新兴产业之一，采取多种措施加快发展；天津市政府把现代物流作为五大支柱产业之一，并由主管市长负责，组织了 20 多个有关部门，研究提出了《天津市现代物流发展纲要研究报告》；深圳市为提升综合经济实力，改善投资环境，把发展现代物流与高新技术和金融同时列为新世纪经济发展的三大支柱产业，编制了《深圳市"十五"及 2015 年现代物流发展规划》；北京市规划建立三个物流园区、四个物流基地、十个配送中心。国内的其他城市，也相继在制定物流规划、开展物流项目，如郑州、石家庄、武汉、成都、广州、苏州、廊坊、芜湖、邯郸、大连、青岛等。

行业协会加强中介服务工作，加速物流发展。中国采购与物流联合会作为物流业的行业协会，在提供信息服务、建立和制定物流作业标准化体系，推进与国内外专业物流公司的联合与交流方面，积极工作，尤其对行业内的从业人员将进行规范化培训，即资质认证管理。

打破地区与部门封锁，创造物流发展良好环境。随着我国加入 WTO，各地方、各有关部门都将根据 WTO 协议要求，加快清理废除不利于物流发展的法律规章，打破地区封锁和行业垄断。同时，国家经贸委等宏观经济管理部门，将加强对有关部门和地方的协调，在物流企业的工商登记、办理证照、统一纳税、交通管理、查验通关等方面提供便利，为现代物流发展创造良好的宏观环境。这些将为物流大市场体系的建立拓展道路。

促进物流的标准化、规范化。物流的标准化、规范化是物流合理化的基础。由中国物流与采购联合会牵头组织编写的《物流术语》国家标准，通过专家论证，国家质量技术监督局已于 2001 年 4 月 17 日发布，8 月 1 日正式实行，这是我国第一个物流术语国家标准，对于我国物流业的发展和规范管理将起到重要作用。科技部专门立项研究物流标准体系，为建立我国物流标准体系提供支持。未来五年，我国有关机构和行业组织将致力于制定和协调物流技术标准和服务规范标准，如托盘、机具的尺寸规格，条形码、自动扫描的技术标准等，促进我国物流业统一标准的形成。

进一步扩大物流业的对外开放。随着我国加入 WTO，在物流业的市场准入方面，我国主要承诺向外国公司提供贸易权（进出口权）和分销权（批发、零售、维修、运输），其中将在 3 年内逐步实施贸易权，在 3～4 年内取消对分销的辅助服务（租赁、速递、货物储运、货仓、广告、技术检测分析、包装等）的限制，并允许国外的分销辅助服务供货商将建立百分之百的全资拥有的分支机构。目前，我国各有关部门正在陆续发布政策法规，鼓励国外物流企业加强与国内物流企业的合作，兴办各种物流方面的合资、合作项目，逐步扩大外商直接投资的范围，调整外商投资股比的限制。

（三）投资渠道逐步改善

我国积极推进交通运输等物流基础设施投融资制度的改革，实行投资主体、投资渠道与投资方式多元化政策，以筹措建设资金和推动经营主体多元化。与此同时，国家经贸委等六部委《关于加快我国现代物流发展的若干意见》中提出"政府部门对公益性物流基础设施的建设，应在土地、资金、税收等方面提供优惠政策。"各地政府为加快物流园区的建设，采取了一些具体措施，如减免土地出让金、银行提供长期低息贷款、实行以税抵租等，取得了一定的成效。多种投资主体、多种融资方式的格局正在形成。外资、上市公司资本和民营资本进入物流领域已近成为大趋势。

（四）物流技术突飞猛进

物流技术是一种综合性的技术，它包含多个方面。在物流装备方面，自动化立体仓库、自动导引车等机械化、自动化设备的应用将使企业能提供更好的物流服务；物流管理技术方面，随着供应链管理思想的进一步应用和发展，物流管理作为为整个供应链争取更大效益的有效手段将进一步突现，物流管理已不仅是优化企业内部资源的手段，更是提高供应链竞争力的战略方案。

更值得关注的是，信息技术在物流方面的运用越来越广泛，将信息流和物流进行集成已成为一种趋势，物流经营者必需具备处理信息流的技能。物流信息处理包括信息的采集、储存、传输、分析和处理等方面。以条码、射频等现代信息技术为代表的信息采集手段将在物流领域进一步深入应用；以GPS为代表的跟踪定位技术将在运输调度、车辆救援等方面得到深入发展；GIS用于信息数据分析，一方面大大提高信息的可视性，另一方面也为空间信息处理提供了新的解决方案；物流信息系统作为先进管理思想和先进技术的结合体，其应用在面上将逐步达到普及，在层次上将向纵深发展；网络信息传输新技术的发展也为物流的发展提供了新思路（如移动通信中的短信息与GPS结合使用）。

各种物流新技术的应用更趋活跃，这将进一步推动物流向机械化、自动化、智能化、信息化方向发展，物流服务将在更大程度上满足生产和消费的要求。

（五）基础设施建设加大投入

1、交通基础设施

“十五”期间，中国将基本建立比较完善的交通运输市场体系，进一步提高综合运输能力，提高运输质量，初步形成大城市间的快速客运系统、多种运输方式协调配套的集装箱运输系统、大宗散货运输系统和特种物资运输系统。并加快以信息化、网络化为基础的智能型交通的发展，在市场机制较完善、交通基础设施较发达的地区，推进现代物流系统的形成。

（1）公路

公路建设将加快高速公路建设，加强西部省际通道和通县油路工程建设，完善配套设施。并结合国家重点干线公路规划，调整和完善公路主枢纽布局规划，加快以公路主枢纽为主的站场设施建设，尽快形成面向全社会的道路运输站场服务网络。重点发展为快速货物运输、集装箱运输以及危险品、大件、保鲜等专项或特种运输服务的专业货运站场，并逐步向物流中心发展。

根据规划，“十五”期间，将全面建成“两纵两横三个重要路段”、“五纵七横”国道主干线系统；公路通车里程160万公里，高速公路2.6万公里；明显提高公路通达深度，全国99.5%的乡镇和93.0%的行政村通公路。

（2）铁路

“十五”期间，铁路建设以改善货物运输质量、提高货物送达速度、积极开展多式联运、实现门到门运输为目标，并初步形成铁路集装箱货物运输系统。重点强化大型集装箱货站建设，形成连接各主要港口和内陆口岸的集装箱快速运输通道。组建专业化公司，增加集装箱保有量，发展集装箱专用车辆，改进集装箱运输组织方式。同时还将加快发展铁路特种运输，扩大开行直达快运、“五定”班列、行包专列，组织重载直达运输。

从线路建设规划来看，“十五”期间，铁路建设计划国家铁路和中央与地方合资铁路建设规模为新线6000公里、既有线复线3000公里、电气化5000公里、地方铁路建设规模为1000公里左右。预计到2005年全国铁路营业里程达到7.5万公里，其中，重点建设以“八纵八横”铁路主通道为重点的铁路路网。这16条通道将是未来客运快速网、货运快速网、重载网、集装箱网等现代化铁路运输网络的重要载体。

加快西部铁路建设将是“十五”铁路建设的重中之重。到2005年，西部地区铁路网规模将达到2.52万公里，其中西南地区为1.14万公里。主要建设宝兰复线、株六复线、宁西铁路、遂渝怀铁路以及内昆、神延、进藏铁路等省区间通道的建设和吉乌、泛亚铁路等西部国际通道建设。

（3）水路

内河航运加强内河水运主通道建设，重点建设东部“两网一纵”，中部建设向江、沅江等主要支流航道，西部重点建设长江、珠江干线上游航道。沿海港口继续加强主枢纽港口建设，发展长江三角洲、珠江三角洲和环渤海湾港口群，在主干线港建设大型专业化集装箱泊位，加大原油、铁矿设等大型专业深水码头的建设。

“十五”期间计划改善航道里程3350公里，其中三级航道950公里，四级航道900公里，五级航道1500公里，改善内河水运主通道2500公里，到2005年水运主通道中符合规划标准的里程达到7940公里，占54.2%；改造和新建内河泊位200个，新增吞吐能力2500万吨。沿海港口建设将新增深水泊位135个，改造深水泊位45个，新增吞吐能力2.5亿吨以上，新增集装箱吞吐能力1650万TEU，到2005年深水泊位达到800个，总吞吐能力达到14.5亿吨以上；长江口航道整治工程达到－12.5米水深；解决千人以上岛屿进出岛交通问题。

（4）航空

民航系统将致力于重点骨干枢纽机场和中西部边远城镇的支线机场建设，促进我国民航中枢辐射式航线网络结构的形成。继续实施航空枢纽工程，调整国内航线，加强枢纽机场、空管设施、信息系统建设，加快支线航空、航空货运、通用航空和西部航空发展等。

重点建设北京、上海、广州三大航空枢纽以及沈阳、成都、西安、武汉、昆明、乌鲁木齐等机场为主的国内地区枢纽机场。除广州新机场外，对其余机场的建设主要是进一步完善飞行区、航站楼设施以及各项配套基础设施，提高和完善中转功能，提高客货处理综合功能和现代化水平。贯彻国家西部大开发战略的实施，加强中西部地区支线机场建设。按照市场需求新建或扩建一批支线机场，在中西部地面交通不便和旅游资源丰富地区重点建设支线机场。预计到2005年，我国通航机场的数量将达到约150个，基本形成大、中、小结构合理，功能分明，协调发展的机场体系。

2、仓储设施

为加快发展连锁商业和物流配送业，我国各省市将会加快发展物流与仓储设施，重点在城市物流中心的规划与建设，一些得到立项的物流中心将开始兴建。

从地区分布来看，跨国公司的生产基地主要分布在我国沿海地区，其次是中部地区。由于企业物流活动的地域与生产基地有很大关系，因此，近几年，东中部地区仍将占居我国物流业发展的优势地位。中东部地区对仓储设施的需求将会较大，同时中东部地区经济发展比较活跃，交通运输、仓储设施、信息通讯、货物包装与搬运等物流基础设施和装备发展已初具规模，拥有基本的发展物流业的物质基础。

我国仓储设施的发展趋势将是向仓库的立体化、装卸搬运的机械化、自动化、电子化、条码化、无纸化，并建立自动补货系统，为连锁企业提供安全可靠、高效的配送体系。同时致力于分置在各个地区、行业的仓储设施的整合规划，促进存量资源的有效利用。

三、物流市场

（一）物流产业迅速发展

现代物流业是我国企业管理的一场革命，也是我国产业结构调整的一个重大突破。现代物流业在我国应当属于新兴产业，是我国经济发展中的一个新的经济增长点。目前，由于市场上相当一部分物流企业是由传统储运业通过升级产生的，因此，处在起步阶段的中国物流业并非完全意义上的新兴产业，而是兼有传统储运业和新兴产业的双重特征。进入21世纪，随着现代电子信息技术的迅速发展及其对物流产业影响的不断深入，信息技术的开发与应用将成为现代物流业的产业基础和物流企业发展的必要条件。物流产业将全面表现出其高技术产业和新兴产业的特点。

在对物流业态的认识方面，我们不妨借用商品流通范畴对“业态”的诠释。在商品流通领域中，有所谓业种和业态之分，简单来看，业种主要是指经营范围，业态主要是指经营方式。因此，物流业态可理解为物流领域交易方式和组织形态的总和。各种经营类型和业态的共存与充分发展是现代物流规范化的重要标志。

随着全球物流的迅速发展，目前国外物流业已由业种向业态方向转变，并呈现多样化和细分化的趋势。根据对全球前20名专业物流公司经营模式的分析，我们可将国外物流产业经营类型与业态粗略归结为以下三类：

（1）由交通运输、邮电业发展起来的物流企业，如UPS，FedEx等。

（2）由零售业、批发商发展起来的物流企业，如沃尔玛，日本7－11等。

（3）由大型制造企业物流部门发展起来的物流企业。

现代物流是现代生产、流通、消费新理念的产物，涉及的领域空前广阔，物流的各个环节都可能出现竞争者和替代者，这就决定了物流业业态多样化发展的客观必然性。

随着我国物流业的发展逐步趋于成熟，市场份额的控制壁垒将随之产生并不断强化，在优胜劣汰中保留下来的物流企业将控制行业的部分市场份额，并形成稳定的业务渠道，新加入的企业则必须开辟新的市场空间。这也会在一定程度上加速物流业态多元化的发展。

（二）物流市场规模继续扩大

中国物流业发展的大好时机，物流市场规模继续扩大。国民经济的持续稳定发展是物流发展的主导因素，此外还有以下因素也促进物流的市场规模不断扩大。

加入WTO的促进。加入WTO，对于中国是一个加快经济发展的机遇，也为中国物流市场带来了一个严峻的挑战。由于和国际经济全面接轨，将彻底改变国内体制条块分割的状况，加速国内统一大市场的形成，有利于传统物流向现代物流转变。加入WTO，全球化战略的趋势加强，企业为增强竞争力，更加专注于本企业的核心技术，生产厂集中精力制造产品、降低成本、创造价值，物流企业则应该专注于从事物流服务。对物流企业的发展提出了更高的要求，同时也提供了更大的空间。加入WTO，中国将逐步开放分销服务，包括佣金代理、批发、零售、特许经营等。这些都必须要有现代物流体系的支持，对目前比较落后的中国物流业将是巨大冲击，但也是加快发展的一个机遇。中国现代物流的发展必须要有一定人力、物力、财力的投入，特别是外资的大量投入。加入WTO，上述基本条件都将得到加强。

电子商务浪潮的冲击。在世界范围内，电子商务正以惊人的速度在发展。众所周知，电子商务的实施必须以现代物流系统为保障。物流系统是电子商务实施过程中最重要的瓶颈。中国在电子商务的实施技术方面和国际发展水平的差距比较容易消除，但是建设现代化物流系统需要投入大量人力物力，体制和系统也需要改革和整合，技术水平需要提高等等，都是需要耗费时日才能见效的工作。这就促使人们把注意力聚焦于物流，物流事业的发展由此而进入了一个新的阶段。

在电子商务环境下，由于呈现全球经济的一体化趋势，当前的物流业正向全球化、信息化、一体化发展。由于企业销售范围的扩大，企业和商业销售方式及最终消费者购买方式的转变，使得送货上门等业务成为一项极为重要的服务业务，促使了物流行业进一步发展。信息化、全球化、多功能化和一流的服务水平，已成为电子商务下的物流企业追求的目标。

当前最引人注目的动向仍然是电子商务与物流的结合。由网络经济中涌现出来的电子商务企业，最终明白：没有现代化物流系统为依托，自己将成为时代浪潮中的泡沫被淘汰；而传统的物流企业和制造企业也逐步认识到，如果不乘上网络经济和电子商务的快车，就将被时代所抛弃。这两种趋势都意味着物流企业现代化的步伐正在加快，一批适应电子商务时代要求的新型物流企业正在形成。

西部大开发的影响。中国正在实施西部大开发战略，在中西部将兴建许多现代化大型企业。此外，将有数以万亿元计的资金投入到广大中西部的基础设施工程项目中去。其中很大一部分是交通运输工程。以铁路网的建设为例，目前西部地区,540多万平方公里内铁路线总长不到1.5万公里，在“十五”期间将安排1000亿元的投资，使西部铁路网总长达到1.8万公里。西部铁路网的建设首先将和东部已有铁路网的主干道相连接，同时连接西部各省，将成为东西部交流和西部各省相互联系的重要通道，为西部地区协调统一地发展提供支持条件。此外，新亚欧大陆桥也作为西部铁路网的一条主干线，为西部地区经济走向国际、发展国际物流创造条件。

关于中国物流市场到底有多大的问题，目前有很多说法，为了分析这一问题，不妨看看美国的情况。根据《美国年度物流状况报告》，美国1999年的物流成本(包括库存成本、运输成本和管理费用)第一次降低到GDP的10%以下，而1998年以前均超过10%。根据中国物流的现状，我们有理由认为，要赶上美国1980年的水平我们还需要至少20年时间，即使按照美国1980年的水平，物流成本在GDP中所占比例在15%以上，则2000年中国物流成本应在13350亿元人民币以上。由于中国没有进行关于物流成本的统计和研究，无法得到准确的数据，但有一点可以肯定，随着国民经济的增长，GDP的总额在增加，物流成本总额也会增加，这就是令所有物流企业都垂涎三尺的巨大蛋糕。另一方面，根据发达国家的经验，物流成本在GDP中的比重应该下降，生产和流通企业的物流成本在其产值和销售额中占的比重也应该下降，这又是生产和流通企业梦寐以求的利润源泉。

（三）物流市场需求与市场竞争具有新特点

在市场竞争非常激烈的情况下，企业开始重视物流，结果将导致社会增加对物流的投资，引导更多企业来从事物流工作，从而又会促进物流领域的竞争。面对21世纪更加激烈的市场竞争和迅速变化的市场需求，为客户提供日益完善的增值服务，满足客户日益复杂的个性化需求将成为现代物流企业生存和发展的关键。物流企业的服务范围将不仅限于一项或一系列分散的外协物流功能，而是更加注重客户物流体系的整体运作效率与效益。供应链的管理与不断优化将成为物流企业的核心服务内容。物流企业与客户的关系将越来越多地体现为一种风险共担的战略同盟关系，而不仅仅是现阶段的一般意义上的买卖关系或服务关系。与上述物流发展理念相左的物流企业将逐渐被淘汰出局。

2000年前，中国的物流产业并没有完全对外开放，因为物流行业曾被视为关系国计民生的战略性行业，国家一定要牢牢控制。另外，我们总是认为，物流问题就是渠道问题，渠道问题就是市场问题，而市场一定要由我们自己控制，否则，外国商品就可以肆意在中国销售，势必对国内品牌造成灾难性的打击，基于这些原因，物流没有对外开放。其实，这种做法保护了国内落后的物流，丧失了使物流与国际接轨的时机。加入WTO后，这个问题就不会再成为问题了。许多在中国进行了5年、10年等待和市场调查的国外物流公司将会进入中国，他们的到来会使国内物流市场竞争变得激烈起来，但对中国物流的发展是有极大好处的。

在物流服务产品化的初期，由于市场尚未形成公认的服务标准，而国外物流业的服务模式又不完全适合我国现阶段的物流市场需求，因此，众多物流产品之间往往千差万别，难以达成基本的行业服务标准。这在某种程度上阻碍了物流产品的优化和服务成本的下降，并加剧了替代品的竞争。随着合同导向的客户服务观念的确立与普及，以及物流服务产品化、市场化的继续发展，物流市场的服务标准将逐渐趋于规范化。

（撰稿：中国物流与采购联合会）

第二部分

行业物流

运输及货代

2001年，我国货物运输形势在经济结构调整和以拉动内需为主线的发展背景下，发展形势较为平稳，除4月份以后铁路运输在部分区段仍较为紧张外，各种运输方式的运输能力基本能保证经济发展需要。

综观2001年整个运输发展形势，公路、水上运输以及运输代理的市场竞争仍较激烈，而且，在现代物流发展的推动下，由于物流技术的应用而催生的新的运输及代理组织形式、服务方式和服务业态开始出现，促进了传统货物运输的转型和结构调整步伐的加快。与此同时，2001年也是我国加入WTO后的第一年，为适应加入WTO后我国货物运输对外开放力度加大、步伐加快和运输领域深化改革的需要，我国货物运输管理政策等也进行了适当的调整，相当一部分省市均在积极进行以货物运输为主要发展平台的物流发展规划及相关政策的制定，货物运输的发展环境也因此得到了改善。

一、货物运输及代理基本情况

（一）货物运输

我国的货物运输由铁路、公路、水运、航空和管道等5种运输方式构成，自综合运输的发展思想在我国逐步形成后，全国货物运输的发展格局发生了较大变化，各种运输方式在综合运输体系中的地位及分工逐步明确，整体运输效率也逐年提高，充分显示了发展综合运输和建立综合运输体系的核心思想，各种运输方式按照其自身技术经济特征，在社会化的运输范围内和运输过程中，正在形成分工协作、有机结合、连接贯通、布局合理、竞争有序、运输高效的综合运输体系，各种运输方式的单个及组合优势得到较为充分的发挥。

1.运输总量有所增长，运输结构的调整力度加大

2001年，全国各种运输方式完成货物总运量达140亿吨，较2000年有所增长（见表1），从总

表1　　2001年全国各种运输方式完成货物运输量情况

统计指针	单位	2001年完成量	2000年完成量	增长率
1．货物总运量	亿吨	140.02	135.81	3.1%
铁路／其中国家铁路	亿吨	19.26/17.86	17.80/16.55	8.2%/7.9%
公路	亿吨	105.36	103.88	1.4%
水运	亿吨	13.48	12.24	10.1%
航空	亿吨	0.017	0.016	6.1%
管道	亿吨	1.9	1.87	1.6%
2．货物总周转量	亿吨公里	46303.76	44441.40	4.2%
铁路／其中国家铁路	亿吨公里	14575.12/14274.49	13902.10/13336.1	4.8%/7.0%
公路	亿吨公里	6179.89	6129.40	0.8%
水运	亿吨公里	24860.22	23734.20	4.7%
航空	亿吨公里	43.53	39.7	9.7%
管道	亿吨公里	645	636	1.4%

运量的增长构成看，水运、铁路和航空运量的增长较为显著，反映了低成本和高效率的运输方式在运输系统中的运营效率得到提高，市场竞争能力增强，加快了运输结构的调整步伐；在运输周转量的增长构成中，航空、铁路和水运增长速度较快，使得区域运输组织格局正在向按照发挥各种运输的优势和特点的结构调整方向转变，这种符合物流运作特点和效率需要的运输结构调整力度的加强，将为未来我国现代物流的发展营造良好的运输平台条件。

2.部分运输方式货运渐成热点，市场发展潜力初现

2001年全国货物运输增长势头缘于我国经济发展形势的稳定，经济的发展对货物运输提出了相应的需求。同时，各种运输方式为适应现代物流的发展需要，在运输组织方式和服务形态上作出了相应的改变和调整，使货物运输在继近些年旅客运输发展迅速之后，逐渐成为运输领域的发展热点，经营货物运输的市场潜力得到一定程度的显现。综观2001年的货物运输，各种运输方式的货物运输发展中体现出一些新的变化，首先作为物流活动相对集中和运作基地的沿海及内河港口货运的发展较为引人注目，港口通过国内积极挖掘国内沿海货物运输市场和内河集装箱联运潜力，货物吞吐量保持了2位数的增长，而且，继上海、宁波和广州港之后，2001年又新添了天津、青岛、秦皇岛和大连等4个货物吞吐量超亿吨的特大型港口（见表2）；其次，在西部大开发和区域经济交往日趋广泛的背景下，物流的跨区域组织成为货物运输的新的增长点，从2001年的货物运输周转量增长整体上快于运量的增长得到体现；第三，货物运输市场较为活跃，铁路运输通过改革运输组织与管理方式，使内涵运输能力得到充分发掘，各项货物运输指标均创历史新高。航空货运也从过去单纯以客机带货为主发展到与专用货机并举，使航空货运打破了徘徊的局面，成为最具成长性的货物运输发展领域。

表2　　2001年我国主要港口货物吞吐量完成情况

	2000年		2001年		2001较2000增长	
	吞吐量（万吨）	集装箱（万TEU）	吞吐量（万吨）	集装箱（万TEU）	吞吐量	集装箱
全国主要港	170100	2263.2	18.87	2653.26	14.9%	17.2%
沿海主要港	125600	2061.1	14.16	2456.28	12.7%	19.2%
长江干线港	22300	68.4	2.27	77.87	1.8%	13.8%
上海港	20440.2	561.23	22102	633.04	8.1%	12.8%
广州港	11127.7	143.09	12646	162.83	13.6%	13.8%
宁波港	11547.1	90.22	12658	121.31	9.6%	34.5%
秦皇岛港	9743.3	1.35	10987	2.03	12.8%	8.9%
天津港	9566.3	170.84	11370	201.1	18.8%	17.7%
青岛港	8636.0	212.01	10398	263.85	20.4%	24.4%
大连港	9084.1	101.10	10033	120.89	10.4%	19.6%
深圳港	5697.4	399.37	6602	507.86	15.9%	27.2%
厦门港	1965.3	108.46	2098.9	129.48	6.8%	19.4%

（二）运输代理

2001年，我国运输代理行业发生了一些新的变化，首先我国加入WTO，承诺分别在1年和4年后允许外资占合资企业多数股份和全资拥有子公司，合资企业经营1年以后可以建立分支机构；外资货运代理公司在其第一家合资公司经营满5年后可以建立第二家合资公司，入世两年后，此项要求将被减至2年，对于我国发展水平

较低和企业竞争能力较弱的运输代理行业将产生较大影响。第二，第三方物流企业的发展，使得运输代理从过去单纯以运输中介服务为主转变为兼具提供物流解决方案的物流服务代理商，丰富了运输代理的内涵，也为运输代理向现代物流转型提供了经验，使传统的运输代理的发展空间被有效拓展。第三，大型物流企业构筑区域及全国物流网络过程中，为运输代理企业的整合和网络化经营企业的发展创造了条件。

从我国货运代理业的总体情况分析，国际货运代理因企业发展起点水平较高，发展速度相对较快，而其它领域（包括铁路、公路、水运和航空等）的运输代理则具有较为庞大的企业数量，而企业经营规模和水平则不及国际货运代理。

1.国际货物运输代理

加入WTO后，我国受到影响最大的代理行业将是国际货运代理。我国目前的国际货运代理格局是改革开放以后逐步形成的，1984年，国务院下发了《国务院关于改革我国国际海洋运输管理工作的通知》中，规定对船货实行行业归口管理，明确了国际货代业由外经贸部门管理。

1992年，国务院下发《国务院关于进一步改革我国国际海洋运输管理工作的通知》，再次重申，货代管理的方针政策、法规、统计、行政审批仍归外经贸部负责；船舶公司、船代管理的方针政策、法规、统计调查仍由交通部管理。以上对于国际货物运输代理业的行业管理分工至今未变（但外贸运输的协调工作由国家经贸委负责）。同年，中美两国海运协定谈判商定，中国允许美国两家船公司在华设立子公司，揭开了具有外资背景的合资合作、派代表机构等形式的国外代理进入中国国际货运市场的序幕。

随着1994年《对外贸易法》的颁布实施、1995年《中华人民共和国国际货物运输代理业管理规定》的发布实施以及1996年《外商投资国际货物运输业代理企业审批规定》和《中华人民共和国国际货物运输代理业管理规定实施细则》（试行）的发布施行，使我国国际货物运输代理业管理逐步走上了法制化的轨道，并进一步促进了代理业的快速发展。

到2000年末，获外经贸部批准，在我国境内具有国际货运代理资格的从事货运代理的公司有1300多家。通过这些企业进行国际贸易货物运输的货物约占我国国际贸易运输货物总量的80%。

2.国际船舶代理

国际船舶代理以船舶为服务对象，代理服务的内容均与船舶运输的具体工作有关，如办理船舶进出港的申报手续，联系引航、泊位，洽办船舶检验、修理、熏舱、洁舱、扫舱以及燃料、水、食品、物资供应等。

2000年，由交通部批准的国际船舶代理企业308家，年代理国际船舶14万艘次，船舶净吨5亿吨。根据船舶代理服务对象范围可划分为两类，一类是具有外轮代理权的公共船代企业，目前，公共船代企业主要包括中国外轮代理公司、中国船务代理公司（中外运系统）和联合船代（由中外代和港务局下属企业设立）三个系统；另一类是由国际航运公司出资设立的“自船自代”船舶代理企业，这类企业只可代理中国籍船舶和自有外国籍船舶。2000年，全国有公共船代企业173家，“自船自代”企业135家。公共船代企业在船代市场上占绝对优势，其在各个港口代理的船舶艘次、船舶净吨、代理收入均占80%以上。

3.中外合资货运代理

中外合资货运代理指由国外一些船公司、货代行、实业公司与国内大外贸公司、交通运输公司联手合资、合作创办。在2000年底，约有400余家。他们的特点是：资本雄厚、规模化、网络化经营；人员素质和管理水平较高，服务具有竞争力。

由于监管力度不够或受到利益驱使，一些小而服务不规范的货运代理，尤其是没有外经贸部颁发的国际货运代理资格批准证书的货代，采用挂靠、租台等“游击式”的形式，以不规范的操作程序经营货运代理业务，也在一些城市存在，在一定程度上加剧了竞争和扰乱了代理市场。

4.联运业的发展

20世纪80年代中后期开始，国家大力提倡公铁分流、公铁联运，在原国家经委等政府部门的支持下，全国许多地方成立了联运公司，从事联运及代理经营业务。由于政策对路和不同运输方式间客观存在多式联运服务的需求，联运企业发展很快，到1990年末期，全国约有近500余家有一定规模的联运企业。

从2001年联运企业的总体经营情况看，随着各种运输方式在运输组织方式的改变和服务质量的提高，联运企业因技术进步较为缓慢，相当一部分企业经营步入困境，总体经济效益呈进一步下滑的趋势。

5.国内货物运输代理

国内货物运输代理指依托单一运输方式或局限于一定区域开展运输代理服务的货运代理企业。由于我国国内运输代理在一定区域内是放开经营的，因此，此类代理企业的数量较大，但是，因目前尚无专门的统计，无法确知其数量，估计应在数万家上下。

国内运输代理企业的存在形态主要有以下几类：一是以铁路货运站点为依托的包装托运站、代理站，此类代理企业仅北京就有近1000家，随着铁路开通集装箱专列、行包专列等，并全国联网运作，铁路代理的发展空间较大；二是公路运输的配载站和运输代理企业，在公路运输部门鼓励运输服务业的发展和支持建设货运市场的政策下，公路运输代理在近几年发展迅速；三是航空运输代理，在航空货运航线不断增加高效物流组织需求的推动下，代理行业更是成为发展热点。

但是，从总体上分析，由于受制于我国运输组织水平和缺乏网络化的大型运输企业的资源整合，我国运输代理行业的发展尚不成熟，政府主管部门实施监管的政策和手段也相对滞后，今后必须在政策上给予积极引导。

二、货物运输及代理行业管理与法规建设情况

2001年，我国完成了加入WTO的历史使命，为履行承诺，随之涉及货物运输及代理相关政策的调整和法规的制定。2001年，我国关于货物运输及代理的政策调整及新的法规的出台，在近年来是较多的，这些已出台的政策和法规主要包括以下几个方面：

（一）规范运输市场准入和市场经营秩序

1.国际海运市场

2000年年底，国务院第335号国务院令，公布《中华人民共和国国际海运条例》。此条例将自2002年1月1日起施行。

根据《条例》，经营国际船舶运输业务应当具备下列条件：有与经营国际海上运输业务相适应的船舶，其中必须有中国籍船舶；投入运营的船舶符合国家规定的海上交通安全技术标准；有提单、客票或者多式联运单证；有具备国务院交通主管部门规定的从业资格的高级业务管理人员。国际船舶运输经营者经营进出中国港口的国际班轮运输业务，应当依照本条例的规定取得国际班轮运输经营资格。

《条例》规定，经营国际船舶运输、国际船舶代理业务的中外合资经营企业，企业中外商出资比例不得超过49%。经营国际船舶运输、国际船舶代理业务的中外合作经营企业，企业中外商投资比例比照适用前款规定。

未取得《国际船舶运输经营许可证》，擅自经营国际船舶运输业务的，由国务院交通主管部门或者其授权的地方人民政府交通主管部门责令停止经营。

2.内陆运输市场

为适应我国加入WTO后开放内陆市场的需要，对外经济贸易部和铁道部联合发布《外商投资铁路货物运输业审批与管理暂行办法》，对外商资格、企业设立条件、审批程序、经营期

限、范围和方式以及管理等都作了明确的规定，使铁路运输市场开放的条件初步具备，同时，也为市场开放后有序经营作好了制度准备。

交通部、建设部、财政部、国家计委、公安部联合发文《关于清理整顿道路客货运输秩序的通知》，目的在于整顿市场，维护良好的公路运输经营环境。

此外，交通部、对外经济贸易部2001年第9号部令，发布《外商投资道路运输业管理规定》，交通部《道路货物运输企业经营管理办法》（试行）出台、《交通部关于川江汽滚船运输实施准入制的决定》、《国内船舶运输经营资质管理规定》、《国内船舶管理业规定》和《对营运驾驶员实行从业资格管理规定》施行，交通部修改《道路运输车辆维护管理规定》和《道路运输行政处罚规定》等，这些政策和法规的着眼点均体现了对市场的规范精神。

（二）明确未来运输发展方向和创造企业经营条件

1．“十五”交通运输发展规划出台

为使运输市场在进一步开放后能按照符合运输规律和综合运输体系建设的要求，国家有关部门利用新的5年计划制定的机遇，出台了指导未来运输业建设和发展的宏观规划。国家计委出台了《“十五”综合运输发展规划》，铁道部发布《铁路“十五”发展规划》，交通部发布《公路、水路“十五”发展规划》、《道路运输业十年发展规划纲要（2001—2010）》和《交通信息化十五发展规划》，为未来5～10年各种运输方式的发展指明了方向。

2．企业发展环境更为宽松

为尽快提高各种运输方式的经营水平和经营效益，降低社会运输成本，为现代物流的发展创造良好条件，国家计委、交通部、民航总局和国家外汇管理局等部门制定出台了一系列政策和法规。

交通部出台公路、水路结构调整意见，并发布《公路、水路交通信息化工作指导意见》、《职业汽车驾驶员适宜性检测评价方法》、《公路运输主要统计指针分类与代码》、《内河货运船舶船型主尺度系列普通货运船》和《内河运输船舶标准化管理规定》等。

交通部和国家计委联合发布《关于对国际集装箱运输车辆行驶收费公路给予通行费优惠政策的意见》（全国平均下降幅度39.7%），国家计委发布《对改革公路收费机制的建议》，交通部和国家计委发布《关于全面放开水运价格有关问题的通知》，对外贸港口收费的规定和标准进行适当调整：取消原规定的对近洋运输的船舶、货物、集装箱20%的近洋航线附加费；取消速遣费；集装箱装卸包干费在现行规定基础上提高15%，拖轮费在现行规定基础上提高5%，停泊费在现行规定基础上提高15%；各港根据实际情况可给予停泊船舶优惠，国家外汇管理局《关于非贸易及部分资本项目下售付汇提交税务凭证有关问题的通知》允许船代货代向外付汇，民航总局同意航空公司收取航空保险附加费等。

此外，为促进交通运输业向现代物流的转型，国家经贸委、铁道部、交通部、民航总局、外经贸部和信息产业部联合发布《关于加快我国物流业发展的若干意见》，交通部发布《交通部关于促进运输企业发展综合物流服务若干意见》，对外经济贸易部设立贸易促进和物流处，中国物流与采购联合会、中国船东协会、中国港口协会、中国国际货运代理协会、中国民用航空协会、中国公路学会、中国铁道学会等7个国家级协会组织联合成立了“共同推进物流发展联席会议办公室”。

（特约撰稿：国家计委综合运输研究所副所长　汪鸣）

铁 路 物 流

一、铁路建设及运输现状

铁路是我国陆路运输的主要方式，在综合运输体系中处于骨干地位。改革开放以来，特别是20世纪90年代以来，我国铁路发展速度加快。截至2001年底，全国铁路营运里程达到了70057公里，居世界第三位。其中国家铁路59079公里。2001年国家铁路完成旅客发送量10.17亿人次，旅客平均行程456公里；完成货物发送量17.86亿吨，货物平均运程近800公里。铁路总换算周转量达到了19005亿吨公里，仅次于美国，排世界第二位。运输密度（每公里换算周转量）为3217万吨公里，是排在第二位的俄罗斯及日本的两倍，是世界平均水平的四倍左右。中国铁路是世界上负荷最重、运输最繁忙的铁路。

进入新世纪以来，铁路在国民经济中的位置更加重要，也得到更大发展。

在铁路建设方面，中国铁路覆盖了全国各省、自治区、自辖市，营运里程不断增加。一个横贯东西、沟通南北、干支结合的具有相当规模的铁路运输网络已形成并逐步趋于完善。

在铁路运输方面，反映铁路运量的综合指标——总换算周转量，2000年与1980年相比增长了2.7倍。2001年，又比上年增加了6.7%，创造了新的历史记录。我国铁路在国内五种现代运输方式中所占市场份额也位居世界前列。客运市场份额近年来一直在38%左右，与德、俄、日相近。货运市场份额在55%左右，也远高于美国和俄罗斯（35%左右）。

二、铁路运输企业与现代物流

近年来，物流业在我国得到了迅速发展。在物流领域，运输是重要环节。在我国诸多运输方式中，铁路运输是一种主要方式。为促进我国物流业的发展，铁路运输企业更新观念，加快改革，强化营销，在物流领域发挥了积极的作用。

现代物流是以满足消费者的需求为目标，把制造、运输、销售等市场情况统一起来思考的战略措施。与传统物流“后勤保障系统”和“销售活动中起桥梁作用”概念相比，现代物流在深度和广度上又有了进一步的含义。现代物流专业化、规模化、个性化的发展需求，造就了现代物流业，逐步形成了包括传统仓储、运输、货代、集装箱运输、物流配送中心及第三方物流等各种商业模式的物流性质企业，现代物流业将逐步发展成为国民经济的主要产业之一。

铁路运输企业要提高经营效益，实现产业升级，积极发展现代物流服务是必由之路。

铁路运输企业本身就是一个物流企业。目前的铁路运输企业，向社会提供包括货物运输、运输服务、运输延伸服务等服务项目，包含物流功能要素中的运输、储存、保管、装卸等功能，铁路运输过程中的售票、货车自动识别等信息系统则属于物流信息的范围，具有物流信息服务的开发价值。从铁路运输企业来看，其物流活动包括以下三个方面：一是把产品从甲地运到乙地的运输过程；二是运输企业有关运输代理及运输延伸服务活动；三是运输企业内部物资、设备和材料的采购、管理、配送等。

随着世界经济一体化的不断向前发展，铁路运输企业发展现代物流，必须按照整体经济的发展趋势，结合自身实际，根据铁路运输行业的特点、技术、经济实力和存在的优势，明确在物流产业结构中的企业定位和产品定位，寻求自身的发展方向。

三、铁路运输企业发展物流服务的对策分析

铁路运输企业作为物流企业，应从以下三个方面适应现代物流的发展方向：

（一）运输过程对现代物流的适应

从现代物流的观念来看，铁路运输仅仅是铁路运输企业发展物流的核心支撑环节，而不是物流的全部内容，主要在铁路物流体系中作为运输方式参与市场竞争。因此，运输过程是铁路运输企业的主要物流服务职能。在市场经济中，物流是以市场需求为导向的服务，物流的服务质量主要表现在时效性，安全性、方便性、标准性等方面，包含物流系统中的运输、储存、保管、装卸等要素功能。目前，铁路运输企业由于受长期以来计划经济管理体制的影响，与物流的市场需求存在一定差距，尤其是在运输过程中难以保证运到时间的准确性，不能满足顾客和货主快速到达和按时到达的要求，从而在运输市场的竞争中失去了很多客货源。铁路运输企业要想在市场竞争中处于不败之地，就必须适应现代物流的需求，按照现代物流的发展方向，选定梯次的目标市场，研究多目标优化方法，选择适应现代物流需求、运输组织创新、运力资源优化的多个优化目标，不断优化产品结构，全面优化运力配置，实现运输资源运用效益最大化。

1.全面实行提速工程,提高列车运行速度。

对中长距离的运输，要尽量按照顾客的需求，在确保价格优势的基础上，尽可能地缩短运送时间，提高运输速度，满足顾客的需求。2001年10月铁路第四次大提速后，广州至北京经铁路运输仍需22小时，而航空运输只需3小时，运送时间差距仍然很大。铁路系统有必要进一步实行提速工程，提高运输干线和中长距离铁路运输速度。

2.全面提高运输过程中的旅行速度，缩短在途时间。

目前铁路运输由于受原有计划经济体制下的习惯管理方式影响，货物运到时间中有近三分之二消耗在货物集结、装卸作业、编组作业，中转作业、解编作业等组织过程中，导致了运到时间的浪费，难以确保货物的准时到达。提高货物运输组织效率，铁路系统大有潜力可挖，首先，在货运量较大的地区成立货运公司，通过实行同类货物、同一方向货物集中受理、统一装车，改变原有同类货物、相同方向的货物分散在邻近不同货场、形成不了装车和编组能力的情况，缩短货物集结时间。其次，提高货物装卸、车辆编组效率，减少人为的货物积压和时间上的拖延，做到货物的及时发送。此外，通过加强组织衔接，减少货物中转时间和解编作业时间。

3.全面优化运输产品结构，实现货物准时、快捷到达。

铁路运输要全面实现以满足顾客需求为目标，就必须按照现代化物流专业化、规模化、个性化的发展需求，进一步优化产品结构，如按照专业化的现代物流发展需求，可开发行包专列、鲜活货物专列、高危货物专列等；按照规模化的发展需求，实行货物集中受理，分散装车，在形成经营规模的基础上，开发“五定”班列、集装箱专列等产品；按照个性化的物流发展需求，可开始品牌列车、城际班列、特快列车等满足个性化特殊服务要求的产品。

4.全面提高服务质量。

以满足顾客需求为目标，是现代物流业的基本要求。铁路运输在计划经济时代，处于以卖方市场为主体的经济环境，管理顾客的观念根深蒂固，在服务质量上离现代物流的要求存在很大的差距，随着现代物流业的不断发展，运输服务市场竞争日益激烈，服务质量对整个物流供应链的市场竞争力起着越来越重要的影响，如果铁路运输企业继续坚持卖方市场主体地位的观念，而忽视顾客服务需求，必定会导致客货源的流失，因此，铁路运输企业要想在

运输市场竞争中取得主动，必须树立以服务赢得市场的观念，变“管理顾客”为“服务顾客”，彻底改变过去野蛮装卸、货损理赔困难、顾客要求难以满足的状况，全面提高服务质量，加强对客货运输产品进行全过程、各个环节的跟踪服务，千方百计满足旅客和货主的需求。

（二）铁路运输系统对现代物流的适应

铁路运输系统对现代物流的适应，主要是指铁路运输企业中的铁路运输系统，不再仅仅单纯履行从生产者到消费者之间的传统货物配送物流服务职能，而是照现代物流需求，全面发展包括仓储、运输、货代、集装箱运输、物流与配送等各种物流商业模式。

1.建立和发展集装箱运输。

通过集装箱运输，减少物流中心环节，减少货物因中转、装卸、搬运而产生的损毁、丢失等情况，提高服务质量，提高物流效益。

2.全面发展运输代理服务。

按照现代物流产业结构的发展需求，铁路运输主业单一的经营管理模式将制约铁路运输企业服务职能的扩展和服务质量的搞高。铁路运输要实现与其他运输方式，以及制造业、商品流通业的连接，就必须积极发展运输代理，充分利用既有设备和优势，包括专用线、货场、仓库、集装箱、装卸机械、汽车队等等，发挥整体功能，组织运输生产，实现运输、仓储、配送的有机结合，使铁路运输方式与其他运输方式及仓储等物流服务共同构建物流服务链，实现优势互补，提高竞争优势，提高整体功能。

3.全面提高铁路多经货场的物流服务功能。

多种货场可在充分利用铁路运输主业背景优势的基础上，整合产业资源，除办理代理发运、代理送达门到门服务以外，还可以发展代理配送服务，接纳被服务企业代购、存储、配送等服务项目，不断优化自身的仓储、运输、资金、采购、信息网络管理功能，形成多种运输和配送一体化服务规模、逐步建立成为区域性的仓储和物流配送中心，发挥最大的经济效益。

（三）铁路物资系统和内部物流系统对现代物流的适应

铁路物资系统和内部物流系统，应根据现代物流的发展趋势，加快观念更新和技术创新，优化组织结构及资源配置，扩大经营方向，逐步形成专业化、规模化的现代物流管理中心。

1.建立以仓储业为中心的内部物流配送系统。

按照统一物流管理职能、降低物流环节和成本的原则，改革原有铁路内部物资采购供应模式。具体实施方案为：取消铁路运输企业内部各级业务部门和站段的物资采购职能，充分发挥现有铁路运输企业材料段、材料厂采购、仓储、供应职能优势，有效利用各材料段、厂资源，将各材料段、厂重组成为地区性、区域性的仓储中心和物资供应、配送中心，实现物资材料的集中采购、合同供应和计划配送，实现在确保运输企业内部物资供应和配送的基础上，降低各站段材料库存额，推行零库存，从而降低企业成本费用。

2.积极参与市场竞争，开拓铁路物资系统的市场发展领域。

充分发挥铁路大批量运送方便快捷、仓储设备具有一定规模、物资系统能够较快地掌握物资信息等方面的优势，积极参与市场竞争，不断开拓新的物流经营领域，实现市场配送，逐步将内部物资系统发展成为集仓储和经营为一体化的物流企业。

3.充分运用现代科技手段，强化内部物流管理。

一是要充分发挥信息化在物流体系中的作用，建立网络信息系统，通过电脑和信息技术进行业务流程的全程管理，实现各总公司（分局）、各站段间信息的互通以及物流系统内部采购、库存、计划配送和合同管理的现代化和规范化。二是按照ISO9000系列标准，建立和规范现代物流各项程序体系，对现代物流的各个环节实行规范化、标准化、程序化管理。三是运用现代化手段，加强物流成本管理，降低物流成本。

（特约撰稿：　广州铁路（集团）公司 总经济师　谷鸿溪）

水 运 物 流

经过建国以来近半个世纪的恢复、改造、建设，特别是改革开放以来的建设，我国水运业发展取得了伟大的成就，在国民经济和社会发展中、特别是在对外开放以及综合运输体系中的地位和作用正不断提高和加强；虽然内河航运因复杂的原因，相对地位有所下降，但与自身相比也取得了长足的发展。展望21世纪，全球经济一体化趋势加强，高科技和信息产业的发展推动全球产业结构进入新一轮的调整；可持续发展战略和环境保护日益受到重视；中国加入WTO，加速融入全球经济的步伐，产业、产品结构进入有史以来最大的调整，这一切都将给新世纪中国水运业的发展带来机遇和挑战。

一、我国水运业建设与发展现状

（一）港口已具规模，进入世界港口大国行列

到2000年末，我国年吞吐量超过万吨的港口1900多个，其中超过100万吨的港口115个，超过1000万吨的港口25个，超过5000万吨的港口8个。沿海港口共有各类中级以上生产性泊位2417个，其中万吨级以上泊位646个；总吞吐能力11.7亿吨，其中，专业化集装箱泊位吞吐能力1200万TEU。煤炭、原油、集装箱、散粮、散水泥等几个主要运输系统的建设取得了较大的进展，初步形成了以环渤海地区、长江三角洲地区和珠江三角洲地区港口群体为主的总体格局。一批陆岛交通项目建成，基本解决了3000人以上岛屿的交通问题。2000年全国沿海港口完成货物吞吐量11.6亿吨，其中外贸吞吐量完成4.5亿吨；国际集装箱吞吐量达到2000万TEU。综览全局，中国港口无论是数量和规模上，还是专业程度和管理水平上，都迈上了新的台阶，中国已成为名副其实的港口大国。

（二）内河航道网络基本形成

目前我国内河航道通航里程已达11万余公里，其中三级及以上航道7855公里，四级航道5460公里，五级航道8070公里；五级及以上航道里程达到2.14万公里，占全国通航里程的20%；长江口深水航道水深已达到8.5米；江南运河建成可通航500吨级船舶的样板航道，湘江、西江航电结合的浓度取得成功，经济效益显著。

（三）船舶运力快速增长

目前我国民用船舶拥有量达到26.02万艘、4792万载重吨，远洋船舶运力达到2071万载重吨，从事国际航运的公司近300多家，经营沿海和内河运输的船公司分别有1300多家和5100多家，我国已跻身于世界航运大国行列，连续五届当选为联合国海事组织A类理事国。据统计，1998年，全国水运完成货运量11.8亿吨、货物周转量1.93万亿吨公里，分别比1980年增长1.8倍和2.8倍。

（四）集装箱运输系统初步建立

目前，我国拥有集装箱专用泊位60多个，设计年吞吐能力超过1000万TEU；全国经营国际集装箱运输的船公司发展到150家，拥有船舶1080艘、30多万个箱位。其中，中远集团集装箱船队在世界20大班轮公司中位居第五位。此外，成立了上海航运交易所。目前以上海为中心，江苏、浙江为两翼的上海国际航运中心正在加速建设之中。

（五）“软件”设施建设开始受到重视

加强了支持系统的建设，使其薄弱落后的状况得到进一步的改观。水上运输已基本实施市场化运作，港口行业的政企分离正在加快步伐，一个统一开放、竞争有序的市场正在逐步形成。

二、新世纪我国水运业面临的发展环境

新世纪初期，世界形势总体上有利于我国经济发展，全球经济一体化和中国加入WTO，加速了我国经济融入世界经济的步伐，对外合作、交流、贸易将有很大发展，水运业在全球经济一体化中的地位更加重要；大力开发西部地区，相应将推动西南对外水运通道的建设和发展；可持续发展战略的实施，将为在五种运输方式中对社会生态环境产生负面影响最小的水上运输带来新的机遇。总体看，新世纪我国水运业面临着极为有利的发展环境。

（一）经济的发展将为水运带来巨大的运输需求

世纪之交，世界经济将在日益一体化的发展趋势中保持一个较长的稳定增长期；预计未来20年我国经济的增长率仍将保持7%左右的水平。21世纪我国经济将进入一个持续发展的实现工业化进程的重要时期，仍旧需要大量的原料、燃料、建筑材料等等，世界经济一体化和我国加入WTO，将继续带动外贸运输需求的强劲增长，这将为21世纪的中国水运发展提供一个广阔的空间。

（二）集装箱和综合物流业成为水运业发展的战略重点

21世纪中国产业结构将进行重大调整，第二产业在中国经济结构中比重将由目前的48%上升到2020年的51.5%，成为新世纪国民经济增长的主导产业，以加工工业和制造业为主的第二产业产品在全社会商品流通和进出口货物中的比重将显著提高。产业、产品结构的优化升级和科学技术的发展，特别是90年代信息技术和发展，正在使集装箱运输的组织与管理技术产生质的飞跃。集装箱运输将因适箱货源面的扩展和量的增加，而得到更快的发展。以集装箱为主要载体的综合物流业也将得到快速的发展。

（三）可持续发展战略的强化和实施，使优先发展水运将成为必然的选择

水运是五种运输方式中对社会生态环境产生负面影响最小的一种运输方式。21世纪将是我国贯彻实施可持续发展战略的重要时期，随着人们价值观念的变化和环境保护意识的增强，以及水资源、土地资源的严重短缺危机的加重，人们对合理开发利用资源认识的提高，优先发展水运将成为必然的选择，特别是内河运输，将是21世纪交通运输可持续发展战略的一个主要内容。

（四）体制改革、市场机制形成，为我国水运发展注入新的活力

20世纪末我国已经确定了政企分开，港口产业企业化经营的改革方针。可以预料，21世纪我国市场经济将逐步趋于完善，通过市场进行资源优化配置，水运业将会有一个大的发展。

三、21世纪我国水运业发展展望

新世纪，我国水运业也将进入以结构调整为主线的新的发展时期，这一时期水运交通的发展主要体现在提高质量和水平上。2020年前将集中力量建设“三主一支持”工程，以扩大水运设施规模为主，同时大力进行“软件”支持系统建设；2020年以后建设重点将转向以“软件”支持系统为主。

（一）我国交通运输发展思路

新世纪，我国将围绕高速、智能、环保三大技术，构建新型交通运输系统。公路、水路交通在21世纪发展的总体思路是：到2010年，基本建成“三主一支持”的骨干工程，形成相应的规模效益；到2020年基本实现“三主一支持”长远发展规划，交通运输基本适应国民经济发展的需要；到2050年左右，我国交通运输将达到中等发达国家的水平，基本实现现代化。

（二）港口发展设想

新世纪我国港口的建设不仅要调整结构、

完善主要运输系统，同时应积极推进港口改革，并加快支持决策系统建设，扩展港口功能，使之成为综合物流中心。结构调整是新世纪初期港口建设的主要内容，目前，我国港口结构矛盾突出，公用码头严重不足，货主码头利用有限；大型码头难以满足需求，而大量中小码头晒太阳；集装箱、原油码头超负荷运营，大量件杂货码头无货可运。为此，新世纪初期，我国将加快建设一批重要的和紧缺的大型港口泊位，主要是集装箱、原油、矿石和LPG专用泊位。与此同时，将进一步完善主要运输系统，集装箱系统将逐步形成南方以香港为主、深圳相辅助，中部以上海为龙头，宁波、太仓为两翼，北方为环渤海的青岛、天津、大连为主，构架我国三大集装箱枢纽港，其重点是加快建设上海国际航运中心，以尽快建设一个高效、方便、廉价的海上集装箱运输系统。在北方择址新建大型原油和矿石码头，在中部新建大型原油接卸设施，并加快南方原油、大型矿石码头的前期工作，在我国沿海形成铁矿石、原油转运中心，完善铁矿石和原油运输系统。此外，适应能源结构调整和LPG基地建设，起步建设LPG运输系统。

港口发展还应重视和加强“软件”系统的建设和发展，促进现代化信息系统、电子商务的建设和应用，扩展港口多式联运、综合物流方面的功能，使港口成为商品流、资金流、技术流、人员流和信息流汇集的综合物流中心。同时要加快推进港口改革，实行政企分开和投资体制、财税体制的配套改革；在港口企业管理上，加快建立现代企业制度，不断增强竞争力。

（三）内河水运发展思路

我国内河航运建设的重点是航道，将按300吨级以上等级航道构架我国的内河航道网。新世纪初期建设重点是率先建设“两横一纵两网”，以形成示范带动效应，逐步实现我国内河航运由东部到中西部、由干线到支线的良性发展态势。同时加速建设主要大型水运工程，长江口深水航道及南京大桥以下航道，使5万吨级船舶可以到达南京。三峡水利工程投产后，实现万吨级船队到达重庆；结合水利、水电工程设施建设，特别是南水北调工程内河主要支流通过逐步的梯级渠化，提高通航等级，实现干支直达。2020年前重点建设贯通东部沿海经济发达地区的海上南北大通道和“一纵三横”水运主通道，即以长江、珠江、黑龙江、淮河、京杭运河中千吨级航道为主的约3.5万公里的内河航道，形成干支直达、江海畅通、水陆联运的航运大动脉。到21世纪中叶，内河航运基本实现现代化，与综合运输网其他运输方式协调发展，形成布局合理、技术先进、管理科学、竞争有序、港航船协调发展的现代化内河航运体系。

（四）运输船舶及支持系统发展

新世纪，我国调整现有船舶运力结构，大力发展集装箱运输船舶，鼓励发展液化气、化学品、滚装运输船舶；积极发展超大型油轮运输船队。内河运输船舶逐步实现大型化，大宗散货采用船队运输，小批量货物及高附加值货物采用机动船运输；推广使用技术性能好的标准化船舶和船队；推动国内水上客运向高速化、旅游化发展。同时加快建设支持系统，建立和完善安监系统、通信导航系统，内河水运信息化系统及救捞系统。

（特约撰稿：国家计委综合运输研究所　罗萍）

航空物流

一、中国航空货运发展现状及远景

1978年以前新中国民航货运业，发展十分缓慢，当年货邮行周转量0.86亿吨公里，居世界民航第36位；货邮行运输量6.4万吨。自国家实行改革开放政策后，发展加快，2000年完成货邮行周转量50.3亿吨公里，居世界民航第9位，比1978年上升27位，为1978年时58.5倍，年均增长率20.3%；完成货邮行运输量196.7万吨，为1978年的30.7倍，年均增长率16.8%。2000年，世界航空定期航班完成货邮周转量1175.8亿吨公里，其中国际运输完成1010．8亿吨公里；我国民航定期航班完成货邮周转量41.8亿吨公里，占世界民航的3.6%；其中国际航线完成24亿吨公里，占世界民航的2.4%。由此可知，我国民航货邮运输尽管这些年有较大发展，而在世界民航货邮运输业中所占比例仍很小。

2000年，我国民航有B747F型飞机4架，MD11F型飞机3架，主要经营国际航线货运；还有3架Y8型飞机，经营国内邮运；国内货运以客机腹舱载货为主。

表1　　2000年航空公司货邮行运输情况

公司	货邮行周转量		货邮行运输量	
	亿吨公里	比例%	万吨	比例%
全行业	50.3	100	196.7	100
1 直属企业	46.0	91.5	165.9	84.3
国际	19.5	38.7	41.2	20.9
南方	8.4	16.7	43.9	22.3
东方	10.9	21.6	34.8	17.7
其他	7.2	14.5	46	23.4
2 地方企业	4.3	8.5	30.8	15.7

由表1可知，直属航空公司在我国民航货邮行运输中占绝对领先地位，但地方航空公司发展速度加快。2000年中国国际航空公司货邮行周转量占19.5亿吨公里，中国南方航货邮行运输量43.9万吨，均领先于其他航空公司。

我国航空货运存在的主要问题是:货运仍处于客运的依附地位；国内客运腹舱利用率仅39%，运力供大于求，货机经营困难，货运销售代理市场秩序混乱，货运效益低；国际航空货运竞争力弱，2000年北京、上海两大机场的国际货邮吞吐量中，由外航承运的货邮已占65%和50%，而且我国航空公司国际货运以普货为主，外航的特价货比例大；管理落后，经营粗放；政策不配套，特别是海关监管、安全检查等项制度严重制约国际货运发展。

我国航空货运具有良好的发展前景。考虑到航空货运的发展受国内、国际诸多因素的影响，如经济增长、经济全球化、航空货运费率的下降及各种运输方式间的竞争等，但其中最主要的、本质的影响因素仍然是经济的增长及伴随经济增长而引发的对外进出口贸易的增长，因此，现以GDP指数作为解释变量，在历史数据的基础上建立回归模型，对我国民航未来20年航空货邮运输进行预测，由此得出结论：2001年我国航空货邮运输量为1300万吨，比2000年增长7.9倍，年均增长率11.5%；2001年货邮周转量360亿吨公里，比2000年增长7.6倍，年均增长率11.3%。此预测比波音公司预测的世界民航未来20年货运年均增长率6.4%高80%，因为中国经济未来20年将保持稳定、快速发展和全球化进程的加快而高于世界平均水平。本预测剔除了货运价变动因素的影响，同时没有考虑外航在华货运量比例的增长，因而此预测有可变性，当将不可信度限制在±15%误差允许值的范围内，2001年我国民航货运量为1100至1500万吨，货运周转量为310至410亿吨公里。

二、世界航空货运发展及特征

到2000年底，全球约有716家航空承运人提供定期航班客运(国际或国内)，约有91家经营定期全货运航班的航空承运人。与1999年相比，客运航空公司减少5家，而货运航空公司增加6家。2000年全球航空货运量3020万吨，比1999年增长7.5%；货运周转量1175.8亿吨公里，另外邮运60.3亿吨公里，货运量及周转量分别比1990年增长64.1%和101.3%，年均增长4.8%和7.2%。十年间，邮运几乎没什么增长，主要受20世纪90年代信息技术飞速发展的影响。

促进未来的航空货运发展的驱动因素主要有四个：经济增长、经济全球化、企业减少库存战略和航空运费下降。国际民航组织预测未来5年世界航空货运年均增长率5.5%。波音公司预测未来20年世界航空货运年均增长率6.4%，其他预测机构的预测值也不一致。但是，共同点是世界航空货运年均增长率要高于航空客运1～2个百分点。

进入21世纪，世界航空货运业具有新经济和经济全球化的新趋势和新特征。主要有：货运经济战略地位提高，许多大型客货兼营的航空公司逐步实行客货运分离，货运航空公司增多；航空公司进入快递市场，有的还进入邮件运输市场，快件及邮件速递成为效益最佳的货运部分；合作经济成为普遍的货运经营形式，货运联盟正在增多并逐步扩大规模；电子商务的不断发展，使航空货运业的基本构成由飞机和机场转移到以现代信息系统平台和传统航空运输手段及金融业等相结合的现代物流业。

随着经济全球化的推进，竞争无国界和企业相互渗透的趋势越来越明显，市场竞争已由企业竞争转变为供应链和企业联盟间的竞争。面对日趋激烈的市场竞争环境以及客户需要的多样化与个性化、消费水平不断提高的市场需求，一方面，企业越来越注意利用自身的有限资源形成核心竞争力，发挥核心优势；另一方面，企业充分利用信息网络寻找互补的外部优势，与其供应及分销商、客户等构建供应链网络组织，通过供应链管理共同形成合作竞争的整体优势。发达国家少数大型货运航空公司发挥航空运输优势，并将过去分散的仓储、陆运、海运业等有机结合起来，除了储存、包装、装卸、运输等项环节，还有预测、采购、定单处理、配送、物流方案设计、库存控制、维修等增值服务，为客户提供包括信息流、资金流、商流等全面的系统服务，成为现代物流业的生力军。为此，它们建设了完善的物流网络体系、信息处理及跟踪系统和标准的服务体系。在发展现代物流业中，美国的联邦快递、联合包裹、敦豪公司堪称航空运输业中的佼佼者。如联邦快递公司，现已成为世界最大的航空货运企业，拥有650架飞机，还控制美国散货卡车运输公司，总资本107亿美元，在芝加哥、法兰克福、洛杉矶、巴黎、苏比克湾等十几个大型机场设立了飞行基地和物流中心，在210个国家和地区建立了销售服务网站，对美国48个州提供货物隔天快运服务，亚洲的货物可以隔天(不含时差)送到北美，2～3天送抵欧、大洋、非洲地区，为货主、顾客提供采购、运营、查询、管理、维修、结算等项服务。

三、中国民航发展现代物流的优势与不足

经济和贸易全球化带来了物流全球化，以市场经济为主导的世界性大市场正在逐步形成，以及中国加入WTO，将极大推进我国经济的发展和全方位开放格局的形成。面对这种大趋势，中国民航货运业应当思考如何适应大趋势，改变传统的经营模式，树立对外竞争全球化的价值观，分析中国民航发展现代物流的优势与不足，找到适合中国国情和民航特征的现代物流发展途径。

民航的主要优势：

（一）交通运输优势

物流离不开运输，航空运输是物资流动的有效、快速载体之一，特别是对高附加值的物资和鲜活商品，航空运输更具明显的优势。

（二）设备设施优势

民航具有发展物流业所需的货库、装卸器具、中转运输及集装箱化运输系统、计算机信息管理及结算系统，还有多式联运系统。

（三）运输网络优势

民航具有较完备的国内航线网络，并正在加快发展国际航空运输和航空公司合作经营。

民航的不足，有些也可以说是缺陷，主要有：

（一）思想观念落后

目前，民航了解现代物流理论，认识现代物流发展规律与特点，能从事现代物流实践的人才甚少，尤其对现代物流业的发展前景和潜力认识不够，缺乏发展现代物流的思想准备，有些人甚至留恋计划经济思维模式和闭关保守政策，这是中国民航发展现代物流业的首要障碍。

（二）企业和航线缺乏整合

民航构建现代物流网络的资源比较丰富，但由于受计划经济思维、旧文化思想及利益格局的影响，民航的国际航空运输仍是多家自相竞争，国际航线的重迭性航班日趋增加，非理性的价格大战严重削弱了中国航空运输业的发展后劲。“鹬蚌相争，渔翁得利”，我国航空公司在国际航线上的相互对垒竞争，使外国航空公司获利，我国航空公司市场份额缩小，而外航市场扩大。如我国民航已从纽约、苏黎世、马德里等国际货运或客运市场撤退，外航在首都机场购货物吞吐量已占该机场总量的65%。

（三）管理手段与现代化运力不配套

民航有现代化的飞机，但货运仓储、货代等，有的虽利用了计算机信息系统，但还不能对货主、用户及时提供信息跟踪、查询等项目服务；有许多机场及航空公司货运装卸、记录等还停留在手工操作水平。

（四）航空公司与机场的分立和不合作阻碍了物流供应链的形成

民航20世纪80年代和90年代实施的改革是航空公司与机场分立，这从原则上讲是正确的，但分立不等于不合作。当前，由于航空公司不能在基地机场建立或租用建立旅客中转和行李、货物中转中心，使物流供应链不能建立。20世纪90年代，又规定航空公司不能自行办理快递，使航空公司的优势得不到发挥。近两年，又规定某航空公司可以控股机场，且此种势头还在蔓延，这又造成新的区域性垄断，割裂了现代物流的统一性。

（五）货代企业鱼龙混杂

货代市场竞争无序化倾向呈加剧之势，对外航与国内企业建立的货代企业缺乏有效管理，使中国民航在物流业还没有发展时就已失去一半国内货代市场。

四、对民航发展现代物流业的建议

随着中国加入WTO和航空运输全球化进程的加快，中国民航业必须抓住机遇，加入发展现代物流业的大潮之中，以促进中国航空货运业的发展。

（一）加大物流理论的宣传普及

为使民航职工特别是领导干部了解物流知识，尽快转变观念，拥有实践才能，必须运用

多种手段及途径，加大物流理论宣传，普及物流管理知识。

（二）培养和适当引进物流发展所需人才

物流业是一项系统服务工程，涉及物流业的生产环节以及政策、法律、经济、技术等方面，因此培养和适当引进符合物流业发展的人才是关键，这里包括综合型的经营和管理人才、物流策划和研究人才等。

（三）研究航空货运企业和航线整合方案

当前，已有中国东方航空、中远资本和台湾资本合资的中国货运航空公司经营国际货运航线，经营国际货运的中国国际、南方航空公司也在考虑建立新的货运航空公司。此外，海南、山东、四川等航空公司也正打算或已建立货运航空公司。美国的货运有三家航空公司在经营，重迭度大，竞争激烈。而我国民航已建或要建的货运航空公司规模小，力量过于分散，多则四、五架货运飞机，少的只有一、二架飞机，竞争力弱；航空货运量小，其中国际航空货运量更小，2000年仅为38万吨。与此同时，我国航空公司面对的却是强大的外国航空公司，它们既有庞大的机队、雄厚的资产，还有四通八达的航线网络和丰富的管理经营人才，这是一场竞争力悬殊的较量。其次，我国民航分散零落的国际航线经营权，加大了自身的竞争劣势，特别是面对强手组成的全球性航空货运联盟。因此，建议参考加拿大政府整合国际航权的做法，使国际货运航权集中在一家航空公司，并通过它去建立一个较强大的国际航空货运网络，通过这个网络以获取第六航权的货运量。只有这样，我国的航空货运及物流业才能顺利发展。加拿大政府整合国际航权的做法是：20世纪80年代中期，加拿大政府考虑到加拿大航空资源有限(1986年加定期航班完成运输总周转量44亿吨公里，其中货运10亿吨公里；中国民航15亿吨公里，其中货运4.7亿吨公里)，将4家航空公司整合成加拿大航空公司(CP)，并指定它经营所有太平洋航线；将其余的航空公司整合成加拿大枫叶航空公司(AC)，由它经营至其他国家及地区的国际航线。这样，两家航空公司就能用自身的资源在不同的国际空运市场独自与外国航空公司竞争，而不是纠缠在同一个市场上进行自相残杀。1999年，加拿大政府又决定由参加明星联盟的加拿大枫叶航空公司兼并加拿大航空公司，使之与德、法、意等国一样，在国际空运市场上由一家航空公司集中所有航权，参与国际空运市场竞争。

（四）加快政企脱钩和建立现代物流企业

中国入世后，我国经济领域将逐步对外开放。航空运输虽然有所不同，但逐步加快市场化、全球化进程的要求却是一致的；况且，世界最大的两家物流航空Fedex、UPS已经进入我国。因此，民航应该抓住机遇，加快政企脱钩，并从货运仓储企业起步，逐步建立现代物流企业。

（五）加强与地方政府、企业及外国大型货运航空公司的合作

民航建立现代物流企业，是机场搭台、航空公司唱戏、政府给予政策支持、外国航空公司多方参加合作的共同成果。为此，要树立改革开放观念，调整相关政策，加大对外开放力度，提高改革开放的综合效应。

此外，我们还要加快信息网络建设，开展虚拟经营等。总之，中国民航发展货运和物流业，是一项系统性综合工程，主管部门要有发展战略及规划，理清思路，明确发展方向，调整政策，为发展物流创造良好的环境；民航货运的相关单位也要有自己的规划，规划要因地制宜，千万不能一轰而起，要看到当前我国民航发展现代物流的软硬件和内外环境还很不适应，要走的路还很长很长。但只要我们遵循物流业的发展规律，调动各方面的积极性，抓住机遇，迎接挑战，中国民航的货运和物流业就会少走弯路，不断发展。

（特约撰稿：民航协会航空运输委员会　刘功仕）

2001 年交通主要统计指标数据

指标名称	计算单位	2001 年	2000 年	2001年为2000年%或增减
一、基础设施和运输装备				
1. 全国公路里程	万公里	169.80	167.98	1.82
其中：高速公路	公里	19437	16285	3152
二级以上公路占总里程的比重	%	13.4	13.1	0.3
2. 公路密度及通达情况				
以国土面积计算的公路密度	公里／百平方公里	17.7	17.5	0.2
以人口总数计算的公路密度	公里／万人	13.1	13.0	0.1
不通公路的乡镇比重	%	0.7	0.8	-0.1
不通过公路的行政村比重	%	8.2	9.2	-1.0
3. 全国内河航道里程	万公里	12.15	11.93	0.22
其中：等级航道	万公里	6.37	6.14	0.23
等级航道占总里程比重	%	52.4	51.4	1.0
其中：三级以上航道	%	6.7	6.9	-0.2
4. 全国公路运输汽车拥有量				
公路运输汽车总计	万辆	764.39	702.83	61.56
客车	万辆	255.12	216.81	38.31
货车	万辆	509.27	486.02	23.25
5. 全国运输船舶拥有量				
轮驳船数量	万艘	21.08	22.97	-1.89
净载重量	万吨位	5449.54	5128.1	321.43
载客量	万客位	107.68	103.23	4.45
集装箱位	万 TEU	50.60	35.22	15.38
功率	万千瓦	2088.48	1935.5	153.03
# 拖船	万千瓦	137.02	143.97	-6.95
6. 全国港口生产用码头泊位数	个	33441	32858	583
沿海	个	3718	3700	18
内河	个	29723	29158	565
其中：万吨级泊位数	个	810	784	26
沿海	个	677	651	26
内河	个	133	133	0
二、公路、水路运输量				
1. 全社会公路客运量	亿人	140.3	134.7	104.1%
占全社会公路客运量的比重	%	91.7	91.3	0.4
全社会公路旅客周转量	亿人公里	7207.1	6657.4	108.3%
占全社会旅客周转量的比重	%	55.4	54.3	1.1

续上表

指标名称	计算单位	2001 年	2000 年	2001 年为 2000 年%或增减
2. 全社会公路货运量	亿吨	105.6	103.9	101.6%
占全社会货运量的比重	%	77.2	76.7	0.5
全社会公路货物周转量	亿吨公里	6330.4	6129.4	103.3%
占全社会货物周转量的比重	%	13.6	13.8	-0.2
3. 全社会水路客运量	亿人	1.86	1.94	95.9%
占全社会客运量的比重	%	1.2	1.3	-0.1
全社会水路旅客周转量	亿人公里	89.9	100.5	89.5%
占全社会水路旅客周转量的比重	%	0.7	0.8	-0.1
4. 全社会水路货运量	亿吨	13.3	12.2	109.0%
占全社会货运量的比重	%	9.7	9.0	0.7
全社会水路货物周转量	亿吨公里	25988.9	23734	109.5%
占全社会货物周转量的比重	%	55.7	53.4	2.3
三、港口吞吐量				
1. 全国港口货物吞吐量	万吨	240074	220688	108.8%
沿海	万吨	145293	129208	112.4%
内河	万吨	94781	91480	103.6%
2. 全国港口外贸货物吞吐量	万吨	66302	58101	114.1%
沿海	万吨	60061	52509	114.4%
内河	万吨	6240	5592	111.6%
3. 全国港口集装箱吞吐量	万 TEU	2748	2348	117.0%
沿海	万 TEU	2470	2046	120.7%
内河	万 TEU	279	302	92.4%
4. 全国港口旅客吞吐量	万人	19635	17735	110.7%
沿海	万人	7223	6276	115.1%
港口	万人	12412	11459	108.3%
四、交通固定资产投资额	亿元	2968.0	2571.7	115.4%
其中：公路建设	亿元	2670.4	2315.8	115.3%
沿海港口建设	亿元	123.8	80.3	154.2%
内河港口及航道建设	亿元	50.4	54.5	92.5%

注：(1) 2000 年公路基础设施有关数据为第二次全国公路普查数据，其范围口径见 2002 年 2 月 7 日出版的《中国交通报》。

（资料来源：交通部网站）

2001 年公路水路交通行业发展统计公报

2001年，交通系统在党中央、国务院的正确领导下，认真贯彻江泽民“三个代表”重要思想，努力克服复杂多变的国际政治、经济环境对交通发展的不利影响，坚持以发展为主题，以结构调整为主线，以改革开放和科技进步为动力，以不断满足人民群众的交通需求为根本出发点，真抓实干，开拓创新，交通基础设施建设、客货运输、港口生产等都取得了较好成绩，为国民经济和社会发展做出了重要贡献，实现了“十五”交通工作的良好开局。

一、交通基础设施

（一）公路

公路总量继续增加。2001年底，全国包括达到技术标准等级和路基宽度在4.5米以上的等外路在内的国道、省道、县道、乡道（不含村道）、专用公路总里程达到169.8万公里。

路网结构进一步改善。经过第二次公路普查路网结构调整，2001年底全国国道里程12.2万公里、省道21.3万公里、县道46.4万公里、乡道81.4万公里、专用公路8.6万公里。

公路技术等级和路面等级不断提高。按公路技术等级分组，各等级公路里程分别为：

高速公路:19437公里

一级公路:25214公里

二级公路:182102公里

三级公路:308626公里

四级公路:800665公里

等外路:361968公里

全国等级公路里程:133.6万公里，占公路总里程的78.7%，比上年提高0.4个百分点；二级及二级以上公路里程22.7万公里，占公路总里程的13.4%，比上年提高0.3个百分点。

按公路路面等级分组，各等级路面里程分别为：

高级路面:252475公里

次高级路面:419705公里

中级路面:438827公里

低级路面:434885公里

无路面里程:152120公里

全国有路面里程154.6万公里，占公路总里程的91%，比上年提高0.2个百分点；高级、次高级路面里程67.2万公里，占公路总里程的39.6%，比上年提高0.7个百分点。

高速公路取得新的突破，总里程已跃居世界第二位。2001年青海和内蒙古分别有26和151公里高速公路建成通车，结束了两省（区）没有高速公路的历史。全国除西藏外，其他30个省（自治区、直辖市）均通了高速公路。全国高速公路里程突破千公里的省达到7个，分别是：山东（2077公里）、河北（1563公里）、广东（1500公里）、江苏（1387公里）、四川（1144公里）、河南（1077公里）、辽宁（1068公里）。2001年河南省新增高速公路569公里，增长幅度第一。

以“五纵七横”国道主干线为重点的国家公路主骨架建设步伐加快。2001年底全国已建成国道主干线21576公里，占规划里程的62.6%。其中高速公路13533公里。继全长658公里的京沈和全长1262公里的京沪高速公路建成通车之后，2001年全长1709公里的西南公路出海通道又顺利贯通，标志着国道主干线中“三个重要路段”的基本建成。

县乡公路里程持续增长，公路密度和通达深度进一步提高。到2001年底全国县道、乡道里程共127.7万公里，比上年增加1.5万公里。全国公路密度为17.7公里/百平方公里，比上年提高0.2公里/百平方公里。全国通公路的乡（镇）占全国乡（镇）总数的99.3%，比上年提高0.1个百分点；通公路的行政村占全国行政村总数的91.8%，比上年提高1个百分点。

西部地区公路里程增长明显，但路网技术状况和公路密度同东、中部地区仍有较大差距。2001年底东部地区公路里程54.7万公里，中部地区57.8万公里，西部地区57.4万公里，分别占全国公路总里程的32.2%、34.0%、33.8%。东部地区二级及二级以上公路11.4万公里，公路密度42.1公里/百平方公里；中部地区二级及二级以上公路7.2万公里，公路密度20.3公里/百平方公里；西部地区二级及二级以上公路4.0万公里，公路密度10.5公里/百平方公里。

公路桥梁和隧道建设取得新的成果。2001年底全国共有公路桥梁28.4万座、1065.0万延米，比上年增加0.53万座、33.8万延米；其中特大桥梁1580座、141.6万延米，比上年增加123座、9.9万延米。其他桥梁情况分别为：大桥14429座、248.2万延米，中桥5.58万座、303.2万延米，小桥21.2万座，372.0万延米。全国共有公路隧道1782处、70.5万延米，比上年增加98处、7.7万延米；其中特长隧道18处、6.6万延米，比上年增加3处、1.2万延米。其他隧道情况分别为：长隧道155处、24.2万延米，中隧道566处、28.1万延米，短隧道1043处、11.6万延米。

公路养护和绿化里程不断增加。2001年底全国公路养护里程达到159.9万公里，占公路总里程的94.2%。全国公路绿化里程93.8万公里，占公路总里程的55.2%。

（二）内河航道

内河航道总里程继续增加、技术等级进一步改善。2001年底全国内河航道里程12.2万公里，比上年增加了0.2万公里。在内河航道总里程中，等级航道6.4万公里，占52.4%，比上年提高1.0个百分点；三级及三级以上航道0.8万公里，占6.7%；五级及五级以上航道2.3万公里，占19.1%。各等级航道里程分别为：

一级航道:2946公里

二级航道:1917公里

三级航道:3359公里

四级航道:5842公里

五级航道:9165公里

六级航道:21630公里

七级航道:18833公里

全国共有库区航道9739公里，比上年增加3228公里。长江干流航道2807公里，其中一级航道2423公里、二级航道384公里。

（三）港口码头泊位

港口码头泊位继续增加。2001年底全国港口拥有生产用码头泊位33441个，比上年净增583个，其中万吨级泊位810个，比上年净增26个；非生产用码头泊位703个，比上年净增9个。

全国沿海港口拥有生产用码头泊位3718个、其中万吨级泊位677个；内河港口拥有生产用码头泊位29723个，其中万吨级泊位133个。内河港口万吨级泊位主要集中在长江干流和珠江水系，其中长江干流万吨级泊位121个，长江支流1个，珠江水系11个。

沿海港口码头泊位继续向大型化、专业化方向发展。全国沿海港口万吨级及以上泊位中，1—3万吨级泊位451个，3—5万吨级泊位113个，5—10万吨级泊位91个，10万吨级以上泊位22个。万吨级及以上泊位中，通用件杂货泊位215个，通用散货泊位73个，专用泊位349个。专用泊位中原油泊位40个、成品油及液化气泊位45个、煤炭泊位86个、粮食泊位24个、集装箱泊位83个。

沿海港口千吨级以上泊位1890个，通用件杂货泊位611个，通用散货泊位192个，专用泊位804个。专用泊位中原油泊位58个、成品油及液化气泊位216个、煤炭泊位169个、粮食泊位52个、集装箱泊位175个。

二、公路、水路运输装备

（一）公路运输车辆

公路运输能力稳步增长，运力结构继续调整。2001年底全国在运管部门登记注册的公路运输汽车764.4万辆，比上年增加61.6万辆。其中载客汽车255.1万辆、2701.7万客位，分别比上年增加38.3万辆、177.2万客位，载货汽车509.3万辆、1733.6万吨位，分别比上年增加23.3万辆，65.9万吨位。

公路运输客车趋于大型化，运输货车趋于专业化。2001年底全国拥有大型运输客车16.7万辆，比上年增加1.1万辆，增长7.0%。大型普通运输货车186.1万辆，比上年减少5.4万辆，下降2.8%；专用载货汽车12.6万辆，比上年增加1.9万辆，增长17.2%，其中集装箱车2.6万辆，增加0.6万辆，增长30.7%。

（二）水路运输船舶

水上运输装备继续呈结构性调整，船舶大型化和专业化水平不断提高。2001年底全国拥有水上运输船舶21.1万艘，比上年减少1.9万艘；净载重量5449.5万吨位，比上年增加321.4万吨位；载客量107.7万客位，比上年增加4.5万客位；集装箱位50.6万标准箱，比上年增加15.4万标准箱；功率2088.5万千瓦，比上年增加153.0万千瓦。在水上运输船舶中，集装箱船1255艘，比上年增加156艘，增长14.2%；拥有集装箱位45.2万标准箱，比上年增加14.0万标准箱，增长44.8%。

内河、沿海、远洋货运能力均有提升，客运能力有所调整。

2001年底全国内河运输船舶净载重量2145.7万吨位，比上年增加93.8万吨位，载客量93.6万客位，比上年增加6.3万客位。

沿海运输船舶净载重量918.1万吨位，比上年增加65.1万吨位，载客量12.7万客位，比上年减少1.1万客位。

远洋运输船舶净载重量2385.7万吨位，比上年增加162.5万吨位，载客量1.4万客位，比上年减少0.7万客位。

远洋船舶集装箱运输运力增长明显。2001年底全国内河运输船舶拥有集装箱位0.9万标准箱，比上年增加0.07万标准箱，增长9.2%。

沿海运输船舶拥有集装箱位1.8万标准箱，比上年减少0.23万标准箱，下降11.3%。

远洋运输船舶拥有集装箱位47.9万标准箱，比上年增加15.54万标准箱，增长47.9%。

三、公路、水路运输量

（一）公路运输

公路运输总量继续增长。2001年全社会完成公路客运量140.3亿人，比上年增长4.1%，旅客周转量7207.1亿人公里，比上年增长8.3%；公路货运量105.6亿吨，比上年增长1.6%，货物周转量6330.4亿吨公里，比上年增长3.3%。公路客运量、旅客周转量在综合运输体系中所占比重为91.7%、55.4%，分别比上年提高了0.4和1.1个百分点；公路货运量、货物周转量在综合运输体系中所占比重为77.2%和13.6%，其中货运量比上年提高了0.5个百分点，货物周转量下降了0.2个百分点。平均运距不断延长。2001年全国公路客运平均运距为51.4公里，比上年增加2.0公里；货运平均运距为59.9公里，比上年增加0.9公里。

（二）水路运输

水路货运总量持续增长，客运总量继续呈结构性下降。

2001年全国水路完成客运量1.9亿人，比上年下降4.1%，旅客周转量89.9亿人公里，比上年下降了10.5%；水路货运量13.3亿吨，比上年增长9.0%，货物周转量25988.9亿吨公里，比上年增长9.5% 。

水路客运量、旅客周转量在综合运输体系中所占比重分别为1.2%、0.7%，均比上年下降了0.1个百分点。

水路货运量、货物周转量在综合运输中所占比重为9.7%和55.7%，分别比上年提高了0.7和2.3个百分点。

在内河运输中，长江水系完成货运量3.1亿吨，货物周转量847.3亿吨公里，分别占全国内河货运量和货物周转量的43.6%和55.1%。

京杭运河完成货运量1.4亿吨，货物周转量296.5亿吨公里，分别占19.8%和19.3%。

珠江水系完成货运量1.1亿吨，货物周转量154.1亿吨公里，分别占15.2%和10.0%。

黑龙江水系完成货运量0.07亿吨，货物周转量9.9亿吨公里，分别占0.9%和0.6%。

水路客运趋向短途，货物运距持续延长。2001年全国水路客运平均运距48.2公里，比上年减少3.7公里；货运平均运距1958.8公里，比上年增加19.6公里。

（三）集装箱运输

公路、水路集装箱运输增长显著。2001年公路运输集装箱1115.6万标准箱，重量12356.4万吨，分别比上年增长19.7%和19.9%。

水路运输集装箱1057.2万标准箱，重量10910.1万吨，分别比上年增长9.2%和22.1%；其中远洋运输集装箱842.6万标准箱，重量8123.3万吨，分别比上年增长1.9%和12.8%。

四、港口吞吐量

港口货物吞吐量增长平稳。2001年全国港口完成货物吞吐量24.0亿吨，比上年增长8.8%。其中，沿海港口完成14.5亿吨，增长12.4%，内河港口完成9.5亿吨，增长3.6%。

外贸货物吞吐量增幅较大。全国港口完成外贸货物吞吐量6.6亿吨，比上年增长14.1%。其中沿海港口完成6.0亿吨，增长14.4%，内河港口完成0.6亿吨，增长11.6%。

多功能、综合性大型枢纽港发展加快。继上海、广州、宁波三个港口之后，2001年又有天津、青岛、秦皇岛、大连港货物吞吐量超过亿吨，这样全国年货物吞吐量超过亿吨的大港增加到7个。其中上海港连续2年超过2亿吨，2001年达2.2亿吨。宁波、广州、天津、秦皇岛、青岛和大连港全年货物吞吐量分别为1.29、1.28、1.14、1.13、1.04和1.00亿吨。

集装箱吞吐量继续攀升。2001年全国港口完成集装箱吞吐量2748万标准箱，比上年增长17.0%。其中沿海港口完成2470万标准箱，增长20.7%，内河港口完成279万标准箱，比上年下降7.6%。

集装箱吞吐量超过100万标准箱的港口达到8个：

上海港达634万标准箱，居世界第5位

深圳港达508万标准箱，居世界第8位

其他超过100万标准箱的港口是：

青岛（264万标准箱）

天津（201万标准箱）

广州（174万标准箱）

厦门（129万标准箱）

大连（122万标准箱）

宁波（121万标准箱）

港口货物吞吐量以干散货为主，集装箱和滚装车吞吐量增幅较大。2001年全国港口完成干散货吞吐量13亿吨，比上年增长11.8%；液体散货3.5亿吨，比上年增长0.7%；件杂货3.9亿吨，比上年下降6%；集装箱吞吐量2.5亿吨，比上年增长20.5%；滚装车1.0亿吨，比上年增长52.8%。干散货、液体散货、件杂货、集装箱和滚装车在港口货物吞吐量中所占比重分别为54.2%、14.6%、16.7%、10.4%和2.8%。

煤炭、石油、金属矿石、矿建材料和钢铁仍占较大比重。2001年全国主要港口完成煤炭吞吐量4.5亿吨、石油3.1亿吨、金属矿石2亿吨，矿建材料1.9亿吨，钢铁0.8亿吨，分别占全国主要港口货物吞吐量的23.6%、16.11%、10.3%、9.8%和4.2%。主要港口中，水泥、矿建材料、有色金属和金属矿石吞吐量增幅较高。2001年全国主要港口完成的水泥、矿建材料、有色金属和金属矿石吞吐量分别比上年增长了30.8%、30.1%、29.8%和22.3%。

五、交通固定资产投资

受中西部地区投资大幅增加的影响，2001年交通基础设施建设投资取得新的突破。全国交通固定资产投资共完成2968亿元，比上年增长15.4%。其中公路建设完成2670亿元，占总投资额的90.0%；水运建设完成174亿元，占5.9%；其它建设完成123亿元，占4.1%。

（一）公路建设

公路建设投资规模继续加大。全年全社会累计完成投资比上年增加355亿元，增长15.3%。

重点项目、路网改造和县乡公路投资全面增长。2001年公路重点项目完成投资1148亿元，比上年增加65亿元，增长6.0%；路网改造完成1164亿元，比上年增加238亿元，增长25.8%；县乡公路完成358亿元，比上年增加51亿元，增长16.5%。

中、西部地区投资增长显著。全年东部地区完成1207亿元，比上年增加68亿元，增长5.9%；中部地区完成816亿元，比上年增加195亿元，增长31.3%；西部地区完成648亿元，比上年增加92亿元，增长16.6%。

2001年山西、湖北、湖南、福建四省公路建设投资首次突破100亿元，分别完成104亿元、105亿元、107亿元和104亿元，这样全国公路建设投资超过百亿元的省达到11个。其中广东公路建设投资已经连续四年突破200亿元，2001年为213亿元。其他突破百亿元的省分别是：江苏完成199亿元、浙江完成180亿元、山东完成129亿元、四川完成125亿元、河南完成140亿元、云南完成103亿元。

公路工程建设进度与资金到位仍然存在矛盾。全年公路建设累计到位资金2547亿元，同投资完成额相比，资金到位率为95.4%。其中东部地区资金到位率为96.2%、中部地区为92.2%、西部地区为97.9%。

全年新建公路3.6万公里，其中高速公路3149公里；改建公路5.3万公里。

（二）港口及内河航道建设

2001年港口及内河航道建设完成投资174亿元，比上年增加40亿元，增长29.8%。其中沿海港口建设投资有所增加，内河港口和航道建设投资有所减少。全年沿海港口建设完成投资124亿元，比上年增加43亿元，增长54.2%；内河港口及航道建设完成50亿元，比上年减少4亿元，下降7.5%。

沿海港口新（扩）建码头泊位49个，新增吞吐能力6066万吨，其中万吨级以上泊位18个，新增吞吐能力5705万吨。内河港口新（扩）建码头泊位39个，新增吞吐能力479万吨。全年新增及改善内河航道里程639公里。

（三）其他建设

2001年其他建设完成投资上年增加2.9亿元，增长2.4%。其中海事系统完成2.5亿元，比上年增加1.1亿元，增长79%；救助打捞完成3亿元，比上年增加1.6亿元，增长114%；科研教育完成1.5亿元，比上年减少2.6亿元，下降63%。

（资料来源：交通部综合规划司）

2001 年铁路货运统计分析

2001年在货运市场需求增加的有利形势下，铁路货运出现前所未有的好势头，发送量达到17.86亿吨，同比增加1.31亿吨，增长7.9%，再创历史新高，在2000年创出新水平的基础上，增运亿吨以上，这是相当不容易的。货物周转量完成14250亿吨公里，同比增长6.9%。货运收入完成688.65亿元，同口径比增长10.8%，在大幅度增运的情况下，实现了大幅度增收。

一、大宗物资仍然是铁路货源的大头

从主要品类来看，大宗物资增长较大，煤炭、石油、冶炼三大品类比上年增加1.25亿吨，占总增长量的95.4%。其中又以煤炭增量最大，占了总增长量的61.8%。可以说，这三大品类是铁路货源的三大支柱。从1996～2001年三大品类在总量中的比重来也能充分说明这一点。

如(表1)：

表1　　三大类发送量在总量中所占比重

年份	2001	2000	1999	1998	1997	1996
煤炭	42.9	38.4	36.3	35.9	39.4	40.3
石油	5.5	5.3	4.9	4.4	4.3	4.1
冶炼	23.2	21.0	19.5	19.3	19.4	19.0
合计	71.6	64.6	60.7	59.5	63.1	63.5

从(表1)中可以看出这样几个特点：

（一）煤炭、石油、冶炼三大类占了全路货运量的2/3以上，而且其所占比重呈逐年增长趋势。

（二）三大比重与总的发送量增减有密切关系，1997～2001年，总的发送量分别比上年增长0.1%、−5.4%、2.4%、5.5%、7.9%，当总的发送量增长比较大时，这三大品类比重也大，如2001年在全路货物发送量创历史新高时，三大品类所占比重明显高于其他年份，这说明总量增长中主要靠这几大品类；当总的发送量增长较小时，这三大品类比重也偏小，如1998年发送量比上年下降，三大品类比重也是各年份中最小的。

（三）煤炭是铁路的主要货源，在总量中的比重为40%左右，2001年达到了42.9%。

需要引起高度重视的是，2001年，在货运总量增长的情况下，有10个品类发送量同比是下降的，其中农用机具、棉花、零担、粮食下降幅度较大，分别是43%、31.1%、19.9%、10.7%。

二、部分高附加值货物运量增长

2001年，电子电器、化工、金属制品、工业机械、饮食烟草、医药用品等几个主要高附加值货物品类运量同比有所增长，分别增长25.1%、8.2%、11.8%、0.7%、3.3%、34.1%。从近几年的趋势看，高附加值货物运量下降速度有所减缓，但部分高附加值物运量总的呈下降趋势，2001年与1996年相比，工业机械累计下降31%、电子电器累计下降24.7%、农用机具累计下降 86.2%、鲜活货物累计下降29.1%、农副产品累计下降20.7%、纺织皮革累计下降46.5%、零担累计下降63.8%，这7个品类降幅都很大。虽然这些品类在总量中的比重并不大，但它们不仅运价率高，而且运距长，应该是铁路积极争取的市场。

三、货物平均运程变化不大

2001年，货物平均运程完成798公里，比上年缩短7.5公里。从这几年看，货物平均运程没有明显变化，基本在800公里左右波动。出现这种现象的主要原因是货物流向相对稳定，供需地点基本不变，主要原材料由西向东、从北到南，致使运程没有大的变化。煤炭、石油、冶炼这三大品类运量大，对全路平均运程变化影响很大，但这三大品类的运程几年来变化并不大，如1997～2001年煤炭平均运程分别为553、553、550、555、558公里，这说明在国家经济政策和生产布局没有大的调整的情况下，这些物资供需双方基本固定，不会造成运程的较大波动。

四、收入率有所提高

2001年全年发送吨收入率完成38.56元，同口径比上年增长2.7%；万吨公里收入率完成483.27元，同口径比上年增长3.7%。在平均运程略有下降、没有调价影响的情况下，实现收入率的增长主要来自于品类结构的优化。一方面，高附加值货物运量在持续下降的情况下，2001年部分品类有了较大增长， 这对全路收入率水平的增长是有利的；另一方面，煤炭、石油运量增长有利于收入率的增长，目前全路平均运价率水平是0.08元/吨公里，煤炭适用4号和5号运价，据测算其运价率要略高于平均水平，石油适用的是8号运价，大大高于平均水平。

2001年，在货运市场需求旺盛的有利形势下，全路上下致力于能力的有效利用，通过加强运输组织，努力挖潜扩能，运输效率明显提高，装车水平不断攀升，2001年全路日均装车达到83693车，这样高的水平在历史上是没有的。在线路能力和设备条件没有太多增加的情况下，能够取得这样的成绩，这是非常不容易的，是铁路运输组织工作的一个重要进步，表明全路运输组织水平有新的提高。主要得益于以下几个方面：

（一）货物列车总对数有所增长

2001年调图前全路图定货车对数为13057.5对，调图后货车对数达到13558.5对，略高于1997～1999年的水平，比1996年增长6.1%。总的看2001年图定货车对数比往年略有增加。

（二）既有线路能力得到充分利用

通过大力挖掘运输潜力，加大组织力度，提高牵引定数，优化调度指挥，主要干线和分界口能力利用效率有新的提高。2001年山海关、德州、符离集、广元、大龙、疏勒河、威舍、蒲圻等主要分界口都实现了超图行车，全路54个局间分界口有25个能力利用率达到90%以上，其中陶赖昭、古店、蒲圻、符离集、余家、达县、大龙、天水等8个主要分界口能力利用率超过100%，有37个局间分界口货物通过量超过2000年。

（三）新增能力得到有效发挥

为充分发挥新线建设和旧线改造后的投资效益，精心组织好西康、阳安、宝成、侯月、邯济、新石、京九线和华东二通道的分流运输，优化调整车流径路和编组计划，缓解了部分干线能力紧张状况，为相关干线增加客货运量创造了条件。如2001年堂邑口上行货物通过量比上年增运1031万吨、广元上下行增运1055吨、大龙口下行增运521万吨。

（四）运用车总数有所增加

近几年车辆部门加大货车购置力度，运用车保有量逐年增加。1999年运用车日均416136车，比上年增长2.3%；2000年增加到428918万车，比上年增长3.1%。2001年购置货车28964车，其中敞车就达到15910辆，是购置最多的一年，并根据实际情况，在确保安全的前提下，控制主型货车报废，加大货车检修力度，缩短检修时间，使运用车数量进一步增加，日均达到435464车，比上年增加6546车，增长1.5%，日均可多增加装车1288车。

（五）运用车调整力度大

全路以均衡运输为目标，抓好车流调整，加强局间协作和分界口交接，严格按计划排空，保持了运用车分布的基本合理均衡。加大向边远局的调车力度，每天进行重点掌握，及时把调配到位，确保了这些局的装车需要。对能力紧张干线积极组织迂回运输，尽量不采用停限装，全年共合理迂回11500列。

（六）车辆运用效率明显提高

2001年，全路大力组织编开技术直达列车，直达比重达到49%，这是近几年来最高的。狠抓卸车组织，日均卸空车达到86883车，比上年增长7.6%，有40天超过9万车，并创出了日卸车93127车的历史新高，其中夜卸比重达到44.4%，比上年提高了2个百分点。各铁路局重点抓好各大卸车点的卸车组织，部分铁路局采取“以卸定装”、“以卸保排”的措施，北京、郑州、兰州铁路局实施卸车奖励办法，比较好地解决了重车积压的问题，卸车效率明显提高，北京、郑州两局卸车增幅超过10%，高于全路卸车增幅。秦皇岛等10个港口卸车比上年增加1053车，增长16.5%；鞍钢等14个钢厂卸车比上年增加890车，增长17.8%。大力加强运输组织工作，加快车辆移动，压缩作业时间，提高周转效率。大力压缩保留车，1998～2001年日均保留车呈大幅下降趋势，分别为337列、178列、108列、52列。2001年，仅压缩保留车一项，全路就日均节省运用车2800辆，日均可增加装车551车。狠抓车辆中转和装卸作业效率，2001年中时、停时进一步缩短，分别完成4.6小时和22小时，比上年压缩0.1小时和1.1小时；货车周转时间完成5.08天，比上年缩短0.31天，下降5.8%，这是近几年来压缩幅度最大的一年。据此测算，与2000年相比，由于周时的缩短，平均每天节省运用车26570辆，可以增加装车5230车。

（资料来源：铁道部运输指挥中心综合部运输分析处）

2001 年航空运输统计分析

2001年，我国民航国内通航机场143个(不含香港、澳门和台湾，下同)。其中，民用和军民合用机场125个，中国联合航空公司单独使用的机场18个。国内定期航班通航城市124个(其中9个城市有2个机场)。

2001年，民航国内新通航的机场有绵阳机场、铜仁机场、临沧机场、永州机场和东营机场、格尔木机场、黑河机场、新疆库车机场；停航机场分别是山西长治机场、四川南充、达县机场和江西九江机场。

2001年，全国通航机场完成货邮吞吐量339.3万吨，比上年增长9.7%。

我国民航运输机场货邮吞吐量排行榜(前三十位)

排 序	机 场	货邮吞吐量(万吨)		
		2001 年	2000 年	增减 %
	总 计	3392759.0	3093589.0	9.7
1	北京	591195.1	557362.1	6.1
2	广州	456270.1	422425.3	8.0
3	上海虹桥	451923.7	492292.0	-8.2
4	上海浦东	352541.4	215859.5	63.3
5	深圳	211553.5	172038.6	23.0
6	成都	143489.1	124421.3	15.3
7	昆明	107526.4	98360.9	9.3
8	厦门	77975.7	75510.2	3.3
9	杭州	73148.0		
10	重庆	64597.1	62214.5	3.8
11	大连	62143.8	60168.1	3.3
12	西安	55005.9	47236.8	16.4
13	海口	54128.0	53634.5	0.9
14	太原	51168.8	38902.9	31.5
15	南京	49689.9	42252.0	17.6
16	沈阳	45251.7	39603.4	14.3
17	武汉	44506.6	26918.0	65.3
18	福州	41371.8	39462.1	4.8
19	石家庄	39726.3	29918.3	32.8
20	乌鲁木齐	37686.9	39659.4	-5.0
21	天津	36503.4	44378.1	-17.8
22	青岛	36157.3	34420.3	5.0
23	桂林	25800.4	22005.3	17.2
24	哈尔滨	23762.2	21828.3	8.9
25	温州	22667.8	23745.2	-4.5
26	济南	22367.2	20055.3	11.5
27	长沙	20375.2	18552.0	9.8
28	郑州	18975.4	20080.7	-5.5
29	贵阳	17110.6	14312.3	19.6
30	宁波	15004.9	16557.3	-9.4

2001年我国各航空公司运量排行榜

排序	航空公司	当年累计实际完成（万吨公里）	长年同期增长（%）
1	国际	344222	4.6
2	南方	299618	13.4
3	东方	238706	8.1
4	北方	84100	7.7
5	西南	77523	4.8
6	上海	50353	17.6
7	西北	50117	2.6
8	海南	47580	12.7
9	云南	44928	11.5
10	新疆	37756	-4.2
11	四川	28213	12.1
12	深圳	24349	45.9
13	新华	21941	38.5
14	山东	18150	22.5
15	中航	12237	21.7
16	武汉	11786	20.7
17	联合	6317	36.7
18	长安	2822	181.4
19	邮政	2579	36.9
20	山西	833	235.9

注：从2001年起行李不计入货邮吞吐量。其中，国内航线完成247.5万吨，比上年增长10.7%(其中内地至香港和澳门地区航线为13.7万吨，比上年增长7.7%）；国际航线完成91.7万吨，比上年增长7.0%。飞机起降架次为194.1万吨架次，比上年增长10.4%。其中运输架次为173.0万架次。运输架次中，国内航线160.1万架次，比上年增长11.9%(其中内地至香港和澳门地区航线为6.2万架次，比上年增长12.9%)；国际航线比上年增长10.1%。

各机场中，年货邮吞吐量在5000吨以上的有42个，完成货邮吞吐量占全部机场货邮吞吐量的98.8%；10000吨以上的34个，完成货邮吞吐量占全部机场货邮吞吐量的97.1%。北京、上海和广州三大城市机场货邮吞吐量占全部机场货邮吞吐量的54.6%。

（资料来源：民航总局规划司）

港口物流

回顾我国推进物流服务的发展过程，已经走过了可喜的起步阶段。近几年，各个相关企业纷纷进行经营方式的转型，各级政府积极采取有力措施推动物流服务业务的发展，2001年达到了高峰。国务院六部委联合发布《关于加快我国现代物流发展的若干意见》，交通部出台了《关于促进运输企业发展综合物流服务的若干意见》。

为推动运输企业开展现代综合物流服务，交通部于2001年2月28日正式发布了《关于促进运输企业发展综合物流服务的若干意见》。该通知明确了发展物流服务的指导思想与总体目标。从指导思想上看，要以社会主义市场经济理论为指导，充分发挥市场的导向作用；以企业为主体，充分发挥企业的创造性；以节约货物流通费用、降低供应成本为中心，为生产、加工、贸易企业提供高效优质服务。交通部确立的发展物流服务的总体目标是，要充分发挥公路、航运、港口以及相关产业的优势，鼓励运输企业的业务向综合物流服务延伸，通过为生产、加工、贸易企业和消费者(简称用户)提供更加富有效率的供应链管理以及更加低廉的供应与配送服务，扩展传统运输产业的发展空间，增强其增值服务功能，创造新的利润增长源。通过推动交通运输企业参与物流服务市场的竞争，促进交通运输的结构调整，增强交通运输业的竞争力。

针对交通运输企业的特点，交通部提出支持运输企业发展物流服务七项具体意见，其中突出地提出了要加强主枢纽港站建设，发展中转货运站和运输仓储设施，以及利用港口优势发展仓储与物流服务等两项与港口业务密切关联的政策。

一、港口在区域经济发展中的作用和与物流发展的关系

“城以港兴”深刻地揭示了港口在区域经济发展中的地位和作用。港口是货物集散中心，是当代城市物资交流的重要枢纽。港口又是水路运输的起点和终点，连通铁路、公路、内河、甚至是航空运输网络，是整个货物流通链中最大量的集结点。世界贸易的90%以上通过海运方式完成，95%的贸易货物要通过港口集散。港口在物流服务链中不仅是海陆货物运输的重要节点，也是国际贸易的服务基地和货物物流分拨配送中心。港口对于国民经济和城市发展的贡献已为世人所公认。荷兰鹿特丹港口及其相关辅助产业的产值占整个国家 GDP的10%以上，占当地城市 GDP的40%多。我国大型港口在城市经济发展和腹地区域经济发展中的地位和作用也越来越突出。长江港口带动了长江流域的经济资源的开发利用，沿海地区经济发达的主要依托是具有现代化的港口设施与城市密切结合。所以，在加快发展现代物流服务业务，建设大型物流中心的过程中，港口以其大进大出的集疏运能力和在物流网络中的组织作用，成为现代物流业的主导和重点，在一定时期成为主要发达国家物流中心建设的突破口和产业核心。

2001年完成港口货物吞吐量24亿吨，比上年增长8.8%；国际集装箱吞吐量2700万TEU，同比增长15%。宁波港集装箱吞吐量突破100万TEU

后，使我国百万TEU以上集装箱港口增加到了8个，其中上海港集装箱吞吐量达到630万TEU，晋升世界集装箱大港第5位；深圳港集装箱吞吐量也突破了500万TEU，跻身世界前10位。2001年我国进出口贸易总额达到5098亿美元，占GDP的44%。其中近90%都是通过港口经由水运完成的。充分表明港口在我国国民经济发展中正在发挥着重要作用。

二、交通部鼓励运输企业和港口发展物流的政策

港口发展物流，有利于通过货物的集聚效应扩大港口的吞吐量，增加港口企业的附加值。为此，交通部制定了一系列重要政策：鼓励和支持进出口商在港口自建仓库经营分拨业务或委托港务局经营；鼓励和支持进出口商租赁仓库或与港务局组建合资公司，利用现有设施或通过扩充新的设施开展分拨业务；允许港口经营人与进出口商、航商或其他投资者设立合营公司，共同开展内陆运输、报关、报验、包装、库存管理、订货处理等服务。在有条件的港口，要有选择的鼓励批发商、汽车与电子等生产商在港内建立商品交易中心和工厂，以使商家的交易活动和厂内分拨、仓储等都能在港内进行。通过以上措施，逐步使港口成为货物运抵最终消费市场的物流园区，成为具有较强集聚效应的产业园区。

发展现代物流服务，不但要完善有关的方针政策及法律法规，同时要加强基础设施建设。在规划建设港站主枢纽过程中，要充分考虑发展综合物流的需要，高度重视物流设施及相关配套设施的建设，为主枢纽港站拓展服务范围，扩大服务空间，发展综合运输创造条件。鼓励运输企业及其他相关企业根据业务发展需要，投资建设集装箱中转货运站、货物仓储等物流设施；有条件的集装箱中转货运站和仓储企业，可发展为物流分拨中心。物流设施的建设要紧密围绕用户需求，要充分利用现有设施．新建与改造相结合，避免重复建设等。

三、加强港口行业管理，发挥港口开展物流服务的优势

从国际国内经济发展形势看，我国经济结构调整、西部开发和加入WTO，GDP在2010年前将年均提高近1个百分点。贸易额会在原来增幅基础上增加3个百分点，海运量将以每年8%—10%速度递增。国际航运和港口在整个国民经济中的重要战略地位将得到进一步的提升。

港口正在进一步扩大与经济腹地的联系，密切港口与城市及其临港工业区、开发区、保税区的联系，港口与公路、铁路、航运的有效衔接，发挥多式联运的优势，进一步提高港口服务效率和服务质量，将为我国对外贸易和国家经济发展作出新贡献。

为进一步促进我国港口在发展区域经济中的地位和作用，有力支持发展现代综合物流服务业务，交通部正在采取以下积极措施：

——抓紧搞好港口管理体制深化改革。

根据国办(2001)91号文件，交通部正在加紧做好中央直属港口和双重领导港口下放工作。港口下放将进一步密切港口与当地经济发展的内在联系，促使以港口为中心发展城市经济、区域经济，带动相关产业的发展。

——稳步推进港口结构调整。

港口结构调整的重点是：

(一)坚持以上海国际航运中心和主枢纽港建设为重点的港口布局结构调整。

(二)加快以主枢纽港集装箱码头、超大型专业化泊位和深水航道建设为重点的港口设施结构调整。

(三)加快以拓展港口功能和发展综合物流为重点的港口营运结构调整。

(四)引导和完善 EDI系统，发展信息化和网络化为重点的港口技术结构调整。

(五)加强以集约化、规模化、专业化为重点的港口运输组织结构调整。

——加快港口法制建设。

(一)争取使《港口法》尽快出台；

(二)是对有关港口的不符合世贸组织规则和

国际惯例的法律、法规和规章，要抓紧予以修正和废止。

(三)是结合港口管理体制改革，增订、修订和完善地方性港口法规，以法规来体现和保证改革的成果。

(四)是要引导新组建的港口管理机构和工作人员，认真学习有关法律、法规和规章，转变观念，转变职能，提高依法治港、依法行政的水平。

——培育和规范港口市场。

结合港口管理体制改革，要用现代企业制度来建设规范市场主体，让港口企业独立走上市场，自觉依法经营；搞好理货等垄断性经营市场的适度放开工作；政府部门要加强政策协调能力，增强政策的统一性和透明度，提高行业管理和市场调控的能力，努力打破地区封锁和市场分割，营造统一开放、公平竞争的市场环境；要加快行业协会改革步伐，强化行业协会的协调功能，增强其服务手段，使协会真正成为以服务为宗旨的自律性行业管理组织，促进港口市场机制的完善。

总之，通过相关企业和各级政府部门的共同努力，港口在区域经济和物流服务业务发展过程中的作用将进一步增强。

希望港口企业根据自身实际，利用优势，尽早参与物流服务的市场竞争，提供综合物流服务，在未来的竞争于中赢得主动，取得较好的经济效益。

(特约撰稿：交通部水运司司长　苏新刚)

2001年全国主要港口主要统计指标数据

大连港

创记录完成年生产任务

2001年12月17日提前14天完成9600万吨年度生产计划，22日提前9天完成9800万吨年度生产目标，27日提前4天实现了亿吨大港——这是大连港新世纪首年生产取得一连串令人振奋的好成绩。据统计，12月份大连港完成吞吐量864万吨；集装箱首次突破12万TEU，完成12.6万TEU，比前年同期增长23.3%。

2001年，是大连港口发展史上特别值得铭记的一年，经过全港职工的共同努力，港口生产实现了历史性跨越。在外贸货源锐减、周边港口竞争更加激烈的情况下，全港吞吐量仍破亿吨，完成10032.7万吨，同比增长10.6%；集装箱完成121.8万TEU，同比增长20.5%。

秦皇岛港

实现第一个双亿吨港目标

2001年12月份秦皇岛港完成吞吐量1086.9万吨，其中煤969.4万吨，油31.3万吨，杂货86.2万吨。月吞吐量超过1000万吨。全年完成吞吐量达到1.128亿吨。其中，煤炭吞吐量完成1.06亿吨，成为我国第一个双亿吨港。

天津港

两项年度指标提前完成

2001年12月份，天津港完成货物吞吐量838万吨，同比增长16.49%，集装箱吞吐量完成16.27万TEU，同比增长41.36%。

2001年，天津港共完成货物吞吐量11368.6万吨，同比增长18.84%，集装箱共完成201.11万TEU，同比增长17.69%；两项均提前完成年度计划指标。

青岛港

吞吐量实现历史性突破

2001年，青岛港吞吐量胜利超越亿吨，达到10398.3万吨，同比增长20.4%，实现历史性大突破。其中完成外贸吞吐量7016万吨，同比增长21.7%，占吞吐总量70%，继续保持全国沿海第二大外贸港口地位；完成集装箱吞吐量263.9万标准箱，同比增长24.5%；完成煤炭1563万吨，同比增长16.8%；完成石油2490万吨，同比增长4.3%；完成矿石2588万吨，同比增长63.96%。四大货种吞吐量计9284万吨，占总量的89.3%。港口核心竞争力进一步增强。

连云港港

外贸吞吐量增幅领先

2001年12月，连云港港完成货物吞吐量174.1万吨，同比下降11.3%，完成集装箱运量14811标箱，同比增长27.9%。

2001年累计完成货物吞吐量3058.1万吨，比上年增长12.9%。完成集装箱运量156038标箱，比上年增长29.9%，其中过境箱运量1484.8万吨，占吞吐总量的48.6%，比上年增长6%，其中外贸完成565万吨，比上年增长33.6%；氧化铝完成197.6万吨，增长97.5%。

南通港

港口吞吐量成绩喜人

2001年12月份全港完成货物吞吐量350万吨，全年累计完成3512万吨，占年度计划的153%，比上年增长28%；其中南通港务局所属码头12月份完成货物吞吐量213万吨，全年累计完成2248万吨，占年度计划的141%，比上年增长11%。外贸吞吐量12月份完成72万吨，全年累计完成418万吨；集装箱吞吐量12月份完成17809标箱，全年累计完成183545标箱，占年度计划的131%；旅客发送量12月份完成0.4万人次，全年累计完成22.4万人次，占年计划的89%，比上年下降了43%。

南京港

全年生产走势平稳

2001年12月份，在全港上下职工的努力下，超额完成月度计划。全港旅客出门完成0.94万人次；货物吞吐量完成478.93万吨；装卸自然吨完成303.21万吨，分别为月度计划的62.67%、106.18%、105.34%。

全年累计完成旅客出口28.12万人次；货物吞吐量5789.24；装卸自然吨3725045吨，分别为年计划的70.30%、84.51%、89.77%。其中管道油1324.16万吨，海进江油593.19万吨，外贸吞吐量87955万吨，煤炭发运524.4万吨，集装箱221435.5TEU，分别为年计划的95.95%、66.65%、99.95%、80.68%、92.26%。

上海港

全年吞吐量突破2亿吨

2001年，上海港全年的装卸吞吐量已突破了2.2亿吨，比2000年净增2千万吨，同比增长了7.6%；这一吞吐量也是1984年的两个上海港的吞吐量。外贸进出口吞吐量完成了8220万吨，比2000年增长了7.7%；12月份上海港全港装卸吞吐量为1797.2万吨，比2000年同期(1791万吨)增长1%，全年同比增长7.6%。12月份，外贸吞吐量690.8万吨，同比下降4.9%，全年同比增长7.7%。12月份集装箱吞吐量完成59.2万标箱，2001年集装箱吞吐量已突破了633万标准箱，超2000年的12.9%，为中国大陆港口之最，跃居世界第五位。

舟山港

全面完成全年货物吞吐量计划

2001年，舟山港货物吞吐量完成3281.02万吨，为年度计划的102.53%，同比增长2.88%。面对今年来油品等货源中转量大幅萎缩的困难和压力，舟山港航部门主动出击，外拓货源市场，内挖增量，加强船舶及码头监管，圆满完成了全年港口货物吞吐量指标。

宁波港

集装箱增幅居全国之首

2001年，宁波港集装吞吐量达到121.2万TEU，比上年上年增长34%以上，增幅连续3年位居全国大陆沿海主要集装箱港口首位。

2001年，宁波港努力拓展近洋支线和内贸集装箱航线。目前，宁波港共有集装箱航线56条，月航班超过300班，其中远洋干线集装箱吞吐量已占港口外贸吞吐量的58%以上，其中从宁波港走干线中转的集装箱占总量的80%。

温州港

超计划完成指标

2001年12月份,温州港完成货物吞吐量142.58万吨，同比增长24.5%;完成国际集装箱11700TEU,比去年同期增加5415TEU。全年累计完成货物吞吐量1312.58万吨，同比增长52.73%，全年集装箱完成100253TEU同比增长35.23%，全年各盟生产指标均超计划完成。

福州港

全年吞吐量再创新高

2001年12月份，全港货物吞吐量完成307.89万吨，为去年同期的168.6%。其中装箱进出口量完成37418TEU，为去年同期的99.51%。

2001年全港吞吐量再创新高，货物吞吐量完成2958.14万吨，为去年同期121.98%。其中集装箱进出口量完成41.77万标箱，为去年同期的104.38%。“两马交流”完成47航次，进出旅客3403人次。

厦门港

吞吐量突破2000万吨

2001年，全港货物吞吐量累计达到2098.91万吨，比去年同期增长6.80%；其中外贸物吞吐量累计达到1405.24万吨，同比增20.25%。集装箱吞吐累计达到129.32万标箱，同比增19.23%；其中海峡两岸试点直航的集装箱吞吐量累计达到35.30万标箱，同比增15.28%。其中，12月份，全港货物吞吐量为220.16万吨，集装箱吞吐量为12.21万标箱，同比增13.17%。

广州港

两项指标均创历史最高

2001年12月份，完成全港货物吞吐量1278.3万吨，全港口集装箱完成18.96万标箱，分别为月度计划的130.4%和111.6%，均创历史单月最好成绩。

2001年共完成全港货物吞吐量1.26亿吨，为年度目标1.15亿吨的109.9%，比去年同期增长13.6%；完成全港国际集装箱172.5万标箱，为年度目标170万标箱的101.5%，比去年同期增长20.6%。货物吞吐量和集装箱量均创历史最高纪录。

深圳港

集装箱量跃升世界前十位

深圳港2001年集装箱吞吐量达到507.5万标准箱，比上年同期增长27.1%，12月份，深圳港集装箱吞吐量为44.4万标准标准箱，比上年同期增长30.2%。

2001年，深圳港货吞吐量达到6631.6万吨,增长16.6%，其中外贸货物吞吐量为3563.4万吨,增长18.9%。12月份，深圳港货物吞吐量为613.8万吨，比上年同期增长19.6%。

（资料来源：《航运交易公报》2002.2）

远 洋 运 输

远洋运输，又名国际海上运输，是指以船舶为工具，在海洋上进行的旅客或货物的国际性运输。从狭义地理解，远洋运输是船舶经营人提供船舶作为运输工具，运送旅客或货物，并收取运费的营业行为；或者工商企业者本身为了取得商业上的利益，将自己的船舶或租入的船舶用于运输自己商品的海洋运输行为。但是从广义地理解，远洋运输所包括的范围要广泛得多，象理货、船舶代理等业务都属于远洋运输的范围。

一、远洋运输的历史

（一）世界远洋运输的历史

远洋运输作为独立的经济部门，是从古代的航海贸易活动中分离出来的，而且随着贸易的发展而发展。最初的远洋运输和贸易合为一体，船长除了负责船舶的驾驶和营运外，还要亲自经营货物的买卖，这时航海贸易的特征是“船货一体”。到18世纪末、19世纪初，随着第一次工业革命的完成，远洋运输业出现了专门承运他人货物的公共承运人。进入20世纪后，随着造船技术、航海技术的发展和国际间贸易的扩展，远洋运输业取得重大的发展，出现了一片欣欣向荣的景象。远洋运输船舶逐渐朝着大型化、专业化的方向发展，形成了集装箱船、散货船、油船、杂货船、滚装船等专业船舶。由于远洋运输有运量大、运价低廉、对货物适应性强、易于改进运输工艺等特点，远洋运输变得越来越重要，逐渐成为一个国民经济中的重要部分。

（二）我国远洋运输的历史

我国的海上运输有着十分悠久的历史，早在战国时期，我们的祖先就已经将指南针用于航海，为世界航海技术的发展作出了重大的贡献；唐代已设置了具有现代海关性质的“市舶司”管理对外贸易；宋代的造船技术比较发达，能够建造容纳五、六百人的大型船舶；到明代，郑和率领庞大的船队七下“西洋”，到过30多个国家，最远曾到达非洲东岸、红海和伊斯兰教圣地麦加。但是到了近代，由于政府实行闭关锁国的“严海”政策，中国的远洋运输停滞不前；同时，随着帝国主义列强的侵入，中国沦为半殖民地，远洋运输业基本控制在别人的手中，根本就谈不上什么发展；到全国解放时，我国的远洋运输几乎是一片空白。

新中国成立后，人民政府全力建设我国的远洋运输业：1951年我国与波兰合营成立了“中波海运公司”（现名中波轮船股份有限公司，由中国远洋运输（集团）总公司代管）；1961年4月27日，我国正式成立中国远洋运输公司和广州远洋运输分公司，翌日，悬挂五星红旗的“光华”首航印度尼西亚，标志着新中国远洋船队的诞生。经过几十年的发展，我国远洋运输实力大增，拥有中国远洋运输集团等一批大型航运企业，整体实力已经跃居世界前列。

（三）远洋运输的分类

根据远洋运输船舶的经营方式不同，可以将远洋运输分成班轮运输和不定期船运输。班轮运输是指船舶按照规定的时间，在一定的航线上，以既定的港口顺序，经常地从事航线上各港的运输，主要用于小额成交的小批量杂货的运输，如五金、纺织品、食品、工艺品或某些贵重品等。不定期船运输是相对于班轮运输而言的，它没有预定的船期表，航线，停靠港口等也不固定，须依据船舶所有人和承租人双方签定的租船合同安排船舶就航的航线，运费或租金也由双方根据市场行情在租船合同中约定。不定期船主要从事大宗货物的运输，如谷物、油类、矿石、煤炭、木材、糖、化肥等。

二. 我国远洋运输发展现状

（一）我国远洋运输企业与船队

1.我国远洋运输企业

截至2000年底，在中国境内登记注册从事远洋运输的航运公司有290家，除中远集团、中海集团外，大部分企业规模偏小，平均船舶运力不足1万载重吨，许多公司为单船公司。企业规模偏小，缺少抵御市场风险的能力，规模经济效益不能发挥；同时，单船公司比例过大，将加剧市场的无序竞争。

从专业化分工来看，中国从事远洋运输的公司缺少专业化分工。一个没有专业化分工的市场，其技术进步和产业升级必然缓慢，从而不能有效提升企业市场竞争力，无法形成必要的市场进入技术壁垒。由于进入壁垒低，容易造成一哄而起，形成低水平的过度竞争。

为此，中国政府交通主管部门提出加快航运企业结构调整、发展规模运输的指导思想，鼓励航运企业与大型货主之间的联合，引导并鼓励实力雄厚、竞争能力强的航运企业，以资产为纽带，实现强强联合；组建跨地区、跨行业、跨所有制和跨国经营的大型航运企业和企业集团；继续采用资产重组、改组改造、联合兼并、股份合作等多种形式放开和搞活中小航运企业；建立较为完善的现代企业制度，增强远洋运输企业的市场竞争力。

2.我国远洋运输船队规模

截至2000年底，我国远洋运输船队共有船舶2525艘、3700多万载重吨，占世界商船队总量的5.3%，集装箱位占世界总量的5.0%，船队总运力在世界商船队中的排名位居第五。

自1994年我国航运步入结构调整以来，我国远洋运输船队没有明显的增长。与上年相比，2000年船队总运力仅微幅增长0.93%，但船型结构有所变化。其中，多用途船与集装箱船队增长幅度较大，分别为4.0%和3.7%，杂货船下降1.25%，其他船型变化较小。同期世界商船队的变化情况为：商船队总量较上年增长1.4%，其中集装箱船队和液化气船队增长最快，分别上涨7.4%、7.0%，客船下降幅度最大，较上年同期下降24.9%，兼用船队下降6.5%。

从船舶投资主体来看，仍以国有为主，近年来多种投资主体投资国际海运有上升趋势。从规模来看，中远、中海、中外运这三个集团规模最大，三家公司运力所占比重超过60%。

从船型结构来看，散货船队比重最大，占我国远洋运输船队（包括挂方便旗船）总载重吨的55.9%，油船次之，占15.1%，集装箱船占13.0%，杂货船占7.1%，多用途船占6.2%，其他船型所占比重较小。

从吨位结构看，船队平均吨位为1.47万吨，其中散货船队平均吨位4.25万吨，原油船平均吨位8.10万吨，成品油轮平均吨位5016吨，集装箱船平均箱位886TEU，杂货船平均吨位6676吨。

从船龄结构看，2000年我国远洋运输船队平均船龄为15.7年，较往年有所增长。其中，原油船、集装箱船船龄较小，分别为12.2.13.5年，多用途船、散货船、成品油船船龄在15－17年之间，而客船、冷藏船、液化石油气船、杂货船船龄较大，平均在19～23年之间。

3.我国远洋运输船队发展方向

“十五”期间，在“九五”船队发展的基础上，我国远洋运输船队结构将以大型化为主，逐步形成吨位结构大、中、小合理配置，适合市场需求的、具有较强竞争能力的国际海运船队。(表1)是2000年我国远洋运输船队统计：

具体而言，我国远洋运输船队发展方向为：

(1) 继续保持我国散货船队规模优势，适当发展大型散货船，加强与货主合作，通过航运公司与有关专业公司的联营，提高市场竞争力。(2) 发展油船队，在争取提高外贸合同承运份额的前提下，发展20～30万吨级大型油轮，加快油船队规模结构的改善。(3) 发展4000～6000TEU的大型集装箱船，并建立与之相配套的近洋支线船队，

表 1　**2000年中国国际海运船队统计**

船　型	载重吨位(dwt)	各船型占船队总计比重(%)	平均船龄（年）
原油船	4859318	13.1	12.17
成品油船	727330	2.0	16.85
液化石油气船	83673	0.2	21.94
散货船	20740770	55.9	16.17
多用途船	2287255	6.2	14.80
集装箱船	4824581	13.0	13.50
杂货船	2616978	7.1	22.94
冷藏船	128370	0.3	19.54
客船	67699	0.2	18.61
中国国际海运船队总计	37088633	100.0	15.72

建设一支具有国际竞争力的集装箱船队。(4) 发展LPG船队，改善船队结构，增强市场竞争力；加快建立与进口液化天然气规模相适应的LNG船队。(5) 逐步改善船队船龄结构，提高船公司运力规模水平；鼓励更新、淘汰老旧船舶，形成老、中、青相配套，梯形层次合理，能够实现良性循环、健康发展的船队。(6)鼓励船公司之间互租舱位、舱位共享等多种形式的合作经营，实行资产重组，开展广泛的联合、联营，形成规模化、集约化经营。

（二）对外贸易运输概况

在全球经济复苏和中国政府一系列扩大内需宏观经济政策的持续作用下，截至到2000年，中国全年国内生产总值为89404亿元，比上年增长8.0%。对外贸易持续高速增长，全年外贸进出口总额实现4743亿美元，比上年增长31.5%，其中出口总额2492亿美元，增长27.8%；进口总额2251亿美元，增长35.8%。外贸进出口增长有力地促进了外贸运输市场的繁荣。2000年我国主要港口完成外贸吞吐量5.67亿吨，比上年增长33.2%。沿海主要港口完成外贸货物吞吐量5.23亿吨，增长34.8%；内河主要港口外贸吞吐量 0.44亿吨，增长17.0%。

1.原油外贸运输

在国民经济快速增长和相关产业消费需求大幅增加的带动下，国内石油消耗量大幅增加，原油生产和消费缺口进一步扩大，进口原油大幅度增长。以2000年为例，全年外贸原油进口吞吐量比上年增长90%。

由于我国沿海港口油库储油能力有限，在国外大型油轮集中到港时期，国内二程油船中转运输量大幅增加，运力出现紧张，部分港口一度出现油轮长时间压港待卸的情况。

中东和非洲是我国原油的主要进口地区，其次是欧洲、东南亚、美洲等地；进口原油流向有了较大规模的调整，过去进口原油主要供应国内东南沿海和长江流域炼油厂，近年来，我国北方地区也增加了进口。

由于国内原油消耗增加，我国原油出口量继续减少，以2000年为例，原油出口量下降了18.7%。

2.煤炭外贸运输

以2000年为例，我国煤炭出口大幅增长，全国主要港口外贸出口煤炭完成7000多万吨，比上年增长53%。

在全球每年约5.3亿吨的煤炭贸易量中，亚洲是最大的市场，约占50%，其中，日本年进口1.3～1.4亿吨，韩国年进口6000万吨，台湾年进口5000万吨，其他东南亚国家年进口5000万吨左右。如果中国煤炭质量能保持稳步提高，将在周边地区和国家的煤炭消费市场具有一定的竞争优势。

3.铁矿石外贸运输

以2000年为例，我国进口铁矿石增幅较

大，全年铁矿石进口接卸完成7000多万吨，比上年增长20.0%。

宁波、上海、青岛三港具备接卸13万吨以上矿石运输船的能力，2000年三港接卸量占进口总量的70%以上。宁波港北仑区和青岛港都建有10万吨级和20万吨级矿石接卸泊位各一座，码头水深条件比较理想，

4.粮食外贸运输

以2000年为例，中国粮食外贸进出口量出现大幅度增长，其中外贸出口增长近1.2倍，外贸进口增长近1倍。

随着国内外经济形势的好转，大豆加工业、饲料饲养业逐渐恢复生产，大豆需求量大增。同时，国家和地方政府鼓励玉米出口，促使玉米出口量也大幅增加。

在粮食外贸进出口量大幅增长的带动下，2000年我国主要港口粮食外贸吞吐量较上年增长87.8%。北方港口外贸出口玉米完成量为上年的3.1倍。在玉米出口高峰期，北方港口出现了局部压港现象。

5.化肥外贸运输

受退耕还林政策的影响，我国粮食耕种面积减少，化肥施用量大幅下降，与此同时，全国化肥生产能力稳步提高，在此双重影响下，我国化肥进口量有所下降。以2000年为例，我国主要港口外贸化肥吞吐量1100多万吨，与上年基本持平，外贸进口下跌5.4%。

目前，我国氮肥生产能力严重过剩，库存积压，在国家政策的鼓励下，氮肥出口增长，是化肥外贸出口吞吐量大幅增长的主要原因。

6.木材外贸运输

以2000年为例，我国主要港口木材外贸吞吐量同比增长15.9%，其中外贸进口较上年增长8.7%，外贸出口增长26.7%。

随着经济发展和人民生活水平的提高，我国木材及木制品消费总量不断上升，目前我国原木消费量（包括商品、农民自用材和培植用材）居世界第三位。随着国家的进一步实施，我国木材产量每年呈阶梯型下降，供需矛盾进一步激化，因此进口木材成为平衡国内供需缺口的主要手段。

木材进口运输方式视地域而异。东部沿海地区进口木材基本上通过水运，集中在长江、珠江三角洲港口入境；东北地区大量新增的俄罗斯进口边贸木材，主要从东北绥芬河、满洲里、二连浩特三个陆上关口入境；西部内陆地区主要通过边贸陆运入境。

在进口木材量不断上升的同时，我国向日本、韩国出口木材及制品的形势也有所恢复。2000年锯材出口形势明显好转，海关统计，锯材出口较上年增长36.2%。

（三）集装箱运输

1.我国国际集装箱运输

集装箱水运呈现繁荣态势，以2000年为例，全国港口共完成集装箱吞吐量2348万TEU，比上年净增28.1%，主要港口共完成2263万TEU，比上年增长30.6%，其中国际航线集装箱吞吐量为1807万TEU、内支线集装箱吞吐量为167万TEU、国内航线集装箱吞吐量为289万TEU。全国各港国际航班总计3522班/月，比上年增长23.9%，其中远洋航班669班/月，近洋航班2853班/月。外资班轮航班为1673班/月，占国际航班总数的47%，其中远洋航班467班/月，占全部远洋航班数的69%。随着我国外贸出口结构的进一步优化，集装箱化率不断提高，集装箱生成系数已由1990年每亿美元外贸额生成0.135万TEU增长到2000年的0.479万TEU。在外贸增长迅猛、班期密度增加以及集装箱生成系数不断提高的共同促进下，我国集装箱运输量取得了长足进步。

2.国际集装箱内支线运输

近年来我国国际集装箱运输发展迅速，作为国际航线集疏运服务的集装箱内支线运输得到相应的发展。目前，我国已形成了与外贸航线相匹配的内支线网络。

以2000年为例，全国主要港口完成集装箱内支线吞吐量166.76万TEU，比上年增长13%。截止到2000年底，全国共有47个港口开展了集装箱内支线装卸业务。内支线运输服务形成了长江、

渤海湾和华东沿海内支线三大区域，华南沿海和珠江流域内支线运输得到一定的发展。全国集装箱内支线航班密度达到每月2393班，比上年增加1025班，增长74.9%。

国内集装箱内支线运输在发展数量的同时，运输质量和经营服务也得到了较大程度的改善，主要表现在：(1) 集装箱内支线运输企业数量和规模扩大。中远集团、中国外运集团、上海港轮驳公司等航运公司的内支线运输已形成规模经营。(2) 集装箱公共内支线发展迅速。近年新增的集装箱内支线多为公共支线，原有集装箱内支线公司的联合、合作程度加大，集装箱船舶箱位利用率有所提高。(3) 集装箱内支线运输与国际物流的发展结合紧密。随着国际集装箱物流在我国的发展作为干线运输延续的集装箱内支线运输，在更大程度上承担着国际物流运输在我国内陆地区的集疏运服务，水路、公路与铁路运输的结合更加紧密。(4) 集装箱内支线运输船队发展迅速，船舶平均吨位和载箱量有较大幅度的增长，船舶技术状况明显改善。

三、远洋运输展望

2001年12月11日，我国正式成为世界贸易组织的正式成员，中国经济将面临一个良好的发展机遇。同时，今后几年又是中国实施规划时期，中国国民经济将持续、快速、健康发展，预计GDP将保持较高的增长速度，外贸进出口将出现大幅增长，进口增长速度将明显高于出口增长速度。在这样的良好形势下，今后一段时期，中国外贸进出口运输将保持较高增速，预计增长率为12%～15%，大宗散货外贸进出口仍将保持稳步增长。

（一）中国集装箱运输发展前景

从我国历年集装箱生成系数的发展特点可以看出，我国集装箱运输经过二十多年的高速发展，集装箱生成系数从每亿美元外贸进出口额生成0.135万TEU增长到0.479万TEU。而从生成系数本身的增长速度来看，随着我国外贸进出口商品中科技含量的日益提高，生成系数开始趋于平稳增长，增幅逐年递减。以2000年为例，集装箱生成系数为0.479万TEU/亿美元，年增幅为6.4%，按照目前我国外贸集装箱吞吐量生成系数发展趋势，已处于平稳上升阶段。

集装箱内支线运输方面：与发达国家相比，我国内支线运输发展尚有一定的差距。但随着国际枢纽港建设，以及沿江地区、内陆中心城市的经济发展和外贸运输的需要，预计我国内支线将继续保持较快的增长速度。其中，长江中下游港口内支线将继续保持高速增长，长江中上游港口内支线高速增长的势头开始显现，宁波进江内支线将获得良好的发展机遇。随着我国集装箱枢纽港的形成，集装箱海支线也将迎来发展的春天，同时随着深圳盐田港的崛起，华南地区内支线发展将会有所发展。

（二）煤炭运输发展前景

预计我国煤炭出口仍会有较大增长，该预测出于下述因素的考虑：一是世界经济复苏，全球动力煤需求稳定上升，有利地推动了我国煤炭出口增长；二是在占据世界煤炭贸易量(约5.4亿吨)40%的亚洲市场，如日本、韩国、台湾等一些主要的煤炭进口地，出于运输成本的考虑，开始改变进口地区，逐步从中国大陆进口煤炭，中国向这些地区出口在运输距离上有一定的优势；三是我国煤炭品种多，经营管理水平逐步提高，出口增长潜力较大。

（三）铁矿石运输发展前景

预计我国钢材市场总体仍将继续趋好，出口有望进一步扩大，对进口铁矿需求将继续保持增长，特别是进口高品位铁矿石的需求将会有较大的增长。

(四)原油运输发展前景

根据我国经济增长与石油消费增长的关系分析，综合考虑汽车消费、石化产业发展、油价上升和入世等众多因素，预计今后我国原油消费量将小幅上升，考虑到国内自产原油量以及成品油库存较大等因素，预计今后一段时间我国原油进口总量将会保持一个比较稳定的水平。

(特约撰稿：中国远洋运输（集团）公司　唐星球)

2001 年国际集装箱运输市场分析

2001年国际集装箱运输市场货源增速大幅下降、运力过剩严重、运价长期低迷、市场竞争十分激烈。特别是“9.11事件”对全球集装箱运输市场的负面影响正呈日趋扩大之势，与此同时受外部环境的影响，我国进出口贸易额增幅亦大幅滑坡，国内集装箱运输市场走势也持续走弱。回顾2001年集装箱运输市场的表现，综合起来有八大特点。

一、全球经贸滑坡是市场低迷的直接原因

国际集装箱运输市场的兴衰完全取决于世界经贸的发展，2001年国际集装箱运输市场持续低迷，是全球经贸滑坡所致。2001年世界经贸发展的波动程度是多年来极为罕见的，尤其是美国经济增速的大幅下滑，再加上“9.11事件”，是造成世界经济增长明显减缓主要因素。因此最近联合国将今年的世界经济增长率预侧值调低到1.4%(世界银行则预期全球经济增长1.3%)。这意味着，世界经济增长速度已经下降到近10年来的最低水平。

世行和国际货币基金会(IMF)一致预期美国经济2001年只会升1.1%，已经进入1991年以来的新一轮衰退周期。由于美国消费开支对美国经济影响巨大，由此可以估计，美国经济短期内仍难以扭转恶化趋势；同时日本经济衰退进一步加深，2001年增速预计为−0.5%(IMF认为有0.9%的增幅)，在短短的三年中再次陷入衰退；欧洲经济已从坚挺转向急速下降，其中德国经济顶多只能保持零增长，法国的经济命脉旅游业在“9.11事件”的冲击下遭受重创，其经济增长率将下降至2%以下。2001年欧洲经济增速预计为1.8%(IMF预计为1.7%)。

以亚洲四小龙和东盟六国为代表的东南亚地区经济是最早、最直接感受到美国经济负面影响的地区。中国台湾地区预计2001年增长将低于−0.2%，这是台湾几十年来首次出现负增长；新加坡全年经济负增长已成定局，增长率−3%；韩国、马来西亚、泰国、中国香港的经济增长率都将大幅度下降至2%以下。联合国预计2001年亚洲经济增长率将为1.7%。

就全球的贸易而言，进入2001年以来增长速度就开始下降，特别是“9.11事件”已对全球第四季度的贸易额和增长率产生极大的影响。世界贸易组织(WTO)报告预测，2001年全球贸易增长率为2%。现在看来，即便2%的年增长率仍可能过于乐观，这与2000年高达12.5%的增长率形成强烈反差。

从以上主要国家和地区今年的经济走势看，可以说目前除中国等少数几个国家以外，全球绝大多数国家的经济都面临严峻形势，这无疑是影响2001年国际集装箱运输市场发展的主要因素。

二、市场供需矛盾突出

市场供需矛盾不断加剧是2001年国际集装箱运输市场遇到的最大问题。据统计，截至到2001年11月初，全球集装箱船队规模为9353艘，箱位运力709万TEU；订单持有量514艘，161万TEU，分别较上年同期增长12%和4%。2001年班轮市场新船交用量占现有运力的比重将达到13.6%(实际有效舱位将增长9%)，总量达62万TEU。至2001年底全球集装箱船队保有量将达到736万TEU，大

大超过市场需求，这势必降低承运人的边际收益。

然而货量的增长幅度大大低于运力的增长，2001年全球航线货运量将达到7300万TEU左右，比上年增长约6%，而2000年为12.4%，1999年为10.2%。据最新预测，2001年全球集装箱吞吐量将增加8.1%，达到2.479亿TEU。2001年前三季度跨太平洋东行航线货运量同比去年增长2%，而航线上新增运力的幅度达8%，预计2001年泛太平洋航线供需指数将由上年的95.6下降到92.7；亚洲——欧洲西行航线货运量增幅不足5%，而运力新增超过10%。种种迹象表明，国际集装箱运输市场日益突出的供需矛盾将要维持相当长一段时期。

三、主干航线运量大幅下滑

全球经济增速大幅降低对三大东西主干航线造成了直接的影响，尤其是太平洋航线最为突出。由于东亚国家和地区的经济属于出口导向型，且主要依靠IT产品对美国市场的出口。美国经济增长放慢严重影响东亚国家和地区对美国的出口，使太平洋航线的东行货量明显减少，与上年的增幅相比减少了13个百分点。但跨太平洋航线仍然是主导全球货运的主要航线，预期东行线2001年箱运量将达到1000万TEU。不过受载率可能仅为78%，西行线受载率低于52%。业内人士预计美国2001年入口箱运量会比上年下跌5.6%，为250万TEU。由于亚太地区的消费力和消费者信心指数逐步减弱，有关人士预计2001年泛太平洋航线西向箱运量会比去年下跌3.1%、为315万TEU。东向箱运量则会出现零增长。

亚欧航线和大西洋航线也呈现不同程度的滑坡。亚欧航线2001年货量增长不超过4%，箱运量将增加到700万TEU。而受载率东行线为71%，西行线为80%。跨大西洋航线2001年箱运量继续保持上升态势，但增幅也不超过3%，受载率则有所下降。据估计，2001年全球集装箱总吞吐量可能出现将近18%的跌幅。所以世界经贸增幅的变化对国际集装箱运输市场已产生了极大的影响。可以说2001年主干航线几乎完全处于疲软状态。

四、航线运价持续低迷

令航运界十分头痛的问题是航线运价持续低迷。受集装箱货运市场增速减缓、运力大幅增加以及对未来供需平衡进一步恶化的预期等因素的影响，进入2001年以来运价一路下滑。绝大多数运费组织的提价计划都没有得到执行或部分执行。从全球三大主干航线平均收益水平的统计结果可以看出，至今年10月，传统上比较活跃的亚美东行线、亚欧西行线和美欧西行线平均运价比上年同期下降超过10%。在太平洋航线上，尽管在今年的旺季中，大多数船公司东行至美西的箱位利用率由7月初的80%上升至10月份的95%以上，但与此相反的是旺季运价不升反降，亚欧和太平洋航线完全处于买方市场。2001年亚洲/欧洲双向航线的运价已跌到了史无前例的水平，承运人所投入的巨大成本根本无法通过运价得到弥补，尤其是东行线均价早已跌破成本线，一些公司(既有公会成员也有非公会成员)最低竟开出低于300美元/TEU的运价。据了解，在过去的近一年中，亚欧双向运价的下滑幅度同比均超过50%。另外截至10月，大西洋航线的运费累计跌幅已达22%。

五、船公司大幅调整航线运力

受全球经济疲软、新增运力、航运合作形式的调整与变更等因素的驱使，2001年以来，船公司对各主干线、区域航线、支线等航线的调整极为频繁。一些船公司及各大联盟都在不断调整各有关航线的运力结构或开辟新航线，以期提高经营航线的竞争力。由于货运市场发展存在许多不确定因素，船公司航线整动作频繁的现象将会延续下去。

六、服务合作进入新阶段

受市场运力增加、竞争加剧、营运成本不断上升的压力，各家承运人之间频频通过舱位租赁协议相互租用船舶舱位来改变自身的经营状况。在市场前景不明朗的形势下，承运人对物流服务越来越重视，因而造成了近来承运人舱位租赁协议在不断增加。2001年以来各船公司航线合作进一步深化，几乎所有的国际班轮公司都在各主干线上进行舱位互换，并延伸到支线领域。随着托运人对承运人要求越来越高，各大班轮公司竞相寻找进一步扩大规模经济、降低运输成本、提高服务质量和增强竞争能力的有效途径，航运企业间的联盟与并购越来越多。导致船公司的运输能力迅速集聚。预计未来世界30大承运人将囊括全球集装箱班轮运输业90%的市场份额。国际集装箱运输市场的竞争格局将趋于由大船公司及大联盟所垄断。有专家预测，或许再过十年，世界上只剩下5个超级大型班轮公司。

七、亚洲地区仍是全球的重心

由于美日两国是世界上最大的两个经济实体，国内生产总值之和占全世界生产总值的46%，因而美日经济萧条对全球经济的影响，特别是对东亚经济的影响是不言而喻的。统计数据表明，亚洲生产总值的37%来自出口(不含日本)，其中最大的出口市场是美国，东南亚更是如此。所以受美日经济不振的影响，亚洲各国今年发展都不同程度上有以加强区域内经济合作和扩大内需来发展经济的举动。进入2001年以来，在亚洲区域内出现了加强合作关系的新动向，亚洲区域内航线已成为承运人关注的重点，但市场竞争也随之加剧。与此同时我们也应看到，亚洲目前及今后仍是全球集装箱运输发展前景最好的地区，中国已成为国际集装箱运输发展的中心是举世公认的事实。尽管目前亚洲地区经济增速减慢，但其区域内贸易，特别是东盟自由贸易区的形成与大力发展必将进一步促使亚洲成为全球集装箱运输市场最繁荣的地区。

八、造船走势趋缓

尽管2001年国际集装箱运输市场走势明显弱于去年，但业内人士仍看好市场发展前景，不少班轮公司的造船热情依旧，特别是订造大型、快速的集装箱船，但全球总体造船走势趋缓。据统计，2001年1—9月全球新造集装箱船订单183艘，总运力52万TEU，预计2001年订单运力与上年相比下跌31%，船公司订单量明显下滑，但船公司的造船投资战略却发生了重大变化。

在上述有关大型船订单中，直接来自班轮公司的仅有2家，即商船三井在石川岛播磨重工订造的8艘4500TEU型船和铁行渣华在巴西订造的2艘1700TEU型船。总的感觉是，租船公司对未来市场的预测较班轮公司乐观得多。虽然2001年集装箱运输市场出现一些波动，班轮航线的运价呈现出较大幅度的下滑，但这种情形不会延续太长的时间。随着货物贸易集装箱化程度越来越高，集装箱船占世界船队的比重将进一步加大，未来各地区集装箱吞吐量将呈平缓发展的趋势。据分析预测，2004年后，集装箱班轮市场的运力和运量将逐步趋于平衡。总体而言，随着经济全球化及货物集装箱化的继续发展，集装箱市场需求也将继续快速增长，虽然暂时性的市场波动不可避免，但集装箱班轮市场是最具有增长潜力的市场是莫须置疑的，我们对未来的发展前景应充满信心。

(资料来源：中远集装箱运输有限公司)

2001年全球集装箱港30强分析

由于2001年世界经济的疲软，全球各大港口的经营也大不如前，首次出现了超过半数港口业绩和上年同期比大滑坡的现象。不过，当我们一一点评2001年度“星级”集装箱港口的情况时，仍能惊喜地发现，一片黯淡星光中，其实也有一两盏明灯闪耀(见表1)。

亚洲地区

尽管和上一年相比有所下降，香港仍当仁不让，再度稳坐2001年世界第一集装箱港的交椅，而且成功地拉大了最具威胁的强劲对手——新加坡港之间的差距，使得领先的优势更加明显。新加坡港经营情况不太理想，业绩下降了8.9%。

世界经济的萧条并没有冲淡亚洲港口竞争的热度，反而更加剧了各个相邻港口之间竞争的势头。

从深圳港跻身世界八强的事实中不难看出，有许多潜在的商业机会正纷纷从香港转移至深圳的赤湾、蛇口和盐田码头。深圳港2001年的吞吐量较2000年上升了27%，这样的增长势头，足以使临近港口不敢小觑。

除了深圳港以外，去年世界集装箱的“中国”现象让人振奋。上海和青岛得益于中国经济的稳定发展，进一步稳固了在30强的地位，并分别有12.8%和24.5%的增长。

2001年度亚洲地区集装箱港口中的明星当数丹戎帕拉帕斯港，该港去年与马士基海陆以及新加坡港之间上演的悲喜剧，至今仍为业内人士津津乐道。丹戎帕拉帕斯港进入30强本身就是一件令人大跌眼镜的事情，而2001的吞吐量较上年增长了390%，这样的发展速度更是令人瞠目结舌。可以说，这个马来西亚港口的春风得意，很大程度上是建立在新加坡港的失意上的，马士基海陆和新加坡港劳燕分飞，是导致这两个港口一起一落的直接原因。当然，丹戎帕拉帕斯港自由贸易区和其内陆地区经济的发展，也为该港的吞吐量大幅增长起到了锦上添花的作用。

除了丹戎帕拉帕斯港以外，马来西亚另外一个对新加坡造成威胁的港口是巴生港，不少原来在新加坡中转的货物转移到了这里，使该港的业绩较2000年有了15.4%的提高。

东南亚地区另外一个日益引入注目的港口是泰国的laem chabang港，该港的业绩较上年上升了6.5%。邻近地区的菲律宾港口马尼拉则有2.5%的下降，印尼的丹戎不碌港下降了10%。

位于世界30强的4个日本港中，唯一一个保持上升态势的是横滨港，其余3个，东京、神户和名古屋也许是受到了韩国的釜山等枢纽港的影响，经营情况不尽如人意，分别有不同程度的下滑。釜山港则由于经营方略适当调整，吞吐量逆市上扬，较2000年上升了5%，仍稳居世界第三的地位。紧跟其后的高雄港业绩虽然有微弱上升，但台湾地区的港口吞吐量总体情况是下降了。

美洲地区

泛太平洋贸易的低迷不振，直接影响到了美西港口的总体业绩，集中表现在洛杉矶、长滩港的吞吐量起伏上。尽管洛杉矶继续保持了第七名的位置，但该港在2001年的吞吐量上升幅度为6.2%，比2000年的27.4%实在逊色不少。不管怎么说，和长滩港比起来，洛杉矶的境遇应该算是幸运的，长滩港的排名从2000年的世界第八下降到了第十位，同时业务量下降了3%。

美国加利福尼亚的奥克兰港，业绩也较2000年下降了7.5%，仅为1643585标箱，被挤出了30强之外。

让人欣慰和惊讶的是，美东地区的经济形势尽管受到"9.11"恐怖事件的影响，纽约/新泽西港的吞吐量仍保持了稳定上升的态势，2001年度的增长幅度为5.8%。而加勒比海地区圣胡安港的吞吐量则下降了2.9%。

中东地区

排名第十三的迪拜港，2001年的吞吐量上升了14.5%，这样的强势增长得益于该港中转货量上升了16%。迪拜港的业绩在该地区可以算是一枝独秀。

欧洲地区

在世界经济出现滑坡前，意大利的焦亚陶罗港发展前景一度被业内看好，但由于2001年欧洲进口量的下滑，长荣海运的业务也从该港分流到了塔兰托港，种种因素使得焦亚陶罗港的业绩不但没有预计的大幅增长，反而下滑了6.2%。但西班牙港口阿平黑西拉斯港却由于赢得了马士基海陆这样的大客户，2001年的吞吐量上升了7.1%，达到142648标箱。

2001年度北欧港口的明星当属汉堡港，该港2001年的业绩上升了10.4%，安特卫普港和不来梅港分别较上年有3.3%和6.8%的增长。值得一提的是，不来梅港的好运是因为马士基海陆舍弃了鹿特丹，将很大一部分货量选择在不来梅港中转，而排名第六位的鹿特丹港也恰恰是由于这个原因，业务量下降了5.2%。

表1　　2001年全球集装箱吞吐前三十大港口

排　序	港　　口	2001年吞吐量（万TEU）	2000年吞吐量（万TEU）	增长率（%）	增长量（万TEU）
1(1)	香港	1800	1810	-0.5	-10
2(2)	新加坡	1552	1704	-8.9	-152
3(3)	釜山	790.7	754.0	4.9	36.6
4(4)	高雄	754	742.6	1.5	11.4
5(6)	上海	633.4	561.3	12.8	72.1
6(5)	鹿特丹	594.5	627.5	-5.2	-33.0
7(7)	洛杉矶	518.4	487.9	6.2	30.4
8(11)	深圳	507.6	399.4	27.1	108.3
9(9)	汉堡	468.9	424.8	1.4	44.1
10(8)	长滩	446.3	460.1	-3	-13.8
11(10)	安特卫普	421.8	408.2	3.3	13.6
12(12)	巴生	370	320.7	15.4	49.3
13(13)	迪拜	350.2	305.9	14.5	44.3

续表1

排　序	港　　口	2001年吞吐量（万TEU）	2000年吞吐量（万TEU）	增长率（%）	增长量（万TEU）
14(14)	纽约/新泽西	318	300.6	5.8	17.4
15(18)	不莱梅	289.6	271.2	6.8	18.4
16(17)	费利克斯托	280	280	0	0
17(16)	马尼拉	279.6	286.8	-2.5	-7.2
18(15)	东京	277	288.9	-4.5	-12.9
19(25)	青岛	264	212	24.5	52
20(19)	焦亚陶罗	248.8	265.3	-6.2	-16.4
21(21)	横滨	240	231.7	3.6	8.3
22(23)	拉姆恰班	233.7	219.5	6.5	14.2
23(20)	丹戎不碌	222.2	246.7	-10.2	-25.4
24(26)	阿尔赫西拉斯	215.2	200.9	7.1	14.3
25(22)	神户	210	226.6	-7.3	-16.6
26(108)	丹戎帕勒帕斯	205	41.8	390.2	163.2
27(28)	名古屋	189	191.2	-1.1	-2.2
28(29)	圣胡安	183	188.4	-2.9	-5.4
29(27)	基隆	181.6	195.5	-7.1	-13.9
30(30)	科伦坡	172.7	173.3	-0.4	-0.6

（括号内为2000年排名　资料来源：《国际集装箱化年鉴》）

由(表1)分析来看，2001年度全球集装箱港口整体表现是喜忧参半的，在前三十集装箱港口首次有近一半港口的集装箱吞吐量出现了下跌。尽管受到新加坡港的强有力挑战以及部分箱量运输转至中国华南的深圳港的影响，香港仍以1800万TEU高居榜首。由于受中国贸易量持续增长的推动，中国大陆港口的集装箱吞吐量也呈现较快增长的态势，如上海港(+12.8%)、青岛(+24.5%)、深圳(+27.1%)。但是受马士基海陆将这一地区的中转港转至马来西亚的丹戎帕勒帕斯港的影响，以及马来西亚的另一大港——巴生港的竞争，位居第二位的新加坡港2001年的集装箱吞吐量较上一年减少了150万TEU，跌幅近8.9%。然而这也成就了丹戎帕勒帕斯港的集装箱吞吐量增长的全球之最，由2000年的41.8%万TEU增至2001年的205万TEU，增幅高达390%。另外集装箱吞吐量降幅较大的港口有：

丹戎不碌(–10.2%)

新加坡(–8.9%)

神户(–7.3%)

焦亚陶罗(–6.2%)

鹿特丹(–5.2%)

东京(–4.5%)

长滩(–3%)

（资料来源：《航运交易公报》2002.10）

管道运输

现代交通运输主要有铁路、公路、水运、航空和管道运输五种方式。交通运输方式的合理构成，促进了物流产业的发展。石油及石油产品、天然气、城市煤气等均是发展经济、人民生活、国防建设不可缺少的优质能源货物，这种货物的流通是物流产业中的一个重要部分，最适合它的运输方式是管道输送。

我国已经加入WTO，由于过去长期实行计划经济，国内油品及天然气流通业与国外石油公司相比，认识与观念、组织化、信息化、网络化等都存在着较大的差距。因此，国内油品流通销售行业将面临严峻的挑战。面对新的形势，必须大力推动油品流通的管道化。建立产、运、储、销一体化的经营网络体系，改变传统的物流方式，建立高效的物流配送体系，这是推动我国油品流通现代化的当务之急。

管道运输是现代交通运输发展中的一支新兴运输产业。它能保证货流的高密度、没有空载行程，并具有安全、环保、经济、快捷的特点，受到各个国家的高度重视。世界各国的管道运输发展很快，在社会生产中仍占有极其重要的位置。尤其是在石油及石油产品、天然气、化工原料、城市煤气等流体介质的运输领域中，起着主导的作用。自从1863年美国在宾夕法尼亚州建成第一条直径2英寸、长度3000米的输油管道以来，已有一百多年的历史，管道可灵便的跨江河，穿沙漠，跨山谷，这是其他运输手段很难做到的。

一、管道运输的经济优势

（一）油气管道是输送能源的大动脉

石油及天然气广泛用于工业、农业、交通、军工和民用，同国民经济、国防建设、人民生活息息相关，所以石油及天然气在能源消费结构中比重在不断地上升，为此，油气管道运输的地位日益显得重要。

油气运输管道具有很强的独立性和整体性。产运储销之间关系十分密切，它连接着油气田与炼油化工企业，又连接着生产场所与城镇用户。原油成品油管道又与港口、铁路、公路及大型储油库联接，构成了与船舶、铁路、公路运输之间的网络，油气转运方式十分灵活。

由于油气田的开发和炼油化工企业的兴起，因而输送油气的管道产生和油气管道网络的形成，同时又为油气田和炼油化工企业的不断发展创造了条件。我国在第四个五年计划期间，由于油田的原油外运主要是靠铁路运输，原油外运很不畅通，原油产量受到影响，为此国家大力发展原油管道，克服了油田开发的原油外运的瓶颈，进入第五个五年计划之后，1978年全国原油产量迅速突破1亿吨大关，成为当时世界上第八个产油大国，因此炼油化工企业的运输条件也随之得到了改善并趋于合理。

（二）油气管道运输与其他运输方式相比，具有显著的优越性

1.建设投资方面。根据日本统计资料，建一公里铁路，投资为建一公里管道费用的2.6—2.7倍。

2.占用土地。修建一公里铁路，平均占地1.9—2.6万平方米，管道建设受地形影响小，可取捷径，缩短运距，建设一公里管道，在施工期

间的临时占地约1.8万平方米，工程竣工投产后，由于管道深埋地下，有99%的土地仍可恢复耕种，永久性占地很少。

3.运输量。一条直径为1020毫米的输油管道，当工作压力为5.6兆帕时，年输油量可达5000万吨到1亿吨。而运输油品的铁路油罐车专列，一次只能承运2000吨，在山区铁路一次只能承运1500吨。而油罐车专列要回空运输，占用铁路的运力。

4.能耗损失及油品损耗。根据国外资料统计，输油管道燃料消耗和油品损耗率较小，具体数据（见表1）：

5.运输费用。除远航油轮外，输油管道运输费用均低于火车，汽车和内河驳船。根据美国统计资料，以管道运输为1，价格比较(见表2)：

6.安全性。油气管道埋地铺设，可昼夜连续输送，不受恶劣气候条件的影响，可抗拒一般自然灾害。根据国外资料统计，每16亿吨公里的物流中，死亡事故发生率，管道运输为0.0007%，铁路为0.347%。美国国家安全运输委员会统计，管道运输事故死亡人数，仅占全部运输行业死亡人数的0.06%。所以管道运输的安全度要比其他运输方式相比要高的多。

劳动生产率。管道运输易于实现自动化操作，减少营运人员。如一条年输油700万吨的管道，每百公里参与运输人员以管道运输为1，而铁路为2，汽车为9。

环境污染。由于油气管道埋入地下，密闭输送，对大自然污染很小。

其他方面的优势。管道运输油品的装卸作业简单，劳动强度比其他运输方式小，同时可改善油品运输供应的不均衡性。

二、国外油气管道运输现状，发展趋势和特点

随着世界经济的持续发展，20世纪90年代以来，全球石油年产量已超过31亿吨，天然气产量已超过22000亿立方米，全世界已建成的长距离油气管道约230万公里，其中原油管道总长度56.8万多公里，天然气管道总长度140万多公里，成品油管道总长度23.4万多公里，海洋输气管道4.7万多公里，海洋输油管道3.7万多公里。所以，发达国家运输也早已进入综合运输阶段，即管道运输与铁路、公路、水运、航空一起组成综合运输网络。

自1863年美国建成第一条油品管道，迄今已有百年历史，由于管道运输的成功和石油工业的高速发展。油品管道也随之有较大的发展。通过运行经验证明，所输油品即具有易燃、易爆、挥发性强的特性，同时又是流动性极好的液体物质，用管道输送有其特殊而突出的优越性。最近十年来，全世界每年所建管道约4万公里，成品油管道建设超过了原油管道。输气管道在各大城市间已构成网络，并有地下储气库，大大提高供气的可靠性。

表1　不同运输方式的燃料及运输损耗比较

损耗＼运输方式	管道	铁路	水运	公路
燃料损耗	2	4	1	17
运输损耗%	0.2~0.3	0.71	0.41	0.45

表2　不同运输方式运输费用比较

管道	远航油轮	内河船驳	铁路	汽车
1	0.4	1.6	4.6	20.68

世界石油产品流通周转中，管道运输占有重要地位。据1990年统计，美国原油和成品油周转量18346亿吨公里，管道占51.3%，水运占45%，铁路占1.1%，公路占2.6%。其中成品油运输周转量，管道占55.2%，水运占35.5%，公路占6.4%，铁路占3%。

国外原油输送方式，对凝固点高的原油主要有加热输送、热处理输送、加轻油稀释输送、加化学添加剂输送等，原油输送工艺，普遍采用密闭输送，工作压力一般为5.5—8.6兆帕。广泛采用计算机为基础的SCADA系统，进行全线监控和数据采集，中间站大多数无人值守。如美国建成的纵贯阿拉斯加的原油管道，是世界上第一条伸入北极圈的原油管道，起自美国阿拉斯加最北部的普拉德霍湾，纵贯整个阿拉斯加区，终止于南部阿拉斯加湾的不冻港瓦尔迪兹港。管道所经地区最低气温-70℃，全线设有12个泵站，管径为1210毫米，全长1287公里，原油以3.1米/秒的流速输送，利用摩擦生热保持油温，不加热输送。年输油能力1亿吨。全线采用计算机集中控制系统。

天然气管道如阿拉斯加天然气输送管道系统，是美国和加拿大共建，起自阿拉斯加北坡的气田，南下到加拿大艾伯塔省的加罗林，又分为东、西两条支线，东线直通美国芝加哥，西线经美国西海岸至安蒂奥克。主干线7800公里，最大管径1420毫米，日输气能力9000万立方米。

目前世界上成品油管道总长度已超过23万公里，以美国为最多，约占70%，前苏联次之，占10%，其它如墨西哥、伊朗等各有8000多公里，印度有3000余公里，法国近4000公里，委内瑞拉、伊拉克、利比亚等都有一定数量，越南也有1000公里以上。单管密闭顺序输送不同油品的技术，是成品油管道突出的优越性，使成品油长距离输送更为经济合理，这一特点促使了成品油管道大规模发展。

第二次世界大战之后，美国成品油管道发展非常迅速。到70年代成品油管网已遍及全国。到90年代，其成品油管道总长度已达16万公里，大体相当于所有发展中国家和发达国家成品油管道总长度的2/3。美国成品油管道不但在工业发达和人口稠密的地区大量铺设，在人口密度较低的地区也有建设。美国拥有在世界上最庞大的成品油管网在长年运转，管道所输油品系列范围广泛，从重油到液化石油气，以及乙烯、丙烯、丁二烯等烃类原料。

美国的科络尼尔成品油管道，从休斯敦至新泽西州（纽约），也称南北大管线。该管道始建于1967年，干线全长2885英里，支线长度为5188英里，管道直径为40和36英寸，每小时输油量为3000—8000立方米，输送品种为汽油、煤油、柴油、燃料油等。管道全线设置泵站82个，支线泵站45个，分输站85个，服务单位261个。管道采用了电子计算机监控和数据采集（SCADA）系统。在最近一次改造中，将设在中心控制室的老式计算机设备，已被新设备取代，设置小型和微型计算机以及其它新型仪表。

到90年代美国成品油管道建设步伐有所减慢，在2000年以前美国筹建的成品油管道有5000公里左右，以后管道运输的发展方向是强化现有管道的使用，有的增加复线和增加泵站功率，输油过程自动控制及管理等。

国外成品油管道输送发展的特点：

1.美国管道公司输送成品油的品种有几十种，甚至上百种，每个炼油厂的产品和储油公司的产品均可进管道。很少有专为某个公司或某个炼油厂单独服务的管道系统，用户只要按时提出输油计划即可参加输油。

2.美国成品油管道输送距离长达几千公里，设置的分输点多面宽。几十个州的几百个用户都可以使用，形成了油品运输网络系统。

3.美国成品油顺序输送技术，早在60年代已经开始使用，在油品顺序输送、集输及分输技术、管理能力、混油界监测与控制以及配套机泵、阀门、仪表的制造方面已有一套完整的设计、建设及生产操作的经验。

4.成品油顺序输送管道与输送单一品种的管

道相比，在设计技术方面和生产管理方面较为复杂，因此，要求管道有高度集中的自动化水平，而且需要有迅速及时的监测控制与信息传递系统（SCADA）。

5.管道设计流程也是从全局考虑，简单适用，如成品油管道输送首站没有集中的储油罐区，而是利用各集输单位（如炼油厂，储油库）现有的成品油罐区，直接用管道送至长输管道首站输油泵入口，这样简化了首站流程，避免了重复建设，节省了投资及运转费用。

6.成品油管道输送在经济上输油成本较低，其原因是：

(1)管道选用流速大，管径小，单位管道截面积输油量大，建设投资省。

(2)管道使用寿命一般30—40年，最长使用60年，因此，管道折旧率低。

(3)输油泵站设计比较简单，符合条件即可，并且多数是露天布置，基建投资省。

(4)自动化水平高，人员少，辅助生产设施少，节省投资。

总之，管道运输经济效益好，所以，管道建设能够得到迅速地发展。

三、国内油气管道运输现状与发展的必要性

石油及石油产品是一种流动性很好的液体货物，最适合它的运输方式是管道输送，即安全、简便，又能防止油品蒸发损耗，而且动力消耗少，运输费用低。我国大庆油田初期开发，是从1961年至1970年的十年间，原油产量平均每年以200万吨幅度上升，全国原油、成品油的铁路运输日益繁重。1970年全国原油产量达到3065万吨，在全国能源结构中占14.67%。这时我国开始大规模修建原油管道，以减轻铁路运输的压力。1970年以后全国原油产量以年平均20.2%的速度增长。1974年全国原油产量达到6200万吨，铁路与管道运输原油量各占一半。从1975年起，开始了以管道为主运输原油，在当年原油运输中管道占44.8%，铁路占32.7%，水运占22.5%，此后，管道和水运呈上升趋势。到1999年原油运输管道占73.77%，铁路占14.61%，水运占11.62%。现在原油运输主要由管道承担，不仅大大减轻铁路运输压力，而且对保证油田增产与促进炼油厂布局趋向合理起了极其重要的作用。

我国成品油还是主要依靠铁路油罐车运输，它在各种运输方式中的比重约占三分之二，大约65%，江运占5%，沿海海运占19%，而管道运输只占11%，管道运输中的大部分油品是企业间短距离供应的燃料油，或是产品出厂的专用管道，而长距离运输汽油、煤油、柴油只占2%左右。我国成品油运输的这种现状已暴露出来许多问题：运输成本高、油品损耗大、装运环节多，且占用相当的已十分紧张的铁路动力，今后这种状况已不能适应国民经济和石油化工业的大幅度发展需要。目前，全国成品油平均运距约800公里，运量大部分由铁路承担，相对其它运输方式，管道运量比例极小。

目前已建成的管道，除格尔木至拉萨成品油管道、抚顺石化公司南输成品油管道与北京郊区范围的供油管道，镇海至杭州的航空煤油管道和短距离的专用管道等，共3000公里左右。

格尔木至拉萨成品油管道，是我国建成的第一条长距离成品油顺序输送的输油管道。管道直径为159毫米，全长为1080公里，顺序输送汽油、煤油、航空煤油、柴油等四种油品，全线设有10个中间泵站，泵站间距近的不足20公里，远的长达150多公里。该管道自动化水平很低，输油过程中的控制依靠各加压泵站人工操作控制，加压泵站之间的联系依靠载波通信线路电话联系。管道于1976年投运至今已有26年还在正常运行。

抚顺石化公司南输成品油管道，是我国建成的第一条大口径商用成品油管道，该管道的建成解决了沈大铁路运输紧张、抚顺石化公司成品油经常“憋罐”、直接影响公司各大炼油厂正常生产的矛盾，该管道贯穿辽东半岛、逐步形成了辽南地区产、运、储、销一体化的网

络。管道全线采用SCADA(监控与数据采集)系统，自动化程度达到国际同类管道水平，管道全线密闭顺序输送多种油品，该管道设计年输量为240万吨，同时在管道沿途主要城市开设了6个分输点，可向这些地区提供油源，促进了辽宁地区的经济发展。

成品油流通过分依靠铁路不仅严重加重铁路运输的紧张局面，而且对炼油厂产品出厂的均衡性有严重影响，炼油厂成品油罐罐容量虽然已再增加而仍然时常出现“后路紧张”以至“堵塞”的局面。我国炼油企业大都集中在东部地区铁路沿线，而成品油铁路运输也集中在沈阳至北京、以及京广、京沪、胶济等繁忙的干线上，要通过一系列枢纽站和限制路段。各炼油厂出厂的产品虽然每年只有几百万吨，但要求均衡运输，因而对相关的铁路区段，咽喉道口的影响很大。因此，建设适当的成品油管道不但能缓解上面所提出的矛盾，而且还能逐步促进综合运输网络的形成，使成品油的产、运、储、销、更加紧密联系。

展望21世纪，我国石油加工工业继续发展，全国各地将出现一批1000万吨以上规模的炼油企业，油品流通密度会进一步加大，发展成品油管道运输、部分替代铁路运输已势在必行，另外从节能降耗，保护环境，技术进步和建立一套完善、安全、高效、可靠的油品流通调配体系，尽量发挥管道运输的特有优势，大力发展成品油管道运输流通网络，具有非常重要的意义。

我国天然气管道规模性发展始于70年代中期，1973年国家引进了十三套大型化肥装置和一套大型化纤装置，使天然气的利用具有了一定规模。由于多套装置安排在大三线，所以四川天然气管道发展较快，到1979年已形成了从川东到川西的南半环形天然气管网，沟通了重庆，泸州，自贡，成都，德阳等大中城市，纳入了川渝地区70多个气田的天然气。我国新建成的陕京输气管道是我国目前自动化程度最高、距离最长的天然气管道，全长918.4公里，管道采用计算机，测量仪表，气体色谱仪组成的实时测量系统进行天然气计量，保证了测量精度的可靠性。全线实现了自动化。中间各站可实行无人值守，达到目前世界先进水平。由于远景用气量大，在距天津50公里，距北京150公里建有地下储气库，调峰能力740万立方米/日。

四、管道运输与其他运输方式的费用比较

管道运输与其他运输方式相比有许多优越性，它能避免因气候原因对油品运输的影响，可根据油品市场需求情况灵活操作，均衡供应。管道输油可对沿线及辐射地区市场直接供油，有利于实现产、运、储、销一体化，而且管道输油具有投资省，安全、运行费用低、油品损耗低、对环境污染少等优点，因此大力建设成品油管道是一个必然趋势。

从技术上油品管道采用单管“泵到泵”全线密闭顺序输送多种油品的工艺技术是成熟可靠的。从今后石油化工工业的发展需要，建设输油管道改变传说的油品流通方式是可行的。

根据测算，管道输送在小输量（25万吨/年）情况下，短距离的输油管道输送价格与现有运送方式相比相差不大，当运输量增大到300—500万吨/年时，运输距离相同时，管道运输价格远远低于其他运输方式。因此，成品油管道建设在经济上是否可行，关键是输送量的大小。

根据国内管道运输价格可算出各种运距条件下，输油管道最低输量与其它各种运输方式的比较。(见表3)

从表(3)得出以下结论：

1. 和铁路运输相比

(1)当年运量25万吨，运距小于100公里时，建设输油管道基本上无竞争优势；50万吨以上运量，成品油管道输送价格低于铁路运输，具有明显的优势。

(2)当运量在75万吨以上时，运距在100—500公里，可以考虑建设输油管道。

(3)当运量在300万吨以上，运距超过1000公

表3 **输油管道最低输量与其它各种运输方式的比较**

运距 (km)	与铁路运输相比 (万吨)	与公路运输相比 (万吨)	与内河运输相比 (万吨)	与海洋运输相比 (万吨)
25~100	50	50	50	50
200	75	50	100	100
300	100	50	150	150
400	150	50	200	200
500	200		200	200
1000	300		400	400
1500	300		400	
2000	300		400	

里时，可以建设输油管道，来代替铁路运输。

2.和公路运输相比

(1)运量在25万吨/年以下，运距在50公里以内，管道输送没有明显优势。

(2)当运量大于50万吨，运距大于50公里时，如果没有其它运输方式可实现成品油运输，而只能依靠公路运输时，可以考虑建设输油管道代替公路运输。

3.和内河运输及海洋运输相比

(1)当年输25万吨运量，100公里以下运距，管道运输没有竞争性。

(2)100—200公里运距，管道运输的合理运量下限为50万吨

(3)200—500公里运距，只有当运量达到150万吨以上时，才可以考虑管道运输。

(4)500—1000公里运距，200万吨以上输量，才可以考虑管道输送。

(5)1000公里以上运距，管道输送油品没有明显的优越性，可以不考虑建设管道来代替内河运输及海洋运输。

(特约撰稿：中国石化集团　李允杰)

邮政物流

作为国家经贸委确定的全国物流重点企业，中国邮政依托自身的优势与特点，转变观念，努力创新，积极参与物流市场的竞争。近年来，中国邮政针对国内物流发展的情况和特点，通过对现有业务的逐步外延和开发新型业务等手段和方式，积极主动地发展物流业务。目前开办的物流业务种类主要有：商品配送类、货物直递类、货代和代收货款以及仓储等。

一、邮政物流发展基本概况

（一）依托邮政投递网优势，广泛开展B2C城市（区域）配送业务

为了进一步发挥邮政投递优势，充分利用邮政投递网络资源，从2000年开始，中国邮政就着眼于建立城市综合配送平台，对全国地市以上城市的邮政投递体制进行改革。在此基础上，2001年全国各地邮政部门广泛开展了城市配送业务。如广东邮政成立了YCC与物流公司，在省内全方位拓展物流配送业务；江苏邮政利用现有投递网络，为某奶制品企业在全省范围内开展鲜奶的分装和配送等综合性服务。此外，北京、上海、天津、武汉等大中城市都积极采取与工商企业合作、开办电子商城（网上购物、电话购物）以及邮购等多种形式，为广大人民群众提供安全、方便、快捷和价格低廉的配送服务。这些业务的开办，不仅取得了良好的社会效果，同时也充分利用了邮政资源，提高了邮政企业的经济效益。

（二）依托邮区中心局系统的全网优势，重点开展B2B省际（包括省内）邮政直递包裹业务

根据市场及用户的需求，近年来邮政部门重点推出了邮政直递包裹（BtoB）业务。该项业务在营销方式、时限、价格、内部处理等方面进一步贴近市场，最大限度地满足客户的需要。

为了更好地适应邮政直递包裹业务的发展，提高该项业务的运作效率与经济效益，2001年国家邮政局确定了实行直递业务经营、运营一体化即：以全国邮区中心局为直递业务经营和运作主体，在全国实行联网运行（统一指挥调度，全网信息共享）。这一重要举措有力地促进了邮政直递包裹业务的发展。据不完全统计，2001年全国邮政完成直递业务量152.4万吨，实现业务收入5.8亿元，比2000年净增近2亿元，增长速度高达51.7%。

（三）积极探索与大客户的全面合作，努力发展个性化、综合性物流服务

2000年7月，中国邮政与海尔集团、戴尔公司、IBM公司、中国惠普、施乐、西安杨森、深圳润迅等多家国内外有较大影响和知名度的企业签订了物流合作意向。

2001年，在国家邮政局的统一领导下，邮政为大客户提供个性化、综合性物流服务的市场开发工作得到了进一步加强。去年8月，以提供一体化物流服务为目标，中国邮政与中国普天、雅芳（中国）集团、庆铃汽车、东南汽车等4家重点客户签订了物流合作框架协议。其内容涉及物流系统集成、策划，分拨运输、配送，仓储和流通加工，信息服务及结算等多个方面。中国邮政将以这些大客户为重点，以提供功能性物流为切入，逐步拓展服务范围和深度，努力发展一体化、个性化的综合物流服务。

2001年，中国邮政与世界500强企业之一的戴尔公司的合作取得实质性进展，邮政在福建、广东两省为戴尔提供产品配送服务，该公

司的产品从下生产线开始，到交到客户手中，全部由邮政部门承担。一年来，双方合作十分顺利。据戴尔公司总部考核认定，邮政配送服务的信息反馈率达到100%，准时投送率达到99.8%，被评为A级物流服务供应商。

中国邮政与国内著名企业海尔集团的合作也从各自为政的分散局面逐步走上了统一、规范的发展道路。据统计，目前邮政已在全国20多个省市为海尔提供一、二级物流配送和部分仓储服务，配送量已达到海尔国内总物流量的近30%。中国邮政在海尔物流的运作中，发挥了重要作用。

中国邮政与惠普公司的合作已于2001年11月开始运作，为其在全国的45个城市维修点进行部分另配件的配送，完成配送时限达100%，取得了客户的信任。同时，为施耐德公司的产品配送也在山东、广东、上海等省市积极进行试点。

此外，中国邮政与世界500强企业之一的著名化妆品公司雅芳集团的合作在广东省进行试点，近期准备在华北、西南地区进行推广。

据粗略统计，截至到2001年年底，各地邮政局与全国72家大客户（年配送收入在50万元以上）建立了长期合作的关系。

（四）立足长远发展，抓好规划工作

邮政进军物流市场是一项综合性的系统工程。它涉及到邮政诸多环节,需要解决的问题也很多。同时，参与物流又是关系到邮政今后生死存亡的大问题。因此,从2000年开始,国家邮政局就着手进行总体规划工作，先后多次组织研讨、交流,出台了物流发展的指导意见。2001年，又邀请了7家国内著名的物流研究、咨询机构，为邮政编制总体方案。在此基础上,国家邮政局成立了物流工作小组，进行实施方案的编制。

（五）适应市场需求，加快传统邮政网络的改造

为了适应发展的需要，近年来中国邮政一直致力于对邮政网的改造和完善，致力于邮政现代化建设。

1.努力提高邮政服务水平，实施邮件全面“提速”

为了适应用户需求，从2000年到2001年，邮政通过调整内部生产作业和网路组织，先后两次对普通邮件和重点城市的报刊、特快专递进行了“提速”，取得了良好的社会效果，为邮政发展物流业务提供了网络保证。

2.加快传统投递网路改造，努力建设城市商品配送平台

从2000年开始，中国邮政就围绕建立现代综合配送网，积极地进行了投递体制改革。根据物流业务的需要，扩展服务范围和业务的灵活性，努力使传统投递网向现代综合配送网转变。同时，还在全国范围内实现了县市以上城市包裹的投递到户。

3.加快干线运输网路的改造

长期以来，中国邮政一直围绕业务发展需要，努力建设覆盖全国的干线运输网路。2001年，中国邮政下大力气重点进行自主航空快速网的建设。到目前，已开通自主航空邮路10条，初步形成了以上海为中心的集中辐射式航空骨干网路。同时，围绕航空骨干网建设，加快建设与之紧密衔接的区域快速汽车网路，开通夜间快速汽车邮路117条，覆盖了全国27个省（区、市）304个地级城市。初步建立起航空、汽车、火车紧密结合，覆盖全国主要城市的分级辐射的邮政快速网络。这为邮政今后开展高质量、高层次的物流奠定了坚实的基础。

4.加快企业信息化建设，努力搭建物流信息服务平台

信息技术，是现代物流的灵魂。自1995年以来，中国邮政投入了巨大资金进行企业的信息化建设，努力建设邮政综合计算机网。目前，覆盖全国201个邮区中心局的骨干传输网已经建设完成并有部分邮政业务开始联网运行。邮区中心局生产作业系统和干线运输指挥调度系统也在加紧开发。

为了有力支撑邮政物流业务的发展，2001年中国邮政还以全国30个省会邮区中心局（拉萨局除外）为主体，建立了邮政直递业务信息管理系统。该系统包括直递业务信息系统和中国邮政物

流网（www.cnpl.com.cn）两部分，覆盖国家邮政局（包括各大区）、全国30个省会邮区中心局业务管理系统、数据库处理中心和业务受理终端系统，实现直递业务运量、运能等资源的信息共享，实现全网统一调度、全程跟踪、信息反馈等功能。客户可通过邮政“183”网站办理物流业务、进行业务咨询以及实时查询等。

二、今后采取的措施

（一）深化体制改革、转换经营机制

管理体制和运行机制不能适应现代物流发展的需要，是邮政发展现代物流的主要障碍之一。为此，中国邮政将大力推行面向市场、崭新的管理体制与运行机制。

中国邮政计划在2002年建立起相对独立的“中国邮政物流公司”。公司实行市场化运营机制，负责经营、管理全国性邮政物流业务。其主要的任务是：规划、营销、调度、运作、结算、服务和信息、质量管理。其主要职责为：(1)统一与大客户签订提供全国性第三方物流的协议以及组织省际功能性物流业务。(2)制定大客户服务方案，充分利用邮政网络资源，整合社会资源，建立全网性物流平台。(3)负责经营信息的收集、管理、运用，组织省间清算、结算工作。(4)制定质量控制标准，为基层企业开展物流提供全网性服务。(5)对各省物流管理机构进行业务管理和指导。⑥ 制定物流发展规划和全网统一的业务规章制度并监督实施。

（二）立足现有资源的整合、改造，努力建设公用物流服务平台，为社会提供高质量、高层次、低成本的“精益物流”服务

我国邮政网是经过长期的建设，逐渐形成和发展起来的相对完善、覆盖广泛、完整统一的实物传递网络。它是邮政的宝贵资源，是邮政参与物流市场的基础和优势所在。发展现代物流，必须充分利用邮政大网资源，立足对现有资源的整合、改造，积极整合社会资源，走低成本扩张的发展道路，以确保广大用户使用邮政物流成本的降低，确保邮政企业不断提高经济效益。

1.依托遍布全国的201个邮区中心局，以全国31个省会城市和我国沿海、沿江的大连、青岛、烟台、桂林、深圳、汕头、厦门、宁波、温州等城市为主要节点，构成覆盖全国的物流网络体系主体框架。

2.以一、二级邮区中心局为主体，以省会邮区中心局为重点，充分利用现有场地建立物流、配送中心，增加储存、配货等物流服务功能与必要搬运装卸和内部传输设备与设施，有力支撑邮政物流发展。

3.继续加快以上海为中心的骨干航空网建设，逐步建立起以集中辐射式自主航空邮路为骨干，自主快速汽车邮路为基础，民航、铁路为补充，覆盖全国、紧密衔接的快速网路，为邮政发展高层次物流奠定坚实的物质基础。

4.着眼于邮政普通网总体结构调整，采取新的发展思路，积极采取包租（铁路行包专列）和组开行邮专列等多种方式，逐步建立起“四横四纵”自主铁路长途骨干通道（见附图1）。同

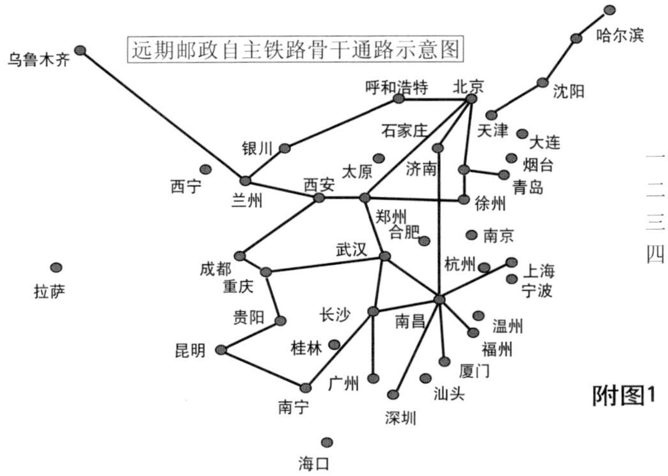

四横	四纵
一横：西安—北京	一纵：哈—津—沪
二横：陇海线	二纵：京—汉—广
三横：成—汉—沪	三纵：西安—昆明
四横：昆——穗	四纵：京九线

附图1　邮政自主铁路骨干通路

时，结合区域快速汽车邮路建设，积极建立衔接铁路骨干通路的普通汽车运输网路。

5．围绕提高干线运输网路运行效率，扩大运输网路适应范围和确保物品在运输过程中的完好与安全，加快邮政集装化运输的推广进程，努力建设“宽带”干线运输网。

（三）依托邮政综合计算机网，加快建设面向市场、面向客户的物流信息系统

围绕用户需求，立足邮政物流业务处理的全过程，加快信息化建设，努力实现信息处理的条码化、电子化，实物处理的机械化、自动化，网路运行的实时化、可视化，全面提高邮政网的信息化水平。

建立Intranet基本网络架构，即建立一个高速的交换式的中心计算机网络，利用邮政综合信息网上的“核心网”以及“骨干网”与各地市邮政局、县邮政局、直属单位局域网络之间的互连，构成全国性的物流信息系统网络（中国邮政物流信息平台总体结构见附图2）。

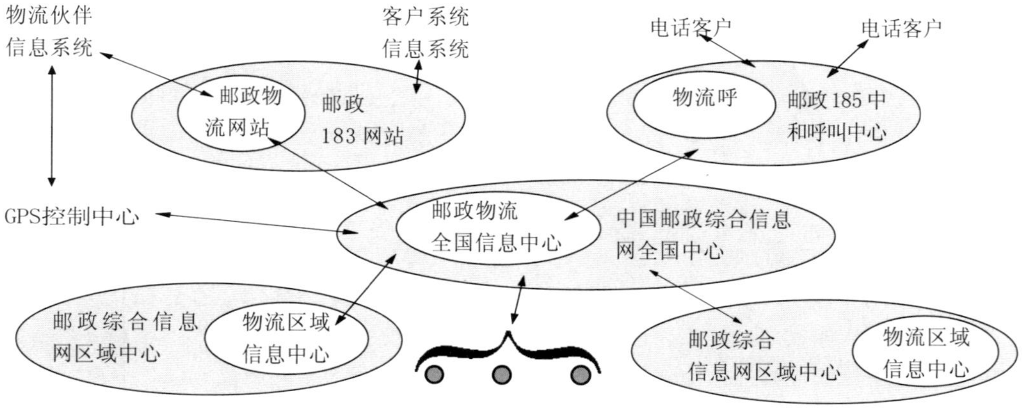

附图2　中国邮政物流信息平台总体结构图

1．充分利用邮政综合网现有设施、设备设立邮政物流全国中心，同时，设立面向客户的邮政物流网站，开发网上营销、客户下单和物流可视化功能，实现网上物流服务、查询等功能，通过与GPS控制中心对接，实现运输车辆的全程跟踪。

2．利用各省局、地市局信息中心设备、设施构架省级、地市分公司物流信息中心，通过邮政综合信息网实现与总部的互联。

3．在省公司、地市分公司各个部门以及物流中心内，组建局域网，并通过DNN或拨号方式与区域性信息中心联网。在现场终端配备工作站，实现计算机的全程管理。

4．利用邮政“185”　综合呼叫中心，建立完善的物流客户服务，设立全国统一的呼叫接入电话，实现业务揽收、客户查询等业务功能。

5．重视和完善与客户接口系统的开发；进一步完善和改进业务管理信息系统、业务支持与决策信息系统、作业管理信息系统等，特别是要重视客户资源管理系统（ERP）的开发工作，为邮政物流成为一体化的物流服务提供商打下坚实基础。

（四）依托自身优势，逐步建立邮政物流服务品牌

第三方物流赢得客户的基础是取得客户的信任，而品牌是企业信誉的标志，是企业规模、实力、服务质量、技术水平的集中体现。邮政物流发展，要依托邮政长期建立起来的品牌优势，依托邮政长期积累起来的网络组织、管理经验和现有网络资源优势，面向市场，以优质的服务，逐步确立邮政独特的服务品牌，最终使邮政发展成为国内较大、世界知名的现代化物流企业。

（特约撰稿：国家邮政局　康宁　牛志海）

2001年邮政发展统计公报

2001年是中国邮政实现全行业扭亏之年，各级邮政部门认真学习江泽民同志在庆祝建党八十周年大会上的讲话精神，全面贯彻落实“三个代表”的要求，积极开拓市场，优化业务结构，强化企业管理，提高服务质量，顽强拼搏，奋力攻坚，夺取了“三年扭亏”决战的胜利，为新世纪中国邮政的发展奠定了坚实的基础。

全年邮政业务总量累计完成457.4亿元，比上年增长7.4%；邮政业务总收入累计完成470.9亿元，比上年增长11%；收支差额总额累计实现6085万元；人均劳动生产率9.2万元，比上年增长16.5%。

一、邮政业务

中国邮政坚持“以市场为导向，以用户为中心，以效益为目标”的业务发展方针，坚持社会效益和经济效益相结合，打破传统模式，不断求新，促进业务种类的多样化，不断满足用户日益提高的用邮需要。

全年邮递类业务量累计增长3.0%。函件总数累计完成86.9亿件，比上年增长11.9%。其中，邮政商业信函增长迅速，全年完成10.9亿件，比上年增长62.9%；邮政商业信函占函件总数比重达到12.6%，比上年提高4.0%。国际及港澳台函件完成5982.8万件，比上年下降13.2%。包件累计完成9931.2万件，比上年增长3.4%。特快专递业务在市场竞争激烈的环境下，积极调整营销策略，努力提高服务水平，保持了较高的增长速度，业务量全年完成12652.7万件，比上年增长14.7%。全年订销报纸累计份数为176.1亿份，比上年下降4.5%，其中零售所占比重为14.1%比上年提高1.1%；订销杂志累计份数达11.5亿份，比上年下降7.2%，其中零售所占比重为46.1%，比上年下降0.9%。邮递类业务在巩固传统市场的同时，陆续开办了快递包裹、混合信函、国际经济快递等新型业务，为邮递类业务的发展开辟了新的领域。

邮政金融类业务量增长20.2%。邮政储蓄业务在邮政综合计算机网的支撑下，大力发展中间业务，服务质量得到提高，储蓄余额大幅度增加。全年邮政储蓄期末余额达到5912.3亿元，比上年末增长29.1%；邮政储蓄异地存取款交易笔数达到5227.3万笔，比上年增长58.0%；邮政储蓄市场占有率为8.0%，比上年提高0.9%。全年汇票完成2.1亿张，比上年下降4.8%。

全年集邮邮票销售34.4亿枚，集邮品制作销售6182.6万册，分别比上年下降24.1%、20.6%。2001年国家邮政局成功发行了《中国共产党建党八十周年》、《北京申办2008年奥运会成功纪念》、《亚太经合组织2001年会议·中国》、《中国加入世界贸易组织》纪念邮票以及《中国国家足球队获2002年世界杯决赛资格》纪念邮资明信片，令人瞩目。

中国邮政积极发展对外合作，广泛开拓服务领域，与航空、电信、电子等大型企业集团签订了多项物流配送、代理代办协议，业务发展势头良好，合作前景十分广阔。2001年邮政其他业务量比上年增长39.7%。

储蓄、速递以及其他业务的快速增长是带动整体邮政业务增长的主要推动力量，保证了业务发展目标的完成。

二、邮政财务和经济效益

全年邮递类业务收入比上年增长10.1%，邮政金融类业务收入比上年增长16.9%，集邮收入比上年下降2.7%，其他业务收入比上年增长33.6%。其中，全年函件业务收入累计完成50.1亿元，比上年增长5.2%；包件收入完成28.3亿元，比上年增长21.1%；报刊收入完成54.3亿元，比上年增长5.8%；特快专递收入完成49.9亿元,比上年增长15.4%;邮政储蓄完成148.2亿元,比上年增长19.9%;汇票收入完成17.7亿元,比上年下降3.7%。

通过采取降本增效措施,积极推进财务体制改革，严格加强财务管理,全年邮政总支出得到了较好的控制。总支出增幅低于总收入增幅7.2个百分点。邮政业务成本累计完成334.9亿元,比上年增长4.1%;管理费用支出99.8亿元,比上年下降2.2%;财务费用支出0.1亿元,比上年下降87.6%。

全国邮政收支差额总额累计完成6085万元,实现了“三年扭亏”的奋斗目标。但同时由于普遍服务补贴等项政策尚未落实，邮政企业资金短缺的困难还没有得到根本的解决。

三、邮政通信网路与通信能力

邮政网路运行通过进一步完善邮区中心局体制，调整和优化网路结构，加快邮政实物网的改造，强化网路运行管理，使邮政传统实物传递网络的生产能力得到进一步提升，中国邮政物流网络体系初步形成。

2001年邮政干线快速网进行了重大的战略性调整和改革。年内开通了10条自主航空邮路，1/3以上的空运邮件实现自主运输，初步形成了邮政集散式的航空快速网。以铁路提速为契机，加挂干线快速邮运列车，进一步优化铁路邮路。开通干线夜间汽车邮路117条，使汽车运输网路调度组织更加合理。目前，已有邮件处理中心201个，17个拥有现代处理传输装备的大平面枢纽即将陆续建成投产。全国邮政共有信函分拣机114套，信函分类理信机114套，商业信函制作系统542套，印刷品及包裹分拣机158套，报刊分发流水线58套。电子化、机械化、自动化以及信息化的组合，大大提高了邮件处理效率。

全国拥有专用邮政运输飞机9架，邮船15艘，火车邮厢481辆，各类邮政汽车46161辆，其中大吨位邮件运输汽车2163辆。邮政储蓄专用汽车4703辆，速递业务专用汽车5449辆，投递专用汽车4483辆。邮路总数21369条，航空邮路1047条，铁路邮路177条，汽车邮路13293条。全年新增邮路长度2.9万公里，邮路总长度达到310.3万公里。农村投递路线总长度349.3万公里，城市投递段道41035条。

电子汇兑系统第二阶段建设提前完成，覆盖全国所有县以上城市。列为国家电子商务示范工程的中国邮政电子邮政示范工程建设初步完成，183电子邮政网站开始试运行，提供了众多网上用邮业务和其他新型业务；183ISP在北京、上海和广州提供接入服务；中国邮政安全认证中心（CPCA）为网上信息传递提供安全保护；支付网关实现了网上交易的在线支付；185客户服务中心已在全国大部分中等以上城市开通。183电子邮政网站和185客户服务中心已经成为中国邮政发展物流业务的新的对外窗口。

绿卡系统的二期工程主体建设完工，全部城市中心已经切换到新的全国中心联网运行，邮政储蓄实现真正意义上的全国联网，全国联网后，97%以上的县市实现通存通取，全国联网网点由2000年年底的2万个增加到2.4万个，ATM机达到4927台，每日异地交易量提高了1.6倍。

四、邮政通信服务水平和服务质量

2001年中国邮政全面落实各项服务规范，坚持企业效益与社会效益并重，保证了全国邮政通信畅通，切实履行了普遍服务义务，邮政通信服务水平和服务质量得到进一步提高和改善。全国邮政局所合计57136处，其中设在农村的局所41196处，提供邮政全功能服务的局所34044处，电子化局所16366处。邮政信筒信箱225846个，邮政报刊图书销售点49053处，集邮品销售点20224处。邮政储蓄点34540处，邮政储蓄联网网点24118处，邮政储蓄异地存取网点23449处。全国邮政信报箱群185624处，邮政妥投点已达到2929万个。全国开办邮政储蓄业务的乡(镇)22901个，开办特快专递业务的县(市)1976个，开办185客户服务中心的地(市)285个，开办邮购业务的县(市)1591个。人均函件量达6.9件，局所平均服务人口达2.2万人，每百人报刊量为17.2份。

在2000年普通邮件时限加快和包裹投递到户

的基础上，2001年特快邮件全面提速，全国21个省会城市与省内地市间互寄的特快专递邮件全面实现次日递；北京、天津等19个城市互寄的特快专递邮件次日递率平均达到85%以上；推出了电子汇款业务，在部分城市实现了邮政汇款24小时到达。邮政营业网点的服务更加规范，全国县以上城市规范化服务窗口达到80%以上。绝大多数省会以上城市开设了24小时营业网点。邮政服务用户满意度达到84.4%。

2001年，国家邮政局对《中华人民共和国邮政法》进行了修改，经信息产业部送国务院各部委及相关直属单位征求意见，并已列入国务院立法计划。年内，出台了《邮政用品用具监督管理办法》，下发了《邮政用户申诉处理办法（试行）》和《邮政服务质量监督管理办法（试行）》，全国各省成立了邮政执法队，对一些违规违法的部门进行了查处。至年底，全国有15个省有了专门的邮政管理地方法规或规章。

五、邮政固定资产投资

2001年实际完成固定资产投资额88.6亿元。

从资金来源看，国家预算内资金投入260672万元，占总投资比重为29.4%；国内贷款2438万元，占总投资比重为0.3%；国家局自有资金投入35050万元，占总投资比重为4.0%；省企业自有资金投入570980万元，占总投资比重为64.4%。从工程构成看，建筑工程投资455933万元，占总投资比重为51.4%；安装工程投资75555万元，占总投资比重为8.5%；设备器具购置投资308818万元，占总投资比重为34.8%。从建设性质看，新建投资600427万元，占总投资比重为67.7%；改建投资50489万元，占总投资比重为5.7%；扩建投资216657万元，占总投资比重为24.4%。全年完成基本建设投资45.6亿元，占总投资比重为51.5%；技术发行投资43亿元，占总投资比重为48.5%。

全年完成科技固定资产投资4625万元，完成教育固定资产投资3330万元。

六、邮政劳动工资

邮政劳动工资制度改革紧紧围绕减员增效、加快扭亏为盈的步伐，进一步强化劳动管理，深化用工制度改革；发挥工资激励作用，搞活内部分配。同时处理好劳动工资制度改革和职工队伍稳定、企业整体改革综合配套的关系以及工资增长与企业经济效益和承受能力的关系。全员劳动生产率达到9.2万元，比上年增长16.5%。

2001年年末从业人员数为50.6万人，比上年减少1.8万人。其中，在岗职工45.1万人，比上年减少1.8万人。邮政通信生产人员数为37.9万人。按作业环节划分，营业人员15.8万人，占生产人员比重为41.7%；投递人员5.0万人，占生产人员比重为13.1%；内部处理人员8.0万人，占生产人员比重为21.1%；运输人员4.8万人，占生产人员比重为12.6%。

七、邮政科技

2001年，全国邮政科技总投入21549.2万元，其中软科学研究投入1754.9万元，标准研究投入885万元，计算机应用开发投入13088.8万元，设备开发投入1274万元，成果推广应用投入4072.9万元，其他投入473.6万元。其中，国家局科技投入3350.5万元，其中软科学研究投入1050万元，标准研究投入852万元，计算机应用开发投入1086万元，设备开发投入347万元，其他投入15.5万元。

国家邮政局共新下达新技术开发项目113项。其中软科学项目43项，标准及质量监督检查项目49项，科技发展项目21项。2001年共完成课题124项（含结转项目），其中软科学研究项目38项，科技发展项目20项，发布标准66项。

2001年，全国邮政科技管理人员1293人，其中大学以上学历772人，占总人数的60%；中级以上技术职称703人，占总人数的54%；35岁以下733人，占总人数的56%。

2001年全国邮政独立科研单位19个，从业人员2059人，其中，博士12人，硕士98人，大学本科820人，大学以上学历占总人数的45%。中级以上技术职称753人，占总人数的37%。

2001年全国登记邮政科技成果297项，其中鉴定49项，验收111项，评审113项；达到国际领先水平45项，达到国内先进水平121项，获奖成果38项。2001年全国邮政共发表科技论文588篇。出版科技著作5种，专利申请受理2件，现拥有发明专利6件。

八、邮政职工教育培训

各级邮政人教培训部门以促进邮政业务发展，增强企业综合竞争实力为中心，积极实施邮政人才工程，提高以“三支队伍”为骨干的职工队伍的整体素质。

2001年共有专业技术人员81823人，其中，女性为27852人，占专业技术人员总数的34%，少数民族4584人，占专业技术人员总数的5.6%。具有高级专业技术职称的人员为3638人，中级17409人，初级51594人。

2001年全国邮政企业约有26.4万人参加各类在职培训，年培训率为58%；有4.6万人参加高、中等学历教育和文化基础教育，在学率为8.3%;用于教育培训的经费总额为1.0亿元。全国邮政职工中具有中专以上学历的人员14.9万人，约占总人数的32.6%，其中研究生学历人员约占0.2%，本科学历人员占5.5%；大专学历人员占14.2%。中国邮政拥有各级职工培训中心188所，各类专职教师887人，校舍面积77.3万平方米，固定资产11.1亿元。

2001年全国有525名主管经营的市（地）局长和市场营销骨干参加了市场营销系列培训；来自全国29个省（区、市）局及国家局直属单位的44名优秀中青年干部参加了国家局举办的第一期中青年干部班，并获得国家经贸委的工商管理培训结业证书；969名专业技术骨干参加了邮政综合网建设和电子汇兑业务的培训；选派了189名中高级经营管理人员赴国（境）外培训。

九、国际交流与合作

中国邮政与世界所有国家和地区建立了通邮关系，与150个国家和地区建立了邮件总包直封关系；国际邮件互换局和交换站总数达到52个；与21个国家和地区开办了邮政汇兑业务；国际邮政速递业务可以通达200多个国家和地区。

2001年，通过邮政高层互访，进一步加大了对外交流力度，增强了与世界邮政部门间的相互了解和友好合作关系。中国邮政与加拿大邮政签署了《在电子邮政和电子商务业务方面合作的意向书》、与印尼邮政签署了《关于建立友好合作关系的备忘录》、与澳大利亚签署了《关于加强合作关系的会谈纪要》、与法国国家人寿保险公司签署了《关于成立合资保险公司的意向书》、与古巴邮政签署了《关于加强友好关系、促进相互合作的会谈纪要》、与比利时、埃及、葡萄牙联合发行了3套邮票。为满足市场需求，相继推出了一系列新型国际业务：对世界各国开办国际邮资信卡业务、与新加坡联合开办过大包裹业务、与香港开办直接进入业务、与荷兰TNT公司合作开办中速快件业务和进出口印刷品业务。

中国邮政在国际组织中发挥了积极的作用，促进了多边国际合作与交流。配合我国《邮政法》的修改，中国邮政与万国邮政联盟国际局在北京共同举办了“邮政普遍服务研讨会”，来自23个国家和地区以及国内相关部门的80多名代表参加了会议。

中国作为万国邮联行政理事会主席国，继续积极履行好所担负的各项职责，多次主持了邮联的会议，积极引导和参与了邮联在新环境下加强改革、扩大开放等重大问题的讨论，充分地发挥了中国邮政在国际邮政组织中的积极作用。中国邮政还参加了万国邮联、亚太邮联、世界储汇银行等组织召开的10多次国际会议。

2002年是中国邮政发展承前启后、继往开来的一年。中国邮政将认真贯彻落实党的十五届五中、六中全会和中央经济工作会议精神，在全行业广泛深入开展邮政“效益年”活动，坚持以发展为主题，以创新为主线，巩固和扩大“三年扭亏”成果，推动邮政事业向良性循环迈进。

（资料来源：国家邮政局计划财务部）

仓储物流

仓储既是物流的重要组成部分，也是发展现代物流的基础。现代“物流”的概念由流通部门首先从国外引进中国，现代物流的试点工作首先在商业储运企业中进行。一方面，仓储业的变革发展与现代物流业在中国的兴起是同步进行的，另一方面，现代物流业的发展也给仓储业带来了挑战、提供了机会。本章主要简述中国仓储业发展的历史沿革、现状、特征、问题以及在现代物流业中的地位与对策。

一、仓储业发展的历史沿革

新中国的仓储业发展，按其特征可分为四个历史阶段，第一阶段是改革开放以前的近30年，第二阶段是80年代初到90年代初的近10年，第三阶段是90年代初至1998年的近10年，第四阶段是1999年以来的3年。

第一阶段，在传统计划体制下谈不上独立的仓储业，仓库只是流通企业的附属机构，仓储企业是社会再生产中的“蓄水池”，是不讲经济效益的。这个时期的仓库主要分布在商业、外贸、物资、粮食、供销社5大流通部门，其中，90%的仓库是这5大流通系统中专业批发公司的内部机构，10%的仓库属于这5大系统中的专业储运公司；专业储运公司又分为由中央部门管理的公司（如：中国外运总公司、中国物资储运总公司、中国商业储运总公司等）和地方部门管理的公司。这个时期的仓库总面积大约在3亿平方米左右，约80%是储存一般日用工业品的通用仓库，20%是专业仓库（包括冷库、化工危险品库、粮食库等）。

第二阶段，在改革开放的大背景下，仓储业的发展呈现几个特点：一是仓库的经营主体发生变化，原来的专业储运公司逐步从不讲经济效益、只讲“蓄水池”的纯服务型企业，开始向“不赔不赚、略有盈余”的经营服务型转变，并广泛开展了多种经营项目，批发企业内部的仓库也逐步转变为半独立核算单位或是独立核算的下属公司，与此同时，社会上陆续产生一批新的仓储企业（主要是城市郊区的乡镇企业），各单位内部的仓库陆续对社会开放（主要是部队仓库和生产企业仓库）；二是国家投资重点建设了一批仓库，主要是水果冷库、棉花仓库、粮食仓库以及沿海各港口的二线仓库，由于以上两个因素，全国的仓库总面积大约达到4亿平米左右；三是商业、外贸、物资等部门陆续组织储运企业出国考察，引入“物流”的概念，80年代后期在流通企业、储运企业以及流通院校中有关物流的学术讨论比较多，但仅仅是学术讨论，基本上没有实际行动。

第三阶段，随着改革开放的深入、特别是社会主义市场经济的改革取向的确立，仓储业发生重大变化，物流的发展由学术讨论进入逐步试点阶段。

仓储业的变化主要体现在三方面：一是经营主体、管理体制、经营方向发生重大调整。国有储运企业逐步向公司制发展，完全独立的自主经营的主体地位逐步确立；随着全国流通体制的改革，仓储业的组织结构与管理体制发生重大变化，许多省市组建了大型流通企业集团，一批储运企业成为集团管理的下属公司，如北京、上海、天津商业储运公司分别成为北京亿商、上海一百、天津益商商贸集团的下属公司，哈尔滨商业储运公司与哈尔滨百货批发站、纺织批发站组建“康安集团公司”等；与此同时，产生了一批新的仓储企业，包括在北京、上海、天津、大连等沿海城市经济开发区、保税区产生的“三资”性质的仓储企业等；另外，随着城市的发展与规划的要求，一些仓储企业原来的仓库改变了用途、发展成为各类商品批发市场。二是管理水平与经济效益明显提高。随着仓储企业的自主独立经营、经营机制的转换，一些大中型仓储企业的经营管理水平普遍提高，广州商业储运公司等一些公司取得ISO9000质量体系认证；随着零售商业企业的效益下降，各类批发企业全面滑坡，北京、上海、广东等地一批储运公司的经济效益在各地流通企业中名列前茅，受到流通主管部门的重视。三是服务功能与服务水平逐步提高，有一个明显的标志，几乎所有储运企业都承诺：一年365天、每天24小时全天候服务，这在计划经济时代是不可想象的。另外，国家在这个时期加大了对粮食储备仓库的建设投资，兴建了一大批粮食储备库。这个时期全国经营性仓库的总面积大约有5亿平米左右。

在仓储业发生重大变化的同时，物流配送试点工作主要在商业、物资部门分别进行。按试点的内容，可大致分为三个小阶段：一是1990年左右，硬件设备建设，商业部先后在北京、天津投资建设立体仓库和全自动分拣线，但北京商业储运公司的立体仓库建设，刚打好地基、出地平线就停建；北京食品配送中心、天津商业储运公司的全自动分拣线从国外进口，安装后一直都处于闲置状态，目前已经基本报废，因为90年代初的国内产品包装上基本上没有条型码，无法实现自动扫描。显然这是一次决策失误。没有一定的条件与经济环境、没有现代物流企业，即使是全自动化的物流设施也不可能正常运转。二是90年代开始的商品物流中心、配送中心试点、物资配送试点。这个时期发生了好几件大事：1992年5月，商业部在上海召开物流（配送）中心试点论证会，确定上海、广东商业储运公司为综合物流中心试点单位，确定杭州商业储运公司、北京果品公司等5家企业为配送中心试点单位，这是我国政府部门主持召开的第一次物流试点论证会，也是我国政府部门组织的第一次物流配送中心试点；1992年5月商业部印发《关于商品物流（配送）中心发展建设的意见》，提出了建设商品物流（配送）中心的必要性、商品物流（配送）中心的形式、功能、应具备的条件、发展步骤以及政策措施等，这是我国政府部门出台的关于物流工作的第一份规范性文件；1993年4月原中国商业储运总公司改组为华运物流实业公司，这是在国家工商局注册成立的第一家以“物流”为行业定位的大型企业。现在看来，商业部这份《意见》的内容对当前现代物流配送工作仍然具有一定指导意义，只是物流配送中心的试点工作因后来部门机构精简没有继续进行下去。三是1995年开始的基于连锁商业的社会化商品物流配送工作。1995年5月国内贸易部召开商品配送工作座谈会，20多家储运企业、10多家连锁商业企业参加会议，内贸部有关司局负责人要求储运企业转变观念、完善功能，为连锁商业企业提供商品配送服务；要求连锁商业企业不要搞“大而全、小而全”，应选择有条件的专业储运企业开展对所属门店的统一配送。为了推动商业、物资储运企业向现代物流企业发展，国内贸易部于1996—1997年先后成立商品物流配送中心发展建设专家咨询委员会（成员包括国家计委、国家经贸委有关司局的负责人和有关研究院所、大专院校的专家教授等）、商品物流配送中心发展建设工作领导小组。咨询委员会与领导小组成立后，召开过多次座谈会、研讨会，应有关企业的邀请开展过多次咨询、诊断活动。但由于后来机构改革，许多工作没有进行下去，也由于历史包袱重、观念转变慢、又缺乏现代物流人才，国有仓储企业在服务功能与运营方式等方面基本上没有发生质的变化，个别开展商品配送服务的企业的效果也不明显。

第四阶段，90年代末期，随着我国买方市场完全形成，市场竞争越来越激烈，传统仓储企业开始由量变到质变。

二、仓储业的发展现状及特征

（一）近三年来仓储业的发展情况

1.国有仓储企业逐步产生一些质的变化。主要体现在三个方面：

一是中央一些大型储运企业确立了现代物流的发展战略，逐步向现代物流企业发展，企业的组织结构与经营结构发生重大变化，服务领域扩展到供应链的各个环节。如：

中国外运集团公司确立物流发展战略后，以集团物流发展部、大客户部为龙头，业务范围涉及货运代理、海洋运输、船务代理、航空货运、航空快件、铁路运输、汽车运输、多式联运、仓储服务等诸多领域，为客户提供全方位的综合物流服务；中国外运的部分公路营运车辆已经装备了全球卫星定位系统（GPS）和通讯系统（OmniTracs），部分仓库开始使用条形码等技术，并正与国际著名软件公司合作在全集团推广先进的仓储物流信息系统。从为中国各大外贸公司提供全面运输管理服务，为国家重点工程项目的进出口物资提供国际多式联运，为大型国际展览会、博览会和运动会提供物品运输，到近年来为知名跨国公司提供产品的库存管理、分拨和配送，中国外运的经营理念进一步贯穿着物流观念和服务精神；历经五十年发展的中国外运依托其完善的网络和种类齐全的服务，正不断致力于为客户提供完善的物流解决方案和全方位的物流服务。

中国物资储运公司形成了以仓储为依托，以铁路、公路、水路、航空多式联运为纽带，以计算机联网管理为手段，以仓储配送、代理分销、国际货代、综合配套等全天候、全方位、全过程服务为内容的多维立体服务体系，并根据社会需求的变化，开展物流延伸业务。

华运物流实业公司自1999年以来，利用自身的资源优势以及与各地商业储运公司的长期合作关系，相继组建华运通物流有限公司、华运源国际物流有限公司、华运欣物流设备有限公司。华运通公司定位于国内物流，利用各地商业储运企业和其它社会仓储资源开展全国范围内的物流，总代理服务；华运源公司定位于国际物流，利用分布在沿海各口岸的物流设施从事进出口货物的运输代理以及相关配套服务；华运欣公司定位于物流咨询服务，运用行业背景与专业人才向客户提供物流系统规划设计、物流设施代理、物流管理软件开发等服务。3家新公司、三种业态定位，相互策应、相互配合。三年来，华运通公司的业务规模每年递增2—3倍。

二是地方一些储运企业在服务功能、设施建设等方面发生很大变化。

主要体现在几个方面：

（1）一些企业陆续自筹资金改造仓库，仓库设施及技术有一定进步，如：上海商业储运公司3年来将原来的平房仓库拆除、改建成净高8米、库内4层货架、库外设置可调式装卸平台的仓库共4万平方米、在老的仓库区内形成一个新的立体仓库群，在经济开发区新建净高10米、库内6层货架的高平台立体仓库1万平米，并对商品出入库实施电脑系统管理；天津商业对外储运公司新建占地5万平米的保税仓库，并使用由香港东方系统公司开发的管理软件。

（2）完善业务流程、规范业务运作，仓储管理水平有了普遍提高，如：沈阳商业储运公司2001年通过了最新标准ISO9001：2000版的质量体系认证；长沙、南昌商业储运公司改变原来按班组、按仓库楼层的分散管理模式，以业务流程为依据、对各班组、各楼层实行统一调度、统一管理，极大地提高了作业效率与劳动生产率。

（3）随着互联网的普遍运用与市场经济的发展，仓储企业的经营方式出现一些新变化，北京、上海、长沙、沈阳、南昌等地的商业储运公司陆续在互联网上建立本企业的网站（网页），在网上宣传本企业的服务功能，招揽仓库货源，实行网上配货，取得一定的初步效果；沈阳等地仓储公司在仓库的收费方式上，突破了原来的按仓库面积先存货、后收费的固定收费方式，尝试了按容积、按重量、按托盘等多种变动收费方式以及客户先预付仓储费、仓储企业利用客户的预付租金建库的方式。

（4）一些公司以仓储为基础，完善运输功能，逐步发展配送与流通加工功能，取得一定成绩，如：济南商业储运公司2001年购置专业配送车辆、为11家大客户配送商品，配送区域达山东省内8个地市；长沙商业储运公司2001年商品配送的收入及创造的利润分别比2000年增长178%、221%。

（5）以储运为基础，以现代物流理论为指导，逐步向现代物流企业发展，主要有3种形式：沈阳商业储运公司于2000年将所属第一分公司整体转制、组建物流配送有限公司，2001年又对其增资扩股，业务规模逐步扩大，2001年收入比2000年增长84%。上海商业储运公司在经济开发区投资2000多万元、设立上海全方物流有限公司，目前主要的业务是百事食品公司的全部物流总代理，2000年初开始运营，2001年第一季度已经开始盈利；天津商业对外储运公司、河南省商业储运公司以现有储运设施资源为依托，分别以100万元注册成立非资产型的第三方物流公司，所不同的是天津的基本上是国有独资，河南的是私人控股。

三是一些国有仓储企业的资产结构、产权结构发生重大变化。资产结构的变化主要表现在两个方面：一方面是80—90年代一些储运企业搞的多种经营项目，随着流通体制与机构的改革、各地流通企业集团的组建，其业务及资产从仓储企业划出、重组到别的企业，或因经营状况不佳而主动置换出去；另一方面是一些位于城市中心地带的仓库区，随着城市规划与发展已经不再适合作仓库，陆续改作它用：或整体置换出去、或由其上级集团开发房地产及其它商业设施，或置换到郊区另建新的仓库区，等。如：北京商业储运公司原来在北京东、西、南、北各有一块大的仓库区，到2001年底只剩下东边一块，北边的仓库区被其上级集团出让，西边的仓库区已和家乐福合作建成超市及其配套设施，南边的危险品仓库被置换到郊区（新建）。这几种情况在全国其它大中城市都不同程度地存在。仓储企业的产权结构变化，主要是向多元化发展，武汉、杭州、成都市等商业储运公司于2001年分别改制，其中杭州、成都商业储运公司已经改制为本企业职工控股的有限责任公司，武汉商业储运公司改成国有控股、企业职工参股的有限公司，正在实行产权改革的还有重庆、长沙商业储运公司等。国有仓储企业资产结构与产权结构的变化，符合国际上通行的仓库选址郊区化、业务经营专业化、资产产权多元化的趋势，对仓储业以及现代物流业的发展是有益的。

2.非国有仓储企业竞相发展。

这主要是“三资”仓储或物流企业、私营或民营仓储企业。就全国整体来看，近年来陆续成立的“三资”、民营物流公司，除极个别的企业（如上海的住友仓库、北京环球货流保税有限公司有1万平方米的立体仓库）外，基本上没有投资仓储设施，有的外资公司投资了一些运输车辆，运作的模式基本上是靠整合社会资源；私营或民营的仓储企业主要是位于城郊结合部在原来的农民仓库基础上发展起来的，如上海的理才、北京的百利威等。

百利威仓储城是北京地区近年来比较知名的、股份制仓储企业，占地10万多平方米，现有5万平方米的标准库房，库房跨度24米或20米，梁高5.2米，顶高9.2米，门高4.5米，宽4.2米；具有1800平方米、1650平方米、1350米、1200平方米和1100平方米等多种规格，二期工程还将有5万平方米的仓库交付使用，向客户提供多种形式的储货、自管、委托代管、自管组合、生产加工经营，24小时不间断服务，还可以随时为储户提供配送服务和协助销售业务。

3.生产、商业企业的仓储管理水平逐步提高。

生产企业以青岛海尔、联想电脑等公司为典型代表，相继新建了一批技术含量较高的立体仓库，推动了本企业的物流改革与流程再造。海尔集团1999年竣工的机械化立体仓库，面积5400平方米，净高13米、10层货架、9168个货位，配备高架叉车10台、小型叉车10台，对库存商品实行条形码扫描、电脑系统管理；2001年竣工的自动化立体仓库，总面积17400平方米，净高22米、10层货架、18560个货位，配备轨道巷垛机10台、激光导引车10台，整个仓库实现了电脑自动化管理；由立体仓库推动的供应链流程再造、物流系统优化，使海尔集团每年减少了10亿元的原材料库存，原材料采购成本环比降低6%。商业企业以北京西单商场、上海华联、上海联华等企业为典型代表，虽然没有向生产企业新建科技含量较高的立体库，但在原有仓库的改造、相应设施的配套等方面采取了许多措施，对库存商品普遍实行了条码扫描、电脑系统管理。

（二）21世纪初期中国仓储业的主要特征

根据以上发展状况，与发达国家的仓储业比较，中国仓储业发展有如下特征：

1．在行业、体系上，发达国家的仓储业已经与现代物流业融为一体，仓储在业务流程上成为物流系统的重要组成部分；国内的仓储业基本上还是相对独立的，多数储运公司的运输车队已经自然淘汰、不具备商品配送的条件，许多仓库用于对外出租；虽然有一些企业正在试图向物流企业转变、或者与大型物流企业合作、配套，但就全国整体而言还没有发生根本性变化。

2．在经营模式上，发达国家的仓库基本上已经发展成各类配送中心，具备订单处理、库存管理、流通加工、商品配送等多种功能；国内的仓库多数仍然是单一功能、静态管理，能够提供增值服务的只有极少数。

3．在地理位置上，发达国家的仓库已经由城里转移至城郊、临近高速公路之处，国内的仓库半数左右仍在城里；近年来有些大城市开始规划在城郊结合部建设物流基地（物流园区）．但这类基地的设施配备、服务功能、投资主体、经营模式以及与客户需要如何衔接等等，都处在论证之中。

4．在结构及设备方面，发达国家的仓库基本上是立体仓库，并且配套使用货架、叉车、分拣、条码等设施与技术；国内仓库基本上是普通平房仓与楼房仓，多数是人工操作；近年来虽然新建了一些立体仓库、改造了部分旧仓库，但就整体而言，我国仓库的设备及技术水平还很落后。

5．在管理方面，发达国家的仓库基本上已经电子化、无纸化，国内仓库基本上仍然是台帐管理，绝大多数仓库没有信息系统；一些仓库实现了电脑单机管理，有信息系统的也存在功能不全、不能实现联网的现象。

（三）仓储业发展存在的主要问题

前述特征实际上就是我国仓储业5个方面的状况，也可以说是5个方面的差距与不足，这种差距在一定意义上说，应该是我国经济发展水平及现阶段市场经济条件下的必然现象，也就是说，经济大环境决定了仓储业发展水平。实际上，发达国家的仓储业发展也有一个过程。在这种分析前提下，当前影响仓储业快速发展（或是说影响仓储业现代化）的主要因素、或是仓储业发展遇到的主要问题有以下几个方面：

1.经营主体不到位。主要体现在新兴的民营仓储企业还有一个较长发展过程、相当一个时期内还不能形成大的气候。

仓储企业既不愿意、也不可能将大量的资金投向仓储设施建设上；而占有我国90%以上仓储设施的国有仓储（储运）企业的资产结构与产权结构还没有根本性的改变；面对市场经济快速发展的今天，作为竞争性行业的仓储业，国有仓储企业如果不进行产权制度改革、不建立健全现代企业制度，很难推动仓储业的现代化。

2.发展方向不明确。原有仓储企业目前有两种倾向：要么继续维持现状，要么计划向综合物流企业发展或实际上已经新投资物流企业，当然不能说这不明确、不正确。问题是，作为物流系统重要组成部分的仓储业也应有自己的发展定位；国外的物流企业虽有许多是从仓储企业发展而来的，但物流业发展后仓储业并没有消失、而且物流业也是分各种业态。就全国整体而言，仓储业既没有必要、更不可能都向综合物流业发展，否则要付出代价。

3.缺乏现代仓储管理人才。近年来，物流研讨会、物流培训班搞得很“热”，但基于现代物流理论、面对仓储作业第一线、操作层面的系统培训很少。没有经过系统培训的现代仓储管理人员与操作人员，库存管理水平、作业效率不可能提高，仓储作业不可能标准化、规范化。

4.缺乏设施建设资金。这是各行业普遍存在的老大难问题，国有仓储企业过去基本上没有多少税后利润（经营方针是不赔不赚、略有盈余），再加上历史包袱重、债务多、在银行的信誉不太好，很难筹措建设资金；私人、民营企业一般规模较小，也没有多少发展资金。在市场经济条件下，应该探讨新的筹资渠道、新的融资方式，否则，推动仓储业的现代化就是一句空话。

三、仓储业融入现代物流的发展战略及措施

从我国仓储业发展的沿革和现状分析，我国仓储业的发展方向或战略已经不言而喻。市场经济的规律是世界通行的，仓储业的发展也不例外，发达国家已经成熟的经验应该是我们发展的方向。所以，我国仓储业的发展战略可以概括为：在系统上应该与现代物流业融为一体；在经营模式上应该向配送中心发展；在功能上应该完善订单处理、库存管理、流通加工、商品配送等各项服务；在管理上应该由被动到主动、由静态到动态、由人工到电脑；仓库的位置应该逐步由城里到城外、到交通枢纽地；仓库的结构应该由平房仓、楼房仓向立体仓库发展，并逐步配套相应的设备与技术。在实际发展中应注意以下几个问题：

在经营主体方面，国有仓储企业应该下决心按照国家有关政策进行重组改制，在产权多元化的基础上建立健全现代企业制度；通过重组改制产生新的经营主体、激活原来的经营主体，促使现有仓储企业融入现代物流业。

在经营模式上、功能上逐步转轨变型：有条件的大型仓储（储运）企业可以向综合物流企业发展，整合本企业与社会的硬件设施资源，建立健全全国范围内的配送网络，开展物流总代理服务；中小型仓储企业应该向区域或城市配送中心发展，重点发展与完善订单处理、库存管理、流通加工、商品配送等功能。

在仓库的数量、结构与设施方面，要区别不同情况，具体问题具体分析。从总量上看，我国的仓库面积是过剩的，但结构不合理，应该改造、重建、新建新型仓库。这里可能有三种情况：

1.如果现有的库区在城里，由于城市发展已经不适宜继续作仓库，就应该改变用途，将库区置换到城外、高速公路旁边，新建立体仓库。

2.如果现有库区在城里，未来5年左右仍然可作仓库，可对现有仓库进行改造，配置3－5层货架及相应的叉车。

3.如果现有库区在城外，未来也适宜作仓库，那么既可以对现有仓库进行改造，也可在库区内空闲土地上新建立体仓库，还可将原来的平房仓推倒重建立体仓，这取决于客户的需要与本企业的条件。在现有仓储企业改造、重建、新建立体仓库的过程中，新兴的物流企业是有很多参与机会的，这取决于双方的优势，作为政府部门与协会应该提倡这种合作。如果没有合作的可能，新兴的物流企业就应该根据城市规划选择城外、临近高速公路的位置新建立体仓库。这种对仓库的改造、重建、新建，直至达到发达国家的目前水平，可能需要10年以上的时间，这期间出现不同程度地重复建设可能是不可避免的，各级政府部门和协会可以通过规划和引导，尽可能减少重复建设。少量的重复建设可能是结构调整的代价。

（特约撰稿：中国仓储协会秘书长　沈绍基）

生产资料物流

一、生产资料流通进入了一个新的时代

生产资料流通曾经是我国计划经济中最典型的部分。经过20多年的改革开放，已经发生了许多根本性的变化。一是市场总量达到前所未有的规模。根据中国物资信息中心的统计资料，2001年全社会生产资料销售总额为57850亿元，比1991年增长3.9倍，平均每年递增17.2%，即使剔除价格因素，其增长速度也快于国民经济的增长。二是形成了全局性的稳定的买方市场格局，长期短缺的能源、原材料供应瓶颈已经得到根本解决。总量供求矛盾被品种结构矛盾所替代，促进了结构调整加快，也促进了周转速度的提高。以钢材为例，全国库存周转期为2个月，计划经济时代为6个月以上。三是多种流通渠道并存。不仅生产企业自营、直销发展迅速，民营企业也大规模进入生产资料流通领域，在一些产品市场上甚至成为主渠道，例如木材、建材、小型机电设备等。国营批发企业的市场份额已经缩小到10%以下。四是国内外两个市场接轨，不仅是资源和需求的沟通，也包括流通方式、管理模式等的沟通。特别是加入WTO以后，国际资本看好中国，既是一个具有极大潜力的市场，也具有成为世界制造中心的许多比较优势。五是价格平稳，流通利润率下降。据统计，近几年来生产资料价格每年的波动幅度都在5%以内，多数年份甚至在3%以内。传统流通业的利润率明显下降，国家统计局发布的批发业销售利润率，基本上已经低于3%（见表1），不少企业实际上处于亏损状态，生产资料批发企业依靠传统业务已经不能解决其生存发展问题，迫切需要经营方式和管理的现代化。六是出现了一大批生产资料批发市场，成为商流、物流和信息流的集散地，在衔接供需、扩大就业、增加税收等方面发挥了积极的作用，有些市场的规模较大，影响也大。但是相当多的市场规模小，管理不规范，市场

表1　　1999年、2000年生产资料批发业的利润率情况

行　业	销售利润率		流动资本利润率	
	2000年	1999年	2000年	1999年
批发企业	3.57%	3.68%	2.83%	1.02%
能源	2.28%	3.96%	5.34%	5.05%
石油/制品	2.19%	4.01%	6.24%	6.07%
化工	2.29%	2.51%	1.49%	-0.25%
木材	2.34%	2.30%	-0.46%	-0.23%
建材	2.52%	3.06%	0.09%	-0.36%
矿产	1.80%	2.63%	-1.83%	-2.48%
金属	1.64%	1.34%	-0.06%	-1.02%
机电	2.71%	2.26%	0.85%	0.27%
汽车摩托及配件	1.76%	1.63%	1.23%	0.71%
汽车	1.69%	1.47%	-2.02%	0.83%
再生	0.96%	1.07%	-1.02%	-2.34%

秩序混乱，亟待整顿和提高。七是利用现代技术和现代管理提升流通效率的步伐加快。计算机、网络技术的使用已经在大中型企业中十分普遍，电子商务也开始在一些有实力的企业进行试点，现代企业管理技术如ERP/CRM/SCM等也逐步进入生产资料流通企业。

总的来看，改革开放的前20多年重点是解决生产资料流通的市场化问题，买方市场的形成，标志着市场化进程取得了重大成果。2002年年初，国家经贸委在上海召开全国推进流通现代化工作现场会，国务委员吴仪同志在会上指出，没有流通的现代化就没有真正意义上的社会主义市场经济，国民经济的整体素质就很难提高。也明确指出流通现代化的主要内容就是发展连锁经营、物流配送、网上电子商务等现代流通方式。上海的这次全国推进流通现代化工作现场会表明，在市场化进程已经取得了显著成绩的基础上，我国的流通产业开始进入了一个新的发展时代，主要任务是在继续深化改革的基础上，加速实现流通的现代化。生产资料流通正在呼唤现代物流。

二、加快生产资料流通速度是新时代的主要任务

现代物流的根本任务是什么？我国生产资料流通的核心问题是什么？

2000年初，中国社会科学院财贸研究所的一份科研报告，提出了流通速度的重要性，揭示了我国流通业与发达国家的巨大差距，从而指出新时代要把提高流通速度的问题放在突出重要的位置上来对待。现代物流的发展历史就是一个不断降低库存、提高资金周转速度的过程，所以我国发展现代物流的根本任务就是要不断提高企业和整个国家的经济运行速度，达到提高效益和增强市场竞争力的目的。

根据国家统计局2000年的资料，我国工业的流动资金周转速度平均每年1.62次，批发零售业的流动资金周转速度平均每年2.24次，比发达国家相距甚远。李岚清副总理在《纪念邓小平同志："发展高科技实现产业化"题词十周年暨国家高新技术产业开发区所在城市市长座谈会》上指出，发达国家工业资本周转速度一般为6－8次，商业企业高达20多次。我国经济效益不高，投入产出不相对称，与流通落后有直接的关系。

生产资料流通领域的情况也存在类似的问题。主要重工业行业的流动资金周转情况和生产资料批发业流动资金周转情况可分别参见（图1.图2）。

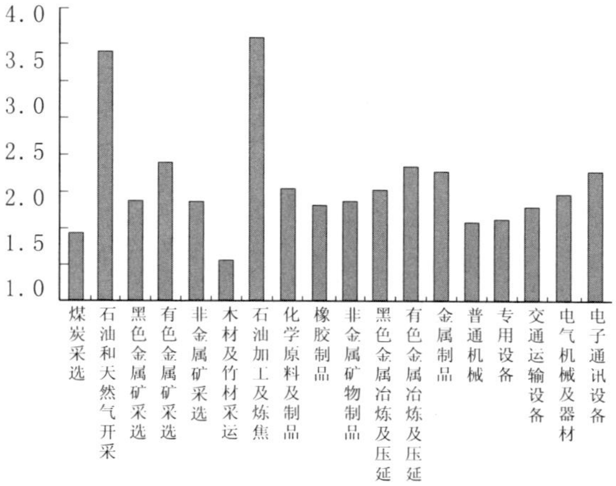

图1　2000年主要生产资料制造行业流动资金周转（次/年）

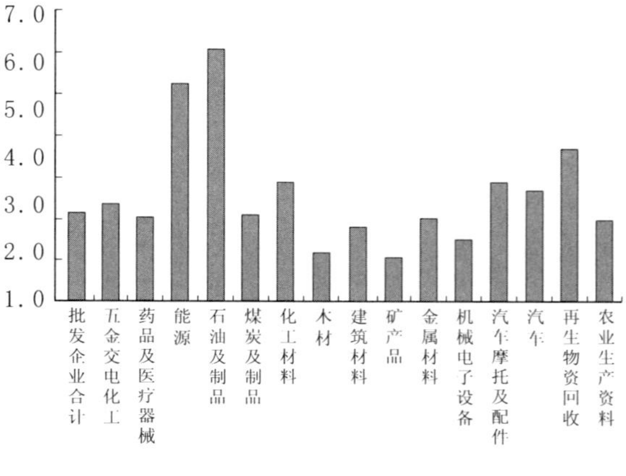

图2　2000年主要生产资料批发行业流动资金周转(次/年)

由此可见，加快资金周转是提高我国经济效益的重要措施，这正是现代物流的历史使命。据专家调查，我国生产资料周转期的10%是处于生产阶段，90%的时间处于物流的各个阶段，如运输、仓储、包装、装卸等等。因此加快物资的周转，缩短物流时间是大有潜力的。

其中大宗生产资料在物流市场中占有举足轻重的地位。据统计，铁路货物运输中，11种生产资料的货运量占全部的84%，货物周转量占70%；沿海港口的货物吞吐量中，11种生产资料的吞吐量占全部的75%，其中进口占76%，出口占73%(详见表2.表3)。因此可以说大宗生产资料是物流市场的主体。加速大宗生产资料的周转速度，就抓住了重点，将会有效地提高我国整个物流的效率和水平。

表2　　主要物资铁路货物运输量（本表统计范围为国家铁路）

项　目	1999				2000			
	货运量（万吨）	货物周转量（百万吨公里）	周转量比重 %	平均运距（公里）	货　运　量（万吨）	货物周转量（百万吨公里）	周转量比重 %	平均运距（公里）
总　　计	156881	1257789	100	802	165498	1333606	100	806
煤	64917	357053	28.4	550	68545	380605	28.5	555
焦　　炭	3890	32443	2.6	834	472	40215	3.0	851
石　　油	8703	77396	6.2	889	9391	81599	6.1	869
钢　　铁	10453	110642	8.8	1058	11537	124445	9.3	1079
金属矿石	12279	57907	4.6	472	13022	61646	4.6	473
非金属矿石	8158	45642	3.6	559	813	47265	3.5	581
矿建材料	10344	53025	4.2	513	9671	49315	3.7	510
水　　泥	3861	16229	1.3	420	3900	16739	1.3	429
木　　材	360	56971	4.5	1696	3436	58808	4.4	1712
化肥和农药	5414	61933	4.9	1144	5189	61186	4.6	1179
其　　他	25502	388548	30.9	1524	27944	411783	30.9	1474

表3　　沿海主要港口主要物资吞吐量（单位:万吨）

货物种类	1999				2000			
	合　计	比重%	出　港	进　港	合　计	比重%	出　港	进　港
总　　计	105162	100	51415	53747	125603	100	61590	64013
煤　　炭	26319	25.0	16730	9589	32536	25.9	20641	11895
石　　油	18773	17.9	8347	10426	23397	18.6	9261	14136
金属矿石	10410	9.9	2784	7626	11892	9.5	3158	8734
钢　　铁	3960	3.8	1717	2243	4970	4.0	2397	2573
矿建材料	6273	6.0	2121	4152	7255	5.8	2844	4410
水　　泥	957	0.9	525	432	983	0.8	472	511
木　　材	902	0.9	372	530	1047	0.8	457	589
非金属矿石	2100	2.0	1393	707	2579	2.1	1721	859
化肥和农药	1753	1.7	429	1324	1803	1.4	514	1289
其　　他	33715	32.1	16997	16718	39141	31.2	20125	19017

但是面临的困难还是相当大的。首先是体制和机制方面的不适应。大宗生产资料的生产和流通是国营企业为主的，煤炭、钢材、石

油、化工等产品市场，国有企业占绝对主导地位。但是在管理上受条块分割影响，资源整合的难度较大；其次是资本市场的发展还不适应。尽管中国股市的发展十分迅速，但是监管方面的问题还没有解决，国有股在市场中的特殊性带来许多问题，使得股市还难以成为完成市场配置、整合资源的有效工具；还有就是在采用现代技术和现代管理制度方面尚存在很大差距，根据中国物品编码中心的调查，制造企业有55.3%尚未建立局域网，批发企业的这一比例为68.7%，表明批发企业更为滞后。

中国加入WTO对于中国的物流业发展将产生推动作用。从需求方面来看，中国被国际资本当作世界制造中心而看好，制造业将会大发展，带动物流需求的增长。从供给方面看，国外先进的物流企业将进入中国，与国内的物流资源相结合，将显著提升国内的物流水平。

三、现代物流的投资热情空前高涨

2001年以来，各地区政府、各行业主管部门对物流的重视程度明显提高，纷纷制定物流发展规划，国内外资本投资国内物流领域的项目也在不断增加，已经形成了一股“物流热”。

交通部制定了2001——2010年道路运输业发展规划纲要，提出要建设100个物流中心或货运中心，货运量达到153亿吨，货运周转量10457亿吨公里的目标，平均年增长4%和5.5%。其中到2005年规划的45个公路运输的主要枢纽要取得显著进展；要形成3-5个能够实现自动分拣、机械化装卸的物流中心或货运中心。

铁道部制定了铁路“十五”计划，要以市场需求为导向，以体制创新和技术创新为动力，加大结构调整力度，加快改革和发展步伐，积极为国民经济和社会发展服务。“十五”计划集中反映了铁路发展战略，全面规划了铁路行业发展方向和任务，着力解决对铁路发展具有重大和深远影响的问题。重点是强化“八纵八横”路网骨架，加快西部铁路发展，加强快速客运、集装箱运输、信息系统建设，加强既有铁路技术改造，强化安全设施保障体系建设。

“十五”期间，上海现代物流业发展以航空航运、商贸流通为依托，充分发挥海、陆、空运输和口岸等综合优势，大力构筑以现代综合交通体系为主的物流运输平台、以邮电通讯及网络技术为主的物流信息平台和以引导、协调、规范、扶持为主的物流政策平台，培育现代物流业市场主体，加快现代物流基地规划与建设步伐，充分利用现代信息技术，加快发展电子商务，推进物流和商流的网络化，基本形成包括交通运输、配送服务、加工代理、仓储管理、信息网络、营销策略等所组成的物流大循环系统，基本形成与国际接轨的我国现代化物流中心。其中外高桥保税区将成为亚太地区最具竞争力的物流基地之一。

此外，还有北京将与香港合作，投资110亿元建设中国最大的物流港，位于北京朝阳区京津塘高速公路两侧，总占地面积在350公顷左右，预计2006年完工，包括物流中心、商贸中心、会展中心、信息中心和综合服务中心五个部分。广东省在年末召开了全省流通业改革与发展工作会议，明确发展现代物流是主要任务和目标。武汉市政府拟建“华中物流网”，包括四大物流圈，三大物流基地，两大现代化仓库，四大配送中心。天津港保税区划出13万平方米的土地，兴建国际物流基地。

企业投资与物流的热情也空前高涨。如中国物资储运总公司在国内建立首个物流中心——中储成都物流中心，占地5.4万亩，投资5200多万元，配备了西南地区最先进的设备。洛阳市芳达实业（集团）有限责任公司斥资7.7亿元，在洛阳兴建超大规模的中原物流中心，规划占地316公顷，分为六个园区：综合商业园区、专业商业园区、工业园区、储运园区、生活园区、大型商务活动会展中心，一期工程将在2002年10月投入使用。在香港上市的中远太平洋、上海实业、和记黄埔以及上海港务局将联手组建“上海浦东国际集装箱码头有限公司”，斥资30亿元投资上海外高桥港区一期码头项目，并发展成为物流中心。该项目已获国家计委批准，6月份动工。该项合资期限为50年，将拥有900米码头岸线、3个集装箱泊位、配置最先进的集装箱吊桥等机械设备，可同时停靠两艘第四代集装箱船和一艘第二代集装箱船，50万平方米陆域可提供超大型集装箱船停泊和装卸。

与此同时，外资对于国内物流市场也看好。据摩根斯坦利公司的《中国物流报告》预测，未来10年中国的物流市场将以年增长20%以上的速度发展，成为国际资本关注的领域。

四、克服盲目性，促进现代物流业的健康发展

从当前发展情况来看，物流的供给发展快于需求的发展，因此存在一定的盲目性，如果不能尽快解决这种不均衡，势必会影响物流业的健康发展。

造成盲目性的一个重要原因有两个方面，一是占物流主体的制造业，还没有把提高流通速度（流动资金周转速度）放在考核的重要位置上来，没有认识到本企业在资金周转方面的差距和潜在的利润空间，所以需求没有充分发动起来；二是物流供应商也没有把加快用户的资金周转速度作为自己的任务和考核目标，所以供方的方案对需方没有吸引力。只要供需双方都把物流聚焦在加快资金周转、降低成本上，在应用效益上狠抓落实，就会找到共同的结合点，物流市场才会协调发展。

我国整体上看资金周转缓慢，但各地也有很大差别。山东省是全国工业流动资金周转最快的省份，达到1.78次/年，比全国平均水平高出0.4次/年（见图3）。据调查，山东抓物流不像其他

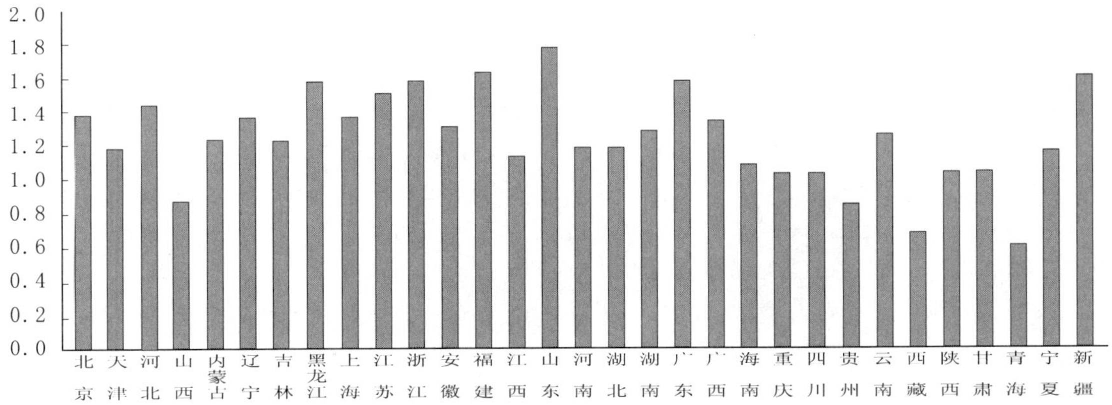

图3　　2000年各地区工业流动资金周转速度对比　次/年

许多地方那样大上物流基地、配送中心等项目，而是比较重视制造业企业自身的物流改造，这是一种促进需求的方法，实践证明是比较有效的。

从生产资料流通的角度来看，未来我国物流改造最大的任务还是中小企业。由于历史原因，我国中小企业物流业务的绝大多数是自营的。据摩根斯坦利公司估计，第三方物流仅占全部物流的2%，工业企业的原材料物流配送只有18%是通过第三方来进行的，而制成品的物流配送由第三方来进行的就更少，只有16%。所以在一个时期内，实现中小企业的物流业务外包，是提高物流整体水平的必经之路，这方面的市场极为宽广。致力于推动中国物流事业的各界人士应看清这个发展趋势，为中小企业的物流改造创造有利的条件。

（特约撰稿：中国物流信息中心主任　戴定一）

2001年生产资料流通行业经营状况分析

为了解生产资料流通企业的经营状况，中国物流与采购联合会受国家经贸委和国家统计局授权，责成中国物流信息中心从2001年起，对全国生产资料流通行业开展定期重点调查。2002年4月开始第一次对51家国有大中型生产资料物流企业（其中包括13家中央直属企业和38家省市物资集团公司）在2001年的经营情况进行统计调查。

调查表明，51家重点国有生产资料流通企业在2001年累计实现销售总额1610.4亿元，总资产1152.2亿元，分别相当于上一年全行业（即限额以上生产资料类批发业）销售总额的13%和总资产的21.6%。调查样本选取也具有一定的行业代表性和地区分布代表性。

统计调查资料显示，2001年，生产资料流通行业经营状况有了很大程度改观，呈现出稳步向上发展的局面。流通行业集约化、规模化程度有所提高，正在形成一些规模大、效益好、实力强的优势企业，整体竞争能力有所增强。同时，也存在企业资产负债率偏高，资金周转较慢，相当一部分企业经营仍然亏损等问题。

从总体上看，生产资料流通行业尚处在成长期，发展仍不成熟，仍不稳定，行业内企业分化、重组过程仍在继续，在这种分化重组过程，一些优势企业会不断发展壮大，成为行业发展的排头兵，一部分企业会退出流通行业。这也是市场发展逐渐走向成熟的必然趋势。

一、流通行业经营主要情况及特点

（一）市场交易较为活跃，实现销售收入、上交国家税收双增长

2001年，51家物资流通集团累计销售总额1610.4亿元（约占当年限额以上批发零售贸易业销售总额的13%），比上年增长17.9%，高于当年全社会生产资料销售总额增长幅度7.8个百分点。标志着国有大中型生产资料流通企业经过近几年的重组改造后，竞争实力加强，市场占有率开始由降转升。

销售收入的增长主要有以下几个方面原因：（1）在积极的财政政策作用下，国内需求较为旺盛，国民经济保持了稳步、快速增长，有力地带动了生产资料市场需求上升。（2）在激烈的市场竞争形势下，流通企业为占领市场，积极拓宽销售渠道，努力清仓压库，采取了联销、代销、折扣折让、薄利多销等多种促销手段，积极扩大市场规模。（3）最近几年，银行连续下调存贷款利率，并改善服务水平，流通企业争取贷款条件更加优惠，利息负担也有所减轻，经营资金较前几年宽松，为销售规模的扩大提供了较好的资金支持。（4）经过近几年严峻的市场考验和逆境中的艰苦磨炼，生产资料流通企业深刻认识到要想在激烈的市场竞争中取胜，就必须与生产企业建立患难与共、风险共担、利益共享的“供应链”关系。基于这种认识，许多流通企业推行“在供应上实行配送制，做生产企业的配送商，在销售上实行代理制，做生产企业的代理商”，这种新型的工商关系促进了流通企业经销业务的开展。

由于销售规模扩大，上交国家税金也保持了较高的增长幅度。据不完全统计，2001年，商品销售税金及附加增长18.8%。

（二）企业管理意识提高，成本控制加强，费用水平降低

2001年，企业紧紧以扭亏增盈为目标，一手抓开拓市场，一手抓内部管理，向管理要效益，深度挖掘内部潜力，加强了经营成本控制，费用水平降低。51家大型物资流通集团，在销售增加的情况下，当年经营费用比上年下降5.5%：经营费用水平为2.1%，比上年下降0.6个百分点。管理费用水平为2.5%，下降0.4个百分点.财务费用下降10.8%；财务费用水平0.7%，下降0.2个百分点。三项费用水平合计为5.3%，下降1.2个百分点。同上年相比，三项费用除管理费用略有上升外，其余两项费用均下降。管理费用有所上升的原因主要有三方面：

（1）企业就业人员增多（据不完全统计增长4%），工资增长。

（2）随着住房改革制度改革的深入及社会保障制度的建立和逐步完善，企业住房补贴、各项保险和社会统筹等逐步发放到位，增加了当期的管理费用支出。

（3）计入管理费用中的税金增长，据不完全统计，税金增长约在四成左右。

（三）资产结构有所调整，库存周转加快，库存水平显著下降，流动资产增多，资产负债率下降

2001年，流通企业积极压库促销，资产存量结构有所调整。剔除质次、冷背、滞销的物资继续压库影响周转外，实际库存周转速度明显加快，库存水平显著下降。51家大型物资流通集团，当年库存总额比上年下降19.1%。库存周转速率为17.2次，比上年加快5.4次。流动资金周转率为1.86次，也比上年有所提高。资产结构得到改善，资产负债率为74%，比上年下降1个百分点，其中主要是流动资产负债减少7.2%，也使财务费用下降10.8%。目前这51家企业的平均资产负债率已经比全国限额以上生产资料批发企业平均水平低9个百分点。

（四）整体效益明显提高，扭亏脱困目标基本实现

2001年，51家大型流通集团，总体已经扭亏为盈，合计实现利润总额16097万元，比上年大幅度增长。主要原因是亏损企业的亏损额减少了3.7亿元，减亏幅度达40%。其中盈利企业22家，盈利面43%，盈利额73469万元。其中有20家企业连续两年盈利，占调查企业总数的39%；亏损企业29家，亏损面57%，亏损客57372万元；亏损企业平均亏损额1978.3万元。同上年相比，虽然亏损企业多了一家，但亏损总额、平均亏损额显著降低，二者降幅约四成左右。

盈利企业的普遍特点是：

（1）企业规模较大，资产雄厚，负债率低，市场份额也较大。22家盈利企业平均资产37.4亿元，为51家集团平均资产的1.7倍，其总体资产负债率为68%，低于51家集团总体资产负债率6个百分点，盈利企业平均销售规模59.6亿元，为51家企业平均销售规模的1.89倍。

（2）强化管理，压减开支。22家盈利企业费用水平为4.8%，比平均水平低0.5个百分点。

（3）狠抓业务开拓，抢占市场，扩大市场销售规模；以主营为依托，发展多种经营。22家盈利企业平均销售利润（主营业务利润加其他业务利润）1.62亿元，为51家企业平均值的1.9倍。

亏损企业的共同特点：

一是缺乏规模优势，管理水平不高，费用水平较高。29家亏损企业的费用水平为7.2%，比盈利企业高2.4个百分点。

二是借款多，资产负债率偏高，资金成本负担重。29家亏损企业资产负债率为87%，比盈利企业高19个百分点。

三是偏离主营，投资、联或项目过多，且效益低下，资金使用效益不高。

四是历史沉淀问题较多，如库存积压损失，呆坏帐损失，离退人员比重大等，企业负担沉重。

（五）形成了一批有实力的优势企业

当前，国内生产资料市场已形成买方市场的基本格局，加之随着市场经济的发展，流通主体多元化格局已经形成，生产资料市场竞争异常激烈。流通企业必须调整企业组织结构，充分发挥规模优势，同时深化改革，加强管理，才能求生存、求发展。现在看来，经过最近几年市场的优胜劣汰，国有生产资料流通企业发生了极大的变化，多数中小企业经过改革、转制，成为民营企业，有的已经退出市场竞争。国营大中型生产资料流通企业仍处在调整、整合的进程之中。特别是一批大型企业，主动调整经营结构，坚持主业，多种经营，多方联合，初步实现了企业结构的调整和优化，提高了组织化程度，增强了竞争实力，在生产资料流通行业中脱颖而出，成为了行业的排头兵。从调查统计资料来看，前10家销售规模超过50亿元，其中前五家突破100亿元。这些大型企业已经度过了最困难的时期，进入发展的新阶段。有的在开拓电子商务，有的在探索现代物流，有的在建设现代分销体系，在他们身上体现了传统物资企业在深改革和现代化建设过程中的成功经验和未来的希望。他们的经验说明也规模越大，抵御外部风险的能力越高。经中国物流与采购联合会评审，决定授予中国航空油料总公司、上海市物资集团总公司等十家单位“2001年生产资料流通企业十强”称号。

二、流通行业存在的主要问题及建议

同时也要看到，国有生产资料流通企业分化、重组和整合的过程还没有结束，多数的发展基础不稳定。从统计上看，近两年51家集团公司排次变化仍然较大。例如，按销售总额、利润总额、资产总额三项排序，名次较为稳定的企业只占总数的15%左右。

从调查统计资料来看，当前流通行业还存在如下一些问题：

（一）市场竞争异常激烈，利润趋于平均化，企业获利能力较低

51家流通企业商品销售利润率公2.1%，比上年下降0.5个百分点。由于市场竞争激烈，价格下降，经营成本上升，销售收入总额虽然增长17.9%，但销售利润却下降13.2%。22家盈利企业平均盈利水平只有3339万元，与平均资产高达37.4亿元相比，极不相称。

（二）部分企业尚没有解决生存与发展的根本问题，影响了行业的整体经济效益

当前部分国有生产资料流通企业，由于历史包袱重，底子薄，资金短缺，加上受旧体制影响较深，适应市场经济环境的能力较弱，虽然在最近几年企业改组、改制过程中，采取了一些改革措施，但经营机制并未从根本上改变，这部分企业既没有大中型企业雄厚的经济实力，又缺乏集体企业、民营企业灵活的经营管理机制，在弱肉强食的市场竞争中，陷入更为艰难的困境，经济效益每况愈下，严重影响了行业的整体效益。51家企业中，连续两年亏损超过两千万元以上甚至资不抵债的企业约有10家，这类企业成为行业扭亏的重点。

（三）资产负债率较高，行业发展的自主性较弱；费用水平仍然偏高，管理尚待进一步加强

51家企业资产负债率为74%，超过85%的有19家，其中有10家已经超过100%，处于资不抵债的状态。高负债造成财务费用负担沉重，2001年51家企业的财务费用高达11.3亿元，是利润总额的7倍。

（四）资金周转较慢，物流水平低

与行业平均水平（即限额以上生产资料批发业）相比，51家集团公司的库存周转为17.2次，高出行业水平1.9次，但是流动资金周转率只有1.9次，比行业水平低1次，结果流动资金利润率只有0.22%，而行业平均水平为1.84%。这说明单纯降低库存并不代表资金周转的加快，要经过流程整合优化，提高物流水平，才能产生效益。

总的来看，虽然存在诸多问题，但国有生产资料流通企业已经产生了积极的变化。商品化扭亏目标基本实现，一些实力雄厚、效益好的流通企业已经脱颖而出，成为行业发展的排头兵。但仍有一些企业的生存总是尚没有解决，行业整合的进程还在继续，但从发展方向上来看，已经明朗，即要通过市场竞争形成我国规模大、成本低、服务好的现代批发分销体系。我们建设国家采取适当措施扶强扶优，加快优势企业的发展，促进企业重组，发挥规模优势，促进业态提升，积极推动流通行业现代化，尽快缩小与国际发达水平差距，提升国内流通行业参与国际竞争的能力。

（资料来源：中国物流信息中心）

附一　　2001 年生产资料流通行业十强企业名单

单 位 名 称	销 售 总 额（万元）
中国航空油料总公司	2083170
上海市物资集团总公司	2006700
中国铁路物资总公司	1950264
浙江物产集团	1616076
广东物产集团	1059123
天津物资集团	895205
中国兵工物资总公司	777806
南京物资实业集团	656535
中国诚通集团公司	523489
安徽徽商集团	514810

（资料来源：中国物流信息中心）

附二　**2001年生产资料流通行业企业财务状况(51家集团汇总表)**

单位：万元

指标名称	本年累计	上年同期	同比增减%
销售总额	16103652	13658905	17.90
库存总额	935684	1156256	-17.08
商品销售收入净额	13576153	12837393	5.75
商品销售成本	12923894	12123613	6.60
经营费用	346164	366146	-5.46
商品销售税金及附加	14983	12617	18.75
商品销售利润	291112	335339	-13.19
代购代销收入	11406	11063	3.10
主营业务利润	302518	346078	-12.59
其他业务利润	135210	129540	4.38
管理费用	394965	389327	1.45
其中：税金*			35.67
财务费用	112504	126152	-10.82
利润总额	16097	5029	220.08
应交所得税*			-19.9
资产总计	11521608	11327190	1.72
其中：流动资产	7302153	7210623	1.27
其中：存货	1064911	1149921	-7.39
负债合计	8486159	8496799	-0.13
其中：流动负债	7576544	8164478	-7.20
所有者权益合计	2837954	2697129	5.22
从业人员平均人员（人）*			4.02

（资料来源：中国物流信息中心）

附三　　2001年51家大型物资流通企业销售、利润与资产

单位名称	销售总额		利润总额		资产总计	
	（万元）	排序名次	（万元）	排序名次	（万元）	排序名次
中国航空油料总公司	2083170	1	14748	1	1223830	1
上海市物资集团总公司	2006700	2	6271	3	777929	4
中国铁路物资总公司	1950264	3	4269	9	778362	3
浙江物产集团	1616076	4	6000	4	617144	7
广东物产集团	1059123	5	4846	7	738729	5
天津物资集团	895205	6	2992	10	732081	6
中国兵工物资总公司	777806	7	-1952	41	256306	15
南京物资实业集团	656535	8	1509	13	258468	14
中国诚通集团公司	523489	9	5891	5	970155	2
安徽徽商集团	514810	10	5278	6	187701	17
深圳市物资集团公司	422583	11	4487	8	385277	8
河北物产企业集团公司	271268	12	-3048	45	174907	18
中国轻工集团公司	256339	13	2909	11	371230	9
中国华星集团公司	217134	14	7647	2	296083	12
湖南物产集团	205499	15	1098	14	293313	13
辽宁物产集团总公司	198946	16	-552	27	102702	31
中国石化物资装备公司	196976	17	567	17	16810	47
广西物产集团	196601	18	-3060	46	133706	22
北京物资总公司	180311	19	-1632	36	323770	11
中国钢铁工贸集团公司	178624	20	2740	12	334561	10
山西物产集团	176152	21	-1396	33	115797	26
新疆物资集团公司	148600	22	65	22	51424	40
广州市物资集团公司	125879	23	-4117	48	141765	20
新疆兵团	98226	24	-112	23	131866	23
哈尔滨物资集团有限公司	97367	25	-1063	29	123631	24
内蒙古物资集团有限公司	90714	26	-4607	50	115665	27
吉林物资集团	85395	27	-1193	30	37254	43
郑州物产集团总公司	80522	28	-1509	34	44137	41

续上表

单位名称	销售总额		利润总额		资产总计	
	（万元）	排序名次	（万元）	排序名次	（万元）	排序名次
贵州物资集团	77160	29	756	15	102713	30
青岛市物资总公司	71725	30	-1214	31	82707	34
云南物资集团	68993	31	-569	28	114895	28
中国船舶工业物资总公司	59132	32	286	19	35425	44
甘肃物产集团	57563	33	-4181	49	84769	33
武汉物产国有控股集团	56449	34	-411	25	164587	19
山东省物资集团	54899	35	-1743	38	140285	21
沈阳物资集团	42287	36	-1256	32	250945	16
重庆物资集团	41402	37	-2082	43	58743	38
中国航天工业供销总公司	39117	38	-1551	35	65917	37
江西物产集团	36975	39	-1903	40	73764	36
黑龙江物产集团	26214	40	-3153	47	116405	25
福建物资集团	25992	41	-362	24	40696	42
陕西省物产集团	25226	42	-2010	42	74901	35
宁夏物产集团	20029	43	-2691	44	29466	45
西安物资集团总公司	20028	44	-5873	51	114536	29
中国地质物资供销总公司	17824	45	289	18	14427	49
济南市物资流通协会	16575	46	-1713	37	57408	39
中国林业物资供销总公司	13541	47	132	20	13149	50
厦门物资集团有限公司	7813	48	102	21	15466	48
中国金城黄金物资总公司	7287	49	587	16	10728	51
西藏物资总公司	5551	50	-522	26	26111	46
河南物资集团公司	1556	51	-1897	39	98962	32

（资料来源：中国物流信息中心）

连锁与物流

自改革开放以来，随着整个经济管理体制进一步转向市场经济，社会资本也依照市场规律开始进入不断增长、前景看好的零售业，我国的零售业得到了飞速的发展；市场的角色也在发生着转换，特别是从九十年代开始推行连锁经营以来，连锁超市、便利店、大型超市中心及仓储店等新业态纷纷出现，在短短的七、八年间，在我国部分大城市和沿海地区，迅速成为中国零售业变革中最具代表性的新事物，它的发展对我国零售业传统的销售方式即是一种突破，又是一种挑战。使我国的零售业逐步走上规模化的道路。

连锁商业（如连锁超市）以连锁制为轴心，以广谱的门店网络为市场依托，依靠中央采购制，大大降低商品进价，开发销售利润；利用多功能、集约化的配送中心，大大压缩商品库存，开发物流利润；以直接的市场信息向加工制造业渗透，发展定牌商品，开发生产利润。它是商流、物流、信息流“三流”高度集成、相互制约、相辅相成的极佳形式。

连锁经营的规模优势使这种方式在零售行业全面开花，并拓展到整个零售业及服务业，包括医药、图书、音像制品、建材、家俱、餐饮、娱乐、美发美容等。在经营业态上，连锁经营已发展到各种零售业态：百货商店、方便店、专业商店、专卖店、仓储式商场等等。特别是近年来上海、北京的连锁超市更是在全国各地抢滩，使连锁商业成为我国零售业的强大力量。

1997年全国连锁店达1.5万家，连锁企业实际销售额420亿元；1998年，销售额达1000亿元；1999年连锁企业发展到1800多家，年销售额为1500亿元；2000年中国连锁企业发展到2100家，店铺数32000个，销售额2300亿元，占社会商品零售总额的6.7%，其中，连锁100强的销售额达到982亿元，拥有门店7685家。

与此同时，国际零售集团进入中国的速度明显加快，据1999年底统计，全国共有国务院批准的中外合资零售企业20户，省、市级政府批准的中外合作零售企业277户，由于中外商业企业在经营方式、投资决策、经营人才和管理系统以及沟通内外、辐射全国能力等方面的较大差距，使这些国外大型零售企业的进入，对中国零售企业的发展起到了促进和示范作用。当然，商场的竞争也随之变得更为激烈。

一、连锁的纽带是配送

从世界各国连锁超市业的成功经验来看，连锁经营方式之所以能够产生高效率、高效益，就在于连锁超市实行的是统一采购、统一配送、统一价格，并拥有实现这一职能的商品配送中心，从而在根本上实现了决策权向连锁超市总部集中，物流活动向商品配送中心集中；达到一套资金、一套库存，集中优势，将单个门店不可能投入的人力、物力、财力，用于采购供应活动。

也就是说，有了配送中心，才可能实现一头进货、集中库存、统一配送、各店分销的连锁经营方式；才可能实现直接的产销衔接，增强商业对市场信息需求的反馈能力，从而促进生产、满足消费、降低生产资源配置的成本，以便于企业享受较高的价格折扣，降低流通成本和销售价格。由于将商品集中保管、流通加工，按各门店的需求配货，统一配送，实现了“最少环节、最短运距、最低费用、最高效率”，从而大大提高经济效益。

同时，通过统一进货，严把质量关，杜绝“假冒伪劣”商品，提高了连锁超市企业的信誉。才可能实现在商品配送中心内统一结算和商品信息的自动化处理；实现物流、财务乃至整个连锁企业的管理科学化。国内连锁超市业界以及日本、美国、欧洲和澳洲等发达国家的经验都告诉我们：实行商品供货的配送中心化，正是连锁经营的精髓之所在。

所谓配送中心，是指“汇集连锁门店的要货信息，进行采购，从供应商手中接受多种、大量商品，进行储存保管、配货、分拣、流通加工、信息处理，把按各门店需求配齐的商品，以令人满意的服务，迅速、及时、准确、安全、低成本地进行配送的物流设施。”

配送中心是一种多功能、集约化的物流据点。作为现代物流方式和优化销售体制手段的配送中心，它把收货验货、储存保管、装卸搬运、拣选、分拣、流通加工、配送、结算和信息处理，甚至包括订货等作业，有机地结合起来，形成多功能、集约化和全方位服务的供货枢纽。通过发挥配送中心的各项功能，大大压缩整个连锁企业的库存费用，降低整个系统的物流成本，提高连锁企业的服务水平。

为了满足门店“多品种、小批量”的要货和消费者要求在任何时间都能买到所需的商品，配送中心必须具备“集货”、“储存”、“拣货”、“流通加工”、“分拣”、“配送”、“信息处理”等功能。图1是配送中心的功能示意图。

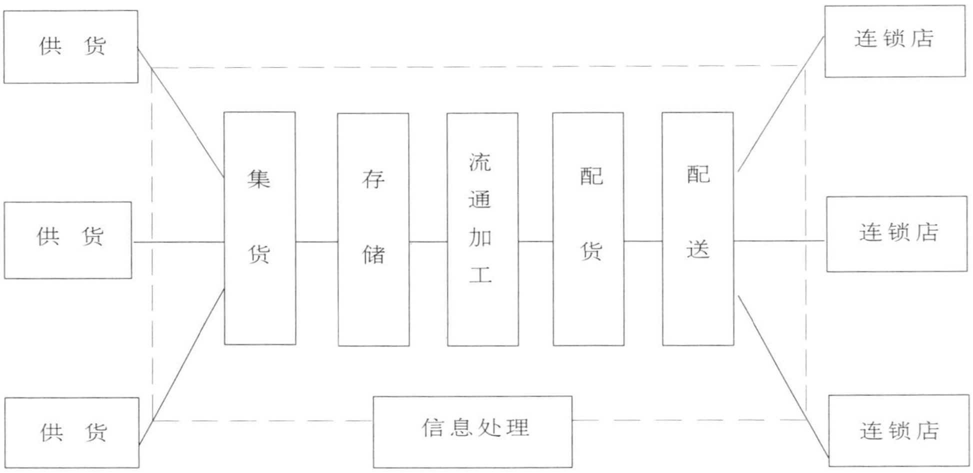

图 1　　配送中心功能示意图

二、配送中心是连锁经营发展的关键

（一）配送中心有力支持市场营销体系

配送中心从事的是物流活动，是为经销服务的一种活动。配送中心的设置，强化了商品的生产与消费、进货与销售之间的协调能力；就配送中心来说，作为物流的一个重要内容是生产营销系统的延伸。如在向门店供货时，可进行小批量的商品包装、装卸和发运，使得配送中心如同生产过程的延伸；同时，配送中心的多种活动都以满足门店需求为目标，体现了物流活动的内涵，在某种意义上支持了市场营销活动。

配送中心不是以储存为目的，然而，配送

中心保持一定的库存，起到了蓄水池的作用。特别是对国庆节、春节等销售量比平日成倍增加的销售高峰期间，配送中心的库存对确保销售．起到了有力的支撑。配送中心以集中的库存形式取代以往一家一户的库存结构方式，这种集中库存比传统的“前店后库”大大降低了库存总量，增加了供销的调控能力。由于配送中心的库存主要是为了保证“市场需求（降低缺货率）”和“配货、流通加工等环节的正常运转”，故必须严格控制商品的周转期。

近年来，连锁超市对商品的“拆零”作业需求越来越强烈，国外同行业配送中心拣货、拆零的劳动力已占整个配送中心劳力的70%；引进高新技术，采用电子标签拣选系统是解决问题的有效措施。届时，只要把门店的订单输入电脑，存放各种拆零商品的相应货格的货位指示灯和品种显示器，立刻显示出需拣选商品在货架上的具体位置以及所需数量，作业人员便可从货格里取出商品，放入拣货周转箱，然后揿动按钮，货位指示灯和品种显示器熄灭，订单商品配齐后进入理货环节。电子标签拣货系统自动引导拣货人员进行作业。任何人不需特别训练，即能立即上岗工作，大大提高了商品处理速度，减轻作业强度，大幅度降低差错率。

（二）配送中心实现了物流系统化和规模经济的有机结合

物流系统化，是指把物流各种环节视为一个大系统，进行整体设计和管理，以最佳的结构、最好的配合，充分发挥其系统功能的效率，实现整体的物流合理化。

1.合理经济地组织商品的运输、配送。配送中心通过集中配送的方式，按一定规模集约并大幅度提高其能力，实现多品种、小批量、高周转的商品运送，从而降低了物流的整体成本，使资源最终配置这一环节以大流通方式与大生产方式相协调。从而提高了流通社会化的水平，实现了规模经济所带来的规模效益。

2.配送中心是多功能的物流设施，实现了整体的物流合理化，并充分体现了物流系统的内涵和外延。

3.配送中心通过集中配送的方式，按一定规模集约，有利于获取规模效应；例如，超市公司通过电子订货系统，把几百家门店的零星要货汇总，由供应商集中送货到配送中心，并在那里按“越库中转配送”的方式运作，实现了“集零为整”和“化整为零”的策略，从而大大降低了商品的库存成本和库内装卸搬运作业的劳动量。

配送中心密切了连锁超市公司与供货方的关系，并享受不少好处。如集中订货批量大，对供货方举足轻重；集中大批量订货可享受更优惠的价格折扣；供货方若集中送货，节省了费用，连锁超市可得到部分让利。连锁超市与供应商建立自动补货系统，将“连锁超市补货”转变为“供应商补货”。 ECR力求将消费者、供应商和零售商栓在一根线上，结成利益的共同体。流通业者与制造业者双方不只是追求自身企业的效率化，而是力图削减整体成本、库存与有形的资产投资，并使消费者能够买到高品质、高新鲜度、价格便宜的商品。通过供应商和零售商的共同努力，使双方共同成为市场的赢家。

ECR即“高效消费者反应”，是分销商和供应商以客户需求为中心，运用现代化信息手段来消除系统中不必要的成本和费用，从而给客户带来最大效益而进行密切合作的一种策略。这种策略起源于90年代初的美国食品杂货业，后被推广至欧洲和日本等地，取得了巨大的经济效益。社会化物流配送企业连接产销，是ECR系统中关键的一环。实施ECR策略除了需要利用POS系统、条形码技术、EDI技术外，还需要计算机辅助订货（CAO）、连续补货程序（CRP）和越库配送（CROSS–DOCKING）技术。目前，我国一些连锁超市已开始与供应商实现了自动补货。这对连锁企业经营降低缺品率、合理库存水平、压缩库存金额，起到十分积极的作用。

（三）配送中心完善了连锁经营体系

由于配送中心为门店的销售活动创造了种种优势，从而使整个连锁经营体系的成本大大下降，成为零售业中的一种有竞争力的零售经营形式。配送中心对于整个连锁经营体系的作用表现在：

1.统一进货，有利于严把质量关；

2.加速商品周转、减少商品损耗、降低流通费用；

3.扩大配送中心的拆零、分拣能力，改善了门店的存货水平，有利于实现零星商品无库存、少库存经营；

4.保证门店管理逐步向“只管销售”方向发展。“企业经营决策权向总部集中，物流活动向配送中心转移”这是连锁超市成功的关键之一。例如，流通加工可减轻门店的工作量；拆零作业有利于商场多出样，以增加销售商品的品种数。

多年来的实践使我们认识到现代物流配送和计算机网络化信息技术是支撑连锁超市超常规发展的重要条件；如何把配送中心建成多功能、集约化、低成本的供货枢纽，以及如何运用信息技术来重组和提升超市的供应链管理，是连锁经营的核心战略。

全国各连锁超市公司对于配送中心的重视程度已越来越高；并有不少企业开始着手规划跨区域配送和配送体系建设的问题。联华、华联、农工商等大型连锁超市公司，均建立了强大的物流配送系统和配送中心；华润超市的万佳百货、河南思达超市公司、青岛利群百货、浙江家友超市等都计划或已开始建造现代化配送中心。

其中，华联超市股份有限公司投资8000万元于2000年8月建成了建筑面积达2万平方米的我国第一座现代化配送中心（一期工程）很引人注目。该配送中心采用高站台、大跨度的单层物流建筑，可全天候的供80多辆卡车同时装卸作业。

配送中心采用高层立体货架和拆零商品拣选货架相结合的仓储系统，装卸作业全面实现叉车、托盘作业机械化；拆零商品的拣货作业正准备采用电子标签拣选系统，同时开发了条形码技术，利用无线通讯的电脑终端，从收货验货、入库到拆零、配货，全面实现物流管理条码化和配送过程无纸化。该超市公司还与上海捷强集团、宝洁公司等200多家供应商建立了自动补货系统，以降低配送中心商品的缺品率、提高商品新鲜度、控制库存水平、压缩库存金额。

仓储式超市和连锁超级中心是连锁零售业的另一种业态，商场采取“库店合一”的做法，用工业大货架储存和陈列商品。在以一人一手高度的卖场区域，其陈列类似于超级市场，而超过2米的高度则作为商品的储备仓库，且上下对应、规范化堆放。追求快速的商品周转和货币回笼率，是仓储式超市的经营策略。通常采取“薄利多销”、“快进快出”的经营方针，借助先进的信息系统把握商品存货量和追加订货，从而控制好进销存三个环节的时间、质量、数量和资金占有。

目前，在中国经营的麦德龙、沃尔玛、家乐福、万客隆等大型超级市场，都利用POS系统、EDI系统，把零售店商品的进货和库存管理的职能逐步转移给供应商，由供货方对大卖场的流通库存进行管理和控制（被称为VMI——Vendor managed Inventories）。由于供货方把握了商品的销售和商机的库存动向，并在此基础上决定什么时间、把什么商品、以什么方式向什么商店发货。发货的信息预先以ASN（Advanced Ship Notice）形式传送给商场，以多频度、小批量进行连续库存补充。使商家省掉了商品进货的业务，减少了库存、节约了成本，同时可集中精力于销售活动。并且，因事先能得知供应方的商品促销计划和商品生产计划，能够以较低的价格进货。这些为商家进行价格竞争提供了商机。

三、配送中心的物流服务与成本管理

物流配送系统构筑的目的就是要向目的（客户）提供满意的物流服务。而影响“门店满意度”的主要方面可归结为以下十个方面：

1.商品结构与库存问题

2.配送过程如何确保商品品质

3.门店紧急追加减货的弹性

4.根据实际情况确定配送时间安排

5.缺品率控制

6.退货问题

7.流通加工中的拆零工作

8.配送中心的服务半径

9.废弃物的处理与回收

10.建立客户服务窗口

配送中心作业管理的重点是抓“三率一核算”，即配送商品的“准点率”，“差错率”、“破损率”和“物流成本核算”。例如，利用信息技术控制商品的有效期管理。配送中心在实行“先进先出”的原则的前提下，电脑系统按照商品有效期“三三制”的原则，自动控制配送中心的“可进货日期”、“可配送日期”和“封仓日期”。

在商业企业里，物流系统的结构很大程度上受到销售的制约，而物流系统的结构状态又是决定物流成本的最大因素。以销售部门为主体的物流成本机制。销售政策的变化，将导致物流成本的改变。

可以说，降低物流成本的责任，不仅仅在物流部门，而很大部分的责任在销售部门。例如，订货后多少时间内商品送到门店（与订货条件有关的问题）？ 订货单位是箱还是包：拆零品种多少（与订货条件有关的问题）？ 送货频率，即每天送货次数、紧急订货、突击发货配送（要求小批量、多批次的配送问题）；库存商品品种数及库存多少天的商品（涉及商品周转期和缺货率问题）等等，统称为“顾客服务水平”。只有决定了“服务水平”；才能决定物流系统的应有状态。物流系统的状态一旦决定，物流成本的6-7 成也就定局了。

我们认为，物流作业成本的控制，应以控制“人事成本”、“运输成本”和“库存成本”为重点。

运输成本占物流成本的40%左右，是影响物流费用的重要因素。优化运输方案是降低物流成本的最重要一环。如何解决“返程空驶”，是配送中心极关注的问题。如加强运输的经济核算，研究“自备车辆运输”与“委托专业运输公司”的利弊和费用水平，以寻找最佳的运能搭配。

又如，装卸搬运是衔接物流各环节的链环，它渗透到物流的各个领域。如何合理规划装卸方式和作业过程，减少装卸作业次数、缩短操作距离、合理选择装卸搬运机具，以大大提高装卸效率。

物流成本管理，实质上是物流过程的优化管理。物流过程包括装卸搬运、储存、运输、包装、流通加工、信息处理等内容，是一个创造时间性和空间性价值的经济活动过程，为使其能提供最佳的价值效能，就必须保证物流各个环节的合理化和物流过程的快捷、通畅。组织好“越库中转型物流”、“直送型物流”和“配送中心内的储存型物流”，完善“虚拟配送中心”技术在连锁超市商品配送体系中的应用，是全面提升配送中心经营管理商品、降低物流成本的最佳途径。

连锁超市的配送中心，在研究物流流程时，将经营的商品进行排队分析，分成三大类商品：

第一类商品是使用频率高的畅销商品。在流通过程中，整批进货和储存，然后，按客户的订货单配货，送到零售店。由于这类商品进货批量大，故以较低的价格购入，再以零售价出售给消费者，即减少了流通环节，又为企业加倍获利；这类商品的储存，本身是“创利”。

第二类商品，是配送中心按照客户的订货单汇总后统一向工厂整箱订货，收到货后，不需储存，直接进行分拣作业，再配送到零售店。这样，可节省储存费用。

第三类商品，需要一定的保鲜要求，如牛奶、面包、豆腐等，通常是不经过配送中心，直接从生产厂送往零售店。但商品进销全过程信息由配送中心处理。

综合上述分析，配送中心的物流系统流程如（图2）所示。

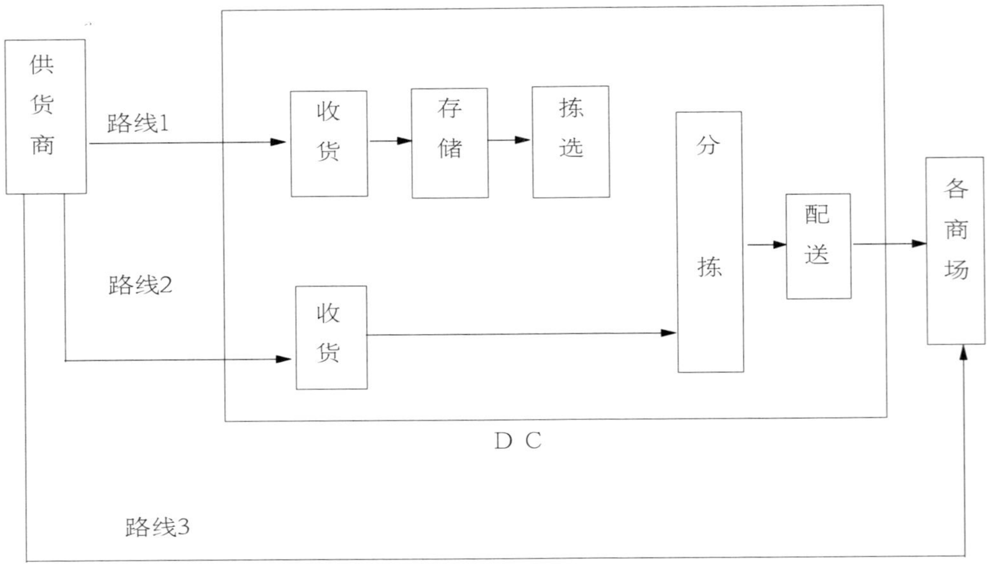

图2　　配送中心的作业流程

其中：

路线1：使用频度高的整批进货储存的商品（储存型物流）；

路线2：通过联机系统和商品信息订购的商品，整箱进货，分拣零送（中转型物流）；

路线3：从产地或国外进口后，不经配送中心直接送往商店（直送物流）。

总之，物流系统优化的目标是：从系统整体出发，互相协调对客户和本企业内部提供最佳服务，并最大限度地降低物流费用。这里，要着重解决三个问题。

（一）整体物流成本的最小化。

即构成使零售业、批发业、制造业"整体"物流成本最小化的"新物流流程和体系"。努力提升配送中心运作管理效率，如彻底贯彻"储位管理"、建立"最适补货系统"，改善物流流程，使配送中心各项作业效率的目标值最合理、精确，目标值的量化，尽可能利用数据进行管理，以便发掘问题之症结。

（二）顾客服务的最适化。

配送中心应朝提供高附加值大物流服务方向努力。如对高鲜度商品提供无缺货、百分之百的供货、定时定班次配送，快速验收等服务；最大限度提高零售店内库存的效率化，削减从商品的订货起到送达货架陈列为止的所有作业成本；向零售商提供"最佳商品结构的建议书"等。

（三）企业利润的最大化。

在"物流成本最低化"和"顾客服务最适化"的同时，追求物流成本合理化，增加营业额和利润率，进而实现企业利润的最大化；构筑能在同行竞争中处于优势的物流系统，并确立中长期利益体制。

四、用现代物流和信息技术铸造连锁超市的核心竞争力

中国是21世纪国际超级市场的主战场。随着加入世界贸易组织，诸多世界著名零售集团会以连锁方式、规模化地进入中国，由于他们拥有较强的竞争能力，会在中国零售市场不断扩大市场份额。同时，更多与世界同步发展的最先进的营销与管理技术也会在中国出现，这将对中国零售业形成较大冲击和影响。

在中国零售业面对强大竞争对手的情况下，要加快中国零售业做强做大的步伐，缩短成为世界级零售商的时间，必须积聚强大的商业资本。纵观世界零售巨头的发展史，几乎没有一家是依靠其自身的原始积累而发展起来的，主要是依靠资本的集中，或是上市发行股票，或是公司之间的合并、联合、兼并。我国零售业通过连锁企业的联合、兼并而形成大型化、规模化的趋势将继续发展，连锁经营的规模效益进一步提高。中国连锁业在未来5—10年将有超常的发展，成为零售业的主要业态，掌握流通的主导权。中国将出现若干个有强大竞争力的大零售集团，同国际大零售集团并驾齐驱，不仅能在中国国内市场起领导作用，而且在国际市场上崭露头角，有所作为。

连锁业的规模经营大幅度降低管理成本，向顾客提供低价格、高质量的商品，赢得最广大的消费群，获得可持续发展的底气。

运用供应链思想，连锁企业与供应商建立密切的合作关系、实现采购本土化、特别是建立现代化的物流配送中心，实现高科技、电脑化管理，把物流、商流、信息流通过配送中心实现统一，大幅度提高效率，降低成本。

21世纪，广大消费群不仅期望零售业提供价廉物美的商品，更要求提供良好的服务和服务的多元化。由于自有品牌的商品，具有风格独特、价格低廉、统一设计、统一货源、统一价格等优势，成为大型连锁业和零售商发展企业的重点。

高科技将广泛地用于零售业的管理，提高管理现代化水平；物流配送中心的发展和高科技的运用将促进连锁业的现代化和高效率。零售业的现代化管理水平的提高，主要依赖高科技的运用，尤其是跨国经营的零售集团和大型连锁企业。信息收集和传播、销售数据、商品分类管理、库存和商品盘点，供应链的管理，都要靠高科技电子技术才能高效率地完成。物流配送中心是连锁零售业的核心，世界各国大型零售商都重视物流配送中心的建设，同时广泛运用高科技管理，形成了商品从产地到集散中心，从集散中心到达卖场的许多模式。现代化的物流配送已经形成了以最终需求为导向，以现代化运输和高科技信息网络为桥梁，以合理分布的配送中心为枢纽的完备的运行系统。

发展和加强同供应商长期的伙伴关系，稳定货源，降低成本的趋势将有新的发展。21世纪是供应链的时代。零售商与供货商之间的关系将从互相制约、互有所图的关系向新型的互相合作、共生共荣的工商双赢的伙伴关系发展。

(特约撰稿：华联超市股份有限公司 总工程师　许胜余)

2001年批发零售业统计分析

2001年，由于受到国内和国际经济增速减缓的影响，我国批发零售贸易业销售增幅回落，企业经济效益有所下降，但零售业的经营状况明显好于批发业。全年批发零售贸易业商品销售总额为70052.8亿元，比上年增长7.1%，增幅比上年回落5.8个百分点。其中，批发额为44542亿元，比上年增长5.1%，增幅回落8.2个百分点；零售额为25510.8亿元，比上年增长10.7%，增幅回落1.4个百分点。但从近年来的运行情况看，其增长幅度仍属于正常的波动范围。

一、销售情况

（一）批发业

2001年批发额的增速大幅度减缓。各季度批发零售贸易业批发额与上年同期相比，一季度增长11.2%，二季度增长6.9%，三季度增长5.1%，四季度下降0.6%，增长幅度呈现明显下降。

从历年的销售情况看，批发额的增幅相对较低，且波动较为剧烈。2001年我国批发业在经历了上年的旺销之后，批发额的增长幅度基本又回落到近年来的平均水平。

从限额以上批发零售贸易企业所销售的商品类别来看，批发旺的商品少，滞销的多。其中，生产资料类批发额增幅回落较为明显。2001年消费品类批发额为11082.9亿元，比上年增长3.8%，生产资料类批发额为14785.8亿元，比上年增长3.2%。两者增幅虽相差不大，但与上年相比，消费品类仅回落2.1个百分点，生产资料类则回落了20.5个百分点。在消费品类商品中，文化办公用品类、五金电料类、中西药品类的批发额分别比上年增长41.6%、17.9%和13%；而食品、饮料、烟酒类批发额与上年基本持平，金银珠宝类、化妆品类、电子出版物及音像制品类、日用品类、体育娱乐用品类则分别下降40.2%、13.7%、10.3%、0.7%和0.5%；在生产资料类商品中，通讯器材类、汽车类、建筑及装潢材料类批发额分别比上年增长21.7%、14.9%、12.4%；而上年增长63.2%的石油及制品类批发额，同比仅增长4.1%；棉麻类、种子饲料类、化工材料及制品类则分别下降26.6%、10%、3.2%。

另外，西部与东中部地区批发业的发展存在较大差距。2001年，东部地区批发零售贸易业批发额比上年增长6%，占全国的70%；中部地区增长4.8%，占全国的18.9%；西部地区则下降0.9%，比重仅占全国的11.1%。在批发额比上年有所下降的7个省、区、市中，西部地区占了5个；其中，四川下降1.4%，云南下降3.9%，西藏下降10.2%，宁夏下降7.7%，新疆下降10.4%。发达地区与欠发达地区的差距在进一步扩大。

（二）零售业

全年内零售额平稳增长。2001年各季度批发零售贸易业零售额与上年同期相比，一季度增长11%，二季度增长11%，三季度增长10.5%，四季度增长10.4%。从分月情况看，除1月和5月销售增长较快，2月因客观因素影响增幅相对较低外，全年批发零售贸易业零售额基本实现平稳增长。

对比近年来的销售情况，零售额增长相对来说较为平稳。2001年批发零售贸易业零售额的增长幅度虽比上年有所回落，但是仍接近于6年来10.8%的平均水平。

从三大经济地带来看，零售业基本保持同步增长。2001年，东部地区批发零售贸易业零售额比上年同期增长10.9%，中部地区增长10.4%，西部地区增长9.9%。高低差距仅在1个百分点之内，差距比上年缩小了1.6个百分点。

由于扩大内需政策的拉动，大部分商品零售增长较快。特别是IT产品的畅销，带动了文化办公用品类和通讯器材类等商品零售额的高速增长，给经营这些商品的商家带来了良好的商机。2001年限额以上批发零售贸易业各类商品的零售额与上年相比，通讯器材类增长51.7%，其中移动电话机的零售量比上年增长1.3倍；建筑及装潢材料类增长28.1%；石油及制品类增长27.9%；化妆品类增长16.5%；汽车类增长16.4%；文化办公用品类增长16.2%，其中微型计算机的零售量比上年增长37.3%；服装鞋帽、针纺织品类增长10.9%；书报杂志类增长10.5%；食品、饮料、烟酒类增长10.4%。但也有少数商品销售不畅，电子出版物及音像制品类和金银珠宝类的零售额分别比上年下降11.3%和1.9%。

二、效益状况

（一）批发业

2001年，批发业的盈利开始下滑，与上年形成鲜明的对比。1—11月份限额以上批发企业实现利润总额208亿元，比上年同期下降12%(上年同期增长1.4倍)。

由于批发业销售增长缓慢，而经营费用和管理费用大幅度上升，导致费用率上升。1—11月份限额以上批发企业的费用率为6.71%，比上年同期上升0.17个百分点。其中，经营费用率为3.19%，上升0.19个百分点；管理费用率为2.52%，上升0.07个百分点；财务费用率为1%，下降0.09个百分点。

但由于近年来，国有企业通过股份制改造、债转股等手段，保证了国有资产保值、增值，并降低了资产负债率，使企业利息支出相对减少，节约了财务费用，企业债务负担有所减轻。1—11月份限额以上批发企业的资产负债率为80.2%，低于上年同期1.7个百分点。

从三大经济地带来看，2001年不同地区批发企业的效益状况存在较大差异。相对来说，中部地区批发企业的效益要好于东部和西部地区。(详细情况见表1)

表1　　2001年1月—11月东中西部限额以上批发企业主要经济指标

地区	利润总额		其中：营业利润	
	绝对额（亿元）	增减幅度（%）	绝对额（亿元）	增减幅度（%）
东部	156.3	-17.1	77.2	-26.9
中部	16.1	48.8	-15.9	-20.8
西部	35.6	-4.0	6.6	-65.0

（二）零售业

2001年，零售业的经济效益仍保持上升趋势，但增速大幅度减缓。1—11月份限额以上零售企业实现利润总额37.4亿元，比上年同期增长11.6%，增幅回落14个百分点；资产负债率为73.4%，低于上年同期0.1个百分点。

从企业的费用水平看，1—11月份限额以上零售企业的费用率为14.08%，与上年同期基本持平。其中，经营费用率为6.47%，比上年同期上升0.27个百分点；管理费用率为6.41%，下降0.21

个百分点；财务费用率为1.4%，下降0.06个百分点。经营费用大幅度上升，而管理费用大幅度下降的主要原因是：从2001年下半年开始，部分零售企业调整了费用的核算口径，原来作为管理费用核算的一部分费用现作为经营费用处理。

不同的经营方式，使企业的效益有明显的差异，其中连锁企业发展要快于非连锁企业。1—11月份限额以上连锁商店的商品销售收入净额比上年同期增长21.9%，利润总额增长21.8%，费用率为13.03%；而非连锁商店商品销售收入净额仅增长9.1%，利润总额增长8.1%，费用率为14.43%。连锁企业的各项经济指标均优于非连锁商店。

从零售业态的角度观察，超级市场比其它业态的发展更为迅速。1—11月份限额以上超级市场商品销售收入净额比上年同期增长24.7%，专业（专卖）店增长6.6%，百货商店增长6.1%。快速发展，使超市的市场占有率进一步扩大，商品销售收入净额占全部限额以上零售企业的17.2%，比重上升了1.7个百分点。另外，从盈利情况看，超级市场实现利润总额比上年同期增长了57.1%，百货商店增长了22%，而专业（专卖）店仅增长2.3%。

东、中、西部零售企业的经济效益状况参差不齐。东部地区限额以上零售企业利润总额和营业利润保持双增长，其利润总额的增幅虽不及西部地区，但绝对额占全部限额以上零售企业的91.4%；并且与其他两个地带不同的是，东部地区企业盈利中的主要部分是来自于营业利润。西部地区企业的利润总额虽增长了2.5倍，但主要是因为上年基数很低。在实力上，远远不如东部地区。中部地区不仅利润总额下降，而且营业利润的亏损额也出现了大幅度的增加。（详细情况见表2）

表2　　2001年1—11月东中西部限额以上零售企业主要经济指标

地区	利润总额		其中：营业利润	
	绝对额（亿元）	增减幅度（%）	绝对额（亿元）	增减幅度（%）
东部	34.2	12.4	24.0	52.9
中部	1.7	-37.4	-6.7	87.2
西部	1.5	2.5倍	-1.4	-39.2

三、影响销售的主要因素

（一）批发业

1.受全球性经济增速减缓的影响，我国外贸进出口形势较为严峻，对批发零售贸易业的经营产生了日益严重的负面影响。据海关统计，2001年我国进出口总额为5097.7亿美元，同比增长7.5%，比上年回落了24个百分点。其中，出口总额2661.6亿美元，同比增长6.8%，比上年回落了21个百分点；进口总额2436.1亿美元，同比增长8.2%，比上年回落了27.6个百分点。进出口增幅的大幅度下降，首先对我国出口工业生产带来了不利影响，进而减少了生产资料的需求，最终在批发业（对外贸易企业）的销售上有所反映。据近年来的统计资料显示，我国批发零售贸易业出口额约占批发额的15%以上，因而，仅出口增幅的大幅度回落，就带动批发额增幅回落了3—4个百分点。同时，由于进口增幅的大幅度回落，也使批发业减少了货源，给其经营带来了负面影响。

2.由于受到需求减少、价格回落等因素的影响，生产资料类商品批发额增幅下降。其中，石油及制品类批发额增幅的大幅度下降拉动整个生产资料类批发额增幅回落近20个百分点。据限额以上批发零售贸易业统计，2001年石油及制品类批发额为5492亿元，比上年增长4.1%，增幅低于上年59.1个百分点。

3.现代化物流手段的出现和商业交易方式日趋多样化，对传统批发业形成了较大冲击。厂家在大型零售商店设柜直销和各种配送中心的迅速发展，使商品流通环节进一步简化，厂、商、消费者之间建立了更为简捷的链路，减少了中间成本。同时，商业经纪与代理业的崛起，使得大批分销商和代理商从传统的批发业手中抢占了大量的市场份额，并将其转化为代理费。受上述因素的影响，近年来大量批发企业不得不加大零售业务的比重，其中一些企业逐渐退出了这一行业，一些重点消费品零售行业，如食品、饮料、烟酒类和化妆品类等，出现了商品零售红火而批发不畅的情况，从而造成批发零售贸易业批发额占销售总额的比重逐年下降，从1995年的71.3%下降为2001年的63.6%，平均每年下降1.9个百分点。

4.上年基数高也是影响销售增幅重要原因之一。2000年商业批发额高速增长，大大超出近年来的平均增长速度，形成了很高的基数，再加之造成2000年批发额高增长的因素，如进出口高速增长和生产资料价格上涨等，在下一年逐渐消退，这些都必然会影响到2001年商品批发额的增长幅度。

（二）零售业

1.为了消除世界经济整体放缓对我国经济的消极影响，国家先后出台了一系列扩大内需的政策，并立足国内市场，取消和调整了一些不利于消费的政策，采取了降低或改进矫车等大型耐用消费品的税费、放开市场价格等一系列支持和鼓励消费的措施，大力推动“假日经济”，鼓励“假日消费”。这些政策、措施的出台对于直接面对消费者的零售业来说，起到了强有力的推动作用。春节、五一、十一“黄金周”期间，国内居民旅游和购物消费再掀热潮。各地商业企业也抓住这个时机大做促销文章，1月份、5月份和10月份批发零售贸易业零售额分别比上年同期增长13.6%、11.8%和10.7%，形成了三个增长峰值。此外，随着我国国民经济的发展，各种跨国和国内跨地区的商务会展活动增多，使举办城市和地区吸纳了大量的流动人口，商家直接受益。

2.国家大力整顿市场秩序，保护消费者和经营者的合法利益，使消费者能放心购物，消费者满意指数稳步攀升。相当一个时期以来，无论是城市还是农村，市场上较为普遍地存在着无序竞争的现象。假冒伪劣、非法传销、欺行霸市、恶性竞销等屡禁不绝，甚至个别老字号企业也参与制造、经营伪劣商品，这些行为严重影响了国内市场的健康发展，也影响了批发零售贸易业的形象。从4月份开始，全国开展了整顿和规范市场经济秩序活动，对不法经营者进行了有力打击，市场秩序进一步好转，对于促进居民消费起到了积极作用。消费者满意指数由年初的94.8%上升为年末的96.4%。

3．居民收入稳步提高，增加了居民购买力。2001年我国城镇居民人均可支配收入比上年实际增长8.5%，农村居民人均现金收入实际增长5.7%。国家两次给行政和事业单位的职工增加工资，工资总额增长2成左右，同时相当一部分企业单位职工的工资也随之有不同程度的提高，使居民的实际收入和预期收入均有所增长，消费者信心指数由年初的96.8%上升为年末的97.1%。居民购买力的增加，是支撑零售业商品销售稳定增长的重要因素。

四、影响企业盈利的主要原因

（一）批发业

1.营业外利润是批发企业利润总额的主要来源。1—11月份限额以上批发企业的营业外利润为140.1亿元，比上年同期增长6%，占利润总额的

67.4%，比重上升了11.5个百分点；而营业利润仅为67.9亿元，比上年同期下降34.9%，绝对额减少36.4亿元，拉动利润总额下降15.4个百分点。营业外利润主要包括企业对外投资收益、国家补贴收入以及退税等，属于与企业营业性质无关的收入。此类收入在利润总额中所占比重大幅度上升，是激烈的市场竞争所产生的结果。

2．费用增长过快造成批发业营业利润的下降。1—11月份限额以上批发企业的费用率比上年同期上升0.17个百分点，仅此一项就使企业的营业利润整体减少34.4亿元。特别是经营费用率大幅度上升，导致批发企业的营业利润整体下降近38亿元。经营费用上升主要是受铁路运价上涨的影响，企业的运输费用增长较快。

3.不同经济地带批发企业的盈利状况不同，其成因也各具特点。(1) 东部地区：费用率上升使利润总额中的营业利润大幅度下降。1—11月份东部地区限额以上批发企业营业利润同比下降26.9%，费用率上升了0.2个百分点。(2) 中部地区：企业利润总额增长的主要原因，一是由于费用率下降，使营业利润实现减亏；二是营业外利润有所增长。1—11月份中部地区限额以上批发企业营业外利润为32亿元，同比增长3.6%，费用率下降了0.1个百分点。(3) 西部地区：由于费用率上升导致营业利润大幅度下降，并且其减少量大于营业外利润的增加量，使利润总额有所下降。1—11月份西部地区限额以上批发企业营业利润同比减少12.1亿元，营业外利润同比增加10.7亿元，费用率上升了0.52个百分点。

（二）零售业

1.开展多种经营是现阶段零售业提高经济效益的有效手段。零售企业为了适应激烈的市场竞争，在搞好主业的基础上，通过出租店面、场地或对外投资等增加收益。1—11月份限额以上零售企业的其他业务利润为88亿元，比上年同期增长27.7%，从而带动利润总额增幅上升 17.7个百分点，成为企业效益提高主要原因；零售企业营业外利润虽有所下降，但也有21.4亿元的收益，仍然构成利润总额的主体（占57.2%）。

2.连锁和超市的获利手段有所转变。2001年连锁企业和超级市场的利润总额均比上年有较大幅度的增长，主要是依赖于其他业务利润的高速增长。1—11月份限额以上连锁商店的其他业务利润为23.9亿元，比上年同期增长58.3%，与主营业务利润之比为0.61：1；超级市场的其他业务利润为22.1亿元，比上年同期增长71.3%，与主营业务利润之比为1.29：1；其比值均大大高于零售企业0.34：1的平均水平。连锁和超市为了应对激烈的市场竞争，采取以主体业务为依托，大力开展多种经营，通过压低商品价格，吸引消费者，使人气聚集，从而带动其他营业活动的发展。这种经营策略取得了良好效果。近年来，连锁和超市的其他业务利润一直保持较快增长，带动了企业整体效益的提高。

3.东、中、西部零售企业效益状况存在较大差异，其原因不尽相同。(1) 东部地区：营业利润大幅度上升和营业外利润大幅度下降形成鲜明的对比。1—11月份东部地区限额以上零售企业营业利润同比增长52.9%，营业外利润同比下降30.9%。营业利润高速增长的原因是其中的“其他业务利润”增长较快(同比增长32.8%)。(2) 中部地区：企业利润总额下降的主要是由于费用率上升(同比上升了0.29个百分点)，使营业利润亏损加重，只是依靠营业外利润的大幅度增长才使利润总额不至出现亏损。1—11月份中部地区限额以上零售企业营业外利润比上年同期增长33.8%。(3) 西部地区：由于费用率下降(同比下降0.52个百分点)，使营业利润减亏，同时由于营业外利润小幅增长，加之上年基数较小，使企业利润总额实现高速增长。1—11月份西部地区限额以上零售企业营业外利润同比增长7%。

五、值得深思的几个问题

（一）企业亏损面仍在不断扩大

截至11月底，限额以上批发零售贸易企业亏损面高达41.7%，高于上年同期4.3个百分点。其中，国有企业亏损面为42%，比上年同期上升了5个百分点；批发企业为42.5%，上升5.4个百分点；零售企业为40.5%，上升2.8个百分点。分地区来看，不同地区企业的发展状况差异较大，亏损面最小的上海市和浙江省分别为28.6%和28.9%，而亏损面最大的青海省和辽宁省分别为59%和58.8%，两者相差近一倍。

（二）成本增长较快，毛利率持续下降

在消费需求不足的情况下，我国市场竞争十分激烈，特别是同业间的竞争加剧，商家不得不采取打折、让利等手段吸引消费者，使得商品销售额的增长速度低于商品销售成本的上升速度，导致毛利率持续下滑。1-11月份限额以上批发企业的毛利率为6.68%，低于上年同期0.02个百分点。零售企业的毛利率为12.75%，低于上年同期0.12个百分点。与发达国家相比差距更为明显，发达国家批发业的毛利率一般在20%左右，零售业在30%左右。我国香港特区批发业的毛利率在13%左右，零售业在28%左右。毛利率过低对于我国企业的长期发展将会产生不利的影响。但是，2001年，不论是批发企业还是零售企业，其毛利率均低于同期的费用率，说明企业盈利的手段已经呈现多元化。从世界上一些著名的大零售企业的经营情况看，他们的主要收益不是来自商品销售，而是来自随着商品销售所产生的其他收益。这一经验值得国内的商业企业给予关注。一方面要保证毛利率不再下滑，并力争能达到发达国家的水平，另一方面还要结合商品销售积极开拓思路，发展多种经营，使企业保持稳定的收益。

（三）西部地区批发业抗拒经济波动能力较差

受国际和国内经济减速的影响，西部地区批发零售贸易业批发额增长幅度比上年有较大回落，且回落幅度大大高于东、中部地区。这主要是由于农产品、能源等初级产品和工业生产资料的批发业是西部地区批发零售贸易业的支柱，因而对当前的生产形势和进出口形势等有较强的相关性，自我调节能力较差。而2001年二季度以来，生产资料批发业的销售不太景气，对西部地区批发零售贸易业形成了较大冲击。很多企业靠国家的政策扶持才得以生存。

（四）企业的科技含量还不够高，部分地区网点建设较为落后

随着我国居民生活水平的提高和各种现代化物流手段的出现，使现代化管理手段及先进技术设备的应用越来越重要，消费者对商家的要求也越来越高。但在我国相当一部分地区，特别是农村的商业设施还较为落后，大多以个体经营为主，难以满足和刺激居民较高层次的消费需求。据测算，近年来个体零售额占批发零售贸易业零售额的比重呈上升趋势。很多地区的小商品市场在批发零售贸易业中仍占据重要地位，它虽然对活跃市场起到一定作用，但也带来了不少社会问题。很多小商品市场成为假冒伪劣的滋生地，甚至成为藏污纳垢的地方，严重扰乱了市场经济秩序。此外，部分地区虽然在政府部门的推动下建立起连锁企业，但在管理、技术、规模等方面跟不上，未能发挥连锁企业应有的效能。2001年11月，我国已正式加入WTO，对外开放的程度越来越高，特别是受国家保护多年零售市场将进一步开放，世界各大零售商进入我国市场的步伐加快，国内商业企业将面临严峻的挑战，市场竞争将更加激烈，部分企业的效益将会有所下降。因此，国内商业企业转变经营观念，学习国外先进的营销策略和科学的管理方式，不断提升我国批发零售贸易业整体水平，就显得十分紧迫。

（资料来源：国家统计局贸易外经司　郑学工）

中国连锁百强排名及分析

2001年连锁百强总计实现销售额1620亿元，增长48%，其中：直营店销售额1350亿元，加盟店销售额270亿元。门店数达到13117个，增长56%，直营店销售7741个，加盟店5376个。营业面积8367132平方米，增长62%。员工人数416442人，增长63%。

从连锁百强的变化看，2001年中国连锁业有以下特点：

一、连锁经营在零售市场的主导地位更加显著

2001年连锁百强销售额占社会消费品零售总额的4.3%，比上年提高了1.4个百分点。2001年连锁百强企业销售额比上年增长48%，远远高于社会消费品零售总额10%的增长速度。

2001年百强实现销售额比上届百强增长65%，门店总数增长70%。连锁百强在零售市场份额的大幅增长，说明连锁经营的集中化程度正在迅速提高。

二、大型企业快速发展，企业平均经营规模比上年有大幅度提高

2001年连锁百强年平均销售额16.2亿元，是上届百强企业平均销售规模的1.65倍。百强平均拥有连锁店131.2个，是上届百强企业的1.7倍。百强中前10名企业的销售额达到718.4亿元，占百强销售总额的44%。企业进入百强名单的销售规模的底线为2.68亿元，比去年增加了1.44亿元，上届百强企业中有近20家没能入围2001年的百强。

三、联合、兼并与重组成为连锁企业扩张的重要方式之一

去年榜上有名的几家百强企业，今年的座次和称谓都发生了显著变化，集中反映出2001年中国连锁领域一个最引人注目的发展动向，即连锁企业大范围的联合、购并活动。例如：华润收购万佳，组建华润万佳，排名第11位，去年排名分别是第11位和第13位；超市发与天客隆合并，排名第15位，去年排名分别是第18位和第32位；民润收购岛内价、新七星等民营连锁企业，排名27位，去年民润、岛内价的排名分别是第66位和第51位。

四、连锁经营方式向更多行业和业态延伸

大量企业采取多业态发展策略，在69家经营超市、大型综合超市、仓储式会员商店、便利店的百强企业中，单纯经营一种业态的只有18家企业，其余51家企业采取了多业态发展的策略：以超市经营为主的企业正在向大、小两极延伸，发展大型综合超市和便利店。

超市类（包括超市、大超、便利店、仓储）企业在连锁百强中所处的地位没有发生大的变化，但所占比例有所下降，去年为76家，今年为69家。一些专业店，特别是家电专业店和连锁药店已有长足发展。

五、跨区域发展，百强的地区性特征越来越淡化

2001年，连锁企业跨区域发展势头强劲，连锁百强中跨区域发展的企业已不在少数，全国性的连锁集团正在孕育形成中，因此，根据百强企业的起源地对其进行地区划分，无法准确表现百强企业的分布和发展状况。

六、只有建立现代企业制度，连锁企业才能做大做强

百强企业中，国有独资的比重下降到10%，

有限责任、股份有限占绝大部分。已完成股份制改造的部分企业已进入上市准备期。

七、外资零售企业已经在中国零售市场中占有一定的份额

按照百强目前的"入围标准"，有相当一批外资零售企业能够在百强中占有一席之地，其中包括家乐福、沃尔玛、好又多、普尔斯马特、万客隆、大润发、吉之岛、乐购、易初莲花、伊藤羊华堂、百安居、欧倍德、7-Eleven、罗森、百盛、太平洋、麦当劳等。因此，目前的连锁百强，还不能准确反映连锁经营的竞争态势和发展全貌。

八、连锁超市（包括超市、大型综合超市、便利店、仓储式会员商店）基本状况分析

2001年销售额超过一亿元的91家连锁超市的运营情况进行了调查汇总，主要指标情况如下：销售额1163亿元，增长53.1%门店7953个，增长51.3%（其中超市3328个，大超271个，便利店3342个，仓储店60个）营业面积644万平方米，增长58.4%员工人数24万人，增长45.9%平均每个企业拥有门店87个，增长50%平均地效（直营）1.81万元，下降0.15万元平均人效（直营）47.56万元，提高0.73万元平均毛利率12.4%，与上年基本持平平均纯利率1.33%，比上年下降0.23个百分点。

2001年中国连锁百强排名表

序号	2000年排位	企业名称	业态	2001年销售总额（万元）	2001年门店总数（个）
1	1	联华超市有限公司	超市、大超、便利	1406341	1225
2	2	华联超市股份有限公司	超市、大超	850400	818
3		北京华联综合超市有限公司	大超	800000	42
4	3	上海农工商超市有限公司	超市、大超、便利	747465	325
5	4	三联商社	专业	702600	177
6	8	北京国美电器有限公司	专业	615047	84
7	5	百胜（中国）投资有限公司	餐饮	549843	612
8	6	苏果超市股份有限公司	超市	528200	663
9	7	上海锦江麦德龙有限公司	仓储	494922	15
10		北京王府井百货集团股份有限公司	百货	488730	8
11	11	华润万佳有限公司	超市、大超、便利	464766	343
12		苏宁电器连锁集团股份有限公司	专业	399107	91
13	10	天津家世界连锁商业集团有限公司	仓储、餐饮仓储、	326668	28
14	9	江苏文峰大世界连锁发展股份有限公司	便利、百货	314530	17
15	18	北京超市发天客隆连锁股份有限公司	超市、大超、仓储	263386	101
16	15	江苏五星电器有限公司	专业	254600	66
17	22	北京物美商业集团有限公司	超市、大超、便利	252170	199
18		深圳市人人乐连锁商业有限公司	大超	212543	6
19		联想（北京）有限公司	专卖	209294	565
20		上海永乐家用电器有限公司	专业	205142	22

续上表

21	16	北京京客隆商厦	超市、大超、便利	189331	57
22		深圳市新一佳投资发展有限公司	大超	189000	10
23	12	武汉中商集团平价连锁分公司	超市、超市、仓储	182857	8
24	14	上海捷强烟草糖酒（集团）连锁公司	便利、超市、专业	171757	240
25	24	青岛利群集团（股份）有限公司	超市、其他	170914	11
26	20	华联集团家用电器有限公司	专业	166000	20
27	66	深圳市民润农产品配送连锁商业公司	超市、大超	165668	75
28		上海华联集团经济发展有限公司	大超	160030	8
29		合肥百货大楼股份有限公司	超市、大超、便利	160000	15
30		山东潍坊百货集团股份有限公司	超市、大超、便利	156187	49
31		内蒙古小肥羊餐饮连锁有限公司	餐饮	151311	483
32	17	山东新星购销总社	超市、大超、专卖	146000	78
33	25	安徽商之都有限责任公司	大超、百货	143000	7
34	27	杭州华商集团有限公司家友超市公司	大超	128000	22
35	29	吉林省明日恒客隆仓储百货有限公司	大超、便利、百货	126370	61
36		深圳茂业商厦有限公司	百货	123865	4
37	47	武汉中百连锁仓储超市有限公司	仓储、便利	118008	80
38	28	江苏时代超市有限公司	超市、大超	117000	43
39	35	宁波三江购物俱乐部有限公司	大超	105500	23
40	36	上海家得利超市有限公司	超市、便利	102000	119
41	33	赛特商业发展有限责任公司	百货	101402	11
42		深圳天虹商场有限公司	百货	100808	3
43	37	百佳超级市场有限公司	超市	96152	19
44	38	华普超市有限公司	超市、大超	95773	16
45	41	武商集团量贩分公司	超市、大超、仓储	95087	7
46	30	浙江新中义商贸股份有限公司	专业	95000	51
47		辽宁兴隆百货集团	超市、大超、便利	92602	16
48	21	广东烧鹅仔集团有限责任公司	餐饮	84680	58
49	48	山东省威海糖酒采购供应站	超市、大超、仓储	84000	134
50	31	哈尔滨中央红集团股份有限公司	大超、便利、百货	83196	160
51	49	济南蔬菜副食品集团公司	超市、大超、便利	72000	101
52	54	上海可的便利店有限公司	便利	70887	500
53	55	上海良友连锁经营有限公司	便利	66589	440
54	40	中国北京全聚德集团有限责任公司	餐饮	66300	49
55	43	南京华诚超市有限公司	超市、大超、便利	65076	98
56	56	湖南步步高连锁超市有限责任公司	超市、大超、便利	63310	25
57		大连友谊集团	酒店	63000	15
58		青岛崂山百货大楼集团股份有限公司	大超、百货、专业	60374	17
59	63	德克士食品开发有限公司	餐饮	60000	200
60	61	徐州惠客隆超级市场有限公司	超市、大超、便利	57367	130
61	52	重庆和平药房连锁有限责任公司	专业	56707	518

续上表

62	50	北京燕莎望京购物中心	大超、便利	54380	6
63		上海欧尚超市有限公司	大超	53800	2
64	92	阜阳华联超市有限公司	大超、便利、百货	53283	58
65	53	北京东安饮食公司	餐饮	53000	96
66	74	重庆小天鹅饮食集团有限公司	餐饮	49260	108
67	73	温州人本超市有限公司	超市、大超、便利	48600	36
68	59	宁波新家世界贸易有限公司	超市	48300	29
69	88	漯河双汇商业连锁有限公司	专业	47302	123
70	69	重庆山城超市有限公司	超市	45801	23
71		广州酒家企业集团	餐饮	44325	28
72		成都谭鱼头投资股份有限公司	餐饮	44213	79
73		重庆市菜根香风俗酒楼有限公司	餐饮	43600	52
74	62	马兰拉面快餐连锁有限责任公司	快餐	42986	382
75	65	哈尔滨哈客隆连锁仓买有限公司	超市、大超、便利	42172	22
76	60	无锡天惠超市股份有限公司	大超、仓储、便利	41561	32
77	58	天津劝业场超市	大超	40714	4
78	84	慈溪市慈客隆超市有限公司	超市	39072	24
79		山东临沂九州集团总公司	超市、快餐	38235	26
80		柳州市佳用（集团）实业有限责任公司	超市、大超、便利	37255	43
81	86	河北国大连锁商业有限公司	超市、便利、百货	36700	103
82		天津市时代食品超市	超市、便利	36650	40
83	75	北京顺天府货仓式商业有限责任公司	超市	36200	9
84	70	山东潍坊友谊集团公司	大超、百货、专业	36000	11
85	42	上海光大通信终端产品销售有限公司	专业	35000	80
86		广东省中山市壹加壹商业连锁有限公司	超市、百货	34852	23
87		捷安特（中国）有限公司	专卖	34354	1245
88	67	山西华宇超市有限公司	超市、大超	34017	20
89	76	南京桂花鸭（集团）公司	专卖	33100	240
90		大连美罗大药房连锁有限公司	专业	32076	105
91		河南思达商业有限公司	超市	32000	80
92		北京美廉美商贸公司		32000	3
93		余姚华联商厦（集团）有限公司		31000	58
94	77	北京城乡仓储大超市有限公司	大超	30500	1
95		白山市方大商业有限公司	超市、专卖	29713	32
96		深圳市海王星辰医药有限公司	便利、专业	29500	203
97		广州市医药公司健民医药连锁店	专业	28956	100
98	80	山西省太原唐久超市有限公司	超市、仓储	28100	48
99	79	天津市消费合作总社	超市、大超	27693	60
100	90	陕西海星连锁超级市场有限公司	超市、便利	26842	95
总	计			16201975	13117

（资料来源：中国连锁经营协会）

外贸与物流

外经贸与物流的发展是互动的，没有外经贸的发展也就是没有物流的发展，没有高效和顺畅的物流也就没有高效的外贸效益。现就我国外经贸和物流的发展关系以及物流的发展方向作肤浅分析。

一、我国外经贸发展现状和发展趋势

我国对外贸易在20多年来进行了一系列的体制改革，取得了快速的发展，进出口总额由1978年的206.4亿美元增长至2001年的5097.7亿美元。改革开放20多年来，我国对外贸易平均每年以13.4%的速度增长。在世界贸易中的排名从1978年的第32位上升至2001年的第7位。对外贸易的高速增长成为我国经济发展的重要推动力。我国成为世界上经济增长速度最快的国家之一，总体经济实力明显增强。

20多年来，我国的进出口商品结构不断优化，初级产品出口大幅下降，工业制成品、技术密集型产品比重不断增加。机电产品成为第一大类出口商品。

截至2000年底，累计批准外贸企业364345多家，成为外贸发展的重要增长点。外贸市场向多元化发展，与我国贸易往来的国家和地区已达228个。改革开放之初，以一般贸易为主的单一外贸方式已转变为一般贸易、来料加工装配贸易、进料加工贸易、边境小额贸易共同推动外贸不断扩大的局面，给国际物流的发展创造了良好的机遇和物质基础。

我国正在加紧实施市场多元化战略，“走出去”战略，积极开拓国际新市场。适当增加国内产业结构升级所需要的设备进口和技术改进，大力改善投资环境，尽可能多地吸引外资，特别是吸引跨国公司的投资。同时积极引导外商向中西部地工投资。此外，我国加入世贸组织后对外经济贸易进一步活跃，这将给我国的物流业带来新的发展机会。

近年来，我国的交通运输条件不断改善，运力不断增加，港口码头设施不断改善，相关的运输服务配套行业（货代、船代、仓储、物流中心）不断发展，也给物流业创造了发展的必要条件。

二、物流的概念及演变过程

物流是一个在传统储运服务领域的基础上不断扩展延伸服务的概念。众所周知，Logistics译为“物流”或“后勤”，始于美国，原为军事术语，二战后才广泛应用于物资流通产业界。目前有很多定义。较为公认的是美国物流管理协会2001年的定义：物流是供应链过程的一部分。它是对商品、服务及相关信息起源地到消费地之间有效率和有效益的正向和反向移动与储存进行的计划，执行与控制，以满足客户要求。

国际物流业在日本及欧美发达国家受到高度重视并得以迅速发展，物流技术和管理都达到很高水平。改革开放后，我国对物流的研究与运用也逐渐提上日程。但对物流的概念，还存在一些误解和不同理解。一些部门为规范物流术语也做了不少努力。如原内贸部产业发展司1997年将其列入国家标准制定计划，2001年该项国家标准由国家质量技术监督局正式发布。根据《中华人民共和国标准·物流术语》，物流是按用户要求，将货物从供应地向需要地转移的过程。它是运输、储存、包装、装卸、流通加工、信息处理等相关活动的结合。

改革开放以来，随着我国对外贸易的迅速发展，“全球贸易一体化”和“物流无国界”的新趋势对现代物流服务提出迫切需求。现代物流是在运输业实现集装箱化的革命性变革的集装箱多式联运有了长足发展的基础上出现的。它要求把物资流、资金流、信息流结合起来，做到既安全可靠又快捷廉价。在物流概念传入之前，我国把运输作为物流活动，过去潜在的物流需求也往往被当作单纯的运输任务。现代物流强调系统化，通过把原材料及产品的采购和供应与运输、储存、包装、分拨、配送、零配件供应、流通加工、物流信息综合化，作为一个完整的全程物流管理系统。

总的来说，在发达国家，物流的实际涵义是：以最合理的布局、全方位的服务、最方便快捷的办法、最低的成本来实现物资流通的全过程。在发达国家，一般来说，某一厂家的产品流通都是由固定的某家物流企业提供全方位的服务。

三、我国物流发展的现状及问题

目前，我国现代物流的发展尚处在起步阶段，物流服务的范围和经营水平仍然较落后，物流成本仍然较高，约占国内生产总值的20%～30%，远高于发达国家10%的水平，还不能很好地适应世界经济发展形势和我国国民经济建设的需要。物流发展主要存在以下问题：

（一）从物流服务的提供者来说，目前我国能提供“门到门”、多式联运、多功能物流服务的企业甚少，多数企业都停留在简单的储运业务上。从经营国际货运代理业务的企业来说，大多数都是从事简单的订舱、报关、报验、短途运输等比较单一的物流服务，在国内没有足够的网点，更谈不上在国际上设立网点，不能提供门到门一条龙服务，不能形成完整的物流服务供应链。即使有些企业拥有一定的网点，但实际上真正能做到网络化经营的企业很少。

（二）从物流服务的需求者来说，目前我国大多数生产企业对现代物流服务的需求，特别是对利用第三方物流服务的理性认识还不足，很多企业为了防止肥水外流，仍保持大而全，小而全的格局，拥有自己的仓库和车队。

（三）交通运输管理体制分散，各自为政，行政审批项目较多，约束了物流企业的发展。

（四）没有形成高效的综合运输体系，海运、铁路、公路集装箱运输设施不配套，交通运输专业化标准化程度低，内地交通运输设施落后，集装箱多式联运的发展受到多方面的限制，这在某种程度上制约了我国物流业的发展。

（五）从发展现代物流的软环境来说仍然存在不少问题，如公路三乱、通关效率低、口岸查验部门多、手续繁杂等问题仍然是制约物流发展的主要因素之一。

四、国际贸易与物流的发展

物流涉及领域很广，包括生产领域的物资管理、交通运输、流通领域的分拨配送和消费领域的服务等。

当今世界经济高速发展，发达国家均以“经济全球化”、“信息高速化”、“国际物流网络化”的战略构筑新的世界经济结构。国际贸易量的增速还要高于世界经济的增速。随着国际贸易的发展，国际物流得以不断完善和发展。实践证明，国际物流作为发展国际贸易的工具和桥梁，必须最大限度地打破地域和国界限制，以求最大限度地降低国际物流成本。一方面，国际贸易是国际物流自下而上的前提和基础，国际贸易发展的速度和规模决定着国际物流发展的速度和规模；另一方面，国际物流的科学化、合理化又是国际贸易发展的有利保障。物流对经济发展的促进作用在跨国公司的扩展上得以验证。目前全球跨国公司约4.5万家，其生产和贸易总值约占全球贸易量的50%。它们伸向全球的触角就是物流业，物流业为其提供最佳的原材料供应地、成品生产或半成品加工地、商品分拨配送或销售地，达到“即时供货”（just-in-time）和“零库存”（zero inventory）。美国的物流业已建立高效的供应链，从订单确认到货物发运只要2～3天。因而说现代物流业对于服务深度、流程长度、覆盖广度的不断增加，对提高产、供、销、运的整体经济效益、推动世界经济和贸易发展的作用是无法估量的。

五、我国外贸与物流发展之间的关系

坦率而言，两者目前的关系是不平衡的。改革开放20年来，我国国民经济包括对外经贸持续发展，综合国力不断增强，为我国参与经济全球化打下了坚实基础。大经贸和市场多元化的格局也迫切呼唤着现代物流的出现和普及，外经贸对其发展的推动作用也日益显著，但由于真正意义上的物流在我国的发展历时较短，从物流管理水平、技术和设施在地区间的不平衡性发展也制约着其效益的发挥，因而对外贸的促进和保障作用可以说是潜力巨大但目前还未形成气候。改革开放以来，对外贸真正起到保障作用的还是综合物流的主动脉，即传统意义上的储运业，或者说是向现代物流业转型的储运业。

随着集装箱化和多式联运的逐渐普及，中外合资、合作运输服务企业、物流企业的成立，物流业作为未来运输业发展的必然趋势这一共识已为越来越多的企业所认识并转而成为实践。我们期待着我国的物流业从服务深度、长度和覆盖广度上能满足不断发展的外经贸的需要、满足生产企业的货主的需求。

六、我国储运业向物流业发展的趋势、优势和不足

社会的需要比任何一座大学都更能推动一门学科的发展。目前，从事或向物流这一综合性行业发展的有运输、外贸、商业、供应、供销、铁路、邮电、信息产业等，都涉及到物流的部分，各有优势。有的适合国际物流业，以服务国际贸易为主；有的适合建设区域性物流中心，以适应大企事业自身需要为主。国际物流的动脉是国际运输，国际物流给储运业同时带来了机遇和挑战。

（一）趋势

1.现代物流的发展趋势。

物流的系统化趋势，即社会物流与企业物流有机结合，从采购物流到生产物流，再进入销售物流，经过包装、运输、仓储、装卸、加工配送到达消费者手中，最后是回收物流，成为跨部门、跨行业、跨区域的社会系统。

2.信息化趋势。

包括商品代码和数据库的建立，运输网络合理化、销售网络系统化、物流中心管理电子化等等。

3.物流中心、批发中心、配送中心的社会化趋势。

生产企业与零售商所需的原材料、中间产品、最终产品大部分由物流中心提供，以实现少库存或零库存，从而节约大量的社会流动资金。

4.仓储、运输的现代化与综合体系化趋势。

5.物流与商流、信息流一体化趋势。

（二）优势

1.地域布局和周边环境优势。

我国的储运企业大多分布在交通枢纽和商品主要集散地，交通便利。

2.设施设备优势。

较先进的货场、仓库，较完备的装卸搬运和存储设备系统，初具规模的铁路中转运输网络、公路运输网络和集装箱化运输体系、多式联运服务体系。

值得一提的是改革开放以来，国家加大了对交通运输建设的投入，铁路、公路、水运、空运、管道运输能力以及集装箱化运输率大大提高。

至1998年，全国公路通车总里程126万公里，提前两年实现了"九五"计划目标。铁路近7万公里。已建成对外开放的主要港口30多个，1998年全国主要港口完成货物吞吐量12.5亿吨。我国已跻身世界航运大国之列。自1973年开始发展集装箱运输，经过多年建设，已有40多个港口从事集装箱运输。各集装箱港口与内地腹地都有高等级公路和干线铁路连接。航空货运业的增速超过其它运输方式。新亚欧大陆桥国际联运逐步通畅。到1998年6月底，经交通部批准设立的中外合资水路运输企业已达125家，外国航运公司在华代表处324个，经批准的外国航运企业在华设立独资子公司18家，分支机构54个。截至2000年底，经外经贸部批准，持有国际货运代理企业批准证书的有近3000家（含分公司），其中中外合资企业近500家。可以说，中国的交通运输业已初步形成了铁路、水运、航空、公路等多种运输方式相结合的综合运输体系。同时也初步形成了货主—货代—乘运人—海关—检验检疫—船代—港口码头—银行—保险等服务供应链。

3.多年从事储运积累的管理及技术优势。

值得一提的是，近年来不少储运公司和货代公司又加大了向网络化、电脑化、国际化转变的步伐。

（三）不足

由于国家对物流基础设施投入不足，导致我国储运的现代化水平不高。内陆交通运输设施建设缓慢，特别是集装箱运输中转站发展较慢，真正意义的多式联运未得到充分发展。目前，我国的进出口货物有70%—80%是由内地以散货形式疏运到内地。门到门运输还远落后于发达国家。由于物流专业化程度低，很难为外企的产品在中国提供综合性物流服务，也很难促社会物流与企业物流一体化。由于存在条块、部门分割，运输、仓储、内贸、外贸部门自成体系，使全社会物流不能成为一个整体。以运输为例，中国交通运输业按运输方式的不同而分别由交通部、铁道部、民航总局进行自上而下的行政管理。还有海关、联检等相关部门相互间的衔接与管理还不尽完善，EDI在货运系统中的应用也不普及，这些均在不同程度上影响了物流发展的进程，也影响了交通运输业综合社会经济效益的发挥。

在物流系统思想中，交通运输已成为物流网的一个部分，并与其它物流组成部分密不可分。可以说，物流概念为交通运输开拓了另一种系统方式。

七、我国物流业发展前景光明、潜力巨大

国民经济与外贸发展产生的需求，现代综合运输体系的逐步形成，特别是多式联运、集装箱运输的发展，全球网络化趋势，与国际接轨的意识增强、步伐加快。这些都将推动我国物流业的发展和普及。

（一）国外先进国家物流业发展现状和借鉴

发达国家非常重视物流业的发展。物流在现代日本经济中占有重要位置。为尽快复苏日本经济，1997年日本有关省、厅联合制定了《综合物流施策大纲》，发展目标为到2001年提供亚太地区一流的快捷物流服务。并筹建了物流电子信息交换促进委员会。美国是物流业创立最早和最发达的国家。90年代物流业更是蓬勃发展，除了依托其稳定的经济增长、发达的信息技术和宽松的法制环境外，还同经济全球化和区域集团化有一定关系，跨国经营的物流业和北美自由贸易区内的物流业都有了长足的发展。物流公司规模越来越大。

（二）我国物流发展方向

随着改革开放和外贸的发展，我国国际物流业有了一定的基础。但面向新世纪，我国国际物流业应进入一个新的历史发展阶段，有关国际物流的基础建设、技术水平和现代化管理都应有很大的提高和发展，才能适应世界经济竞争发展的需求。

1.加强物流系统意识，建设和改善我国的综合交通运输网。

传统上认为国民经济发展的基础设施是交通运输，而现在已逐渐变为物流系统。这一点已得到越来越多国家的承认与高度重视。我国的货代行业起步较晚，对物流认识不深。目前有实力、有网络系统的大型货运企业还很少。国际上有实力的货运企业正纷纷向中国货运市场渗透，特别是加入WTO后，市场进一步开放，竞争更为激烈。因此要尽快转变观念，加强物流意识，尽快发展壮大自己的实力。加强基础设施的建设与发展，搞好交通运输系统内外部协调与发展，建立多种运输方式有机结合的综合运输体系，加强多式联运的门到门运输服务。

2.加快现代化国际物流基础设施建设。

我国目前的物流基础设施与物流机械化、现代化的要求还有差距。例如，集装箱专用码头、深水泊位及进出港的装卸能力还不能满足国际物流业的需要。为适应国际物流作业连续性、快速化的特点，还应积极发展高科技物流技术设备，提高运输效率。

3.物流业应早日步入信息新时代。

目前，国际贸易正从货物贸易向服务贸易、信息技术及其产品贸易等领域延伸，电子商务成为国际贸易的重要方式。因此，谁掌握高科技优势，谁就取得竞争优势。外经贸部把我国电子商务工程的建设作为确保在本世纪外贸持续、稳定、健康发展的重要战略课题。目前中国国际电子商务网已与国际商务网络连接，国家外经贸专用网为各级外贸管理部门和进出口企业提供了大量信息和网络服务，成为外经贸发展的重要组成部分。网上“中国商品交易市场”已成为“永不落幕的网上交易会”。

因此，我国的现代物流要加强建立与完善信息系统，利用EDI建立统一的集装箱、货物、航线与商务等信息服务中心，建立与主要港口、代理、货主以及海关、银行、保险、商检等部门之间的横向联网系统，为货主提供方便快捷的信息服务，适应外贸发展需要。国际物流业有必要也有可能实现标准化和信息化。即在物流的交易条件、技术装备、单证文件、法律环境和管理手段等方面推行统一的国际标准，对物流全过程进行适时监控和跟踪管理。

（三）培养国际物流专门人才

为适应物流发展的需要，要加大培训力度、建立一支具有现代物流理论和管理才能的专家、企业家队伍。

总之，国际物流是各国发展经济的重要内容，也是沟通各国经济的纽带。必将发挥越来越大的影响和作用，我们应当努力研究和扶持它，并期待着我国国际物流的辉煌早日到来。

（特约撰稿：中国外经贸企业协会副会长 蔡家祥）

2001 年外贸统计分析

据海关统计，2001年，我国外贸进出口总值首次突破5000亿美元大关，达5097.7亿美元，比上年（下同）增长7.5%，与国民经济增长同步，其中出口2661.6亿美元，增长6.8%；进口2436.1亿美元，增长8.2%，累计实现贸易顺差225.5亿美元。

2001年进出口主要特点

一、出口增速先抑后扬，贸易顺差逐步攀升

2001年我国出口增速在第一季度末达到13.7%的年度峰值后，一路走低，到10月底已下滑至6.1%。在11月和12月两个月出口总值分别达到了240亿美元和245亿美元的历史高度后，累计增速出现了明显回升，使全年出口增速反弹至第三季度末的水平。同期，进口增速持续下滑，进口累计值增速从第一季度末的17.2%下滑至年末的8.2%，致使全年贸易顺差大幅攀升至225.5亿美元，尤其是后4个月，月平均实现贸易顺差28亿美元，4个月实现的贸易顺差与前8个月的基本相当。

二、一般贸易和加工贸易出口并驾齐驱

2001年全年，一般贸易出口1119.2亿美元，占我国出口总值的42%，增长6.4%；加工贸易出口1474.5亿美元，占我国出口总值的55.4%，增长7.1%。

三、一般贸易进口增长迅速，加工贸易进口增长乏力

2001年，一般贸易进口1134.7亿美元，占我进口总值的46.6%，增长13.4%；加工贸易进口939.8%亿美元，占我进口总值的38.6%，增长1.5%。此外，外商投资企业作为投资进口的设备和物品价值145.2亿美元，占我进口总值的6%，增长10.9%。

四、外商投资企业进出口增长显著，国有企业进出口呈现疲态

2001年全年，外商投资企业进口总值2591亿美元增长9.5%，占我国对外贸易总值的50.8%。其中出口1332.4亿美元，增长11.6%；进口1258.6亿美元，增长7.3%。国有企业进出口总值2167.8亿美元，增长0.7%，占外贸总值的42.5%。其中出口1132.3亿美元，下降2.8%；进口1035.5亿美元，增长 4.7%。

集体、私营及其他企业进出口增长势头迅猛，进出口总值达338.9亿美元，增长52.5%。其中：出口196.9亿美元，增长47.8%；进口142亿美元，增长59.5%。

五、与主要贸易伙伴贸易发展基本平稳

2001年全年，我国与主要贸易伙伴之间的贸易往来均保持了一定幅度的增长。日本已经连续9年成为我国最大的贸易伙伴，尽管2001年年末双方通过协商解决了贸易争端，但全年双边贸易增长势头受到明显牵制。2001年全年，中日双边贸易总值877.5亿美元，增长5.5%。其中我国对日出口449.6亿美元，增长7.9%；自日进口428亿美元，增长3.1%。美国仍是我国最大的出口市场，2001年我对美出口542.8亿美元，增长4.2%；自美进口262亿美元，增长17.2%，对美贸顺差

280.8亿美元，高于我国整体贸易顺差水平。

六、机电产品出口一枝独秀，传统大宗商品出口增长不振

2001年，机电产品出口1187.9亿美元，增长12.8%，高出全国出口总体增速6个百分点，在我出口中所占比重达44.6%，出口增量占我总体出口增量的八成。2001年后5个月机电产品月度出口值均在百亿美元以上，在我国出口产出品中占据了绝对优势地位。从具体商品来看，2001年全年，机械及设备出口335.8亿美元，增长25.2%；电器及电子产品513.1亿美元，增长11.4%。

随着我国出口商口结构的优化，传统大宗商品出口的增量优势正在逐步弱化，2001年我国服装出口365.6亿美元，增长1.5%；纺织纱线织物及制品168.4亿美元，增长4.3%；鞋类101亿美元，增长2.5%；塑料制品51亿美元，增长4.1%；玩具51.6亿美元，下降7.4%。

七、初级产品进口小幅下降，工业制成品进口增长较快

2001年全年，我国进口初级产品457.7亿美元，占我进口总值的18.8%，下降2.1%。其中：进口原油6026万吨，下降14.2%；成品油2145万吨，增长18.9%；原木和锯材2088万立方米，增长21.5%；铁矿砂9231万吨，增长31.9%；纸浆490万吨，增长46.6%；大豆1394万吨，增长33.8%。

工业制成品进口1978.4亿美元，占我进口总值的81.2%，增长10.9%。

2002年是我国正式为WTO成员国后的第一年，世界经济走势依然不容乐观，美国经济复苏的不确定因素较多，欧元的面世使欧盟经济处于一个敏感的过渡期，日元的大幅贬值既难以扭转日本的经济颓势，又使我国外贸出口的国际经济颓势，而国内经济的持续稳定发展和进口关税的下调，将导致进口需求趋于旺盛。预计今年的出口将与上年基本持平或略有小幅增长，进口则可能以两位数的速度增长，贸易顺差将明显缩减。

（资料来源：《航运交易公报》2002.1）

工业企业（制造业）物流

一、工业企业（制造业）物流是我国物流现代化发展战略的重要组成

（一）工业企业（制造业）物流是推进现代物流业的基础和前提

物流已成为现代社会一项重要的经济活动而被极大地关注，在我国物流热急剧升温的浪潮中，工业企业物流相对来说被关注的较少，热度大多聚焦于第三方物流、电子商务、连锁经营、物流中心（基地）或配送中心及五大运输等流通领域。社会物流的基础是商品（产品），源头和物流业服务市场需求来源的主体是社会生产和再生产的生产型企业（制造业），根据我国经济发展的市场化程度、制度环境、服务市场需求，在市场经济环境下二者各有分工，但又密不可分而形成我国物流的整体。工业企业是国民经济结构的主体，体现国家科学技术水平和综合国力，是现代物流研究与应用的一个重要领域，尤其是在经济全球化和我国加入WTO后，工业企业物流必然是一个必须关注的领域。

（二）企业物流现代化的紧迫性和必要性

作为第三利润源泉和拓展企业国内外市场支持系统的一体化物流系统将会在企业的成长中发挥更大的作用。飞速发展的信息与网络技术、各种先进的物流技术与装备都将使企业改善和整合自己企业的物流系统并使之现代化成为可能。能否抓住机遇将会影响企业的生存和发展。

我国机械制造业面临的形势是：

1.买方市场的形成、经济的结构性过剩、机械工业结构性矛盾凸现；

2.实施战略性结构调整日趋成熟；

3.世界范围内的市场竞争日趋激烈；

4.社会主义市场经济结构的确立；

5.多种成分的经济结构确立；

6.新的经济力量的冲击及传统企业增长质量问题。

我国工业企业改革发展的三个阶段：1978—1993年是从计划经济向市场经济的过度，基本是处于卖方市场，企业发展的重点是生产资源型的扩张；1994—1998年企业从大批量少品种向多品种小批量或大规模定制生产转换，企业管理技术不断革新，如采用JIT、MRP、KANBAN、MRPII、ERP等来组织企业生产和加强管理，企业发展的重点是资本运营和低成本规模扩张；从1998年开始至今，工业企业之间的竞争的焦点不仅仅是价格，而是适应市场需求、客户快速反应、准时供货等方面的竞争，用高新技术改造和提升传统企业和以信息化带动工业化，传统生产销售领域的竞争优势已不复存在，现代物流理念和先进的物流管理技术将成为现代企业发展战略的重要内容。

二、现代工业企业（制造业）物流的特征

现代物流作为一项社会经济行为系统，它关注的是企业生产经营的全过程，如需求预测、采购、生产进度、运输配送、库存控制、仓储、包装、订单处理、客户服务、退货、返还、废弃物、回收等。现代物流的特征主要表现在它的第一目标的服务特性、组织结构的一体化特性、系统的最优集成特性、信息网络支持特性、以及物流作业的机械化自动化或无人

化特性。现代工业企业物流除了上述的特征外，还包括：

（一）现代企业物流与生产的密不可分性

企业物流与生产流程或生产工艺紧密结合或融为一体，如计算机集成制造系统（CIMS）中的工件和刀具支持系统、现代汽车和家电生产企业中各种自动化生产线装配线上的坯料、工件、配件、组装件的运达和配送、柔性加工制造系统（FMS）、机械制造业生产流程中在制品的搬运流转，以及冶金联合企业生产中连铸连轧一体化等，此时，物流系统的流量、流速及作业质量都直接与生产的速率及质量相关联。

（二）现代企业物流结构的多样性

现代企业物流已不是独立或封闭的系统，与社会物流分工的交叉或角色互换，如第三方物流企业、生产企业自营的物流公司的企业内外部物流业务，尤其是集成供应链模式下企业物流与社会物流在物流系统的规划、决策、计划、实施、控制、管理等方面的完全一体化。

（三）企业物流能力的综合化

即不但要求如装卸、输送、转载等物料流的运转的机械化、自动化或无人化能力、物料存储的立体化与自动化、信息流的及时性、准确性及信息的实时跟踪、交互与处理能力，而且要具有极强的内外部应变与协调能力，以满足企业的生产经营需求。

（四）现代物流是工业企业生产营销的重要支持系统

在知识经济时代和信息网络社会的大环境中迅速发展的我国工业现代化进程中，物流已成为企业生产营销重要的支持系统。现代企业物流体制变革及市场经济对企业物流要求的提高，信息网络技术对企业物流系统革新的促进，集成供应链管理模式的兴起和发展所形成的一体化物流系统，都将使企业的生产经营离不开现代物流系统的有力支持，尤其是经济全球化的发展趋势将更会加强现代物流在生产企业中的战略地位，现代物流是企业订单的加速器。

三、我国工业企业（制造业）物流现状

对于当前中国企业来说，关键的问题是关注企业内部，发掘或建立自己的核心竞争力，如无与伦比的销售渠道等，物流管理是增强产品竞争力的最后疆界。

（一）我国工业企业总体概况

从工业企业总体概况（表1）的各项指标可

表1 我国工业企业总体概况

指标	单位	机械工业							冶金	建材	工业总体
		重型机械	轻型机械	金属制品	汽车	家电	仪器仪表	轻纺			
企业数	万个	3.32	0.75	0.84	0.31	0.11	0.19	0.14			16.51
人数	万个	1047.8	198	162.4	145	47.7	56.2	37			6196
资产总值	亿元	20855	4108	2546	4873	1698	985	582			108829
工业产值	亿元	14739	4107	2540	3320	1736	868	382			67737
销售收入	亿元	14001	3819	2370	3307	1736	850	358			64149
利润总额	亿元	540.45	117.22	71.65	172.5	49.75	38.2	13.9			1459
利税总额	亿元	1187	266.52	152.1	373.8	115.98	64.8	29.8			5521.8

以看出，国民经济主体结构在经济全球化和加入WTO后，无论是家电行业电子商务的信息化支撑，还是冶金行业大量物料搬运的机械化，或是汽车行业供应链的QCR，企业物流现代化具有广泛的内容和深刻的内涵。

（二）制造业与物流系统相关的生产模式

1.少品种大量生产模式

该种生产模式的企业一般具有区域性的价格和产品优势，因而生产较稳定并且是以成本为中心（控制目标）来组织生产经营活动，如邯郸钢厂模拟市场成本的经验。这类企业一般都是老企业大企业，它的生产系统设计往往只考虑生产过程本身，而没有进行物流系统的规划设计，企业的产、供、销往往只考虑各自的任务和利益而各自为政相互脱节。因此进行企业内部物流系统的整合以实现企业内部物流一体化是必要的。同时，企业的大量生产必然要消耗大量的生产资料，如年产1000万吨钢的冶金联合企业，需要的铁精粉、原燃料、灰石等达3000多万吨，其内部的物料流转量可达1.2亿吨，需要1000多台套物流技术装备；采用先进的物流技术并提高物流装备水平；注重回收及废弃物流与生产物流的协调；如为职能型物流组织结构时，应加强各职能部门的联系和协调，强化各功能的系统化。

2.多品种小批量生产模式

该种生产模式的企业一般以利润为中心来组织生产经营，企业按客户需求以销定产。传统物流理念及组织结构体系已不适应企业的生产经营，彻底改变物流系统在企业中战略地位，企业物流必须从系统整体出发，在产品生产与研发、物资采购与供应及销售等各方面相协调为本企业和客户提供优最佳服务，并最大限度地降低物资消耗和物流成本。

3.大规模定制生产模式

大规模定制生产是在信息网络技术支持下现代企业发展的一种主要模式，全球范围内企业生产营销以时间为基准的竞争越来越突出，及时有效地为每一个顾客提供最佳的个性化服务，争取更大的市场份额。该种生产模式促使产品加工制造组织模式、企业组织管理结构、物流系统结构和社会生产力要素结构都发生了巨大变化，它使传统的库存生产、预测驱动、独立竞争、传统物流思想等受到极大的冲击，并被信息生产、集成供应链竞争、需求驱动所取代。集成供应链策略面对的挑战是地理差距导致物流成本问题并阻碍运输和物流顺利；地区文化，语言障碍导致理解沟通和交流顺畅。

大规模定制生产的宗旨是以客户为中心，而不是以利润为主，它是通过向客户提供优质服务来获得竞争优势。此时，物流将转变为一种战略资源，在企业重组再造的同时，企业的物流系统也必将按照现代物流的理念进行重组，进行全方位整合。

神龙汽车集团公司在襄樊和武汉两个工厂在生产物流系统设置运行管理部门，进行物流运行组织控制，如接收原材料和零部件；在制品或物料的流转，各工序车间库房之间的衔接；相关物流工艺设计的执行、细化和完善等。公司设有采购部和市场部，采用集权式管理全部的供应和销售物流，而物料流则专由其下属的储运部门负责。

（三）我国制造业的物流组织结构形式

1.职能型物流组织结构

制造业中92.2%的企业，尤其是国有大型机械制造和冶金企业采用职能型物流组织结构。该组织结构一般适用于生产品种少，或企业规模较小阶段时，职能型组织将生产。销售、计划、购买等活动看作企业的单个职能或部门，各职能部门的调整全部由最高经营者决策，物流作为其中的一项职能部门也是由决策层统一指挥。随着生产品种的增多，市场多样化的发展，应根据不同的产品种类和市场形态，分别建立各种集生产、销售为一体，自负盈亏的事业部制。同时，由于组织内外部任务的不确定性，使组织结构对信息交换需求也有所不同。组织的结构、行为和管理和子系统的划分等关系密切。在建设信息系统时，必须确保足够的信息处理能力。

2. 事业部制物流组织结构

制造业中7.8%的企业采用事业部制物流组织结构（即按产品品类设定）。事业部制是一种分权式的管理方法，由于各事业部形成了单独的利益责任单位，因而纠正了集权管理方式的缺陷，使组织具有创造性和机动性，促进经营全体的发展，其中对物流活动的管理也被分配到各个事业部单独进行。

目前，我国部分非国有企业或绝大部分合资及外资企业实施事业部制物流组织结构，部分国有企业在重组或流程再造中，开始筹划建立事业部制物流组织结构。

3. 物流总部式组织结构

随着经济环境的改变和市场竞争的加剧，以满足顾客需求为中心的生产经营体系将成为整个企业管理活动的目标和标准。因此，在多品种、小批量生产条件下，厂家必须随时了解市场动向及包括商品在途、在库以及周转等产品流通过程中的所有信息资源。这些对于上述两种物流体制来说是难以实现的，所以必须实行某些功能活动的一体化的集中性管理，即建立企业的物流总部（如海尔的物流推进本部）。这也是实现物流一体化供应链管理的基础。在这种模式下，一般物流现场作业仍然由各事业部独自开展，物流总部统一决策和实施宏观的（流通全体）物流发展战略、建立基本的物流体系、在与现场作业相吻合的条件下不断完善物流管理系统并推动其发展。

4. 物流分公司式组织结构

最近不少先进企业将物流中心从各事业部中独立出来，成立单独的物流分公司全面承担企业物流的所有活动或与运输业者的物流公司共同成立物流分公司。由于现代物流既在横向上集中了各事业部的物流管理，又在纵向上统括了购买、生产、销售等伴随企业经营行为而发生的物流活动，可以形成企业内市场，降低物流成本，促进各事业单位物流管理效率。物流分公司既能满足总公司和各产品事业部的要求，又能在与其他物流企业的竞争中取得服务和成本上的优势，最终形成物流分公司独特的经营机能，同时还可兼营其他企业的物流业务，拓展经营领域，成为企业物流未来发展的主要方向。同是煤炭大型企业的兖州煤业和神华集团每年的物资采购量都高达15亿元，，兖州煤业实现供应物流的统一管理和运作，并拟成立集权的物流中心，而神华集团仍沿用计划经济时代的计划物资调拨，极不适应企业内外部市场环境的变迁。

神龙汽车公司1992成立之初就在建立了物流系统的规划设计部门，用专项物流技术任务书将物流要求纳入整体设计规划，在工厂工艺设计、施工组织等方面，从组织和功能上保证了物流系统与主体工艺的“同步设计”“同步施工”“同步运行”，达到了物流与生产工艺和总图布置的最佳结合。

如整车厂（武汉）的厂房和生产线呈流水线布置，机加工厂（襄樊）按总成加工工艺布置，两个工厂的动力设施相对集中布置，厂区和车间内物流线路合理，客货分流、减少线路交叉和重复。

（四）我国工业企业（制造业）实施供应链状况

部门设置与运作方面，在以制造商为核心的推动式供应链中，27.3%的企业设立供应链管理部门，但其职能单一，虽然有50%以上企业的产供销实现信息共享，但并不具备协调整个企业物流、信息流、资金流运作的能力。同时普遍缺乏ABC成本核算法、供应链绩效评价标准和激励机制。

同时，制造企业与供应链下游流通零售企业的部门设置不统一，不能共同实施品类管理，影响供应链的稳定收益。

75%的企业与贸易伙伴建立了战略关系，准时供货达到了93.6%，合作时间超过3年的达到52.8%，低于一年的有8.5%。企业对供应商的满意程度达到96.5%，供应商对企业的满意程度达到95.7%，但能对供应链管理正确理解的仅为

7.8%。

神龙汽车集团的纵向一体化供应链：

1.生产主流程以市场需求为中心，以总装配线为龙头，采用神龙特色的准时化拉动式物流管理模式，实施生产组织控制，即按市场—总装—涂装—焊装层层拉动，并以车身流拉动自制零部件流和外购零部件流，形成销—产—供的拉式运动；

2.独具特色的看板管理在销产供纵向一体化供应链中，有效地保证了准时化生产的实施；

3.公司与供应商共享物流容器，提高集装器具社会化利用率，减少零部件二次包装，降低投资和费用；

4.国产外协件实施200公里布点原则，进口件采用公—海—江联运方式，外部运输逐步采用第三方物流方式。

（五）我国工业企业物流运作状况及存在的问题

（表2）从物流执行主体、业务外包、库存、物流技术装备、物流费用及物流软件应用等方面反映出我国制造业物流的运作情况，由此可见物流业发展的源头和基础还很薄弱，电

表2　　我国工业企业物流运作状况

1. 企业物流执行主体

原材料	比例	产品销售	比例
供货方	46%	全部自理	24.1%
企业自身	36%	第三方代理	16.1%
第三方	18%	部分第三方，部分自理	59.8%

2. 企业物流业务外包情况

类别	单纯仓储	干线运输	市内配送	包装
比例	20%	48%	285%	4%

3. 企业库存状况

库存周期	原 材 料	产 成 品
1 周之内	12.3%	13.7%
1-2 周	24.7%	40%
2 周-4 周	34.6%	36.3%
1-3 个月	24.7%	7.5%
3 个月以上	3.7%	2.5%

4. 企业物流技术装备与设施

设施	比例	汽车空驶率		库房利用率	
有汽车队	53%	30% 以下	占 34.2%	30% 以下	2.1%
有仓库	59%	30-50%	57.9%	30-50%	2.2%
有机械化装卸	34%	50% 以上	7.9%	50-70%	21.3%
有铁路专用线	3%			70-85%	25.5%
其他				85% 以上	48.9%

5. 企业物流费用支出情况

费用支出比例	5% 以下	5-10%	10-15%	20% 以上
原材料供应物流费用占采购成本比例	60.3	25.4	11.1	3.2
成品销售物流费用占销售额的比例采购成本	72.2	18.1	8.3	1.4

6. 物流软件开发应用情况

	物流运作管理软件	仓库选址软件	运输决策系统	库存分析	条码扫描系统	配送资源系统
企业数	53	8	20	39	28	16
占比例	59%	8.9%	22.2%	43.3%	31.1%	17.8%

（材料来源：中国仓储协会　中国物品编码中心）

子商务、第三方物流及自动化物流的需求空间还很大。

1.主观方面

物流的滞后性在意识上的反映，物流理念、认识落后，重视程度不够，尤其是国营企业越大、越老越严重，重生产轻管理，重工艺轻物流，畏难心理，墨守成规，缺乏物流革新精神。影响物流系统的整合、重组或再建，影响物流系统在软件或硬件上的投入，影响高层的监督管理作用；各部门因只对上级负责，容易强调部门利益而没有全局观念；在物流作业层次上更是井底之蛙划地；企业中每个层次、每个人都只对上级负责，而不是想着企业和市场。

2.客观方面

企业总体布局一般没有进行物流的规划设计，总体或局部的物流格局不断，因而造成：物料除了停滞外，经常是处于交叉迂回倒流跳跃和拥挤物料流混乱状态；重复搬运多，无效搬运占70%左右；生产流程不合理造成物料流动路径长；时间浪费大，空间浪费大，机械制造企业的各种仓库和存储区的面积占到全厂生产面积的40%–50%；冶金制造业约为30%–40%。

3.功能及管理方面

物流的专业功能及管理不完善，企业与社会物流的物理与信息衔接脱节；物流基础管理工作薄弱，如供货人及供货质量信息，生产波动、物资消耗规律，库存物资的历史分布等基础数据和信息不善归纳整理和积累；库存不能根据市场变化、交通及气候的影响和企业生产波动来柔性控制管理；物流、信息流、商流和资金流的结合不紧密。

4.物流基础设施及技术装备方面

技术装备落后，不投入，机械化，自动化程度低；基础设施落后，不配套；设施与装备的利用率、完好率低；企业信息化建设缓慢，物流信息化程度低，部分企业虽然花大钱建立了MIS或ERP系统，但运载效率和应用效果都不理想；

神龙汽车公司引入雪铁龙先进的物流技术，形成了神龙特色的物流系统的结构形式和管理模式：

（1）搬运设备成套配置，搬运作业实现机械化；

（2）包装和集装器具实现标准化、通用化、系列化，并进行动态跟踪管理，实现托盘化作业；

（3）库位管理随机动态化，针对不同物资品类设置特种库房，对在制品、外协件、自制件采用不同的存放方式，总装库实现计算机跟踪动态管理，高位仓库高效的高位叉车和高位检选车，并采用条码识别技术和计算机管理；

（4）根据工艺要求和经济合理原则，厂内自行运输采用无轨和机械化输送设备。

5.物流组织结构(体制)方面

物流组织结构不适应生产或市场变化的需求，内部协调不力，决策层与管理层和作业层的纵向脱节；对外部应变能力不强；缺乏有力的横向与纵向监督机制。

6.物流成本方面

物流系统一般没有采取总成本控制，物流成本模糊；分部门核算时总成本不清，各种浪费现象（物资、人员、设备设施、时间效率）普遍存在。

四、工业企业（制造业）物流现代化的发展战略、模式与对策

（一）工业企业物流现代化发展战略

1.物流能力增强战略

我国工业企业中，除了个别的明星企业之外，大多数目前还属于资源型成长。发展现代物流的根本是物流能力增强战略，物流是作为一种能力，它的贡献在于创造用户或服务价值，如市场采购供应的及时性和低成本、低库存；生产过程的备品配件及在制品供应与流转；物资的存储与管理；物流信息对生产经营管理的支持等。

2.物流系统再造战略

企业再造（重构、组、建）的目的为了在

成本、品质、服务及速度方面取得大幅度改进；对企业最关键、最基本的管理工作及企业程序进行再设计与重组。企业物流管理组织(体系)的再造重建（BR）包括观念重建（BIR）、组织重建（BOR）和流程重建（BPR）三部分，其中前提是观念重建，核心是组织重建，关键是流程重建。物流组织变革的目的就是为了实现企业物流系统的一体化和高效能。

3.企业物流管理的一体化战略

（1）企业内一体化

企业的生产、采购、存储、供应、回收与废弃，营销部门等的统一规划、计划、实施、管理等，应根据企业的具体情况，通过采用MRP、MRPII或ERP等先进管理模式来增强企业物流能力并提高企业的管理水平，使企业内部物流与生产工艺链紧密结合，进而形成完整的企业内供应链。同时，企业内供应链要与企业外向供应链具有良好的衔接接口。

（2）企业前向一体化及后向一体化

企业向前控制供应商，形成松散型或紧密型联盟结构，使供产结合，现供应生产一体化，这是一种拉式单向供应链模式，即制造供应链；企业向后控制包括批发商、代理商、零售商在内的营销系统，使产销结合，实现生产和营销一体化，这是一种推式单向供应链模式，即销售供应链。

（3）企业前后向（纵向）一体化

企业向前控制供应商，形成松散型或紧密型联盟结构，使供产结合，企业向后控制包括批发商、代理商、零售商在内的营销系统，使产销结合，这是一种完全的供应链模式，即整合供应链。

（4）企业外横向一体化

企业与生产同类产品或相关产品的其它企业结成松散型或紧密型联盟，以企业集团的优势与竞争对手争夺产品市场。实现横向一体化必须从物流的发展战略、物流组织结构体系、物流业务流程、企业资源管理等方面进行企业的物流重组，并做到管理功能向管理过程的转变、管理产品向管理客户的转变、管理存货向管理信息的转变、由原来的买卖关系向新型的伙伴关系的转变，逐步发展形成集成供应链物流系统。

企业外横向一体化战略的供应链管理应通过JIT要求供应链上的要素同步，做到采购、运输、库存、生产和销售一体化，以及核心企业与节点企业、用户与上游企业及下游企业的营销企业的一体化，追求物料流动的最高效率；通过快速响应预测未来需求重组自己的业务活动以减少时间并降低物流成本；供应链全体成员应通过有效客户反应——ECR消除系统中不必要的费用成本，降低生产、库存、装卸搬运、运输等供应链各环节的成本，为给客户创造更大的效益而进行密切合作。

4.企业物流外包或第三方物流战略

我国传统企业体制一般都是大而全、小而全，由于体制的弊端，物流系统完全自我封闭，使企业物流成为企业现代化的死角，既不能强有力地支持企业的生产经营，又造成大量的人力、财力、物力等资源的浪费，改造不好就把物流功能或物流作业外包出去。是将全部物流功能还是某部分功能外委托，应根据企业的具体情况，以及当地的经济发展状况、社会基础设施、以及对方企业的规模实力、信誉等因素综合考虑。

（二）工业企业物流现代化的发展模式

由于地域、行业及市场需求环境的不同，企业在生产模式、经营战略、管理体制、技术基础状况、所能承担的财力及企业文化背景等方面的差异较大，必须认真分析企业生产经营中物流系统的现状，根据企业长期发展战略规划，应用现代物流理论进行企业物流系统的改造或重建。

1.企业物流的改良式发展模式

这是针对传统老企业暂时没有条件进行企业再造和流程再造，而且无力进行物流技术革新时，企业可以根据具体情况对企业物流不合理的状况进行局部的改变，如调整职能部门结构以求加强物流活动的协调统一性；改善物资存放管理方式以求降低管理费用；适当增加物流技术装备以求提高物流作业效率；加强库存管理控制以求降低资金占用等。同时应加强物流意识，关注物流人才的培养和引进，蓄势待发，待条件成熟时进行物流系统的根本性革新。

企业物流改良式发展可以采用物流系统诊断的方式，聘请有关专家并组成有各部门领导参加的诊断小组，通过广泛的宣传和调查，明确物流系统在企业生产经营中的地位、作用和必须实现的功能；了解企业内外部环境，摸清系统目前的状况和存在的问题，到底是物流布局、基础设施、技术水平、管理水平、人员素质等系统组成要素的问题；还是生产物流、供应物流、销售物流等系统结构方面的问题；还是物流作业方面的功能问题；是主观问题还是客观问题。最后，根据具体问题提出相应措施或解决方案。

2．企业物流的渐进式发展模式

企业对物流的要求，传统上是成本效益与服务素质，现代则是系统整合与服务水平。在基础条件较好，但企业在财力、技术基础、人员素质、企业内外部环境等方面尚有欠缺时，物流现代化的进程可以分阶段进行，即采用渐进式发展模式。譬如，物流系统再造可伴随企业重组或流程再造而进行；应用先进的物流管理技术中，先上MRP，再上高一层次的MPRII，待取得实效及经验而条件又成熟时再上更高层次的企业资源管理计划ERP，最后走向集成供应链的管理模式，逐步发展完善而达到现代物流管理的最高境界；又如，在物流作业方面，先进行合理化改善，先实现机械化，再考虑过程自动化，在企业MIS系统的基础上进行物流信息系统的建设，之后实现信息系统自动化；在物资仓储方面，可先搞立体化，即立体仓库，再搞机械化、自动化、无人化及信息自动化，之后再进一步完善，实现自动拆分、分检、包装、配货、条码识别等功能，形成服务于企业生产经营的现代配送中心。

渐进式发展模式中最关键的是要根据企业的实际情况进行决策，打好基础，逐步升级，盲目上马好大喜功不但浪费资财、贻误时机，延缓企业物流现代化进程，做成夹生饭而半途而废的例子并不少见。

3．企业物流的跨越式发展模式

工业企业物流跨越式发展大致可以从物流结构体系、管理模式、技术装备、信息交互与处理及销售方式五个方面考虑。

如，由职能型结构直接到现代事业部结构体系的跨越；由传统管理模式到供应链管理的跨越；由一般的技术装备到机械化；自动化或无人化的跨越；由传统的信息处理方式到网络化信息系统的跨越；由传统的销售方式到电子商务的跨越等。

在哪方面采用跨越式发展模式，应该根据企业的具体情况来决定，如：企业在进行再造、重组、并购，或进行流程再造之机，进行物流系统结构体系的调整和管理模式的变革，可能阻力会小些，效果更好些；在企业有充足的财力物力，又有一定的技术基础时，可进行物流技术装备或企业信息系统的跨越式发展。无论企业在哪方面进行跨越式发展，都不应忽略企业物流是一个整体，都应考虑物流一体化、合理布局、微观物流系统的改造、企业物流系统总成本控制、物流作业的合理层次、库存调节负荷与能力平衡、以及企业内外物流的友好衔接等问题。如果企业具有相当的基础和实力，可以进行多方面企业物流的跨越式发展。

（三）工业企业物流现代化的发展对策

1．改善企业物流管理

在企业内部物流的手段上，从原来重视物流机械、机器等硬件要素转向重视信息等软件要素；在物流活动领域方面，从以输送、保管为主的活动转向物流部门的全体；在管理方面，从作业层次转向管理层次，进而向经营层次发展；在物流需求对应方面，从强调确保输送力、降低成本等企业内需求的对应，转变为强调物流服务水准的提高等市场需求的对应方面；从以提高效率、降低成本为重点，转变为不仅重视效率方面的因素，更强调整个流通过程的物流效果。物流活动的管理应超越部门和局部的层次，实现高度的统一管理。

企业外部物流方面，通过供应链强化企业间的关系，即通过企业计划的连接、企业信息的连接、在库风险承担的连接等等机能的结合，导致产需结合更加紧密，并带来了企业经营方式的改变，即从原来的投机型经营（生产建立在市场预测基础上的经营行为）转向实需型经营（根据市场的实际需求来生产）。同时在经营、管理要素上，信息已成为物流管理的核心。

2.企业物流的分离、外委（外包）并慎选第三方物流

物流的一体化管理能够降低生产总成本，提高产品附加值，增强企业核心能力及市场竞争力，取得新的利润源。不要僵守大而全、小而全的老思维模式。我国许多企业的物流不但没有形成利润源泉，反而成为亏损源，是无底洞，是一种负担，因此倒不如将物流业务或分离出去，将企业物流转变成物流企业；或外委，或交给第三方进行，从而使企业能侧重发展自己的核心业务并增强企业的核心能力是企业物流现代化的发展方向。

在我国第三方物流发展的初始阶段，选择理想的第三方物流企业至关重要，它不但关系物流业务本身的质量和费用，选择不当还要影响企业的生产经营及总体效益。

选择第三方物流企业时，应根据当地经济发展水平、基础设施条件、劳动生产率等情况首先考察对方的物流能力是否能胜任委托项目，第三方物流的能力包括它的组织结构能力、规模化和专业化水平、装卸、运输、包装、仓储、分检等物流作业的机械化自动化能力；其次应考察其信用程度及个性化的服务水平如何；第三应考虑其物流费用与其服务水平相比是否合理；第四应考虑时间是否满足企业生产经营要求；第五应与对方签定物品损坏、丢失、赔偿的协议；第六要确定有利我方的资金结转方式。

3.物流人才对策

物流人才短缺普遍存在，尤其是现代工业企业中的高级管理人员，不但要精通物流管理技术，而且要熟悉生产工艺流程，有生产工艺设备及需求的知识和信息，掌握企业内供应链流程、企业的制造供应链流程、销售供应链流程；现代企业的物流管理者不仅是运输和仓储专家，而且还必须熟悉软件程序及信息技术系统，尤其在实施网上交易时，更应掌握电子商务技术；在采用企业外横向一体化时，供应链管理者必须具备整条供应链服务(购买、仓储、顾客服务、信息技术)的知识。

因此，企业在吸纳引进去留人才的同时，要采取各种方式对企业内的物流从业人员进行各种层次的培训，以满足企业物流现代化的需要。

（特约撰稿：北京科技大学　王国华）

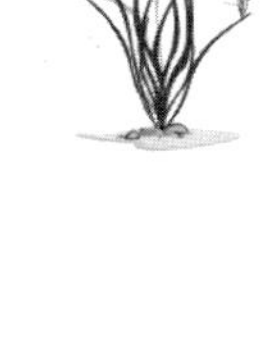

企 业 物 流

一、概　述

在我国当前的状况下，企业物流是一个明显的薄弱环节。将企业物流看作企业生产关键和企业形象灵魂的只是各行业的少数龙头企业，总体上“物流还远未被企业领导和业务部门所认识”。企业物流管理不畅，时间、空间浪费大，物料流混乱，重复搬运，流动路径不合理，产品供货周期长，废弃物回收不力，不仅直接阻碍企业生产效率的提高，而且占用大量资金，成为企业发展的包袱。企业本身物流管理混乱、物流水平低下，企业和社会第三方物流的结合缺乏黏性。

当前，我国物流有两大领域。一是存在于生产领域的物流，或称为面向生产领域的物流，主要指企业物流，是微观物流范畴；另一大领域是存在于流通领域的物流，或称为面向流通领域的物流，也指通常所说的社会物流、大物流，是宏观物流范畴。从目前的情形看，前者在研究从业队伍、企业参与数量、社会重视程度等方面都无法与后者相比较。总体而言，面向流通的物流几乎成为中国物流业发展的全权代表。也就是说我国物流的研究和发展，基本上集中于面向流通的物流。这就必然造成了这样一个事实，在物流业蓬勃发展的形势下，企业物流发展非常滞后，以至“中国的物流还在企业的大门外徘徊”。

二、我国企业物流市场现状

2001年3月在北京举行的中国企业发展论坛上，首次披露了来华跨国公司物流服务需求调查报告，调查显示，中国物流服务理念以及信息服务水平有待提高，中国物流企业的竞争力亟待增强。

这次由中国《国际商报》社主持的调查涵盖了近百家来华外商投资企业，涉及到电子通讯、日用消费品、汽车制造等众多行业。调查表明，高达62%的企业选择的物流服务商是外资企业，外资物流服务商在中国市场上占据主导地位，其次是民营企业，而起步较晚的国有物流企业为跨国公司提供服务的还不多。企业在选择物流服务商时，最为看重的是服务质量，其次分别是价格、可靠性、速度、个性化等因素。

关于企业对物流服务的评价方面，高达80%的企业对目前物流服务商的满意度的评价为“一般”。受访企业认为物流服务商需要改进的方面依次为信息传递效率、运作成本、满足需求的波动能力、作业速度、服务内容和服务态度等。关于中国物流环境的调查显示，目前中国社会化仓库的运作管理水平，多于三分之一的企业还是采用“手工信息处理”，仅有尚且不足2％的企业是“机械化作业、信息化处理”。

同时，多数企业认为中国海关的通关速度是“一般”和“慢”，企业认为进出口通关速度需要进一步改进。

调查认为，企业觉得中国物流环境存在的问题首先是物流服务理念，比例高达78%。其次是信息系统，再次是物流人才缺乏、地方保护和运输环节过多等。

调查结果表明，不同的行业物流量和物流费用的差异较大。根据此次调研中的行业性质分布的调查结果，企业物流量及物流费用情况如下：

生产企业原料平均运量为9.7万吨，平均运费为574.8万元，比1999年分别增长3.75%和6.69%，原料仓储面积为3.7万平方米，仓储费用为293万元，比1999年分别上升6.22%和1.7%，原料质检和包装费用较去年略微有所上升。生产企业成品物流中，运量为83.8万吨，增长率19.74%，运费为5502.8万元，增长率17.9%，仓储面积为14.38万平方米，仓储费用为2150万元，包装费用为1802万元。商业企业销售物流中，企业平均年周转量为11.7万吨，平均年运费为49.1万元，仓储面积为1.15万平方米，仓储费用为57万元。2001年，企业管理者对企业物流进行预计表明，生产企业的原料物流量和成品物流量会有10%—20%的增长，商业企业预计有12%的增长。

总之，这次调查结果表明：

（一）在当前的经济环境和市场条件下，物流需求市场潜力巨大，社会物流业有较大发展空间。

（二）生产企业和商业企业的平均物流量相近，但物流费用支出有较大的差距，主要原因是供应物流一般都由生产企业来承担，物流从业者要把握这一特征。

（三）总体来看，物流量的增长率要高于国内生产总值的增长率，说明物流业的成长性较好。

（四）生产企业原材料物流的执行主体主要是供货方，占71%；第三方占21%。

（五）成品销售物流中，43%的执行主体是公司，21%是第三方，36%是采用两种形式。与协会第二次调查数据相比，第三方全部代理的比例上升5个百分点，说明物流专业分工更加明显。

（六）商业企业物流执行主体74%为供货方，13%的企业由第三方执行，公司自主的比例为13%，说明商业企业物流社会化程度不高，同时说明以批量小、品种多、频次高、紧急性强为特色的零售企业物流，缺乏有效的后勤支持。

三、企业物流是我国物流业发展的关键

企业是拉动物流业发展的源动力。

物流业的业务来自供应链的各个环节，而工业企业是供应链的重心，是带动供应链运作的主体，因此，工业企业的运作是产生物流需求的源泉。同时，在供应链上，物流的量在供应链上的分布是不均匀的。大量物流集中在供应物流、生产物流、销售物流上，从产品到用户的配送则只是整个物流的一小部分。从这个意义上讲，工业企业是物流服务的最大需求者。

物流需求是行业个性化和企业个性化的需求。

物流的需求从一开始就是具有行业个性化的。例如，家电业是我国工业企业中一类有代表性的企业，其对物流服务的要求有其行业以及同行业不同企业的特殊性。几大家电厂商纷纷感到物流水平与物流管理的滞后对整个行业发展已经形成了严重障碍，而社会的第三方物流经营者所提供的物流服务却无法满足其个性化的物流需求，于是海尔自己搞起了物流，科龙和小天鹅也联手与外商共同涉足物流业。因此，物流需求与满足的运营最终应以何种形式和模式发展？必须结合工业企业的需求，在工业企业生产技术与生产模式的牵引下逐步明确与完善。因此，整个社会物流产业的发展，不可能脱离工业企业这一核心而自行发展。

工业企业物流发展滞后对物流业发展的障碍已日趋明显。

物流产业的萌芽与发展来自于西方物流理论与实践的引入，但是我国工业企业却没有相应的技术、管理和物流水平为基础。事实上，由于我国工业企业的发展水平低下，许多企业还根本谈不上物流管理和物流现代化，即使中国的综合物流能够在与跨国公司的竞争中成长起来，也会面临发展起来却无用武之地的尴尬境地。这些问题的背后暴露了工业企业物流水

平落后对物流产业本身的发展所造成的不利影响和束缚。因此，在物流业发展之初就应该把企业物流水平的发展提到应有的高度重视起来。

总的来说，没有工业企业牵引整个供应链形成的物流服务需求，没有工业企业对物流的组织运作，没有工业企业参与构建的物流信息平台，没有工业企业参与制定的物流服务标准，物流产业及物流企业的发展是不可能的。不注重面向生产的物流与面向流通的物流的平衡发展，物流业最终也无法避免由此产生瓶颈的发展障碍，物流业就会失去发展的动力与方向。

四、我国企业物流发展的趋势

（一）双向发展

随着生产技术的高速发展，以及经济市场化、全球化、需求个性化等因素的影响，产品的生产将向小批量、多品种、高价值的方向发展，推动制造业向计算机集成制造（CIM）、柔性制造（FM）、虚拟制造（VM）等全新模式变革。同时在生产物流管理上，力求维持最低的库存水平，甚至"零库存"；材料、部件到达某一生产工序的时刻，正是该工序要生产的时刻。为了适应这种生产形式，物流的对策将是"双向"发展。

1.不断改进和发展物流系统。

物流系统不断吸收高新技术，以适应新的生产要求。这些新技术包括：信息技术、网络技术、计算机技术、光电编码技术、自动控制技术、GPS技术、动态仿真技术等。例如：以机器人为代表的无人操纵搬运技术已在生产车间得到推广应用；在自动化仓库中采用自动存储/提取系统（AS/RS）和自动搬运车（AGV），并将进一步发挥其在物流中心的作用；宝钢在铁水运输中采用GPS技术，提高了铁水运输能力和动态调度能力。这种不断改进和发展物流系统的方式将在大、中型企业采用，一般而言，这类企业物流量大且比较稳定。

2.选择第三方物流。

在我国，第三方物流的概念和应用刚刚起步，第三方物流所需的社会环境和有关法律法规还处在建立和完善中，但第三方物流的发展潜力以及社会和经济效益已被人们认识。例如，在我国某些经济开发区，新的外资企业或独资企业在建立企业时仅考虑企业的主要业务（产品制造），而将企业的物流业务全部委托或部分委托给第三方物流企业去做。这些给双方都带来了许多明显的好处，例如：降低物流成本，扩大企业业务能力；集中精力，强化主业；减少进出货物时间，缩短生产经营周期；减少资金投入，降低投资奉献；提高物流装备效率等。

（二）一体化管理

1.企业内一体化。

企业各个部门（供应部门、生产部门、销售部门、辅助部门）统一管理、集中管理，使企业内物流效率提高，物流成本降低。

2.后向一体化。

企业向后控制供应商，形成紧密型或松散型联盟，使供应和生产一体化，实现供产结合。

3.前向一体化。

企业向前控制分销系统，实现产销结合。

4.前后向一体化。

企业向后控制供应商，形成紧密型或松散型联盟，使供应和生产一体化，实现供产结合。向前控制分销系统，实现产销结合。

5.横向一体化。

兼并或控制竞争对手的同类产品的企业。

（三）信息化

随着信息技术和计算机技术的发展，以及信息化建设投资的进一步降低，管理信息系统建设成为了企业的必须投资。企业已经开始重视根据自身的特点和需求，加强信息网络的建设、管理信息系统的建设、EDI的建设、条形码建设等。特别重要的是，信息技术的应用范围已扩大到供应链的整个范围，以更好地发挥一体化的效果。

五、我国企业物流的不同发展道路

（一）不同时间企业物流的定义背景和思维方式

1．“大量生产”时期

企业面临的主要问题是如何增加产品数量、实现大众温饱，企业物资管理的核心是解决生产建设对物资需要与供应之间的矛盾，物资管理工作内容侧重于对企业所需各种物资进行计划、采购、验收；保管、发放、节约使用和综合利用。为此，企业物资管理研究的重点是探索企业物资消耗规律；企业物资供应工作的经济规律；探讨如何运用先进的管理方法和管理技术，经济合理地组织供应，保证生产建设正常进行。

2．“大量生产——大量消费”时期

企业在实现大批量生产及大批量消费的同时出现了大批量配送，为追求个人消费的便利、更好地为用户服务，经营者开始重视企业内物料的流动——物资的物理性运动，即如何有效地利用物资资源通过以材料为对象。从原材料采购、在制品、库存到消费地和全过程进行研究，企业物流的研究不仅包括物资供应过程，还包括生产过程、销售过程、废料及废弃物的回收过程，并且与其他的功能——采购、生产、销售系统保持有机的联系，强调各功能的系统化，还有运输、保管、配送、装卸、包装等物流作业中引入各种技术，以求达到企业物流自动化和效率化。

3．“多品种、小批量生产”时期

企业必须按用户需求以销定产，使企业物资管理和配送管理工作复杂化，而要处理好、协调好企业物流各业务环节的工作，共同保证企业总目标的实现则要通过彻底改变企业管理财务、采购、销售、生产、研发、促销、物流等分解式思维的方式，从系统整体出发，互相协调对用户和本企业内部提供最佳服务，并最大限度地降低物流费用，并且把物流管理的层次，从一般作业提升到经营分析的高度。

4．“大规模定制生产”时期

信息时代的“大规模定制生产”使社会生产力要素结构、产品制造模式、组织管理方式发生了巨变，信息生产取代了传统的库存生产，供应链网络竞争取代了独立竞争，需求驱动取代预测驱动，现代企业物流也取代了传统的企业物流。

要有效地为每一个顾客提供个别的服务，现代企业物流就要在考虑生产过程的同时关注生产系统以外的因素。现代企业物流的销售物流还必须从原来的内部销售领域扩展到企业外部经营管理的其它领域，使物流与信息流达到最优化，现代企业物流将发展成为供应链系统物流、全球供应链系统物流。

（二）不同企业合理重组企业物流的方案

由于我国目前东、中、西部地区经济发展不平衡和企业生产、经营、管理水平的参差不齐，要科学地推进企业物流管理的建设与企业物流的重组，必须按照企业物流发展的一般规律，认真分析企业“生产、经营、管理现状，以科学的物流理念指导企业思维的转变和物流的重组——根据企业的物流实际，参考企业长远发展目标，合理选择企业物流改造切入点，循序渐进推进企业物流建设。

1．以成本为主的企业——加强物资管理工作。

以成本为中心的企业一般是以大量生产为基本生产类型、区域范围内有价格、产品优势、实行传统管理模式的企业。由于产品产量大，品种小而稳定，在生产的计划与控制工作中，要应用标准的生产作业计划，并对生产过程实现控制(如质量、在制品、成本)，当然还要求有充足的原材料与配件供应，以保证生产连续地、不间断地进行。

由于地区贸易保护的存在，经济基础还很薄弱，市场经济建设才刚刚起步，有些企业往往以成本为中心来组织生产经营，生产系统设计只考虑生产过程本身，而不考虑生产过程以外的因素对企业竞争能力的影响，供、产、销等企业的基本活动是各自为政、相互脱节。

对于这种企业，物流工作的重点为遵循物资经济活动的规律，充分发挥物资供应管理的职能，有计划有组织地做好物资的采购、供应、保管、组织、合理使用工作，以达到供应好、周转快、消耗低、费用省的目标，物资管理工作的核心应是库存控制工作。

2.以利润为主的企业——实现物流作业一体化。

当产品的产量赶上了社会需要，企业认识到产品的销售、配送、物流对企业效益的影响，企业开始以利润为中心来组织企业的生产经营管理之时，企业物流应选择物流系统管理的观念，实现物流一体化。

以利润为中心的企业一般以成批生产、单件小批生产为基本生产类型，成批生产的重点在安排批量，利用库存调节负荷与能力的不平衡；单件生产的重点为解决不时出现的生产瓶颈，安排好材料采购与降低物资储备。

这些企业要实现物流作业一体化，就要处理好、协调好财务、采购、销售生产、研发、促销、物流各业务环节的工作，防止只考虑部门得失而不顾全大局，使企业整体利益受损；要选用总成本方法、优选法、比较分析法从整体来核算企业物流各项业务活动成本、避免物流管理次优化；要从系统整体出发，互相协调对用户和本企业内部提供最佳服务，并最大限度地降低物流费用；要通过优化组织机构、合理布置企业生产园区、提高物流作业效率及提高物流人员素质重新构造微观物流系统。

3.以客户为主的企业——实现供应链管理的“横向一体化”。

当产品生产周期越来越短，全球范围以时间为基准的竞争越来越突出之时，如何更快、更好地完成从现有企业生产方式向大规模定制的转变，从以利润为中心向以客户为中心转变，已成为向顾客提供优质服务的必由之路。

例如，世界500强企业都拥有一流物流能力，通过向顾客提供优质服务而获得竞争优势。而向国际化迈进的中国明星企业，在考虑如何提高企业面对客户的能力时，必须将物流转变为战略资源，对物流全方位重组。

为此，必须制定详细的物流重组中长期实施计划、发展策略，从物流业务流程、组织机构、企业资源管理系统等方面去进行物流重组，逐步实现企业物流向供应链管理的“横向一体化”，要实现“横向一体化”必须实现管理功能向管理过程、管理产品向管理客户、管理存货向管理信息、买卖关系向伙伴关系的转变，还要通过物流实时(JIT)要求供应链上的要素同步，做到采购、运输、库存、生产、销售及供应商、用户的营销系统的一体化，追求物料通过每个配送渠道的整个流动的最高效率，以杜绝生产与流通过程的各种浪费，通过快速响应(QR)预测未来需求，重组自己的业务活动以减少时间和成本，通过有效客户响应(ECR)消除系统中不必要的成本和费用，降低供应链各个环节如生产、库存、运输等方面的成本，最终给客户带来更大的效益而进行密切合作。

当然，还要对物流外筹、第三方物流(3PL)的概念及基本原则认真分析，在适当的时间、地点选择第三方物流(3PL)，在全球范围内与供应商和销售同建立最佳的合作伙伴关系，结成长期的战略联盟与利益共同体，并通过物流外筹集中自己的核心业务，以减少资金的投入，增加企业的柔性，提高顾客服务水平和生产效率。

（特约撰稿：北方交通大学经济管理学院教授 张文杰）

农副产品物流

讲到物流，很多人都与工业生产与工业品流通联系起来，这是一个误解。物流是面对全球，面向全社会的。我国是一个农业大国，农产品物流在国民经济发展中举足轻重，我国物流业的发展，离开了农产品物流，就不可能在真正的中国物流业。

一、我国农产品物流有三大特点

第一，农产品物流数量特别大，品种特别多。据对2000年的统计，把农产品、水产品、林产品、畜产品的产量加在一起，达77741.3万吨。其中粮食46218万吨、棉花441.7万吨、油料2954.8万吨、糖料7653万吨、水果6225.1万吨、各类水产品4278.4万吨、各类林产品266.9万吨、肉类6124.6万吨、禽蛋2243.3万吨。由于我国有大海、大江、大湖，有平原、丘陵、高山，有热带、亚热带、温带，农产品品种繁多。不管是产量之大还是品种之多在世界上都名列前茅。这些农产品除农民自用以外，大部分都要变成商品，形成巨大的农产品物流。

第二，农产品物流要求高。由于农产品与工业品不同，是有生命的动物性与植物性产品，所以农产品的物流特别要求绿色物流，在物流过程中要做到不污染、不变质；由于农产品价格较低、体积大，一定要做到低成本运行；还由于农产品流通涉及到保证与提高农民的收入，因此在物流过程中，一定要做到服务增值，即农产品加二转化，农产品加工配送。在发达国家，农产品产值与农产品加工产值之比为1:3或1:4，而我国为1:0.8，空间很大。

第三，农产品物流难度大。一是包装难，二是运输难，三是仓储难。这在国际上都是一个难题。

二、我国农产品物流存在六大矛盾

第一，农产品生产的地域性与消费的普遍性的矛盾。许多农产品是此地生产，彼地消费；一地生产，各地消费；几地生产，全国消费。我国900多个粮食生产基地县的产量占全国粮食总产量的80%，全国300多个植棉县的产量占全国总产量的80%。改革开放以来，在全国形成了许多特色农业地区，这必然产生生产与消费空间的矛盾，而这一矛盾的解决办法就是发展物流。

第二，农业生产受自然条件的制约和影响，使产量不稳定，不是丰收便是欠收，由此产生了供给与需求之间的矛盾。解决这一矛盾要通过异地调剂与动用库存来解决。这也离不开物流。

第三，农产品季节性生产与全年消费的矛盾。解决这一矛盾的办法就是储存保鲜，靠的也是物流。

第四，农产品是有生命的动物性、植物性产品，只有通过加工，才能到达消费者手中，这便产生了农产品的特性与消费及时性、绿色要求的矛盾。解决这一矛盾也只有通过农产品流通过程中的增值服务来解决。

第五，农产品千家万户的小生产与千变万化市场的矛盾。如何让千家万户小生产方式生产出来的农产品进入物流系统，按消费者的要求到达市场，必须形成农产品物流系统。

第六，一国农产品生产的局限性与消费的

全球性的矛盾。世界上任何一个国家，不可能什么都生产，所以必须互补，形成了农产品的全球流动。另外，一个国家的气候与地理条件适合于生产某种农产品，必然出现供大于求，形成出口；另一些农产品无法生产，形成进口。这种农产品的进出口都要依赖于物流。我国也是一样。

三、要充分重视农产品物流

第一，要提高对农产品物流重要性的认识，农产品物流涉及到整个国民经济的运行效率与运行质量，涉及到农业的现代化，涉及到农民的根本利益，各级领导必须高度重视。从当前中国的实际情况来看，农产品物流处于十分落后的状况，由于农产品不能做到货畅其流，不能做到加工增值，使农民利益受到损害；由于农产品物流技术落后，物流过程损耗大，加大了成本，同样使农民利益受到损害。这一问题已到了提到议事日程的时候了，我们要大声呼吁重视农产品物流。

第二，要加大对农产品物流基础设施的投入。一是农村道路建设，要从乡乡通公路到村村通公路。二是农产品运载工具的开发生产，要发展与改进各式农用运输车。三是加强粮库、棉库、糖库、保鲜库、冷藏库建设。四是发展农产品加工配送中心，特别是针对连锁超市所需配送食品的加工配送。五是提升产地、销地农副产品批发市场，目前全国有这种市场4万多个，要从初级形态向中级、高级形态发展。

第三，要培育与壮大从事农产品物流主体。这一主体主要是以下几种形态：一是国合流通企业，即国有粮食公司、供销合作社。二是农业公司。我国提倡公司加农户这一形态，大部分农业公司既指导农户生产，又从事农产品加工与农产品流通。三是专门为农业公司、农业合作社、农民协会服务的第三方物流企业。这种企业目前非常少，要鼓励发展。四是为农产品物流服务的专业公司，包括专业运输公司、专业包装公司等。五是经纪人队伍。没有一支为农产品物流服务的队伍，农产品就无法实现物流。

第四，加强对农产品物流的科学研究。主要是三个方面：一是研究不同农产品的不同物流方式。散装、集装、活体保鲜、冷藏、冷冻等。二是研究农产品如何物流增值。三是研究城市农产品加工配送物流。这涉及到物流技术与设施，涉及到如何用信息化带动物流的现代化。

发展农产品物流要达到三个目的：一是使农民生产的任何产品都能实现其价值与使用价值；二是使农产品在物流过程中增值；三是降低农产品生产与流通成本，提高农业生产的整体效益。

(特约撰稿：中国物流与采购联合会常务副会长　丁俊发)

军 事 物 流

军事物流系指军事物资经由采集、运输、包装、加工、储存、配送等环节，最终抵达用户（部队）被消耗使用的整个运动过程。军事物流担负着向国防建设和军队建设提供物资供应保障的繁重任务，其成败直接影响着军队和国防建设，直接关系到国家的安全和经济建设环境，因此党中央、中央军委和国务院历来十分重视中国军事物流的建设与发展。特别是改革开放以来，国民经济建设获得突飞猛进的发展，综合国力得以空前提高，科学技术更是呈现百花盛开的繁荣景象，整个国家社会主义现代化建设的客观形势，既为军事物流提出了严峻的挑战，也给军事物流的发展提供了极好的机遇。

正是在这种大背景下，中国军事物流业迎来了振兴腾飞的春天：在新时期军事战略方针的指引下，军事物流体制的改革逐步深化；军事物流管理技术不断创新；军事物流基础设施和配套设备建设日趋完善；军事物流理论和人才建设更获得令人振奋的进步和发展；军用油料、军械、军需物资、营材、卫生材料和医药、各类军事装备和建设材料等军事物资的供应保障更趋合理化；军事物流的信息化系统更以前所未有的的速度向纵深发展和推进；军事物流系统各项法规制度日趋完善。

1990年—2000年，中国军事物流跨入了一个崭新的发展阶段，突出地表现为以下几点：

一是后方仓储系统进行了改革调整，收缩摊子，精减机构，进一步增强了仓库系统的物资储供能力；

二是物流作业机械化水平大幅度地提高，物流作业机械配套率显著提高，成功地由人力物流跨入了机械物流阶段；

三是现代物流理论得到了进一步发展，军队系统高校和科研机构在这10年内共出版各类物流专业教材和理论著作100余部，发表了论文500余篇；

四是2000年，全军推行联勤体制改革，使物流保障体系更趋顺畅化合理化，对于中国军事物流现代化建设具有划时代的意义。

2001年，围绕新时期军事斗争准备这个核心，军事物流系统狠抓了信息化建设，全军物资可视化系统投入研制，物流信息管理系统进一步完善和提高，总部、大区、分部、仓库四级信息网得以协调发展，对于推动中国军事物流朝智能物流阶段发展起到了加速器的作用；与之同时，全军后勤调整了物资储备布局，强化了军民物流系统的相互合作，从根基上加固了现代化军事物流体系。

总而言之，在改革大潮中的中国军事物流，彻底摆脱了十年文革造成的种种困境，强化基础建设，坚持从长计议、跨越式发展的战略发展思路，取得了令人瞩目的进步，为巩固国防、加强军队建设做出了应有的贡献。现将基本情况综述于下：

一、深化物流体制改革

1982年9月，中国共产党第十二次代表大会在北京胜利召开，大会号召全党、全军和全国人民全面开创社会主义现代化建设新局面。当年11月，中央军委领导人叶剑英、徐向前、聂荣臻等相继对后勤现代化建设作出了重要指示：

不论从现代战争的特点看，还是从客观实际看，后勤所发挥的作用越来越大，地位越来越重要，甚至在一定条件下决定战争的胜败。后勤工作千头万绪，关键抓住后勤的组织体制工作，使之精干、合理、效率高。后勤业务是一门科学，要号召后勤各级干部努力学习，不断提高业务水平，搞好后勤自身现代化建设，以适应军队建设和作战的需要，为国防现代化作出更大的贡献。1983年11月，中央军委根据形势的发展进一步提出了“建设完备的、战斗化的现代后勤体系”的建设目标。

为积极探索具有中国特色的后勤现代化建设的道路，全军后勤系统坚持服从国家经济建设大局，坚持四项基本原则，坚持改革开放，积极稳妥地采取了一系列重大改革措施。1982年—1984年，展开了物流系统大调查，为全面改革做好了准备；1985年，后勤工作以提高军事经济效益和军事效能，做到“人少要把工作做好，钱少要把事情办好”，增强后勤保障能力和军队战斗力为目标，全面推进改革，开创后勤现代化建设的新局面。

应当看到，自从1978年以后，中央军委曾先后多次提出有关后勤体制改革的原则和要求；特别是1983年，总参、总后联合组织在济南军区进行了后勤体制改革的试点工作和研究。1985年5月，中央军委扩大会议做出了决定：军队进行体制改革，精简整编，裁军100万。1985年—1987年，各级后勤机关按照军委统一布署，有力地保障了此次精简整编工作的顺利完成；总后勤部机关本身精简人员47%，各军区、军兵种后勤机关精简39%，勤务部（分）队编制员额精简35%。尤其值得提出的是，处于战略纵深的后方仓库统归总后勤部直接管理，组建了负责领导和管理战略仓库的基地指挥部，担负战略物资支援任务；军区（军兵种）负责管理战役物资储备，担负战役物资支援保障任务；而集团军（省军区）以下部队负责管理战术物资储备，负责战术物资保障任务；从而明确构建了战略、战役、战术三级供应体制，形成了三级衔接的物流体系。海军系统在整编中撤销了舰队后勤部，物流供应体制由原来的四级保障，改为海军、基地、部队三级保障体制，从而大大缩短了对海上主要作战部队的物流保障距离和时限，提高了物流效率。与之同时，按照建制保障与划区保障相结合、统供与专供相结合的原则，在陆、海、空物流机构和设施不改变隶属关系的前提下，在较大范围内展开了物资代供、伤兵员相互代医、通用装备相互代修的试点工作，初步打破了条块分割的物流格局。这种以“三代”为主要特色的改革举措，有力地推动了中国军事物流体制的现代化建设。然而就整个后勤保障体制而言，尚未完成重大突破，但毕竟进行了有益的尝试，也为三军联勤保障打下了良好的基础。经过长达10年（1990年—1999年）的实践，军事物流体制改革工作不断深化，取得了明显的收效，积累了许多宝贵的经验。在抗洪抢险、战备演习等重大军事行动中，物流体制经受了严峻考验，发挥了重要作用。2000年，中央军委做出决策，全面推行联勤体制，使我国军事物流建设跨入了一个崭新的发展时期。2001年，联勤保障不断深化，在运行中不断总结经验，不断发现新问题，认真解决新矛盾，通用物资的保障取得了重大突破，专用物资的供应也得到了显著加强，物流体制改革初战告捷。

二、完善物流规章制度

修改完善物流管理各项规章制度，健全军事物资供应消耗标准，是军事物流建设的重要工程，对于保证军事物流规范化运行，具有重要意义。

1978年以来，我军后勤先后制定颁发了

《交通部门军事代表条例》

《民兵武器装备管理规定》

《营产管理条例》

《军队物资工作规定》

《军队工业、企业财务管理制度》

《军事医学研究工作条例》

《军械车船维护管理费和油料管理器材费试行管理办法》

《全军作战物资消耗标准和消耗限额》

《关于军队从事生产经营和对外贸易的暂行规定》

《全军油料品种储备问题的规定》

《后勤分部工作条例》

《兵站工作条例》

《合成军队团后勤工作条例》

《药品监督员工作条例》等规章制度，特别是2001年，颁布了系列配套的后勤工作条例和战斗条令，对于进一步做好新时期军事斗争准备起到了奠基固本的重要作用。

处于宏观决策层次的条例、条令和有关规定，贯彻了邓小平新时期建军思想和江泽民主席关于军队现代化建设的论述精神，体现了改革创新的思想，是军事战略方针在物流领域中的具体运用，对于加强军事物流的宏观调控具有深刻的指导价值。修订后重新颁布的《解放军后方仓库工作条例》，明确了仓库的管理体制和基本任务，规定了仓库工作的规范性标准和程序，是指导全军后方仓库建设和管理的纲领性文件。随着各类规章制度的贯彻执行，中国军事物流正沿着正规化和标准化的健康道路不断向前发展。

处于微观层次的管理规定和技术操作标准，既体现了物流运作的一般规律，又紧密结合了军队后勤的实际，具有极强的实践价值。如军队物资包装标准、军用物资编码、军队后方仓库安全管理规定等，都从理论技术与物流实践的结合处规范了各种行为准则，既总结了长期以来我军物流实践的经验教训，又追踪应用了现代科技成果，具有很强的指导意义。1990年以来，我军物流系统大面积推广应用高新技术，尤其是以计算机技术为代表的各类现代信息技术，在物资采集、运输、存储、包装等各个环节得到了普及应用，对物流规章制度建设提出了新的挑战。全军后勤系统面临挑战，加强调研，有针对性地修订了一批具体的管理规章制度和标准，为保障物流活动的有效运行打下了坚实基础。

三、加强物流管理

改革开放大潮冲击着我军物流管理领域，国内外先进管理思想不断涌入，先进的管理技术和方法也象春风一样吹遍了军营。1978年以来，目标管理率先闯入军事物流系统，各级后勤机关和部队，以及仓库、院校，都相继推行目标管理制度。以明确目标、分解目标、建立目标责任制、严格目标实施和考核为主线，建立起环环相连的目标管理工作链，形成了工作有序、查有标准、事前监控、总结提高的新型管理模式。随着这项新型管理制度的推行和深入展开，我军物流系统的管理面貌焕然一新，其管理效益日益提高。

为探索出与目标管理相适应的管理手段，全军物流系统改变了原来单一行政命令的工作方式，形成了行政手段、经济手段与思想教育相结合的综合管理方法。军事物流管理系统，既保留并发扬了我军光荣传统，深入细致地做好各级人员的思想工作，又辅之以经济激励的方法，表彰先进、鞭策落后，使目标管理责任制真正落到实处，呈现出你追我赶争上游的蓬勃局面。这是物流管理领域的深刻变革。

历经二十多年的管理实践，现代管理科学的理论日渐深入人心，军事物流管理者的素质不断提高，管理改革日趋深化。向管理要效益，逐渐成为广大军队物流工作者的共识。在评价物流管理绩效方面，彻底摒弃了过去那种单靠定性分析确定优劣的做法，而是应用定量分析的技术方法建立评价模型，从而大大提高了绩效评估的精确性，使评价工作的激励功能充分发挥。定量方法与定性方法相结合，并以此优化物流方案，构建物流管理模式，则大大促进了物流管理效益的提高。

2001年，济南军区装备部某汽车材料仓库，在物流管理中应用二维条形码技术，改进了物流作业程序，提高了作业效率；同时，该仓库还运用定性分析与量化研究相结合的方法，对全库的业务管理进行了统筹规划，制定了智能仓库管理建设方案，运行以来取得明显效益。他们的管理经验见报后，在全军物流领域引起强烈反响。许多仓库在应用车材库先进经验的基础上，又深入研究，结合本仓库之特点，构建了以信息管理为主要特点的自动化管理新系统，既节省了人力物力，又锻炼了物流人才队伍，还大幅度地提高了工作效率，管理面貌发生了深刻的变化。

2001年是我军物流管理发生变革的一年，全军军械后方仓库统一归口司令部门管理，总后勤部召开了全军军械仓库安全工作专家会议，专门研究制定了仓库防爆、防火、防雷、防电等系列规定，从根本上强化了仓储安全管理。同时，向有关科研部门下达了《JBK仓储工程》的开发研制任务，即仓库管理机制研究、仓库规范化管理标准及仓储物资可视化系统。

随着这项综合性科研工程的开发，有力地加强了后方仓库系统的管理；与之同时，后勤指挥学院学术部还承担了《后方仓库建设与发展研究》的任务，从系统管理的角度，探讨现代后方仓库的建设与管理问题。针对现代高新技术局部战争对我军后勤提出的新挑战，全军物流管理系统做出了积极反应，不仅进一步修订了“十五”发展规划，而且扎扎实实地采取应对之策：一是加强高新技术在物流管理领域中的应用，着力提高整个物流系统的快速反应能力；二是深化改革，完善联勤体制，认真总结经验，提高保障效益；三是在物流管理实践中不断引进外军先进的管理方法，结合我军后勤的具体特点，扎扎实实地做好新时期军事斗争的后勤准备。整个军事物流管理系统的发展势头是令人振奋的。

四、大力发展物流教育

改革开放以来，特别是1990年以来，随着现代物流概念的引入，我国物流事业进入一个蓬勃发展的新时期。而现实的要求，最迫切的还是物流理论建设和专门人才的培养。在军队后勤系统，提出开展物流智力开发工程问题，引起人们的深思。

1984年1月，解放军后勤学院成立了全军第一个仓库教研室，承担全军仓库领导干部的轮、培训任务。该教研室创编了《军队仓库管理学》、《仓库目标管理》、《军事仓储学》等系列教材，并于成立的当年便开办了军械仓库主任培训班，从而揭开了正规培训仓储人才的序幕。

1985年—1990年，重庆后勤工程学院、石家庄军械工程学院、徐州空军后勤学院、天津运输工程学院等高等院校都相继成立了仓储教研室或装卸搬运教研室，开展了军事物流教育。与之同时，全军“两化”学会创办了《仓储管理与技术》杂志，专门研究物流和仓储学术问题，为广大军事物流人员开辟了一个崭新的理论研究园地。

1994年，由后勤指挥学院发起组建了京津地区军队仓库学术网，参加学术研究的成员大都来自北京、天津地区的后方仓库，他们汇聚一堂，交流物流管理经验，探讨仓储学术问题，共研物流理论，共商仓储大计。借鉴军内外物流管理的成功经验，围绕新时期军事斗争后勤准备的主线，广泛而深入地开展军事物流理论研究，是这一时期物流理论建设的突出特点。

1994年初，后勤指挥学院王宗喜教授创编出版《军事物流概论》一书，填补了军事物流理论的一项空白，标志着军事物流理论建设进入了一个新的阶段。2000年，王宗喜教授带领的课题组完成的《军事物流理论及其应用》，荣获宝供物流理论创新一等奖。2001年，由后勤指挥学院发起，与北方交大、北京工商大学、北京科技大学和北京物资学院联合发展物流教育，相互协作，共育物流高级人才，取得了显著成绩。

据不完全统计，1984年—2001年期间，全军各院校共发表仓储物流专业论文2000余篇，出版专业教材和著作40余部，培养仓储物流技术骨干和管理人才3500余名，为军队物流建设与发展做出了重大贡献。此间，中国军事物流教育的突出特点是：

（一）院校正规培训与部队后勤训练紧密结合，充分调动机关、院校、科研机构和部队的积极性，形成合力育才的新格局。有计划地选拔优秀物流人才送军队后勤院校进行正规培训，有短期轮训进修学习，也有两年制长训进行学历教育，有仓储专业硕士研究生培养，也有物流专业博士生培养。此外，各级后勤采用在职在岗训练、举办学习班和专业演练等形式，对广大物流人员进行业务技能训练。两股力量相配合，共育军事物流人才队伍。

（二）开拓办学思路，军队院校与地方院校、地方企业相联合，共育军地物流人才。军地物流具有兼容性，物流人才知识结构具有相通性，这就决定了军队院校完全可以走出校门，与地方同类院校相联合，共商育人大计；同时，还与地方物流企业挂钩，选送优秀军队物流人才到企业去实习，既为地方企业输送了人才资源，又可以在企业一线锤炼军事物流人才。这种双赢互利的举措，在2000年—2001年期间，得到了广泛推广，取得了很好的效果。走军地物流人才联合培养之路，发挥军地院校各自优势，展现了军事物流教育的另一个重要特色。

综上所述，中国军事物流在改革开放以来确实获得了明显进步和发展，尤其是2001年，军事物流管理和人才培养取得了突出成绩，总体建设呈现欣欣向荣的发展势头，物流作业机械化和物流管理自动化建设跨入了一个令人振奋的发展阶段，系统的物流理论还在取得突破性进展。但与当前军事斗争新形势的要求，还存在不少差距，突出地表现在物流管理体制还不够合理，专业化管理水平偏低；物流技术尚有待进一步发展，物流人才特别是高级人才还比较缺乏。但我们相信在党中央和国家政府亲切关怀下，中国人民解放军的物流事业一定会更加兴旺发达。

（特约撰稿：中国人民解放军后勤指挥学院教授　王宗喜）

第三部分

地区物流

北 京 市

一、物流现状与问题

北京市的公路和铁路线路发达，公路货运站场、装卸点有6 000余个，铁路分局管辖内的铁路货站有122个，铁道专用线连接的工厂货站、货场、仓库有几百个，但是目前仍处于散、乱、小的局面，绝大部分规模过小，技术水平低，管理水平很难提升。总体上，除了首都国际机场的航空货运枢纽、丰台的铁路路网编组枢纽外，很少有成规模的且称得上现代化水平的物流系统结点。

各物流领域各自规划自己的发展。公路系统规划了23个一、二级货运枢纽，铁路部门也规划了16个主要货站，其中规划中共同提到的只有良乡地区。这些货站就位置而言，铁路货站更接近于市区，其中在市区的就有6个，而公路主枢纽则更多地分布在四环路以外的郊区。公路枢纽对城市货物的集散都要越过铁路圈，必将形成日复一日的连续不断的不合理运输。这些物流系统的规划缺乏沟通、协调，没有很好地结合在一起，和高系统化、一体化的标准更是大相径庭，不能适应21世纪的经济发展。要解决公路、铁路错位问题，形成一体化关键在于建立“综合物流中心”。

二、物流规划与展望

物流作为国民经济的“动脉”，北京市改变现有的物流状况已经是势在必行。北京市在2001年已经将对现有物流进行有效地整合纳入北京市国民经济和社会发展统一的规划中。

(一)物流基地

北京货物流量的主要发生地在北京的西南、南部及东南部，形成一种扇形辐射状态。因此，在北京西南、南部及东南地区建立综合物流基地是符合物流合理化要求的。“十五”期间要在西南方向建设一个物流基地，并就长期规划而言，再在南部、东南部各建一个，最终形成扇形辐射区3个巨型综合物流基地。西南物流基地将以集装箱到、发及联运为主，集干线、支线铁路、干线公路、市内公路集散、货物航运、国际集装箱铁路运输中转为主要功能，作为国内城际之间集装箱直达快运及路线班车的主要终点站。南部物流基地将以大宗货物处理为主。东南物流基地将以集装箱到、发及联运为主，功能和西南综合物流基地基本相同，其不同之处在于，考虑北运河物流功能恢复之后，在东南部地区形成铁路、公路、内河航运有效衔接的综合物流基地。

（二）物流中心

北京四周环形带区域，历史上已经形成了若干重要的站场、批发市场、货物集散地，“十五”期间物流中心的规划建设，主要以集约、改造和完善这些设施为主。在城市外围的环形区域，基本上邻近城市的边缘，以邻近五环处为宜。从北京市城区外围五环规划构造出发，理想的布局是在东、西、南、北以及东北、西北、西南、东南八个方向规划建设8个左右物流中心，以形成环型辐射结构。

沙河物流中心：在北京西北地区，距城市的位置和物流基地距离基本相同，是公路规划一级枢纽所在地和郊区主要铁路货站。由于物流量及西北地区辐射经济区域尚不能满足物流基地的要求，所以建设规划为物流中心。这个物流中心的主要功能是联结北京和西部地区，作为北京西部开发的一个桥头堡，成为内蒙古地区大宗货物（如煤炭）进北京的集散地。

石景山物流中心：在北京西部地区，主要服务于首钢和西部工业、民用。

丰台物流中心：在北京西南部地区，是铁路邮包运输以及现有铁路枢纽，有良好的物流市场条件，可以建成“商物分离”类型的物流市场集中地。

南郊物流中心：在北京南部地区，与现有农副产品批发市场以及五金、交电等批发市场相结合，可以形成物流中心。

十八里店物流中心：位于北京朝阳区，为北京市通过天津新港与国际交往的海运 “直通式口岸”。主要是海运集装箱货物的集疏运。

马驹桥物流中心：位于北京通州，其优势在于其发达的公路、铁路交通和辐射东北、华北广大地区的能力，处于京津塘高速公路与公路二环的交汇处，在北京经济开发区内，是公路部门规划的一级枢纽站所在地。可以作为北京市新技术开发区服务的物流中心。

北京航空货运物流中心：以首都机场为中心，形成的航空货运仓储设施、航空货运集散地、航空货运市场。是航空运输与公路运输的交汇点。

中关村物流中心：从北京市战略发展出发，考虑到作为全国高新技术、信息技术的开发中心，有必要在临近中关村地区建立高新技术产业的后援物流中心。这个物流中心主要面向中关村地区的建设和生产需求，以新型建材和电子元器件、设备的集装箱物流为主体。现在中关村附近大型的钢材、木材等市场，应当逐步转移成高、新技术材料的物流中心。为了配合中关村地区的发展，中关村物流中心应当在“十五”期间完成规划、设计和第一期的建设。

（三）配送中心

将主要建在距离市区比较近的邻近四环路的地区和卫星城的周边地区。围绕公路主骨架，以四环路、五环路为环线，以市区主干道、放射路以及其它次干道、支线为依托，规划在若干个区域内，合理布局配送中心。

（四）物流港

由京港两地实力派商业集团联手开发，作为北京市有史以来在物流领域中最大的一笔投资，将在朝阳区十八里店建成的北京物流港占地5 000多亩，位于北京东南朝阳区十八里店，京津塘高速公路左右两侧的北京物流港项目已定位为：一港、三流、三区和五大中心。北京物流港将边建设边使用，并于2005至2006年间最终建成。建成后的北京物流港将实现强大的物流综合服务功能，并成为北京物流综合发展基地，将构筑以陆港、空港、海港为特色的口岸物流平台，以多式联运为基础的现代物流服务平台，以现代物流服务为支撑的会展商贸平台，以口岸电子信息为核心的电子物流信息平台。实现客户国际化、管理网络化、物流服务系统化，物流、商流、信息流一体化的综合物流体系。北京物流港的建设和发展，必将演绎一场物流业的革命，以结束目前物流业的初级阶段。

（供稿：中国物流与采购联合会）

上 海 市

全球最热门的新兴产业——现代物流业正在上海崛起。由市商委、上海城市规划设计研究院等单位近日完成的研究报告表明：1990年到1999年，上海物流业增加值从10.65亿元上升到670.48亿元，占全市GDP的比重达到16.62%；2000年这一行业的吞吐量又上升了7.8%。现代物流业已成为上海经济新的增长点，已成为上海四大新兴产业之一。信息技术也越来越成为现代物流的生命线。在今后五年内，上海将建设成为国内外物流、商流、信息流、资金流、人才流的集聚中心，并具备强大的辐射能力。上海已着手培育现代物流业市场主体，重点扶持第三方物流企业发展，从而使上海成为全球物流的重要枢纽之一。

一、上海市物流业发展现状

2001年上海市政府制定了《上海现代物流产业发展规划》，确定了“政府引导、企业运作、完善法规、规范市场、配套环境”的发展原则，将依托现有的航空航运、商贸流通条件，充分发挥海、陆、空运输和口岸等综合优势，努力构筑“三大平台”，即以现代综合交通体系为主的物流运输平台、以邮电通讯及网络技术为主的物流信息平台和以引导、协调、规范、扶持为主的物流政策平台。

上海市政府有关部门已着手培育现代物流业市场主体，开始投资建设一批现代物流基地，重点扶持第三方物流企业发展，从而使上海形成了包括交通运输、配送服务、加工代理、仓储管理、信息网络、营销策略等多环节组成的物流大循环系统，成为全球现代物流中的重要枢纽之一。

（一）自20世纪90年代以来，政府投入巨额资金，加快城市基础设施建设，初步建成和完善了海港、空港等海陆空重要集散枢纽以及公路、铁路、内河等综合运输网络系统，其中海上国际集装箱运输量在近几年中平均以两位数的速度快速增长，上海港口集装箱吞吐量截止2001年11月底为止，已达到573万标准箱，排名世界第五位。

（二）上海信息港已建成高速、宽带、大容量的信息网络平台和EDI等骨干网络。上海电信作为中国电信三大国际出口局之一，拥有通达全球的高速通讯网络，国际互联网带宽超过1000兆，使现代物流业发展具备了信息支撑和保障。

（三）一批规模较大的物流公司抢先占领市场。2001年新成立的中海物流公司，将中国海运集团内的货代、仓储、码头、集卡、运输等相关资产和人员进行优化组合，形成以航运为依托的全程物流供应链。这些新兴物流企业的涌现，使物流市场充满活力。

（四）传统的经营模式早已突破。迄今为止，上海以批发为主的各类生产资料市场达到一百六十余个，商品交易市场近千家。连锁商业网点、仓储式超市、大型综合超市等新的经营方式已为市民接受，全市连锁网点达三千五百多家；邮购、电话订购、电视导购、网上购物等新型商业业态的崛起，对配送等物流需求日渐紧迫。

此外，拥有强大实力的第三方物流企业出现。从传统的计划经济走向市场经济，上海物资集团经过五十年建设，创造和积累了生产资料流通的成功经验，也具备了发展现代物流的基础条件：集团下属有近二十家全资、控股子公司；有覆盖全市和国内各省市的营销网络；有与贸易相配套的各类仓库二百多个、铁路专用线十四条、专用码头十座等大批物流设施；新建成的电子商务网络和大批从事现代物流的专业人才更显示出上海物流业发展的成果。

二、上海物流业发展所面临的主要问题

（一）观念问题

在物流体系中的各个方面对现代物流缺乏足够的认识或认识不统一是制约物流业发展的重要因素之一。我国物流业起步晚，许多企业对现代物流概念模糊，缺乏足够的认识，这些企业普遍认为物流与运输和仓储企业关系较大，而与本企业没有太大的关系，对物流需求认识不足。而有些企业尽管对物流管理的意义有一定的认识，但又回到了小而全、大而全的老套子，在物流经营方式的选择上趋向于建立本部门、本企业的自营物流方式，而不愿意寻求社会化的物流服务。

物流企业本身的管理和功能缺陷制约着物流的社会化发展。经过长期的发展，上海物流企业在一些硬件服务设施，如仓储、港口、运输等等方面已具有一定的基础，但在经营观念、业务范围、服务项目、技术水平方面还不能适应经济、贸易发展的需要，无法提供综合性的物流服务，难以同国际物流企业竞争。

（二）制度问题

在中国加入WTO以后，由于制度上的不适

应性，物流将是受冲击最大的行业之一。上海物流业的制度基本上仍沿袭计划经济的管理体制，只是使原本是一个系统资源的物流业的管理权限被划分成若干个部门，比如，铁路、公路、航空、海运、仓储等物流资源，均分属于不同的管理部门，没有一个部门或机构统筹协调物流管理，是一种自上而下的纵向隶属的管理格局。物流体系的内在联系被人为地分割，物流体系各部门间缺乏直接的横向联系。这样，一方面，大大降低了物流的效率；另一方面，条块分割的物流体系使对内和对外物流分离，物流资源的浪费现象十分严重，也阻碍着对物流进行整体统筹和规划，严重制约着物流产业的社会化进程。

（三）物流发展所需的相关政策问题

主要是指缺乏物流发展所需要的融资政策、产权转让规定、人事制度、市场进入和退出机制、社会保障制度等。这些制度方面的改革，目前还远远不能适应物流企业经营的需要。

（四）物流技术问题

在机场建设、港口建设、公路和铁路运输、仓储等基础设施建设以及物流机械设备技术含量低，规模小，使用效率及劳动生产率低，也是制约物流业发展的原因之一。

三、物流发展规划与展望

2001 年上海市出台了《"十五"现代物流产业发展规划》，提出着重发展陆、海、空三大物流和五个物流园区，建设市内配送中心 20 个，市外配送中心 3～5 个，把上海建成国际航运中心。上海市将重点建设六大物流基地：

（一）松江九亭"加工辐射型"综合物流基地——紧邻规划中的松江新城，通过沪杭铁路、沪杭高速公路等交通网，连接南方各省市自治区，这一基地有着较宽阔的伸展腹地；

（二）桃浦江桥地区"加工辐射型"综合物流基地——它位于上海市的"西大堂"，外接沪宁、沪嘉高速公路，经过多年发展，已经有了比较完善的交易、运输、配载、流通加工等功能，是连接北方各省市的集散枢纽；

（三）宝山杨行"加工辐射型"综合物流基地——地处上海市北翼，依托上海港区和原外贸系统物流资源，沿长江"黄金水道"通向"长江商贸走廊"，成为上海市连接长江沿线"六省二市"的物流枢纽；

（四）浦东国际机场"转口贸易型"综合物流基地——依托国际大型空港，提供高附加值货源组织、中转、仓储、运输、多式联运；

（五）外高桥保税区"转口贸易型"国际现代物流基地——位于外高桥保税区，通过国际贸易渠道，吞吐大量进出口商品，成为国际贸易的"港口交易中心，展示国际、国内最新商品和技术的窗口；

（六）芦潮港国际集装箱"转口贸易型"现代物流基地——以大型集装箱吞吐为主，吸纳来自洋山深水港的商品，成为上海市沿海国际进出口商品的综合物流基地。

（供稿：中国物流与采购联合会）

天 津 市

一、物流发展现状

作为我国北方重要的港口城市，发展现代物流是实现天津市跨越式发展以及进一步确立环渤海地区的经济中心、现代化港口城市和我国北方重要经济中心的重要地位的有效途径，是天津市产业结构调整的一场革命，是发展第三产业的重要切入点。

天津早在 80 年代开始就进行了物流基础设

施的建设和物流技术的引进工作，经过20年的发展，到2001年为止，天津市在物流基础设施建设和物流信息基础设施建设等方面已取得显著成就，建立了国际物流与国内物流服务体系。

（一）重点部位物流信息化

天津港作为天津市的重要物流枢纽，于1997年开发了EDI中心，面向国内外港航运运输业，支持服务于船公司、代理、港口、码头、理货、货代、集输运场站以及相关的海关、检验检疫、银行、保险等单位，通过EDI系统进行物流数据交换，实施物流作业活动和相关增值业务。它可以使用多种报文标准和自定义格式，灵活选用入网方式，进行跨部门、行业、地区、国家的电子信息传输，实现信息共享。自2000年10月，天津海关为了更好地对进出口货物的监管，采用了双信息放行的办法，对转关和关内放行以纸面和电子数据放行的形式，通过天津港EDI中心传输给相关公司，大大提高了物流效率。

（二）信息技术的应用

近几年，对物流信息技术应用较好的当属生活用品条形码的广泛应用，2001年绝大多数的日用商品都使用了条形码，为今后连锁配送的信息管理打下了基础。卫星定位系统车辆跟踪技术的开发和应用刚刚起步，一些物流仓库、货运中心应用了电视监控、扫描器、条形码、屏幕显示等信息技术。

（三）物流信息管理系统的开发和应用

由于一些三资企业应用了信息管理系统并带动了相关物流企业的信息化管理，同时随着"物流热"的升温，近几年一些企业从国内外高薪聘用有经验的物流管理人才，开发物流软件；一些较大的物流企业设立了软件开发部门或与知名软件企业联合。天津市对物流信息管理系统的开发、应用开始得到重视。

（四）物流园区建设

到2001年为止，以天津保税区物流区、天津港散货物流区和天津空港国际物流区等为代表的天津物流园区标志着天津物流园区的建设已初具规模。

天津港保税区物流区，是采用国际通行做法，充分发挥港口和保税区的优势，享受国家赋予的最优惠政策，在海关监管下的综合性对外开放的特定经济区域，是具有中国特色的自由贸易区。天津港保税区坚持以国际贸易为导向，以物流为基础、以仓储加工为依托的方针，主要开展国际贸易、出口加工、保税仓储以及与上述主体功能密切相关的运输、包装、整理、货运代理、房地产等业务。

天津港散货物流中心的建设，是天津市政府实现"把天津建设成为现代化港口城市和北方重要经济中心"战略目标的重大举措，是解决滨海新区环境污染，改善投资环境的根本性措施。对开发南疆港区、强化港口功能具有战略意义，是天津港建设的重要组成部分。

天津空港国际物流区经天津市人民政府批准设立，由天津港保税区管委会和天津滨海国际机场共同规划、开发、建设和管理。建设空港国际物流区是实现国务院对天津城市定位的需要，是实现天津跨越式发展的需要，是天津滨海新区实现超常规发展的需要，是服务首都、服务中西部、服务全国、服务东北亚地区的需要。

二、物流发展规划与展望

（一）总体发展目标

以落实天津定位、提高天津竞争力和影响力为战略目标，以市场为导向、企业为主体、政策为引导，高起点地构建开放式的天津现代物流体系；不断完善物流市场发展软硬件环境，积极引进国际先进物流管理技术和资金，尽快培育天津物流服务品牌和有国际竞争力的物流产业群；促进物流体系向规范化、规模化、网络化方向发展，早日与国际惯例接轨。依托天津交通和区位优势，合理构建天津现代物流体系，大力引进和采用先进的物流组织、物流技术和物流管理经验，培育发展有强大竞争力的物流产业群，把天津建设成为我国和东北亚地区重要的国际性物流中心城市。

（二）具体发展目标

围绕总体战略目标，软硬件建设、物流体系分行业建设和物流体系空间布局三个层面的具体发展目标是：

软硬件发展目标：高起点、高标准建设物流基础设施和物流信息系统，尽快制定物流产业政策，加强物流人才教育与培训，为天津市发展现代物流创造良好的软硬件环境。

行业发展目标：在工业、商业、农业等各个行业推广、普及现代物流理念和管理技术，对行业内部物流系统优化整合，并加快物流服务业的发展。

空间布局发展目标：从天津市整体角度出发，按国际、国内及市内物流的不同特性，合理构建物流园区、物流中心及配送中心，形成完善的物流服务网络。

（三）物流体系建设的战略构想

为了实现天津市发展现代物流的战略目标以及各个具体目标，天津市现代物流体系按物流体系的软硬件建设、物流体系的空间分布和物流体系的分行业建设三个层面进行构筑。

（四）发展战略步骤和实施策略

为了实现现代物流发展目标，系统建设的阶段性战略是：三年内形成天津现代物流体系雏形，并达到国内领先水平；五年内建成较为完善的现代物流体系并具有一定的国际竞争力；十年内使天津现代物流体系从基础设施到管理体系均与国际接轨，力争成为我国和东北亚地区重要的国际性物流中心城市。

三年内发展现代物流的具体实施策略是：建立机构、统筹规划、政策引导、典型带动和重点推进。

（五）实施方案

1.启动需求，加快制造业现代物流信息系统建设。以电子、生物制药、新能源等新支柱产业和汽车、冶金、化工、机械等传统支柱产业为重点，以大企业为龙头，每年抓两、三个典型，以大企业带动配套小企业，经过五年努力，在全市制造业主要行业普遍建立起物流信息管理系统。积极推行制造资源计划或企业资源计划等生产经营物流信息管理系统，在将建设的五个工业园区中，努力实现工业物流和物流服务业的结合，建立工业供应链信息管理。

2.大力发展连锁商业配送的信息管理系统。要在重点解决多数连锁企业只连锁不配送的基础上，大力发展统一配送，实现配送共同化、社会化和信息化。与之相配套，在所有大型超市、连锁商店努力建设商业自动化系统、计算机信息管理系统（MIS)、电子自动订货系统（EOS)、销售时点信息系统（POS）、快速顾客反应(ECR)。通过五年的努力，基本建立起天津市连锁商业的供应链信息管理系统。

3.高标准的建设现代化配送中心。今后五年内，凡新建成或改扩建的配送中心要高起步、高标准，积极采用自动分拣系统、条形码和扫描技术，实行计算机管理，使其自动化、机械化、高度化和信息化，达到国内先进水平。

4.以港口为龙头，努力发展金关工程、电子报验以及港航物流的电子商务交易。要不断完善电子报关和电子报验。在已建成的港口EDI的基础上，进一步充实其功能，增强其便捷性，提升档次，实现在互联网上的航运电子商务交易。2002年底以前，所有轮船公司、船舶代理、货运代理、货主单位经港口办理业务要实现无纸化办公；电子商务要从少数大企业已开展的电子询价、电子订舱逐步发展到所有航运及其代理企业实现网上交易乃至认证、保险、结算等功能。

5.大中型的运输、货代、仓储企业要努力转向物流服务企业，要组织在职人员培训，引进物流专业人才，学习物流服务技能，提高物流管理、技术、设备的档次和信息化水平。五年内，60%以上的大中型运输、货代、仓储企业要建立起物流信息管理系统。在主要业务中，采用物流条形码、扫描仪、射频识别和车辆货物定位跟踪等信息技术，以便和工商企业物流信息系统相衔接、融合，适应其物流现代化的需求。五年内，全市实行各类定位跟踪技术的车辆计划达到2 000部以上；在适用的货物上普及条形码，所有大中型物流服务企业要通过购买、租用或自己开发软件等形式，普遍建立物流企业的信息管理系统。

6.加强管理。以市信息化办公室和市交委为主，各经济管理部门共同负责，加强对建立全市物流信息支撑体系的引导和管理。市物流协会的信息专业委员会要积极推广物流信息化的先进经验，研究提出推行标准化的对策建议，帮助和促进各类企业的物流信息管理系统建设。

7.建立市场物流信息中心。该中心作为全市公益性、服务性和行业管理平台，其主要任务是：办好以传播信息、商务交易、服务企业和行业管理为主要内容的物流网站；组织航运电子商务交易、货运汽车配载电子商务交易、大宗货物和重要枢纽的物流电子商务交易；办理中小企业使用服务器的租赁和托管；建立车辆和货物定位跟踪控制中心；物流信息软件的开发和咨询等，以促进物流信息化的建设和发展。

（六）展 望

在有利的宏观经济环境支持下和微观企业改制的推动下，2001年天津的物流量已呈现出加速增长的态势。据预测，未来十年，天津市的货运量将持续增加，但增长速度呈下降趋势。预计到2005年，天津市物流行业的增加值将会达到307亿元，占GDP的12%，宏观物流成本达到526亿元，占GDP的20.5%。

天津市发展现代物流既有优势，也有劣势；既有机遇，也有挑战。天津市应正视在物流业发展过程中出现的问题和未来可能面临的挑战，深入研究解决方法，充分利用自身的优势，抓住国际、国内经济发展为天津物流业发展带来的机遇，把天津市建设成为中国重要的国际物流中心城市。

（供稿：中国物流与采购联合会）

广 东 省

一、广东物流业有良好的基础

（一）广东物流总量初具规模

2000年，广东批发零售贸易业和交通运输仓储业分别实现增加值968.99亿元和908.45亿元，分别占GDP的10.03%和9.4%；2001年，全省社会消费品零售总额4 515亿元，货运量8.7亿吨，货物周转量3 029.3亿吨公里；主要港口货物吞吐量3.2亿吨，主要港口集装箱吞吐量达917万TEU（国际标准箱），比2000年增长9.6%。广州港货物吞吐量分别达到5 697万吨和399万TEU，比上年分别增长22.2%和33.8%，集装箱吞吐量居全国第二位、世界第十一位。

（二）基础设施比较完善

至2001年底，全省公路通车里程已达10.3万公里，其中等级公路9.4万公里，占总里程的91.3%，高速公路1 186公里，一级公路5 391公里，二级公路13 397公里。公路密度增加到57.5公里／百平方公里，满足了汽车进行“门到门”的配送和集货运输要求；铁路营业里程增至2 022公里，增长1.02倍；内河通航里程10 808公里，海岸线3 368公里，拥有沿海和内河港口泊位2 000多个，其中万吨以上深水泊位125个；全省有10个民用或军民合用机场，民航航线里程增加到50万公里；初步形成了以广州为中心，沟通省内外及港澳地区的公路、铁路、水运、航空等各种运输方式的现代化立体交通运输体系，为发展现代物流业提供了可靠的基础保证。

（三）信息化建设起步良好

现代物流管理要求采用先进的信息管理技术、网络技术、电子数据交换和现代化通讯手段，这些在广东已得到迅速发展，所需技术和设备已基本具备。目前全省所有市县已开通了电子信箱并进入了数字数据网，长话自动网和分组交换网、卫星、程控、高速宽带、信息网络等现代通讯技术均处于全国前列。以互联网为核心的电子商务迅速发展，可为现代物流提供快速、准确、高效的服务，为发展现代物流提供最可靠的技术保障。

（四）现代物流企业正在崛起

由于广东省经济的发展和基础设施的日臻完善，以及软环境的不断改善，一大批现代物流企业正在崛起。如宝供、YCC等物流企业，他们的年营业额都在4～5亿元以上，最高的达到了10多亿元。这些物流企业，在服务功能、服务技术、服务水平上，都比传统的储运企业有极大的提高，如实现了与主要客户的EDI数据交换，利用GPS实现了对车辆的定位跟踪，为客户提供货物全程查询服务。此外，作为物流功能的综合体现，物流配送中心在广东也取得重大进展，并在社会化配送和信息流方面取得了新的突破。

二、广东物流业有巨大的潜力

（一）市场上的潜力

由于我国是一个发展中国家，近年来世界范围内影响企业物流发展的三个相互关联的因素，即全球化、信息技术和供应链管理，在很大程度上对我国现代物流的发展将构成挑战。所以我国物流业的发展，不仅面临着一个发展中国家所面对的挑战，而且还要全面履行WTO的承诺，应对WTO的挑战。WTO关于货物、服务、投资、知识产权保护各领域的规则，都与物流业有关。加入WTO后，我国的物流业市场必须在自由开放、平等公正、透明互惠的基础上进行深入的改革和全面的开放。另一方面，加入WTO，能促进我国产业机构调整和企业改革，有利于开拓现代物流服务市场；能加快引进国外资金、学习借鉴发达国家技术及管理经验的步伐，有利于提高我国物流业的整体水平；能促进我国物流管理与国际接轨，有利于我国物流业走向世界。由此可见，加入WTO，对现代物流业的发展，机遇远远大于挑战。广东地处改革开放的前沿，根据我国政府的承诺，国际运输公司和物流公司将更多地进入广东占领市场。参与深圳市现代物流发展策略研究的美国盖·兰德国际咨询公司的物流专家分析说，全世界很难找到象广东这样生产如此密集、交通如此发达的地区，这是一个潜在的物流大市场，有着巨大的市场潜力。

（二）资源上的潜力

2001年，广东GDP为10 582亿元，占全国11%。广东经济总量大，外向型经济发达，工业产品中60%～70%销往外省和国外、港澳等地区，外贸进出口总额占全国40%。香港集装箱吞吐量中，约有四成产生于广东，主要是珠江三角洲地区。广东的轻工、家电、医药、建材、电子信息类产品的优势比较明显。广东经济的持续快速发展，形成了强大有力的综合物流，这是发展现代物流业最根本的内驱力。另外，广东经济及其产业结构正处于调整和整合的历史时期，大多数传统产业已进入过度竞争状态，市场供求关系已发生根本性的变化，初步形成了供求平衡或供大于求的买方市场格局，靠生产成本和产品价格竞争已没有太大的利润空间。产品竞争的焦点逐渐转向对流通渠道的争夺。同时，原有的运输、仓储行业，以及工商企业所属的运输、仓储服务设施都面临着调整、重新组合的形势。因此，顺应经济发展的要求，现代物流业将成为广东经济调整的一个切入点，或者说是新的经济增长点。这将蕴藏着巨大的市场潜力。

（三）管理上的潜力

目前，由于广东物流业还处于起步阶段，所以，无论是物流的经营还是管理，都与国际或者港澳台地区存在相当的差距。换句话说，广东的物流业在管理上，还有很大的潜力。广东有丰富的物流资源，只要在管理上加以挖掘和提升，这些物流资源就可以增值，可以充分发挥“利润中心”的作用。2001年12月上旬广东省省委、省政府召开的全省流通改革与发展工作会议和2002年年初广东省省委、省政府发出的《关于大力发展现代流通业的意见》对于加快广东省现代物流业的发展，优化资源配置，调整经济结构，改善投资环境，增强企业竞争能力，提高经济运行质量与效益，实现可持续发展战略，推进广东省经济体制与经济增长方式的根本性转变，具有非常重要而深远的意义。

（四）发展空间的潜力

根据广东省第三产业普查资料推算，2000年广东省三大产业比例为10.4 ：51.1 ：38.5，可见物流发展的空间还很大。美国就业率中三大产业的比例为5 ：22 ：73，因此美国服务业的巨大优势烘托出其高度发达的经济。21世纪，广东省把流通（物流）业作为先导性支柱产业来抓，不仅为现代物流的发展创造了良好的外部环境，而且为粤港澳台的经贸合作提供了很好的机遇和发展空间。

三、广东物流业有光明的前景

（一）发展广东物流业，合乎国家“十五”规划和产业政策

2001年3月15日由全国人大九届四次会议批准的《中华人民共和国国民经济和社会发展第十个五年计划纲要》指出：“积极引进新型业态和技术，推进连锁经营、物流配送、代理制、多式联运、改造提升传统流通业、运输业和邮政服务业”。特别提出要“健全综合运输体系”，对铁路运输、公路运输、内河与海洋运输、航空运输、管道运输、邮政业的发展，都提出了明确的要求，要“充分发挥各种运输方式的优势，发展和完善城市间旅客快速运输、大城市旅客运输、集装箱运输、大宗物资运输和特种货物运输五大系统。”还提出“引进竞争机制，加快电子、铁路、民航、仓储公用事业等垄断性行业管理体制改革。”这些不仅描绘了我国“十五”期间物流业的宏伟蓝图，也为发展我国现代物流业提出了政策依据。根据国家社会经济发展“十五”规划，2001年3月，国家经贸委、铁道部、交通部、信息产业部、对外贸易经济合作部、中国民用航空总局联合下发了《关于加快我国现代物流发展的若干意见》，是我国政府发布的有关现代物流业发展的第一个政策性、指导性文件，具有非常深远和现实的意义，标志着中国的物流业在经过一段时间的准备之后开始起航。

（二）广东省正在采取有力措施，推动现代物流业的发展

根据全国“十五”规划和广东省实际情况，广东省把流通业作为先导性支柱产业来抓，重点推动物流业的发展。目前，广东省正在制定“广东省物流业2005年发展规划”。规划内容包括广东省物流业发展的基本思路、布局和建设要点，以及相应的政策措施等。广东省直属有关部门正在制定措施，扶持和推动物流业的发展。广东省经贸委正在研究制定20家流通龙头企业（含物流企业）的认定标准，报省政府批准后实施；广东省财政厅正制定对20家流通龙头企业进行三年贴息，每年300万元人民币和连锁企业统一由总部纳税等问题，以扶持流通龙头企业和物流企业的发展；广东省工商局在改革市场准入和简化登记注册手续等方面，也采取了许多有效措施，扶持和推动物流业发展；广东省教育厅制定了培养现代流通业人才规划，从专业设置和课程安排，以及教学与科研的结合等方面，采取了许多行之有效的措施，尽快培养流通业特别是物流业所需的人才，等等。

为推动现代物流业的发展，广东省各地区都把物流工作列入了议事日程。广州市提出了现代物流中心城市的战略目标，把发展现代物流作为21世纪的支柱产业和新的经济增长点，高起点、高标准地规划和建设一批第三方物流配送中心，彻底改变交通、商业、物资、外贸、生产等部门各自为政搞物流中心的状况；合理利用、开发现有的仓储、运输等物流设施，优化资源配置；结合南沙经济技术开发区的建设，筹建大型综合物流基地，等等。深圳市依据城市特点和产业布局，规划建设西部港区、盐田港区、笋岗——清水河、航空港、平湖、龙华、南山、龙岗8大物流园区，并推出了规范市场管理，培育物流企业，加快物流园区建设、信息平台建设，促进海港与空港发展的10大政策举措，即：规范化的物流市场管理；提升和塑造现代物流

企业；建立政府协调管理机制；促进物流业的技术进步；加快物流园区的建设；建立货运通道和市域配送道路网络系统；支持两港建设，实施以港强市；支持信息平台建设；迎接加入WTO挑战；实施物流管理专业人才培训工程。此外，东莞、珠海、中山、佛山等市也在开展物流规划的研究和制定工作，一些物流基础设施开始启动。所有这些，必将推动广东物流业的迅猛发展。

（三）加入WTO，对广东物流业发展带来了历史性机遇

加入WTO后，广东物流业的发展面临新的历史性的发展机遇。一是我国加入WTO后，由于进口关税的下降、进出口配额和许可证的逐步取消，以及海关管理、商品检验、卫生及动植物检验检疫和知识产权保护的改善，将大大降低生产要素和商品流通中克服贸易壁垒的费用；二是我国加入WTO后，物流业市场准入将同时得到金融服务业、基础电信服务业和专业服务市场的支持，必将大大推动现代物流业的发展，使贸易的运输费用下降；三是包括运输费用和克服贸易壁垒费用的下降，必将推动货物贸易和服务贸易的加速增长，为物流业的发展拓展了空间。简而言之，加入WTO，从短期看，由于克服贸易壁垒费用的下降所推动进出口贸易的迅速增长，为广东省物流业的发展提供新的市场空间；另一方面，从长期看，物流业发展本身又将降低贸易的运输费用，从而对国内统一市场的形成、资源配置效率的提高和区域经济发展水平差距的缩小，带来积极的影响，并加速我国参与国际分工和全球经济一体化的进程，从而为物流业的发展提供持续扩张的市场空间。

（四）信息化进程加快，为广东省物流业的提升提供了手段

为促进传统物流业向现代物流业提升，广东省积极推进现代物流业的电子化、信息化进程，积极利用电子数据交换、互联网等技术，通过网络平台和信息技术将企业网点连接起来。通过网络使用户、制造商、供应商及相关单位联结，实现资源共享、信息共用，对物流各环节进行实时跟踪、有效控制与全程管理。这样不仅加快了物流与电子商务的融合，而且加快了物流电子化、信息化的进程，为广东省物流业的增长提供了手段。

综上所述，为推动广东现代物流业的发展，至少可以做以下几件事情：一是在市场的开放和保证公平竞争方面有所作为；二是在产业结构调整方面有所作为；三是在提高物资资源整合的效率方面有所作为；四是在开展物流研究和人才培养方面有所作为；五是在制定物流产业发展规划方面有所作为；六是在物流信息资源管理方面有所作为。广东省不仅重视物流合理化降低成本的作用、“利润中心”的作用、改善经济运行和城市环境的作用、以及促进国民经济发展的作用；而且正在采取积极的措施，激发物流需求，发展物流企业，延伸物流服务，为物流企业的发展创造良好的制度环境。

（供稿：广东省经贸委贸易市场处　张德民）

浙 江 省

浙江省为推动现代物流业发展，制定了《推进省现代物流发展工作方案》，该方案总的目标是要坚持以市场为导向，以企业为主体，政府积极推动，充分发挥社会各方面的积极性，促进浙江省现代物流业的快速发展；坚持“不求所留，但求所流”，加快引进和培育现代物流企业和物流服务市场；坚持统筹规划，有序推进，加快构筑工商企业现代物流管理体系以及与现代物流业发展相适应的基础设施网络和信息服务网络；坚持发挥比较优势，突出重点，从浙江省实际出发，选准切入点和培育重点。

一、主要任务和工作重点

（一）浙江省现代物流业发展的主要任务

1.推动工商企业按照现代物流理念改善物流管理。

2.建设与现代物流业发展相适应的物流基础设施系统和物流信息系统。

3.培育专业化、社会化物流服务企业，尤其是引进和培育第三方、第四方物流服务企业，推动传统仓储、运输企业和专业批发市场的整合。

4.建立规范有序的物流服务市场。

（二）当前工作重点

1.抓宣传培训。通过举办研讨会、讲座、培训、实地调查、经验交流、新闻报道等形式，加大宣传力度，普及现代物流知识，提高全社会现代物流意识。

2.抓规划和政策研究。重点是研究制定浙江省现代物流业发展纲要和促进浙江省现代物流业发展的具体政策。

3.抓典型示范。按照浙江省现代物流业发展的重点，选择试点，上下配合，进行理论研究和实践探索，推动全社会物流业的发展。

二、组织领导和工作分工

（一）建立省现代物流业发展联席会议制度

定期或不定期召开会议，研究解决浙江省推进现代物流业发展中的重大问题。

（二）各部门根据职能，明确工作分工，密切配合

具体分工是：省计委主要抓总体协调，并负责有关物流基础设施的规划和建设，会同有关部门推进宁波舟山港口一体化，建设现代物流中心（园区），推进第三方物流服务等；省经贸委参与总体协调并主要负责推进工商企业现代物流管理，发展电子商务和物流配送服务，并会同省外经贸厅等有关部门推进国际物流业发展；省交通、铁路、民航、邮政等部门主要负责相关物流设施规划建设和相关企业按照现代物流理念加以整合；省信息产业厅主要负责指导现代物流信息平台建设和信息增值服务网络发展；省工商行政管理局主要负责物流市场的监管等；省发展研究中心（省委政策研究室）主要会同有关部门进行现代物流业政策研究和制订。

三、具体工作和要求

（一）启动规划和政策研究

成立浙江省现代物流业发展纲要研究课题组。由省计委、省经贸委牵头，有关单位参与。课题组组长：省计委主任孙永森，副组长：省经贸委副主任沈陇声、省计委副主任李学忠。

下设综合组及若干专业组。综合组由省计委、省经贸委、省经济建设规划院、省经济信息中心等单位人员组成，负责纲要框架的制定和纲要的起草。专业组主要包括：

1.浙江省现代物流设施规划研究课题组。由省计委牵头，省经贸委、省规划院、省交通厅、铁路、民航、省外经贸厅等单位参与。

2.浙江省工商企业物流管理及第三方物流企业培育研究课题组。由省经贸委牵头，省计委、省工商局、省质量技术监督局、出入境检验检疫局、海关、交通、外贸、邮政、铁路、民航等单位参与。

3.浙江省现代物流信息系统建设研究课题组。由省信息产业厅牵头，省计委、省经贸委、省电信、省邮政、省经济信息中心、省交通厅交通研究所、浙江大学等单位参与。

4.浙江省现代物流业发展政策研究课题组。由省发展研究中心（省委政策研究室）牵头，省计委、省经贸委、省体改办、省财政、省统计局、浙江大学等单位参与。

要求2002年上半年提交专题规划和政策研究报告，2002年第四季度完成纲要审议稿。

（二）办好2001年10月杭州西博会上的“2001现代物流与经济发展国际论坛”

这项活动由国家计委、国家经贸委倡导，中国物流与采购联合会、中国交通运输协会等有关单位和企业支持，省计委、省经贸委主办，有

关部门协办，省贸促会浙江世博国际会议展览有限公司和浙江大学国际文化学院国际物流培训中心承办，邀请20多位美国、日本、澳大利亚、德国、台湾、香港、北京、深圳、山东等国内外专家、学者、著名企业家参加。规模300人左右，时间是10月23日～25日，地点在世贸中心大饭店。办会原则是：市场化运作、以会养会。

（三）选择推荐典型企业

要求联席会议各成员单位在2001年9月底前推荐有特色的物流企业或有意向进入物流领域的企业2～3家。

（四）争取财政给予一定的规划、政策研究经费支持

推进现代物流业的发展，是一项复杂的系统工程，涉及的部门和领域很多，会遇到许多体制、机制、法规、环境等方面的问题和矛盾，任务十分艰巨。各单位应相互协作，密切配合，共同推进现代物流业的发展。

（供稿：浙江省现代物流业发展联席会议办公室）

山 东 省

近年来，山东省经贸系统在深化企业改革，加大结构调整力度，加快技术进步的同时，积极开展优化企业物流管理工作，取得了较为明显的成效。据不完全统计，目前全省已有110多家企业在不同层次、不同环节上推行了现代物流管理，产生直接经济效益10.5亿元。

一、工作的组织与实施

多年来，山东省工业生产一直保持良好态势，增长速度和经济效益处于全国前列。但是，两项资金占用过多的问题也同样困扰着全省工业，影响着生产的良性循环。为了解决这一问题，山东省一方面调整产品结构，加大营销力度；另一方面积极寻求新的突破口和途径。通过调研发现，传统物流管理模式不适应市场经济要求的问题日益突出，已成为影响生产发展和效益提高的一大障碍。于是，从1998年底开始，山东省经贸委在全省开展了优化企业物流管理的活动。

（一）强化政府的组织引导

在组织领导上，由省经贸委牵头，各有关部门积极配合，组成了协调工作班子，建立了协调会议制度，下发了《关于开展优化企业物流管理工作的意见》，编发了《企业物流信息》。在工作分工上，经贸委主要抓工业企业物流系统优化，启动物流需求，衔接发展政策。交通、铁路、民航、邮政等部门负责货物快运系统和跨区域物流网络建设，促进物流业的形成和发展。省里先后召开了企业物流管理试点工作会议、行业物流座谈会和全省经验交流会，提出了争取用3年左右的时间，使多数大中型企业实现物流管理创新，现代物流产业得到发展，社会物流服务水平有明显提高的目标。

（二）与解决经济运行中的突出问题紧密结合

工业企业重点是导入现代物流理念和技术，对采购、运输、仓储、装卸、配送等环节进行优化整合，着重解决两项资金占用过多、物流自我服务比重过大、物流管理职能分散的问题。同时，通过优化企业物流管理，启动社会物流需求，为物流业的发展创造条件。交通运输企业重点是摆脱单一运输业务的束缚，聚合物流服务功能，逐步向第三方物流转变，为社会提供规范化、系统化、专业化的物流服务。商贸企业重点扩大代理配送的规模及范围，运用电子商务等信息技术，努力实现代理配送网络化。邮政等公

益性行业主要是通过委托经营等方式，利用自身网络优势，开展专项物流服务。

（三）认真抓好试点工作

1999年上半年，山东省确定青岛、济南等5个市和青岛海尔集团等14家企业为试点单位。2000年3月，又将试点范围扩大到了全省136家重点企业。

（四）营造与优化企业物流管理相适应的社会环境

企业物流发展到一定程度，需要社会物流环境的支撑。企业物流和物流企业应当相互依存，相互支持，相互促进。目前，山东省公路通车总里程达7万公里，其中高速公路超过2 000公里，2003年将达到3 000公里，市与市、市与重点县(市)之间基本形成高速网络；港口26个，泊位251个，吞吐能力1.5亿吨；民航线路100多条，辐射到中国内陆35个大中城市和中国香港、澳门及日本、韩国等国家和地区。这一切都为物流业发展提供了良好的条件。为了推进社会物流的发展，山东省青岛、济南、烟台等市制定了物流发展规划，并开始组织实施。

二、问题与今后计划

目前山东省在推行现代物流管理方面还存在一些主要问题，如现代物流观念宣传普及不够，不少企业仍然停留在传统的物流管理阶段；支持鼓励物流发展的政策法规环境尚未形成；物流产业的发展面临着需求不足、投入不足的问题；物流管理人才缺乏；物流技术标准体系有待建立，物流信息化水平低；企业物流管理部门还停留在职能中心的水平，尚未成为成本控制中心和利润核算中心，工作有待进一步深入。

近期山东省将主要抓好以下工作：

（一）结合山东省经济发展水平和产业结构调整，做好物流基础设施、物流信息系统、物流人才培养、物流市场培育等方面的规划，使物流业的发展健康有序。

（二）制定《山东省现代物流发展意见》，推动山东省海陆空立体化物流网络建设。

（三）开展企业物流咨询、诊断活动。与山东大学物流工程中心一起，在问卷调查的基础上，到重点企业进行实地考察，对企业物流现状进行分析，提出改进物流管理的对策建议。帮助企业提高物流管理水平。

（四）组织好“物流管理样板企业”活动。加强对先进企业的情况调度和信息交流，研究制定“物流管理样板企业”评价标准，年底前后评选出第一批“物流管理样板企业”。

（供稿：山东省经贸委）

湖 北 省

随着经济向纵深层次发展和对物流认识的加深，物流业的发展问题已越来越引起湖北省政府和工商企业的重视。

一、物流业发展现状

传统物流业有一定的基础。但是按照现代物流业发展特点衡量，湖北省物流业尚处于发展初期。

（一）物流基础设施初具规模

1.交通基础设施日趋完善，全省物流发展有一定的运输网络支撑。一是铁路运输通达全国。二是水运业发达。湖北省位于长江黄金水道中游，有着得天独厚的发展航运的自然条件。三是公路运输网络以省会武汉市为中心，沿国、省干道向外辐射，以各级公路为辅联结县、乡、村。目前，公路货物运输通达全国20多个省市地区。

四是航空运输发展较快。随着湖北省天河机场的开通，目前，空运航线已达98条，与中国内陆57个大中城市和中国香港、澳门及日本、韩国架起了空中通道。

2.通信设施水平不断提高，物流发展有较强的信息网络支撑。湖北省武汉市是全国重要的通信枢纽之一，国家通信网的“八纵八横”光缆干线网中有京广、汉渝、汉宁等5条国家一级干线贯穿湖北省。

3.各类场、站、库遍布全省各大中城市，物流据点存量较大。在计划经济时期，作为国家在华中地区的物流调拨中转站，湖北省建立了大批仓储设施、货运站场等，特别是武汉市，各类场、站、库遍布武汉三镇。目前，铁路部门拥有编组、客货运站146个；公路部门拥有客货运站、集装箱中转站25个，库场院总面积达50万平方米；水运部门拥有生产用码头392个，堆场37.63万平方米，库场6.55万平方米，并拥有铁路专用线；商业、储运部门更是拥有大量的库场，其中仅武汉商贸控股集团就拥有仓库占地面积145.29万平方米，仓库总面积42.2万平方米，有近7万吨高低温冷库，近百台运输车辆，4个专用码头，9条铁路专线，大型专业仓库都备有吊车、叉车等装卸设备。

(二)企业内部物流配送有了初步发展

自90年代初连锁这一新型业态进入湖北省以来，全省连锁企业得到快速发展随着连锁企业的不断发展壮大，企业内部的物流配送也开始出现，并有了一定的发展。重点监测的全省50家大中型连锁企业中，有34家已建立自己的配送中心，占68%。其中，湖北省最大的商业连锁企业中百集团，目前拥有5家配送中心，负责整个集团9家大型连锁超市和102家便民店商品配送。

(三)第三方物流开始起步

随着市场经济的发展及改革开放的逐步深入，现代经营管理理念已逐渐被湖北省广大工商企业所接受并开始运用。现代营销方式的广泛应用，使工商企业对专业化物流服务的需求也与日俱增。顺应这一物流业发展的需要，中百集团、长江智能公司等5家大型企业共同投资4 000万元，组建了湖北省首家第三方物流公司——长江智能物流有限公司。该公司以现代通信、信息等高科技手段建立的电子商务网络平台作为物流服务切入点，并拥有1.2万平方米的仓库，正在完善其开展物流服务的运输车辆配套。同时，积极开拓神龙、红桃K等生产企业供应体系为目标的第三方物流服务和销售终端的配送服务。长江智能物流有限公司的出现，将为湖北省发展第三方物流积累丰富的经验。

(四)筹建华中物流中心

提出并完成《华中物流中心总体规划及实施方案》的课题研究，为适应和满足21世纪全省经济和社会发展需要，促进以武汉市为中心的现代物流的发展。

二、湖北省物流业发展存在的问题

从全省物流业发展现状看，尽管湖北省物流业有一定的基础，但现代物流却刚刚起步，社会化、现代化、国际化程度低，规模小，还未形成产业，更谈不上体系和规模，与全省经济发展及生产社会化、经济全球化，特别是与加入WTO的要求相比，现代物流仍显得非常滞后。

(一)对现代物流认识不够，意识淡薄

不少企业由于长期受计划经济体制的影响，重生产、轻流通，重商流、轻物流，仍习惯于传统的经营方式。

(二)管理体制、企业运行机制落后

主要表现在管理体制条块分割，区域间、部门间、企业间缺乏协作。铁路、公路、水运、航空等各种运输方式自成体系，独立发展，造成物流资源配置不合理。此外，工商企业的自办运输、仓储、配送，造成重复建设和资源浪费。

(三)现代物流专业人才匮乏

现代物流业在全国范围内是近两三年的事，在湖北省更是刚刚起步，全省普遍缺乏适应现代物流及整个供应链过程的专业管理人才。

三、发展湖北省现代物流的措施及对策

当前，湖北省发展现代物流的指导思想和总体目标是：明确现代物流作为新兴产业和支柱产业的重要地位，坚持以市场为导向，以企业为主体，以提高效率、效益和竞争力为中心，以建立现代物流服务网络体系为总体发展目标，为现代物流服务网络的建设提供体制、政策和法规保障；各类工商企业要逐步提高利用现代物流的积极性，为现代物流的发展提供有效需求；各类物流服务相关企业，要积极改变传统经营模式和方式，为现代物流的发展提供良好的资源条件。

主要措施及对策：

（一）研究制定积极的产业发展政策，培育发展现代物流业。

（二）加快商贸流通业的改革，发展物流大集团。

（三）积极支持筹建华中物流中心。

（四）抓好第三方物流企业的发展。

（五）加快物流基础设施建设。

（六）加快发展和完善行业协会等社会中介组织，加强物流业发展中的行业协调和行业自律。

（七）加强对物流专业人才的培训，造就一支高素质的物流人才队伍。

（供稿：湖北省经贸委）

云南省

物流，作为一个崭新的经营理念，其经营方式从国外引进以后，云南省组织了政府、企业经营管理人员到国外、省外先进的物流企业进行了考察、学习，同时邀请了国内专家到云南专题调研，就云南省现代物流及多式联运的现状、今后行业及企业的发展、努力方向进行了认真的研讨。在明确了思路的基础上，结合传统的仓储、运输、配送等方式，大胆进行了尝试，使得各类型、各层次的物流运输企业正在全省范围广泛兴起。

虽然受资金、体制等诸多因素的影响，云南省现代物流业才刚刚起步，与先进国家及东部发达地区相比尚有很大差距，但随着中国的加入WTO，边贸的兴旺，中、老、缅、泰四国澜沧江——湄公河通航及其流域的开发，云南省的现代物流业必将呈现多元化、迅猛发展的态势，其市场潜力和发展前景十分广阔。

一、各运输行业成效显著

铁路，在云南经济社会发展和对外交往中，具有重要的战略地位。我国第一条国际铁路(滇越铁路)于1910年建成通车。

1990年来，云南铁路发生了翻天覆地的变化。云南现已拥有成都－昆明、贵阳－昆明、南宁－昆明、内江－昆明、昆明－河内、广通－大理等多条铁路干线，铁路运营里程达2 218.2公里，其中标准轨1 519.4公里，米轨665.1公里。中国首列电动旅游列车运行在昆明－石林旅游线上，西南最大的自动化驼峰系统在昆明建成。“十五”期间我国铁路将加快西部基础设施建设，推进西部大开发。云南省将配合国家加紧进行泛亚铁路(昆明至东南亚国家)的规划工作，将争取早日立项并动工建设。同时争取进藏铁路的立项建设，以及争取将连接南亚国家的铁路(大理－腾冲－密支那－印度)提上议事日程，打通连接印度洋的又一条国际大通道。

到1999年末，云南省公路通车里程达10 245公里，增长率达33.07%，为全国第一。其中高等级公路达1 912公里，增长率达21.24%。全省所有乡镇都通了公路。2001年1～8月，全省公路建设完成投资58.68亿元，为年计划的65%，比去年同期增长14.68%。其中大理－保山、昭通－

麻柳湾、曲靖－胜境关、嵩明－待补、昆明－石林、平远街、砚山等重点公路建设项目完成38.38亿元。楚雄－大理、昆明－玉溪、玉溪－元江、元江－磨黑、曲靖－陆良等公路均已通车，澜沧江－临沧的公路即将开工。

云南省的集装箱多式联运发展水平较低，准备结合昆明东站铁路集装箱货场的建成，加快大理东、曲靖、楚雄等地的集装箱货场建设，增加集装箱中转站，添置装卸设备，加快电子信息网络系统的综合开发和推广。

1992年荷兰TNT公司开始进入中国，1993年在昆明成立的大通国际运输有限公司云南公司，已建立一套完善的物流信息系统，在从事物流、空运、海运、快递、展览品运输业务中已颇有业绩。1995年外资企业马士基进入云南，1999年铁行渣华随后进入，均依靠其完善的物流信息系统，从事集装箱多式联运。我国加入WTO后，发达国家的现代物流企业进入云南必呈加速之势。

二、存在问题

为适应经济全球化的需要，加快云南省现代物流发展，有助于将其培育成为全省的重点产业，有助于形成新的经济增长点；加快云南省现代化物流发展，对于优化资源配置、调整经济结构、改善投资环境、增强企业竞争能力、提高经济运行质量与效益，实现云南省经济的可持续发展，推进云南省经济体制与经济增长方式的根本性转变，具有重要而深远的意义。

目前云南省物流业存在的主要问题：一是物流涉及很多环节，分属不同部门管理，相互缺少沟通，不能形成合力，行业保护现象严重；二是缺乏统一的组织协调部门进行协调规划，建设物流基础设施一哄而起，容易造成低水平的重复建设和资源的浪费以及网点布局的非系统化；三是现行的政策体制和法律规章还不能适应物流发展的需要。

三、下一步计划

云南省打算通过5～10年的努力，采用先进的管理、技术和装备，建立起全省、区域、城镇、企业等多层次的，符合市场规律、与国际惯例接轨的，物畅其流、快捷准时、用户满意的社会化、专业化现代物流网络。

为尽快解决上述存在的问题，进一步推动现代物流工作的发展，根据国家经贸委等六部门联合印发的《关于加快我国现代物流发展的若干意见》和全国现代物流工作座谈会精神，着重做好以下几方面的工作：

一是积极培育现代物流服务市场；

二是努力营造现代物流发展的宏观环境；

三是继续加强物流基础设施的规划和建设；

四是广泛采用信息技术，加快科技和标准化建设；

五是加快对外开放步伐，学习借鉴发达国家的成功经验；

六是加强高素质人才的培养，促进产学研结合。

当前，要做好以下几方面的工作：一是加强对现代物流的调查研究，年内摸清全省物流的基本状况；二是抓紧制定《云南省现代物流发展规划》；三是积极做好对物流企业的协调服务工作。在调查研究和《规划》的基础上，抓紧制定切实可行的政策措施，正确引导物流的发展，加快培育有竞争力的现代物流企业，营造有利于物流发展的宏观环境，使云南省的物流业能稳定、健康、快速地发展。

（供稿：云南省经贸委交通处）

山西省

一、山西省发展物流业工作进展情况及存在问题

（一）深入研究、积极规划

1.紧密结合本省实际，提出了《山西省物流发展总体规划建议书》。

2.在《山西省物流发展总体规划建议书》的基础上，省交通厅和省委政研室一道，参加了有关部门在北京、海口、大连召开的物流发展年会和研讨会，并专程到广东、深圳、上海、辽宁等地进行了考察，更加广泛地了解了国内外物流业发展状况和经验。同时还深入到太原、大同、侯马等地，针对公路、铁路、民航等运输现状和物资流量、流向进行了调查研究。经过论证，写出了《加快推进山西省现代物流业发展的研究报告》。

3.为搞好省物流发展规划，保证规划质量。山西省与北京科技大学物流研究所签定了合作协议，共同研究制定了《山西省物流发展规划》。

（二）开拓进取、努力实践

1.在理论研究的基础上，山西积极进行了发展物流业的尝试。近期已和北京四方物流有限公司、山西科技基因城等单位进行了接触，商谈了组建山西物流网有限公司（正在办理工商注册登记），兴建自动化立体仓库、保鲜库、汽车配件库和公用信息平台等有关事宜。

2.积极引导省属专业运输企业涉足物流领域。目前，省运集团太原分公司已和青岛海尔集团签定了协议，并取得银行贷款，新购入20台厢式货车，全权代理海尔电器在山西省及周边地区的物流业务。省运临汾运输公司已经和康佳、长虹电器集团签定了协议，代理山西及周边电器物流配送。省运大同运输公司已经在大运高速、京大高速公路交汇处征地100多亩，拟兴建物流园区并与北京中关村高科技有限公司签定了协议，购买了5部厢式货车，进行大同地区的电器物流配送。省运侯马运输公司拟兼并具有5 000吨冷藏能力和铁路专用线的侯马冷库，进行物流园区建设，同时侯马市政府同意以优惠价出让土地300亩让其牵头运作物流。

3.积极推进山西省货运信息网络建设。2001年以来，按照交通部要求，把推广华夏交通在线（公路货运交易信息系统）作为建设全省货运信息平台和网络的重要环节，采取“三推”（分步推开、全面推广、重点推进）、“两整”（整顿市场、整合网络）的方法，先后在太原、运城、阳泉、晋城、侯马、大同等地货运中心和货运交易市场安装使用了华夏交通在线。使上述地区的货运信息和会员车辆实现了全国联网运营。

（三）搞好物流宣传、加强人才培训

为适应省现代物流业的发展，省交通厅十分重视物流知识的宣传和人才的培养，一是请清华大学等单位的教授举办了现代物流培训班；二是组织运管部门、运输企业的干部参加了交通部举办的研讨会、培训班，还选拔部分中青年干部出国接受长期和短期物流培训；三是组织有关人员到物流业发展的先进省市参观、取经，收到了良好的效果。

（四）山西省物流发展存在的问题

1.缺乏资金。物流园区需要大量的资金投入，上规模的现代物流园区一般资金投入均需上亿元，而目前山西省几乎没有这样能力的企业去投入物流业。

2.现有物流企业相对经营分散、规模较小，不能适应现代经济发展的要求，急需进行资源有效整合，扩大经营规模，增强核心竞争力。

3.物流园区的投资运作主体急需确定。

4.物流专业人才较少。急需培养和造就一批物流专业人才队伍，以适应山西省物流业发展需要。

二、加快山西省现代物流业发展的思路

（一）山西省发展现代物流的总体目标

要以构建大运高速公路经济带为契机，以推动经济结构调整、实现山西经济跨越式发展为目标，采用先进的物流管理技术与装备，建设一个物流枢纽园区（太原）、两个物流中心园区（大同、侯马）、若干个物流结点园区和物流配送服务站。逐步形成以太原为中心，以大同、侯马

为支点，以若干个物流结点和服务站为支撑，以公路、信息网络为纽带，集运输、仓储、配送、搬运、装卸、分拣、加工、包装服务为一体的现代物流网络体系。

（二）山西省现代物流发展的基本原则

统一规划、合理布局、远近结合、适当超前、政府支持、行业组织、企业运作、分步实施、多方投资、滚动发展。

（三）山西省现代物流业发展的实施步骤

发展现代物流业的大体步骤是：一年起步、三年成型、五年见效、十年形成规模。

（四）发展山西省物流业的具体措施

1.政府切入点：一是要抓紧制定符合现代物流业发展要求的发展规划，坚持立法先行，防止一哄而起，决不能搞盲目建设和低水平重复建设。二是要为物流业发展提供土地、税收、资金等优惠政策，创造宽松的环境。

2.行业切入点：一是要以信息为先导，尽快建立全省公用型物流信息平台和信息网络。

3.企业切入点：要以大型一类企业、公路运输行业的龙头——山西汽运集团为主，充分发挥其在发展现代物流中的人才、资金、技术、管理、运输、仓储等优势，积极进行物流园区的运作。

（撰稿：山西省交通运输管理局　李秀保　孟路安　张海珠）

宁夏回族自治区

一、基本概况

宁夏回族自治区地处西北地区的东部，与内蒙、陕西、甘肃毗邻，面积6.64万平方公里，人口563.2万人，俗有“天下黄河富宁夏”、“塞上江南”的美誉。2001年，全区实现国内生产总值298.3亿元，比上年增长10.1%。其中第一产业增加值49.5亿元，同比增长6.3%；第二产业增加值135亿元，同比增长11.3%。其中工业增加值102.2亿元，同比增长9.7%；建筑业增加值32.8亿元，同比增长17.3%；第三产业增加值113.8亿元，比上年增长10.5%。全年全部工业企业完成工业总产值327.3亿元，比上年增长10.2%。在主要工业产品产量中，原煤1 635.72万吨，增长3.5%；发电量150.3亿千瓦时，增长10.0%；铝锭15.82万吨，增长35.3%；化肥73.58万吨，增长23.6%；水泥318.69万吨，增长13.7%；轮胎外胎181.94万条，下降5.9%；轴承632.17万套，增长13.4%；机制纸及纸板30.85万吨，增长30.1%；金属切削机床1 298台，增长42.8%。全年海关进出口总额5.36亿美元，比上年增长21.0%。其中，出口总额3.56亿美元，增长8.8%；进口总额1.80亿美元，增长55.7%。

到2001年底，全区交通、通信基础设施状况及生产情况：

铁路：银川铁路分局现有铁路营业里程743公里，有25个营业站，14个货场总面积66.4万平方米。2001年，全分局完成货物发送量2 088.7万吨，同比增长8.4%，其中集装箱装运54.27万吨；完成旅客发送量282.2万人，同比增长4.2%；完成换算周转量19 864.4百万吨公里，同比增长8.7%。其中银川车站货场仓储面积10万平方米，2001年完成货运量218万吨，到站货运量171万吨，全年发集装箱12 919标箱，计22.54万吨，到达46 159箱，计22.18万吨。并被铁道部授予“五星级优质货场”称号。

宁夏大古地方铁路公司经营线路70公里，全年完成货运量211.23万吨，比上年增长18.45%，并取得安全生产1 736天的好成绩。

公路：宁夏公路网规划为“三纵六横”格局，到2001年，全区公路通车里程10 899公里，其中高速公路240公里，一、二级公路1 823公里，三、四级公路8 734公里，等外公路102公里。公路密度21.04公里／万平方公里。每万人拥有公路里程18.7公里。二级以上公路里程所占比例18.9%。高级、次高级路面所占比例55.43%。

2001年，全区民用汽车保有量为86 600辆，其中从事运输经营的63 275辆。全区全年完成公路货运量4 670万吨，货物周转量57.5亿吨公里，分别比上年增长3%和降低2%；完成客运量5 518万人，旅客周转量33.2亿人公里，分别比上年增长5%和6%。

航空：宁夏民航现有航线16条，每周航班74班。2001年，完成机场吞吐量306 828人次，比上年增长5.6%。其中旅客吞吐量274 715人次，比上年增长6.8%；货邮吞吐量2 890吨，比上年下降3.7%。宁夏联航经营北京——银川——佛山航线，每周二班，2001年飞行208架次，完成旅客吞吐量20 086人次，比上年增长13.3%。

管道：宁夏长庆输油管理处输油管道自甘肃曲子——宁夏惠安堡——中宁石空——银川，全长384公里，2001年共输原油208万吨；宁夏长宁天然气有限责任公司自陕西靖边——银川有输气管道291.1公里，2001年销售气量47亿平方米。

通信、邮政：全区光缆总长度达2 883公里；交换机容量170万门；长途电话电路14 917路；长途自动交换机容量36 670路端；数字数据节点总数为2 903个；IP端口数4 209个；移动通信信道17 394个；GSM移动基站393个；无线电通信台站6 551部；微波传输干线1 335波道公里。2001年，全区电话用户数达到113万户，其中固定电话69.3万户，较上年增长9.3万户；移动电话43.55万户，较上年增长23.11万户；数据多媒体用户8.5万户，较上年增长5.11万户。电话主线普及率达到20.08线／百人。全区电信完成业务总量20.71亿元，实现业务收入11亿元。2001年邮政完成业务量1.93亿元；完成业务收入1.97亿元。

外贸：外贸系统现有外贸仓库一处，仓储面积14.45万平方米，年吞吐量2.1万吨。出口主要物资有钽制品、铝锭、金属镁、硅铁、碳化硅、电石、机床铸件、轮胎、羊绒衫、服装等。全区外贸进出口总额5.36亿美元。

二、转变传统观念，开展现代物流

现代物流产业是基于社会化大生产和网络经济发展的一种高新技术产业，它作为一种全球兴起的先进的管理技术和组织方式，已成为提高经济运行质量和经济效益的有效途径。随着我国国民经济的快速发展，特别是中国加入WTO后，现代物流在国民经济乃至地区经济发展中的重要作用越来越为人们所认识。宁夏虽处西北边陲，地方经济发展和东南沿海发达地区相比，还有一定差距，特别是开展现代物流从高素质管理人员、设施条件、产品结构、产业规模上条件还不尽成熟，但宁夏将积极努力，抓住西部大开发的有利时机，适应现代物流革命日益发展的大趋势的要求，结合我区实际情况，挖掘积极因素，创造公平、公正、公开的市场环境，按照国家要求着手做好以下几个方面的工作。

（一）认真学习国家经贸委、铁道部、交通部、信息产业部、对外贸易经济合作部、中国民用航空总局联合印发的国经贸运行[2001]189号文《关于加快我国现代物流发展的若干意见》的通知。解放思想，提高认识，转变传统观念，强化服务意识，营造环境，树立开展现代物流意识，把发展物流提到作为优化自治区产业结构、提高经济运行质量和效益的高度加以重视。

（二）由自治区经济综合管理部门牵头，铁路、交通、民航、国内贸易、外经贸厅、通信等部门组成专门机构，共同开展自治区现代物流发展的工作，尽快拿出自治区开展现代物流的初步设想与规划。

（三）学习借鉴国内外现代物流发展的先进经营理念和管理模式，组织相关部门、企业到外地学习、考察，并邀请东部沿海地区开展物流工作比较好的企业或专业人员到宁夏讲学、传授经验，宣传现代物流发展的优越性和必然性，创造开展现代物流的良好氛围。

（供稿：宁夏回族自治区经济贸易委员会经济运行处）

广 州 市

广州2001年在城市基础设施建设中投入了140多亿元人民币，以加快道路、港口、地铁及新机场建设。主要的物流园区样板也将首先集中在新机场、南沙深水港及广州港周边地区发展，进而形成东、西、南、北四大物流中心。

一、现状：尚未提出总体发展规划

目前，广州地区已登记注册的各类物流企业约30多家，注册资金2亿多元，而真正按照现代物流理念运行的约有6～8家，主要是外资和民营物流企业。其主要特点是整体规模与所占物流市场份额小；企业各自为政，物流仓储分布凌乱。另外，物流企业用于经营的仓库、货场、铁路专用线、码头等多建于20世纪五六十年代，已破旧残损，严重老化。

首先，从连锁经营来看，广州虽起步较早，但发展缓慢。上海连锁经营2000年销售额占全市总额的17%，而广州占不到7%；在全国连锁经营企业销售额的排名中，广州最大的连锁企业排在30名之外，一个最重要的原因就是物流配送发展滞后。

其次，从物流业的基础设施看，广州目前营运的8.5万辆车，分别属于近4.5万个营运单位，每个单位平均拥有不到2辆车，实际处于一车一户的粗放经营阶段，而且60%的车辆属于企业的自货自运，实载率为20%左右，效率很低。同时，铁路、公路、航空、海运、邮政等部门都有各自的物流企业，尚未形成第三方物流，重复建设现象严重，设施利用率低。

再次，从物流费用来看，广州乃至整个广东的物流费用高于全国平均水平。据统计，目前，中国的物流费用平均达到40%，蔬菜食品类达到30%～60%；广东珠三角鲜活类商品物流费用大约占货价的40%～60%，容易变质食品的流通费用有时竟高达商品销售价的70%，玻璃、陶瓷的破损率则高达20%。

二、对策：政府扶持，有的放矢

发展现代物流业，必须依赖政府的大力扶持，在这方面，专家们为政府开出一份“功课清单”：一是要制订物流产业发展规划，有的放矢地在交通方便、集散能力强的地区建设一批物流基地，与深圳、汕头、湛江形成辐射东南、西南、西北、华南地区的大物流体系；二是要在做城市规划时，把物流用地纳入其中，因为大型物流基地必须设立在城市周边且交通方便处；三是要鼓励专业物流企业、连锁企业建立物流配送中心及其区域配送中心，整合企业物流，提高流通效率；四是应尽快成立推动现代物流业的协调委员会或领导小组，避免重复建设和资源浪费，组织、引导传统物流企业与工业、商业企业组建战略联盟，并制订、研究一系列优惠政策等。

政府应引导广州的商业、运输企业集中优质资产与沃尔玛、UPS、联邦快递、马士基等国际著名物流企业合作，尽快建立若干个具有一定规模、高起点的国际现代物流企业集团，一方面引进外资加快物流市政设施建设步伐，另一方面使物流企业、特别是大型国有企业尽快掌握现代物流的经营理念、管理技术及运作模式，扩大物流业的规模，与国际现代物流业接轨。

三、框架：一中心，两平台，若干园区基地

近期，广州发展现代物流业的基本框架思路包括：确定一个中心，搭建两个平台，构筑若干个开放性的物流园区及城市物流配送基地。

一个中心是指以广州的亿吨大港和纵横交错的高速公路网、铁路枢纽网、珠江黄金水道及新机场快速货运系统为骨干，以穗、港、澳、深、珠大三角发达的经济腹地为依托，将广州建成华南地区区域性的现代化物流中心。

两个平台，一是由政府部门牵头建立包括广州港集装箱快速通关系统在内的，将广州信息主枢纽网与综合运输网及运输、工商业、物流服务商整合起来的广州现代物流网络平台；二是指政府对现代物流硬件设施建设支持平台，应在征地、信贷、税收等方面给予支持和引导，鼓励现代物流产业发展。

在构筑物流园区及配送基地方面，由政府负责组织协调、整体规划和场地的“三通一平”，由有志于物流业的企业集团根据自己的要求来设计、建造和营运。而根据2001年4月公布的《广州市商业网点十年发展规划》，广州规划建立四大物流中心，按地域分别为：北部结合新白云国际机场、铁路、公路等对外交流优势发展为商贸物流中心，南部结合南沙港发展为仓储物流中心，西部基于广佛都市圈长远发展考虑在芳村发展商品物流中心，东部结合产业布局而发展生产资料物流中心。

（供稿：中国物流与采购联合会）

南京市

一、南京在物流在发展“T”型地带的物资交流和经济发展中起着承纵、联横、通海的枢纽作用。长江南京以上原来只能通行5 000吨级以下船舶的河段，在经过航道整治后，五万吨级船舶可由长江入海口直抵南京。

南京处于我国干线铁路网之“两横、一纵”的交汇点。两横指西安——合肥——南京启东一线和重庆——武汉——南京——上海沿江铁路一线；一纵指北京——南京——上海一线。南京是交通部确定的45个公路主枢纽城市之一，处于上海——南京——成都国道主干线、上海——云南瑞丽国道主干线支线（宁杭高速）的交会处，这里的高速公路四通八达。

南京是少有的五种运输方式齐全的特大城市，交通枢纽地位非常突出，在这里每天都有大量集散和转运交通发生，具备发展现代物流的优越交通条件。以港口、公路、铁路货运站场为依托，很容易形成大型的现代化物流企业。

二、作为交通部批准的南京公路主枢纽货运系统中心站，到2001年底，王家湾物流中心建设已近尾声，预计2002年3月可投入运营，南京市将力争将其建成华东地区货运运用新技术新方式，具有现代运输结构的物流中心。港口作为物流业的服务中心和服务平台，是发展现代物流业的枢纽环节。在这方面，南京市已下定决心依托龙潭深水集装箱码头，建设龙潭港物流园区。据悉，龙潭集装箱码头已于2001年9月8日开工、2003年底建成，总投资为10.45亿元，3个2.5万吨级、2个千吨级泊位、吞吐能力将达52万标箱，将成为我国内河最大的集装箱码头。目前该码头已引起国外船公司和航运界的关注。南京市将用园区良好的服务、政策和环境把跨国物流公司和国内知名物流企业吸引进来，设立专业物流机构，并建立依托港口的港口加工包装区，形成产业聚集效应，建成一个独具特色的港口物流加工园区。

三、南京物流业发展中的问题：虽然南京在推进现代物流发展方面已经作了不少工作，但总的看来，由于交通运输、物资、流通、信息服务等行业还不是按现代物流规律和需求进行组织和管理的，物流各环节衔接较差，内在质量及运作效率亟待提高。目前，南京现代物流集散和储运设施较少，发展水平低，在大型货运枢纽、物流基地、物流中心和公共配送中心等新型物流基础设施建设方面明显滞后，如在深水良港如何成为物流中心、发展多式联运及禄口国际机场如何成为国家或区域的航空货运基地等方面都缺少规划。

南京各种物流设施及装备的技术水平较低，物流作业效率不高。发达国家已极少采用的件杂散货运输，在南京沿江、内河港口比比皆是；长江、内河的舶船船型老、载重少是造成事故、堵塞的重要根源；在公路运输甚至高速公路运输中，专业化运输车辆寥寥无几。

南京各种运输方式之间缺少合理分工，市场范围交叉严重，在同类货源上进行盲目竞争，各种运输方式不能合理发挥优势，也无法最大限度地发挥各种运输方式的效率。

南京物流设施和装备的标准化程度低，各种运输装备、装卸设备标准之间缺乏有效衔接，对各种运输工具的装载率、装卸设备的荷载率、仓储设施的空间利用率都产生了很大制约。

(供稿：中国物流与采购联合会)

西 安 市

一、基础条件

西安处于中国东西部两大经济地域的结合部，是西北五省通往西南、中原和华东各省市的门户和交通枢纽，也是西部地区综合实力最强的中心城市，占有相对优势。西安与郑州、兰州、太原等城市比，地处北方中西部地理中心；如果把北方中西部划为一个市场圈，西安居中心地位。西安在周边400公里左右的城市中，拥有科技、教育、文化、旅游，以及承东启西、联通西南、西北的优势，客观上具备了建设区域性物流中心的基本条件。

目前，西安市公路总里程2 801公里，有5条国道和12条省道经过市区，是连接省内及西北、中南、西南的重要枢纽。贯通西安的陇海铁路与京沪、京广、焦枝、宝成等国内南北干线衔接，并与西安市到侯马、延安、铜川等支线相连，形成了纵横交错的铁路运输网络。西安站每天都有通达各大城市的列车，年平均发送货物2 800万吨。西安航空港咸阳机场是国内四大机场之一，年飞行量可达24万架次，年货物周转量达4 800万吨公里，旅客周转量达26亿人公里。目前有71条航线直通国内大中城市，并与香港、日本、新加坡等直接通航。从趋势上看，西安的交通状况将会对西安物流业的发展起到很大的促进作用。

二、经济环境

西安作为西北地区的商贸中心之一，其社会商品零售总额在西北地区占有很大比重，在西部大开发的战略中，西安是桥头堡，在国家重点规划建设的线路中，有很大一部分都是和西安有着密切关系的。另外，从西安市政府的发展规划来看，到2010年，西安市商业网点总数将达到18万个，商贸业在全市第三产业中所占比重将达到35%。到2001年底西安市社会消费品零售总额已达到400亿元，按照年平均增长10%左右的速度计算，到2010年将接近1 000亿元。

西安作为我国的老工业基地之一，其机械、纺织、电子、电力设备、汽车等在全国有着举足轻重的地位，生产加工企业密集。近几年来高新技术发展迅猛，西安高新开发区技工贸收入名列全国高新区前茅。新型的生产加工企业对现代物流服务有旺盛的需求。

三、物流现状

西安目前的一些物流企业大部分实际上还是传统的仓储公司或者是运输公司（包括西安中储），直接经营消费品的现代物流企业还没有。据对西安市的仓储业调查情况来看，尽管有一定数量的仓储企业，但是这些企业的经营品种主要以生产资料、建材或者是国家、地方专控的商品为主。从发展趋势来看，物流仓储业有着很大的成长空间。根据西安市的发展规划，到2010年，西安市的商业将建成以大型购物中心、百货商场和仓储式商场为骨干，以多种专业店、专卖店、超市、便利店为网络的零售商业格局。另外，按照目前的消费水平和人口分布状况及其发展趋势，西安至少可以开10家左右的大型超市，所以商业配送发展前景广阔。从目前西安物流行业的发展情况来看，配送是瓶颈之一，对于安全、高效、及时、准确、低成本的配送需求是十分强劲的。从长远来看，西安市在拥有可以直接进行进出口报关的能力之后，为各种企业从事进出口报关的服务将是一个有着十分广阔前景的业务。另外，从事外包装回收的回收物流也具有广阔前景，如包装家用电器的纸箱回收，一方面能够满足环保的要求（今后可能会有政策法规出台），另一方面也能够为企业节省一大笔费用，这项业务如果和包装服务有机地结合起来的话，规模效益就会更加明显。

（供稿：中国物流与采购联合会）

深圳市

深圳建设区域性物流中心战略的提出，既充分考虑了自身发展的客观实际，也充分考虑了保证香港繁荣稳定，促进全省经济再上新台阶，切实当好“二传手”，充分发挥对内地的示范、辐射和带动作用等方面的要求。因此，在设定目标模式的时候，必须从战略的高度出发，致力于构筑一个高起点、多角度、全方位的产业架构．点面并举、整体推进，以现代物流产业的迅速发展带活整个城市和经济功能的良性运作。从宏观上讲，深圳建设区域性物流中心的目标模式，应该包括以下四个方面：

一、目标模式之一：建立深港物流产业共同体，确保香港的国际营运中心地位

（一）众所周知，香港是国际金融中心和营运中心。“九七”回归之后，香港金融中心地位得到了进一步加强，但营运业受到了严竣挑战，港口货运量呈明显的下滑趋势。为了保持香港的繁荣和稳定，应该在深港经济衔接的过程中，着力营建深港物流产业共同体，以深圳作为香港的后盾，为其提供营运能力、仓储能力和分流能力必需的空间支持，降低产业成本、提高国际竞争力，同时，实现香港城区功能的相应扩大和延伸。

（二）二十年来，深圳的物流基础条件得到了极大的发展，目前已成为华南地区重要的交通运输枢纽。1998年，深圳港群的集装箱吞吐量接近了200万标箱，其中，盐田港达到了103万标箱，跻身于国内四大集装箱港行列，二期工程在近期竣工之后，吞吐量还将大幅度增强；深圳黄田国际机场是国内第四大繁忙空港；京九线华南地区最大的铁路编组站——平湖南铁路编组站日编组能力达到了8 000车次。围绕着建设深港物流产业共同体的目标模式，深圳还要在基础设施建设方面加大力度。在公路运输方面，要兴建若干大型交通运输基础设施合作项目，在海运方面，力争把香港港口吞吐的部分大陆转口货转由深圳中转，以降低成本，提高总体经济效益。在仓储配送方面，着力兴建大型干线物流基地，为香港提供充足、低价的仓储配送和集装箱整备腹地。

（三）建立深港物流产业共同体，除了发展

基础设施之外，深圳还需要在政策和体制方面进行必要的改革创新。要改革深圳口岸和管理体制，清除深港口岸通关瓶颈；要借鉴香港进出口管理经验，对商品进出口权和出口配额实行弹性管理；要通过政策创新，鼓励和吸引一批国际银行、跨国公司、综合商社来深圳设立办事机构，使部分原来在香港完成的商品交易、结算、配送业务转移到深圳，使深圳成为香港商贸业务活动的空间延伸。通过合理的分工合作，形成深港物流产业相互促进的态势，进一步提高香港与深圳的国际竞争力。

二、目标模式之二：

建立国内货物的出口转运基地，充分发挥对京九沿线地区的辐射和带动作用

（一）京九铁路两厢经济辐射面积达150万平方公里，人口2亿多，工农业总产值占全国的15%左右。深圳建设区域性物流中心，将极大地强化对京九沿线地区的辐射和带动作用。

（二）京九沿线地区是我国主要的商品粮、商品棉生产基地，长期以来，由于交通不畅和经营运作不力，资源优势形不成经济优势。深圳建设区域性物流中心的目标模式之二，应该是建立沿线地区货物集运中心，依靠与香港连体和靠近国际市场的优势，依靠较为发达的物流基础设施条件承当沿线地区货物转运的“窗口”和经济发展的“二传手”，形成既有联合协作，又互为腹地的全方位的大物流格局，使区域的整体优势得到充分的发挥。

（三）作为全国改革开放的“示范点”和“排头兵”，深圳可以利用现代物流产业这一有效的现实载体，在强化中心经济城市辐射功能的同时，在完成沿线货物营运的过程中，实现人流、物流、资金流、信息流向低谷的流动和转移，带动沿线地区的改革开放和经济振兴。当然，作为京九线的南部出海口，沿线地区也为深圳的发展创造了巨大的空间，特别是为深圳现代物流业的发展带来了丰富的货源和广阔的市场，构筑了一个强有力的后方依托。

三、目标模式之三：

建设新欧亚大陆桥东南桥头堡

（一）大陆桥是指以横贯大陆的铁路为桥梁，以铁路两端的海港为桥头堡的运输通道，大陆桥运输是指利用大陆桥，把大陆两端的海铁运输联结起来的海陆联运的集装箱运输方式，即海—陆—海连接运输。随着大陆桥运输的发展，大陆桥两端的集散点不断扩散，并加入了航空、公路、河运、管道等多种运输方式。因此，所谓大陆桥运输，实际上是以铁路为主体，以集装箱为媒介，海运、航空、公路、河运、管道等多种运输方式相结合，横跨国际大陆，实行海陆衔接，“一票到底”的国际联运。

（二）从目前情况看，深圳具备了担当新欧亚大陆桥东南桥头堡的诸多条件：

第一，地理位置优越，与吸引范围内的主要港口联系方便，相对海运里程短，路途便捷，通达的国家和地区较多。

第二，港口条件良好，全年作业，码头前沿水深超过负14米，航道条件好，自然岸线长，拥有集装箱专用泊位，现代化装卸、储存等各种设施配套完善。

第三，腹地广阔，航空、铁路、公路等运输网络十分发达。

第四，城市发展空间充足，功能多样化。当然，最具决定因素的条件还是大京九铁路的贯通，使新欧亚大陆桥向东南地区的延伸成为了一种现实可能，沿京九线北上，可以在陇海线商丘铁路桥与新欧亚大陆桥直接接轨。

（三）深圳建成新欧亚大陆桥东南桥头堡，不仅会极大地促进深圳区域性物流中心的建设与发展，还可以促进亚洲区域、次区域的经济合作。这样，亚太地区的合作范围将得以扩大，以水平分工和垂直分工相结合为特点的、混合型国际产业分工链因此拉长。当然，作为新欧亚大陆桥的东南桥头堡，深圳将从中获得巨大的经济效益，对深圳建设区域性经济城市和国际化城市，对保持香港的繁荣和稳定，对充分发挥特区对内地的辐射带动功能，将起到不可估量的积极作用。

四、目标模式之四：
建立以海铁联运为主导的物流运作模式

深圳市发展现代物流业，在充分认识自身条件和充分考虑外部环境的前题下，应该明确一个产业主体，那就是海铁联运。近年来，深圳港群，特别是盐田港的发展势头十分喜人，盐田港已跻身于国内四大集装箱港的行列。深圳要充分利用盐田港和大京九铁路的优势，在国家全面发展物流事业和加大西部开发的政策引导下，着力发展海铁联运，实现内外沟通的“双扇面辐射”，带动深圳现代物流业的全面发展和深圳经济的进一步腾飞。

（撰稿：深圳市人民政府副市长　宋海）

武 汉 市

根据武汉市人民政府的统一部署，从2001年3月到8月上旬，武汉市交通委员会同市政府有关部门经过调查研究，在国家综合运输研究所的支持下制定了《华中物流总体规划及实施方案》，现已经武汉市咨询委组织专家论证，市长办公会讨论通过。

一、总体发展框架

华中物流中心发展总体构想为：依托武汉市在华中经济区域的中心城市的特殊地位，以武汉为华中物流中心的核心，以武汉及周边城市物流基础设施与物流企业为基础，以国家现代化综合运输网络为主干依托，构筑四重物流服务区域和四大物流服务主通道。形成我国华中地区物流发展与动作的“双四”架构。

(一) 构筑四重物流圈

依托武汉市及省内周边地市物流设施，以物流服务的重要考核指标——时间指标和华中物流中心的影响范围为指数，确定服务范围与服务基本形式，形成立足武汉、背靠湖北、面向华中、连接世界的四重物流圈。

1.1H 区域配送物流圈

构筑以物流基地——物流中心——配送中心为依托，面向武汉市区重要产业基地、商品集散地、城市消费功能区的1小时区域配送物流圈。

2.6H 分拨及终端配送物流圈

构筑以武汉为中心，以武汉市及省内周边地市物流设施为依托，面向武汉及周边城市的12小时分拨及终端配送物流圈。

3.24H 干线区域分拨与中心城市终端配送物流圈。

构筑以武汉为中心，以湖北省内重要物流设施为依托，面向武汉及其它华中经济中心城市的48小时干线区域分拨与中心城市终端配送物流圈。

4.72H 国际终端配送物流圈

根据服务需要与市场发展，在上述三重物流圈的基础上，依托国家及跨国民用航空系统，构筑以武汉为中心，以武汉及周边各主要经济中心城市的重要物流设施为支持，面向远东、东南亚及欧美地区的72小时国际中心城市终端配送物流圈。

(二) 打通四大物流通道

以武汉市为中心，以华中物流中心核心区域基础设施为依托，建立和加强长江沿线和周边各重要经济中心城市物流基地之间的物流联系，发挥物流基地集零汇整、化整为零的组织优势和效率优势，以综合运输网络为基础，构建四大物流通道。

1.长江物流通道

发挥长江黄金水道作用，依托沿江各港口与物流基地，开辟长江物流班轮，构筑长江水运物流通道。

2.铁路物流通道

充分发掘国家铁路干线的巨大潜能，结合铁路“五定”班列、行包专列和集装箱运输，积极探索开展驮背运输等新型运输形式，构筑铁路干线物流通道。

3.高速公路干线物流通道

提高国家高速公路干线网络效率，积极发展大型、超大型封闭式货车，开辟长途高速干线班车，构筑高速公路干线物流通道。

4.航空快速物流通道

充分发挥武汉航空枢纽港优势，依托天河国际机场，利用现有国内、国际航线航班积极开展航空货运，选择有利时机，配置以大型专用货机为主体的航空干线快速物流通道。

二、华中物流中心交通基础设施建设

物流的载体是运输，加快物流中心的交通基础设施建设尤为重要。华中物流中心建设由若干交通基础设施建设支撑性项目构成，分为物流基地、物流中心和配送中心三个层次分期进行。

(一)物流基地

根据《华中物流总体规划及实施方案》，在武汉城区与郊区的结合部上设立三个现代化、大型、多功能物流基地，即舵落口物流基地和阳逻物流基地、关山物流基地，并充分考虑未来发展而在适当位置上为可能出现新的物流服务需求预留足够的土地。物流基地的规划目标年为2005年和2015年，基地总规模占地8 000亩左右。

1.舵落口物流基地

舵落口物流基地依托武汉舵落口大市场，最终物流处理能力1 400万吨，最终建设规模500万平方米，初期建设规模150万平方米，能力430万吨。

2.阳逻物流基地

阳逻物流基地是华中物流中心第二物流基地，最终物流处理能力550万吨，最终建设规模200万平方米，初期建设物流中心，规模33.5万平方米，能力90万吨。

3.关山物流基地

关山高新技术物流基地是华中物流中心建设的重要组成部分，对于提升武汉东湖高新技术开发区的战略地位具有极其重要的作用。关山高技术物资配送中心最终建设规模33万平方米，最终物流处理能力10万吨，初期建设规模26万平方米，能力4万吨。

(二)物流中心

1.武汉万吨冷库区冷冻(藏)食品物流中心

该物流中心占地总规模控制在10万平方米，物流处理能力25万吨，按照物流中心标准进行技术性改造，初期建设规模4万平方米，能力10万吨。

2.升官渡物流中心

该物流中心占地总规模按7万平方米进行控制，物流处理能力20万吨，按照物流中心标准进行建设，初期建设规模3.5万平方米，能力10万吨。

3.配送中心

主要有武汉商贸配送中心、商储配送中心、农资配送中心、物资配送中心，上述配送中心的规划建设由市政府相关的行业部门进行整合。

目前，在武汉市注册登记的物流企业有32个，其中作为第三方物流服务的企业仅有几家，根据现有开办物流业务的状况来分析，产科研为一体的公司有1家，网络公司1家，运输联运为主的公司有14家，仓(冷)储为主的有5家，外地办事处5家，涉外物流公司3家。

2001年，武汉市GDP达到1348亿，比去年增长12%，进入全国先进城市和经济快速发展中心城市行列，加快三个物流基地(舵落口、阳逻、关山)、二个物流中心[万吨冷库冷冻（藏）食品、升官渡]、四个配送中心(商贸、商储、农资、物资)的建设，将推动现代物流的发展。武汉既是现代制造工业基地，又是高新技术产业基地，也迫切需要第三方物流企业的出现与跟进。

市场化程度的不断提高，一大批商品交易市场、生产资料市场、建材市场、联销商业网点的迅速发展，促使物流必须转向现代物流，商贸中心城市的地位要靠现代物流来构建。交通四通八达，邮电日新月异为现代物流的发展提供了支撑和保障。

根据武汉市人民政府的部署，《华中物流总体规划及实施方案》将由武汉市交通委员会负责运作。

（供稿：武汉市交通委员会）

兰 州 市

一、基础设施的快速发展为物流业打下了良好的基础

基础设施建设既是商贸中心的重要保障，也是发展物流业的硬件基础。宝中铁路和天兰、兰武、包兰电气化建设已完工投入营运。包兰二线进展顺利，兰武二线前期准备正在进行，兰州站站舍扩建工程已完工投入使用。兰州内陆口建设已经开始，目前已开通夕发朝至、朝发夕归、快速、城际、旅游、假日旅客列车和行包专列5对，铁路运输能力增长了1倍多。以兰州为中心的全省公路网建设开始实施，兰州至白银、兰州至天水、永登至古浪、尹家庄至中川高速及高等级公路已开工建设。民航完成了中川机场的改造工程，新的航管楼和候机楼已投入使用。邮电通信和邮政业务发展迅速，建成了GPS卫星车辆监控系统及生产场所电视监控系统、速递业务跟踪查询系统、邮政电子化营业厅、“储蓄绿卡”中心和“计算机网络”中心。第二长途电信枢纽工程已部分完成，市话总容量和移动通信客户飞速增长，有5条光缆交汇于兰州，这为现代物流业的发展，搭建了良好的信息平台。

二、兰州商贸中心的建设

促进物流业的发展，功能区建设已形成了一定的规模。目前雁滩商品贸易区已形成了蔬菜、果瓜、粮油、旧货、日杂、花卉、建材、家具、托运等14个大型专业批发市场群，同时初步形成了区内的路网骨架和水电、交通、通信等较为齐全的配套设施。年商品成交额达到35亿元。即将交付使用的兰州工贸集团西太华商厦暨工业品配送交易中心与西津路南北商厦紧密相连，全市年货运量达到4 749万吨，货物周转量13.5亿吨。

商品交易市场呈现良好的发展态势，物流活跃。全市现有商品市场243个，年成交额达到224亿元。10个有特色的区域性商品批发市场经过改建、改造、扩建、归并规范、规模扩大，档次和水平提升，成交额达175.92亿元，占全市市场总成交额的78.54%，成交额达亿元的市场32个，辐射面扩展到8个省区，400万平方公里，近3亿人的范围。华联、百盛、兰新、惠客佳、佳福、西太华、赛特、仁和春天等一批超市和购物中心悄然兴起，带动和促成了兰州市现代商品物流格局的形成。全市社会消费品零售总额达到160亿元。

三、目前兰州物流业的发展情况

基础设施建设和兰州商贸中心的不断完善，促进了兰州市物流业的发展。兰州市的物流业起步较晚，但发展还是比较快，由兰州铁路局集装箱运输公司、兰州铁路分局集装箱运输中心、西宁、银川铁路分局集装箱运输中心与加拿大太平洋铁路公司共同出资42.9万美元，合资经

营的“兰州捷时特物流有限公司”已经成立。公司采用现代化的物流运作模式，利用先进的技术和网络管理，为企业提供采购、仓储、运输、配送等全过程综合性服务。兰州铁路局东、西货场开展货物运输、装卸、保管、仓储等一票到达的门到门服务。甘肃民航局成立了航空快递公司，经营快捷方便、门到门的全程服务，兰州联运总公司经营运输、装卸、保管、仓储“一条龙”运输服务。甘肃邮政，长期以来主要从事传统的专业物流服务，并在物流服务中显示出自己的特点，实现了“实物网、金融网、信息网”等三网合一。在实物传递网络方面，在全省有一个二级和六个三级较大规模的邮件处理中心，以各邮区中心局体制组成覆盖全省88个县市的网络体系，并与全国201个大中城市邮件处理中心和2 480个县级以上城市联通，承担着物流的处理、储存、配送等服务。物流业在民营企业也已起步经营，较大的有依托东部批发市场及周边商贸中心，并为其服务而组建的“兰州货运集散中心”，从事货物的另担、集装箱一票到达的运输服务。在兰州市已有11户从事联运的个体托运户，经营货物的运输、装卸、仓储、保管等业务。在外贸企业中，在原国内贸易局确定的全国283家发展物流配送重点企业中，商业储运总公司等七家企业已被国家列为发展物流配送的重点企业。它们围绕货运代理、商业配送、多式联运、社会化储运服务、流通加工等多种社会物流服务需求，积极拓展传统物流服务的范围和内涵。另外，兰州市工业供销总公司、市化轻公司、省物资总公司、省供销储运公司等也都在经营与物流业相关的服务业务。

兰州地区物流业已全面启动，发展迅速，物流业发展的社会环境、基础设施日渐完善成熟，但和全国其他省市相比还存在着一定的差距。下一步该市将进一步按现代物流发展的要求，努力调整规划，实行改造提升，规范管理模式，积极培育现代物流市场，经营良好的物流发展环境，逐步建立起与国际贯例接轨的物流服务体系和经营管理体系，促进兰州市现代物流的发展。

（供稿：兰州市经济委员会交通处）

苏州市

随着苏州市社会经济的不断发展及世界经济一体化，社会的信息化，特别是现代物流业的多功能、全过程及全球化，苏州市建设区域现代物流中心城市已成必然。

一、策略思路

苏州市现代物流业发展的策略与思路应遵循“十五”计划及2015年经济发展总体规划，体现苏州市四大发展战略，瞄准国际物流业发展动向，准确定位苏州物流业，即运用全程物流理念，建立大交通管理体制，充分发挥水、陆、空、港立体交通网络功能，基本建成以现代综合交通体系为主的运输平台，形成商品配送和电子商务为支撑的现代物流业，整合多种管理体制、多种运输方式、多种类型参与者为有机整体，构筑有效协作的综合现代物流体系，使物流业成为苏州支柱产业之一。

二、具体措施

（一）突出物流发展战略，明确提出物流作为未来苏州发展支柱，同时，加快物流规划研究编制工作。

（二）依据苏州物流发展趋势，分别建立4种类型的物流园区：即国际货运枢纽型物流园区、内贸枢纽型物流园区、时效性区域运送型物流园区和城市配送型物流园区。物流园区是物流中心在地理位置上的集中所形成的具有特定业务功能的区域，在功能制定上将有不同的要求。

（三）构筑物流信息平台，实现物流业与信息技术嫁接。借鉴美、日等先进国家发展现代化物流业的经验，通过投资开发信息和通讯技术，率先将物流业与数字化技术、网络技术嫁接，建设物流多媒体信息高速公路走廊，抢占该领域的制高点，为苏州市在新的经济环境下发展现代物流确定战略地位。

(四)规范政府行为，创造适合物流业发展的良好政策环境。重点需要解决六方面问题：创造适应国际物流发展要求的政策环境；构筑有序、开放的市场环境；鼓励物流业走内涵式发展道路，增强自身的核心业务能力；通过政府的支持，加快物流基础的建设和信息系统建设；加强政府部门之间的协同工作能力；在不违反我国政府的承诺和WTO规则的前提下，制订一些保护性政策。

(五)加快人才培养和引进，迅速形成具有先进物流理念、战略指挥能力和丰富管理经验的技术队伍、管理队伍。

（撰稿：苏州市委办公室　翟晓声）

青岛市

青岛市在认识物流、实践物流、推进物流发展方面进行了一些有益的探索，并取得了一定的成效。但仍然有许多问题需要再认识，再实践。

一、建设物流园区的必要性

城市经济的发展和基础设施条件的完善为发展物流提供了良好的条件。青岛是一个沿海开放城市，青岛港是我国沿黄海流域和太平洋西岸重要的中转港和国际贸易口岸。目前已与世界上130多个国家和地区的450多个港口开通了航线。居世界前10位的集装箱班轮公司都在青岛港开设了航线，集装箱国际干线30多条，每月航班达到280多班，2001年港口货物吞吐量已突破了亿吨。其中外贸吞吐量占总吞吐量的70%，继续保持全国沿海第二大外贸港口地位。集装箱吞吐量完成263.9万TEU，跨入了世界前20强的行列。港口与机场、铁路、公路等形成了较为完善的交通通信网络，为吸引国内外大的专业物流公司投资青岛的物流业，促进第三方物流的发展创造了良好的条件。青岛不仅有一个现代化的港口，而且具备了相当规模的工业实力，涌现了一大批规模大、科技含量高、效益好的大企业集团，享誉国内外的名牌产品100多种，象海尔冰箱、青岛啤酒、双星运动鞋、海信电视机、澳柯玛冰柜已成为全国驰名商标。2001年，青岛市实现国内生产总值1 316亿元，比2000年增长13.7%，完成工业增加值578.2亿元，同比增长16.4%，外贸进出口总额154.16亿美元，同比增长13.9%。主要经济指标在全国15个副省级城市中位于前列。

城市经济布局的调整为物流的发展提供了新的空间。“九五”期间，青岛市对经济结构布局做了战略性调整，确立了“一体两翼一带”的大工业发展框架。即：在胶州湾东岸的主城区，重点发展污染少、效益高、劳动密集型的都市工业；在高科技园和经济技术开发区城市两翼，重点发展电子信息、生物制药等高新技术企业和车辆船舶、电气设备等现代工业；在环胶州湾及沿黄海海岸工业隆起带，重点发展大型机械制造、精细化工、橡胶轮胎、新型建材等基础原材料工业。配合城市化推进和产业梯次转移，以五个县级市为基础，发展劳动密集型特色工业，实现资源的优化配置和功能重整，放大积聚效应和辐射功能。初步形成了新的经济结构布局，具备了至少10年的发展空间。这样一种经济布局的大调整，给传统物流带来了很大的冲击，企业原有的采购、仓储、运输等物流链格局被打破，迫切希望有相对集中的物流设施和专业化的服务，这就为第三方物流提供了新的发展空间。

产业结构的调整为物流的发展提供了新的机遇，工业园的建设为物流业的发展带来了新的要求，主要是以大企业为龙头，推进工业园区的集约化、物流化、信息化建设，带动引资新建和老企业“退城进园”。园区内项目来源一是靠招商引资，二是靠青岛传统工业项目的搬迁升级。经过5年的实施，已有10个工业园区建成，10个在建和10个准备开工。到“十五”末，全市将形成40个左右各具特色的工业园，销售收入占到全市的60%以上。

企业物流的发展为专业物流业的切入提供了新的契机。1999年青岛市从优化企业自身物流管理入手，选择部分大型国有企业开展了物流试点工作。例如海尔集团，把物流能力摆在企业核心竞争力的战略位置，对物流从整体上实施优化重组。成立物流推进本部，统一管理集团的采购、仓储、配送和运输等物流活动，每年节省的物流成本上亿元。同时，以定单信息流为中心，创新了富有特色的“一流三网”同步流程现代物流管理模式，去年10月份成为全国首家物流示范基地。青啤集团，从抓啤酒新鲜度管理入手，推行提高配送效率扩大市场份额的模式，以时间为控制标准，在发货方式、产成品仓储、运输管理、资金回收、信息反馈等方面进行了卓有成效的整合，建立了高效的成品物流控制系统，形成了能对市场快速反应的配送体系。目前，青啤已将所属运输公司完全剥离，与深圳招商局成立了合资公司，开始向第三方物流的过渡发展。正是企业内部物流资源的整合与优化，为专业物流企业的参与提供了机会。

物流园的建设为政府引导物流发展提供了新的方向。结构的调整、企业的发展迫切需要物流业的支持。同时青岛作为一个沿海开放城市，2001年累计在青注册的三资企业近4 000家，世界500强已有40余家进入青岛市场。外资企业的进入，带来了现代物流观念的先进运作方式，也迫切希望青岛能提供方便、及时、低成本、高效率的现代物流系统。物流园的建设可以提供单独一家物流企业所做不到的物流服务，使工商贸企业能够在园区内得到自己所需要的物流服务，可以吸引国内外的知名物流集团参与，为第三方物流的快速发展树立样板。政府应充分利用这一发展趋势，在政策上加以引导，加强协调服务，规范市场，提供法律保障，从而创造更加优越的投资发展环境。

二、物流园建设的指导思想和初步做法

根据“十五”发展规划，青岛市把发展现代物流作为一项重要产业，把建设物流园区和发展第三方物流作为青岛市“以港兴市”，建设北方国际航运中心工作的切入点。总的指导思想是，以加快发展为主题，以结构调整为主线，坚持以市场为导向，企业为主体，信息技术为支撑，以降低物流成本和提高综合服务质量为中心，大力提高全社会对现代物流理念的认识，提高以生产、销售一体化经营为主的企业物流；推进以批发、仓储、运输为主的综合性物流；逐步将单体物流组合成相对聚集、布局合理的社会物流系统。初步确定围绕临港工业带、开发区、保税区、高科技园区以及工业园区，依托港口、铁路、机场和交通枢纽，先建立六个物流园区：一是依托前湾港的集装箱、矿石、煤炭、原油四大货种及铁路、公路集疏运网络，建设前湾港物流园区；二是依托海尔、海信、澳柯玛等大企业集团和开发区的优势，建设开发区综合物流园区；三是依托粮食、化肥、纯碱等货种建设老港物流园区；四是依托青岛航站，建设为航空物流提供各种服务的航空物流园区；五是按照公路主枢纽规划，建设为公路运输提供仓储、配载、信息等服务的综合物流园区；六是在高科技园区建设以为城市服务的货物配送物流园区。随

着市场经济的不断发展，逐步在该市建起具备仓储加工、分拣配送、信息交易、辅助服务、综合集约等多种类型的物流园区。

（一）物流园建设的指导原则：

首先在园区选址上，注意以下几项原则：一是紧临港口、机场、铁路编组站，靠近高速公路网；二是靠近交通便捷的干道进出口；三是紧临青岛临港工业带；四是充分利用现有的物流设施；五是充分考虑地价、生态环境等因素，同时还要兼顾有足够的发展空间。其次在工作上，坚持政府指导，以企业为主体，规模化经营，带动第三方物流发展。规划设计要与国际接轨，符合物流运营的需要，吸引国际知名的物流企业参与，充分发挥优势，走强强联合的路子。青岛交运国际物流园的建设已经在这方面进行了成功的运作。注重各种功能的聚合，使客户能够真正享受到“一站式”服务。在海关的支持下，与铁路、船东、货主协作，大力发展海铁多式联运，目前已成功开通了青岛至西安、成都、重庆、乌鲁木齐等地的集装箱“五定”班列。仓储配送区可对货物进行包装、搬运、装卸、分拣、配送、加工等增值作业。商贸和保税将有效地促进货运量特别是集装箱货运量的增长，对青岛建设北方国际航运中心和集装箱枢纽港起到巨大的推动作用。网络化信息服务方面，物流园区的计算机系统与货主、货运代理、船东、船舶代理、商品批发零售、包装公司、陆上运输公司、海关、商品检验机构等的计算机系统联网，将有关商流、物流，装卸运输、仓储信息及时汇集，不但为用户提供所需市场与决策信息，还要具备电子数据交换（EDI）系统的信息服务增值功能。金融服务方面积极引进国内金融、保险机构在物流中心开展与物流有关的金融业务，形成完善的金融保险服务区，争取达到在物流园区就可办理全球范围各项金融业务的水平。

（二）加快建设，重点推进

首先是抓紧开发区物流园区的建设。青岛港90%的吞吐量西移至开发区，四大货种，特别是集装箱西移为国际物流发展提供了新的空间，开发区建设的各种功能不同的物流园区基本连成一片，总占地面积约3 500亩，有为港口配套专门搞国际物流的前湾国际物流园；有专为海尔、海信、澳柯玛等大企业配套的中储物流园；有为农副产品加工配送出口服务的普民物流园；有为出口加工区配套的玉龙物流园；有专为山东造纸业提供分拣、包装、配送等服务的废纸物流园。这些集仓储、加工、分拨、配送于一身的，在供应链中起相当重要作用的园区，集中了一批国内外现代物流的大企业，如马士基、伊滕忠、中储、中远、中外运等，他们的服务网络通达全球，任何制造业和生产者的商品一旦进入这些网络，都能得到国际一流水平的物流服务。其次是空港物流园区。青岛流亭机场正在扩建，除了客运部分外，要建设一流的货运、仓储设施，空运物流的大企业，如联邦快递、UPS、国际几大航空公司的物流系统，都已经加入到空港货运的建设和经营当中，形成了相对集中的空港物流园区。国际航空物流园占地面积150亩，计划投资6 200万美元，全部建成后，年货物处理能力可达50万吨，是目前流亭机场货物处理量的10倍，年营业收入可达30亿元。

（撰稿：青岛市经济委员会副主任　王宇礼）

芜湖市

一、安徽（芜湖）现代物流中心项目背景和必要性

芜湖市位于安徽省东南、长江南岸，拥有长江溯江而上最后一个深水良港，水陆交通十分

便捷，尤其是芜湖长江公铁两用大桥建成后，芜湖区域性综合交通枢纽地位大大加强，芜湖已成为长江三角洲地区重要的第三水陆交通枢纽，合杭高速公路和沿江高速公路及在建的宁西铁路和拟建的沿江铁路在芜湖形成十字交汇，进一步提升了芜湖区位交通优势，为芜湖物流中心的发展提供了综合运输条件。芜湖地处长江三角洲的边缘、东部与中西部交汇处，具有承东启西的区位优势，是产业梯度转移的跳板，市场辐射地域广阔，为芜湖物流中心的发展提供了广阔市场空间。芜湖是沿江和皖南一带的中心城市，城市综合实力不断增强，经济发展蓬勃向上，充满生机。芜湖市及周边地区经济快速发展，货物运量高速增长，芜湖已成为内陆地区最大的货物集散中心之一，为芜湖物流中心的发展提供了物流服务需求量。

芜湖有综合成本较低的优势。供水、供电、供气能力充足，城市基础设施完善，承载能力强。芜湖各类生产要素成本较低，土地价格便宜，具有相对成本低的较高素质劳动力，降低了工商企业综合成本，为安徽(芜湖)现代物流的发展提供了优越的建设条件。

正是这些优越的条件，吸引了海内外大批企业家投资兴业，目前已有德国西门子威迪欧集团公司、德国可耐福兄弟管理公司、德国金属集团基伊埃公司、日本川崎制冷株式会社、日本日立电器等国外企业(集团)及美的集团股份有限公司、科龙电气股份有限公司、上海汽车工业集团股份有限公司等国内企业(集团)在芜湖生根、开发、结果。日本日立电器、美的集团股份有限公司等企业已经把芜湖作为国内最大的生产基地，拓展了华东市场，开辟了国内广阔市场，芜湖逐渐成为国内外大公司进军中国中部市场，沿海大企业集团进军华东市场进而进军中西部市场的生产基地。

从全省来看，芜湖作为综合性城市，与下游以钢铁为主的马鞍山市，与上游以铜加工为主的铜陵市、以石化为主的安庆市、与东西毗邻的以农副产品为主的巢湖市、宣城市形成较强的互补性和集聚性，与以轻工产品为主的省会城市合肥共同构成全省的经济中心。芜湖担负了皖南皖中地区产品拓展、货物中转枢纽、水陆运输的主要通道。随着区域经济一体化和经济全球化的形成，为充分发挥芜湖区域性综合交通枢纽和区域中心城市集散效应的作用，满足工商企业对物流服务的需求，建设安徽(芜湖)现代物流中心具有十分重要的意义。

二、芜湖现代物流的预测分析

从经济总量因素估算芜湖区域的物流需求。根据世界银行发表的报告提供的数据，我国大陆地区物流成本占国内生产总值(GDP)的比重为16.9%，这是迄今为止对中国物流费用最乐观的估计(美国的物流成本占其GDP的比重为10.5%，香港为13.7%)。据此估计，2000年安徽省的物流费用大约为491.55亿元，芜湖市约为32.65亿元。若我国物流费用占GDP的比重能够以年均0.1个百分点的速度下降(与美国相同)，则2001年到2003年，我国的物流成本占GDP的比重估算为16.8%、16.7%、16.6%。芜湖的GDP按照年均增长9%，则2001年到2003年芜湖市的物流费用总量约为37亿元、39亿元和42亿元。因此，从这一侧面可以反映出，在安徽省和芜湖市对现代物流有强烈的需求。

近年来安徽省及芜湖市的经济技术开发区，吸引了众多的国际、国内大型企业(集团)来芜湖投资兴业。以大力培育和发展的新型建材、汽车及其零部件、电子电气等产业群为代表的现代工业和高新技术产业已成为新的经济增长点。以加工工业为主的新型产业结构，必然带来加工产品的原材料、零配件、半成品以及待加工产品的物流服务需求，同时带来加工制成品、产品的物流服务需求。因此，国内外大型企业(集团)的进驻和芜湖工业结构的调整，已经并肯定将为芜湖地区提出更多和更高的物流服务需求量。

从与物流量最为密切的货运量情况分析，安徽省的货物运输总量经过3年的调整，于1999年开始增长，而芜湖市的货运量则一直处于增长状态。“十五”期间安徽省和芜湖市交通运输体系将更加完善，公路密度将进一步提高，高等级公路通车里程将进一步增加，港口建设将进入一个新的发展阶段，尤其是芜湖长江大桥通车后，对芜湖物流量产生很大的影响，尤其对公路和铁路运输影响最大。公路方面，对与芜湖长江大桥连接的几条公路干线将会产生直接的影响。芜湖－合肥高速公路，芜湖－宣城高速公路，预测货运量年均增长30%以上；芜湖－马鞍山、芜湖－铜陵的沿江公路，预测物流量年均增长10%以上。据上海铁路分局分析，芜湖长江大桥通车后，合肥－芜湖铁路将分担部分京九铁路的货运量，预测物流年均增长20%左右。芜湖港集装箱的运输，随长江大桥通车后，箱量成倍增长，预测2005年超过10万TEU。大桥对芜湖经济的影响不仅仅是运输量，在吸引货源、投资、商业活动等方面也将具有积极作用，这些都将增加芜湖物流服务的需求量。

三、项目内容和规模

安徽(芜湖)现代物流中心主要建设内容为构建功能完善的综合交通运输体系平台和物流信息平台，建立布局合理、特色鲜明的物流园区，配套齐全的物流公共设施，具有以政府引导、第三方实施、市场化运作的物流发展的市场环境，形成以芜湖为中心的安徽现代物流体系，使以芜湖为中心的安徽现代化物流中心的整合吞吐能力凸现在区域和全国主要的物流中心之中。“十五”期间，建成多式联运的综合运输体系平台和物流信息平台，煤炭、日用家电、汽车及其零配件、农副产品、外贸商品、集装箱等经营品种在工业、商业和运输上实现融合，建设5个以上布局合理、特色鲜明、辐射范围广的物流园区，其中2个物流园区要在全国范围内具有重要影响，初步形成物流发展的市场环境和支持保障系统。“十五”末，全市物流收入达20亿元，综合收入达60亿元。经过10～20年的发展，全市物流收入占GDP比重达10%以上，成为全市及全省经济新的增长点。

四、近期主要建设项目

(一)交通基础设施系统

1.年吞吐30万TEU集装箱专用码头，总投资5.5亿元(其中一期工程年吞吐5万TEU集装箱已开工建设，总投资0.5亿元)。

2.年吞吐100万吨荻港综合货运码头，投资0.5亿元。

3.30万辆汽车滚装码头，总投资1.0亿元(其中一期工程年吞吐15万辆汽车，总投资0.5亿元)。

4.年吞吐600万吨煤港，总投资3亿元。

5.芜太运河，5级航道39公里，总投资2亿元，已开工。

6.疏港铁路15公里，投资1.5亿元。

7.疏港公路15公里，投资3亿元。

8.同时，加快连接物流中心的干线公路和铁路建设。主要有：合杭高速公路芜宣段、沿江高速公路、沿江铁路、宁西铁路、皖赣、宣杭、宁铜铁路复线。

(二)多式联运及物流中心信息平台

信息平台，带宽100M，年处理单证160万张，总投资0.5亿元。

信息平台功能：近期为多式联运相关单证、典型物流单证电子化，区域性商品市场电子信息交换，远期发展GPS跟踪系统、智能配送，与金融、保险、税务等结算支付部门的电子数据交换系统。

(三)物流园区

朱家桥现代物流园区配送中心：主要功能为散杂货集散，集装箱中转、拆拼、加工、海关查验、汽车零部件、家电等进口零部件和出口商品及汽车的仓储配送服务，总投资2.5亿元。

裕溪口现代煤炭配送中心：提供煤炭中转、加工、交易、公铁水联运和配送服务，总投资1亿元。

安得华东物流基地：是日用家电、新型建材等生产性的物流节点、仓储配送服务中心，总投资2亿元。

新长江消费品物流园区：是消费品物流及

茶叶、大米等农副产品节点、展示、仓储、配送服务中心，总投资1.6亿元。

亿万多外贸商品物流园区：是外贸出口商品节点、仓储、配送、交易服务中心，总投资0.6亿元。

五、项目合作方式

拟建项目可合资、合作或独资建设，已建成和在建项目可转让股权。

（供稿：安徽省芜湖市计划委员会）

绥芬河市

为了适应对外开放的不断扩大、尤其是中俄经贸关系和东北亚经济合作的发展，不久前，绥芬河市政府组成由国家计委有关专家参与的"绥芬河物流中心规划、布局与建设研究"课题组，于9月中旬完成了课题并通过了专家评审，绥芬河物流中心的建设实施工作即将展开。

绥芬河位于中俄边境、东北亚区域合作的核心部位，是东北亚陆海联运国际运输大通道的一个重要关节点。既是黑龙江全省实施东进战略的窗口，又是日本海沿岸以及亚太地区国家进入亚欧大陆桥的理想门户，战略地位十分重要。随着陆海联运国际贸易运输通道各项功能的不断完善，绥芬河将会在更大规模、更高层次上形成商贸、旅游和跨国运输的热点。

近年来，绥芬河市在物流基础设施上共投入约1.5亿元，形成了600万吨(铁路500万吨、公路100万吨)的进出口过货能力和150万人次(铁路100万人次，公路50万人次)的出入境旅客运输能力。与20世纪90年代初相比，铁路站场大有改观，其中南站场占地面积10万平方米，设有供客货列车到发、编解、换装的宽准轨线路28条和客运联检大厅。北站场除运转线路以外，近年来建成和增设了与其配套的海关监管仓库、宽准轨换装场、木材交易市场和吊装设施。与此同时，公路运输加速发展，与绥芬河市关系最为密切的301国道改建通车后，通行能力和行车速度大大提高。公路口岸占地面积20万平方米，建有旅客联检大楼、客货出入境通道、联合报关大厅和停车场，具备了开展陆海联运的基本条件。

2000年，绥芬河外贸进出口额完成10.2亿美元，比上年增长37.3%，分别占黑龙江省外贸、边贸的33%和70%；全年口岸过货量达到316万吨，比上年净增100万吨。

绥芬河市委、市政府经过深入研究认识到，大通道战略是关系到绥芬河市长远发展的基础性战略。要使该市的支点作用充分发挥出来，就必需把绥芬河打造成物流中心城市。

目前，绥芬河规划的物流中心建设重点，一是加快通道建设，大幅度提高其通过能力；二是加强站点建设，大力提高其仓储、换装能力和作业效率；三是加强管理，改善运输组织；四是搞好物流园区的规划和建设；五是强化物流信息系统；六是完善物流企业组织。具体建设项目有：铁路站场改造已于9月上旬破土动工，主要是南站场迁出线改造、到发线改造，北场的机械换装线建设，南场到发线将由现在的3条增加到7条，北场建造的两组机械换装线分别长470米和420米，相当于原南场机械换装线的两倍多。改造后，车站的接发能力、存车能力、换装能力都将大大提高，吞吐能力可达900万吨，其中进口能力可达630万吨。此外，重点项目还有绥芬河国际公路货运站建设，包括综合楼、仓储库、停发车场；以及国内公路货运站、国际公路客运站、国内公路客运站、阜宁直升机机场、国门区物流园区、铁北区物流园区、城心区物流园区及物流中心综合大厦。同时，还将建立口岸物流信息管理系统、物流基础信息公用系统和物流信息中心。

（供稿：绥芬河市委宣传部）

秦皇岛市

区域物流系统是一定经济区域的社会化物流服务体系。一个城市作为特定的经济区域，应结合区域特点，发挥区位优势，科学合理地构造它的区域物流系统，对社会物流和区域经济提供有效的公共支持。

秦皇岛市是我国华北地区的重要海滨城市，处于太平洋西岸中国渤海湾经济圈中部、东北亚的中心地带。位于海运、铁路、公路、民航和管道五种运输方式的交汇处，是连接东北和华北地区的咽喉要道及重要的交通枢纽城市，距北京278公里，距沈阳400公里，距天津240公里，均以高速公路、国道主干线和铁路干线相连，联系东北、华北两大经济区，是北京和东北、华北、内蒙及西北地区重要的出海口，区域地位重要，区位优势明显。

以秦皇岛市的区域优势为依托，经过多年的规划和建设，构造形成了秦皇岛市的区域物流体系，可概括为“三大物流要素，三大基础平台，三级物流网络和三大市场主体。

一、三大物流要素

秦皇岛的区域物流系统由国际物流、城市间物流和市域物流三大部分构成，形成了具有区域特点的物流有机整体。

（一）国际物流

它是以秦皇岛港口为依托形成的国内外之间的进出口物流。主要来源于本市外贸进出口企业的进出口货物及外省市通过秦皇岛港形成的进出口货物。它由适应企业对外贸易发展需要所形成的经济腹地与国际经济系统之间有效、可靠、畅通、快速的物流通道来实现。秦皇岛市与100多个国家有贸易往来，并通过内蒙及“三北”地区的经济腹地联系，使秦皇岛港形成了以煤炭、原油输出为主，粮食、矿石、水泥、化肥、果品等杂货和集装箱进出口为辅的综合性国际口岸。仅香蕉进口每年就达20～30万吨，占全国进口量的50%以上，玉米出口达上百万吨。年进出口货物总量达4 800万吨。正在谋划建设中的玻璃、化肥、矿石、焦炭等进出口集散中心预示着秦皇岛的国际物流将以更快的速度增长。

（二）城市间物流

它是秦皇岛市与其它城市间形成的区域物流。四通八达的立体交通网络为秦皇岛市与周边地区及相关城市之间的货物流流动创造了极大的便利，形成了准时、快速、可靠的时效运输系统，并与国际物流、地区物流之间形成有效的衔接，通过高速公路和国、省公路主干道及铁路干线实现了以秦皇岛口岸为基点，形成了幅射北京、天津、沈阳、石家庄、内蒙、山西等周边城市和区地的交通覆盖圈，以及连接新亚欧大陆桥国内段北线的秦皇岛桥头堡，使秦皇岛的城市间物流系统对经济腹地产生巨大的物流能量聚集作用。

（三）市域物流

它是秦皇岛市辖区内部形成的物流。秦皇岛市辖海港、山海关、北戴河三个城市区及昌黎、抚宁、卢龙、青龙四个县。四通八达的高速公路、国道省道十线、县区公路以及地方铁路网络系统构成了市域物流通道系统。在市内所有的市区、县城与乡村之间均形成了一道交通覆盖圈，可实现快速、准时、多样化的物流服务，为秦皇岛市的经济和社会进步发挥着重要作用。

二、三大物流平台

秦皇岛市的区域物流系统由管理服务基础设施及物流信息三大平台，构成公共软硬件支持保障体系。

（一）管理服务平台

它是以政府各级管理部门和机构为载体，以政策法规为依据，以物流市场管理与服务为内容所形成的健康有序的物流产业发展环境。

秦皇岛市地方政府、交通及有关部门对发展物流事业极为重视，提出了“以港兴市、以路兴市、以路强县”的发展战略，结合市情积极贯彻落实发展现代物流的各项政策法规和规章，为发展物流产业营造了良好、宽松的市场准入和经营环境。

（二）基础设施平台

它是由港口、机场、物流中心、货运通道、配送道路所构成的物流基础设施网络体系。经过多年的规划和建设，秦皇岛市形成了功能比较健全、体系比较完备的海陆空立体交通网络。

秦皇岛港是多功能、综合性、现代化、国际性大港。港口资产上百亿元，吞吐量1.3亿吨，现有生产泊位36个，能顺利通航第三、四代集装箱船，年运输生产能力可达50万标箱，全港拥有生产用仓库堆场108万平方米，一次堆存容量达290万吨。另外秦皇岛市的地方港口，新开河港也形成了吞吐能力为720万吨的地方性港口。山海关机场已形成了实际货运量达近百万吨货运能力的4C级航空港。秦皇岛境内有京秦、大秦、京沈、沈山等国家铁路干线和一条80公里的地方铁路，有铁路南站、东站、北站、龙家营站和山海关站等5个货运量较大的车站。市区有6个作业站，形成了秦皇岛铁路运输枢纽。其中，南站和东站为一等站，东站是全国唯一的路港联合完成晋煤外运的编组站。大秦铁路是中国北方地区能源输出的主要出海通道。山海关站是北京铁路局和沈阳铁路局的结合站，为全国七个特大编组站之一。地方铁路与国铁相贯通。秦皇岛境内还有132.1公里的大庆至秦皇岛港的输油管道以及82公里长的地方输氨管道。公路四通八达，贯穿全境的有山海关至广州的205、北京至哈尔滨的102国道及京沈高速公路，另外加上省道及地方道路，总通车里程达2 800公里，路网密度达0.36公里／平方公里，行政村公路通车率达95.3%。全市20多家货运仓储企业的仓储堆场面积达70多万平方米。另外，“九五”省级重点项目，国际集装箱多式联运秦皇岛中转站已即将建成投入使用，已完成“十五”时期秦皇岛市公路运输枢纽场站布局规划，其中列入省交通规划项目的占地约400亩的秦皇岛市物流中心工程项目已经启动。

（三）综合物流信息平台

它是指在信息共享协议支持下，整合相对独立开发和运行的相关信息系统，构成支持企业物流信息系统的共享信息平台。目前，秦皇岛市货运信息网络服务中心已加入华夏交通在线信息网，形成了支持全市道路货运的主要信息平台，在现有市交通信息网的基础上，将扩展服务功能，并逐步搭建全市综合物流服务信息平台。

（撰稿：秦皇岛市运输管理处　刘秀田）

湛 江 市

一、物流发展现状

加入WTO后，中国沿海城市物流业的战略实质就是海洋战略，通过港口去实现物流的现代化和国际化。湛江港处于华南与西南的交汇点，既属华南主枢纽港，也属西南出海通道的第一大港，经济腹地包括华南部分和西南各省(市、区)。过去，湛江港虽条件优良，但因经济腹地的经济发展缓慢，经济的国际性差，造成湛江港的作用一直没有得到充分发挥。但是，随着中国西部的大开发，西部经济将会加速发展，尤其是中国加入WTO之后，中国与国际经济的交融加速，湛江港的地位将要显示和提高，也就是说，湛江港在新的一轮竞争中具有优势。

湛江港具有“大、深、宽、优”四大特点，而最为特殊的是前沿航道水深达26～40米，超过世界十大港口23～28米的前沿水深，只要略加改造后，可建第三、四代集装箱码头，进出30万吨货轮和50万吨油轮，使运输成本降到最低。这是湛江港的永恒魅力，也是湛江市拥有的最大优势，这种优越是周边地区无法比拟的，是独有的，垄断性的。

（一）2001年开始，湛江港进行了深水航道、30万吨油码头、15万吨矿石码头等“三大工程”的建设，并将于近期完成，湛江港拥有了华南最深的深水航道，拥有全国首座30万吨级油码头和高水平、现代化的15万吨级矿石码头。按计划，2003年，湛江港将建成30万吨级航道，成为全国最深的航道。

（二）物流园区建设

湛江港作为湛江重点发展的物流园区，已具有发达的铁路、高速公路和高等级公路与内地经济区相连，而目前还在建的有湛海铁路，筹建的有洛湛铁路等。湛江市及湛江港区的一批临海型重点项目如大型木浆厂、液氮储罐、奥里油储罐、原油储罐等在建或筹建；湛江市外向带动战略的深入实施，外向型经济的发展等等，将使湛江的物流业发展拥有广阔的前景。

海产品物流园区是湛江一个特色的物流园区，依托湛江丰富的水产资源建成辐射全国的物流中心。2001年初，湛江水产品贸易市场建成投产后，已成为区域性中心市场。海南、广西、广东乃至全国水产品大量流入交易。但目前市场规模不大，而且处于市中心区，对市区环境有较大影响。

农产品物流园区和商品物流园区的建设、配送中心和大型专业市场的建设亦有了很好的基础。

湛江港“三大工程”的建设，引起了国内外航运业的关注，并吸引了国内外的工商企业巨头前来合作开办项目，充分体现了湛江大港口美好的发展前景。利用大港口的优势，实施“以港兴市”战略是21世纪湛江的必然选择，而利用大港口发展现代物流业则是湛江市物流业发展的最有潜能的优势。

二、物流发展规划与展望

湛江现代物流业的发展，将充分体现湛江的优势，体现国际经济发展的趋势。所谓优势是指大港口的优势、丰富海洋资源的优势、特色农业资源的优势和内通“三南”、外通“五洲”的区域优势等；国际经济发展的趋势是中国加入WTO，经济全球化。以之为依托，湛江的现代物流产业将以海洋物流为龙头，带动农海产品物流、生产资料物流、仓储物流的发展，逐步把湛江建设成为华南与西南沿海大型物流中心，使物流业成为21世纪初带动湛江经济发展的火车头。

根据各地的做法，湛江物流业初步设想，将规划建设“两港”、“四园区”、“一中心”和若干大型专业市场。两港：深水大港、信息服务港。四园区：以湛江港为依托，在港区内建设海洋物流(仓储)园区；以海洋渔业基地和大型水产品批发市场、水产品加工厂为依托，在调顺一带建设大型海产品物流园区；以广东农副产品中心批发市场为依托，在麻章建设大型农副产品物流园区；以湛江会展中心为依托，在其周围建设大型的商品物流园区。一中心：在开发区建设配送中心，若干大型专业市场。在各县(市)分别建设一个特色的大型专业批发市场。

湛江港作为湛江重点发展的物流园区，尤其是在“三大工程”启动后，国内外大工业纷纷前来联合之势头看出，大港口的物流优势已充分显现。同时，全球产业结构调整和中国加入WTO，将为湛江港物流业发展带来新机遇。一方面在经济的全球化过程中，发达国家的传统产业纷纷向发展中国家转移，市场规模大、成本低的中国成了他们转移的地区之一，中国加入WTO之后经济将进一步与世界接轨融合。在融合过程中，中国内陆的经济规模和对外合作都将得到快速增长。尤其是西部的大开发，经济逐步转上快车道。这些因素的共同作用将使湛江港腹地内的对外贸易进入一个新的高速发展阶段，同时中国西部资源将在外资的加入后得到快速开发，资源的出口也将进入高速增长阶段，这将促进航运业的高速发展，也就是海洋物流业的发展。当前，湛江港正实施“双轨”物流战略—“前港后厂”物流；腹地物流，不久将会成为华南及西南的海洋物流中心。湛江市要为湛江港建设物流园区提供积极的服务，如提供“前港后厂”用的大量土地(可开辟港口延伸区)，并积极协调好进出口部门的关系，实施“一条龙”服务。

对海产品物流园区应重新规划，并配套建设运输、信息、仓储、加工区，使之真正成为物流中心。

农产品物流园区和商品物流园区已有了很好的基础，必须做好规划，尽快发展。

(供稿：中国物流与采购联合会)

邯郸市

一、邯郸经济发展现状及评价

邯郸市地处晋、冀、鲁、豫四省的接壤地区，位于环渤海湾的二线，经过建国50年，特别是改革开放20多年的建设和发展，邯郸已经发展成为河北省重要的综合性的新兴工业城市。

“九五”期间，邯郸市加大了对固定资产的投资力度，现在已经基本形成了区域性的交通本枢纽。

从1994年晋、冀、鲁、豫接壤地区各地级市（地区）主要指标进行对比来看，邯郸市在人口、国内生产总值、社会消费品零售总额等各方面均列第一位。

在“十五”计划中，市政府明确提出对邯郸市的功能定位：把邯郸建成晋、冀、鲁、豫接壤地区的中心城市。

二、邯郸物流发展现状分析

（一）邯郸物流发展现状

1.物流基础设施条件

(1) 仓储设施

邯郸市的仓库设施已有一定的规模，但设施都比较陈旧，大多是计划经济时代建设的中转仓库，功能单一，没有现代化的流通仓库、配送中心。仓储企业在经营上缺乏活力，难以适应现代物流的需求。

(2) 集装箱中转站

邯郸国际集装箱中转站位于邯郸市107国道与南环路交叉口东南侧，铁路南货场东侧，占55亩，是利用世界银行贷款正在兴建的物流项目。现有40英尺集装箱车15辆，叉车3辆，2700平方米海关监管库，集装箱堆场2100平方米，停车场20000平方米。该中转站目前正在建设，建成后将成为连接港口和内陆腹地的集装箱货物中转基地。

(3) 铁路货站

邯郸铁路货运站是一个集办理整车、零担、集装箱的到发、中转及国际联运、水路联运业务为一体的综合性货运站。现有车场六个，货场一个，专用线34条，年发货物450万吨，平均日装卸车300辆。货场占场地面积11万平方米，有作业线6条，货物仓库8座，集装箱场地3处，一次堆货量1.2万吨，年办理量123万吨。配有大型起重机 4 台，小型起重机 42 台。发送的货物主要是钢材、煤炭、粮食、轻工产品，到达的货物种类主要是矿石、原煤、日用工业品。

（4）道路货运站

目前，邯郸市还没有规范的公路货运站。永年标准件运输市场相对较好，占地 20 亩，开展配载业务。道路货运站作为道路货运的重要节点设施，具有多方面的功能，需要加快建设。

2.物流企业经营状况

总体来看，邯郸的物流服务基本上局限在传统物流服务形式上，现代物流服务还没有开展起来。普通运输和仓储仍然是物流服务的主要形式。

（1）运输企业

承担公路货物运输的主体及其运输工具大致可以分为四类：专业运输公司的车辆、货主企业自家车辆、个体私营户车辆以及外埠车辆。

邯郸市的专业运输公司现仅存两家，即交通局所属第一运输公司和第二运输公司。目前，承担货物运输的主体是个体运输业者，他们在市场上寻找货源，根据货主的要求组织运输。

从邯郸市的运输总体现状看，货运汽车近年发展迅速，在数量上，公路运输服务可以满足需求，甚至有供大于求的现象。但道路货运市场不规范，竞争无序，运输的组织化程度低，国有运输企业货运规模萎缩。此外，运输形式单一，企业化程度低。

（2）仓储企业

邯郸市的工业企业基本上属于老国有企业，自身普遍都有拥有仓库，使用社会仓库的不多。商业、物资等部门的仓库大多属于中转仓库，在经济转型后，由于闲置严重，部分仓库用地已经用来开发房地产，剩余的大部分出租，少部分留作自用。出租对象大部分是商场和从事商业的个体私营业者。原有仓储企业的功能在减弱，经营上缺乏创新。

（二）邯郸物流现状评价

1.邯郸发展现代物流的有利因素

第一，政府高度重视，从多方面培育邯郸市的物流业；第二，社会经济发展迅速，为物流业的成长打下了坚实的基础；第三，区位优势明显，具有向周边地区辐射的物质条件；第四，物产资源丰富，可开发的物流量巨大；第五，运输条件较好，具备了一定的物流基础设施条件；第六，流通业发展潜力大，为物流的发展提供较大空间。

2.邯郸发展现代物流的主要障碍

第一，工商企业的物流意识还较薄弱；第二，周边地区竞争激烈；第三，工商企业的有效需求略显不足；第四，现代物流服务有效供给不足；第五，物流市场秩序欠规范；第六，物流发展缺少资金；第七，与铁路部门联系较弱。

（三）邯郸发展现代物流的重要意义

1.提高邯郸市的宏观经济运行质量

发展现代物流，可以提高邯郸市的宏观经济运行质量。其具体作用包括以下几个方面：

（1）可以增强投资吸引力，改善投资环境；

（2）可以调整和优化产业化结构；

(3) 可以顺畅生产、流通和消费的物流环节；

（4）可以降低社会物流成本。

2.改善邯郸市的微观经济运行状况

发展现代物流对邯郸市的微观经济运活动有着直接的正面影响。具体表现在以下几个方面：

（1）有利于提高企业经济效益；

(2) 有利于大多数物流企业的经济状况好转；

（3）有利于工商企业的发展和人民生活水平的提高。

（供稿：北京中物联物流规划研究院）

（注：有些省市虽然在物流方面开展得比较好，但因我们人力、时间及联系方式所限，未能收入其中，请有关省市见谅，同时也希望这些省市积极与我们联系，将该地区当年的物流发展状况推荐给《年鉴》编辑部，以便在下一部《年鉴》中予以介绍。）

西 部 物 流

随着全球经济一体化的不断发展，物流已进入到“从战略的高度来考虑物流的时代”，科学地规划、系统地设计、整体地控制已成为现代物流发展的原则，也是区域经济可持续性发展的前提。作为相对落后的西部地区，要实现传统支柱产业的不断提升、整体经济的跨越式发展和人民生活水平的不断提高，必须发展适应其独特政治、经济、军事、地理特色的现代物流系统，从第三利润源的挖掘入手，促进西部和全球经济的接轨。

一、西部物流的现状和特点

（一）具备一定的基础条件

首先具有资源优势。拥有70%的国土面积，22%的耕地面积，可充分满足大量占地的物流系统开发的需要；同时西部货源充足，制造业发达，原材料、产成品数量大，为西部现代物流提供了大量服务对象；另外西部劳动力资源丰富，可充分利用其从事物流中心及其基础设施建设。其次，具备一定的地理优势，西部地区向外西出中亚，向内联系发达的中部与东部，是内地乃至全国通向中亚、西亚、南亚、北非乃至欧洲的桥梁，这为西部现代物流创造了很好的发展空间。第三，具有一定的物流设施基础。宁西铁路、渝怀铁路、重庆轻轨、南疆铁路、西部机场、兰新铁路、高原公路等项目的建成，形成了水运、铁路、公路、空运等立体运输网络体系，仓储、配送设施也渐成规模，为西部商业物流中心的发展提供了设施基础条件。

（二）具备较好的市场需求

首先从国家和地区物资流通市场情况看，现代物流的发展具有宏观的市场推动。根据2002年全国现代流通会议的统计，当前全国流通市场处于稳定增长的态势，2001年全社会消费品零售总额达到37 595亿元，比2000年增长10.1%，是改革开放前1978年的24倍，剔除价格因素，年平均递增10%以上；2000年连锁经营的企业发展迅速，同比增加46.2%。其次，随着经济全球化的日益加深，发达地区和沿海地区物流成熟市场逐渐趋于饱和，西部这一经济暂不发达、市场欠成熟的地区将成为国际投资和市场开发的重点地区之一，吸引国际知名企业的集团前来开拓，这为西部现代物流的发展提供了用武之地。第三，西部是我国重要的工业基地，积聚了众多制造和加工企业，他们的进一步提升和发展迫切需要现代物流业的支持。

（三）规划与设计相对滞后

随着全球经济的不断融合，物流作为“第三利润源”的迅速升温，也得到西部市场的关注，许多商业机构、仓储与交通企业、生产企业纷纷成立物流公司、建立物流基地，希望抓住机会，占领这一巨大市场。但是由于观念、技术等原因，西部物流发展规划与设计与沿海相比严重滞后，导致出现多方割据、各自为政、重复建设、资源浪费、低水平小规模发展的态势。

（四）交通、仓储等基础设施落后

和发达地区相比，西部公路路网还不完善，等级低，密度小，覆盖率低；铁路水路枢纽之间缺乏软体连接，不同运输方式之间的转运效率低；货运场站和仓储设施多为分散经营，自动化水平低，经营方式多为自用、承包和租赁，设施利用率低，无法实现规模经营，体现规模经济效益。

（五）物流信息化程度低

这集中反映在四个层面上：一是企业的内部管理与市场营销。现在企业大都把主要精力放在多元经营和规模的扩张上，而对通过信息化改造以提高工作效率和获取信息手段关注不够，投资不足。二是供需交易方式，仍停留在传统交易方式上，缺乏区域性综合信息交易系统和交易信息中心，以电子商务形式或通过Internet进行交易者几乎为零。三是行业管理上，主管部门不能通过先进的信息技术手段获得实时信息以支持其对市场的监管。四是货运场站、仓储设施与运输单位的信息化程度，场站之间、场站与货仓之间、运输单位之间、运输单位与物资单位之间缺乏信息联系的现代手段与方式。缺少一个能够解决或辅助解决上述4个问题的共用物流信息平台。

（六）物流的社会化、市场化程度低

一是工业企业缺乏物流意识，企业对自身的物流过程缺乏设计或设计的系统性不强，导致物流管理与控制缺乏科学性。二是大多数企业在社会储运资源供大于求的情况下，依然进行自备车运输与仓储资源的建设，并以此实现物流的自我实现与发展，而事实上基于企业物流需求的有限与管理能力的局限，企业的自有储运资源不能得到充分有效的利用，企业自身核心竞争力的发展也大大受到影响。三是低水平的专业物流服务影响了物流市场的发展。四是物流业与其他产业特别是制造业的发展缺乏协调和相对滞后，影响了传统产业的后续发展。

（七）第三方物流服务水平低

西部虽然已有不少从事货物运输、货运代理、货运仓储和货运信息服务等的企业，但总体上说规模太小、范围窄、信息化程度比较低、物流意识淡漠、管理差、效率低、成本高，服务质量仍呈现一种被动性、波动性、短期性层面，很难满足多频度、少量化、短时化的现代物流要求，这不利于建立区域物流市场，不适于现代物流业发展的需要。

（八）物流的辐射能力有限

由于资金、人才、地理等各方面原因，西部物流业尚未形成多元化的格局，行业分散，地域分散，专业化流通的集约化经营优势难以发挥，规模效率难以实现。

（九）物流专业人才匮乏

具体表现在三个方面：一是企业缺乏物流专业技术人员；二是社会上缺乏专业咨询机构；三是政府缺乏专业物流管理与规划人员。

（十）缺乏有力的宏观调控

没有明确的主管部门和协调机制，西部各系统各自为政，局限在本行业、本单位内部发展现代物流，可分为五类：一是工商企业，依托自身的车队和仓储设施发展企业物流；二是运输企业依托运输资源和交通枢纽发展物流中心；三是仓储企业依托自有仓储设施发展配送中心；四是外贸企业依托贸易网络发展口岸物流；五是军队依托军事后勤发展军事物流。另外，政府现有的与物流有关的法律法规仍带有部门性、区域性色彩，缺乏适应市场经济规律并与国际接轨的综合性物流法规与政策，在基础设施方面很可能导致重复建设，在以后的管理方面很可能导致职能交叉，互相掣肘。

二、加快西部现代物流发展的思路

（一）明确政府发展现代物流业基本职能

政府在发展现代物流事业中具有两个基本职能，即基础设施建设、行政管理与服务。并非物流产业需要的所有基础设施都由政府主持建设，政府考虑的应是物流产业必需的、大型的、对整个物流产业能够产生主导作用的关键性基础设施建设。主要包括交通基础设施和通信基础设施建设两个方面。为了避免重复建设，应确定一个职能部门负责全市物流基础设施的规划、引资和建设事宜。政府对物流产业的管理与服务主要包括三个方面的内容：一是市场准入管理，即规定什么样的企业可以进入物流市场。特别是在发展现代物流业的初始阶段，就应该明确物流市场的准入条件，在事前避免引起市场混乱的因素，在制定准入政策时，应明确一个物流主管部门，或者建立高效的行政审批联席制度，减少企业在政府的办事环节。二是制定优惠政策。优惠政策可以由各职能部门在职权范围内制定，也可以由市政府通过各职能部门参加的联席会议制度制定。优惠政策的内容主要包括金融、土地使用、税收、收费等方面。三是日常监督管理，即对物流企业的日常活动进行的监督管理。由于现代物流涉及几乎所有物资，供应链环节众多，因此监管部门也很多。对物流企业的日常监督管理应由政府各职能部门依照自身职责进行，但是，物流企业的退出情况，应由一个部门掌握。

（二）抓紧制订区域现代物流发展规划

西部现代物流发展规划应着重解决如下问题：一是物流业现状与未来需求预测；二是物流业发展的指导思想和基本原则；三是物流业发展的战略目标、总体思路和战略重点；四是物流网络的设计与优化；五是物流子系统的具体建设策略，如城市快运物流体系、外贸物流体系、区县物流体系、省际物流体系的具体构建办法；六是供应链各环节的建设和相互衔接策略，如发展运输业策略、发展仓储业策略、建设物流信息系统策略、提高行政审批效率策略等；七是物流业发展规划的保障措施，包括资金、技术、政策、管理、人才方面的保障手段；八是明确政府在发展物流产业过程中的地位和职责；九是确定物流产业的发展步骤等。

（三）整合物流基础设施

政府在物流基础设施的整合上可发挥积极作用，主要有两种途径：其一是直接投资建设，主要限于机场、车站、港口等交通基础设施；其二是编制有约束力的规划，由民间资本金按照规划要求投资建设。进行基础设施建设要处理好几个方面的问题：一是要处理好交通运输站场、港口和仓储设施的关系。交通运输站场、港口未来将大量增加仓储设施，而大型仓储设施必然兼容货车，两者要协同发展，相互补充。二是要处理好交通运输站场之间的关系，注意港口、汽车站、机场、火车站的功能定位及相互间的衔接，避免重复建设。三是要注意整体发展，统一规划，逐步形成多层次、多渠道、多形式、大中小并举的现代物流网络。

（四）建立物流电子信息平台

现代物流的中心环节，除了运输和仓储外，还包括电子信息系统。物流电子信息平台要解决两个问题：一是买卖双方民事交易；二是行政许可手续。电子商务不仅需要电子技术的支撑，还需要工商、税务、金融等信用体系保障。行政许可通过电子信息平台完成可以有效地提高办事效率，提高行政行为的透明度。随着我国市场经济的规范，电子商务将逐步成为一种主要的商业形态。物流电子信息平台不仅是物流业供需双方交易行为的平台，而且还是未来政府行政许可行为的载体，因此应该由政府牵头建设。

（五）推广先进物流技术和国际标准

物流技术是物流各项功能实现和完善的手段。包括运输技术、仓储技术、包装技术、信息技术等。运输技术包括车辆技术和运输管理技术，要提倡货车向大型化、专用化和集装化发展，推广甩挂运输。要大力发展罐装车、冷冻车等专用车辆。推行GPS车辆跟踪定位系统、CVPS车辆运行线路安排系统，实施车辆计时监控，促使运输管理自动化、科学化。仓储技术包括仓储设备和库存管理技术，要大力推广高层自动化货架系统和仓储管理电子信息技术。搬运装卸方面，要普遍采用各式叉车，推广单元化装载。包装技术包括包装材料、包装设备和包装方法，通过包装保障物资便于运输，并且便于储存。信息技术方面，要着力推行EDI电子数据交换技术，运用电脑进行订货管理、库存控制配送中心管理、运输车辆及运行管理，提高信息反馈速度，增强物流供应链的透明度和控制力。另外，要大力推广物流活动有关的各种装置（如托盘）、机械（如装卸、包装设备）、设施（如高架仓库）等的标准，保障和提高物流系统运行效率。

（六）制定规范西部现代物流发展的政策和法规

由于西部现代物流业尚处于起步阶段，政府对现代物流业的发展应发挥指导作用，因此，物流政策和法规应具有前瞻性。西部城市在完成现代物流规划后，建议政府出台相应的现代物流业发展政策，作为发展现代物流业的纲领性文件，并应对现有物流法规进行清理，制定与国际接轨的、符合西部现代物流业长远发展的规章和规范性文件。由于物流产业涉及职能部门众多，因此物流法规应注重统一性，应有明确的行业管理部门协调各职能部门的规范性文件，避免政出多门，互相矛盾。

（七）树立示范物流企业

现在，企业发展物流业的积极性很高，但是由于现代物流是新兴产业，企业对现代物流的运作还很陌生，对现代物流的效益还有一定怀疑。因此，应加快对现有传统物流企业的改造，引进境外成熟物流企业，在规划指导下采用独资、合资等多种方式建立大型物流中心，带动西部现代物流业的发展。对西部出现的“第三方”物流企业，要予以积极的指导和扶持，逐步树立本土优秀物流企业，提高品牌效益。对西部重点制造企业，加快现代物流手段的应用与物流流程的优化改造，树立现代物流提升传统产业的典型，全面带动西部传统产业的可持续性发展。

（八）培养现代物流人才

物流人才可分为管理人才、经营人才和技术人才。我国现代物流业很大程度上不是市场自发形成，而是在政府引导下逐步成长，因此政府机关必须有精通物流管理的人才。 政府应采取“请进来，送出去”的方式，一方面引进物流专业人才进入相关职能部门，另一方面，加大对现有相关公务人员的培训。西部物流经营人才匮乏，政府应鼓励企业实施优惠政策，引进一批专业人才，并创造条件让他们发挥作用。应鼓励有关院校设物流专业，加强物流学科建设，加大物流人才培养的力度。此外，积极发挥西部物流相关的协会与社会团体作用，也要通过开办讲座、实例分析或与高校联合举办研讨班的方式培训物流人才。

（九）重点支持物流学术研究

政府应加大对物流研究的支持力度，鼓励有关专家积极开展物流理论研究，力争攻占现代物流理论的前沿阵地，并以此指导西部物流的建设与发展。

（十）加大物流发展招商引资力度

充分抓住西部开发的大好时机，利用我国成功进入WTO，国家决心大力发展物流的宏观经济政策，组织有关部门，成立专门机构，结合西部现代物流发展规划，开展物流发展专项招商引资工作，是实现西部现代物流跨越式发展的一个重要手段。

三、西部现代物流发展的前景

（一）西部现代物流的发展，必将引起整个西部传统储运企业的变革，加剧西部物流的整合与重组，加速向现代第三方物流的转化进程，带动西部经济的整体发展和进步。

（二）西部现代物流的建设与发展，必将探索出一条政府指导、企业运作、资本支持的三方合作发展物流的成功路子，找到解决西部物流长期存在的散、乱、差、弱、穷等主要问题的方法，也将深入地影响政府、企业、投资者在其他行业建设中的合作与参与模式。

（三）西部现代物流的建设与发展，不仅将为西部传统物流企业自身带来客观的经济效益，更重要的是通过发展现代物流，将进一步完善西部水路、航空、公路和铁路等综合运输网络体系，促进水、汽、空、铁多式联运的发展，实现快速及时的物流“门到门”服务，极大地提高西部口岸现代物流的集疏运能力，这对吸引外地投资，繁荣西部经济具有极为重要的意义。

（四）西部现代物流的发展，将应用电子商务等高新技术进行物流产业改造，探索出利用电子商务解决信息流（信息交换）、商流（所有权转移）和资金流（支付与结算）问题，将商品及时地配送到用户手中，完成商品的时空转移（物流）的方法与经验。必将进一步指导应用计算机网络技术、立体仓库技术、RF（射频技术）等加快对物流业的宽带化、数字化、信息化、网络化、智能化的改造进程，为提高全社会物流服务水平打下厚实基础。

（撰稿：重庆后勤工程学院物流研究所　王丰　姜大立）

香 港 物 流

一、香港物流基础建设

香港是亚洲主要的国际和地区航空及航运枢纽。2000 年，本港机场处理了近 224 万公吨国际空运货物，而货柜港则处理了 1 810 万个标准货柜单位。这样理想的表现除了业内人士的不懈努力外，亦有赖本港完善的物流基础设施配套。

（一）银行业

香港拥有一流的电讯和信息科技基建，以配合电子商贸和物流供应链的发展。随着电讯市场逐步开放，本港享有世界级水准而且收费合理的电讯服务，为电子商贸的发展作出了有力的支持。本地网络已全面数码化，宽频基建亦发展迅速，以适应日益不断增长的通讯需求。

（二）海运

香港的航运业成就卓越，有不少享誉盛名且经验丰富的船东、船务管理公司及与航运有关的公司在此经营，例如东方海外货柜航运（香港）有限公司（OOCL）、环球物流等。2000 年内，抵港与离港船舶约共有 43 万航次，装卸货物超逾 1.74 亿公吨，运载旅客约 1 710 万人次。这些旅客大部分是搭乘全球最庞大的高速船队（包括喷射飞翼船和喷射双体船）往来澳门和邻近港口。

（三）空运

2001 年，香港国际机场的旅客量为 3 300 万人次，货运量为 208 万公吨，飞机起降量则为 196 800 架次。机场岛上有香港空运货站和亚洲空运中心两个航空货运站，吞吐量合共为 300 万公吨货物（其中香港空运货站有限公司，每年可处理 260 万公吨货物，而亚洲空运中心有限公司，则可处理 42 万公吨的货物）。香港空运货站的超级一号货站是全球最大的单一航空货物处理设施，所处理的货物占香港国际机场总货运量的八成左右。估计到 2040 年，香港国际机场的航空货运量每年可达 900 万公吨。

机场南北跑道均长 3 800 米，宽 60 米，可容纳机身长达 85 米，翼展 84 米，载客量达 900 人的未来新一代大型飞机。这两条跑道均装置了先进的着陆系统，可供飞机在能见度只有 200 米的情况下着陆，并将达到最终容量为每小时超过 60 班次起降的能力。

（四）铁路

1. 地下铁路：地下铁路是一个由五条主线组成的地下铁路网，由政府所属的地下铁路公司经营。该铁路系统从 1979 年底开始分段通车，官塘、荃湾和港岛线全长 43.2 公里，东涌线和机场快线全长 34 公里。整个铁路网共有 44 个车站。

2. 九广铁路：九广铁路（东铁）全长 34 公里，由九龙红磡至罗湖，其中还包括一条主要在赛马日运作的沙田马场支线，沿途共设有 13 个车站。九铁行走九龙市中心（红磡站）至中国内地边境罗湖，全程约需 50 分钟。九铁红磡站亦有直通车开往内地各个地区。铁路电气化计划和铺设双轨的工程早在 1983 年就完成了。此外，每日有上下行各八班直通车来往九龙及广东省各市；而来往九龙和北京、上海的客运直通车则分别隔天开出。

二、香港物流业的信息科技

香港不少物流服务供货商（物流商），均了解到信息科技所带来的好处，因此他们都纷纷投入大量资源，来提高生产力及改善客户服务。因为应用信息科技，能更有效连接各方（制造商、零售商、客户等）的信息，以加快工作进度；而透过信息科技整合各方的物流网络，能减低营运成本，从而缓解了因香港高工资及高地价而造成的盈利压力。除此之外，客户的要求也越来越高，以及市场瞬息万变，这无疑会大大加快物流商使用信息科技的步伐。

以东方物流集团为例，其自行研制、开发的仓库管理系统，令仓库空间、设备和人手的运用更有效率。同时，现代化的信息科技工具如计算机条形码卷标、卷标扫描器及无线频率技术等设施亦在各个仓库被广泛应用，搜集存仓货物信息。利用上述系统和工具，可指挥各仓库员工的工作、监控存货及货位情况、管理客户订单和工作步骤，提升营运效率。该系统能够追踪进仓货物去向、得知货物数量、配额使用或转移资料，及提供更及时的存货量报表。东方物流集团加强存货管理和资源灵活的调动能力，可以进一步及时响应客户的需求，提供更可靠、高透明度的仓储服务。

另一方面，东方物流集团亦设有内联网沟通平台，以促进内部员工之间物流信息的流通各部门可在内联网上分享物流信息，如船运、存货及订单状况等。内联网的建立，有效地改善了各仓库和各部门之间的沟通，不仅节省了本地送货、存货管理等营运工作所需的时间，提高了效率，还协助集团提供快速响应及可靠的物流服务，让客户得到要求以外更高素质的服务。

又例如：怡和物流拥有上挂互联网的SMARTRACK信息科技系统,客户可以利用自己的计算机查看货物送货情况、监察订单状态及存取所需资料。此外，怡和物流亦装设客户服务器应用软件，连接海空货运、货柜管理、仓储分销等操作系统。利用连接和整合各方的信息系统，客户可以全面掌握和了解准确的物流数据、资料，当问题产生时，能立即与物流商联络。

同样，嘉里物流亦对信息科技相当重视。除了在辖下各仓库设立如仓库管理系统的联网信息系统外，嘉里物流亦拥有上文提及的信息支持工具，以及具有电子商贸功能的网站，让双方透过互联网交换营运资料、发出及处理订单等等。嘉里物流亦开发了上挂互联网的信息系统，连接物流链上其它公司，客户可在网上方便的查询货物存货资料及产生有关的管理报表。

三、集装箱

五十年代，香港货物出入口主要以海运为主，当时贸易船只可分为三大类：舢舨、沿岸船只及远洋船只。到了60年代，简单的装卸模式已呈现饱和趋势，故香港开始引入集装箱技术，把货物吞吐量推向更高层次。

直到现在，香港的集装箱码头全部都集中于葵涌地区。现共有以下四家经营商负责营运：香港国际货柜码头有限公司（HIT），拥有4号、6号及7号码头；现代货箱码头有限公司（MTL）拥有1号、2号、5号，以及8号码头的西翼；中远国际货柜码头有限公司（COSCO-HIT）拥有8号码头的东翼；海陆货柜码头有限公司（SLOT）拥有3号码头的一个停泊位。

由于葵涌码头一带已没有可供发展的土地，因此现时青衣岛上兴建的9号货柜码头相信会是该区最后一个集装箱码头。亚洲货柜码头、现代货箱以及香港国际货柜码头，共同投资超过百亿港元发展9号码头，其中的30亿港元用作加深蓝巴勒海峡，并发展了70公顷的后勤土地，以改善9号码头一带的交通基建工程等状况。

9号集装箱码头建成后将有六个泊位，沿岸水深达15.5米，码头总面积为68公顷，设计处理量为每年260万个标准集装箱（20英尺／箱），而该码头的经营者也表示将会提高至250万个标准集装箱（20英尺／箱）。根据协议，其中四个泊位由现代码头拥有，其余两个属于香港国际货柜码头，而亚洲货柜码头将分摊部分9号码头的发展费用，藉以交换现代货箱码头位于8号码头西的两个现有泊位。

另外，在1998年，位于屯门的第一个专为内河货运而设的码头已全面落成。整个内河码头总面积为65公顷，海岸线长3 000米。该码头特别为集中处理往来香港与珠江三角洲一带港口间的集装箱及散装货物，提供陆路以外更便宜和环保的另类选择。香港内河码头的设计内河货物处理量为每年130万个标准集装箱单位。

至于从事中流作业所需的海旁起卸用地，政府已在昂船洲拨出了两块永久用地，占地6.7公顷，码头长度约460米。现时，在港口外围的公众货物起卸区将会陆续搬离。

香港现在约有二百家经营主要航线的船公司，利用香港港口付运货物；另约有一千家从事航运业务的公司也在此经营。香港是亚洲区主要货运中心，亦是自1978年中国对外开放后华南地区货物的重要转运站。内地和香港贸易在过去十年的年增长率为18%，据估计，在华南制成的货品90%以上均经由香港进出。

四、港口操作

从80年代到90年代初期，因内地道路设施未能配合，再加上远洋航班不多，故货主经常会先把货物从陆路运到香港做拼箱付运。近期由于内陆运输设施相继峻工，以及有很多远洋班轮直接靠泊内地港口码头，货物可由工厂直接装箱并运至附近码头付运。货物经由陆路运抵香港后，再付远洋班轮的百分比也相对减了不少。但由于大陆南部整体货运量一直呈增长趋势，因此经香港出口或转口的货物量都将持续攀升。

香港港口由私营机构拥有并经营，港府则提供后勤用地、航道、航运基建配套及设施。此外，现本港有超过二十个中流作业经营者及多家公司在经营内河贸易货运。在1998年，约有250万个标准集装箱（20英尺／箱），经内河船只运往珠江三角洲一带，这为拥挤的陆路跨境通道提供多一个选择。

由于全部集装箱码头主要被私营机构所拥有，集装箱装卸费亦相对较区内其它码头的收费高。政府在港口设计及筹划方面一直持不干预态度，所以在码头发展项目上并没有作出通盘的计划或利用外围的设施来配套。港口发展主要是依靠达标系统（Trigger Point）来预测和配合。过去二十多年来，随着香港货运量每年的持续增长，码头的建设亦由当初1号、2号扩展到即将建成的9号码头。

五、香港物流业的质量管理

90年代，香港物流业开始意识到质量管理的重要性，并实施了多项质量管理改善计划。例如：质量圈、质量控制、ISO9000质量管理系列等，作为在国际间提升企业竞争力的途径。同时，面对改善服务的压力，物流商必须实施认可的质量管理计划，才不致于被市场淘汰。

以东方物流集团为例，在最高管理层的支持下，集团建立了质量管理系统。为了改善服务质量及防止工作步骤出错，东方物流集团制订了书面标准及工作步骤，管理客户服务所涉及的各个层面。集团向员工提供清晰的指引和指示，详列他们每项职责和集团对工作表现的要求，使双方对工作步骤及标准的理解一致，而每一位员工亦清楚知道自己的职责和公司的要求，以及集团的质量目标。上述质量管理系统令集团能不断提供客户要求以外的优质物流服务，建立客户对集团物流服务的信心。

实施质量管理系统带来的好处，是在集团各部门中，建立了一套众人认同和理解的质量标准。当谈及质量改善时，员工均明白所指的是同一套计划、施行和评估的工作步骤标准及规范。这样可确保每一位员工在质量管理上，所付出的努力和提供的服务素质相一致。

除此之外，质量管理系统亦建立了客户，尤其是以服务要求严苛而见称的国际企业。东方物流集团相信质量管理已成为物流商向客户提供高素质服务的一个重要途径。

另一方面，东方物流集团依托该质量管理系统，在成本和服务上取得优势。质量管理系统可防患于未然，减低由客户不满、滞留收费、污染货物及人力资源浪费的成本。同样，质量管理为集团节省因未符合客户要求而须重做工序或退货的开支。很多香港物流商，包括东方物流集团在内，在日常营运方面亦越来越以客户为本。质量管理系统不但在满足客户要求及找寻新的客户上占有重要的角色，还协助集团在其他物流商中突围而出，使其成为业内质量管理的领导者。

（撰稿：香港东方物流集团 总经理　刘伟光）

台湾物流

一、市场现况

台湾物流业者发展至今，已逐渐形成规模依工研院机械所调查分析指出，台湾物流业者之资本额以1亿元以上的厂商居多，占了物流业者的62%，主要是用于土地成本及自动化设备投入成本。唯人员数100以下占有40%，100～200人占有18%，亦即六成业者其员工数在200人以下，此显示以中小型业者以及大型但自动化程度高的业者为主。至今物流中心的仓库面积分布，以北部为主，占了43%，此与台湾商业活动以及人口分布聚集北部的现象有直接关连。至于面积大小，以500坪以下为主占39%，1 000～5 000坪居次，占有31%，500～1 000坪则占13%。换言之，1 000坪以下即占有83%，显见目前台湾物流中心的使用土地仍以小单位面积为主。另外再就跨业种的情况分析，以1～2种最多占65%，3～4种占17%，5～6种占13%，7种以上占5%，此说明台湾物流中心业者仍以专业物流为主流。另外受到经营环境因素影响，市场上仍以台湾物流企业为主，而且物流技术亦以自行开发为主。

除了上述分析，台湾物流市场亦随通路精细化、企业全球化呈现出一片荣景，给人无限商机印象，因此，竞争者不断地涌入。相对地，市场竞争愈来愈激烈，挤压了彼此获利空间，致使体质欠佳业者亦屡有退出市场的案例发生。依配运属性言，台湾现有物流市场约可分成下列6部分：

（一）传统零担货运：仍以大荣、新竹、中连等传统货运为主。

（二）大量长程运输：仍以中小型货运业者，尤其是以回头车为主。

（三）小量短程配送：以新兴物流业者及厂商自有车队为主。

（四）全省宅配快递：以邮局快捷、大荣、新竹、超峰等快递业者为主。

（五）城区短程快递：小型当地快递公司为主。

（六）国际越洋快递：仍以DHL、UPS、FedEx、TNT为主。

二、业者现况

台湾物流中心业经过十余年的萌芽发展，市场竞争的洗礼，以及合纵连衡的策略合作后，态势已渐明朗，说明如下：

（一）连锁超商专属的物流中心业：此类物流中心，如捷盟行销、全台物流，随着母公司拓店数的增加，其规模日益茁壮，获利状况亦渐入佳境。

（二）批发型的物流中心业者：此类物流中心，如康国行销、联强国际，其发展状况随其经营绩效而定，联强国际挟其物流优势已荣登台湾三C通路商盟主；又如裕利药品物流，亦如出一辙，挟其物流优势而成为台湾最大的药品供应商。

（三）以服务制造商或进口商之物流中心业者：此类物流中心，如德记洋行、侨泰物流、东源储运、环纬物流，各拥有不同物流专业及利益而各据山头。

（四）由传统仓储或货运业转型之物流中心业者：此类物流中心，如大荣货运、新重型货运、世联仓运，拥有雄厚资源与广大客源，在物流产业中亦能占有一席之地，且后劲十足。

（五）由国际运输业者转型之物流中心业者：此类物流中心，如阳明海运、长荣货柜，因掌握进口货源，加上企业全球化因素，其发展将会是物流业界的黑马。

（六）由加工出口区或仓储转运中心成立之物流中心业者：此类新兴的物流中心业，配合政府及企业全球运筹管理策略发展，具有独特的商机。

（七）国外整合型物流业者：此类物流中心，如DHL、UPS、FedEx、TNT，在企业全球化及网际网路的发展带动下，挟其雄厚资本与技术，成为台湾物流业者最不容忽视的潜在竞争对手。

另外，台湾物流中心业主要是由台湾大型企业集团转投资占市场37%，如捷盟属统一集团、康国属味全集团，其次是台湾中小企业投资占27%，如环纬物流、百及物流；显见台湾物流中心业的资金来源两极化。

纵观物流业者现况，可概括为以下特点：

（一）物流业依营业项目分：最主要的营业项目仍以运输配送、仓储保管、流通加工为主；其余者尚有代理采购、咨询辅导。

（二）就营业区域分析：57%业者可提供台湾本岛服务，只有三成的业者属地区性的服务。

（三）市场竞争概况：物流中心业者主要服务产品以日用品、食品为主，其次是家电、文具、服饰，再其次是药品、图书、3C、影音及家俱。其次就服务通路分析，提供全通路服务则高达76%，CVS超商与锁店占18%，百超量饭店及餐饮通路只6%。

（四）自动化程度：台湾物流中心的自动化程度仍低，66%业者仍处在利用机械辅助人力之省力化程度而已，而且完全未自动化之物流业者仍高达17%，半自动化业者只有14%，而全自动化业者仅有3%，显见业者仍有很大的改善空间。再进一步分析业者对自动化的需求项目，依序是EOS普及化、栈板标准化、自动化奖励、商品条码化、条码标准化、共同配送、物流专用区、POS普及化、车辆标准化、共同物流中心、即时资讯系统、无线开放以及电子地图普及化。

（五）资讯化程度：对比于自动化程度，台湾物流业者在资讯化方面却有十足的进步，31%的业者已完全整合，54%已部分整合，只有6%尚未整合，亦即九成以上业者采用资讯化作业。

（六）薪资结构：统计物流中心业者的薪资水准，大车司机及管理层主管月薪约5万元，小车司机及作业层主管月薪约4万元，库内作业层人员约3万元。

（七）人力资源：工作型态以全职为主占95%，性别以男性为主占77%，再就职务类别分析，库内作业人员占42%，司机占32%，行政人员占21%，资讯人员占5%。至于学历分布，以高中职为主占64%，大专院校占17%，硕士以上仅占1%。

（八）成本结构：物流成本中人事成本占36%，其次配送成本占28%，仓储成本占23%，设备成本只占4%，其余9%。人事成本是物流中心的最大项目成本，显示在自动化程度不高的物流发展阶段里，台湾物流经营者应重视人员管理的重要。

三、仓储技术

目前台湾物流中心业者在仓储方面的发展，已有长足的进步，虽然尚未及先进国家之全自动化，但业者已积极朝此方向努力，以期建立竞争优势，说明如下：

（一）用地

目前业者在物流专业园区及工商综合区未大量开发之前，仍以设立在工业区内为主。

（二）厂房

厂房的结构仍以钢骨架为主，其次是混凝土（RC）结构。

（三）装卸

目前业者大多以机械化作业为主，如采用堆高机，而且物流中心多已设置卸货码头或平台，以提升装卸效率。

（四）保管

在保管技术方面，业者都已采用料架储存，并实施储位管理系统，甚至导入无线传输系统

(RF)。

（五）拣取

在拣取技术方面，业者已导入电子标签拣货系统（ELS），以及输送带搬运设备，对拣货的精准度与效率大幅的提升及改善。

（六）理货

对贴成分标与组合包装，业者已自行开发生产线作业；对退货整理已设立专责单位处理并严格控管坏品报废，以吻合环保要求。

（七）安全

在政府严格执行消防安全检查下，物流中心的消防安全设施已大幅改善。另外，最近几年台湾因台风及地震频仍，业者对厂房及位址的安全已有更深切的认知。

四、输配送技术

（一）排程

在台湾因地理环境特殊，短程配送与长途运输的派车是截然不同的方式，由于短程配送属多点次多回转排程，适合利用电脑辅助系统，以提高派车效率。长途运输属少单次单程排程，如何有效集货才是其排程重心，因此利用电脑辅助派车较不易显现出效率。

（二）车体

由于台湾在建筑法规及对建筑师的训练尚乏物流层面的认知，因此商业用的卖场兴建，往往忽略物流进货的真正需求，造成卸货区规划不良，进而影响车体的有效设计，亦造成物流配送的困难度及时间的浪费。目前台湾物流配运车体，大抵可分为：厢式车体、海鸥车体、升降尾门车体、铁架帆布车体、平板车体。

（三）通讯

随着移动电话的普及，车上的通话设备已渐失市场，但随着宅配物流市场的兴起，车上无线通讯设备需求欲不减反增，这恐将成为业者在建立长期竞争优势中所不可或缺的利器。

（四）服务

在台湾传统货运业者最被人诟病的就是其配送员服务态度，这给了物流业者很大的发展空间，在宅配时代来临之际，配送员服务态度将更显重要。其次，优质服务尚包括时效、安全及正确的要求，这也是物流业者的品管重点。

（五）停车

目前对物流业者在配送上另一个挑战的问题就是配送途中下货停车问题，交通违规停车罚钱成为一项无法预期的营运成本，而且此项成本随着政府整顿交通的决心而日愈升高。

五、资讯技术

物流资讯是物流中心的中枢神经系统，目前台湾常有的物流资讯系统，包括下列数项：

(一) 网路技术：利用UNIX或NT架设公司内部网路系统。

(二) 资料传输：利用EDI—VAN或E—Mail方式传输档案。

(三) 接单系统：利用EOS或XML方式传输订单资料。

(四) 保管系统：利用RF或AS/RS技术进行储位管理作业。

(五) 拣货系统：利用ELS技术进行拣货作业。

(六) 输配系统：利用资讯辅助派车或车辆排程。

(七) 帐务系统：利用资讯进行物流批价、请款及会计帐务处理事宜。

(八) 回报系统：利用资讯技术或透过网站，提供物流服务状况回报系统。

六、人力资源

物流是资本密集同时亦是劳力密集的产业，人事成本往往是物流成本中最大项，因此，物流人才的培育更显重要。唯物流管理能力是建立在物流作业技术之上，而物流作业是偏重劳力，因此，要培养出色的物流管理干部实不容易，亦即要允文允武之人才，在现今优裕的社会里不易寻觅，这也是物流业者营运艰难的处境之一。物流人力资源管理可以分述如下：

（一）选才

1．人才需求规划：物流作业本身有高低之分，物流市场专长各异，为解决物流管理问题，必须有计划地引进人才。

2.长短期规划：管理干部的培养时间长，加上配合企业长期发展所需，因此，必须有计划地每年引进高素质人才，以避免产生人才断层现象。至于作业面人才的引进，只要在作业高峰期前引进即可。换言之，干部培养时间长，于淡季引进有较充裕的时间来实施培育计划。

3.人力市场搭配：每年春节后换工作人多以及每年七月毕业生的投入市场，正是招募人才的好时机。市场景气不好时，亦是另一个取才的时机。而产业结构调整时，夕阳产业人才的释出，亦不例外。

4.善用面试技巧：千里马何处有？善用面试技巧可以寻找到适合的对象。物流是一种服务性的工作，物流人才的特质：(1)善于沟通(2)精于数字(3)处事踏实(4)身心健全。因此，可利用测验、读取其自传或从交谈中观察其是否具有上述四项特质。

5.充分沟通期望：物流工作中，有一部分是体力性工作，因此面试时必须充分揭露才能避免因认知落差而离职，徒增人事成本。此外，亦可藉由面试沟通机会，为其规划事业生涯，使新进人员有个明确的努力目标。

（二）育才

物流的工作可分为物流技术、物流管理、及物流经营三个阶梯。其主要内容分述如下：

1.物流技术

配送技术：路线规划、车辆调度、交货流程、车辆使用。

仓管技术：进货、保管、拣取、流通加工、盘点、机具使用。

资讯技术：接单、核单、批价、作帐、回单、请款、资讯使用。

2.物流管理

人员的管理：任免、考核、训练、异常管理。

车辆的管理：保养、安全、修护、资讯收集。

货品的管理：储位管理、加工管理、进出货控制、安全管理。

资讯的管理：系统管理、系统开发、数量分析。

3.物流经营

市场：业务开发、客户服务、公关。

资金：理财、投资、成本分析。

技术：人事策略、物流研发、资讯规划。

（三）用才

物流工作的属性差异大，专长亦不尽相同，因此，依人之个性来分配工作才能人尽其才。物流人才可分为仓管人员、配送人员、资讯人员、业务人员及管理人员。其性格差异说明如下：

1.仓管人员：内向、精算、有耐力。

2.配送人员：乐观、敏捷、有毅力。

3.资讯人员：亲切、精确、学习心。

4.业务人员：沟通、倾听、公关力。

5.管理人员：技术、管理、获利力。

（四）留才

物流人最需要的工作需求是：安全、尊重、成长、参与。

因此，物流中心在设计人事制度上必须加以考量，才能使好的人才留住，成为企业的宝贵资产。

1.安全

物流通渠道必须提供安全的工作环境，事前的防范措施及事后的补救办法都必须兼备。让员工除了工作有保障之外，生活上亦能无后顾之忧。

事前防范：现场安全、投保、防灾教育。

事后补救：慰问、理赔。

2.尊重

物流工作有部分偏向劳力，但是劳动本身仍是神圣的，不容被轻视。因此，尊重物流从业人员是提升服务品质及降低流动性的重要因素。

3.成长

尽管物流工作偏向劳力，但是员工仍须有成长的空间，因此，多能工及物流管理是物流从业人员的晋阶方式。当然成长仍可包含货币所得的增加以及物流经验的累积。

4.参与

现场工作人员适度的参与决策，可以使决议在执行上能更顺畅。而入股分红制亦更能落实此一效果，对确保物流服务品质有莫大助益。

七、法令规范

法令规章对一个产业的影响是非常深远的，唯台湾以中小企业为主，企业主的法学素养因学习背景而有不同。尤其对一个新兴的产业，不仅法令不够周全，加上政府部门间对新事业认知偶有落差，这对有心投入新兴事业者而言，更难搜集到完整的相关法令资讯。如前所述，物流中心业系整合了传统的仓储业与运输业，而且是社会经济活动的新需求，加上流通通路多元化，更使政府单一主管机关已无法完全涵盖其业务范围。因此，物流中心业就成了多主管机关的窘境。目前政府为使物流中心业运作顺畅，已针对用地取得、奖励投资及标准推广三方面给予协调。在用地取得方面：除了开发工商综合区中，包括有物流园区之外，亦已允许物流中心进入工业区中设置。在奖励投资方面：对业者购置自动化设备订有投资抵减办法及优惠融资要点。在落实标准化工作方面：已订有商品流通容器规格标准建议书，商业标准表单技术实务手册等。

现将与物流中心业有关的法令规章整理并列如下：

1.物流中心业仓储批发业软体工业财务及事业计划审查要点。

2.民营批发业零售业及技术服务业购买设备或技术适用投资抵减办法。

3.工商综合区设置方针暨工商综合区开发设置管理办法。

4.商业自动化物流中心厂商辅导申请要点。

5.商业自动化共同配送辅导申请要点。

6.行业标准分类。

7.汽车运输业审核细则。

8.汽车运输业管理规则。

9.消防法及其施行细则。

10.消费者保护法及其施行细则。

11.商业登记法及其施行细则。

12.营利事业登记规则。

13.商品标示法。

14.商品检验法。

15.营业秘密法。

16.促进产业升级条例及其施行细则。

17.公路法。

18.道路交通安全规则。

19.道路交通管理处罚条例。

20.强制汽车责任保险法。

21.高速公路交通管制规则。

22.停车场法。

23.废弃物清理法。

24.空气污染防制法及其施行细则。

25.劳工安全卫生法及其施行细则。

26.电脑处理个人资料保护法及其施行细则。

27.建筑法。

28.使用牌照税法。

29.就业服务法及其施行细则。

30.劳动基准法及其施行细则。

八、资金需求

物流中心的建置所费不赀，这是由于物流中心区位选择，以接近都会区最具作业效率，因此位址的土地取得成本都很高，动辄以新台币亿元计，这也就是为何物流公司之资本额以亿元计者，栉比皆是的主因。其次，自动化仓储的导入，一套成本亦以上亿元计，而自动拣取系统以千万元计，加上全省车队的建置亦以千万元计。除此之外，人力成本在国内亦属昂贵生产要素，而且劳动人口逐年减少。由此观之，物流中心业实属一资本密集且劳力密集的产业。因此，投入此一行业必须经过审慎评估，以及做好风险管理。

（一）固定投资

物流中心的固定投资有土地、厂房、设备，分别说明如下：

1.土地：以每坪金额估算。

2. 厂房：以每坪建造金额估算。

3. 设备：

（1）车辆设备：依车辆大小及品牌不同而异，特殊功能另加成本。

（2）仓储设备：可依每坪建筑成本估算。

（3）资讯设备：分软件及硬件，各依不同品牌、功能、等级估算。

（二）创办成本

创办成本，包含开办费、研究调查费、专利费、募股或登记费、员工训练费、试验费、旅费等。

（三）周转资金

得以某数月的营运费用，如3个月，作为周转之用。

投资计划的原始投资金额即上述1+2+3三项相加。至于此金额实际之来源、形式和最佳资金成本组合，均须进行财务可行性分析。

（四）营运费用

周转金的计算系来自营运费用的估算，而营运费用系依业务部门、营运部分以及管理部门三方面的计划费用而来。分述如下：

1. 业务部门费用

（1）业务人员：业务人员薪资及福利费用、交通费、交际费。

（2）业务奖金：业务员的佣金可以物流收入的百分比来估算。

（3）广告预算：加强大众传播媒体的宣传，如报章、杂志的广告支出。

2. 营运部门费用：

物流中心之营运要素包括配运、仓储及帐务等三项，其营运成本项目分述如后：

（1）配运成本：包括配运人员薪资、津贴奖金、福利、车辆折旧费、燃油费、维修保养费、保险费、牌燃税、通行费、停车费、罚钱等。

（2）仓储成本：包括仓管人员薪资、津贴奖金、福利仓储设备折旧、水电费、安全费、保险费等。

（3）帐务成本：包括行政人员薪资、津贴奖金、福利、资讯及安全、设备折旧、电脑耗材。

3. 管理部门费用：

管理部门的支出有管理人员的薪资、奖金、福利、办公设备折旧费、文具用品、旅费、邮电、水电、保险费、税捐、修善费、损害赔偿等。

九、营业收入

除了上述成本及费用外，还须要预估物流的营业收入，才能进行投资效益分析。物流营业收入的估算，有二种方法，各有其适用对象。

（一）依商品销售金额的百分比来估算：

此百分比的多寡与服务的商品特性以及服务水准的深度及广度而有不同。例如高价品比低价品的百分比为低，高服务品质要求比低服务品质要求其百分比为高；服务内容多样也比服务内容少样百分比为高。其适用对象以体系内专属的物流中心为宜。

（二）依服务性质不同分项来估价：

其适用对象对独立的专业物流中心为宜。可分为：

1. 配运收入：含小量配送及大量运输，可依重量、材积、件数或车次来估算。

2. 仓储收入：含装卸、保管、理货，可依坪数、储位数、材积数、件数来估算。

3. 帐务收入：包括帐务处理收入，收现处理收入，可依表单笔数或销售金额百分比来估算。

（供稿：台湾物流协会秘书长　钟荣钦）

第四部分

WTO与物流

综　述

一、物流产业在国民经济发展中的地位与作用

传统物流是随商品经济的产生而产生的，是指时间和地理位置的位移。现代物流是另外一个概念，是对传统物流的升华与革命，传统物流和现代物流的根本区别是：

（一）现代物流是一个过程，是一种管理

同时也是对货物(原材料、半成品、制成品)、服务及相关信息从起源地到销售地有效率、有效益的流动和储存进行计划、执行与管理，以满足顾客的要求。2001年8月1日正式实施的《物流术语》国家标准对物流作了如下定义："物品从供应地向接收地的实体流动过程。根据实际需要，将运输、储存、装卸、搬运、包装、流通加工、配送、信息处理等基本功能实施有机结合。"也就是说，除生产以外，都归属于供应链管理。这与传统物流只讲运输与仓储是完全不同的。

（二）现代物流要求物流要素可以集成，快速整合，形成供应链

物流要素涉及到铁路运输、公路运输、内河及海上运输、邮政运输、管道运输及仓储业、流通加工业、配送业、包装业、物流信息业等等。现代物流可以以最快的速度与最低的成本把所有的物流要素，包括国内的和国际的要素加以集成。物流要素在物流市场上都可以买到，这是现代物流和传统物流的较大差别。

（三）信息网络技术的发展是现代物流产生的重要条件

没有因特网(Internet)，没有企业内部网(Intranet)，没有电子数据交换系统(EDI)，整个现代物流根本不存在。网络化、信息化、全球化是物流业的基本特征。信息网络技术是现代物流的生命线。因为现代物流就是依靠信息技术把供应链的点与线联结起来的。具体有：1.基于各种通信方式基础上的移动通信手段；2.全球卫星定位(GPS)技术；3.地理信息(GIS)技术；4.计算机网络技术；5.自动化仓库管理技术；6.智能标签技术；7.条形码及射频技术；8.信息交换技术等。

（四）现代物流有一个标志性的东西，就是第三方物流的出现

传统物流一般只有第一方和第二方物流。第三方物流是专门搞物流的专业组织，是为生产与流通部门服务的。第三方物流，在欧洲占到20%左右，美国15%左右，中国大概不到10%，但是第三方物流的发展是一个方向，是现代物流和传统物流的根本区别之一。

（五）现代物流和传统物流还有一个差别，就是现代物流可以极大地降低流通成本

一是降低宏观物流成本，即降低物流成本在GDP中的比重。据世界银行估算，如果我们在"十五"期间把物流成本从占GDP的16.7%降到15%，每年可节约物流成本2400亿元。二是降低微观物流成本，即降低企业物流成本。青岛海尔集团改进了企业物流管理，每年可节约采购成本1000万元，库存占压资金从15亿元降低到3亿元。

现代物流在国民经济发展中，具有三个方面的地位与作用：

——是国民经济的支柱产业和新的经济增长点

——是流通业的物质基础

——是企业的第三利润源泉

为什么这样定位，有以下几个理由：

1.物流业涉及到铁路运输、公路运输、内河与海上运输、管道运输、航空运输、邮政业、仓储业、装卸业、包装业、配送业、流通加工业、物流信息业等等，这些产业的发展情况如何，对国民经济发展举足轻重，对服务业的发展举足轻重，对增加就业举足轻重，已列入“十五”发展的总体目标。

2.中国物流成本占GDP的比重太高，降低社会物流总成本是中国经济发展模式转变的重要标志，是提高国民经济运行质量的综合性指标。物流的落后是中国粗放式经济发展模式的突出表现之一，物流水平是一个国家综合国力的重要标志。发达国家物流成本占GDP的10%左右，而中国达到20%左右，高出一倍。因此，提高物流的综合效益是中国经济发展的重大战略问题。

3.生产企业流动资金占用太多，降低生产企业流动资金占用，降低物流成本是提高资金利用率，提高产品市场竞争力的关键之一，是企业第三利润源泉。据统计，1992年国有独资与国有控股工业企业占有流动资金超过10000亿，年周转速度是1.65次，而到1999年，流动资金占用超过30000亿，而年周转速度降为1.2次。这说明生产企业物流特别落后，原材料、外购件、半成品、成品大量积压在工厂，而且管理费用有增无减。国有商贸企业也是一样，资金年周转速度只有2.3次，而日本的非制造业(包括批发与零售)为15—18次，沃尔玛、麦德龙、家乐福为20—30次。这说明中国社会化、专业化物流水平还很低。

4.电子商务要有物流作基础，才能实现流通革命。电子商务将改变未来经济与社会发展的方方面面，电子商务可以虚拟商场，虚拟银行，但不能虚拟物流，物流是实实在在的，不可能替代。

5.城市的现代化必须以物流的现代化为依托。每个城市都面临一个对原有物流系统进行改造，建设新的物流服务体系的问题。

6.物流是“追加生产过程”，是“生产过程在流通过程内的继续”(马克思语)，所以物流参与了产品价值与使用价值的形成，物流成本越低，产品成本就越低，就可以提高产品的市场竞争能力。青岛海尔集团的实践就可以充分说明这一点。

二、中国物流业发展的形势

中国的物流热吗？与过去相比，有点热起来了，但从总体上看，并不热。沿海地区开始热了，中部、西部还没有启动。有些企业动起来了，但大多数企业还是按兵不动。

对中国目前物流业的发展有三种看法，一部分人认为中国的物流业发展处于“春秋战国”时期，非常无序，非常分散；一部分人认为中国的物流业炒得太热，将与电子商务一样，带来许多泡沫；大部分人认为中国的物流业处于生命周期的起步期，虽然还存在不少问题，但从总体来讲是好的，发展是快速的、健康的。

从以下八个方面可以看到中国物流业当前的形势与发展趋势：

(一) 物流业的发展已列入中国“十五”规划。2001年3月15日由第九届全国人民代表大会第四次会议批准的《中华人民共和国国民经济和社会发展第十个五年计划纲要》中指出：“积极引进新型业态和技术，推进连锁经营、物流配送、代理制、多式联运，改造提升传统流通业、运输业和邮政服务业。”特别提出要“健全综合运输体系”，对铁路运输、公路运输、内河与海洋运输、航空运输、管道运输、邮政业的发展都提出了明确要求，要“充分发挥各种运输方式的优势，发展和完善城市间旅客快速运输、大城市旅客运输、集装箱运输、大宗物资运输和特种货物运输五大系统。”还提出“引入竞争机制，加快电子、铁路、民航、仓储、公用事业等垄断性行业管理体制改革。”这为“十五”期间中国物流业的发展制订了宏伟的蓝图，为发展中国物流业提出了政策依据。

（二）2001年3月2日，国家经贸委、铁道部、交通部、信息产业部、对外贸易经济合作部、中国民用航空总局联合下发了《关于加快我国现代物流发展的若干意见》。这是中国政府发布的有关现代物流业发展的第一个政策性、指导性文件，具有很深远和现实的意义，标志着中国的物流业在经过一段时间的准备之后开始起航。

（三）中国物流与采购联合会是目前带中国字头的一个跨行业、跨部门的物流行业组织，将全力以赴推动中国物流的发展，开展物流业的行业自律。目前在物流标准化、物流国内外培训、物流企业名录、中国物流年鉴、中国物流论坛、大专院校物流教学与科研、物流设备展览等方面开展工作。

（四）发展现代物流已列入2001年国家计委、国家经贸委、铁道部、交通部、科学技术部、民航总局、国家邮政局、国务院研究室、国务院发展研究中心等部门的议事日程。铁道部已启动以网运分离为核心的运输体制改革，将彻底改革已经存在几十年的铁路局、分局的企业组织结构，按照业务性质重组为客运、货运和路网公司，为进入物流市场创造条件。民航提出在“十五”期间要重点建设北京首都、上海浦东、广州新白云机场3个大型枢纽机场，建成全国性航空客货集散中心。国家邮政局学习国外的成功经验，利用其四通八达的网络系统，积极参与电子商务物流，成为B2C电子商务物流的主力军。科学技术部已将现代物流作为一个重要领域列入“十五”科技攻关项目。教育部已批准在少数大学开设物流本科专业与设立研究生物流专业方向。

国家计委、国家经贸委正准备进一步研究出台有关推动现代物流发展的具体产业政策。国家经贸委要求，到2005年我国港口集装箱吞吐量达到6000万标箱，比“九五”末期增长1.4倍，铁路集装箱发运量达到400万标箱，比“九五”末期增长1倍。远洋船队的规模将继续保持在全球班轮的前列。

（五）许多省市已制订城市物流规划。深圳市于2000年9月28日第一个在全国推出《深圳市“十五”及2015年现代物流业发展规划》，把发展现代物流业作为深圳三大支柱产业之一，规划建设8个物流园区。

上海市从原来规划的成为国际经济、金融与贸易中心，加了一个国际航运中心，即国际物流中心。为此出台了《上海市“十五”现代物流产业发展规划》。着重发展三类物流和五个物流园区，即陆、海、空、港的口岸物流；适应商业批发零售行业的配送物流；依托信息平台发展电子商务物流。在“十五”期间将建成市内配送中心20个，市外配送中心3—5个。

天津市从2001年开始着手研制“天津市现代物流发展纲要，”力争成为中国及东北亚地区重要的物流及信息枢纽。

香港提出要建成国际供应链管理中心，并积极参与内地的物流与分销业务。

广东省已把发展物流产业列入省的“十五”计划，并作为经济领域四大主攻方向之一，广州、东莞、佛山等省市都开展了物流规划的制定，一些物流基础项目开始启动。

青岛市把发展现代物流作为“以港兴市”，建设北方国际航运中心的切入点，推动大中型工交企业争取用3年时间全部实现物流创新，在全国率先培育出一批第三方物流企业，同时分别建设各具特色的6个物流园区，逐步形成与国际接轨的物流服务网络体系。

（六）由中国物流与采购联合会牵头组织编写的“物流术语”国家标准，通过专家论证，国家质量技术监督局已于2001年4月17日发布，8月1日正式实行，这是我国第一个物流术语国家标准，对于我国物流业的发展，规范管理将起到重要作用。

（七）国际上跨国物流企业纷纷进军中国物流市场。一是随自己进入中国市场而带进了为自己服务的国外第三方物流公司，如沃尔玛、麦当劳都属于这一类。二是走本土化战略，在中国寻找合作伙伴，或对中国物流企业进行改造，为自己服务，如宝洁、IBM、诺基亚等都属于这一类。三是国外物流公司进入中国，主动为外资企业与中国企业服务。比如日本通用株式会社分别于1992年在大连，1994年6月在上海，同年8月在深圳成立物流公司，开拓业务等等。

（八）中国第三方物流企业迅速崛起，但从总体讲还比较弱小。这有三种情况，一是原有的运输、仓储企业经过改造向物流企业转变，如中远国际货运公司、中国对外贸易运输(集团)总公司、中国储运总公司、中国外轮代理公司、中国邮政等。二是新成立的第三方物流企业，如广东宝供物流企业集团、深圳市中海国际物流有限公司、广州快步易捷信息服务有限公司等。三是一些大型企业自办物流，作为核心竞争力，如青岛海尔集团成立物流推进本部，已在全国建立42个配送中心。又如上海华联、联华、农工商连锁集团，都建立了自己的配送中心。

三、加入WTO与中国物流市场

据统计，2000年全球物流费用总支出3.75万亿美元，其中第三方物流市场份额为2070亿美元，占全球物流总支出的5.5%。预计到2002年，全球物流支出将达到4万亿美元，第三方物流达到2810亿美元，占全球物流总支出的7%。从1996年至2002年，全球第三方物流市场年均增长率为13%。中国第三方物流占整个物流总支出的比重，按中国仓储协会1999年的典型调查，大约在10%左右。

中国加入WTO，国际跨国企业同样瞄准了中国巨大的物流市场，按中国与美国和欧盟达成的协议：

产品分销方面：我国将首次向外国公司提供分销权，取消现有的法规限制，并将于3年内取消大部分产品的分销服务限制，外国商人可以分销进口产品和本地制造的产品。分销权将会在我国目前限制最严的分销行业，例如批发、运输、维修等行业中实施。

物流服务业方面：我国承诺所有的服务行业，在经过合理过渡期后，取消大部分外国股权限制，不限制外国服务供应商进入目前的市场，不限制所有服务行业的现有市场准入和活动。同时在辅助分销的服务方面也做出了类似的承诺，具体包括租赁、速递、货物储运、货仓、技术检测和分析、包装服务等方面，这些方面的限制将在以后3—4年内逐步取消。在此期间，国外的服务供应商可以建立百分之百的全资拥有的分支机构或经营机构。从2001年起，已拉开争夺中国物流市场的国际大战。许多跨国物流企业已开始成立中外合资或外商独资物流公司，并迅速向全国布点。

外国物流企业的冲击对我们是一种压力，一种挑战，但有利于中国物流市场的加速形成与规范发展。

作为市场，必然有市场主体，市场客体，市场载体与市场中介组织。

（一）物流市场主体

——凡进入物流市场进行交易的单位与个人都是物流市场主体。具体来讲有政府、供方企业与个人、需方企业与个人、第三方物流企业、运输企业、仓储企业、包装企业、装卸企业等等。

——关键之一是作为市场主体要进入市场，既要到位，也不要错位。比如对大部分工贸企业来讲，物流是其非核心竞争力，应该分离出来，由社会物流市场来运作。

——关键之二是第三方物流企业应该逐步在物流市场中当主角，这是一个必然发展趋势，所以要大力培育第三方物流企业的发展。第三方物流企业可以分成两大类，一是提供区域性物流、城市物流、企业物流解决方案的企业；二是提供物流服务的企业。第三方物流企业的一个最大特点就是依托信息化网络技术，可以对所有国内外物流资源进行优化组合，或叫快速集成，以最少的投入取得最佳的经济效益 。

（二）物流市场客体

凡是在物流市场上可以进行交易与加工增值的所有有形商品，包括生产资料与生活资料以及在物流市场上需要进行位移的所有实体，包括人都是物流市场客体，与一般商品市场不同的是，属知识产权的所有无形资产不可能进入物流市场。人作为劳动力可以进入劳务市场进行买卖，但人进入物流市场仅为了位移，这就是我们常讲的客运。

（三）物流市场载体

就是为物流客体服务的设施与场所。没有它们，物流无法进行。物流市场载体一是要全部进入市场运营，其使用权可以自由买卖，不能形成行业垄断；二是这些物流设施相当一部分属于国民经济基础设施，要国家投入，有一些设施如物流中心、配送中心等需要多元化投入，但要有政府支持；三是由于载体分属于不同的部门与企业，它们之间的利益冲突是一个必须解决的问题，从运筹学的角度，如何按市场规则优化组合是物流现代化的一大课题。

（四）物流市场中介组织

物流市场需要规范，一靠政府、二靠中介组织，特别是行业组织，比如中国物流与采购联合会、中国交通运输协会、中国仓储协会、中国储运协会、中国国际货运代理协会、中国船东协会、中国船代协会、中国集装箱协会、中国铁路运输协会、中国民航协会、中国港口协会等等，这些协会起着政府不可能起的作用，实施行业自律，规范市场行为。中国物流市场的培育与发展离不开政府的宏观调控，但千万不要走过去政出多门、互相制约的老路。

四、中国物流业的发展需要政府推动，市场化运作

（一）中国已具备发展现代物流业的条件

1.中国虽然仍属于发展中国家，但综合国力明显增强，2000年国内生产总值达到8.6万亿元，经济总量由世界第9位跃居第7位。粮食年综合生产能力稳定在5亿吨左右，主要工业产品产量位居世界前列，其中煤、钢、化学纤维、数字程控交换机等居世界首位。但物流成本在GDP中的比重居高不下，据世界银行估算为16.7%，比发达国家高出近1倍，已成了制约我国经济发展与提高经济运行质量的一个战略问题。

2.由于外资的大量进入，中外合资与外商独资企业有强烈的物流需求，加上国有企业深化改革，实行投资多元化，降低物流成本以提高竞争能力已提到议事日程，同样形成了巨大的物流需求，这给物流业的发展注入了活力。

3.已有了一个庞大的物流设施条件，特别是交通运输与仓储。据国家统计局统计，至1999年，铁路营运里程已达5.79万公里，公路里程135.17万公里，内河航道里程11.65万公里，民航里程152.22万公里(其中国际航线52.33万公里)，管道运输里程2.49万公里。全国货运总量达到1289631万吨，货物周转量达到40273亿吨公里，主要港口货物吞吐量达到105162万吨。

据对商业、粮食、物资、供销社与外贸等流通领域统计，就拥有仓库达3亿多平方米，如果加上交通运输、邮政以及工业部门的仓库数量就更大。当然这些仓库相当一部分不适合现代物流的需要，但这是一个基础。

据海关统计，2000年全国进出境集装箱量达到2546万标箱，比1999年增长29.7%。其中港口集装箱吞吐量达到2500万标箱，铁路集装箱发送量达到438万箱(折合10吨箱)，上海港与深圳港已进入世界集装箱十大港口之列。

另外，包装与装卸设施以及技术得到较快发展，可以基本满足物流发展的需要。

4.电子商务的发展要求物流作支撑。2000年，中国电子商务交易总额为771.6亿元，B2C网站677个，B2B网站370个。网上购物量的前三位是书籍、软件与电脑产品。但目前其它日用工业品以及建材、汽车、钢材等将进入，对物流的要求更加强烈。

5.目前我国已拥有电信网络干线光缆超过30万公里，并已基本形成以光缆为主体，以数字微波和卫星通讯为辅助手段的大容量数字干线传输网络，其覆盖范围包括全国地市以上城市和90%的县级市及大部分乡镇，并与世界主要国际信息网络连通。此外，EDI、ERP、MRP、GPS

等一些围绕物流信息交流、管理和控制的技术也得到了广泛的应用。

(二)中国现代物流的发展，有很多制约因素

主要有三个方面：第一个需要解决的是体制性障碍。一是所有的物流要素是政府部门分割的，铁路运输在铁道部，公路、水路运输在交通部，航空运输在民航总局，物流信息在信息产业部，邮政运输在邮政局等等，并没有形成一个统一的物流市场，不打破这个障碍，中国的现代物流市场形不成，也不可能发展。二是企业的“大而全”、“小而全”。要发展物流业，不管对农业也好，对流通也好，对工业也好，有一个前提条件，就是说每个企业都要研究什么是自己的核心竞争力，什么是非核心竞争力。世界500强的物流业务过去大都是自己搞的，现在60%－70%的企业都认为应该交给第三方物流企业。物流业务应该从工业、农业、流通企业中分离出来。有些人讲，工业的物流交给第三方物流企业好理解，商贸企业本身是搞流通的，怎么还把物流交给别人搞呢?这完全可以，例如上海华联，他的确是自己搞配送中心，自己搞物流，这是一种模式，国外许多企业也是这样做的。北京的物美连锁集团，计划搞100多个分店，现已把整个配送业务交给了香港李嘉诚的和记黄埔物流企业。过去一个很大的障碍就是所有的工业企业，不论是大的、中的还是小的，什么事都要自己干，这是中国的一个现状，但必须改变。有好多企业在改革开放以后到国外去考察，参观外国生产企业时提出要看仓库，外国人讲我们没有仓库，许多中国老板都感到不可思议，搞一个生产企业怎么没有仓库呢?中国的仓库那么大。后来慢慢地理解到企业搞零库存和无库存，他的库存在配送中心，在第三方物流企业，没有那么多原材料和半成品库存在仓库里，它的物流成本并不高。所以我们一再地讲，产品的生产时间大概不到10%，90%以上的时间都是物流过程。

中国物流业发展的第二个制约因素是粗放经营。中国物流的基础设施和装备已初具规模，但内在质量差，运作效率低，物流资源不是按物流活动规律和需求进行组织和管理，因此物流环节衔接较差，运转效率不高。据有关部门统计与调查分析，目前我国自货自运车辆占社会运输车辆的70%，货运车辆空载率为37%左右，运输平均时速为50公里左右；每年因包装造成损失150亿，因装卸、运输造成损失500亿，因保管不善损失30亿；在工业生产的产品总成本中，物流费用占40%；生产企业原材料库存期达30天左右，成品库存期达45天左右，商业企业的商品销售库存期达35天左右。

第三个制约因素是认识，是人才。什么叫物流，物流业对经济发展，对企业经营有多大作用不了解，不认识，特别是政府的各级领导与企业领导认识滞后，这是一个很大的问题。物流人才稀缺是目前中国物流业发展的一个尖锐的矛盾，如果说从1984年成立第一个物流组织“中国物流研究会”开始，在物流理论上已有所准备的话，那么中国物流业的发展缺乏人才储备，教育没有跟上。物流的中专教育、本科教育、研究生教育、上岗资源培训、物流师的继续教育很弱或基本上是空白，这是一个十分严重的问题。

(三)政府的作用主要在于推动

对于发展物流业，各国政府都介入，差别在于介入的程度不同而已。纵观各国政府的作为，主要集中于以下几个方面：

1.纳入经济发展总体战略目标之中，或制定物流规划，或制定物流发展产业政策。

——1991年，美国为适应全球经济一体化的需求，使美国在全球竞争中立于不败之地，需要在国内建立一种经济高效、环境良好的交通基础，国会通过了《陆路多式联运效率法》。

——1996年，日本政府为适应现代物流的发展，通产省制定和颁发了《综合物流政策宏观大纲》，明确了日本物流产业发展目标，并从放松规划，完善基础设施，物流系统升级，建立政府部门协调促进机制，加大政府投资力度等方面制定了相应政策。1999年，日本政府又将物流产业发展纳入了日本流通再生战略之中。

——1980年，德国政府对全国的物流中心进行统筹规划，在全国建设40个物流中心，目前已有20个投入使用。

——荷兰政府对于建立面向全欧洲的配送中心建设的企业给予选址、规划及经营方面的指导，并给予一定比例的资金支持或贷款贴息。

——美国德克萨斯州圣安东尼奥市利用即将关闭的空军基地，兴建大型物流中心，以使该市尽快成为全美自由贸易区中的贸易走廊。为此，该市制定了前10年免征财产税、销售税返回、对从事中转货运的企业免征财务税等一系列税收优惠政策，以吸引投资和物流企业的进驻。

——日本政府为了实现城市现代化，改造城市物流系统，重新在城市郊区交通发达的地方规划建立物流园地，政府做三件工作：一是将规划区内的土地以低价位卖给投资商；二是政府提供一定的低息长期贷款；三是加快规划区交通设施建设，使规划区内地价增值，使物流企业看到即使业务不景气，也会得到相应收益。

2.加大对物流基础设施的投入。

——美国为执行《陆路多式联运效率法》，在以后的6年中，投入1510亿美元，以改善公路和大宗货物运输的设施系统。

——中国政府为改善货运与客运的物流条件，1978年至1998年，投入13160亿元。

3.协调物流系统的标准化建设。欧洲的做法，一是针对物流基础设施、装备制定基础性和通用性标准，如托盘标准、车辆承载标准、物品条形码标准等；二是针对安全和环境制定的强制性标准，如清洁空气法、综合环境责任法等；三是支持行业协会对各种物流作业和服务制定相关的行业标准，如物流用语标准、物流从业人员资格标准等。

4.抓物流教育与物流新技术推广。根据美国物流管理协会提供的资料，1997年美国、欧洲以及亚洲一些国家和地区提供物流高等教育的院校有180多所。2000年5月14日欧洲物流协会在雅典召开了“2000年物流教育工作者大会”，公布了调查结果，欧洲共有87所大学开展了物流高等教育，其中54所大学培养物流或供应链管理硕士(约占2/3)和学士(约占1/3)，另有33所大学在其它专业方向中开设有物流或供应链管理的课程。一些大学还建立了物流研究中心，如英国克兰菲尔德大学的克兰菲尔德物流与运输研究中心是全欧乃至世界有影响的研究中心之一。荷兰运输部每年拿出1000万欧元资助研究运输技术与物流供应链管理技术。

5.设立物流政府奖。韩国1984年成立韩国物流研究学院，1990年经经济与策划部批准，成立韩国物流管理委员会。1995年经建设与运输部批准，成立韩国物流协会。为了奖励对物流发展做出贡献的人才，设立总统大奖、总理大奖、建设与运输部长奖、行业纪念碑奖章、韩国经济报大奖、韩国物流协会奖。

中国物流业的发展，政府无非也是在以上几个方面运作，笔者在1997年写的《要高度重视现代物流业对经济建设的巨大作用》一文中，曾提出四条建议。

一是明确一个主管部门，并进行总体规划；

二是加大对物流基础设施的投入，加快引进国外先进的物流管理技术。

三是认真解决物流过程中的部分分割，各自为政的状况，走专门化、集约化的道路。

四是高度重视对物流制度的研究与人才的培养。中国物流业的发展主要有七大任务：

(1) 建设与培育物流市场并使这一市场规范化、法制化。包括物流市场主体、客体、载体与物流市场中介组织。

(2) 发展第三方物流企业，优化供应链管理。

(3) 强化物流标准化体系建设，包括物流硬件与物流软件。

(4) 逐步改造城市与企业物流系统。建设城市物流中心，建设企业或社会化配送中心。

(5) 加快培养物流人才，包括学历教育与继续教育。

(6) 推进各类物流装备的现代化。

(7) 用信息化带动物流的现代化。信息网络是现代物流的生命线。

现代物流业能否快速、健康发展决定于六大因素：

(1) 各级领导对物流重要性认识水平的高低。

(2) 政府出台什么样的物流发展产业政策。

(3) 物流业务从大部分工商企业分离出来的速度。

(4) 物流市场的成熟程度。

(5) 物流基础设施建设多元化投入的大小。

(6) 高质量物流人才的数量。

(四) 企业的作用主要在于运作

物流运作的主体是企业，物流的需求主要来源于企业，物流市场的成熟与否主要看企业，推动物流发展的动力也来自企业。政府只起一个推动作用，不可能去参与物流的实际运作。有的省市规划物流园区，想成立一个政府班子去运作就大错特错了。

从商品生产出现开始，就存在物流，因为要生产就需要原材料，需要生产设备，需要劳动力，而生产的产品要实现其价值与使用价值，也要通过物流送到消费者手里。因此物流的需求是从生产开始的，没有生产也就谈不上物流，所以在整个经济链中，企业必然是物流的主体。在商品生产水平比较低的情况下，企业大多是“大而全”、“小而全”的模式，一切都是自己干，那时候，只有第一方物流即生产企业物流与第二方物流即流通企业物流。实现物流的主要手段是仓储与运输，如果企业自己没有仓储与运输，就委托专门的运输企业与仓储企业来实现。

先来看美国：

美国物流专家罗伯特·德兰雷在《2000年美国年度物流状况报告》中指出，1999年美国的物流成本(包括库存成本、运输成本和管理费用)为9210亿美元。而当年美国GDP为92600亿美元，物流成本在GDP中比重为9.9%，1998年为10.6%，1990年为11.4%，1980年15.7%。

据世界公认的第三方物流产业咨询顾问公司即美国的A&A公司报告：2000年，美国第三方物流企业营业额为564亿美元，占美国物流总支出的5.6%，比1999年增长22.6%(1999年增长16.5%，1998年增长15%)，其中专用合同运输87.2亿美元，增长21%；国内货运管理100.3亿美元，增长21%；增值仓储或分拨204.4亿美元，增长23%；以美国为基地的国际物流运作138.5亿美元，增长15%；物流软件35亿美元。由此可见，以增值服务的第三方物流市场容量最大、增长最快，该公司认为，未来3–5年，美国第三方物流的增长率在15%–20%。

再来看世界500强：

2000年对世界500强企业调查表明，从1997年到2000年，企业对第三方物流需求从40%增长到56%。51%企业使用以仓储和分销业为主业的第三方物流，而1999年只有36%；24%的企业使用以运输为基础的第三方物流。

这就是强劲的企业物流需求。

再具体到企业来讲：

青岛海尔集团。海尔已是一个跨国集团，为了加强在国际上的竞争实力，根据中国的实际与海尔自身的需要，认定物流重组是海尔的核心竞争力，可以极大地降低物流成本，提高服务分销能力。1999年，海尔成立了物流推进本部，下设三个事业部，即采购事业部、配送事业部、储运事业部，实行集中采购、集中配送、集中储运，将分散在各个环节、各个有关部门、各个公司和工厂中的物流元素加以集成。以订单信息流为中心，建立全球供应链资源网络、全球用户资源网络和计算机信息网络。实现四个目标：

一是为订单而采购，消灭库存；

二是实现双赢。海尔和分供方之间不再是简单的买卖关系，国际化分供方提前参与到海尔产品的设计阶段，与海尔共同面向客户，使订单增值；

三是三个JIT实现同步流程。由于物流技术和计算机管理的支持，海尔物流通过3个JIT，即JIT采购、JIT配送和JIT分拨物流来实现同步流程；

四是计算机网络连接新经济速度。海尔100%的采购订单由网上下达，使采购周期由原来的平均10天降低到3天；网上支付已达总额支付的20%，降低了供应链成本。

目前，海尔在国内已建立了42个配送中心，每天可将5万多台定制产品配送到1550个海尔专卖店和900多个营销点。在中心城市实现3小时配送到位，区域内24小时到位，全国4天以内到位。

与此同时，海尔整合全球的配送网络与资源，还借助信息系统积极拓展社会化大公司的分拨物流业务。目前已成为日本美宝集团的物流总代理。与ABB公司、雀巢公司、万家香酱园、伊利奶粉、中国邮政等企业建立了分拨物流同盟。

美国联邦快递公司(UPS)。全球最大的速递机构，全球最大包裹速递公司，专业运输和物流服务提供商。它拥有15.25万辆货车和560架飞机，为全球210个国家与地区提供物流服务，每个工作日该公司为全世界180万客户送邮包。2000年的收入超过300亿美元。

美国沃尔玛公司。美国沃尔玛公司在世界500强中名列第二，仅次于美国通用汽车公司，1999年全球销售总额为1650亿美元，是世界上最大的商业零售企业，在全世界有4249家连锁店铺，员工超过100万。这需要庞大的物流作支撑。在美国国内，沃尔玛建立了自己的物流系统，在国外委托美国飞驰公司为其作物流服务。国内外共建有62个配送中心，区分为日用品配送中心、食品配送中心，山姆会员店配送中心、服装配送中心、进口商品配送中心、退货配送中心。在美国国内，沃尔玛拥有3万个大型集装箱挂车，5500辆大型箱体货运卡车，24小时昼夜作业，每年的运输总量达到77.5亿箱，总行程6.5亿公里。沃尔玛提出，要建立“无缝点对点”物流系统，即使供应链的各个环节达到顺畅的连接，产品从工厂到配送中心，到超市货架，就像外衣一样没有缝。沃尔玛物流系统做到全天候运作。

青岛啤酒集团。青岛啤酒集团1999年实现销售107万吨，产品销往40多个国家和地区，销售收入26亿元，利税总额6亿元，利润2.5亿元。在激烈的市场竞争条件下，为了加强营销管理，缩小与国际竞争对手的差距，提高产品的市场竞争能力，青啤集团下决心对原有物流系统进行改造，建立新的物流体系。以消费者为中心，以市场为导向，以实现“新鲜度管理”为载体，以提高供应链运行效率为目标，建立起集团与全国各销售点物流、商流、信息流、资金流全部由计算机网络管理的智能化配送系统。现代物流系统的建立，使山东省可以喝上当日酒，省外主要市场喝上当周酒，产品鲜度控制在一个月以内，销量大增。产品库存资金减少3500万元，产成品周转从1997年的8.3次/年，上升为1999年的42.5次/年。

(五)防止走进误区

误区之一：

认为发展中国的物流产业，发展物流市场是企业行为，政府不要干预。这就是为什么一些中心城市到现在还丝毫不动的根本原因之一。由于长期以来重生产轻流通，重商流轻物流，以及“大而全”、“小而全”的体制障碍，要发展中国的物流产业必须政府推动，进行宏观调控。并制订相应的优惠政策，这是发达国家的普遍做法，并取得了很大成功。

误区之二：

认为发展物流就是建批发市场，成为商品集散地。批发市场是物流的一部分，但绝对不能把物流业与批发市场划等号，这完全是两码事。

误区之三：

认为发展物流业是摇钱树。现代物流业是一项投入大，回报慢，本身效益低，但综合效益高的产业。它的最终目的是通过资源配置的合理化，实现整个国民经济流通的合理化，以降低总流通成本。发展现代流通业不能急功近利，不能头痛医头，脚痛医脚，要综合治理，要把近期利益与长远利益结合起来。就是第三方物流企业，它的利益也是从工贸企业降低物流成本，提高利润率中产生的，或是为客户的物流增值服务中产生的。工贸企业降低物流成本是物流资源的整合产生的。

误区之四：

原有的批发零售企业、专业运输企业、仓储企业都是物流企业。这是不对的，物流企业有特定的含义，即从事物流活动的企业才能叫物流企业，根据《物流术语》国家标准，物流活动即物品从供应地向接收地的实体流动过程，根据实际需要，将运输、储存、装卸、搬运、包装、流通加工、配送、信息处理等基本功能实施有机结合。专业运输企业、专业仓储企业只能说是中国物流产业的重要组成部分，是专门从事运输或仓储的企业，不能一哄而上都改成物流企业。批发零售企业更不能叫物流企业。

误区之五：

中国的现代物流主要抓国际物流。从现象上看，现代物流在外贸与外资企业很红火，起步早、发展快，这是客观事实，也符合中国的国情。但中国是一个经济发展内需主导型国家，国内物流是主要的，是重心。问题是国内物流起步慢，所以要逐步扭转这一看法，并把工作的重点在抓好国际物流的同时逐步转到国内物流上来。

误区之六：

城市物流规划不是从需求出发，而成了新一轮的“首长工程”，物流园区越规划越大，越规划越多。这种不从物流需求与可能出发，必然会形成重复建设。

误区之七：

搞现代物流必须高投入，重起炉灶，一切都要自动化。实际上发达国家的做法也不是这样。必须明确一条，要鼓励对老物流设施进行利用与改造，并出台有关政策。物流中心、配送中心是否都要世界一流，那要看是否需要，是否合算，一切要从实际出发，不能一切都讲“一步到位”。

（特约撰稿：中国物流与采购联合会常务副会长　丁俊发）

影响及对策

随着我国加入世界贸易组织，物流领域的全面开放进入“倒计时”。对于一个在我国正处于转型和发展初级阶段的产业而言，入世所面临的机遇与挑战并存，正确地认识我国物流业的优势与劣势，并采取相应的对策，是当前的一个重要课题。

一、我国关于物流相关领域对外开放的承诺

我国加入世贸组织议定书中关于物流市场开放的承诺是分别包含在服务贸易减让表中的“商业服务”(包装服务、速递服务)、“分销服务”和‘交通服务”(海运及其附属服务、内河运输、航空运输、铁路运输和公路运输服务及运输附属服务）等部门中的，相关的市场准入承诺是：

包装服务：加入时只允许设立合营企业。加入后1年内，允许外资控股。加入后3年内，允许设立外资独资子公司。

速递服务：(不包括中国法律规定的现由中国邮政部门专营的服务)：加入时，允许设立中外合营企业，外资比例不超过49%；加入后1年内，允许外资控股。加入后4年内，允许外资设立独资子公司。

国际运输：(货运和客运)：商业存在形式只允许设立注册公司，经营悬挂中华人民共和国国旗的船队；允许外国服务提供者在华设立合营船公司，外资比例不超过49%。合营企业董事会主席和总经理应由中方指定。

海运附属服务：(包括海运货物装卸、报关服务、集装箱堆场服务、船务代理服务)只允许设立合营企业，允许外资控股，但船务代理服务外资比例不超过49%。

铁路运输及公路运输服务：只允许设立合营企业，外资比例不超过49%。其中铁路货运在加入后3年内，允许外资控股，加入后6年内，允许设立独资公司。公路货运在加入1年内允许外资控股，加入3年内允许设立独资子公司。

仓储服务：加入时只允许设立合营企业，外资比例不超过49%，加入后1年内允许外资控股；加入后3年内没有限制，允许设立独资公司。

货运代理服务：加入时，有连续3年以上历史的外国货运代理企业可以在华设立中外合营货代企业，外资比例不超过50%。加入后1年内，允许外资控股；加入后4年内允许设立独资公司。

中外合营货代企业的最低注册资本为500万美元。中国加入4年内在注册资本上实行国民待遇。经营期限不超过20年。中外合营货代企业在华经营1年以上，并且其注册资本已全部到位的，可以设立分支机构。每设立1个分支机构，其注册资本金应增加12万美元。加入后2年内，这一额外的资本金要求将实行国民待遇。中外合营货代企业在华经营5年后，其外方投资者可在中国设立第二家合营货代企业。中国加入2年内，这一要求将被减至2年。

分销服务：(除盐和烟草外的佣金代理和批发服务、除烟草外的零售服务、以及特许经营和无固定地点的批发和零售服务)：中国入世后1年到5年内，将分步取消外国服务提供者在华从事商品分销服务的数量、地域、企业设立形式和股权比例等方面的限制。限于篇幅，不一一列举。但要特别注意的是，我们承诺，中国加入时，允许外商投资企业分销其在华生产的产品，包括部门或市场准入栏作出例外的产品，并提供相关服务，其中就包括物流服务。

其他相关领域如内河货运服务和航空运输

服务在商业存在方面没有作承诺。

从上述承诺可以看出，涉及物流业的领域在未来的几年内将逐步开放，因而物流业将是一个充满竞争的领域。

二、我国物流业的发展现状及面临的机遇和挑战

尽管近两年"物流热"在中国蓬勃兴起，但总体上看，中国的物流产业还处于由传统物流向现代物流转型的初级阶段。主要特点是：

（一）全社会的物流活动仍以企业物流为主，专业化、社会化的物流需求尚未形成规模

随着买方市场格局的形成，企业逐步把竞争的焦点转向内部成本的控制，通过优化物流管理、降低物流成本增强竞争力成为越来越多的企业的迫切愿望。以青岛海尔集团为代表的一批优势企业，在优化企业内部物流系统方面走出了可喜的一步，并且开始尝试和利用专业化的物流服务。而更多的企业还是在坚持自我服务的前提下，以改革企业现有的物流组织结构和流程为主，专业化、社会化的物流需求还不多，远未形成应有的市场规模。据有关方面调查，在中国的工业企业中，原材料物流的36%和46%是由企业自身和供应商承担的，由第三方物流企业承担的仅占18%；产成品物流中，由企业自理或企业与第三方物流企业共同完成的比例分别是24.1%和59.8%，完全由第三方物流企业承担的仅占16.1%；在商业企业中，物流由企业自理的比例高达76.5%，供货方承担的占17.6%（见国务院发展研究中心市场经济研究所课题组著《中国物流产业发展前景与政策建议》）。这种以自我服务为主、自成体系的物流模式，是制约中国物流产业快速发展的"瓶颈"。这是长期计划经济体制下形成的部门所有、地区所有、分散建设的结果。在传统体制的影响下，企业普遍采取"大而全"、"小而全"的经营组织方式，采购订货、运输、包装、仓储、加工配送等环节都是独立的、分割的经济活动，尚未形成一体化物流。相当多的企业内部仓储、运输等物流设施一应俱全，并成为企业经营资产的组成部分。在体制改革不完善、市场化水平还不高的现阶段，企业自有的物流设施装备和人力资源都难以在全社会范围内实现整合，尽管效率低下，企业也不得不继续沿用传统的自给自足式的物流方式，社会化、专业化的物流需求难以转化为现实。当然还有一个不容忽视的问题，就是长期的体制障碍已经转化为文化的障碍，不少企业抱着小农经济"肥水不流外人田"的利润独占意识，缺乏社会化大生产应有的分工协作意识，也是社会化、专业化物流市场规模难以形成的重要原因。

（二）物流服务仍以传统业务和方式为主，但系统化、全程化的物流开始出现

随着对外开放的不断扩大，进入中国市场的外资企业在带来投资和技术的同时，也带来了现代物流的新理念，为中国的专业化、社会化物流市场培植了第一批需求。一些国际物流公司追随其原有的客户进入中国市场提供延伸物流服务，同时，也瞄准了中国市场正在生成和发展的社会化专业化物流需求。与此同时，国内一些由传统的运输、储运及商贸批发企业转型而来的物流企业，也依托原有的业务基础，拓展和延伸物流服务，服务对象也多是外资企业。值得关注的是近些年出现的为数不多的新兴的专业物流公司，如广州宝供物流企业集团，已成为他们中的代表。这类企业多为民营，服务对象也多是外资企业，规模虽然不是很大，但机制灵活，经营理念先进，管理模式科学，服务手段多样化，在激烈的市场竞争中表现出强盛的发展势头。从服务内容和方式看，中国的物流企业中大多数仍以局部的、分段的物流服务为主，能够提供全过程物流服务的企业仍然不多。

（三）多种所有制结构初步形成，但在一些重要领域中以国有资本为主的单一产权结构仍未打破，降低了物流领域的竞争活力

中国的物流产业作为充分竞争的领域，改革开放以来投资主体发生了很大的变化，一直以国有资本为主的公路运输、水上运输以及仓储等行业，率先实现了市场化改造，已经形成各种经济成分相互竞争又相互补充的格局。新兴

的股份制和股份合作制物流公司开始出现；一些老的国有企业也积极进行现代企业制度改革，有的已上市成为公众企业。这些改革增强了中国物流业的活力，促进了物流产业的发展。当前，铁路、民航以及与物流密切相关的电信业也在积极寻求改革、重组，以适应入世后新的竞争格局。但总的看，这些重要行业中引进多元投资主体的改革明显滞后，国有企业固有的体制僵化、机制不活的弊病还没有完全解决，面对入世后国际物流集团的竞争，压力是不言而喻的。而国有企业又占有其他企业所不可企及的雄厚的物流资源，有些资源是垄断性的占有，对物流产业引入竞争机制是很不利的。

（四）物流基础设施和装备发展初具规模，但总体上看，物流设施的现代化和物流技术的应用水平还不高

改革开放以来，我国已经在交通运输、仓储设施、信息通讯、货物包装与搬运等物流基础设施的建设方面取得了长足的发展，为物流产业的成长奠定了必要的物质基础。一是商品仓储面积位于世界前列，仅商业、物资、供销社、粮食、外贸与铁路系统就有3亿多平方米，有一部分已改造成立体库、恒温库与机械化库；二是国家加大了对各种运输能力的投入，“九五”期间，公路建设投资比“八五”增长4.5倍，铁路新增里程6000多公里，形成了铁路、公路、水运、航空与管道运输5种形式组成的综合运输体系，2000年各种运输方式的货物运输周转量达到43359亿吨公里；三是我国已拥有超过30万公里的电信网络干线光缆，基本形成以光缆为主体、以数字微波和卫星通讯为辅助手段的大容量数字干线传输网络，其覆盖范围包括全国地市以上城市和90%的县级市和大部分乡镇，并连同主要国际信息网络，为EDI、ERP、MRP、GPS等围绕物流的信息交流、管理和控制技术的应用提供了条件。

物流行业的技术改造步伐也在加快。传统的仓储、运输企业的技术落后状况正在发生变化，一些立体仓库、配送分拣系统建成并得到应用，一些大公司开始使用更先进的卫星定位、全程服务等技术；条形码的应用程度也比前几年有较大幅度的提高。

但与我国经济发展的要求和发达国家相比，我国的物流设施与技术水平仍有很大的差距。交通运输基础设施总体规模小，按国土面积和人口计算的运输网络密度仅为美国的19.6%、德国的9%、印度的25%和巴西的71%，不仅远远落后于发达国家，而且落后于印度、巴西等发展中国家；现代化物流集散和储运设施不足，能够有效连接不同运输方式的大型综合货运枢纽和服务于区域经济或城市内部的各种物流基地、物流中心建设明显滞后；物流标准化程度低，不同运输方式的装备和物流器具之间的标准都不一致，影响各种物流功能和要素之间的有效衔接与协调发展，影响物流效率的提高。

（五）物流产业的发展日益引起重视，正在成为中国经济生活中的热点，但体制障碍短时期内难以克服

目前，不少地方都把发展物流业作为本地区新的经济增长点，政府已开始结合城市功能定位的调整制定物流产业发展规划，上海、天津、深圳等地明确地把物流作为支柱产业之一，并初步制定了物流业的发展战略。中央政府有关部门近几年也一直在积极地研究促进物流产业发展的政策，2001年3月，国家经贸委等六部委出台了《关于加快发展现代物流的若干意见》，对全国物流业的发展进行了宏观指导。2001年11月召开的中央经济工作会议上，江泽民总书记和朱镕基总理明确提出要大力发展以连锁经营、物流配送为代表的现代流通组织方式，给中国物流业的发展注入了巨大的动力。

当前，我国物流产业发展面临的一个主要的障碍是现行的条块分割的管理体制。如对运输的管理是按不同运输方式划分由不同的部门管理的，每个部门又都自成体系地实行层级管理，使得部门之间、地区之间的权利和责任存在交叉和重复，难以有效合作和协调；又由于实行“分灶吃饭”的财政体制，各地经济、社会的发展规划也都是自成一统，地区封锁、市场分割成为阻碍物流产业发展的另一大顽症。这种体制弊病是与现代物流应有的跨区域、跨行业、网络化的特征格格不入的，它直接导致了各种存量物流要素的分散和难以整合，影响以多式联运为基础的各种物流服务的发展，使得各种基础设施的规划和建设缺乏必要的协调，导致大量的重复建设和过度竞争，造成物流资源的浪费。而从体制上解决条块分割的问题，创造统一的物流市场还需要一个较长的时期。

尽管我国的物流产业目前还处于初级阶段，还存在许多体制和制度的约束，但必须看到，新的世纪也给我国现代物流的发展带来了难得的机遇。

1.我国国民经济的发展对物流业的发展提出了更高、更紧迫的要求。发展才是硬道理，才是解决中国所有问题的关键。按照“十五”规划，今后的几年中，我国的国民经济将保持7%左右的年增长速度，这将给物流业的发展带来强大的需求拉动。国民经济从粗放型向集约型、效益型的转轨，决定了大力发展现代物流成为中国经济发展的必然选择，也将成为中国经济的一个新的增长点。2.我国加入WTO将对现代物流发展起到强大的推动作用。2000年我国商品出口已位居全球贸易第七位，进口升至第八位，加入世贸组织将会进一步带动我国进出口贸易的增长，给中国物流业带来新的发展机遇，提供更大的物流市场需求。中国经济的高增长性必然吸引国际资本投资中国的物流产业，跨国物流企业进入中国市场，在给中国传统物流业带来巨大冲击的同时，也促进中国物流在运作机制和方式上同国际接轨，推动其加速向现代物流转化。3.电子商务的发展将推动物流产业跨上一个新的台阶。电子商务是对传统流通业的一场深刻的革命。随着电子商务与传统产业、与企业主营业务的日益紧密结合，物流在电子商务发展中的作用也日益突出，没有相配套的物流服务，电子商务范围广、选择性强、速度快、成本低的优势就难以发挥到极致。目前，物流大大落后于电子商务网站的发展，已成为制约电子商务发展的一个“瓶颈”，今后电子商务的发展将成为中国物流配送水平升级的重要推动力。4.西部大开发为中国物流的发展提供了新的机遇。中国西部大开发战略的重点是基础设施及生态环境建设，本身就具有很大的物流需求；西部大开发战略的实施，必将推动西部与中部、东部地区的商品交流以及对外贸易的增加，也将大大拓展我国物流市场发展的空间。同时西部物流设施等相对薄弱，为中外物流企业向西部拓展也提供了大量投资机会。5.降低流通成本，提高企业竞争能力已成为中国物流业发展的内在动力。过去中国绝大多数企业不重视物流，对提高物流水平的作用认识不足。改革开放使一些企业的观念在激烈的市场竞争中发生了可喜的变化，已开始从节约原材料的“第一利润源泉”，降低人力资源成本的“第二利润源泉”，转向追逐降低流通成本的“第三利润源泉”。这一点是最为重要的，因为企业没有降低物流成本的愿望，就不会有现代物流的发展。

三、入世后发展现代物流业的应对措施和任务

（一）转变观念，营造良好的发展环境

企业是物流市场的主体。社会物流水平的提高，归根到底取决于企业物流水平的提高。因此企业的决策者要把发展现代物流纳入企业发展战略的范畴，打破旧的体制和观念影响，树立系统最优、服务市场化、社会化的观念，把推进现代物流的发展作为企业新的增长点。传统的仓储、运输行业的企业更应当抓住当前物流业发展的大好机遇，根据企业的实际，重新进行市场定位，加快转机建制，运用新技术改造老的设施和业务流程，加快向现代物流企业转化。

政府要为现代物流的发展制定积极的产业政策，加强统一规划。要进一步开放与物流相关的行业，打破垄断，加快引入竞争机制，简化相关程序和手续。政策的导向应立足于加快发展，谨防政出多门，草率定规，出现新的政策性、体制性障碍。要按照现代物流的特点和规律，打破地区封锁和行业垄断格局，制约不正当的行政干预和不规范的经营行为，创造公开、公平、公正的市场环境。

（二）努力培育第三方物流队伍

物流一体化方向和专业的第三方物流的发展，已成为目前世界各国和跨国公司所关注的热点。西方国家物流业发展的经验证明，独立的第三方物流要占社会物流的一定比重，物流产业才能形成。所以加快发展第三方物流，已成为紧迫任务。

首先，要努力培育一批专业化、具有一定规模的现代物流企业。我国当前物流企业“多、小、散”的局面明显不能适应入世后物流市场的竞争和经济发展的需要。要以规模大、有市场、服务规范的物流企业为龙头，通过政策引导，对具有不同功能的物流企业进行调整和重组，用市场化的办法，大力提倡和鼓励物流企业通过联合、兼并、重组等途径发展大型第三方物流企业，改造物流企业传统的经营观念、落后的技术手段、陈旧的组织管理方式。其次，发展第三方物流应立足于对存量资源的整合，避免重复建设。要打破条块分割的经营格局，按照专业分工、优势互补的原则，以资产为纽带，对现有物流资源用市场经济的办法系统集成，把国内庞大而分散的仓储、运输等物流设施充分利用起来，提高我国物流业的综合运行效率和市场竞争能力。

（三）运用现代科技全面提高我国物流产业的现代化水平

现代物流是现代科技甚至尖端科技的综合运用。发达国家的物流业广泛采用了先进的科技、信息技术手段，包括基于各种通信方式基础上的移动通信手段、全球卫星定位（GPS）技术、地理信息（GIS）技术、计算机网络技术、现代立体自动化仓库、自动化仓库管理技术（包括计算机控制的分拣、包装等）、机械化装卸技术、智能标签技术、条形码应用、射频技术（RF）、电子数据交换技术（EDI）等等，这些技术的应用使得物流业大大跨越传统物流分段的、局部的运输、仓储功能，而成为商流、物流、信息流同步运行的完整的供需链。相比之下，我国的物流业运用现代技术的水平还相当低，下一步要抓住入世的机遇，积极引进国外的资金、先进技术、管理经验改造我们的物流设施、设备，尤其是利用网络信息技术改造传统的物流业务流程，尽快提高我国物流现代化的水平，推动我国现代物流的发展。

（四）加快现代物流服务体系建设

1.建设物流服务的组织体系。要支持现代物流中介服务机构的发展，形成面向企业的、具备为用户优化物流管理提供策划设计、组织运筹和实际操作等综合服务能力的组织系统。2.建设物流的信息网络体系。不但要鼓励物流企业建立自己的信息服务平台，还应当提倡实现社会化的、跨部门的信息集成，逐步实现现代物流信息及其传递方式的组织化、规范化、社会化与集成化，实现现代物流信息的有条件共享。3.建设物流的知识体系。组织物流理论与实务指南的研究，提出现代物流的理论框架。在物流知识体系的建设中，要大力提倡产学研相结合，建立现代物流的研究、开发与教育的新型机制。物流企业要与研究咨询机构、大专院校进行资本与技术的融合，发挥各自特长优势，形成利益共同体，实现物流产学研紧密结合，相互促进。物流研究咨询机构、大专院校和社会团体组织，应面向市场和企业的实际需求，切实做好有关咨询、研究、培训、服务等项工作。

（五）加快我国物流标准化建设，培育现代物流人才

标准化是推进现代物流发展必须的基础工作，我国在这方面还有很大的差距。要在充分考虑原有标准的基础上，根据物流活动的需求和国际标准，分阶段、分步骤地加以修改和制定新的标准，并在统一标准的基础上，不断改进物流技术，实现物流活动的合理化。

现代物流的发展，离不开大量的物流专业人才。要把现有人才的培训与引进国外物流人才结合起来，开展不同层次的物流学历教育，尽快实现物流从业人员的职业化；建立专业培训和执业资格认证制度等措施，靠制度建立起人才激励机制，培养造就一大批熟悉物流业务，具有跨学科综合能力的物流管理人员和专业技术人员。

（特约撰稿：国家经贸委贸易市场局副局长　门晓伟）

WTO与交通运输

一、加入WTO给交通行业带来的机遇和影响

（一）加入WTO后，我国公路、水路交通面临着新的发展机遇

1.加入WTO后，我国将在更大范围和更深程度上参与经济全球化，国内和国际间的商流、物流、信息流、人才流、资金流将更为频繁和活跃，为公路、水路交通开辟了更为广阔的发展空间和发展前景。国内市场开放程度加深，对外贸易的国际环境改善，我国参与国际市场交换的产业扩大，将大大促进一些具有比较优势的产业的发展和国际、国内贸易量的扩大。运输需求的增长，对我国国内和外贸运输具有重大的促进作用。

2.WTO建立的多边贸易体制以市场经济为基础，反映了市场经济的一般原则，将加快我国社会主义市场经济体制的建立步伐，促进公路、水路交通行业管理观念的转变、管理体制的完善和管理手段的改进。

3.有助于加快公路、水路交通行业法制建设步伐，促进行业法律制度的建立和完善。

4.有利于公路、水路交通行业利用WTO的多边谈判机制，维护我国公路、水路行业的正当利益，消除对我国交通运输企业的歧视性待遇和限制，为我国交通企业参与国际竞争创造良好的环境和条件。

5.市场的进一步开放和竞争，有利于提高行业服务水平，降低服务价格，造就高素质的企业。加入WTO后，部分过去尚未开放的领域将逐步开放，外国资本将更多地进入国内市场，实力雄厚、技术先进、管理水平高的外国运输企业将进入我国市场参与竞争。这些对改进交通运输服务质量、提高总体服务水平有积极的促进作用。

（二）加入WTO后公路、水路交通行业面临的问题和挑战

1.公路、水路交通仍不适应经济社会发展的矛盾将更加突出。目前我国公路、水路交通运输的总体规模和总体水平还不高，仍滞后于国民经济和社会发展需要。主要是：交通基础设施总量不足，技术标准低，地区间发展不平衡，结构性矛盾比较突出。公路运输缺乏大吨位、专业化、低能耗的货运车辆和高速、安全、舒适的高中档客车，内河船型杂乱、老旧船舶多、平均吨位小，海洋船舶缺乏大型化、专业化、标准化、系列化的运输船舶，市场竞争力不强。运输组织专业化、社会化程度低，信息化建设滞后，企业集约化水平不高，未达到规模效益的要求，难以适应多层次、多样化的运输需求。交通加快发展和调整结构的任务十分繁重。

2.政府部门的管理理念、管理方式和管理手段，与WTO的规则接轨尚有距离。必须切实转变观念，转变职能，加强和完善社会主义市场经济条件下的行业管理，使行业管理符合WTO的有关原则和要求，促进市场公平竞争。

3.市场竞争加剧，企业的竞争压力和风险加大。目前进入我国道路运输市场的外商大多数是国外和台港澳地区的中小企业，今后进入国内市场的是更具竞争实力的国外大企业，竞争的重点是货运，而我国有规模有实力的道路货运企业不多，面临较大的竞争压力。我国港口开出的近洋航班和远洋航班中，境外航运公司分别占47.5%和70%，我国承运人的市场份额已从80年代末的60%以上下降到目前的40%以下，国际集装箱运输市场份额从90年代初的50%下降到不足30%。同时，我国航运企业缺乏一些发达国家给予本国的航运企业财政补助、造船资金担保和利息补贴、拆船补贴、航运收入税收减免、货载保留等扶持政策，在竞争中处于弱势。

4.随着外商享受国民待遇，国内企业的一些优势将逐步丧失。外国企业凭借优厚的条件，将加剧对我国各类交通人才的竞争，国内企业优秀人才流失的情况将越来越严重。

5.行业涉外经济法规不健全，市场监管手段不完善，不利于建立和维护公平的竞争环境。总体上讲，交通立法相对落后，有些法规与WTO规则不相符合。

二、抓紧做好加入WTO后的各项工作

（一）抓紧学习和掌握WTO的基本原则和相关规则

2001年以来，交通系统已组织了12期WTO知识培训班。要继续抓好培训工作，重点是各级交通部门领导干部、交通企业负责人等，增强做好加入WTO后有关工作的紧迫性，学会和掌握WTO的相关规则、相关承诺，对加入WTO后给行业带来的风险和影响进行深入分析，从实际出发，明确工作思路，充分利用过渡期，研究制定相关措施，抓紧做好调整工作。通过努力，充分发挥各自的比较优势，增强交通行业的竞争力和抵御风险的能力。

（二）加快清理、修改和完善有关政策法规

结合WTO的相关规则和我国在WTO谈判中的有关承诺，交通行业已先后组织了三次有关法律、法规和规章的清理工作，提出了具体的立、改、废建议。目前正抓紧对《国际船舶代理管理规定》、《国际班轮运输管理规定》等规章进行修改。同时，加快了立法进度，《国际海运条例》已于2001年底出台，《道路运输管理条例》等行业管理法规已经完成起草和修订，《外商投资道路运输业管理规定》已发布施行。今后，要适时根据交通运输、建设市场开放承诺的进程和步骤，进一步清理、修订和完善有关法律、法规和规章。凡是不符合WTO规则和国际惯例的法律、法规和规章，抓紧修改或废止。道路运输管理立法工作滞后的问题比较突出，要争取尽快出台相关法规，依法对道路运输市场实行有效管理和监督。尽快出台《港口法》等法规，抓紧做好《水路运输管理条例》、《中外合资建设港口码头优惠待遇的暂行规定》的修改工作。运用法律手段加强对各类企业的监督管理，反垄断、反歧视、反制裁、反不正当竞争，维护交通企业的正当权益。

（三）转变政府职能，加强行业管理

要按照政府职能主要是转到经济调节、市场监管、社会管理和公共事业的要求，转变政府交通部门的管理内容和管理方式，创造良好的体制环境，建立和完善全国统一、公平竞争、规范有序的交通运输市场。

1.加强和完善市场准入管理。制定和实施经营资质管理制度，根据不同的经营资质等级，确定相应的经营范围。凡投资兴办道路、水路运输企业，不论国内、国外投资者，均应按资质条件和标准，开展相应的经营活动。要通过资质评定，促进企业的改组改造，推进企业强强联合，向集约化、规模化方向发展，提高管理水平和竞争能力。

2.进一步开放国内市场。目前，省际间、市际间、县际间的道路运输相互封闭的现象依然存在，有悖于市场统一开放的原则，严重制约了企业的公平竞争，必须尽快建立全国统一开放的市场。要对跨省干线客货运输线路审批加强调控力度，允许有实力的企业打破地域界限，到异地设站设点，经营运输业务，为发展企业集团创造良好的政策环境。

3.要积极推进交通行政审批制度改革。对现行的审批项目，要在法规核实、效能分析、责任和监督界定的基础上进行全面清理，对不符合政企分开和政事分开原则、妨碍市场开放和公平竞争，以及实际上难以发挥作用的行政审批，要坚决予以取消；对可以用市场机制代替的行政审批，要通过市场机制运作；对确需保留的客货运输业务和交通建设项目的行政审批，要严格审批程序，规范运作方法，明确审批时限，提高审批的透明度和效率。实行审批项目责任制，加强审批监督，严格责任追究。利用交通部门政府网站，建立行政审批信息平台，公布有关审批项

目，接受社会监督。

（四）推进交通运输结构调整，增强企业竞争力

公路、水路交通行业的大多数企业规模小、经营分散、技术装备落后、缺乏竞争力。要通过加快企业组织结构、运力结构、经营结构调整等措施，提高企业的市场竞争力。要以现有大中型骨干企业为基础，通过联合、兼并、股份制改造等途径，进行资产重组和结构优化，形成若干规模较大、实力较强，能在市场中发挥竞争优势的运输企业集团。加快淘汰耗能高，性能差的老旧车、船，鼓励和引导企业以市场需求为导向，采用性能优良、技术先进的运输工具和现代化的技术设备，提高运输企业的装备水平。引导企业调整经营方向，增强抗御风险能力。道路快件运输、集装箱运输、特种货物运输等市场需求较大，物流业更是运输企业增加附加值、拓展发展空间、提高经济效益的发展方向。要大力扶持交通企业加快发展物流业、公路快速货运、集装箱多式联运以及冷藏、鲜活、成套设备大件运输等。

（五）为企业创造有利的经营环境

要调整现行收费公路对集装箱专用车辆和大型货运车辆的收费办法和收费标准，鼓励企业加快发展汽车集装箱运输。继续加强对航运市场秩序的整顿和规范工作，打击不正当经营活动，创造公平竞争的市场环境。取消对民营航运企业发展的限制。研究借鉴发达国家扶持本国航运业的有效做法，积极争取国家的支持，壮大我国航运业的实力，努力减轻企业的负担。按照 WTO 关于国民待遇原则、最惠国待遇原则和其他基本原则，利用 WTO 的谈判机制，争取外国取消对我国航运的不合理限制。深化港口体制改革，实行政企分开，促进港口企业建立现代企业制度。大力推动港口功能调整和信息化建设，拓展以现代物流为中心的港口功能，提高港口企业竞争力。

（六）建立健全行业中介组织，充分发挥其沟通、服务和自律功能

要加快行业组织改革步伐，建立健全代表企业利益的行业中介组织，发挥其协商、自律、培训、沟通等功能。政府交通部门要加强和完善企业联系制度，充分听取企业的意见和建议，为制定行业发展政策提供决策依据，为企业提供政策引导和信息等服务。

在做好上述工作中，必须处理好三个关系：

1.权利与义务的关系。既要善于运用 WTO 规定的权利，更好地促进交通对外合作与交流，提高我国运输生产力发展水平，又要切实履行义务和承诺，敢于开放市场，大胆引进资金、技术和管理经验，在竞争中求发展、求提高。

2.对外开放与对内开放的关系。对内开放是对外开放的基础，只有对内全面开放，打破地区封锁和市场分割，营造公平竞争的市场环境，才能进一步扩大对外开放，参与国际竞争。

3.政府与企业的关系。WTO 的基本原则及协议、协定，主要是针对政府的经济管理行为。政府交通部门要提高按照国际通行规则进行行业管理的能力，增强政策的统一性和透明度，促进管理的规范化，为企业提供有效的服务。企业是市场的主体，要自觉规范经营行为，提高信用度，改善经营管理，增强竞争实力。

（撰稿：交通部部长　黄镇东）

WTO 与铁路运输

中国加入 WTO 后，从长期发展来看，对铁路肯定是利大于弊。但是，我们目前更应该关注在短期内加入WTO对铁路造成的冲击和影响。中国铁路在总体上仍是一个“双低行业”，即市场化程度低，对外开放程度低。而这种“双低”，恰好与WTO的两个最基本原则——市场化和对外开放——是相悖的。因此，加入WTO后，中国铁路在适应更高层次的市场化和对外开放方面，恐怕要作更多的工作。

一、外资外商进入中国铁路可能性分析

国际资本的流动以获得盈利为目的。中国加入WTO后,外资和外国厂商是否进入中国铁路,应视中国铁路是否有广阔的市场前景与获利机会。

（一）铁路的骨干地位

铁路在中国的综合交通运输体系中居于骨干地位，且这种地位会持续一个相当长的时期；

（二）铁路的不可替代性

在中国的特定国情中，铁路是不可或缺的，并且铁路在某些运输领域具有其他运输方式不可替代的优势；

（三）铁路的经济优势

在未来一个相当长的时期中，铁路运输符合我国居民的总体经济收入水平和经济承受能力；

（四）铁路的专业化运输

铁路专业化运输是一个新的经济增长点，如集装箱运输、冷藏运输、行包专列等有着很强的市场需求；

（五）铁路的技术装备需求

中国铁路未来发展方向是客运高速化,货运重载化，对这方面的技术、装备有相当大的需求。

（六）铁路的长期发展需求

中国铁路尚未达到增长的极限，因此，在未来几十年中，中国铁路仍将在铁路建设方面保持较大的投入，对资金和基本建设物资有着强劲的需求。

综合以上分析，中国铁路具有长期持续的发展前景，可观的客货运量，大量的资金和先进技术装备需求。因此，中国铁路具有可观的潜在市场前景与获利机会。

二、加入世贸组织对中国铁路的机遇

加入世界贸易组织，对中国铁路的机遇可以归结为以下若干正面效应：

（一）资本放大效应

一个长期困扰中国铁路发展的棘手问题是资金短缺。加入世界贸易组织后，将会有更多的资本进入中国铁路。无论是中国铁路控股或参股，抑或外部资本控股或参股，都会将中国铁路建设和经营的资本放大，通过国际经济一体化的渠道，从一个方面弥补中国铁路建设和经营资金短缺。

（二）制度创新效应

在宏观市场经济体制建立的进程中，铁路行业的市场化处于明显滞后状态，铁路至今仍是一个低市场度的行业。在融入国际经济一体化和国内统一市场加速建立的背景中，在必须遵循统一的市场规则的条件下，中国铁路将以跨越式实现市场化。

（三）技术进步效应

加入世贸组织后，将会有更多的国外铁路先进技术和装备被中国铁路引进和采用，从而在总体上加速提高中国铁路的技术和装备水平。

（四）竞争格局效应

目前，铁路运输的外部竞争格局已经形成，但铁路行业内部竞争尚缺位。加入世贸组织后，铁路运输市场的开放，将会有一定数量的国内外资本和厂商进入铁路运输市场，铁路的所有制结构和经营会呈现为主体多元化，其行业内部竞争格局将随之形成。

（五）效率提升效应

虽然行业之间的竞争也可以提高厂商的效率，但往往行业内部的竞争却有着更多的效率激励作用。在中国铁路行业内部形成竞争格局后，竞争的压力将使铁路运输企业的运行效率、服务质量得到提高，价格和价格形成机制更趋于合理，从而在更大程度上满足社会福利最大化的要求。

（六）观念更新效应

由于中国铁路长期以来是一个典型的计划

经济部门，既有体制的观念根深蒂固。中国加入世界贸易组织后，铁路部门不但要在一个更为规范的市场经济体制环境中生存和发展，而且要受到国际通行的市场经济体制规则的强烈冲击。国内外双重市场经济体制的作用，将会促使中国铁路更进一步确立市场观念、竞争观念、效率观念、危机观念。

（七）开放扩大效应

中国铁路迄今仍是一个开放度非常低的行业。中国加入世界贸易组织后，随着铁路体制性障碍的消除，随着外部资本和经济主体进入铁路的门槛的降低，中国铁路开放的程度将会极大地提高。

（八）运量扩张效应

加入世界贸易组织后，我国将享受一般最惠国待遇。这意味着我国将与各贸易伙伴相互降低其贸易壁垒，既包括关税壁垒，也包括非关税壁垒。在此基础上，我国的进出口贸易量将大幅度提高。我国进出口贸易量的大幅度提高将会使铁路运量得到相应的扩张。

三、加入世界贸易组织对中国铁路的挑战

虽然从表面上看，加入世界贸易组织后，中国铁路的开放领域主要集中在货运市场上，但是必须正视以下压力：

首先，铁路货运市场全面开放的压力。按照世界贸易组织《服务贸易总协定》的界定，铁路货运的范围是比较宽泛的，既包括铁路货运市场所有服务项目，还包括与铁路货运有关的仓储和货运代理业务，冷冻和冷藏食品运输，罐装液体和气体运输，集装箱货物运输、邮政运输和其他货物运输。这实际上意味着铁路货运市场的全面开放。

其次，铁路运输业非幼稚性产业的压力。中国与其他主要成员国在协议上已明确规定，中国铁路的货运市场开放在市场准入和国民待遇方面没有限制，这意味着中国铁路无法运用所谓幼稚产业等条款设置保护期，中国铁路将面临国际市场的竞争压力。

再次，铁路运输市场动态性开放的压力。我国在与其他主要成员谈判时所承诺的开放领域，应该被视为是我国为加入世界贸易组织所承诺的条件。届时，中国铁路的开放并不仅仅限于货运市场。尤其当中国铁路介入资本市场后，外商外资进入中国铁路的各个领域将更容易操作。对此，应有一个清醒的预期：即为加入世界贸易组织在谈判时所承诺的开放条件和领域与加入世界贸易组织后的实际开放程度和领域是有区别的，即静态开放与动态开放的区别。今后，我们实际上面临的是在动态开放中如何应对外商外资的挑战。

在一些具体运输领域，中国铁路将面临如下挑战：

（一）加剧铁路运输市场的非均衡性

中国铁路运输市场的非均衡性主要表现为某些领域的盈利性与某些领域的非盈利性。外商外资进入中国铁路必然选择盈利性领域进入，因此，盈利性铁路市场份额将在很大程度上被外商外资挤占；而国铁只能更多地负担起非盈利性领域的经营职责。

（二）外商外资更多地占据铁路运输新的增长点

集装箱运输、冷藏运输及各种专业化运输是中国铁路运输新的增长点，其市场和收益都具有良好的前景。铁路运输市场开放后，专业化运输领域将有很大空间被外商外资占据。

（三）外商外资会在更大程度上选择铁路客运市场

在我国开列的承诺单上虽然未承诺铁路客运市场开放，但在我国实际加入世界贸易组织后，当我国铁路运输市场融入全国乃至世界统一市场后，铁路客运市场将不可能存在所谓进入壁垒。从中国铁路客运市场发展趋势观察，外商外资会在更大程度上选择这一领域进入，其理由如下：1.我国铁路客运市场具有非常大的增长潜力；2.铁路客运进入的成本较之货运更低，其运营的关联交易更为简单，因而获利的真实性更高；3.铁路客运较之货运有更多和更高的技

术和舒适性要求，发达国家能够在更大程度上满足这种要求。

（四）加剧铁路运输通道的“拥挤效应”

中国铁路运输通道在总体上处于“拥挤”状态，这一状态在铁路运输的主要道路和需求高峰期表现得更为明显。铁路运输市场的开放，意味着更多的主体进入铁路运输经营领域。届时，需要将现有的运输通道对更多的经营主体进行分配，这可能导致铁路运输通道的通过能力更趋紧张。

（五）加剧公益性铁路建设和经营的困难

外商外资只可能进入商业性铁路建设和经营领域，以获取商业回报。而公益性铁路本来就面临着建设资金短缺和经营无法获取回报的困境。在国铁独家建设和经营铁路的条件下，可以通过建设基金和“交叉补贴”等方式部分地解决公益性铁路的建设和经营问题。外商外资进入商业性铁路建设和经营领域后，国铁将只能更多地担负起公益性铁路的建设和经营职能，其原有的建设资金短缺和经营非获利性的问题将更加严重。

（六） 加剧运输方式之间的替代竞争

迄今，随着市场经济体制的建立和完善，中国的运输市场已经大体成型，各种运输方式之间的竞争格局也已基本形成。在目前国内运输市场的竞争中，中国铁路已经感受到了其他运输方式对铁路的压力。加入世贸组织后，外商外资不但会进入铁路，也会进入公路、民航、水运和管道运输。在这种情形下，公路、民航、水运和管道运输等方式会对铁路形成更大的竞争压力，在运输市场上会对铁路形成更多的替代。届时，中国铁路将在一个更高层次的运输市场上生存和发展，与更具规模、更具效率的其他运输方式进行更激烈的市场竞争。

（七）外商外资运用物流系统与铁路运输展开竞争

现在，国外大的运输公司多运用物流系统，多方位为客户提供服务。我国国内各种运输方式仍在各自的领域内活动，尤其是铁路运输在这方面更为薄弱。加入世贸组织后，国外运输公司进入中国，如果运用物流系统与我国铁路进行竞争的话，那么在整个运输流程中，我们可能丧失很大一部分市场。

（八）加剧铁路客货运代理的竞争

目前，我国铁路运输的客货运代理市场非常不规范，也极不完善。就现存的所谓客货运代理机构考察，许多是铁路部门派生出来的，这其实是自己代理自己。按照严格的委托——代理理论，这是不规范的代理关系，也就是说这种关系是不能成立的。规范的委托——代理关系，只能是不同所有者之间形成的关系。加入世贸组织后，当我国按照国际上通行的客货运代理规则行事时，铁路运输系统现存的所谓客货运代理机构将进行重组。而客货运代理领域外商外资的进入，必定会占据相当大的市场份额。

四、中国铁路与服务贸易开放要求的差距

（一）政府职能转换滞后

在某种意义上讲，按照世贸组织的规则，铁路最大的差距恐怕在于政府职能转换的严重滞后。根据世界贸易组织对成员“遵守规则，开放市场”的要求，首先是规范政府行为，界定政府行为，企业才是市场的主体和直接参与者。但铁道部目前仍履行着许多企业职能，具有相当程度的企业属性，由此，现在的铁路局和铁路分局并不是真正意义上的企业，更谈不上是规范的法人实体和市场主体了。在这种政府关系框架下加入世界贸易组织，铁路运输企业根本不具备必需的资格与能力在市场中与其他市场主体进行竞争。

（二）观念不适应国际经济一体化的要求

长期以来，铁路在运输市场上居于垄断地位，在行业内又基本上是国铁一家经营。在这种观念惯性的影响下，铁路行业各个层次的经营管理者及职工，对于加入世界贸易组织能够给铁路造成什么冲击，冲击的程度如何等问题，并未引起足够的认识。这有悖于国际经济一体化的趋势。

（三）外部经济主体进入铁路运输经营无法

寻找到接入点

迄今，中国铁路的通路权尚未开放，在这种背景下，无论国内经济主体或国外经济主体，都无法找到接入点进入中国铁路运输经营领域。

（四）铁路运输市场开放度低

中国铁路运输市场开放度非常低，迄今基本是国铁一家在进行管理和经营。在加入世界贸易组织后，由于对国内其他经济主体尚且基本没有开放市场，那么对国外经济主体给予国民待遇时，其参照系的缺乏将难于把握对外开放的程度。

（五） 现行企业组织结构使外商外资难于进入

中国铁路一直沿袭着“路局制”的企业组织结构。这种企业组织不是按照市场需求或专业化要求来构成的。在这种企业组织中，机、车、工、电、辆各部门混合在一起；非运输部门与运输部门一体化；非生产经营性部门挂靠在生产经营部门。这种企业组织外商外资根本无法对其参股、控股，现行的铁路运输企业自身也难以进行资本运作。

（六）政府规制不完善

现在，无论是国家综合部门或铁道部尚未建立起符合市场经济体制要求的对铁路的政府规制。加入世界贸易组织后，这一问题将更加突出。如果对铁路的政府规制不完善或不合理，将造成多重负效应，如价格规制、进入规制的不完善或不合理，将会导致中国铁路的开放不足或开放过度。

（七）市场价格形成机制缺位

铁路运输迄今尚未形成市场价格形成机制，其表现为：1.基本上是政府定价；2.全路统一运价；3.刚性运价基本上不反映市场供求状况。外商外资进入的是竞争性铁路运输市场，必然要求市场化的运价形成机制。我国铁路运输市场这一机制的缺位，将影响外商外资的进入。

五、综合政策建议

（一）尽快转变政府职能

铁道部明确其政府属性，将非政府权利和职能完整地归还和赋予铁路运输企业。加强对铁路运输市场的宏观调控和管理能力。完善对铁路运输市场的政府规制，为各种经济主体在市场活动中提供良好和平等的竞争环境。

（二）铁路运输企业尽快转型为规范的市场主体

在已经确认路局为运输企业的法人主体后，要进一步落实运输企业经营自主权，真正实现自主经营，自负盈亏。其中，管内运输经营权应全部下放给企业。做到运输企业真正以企业身份与外商进行合资合作。

（三）在某些领域实施必要和有效的保护

加入世界贸易组织，并非意味着所有部门，所有领域都必须无条件开放。中国铁路必须按照本部门不同领域的重要程度，对国民经济的影响程度，对铁路整体运行的影响程度等来考虑哪些领域将率先开放，哪些领域将在一定时期内予以保护，哪些领域根本不能开放，哪些领域可以部分开放。

（四）实施企业重组

中国铁路现行的企业组织形式不具备对外开放的接入点，所以有必要对铁路运输企业实施重组。实施企业重组基本应循着业务分拆的路径展开，即将铁路运输业务进行细分，使外商外资可以在某个单项业务领域进入。

（五）建立寡头竞争市场

加入世界贸易组织后，意味着中国铁路运输市场的开放。但是，依据竞争理论与实践、铁路竞争的国际经验和中国铁路运输能力三方面的检验，中国铁路并非要塑造一个厂商进入愈多愈好的所谓完全自由竞争的市场，而是要塑造一个寡头竞争市场。竞争只是市场运行的手段，而并非其目的。

（六）确立市场化运价形成机制

加入世界贸易组织后，应该立即着手制定中国铁路内部的运价市场化形成机制，以迎接外商外资的进入。对市场准入的铁路运价应放开，实行由合资合作企业自主定价，确保投资各方的合法收益。

（七）改革目前全路统一的财务清算体制和交叉补贴机制

加入世界贸易组织后，中国铁路要尽快改变目前全路统一清算的财务体制和运输企业之间的“交叉补贴”机制，要逐步实行运输企业之间的市场化清算，弱化以至取消运输企业之间的交叉补贴。

（撰稿：铁道部经济规划研究院运输经济研究所所长　文力）

WTO与道路运输

根据WTO的规则，在服务贸易总协定中“国民待遇原则”只适用已经作出特别承诺的国家，并允许有一定的例外，因此，在WTO的服务业中，成员国没有完全对道路运输开放作出承诺。据WTO秘书处资料统计，WTO成员对道路客运作出承诺的国家共有32个，其中发达国家23个，欠发达国家9个；对道路货运作出承诺的国家共36个，其中发达国家22个，欠发达国家4个，经济转型国家3个；对道路运输支持服务作出承诺的国家共有4个；对货物处理服务作出承诺的国家共有14个；对仓储作出承诺的国家共有34个，对货运代理服务作出承诺的国家共有30个。根据我国与有关成员国之间就中国加入WTO的谈判达成的协议情况来看，我国目前尚未对客运方面作出承诺，只是在货运、仓储等方面作出了一些有限承诺。因此，本文分析主要以货运方面的影响为主。

一、入世所作的开放承诺

从乌拉圭回合谈判到中美就中国加入WTO谈判协议的签署，我国就加入WTO在道路运输方面的承诺为：对外商从事跨境运输不限制；允许外商在华设立中外合资企业，外资比例不大于49%；不迟于2001年1月1日允许外商控股；不迟于2003年1月1日允许外商独资。仓储和货运代理服务承诺的时间表与此类似。与铁路货物运输相比，完全开放的时间进程比较快，过度期短。所以说，中国加入WTO后，道路运输业的对外开放将进入一个新的时期，这一时期带给道路运输业的影响也将是巨大的。

加入WTO后，由于大量外商进入国内相关开放的行业，进行合资、合作、控股、独资经营。外商的进入对国内相关企业虽然会产生巨大冲击，但其新的经营理念，经营方式，营销措施等，必将对国内企业经营观念的调整方面带来新的机遇，这些都从根本上会对道路运输需求结构产生很大的影响。

二、加入WTO后对道路货运运输需求主体结构的影响分析

加入WTO后，按中国政府提出的过渡期安排，在目前实施非关税措施管理的300多项产品中，加入世贸组织后即取消25%以上。大部分的非关税措施将在加入WTO后到2004年之间取消。2005年1月1日将取消所有工业品非关税措施。汽车进口的配额限制估计在2005年会取消。2005年以前，取消半导体、电脑、电脑设备、电信设备和其他技术产品的关税限制。高科技产品市场开放方面，在加入WTO6年内取消传呼机、移动电话进口关税。并且在4年内允许外资在所有电信领域中有权持有较高比例的企业股权。另外要进一步取消出口补贴，增加贸易政策透明度，开放银行、保险、通信、批发、零售等服务贸易市场，而且加入世贸组织以后，对于外商进入国内市场的审批制度也将逐步放开。

上述种种情况，都将会使我国道路运输市

场需求主体结构发生变化，其主要表现为：

第一，国外商品将大量涌入国内市场，产生巨大的运输需求，形成稳定、持续增长的国外企业为生产、经营而产生的货运需求；

第二，外商或外资企业进入中国市场更为便利，使原有的中外合资、外资独资企业为生产、经营而产生的运输需求急骤增加；

第三，国内企业为适应国际贸易竞争扩大经营规模和经营范围，使原有国内企业为生产、经营而产生的运输需求也会相应增加；

第四，由于加WTO后，中外合作交流的机会更高，促进普通居民因生活而产生的运输需求也会增加。

三、外商经营模式及其对道路货物运输所提出的新要求

改革开放以来，截止到2000年11月底，外商来华投资企业已达36万多家，投资金额达6626亿美元，涉及领域非常广泛。入世后，我国的对外开放将更会向宽领域、各层次、全方位的方向发展，必将带来更多、更高水平的运输需求。

（一）影响运输需求的主要开放领域及开放进程

1.全面消减关税。平均税率由22.1%减至17%，对美农产品税项5年内减至14.5%—15%，取消所有的出口补贴。

2.开放农产品市场。对小麦、粟米和棉花实施"关税比例配额制"以开放市场，逐步由国家控制豆油贸易。

3.开放零售市场。向美国公司开放更多分销权及售后服务。

4.开放汽车业。汽车关税税率由现时的80%到100%，每年分阶段削减，2006年为25%。

（二）外资企业经营模式及其对货物运输所提出的新要求

从整体上来看，外商企业进入国内市场，其技术先进、资金雄厚，而且组织管理模式也十分先进，无论是生产者还是经营者，其对于原材料、产成品及商品运输的可靠性、效用性和经济性都有相当高的要求，并都希望自己的货物能够在相对较短的时间内安全、准时到达目的地。符合其生产组织、营销组织等多方面的市场竞争要求，而且费用支出最少，这对我国道路货运提出了新的要求。

1.准时生产制（JIT）

JIT的基本原则是在正确时间，生产所需的正确数量的零件或产品。运用JIT可能带来的优点是：

（1）无滞留时间，减少库存；

（2）无制品积压；

（3）有利于提高操作者的积极性；

（4）有利于生产管理功能整体优化；

（5）有利提高企业整体效益；

(6) JIT生产方式的管理既可采用计算机系统。

JIT生产方式运作的重要前提条件之一是必须拥有可靠的、服务精良的运输系统做保障。

2.物料需求计划（MRP）与制造资源计划(MRPⅡ)

MRP是应用计算机来计算物料需求和制定生产作业计划的一种方法。后来MRP在制造业中应用日益广泛，成为制造业全面的生产管理系统——制造资源计划MRPⅡ。MRPⅡ的功能主要体现在：(1）提供了支持整个生产经营管理的通信和决策系统；（2）提供了运用计算机将一个企业所需的主要信息集中存储与存取的方法；(3）提供了协调工业企业工艺、生产和物料管理等功能。同样，一个功能强大的信息流系统，如果没有一个可靠的物流系统作支撑，其功能效益、效率也是难以发挥的。

3.最优化技术（OPT）

最优化技术（OPT）是一种计划与调度的工具。OPT作为一种技术，可以广泛应用于MRP和JIT优化生产系统的计划方法。OPT应用的重点在于确定系统的瓶颈，并更注重整个系统的功效。而非各子系统的功效。所谓瓶颈是指制约系统产量的关键。OPT的基本思想正是通过分析

生产现场出现的瓶颈现象，以及装卸时间、批量、优先级、随机因素对生产的影响，改善生产现场管理，以达到增加产量、减少库存、降低消耗，取得最佳经济效益的目的。

4.计算制造系统（CIMS）

CIMS一般由管理信息分系统、技术信息分系统、制造自动化系统、计算机辅助质量管理分系统组成。计算机集成制造系统（CIMS）运用系统工程的整体优化观点，将现代信息技术与生产技术结合起来，从信息技术和组织上，将生产全过程的各个工作系统和信息连接，以便有效地提高企业对市场需求的响应能力和生产率。

CIMS涉及的自动化是工厂各环节的自动化或计算机化的有机的集成，它包含了一个企业从市场预测、产品设计、加工制造，直到产品售后服务的全部生产经营活动的功能。当前世界上许多国家和企业都将CIMS作为自己的发展战略，CIMS将21世纪合理化生产的主要模式。

国内道路运输业，过去落后的生产经营方式和运输组织模式，已难以适应外资企业生产经营管理系统的要求。因此，外商出于提高其产品在我国市场或国际市场竞争能力的需要，必将要求国内道路运输业改变传统的运输组织方式，如果这种要求难以得到很好满足或外商很难认同国内运输服务的情况下，必然会力促我国开放国内运输市场，并希望直接接受国外运输企业所提供的运输服务或利用运输市场的对外开放来提高中国运输市场整体的服务水平。

四、来自强大压力下的国内企业对道路运输需求的新思考

加入WTO后，一方面外资企业根据自己的生产经营管理模式对我国道路运输业提出了新要求，另一方面由于外资企业的进入，国内企业为了增强自身的竞争能力也会对国内道路运输业提出新的要求。

提高服务质量和降低经营成本是国内企业为了增强自身产品的竞争力的两个重要方面。这两个方面都与运输服务水平、运输系统可靠性、运输系统经济性的高低有着密切的关系。要提高服务质量，产品就必须方便、快速、安全、准时运送到消费地或消费者手中，产品营销渠道是否畅通以及产品营销网络是否健全完善有赖于安全、可靠的运输系统作保障。要降低产品成本、经营成本乃至于整个系统成本，除通过采取各种有效手段降低人工、材料等直接费用外，更重要是降低包括运输、仓储、包装费用等在内的整个供应链系统或企业物流系统的总费用。随着国内相关工商贸企业现代物流观念的树立，必然对国内各部门单一运输方式所提供的单一运输服务提出挑战。

五、加入WTO后道路货运需求变化的趋势

加入WTO后，由于各个方面的冲击和影响，道路货运需求将会有很大的变化。总的来说，入世后，国内外企业相互竞争将十分激烈，国际间经济技术合作会不断深入，人们对货物流通将提出更高的要求，不仅要求货畅其流，而且应从系统的角度出发，保证货物流通的快速、低耗、高效，这就要求货物运输业在原有货物运输的基础上，拓宽服务范围，增加服务业务，增强服务深度，形成集运输、仓储、保管、搬运装卸、配送、流通加工等一体化服务体系，并向物流方向发展；另外，入世后，随着产业结构的调整和产业升级进程的加快，产品的附加值会越来越高，小商品生产的数量也会不断加大，从而使时效性强、价值含量高、小批量、零担的货运需要在运输需求占据更大的比重。总之，分析上述各部分的内容，加入WTO之后，随着外商的不断进入以及国内企业经营观念的调整和转变，必然会对道路运输需求产生新的影响，并使之表现出一定的演变趋势：

（一）运输需求将与企业的其它相关需求有机地融为一体，企业将会从整体需求最优的角度考虑其可能发生的运输需求，并进而规划其运输需求的实现方式；

（二）运输需求者除要求运输系统安全、及时、经济、方便外，对运输系统可靠性的要求将

会超过以往任何时期；

（三）物流概念的引入，使得运输需求的实现方式呈现出多样化的趋势；

（四）集装箱运输需求、零担货运需求以及与之相关的运输组织技术和手段将会在道路运输业中得到强劲地发展；等等。

（撰稿：长安大学经济管理学院　陈引社　孙启鹏）

WTO 与水路运输

根据当前国际经济发展状况、我国入世的新形势，谈谈 WTO 海运服务贸易谈判的基本情况及 WTO 与中国航运业发展前景。

一、海运服务贸易与《服务贸易总协定》的关系

WTO 服务贸易部门分为 12 大类：

1.职业

2.通讯

3.建筑与工程

4.分销和体育

5.教育

6.环境

7.金融

8.医疗

9.旅游

10.娱乐、文化

11.运输

12.其他

在运输服务里又分为：

海洋、内水、空中、太空、铁路、公路、管道、所有运输方式、其他运输服务等。

在海洋运输服务里分为：

国际海上运输(包括客运与货运)、海运辅助服务、装卸集装箱场站、仓储、船舶代理、报关、货运代理、在合理和不歧视条件下使用港口服务。

在内水运输服务方面包括：

客运、货运、船舶与船员租赁、船舶的保养与维修、推船与拖船服务、内水运输的支持服务。

在所有运输方式的辅助服务里包括：

货物装卸服务、仓储服务、货运代理服务、其他。

所以，海运服务贸易是 WTO 服务贸易在运输服务的一个组成部分。

二、海运服务贸易谈判的压力

早在 WTO 成立之前，在关税和贸易总协定谈判中，海运谈判已经开始，1991 年下半年起开始进入实质性阶段。乌拉圭回合谈判期间，海运业的谈判集中在国际海上运输、海运辅助服务和港口服务三个方面，其中国际海上运输包括班轮和非班轮市场，海运辅助服务包括船代、货代、装卸、仓储、集装箱场站、结关六项业务；港口服务指靠泊、货物、装卸、供油、供水、引航等通常发生在港口的与船舶有关的服务。

约有 50 多个国家参加了海运谈判，不同成员方对海运谈判都非常重视，期望各异。北欧、欧盟、日本、加拿大等极力要求海运高度自由化，不发达国家尤其是非洲国家则要求坚持《联合国班轮公会行动守则公约》规定的货载分配原则，美国由于其严格的管理机制和对部分美国旗船舶给予营运补贴而对海运自由化谈判态度消极。海运服务贸易谈判原计划于 1996 年6月底以前结束，将海运谈判结果以部长级会议协议的形式作为服务贸易总协定的附件。然而由于美国不愿意作出实质性开放承诺而导致谈判

失败。所以服务贸易总协定在法律意义上说对于海运业并没有直接约束力。

1995年海运谈判暂停时，32个国家对海运保持承诺，欧盟、美国及大多数OECD国家均撤回和削减了初步开价。但是，不少国家在与我国进行双边WTO谈判时，仍然将海运业与入世问题捆在一起，强烈地对我国提出海运要价。

由于我国作为积极申请者进行WTO会谈，所以，实际上谈判时处于非常被动的地位。谈判过程中，对我国海运部门要价较为强烈的国家主要是欧盟、日本和挪威等国，他们要求我国开放的业务部门多、水平高。因为在世界范围内我国国际贸易增长率高，经济发展持续稳定，海运市场发展潜力巨大，所以，发达国家的航运企业纷纷看好中国国际海运市场，强烈的要价主要集中于商业存在方面，强行要求在我国设立独资运输企业及运输辅助企业。

三、我国政府审慎的海运出价

我国海运主管部门认真研究我国以及世界国际海运市场发展状况和我国国际航运企业的总体竞争水平，审慎地提出我国的海运开价。

一方面考虑服从国家改革开放的大局，引进外部竞争，推进我国国际海运市场机制的建立。

另一方面给我国国际航运企业争取一些时间发展壮大，提高国际竞争能力。

水路运输方面，对外商从事挂靠我国港口的班轮和非班轮运输无限制；允许外商设立合营船舶公司，经营悬挂中国国旗的船舶，但外资比例不得超过49%；合营企业可享受国民待遇。允许外商设立合营企业从事船舶代理服务，但外资比例不得超过49%；允许外商设立外资控股的合营企业从事货物装卸和集装箱站场服务；合营企业可享受国民待遇。外商船舶在我国港口可在合理和不歧视的条件下使用以下港口服务：引航、拖带、食品、燃料和淡水供应、垃圾收集和污水处理、驻港船长服务、助航设备服务、船舶营运必须的岸基服务（包括通讯和水、电供给）、紧急维修服务、锚地、泊位和锚泊服务等。

四、我国水运业入世后的机遇与挑战

我国成为WTO正式成员，将按照国际规则逐步开放国内市场。

（一）中国加入WTO，对于中国水运业来说既有机遇也有挑战。中国水运业的发展机遇主要有：

1.入世以后，我国国内外政治、经济环境明显改善，扩展政府和企业的国际交流空间和市场范围，有利于促进中国对外贸易的进一步发展，扩大运输需求，有利于参与国际海运决策，维护我国水运利益，促进我国国际海运业的发展。

2.有利于扩大引进外资的规模，改善交通基础设施和运输装备技术水平，促进中国港口和水运现代化。

3.有利于推动国内法制建设，促进中国水运市场化进程，促进市场竞争机制不断完善，加速建立统一公平竞争有序的水运市场，为中外水运经营者提供良好的竞争环境。

（二）中国水运业也面临严峻的挑战

1.我国正处于经济体制转轨时期，法律法规不健全，市场机制不完善，适应WTO规则的水运管理体系尚未真正建立。要为中外水运经营者创造一个良好的竞争环境还需要作出艰苦的努力。

2.中国港航企业无论是资金实力，技术水平和管理人才诸方面与发达国家的企业相比还有一定差距，国际竞争能力不强。

3.中国水运基础设施还比较薄弱，总量不足，结构不合理，港口和航道还不能适应船舶大型化发展的需要，水运基础设施建设的任务相当繁重。

五、水运业入世对策及发展思路

为促进我国水运业的发展，在国家总体经济政策指导下，不断扩大改革开放，积极利用外

资，加强基础设施建设，完善全国水运市场体系，坚持在对外开放之前先对内开放的基本原则，制定积极的水运业发展政策，推进全行业走向健康发展的轨道。

（一）研究WTO规则，加快法规建设

入世以后，我国的法律法规，进一步受到WTO规则和其它国际公约的约束，然而，《服务贸易总协定》允许发展中国家保留一定的灵活性措施。所以，必须认真研究WTO规则和其它国际公约，既不违背通行的国际规则，又能合理保护我国企业的利益。目前我国已经颁布了《国际海运管理条例》。同时，要认真清理现有的法律法规，推动体制改革，维护公平竞争，立法执法要坚持透明化原则，行政管理要在维护正常秩序的情况下弱化市场准入审核审批过程，减少对企业经营业务的行政干预，逐步过渡到许可、登记或报备。

（二）建立统一市场，科学研究政策

水路运输本身带有较强的流动性，必须建立全国统一开放的水运市场，打破省际、省内市场分割，打破地方或部门保护，使水运企业有充分的经营空间，以便取得较好的经济效益。研究公平公正的市场准入政策：逐步明确设立国际海运船公司的技术经济标准和条件，在班轮运输、船舶代理、多式联运、外国船公司在华设立经营机构等方面逐步建立与国际惯例基本一致的管理制度。研究促进水运发展和合理保护和扶持我国企业的优惠政策，重视水资源综合开发利用，引导企业规模化经营，鼓励港航、货航联合联营，引导企业开拓海外市场。

（三）加强市场监督，维护市场秩序

加强对市场的监督管理，保护合法经营，打击非法经营。打击和规范违反价格规定、非法回扣、倾销杀价、利用优势地位垄断市场、排斥竞争、损害他人利益等各种违规经营行为。监督管理要覆盖整个水运市场，包括船舶租赁、无船承运、融资经营、船舶管理、船舶供应、对外投资等行为；要加大涉外水运市场的管理力度，要严格查处外国船公司在华代表处的非法经营活动。

（四）要规范开放领域，提高开放质量

深入开展调查研究，准确把握开放的状况，总结开放经验教训。加快建立、调整和完善有关法规规章和相应措施，完善执法依据，清理和规范已开放领域。保证实际开放水平不超出我国入世的承诺水平。改革班轮审批制度、船代市场准入限制、外国航商在华商业存在的数量限制等措施。借鉴国际经验，运用政策法规和竞争规则，有选择、有重点的培育和扶持国内企业。加快国际船代对内开放步伐，培养一批具有竞争力的国际船代企业，鼓励开展中国船舶的自代业务，提高我国企业的整体竞争力。引导和鼓励国内企业强强联营，提高竞争力和抵御风险的能力。鼓励和引导市场中介组织，逐步形成维护企业权益和行业自律性的共同体。

（撰稿：交通部水运司　王明志）

WTO与航空货运

随着2001年9月17日WTO中国工作组第18次会议通过了有关中国加入WTO的所有最后文件，为中国加入WTO铺平了道路，标志着15年来中国为加入WTO的努力终于取得成果。中国加入WTO对航空货物运输有着什么样的影响呢？

应该说，中国加入WTO对整个民航运输业的影响是全面的和深远的，而且随着时间的推移日渐深化，航空货运当然也不例外。民航也应该是中国对外往来最为频繁的行业之一，除了设备和工程技术上已基本国际化外，在其他方面则仍然较为封闭。因此，加入WTO对包括航空货运在内的整个民航业的影响都将是前所未有的。它标志着民航业全方位国际化的开端。

在分析加入WTO对我国航空货运影响时，要进行全面的分析，而不要仅仅局限于对货物运输量的影响上，当然货物运输量的变化是一个重要因素，但除了货物运输量外，中国加入WTO会在包括经营环境、竞争程度、经验积累，特别是规则机制等方面对中国航空货运产生影响。只有这样才能有一个整体认识，才能更好地采取应对措施。

一、溢出效应对航空货物运输的影响

溢出效应(Spillover Effect)是一个经济学术语，它指福利和机会成本的产生不是全部源于价格和市场系统。具体地讲中国加入WTO的溢出效应表现在以下两个方面。

（一）贸易转向效应

由于中国加入WTO，关税较大幅度的下降，非关税壁垒的削减，会导致某些企业减少国内的采购，增加从国外的进口；原来没有进出口权的企业获得外贸权后，同样会减少国内采购，增加国外进口，印所谓的贸易转向效应(Trade Diversion effect)。

中国在加入WTO的承诺中，农产品的平均关税税率将降低到14%，工业品的平均关税税率降到8.9%，信息技术产品的关税税率将降为零。中国在海关估价、反补贴、反倾销以及贸易技术性壁垒等非关税措施方面，必须接受WTO规则的约束。另外，中国承诺在3年内逐步取消对外贸经营权的限制，除极少数企业外所有的企业都有权经营进出口贸易。

（二）贸易创立效应

由于加入WTO后，实现了全方位的与国际接轨，将减少各种不稳定的风险，导致更多的投资，并降低产出、价格和其他宏观经济变量的多变性，有助于经济增长，带来实际收入的增加，增加从国外的进口；另外，中国加入WTO后，国内很多企业在其他 WTO成员国享有国民待遇和最惠国待遇，会增加向国外的出口；其次，由于关税下降和非关税措施的减少，以及贸易便利化的推进，外国企业对我国的出口也会增加，即所谓的贸易创立效应(Trade Creation Effect)。

根据国务院发展研究中心的研究结果表明，由于加入WTO后的关税削减，中国的进口和出口将分别增加25.8%和26.9%，出口结构也将发生较大的变化，电子和机械出口的比重会上升。进出口贸易的大幅度增加，这些有利于航空货物运输数量的增加。由于航空货物运输的对象一般是价值高和时间性要求强的商品，而电子和机械商品恰恰符合这些标准，因而它们进出口的增加，必定导致航空货物运输相对比例的上升。

二、竞争的影响

中国加入WTO，标志着中国参与全球经济的程度迈上了更高的层次，真正融合到经济全球化和一体化中。这也标志着中国会更加开放，竞争会更加激烈。竞争对航空货物运输的影响应该是双重的。

（一）其他行业的竞争溢出效应

其他行业的竞争会给航空货物运输带来益处

航空货物运输是物流环节中重要的一环，特别是在高、精、尖、鲜活产品的运输中具有很强的竞争优势。中国加入WTO后，其他行业面临更加激烈的竞争，必定会采用各种先进的管理方式来提高其效率。而在提高企业经济效益，提高竞争力方面的一个有效手段就是采用准时制(JIT，just in time)，即尽可能降低库存水平，补充订货在需要时达到，从而减低库存成本。这种方式实际上将运输工具作为延伸的仓储设施。它需要快速、准确、安全的运输方式，航空运输恰恰能满足这些要求。

（二）与其他运输业的竞争

作为航空运输业竞争产业的海洋运输业、铁路运输业的开放，对航空运输业直接构成威胁。原本就进行激烈竞争的运输行业，在加入WTO后，竞争会更加激烈。在国内的中短途运输上，航空运输业仍然敌不过铁路、公路运输。国际货物运输上，中国进出口商品正在或将要发生的结构变化将有利于航空运输，当然还是不会改变海洋运输在中国国际货物运输数量上的绝对统治地位。但是，只要将目前大约占中国国际货物运输总量90%是通过海洋运输的比例，改变到国际上67%的平均水平左右，中国航空运输的货物运输量都会有相当大的提高。

现在快递公司正和管理软件公司以及物流公司建立联系，以适应不断增加的物流和运输的外包(outsourcing),而物流和运输的外包正是知识经济时代的发展方向。另外，航空公司也对其货运部门寄以厚望，把它视为盈利的主要来源。有些航空公司甚至将货运单独组建一个法人实体，这些新的实体也模仿快递公司提供快递服务。不管怎样，目前60%的货物还是由货运飞机或者客货混装飞机运送。作为民航技术进步的代号共享的运用，也使得货物的不间断追踪成为可能。

（三）航空货物运输内部的竞争效应

在货物运输部门，由货运代理和航空公司组成的传统供应商和被称为“集成者”的快递公司之间的竞争是其特征之一。传统货物运输供应商平均需要6天、36道处理手续、18份文件才能送走一件货物，效率在过去20年里没有多大的提高。尽管他们仍然占有94%的市场份额，但是在和快递公司的争夺中正在逐步丢失市场。后者经营更为有效，不但经营特快邮件和包裹，也经营较重的货物。有预测认为，到2013年传统的货物运输服务商的份额将下降到70%。在美国、快递公司的份额从1984年的10%增长到目前的84%。

加入WTO意味着开放的深入，航空货物运输内部不同企业之间的竞争也会更加激烈，这种竞争如果是在一个规范的基础和完善的环境中进行，则可以实现资源的有效配置，同时提高航空货物运输的服务质量，提升航空货物运输业与其他运输业的竞争能力，赢得更多的客户；如果不能很好地解决目前困扰我国民航运输业的体制问题，航空货物运输的发展将受到很大的限制，各种非理性的企业竞争行为将会对航空货物运输本身造成严重的伤害。

三、航空货物运输辅助服务市场开放的影响

根据中国在加入WTO中的有关承诺，国外企业必须有连续3年的货运代理经历，才允许在中国开设合资的货运代理服务企业，注册资本最低1百万美元，经营期限20年。目前，在有关合资或合作经营的国际货运代理企业的规定中，要求中方控股50%以上，而现在中国承诺在建立合资货运代理业的一年后，外资可以占多数。而且没有限制其必须经营国际货运代理业务，也就是说外资可以经营国内货运代理业务。即是说外资可以在航空运输的国内货运代理业务上同中资企业展开竞争。这一点对航空公司是有利的，对国内货运代理不利。在目前国内货运代理市场不规范的情况下，引入国外的资金和管理经营理念以及技术，对于完善国内货运代理市场，建立有序的、公正的竞争机制很有好处。对于外资货运代理企业的所有限制将在4年内取消。

四、航空货物运输市场准入的影响

全世界大约有70家公司专门经营货物运输。这个市场的价值每年为200亿美元，到2015年据估计会增加2倍。1997年的全球航空货物运输量是99830百万吨公里，比上年增长12%，而国际航空货物运输量是85040百万吨公里，比上年增长13%。货物运输量的增长是和贸易商品中高附加值产品(比如计算机等)有巨大增长的结果。

目前，在WTO的《服务贸易总协定》(GATS)的《航空运输附录》中并未将航空货物运输市场准入纳入其管理范围。

因而对货运飞行的管理原则体现在双边协议中。在双边协议中同意给予对方的商业权力包括客运、货运和邮件运输，因而所有的双边协议都适用于定期全货机运输服务。

总的说来，有关货物运输的管理体系，不论是双边的，还是多边的，都比客运要自由、宽松得多。没有全货承运人的国家，如果贸易商对航空货物运输要求超过本国航空公司的能力，则

该国一般都会授权外国航空公司经营全货运输。这种运输一般在非高峰时间不太拥挤的机场进行，可以缓解机场容量问题。

因而在新的GATS2000谈判中，有些WTO成员已经将开放航空货物市场提到了谈判桌上。

五、管理水平方面的影响

中国加入WTO对航空货物运输部门管理水平的影响应该是积极的。随着国外与航空货物运输相关的企业进入中国，他们必定带来先进的管理理念、技术和方法。对于国内的航空货物运输部门来说，这是一个很好的学习机会，即"隔着篱笆学技术"。"隔着篱笆学技术"本来是指在农业生产中，往往是某一农户采用先进的技术或优良品种获取较好的收益后，就会有其他更多的农户进行效仿，某种先进的技术或优良品种得以推广。

一种先进的管理方法和技术的推广又何尝不是如此呢。我国企业改革开放后在提高管理水平上通过此方法获益匪浅。朱镕基总理在谈到中国加入WTO时也说过，中国目前缺少的不是资金，而是管理技术。随着与世界的接轨，更多的跨国航空货物运输企业会在中国开展业务。随之而来的就是他们的管理经验和管理技术。这一点，作为航空货物运输企业一定要充分的认识，并有意识地进行学习。

六、WTO规则与机制的影响

应该说WTO的规则和机制对中国加入WTO后，所有企业包括航空货物运输的影响才是最直接和最深远的。

因为规则和机制是约束企业行为的根本原则，如果一个企业不了解WTO的规则和机制，就谈不上如何趋利避害，也就谈不上利用规则和机制维护自己的权益。

比如航空货物的国际运输上，海关管理是不可避免的，那么海关管理是否符合WTO的原则？有关进出口货物的完税价格审定是否符合WTO的原则？其他国家在进口货物上的非关税壁垒是否符合WTO《技术贸易壁垒守则》？

再比如WTO在知识产权保护上规定了严格的保护措施，中国加入除少数领域外必须全面执行。要避免在日常经营中侵犯他人的知识产权，则必须了解《与贸易有关的知识产权协议》。

目前，我国对照WTO规则正在着手修改1000多条与之冲突的现有法规，所以需要我国航空运输企业应尽快熟悉这些条款，以能在新的规则中掌握主动权。

在讨论WTO的影响上，如果仅仅看到表面现象，则是最危险的。加入WTO是对市场环境和市场规则的一次大转换，只有认识到这一点，才能正确认识WTO对航空运输业以及航空货物运输部门的影响，才能进行正确的应付。

（撰稿：中国民用航空学院　郑兴元　高　峰）

WTO与港口

一、港口发展面临的新形势

（一）世界范围内货物物流大幅上升的同时，伴随着资本在全球范围内的流动，服务贸易的比重不断攀升

W T O 强调的是经济的全球化和市场化。从世界货物流动来看，亚太地区的贸易发展最快，货物流动大幅上扬，速度不断加快，同时制成品的贸易比重增加，初级产品严重下降，这些变化对航运和港口的发展提出了新的要求；与此同时，由于WTO冲击带来的产业结构调整，使得国际贸易中服务贸易所占比重不断上升，其发展速度明显超过货物贸易的增长速度，国际航运的需求弹性出现下降趋势。

（二）港口跨国经营成为趋势。国际港口市

场逐渐完善,港口资本流向国际化,港口跨国经营日益显著

一方面，港口所有者通过资本输出，分享港口充裕的货源和廉价劳动力，同时把先进的港口生产作业技术和管理方法随资本一起输出，使各国港口生产管理符合国际化的要求；另一方面，随着现代港口功能的拓展和大型船公司经营战略的转变，港口经营的国界开始被打破，为港口的跨国经营创造了条件。

(三)综合物流成为现代化港口运营的重要内容

WTO条件下运输规模不断扩大，运输链复杂性不断增加，港口作为国际物流链上的一个组成部分，必须与整个物流系统协调一致，才能满足复杂生产过程的需求和现代用户对港口提出的增值、附加服务要求。因此，现代港口必须能够提供快速、可靠而灵活的综合物流服务。

(四)港口管理现代化。高新技术的飞速发展对港口的建设和经营管理产生了重要影响

港口的效率、服务水平及可靠性是保持港口竞争力的关键因素。而现代技术，尤其是信息与自动化技术可为港口物流过程提供良好的控制与管理。可以看出，建成信息港或可提供良好信息与通讯基础设施的港口是未来发展的方向。

(五)政府部门职能的转变

港口经营的民营化和市场化是发展的必然趋势。目前，世界各国政府都在对港口放松管制，并采取民营化政策，目的是为了鼓励竞争、降低成本和提高服务水平；政府还要对港口采取一定的保护与扶持政策及对基础设施的投资等，注重港口发展的可持续性。

二、我国港口及港航产业的国际水平比较

(一)《服务贸易总协定》的海运谈判

WTO海运谈判自1991年下半年起开始进入实质性阶段。谈判是按照GATS的有关规定，通过多、双边结合的形式进行的。乌拉圭回合谈判期间，各国对海运业的概念、分类及谈判的具体内容、方式等问题基本上达成了共识。海运业的谈判集中在国际海上运输、海运辅助服务和港口服务三个方面，其中国际海上运输包括班轮和非班轮市场，海运辅助服务包括船代、货代、装卸、仓储、集装箱场站、结关六项业务；港口服务指靠泊、货物装卸、供油、供水、引航等通常发生在港口的与船舶有关的服务。表1是WTO关于水运服务的分类。

表1　WTO服务部门关于水运服务的分类

海洋运输服务内容	内陆水路运输内容	所有运输方式的辅助服务内容
客　运	客　运	货物装卸服务
货　运	货　运	仓储服务
船员与船舶租赁	船员与船舶租赁	货运代理服务
船舶的保养与维修	船舶的保养与维修	其他
推船与拖船服务	推船与拖船服务	
海洋运输的支持服务		

(二)我国港口及港航产业开放水平的国际比较

中国在关于海上运输的开放方面所做出的承诺主要包括以下的内容：

1.货物运输

2.海上运输的附属服务。具体的规定包括：外国服务者可根据实际经济需要通过合营形式建立海运公司，根据需要开辟班轮航线；通过合营形式从事集装箱装卸业务和仓储业务；外国公司要在对外籍船舶开放的港口从事国际货物运输；有官方的船公司可通过双方协议，按中国有关合资和独资企业的法律为其自有或经营的

船舶或按其提单、运价本运送的货物在华成立合资企业或子公司；按照中国惯例和对等原则，中国允许外国轮船公司或合资船务企业，为其自有船舶办理签单、结汇、签订业务合同，从事国际运输经营活动。但不得经营沿海运输和内河运输。

在对外承诺中，我国特别强调，中国现有的有关外资企业法适用于服务领域的外资企业，但关于交通与运输行业的外(独)资业是受限制的；与此同时，我国政府还阐述了我国承诺的原则：中国的初步承诺开价单是有条件的，承诺是否有效将取决于贸易多边框架的谈判结果以及其他参加方所作的初步承诺，特别是将取决于对中国有重大利益的服务部门的谈判的结果。我国将根据服务贸易谈判的具体情况，对自己的初步承诺开价单做出适当的增加、删减。

从对我国海运开放内容的分析中，可以看出，我国港口和港航产业的开放水平还是比较高的，同时我国也采取了有利于自己的原则，在向国际接轨的同时，采取渐进的方式向国际水平靠拢。表2是我国与几个主要国家海运开放程度的比较。

表2　我国与主要国家海运开放程度的比较

	中国	美国	欧盟	日本	韩国	新加坡	印度	巴西	印尼
一、货运准入									
货载保留	无	有	有	无	有	无	有	有	有
货代分配	无	无	无	无	无	无	无	无	无
沿海(内河)运输	允许合营(中资在50%以上)经营	允许合营(美资在28%以上)经营	向成员国开放	不允许	不允许		允许合营(外资超过50%需特许)经营	允许合营(外资不超过40%)经营	允许合营公司经营,无资本比例限制
班轮运输	须取得许可证	无限制	无限制	须取得批准	须取得批准	无限制	须取得批准	须取得批准	须取得批准
二、商业存在									
船舶登记	合营公司拥有的船舶可以	无限制	无限制	无限制	无限制	无限制	无限制	有限制	有限制
分支机构或独资船公司	通过双方谈判，有限制	无限制	无限制	无限制	无限制	无限制	不详	不允许，仅允许合资经营	不允许，仅允许合资经营
辅助服务	允许合资公司经营，外资不超过50%	无限制	无限制	无限制	无限制	无限制	允许合资经营，外资超过50%需特批	允许合资公司经营，外资不超过40%	允许合资，外资不超过40%
三、国民待遇									
港口服务	国民待遇	国民待遇	国民待遇	国民待遇	国民待遇	国民待遇	国民待遇	国民待遇	国民待遇
税收	优惠待遇	国民待遇	国民待遇	国民待遇	国民待遇	国民待遇	国民待遇	国民待遇	国民待遇
补贴	无	有	无	有	有	无	无	无	无

通过对表2的分析，可以看出在货运准入和商业存在上，我国的开放程度和日、韩及新加坡相近，与欧盟、美国还有一定的差距；在国民待遇方面，我国基本与国际水平接轨，在税收方面已经实行了优惠待遇，这一点表示我国加快改革开放的决心和力度；在与其余3个具有较强海运实力的发展中国家的开放度比较，可以看出中国目前总体的开放水平，要高于这几个国家的平均水平。

三、我国港口应对WTO竞争主要存在的问题

我国的港口事业在建国五十年以来得到了

迅速的发展，无论是港口的规划建设，还是生产经营和管理都发生了历史巨变。据最新统计数字表明，我国沿海港口已拥有生产性泊位4321个，其中万吨级以上深水泊位579个，年吞吐能力达10亿多吨。目前已经初步形成了布局合理、门类齐全、配套设施比较完整、现代化程度较高的港口运输体系。

但是，我国的港口建设与管理也存在很多问题和弊端，难以在很短的时间内适应WTO带来的冲击。

（一）港口政企不分、管理不顺，港口建设宏观调控有待加强。政企不分造成港口管理和生产带有很重的行政干预色彩，港口的多头管理也不利于港口的健康发展，甚至出现某种意义上的混乱。与此同时，政府在港口建设投资上调控不力，缺少整体规划的力度。加入WTO之后，随着市场的放开，必然会出现很多的独资或合资的码头，对现有的码头建设造成较大的冲击。因此，国家应尽快解决港口体制问题、搞好港口的发展规划，把港口各种商业行为真正推向市场。

（二）港口的软硬件配套设施发展滞后，信息化程度不高。科技水平的落后和资金上的欠缺使得港口的总体水平相对还比较落后，计算机管理和EDI一定程度上也远远地滞后于国外先进大港的水平；与此同时，港口从业人员的整体素质不高，缺乏熟悉市场经济和现代企业管理理念，有较高的专业技术水平，又能严格自律的高素质的管理人才。

（三）港口在经营方式上比较死板，距离市场化的要求尚远。传统的计划体制下的港口经营方式使得港口很难适应港口经营管理中出现的新情况，如货物的滞港时间、鲜活货物、危险货物以及特殊包装货物的处理等。

（四）船公司在港口建设和发展中发挥的作用过小。从世界范围看，国际上的大型船公司都在积极参与港口码头的合营建设。随着服务贸易领域的进一步开放，国际上著名的船公司将利用其在资金、技术、管理、人才和网络方面的优势进一步抢占国内市场。而我国的船公司大多规模较小，专业化分工不明显，主要是挂靠服务港口，没有真正参与到港口和码头的建设中来。

（五）在我国加入WTO后，部分过去尚未开放的领域将逐步开放，如物流服务、国际船舶代理、分支机构的设立、内陆地区揽货服务机构的设立等。外商进入这些领域后，将直接增加其市场竞争力激烈程度。国内的一些管理水平低、服务质量差、竞争力弱的企业，在优胜劣汰的市场法则下，可能遭淘汰。

（六）与港口及港航产业配套的法律法规极不完善。我国关于港口的法律法规建设与国际发展水平相比明显滞后，有关市场准入、企业经营监管、专业技术关系等法律法规尚未完全建立起来，尚不能与WTO的有关规定或者国际惯例接轨。

四、港口应对WTO激烈竞争的相关对策

据初步估计，加入WTO后，占我国外贸运输总量87%的外贸海运量将以每年8%–9%的幅度增加，这无疑将带动港口营运业务利润的增加，给我国港口和港航产业带来一定的发展机会。一方面，外界市场准入权利会进一步放开，对外贸易格局逐渐向国际化、多元化方向发展，航运运输业务将全球化，航线将向全球辐射，以港口为枢纽，多式联运为主轴的国际集装箱综合运输网络进程加快；另一方面《服务贸易总协定》中关于金融服务条款的实施，使直接向外国金融机构融资贷款成为可能，这将有利于港口基础设施和港航产业的发展和建设。根据我国港口的开放程度，结合我国经济发展的特点，比较其他国家港口开放过程的经验，可以通过以下对策去应对WTO的激烈竞争。

（一）加强对WTO的研究，合理利用《服务贸易总协定》维护我国港口发展。《服务贸易总协定》不是关于对服务业或海运业开放水平作出统一规定的协定，而只是为成员方规定了一般责任和义务，具体的开放承诺，则需要通过多边或双边谈判来解决。我国在参与多边或双

边谈判、国内立法和政策制定中，要合理利用GATS对我国有利的规则，对需要保护的领域进行适度保护。

（二）借鉴国际经验，加快国内立法，尽快与国际惯例接轨。国际贸易(包括服务贸易)的发展过程中，贸易自由化和贸易保护并存是一种长期的国际现象。可以借鉴国际经验，通过国内相关立法的建设，在运价报备、反垄断、反倾销等方面建立符合市场经济规律和国际惯例的竞争规则。

（三）有选择、有重点地培育国内港口企业竞争力。WTO的目标是致力于贸易的自由化。在这种约束下，政府的保护总是有限的、暂时的；同时，长期保护落后将会延缓我国港口产业的长远发展。因此，有必要重点培育国内企业竞争力，提高我国港口产业的整体竞争实力。一方面，加快整顿行业市场秩序，加快政企分开，加快港口企业现代企业制度的建设；另一方面，可以考虑计划3-5年的时间，在港口码头建设领域通过国际招标逐步向国内外自有资本开放，同时采取合资经营港口、出让码头由国外企业经营、灵活选择造船市场等灵活的手段。

（四）有步骤地清理和规范现有开放领域。一方面，我国已通过立法和政策或承诺开放的领域，要信守承诺，坚定不移地对外开放；另一方面，要加强对国内规章的管理，严格执行现有法规和规章，将外商的市场准入、经营范围等严格限定在我国规定和对外承诺的范围内，同时依法加强对外商市场经营行为的监管，避免使我国的对外开放领域超出我国对外承诺的实际开放水平，给我国港口产业的发展造成更重的负担。

（五）积极拓展港口的多式联运和综合物流等附加增值服务。加入WTO后，我国巨大的市场和廉价的劳动力成本，将吸引更多的跨国公司来我国投资办厂，对港口的能力和服务水平将会提出更高的要求；同时，亚太地区港口竞争的压力也迫使港口企业提高多式联运和综合物流的能力，提高服务质量，培养更多的国际性人才，以揽到更多的国外公司货源。

（六）规范加强港口运作和管理，加强信息化建设。规范港口运作和管理是与WTO国际惯例和国际规范接轨的要求，信息化建设则是提高港口效率的重要手段之一。一方面，通过积极引入先进的港口生产、作业设备和EDI、GPS等系统，尽快与国际水平和标准接轨；另一方面，积极开展生产作业设备和信息系统的研究和开发，紧跟世界水平。

（撰稿：南开大学交通经济研究所　赵金涛）

WTO与国际集装箱运输

作为现代国际货物运输主要载体的国际集装箱，以其优势成为现代货物运输的主要发展方向。加入WTO后的中国将进一步扩大对外商品交流，这需要运输系统强有力的支持。因此，研究分析入世对中国国际集装箱运输的影响，探讨其应对措施，对于中国对外贸易竞争力的提高有着深远的战略意义和重要的现实意义。

一、"入世"后我国对国际集装箱运输的需求增大

中国"入世"的基本原则之一是"以发展中国家的地位加入"，中国"入世"后可以享受到一些优惠待遇。比如，能使中国的产品在140个成员中享有多边的、无条件的和稳定的最惠国待遇，这将使中国的产品在最大范围内享受平等或者有利的出口竞争条件；使中国对所有发达国家出口制成品和半制成品享有“普惠制”待遇等给予发展中国家的特殊照顾。同时，我国加入世界贸易组织时作出了4个方面的承诺，即降低关税、减少和消除非关税壁垒、农业方面的承诺和服务业领域的开放。

经济贸易的发展是构成国际集装箱运输发展的最基础因素，经济贸易的总量增长与经济结构调整将直接影响国际集装箱运输的发展。运用出口竞争力指数、出口占比、贸易顺逆差等指标对我国进出口贸易进行定量分析(见表1.表2)的结果显示：我国初级产品中的水果、蔬菜、花卉等(这些产品大多数适合用集装箱运输)均具有国际竞争力，借助中国“入世”可望增加出口。

在工业制成品中，主要由劳动密集型产业产品构成的杂项制品(如纺织品服装等)均处于国际竞争的有利势态，并且这类产品在我国的出口中占的比例较大(占出口总金额1/3以上)。技术密集型的机械及运输设备的出口占比正在逐年提高(已经达到出口总金额1/3弱)，并且处于竞争优势的临界状态，“入世”后我国机电行业中的低附加值与劳动密集型产品在短期内由于“入世”带来的机遇出口量会有较大的增长。

同时，国际上具有竞争优势的产品(化工产品、高科技产品等)也会因为中国关税的降低、非关税壁垒的减少或取消而有更大的进口量。可见，中国“入世”将引起进出口贸易的大幅增大，其中的适箱、高附加值货物比重也将增加，国际集装箱运输需求将呈明显的增长态势。

“入世”对我国进出口贸易的影响因素主要有出口环境的转好、我国关税的降低和非关税壁垒的取消等。中国减让关税和逐步取消非关税壁垒开始于1990年，可以说，从1991年以来一直到“入世”前夕都是我国适应WTO国际经济规则的过渡期。所以，可以用1991年以来历年的进出口额的数值建立数学模型估计入世后我国进出口贸易量的大体变化。利用1991－2000年历年的进出口总额数据建立灰色模型，预测出2005年我国的外贸进出口总额为7705亿美元，约是2000年的1.62倍，2000年～2005年我国外贸进出口总额年均增长10.2%。利用贸运系数(集装箱

表1　　1996-1999年中国出口产业的竞争力指数表(出口产值单位：亿美元)

年度	初级产品		工业制成品		化学产品		轻纺产品、橡胶产品、矿产品等及其制品		机械及运输设备		杂项制品	
	出口产值	出口竞争指数	出口产值	出口竞争指数	出口产值	出口竞争指数	出口产值	出口竞争指数	出口产值	出口竞争指数	出口产值	出口竞争指数
1996	219.25	-0.07	1291.23	0.065	88.77	-0.342	284.98	-0.048	353.12	-0.216	564.24	0.739
1997	239.53	-0.09	1588.39	0.165	102.27	-0.307	344.32	0.033	437.09	-0.094	704.67	0.783
1998	205.89	-0.054	1632.20	0.164	103.21	-0.161	324.77	0.103	502.17	-0.061	702.00	0.785
1999	199.41	-0.147	1749.90	0.115	103.73	-0.397	332.62	-0.016	588.36	-0.083	725.10	0.764

表2　　1996－1999年中国产业出口占比及其贸易顺差一览表(贸易顺差单位：亿美元)

年度	初级产品		工业制成品		化学产品		轻纺产品、橡胶产品、矿产品等及其制品		机械及运输设备		杂项制品	
	出口占比(%)	贸易顺差	出口占比(%)	贸易顺差	出口占比(%)	贸易顺差	出口占比(%)	贸易顺差	出口占比(%)	贸易顺差	出口占比(%)	贸易顺差
1997	13.1	-46.7	86.9	450.9	5.6	-91	18.8	22.1	23.9	-90.6	38.5	619.2
1998	11.2	-23.6	88.8	459.3	5.6	-98	17.7	14.0	27.3	-66.3	38.2	617.4
1999	10.2	-69.1	89.8	361.4	5.3	-137	17.1	-10.6	30.2	-106.2	37.2	628.1

吞吐量／外贸进出口总额)(万TEU／亿美元)计算的历年贸运系数数值基本上呈现线性趋势。用线性回归模型(Y_i=0.081+0.038X_i)计算,得出2005年贸运系数为0.65，故2005年我国大陆主要港口的国际集装箱吞吐量为5008万TEU，为2000年的2.2倍。

根据2000年年底英国海运咨询公司(OSC)发表的《亚洲航运市场预测——未来10年集装箱港、海运、贸易和投资倾向》的调查报告，当发达国家在贸易上比较保守时，中国大陆、香港、台湾的集装箱2010年总吞吐量预测增长率为166%，达到6275TEU。各地市场所占比例的变动情况为：香港比重下降，台湾基本持平，而大陆东部和东南部港口比重会明显上升。

上述数据说明，我国集装箱运输量将在2000～2005年间出现一个高速增长期，这是“入世”带来的短期冲击机遇，而2005年以后中国走出入世的过渡期，这种影响将渐渐趋弱。

二、我国国际集装箱运输软硬件的发展机遇

当前，为满足国际贸易增长的需要，国际运输物流服务提供者必须加强合作，为货主提供满意的、增值的服务。他们只有掌握“第一流硬件”和“最先进软件”才能够在国际贸易中为货主提供增值的运输服务。“第一流硬件”是指现代化枢纽性储装箱集散站以及集装箱运输载体跟踪设施等；所谓“最先进软件”是指强大的信息系统网络和高质量的运输服务。

从我国目前的国际集装箱运输软件状况看，我国国际集装箱运输企业的组织管理水平与国际上的先进集装箱承运人还有很大的差距。

从我国目前的国际集装箱运输硬件状况看，由于目前集装箱港口建设投资上调控不力，缺少整体规划，中国加入WTO后，港口建设市场的放开必然会出现很多的独资或合资的码头，对我国现有的码头建设造成较大的冲击。此外，具有雄厚的资金实力、先进的管理手段和市场运作经验、良好的商业信誉的中外合资，尤其是外商独资的公路运输企业在中国运输市场的逐渐涌现，在促进运输市场竞争的同时，也将给我国传统的公路运输带来一定的压力。铁路国际集装箱运输在管理体制和市场机制上都与WTO有关规则不相适应。

“入世”后随着竞争力较强的跨国运输公司的进入，目前稳定的铁路运输市场格局将被打破，铁路运输企业由于普遍存在竞争力不强等问题，将面临中国“入世”带来的国际集装箱运输市场竞争加剧、争夺有关专业人才竞争加剧和“国有经济及集体经济”企业难以生存等挑战。

“入世”后，国际资本为抢占我国广阔的国际集装箱运输市场而积极投入我国集装箱运输设施建设以及关税降低导致的有关国际集装箱先进设备进口自由趋势，有利于加强我国集装箱运输软硬件系统的更新改造。外商投资企业按照国民待遇条款，使其国际资本更容易进入中国，从而将大大改善我国集装箱运输设施设备建设的投资环境，为加强我国集装箱港口码头和集装箱场站的建设、调整结构、更新改造以及集装箱多式联运和物流设施设备的配套建设提供了良好机遇，对完善我国集装箱全程运输设备系统利用外资创造有利的条件。

三、对策措施

(一)加快运输物流基础设施建设

虽然目前我国已基本实现了国际集装箱联运，但是在不同运输方式之间的换装、转接方面仍不协调，集装箱运输信息的传递和处理、单证的流转等常常出现脱节。这与我国目前的国际集装箱运输软硬件建设水平比较低密切相关。

“入世”后，中国可以更密切地注意国际上交通运输领域技术变化的新动向，国内政策对运输基础设施建设的倾斜将加大运输装备技术的研究、引进力度。我国应抓住时机，以提高运输物流系统的能力、效率和效益为中心，以提高运输速度和服务质量为目标，发展与配置现代化运输物流装备。

在软件建设方面应开发和利用现代信息技术，发展综合智能交通系统(ITS)。我国已具备

了相应的技术条件，如铁路系统的铁路运输管理信息系统，公路的车辆数据通信系统，交通路线引导系统，民航的空中导航、航线调整系统等。但是各个交通运输方式分别建立局域网络，彼此之间相对独立，给国际集装箱运输造成了信息不畅等问题。

因此，运用ITS结合网络化技术，研究开发集装箱联运管理信息系统是我国的国际贸易运输承运人发展的必由之路。

（二）实施我国国际集装箱运输集团化、多元化战略

为充分发挥集装箱运输的优势，必须建设由各种运输方式集结、便于换装、转接的集疏运系统，能够担当这种综合物流任务的只能是综合性、多元化的大型企业集团，这也是当前国际上先进集装箱运输组织形式的发展趋势。结合中国的现状，国家调控、市场竞争和企业组织是实现我国国际集装箱运输集团化、多元化的最佳外力组合。

国家调控应主要以经济手段、法律手段为主，不能采取行政性的、指令性的形式，这也是WTO规则之一。国家调控范围应主要体现在制定行业发展规划、决策重大建设项目、确定交通运输企业的竞争规则等。

市场竞争即让集装箱运输企业以独立主体的身份面对国内外的竞争，这样可以促使我国的国际集装箱运输企业积极在国内外建立战略联盟，在巩固国际集装箱运输市场占有率的同时借助联盟的力量开辟新的市场。企业组织主要是借助企业内部的力量，以运输合作合同的方式实现不同运输方式的有效衔接，避免国际集装箱在各种运输方式之间的转运中出现脱节。

（三）加强有关国际集装箱运输作业人员的业务和思想意识培训

在铁路局调研时发现，铁路从业人员对外贸服务意识的重视程度还是比较欠缺。比如，在某一编组站由于要进行车辆检修而临时将装载有一个40英尺国际集装箱的平车扣下，有关作业人员并没有将车辆上的装运情况及时汇报到车站值班员，结果将一个对运输时间要求强的国际集装箱重箱耽误了，引起外商与铁路部门的争端，给铁路系统造成几万元的损失。

在目前激烈的国际贸易运输竞争中，中国的国际集装箱承运人要承受来自国际不同的货物运输承运人的压力，有关作业参与人员对集装箱运输过程的服务水平关系到良好企业形象的建设。

（撰稿：北方交通大学　李红启　张晓东　刘凯）

WTO与邮政

一、中国加入WTO后邮政业面临的机遇和挑战

国家邮政局成立以来，一直在关注着中国加入WTO的进展。责成专门的研究机构，研究WTO的有关法规，分析中国加入WTO对中国邮政业的影响，制定相应的对策，进行着必要的应对与准备。充分利用中国加入WTO给中国邮政发展带来的机遇，沉着回应加入WTO后带来的严峻挑战，使中国邮政在新世纪得到健康的发展。

（一）中国加入WTO给中国邮政的发展带来了前所未有的机遇

1.加入WTO后，中国将在更大范围、更广阔的领域和更高层次上参与经济全球化，我国经济同世界经济的联系将更加密切。

中国将更加积极地参与国际贸易活动，经济发展的空间进一步拓宽，社会主义市场经济体制进一步规范，政府职能将进一步转变，改革

开放的步伐将进一步加快，邮政的外部环境将得到极大改善。国家决策部门将从世界贸易一体化的全新角度来考虑我国邮政的发展问题，将采取国际邮政发展的成功经验，推动和加快中国邮政的改革步伐，建立适应我国市场经济发展的邮政管理体制。中国邮政将会作为一个真正的企业从法律上加以确定，在平等的环境下参与市场竞争，邮政企业的活力将进一步焕发，从而给邮政的改革与发展注入新的动力。

2.加入WTO后，我国将履行加入WTO的各项承诺。

国家将清理不适应WTO规则的法律、法规，以达到WTO非歧视原则的要求，对其他WTO的成员实行最惠国待遇，对进入我国的外资企业实行国民待遇，市场规则将进一步同国际接轨，建立更公平合理的竞争环境。国家将修订《中华人民共和国邮政法》及其实施细则，与WTO规则相适应，建立邮政普遍服务的补偿机制。困扰我国邮政进一步发展的邮政普遍服务的补偿问题，可望得到根本解决，使邮政企业公平地参与市场竞争。

3.加入WTO后，中国经济将注入新的活力。

随着经济的发展和内贸、外贸的增加，社会将产生更大、要求更高的用邮需求。将带来邮政业务量的较大增长，促使邮政企业提高服务质量，增强服务能力，为我国邮政拓展业务领域、保持较快发展带来了新的契机。

4.2001年，中国邮政改变了连续亏损的局面，开始实现盈利，邮政企业实力大大加强，具备了迎接中国加入WTO带来的挑战，加快我国邮政发展的有利条件。

中国邮政独立运行以来，一直在为中国加入WTO做准备，采取了强有力的措施，加快了发展的步伐，实行减员增效，增强了企业的竞争能力，不仅奠定了实现良性循环的物质基础，也锻炼了队伍，极大地增强了广大干部职工勇于进取、加快发展的信心和能力，奠定了加快邮政发展、迎接挑战的思想基础。

（二）邮政发展面临巨大的挑战

1.市场竞争的压力

我国的服务市场有着巨大的发展潜力，随着我国经济的迅速发展，必将成为世界上最大的服务市场之一。加入WTO后，中国市场将进一步开放。随着服务市场的逐渐开放，国际上跨国速递公司甚至其他国家的邮政集团都会蜂拥而至，外国资本将以独资、合资、联营等方式，扩大在中国的市场份额。除了我国邮政法规定的信件和其他具有信件性质的物品的寄递业务由邮政企业专营以外，邮政企业经办的储蓄、报刊发行、速递、汇兑、包裹寄递、物流等业务都面临着激烈的竞争。中国邮政不但要更直接地面对非邮政民营公司的激烈竞争，而且要面对其他国家邮政企业集团的竞争。中国邮政不走出去，他们也会走进来；中国邮政不和一些大的运递公司结成合作伙伴，他们就会通过某种方式成为竞争对手。市场的竞争必将会空前的激烈。竞争对手的多元化，也必将带来邮政人才竞争的白热化。

2.承担普遍服务的影响

中国邮政承担着繁重的普遍服务任务，承担着高额的成本开支。邮电分营以后，这些亏空要靠国家邮政局每年从全国盈利地区的邮政业务收入和国家给予的“8531”政策补贴中，予以补贴。到2002年底，国家给予邮政的“8531”财政补贴政策将要终止，但邮政承担的普遍服务任务并没有停止，由此带来的普遍服务成本并没有消失，反而会随着社会对普遍服务质量要求的提高，支出还会加大。而到目前为止，邮政承担普遍服务的补偿机制还没建立，邮政市场管理的法制体系还不健全，业务发展的一些政策还没明确。随着中国加入WTO，私营经济在运输和通信领域将作为一种支配力量出现，这些私营运递公司采取“撇奶油”式的经营方式，只在可以获得盈利的经济发达的大中城市设立服务网点经办业务。侵占邮政企业原本可以获得盈利的市场，致使邮政的收入大幅度下降，进一步加剧了邮政依靠自身的收入补贴普遍服务带来的亏损的难度。私营运递公司不承担普遍服务义务，没有相应的成本支出，因而可以获取较高的利润。随着我国加入WTO，这种不平等的竞争会更加剧烈。如不采取相应的措施，只靠中国邮政自己的收入是无法来抵补这类政策性亏损的。长此下去，我国邮政将难以为继，邮政将失去承担普遍服务的能力，普遍服务也会失去生命力。

3.邮政自身的不适应

目前邮政自身存在的一些深层次问题，例如体制不顺、机制不活、效率不高、人员素质偏低等，还没有得到很好的解决。中国邮政目前实行的是政企合一的体制，政府职能和企业职能交织在一起，相互影响制约。我国邮政部门虽然建立了独立运行的管理体制和运行机制，但这个体制基本上是沿用了以前邮电合一时的架构，与市场经济的要求相比，存在较大差距。在机构和管理职能上，偏重于行政管理，工作效率和效能不高。在邮政企业运行机制上，还没有建立起现代企业制度，各项改革还没有到位，对外适应市场变化的能力不强。虽然邮政干部职工队伍的整体素质在不断提高，但与建设现代化邮政相比还有较大差距。人员总量偏多，优秀人才匮乏；只掌握简单劳动技能的人员偏多，高层次管理、技术、营销人员匮乏。中国加入WTO后，由于邮政自身的不适应，使邮政的整体实力和竞争优势无法充分发挥，将严重制约中国邮政实现良性的持续发展。

二、中国邮政业采取的应对措施

中国加入WTO后，对我国邮政的影响将是巨大和深远的。主要集中在国际速递、包裹运递，国内速递、金融，同城物品递送、广告递送、报刊发行等这些能产生较高利润的领域。中国邮政将采取有效措施，积极应对挑战。

1.深化邮政管理体制改革，搞活运行机制，初步建立现代企业制度架构。

根据国家政府机构改革的要求，积极推进邮政行业的政企分开工作。以实现邮政企业重组为着眼点，在管理体制方面进行深层次的改革，建立现代企业制度架构，促使邮政生产关系更加适应生产力的发展和中国加入WTO的需要。

2.提请全国人大尽快完成《中华人民共和国邮政法》及其实施细则的修改，对邮政普遍服务进行立法保护，适应加入WTO后的要求。

用法律的形式明确邮政提供普遍服务的范围、标准以及对承担普遍服务的补偿；明确邮政的专营范围和违反专营的检查、处罚办法；明确邮政市场准入的条件以及对新进入者的权利和义务的规定等。加强对违反邮政专营权的监察力度，打击破坏邮政专营权的行为，规范邮政市场。

3.加快企业重组工作，增强竞争实力。

采取置换、出售、租赁、转让、内部重组等方式，盘活邮政企业资产，最大限度发挥邮政资产的经营效益。实现邮政主业与辅业的分离。邮政企业主业与辅业之间以资本为纽带，享受权利，承担义务，分享收益。在条件成熟时，可以吸收社会资本参与辅业的经营，直至实行股份制改造，成为上市公司。

4.积极探索资本运营的新途径。

中国邮政将积极探索通过投资、兼并、购并、收购、重组、股权置换等多种形式，有效扩大邮政企业规模，提高市场地位和竞争能力，改善经济效益；积极探索购买国外邮政或私营运递公司的股权、交换持股、兼并、购并等的资本运营方式，逐步进军国际邮政市场。

5.认真履行普遍服务，保障公民通信权利。

邮政普遍服务，在保障公民通信权利，加强民族团结和巩固边防等方面，发挥着重要的作用。切实履行普遍服务义务，是我国邮政部门的重要职责。在对邮政普遍服务做出科学合理的界定基础上，中国邮政将继续认真做好普遍服务工作，确保邮件传递时限，改善营业、投递服务，保证公民基本通信权利得到实现。

6.加快邮政信息化建设，积极推动科技兴邮。

根据推进国民经济信息化要求，建设邮政信息基础设施，拓宽邮政专用信息网络覆盖范围，积极推进邮政信息化，在邮政生产、营业和管理各领域广泛应用信息技术、网络技术，实现邮政各个生产和管理环节的信息资源的综合利用与共享。在邮政企业管理中逐步推广应用计算机信息处理技术、网络技术、人工智能技术、办公自动化技术等现代科技手段，建立灵敏、准确的信息系统，加强全网管理调控力度，提高管理科学化水平。加快高新技术的推广和应用，实现运输机械化、处理自动化、营业电子化和信息服务网络化，促进中国邮政产业升级。

7.加快业务结构调整步伐，促进邮政向“朝阳”产业转变。

集中优良的生产要素，优先发展邮政速递业务，不断扩大国内市场份额并占据主导地位，大力开拓国际市场。优先发展商函业务，集中力量发展中、小型企业和事业单位客户，争取大型企业客户。整合邮政资源，大力发展物流业务，把现代物流类业务办成中国邮政的支柱性业务。以绿卡为载体，大力发展城市中间业务，提高非利息收入比重。全面整合国际特快汇款、国际普通汇款以及国际电子汇兑业务，争取邮政国际汇款业务有较大的发展。大力开发电子邮政业务，进军电子商务市场。

8.积极推进商业化经营。

邮政企业将按照市场经济要求，在竞争性业务的经营中，全面引入市场经济原则，更新经营思想。以市场为导向，以客户为中心，以效益为目标，建立面向市场的业务开发与经营机制，为用户提供多层次、多样化的邮政服务。充分重视价格(资费)的杠杆作用，调控市场，促进业务发展。积极转变邮政企业经济增长方式，调整和优化邮政业务结构，降低邮政业务成本，实施企业低成本扩张，实现整体效益最优化。

9.抓紧实施创新工程。

继续开展邮政业务创新、技术创新和管理创新工作，促使邮政企业持续发展、永葆生机活力。进一步完善邮区中心局体制，不断优化邮路组织，积极推进生产工艺改造，降低全网运行成本，形成符合现代邮政生产规律的网络运行体制和作业组织形式。以邮政专用信息网为基础，利用现代信息技术，改造传统邮政产业，向现代信息服务领域进军。

10.大力促进区域协调发展。

抓住国家实施西部大开发战略的有利时机，调整和优化邮政产业布局，通过政策、资金等方面的扶持和调节，加大中、西部邮政发展力度，缩小中、西部与东部邮政发展之间的差距，使中、西部的邮政发展能够基本满足和适应国家实施西部大力开发的需要和当地社会经济的发展。

11.加强邮政人才队伍建设。

加大邮政企业用人机制的改革，吸引人才、稳定人才，使邮政队伍的整体素质明显提高、结构基本合理。重点加强企业领导者、专业技术和市场营销三支队伍的建设。造就一支政治立场坚定、思想作风正派、掌握现代管理理论，具备较高综合素质，能驾驭全局的领导者队伍；造就一支掌握现代科学技术、具有创新能力的专业技术队伍；造就一支精通邮政业务，熟悉市场经济运作规律，具有开拓能力的市场营销队伍，使其成为推动邮政可持续发展的中坚力量。加强以人为本的企业文化建设，增强企业凝聚力，培养员工团队精神，调动员工工作积极性，促进企业目标实现。

12.加强对领导干部的培训，提高干部素质。

对领导干部、尤其是地市局长以上的干部，就世界邮政发展趋势、现代化邮政的建设、如何应对加入WTO后形势的变化、WTO规则对邮政企业的影响、如何对邮政企业重组等，进行较为系统的培训。使他们能补充新的知识，强化竞争意识，依法经营，为邮政下一步的发展打下理论基础。

13.加强战略合作。

中国邮政将按照平等协商、优势互补、互惠互利、共同发展的原则，积极与包括邮政用户、产品供应商、竞争对手在内的国内外各方面，继续开展多种形式的合作。通过与国外邮政或国外私营运递企业建立战略合作伙伴关系，结成战略联盟等形式，扩大国际业务市场占有率。

（撰稿：国家邮政局局长　刘立清）

WTO 与国际货代

一、我国对外经济贸易发展情况

改革开放以来，经过20多年的发展，在经受住了许多严峻的考验的情况下，我国保持了经济的快速发展，外经贸事业也取得了一系列举世瞩目的成就。我国已完全结束了商品短缺的经济时代，市场供求关系发生了重大变化，开放型经济迅速发展，市场机制开始在资源配置中日益突出地发挥着作用。我国国内生产总值在1995年比1980年提前翻两番的基础上，1997年又提前实现了人均国内生产总值比1980年翻两番的目标。2000年国内生产总值突破1万亿美元，比上年增长8%，人均国内生产总值超过800美元。

我国的对外开放已经逐步由沿海发展到内地，形成了全方位、多层次、宽领域的对外开放格局。

（一）进出口贸易、利用外资等各项外经贸业务的规模不断扩大，成为拉动国民经济增长的重要力量。

我国年进出口贸易额由1978年的206.4亿美元发展到2000年的4743亿美元，22年来增长了近22倍。自20世纪80年代初期以来，我国对外贸易以年均13.4%的速度增长，2000年的进出口总额更是比上一年增长了31.5%，其中，出口2492亿美元，增长27.8%，进口2251亿美元，增长35.8%。我国在国际贸易中的地位大大提高，贸易排名已跃居世界第9位，国家外汇储备达到1656亿美元，比1999年底增加了109亿美元。我国从1993年开始成为利用外资最多的发展中国家，并保持了世界吸收外商投资第二大国的位次。

（二）我国外经贸发展的质量和效益进一步提高，支持了国内经济和产业结构的调整。

2000年，我国10大贸易伙伴依次是：日本、美国、欧盟、香港、东盟、韩国、台湾、澳大利亚、俄罗斯和加拿大。与这些贸易伙伴的贸易总额达4085亿美元，占我国进出口总值的86%。

吸收外资的领域不断扩大，方式也更加灵活多样。中国累计批准设立的外商投资企业已超过36.4万家。2000年，外商投资企业进出口额达到2367亿美元，增长35.6%，占我国外贸总额的50%。

（三）近几年来，我国外经贸经营管理体制改革步伐明显加快，对国有大中型生产企业、商业企业和科研院所实行进出口经营权登记制，允许非公有制成分进入外贸领域，实现了外经贸经营主体多元化。外经贸体制改革的不断深化，促进了社会主义市场经济体制的初步建立。

许多经济学人士纷纷预言今后相当一段时期世界经济的发展将进入一个新的繁荣期，OECD、IMF、世界银行等国际金融机构都预测今后10年甚至20年世界经济的年增长率将有望达到4%的水平。良好的国际经济发展环境，必然会带来国际市场需求的增加。根据IMF组织的估计，2001年国际贸易将增长7.8%。

我国国民经济的发展摆脱了亚洲金融危机的影响，正在朝着良性循环的方向发展，2001年经济增长的预期目标是7%，外贸进出口总额增长为8%左右。

我国加入世贸组织后，对外开放进入一个新的阶段，从而在更大范围、更深程度上参与经济全球化进程。加入世贸，总体上符合我国的根本利益和长远利益，并将对国民经济和外经贸发展带来重大而深远的影响。

二、我国国际货运代理业的发展情况

（一）体制改革促进了货代行业的发展

过去在计划经济时期，国家主要依靠行政手段对外贸运输工作实行计划管理。当时仅有中国对外贸易运输总公司一家企业为8大家外贸专业公司提供国际货运代理服务。进入改革开放时期后，随着进出口贸易量的迅速增长，以及国家船队的不断发展，外贸运输市场也发生了深刻变化。

1984年，我国在14个沿海港口城市实行开放政策，外贸、交通体制改革也不断深化，打破了船、货统得过死的局面，逐步放开货代、船代市场，允许多家经营，鼓励竞争。

20多年来，我国对外经济贸易保持了奇迹般的快速发展，服务于对外贸易的货代业也获得了较快的发展。截止到2000年底，我国国际货运代理企业已经超过了1700家。

货运代理市场的放开和企业的改革，为货运市场注入了新的活力。货运代理目前在我国已经初步具有了一定行业规模，从业人员多达30余万人，外贸进出口货物80%以上是通过货运代理人组织安排运输的。货运代理成为外贸货运市场的一个有机组成部分，并作为外贸运输的一支重要组织力量，已经开始在市场经济中焕发出勃勃生机。2000年9月6日中国国际货运代理协会正式宣布成立，标志着该行业在市场经济环境中正逐步走向成熟，开始学会保护行业自身合法权益，规范行业健康发展，并积极同国际进行接轨。

（二）我国国际货运代理业对外开放情况

根据我国政府发布的《外商投资产业指导目录》，目前国际货运代理业属于限制类(乙)，允许外商投资成立中外合资、合作货运代理企业，禁止设立外商独资项目。

1996年9月，外经贸部发布《外商投资国际货物运输代理企业审批规定》，其要点如下：1.中方合营者出资比例不低于50%；2.主要中方合营者必须是货代公司或贸易公司，外方必须是货代公司，且具有3年以上国际贸易或国际货代经营历史；3.合资公司注册资金不低于100万美元，开业后每设立一家分公司需增加注册资本12万美元；4.同一外国公司5年内，不得投资设立第二家国际货运代理企业。

目前在内地1700多家货运代理企业中，外商投资企业为324家，占27%。根据我国入世谈判对外作出的承诺，国际货运代理行业自入世一年后，允许中外合资企业的外方控股，四年后允许外国货代企业独资经营。入世一年后，原有合资的条件将进一步放宽。具体设想如下：1.原规定中方合资者必须取得国际货代权3年以上或进出口额在5000万美元以上的外贸企业；外商同一商号成立第二家合资企业要相隔5年；合资企业每设立一家分公司要增资12万美元。上述条件目前仍然较严，不久的将来，无论是中、外方投资主体，同一商号成立公司的间隔期，或者是设立分公司的注册资金都会进一步放松。2.本着对内开放不落后于对外开放的原则，国际货运代理行业对内也将会有较大的开放动作，如降低注册资金，进一步放宽经营地域，实行投资主体多元化，允许民营企业投资经营，等等。

三、加入世贸将会给我国货运代理及物流业的发展带来什么样的影响

（一）我国货代及物流企业，发展仍处于初级阶段，同国际上先进的企业相比存在不少的差距。加入世贸后在更加激烈的市场竞争中，企业不可避免地要面临许多严峻的挑战

1.随着市场的进一步开放，参与竞争的行业队伍会大大增加，势必要冲击货运企业现有的部分经济利益，打破现有的货运市场份额的格局，进而按照市场经济优胜劣汰的规定重组市场秩序。

2.在我国设立的货代或物流企业多数属中小型企业，发展起步时间短，以简单的代理服务为主，业务领域有限，很多是有点无网或有网不畅，还不能针对不同客户的需要，提供令其满意的配套服务，在经营规模上和管理水平上与国际上正图大举进军我国市场的境外企业实力相差悬殊。

3.内地企业经营机制将受到考验。相当一部分的货代企业现行的经营管理机制与市场经济并不有机接轨，在同境外同行们的激烈竞争中，这方面的劣势将很快突出地暴露出来。

4.人才的争夺将加剧。货运市场的竞争，在很大程度上体现为企业员工素质的竞争。凭借

其丰厚的工资待遇，国外货运企业将对我国企业那些深谙国情、业务精熟、富有资历的骨干构成强有力的诱惑。

5.国际上信息技术日新月异的发展也成为货运服务不断增值的一种重要手段。以EDI和Internet为支持的网络信息技术正迅速渗透到社会各个领域，传统的服务形式终究会被电子商务所广泛取代。国际上一流的货代及物流企业电子商务极为发达，而内地很多企业基本上还都处于起步阶段，在信息等领域现代化技术水平明显落后。

（二）加入世贸将会给我国经济的发展带来巨大的影响，新的市场环境在我国企业面前也会呈现出许多发展的机遇

1.加入世贸将有利地促进我国外经贸事业的发展。我国将进一步融入全球经济，进而实现国内、国外优势资源的有效互补，大大促进外贸进出口规模的扩大。外贸的持续快速增长，将为货运业提供更多更稳定的进出口货源。

2.WTO规定的稳定的、多边的无条件最惠国待遇将为我国的货运及物流企业进入国际市场提供平等机会，使我国企业可以参加国外货运市场的竞争，扩大在国际货运市场的占有率，促使企业向国际化方向发展。

3.国际上货代企业的涌入，将带来先进的管理思想、管理技术和管理手段，促进我国货运及物流企业经营素质的全面提高。

4.就发展物流而言，目前从中央到地方各级政府，已逐步认识到物流业在现代经济中的重要地位和作用。近年来，无论是工业生产部门，还是内贸、外贸以及交通运输部门，都加大了发展现代物流的工作力度，积极指导企业向现代物流方向发展。许多地方政府，已将现代物流业列为政府支持发展的重点产业和新的经济增长点。

5.中国仓储协会曾于2000年进行过一次调查，反馈信息的企业中显示有45.3%的企业正在寻找新的物流代理商。20多年来我国出台的一系列外资政策取得了巨大的成功。目前，在内地设立外资企业已超过36.4万家，世界500强企业已有400多家进入我国市场。外资企业的大批涌入，迫切需要我国能够有效满足其庞大的货运和物流服务的需求。加入世贸后我国在物流领域的发展和市场潜力将会远远超过很多企业的想象力。

6.国际上知名的货代企业虽未在我国正式设立物流企业，但他们早已进入我国货运市场，在我国主要口岸都已设立代表处，以委托代理的方式开展业务。从货运市场的份额来说，基本已被瓜分完毕。所以入世后在货运市场方面冲击是有限的。我国的货代企业只要加强基本功的训练，不断提高和完善自我，向外国同行看齐，是不会轻易被挤出市场的。

（三）抓住发展机遇，大力提高货运服务及物流发展水平

加入世贸后，对我国的货代或物流企业来说，利弊俱有，机遇与挑战并存，需要企业经营者们保持清醒的头脑，抓住机遇，扬长避短，研究制定适合自己的发展模式和经营目标。作为行业主管部门，要从以下几个方面引导货代企业提高物流服务水平：

1.首先要强化以客户为中心的服务观念，不断优化和拓展服务功能。同时，提倡积极进取的创新精神。创新来自于企业对业务、市场、商机的把握和判断，通过创新，努力改善工作绩效，提高服务档次。

2.加强企业的科学化管理。货运服务投入人力多，工作量大而繁琐，科学的管理在行业竞争中尤显重要，内地企业在客户开发、业务流程、现场管理、业务考核等方面从管理上降低成本和提高效益的潜力仍有待大力挖掘。

3.货运代理作为纯粹代理人所从事传统代理业务的经营模式已经不能满足当今客户日益提高的服务要求，要借鉴国外企业成功经验，以合同当事人的身份开展更为广泛的业务。这样做会使投资增多、风险加大、但符合发展趋势，尤其是在集装箱化时代，国际多式联运业务的发展更显示出极强的生命力，为货代企业的发展提供了更为广阔的空间。

4.找准企业在市场中的定位，充分利用社会分工，降低经营成本。欧美发达国家物流企业的服务功能并不都是包罗全部所有的业务，而是注意集中发展自己的核心业务，将其他一些业务外包(Outsourcing)给一些更为专业的经营单位，这样通过有效的运作和控制供应链各环节来保持一定的经营规模。

5.注重全球性服务，发展网络体系。资讯完善、四通八达的网络运作是体现企业竞争实力的重要标志。企业要积极通过联合、兼并等途径，加强网络建设，赢得规模效益。

（撰稿：外经贸部外贸司　蔡家祥）

WTO与批发零售业

一、对批发业的影响

（一）外资进入中国批发业的可能

我国政府承诺，我国加入WTO后，2001年前，允许外商成立合资批发企业，可以从事盐、烟草以外商品的批发，在2002年前允许外商控股，取消数量和地区限制，2003年前取消股权限制。三年后不再对外商批发企业有任何限制；原油、成品油、药品、农药、农膜、化肥等商品保护五年，到2005年1月1日前，除盐、烟草外，所有商品批发全部放开。开放批发，对进口数量仍要限制。现行的开放政策是：允许在上海浦东和深圳设立的中外合资经营的外贸公司，经营自进商品的国内批发业务；对合资外贸公司收购用于自营出口的货物，因外方不能履约等原因未能出口的，暂允许按不超过其出口总额5%的比例，在国内批发销售。允许在直辖市进行设立中外合资合作经营批发企业的试点。

目前已经进入和正在进入的地区主要在上海和天津，而且以日商为多。从国外批发企业的发展情况看，当前，发达国家的批发业形态发生了明显的变化，其主要特征是：1.批发业在流通领域的主导权易位。西方国家流通业发展经历了三个阶段：第一阶段为生产者主导；第二阶段为批发商主导(从19世纪60～80年代，美国批发商对流通的主导达到顶峰)；第三阶段为零售商主导。2.批发商分化的步伐加快。在整个批发业日益萎缩的情况下，批发商一部分转为制造商的代理商，另一部分成为零售商的采购商，最后一部分走上联合的道路。批发商分化的结果使批发企业规模扩大，数量减少。3.规模化、连锁化已成了世界批发业发展的基本趋势。4.组建“批发联合公司”。为了对抗制造商的批发机构，传统的批发商纷纷联合起来，组建“批发联合公司”。

（二）对中国批发体制带来冲击，加剧批发企业的困难

经济发达国家的商品分销业发达，批发企业实力强大，将对我国批发业带来较大影响。影响之一是，我国开放批发业后，国外批发企业可在我国设立批发机构将商品输入中国市场。国外大批发企业垄断着国外商品进货渠道和世界多数品牌的代理批发权，发挥购销一体化的功能，占领零售配送业务，并与外资零售商相结合，其销售渠道更畅通，费用更省，竞争更具优势。影响之二是，目前在中国设立的外资生产企业，要在中国市场销售商品受到限制，加入WTO后，外资企业可以在国内直接从事分销业务，销售其生产的产品。而商品批发经营没有固定的商圈，可以在国内跨市跨省经营，辐射范围广。影响之三是，外资零售商进入国内大多选择新型的商业业态，比如开办仓储式超市，进货与外资批发商结合，销售采用会员制方式，面向国内

的小流通企业、集团消费，实行按批量折扣销售，普遍受到欢迎，也将挤占国内批发销售的一定份额。

从我国的批发体制改革发展看，尤其是日用消费品批发体制的现状看，就目前而言，没有一家批发企业能够具有辐射全国或者辐射大区域的能力，中国批发企业的地方割据问题比计划经济时期还严重。

国有生活资料批发企业自20世纪80年代中期日用工业品市场放开以后，一直处于困难的境地，全行业已亏损多年。生产资料批发企业在1994年生产资料市场发生变化以后，已经连续6年全行业亏损。

从目前进入中国批发业的外商企业看，大多是以服务合资企业为主，就目前情况而言，还未对中国批发体系形成威胁。但是，我们应该清楚地看到，大多数外商进入中国批发业的企业，都是与外商进入中国零售业的企业合作，随着外商合资零售企业在中国的连锁化经营，其批发企业所具有的全球化采购、现代化配送、规模化经营将是中国批发企业无法比拟的。

一方面，我国批发领域目前竞争能力较弱，原有的国有批发企业多数经营困难，新型的批发组织和批发网络尚未形成。另一方面，国外批发企业实力强大，且具有遍布世界各地的批发、采购和分销网络。在这种情况下，加入WTO之后，批发业的开放，将会对我国批发领域构成强力冲击，进一步加剧国内批发企业的困难。

二、对零售业的影响

我国政府承诺，我国加入WTO后，在盐和烟草销售不开放的前提下，2001年前允许外商设立合营公司，从事书报杂志、药品、农药、农膜、化肥、成品油、原油以外所有进口和国内产品的零售业务，2005年前允许外商控股；2003年前取消合营公司的数量、地域、股权和企业设立方式方面的限制：2005年前除面积2万平方米的百货店和30家店铺以上的连锁企业仍必须由我方控制外，取消一切限制。现行的开放政策是：所有省会城市、自治区首府、直辖市和计划单列市，均可设立中外合资合作零售企业。

从1992年7月国务院同意在北京、天津、上海、广州等地试办中外合资与独资的零售企业以来，在不到10年的时间里，全球500强中的零售企业约有14家进入中国市场，其中500强中排名第二、全球零售业排名第一的美国沃尔玛公司、亚洲排名第一的日本大荣零售公司、欧洲零售业排名第一的德国麦德龙公司、法国家乐福公司等均在中国开设有零售公司或分店。外商进入我国零售业在带来先进的管理和市场营销模式的同时也带来了同行业的残酷竞争。尽管外商其商品销售额还仅为4%，但外商凭借雄厚的资金实力，采取低投入、低价位、高品质及良好的顾客服务等经营方略，已赢得了顾客，占领了潜在市场，并在一定程度上对我国零售业构成了直接威胁。

我国零售市场是世界上发展速度最快、潜力最大的市场，全年社会消费零售总额3万多亿元人民币，持续几年保持10%以上的发展速度，使外商一直看好中国的零售市场。一旦大门敞开，外商的大举进入在所难免。

加入WTO之后，以连锁方式经营综合超市、仓储式商场为主营业务的外商，可能会大量进入或继续在我国拓展其市场空间，从而对国内零售业构成很大威胁。

外商为抢占或扩大业已在我国运营企业的市场占有率，必然要选择在经营方式上最切合中国情况，并最具有竞争力的零售业态。很显然大型连锁经营的综合超市的经营规模，在理论上讲，具有无限扩张的能力；另外仓储式综合商场同样具有极强的销售扩张和价格支配能力。这两种业态形式在国外的发展实践已证实了这一点。

连锁经营的大型综合超市和仓储式商场，是规模经济在流通领域的具体体现。利用计算机系统对购、销、存、运实行一体化管理与监控，利用连锁经营方式完成对市场空间的广泛占有，就可以极大地实现经济批量的购销一体化，从而起到降低平均进货成本和费用的作用，实现其薄利多销挤压竞争对手，提高市场占有份额的目的。纵观国际零售业巨头的发展与成长过程，连锁经营方式是他们获取成功的一个决定性原因之一。

统计表明，世界上发达国家的流通业以连锁经营方式实现的销售额已占社会商品销售额的40%～50%。从国际经验看，当人均收入达到230～260美元时，连锁经营就会开始发展，当人均收入达到600–800美元时，连锁经营就会获得大规模的发展，并在市场中发挥重要的作用。

从我国的现实状况看，当前在零售市场上，以连锁经营方式实现的销售额，仅占社会商品销售总额的5%左右，即便流通业最发达的上海市也只达到12%左右；我国的人均收入已达到700多美元。这两个方面的情况表明，我国已具备大规模发展连锁经营的市场条件，连锁经营正处于起飞阶段。我国现有连锁店经营企业1800多家，平均每家连锁经营企业拥有不到17家连锁店；即便是国内连锁规模最大的连锁企业——上海联华也只不过达到950家。综观国际上著名的连锁经营企业，大多拥有上千家连锁店。其中美国的沃尔玛公司，在全球拥有4000家分店，每个分店经营面积在1万–2万平方米，销售额相当于我国社会商品零售总额的1/3。

需要指出的是，连锁经营规模越大，分店越多，集中进货享受的价格优惠就越多，与供货商进行谈判的能力就越强。换言之，率先进入规模经营的连锁企业具有长期平均成本下降的优势，因而相对落后者很难与之相争。

上述事实表明，虽然国内流通业在发展连锁经营方面取得长足进步。但是，与外国大型零售业相比，还存在相当大的差距。这种差距不仅仅是分店数量上的，还有经营管理水平、供货渠道、知名度等诸多方面。简言之，由于我国发展新兴业态的时间短，势必在数量和质量两个方面落后于国际同行。

这种现实状况，不仅我们认识到了，国际大型零售企业同样也充分了解这一情况。特别是在我国加入WTO之后，不仅地域限制、数量限制要取消，而且允许外商独资，则外商的发展空间大为扩展，可以充分发挥其优势，以谋求在短时间提高其市场空间的扩展速度。

这种情况一旦发生，则不仅对国内连锁企业构成威胁，对为数众多、分散经营的中小商业企业更是造成巨大的冲击，特别是国有商业85%是小企业，其绝大多数经营状况就不好，将会受到更大的市场压力。

由此可见，零售市场大范围对外开放，势必导致外商的大批入侵，对国内零售商业造成极大的冲击。

三、对特许经营业的影响

在特许经营服务方面，中国政府承诺允许外国公司通过特许经营形式进行营销活动，在2003年前取消所有限制。现行的开放政策是：允许外国公司从境外向中国企业授予特许权，不允许在中国境内的外商投资企业向其他中国企业授予特许权。

特许经营是当今世界上企业扩张和个人创业最为流行的途径之一，它通过低成本扩张实现规模化经营，通过标准化服务实现科学化管理。在发达国家，特许经营的范围涉及生产、流通和服务领域的近百个行业、近五千个品牌项目，其销售额最高的已占到社会商品零售额的40%左右。

加入WTO后，外商将以特许经营方式侵入我国市场，以实现快速占有市场的目的，将对国内的特许经营起到很大的压制和阻碍作用。

特许经营依靠输出品牌、技术专利与经营管理经验为手段，可以在不投入资金的情况下通过加盟形式极快地拓展其经营网络，实现市场空间的广泛占有和经营网点的均衡分布。这可以通过快餐业中麦当劳和肯德基在我国成功经营的事实得到佐证。

特许经营对特许企业有严格的要求。换言之，只有企业经营卓著、业绩显赫、管理一流，知名度极高，才会引人入胜，纷纷投靠其门下，希望通过借用名牌求取成功；而特许企业也愿意用输出管理、专有技术与经验及品牌的方式，取得加盟金和特许使用费等项收入。

由于市场经济体制的确立，在我国为时尚短，绝大多数企业还难以在短时间内成长为各方面极为成熟、老到的企业，虽然特许经营在国内已开始获得一定的发展，但只是处于初级阶段。从事特许经营的国内企业，基本上是以输出管理的方式拓展自己的市场空间，缺乏独有的技术专利，品牌知名度也不高，以致发展极为迟缓。

加入WTO之后，由于原先的多种市场准入方面的限制基本上要取消，就为国外大型商业企业利用特许经营方式，打开国内市场创造了条件。因为，一方面，国内市场不仅商品过剩，特别是广大中小企业处境维艰，因而客观上存在寻求企业生存与发展出路的迫切要求；另一方面，正是过度的市场竞争加大了市场进入的风险，外商可以充分利用不投入资金，只输出无形资产与知识、技术的方式收编国内中小企业，乃至大型企业；最后，外商，特别是国际上知名的大型零售企业，具备特许经营所需要的全部条件，国内企业因之也愿意与之合作，以求得“双赢”的局面。

由于特许经营对加盟企业而言，固定资产方面的投资要求不高，从而建设周期短，就可以在短时期内开店经营。这意味着外商运用特许经营方式可在较短的时间内取得很快的发展。这种抢占先机的做法，会对国内发展滞后的特许经营起到很大的压制和阻碍作用。

四、对代理和配送业的影响

加入WTO后，外商以代理和配送方式进入生产资料市场，将对国内生产资料流通企业构成重大的冲击。

代理制对于大批量流通的生产资料市场，有很强的适应性。因为，大批量购销所需资金巨大，相应的市场风险就大。因此，利用代理方式，在不支出购买资金的情况下，衔接产销环节，是现代市场中生产资料流通的客观需要，因而为生产商和中介者所普遍接受，成为国际上通行的做法。

由于进入我国的代理商有成熟的经验，规范化的运作方法和广泛的市场代理网络。同时，国内代理制尚处于试点和推广的初期阶段，既无完善的代理法规，又缺乏规范的市场环境，使得生产商和代理商之间难以建立起相互信任、长期合作、稳定发展的协调关系。这就为国外代理商的进入提供了市场前景，从而有可能对国内生产资料流通企业构成重大的冲击。

配送是物流现代化的标志和产物。配送中心的出现，使得原先隶属于各生产和经营企业的仓储、运输业务被剥离和独立出来，成为专业化的一项新产业。它大大降低了生产和经营企业的库存资金占用和固定资产的投入，并极大地提高了物流对企业运营的支持和保障程度。因而，配送成为商品流通特别是生产资料流通的一种最为现代化的方式之一。西方国家的配送十分发达，发展十分迅速，因而我国二十世纪90年代中期，借鉴国外经验，开始试验和推广物流社会化的现代方式，即配送制。目前，配送在我国流通业正处于较为快速发展的时期，只不过由于发展时间短，配送的社会化和普及化程度不高，还没有形成规模化的产业。

国外配送业的进入，会依仗其现代化的信息通讯网络，沟通生产商和供应商之间全面的联系，实行大范围的物流保障与支持，从而极大降低客户的库存方面的成本与费用。这种优势正是吸引国内生产企业的利益所在，这也恰是国内生产资料流通企业的不足之处。据此可以推测，在生产资料市场上，外商会利用代理与配送的经营方式，给生产资料市场带来较大的冲击，国有生产资料经营企业将会面临严重的挑战。

（撰稿：北京物资学院　李义福 常秋义 王瑾）

WTO与连锁超市

一、加入WTO对中国超市行业的影响

在中国加入WTO的协议中，涉及商品流通领域的内容包括佣金代理、批发、零售、特许经营。关于零售服务，中国政府承诺在烟草销售不开放的前提下，加入WTO后一年内允许外商设立合营公司，从事书报杂志、药品、农药、农膜、化肥、成品油以外所有进口和国产商品的零售业务，5年内逐步取消上述7种商品的经营限制；加入WTO后一年内允许外商控股；3年内取消合营公司的数量、地域、股权和企业设立方式方面的限制，5年内除经营少数重要商品和仓储式超市业态的30家店铺以上的连锁企业仍由中方控股外，取消其他一切限制。中国还承诺加入WTO后允许外国公司通过特许经营形式进行营销活动，并在3年内取消在特许经营方面的所有限制。

按照这样的承诺，中国商品零售企业所受到的冲击将是有限的，大体上可以在能承受的范围以内。首先，从目前外商进入中国国内市场的现状看，外商投资零售企业的销售总额2000年还不到全国消费品市场份额的3%，对整个中国消费品市场的影响很小。其次，从目前中国政府开放国内零售市场的政策看，总体上已经接近加入WTO所作的承诺。再次，目前中国市场强劲的买方市场状态，众多流通企业的激烈竞争，不断下降的流通平均利润率，不利于新的零售企业包括外商零售企业进入。

对于超市的不同业态而言，加入WTO所带来的影响是不同的。

（一）普通超级市场(或称社区超市)。国内大量的由原来的副食商场、百货商场改造而成的超市，营业面积大都在500～1000平方米左右。这些超市绝大部分地处繁华街头，周围有大量居民居住，商品以食品和日用消费品为主。目前，这种类型的超市在一些大城市中数量很多，不同的行业主管部门之间又缺乏统一协调，在一些地方已经出现过度竞争的现象。外商如果想要进入这一领域，最好的办法是同国内连锁企业实行合资合作，否则很难在众商云集的商业街上找到开店场所。但如果开办中外合资合作超市，三个店铺以上目前仍实行中方控股的政策。这一政策在中国入世后3年内才能取消。由于市场竞争激烈、政策控制较严等原因，有少数几家经营合资超市的外商，已经或正在退出。因此，这种业态的超市在两三年内一般不会出现外商大量进入的情况，对国内超市的冲击也将是有限的。

（二）小型超市及便利店(或称邻里型超市)。从严格意义上说，便利店和超市是两种不同的零售业态，在商品品种、品牌、价格、服务等方面，都有很大差别。根据目前我国的消费水平，多数已经开办的便利店实际上只是小型超市。目前，国内的小型超市绝大多数都开设在居民区中，为居民提供日常生活所需的商品，深受消费者欢迎，被称为居民家庭的“储藏室”，具有很强的亲和力。在与外商的竞争中，现有的小型超市具有很强的竞争力。特别是目前很多小型超市是由原来的国有粮店改造而成的，这些店铺的房产已经全部划归商店所有，不必向其他人支付房租。对于销售额不高、利润较低的小型超市来说，免交房租大大降低了经营费用，具有外商无可比拟的竞争能力。

当然，如果外商便利店进入我国，它们在经营的规范化、服务的全面化、环境的标准化方面，具有很强的实力。我国的小型超市必须尽快扩大服务功能，提高服务档次，为消费者提供更加良好的服务，才能适应未来的竞争。

（三）大型仓储式超市(或称大卖场)。20世纪60年代以来，国际上出现了一种新型的超市业态，这种超市不仅面积大，更重要的是采用了完全新型的营销方式，如连锁经营、仓储式销售、批零合一、大批量、低价位、在城郊结

合部开店等。这种新型业态不仅可以满足消费者的需求，引导工农业生产适应市场，而且有利于政府控制通货膨胀，但对传统商业形式造成了巨大冲击。从周边国家商业对外开放的情况看，这种业态对当地商业的冲击最大，有的国家80%的大型仓储式超市都已掌握在外国公司手中。目前，国际上排名前列的仓储式超市跨国公司，几乎都已开始进入我国市场，有的公司在国内各主要城市已开设20多家店铺，经营颇具规模；有的城市多家外国公司竞相开办仓储式超市，竞争形势剧烈。实事求是地说，我国的超市行业在这种业态上没有竞争优势，但现在却要直接同世界上最强的公司面对面地竞争，短期内的前景尚难估计。对此必须做好充分的思想准备。

（四）大型专业超市。随着商业的发展，大型专业超市应运而生。这种业态除了采取仓储式销售以外，在商品上独具特色，或是以销售某一类商品为主，如家用电器、运动器材、音像制品等，或是销售与某一个主题相关的商品，如家居用品，包括从建筑材料、五金工具、家居用具、床上用品到草皮、鲜花等多种商品。目前，已有几家国外大型专业超市公司正式申请开办电工器具、家居用品、建材装潢材料等专业超市。在这种业态的竞争中，我们在家用电器专业超市方面具有价格优势，但在其他商品的专业超市方面，缺乏经营经验和相应的实力，很可能在开始时处于不利地位。

二、加入WTO后超市行业的对策建议

根据中国政府作出的承诺，将在加入WTO的3—5年内，逐步取消对外商进入中国国内商品市场的一切限制。中国的内资超市行业，必然会受到更大的压力。但是从国外经验来看，一个国家加入WTO以后，本国内商品市场完全被外商垄断，在大国中还没有出现过这样的先例。未来一些年内，外商很可能在国内超市企业排名中占据领先位置，成为“单打冠军”；但是，在整个超市企业的市场份额中，内资企业仍会占据较大比重，成为“团体冠军”。

面对已经开始并将愈演愈烈的竞争，必须深化商品流通体制和商业企业改革，并根据国际惯例完善有关的法规，使中国的超市企业进一步发展壮大，更好地适应新的竞争。

（一）尽快制定大型超市网点的设置规划。各地商品流通主管部门应尽快在调查研究的基础上，参照发达国家经验，结合我国国情，按照不同业态和不同规模超市的商圈范围，制定出大中城市的大型超市网点规划，其中主要是要规定大型超市的数量、业态、规模等方面的内容。超市规划经过详细论证之后，可以通过地方人大或政府予以正式确认，公布于众。这样，当一个地区的大型超市已经达到标准后，一般不再批准开设新的大型超市，但对经营不善的超市可以用经济手段迫其退出，改换新的企业经营。这个规划的着眼点是对资源的有效合理配置，而不是针对外商采取的防范措施，因此对内资和外资的大型超市是一视同仁的。随着经济的发展，规划可以及时进行调整。至于其他形式的超市，各地可以根据本地区超市发展的规模和水平，分别采取鼓励发展和限制发展的做法。

（二）加强改革，提高内资超市企业的竞争力。根据党的十五大和十五届四中全会决议精神，要抓紧对现有的国有大型超市企业实行规范的公司制改革，加快建立现代企业制度，积极发展多元投资主体，吸引和组织更多的社会资本，形成有市场竞争力的大型连锁商业企业。为此，要通过多种方式，尽快发展一批经营规模大、竞争实力强的大型连锁超市公司。一方面，要通过资金纽带的联结，建立母子公司体制的直营连锁超市公司；另一方面，也要大力通过商品、商号、配送、管理技术等联结方式，发展特许连锁网络。2001年2月，上海华联超市公司和北京西单商场集团、超市发连锁公司共同组建新的超市公司，在北京发展连锁超市。这是两大商业中心城市中的商业明星企业的联合，必将对我国超市业的进一步发展起到巨大的促进作用。

（三）大力推进营销改革，发展新型营销方

式。当前，买方市场使得紧俏商品不复存在，商品货源竞争的重要性逐步下降；持续下降的零售价格指数使得价格竞争的余地也越来越小。这种形势下，营销方式的竞争对超市企业的生存和发展，在一定程度上将起着决定性的作用。

从国际经验看，特许连锁具有很大的经营和发展优势，但在我国超市行业发展还不快。要在建立和完善相关法规的前提下，加快我国超市行业特许经营的发展速度，特别是在中小型超市中尽快推广，充分发挥大公司的品牌优势、采购优势、管理优势，从整体上提高我国超市的经营水平。配送中心不仅是连锁超市的重要组成部分，而且也是发展现代物流的关键环节之一。国外把改善物流称之为“新的利润源泉”。在目前我国连锁超市企业经济效益不好的 情况下，要发展社会化的配送，在为本企业连锁店服务的同时，面向全社会其他用户，努力扩大配送范围，充分发挥规模效应。

（撰稿：国家经贸委贸易市场局局长　黄海）

WTO与外贸

中国外贸企业是指专业从事进出口业务的贸易公司，是一个特殊的企业群体，它是中国计划经济体制和进出口权高度国家垄断的产物，为中国外贸乃至整个国民经济的发展作出过巨大贡献。但随着中国对外开放力度的加大，市场经济体制的逐步完善，国外跨国公司的进入，中国外贸企业逐渐失去了其垄断优势，陷入步履维艰的困境，并向两极发展。一部分外贸企业在政府的帮助下，通过自身努力，走上了集团化或综合商社的发展道路；有一些外贸企业则由于种种原因濒临破产。随着我国加入世贸组织(WTO)，我国的外贸企业将面临新的挑战。

一、挑战与机遇

(一)外贸主体多元化，竞争日趋激烈

根据我国加入世贸组织议定书的有关条文，外贸进出口经营权登记备案制将从国有大型工业企业推广到所有生产企业，不受所有制类型的限制；“入世”3年后外国企业将享受完全的贸易权利。同时，根据世贸组织的国民待遇原则，国内的所有外贸企业都应有同等待遇；进出口经营权不再是某种特权，而是企业生存与发展的一项基本权利。因此，入世后，外贸主体多元化，现有外贸企业将完全失去政府的保护伞，面对所有生产企业、外资企业、合资企业和私营企业的竞争。

(二)外贸企业经营的不确定性增强

在WTO框架下，随着经济全球化日益发展的趋势，我国将依据比较优势原则，更大规模地参与国际分工和合作，国内外的经济依存度将进一步加深。这必然会加大世界经济波动对我国经济影响的广度和深度。国际商品市场和金融市场的波动将在很大程度上影响外贸的各种商业行为、决策和最终的商业利润，外贸企业经营的不确定性大大增强。如何在适时把握各种相关信息的基础上，运用现代分析手段和金融工具来规避风险同时又能捕捉到稍纵即逝的商机，将是未来外贸企业生存的关键。

(三)融资能力削弱，出口价格竞争加剧

长期以来，由政府制订的有利于国有专业外贸公司的信贷政策，随着国有专业银行向商业银行转变，银行将按照国际惯例，根据国有专业外贸公司的资产负债状况和经营实绩作出调整，现有大多数企业负债率居高不下，因而这些公司的融资能力将极大削弱。此外，由于外商投资企业、民营企业运营成本低，加上没有旧账和库存的历史包袱，他们在经营与国有专业外贸

公司同类产品时，在价格上有很大的优势，价格竞争将迫使国有外贸公司陷入困境。

(四) 人才流动性加大，人才优势面临威胁

中国"入世"之后，随着国家放开经营外贸政策的实现，各类从事进出口经营的企业将会大量涌现，他们的"高薪"、"高福利"对外贸专业人才具有极强的吸引力，一场外贸人才争夺战将愈演愈烈。而外贸人才是外贸企业得以生存和发展的宝贵资源，也是企业核心竞争力的最重要的体现。

加入世贸组织，中国外贸企业也面临着发展的机遇。

(一) 扩大与各成员国之间双边贸易，发展空间得以扩展

我国加入世贸组织后，将在世贸组织的所有成员间享有多边的、无条件的、稳定的最惠国待遇，同时还享有给予发展中国家的特殊照顾。即我国与所有贸易伙伴之间的门开得更大了，门槛更低了。相应地，进出门与门之间所有有形和无形的流量都将大大增加，流动也更加畅通和自由了。国务院发展研究中心和分析预测显示，"入世"将促进我国对外贸易的大幅增长，出口和进口到2005年将分别增长26.9%和25.8%。世界银行则预测，2020年"中国对外贸易占世界的份额将会增加到1992年的3倍(达到10%)以上，并有望成为世界第二大贸易国(仅次于美国的12%)。"认为我国将会"起着世界贸易发动机的作用"。

(二) 生存环境将趋于稳定和公正

"入世"后，我国将被纳入多边贸易体系，双边贸易纠纷可以置于多边贸易体系中予以解决，借助世贸组织的仲裁机制，根据提倡协商原则和非歧视性原则，今后针对我国的歧视性政策和单方面制裁将大大减少。至少我国外资企业将会多一个申诉渠道，为两国解决国际贸易矛盾创造条件，并使整个国际贸易环境得到最大限度的改善，减少人为因素和非理性因素的影响。"入世"后，世贸组织的公平竞争原则、非歧视性原则和透明度原则都将促使我国经济的市场化、法制化和信用化进程加快。这些都为外贸企业提供了稳定、公平和公正的发展环境。

(三) 外贸代理市场将大大拓宽

在市场竞争的自发力量下，国有专业外贸公司可利用其广泛销售渠道和各种信息积极地为中小型生产企业代理进出口业务。我国有各类工业企业798.62万家，对于专业外贸公司来说，与这类企业建立稳固的代理关系，帮助它们的产品进入国际市场的发展潜力是很大的。一般的中小型生产企业由于规模小、人才缺乏，为了打开国际市场，他们会愿意支付少量佣金，委托专业外贸公司向国外销售。不少农副产品、手工艺品由代销部门组织收购，再由专业外贸公司统一出口。这样为国有专业外贸公司提供了更多代理业务机会。

二、前景与对策

加入WTO，中国外贸企业有着广阔的发展空间。外贸企业应理清思路，正确定位，采取积极的应对措施。

(一) 深化外贸企业产权制度改革，加快建立健全法人治理结构

进一步深化企业改革与国际市场接轨是公司各项改革的重中之重，首先是要改革产权制度，做到有利于国有资产的保值增值，有利于企业持久发展，有利于激励经营者凝聚广大职工的积极性。通过建立国有控股公司和国资控股的股份有限公司，使控股公司和子公司责、权、利明确，通过建立有限责任公司和股份合作制企业，鼓励经营者持股，鼓励企业职工持股，做到"耕者有其田，经营者有其股"，而这些股决不能在市场上流通。这样才能使全体职工真正成为企业所有者成员。目前我国外贸企业普遍存在"内部人控制"问题。原因是大部分专业外贸企业的股东都是公有企业法人，股东对企业的监管动因不足。这些"内部人控制"的外贸企业的内部治理结构基本上是"长官意志型"，企业的运营风险随着长官人选和长官意志的变化而变化，这样的企业很难在竞争激烈的国际经贸环境中做大做强。专业外贸企业只有加快建立健全法人治理结构的步伐，将共同治理机制和相机治理机制有机

地结合起来，真正成为自主经营、自主发展的市场主体，才能最终获得一席之地。

（二）创新经营战略，赢得发展空间

我国现有的外贸企业普遍经营效率低下，创新意识不足，市场反映迟缓，资本结构不合理（全行业平均负债率高达70%）。我国“入世”后，它们将与国内的生产企业和外资企业同台竞争。就目前而言，大部分外贸企业在体制灵活性、员工待遇等方面与国内生产企业特别是私营企业相比并无优势；在国际知名度、国际贸易渠道、国际生产销售网络等方面又不如外资企业。外贸企业应该尽快创新经营发展战略，根据自身实际选择一条最适合自己发展的道路。专业外贸企业可以通过并购重组、上市、发展核心业务领域、纵向一体化、多元化等方式将产生四级分化。

1.通过强强合并、企业上市等方式，产生具有一定国际知名度的全国性外贸企业集团。这类企业将产生于目前已非常具有实力的外贸企业集团和外贸上市公司，它们将成为国内贸易业的旗帜，并将主导全国对外贸易发展的格局和走势，促使对外贸易稳定有序地发展。它们将以贸易为主业，以其它产业为辅业，服务于贸易，通过对生产企业的参股、融资及其特有的信息功能、组织功能等，广泛获取企业的购销权，来支持其贸易业务。2.通过兼并联合、增资扩股等方式，产生颇具实力的综合经营的外贸企业。目前，多数外贸企业由于基础条件的限制，多方位综合经营的局面尚未形成。这不但制约了企业的发展，而且使得企业的抗风险能力严重减弱。今后，国家放宽经营限制，将会有相当一部分外贸企业在优势互补的基础上，通过资本运营走上综合经营的道路。3.通过发展核心业务领域，产生具有独特经营风格和业务领域的专业性外贸企业。对于大多数中小规模的外贸企业来说，会选择适合自身发展的主营商品和行业，依靠自己专有的人才优势和特有的营销网络，以期在某一细分市场上占有更多的市场份额，形成自己独特的竞争优势。4.一些有条件和实力的专业外贸企业将跳出“专业外贸”的框框。通过相关多元化，一些外贸企业将成为科、商、工、贸、农、银一体化的经营实体。一方面可建立自己的货源基地，以市场为导向，参与产品的技术生产和经营开发，改变远离市场的皮包公司的被动局面；另一方面可以以自身实业为纽带，实行代理制，将相关企业联合起来，形成经营产品多样化、风险分散化的格局。通过非相关多元化，一些企业将涉足非贸易业务领域，如IT业、金融、房地产等，以培育新的利润和业务增长点，降低运营风险。

（三）适时推进网络贸易，积极开拓国际市场

目前，我国高级计算机、网络技术人员缺乏，网络基础设施滞后，企业界还没有充分认识到网络贸易在未来经济社会中的重要地位与作用，没有形成网络贸易的国内环境和市场，与美国等发达国家相比有很大的反差，因此，首先要进行计算机、网络技术的教育与宣传、培养计算机专门人才，树立网络贸易的意识。与此同时，要完善网络贸易方面的各种立法，特别是电子认证、保密、网上交易安全等方面的法律。此外，政府还应制定一些优惠措施，鼓励外贸企业开展网络贸易，开拓国际市场，争取跟上世界经济发展的潮流。

（四）实施品牌战略，提高产品质量

品牌，代表了一个企业的实力、信誉、创新能力和服务特色。在某种程度上，品牌代表了公司的核心竞争能力和整体市场形象。然而，国内大部分外贸企业经营业务雷同，业务范围过窄，往往集中在某些领域里相互拆台、竞争砍价、恶性竞争、缺乏独特的经营风格和服务手段，从而很难形成响当当的品牌。还有一些企业的经营行为严重短期化，如在一些贸易业务中，不注重出口产品的质量，采取一锤子买卖，到头来，搬起石头砸自己的脚，不但砸了自己的品牌，而且极大地损害了中国品牌的市场形象。“入世”后，面对拥有名牌的国内生产企业、外资公司的竞争，专业外贸企业应将眼前利益和长远利益结合起来，加强品牌创新和品牌保护意识，努力提升自身的核心竞争能力、加快培育自己独特的经营风格和企业形象，彼此之间应在相互尊重、共同发展的基础上进行比服务、比创新的良性

竞争，争创优质品牌。随着经济全球化，贸易自由化进程加速，世界各国企业都在创建自己的名牌产品，中国“入世”意味着一个品牌竞争时代的到来。具有一定规模的国有专业外贸公司必须要有自己注册的商标和品牌，否则一直接受客户定牌加工业务，实质上纯粹是为客户打工，经济效率不高，面对“入世”挑战，国有专业外贸公司要成为国际市场大销售商和赢家必须创造出自己的品牌，为自己的产品树立信誉。

（五）稳定外贸队伍，重视人才培养

在激烈竞争的国际市场上，贸易竞争归根结蒂是人才的竞争，随着改革开放的深入，外商投资企业和民营企业大量增加，而这些企业为求得生存和发展，他们推出了不少聘用人才的优惠政策，一般是高薪和其它优惠福利待遇，从而将在国有专业外贸公司工作的，有参与国际化经营的专门人才吸引过去。这种人才流失现象同国有资产流失一样，因这些专门人才流失连同其手中的客户，定单和市场流失了。面对“入世”，国有专业外贸公司如何稳定职工队伍应该作为一个课题真正加以研究，制订出必要的符合公司职工双方利益的保护措施。

（撰稿：浙江树人大学　郑吉昌）

WTO与包装业

在现代市场经济的发展中，商品包装承担着保护商品、便利储运和宣传美化商品的作用，它的重要性日益为生产厂家、商家和消费者所重视。随着我国国民经济的快速发展，人民生活水平的大幅度提高，特别是各类商品超级市场的普遍化，各类商品包装的用量急剧增加。经过改革开放二十多年来的发展，我国的包装产业以年均增长15%的速度迅速发展壮大并已经成为涉及商业、石化、农林，轻工、外贸、机电、农药、医药卫生等十几个部门的综合性横向型的重要产业，形成了以包装原辅材料、包装制品、包装机械、包装印刷、包装装潢设计为主要构架，以纸包装制品、印刷包装制品、塑料包装材料及制品、金属包装材料及制品、包装装潢、包装机械等为主要产品的现代工业门类。

包装工业的快速发展，显示了包装工业在社会主义市场经济体制下的勃勃生机，而且随着人们物质文化需求的不断增加和加入WTO后在世界经济体中商品与市场竞争的日益加剧，它在国民经济中的地位和作用将会更加突出。然而，我们也应该清醒的看到，我国包装工业与世界经济发达国家的包装工业相比，还存在较大的差距。如产业结构、企业规模、产品质量和档次、科技水平及开发能力、包装基础工业水平、综合利用以及环境保护和人员素质等方面都存在着差距。其中科技人才的不足和开发能力的薄弱是制约我国包装工业发展和技术进步的重要因素。

我们必须清醒地认识我国包装产业的现状，并探索我国在竞争激烈的世界经济体中如何发展我国的包装产业。

一、我国包装产业在世界经济体中的现状

（一）市场潜力大、竞争更加激烈

据专家预测，我国加入WTO必将带动我国的包装市场的发展。从静态截面分析，以2000年为基数，全国包装工业总产值约为2000亿元，按70%物资消耗计，衍生市场规模达1400亿元左右，包装市场总规模为3000—3400亿元；而从动态角度考察，包装工业具有比国民经济相对高的增长速度，“六五”期间的平均年增长速度为15.7%、“七五”为17.2%、“八五”为20.3%，“九五”也不低于15%。如果按我国目前经济发展速度和国家长远发展规划目标测算，到2010年我国工农业GDP将在2000年10000亿美元的基础上再翻一番，达到20000亿美元，外贸出口商品总值将达

到3500亿美元，相应的包装市场规模至少会达到5000—6000亿人民币。如此极具潜力的市场正引起越来越多国家的关注。如拥有330多家会员的英国加工与包装机械协会(DPPMA)号召英国厂商充分抓住中国加入WTO的良机，将中国定为其重要的海外市场。并在原网站：www.ppma.com.uk的"中国办事处"的标题下建立了网页子站，并在此基础上注册了www.ppma.com.cn和www.英国加工与包装机械.com.cn两个中文网址，并推出中文主页。这样做是为了使国内客户及企业能更快速、有效地找到所需的加工与包装技术、设备及合作伙伴。加入WTO后关税壁垒的降低以至逐步取消，外商在国内投资建厂的增加以及本土化生产的扩大，生产成本的降低，质优价廉的商品必然赢得国内消费者，这势必对国内的产品及市场造成冲击，使我国包装市场的竞争日益激烈。

（二）行业的竞争结构处于不断变化之中

包装工业由以包装原辅料和包装设备为主的包装基础工业与包装制品制造工业两大块构成。包装制品属于传统的劳动密集型产业。在中低端市场，由于技术含量低，产品附加值低，劳动力成本与地理成本对竞争优势形成起决定性的作用，因此在国际竞争中具有比较优势。但在国内市场上由于经济增长导致包装制品市场空间扩大会吸引国内资本的进入，市场竞争会加剧，成本、质量、交货时间三个要素在竞争优势形成中起决定作用。对于高端市场，由于技术含量较高，产品附加值高，我国包装行业自主开发能力低，对国外技术和装备依赖性强，在与国际资本的竞争中处于劣势地位，在一段时间内受制于国际竞争对手。而包装装备业和原辅材料业属于资金密集型和技术密集型行业，技术自主能力、开发创新能力将决定该行业的竞争优势。由于我国包装工业在该领域缺乏技术开发与创新能力，资本集中度低，不具备国际竞争的比较优势，受国际资本的冲击，在竞争中会处于非常不利的地位，因而，我国包装工业的制高点很有可能被国际资本所控制，国际竞争力会进一步弱化。

（三）产业结构仍然不合理

其主要表现在：

1．不合理的、低水平的重复建设，技术落后、消耗高、附加值低、进入壁垒低的一般包装制品业生产能力过剩，大大超出了社会需求。

2．产业组织结构不合理，企业布局分散，具有较强竞争力的大型企业和企业集团数量极少，规模经济差，产品开发、技术改造、技术创新和技术进步能力低，产业集中度低，生产和市场分散化导致企业过度竞争；资金和技术投入分散，影响了企业效率的提高；企业组织结构僵化，专业化协作水平低。

3．装备工业落后，大量成套、技术性能高的装备产品主要依赖进口。

4．技术和知识密集型的高新技术企业比重低，科技成果产业化、市场化的程度低。

（四）包装专业人才奇缺，产学研脱节

目前包装行业专业技术人员(中专毕业以上)仅占职工总数的2%左右，大大低于全国6.8%的平均水平，更是低于发达国家的水平。另一方面，产学研没有很好的结合起来，致使大专院校、科研机构的力量不能充分发挥作用。比如说，在我国，运输包装从理论基础、设计计算、包装原型制作，到最后的试验，都有一套较完整的理论，但据了解企业这方面的人才很缺，设计中较多的依赖经验。

二、在加入WTO后的世界经济体中如何发展我国的包装产业

（一）坚持技术创新、管理创新和产品创新

技术创新要以振兴包装装备工业为目标，依托国家发展装备工业的产业政策优势，产学研相结合。为此，必须首先在包装行业内部培育具有技术吸纳能力和技术示范推广能力的技术吸收主体，建立以大企业为主体的企业技术创新体系；其次，以产权为纽带，产学研各方共同组建企业，实质是资金和技术有效的结合，实现技术贸易的内部化，避免过去技术合作因产权关系模糊和法律环境不佳导致的技术创新效率

低下；再次，运用资本运营的方式实现技术在行业内矩阵化和虚拟化为手段，建立具有整体创造，更新知识，将知识融入企业产品、服务和组织系统；提高组织的柔性和适应环境的灵活性，为高效率的企业运作提供组织平台，同时立足信息化管理的要求，实现生产过程的综合信息化、零部件设计加工的信息化以及重要环节的信息化；逐步导入企业资源计划ERP的管理思想，以实现管理创新。产品创新要求摒弃传统的产品开发模式，紧紧围绕国内外市场的顾客要求，战略的思维方式在全行业内构建产品创新的战略联盟和虚拟企业，积极的利用信息技术等现代科技成果，实现由传统的基于物质要素资源和企业自我封闭式的产品开发方式向以知识为核心的面向行业的网络化创新和全行业动态协作团队的产品开发模式转变。

（二）调整产业结构，促进包装产业结构的优化和升级，实现包装业的集团化、规模化

正如上文所分析的一样，我国的包装产业结构存在严重不合理的地方。在加入WTO后的世界经济体中，随着市场的扩大、投资的增加和关税壁垒的降低以至取消，我国包装产业必受需求结构、供给结构和国际贸易的影响，必然影响到包装产品的中间需求和最终需求的比例、消费和投资的比例，使投资结构有很大的改变，此外，劳动力和资本的拥有状况和它们之间的相对价格以及生产技术体系和自然资源的拥有状况将有所改变。特别是通过国际比较利益机制的作用，会引起进出口结构的变动，进而带动国内产业结构的变动。因此，我国应加速高新技术对传统产业的改造，积极调整产业结构和产品结构，加快发展趋势产品，如包装材料中纸的开发和生产。现代包装产业的四大支柱材料——纸、塑料、金属、玻璃，在这四种包装材料中纸制品的增长最快，原料来源也广，而且不如玻璃那样易碎，也不如铁重，便于携带，更不会有塑料那么多的不利于环境的问题。因此纸包装在日常生活中应用极广，且被认为是最有前途和潜力的包装材料。国际卫生组织和国内环保专家认为，今后购物必须用无毒、无害的“全纸质环保袋”。此外，我国还必须加速发展区域化、规模化包装工业企业。一些沿海包装企业要着手实施开发西部的计划，包装企业要联合形成较大集团和规模，以抵御国外包装企业的竞争，发展我国的包装产业，促进包装产业结构的合理化和高度化发展。

（三）与国际接轨，采用国际通行标准

出口创汇做的国际市场生意，要想在国际市场竞争中大显身手，就要努力使自己的产品实现国际化，与国际市场“接轨”。要实现产品国际化，一个重要的途径，就是积极引进国际承认的标准来规范企业的生产行为，以消除“贸易中的技术壁垒”。为了赢得国际商战的制胜权，不少发达国家产品的标准呈现“倒增”格局，即国家标准高于国际标准，部颁标准高于国家标准，企业的内控标准又高于部颁标准，从而使自己的产品标准工作走在了国际标准的前列，并据此不断刷新国际标准指标，有效地促进了以技术创新为动力的产品国际化进程，确保自己的外贸产品在国际市场上占有较大份额。如日本的不少世界知名企业，产品的国际化程度一直位居全球各国企业前列，一个重要的原因，就是他们的产品普遍引入了国际标准。实际上，有不少产品的国际标准，就是这些企业创造的，因而，在世界各国的消费者中，日本产品的质量之优，是有口皆碑的，日本产品也据此成为国际市场上多年不衰的畅销货。可是，我国有些产品标准却至今还呈现“递减”格局，即国家标准低于国际标准，部颁标准低于国家标准，企业标准又低于部颁标准，有的企业产品标准甚至几十年一贯制，陈旧过时，少数产品甚至无标可依。这样的产品即便能一时出口到国外，也往往履约率低，索赔率高。诸多经验表明，采用国际标准提高产品质量，既是推进我国企业产品国际化的前提条件，也是增强我国企业产品国际市场竞争力的潜力所在。只在我们的企业增强竞争意识，积极采用国际标准，并积极创造条件制订超越国际标准的内控标准，以产品的高标准来保证产品的高质量，就能使我国产品在国际化的道路上迈出决定性的一步。

（四）制定国家绿色包装发展规划

所谓绿色包装，即要求包装材料最省，废弃物最少，且节省资源和能源，易于回收再利用和再循环，废弃物燃料产生新能源而不产生二次污染，包装材料最少和自行分解，不污染环境。加入WTO后，绿色包装便成为一种新的非关税壁垒。为此，包装工业必须强化无污染意识，适应因各国对包装材料及废弃物提出的新标准和新法规而引起的新竞争。因此，要发展我国的包装产业应努力实施以下四点：

1.推行“绿色设计”计划，倡导适度包装，注重减量包装，建立行之有效的包装废弃物回收系统，提高包装回收利用率，发展周转包装。

2.要强化政策的引导和扶持，研究并开发对生态环境无害或污染很小，有利于资源回收再生的高性能、功能性包装材料。对从事包装废弃物处理的企业应实行倾斜政策，享受环保产业的优惠政策。

3.加强税费改革，对一次性塑料包装物、木制一次性筷子等有损环境的制品征收消费税。

4.重视ISO-14000国际环境管理标准，实施环境标志。

（五）发展教育事业，加强人才的培养和引进工作，走产学研联合发展的道路

包装技术的发展、全球市场的开拓和包装行业的强劲增长，必然越来越依赖于包装教育的发展、包装人力资源的开发。在美国，密执根州立大学是世界上第一家开设包装课程并授予学士学位的大学，它在该领域创新已经长达50周年之久，目前可以授予包装博士学位。而在我国，长期以来，由于忽视包装教育和科学技术在包装工业发展中的作用，使得包装企业的人才资源不能迅速转化为现实生产力，导致包装企业人才资本存量很低。再加上包装行业人才外流现象日趋严重，造成我国包装工业整体科技水平较落后，一方面缺乏科技成果，另一个方面某些科技成果不能及时转化为生产力。鉴于此，我国现阶段要狠抓人才的培养和引进工作，要把人才的开发作为我国包装产业发展的根本战略，提高人才开发意识，培养一支优秀的包装专家队伍；要加大包装教育投入，加强包装行业的岗位技术培训和继续教育；要把包装行业中高素质的人才集中起来，建立人才开发中心，不断掌握国外同行业最新的发展动态和技术，进行消化吸收，促进包装企业生产技术的提高和产品开发。只有这样，在竞争的世界经济体中才能提高我国包装行业的整体实力。

（撰稿：刘 广）

WTO与粮食流通

我国加入WTO以后，国内粮食市场将面临激烈竞争，而降低粮食流通成本则成为提高我国大宗粮食品种竞争力的关键。国内外大量实践证明，降低粮食储运成本和提高流通效率的关键在于发展粮食“四散”化流通（散装、散卸、散运、散存）新技术，因此，解决粮食“四散”化发展的有关技术、经济问题并制定相应的对策是我国粮食流通行业应对加入WTO亟待解决的问题。

一、国内外粮食“四散”化发展的现状与趋势

（一）国内发展现状

我国粮食“四散”化起步较早。1955年建设的机械化房式仓就考虑了散粮输送。1958年建设的第一座钢筋砼立筒库也考虑了火车散粮

接卸。20世纪70年代末，全国粮食的“四散”率已达10%以上。1994年，我国利用世界银行贷款粮食流通项目的主要目的就是推进我国粮食流通“四散”化运行，实现粮食储运现代化，解决粮食的储运、出口、北粮南调和部分进口品种的调剂。世行项目横跨15个省、区、市，包括了东北走廊、京津走廊、长江走廊、西南走廊和配套项目五个部分，共281个子项目，建设8个港口库，64个铁路中转库和202个农村收纳库，总仓容约480万吨，仓型以钢筋砼结构的机械化浅圆仓和立筒仓为主，并建设了10个机械化钢板圆筒仓试验库，年可中转散粮1800多万吨，为粮食从农村收购、铁路中转和港口接发全系统实现机械化封闭式“四散”流通奠定了基础。1998年以来，先后三批建设的900亿斤国家储备粮库在一些重要库点也配置了散粮接收和发放设施。总投资近30亿元的大连北良港工程，已建成3个散装粮食装卸泊位（10万吨、5万吨、3万吨），40万吨中转库和60万吨储备库两个筒仓群，连接国铁和港区的专用铁路20公里，购置L18新型散装粮食专用车1483辆，2000年6月上述项目全部竣工，投入试运营。这些设施的建设，不仅缓解了仓容不足的矛盾，而且提高了我国粮库的技术含量，为“四散”化发展创造了条件。

世行项目和国家储备粮库建设虽然为“四散”化技术的发展打下了一定的基础，但是近年来粮食流通的“四散”化进程仍步履维艰，实现“四散”流通的粮食占我国粮食流通量的比重在下降，已经建成的设施没有发挥应有的功能。以大连为例，北良公司投入试运营至2001年7月，利用散装粮食车运输粮食约100万吨，L18型车使用率原来预计可以达到94%，而试运营阶段实际仅达到25%。研究并解决制约“四散化”发展的因素已成为当务之急。

（二）世界粮食“四散”化发展趋势

近年来，粮食流通“四散”化技术在全世界得到较快的发展。20世纪50年代以后，美国、加拿大、澳大利亚、法国等产粮较多的发达国家粮食运输全部实现了“四散”化，形成了布局合理、设备配套的现代散粮流通系统。这些国家根据不同的粮库功能采用不同的仓型，主要采用适合散粮储运的立筒仓、浅圆仓和钢板仓等仓型。立筒仓高达60多米，单仓容量达数千吨。浅圆仓、钢板仓直径达70多米，粮食储量3.5万吨。还有些国家发展有大型钢板平房仓、球面屋顶仓、大型拱顶钢板仓，以及塑料真空粮食包装直接露天存放等等。粮库作业采用智能化管理、设备自动控制、粮情自动监测，每座粮库都配备了完善的散粮流通设施计算机管理信息系统。粮食内陆铁路运输均采用粮食专用散装车，装运能力60—90吨，最大达120吨。公路运输采用粮食专用散装汽车，装运能力20—40吨，从而大幅度降低了粮食流通成本。近年来，加拿大和澳大利亚等国家发展起来的粮食集装箱化运输技术，具有良好的发展前景。

二、制约粮食“四散”化发展的因素分析

粮食“四散”流通是粮食储运技术的一场革命，必须深入分析我国在实施粮食“四散”流通过程中遇到的实际问题并采取有效对策。

（一）外部经济和技术政策不配套

粮食“四散”化发展与粮食流通大环境密切相关，涉及多个部门和行业相互协调与政策配套问题。

首先，铁路部门现行制度不利于发展散装粮食运输。散装粮食专用车的购置和维修成本高，利用率低，铁路部门没有购置散粮运输车的积极性；粮食购销企业只能自行购置和管理“自备车”，而“自备车”运费收入低于铁路部门所有车辆，所以铁路部门不愿意安排“自备车”运输。

其次，较高的铁路运费抑制了粮食企业采用“四散”化作业的积极性。粮食购销企业使用自备车除缴纳铁路运费外，还需负担车辆的折旧和维修成本；并向铁路部门缴纳自备车回空费、管理费和技术检查费等。加上部分铁路企业的价外不合理收费，使东北各地经大连（北良）港中转的散装粮食，每吨运输费用比使用铁路

普通敞车平均高出19元。

第三，流通中各个环节间的技术与装备不配套。推广粮食“四散”化技术涉及到交通（铁路、公路、航运）、粮食、机械、技术监督等多个部门的技术衔接问题，其中任何一环不配套，“四散”工程就难以启动。除了交通部门要拥有适用于“四散”作业的火车、汽车、船舶等散装运输工具以外，粮食购销企业必须拥有适应“四散”作业需要的仓型与仓储设施，粮库、转运站、加工厂、粮食专用码头等必须配有与之相适应的散装设备。而目前有了散装火车、汽车和船只，但不少中转库、码头却没有散装散卸设施，相当多的储备粮库的仓房结构、储粮性能不适应“四散”作业需要。与此同时，计量部门至今没有开始出能适用于火车、汽车、船舶装卸的快速、量大、计量精度达到国家要求的计量设备。只有上述各环节、各部门间的问题得到了协调发展，“四散”流通才可能真正实现。

（二）粮食仓储业和运输业设施不匹配

在粮食物流过程中的粮库（储存）和交通（运输）两类设施在“四散”作业上必须匹配，才能构成一个协调的“四散”系统。然而，这方面却存在突出的问题。

散装粮食运输过程涉及公路、铁路、水路三种运输方式（分属交通、铁路两部门）和各类粮库（主要属粮食行业），选择的运输方式如果返程有载或能使返程空载率降至最小，就能调动交通、铁路两部门的积极性。然而，使用粮食专用运输车（船）往返实载率较高的只有少数路段，且返程运输量程度不同地小于去程运量，相当多的公路、铁路、水路路段，返程如果只运粮食都将空载。散装粮食运输车（船）具有较强的专业性，购置成本较高，在公路、铁路、水路管理部门的利益受到影响的情况下，有关部门不愿意购置，三者所受影响又有轻重之别，表现在：在汽车运输中，由于散粮专用卡车也可以运输其货物，问题并不突出；在船舶运输中，内河用200吨以下敞口船影响不大，但大容量的散装粮船，在返程中就不易寻求散料货源；在铁路运输中，用散粮专用车皮只能运粮，顶多加上无污染的化肥（如磷酸二氨）。因此，粮食流通“四散”化的技术瓶颈是仓储与运输设施不匹配，主要原因是专用性较强的散粮运输车（船）返程空载率高，使粮食企业与运输企业的利益发生冲突，问题的症结在于寻求粮食仓储业和交通、铁路运输业利益一致的结合点，以推动“四散”化的发展。

（三）粮食仓储网络自身存在问题

我国几大粮食走廊虽然在国家历次储备粮库建设中不断充实和发展，但要真正实现“四散”化运作还存在诸多问题。

1.历次建设的库点之间缺乏有机联系，尚未形成一个完整的系统。机械化骨干库、世行贷款粮食流通项目和1998年以来三批国储库建设没有按照一个统一的方案进行规划和设计。世行项目着眼于应用“四散”技术，设计的中转库中转速度偏高，与储备库没有进行有效的对接。国储库项目整体上注重了储粮条件的改善，而忽视了中转环节的配套。仅在局部地区和个别库点建立起来的散粮设施与周边地区的包粮储运系统难以衔接，虽然在世行项目系统内可以实现散粮作业，但在与世行项目系统之外的项目发生交接时又变为包粮作业，从而使已经具备现代化接收和发放能力的库点难以发挥出“四散”化运作的总体效益。

2.粮库布局和规模不尽合理。以往粮库建设缺乏总体规划，往往按照行政区划分配库容，缺乏严格的科学依据。以东北走廊为例，从单仓规模来看，2.5万吨以下的库点个数占库点总数的86%，多数库点没有达到规模经济，大中小粮库的分布不够协调。总体来看，粮库的机械化水平低，许多老旧粮库仍在“服役”，难以适应现代化粮食流通的要求。

3.散粮运输和接发设施配备不足。许多地方在将散粮由非沿线库向沿线库及中转库集并时，因为缺乏散粮运输车辆，只好使用改制或从社会租来的车辆，既不安全，也导致了较高的粮食损耗率。以东北地区某省为例，该省建设的70个国储库中，拥有专用线的库点52个，然而其中只有1998年建设的少数库点配备了散粮发放设施。据该省粮食局提供的资料，在52个具有现代化水平的铁路沿线国储库每年有72.5万吨的粮食需要轮换，此外还有正常的中转调运任务，而当前却有大量的粮食采用传统的作业方式进行灌装转运，与“四散”作业的要求还有相当大的差距。

4.附属配套设施尚待完善。国储库和世行项目库点在这方面都存在问题。以世行项目为例，在项目建设中由于种种原因，一些地方减少了收纳库的数量及专项的设施，使得许多库点缺少地坪、罩棚和道路与之配套，影响到了库点整体功能的发挥，难以实现“四散”化作业。

三、推进粮食“四散”化进程的对策

粮食“四散”化是一项系统工程，应从组织领导、制定规划、经济政策、技术方案等各方面采取切实有效的对策。

（一）建立专门机构

推进粮食流通的“四散”化进程涉及粮食、铁路、交通（公路、航运）、财政、科技、机械、技术监督、税务等多部门的协调运作，必须由一个部门牵头，建立专门的组织机构，统一领导，全面规划。建议成立粮食流通“四散”化建设领导小组，由国家发展计划委员会牵头，国家粮食局、财政部、铁道部、交通部、科技部、国家税务总局、国家技术监督局和国家开发银行等有关部门参加，办事机构设在国家粮食局，负责领导粮食“四散”化发展规划的制定并研究解决推广粮食“四散”流通的重大经济、技术和投资政策。

（二）制定发展规划

粮食“四散”工程建设是一项投资大、风险高、周期长的复杂工程，如果没有一个科学合理的总体发展规划将难以成功。因此，在全国粮食流通“四散”化建设领导小组的领导下，组织跨部门诉粮食流通“四散”工程专家工作组，在对全国粮食生产与消费、交通运输、科学技术、经济和社会发展进行全面调查和预测的基础上，进行全面的可行性论证，制定粮食流通“四散”工程发展规划，提出分阶段、分地区粮食“四散”化发展目标和建设内容，其中包括铁路部门分阶段发展散装粮食运输专用车辆的购置规划，港口企业与散装粮食运输相配套的建设规划，粮食仓储企业符合“四散”作业要求的粮库建设规划。

（三）制定有助于推进粮食流通“四散”化发展的经济政策

在粮食流通“四散”化起步阶段，应通过鼓励政策和优惠措施促进散粮流通的发展。其中包括有关部门优先安排散粮运输政策，减轻散装粮食铁路运输负担政策，对袋装与散装粮食实行差别运价政策，鼓励发展散粮流通专用运输车辆政策等。国家应通过粮食流通“四散”化建设领导小组，协调部门之间的责任和利益分配，从建设资金、税收优惠、补贴政策等多方面支持散粮流通体系的建立和完善，未来粮库建设的布局选点和仓型选择应在全国散粮流通格局的基础上进行充实和完善，避免粮食流通设施的盲目布点和重复建设。

（四）认真研究全流程散装化与集装箱运输相结合的技术方案

为了解决粮食“四散”流通中铁路运输设施与仓储设施不匹配的技术瓶颈，应积极发展粮食的集装箱运输，并将全流程散装化与集装箱运输相结合，应组织专家对二者相结合的技术方案进行可行性研究，并在条件适宜的地区（如东北地区）进行试点，取得经验，逐步完善。这一方案要点是，在进、出粮食量巨大，且与国际进、出口相衔接的地区以全流程散装为主，返程粮小于往程粮的差额组织无污染的散粒货补齐，以提高往返车皮实载率，而在其他路段由于集装箱可以适应火车、汽车、船舶三种运输工具转接且适用于所有通道，适箱货多，可以较大程度地提高返程实载率，只需在转接处配备起吊设备即可。

（撰稿：郑州工程学院　张予新）

WTO与政府采购

实行政府采购是我国一项具有重大影响的财政制度改革措施，但目前我国统一高效的政府采购制度尚未形成，需要进一步改革目前的预算管理体制，构建政府采购的监督约束机制，完善政府采购的法律体系和投招标制度体系，加强政府采购人才的培养，以使我国政府采购最终走向法制化和规范化，大幅提高政府采购的效率。

一、关于采购范围的合理界定

对于政府采购额的范围，各个地区在各个不同的经济发展时期制定的标准不尽相同。如香港特别行政区在1999年5月规定，小额采购的上限为：130万港元以下的货物及相关服务(不包括建造及工程服务)；300万港元以下的建造和工程及相关服务；130万港元以下咨询服务。世界贸易组织(WTO)签订的《政府采购守则》规定，政府采购市场的门槛价为13万特别提款权(注：1特别提款权=$1.4)。韩国政府采购规定，凡金额为2000万韩元的采购合同，应该运用竞争性采购的程序和方式授予合同。在我国，只有少数的发达省市根据本地区的实践暂定了政府采购定额标准。如1997年深圳市财政部门对行政事业单位公用物资的采购基本都实行了公开招标的采购方式。其明确规定，凡是用财政性资金(包括预算内、预算外以及单位事业收入等)购置单台(件、套、批)设备超过10万元的，除了特殊物资外，一律必须通过公开招标的方式进行采购。

现今我国的采购制度是政府集中采购与基层分散采购相结合的过渡状态，我国各地区的经济发展很不平衡，在全国范围内制定统一的标准是很不切合实际的，各地应该因地制宜，国家则可以根据各地的经济情况作一个合理的笼统范围界定，使各地区在既定的合理范围内参照规范执行。总之，尽快对政府采购额进行界定不仅是完善和规范采购制度，也是我国采购制度走向标准化、规范化、国际化，适应加入WTO的迫切要求。

采购对象主要是指货物、工程和服务三个方面，现今讨论的焦点是货物的种类和价格范围，服务的种类和方向。我国的政府采购法起草小组正在进行这个方面的界定，相信不久就会正式颁布具体规定。

二、政府采购不应只注重节约，而应注重系统效应

从节约角度看，政府采购注重经济效应是由我国当前的国情所决定的，它是达到“少花钱多办事”目的的一种便捷的途径。据权威部门对我国实行政府采购试点地区的情况分析，实行政府采购后的资金节约率普遍在10%–15%以上，部分达到30%甚至更多。对于政府支出不断增多，压力日益增大的我国财政来说，实行政府采购无疑是一项意义重大，影响深远的财政制度改革。但是，实行政府采购本身并不一定能优化财政支出的规模和结构，达到提高财政资金使用效率的目标，关键在于建立一个什么样的政府采购制度体系。事实上，虽然我国许多地方已经相应建立了不同层次的政府采购制度，但由于在财政支出管理过程中缺乏统一有效的政府采购制度体系，各级政府各自为政，加上采购方式缺乏规范和透明度，导致出现盲目采购、重复采购等浪费现象。当然，随着这项财政支出改革的不断深化，政府采购正在朝着规范化方向发展，并将发挥其对整个社会的辐射和连动效应。当政府采购达到了成熟的阶段以后，随着采购金额不断减少，财政收入不断增加，政府采购比例将会不断下降，其经济目的将会不断地弱化。以美国为例，随着其经济的不断增长和美国政府机构的不断精简，政府采购预算规模在GDP中所占比重趋于减少，目前仅为约3%。

从系统角度看，政府采购是个系统工程，会产生系统效应。其一建立政府采购制度有助于增强政府的公仆意识和公民的主人翁意识；其二有助于树立政府也是消费者的观念。在市场经济活动中，政府不仅要消费，而且是一个国家里最大的单一消费者，其消费量通常约占整个国家消费总量的1/10；其三有利于加强市场经济条件下宏观调控的力度，例如通过国家储备粮的政府集中采购和适时发放，向农民发出信息，调整粮食种植品种、标准，实现既保护农民利益，又更新了农业产业的目的，而不必再采取制订播种计划等行政强制手段。

三、当前实施政府采购制度的举措

(一)改革目前的预算管理机制

在建立社会主义市场经济的新形势下，财政部门应主动适应市场经济发展的要求，从计划经济的管理模式向市场经济的管理模式转变，从粗放型向集约型、效益型转变。如果说1994年的分税制改革是从财政收入角度搭起一个与市场经济相接轨的框架的话，那么，建立政府采购制度则是从政府支出方面搭起一个与市场经济相接轨的框架。

在传统的财政直接拨款，单位自行采购的体制下，财政无法对支出的具体使用进行有效管理，导致了财政资金的分配与使用相脱节，财政监督形同虚设，难以实现财政资金由价值形态向实物形态的延伸管理；而支出单位自主使用财政资金也使支出规模控制困难重重，资金浪费严重，效益低下；财政资金使用过程不透明，不公开，随意性强，滋生了许多贪污腐败和损害政信誉的现象。实行政府采购制度以后，财政监督将由价值形态向实物形态延伸，这将意味着财政部门的工作领域将要拓宽，财政部门干部的知识结构也要作相应的调整和改进，既要懂政策，又要懂得基本商品(服务)知识，还要了解市场运行特点。只有这样，才能真正做好事前、事中和事后全方位监督。

加强财政监督必须改革现行行政、事业单位的会计管理体系和具体操作方法。

现行的行政事业单位的会计管理体系和操作方法是财政部门按预算和单位的用款进度层层下拨经费，年终层层上报经费使用情况，汇算决算。政府采购采用的是直接付款的方式，节省了层层上报的程序，财政总会计师可以根据支出数直接办理决算。当然还必须考虑我国现今两个突出难题：其一是有一部分资金(如人员工资等)仍将由各部门、单位办理发放，客观上将长期并存预算经费的层层下拨和直接支付两种方式。当然，随着全国银行系统的联网和信息共享，取款业务的不断完善，各种信用卡的普及，完全可将财政部门的资金转交银行，再通过其全国的网络发放工资，这样可以简化资金的流通过程。其二是现今许多地区采购人员由于各种理由不愿意采用招标采购方法，最常见的就是“化整为零”法逃避规模采购，这就必须加强采购定额的立法和采购监察、监督的力度。

(二)构建政府采购的监督约束机制的原则

1.监督者与操作者相互分离的原则。政府采购一般有三个当事主体：管理监督者、操作者和使用者。管理监督者主要是财政部门，操作者一般指政府采购中心或其他招标中介组织，使用者主要是指采购单位。如果管理监督者与操作者不能相互分离，既当裁判员，又当运动员，便很难保证其监督工作的客观公正性，监管效率必然低下。

2.依法监督的原则。经济手段、行政手段虽是不可缺少的，但还需强化法律这个主要手段。建立健全政府采购法律、法规和政策制度体系，依法监督，应当成为政府采购工作的努力方向。

3.专业监督和群众监督结合的原则。加强对政府采购制度的监督，必须借助纪检、监察、审计等部门的监督力量，建立以财政监督为主，其他专业监督部门为辅，社会中介机构监督为补充的监督队伍体系，做到内外结合，专兼结合。

4.事前和事中监督为主的原则。对政府采购活动的监督，要从编制采购计划环节开始监督，在采购过程中，要保证有相应的监督力量参与采购活动全过程，注重“防”和“堵”，使监督关口前移，而不能把主要监督力量放在事后的“查”和“罚”上，“秋后算账”，于事无补。

（三）完善政府采购的法律体系

构建强有力的法律体系是达到政府采购择优、节支、反腐和公平等目的的保障。

当前，我国已经出台的有关政府采购方面的法律制度，主要有全国人大常委会通过的《招投标法》，财政部的《政府采购管理暂行办法》等，加上部分省、市、自治区制定的政府采购法律制度多达三、四十部，对开展政府采购活动起到了重要的保障作用。但我国仍然存在着法律不系统、效力不高等问题，遵循国际惯例，借鉴国外有益做法，建立和完善我国多层次、系统性的政府采购法律体系仍十分重要。

为了提高政府采购信誉，保持采购制度的透明度，充分展开公正竞争，政府采购制度立法中应注重建立质疑申诉制度，完善供应商评审制度，制订购买国内产品法制度。

政府优先购买国货的政策要求是符合国际惯例的，它是保护民族产业和国内工业的重要手段。事实上，在开放的国际经济背景下，政府采购制度已演变成为一种非关税的贸易壁垒，一直是各国保护本国民族产业的有效手段。我国加入WTO后，关税普遍下降，运用政府采购方式保护国内企业，可以有效地限制跨国公司的商业机会，促使国内企业顺利成长。

（四）政府采购的人才保障制度

在政府采购过程中，政府采购人员往往以政府的“面目”出现，被授予了相当大的权力，要求承担相应的责任。我国现行从事政府采购的管理人员，大多是从财政部门转调过来的，缺乏采购经验和技能，尽快解决采购管理人员少、素质低等问题已刻不容缓。可以通过下面几条途径来解决：

1.我国采购人员多是行政任命，不能提高政府采购和物料管理人员的专业水平。可以高薪从私人企业招募采购官员，私人企业采购人员有更多的灵活性，他们积累了大量的采购经验。

2.借鉴发达国家经验，设立专门的教学、科研机构，建立定期培训班，培养专业人才。熟悉和掌握政府采购的各项业务，需要学习各方面的相关知识，尤其是商业管理、招标、投标、相关法律及采购项目技术方面的知识与技能。政府采购工作对各级政府部门来说是一项全新的系统工程，政策性强，涉及面广，要求有关采购人员掌握较为全面的社会科学知识和自然科学知识，否则不可能有效地进行这项工作。

3.可参照国内律师、证券、会计、资产评估等行业考虑实施“注册采购师制度”。

4.重视政府采购人员的专业化、职能化培训及其管理工作。政府采购人员可划分为三类：签订合同官员，采购管理人员和采购经办人员。三者在政府采购工作过程中，各负其责，流水作业，相互分离，相互监督。当上一环节的采购人员向下一环节的采购人员交接合同时，必须书面保证本环节的合法性。在签订采购合同时，不同级别的管理官员签订不同金额和性质的采购合同，保证政府采购责任明确和权责对称。国家要制定“政府采购人员行为准则”，对违法违纪的采购人员和供应商依照《政府采购法》进行严惩。公开选聘政府采购咨询专家，建立政府采购咨询专家库，对自荐或推荐的新专家人选进行评审，具备相应资格的发给政府采购咨询专家证书，解决采购人才的不足问题。

（五）完善投招标制度体系

投招标制度是由招标、投标、开标、评标、决标、合同授予等阶段构成的一个完整的过程。竞争性招标是最为典型的一种招标采购方式，有一套完整、统一、规范的运行程序，一般不会因国家、地区、组织或采购对象的不同而有较大差异。改革开放以来，特别从世界银行1980年提供的第一笔贷款招标开始，我国就开始在经济领域引用和运用比较规范的招投标方式进行各种采购活动。到1996年，全国国有建筑企业施工面积中实行招标投标的，已占当年建筑面积的54%，平均节资率为1%—3%。工期平均缩短10%。1998年9月1日正式施行的《中华人民共和国建筑法》，标志着工程领域的招投标制已基本建立起来。

目前，我国的投招标存在着一些较为突出的问题，一是推行招标投标的力度不够，不少单位不愿意招标或者想方设法规避招标；二是招标程序不规范，在1999年《招标投标法》出台之前，仅中央一级国家机关颁布的有关投招标的规范性文件就达三、四十个之多，在招标程序的规定上明显存在不一致和不协调，招标程序因行业、部门的不同而不同；三是招标投标中的不正当交易和腐败现象比较严重，招标人虚假招标，私泄标底，投标人串通投标，贿赂投标，中标人中标后擅自切割标段、转包、分包、吃回扣、权钱交易等违规犯罪行为时有发生；四是政企不分，对招标活动的行政干预过多，有的招标人既是管理者，又是经营者，有的国家机关随意改变投招标结果，指定招标代理机构或者中标人。

改革完善我国投招标制度体系，一要注意供应商资信情况；二要注意程序规范，严格要求，避免“暗箱操作”；三要注意采取公开竞价招标，数家定点采购办法，突破一次竞争而定终身的局限性。此外，招标价格要明确，确定的价格要有弹性，要与供应商确定相应的价格浮动办法，以此来维护供需双方的利益。

（撰稿：北京物资学院　倪东生）

WTO与物流相关政策法规

2001年11月11日我国正式签署了加入世界贸易组织(WTO)的议定书，这标志着我国在经历了20多年的改革开放后迈入了一个崭新的历史阶段。当前各行各业都在对自身面对加入WTO后所面临的机遇与挑战进行探讨和研究，并制定相应的对策。对于近几年蓬勃发展的中国物流产业来说，成长之路才刚刚起步，在资金、管理、人才、技术等多方面仍需要大量的投入，物流相关政策法规需要调整、增补，以适应WTO的有关规则与要求。加入WTO后中国物流产业的发展任重而道远。

一、WTO有关物流产业的条款和内容

我国政府将在近期内公布所签署的加入WTO的法律文本，从先前收集到的有关文件资料看，涉及到物流产业的主要有以下内容：

（一）分销权

我国将首次向外国公司提供分销权，取消现有的法规限制，不迟于2002年1月1日，中外合资零售企业中允许外资控股，并开放所有省会城市；不迟于2003年1月1日，取消地域限制、数量限制、股权或企业设立形式限制；不迟于2005年1月1日，除面积超过2万平方米的百货店和超过30家的连锁店不允许外资控股外，没有限制。外商可以分销进口产品和在我国制造的产品。分销权将会在我国目前限制最严的分销行业例如批发、运输、维修和运输等行业中实施。

(二)服务业

我国承诺：所有的服务行业，在经过合理过渡期后，将取消大部分外国股权限制，不限制外国服务供应商进入目前的市场，不限制所有服务行业的现有市场准入和活动。同时在辅助分销的服务方面也作出了类似的承诺，具体包括租赁、速递、货物储运、货仓、技术检测和分析、包装服务等方面，这方面的限制将在入世以后3–4年内逐步取消，在此期间，国外的服务供应商可以建立全资拥有的分支机构或经营机构。

(三)电子商务

我国将允许国外网络公司直接拥有我国网

络公司49%～100%的股份，并允许相关的银行、运输和服务等领域的开放，这将极大地刺激全球各类网络公司以收购和兼并或直接投资的方式涌入我国。同时长期困扰中国电子商务发展的网上支付、网下运输以及网络成本将迅速融入全球网格的标准化。

具体内容涉及物流相关行业的如下：

我国道路货运行业和相关的汽车维修服务行业，从加入WTO时起，允许外商设立合营企业从事境内道路货物运输。1年后，允许外资控股；3年后，允许外商设立独资企业。外资企业享受国民待遇。

在水路运输中，国际海上运输，包括货运和客运，允许外商设立合营船公司，但外资比例不得超过49%，合营企业享受国民待遇；允许外商设立合营企业从事船舶代理服务，允许外商控股的合营企业从事货物装卸和集装箱场站服务。外商船舶可以使用我国港口。

WTO正式实施3年后，我国仓储行业可允许外商独资经营；WTO正式实施4年后，船舶检验行业将允许外商独资经营。在此其间，我国公路、水运基础设施建设行业也将有条件地允许外商独资企业承揽工程。

由以上内容可以看出，加入WTO以后，由于服务业等市场准入的扩大，必将使中国的物流产业融入全球性物流产业跨国化、大型化和互联网经济化的潮流之中，并将对中国的贸易和生产布局产生深远的影响。由于物流业的市场准入，中国物流市场的竞争将更趋激烈。因此，尽快建立、完善与WTO规则相适应的政策法规，促进物流产业的健康快速发展就变得越发紧迫了。

二、我国物流相关政策法规的现状

我国的物流业经过几十年的努力建设，在各方面都取得了很大进展，但是距离现代化物流的要求还有较大的差距。在加入WTO以后，由于制度上的不适应性，物流将是受冲击最大的行业之一，在相关政策法规方面还有大量的工作需要做。

(一)行业与区域割据

现代物流的发展，要求打破传统的行业与区域限制，建立一个统一、开放、竞争有序的大市场。但是目前我国物流业的制度安排基本上仍沿袭计划经济体制，原本是一个系统资源的物流业的管理权限被分别划分成若干个部门。比如，铁路、公路、航空、海运、仓储等物流资源，均分属于铁道、交通、民航、内贸、外贸等不同政府部门管理，国家经贸委、交通部、铁道部、外经贸部、中国物流与采购联合会等各承担了一部分物流管理职能，没有一个部门或机构统筹协调物流管理，是一种自上而下的纵向隶属和管理格局。物流体系的内在联系被人为的分割，物流体系各部门间缺乏直接的横向联系。这样，一方面，大大降低了物流效率；另一方面，条块分割的物流体系使对内和对外物流分离，物流资源的浪费现象十分严重，也阻碍着对物流进行整体统筹和规划，严重制约了物流产业的社会化进程。因此，我国物流发展呈现出明显部门化、区域化特征，工业、商业、物资、交通等各自为政，都在上项目、抢市场，相互间协调性差，造成了资源浪费。我国物流市场管理与行业管理关系还没有理顺，远落后于市场发展和WTO规则的要求。

从各地看，地区经济发展不平衡，地方保护主义依然存在。近年来，许多地方政府纷纷出台了推进物流发展的有关政策，有的已经写入了当地“十五”发展规划，这一方面反映了对物流发展的重视，但从另一个方面则说明国家缺乏统一的物流规划。到目前为止，我国还没有一套完整的物流发展国家产业政策，产业规划也尚未出台，而地方政府在进行物流规划时多从本地区利益考虑对物流发展作出安排，长远来看这势必也将延缓跨地区、跨行业、全国统一的、开放、竞争、公平、有序的物流大市场的建立。

(二)法律法规滞后

据不完全统计，改革开放以来，我国颁布实施的涉及物流业的法律法规有3万多件。不可否认这些法律法规对促进物流领域多行业的发展发挥了重要的积极作用，但我国现有与物流有关的法律法规多是部门性、区域性规章，往往带有部门或地区保护的色彩。物流市场的进入与退出、竞争规则基本上无统一法律法规可循，对社会性的物流服务缺乏有效的外部约束。相应的法律法规的修改和制订有一定的滞后性，还没有形成一个比较完整的体系。在加入 WTO 以后，面临经济全球化、物流一体化、商务电子化的现代供应链模式，现有的物流法律法规必须全面进行审理、修正、补充或废除，对相互矛盾或冲突的法律文件进行合并或统一；另一方面，由于法律法规的滞后，我国物流市场运作还不规范，物流市场不能法制化等。因此，中国物流业的当务之急必须利用中国加入 WTO 以后有限的过渡期，建立以法人治理结构为基础的现代企业制度，尽快修订完善物流相关法律法规，规范和约束企业行为，使物流市场规范化、制度化、法制化。

三、入世后物流相关政策法规的走向

尽管我国物流产业的发展面临巨大的挑战，有不少问题亟待解决，但仍然拥有许多有利条件，在有限的时间内尽快适应入世后的变化发展。

（一）利用WTO的有关规则争取有利的发展条件

我国以发展中国家身份加入 WTO，物流市场的开放是按照时间分阶段逐步开放的，政府和企业有一定的准备时间；加入 WTO 后，我国将逐步开放道路运输市场，但并不是完全开放的，而是分客运服务、货运服务、商业车辆出租、运输设备维修、运输支持、仓储、货运代理服务等分别向有关国家作出承诺，因此不同的行业面临的竞争压力是不同的。

（二）物流的发展正迎来一个宽松、积极的政策环境

1.政府支持

发达国家在经济现代化的进程中建立了发达的物流产业，发达国家物流业快速发展的原因之一是国家制定的政策发挥了重要的导向作用，因此我国也正在从市场经济的需要出发，在全社会范围内进行物流的整体统筹，加紧制定整理相应的法律法规，协调和规划 21 世纪物流产业的发展，以合理划分和明确物流行业管理职责，并在政策上予以支持，如制定物流业发展规划，对物流基础设施建设给予政策支持，鼓励运输企业间的兼并和重组等。

以上海为例，有关方面提出应当根据经济发展的需要提高与物流项目设立以及业务流程有关的政府主管部门，如城市规划、交通管理、工商管理、商检海关、财税金融等相关政府主管部门的经营作风和工作效率；在宏观制度安排方面，要设立“上海物流产业协调机构”，统一管理和规划上海的物流产业；在微观制度安排方面，建立产权多元的企业制度，以形成充分竞争的物流产业市场结构。

2.打破条块

我国各种运输方式和物流载体之间的联系越来越紧密，物流的组织和管理出现了综合性发展的趋势，因此，必须打破传统计划经济时期的部门分割、地方封锁的体制，消除或淡化地区、行业、部门保护主义，统筹协调全社会的物流管理，顺应物流体系的内在联系，加强物流体系各部分之间的横向联系，同时消除对内物流和对外物流的分离。

3.鼓励创新

政府部门采取积极的财政政策、税收政策、金融政策等，鼓励和加强物流基础设施和信息平台的建设，扶持、引导物流经营企业引进先进技术装备，改善物流设施，促进物流企业发展和物流服务推广，并积极倡导包括无车船、设备在内的物流策划企业和物流服务代理企业在内第三方物流业的发展。

（三）我国物流市场的规范化、制度化、法制化将逐步实现

1.加快立法适应市场需要

自我国入世日程基本确定以后，我国加快

了清理原有政策法规的步伐，不适应WTO规则的要求被废止，然而这仅仅是入世后法律体系变化的一小部分。从目前我国物流相关法规的现状看，由于对于市场发展过程中出现的许多新情况、新问题，没有相应的法律规范，存在许多法律真空，因此，加快立法已经成为市场的强烈呼声。

我国应推动综合性、跨行业、跨部门的物流法规和配套规章的制定，改变目前现代物流无法可依的局面。包括物流企业的资质、融资政策、产权转让规定、人事制度安排、市场进入和退出机制、社会保障制度、市场竞争规则等等，为物流企业创造一个开放、公平、竞争、有序的市场环境。

以《海商法》为例，《海商法》是我国经过长期酝酿、较为成熟和完善的法律，但是面对高速发展、对外开放日益扩大的航运市场的要求还是显得比较单薄，另外还缺少司法解释，在很多具体问题上存在较大的执法随意性。随着《汉堡规则》的生效和国际航运市场日新月异的变化，《海商法》的很多内容已经需要紧跟时代要求、进一步作出相应的修改。

2.以法律保证公正公平的市场环境

我国物流企业按现行企业分类制度可分为多种“性质”的企业，由于企业“性质”的不同，企业地位、市场分割、经营权范围、财政支持、税收等企业“待遇”就有差别，不平等竞争也因此产生。而企业法律制度国际化后，将有利于各类企业公平竞争。受益于旧体制的企业或利益集团必须适应新的竞争，否则无法生存。

3.在WTO机制和框架下合理司法保护

WTO尽管遵循贸易自由化，但在服务业中没有作特别严格的要求，原则上尊重WTO成员国内的法律和政策。因此，我国可以通过立法，在国民待遇的原则下，合法保护有关产业。例如：加入WTO后，我国政府有关部门仍将依照有关规定对在我国申办合资、合作，独资的外商企业进行审批，条件合格的发给有关证照，条件不合格的，不准开业。所以说，加入WTO后并不是无条件地允许外商自由出入。1999年6月25日，国家经贸委和外经贸部联合下发了《外商投资商业企业试点办法》，将试点地域扩大到省会城市、直辖市、计划单列市和经济特区。同时在京、津、沪、渝等地开放批发业。与商业有关的金融、保险、外贸、咨询、运输、工程承包、电信、旅游等领域也相应放宽了投资限制，如增加航空运输业外资航空公司的数量等。《外商投资商业企业试点办法》虽暂不允许外商独资设立商业企业，但允许在“试点地区”(即省会城市、自治区首府、直辖市、计划单列市和经济特区）设立合营商业企业，参与合营的外国合营者在经营资格上有一定的限制。

附　录

入世后需要修改、调整的部分物流相关政策法规：

《公司法》

《银行法》

《保险法》

《税收基本法》

《反倾销法》

《中外合作经营业法》

《中外合作经营企业法》

《外资企业法》

《道路运输条例》

《海关法》

《海商法》

《合伙企业法》

《水路运输管理条例》

近期出台的有关法律法规：

《关于整顿和规范市场经济秩序的决定》

《道路货物运输企业经营资质管理办法(试行)》

《营业性道路运输驾驶员职业培训管理规定》

《全国道路化学危险货物运输专项整治实施方案》

《超限运输车辆行驶公路管理规定》

正在制定的法律法规：
《外商投资道路运输业管理规定》
《反垄断法》
《外资商业企业管理暂行办法》
《外资企业从事直销业务规定》
《道路运输管理条例》
《商业特许经营管理条例》
《航运法》
《港口法》
《道路运输法》

（撰稿：上海惠康物流信息系统有限公司　戴龙）

第五部分

供应链管理与物流技术

供应链管理

自20世纪80年代末以来，供应链管理得到了相当广泛的应用，但对它真实的涵义却混淆不清，许多人把供应链管理当作物流的代名词或同义词来说明。但实际上供应链管理的定义无论是从其内涵还是从其外延来看都比物流的概念广泛和深刻得多。不妨把它定义为：供应链管理是这样一种方法，它能够优化整个供应链上企业的资源配置，以满足以顾客需求为标志的商业需求的增长。有效的供应链管理应归功于整个企业结构的持续改善。

一、供应链管理的优势

供应链管理，是对商品、资金、信息在供应商、制造商、分销商和顾客组成的网络中流动的管理。供应链管理的核心是以供应为基点，将生产、流通直到消费者终端连接起来，实施高度组织化和现代化的管理。它的三大要素是：电脑及通讯网络技术、优化的组织架构和良好的贸易伙伴关系。

供应链管理的精髓表现在：以顾客的需求为大前提，透过供应链内各企业紧密合作，有效益地为顾客创造更多附加价值；对从原材料供应商、中间生产过程到销售网络的各个环节进行协调；对企业实体、信息及资金的双向流动作出管理；强调速度及集成，并提高供应链中各个企业的即时信息可见度，以提高效率。

供应链管理与传统的物流管理有着根本性的区别。传统的物流管理是指按照市场的要求，将产品从供应地向需要地转移的过程，它强调的是单个企业物流系统的优化，即对运输、仓库、包装、装卸搬运、流通加工、配送和物流信息实施一体化管理。

供应链管理则超越个别企业，对整个供应链的所有企业的物流实施一体化管理。也就是说由链中的企业共同对供应链的物流活动进行管理和优化。供应链管理的思想产生于对物流管理的研究，但已经超越了传统的物流管理，它同时还包括对资金流和信息流的管理。除此之外，供应链管理所创造的效益也不是单个企业的物流管理所能比拟的。

供应链管理对小至个人、企业，大至全球经济都产生了很大的影响。

对企业来说，供应链管理可以提高效率，加快贸易循环，节省库存、运输及生产的成本，增加流动现金，还可以提高公司的对外服务质量。企业竞争的背后其实就是“供应链对供应链”的竞争，只有具有高效率供应链的企业才能在日渐激烈的竞争中脱颖而出。

对于全球经济来说，供应链管理会带来新的竞争模式，加强全球经济一体化的进程。同时，通过减少企业库存，供应链管理可以减低经济危机的程度，调整全球经济周期。

由于信息的流量与速度会更多更快，供应链管理对个人也提出了新的挑战，它要求个人能随时紧跟经济发展的节奏，并且能够建立更大的人际网络。

因此，在全球经济一体化的形势之下，供应链管理具有强大的优势。我国企业必须真正认识并尽快接受这种观念与方法，才能有资格加入全球竞争。

二、中国供应链管理现状

行业管理是供应链管理的前期基础。因为在计划经济时期，行业分属国务院下属的中央部委，各部门根据自身的需要设立了物流管理机构，并且按照行业发展规划设立了从事物流服务的部门，制定了物流管理的有关规章和细则。在进入市场经济阶段，封闭式行业管理的物流模式受到了较大的冲击，这是由于改革开放二十多年以来，我国的经济形势、产业布局及产业组织形式发生了根本的变化。市场机制在经济运行的宏观、中观及微观层面上，发挥着越来越巨大的作用。我国经济的快速发展，使商品的供应能力大大提升，原来各行业的物资部门所具备的计划、分配、调拨、核销职能几乎丧失殆尽。面对新的市场形势，各行业内原有的物资企业或企业物资部门，主动改革管理体制或经营机制，面向行业内的各企业，提供全方位的物流服务，这包括资金垫付、代购代储代运、配送上门等项目。并且面向行业外的企业提供分阶段的物流服务，同时，改善自身的硬件条件及管理水平，呈现出供应链管理的初级阶段形态。即由计划分配型的物资管理转化为服务型的物流管理，行业内的物资企业主动把握生产型企业的供需脉搏，提供及时、周到、完善的服务，这时的物流企业，只能把握住与行业生产经营密切相关上游流通环节，实施被动性的按企业需求提供供应链运作某一环节的物流服务，不能对供应链各环节的全程运作，提供全过程服务，更无能力整合供应链上各相关企业的各种物流资源。因此，面向行业的物流管理，只能处于供应链管理的初级阶段。近几十年里，随着家电、电子、计算机、通信及医药等新型产业的兴起，以全新的企业管理理念及物流管理模式融合到企业经营管理的活动中，这些新型的产业大都是高科技产业，产品的技术含量及深加工附加值高，对物流服务提出了越来越严格的要求。在这些产业中，供应链管理的成效已成为决定企业核心竞争力的一个组成部分，准时制物流、精细物流、资源管理系统、快速响应系统等现代物流理念及操作流程渗透到企业日常生产经营活动之中，逐步形成以信息技术集成方式为主的供应链管理模式。这些行业的物流管理，正好与跨国公司结成物流战略联盟，加入到全球经济一体化的大潮之中，其物流服务与管理水平，也随之提升到国际化水准的阶段。新兴产业的物流管理，为传统产业的物资管理提供了效法的样板，加速传统物资企业向现代物流企业的转化过程。

根据中国物品编码中心所做的《中国企业供应链管理调查报告》，中国供应链管理现状大致如下：

（一）目前，随着经济全球化的发展，越来越多的中国企业也正在努力改善企业管理，以在激烈的市场竞争中获得有利地位。我国企业虽然在管理过程中为提高管理效率也曾采取许多措施，但多是在企业内部或企业的部门内进行，没有从整个供应链的角度去考虑。多数国内企业不理解供应链管理，更不了解国外现状（参见表1），企业内部的传统的物流部门的职能已经不能适应当前的商业环境，急需从管理理念上进行改革。

表1　企业对供应链和供应链管理的理解程度

理解程度	行业类型		
	制造业	批发业	零售业
不理解	92.2%	93.7%	89.6%
理解	7.8%	6.3%	10.4%

（二）供应链上各节点企业间的合作时间比较长，贸易伙伴之间已经建立了长期的贸易伙伴关系，说明供应链的结构比较稳定，这是供应链上企业间实施ECR（有效客户反应）QR（快速反应）等供应链管理的基础。

经调查表明，大于四分之三的我国企业都已经与贸易伙伴建立了战略上的伙伴关系（参见表2.表3.表4)。已经从过去你死我活的输

表2　　　　　　供应商供货准时程度

供应商供货准时程度	行　业　类　型		
	制造业	批发业	零售业
准　时	93.6%	87.5%	98.5%
不准时	6.4%	6.4%	1.5%

表3　　　　　　企业与供应商的合作时间

合作时间	行　业　类　型		
	制造业	批发业	零售业
合作时间<1年	8.5%	12.5%	9.0%
1年≤合作时间<2年	18.4%	25.0%	44.8%
2年≤合作时间<3年	14.9%	12.5%	19.4%
3年≤合作时间	52.8%	50.0%	26.8%

表4　　　　　　企业与供应商之间的满意程度

调查内容	行　业　类　型			
	满意程度	制造业	批发业	零售业
企业对供应商是否满意	满意	96.5%	87.5%	97.0%
	不满意	3.5%	12.5%	3.0%
供应商对企业是否满意	满意	95.7%	81.2%	97.0%
	不满意	4.3%	18.8%	3.1%

赢关系转换为目前的既有竞争又有合作的双赢关系，这为在我国供应链企业之间推行供应链管理的理念和技术创造了必要的条件。

（三）条码技术在企业的应用已经相当普遍；采用POS系统的商店在我国也相当普遍。但条码技术和POS扫描仅用于提高零售企业的结算速度上，条码技术在提高整个物流运作效率上的作用并没有充分发挥（参见表5）。

表5　　　　　　条码采用情况

条码采用情况	行业类型		
	制造业	批发业	零售业
所有商品都采用条码标识	73.0%	68.8%	61.2%
不是所有商品都采用条码标识	27.0%	31.2%	38.8%

（四）企业已经开始运用计算机系统进行生产规划和库存管理。但由于数据采集问题并没有解决，从而影响到库存管理的自动化。网络技术在企业的应用已相当普遍，但这种应用相当肤浅，多数企业仅限于用E–mail发送电子邮件的形式传递业务相关信息，企业并没有实现真正意义的电子数据交换（参见表6）。

表6　　　　　　网络技术应用情况

调查内容	行业类型		
	制造业	批发业	零售业
企业建成局域网	44.7%	31.3%	62.7%
企业没有建成局域网	55.3%	68.7%	37.3%
企业上网公布产品信息	56.7%	31.2%	38.8%
企业没有上网公布产品信息	43.3%	68.8%	61.2%
企业提供网上购物方式	13.5%	12.5%	17.9%
企业不提供网上购物方式	86.5%	87.5%	82.1%

（五）由于供应链管理的支撑技术在企业间远没有普及，VMI（供应商管理用户库存）、CMI（客户管理库存）等供应链管理的运作方式并未被企业采用，仍需要在企业间推广普及供应链管理的支撑技术（参见表7）。

表7　　VMI实施情况

VMI实施情况	行业类型		
	制造业	批发业	零售业
没有实施VMI	98.6%	100%	97.0%
实施VMI	1.4%	0%	3.0%

总之，在我国企业推广和实施供应链管理才刚刚起步，从理念的普及开始，到具体技术的采用，还有很长的路要走。

三、在中国发展供应链管理的必要性

供应链管理对商业企业效率的提高所带来的影响，其效果是有目共睹的。商业连锁经营，采用统一进货渠道、统一标识、统一配送、统一售价及统一服务标准的运作模式，就是供应链管理理念在商业零售业中的应用，有利于降低商品流通成本，促进商品由实物形态向货币形态的转化过程。

（一）经济全球化的挑战

我国已经加入了WTO，融入了全球竞争。经济全球化对我国传统物流所构成的挑战主要表现在以下几个方面：

1.客户对服务的追求。客户在市场上所追求的不仅仅是产品的质量、更多的是在追求服务。追求产品的时间和场所效用的一致性服务之保证。追求有服务基础上产品之增值。比如，无缺陷退货，门到门送货，一票通、一卡通等。这是一个客户服务爆炸的时代。

2.速度对交货的压力。产品的寿命周期变短，客户要求及时交货，最终消费者在首选产品不能立即可得的情况下往往更愿意接受替代品。

3.全球化市场的差异。全球采购原料和零部件，在海外生产制造，在许多不同的国家销售，所销售的产品不可能是地区性市场的客户定制的。传统物流面临极大的经济、政治、文化的差异所带来的挑战。

4.一体化管理的能力需求。对商务过程的管理需要知识面宽广的综合型管理者。市场空间将作业管理和信息管理整合运作，已经出现远程设计、远程制造、远程销售的经营模式，企业管理需要的是通才而不是狭窄领域内的专家，新型的物流管理者需要具备系统工程和组织行为学的知识，具有面向市场的价值观和把客户服务作为主要经营理念。

因此，我国需要供应链管理来提升传统物流，应对挑战。

（二）21世纪知识社会的挑战

简要地说可归结为以下几方面：

1.生产力要素结构发生了根本变化；

2.产品制造模式发生根本变化；

3.组织管理发生巨大变革；

4.生产经营由封闭性、地区性向开放性全球化转变；

5.可持续发展要求自从1992年在联合国“环境与发展大会”上获得一百多个国家认同后，逐步变成21世纪共同遵守的宪章。这就要求过程工业这个产生最大污染源的部门，变成与环境协调发展的洁净生产工业。

6.从另一方面看，信息技术的长足进展又为过程工业迎接挑战提供了有力手段及广域动作的可能性。

在上述发展形势下，从前我们所认识的以计算机(C)为核心，以制造系统(M)为对象的CIMS显然已不能适应发展需要，将让位给以网络为核心，以整个供应链为对象的优化集成系统。

正如麻省理工学院查尔斯·法恩在其新著《时钟速度》中强调的：“在今天拼比竞争力

的战场上，一家企业最根本、最核心的竞争力在于对供应链的设计。”

四、供应链管理的发展趋势

（一）IT系统集成供应链管理

随着信息技术的发展与管理思维的创新，有效的供应链管理正取而代之成为公司赢得竞争优势的重要源泉。

供应链管理虽然对产品或服务的有效传递非常重要，但不少公司常把供应链视为一种成本而不是当作潜在的区分产品或服务的手段。其实，公司能够通过优化其流通网络与分销渠道、减少库存量、加快库存周转来改进他们的供应链。要做到这些，关键是进行更好的集成，提高每个公司对整体供应链中即时信息的可见度，在此，IT系统发挥了重要的作用。

在供应链中欠缺的是制造商、分销商和顾客之间的联系，有关顾客需求的实时信息无法及时反馈回供应链，导致对顾客反应的滞后，所以，有必要增加链中各方获得信息的及时性与可见性。通过使公司给其顾客以及顾客的顾客想得到的，供应链成为差别化竞争优势的一个重要来源。

近十年来，ERP（企业资源计划）系统、EDI（电子数据交换）、Internet（互联网）和extranet等关键技术的应用使很多公司实现经营的一体化。今后，这些技术领域的市场空间是相当可观的。

（二）大规模定制变革供应链

品牌化在增加顾客忠诚度的同时，也为此付出了昂贵的代价。换个角度讲，有效地管理供应链既能实现成本节约与服务改善，实质性降低公司经营费用，也能有更多时间去关注顾客。这样，我们可以发现，它比品牌化带给公司的价值要多。

一个高效的供应链可以产生优质的顾客服务水准，最终也带给顾客更多的价值。为了使众多的顾客关注供应链，公司必须采取创新的思维与方法，开发新的流程与系统。大规模定制（mass customization）是优化供应链、增强对顾客反应能力的一种有意义的方式，它给传统的生产、流通和消费模式带来冲击。大规模按顾客订单定制不仅仅是一个制造过程、物流系统或营销战略，它还可能成为21世纪公司的产业组织原则，就像大批量生产是这个世纪的组织原则一样。

大规模定制是供应链管理挑战品牌经营的有力手段，这种方法正在许多产业应用，以便为顾客更好地服务。它在提高服务质量的同时，简化了整个需求判断的过程，并且使人认识到只有提供那些能够反映顾客特定需求的产品才是最好的服务。Internet与电子商务的进一步普及，为定制业务的开展创造了良好的基础环境。传统的生产模式使制造商与顾客隔离开来，是一种一对多的关系，这种体系意味着顾客的需求和公司提供给市场的标准化产品只能是模糊近似的吻合，要做到顾客完全满意根本不可能。工厂把产品推向市场，实际上对需求仍缺乏真正的了解，而品牌经营试图通过形象来弥补这个缺陷。大规模定制能够充分了解、捕捉与满足顾客的真正需求，因为它是根据顾客的实际选择，按订单制造、交货的，没有生产效率的损失，且实现了一对一的直接联系。按订单制造更有把握获利，因为库存与仓容减少，且顾客满意。现在，它正促使某些传统的以大量生产为核心的公司开展大规模定制来满足市场需求，增进与顾客的关系。

（三）供应链动态集成系统DSCIS

供应链动态集成系统DSCIS(Dynamic Supply Chain Integration System)是以整个供应链优化为对象的集成系统，这与传统的CIMS是不相同的。

1.管理的本质从过去的“控制”转变为“协调”。竞争形势要求在全球范围内做出快速决策，那种传统的递阶式等级制决策管理模式显然无法适应这种形势。于是管理决策由集中转向分散，管理的本质也由控制转变成协调。分散化决策并不是局部“各自为战”，它要以全球化的信息和知识共享为基础。

2.集成的范围不仅是生产制造系统，甚至主要不是企业内部了，而是要把供应商——生产制造商——用户需求全方位地集成到一起，从而建立起一个市场需求(用户)反应灵敏、对原料供应变化适应迅速的系统。

3.系统的关联手段已不是以计算机为核心，而是以网络为核心，特别是广泛采用Internet/Intranet技术。上述跨国家地区跨企业的协调管理作用离开网络技术显然是无法实现的。

4.优化的目标从传统的成本最低或利润最大转变为使客户最满意和服务创新，这是因为知识经济本质上是服务型经济，如果没有客户满意和服务创新就占不到市场份额，经济效益也就无从谈起。

供应链集成的技术是多种多样的，有的发展成熟些，有的还正在开发之中，这里无法全面论述，只简略地介绍几种主要的成熟一些的技术。

（1）计划优化技术

计划/调度在整个系统中处于中心位置，是连接企业内部制造系统与外部市场供销的中枢神经。整体供应链计划优化涉及到由原料资源直到交货发运的全过程，要同时考虑生产和发运的成本及约束，涉及的决策变量分布在全世界，数量可达上百万个。要在这么复杂的系统中求优化解，完全用基于约束条件的数学规划算法显然是不行的，必须把用户的业务规划经验和目标做成专家系统，嵌入到优化的求解系统中去才能得到比较实际的优化解。应当说，这是一项尚不太成熟的技术，目前还不能保证每次都能够求得解答。

（2）预测及需求管理技术

以过去的订单及发货单为基础，有十几种统计预测方法可供应用。但这些历史数据往往详细程度差别很大且散落在企业各处，需要用户来定义应纳入何种详细程度的数据，并由专家系统把用户的业务知识和经验总结进去，以补偿纯粹统计计算的不足。鉴于这种需求预测需要广泛的信息，因此这类软件应允许将其功能扩展到任何有助于输入有价值信息的人(包括客户)，这就要利用Internet参与这项工作。此外，还应当允许用实际订单数据来校正预测。

(3) 承诺能力(ATP，Able-To-Promise)

占领市场最重要的能力之一就是快速承诺顾客对订货数量、质量及交货时间的要求。为此，一方面要把订单承诺过程中各种业务规划和实践经验归纳到软件中去；另一方面则要根据库存管理、生产计划及现成的生产能力重新调度，快速制定出多种可供顾客选择的方案。

（4）调度排产技术

调度排产优化的目标常常是生产成本最低。这对用一套设备实现多种产品生产的特种化学品及生命科学相关产品特别重要。因为调度优化不但可提高产量及设备利用率，而且可以减少切换次数、降低中间产品库存量，因而经济效益十分明显。

（5）企业资源规划

这是企业上层计划管理系统。企业资源包括资金财务、固定资产、员工人事、分工、仓储、销售运输系统的配置等。这项技术是从离散制造业的物料需求计划MRPⅡ发展起来的，虽然每年增长率高达35%，但主要还是用于离散制造业，而对流程工业尚缺乏成熟可靠的技术。

(6) 储运管理系统

这里实际上是仓储管理及运输管理两部分。将仓储管理、销售预测及后勤计划集成起来,要求考虑整个供销网络的生产能力、约束条件、合同和非常规客户，利用线性规划、模拟退火算法和/或传统的发送请求计划(Distribution Requirement Planning，DRP)技术来优化仓储部署。运输调度管理是一个相对比较成熟的技术，运筹学中的经典的“销售员旅行路线”问题就是这种技术。

（7）过程模拟技术

流程工业制造加工是将原料经过各种物理和化学过程使之发生成分及性能变化，最终成为符合要求的产品。因此，建立能反映这些物理和化学过程的数学模型就成为最核心、最本质的技术。

(8) 运行信息系统OIS(Operation Information System)

这是直接与生产装置的集散控制系统DCS连接的信息管理系统，其中包括实时数据库、实验室信息管理系统、收率计算系统等功能模块。

(9) 先进过程控制

这是在常规PID控制之上的控制，方法很多，如自适应控制、模糊控制及多变量模型预估控制等。但当前应用最广、效益最明显的是一种称为动态矩阵控制(Dynamic Matrix Control, DMC)的多变量预估控制，把用现场测试响应数据为基础的数学模型与线性规划优化算法相结合，解决单个装置的局部优化控制问题，其决策变量最多可达几十个。

(10) 实时优化技术

当前的实时优化是在稳态流程模拟基础上的优化，也就是根据现场实时输入数据进行模拟计算，然后用优化算法在计算机上搜索最优化解答。找到最优化的工况后，以此作为控制系统新的设定值。所以这项技术本质上是稳态模拟加上优化算法。但因为实时优化要求在1～2小时内解算完毕，所以必须用联立方程法去取代传统流程模拟用的序贯模块法。至于优化搜索算法，当前主要用逐次二次规划SQP算法。

应当指出，整个供应链的集成决不仅仅是传统集成范围的扩大，它必然涉及到许多工作流的再造工程。这种软件集成必然是跨组织的(制造、销售、供应公司、客户公司等)、跨制造模式的(连续流程的、批处理的、按订单生产的等)，甚至是跨工业行业的(化工、炼油、制药、日用化学品等)。

供应链动态集成是一个复杂的集成系统，目前是按工业行业进行垂直纵向集成，例如在炼油、化工、冶炼、制药和电力等行业中先做出拼盘，然后加以推广。据报道，这种把生产制造系统与供销后勤乃至供应商公司和用户全部集成起来，已成为先进企业的一种时尚。

这种高速增长，从技术上看是沿着两个方向来实现的：

一是由一个公司主要用自己的技术来给过程企业承包，实现所谓“无缝集成”；

二是提倡标准化，以便于采用不同供应商的软件集成为统一系统。

从目前来看，进展较快的成果多来自前一种方式，占领了市场的绝大部分额。

总之，供应链优化集成是一项庞大的系统工程，不论是“无缝集成”也好，还是通过标准接口使用多种供应商的软件集成也好，都要由专业集成商担负主要工作。那种由过程制造企业依靠自己内部力量“自力更生”的时代已成为过去。在工业发达国家，这种专业集成公司已愈来愈多，而我国尚不多见。这是一个很大的市场，如果我们自己不去占领，必然就会让外国集成商占领，这是我们在21世纪初面临的严峻挑战。

(特约撰稿：北方交通大学　王耀球　田源)

物 流 管 理

物流管理广泛存在于制造、分销及物流企业中，本文介绍与物流管理相关的三个行业：即物流咨询行业、物流培训行业和物流管理教育事业。

一、物流咨询行业

随着企业对物流的重要性的认识不断提高，物流咨询行业蓬勃兴起。目前在国内，物流咨询市场主要存在于汽车、家电、医药、消费品、高科技等行业。这些行业具有以下共同点：生产和销售过程中物流量很大，时间是企业运营的关键因素，优良的供应链可以节约大量成本，行业利润较高。

物流咨询根据其咨询内容，可分为物流管理咨询和物流软件咨询两个领域。

（一）物流管理咨询领域，包括战略性的物流管理咨询、非战略性的物流管理咨询和物流企业投资咨询

1.物流管理的战略性咨询。进行此类咨询项目需要非常丰富的行业知识和实际操作经验，所以有能力提供此类服务的公司，主要是一些大型跨国咨询公司和国内资深的物流企业和研究中心，如埃森哲（Accenture）、科尔尼（A.T. Kearney）等等。咨询的内容涉及战略采购、供应链重组、物流网络规划等咨询项目。目前国内传统仓储、运输、批发业企业和一些民营企业迫切需要向现代物流企业转型，对与此相关的咨询项目有很大的需求。此外，国内一些大型的企业（包括国有企业和外资企业）面临着供应链重组整合的问题，此类咨询项目的需求也在上升。战略性的物流管理咨询项目在国内开始于2000年。在2001年内，对此类咨询的需求增加。整体上看，战略性的物流管理咨询在国内仍处于初期阶段，企业对其的需求正处于上升阶段。

2.非战略性的物流管理咨询。咨询服务的内容包括仓储、运输、配送、库存管理等物流链上各个环节的运营管理咨询项目。国内提供此类服务的咨询公司较多，对此类服务的需求也较强。此类咨询在国内的起步较早，发展得很快，已形成较大的咨询市场。

3.物流企业投资咨询。随着物流业的高速发展，其良好的发展前景吸引了众多投资者。很多机构，如银行、风险投资公司，需要对物流企业的投资进行评估和咨询。但目前有能力提供此类咨询服务的机构极少。

（二）物流软件咨询领域

物流软件咨询领域可分为三个方面：一是整体供应链解决方案的实施和咨询；二是单个物流模块的软件实施和咨询；三是物流平台服务。

1.整体的供应链解决方案的实施和咨询。它不仅包括物流管理信息系统的建立，还包括物流业务流程重组及相应的组织调整。目前提供此类解决方案的公司为数很少，如惠普、中软冠群等。此类的咨询项目开展得很少，最为业内所知的是惠普和i2合作为联想实施的供应链解决方案。

2.单个物流模块的软件实施和咨询。此类市场上的软件主要是ERP开发商提供的ERP中的一些物流管理模块，以及软件公司开发的进销存系统、仓库管理（WMS）和运输管理（TMS）

方面的软件。这些软件能解决物流管理中复杂的信息管理和单证处理问题，因此软件的需求较大。但这些软件中，缺乏高级的决策支持型的软件，如先进的库存控制软件、复杂需求预测软件、运输调度软件等。同时，企业对这方面软件的需求的迫切性和认识不足，此类软件市场的成熟有待时日。

3.物流平台服务。电子商务的发展改变了企业的物流运作模式。目前，有企业提供以互联网为媒介的物流服务，如电子采购平台、物流服务的电子交易市场、电子拍卖平台等。

二、物流培训行业

随着近年来对物流人才的需求的不断增加，物流培训蓬勃兴起，各类物流讲座及物流培训班应运而生。大体上说，提供物流培训的主要有以下四种组织：

（1）政府及政府主管的培训中心；

（2）专业培训机构；

（3）科研院校；

（4）物流软件公司、物流咨询公司和物流网站。

总的来说，目前我国的物流培训存在着以下特点：

（一）物流培训行业刚刚起步，历史很短。

（二）物流培训提供者数量众多，但规模普遍较小，只能提供临时性的或短期的物流培训服务。

（三）物流培训的内容虽然比较广泛，但层次较低。现今社会上提供的物流培训的内容几乎涵盖了物流的所有领域。但鉴于目前我国物流行业人员的总体素质较低，当前社会上需要的物流培训主要集中于普及性的现代物流知识。

（四）缺乏资深的物流培训机构。国内除少数科研院校外，大多数组织没有能力提供系统的、深入的物流培训体系。

（五）缺乏权威的物流培训认证。虽然国内提供物流培训的组织并不少，但没有一家机构举办的物流培训能在整个物流行业内得到广泛的肯定。

这些都与国际水平有很大的差距。以国际上著名的APICS为例。APICS是一家资深的物流培训权威机构。它的“生产与库存管理认证”（Certification in Production and Inventory Management，CPIM）培训项目，是一个专业的物流培训认证体系。整个培训项目分为五个模块，辅以配套的教材、课后练习、辅助读物、案例分析、多媒体辅助教学工具。每年APICS组织多位物流领域的专家编写和修订培训教材，使其的培训内容与业内先进水平保持一致。APICS的学员必须通过六门严格的考试才能获得CPIM的资质认定。由于这个培训项目采取了非常地严谨和科学的方法，因此它的资质认定在国际上被普遍认为是高级物流人员的资格证明。

三、物流管理教育事业

20世纪70年代末以来，随着改革开放和国民经济的快速健康发展，对物流管理人才的社会要求越来越突出。从1979年开始，国家批准物资

院 校 分 类	开展物流教育的途径	学 校 举 例
物资管理类院校和商学院	由物资管理教育转向物流管理教育	北京物资学院、解放军后勤指挥学院、北京商学院等
交通运输类院校	由交通运输管理教育转向物流管理教育	北方交通大学、上海海运学院等
高等综合院校	开设物流管理教育课程和专业	复旦大学、北京科技大学、华中理工大学、上海大学等

院校招收物资管理类硕士研究生，开始培养高层次的物流管理人才。20世纪80年代初，现代物流概念开始引入中国。

1993年，中国高校第一次招收物流管理专业本科生，1998年，国家教委调整高校专业目录，将物流类专业并入市场营销等其他专业。与此同时，在一些经济较发达地区如上海、北京，为了适应当地加强物流业的需要，当地的一些高校开始从事现代物流管理的教育和研究工作。2000年，“物流热”蓬勃兴起，更多的高校开始开展物流管理教育工作。目前，一些重点高校如复旦大学、北方交通大学、北方科技大学、北京物资学院、北京工商大学等，开设了物流管理课程，设置了物流管理专业方向，招收相关的专科生、本科生、研究生和MBA。

目前国内约有30余所院校开设了物流管理或与物流管理相关的专业方向。设立物流管理专业方向或与物流管理相关的专业方向的院校主要有以下三类：

总体来讲：我国物流管理教育有如下特点：

（一）现代物流教育研究机构基础薄弱

1.培养物流管理专业人才的院校还较少，历史较短。开设物流管理及相关专业的院校的数量占我国高等院校总数的比例很小。

2.物流教育机构大都是以工商管理类院校中分设专业方向的形式存在，缺乏工程类及其他类别的物流专业方向。

3.物流教育规模、人才培养的层次也不能够满足经济发展的要求。根据美国奥尔良大学进行的一项全美物流职业类型调查，在被调查的物流业管理者中，92%具有学士学位，41%具有硕士学位，22%具有从业资格证书。而目前我国物流管理人员的学历普遍较低，拥有管理或物流专业学位的人较少，相当一部分物流管理人员来自于其他专业。

4.专门从事物流管理研究的机构数量较少，还没有形成统一规范的物流科研机构体系。

（二）物流管理教育与物流管理实践有脱节的现象

物流管理教育机构与物流企业的联系不紧密，“产、学、研 ”一体化的物流教育局面还未广泛形成。

（特约撰稿：复旦大学现代物流管理研究中心主任　朱道立）

第三方物流

一、第三方物流的内涵与特征

（一）第三方物流的内涵

第三方物流（Third Party Logistics，TPL）是20世纪80年代中期在欧、美发达国家出现的概念，至今还没有明确的定义，一般是指传统的组织内履行的物流职能交由外部物流企业承担，这种外部承担物流职能的企业称第三方物流企业。作为一个新兴的业务领域，第三方物流是对运输、仓储等传统物流服务行业的一个重要发展。

20世纪90年代中期，第三方物流的概念开始传到我国。中国国家质量技术监督局2001年4月17日发布，2001年8月1日实施的中华人民共和国国家标准《GB/T18354—2001物流术语》对第三方物流给出的定义是：第三方物流是由供方与需方以外的物流企业提供物流服务的业务模式。指在物流渠道中，由中间商以合同的形式在一定期限内向供需企业提供所需要的全部或部分物流服务。“第三方”这一词来源于物流服务提供者作为发货人和收货人之外的第三方这样一个事实。第三方物流企业在货物的实际供应链中并不是一个独立的参与者，而是代表发货人或收货人，通过提供一整套物流活动来服务于供应链。第三方物流企业本身不拥有货物，而是为其外部客户的物流作业提供管理、控制和专业化服务的企业。

人们根据第三方物流的不同特点，对其有不同的称呼。

根据第三方物流企业通常与客户签订较长时间物流服务合同的经营方式，称其为“合同物流（Contract Logistics）”；

根据它与企业自身提供物流服务的区别，称其为“物流外协（Logistics Outsourcing）”；

根据第三方物流可以提供企业所需的多功能、全方位物流服务的特点，称其为“全方位物流服务公司（Full-service Distribution Company或FSDC）”；

根据第三方物流企业一般与客户结成战略伙伴关系，公平分享利益，共担风险，称其为“物流联盟（Logistics Alliance）”等等。

（二）第三方物流的特征

1．第三方物流是合同导向的系列多功能服务。

第三方物流有别于传统的外协，传统外协只限于一项或一些分散的物流功能，如运输公司提供运输服务、仓储公司提供仓储服务。第三方物流虽然也包括单项服务，但更多的是根据合同条款的约定，整合一个以上的物流功能，提供多功能，甚至是全方位的物流服务。

2．第三方物流是个性化物流服务。

第三方物流服务的对象一般都较少，只有一家或少数几家客户，服务的合同期限较长，往往长达数年。由于第三方物流企业只为少数几家固定客户服务，服务的内容具有规范性、重复性的特点，因而可以根据客户的生产经营规律，提供定制化的服务，如准时制（JIT）配送、废次品返厂等。

3．第三方物流是在建立长期战略合作伙伴关系基础上的物流企业为供需双方提供的物流服务。

第三方物流是企业致力于发展核心竞争力，避免非核心竞争业务分散精力和资源而寻求战略合作伙伴而产生的。第三方物流企业扮演了这种战略合作伙伴的角色。因此，第三方物流不象公共物流服务，客户是临时的、不固定的，甚至是一次性的，而是通过签订较长时间的物流服务合同建立的稳定联盟。第三方物流企业的业务深入到客户企业的销售计划、库存管理等整个生产经营过程，甚至会成为客户营销体系的一部分，超越了一般意义上的买卖关系，是一种战略合作伙伴关系。

4.第三方物流是以现代信息技术为基础的物流服务。

第三方物流的一个最大特点是依托信息化网络技术，对国内外物流资源进行优化组合，以最少的投入取得最佳的经济效益。 信息技术的发展是第三方物流存在的必要条件。信息技术实现了数据的快速、准确传递，提高了物流作业的自动化水平，使进货、储存、流通加工、包装、运输、配送实现一体化；客户与物流企业之间利用信息技术进行沟通，使它们的协调和合作能在短时间内迅速完成。同时，人们还能利用信息技术精确地计算出混杂在其他业务中的物流活动成本，从而促使非物流企业在比较利益的基础上把原来由内部完成的物流作业交给第三方物流企业运作。

二、第三方物流的发展状况

随着市场经济体制的完善和企业改革的深入，企业自我约束机制增强，企业外购物流服务的需求增大。特别是外资企业的进入，它们的外购物流模式，一方面增大了我国物流市场的需求；另一方面也成为我国企业学习的样板，带动了我国物流市场的需求。近几年我国多功能的第三方物流需求日渐增加，1999～2001年，中国仓储协会对物流市场供求状况进行了三次抽样调查，在生产企业的成品销售物流中，第三方物流所占的比重分别是9.1%、16.1%和21%，明显呈上升趋势。

我国较早的第三方物流企业是传统仓储和运输企业转型而来的，如上海友谊集团物流有限公司是由原上海商业储运公司经过分离和改制后组建的，20世纪90年代初便为国际上最大的日用消费品公司——联合利华提供专业物流服务，业务由最初的仓储和运输服务，发展到今天提供运输、仓储、配送、流通加工、信息反馈等多功能个性化服务，双方建立了良好的战略合作伙伴关系；1993年成立的中远集团，1995年对陆上货运企业进行整合，成立中远国际货运有限公司，建立全国统一的货运网络，2001年又通过合资方式，与广东科龙公司、无锡小天鹅公司成立安泰达物流公司；中国外运（集团）总公司20世纪中期开始为摩托罗拉（中国）公司提供物流服务，1996年对业务流程和操作规范进行设计，不断完善服务功能，使服务内容从简单空运发展为全程物流服务，成为摩托罗拉（中国）公司最主要的物流服务供应商。

从第三方物流企业的形成结构看：

第一传统仓储、运输企业经过改造转型而来的占主导地位，占据着较大的市场份额。中远国际货运公司、中国对外贸易运输(集团)总公司（简称中外运）、中国储运总公司、武汉物资储运总公司等，他们凭借原有的物流业务基础和在市场、经营网络、设施、企业规模等方面的优势，不断拓展和延伸其他物流服务，向现代物流企业逐步转化。

第二是新创办的国有或国有控股的新型物流企业，它们是现代企业改革的产物，管理机制比较完善，发展比较快。如中海物流公司成立于1993年11月，1995年从仓储开始发展物流业务，在短短5年时间内发展成能为国际大型知名跨国公司提供包括仓储、运输、配送、报关等多功能物流服务的第三方物流企业。

第三是外资和港资物流企业，他们一方面为原有客户跨国公司进入中国市场提供延伸服务，另一方面用他们的经营理念、经营模式和优质服务吸引中国企业，逐渐向中国物流市场渗透，如丹麦有利物流公司主要为马士基船运公司及其货主企业提供物流服务，深圳的日本近铁物流公司主要为日本在华的企业服务。

第四是民营物流企业，如广州的宝供物流公司。这类民营企业由于机制灵活、管理成本低等特点，发展迅速，是我国物流行业中最具朝气的第三方物流企业。宝供的创始人刘武1992年承包了广州的一个铁路货物转运站，1994年注册成立广东宝供储运有限公司，当年承接了世界上最大的日用消费品生产企业——美国宝洁公司在中国市场的物流业务，经过几年的开拓创新，已成为在澳洲、泰国、香港及国内主要城市设有40多个分公司或办事处，为40多个跨国公司和一批国内企业提供国际性物流服务的物流集团公司。

从提供的服务范围和功能来看，我国的第三方物流企业仍以运输、仓储等基本物流业务为主，加工、准时制配送、定制服务等增值服务功能处在发展完善阶段。像宝供、中海这样功能完善的第三方物流企业目前为数不多，规模也不是很大。中远集团、中外运集团、中国储运总公司这样大型的运输、仓储企业虽已向第三方物流企业转化，但它们的传统运输、仓储业务仍占主要部分，第三方物流的功能还不完善。从中国仓储协会的调查也说明生产企业和商业企业的外包物流主要集中在市内配送、单纯仓储和干线运输。生产企业的外包物流中，单纯仓储占21%、干线运输36%、市内配送28%、包装4%；商业企业的外包物流中，单纯仓储占37%、干线运输21%、市内配送43%、包装14%。而且，生产企业使用第三方物流企业的数量通常有2～10家，商业企业使用第三方物流企业的数量一般在10家以上，说明生产企业和商业企业外包物流主要以“分包”为主，即将不同功能的业务分别委托给不同的企业，这从物流供给的角度看，第三方物流企业为用户提供一揽子服务的比重不大。

我国第三方物流目前的服务对象主要集中在外资企业，其次是民营企业和少数改制后的国有企业。如中海物流的客户主要有IBM、美能达、诺基亚、三洋、东芝、三星、华为、联想等企业；宝供物流公司服务的对象是宝洁、飞利浦、雀巢、沃尔玛、联想等。

总之，随着物流热的掀起，第三方物流得以长足发展，既有量的增加，涌现出许多物流企业，2001年仅北京市注册为“物流”的企业就有120多家，上海截至2001年底挂“物流”名称的企业已超过1000家；物流服务功能显著改善，出现像中远集团、中外运集团那样既有规模又有效益的物流企业。但从整体上看，企业规模不大，总体水平不高，还没有形成真正意义上的网络服务，难于在国际市场上竞争。除了新兴的外资和民营企业外，大多数第三方物流企业是计划经济时期商业、物资、外贸、粮食等部门的运输和仓储企业转型而来，企业缺乏整合，服务功能不全，主要停留在储存、运输等基本功能上，相关的包装、加工、配送等增值服务不多；与客户联系不够稳定，只有少数结成战略伙伴关系；信息技术比较落后，因特网、条形码、EDI、GPS等信息技术未能广泛应用；经营网络不完善，共同配送未能开展起来，货源不足，效率低；物流人才匮乏，设施落后，流程和作业不规范，管理水平较低。根据中国仓储协会2001年初的调查，在采用第三方物流的需求企业中，有23%的生产企业和7%的商业企业对第三方的物流服务不满意。在不满意的原因中，首先是因为作业速度慢和物流信息不及时准确，其次是作业差错率高、运作成本高。

三、第三方物流的发展前景

作为物流业的新兴领域，第三方物流在国外的物流市场上已经占据相当大的份额，成为现代物流产业的主体。欧洲目前使用第三方物流服务的比例约为76%，而且70%的企业不只使用一家，第三方物流所占市场份额：德国为23%，法国为27%，英国为34%；美国目前使用第三方物流服务的比例约为58% ，而且其需求仍然在增长。我国第三方物流所占的比重与这一数据相差甚远，说明发展第三方物流的市场空间很大。

我国已加入WTO，随着关税的降低和贸易

壁垒的消除，进出口贸易额将迅速增长，到2005年可望达到6000亿美元，这无疑会扩大我国第三方物流的市场；我国的开放程度将进一步扩大，许多跨国公司会在我国投资建厂，一方面它们采用国际惯用的外购物流模式，增加对第三方物流的需求，另一方面受这种经营模式的影响，国内企业也会增大外购物流的比重。

中国仓储协会2001年初对全国2000家企业调查中也发现，有57%的生产企业和38%的商业企业在寻找新的物流代理商，其中75%的企业将选择新型的物流企业，而不是原来的仓储运输企业，并且60%的企业将把所有的综合物流业务外包给新型的物流企业。根据目前企业物流执行主体的现状，说明大部分企业的自理物流将转交第三方物流运作。但另一方面，在采用第三方物流服务的企业中，物流供求关系很不稳定，第三方物流公司的市场机会虽然广阔，但变数较大。另外，据国际货币基金组织1997年的统计，我国当年物流成本占GDP的比重为16.9%，欧美等经济发达国家的比重一般在10%左右，说明我国的物流成本高，因此在第三方物流比重提高、市场扩大的同时，社会物流成本必须下降，这是对第三方物流的严峻挑战。

综上所述，我国第三方物流有广阔的发展前景，欧美、日本等物流发达国家的今天就是我们的明天。所以，我们一定要以加入WTO为契机，大力发展第三方物流，满足市场需求，提高物流服务行业水平，缩小与物流发达国家的差距。

一是加大产权制度改革力度，组建企业集团，壮大企业规模，实行集约化经营，增强竞争实力；

二是完善服务功能，强化增值服务，更好地满足市场需求；

三是加大科技投入，发展基于电子商务中的第三方物流，使电子商务与第三方物流相互促进，互动发展；

四是重视物流人才培养，推广应用先进技术和设备，尽快实现管理现代化。

（特约撰稿：华中科技大学管理学院　徐天亮　马永光）

电子商务与物流

电子商务一般来说是指利用电子信息网络等电子化手段进行的商务活动，是指商务活动的电子化、网络化。近年来我国电子商务发展非常迅速。在加入WTO后，市场将更加开放，中国将成为电子商务在全球发展最快，潜力最大的地区之一。

电子商务是一种改进传统商务活动的新形式，是一个新的市场。在经济全球化和信息化的时代，电子商务正对各国经济社会发展产生深刻影响，将引发一系列重要变革。电子商务将成为21世纪人类信息世界的核心，也是网络应用的发展方向，具有无法预测的增长前景。电子商务还将构筑21世纪新型的经济贸易框架。大力发展电子商务，对于我国贯彻以信息化带动工业化的方针，实现跨越式发展，增强国家竞争力，具有十分重要的战略意义。

一、对我国电子商务现状的基本估计

从1998年到2001年，我国的电子商务虽经历了许多波折，但已全面启动并已初见成效。截止到目前为止，互联网用户已达到2 650万人。外贸、金融、证券、保险等行业的电子化作业日益普及，更值得一提的是，越来越多的传统企业参与到电子商务中来。

联合国贸易和发展会议公布的《2001年电子商务与发展报告》称：2001年中国电子商务交易额升至93.3亿美元，其中B2B占80%。从1997年到2000年，中国互联网用户每6个月翻一番。

在政策法规建设方面，全国人大通过的《关于维护互联网安全的决定》，国务院颁布的《中华人民共和国电信条例》、《互联网信息服务管理办法》等政策及法规，初步确立了市场经济条件下符合国际惯例的法制框架。

对我国电子商务的现状可作如下估计：(一)我国电子商务尚处起步阶段。交易额仅占国民生产总值的0.87%。(二)我国有约15 000家大中型企业和1000万家小企业，开展网络营销、网上采购的尚属少数，企业信息化水平低，传统企业尚未成为电子商务的主力。(三)由于我国行业、地区发展不平衡，东南沿海与中西部地区有很大区别，目前部分行业及东南沿海大城市已开展电子商务，不少传统产业及中西部地区的城市电子商务应用水平很低。(四)缺少有关电子商务的法律法规，尚未完全建立电子商务所需要的法律法制环境。目前缺少有关电子签名、电子合同等电子交易的法律法规及有关电子商务方面保护消费者权益的立法。(五)我国信息基础设施、网络安全及物流配送体系尚不能完全适应电子商务发展的需要。我国网络带宽及速度较低，反应速度慢，网络运行质量差，电信费用较高；信息安全论证体系及配送体系不健全，消费者上网交易的信心不足。(六)社会信用体系亟待建设。(七)商务活动的支付手段较落后，银行电子支付体系尚未完全建立。大部分电子商务是非支付型电子商务，即网上营销，网下支付；小部分是支付型电子商务，即网上营销，网上支付。(八)企业采用信息技术等高新技术尚缺少内在的动力、人力、财力与物力。信息技术人才，特别是既懂信息技术又懂行业业务技术的复合型人才更为缺少。信息意识、信息技术知识水平较低，消费观念习惯与电子商务不相适应。部分基层领导对信息技术与电子商务应用的重要性、紧迫性认识尚需进一步提高。

二、十五期间我国电子商务发展趋势预测

在1998年11月，APEC部长级会议通过了

《APEC电子商务行动蓝图》，制定了未来APEC推动电子商务的行动框架，提出了发达成员于2005年、发展中成员于2010年实现无纸贸易的工作目标。在去年10月结束的APEC会议上，与会国进一步制定了一份具有前瞻性、面向行动的《数字APEC战略》。该战略旨在利用先进的信息及通讯技术，促进因特网的广泛介入，提高就业率、改善公共服务、提高生活品质，达到在APEC地区创建数字化社会的目标。

联合国《报告》预计：随着中国加入世界贸易组织，中国承诺开放中国电信及金融市场将有力推动电子商务的发展。 中国加入世界贸易组织将会对外资开放市场，创造一个竞争环境，从而降低使用互联网的成本和服务质量，也将为中国的企业提供合作的机会并加速电子商务的运用。

在加入WTO，筹备2008年奥运会及实现APEC数字战略的过程中，我国经济与社会信息化将实现跨跃式的发展。

“十五”期间，我国信息产业的增长速度将超过20%，市场总规模比2000年翻一番，产业增加值占国内生产总值的比重将超过7%。今后的5年，是电子商务应用蓬勃发展的5年，将会给中国的经济发展带来更深刻的影响。中国作为世界上最大的发展中国家，在电子商务应用上的成功将为电子商务在世界范围内的应用和发展作出重大的贡献。

（一）互联网发展预测

计算机网络设施进一步完善，带宽与速度有显著提高。宽带网的普及将吸引更多的家庭、企业上网。互联网及其应用继续快速发展，信息技术应用网络化水平有显著提高，2005年我国计算机装机台数翻一番，将达到5 000－6 000万台，网络化程度将达到30%～40%；互联网用户数将翻两番，将达到1.5～2亿左右。2000年年底，我国上网人数在世界排名第五，预计到2005年，可超过美国成为上网人口数量最多的国家。

（二）企业E化进一步普及

“十五”期间企业信息化将有很大发展，信息技术在传统产业改造中有显著成效，计算机辅助设计，辅助制造，过程控制及辅助管理在各类企业中进一步普及，大部分大中小型企业，基本实现初级企业信息化，部分大型骨干企业向中级企业信息化发展，培养若干个企业高级信息化示范企业，创造经验。大部分中小企业推广单项信息技术，部分中小型骨干企业分期实现初级信息化，建立几个中级信息化示范企业，为今后推广积累经验。

目前，我国拥有约15 000家大中型企业和1 000万家小企业，预计到2003年时将有50%～70%左右的企业实现现代化管理。对从事外贸的企业，在2005年70%以上企业力争有能力运用电子商务的手段进行国际贸易活动。

（三）物流

随着电子商务在我国的进一步推广与应用，物流对电子商务的限制作用日益突出。我国物流发展水平的低下，已经成为电子商务发展的一大瓶颈。

目前中国经济中已初步具备了发展物流与配送的经济环境和市场条件。从近期来看，物流和配送在一些产业领域中的发展机遇主要是：第一，在外国投资企业中，发展物流和配送的市场需求仍将保持快速发展的势头；第二，在市场竞争中规模逐步扩大的优势企业，发展物流和配送的市场需求开始萌生；第三，以中小型零售企业为服务对象的社会化物流中心和配送中心、正在快速发展的连锁商业企业内部的物流配送事业开始起步并进入规范发展阶段。

从长远来看，在不断推进改革的条件下，中国物流与配送的发展将进入一个新阶段，其前景十分可观。在下个五年期间，基于网络的电子物流将在中国兴起，国外大型快递公司的介入将促使我国的物流企业通过兼并与合作向集约化发展，第三方物流将为企业提供全方位的服务。信息化、自动化、智能化的技术设备将装备我国的物流企业。

（四）网络金融

电子商务为我国的金融业提出新的机遇与挑战。由于没有物流环节，电子金融业务（包括银行业、证券业、保险业、基金业等）可以通过网络来完成整个交易过程。可以说，金融业是电子商务发展的最大收益者之一。我国的金融业可以以互联网络为依托、以物理网络为基础向综合化、全球化、电子化、一体化的全能服务机构的方向发展。

互联网的发展也对传统银行的支付方式提出了挑战，传统银行需要为用户提供更多的支付方式，更好更快捷的服务。在这些我国银行不足的地方也正是入世后外资银行会切入的地方。信用卡业务，网上支付业务将是外资与中资银行竞争的焦点。个人和企业信用的监督机构和监督手段将逐步确立。免服务费、免年费的信用卡将逐步风行。

网上证券交易因为股民提供了一种全新的委托方式，突破了地域和空间的限制，降低了交易成本，将进入快速发展时期。

2001年前10个月网上交易累计成交金额为3 012亿元，占前10个月证券市场股票总成交金额的4.13%。网上委托的客户开户数达319万户，占证券市场总开户数的9.7%。

估计在2002年，网上交易将成为市场领先者的主导业务，真正的网络证券公司将会出现，网上交易不再仅仅作为委托的一种手段，将成为一些公司的经营模式，证券市场的竞争格局将发生本质性的变化。

（五）电子政务与政府信息化有重大进展

政府网上办公将进一步普及，电子政务与政府信息化有重大进展，政府信息资源进一步共享，为广大企业人民群众提供信息服务，政府机关内部、政府部门之间、政府与企业和民众之间的信息沟通主要利用网络进行，政府工作透明度及效率也将进一步提高。大宗的政府采购项目的招标、签定合同和贸易活动将通过电子商务进行。中央政府各部门和省、自治区、直辖市政府各部门应加快信息化建设，实现政务和事务管理电子化，特别是各级审批管理部门应首先采用电子政务方式，以推动电子商务的进一步发展。

（六）政策，法规

中国入世后，发展电子商务要与国际接轨，我国应修改、制订有关电子商务的法律、法规。《数字签名法》、《电子商务CA认证机构管理办法》等电子商务相关法律法规应尽快制定出台。另外在《合同法》等相关法律的修订中，充分考虑电子商务的特点，为电子商务的发展创造良好的法制环境。加强涉及电子商务的司法环节，尤其是相关仲裁机制的运作。

（七）移动商务

2001年9月底，我国的手机拥有量已达到1.3个亿，是互联网用户的4倍，也是世界手机拥有量最多的国家。按“十五”规划，移动通信产业将保持20%以上的年增长速度，到2005年我国内地移动用户将超过2.6亿。目前我国计算机的普及率仍然较低，制约了电子商务的发展。而移动电话用户数量却以高速度增长。当宽带移动通讯的网络建设完成后，移动上网的市场将会呈现迅速增长的趋势，达到每位移动用户都将成为互联网的用户的境界。

（八）信息技术进入家庭，推进家庭数字化生活

信息技术产品将可能是入世后第一类实现零关税的进口商品。到2005年，我国不再对半导体、电脑、电脑产品、电信设备等信息技术产品征收关税。此外，我国将允许外资进入电信服务业。老百姓可以据此预期电子消费类产品、电话费、寻呼费、上网费会有相当幅度的下调。相反电信行业服务质量会空前提高。

智能建筑逐步推广，电话、手机、信息家电、家用电脑进一步普及，使信息技术大量进入家庭及个人生活，推动了家庭信息化的发展。

全国家庭电脑普及率2005年将达8%～10%，城市家庭电脑普及率达15%～20%，全国家庭电话、手机的普及率达30%～40%，信息家电数字化、智能化、家庭影院、居家办公将逐步普及，家庭信息化的发展将大大提高生活质量。

三、发展我国电子商务的几点建议

电子商务的变化速度和尚未成熟的现状，要求各国不断探索和研究适合本国国情的电子商务发展战略。我国是一个发展中国家，与发达国家相比在社会制度、经济体制、技术、管理、消费观念、文化背景等方面都有一定的差异。因此不能套用任何一个国家发展电子商务的政策和模式。我们必须结合国情，制订出适合我国发展电子商务的政策和策略，确保发展电子商务的环境和相应的法律规范的逐步完善，促进我国电子商务健康有序的发展。

总结各国发展经验，我们应以“市场主导、政府推动”作为指导思想来发展我国电子商务。

（一）市场主导

遵循价值规律，适应供需的变化，通过经济杠杆和竞争机制，有效配置社会资源，实现优胜劣汰。企业是电子商务的主体，国家鼓励企业推进企业信息化，积极开展以企业对企业为重点的电子商务应用，根据本地区，本行业，本企业的特点采取多样化、多层次和多模式的电子商务发展战略稳步推进，改造传统的业务流程，减少交易环节，提高运作效率和经济效益，增强企业的竞争力，同时实现传统产业改造和升级。

（二）政府推动

电子商务的发展不能没有政府的参与，离开了政府对电子商务的宏观把握，电子商务的发展必然会陷入某种程度的无序状态。因此，只有充分发挥政府的宏观规划和指导作用，加强政府有关部门之间的相互协调，保障电子商务有关的政策、法规和标准的连续性和一致性，才能引导电子商务的健康发展。

通过政府推动以改善电子商务的外部发展环境，增加网络带宽，进一步打破信息基础设施特别是信息网络的垄断，保证公平接入和互联互通；反对信息服务的行业垄断，禁止价格歧视。建立和完善现代金融支付系统、物流配送系统，满足电子商务的方便性和及时性。建立和加强信息安全保障体系、认证体系、信用体系，提高电子商务的可靠性和安全性。

政府应积极探索、制订和健全与电子商务交易相关的法律法规，保障电子商务的健康发展；加强市场监督，规范市场行为，理顺市场秩序；制定合理的税收政策，协调好国家利益、企业利益和消费者利益；防范和打击利用信息系统进行各种犯罪活动，维护经营者和消费者的合法权益，保障电子商务活动的公开、公平和公正的进行。

此外，还应加强各政府部门的联系。比如，应建立跨政府部门（工商局、地税局、银行）的企业信誉管理体系。

制订我国电子商务发展政策的目标，是建立一整套符合我国国情的，满足电子商务发展要求的法律法规环境和统一的技术标准，引导我国电子商务的发展方向，推动、指导、协调和监管电子商务的发展，使我国电子商务从离散、局部、跟风、重复建设的社会自发型发展阶段逐步走向符合中国国情的产业化发展道路。这对于我国贯彻以信息化带动工业化的方针，实现跨越式发展，增强国家竞争力，具有十分重要的战略意义。

（三）国际合作

立足我国国民经济和社会发展现状，从促进经济结构调整，实现国家经济持续、快速、健康发展的角度出发，积极稳妥地推进电子商务在各领域的应用。同时坚持国际化道路，跟踪国外电子商务的发展动态，汲取它们的经验教训，积极开展国际交流与合作，参与国际标准的制订，为缩小和跨越发达国家与发展中国家之间的“数字鸿沟”而努力。

电子商务以前所未有的速度创造着新的商务环境，可以相信作为一种全新的管理商业的方法，电子商务将会成为各国经济发展的潜在的增长动力，也将会使各国的生产、管理、政府职能和法律制度等产生一系列的巨大变革，这无论对政府、企业、还是个人，都将带来新的机遇和挑战。

（特约撰稿：中国电子商务协会秘书长　杨卫东）

广州铁路（集团）公司

GUANGZHOU RAILWAY CORPORATION (GROUP)

广州铁路（集团）公司是国务院确定的512家重点国有企业和120家试点企业集团之一，也是中国铁路运输业成立较早的企业集团，其前身是原广州铁路局。

广州铁路集团管辖广东、湖南、海南三省境内铁路，营业长度3000多公里，延展长度7000多公里。2001年，广铁集团营业收入170多亿元，实现利润10亿元，总资产达800亿元，下属有羊城铁路总公司、长沙铁路总公司、怀化铁路总公司、海南铁路总公司4家全资铁路运输子公司以及广铁集团客运公司；广深铁路股份有限公司、广梅汕铁路有限责任公司、石长铁路有限责任公司、粤海铁路有限责任公司4家控股铁路运输公司；三茂铁路股份有限公司、深圳平南铁路有限公司等2家参股铁路运输公司；广州铁路工程（集团）有限责任公司、经济技术开发总公司等10多家控股公司、全资及附属企业，是一家以资产和运输调度为纽带，以经营铁路运输业为主的特大型企业集团，列全国综合实力五百强企业的第21位，共有职工16万多人。

党的十一届三中全会以来，广铁集团始终坚持改革创新，大力发展运输生产，努力提高经济效益，潜心为国民经济和人民生活服务。近年来，广铁集团公司每营业公里产生换算周转量、运输全员劳动生产率、上缴税率等各项经济指标始终名列全国铁路前茅。1997年，广铁集团率先在全路运输系统实行资产经营责任制，取得了明显成效，全面完成部定资产经营责任目标。20年来，在广铁集团管内修通了526公里衡广复线，建成了我国第一条时速达200公里的广深电气化铁路，修通了三茂、广梅汕、石长、平南铁路，完成了京广、湘黔线管内电气化改造工程和浙赣复线改造工程，共新建铁路正线延长里程3000多公里，相当于解放后前30年修建铁路的2.5倍，其中合资铁路建设名列全路第一，达1148公里，约占全国合资铁路营业里程的1/3。

1984年组建了全国铁路第一家实行“自主经营、自负盈亏、自我积累、自我发展”的广深铁路公司，创造了全国铁路开放搞活的“第一号种子”——广深模式。1987年通过多层次、多渠道集资，3年时间建成了三茂铁路，积累了集资建路的经验。1987年广铁又在全国12个铁路局中率先实行全面经济承包，全面完成了“七五”承包任务。1996年，广深铁路股份有限公司在境外成功上市，募集资金42亿元，成为全国铁路第一家按规范运作的上市公司。合资铁路明晰产权、规范改制取得明显成效，三茂、石长、广梅汕、平南等相继组建股份有限公司或有限责任公司。2000年集团成功进行了在有分局的铁路局组建内部客运公司改革，闯出了一条新路子，特别是在“三项制度”改革和“两合三分”改革中取得了实质性的突破。集团客货营销全面展开，在全路率先实行电脑联网售票，基建、投资、财务、劳资、人事等各项改革得到进一步深化。集团公司自1984年以来连续荣获“全国思想政治工作优秀企业”称号。

展望未来，广铁集团任重而道远。广铁集团将高举邓小平理论的伟大旗帜，全面贯彻落实“三个代表”要求，发扬新时期火车头精神，围绕铁路运输企业建立现代企业制度，加快走向市场的步伐，积极探索，锐意进取，把广铁集团建设成为符合现代企业制度规范，适应市场营销要求的产权多元、经营多元、跨所有制、跨行业、跨地区、跨国经营的现代化铁路企业集团。

中国外运阿拉山口公司简介

中国外运阿拉山口公司是中国对外贸易运输（集团）总公司直属的专业子公司，成立于1992年8月，是经国家外经贸部批准的国际货运代理企业，是总公司在新疆设立的唯一以国际货运代理为主业，全面发展的跨地区、跨行业的大型企业集团。注册资金为2127万元人民币，资产总额达1.5亿元人民币。

公司经过10年的发展和重组，依托总公司，大陆桥口岸优势，业务范围涉及国际货运代理、进出口贸易、涉外汽车运输、多式联运、仓储物流配送、对外经济合作、涉外宾馆、旅游购物、集装箱等诸多领域，在国内外组成了完善的业务经营网络。

公司充分发挥网络、信息、资金、人才、品牌优势，致力发展服务贸易产业，同国内外400多家中外客商有着紧密的经济合作和贸易关系。形成一个由多个物流主体构成的，按照统一的服务标准流程和规范化体系运作的、国际化、综合性的物流企业。

中国外运（集团）阿拉山口公司将遵循安全、迅速、准确、节省、方便的服务方针，为客户提供完善的物流方案和全方位的物流服务。

法人代表：袁建民
总经理：袁建民
电话：0991-3831837
传真：0991-3831502
邮编：830011
地址：新疆乌鲁木齐市昆明路11号信箱

江西省南昌商业储运总公司

江西省南昌商业储运总公司始建于1953年，是一家具有近50年物流经验的专业化公司。截至2000年底，公司资产近亿元，年收入超过一千万元，经营范围涵盖物流、建材市场、宾馆、写字楼等多个行业。随着计划经济向市场经济的过渡，公司的经营业务也从传统意义上的物流（PhysicalDistribution）平稳地向现代物流（Logistics）转变，该公司目前已成为江西地区规模较大的专业物流公司之一，同全国155家储运企业保持密切的业务联系，同时也是全国华运通物流有限公司成员单位和中国仓储协会会员单位，被原国家国内贸易局定为全国商品物流配送281家重点企业之一。该公司经营经验丰富，内部管理严谨，服务质量上乘，在全国及同行业中享有良好的信誉。

江西省南昌商业储运总公司愿与您携手共创物流业的辉煌。

地址：江西省南昌市洛阳路61号
电话：0791-6105073
传真：0791-6115420
邮编：330002
网址：www.sc56.com

成都致和物流有限公司简介

成都致和物流有限公司是西部地区较早从事第三方物流服务的现代物流企业。公司在沈阳、上海、深圳、合肥、乌鲁木齐、兰州、西安、昆明、贵阳等地设有分货配送点，公司依托优越的仓储、铁路运输及长途公路运输和短途公路配送条件，已为深圳三九医药、深圳九新药业、雅安三九药业、四川三九梓桐宫药业、德阳三九制药、河北爱德福制药、山西万荣制药、常州拜耳斯道夫制药、亿鑫食品、贝特电动自行车生产商提供了优质、高效的全程物流服务。公司拥有一流的服务理念、一流的物流设施、一流的管理队伍、高素质的客户群、完善的服务网络、现代化的信息平台，在成都乃至西部享有较高的声誉。公司现已配备了先进的仓储设施，建立了快速的配送体系，完善了先进的物流信息网络，瞄准国内外优秀的生产制造商，树立优质、高效、方便、迅速、安全的物流服务品牌，共创中国物流新未来。

公司法人代表肖晶辉竭诚为广大客户提高市场竞争力服务。

地址：成都市二仙桥北四路8号国家粮食储备库
邮编：610051
TEL：028-84123918
FAX：028-84129000
E-mail：xiaojinghui@163.com
http://www.zhihe56.com

通州区马驹桥镇物流产业园区

马驹桥镇位于北京的东南郊，通州卫星城的西南方向，镇内公路四通八达，京津塘高速公路纵贯南北，北京公路六环横亘东西，发达的交通网络体系和众多的工业开发区使得在马驹桥镇建设一个大物流基地不仅成为可能，而且优势十分明显。

1998 年 12 月底，马驹桥物流产业园区经通州区人民政府批准开始规划建设，物流园区的服务功能定位在四大方面：1、作为生产企业后勤基地，服务于各开发区生产企业；2、作为商业储运基地，为北京市商业服务；3、作为集装箱中转站场，为进出口企业服务；4、成为华北地区的物流枢纽，货物集散中心，实现多种运输方式的联合，实现不同地区的货物交流，实现对外地车辆的管理、服务。根据其功能定位和土地状况，整个物流园区又细分为九大区域：生产企业物流基地区、北京市商业仓储用地区、第三方物流企业用地区、集装箱堆场区、进出口企业保税仓库区、停车配套服务区、公共配套设施及综合服务区、物流设备生产企业区、商贸预留地。

加快园区的发展，增强园区吸引力、凝聚力，通州区人民政府已制定和研究包括土地使用政策、财税政策、融资政策、业绩奖励政策等等多项支持和鼓励发展的政策，尽可能地给企业创造良好的条件，提供广阔的发展空间。

马驹桥镇物流产业园区依托发达的公路网络体系、众多的工业开发区、临近的天津口岸等综合优势，以需求为导向、企业为主体，通过完善物流园区软硬条件、先进的物流组织管理，培育通州区马驹桥物流服务品牌形象；以系统规划、政策引导、法规保障、梯次推进、逐步完善为策略，着重发展企业物流、国际物流，使马驹桥物流园区在十年内成为华北地区的国际性物流枢纽。

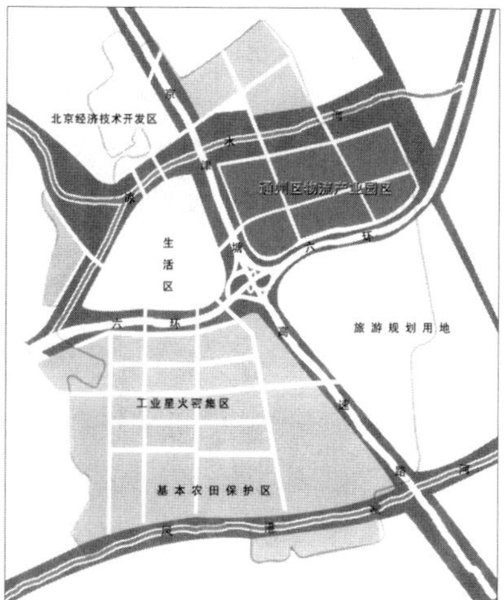

马驹桥镇镇域规划图

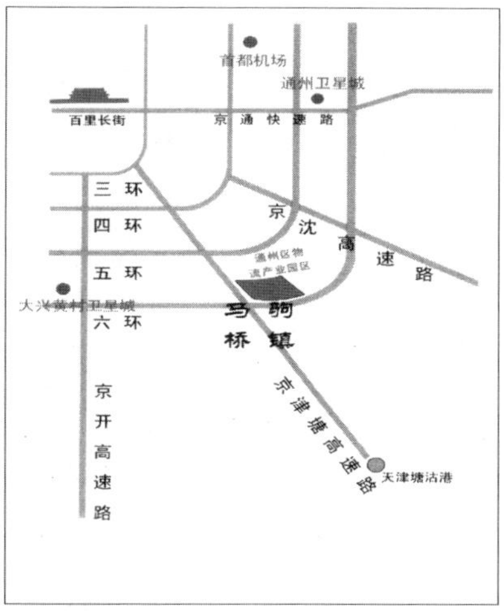

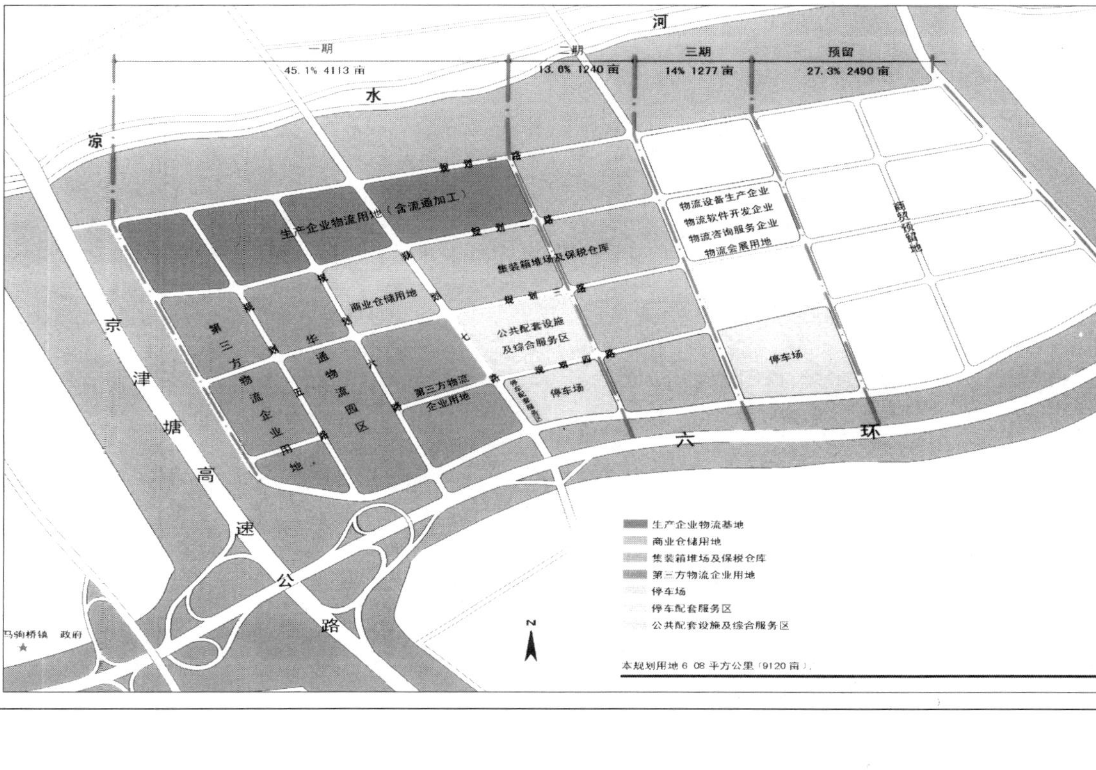

通州区物流产业园区功能分区示意图

京泰集团物流企业简介

京泰实业（集团）有限公司是北京市政府在香港注册的“窗口”公司，集团下辖的物流企业有：嘉里京泰物流有限公司、北京京泰物流置业有限公司、北京陆港国际物流有限公司、京唐港等实体。京泰实业（集团）有限公司以雄厚的资金，全球化的物流网络，先进的物流管理经验。信息技术和国际化的管理人才等优势执掌北京物流港的建设。

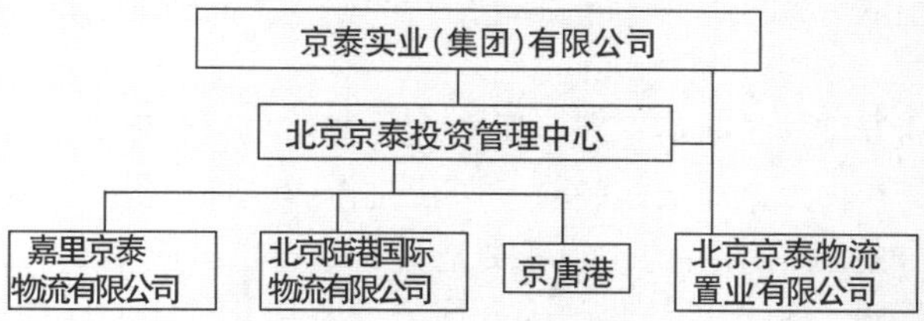

北京物流港　位于北京市东南部朝阳区十八里店，京津塘高速路的左右两侧，总建设用地约300万平方米，总投资规模110多亿元，是北京乃至北方地区较大的以物流为主的综合性发展基地。项目定位为：一港、三流和五大中心。一港：建设北京物流港；三流：即提供贯穿于国际物流、区域物流和城市物流的物流服务；五大中心：即发展彼此相互依托的物流中心、商贸中心、会展中心、信息中心、综合服务中心。

嘉里京泰物流有限公司　是由北京京泰投资管理中心与嘉里物流（北京）有限公司共同设立，其注册资本1200万美元，总投资额2998万美元。嘉里京泰物流有限公司的业务领域将涵盖现代物流领域的各个环节，将利用其自有设施提供货物储运、公共保税仓库、货运代理、进出口货物处理、货物包装及拆装、货物分拣、库存控制管理、EDI服务、集装箱堆积场管理、集装箱处理和维护服务、货物分拨、监管货车运输、保税加工、转口贸易等服务。公司致力于提供具有世界先进水平的综合物流服务。

北京京泰物流置业有限公司　是由京泰实业（集团）有限公司及下属的北京京泰投资管理中心、嘉里集团旗下的嘉里北京（十八里店）发展有限公司、北京市华远集团公司和北京红石实业有限责任公司共同组建的负责开发北京物流港基础设施的中外合资企业，是北京物流港的总体开发和建设商。

北京陆港国际物流有限公司　是北京二类内陆口岸－－朝阳口岸经营主体。陆港公司设施齐全，其中仓库为北京海关指定进口监管仓库与出口监管仓库，并拥有北京海关设立的唯一的海运进出口集装箱监管通道。公司设有海关进出口监管区、保税仓库区、展销贸易区、综合服务区、管理区、动力区、集装箱堆场和铁路预留仓库等功能区。公司以口岸贸易为依托，提供仓储、配送、集装箱运输、转口贸易、进出口贸易代理、进出口报关、国内国际货运代理、货物配载、劳务服务、商贸信息咨询、技术服务、海陆空运为一体的国际物流服务，是专业的大型的物流公司。

京唐港　自1989年开工建港，到目前港口已具备整体经营规模和所有的相关配套设施，2000年港口吞吐量为902万吨，截止至2001年11月底，港口年吞吐量已突破千万吨。京唐港具有十分优越的自然条件，水深岸陡，码头前沿和后方场地宽敞充足，港口生产作业泊位和后方场地均有铁路装卸车线，港铁路地方专用线与滦京山线国铁铁路网相连，具有较好的货物集疏条件。京唐港的主要腹地唐山市是环渤海湾地区第四大城市，自然资源丰富，工业基础雄厚，农副产品富集。京唐港与北京市相依托，经济辐射华北、西北和东北等地区，这些都为京唐港提供了基本货源。

福建亿力电力物资有限公司

简　介

福建亿力电力物资有限公司成立于2001年2月，是由福建省电力有限公司、福建省亿力电力（集团）股份有限公司、福建亿力电力物业公司、福州开发区闽光电力燃料有限公司、福州电力发展贸易公司等五家股东出资组建的电力物流企业。公司注册资本1500万元。主要经营：普通机械、电器机械及器材、电子产品及通信设备、金属材料、五金、交电、化工产品、石油制品、汽车、建筑材料、日用玻璃制品、橡胶制品、煤、物资仓储等，兼营：电子技术咨询、培训、信息服务等业务。

公司本部设有综合管理部、财务与产权管理部、计划部、合同管理部、供应部、配送部、市场开发部及招标中心等7部1中心，在全省各地设有25个配送站，物资配送服务网络覆盖全省各地，公司员工248人。

公司受福建省电力有限公司委托，负责福建省电力系统生产、建设所需全部物资的采购、配送和管理业务；负责电力系统备品配件的储备和管理；负责电力系统的外经贸和机电设备进出口业务。公司充分发挥批量采购的规模优势、资金优势、信息优势以及专业技术优势，让客户以合理的采购费用和成本消耗以及快捷的速度得到可靠的物资保障和优良的服务。

公司注重加强现代化管理工作，拥有强大的现代物流电子商务信息系统，以提升公司现代化管理水平，提高工作效率。公司在保证主营业务的前提下，努力提高公司的资本运营水平，积极参与其他领域的发展，通过增强公司的投融资功能，形成投资多元化，不断培育企业新的利润增长点，从而达到增强企业的发展后劲，提高企业抗御风险的能力。实现在市场经济中竞争性生存，可持续发展。

公司坚持以经济效益为中心，以市场为导向，以服务为宗旨，秉承“学习、创新、务实、诚信”的企业精神，本着为客户提供“优质、方便、规范、真诚”的服务方针，致力于构筑“通畅、高效、快速反应”的服务体系，竭诚为广大客户服务。

公司地址：福州市华林路212号汽车城综合楼十楼

董事长：丘智健　　总经理：胡建旗

电话：0591-7023747　7024276

传真：0591-7804469

邮编：350003

福州浩顺货运服务有限公司简介

成立于1998年的福州浩顺货运服务有限公司，是一家经过福州市工商行政管理局批准成立，获准从事国内货运代理业务的有限责任公司。

福州浩顺货运服务有限公司自成立以来，始终坚持“不断创新、与客户一同成长”的经营原则，从传统的货运代理业务向为客户提供专业的第三方物流服务逐步演变。

公司正致力于通过对物流管理中仓储、保管、分拨、配送、多式运输等服务环节的有机结合，和对客户进行物流成本的个案分析，为客户提供所需要的全面解决方案。通过精密的物流环节设计与成本核算，客户可以节省大量的人力、物力和资金，充分体会到“第三方物流”的优势。

福州浩顺货运服务有限公司经过多年的努力，在国内同行中赢得了普遍的认同。公司通过与国内各物流服务公司分别签定代理协议与联盟协议的形式，迅速建立了覆盖全国的物流服务网络，在全国各大中城市（省会城市与二级城市）均可实现“门到门”的速递式服务。

目前，公司拥有专业物流仓近4000平方米，专业车辆8部，员工近30名，职能部门6个（含一个驻外办事处），各部门均已实现电脑化，信息查询快捷。

福州浩顺货运服务有限公司总经理刘昌福携全体员工对社会各界、业内同仁给予的大力支持表示衷心的感谢。公司将一如既往为各网络兄弟单位及客户提供优质的服务。

公司全称：福州浩顺货运服务有限公司

法人代表：刘昌福

地址：福州市福马路五里亭立交桥下0号（华驰机电公司内）

邮编：350011

电话/传真：0591-3630526、3645549、3662631、13509352310

各部门电话：

总经理（207）　副总经理（206）

作业部（208/209）　顾客服务部（201/210）

销售部（203）　财务部（205）

江西旧机动车交易中心
江西省旧机动车辆交易市场

江西旧机动车交易中心、江西省旧机动车辆交易市场是经江西省人民政府和国家行业主管部门批准的旧机动车交易中心（市场），成立于1998年3月18日。

江西旧机动车交易中心（市场）遵循“公开、公正、公平”原则，以“诚实、守信、周到”的态度服务广大用户，具有旧机动车评估定价及旧机动车收购、销售、寄售、代购、代销、租赁、检测维修、配件供应、美容及信息服务等功能。实现了交易管理、工商验证、鉴定估价、信息咨询、旧车经营、经纪中介、委托拍卖、代办服务、旧车置换、消费信贷等多项服务内容。年交易额约2亿元左右，并以年均30%速度快速增长。“中心”依照国家工商行政管理法规培育和发展了一批以经纪有限公司和个体经纪者为旧车市场经营主体的营销队伍，活跃市场，推动消费。“中心”还将逐步完善市场的相关配套功能，使其成为国内高标准建设、高质量管理、高效率运营的产业大市场。2000年“中心”获省“优秀企业”和省地税局“纳税先进单位”称号。在促进旧车流通、满足城乡居民对二手车的需求、规范交易行为、维护买卖双方的合法权益等方面，发挥了积极的社会作用。

江西旧机动车交易中心、江西省旧机动车辆交易市场愿与社会各界携手共创美好明天！

电话：0791-8602075　8610335

地址：江西省南昌市青山北路18号附1号

邮编：330039

天津市全程物流有限责任公司

董事长：刘铭

天津市全程物流有限责任公司是天津市商业对外储运公司核心企业之一，隶属于天津一商集团。以第三方物流为发展方向，是天津市商业系统较大的物流企业。

本公司经营范围和服务项目包括：进出口业务经营及代理；进出口货物海运、空运、陆运业务代理；普通货物、保税货物、监管货物的常温及恒温储存；分包、整理、市内外配送等24小时全天候“一站式”全程服务；提供专业的物流方案设计与咨询。

本公司拥有三大物流基地：

★ 天津商业储运中心：占地53.5万平方米，拥有四道铁路专用线，物流配送专用仓、大型罩棚式站台库与各类储存仓库，以及大型装卸机械和汽车运输车队。

★ 天津西青经济开发区保税仓：占地3万平方米，拥有公共保税仓、卖断保税仓、海关监管仓、保温恒温仓和普通仓，为客商办理“一站式”服务。

★ 王兰庄仓库：占地5.5万平方米，拥有30栋库房，适合储存一般普通货物。

天津市商业对外储运公司的核心企业还包括天津市九鼎实业有限公司和盛达报关有限公司：

★ 天津市九鼎实业有限公司：具有雄厚的资金和完善的贸易功能，年营业额5000万人民币以上。无论是国际贸易，还是国内贸易，都可以与所有的客户进行完善的合作。

★ 天津市盛达报关有限公司：经海关总署批准的专业报关企业，主要承办海运、空运、陆运进出口货物的报关及货代业务，具有良好的行业影响和丰富的报关、货代经验，为客户营造绿色通道，实现便捷通关。

全程物流有限责任公司以科技为先导，聘请亚太地区资深物流专家为顾问，建设现代化物流平台。拥有电子数据交换系统（EDI）、先进的商业企业管理系统（BMS）及仓储管理系统（WMS）等软件，为安全、高效、快捷的现代物流提供了保障。

本公司地址：天津市河西区解放南路475号
邮政编码：300221　　传真：(022) 88231138
联系电话：(022) 88231108　88227229
互联网址：www.rytong.com.cn
电子邮箱：waichu@rytong.com.cn
联系人：　全程物流有限责任公司市场部：
信江　先生　　王庆茹　女士

北京和众奥顺达物流有限公司隶属于和众运输集团，从事仓储、运输已有12年历史，于1998年获得ISO9002质量体系的认证。公司现已形成相当规模，北京总部拥有普通库房、暖库等面积达65000平方米；通过与外部协作、联盟等形式在全国的主要大中城市设有分公司或办事处，管理着各类外协仓库近60000平方米。这些库房依托本公司的一百多辆车和联盟单位的车辆，构筑了覆盖全国范围的高效的物流配送网络。

业务范围：提供仓储、运送、报关、海关服务及全方位的供应链解决方案。

服务特色：

1、凭借着一套先进的信息流系统，管理仓储、车队；并利用先进的信息系统时时跟踪货物的静态和动态情况，为客户全面有效、准确的供应链管理提供了最基础的依据，赢得了广大客户的好评。

2、由于从人、硬件到软件，公司都做了大量的投入，因而服务质量可以与一些国外同行相比，且价格服务质量比有相当大的优势。

3、始终秉承："安全迅速、准确无误、优质服务、用户第一"的宗旨，为客户提供全面、灵活优质服务。

本公司以其规范的管理、现代的物流理念、雄厚的基础设施、先进的信息系统和得天独厚的地理位置，赢得了象"一汽大众、三星电子、松下彩管和金百利纸业"等企业的长期信赖。

电话：010-67472707
传真：010-67471868
地址：北京市朝阳区十八里店1998号
邮编：100023
http://www.hzh-logistics.com

吉林省商贸物流有限公司

董事长兼总经理：齐桂斌

地址：吉林省长春市凯旋路 15 号

邮编：130052

电话：0431–2937633

传真：0431–2937867

吉林省商贸物流有限公司，是吉林省商贸国有控股有限责任公司对所属国有企业进行资产重组而分立组建的现代商贸物流企业，现有职工 150 人，总资产 2100 万元。该公司是吉林省较大的商业物资集散库，库区土地面积 60000 平方米，库房面积 30000 平方米，自营铁路专用线 243 延长米。年商品吞吐能力 40 万吨。该公司承担国家储备糖任务，主要经营食糖和国家名酒批发销售。年销售额上亿元，购销渠道遍布全省城乡和全国各地。

商贸物流有限公司集优越的地理环境、优良的储运设施、高素质的职工队伍、完善的现代管理制度和良好的商业信誉于一体，致力于发展新型的现代物流产业，正在积极筹划建设吉林省最大的商贸物流配送中心。为此，有志与国际国内商贸物流企业及业内人士广泛协作，积极推进我国物流业向高水平快速发展，共同创造物流产业的美好明天。

黄石市港发物流有限责任公司

黄石市港发物流有限责任公司是中国道路运输协作网网员单位，湖北省道路运输协会理事单位，是第三方物流企业，注册资金 1000 万元，固定资产 5000 余万元，各类运输车辆 300 余台。本公司的公路快运网络覆盖全国各地 200 多个主要城市，主要经营项目有：汽车贸易、货运代理、仓储、整理、装卸、配送、电子商务、出租车服务、公路运输、车辆维修、住宿服务等。目前，公司已为 1000 余家客户提供多种运输服务，年受理跨省运输货物 50 余万吨。

本公司下辖两家全资子公司和八家营业分公司，并在上海、深圳设有分公司，能够为各类企业提供迅速高效的物流运作集成，通过进行全面细致的项目设计，向客户提供经济合理、安全可靠的运输、仓储、配送一体化服务。

新世纪的港发公司，将以追求时效、精益求精、竭诚服务、创建品牌的经营方针，以人为本，开拓进取，充分利用地域优势和资源优势，内引外联，再铸辉煌。

地址：湖北省黄石市湖滨大道 1899 号

电话：(0714) 6531368　6530888

传真：(0714) 6531508

网址：www.gangfa.com.cn

邮编：435002

常熟市通运物流有限公司

常熟市通运物流有限公司是以货物代理、货物运输、基础工程设施为主的物流企业。其前身为常熟市汽车货运公司，是常熟从事汽车运输以及相关代理业务的专业企业，2000 年 11 月转制为股份制物流公司。

公司严格按现代企业制度规范运作，有完整的管理制度、指标体系和考核细则，实行董事会领导下的总经理负责制。公司管理层有董事长、总经理等管理层人员 20 人，职工 120 人，公司净资产总额 1615 万元，注册资金 688 万元。通运公司内设管理机构有综合管理部、国内货物运输部、国际货物运输部、货运调度部、工程修理部及三个车队。国际货物运输部依托常熟港，实行代理、报关、运输一条龙服务。国内货物运输部负责运输代理及运输相关业务、工程基础施工及运输等业务。

通运公司拥有大型平板车 13 辆，10 吨半挂平板车 16 辆，5–8 吨加长车 11 辆，大型工程自卸车 21 辆，5 吨以下货车 11 辆，总计营运吨位 660 多吨。

通运公司服务宗旨：以市场为导向，运输合理收费，服务周到热情，安全第一，信誉第一，用心为客户服务。

通运公司凭着良好的服务质量，在运输操作管理中同 UPM、ATOFINA、常熟发电厂、无锡国达集团等集团客户结下了 AAA 级信誉，达成了长期运输协议。

通运公司始终坚信：信誉来自客户，真心回报客户，客户至上，质量第一。

电话：0512–52720562　地址：江苏省常熟市青墩塘路 33 号　邮编：215500

传真：0512–52720253　http :\\61.132.118.167/web/xingxin/

陕西省物资产业集团总公司

陕西省物资产业集团总公司是由陕西省人民政府直接领导，具有独立法人资格，统一经营管理集团范围的国有资产和国有资本的大型物资流通企业。其前身是陕西省物资管理局，行使全省物资行业管理职能，完成省政府赋予的物资分配调拨计划，年物资供应量曾占全省物资需求的80%以上。30多年来为西部的经济建设，特别是陕西的物资流通和生产建设作出过卓越的贡献。1993年8月，为适应市场经济的发展需求，物资局整建转为实体，组建成立了陕西省物资产业集团总公司。

陕西省物资总公司直接对省政府负责，完成省政府下达的经营任务和交办的有关业务，开展代理销售、规模经营、批量业务、开发性经营和新兴物流业态，兴办实业。同时，承担国家和省级主管部门下达的指令性和指导性计划物资的供应和调拨任务。

目前，我公司主要从事物资购销、进出口、房地产开发、仓储运输、生产加工、资源开发、信息咨询等业务，是集内外贸易、投资开发、信息服务、资产经营为一体的大型国有物资企业集团。

我集团经济实力雄厚，注册资金1.31亿元，国有资本1.45亿元，资产总额8.5亿元。拥有年吞吐量52万吨、西北地区大型的室内金属库1座，木材等其他专业化仓库3座，铁路专用线9条。仅西安市区土地占有面积就达92万平方米，在市中心黄金地段建有建筑面积达2.72万平方米的物贸大厦1座，并在市区多处建有房地产开发项目。

陕西省物产集团由集团本部、核心层企业、紧密层企业组成。所属省级大中型企业20家，中等专业学校1所。其中省金属材料总公司、省木材总公司、省机电总公司连续5年被列为全国500家大型流通企业。对下属企业，集团按省政府的授权进行人、财、物统一管理以及业务指导和工作协调，并对其长远发展规划、基础设施建设、技改项目和投资融资进行统一管理。

集团所属的各个专业公司在多年的经营活动中，同全国各地的物资经营企业建立了广泛而稳定的业务联系，其经营品种涉及物资行业的方方面面。下属企业共有分支机构近80余个。集团所属各个专业公司牵头组织全省专业物资行业协会，定期召开全省金属、燃料、木材、建材、化工等产品的订货会和工作会，这使集团与各地市县相关企业形成了牢固的营销体系和紧密的合作关系。其经营网点和销售渠道覆盖全省10个地（市）、108个县，直接全国。

北方交通大学物流研究所

发展历史

北方交通大学物流研究所成立于1986年，是我国较早从事物资管理教学与研究的机构，经过多年的发展，已具有本科、硕士及博士完整的教学体系，成为产、学、研相结合的科研教学型机构。主要从事物流学的教学与科研工作，也是我国第一个具有物流学博士学位授予权的专业学术单位。在“九五”期间完成科研总经费累计达1300万元，完成省部级以上科研项目23项，获省部级及以上科技奖励计11项。在此期间，共发表论文538篇，其中被EI、SCI、ISTP收录18篇，出版学术专著8本。

研究人员与条件

物流科学研究所现有中国工程学院院士1人，教授5人（博士生导师3人），副教授6人，讲师、助教8人。研究人员中有在国内外有较高造诣的学者，以及在学科领域中作出了贡献的学术带头人。

本研究所现有教育部211工程实验室一个——综合物流实验室。

实验室做到了把现场模拟与计算机模拟相结合，采用自动识别技术、自动存储技术、电子数据交换技术、计算机模拟技术、电子商务技术等，集成为“综合物流实验室”，以尽可能综合反映出现代物流的总体状况，提供研究现代物流优化管理方法平台、先进的物流信息管理开发平台以及现代物资交易模拟平台。

主要方向

1、人才培养

现代物流是人才与技术密集型行业，我国物流产业要实现跨越式发展，实现由传统物流向现代物流转变，关键的是要有一支优秀的物流管理队伍。培养高级的复合型物流管理人才是物流研究所的中心任务之一。

目前，物流研究所的物流教育主要包括：四年制物流管理专业的本科教育；工商管理硕士（MBA）；管理科学与工程硕士；管理科学与工程博士；产业经济学博士后。物流研究所成立以来，已经为社会输送了一大批高层次的物流管理人才。

2、科学研究

物流研究所自成立以来，一直秉承“科研与实践相结合”的宗旨，积极推进与政府部门、企业的合作。近年来主持、参与并完成国家、部委、地方政府、企业等委托的物流研究项目近60项，这些项目涉及物流系统分析与设计、配送系统设计、物流信息系统、物流管理咨询等方面，这些项目针对国民经济及物流改革与发展中所面临的重大问题进行了研究，提出了切实可行的思路和建议，得到学术界和有关实际管理部门的高度评价。

“九五”期间取得的部分重要成果有：

《我国物流发展政策研究》

《国家标准〈物流术语〉的制定》

《铁路物流产业转变经济增长方式实现经营管理现代化的研究》

《铁路物资总公司配送中心系统》咨询

《北京市物流“十五”规划》

《特大城市固体废弃物发生源管理研究》等十三项

3、社会服务

物流研究所开展的社会服务主要有：

人员培训：为各类企事业单位培训物流管理和工程技术人员。

管理咨询：为企业提供物流管理的咨询服务，可以进行企业物流系统的诊断和分析。

方案设计：为企业进行物流系统的方案设计，按照现代物流的理念对企业的物流资源进行整合，提出物流系统的一整套设计和实施方案。

系统实现：为企业提供物流信息系统方面的服务，进行物流信息系统的分析、设计和实现。

我们今天和未来所做的一切，都是以降低客户的经营成本为目标，

为客户提供安全、迅速、准确、节省、

方便、满意的物流服务。

Add：SINOTRANS Plaza，A43，Xizhimen Beidajie，Beijing，China.　　P.C：100044
E-mail：office@sinotrans.com　网址：www.sinotrans.com

ZHONG YOU CHUANG ZHI JI DIAN JI SHU YOU XIAN GONG SI

中邮创制机电

■ 中邮创制机电技术有限公司，是国家邮政局、国家邮政局科学研究规划院、北京晨光创业投资有限公司共同组建的集新产品研发、生产制造、系统集成为一体的股份制企业。公司独立开发具有自主知识产权的通用分拣机，经北京市科学技术委员会评审，被认定为高新技术企业。

■ 中邮创制机电技术有限公司继承和总结邮政百余年物流经验和集团化优势，引进、消化、吸收国外较先进的物流自动化技术，在成熟的邮政技术、装备和信息管理模式基础上，与德国GEBHARDT公司和Viastore公司等物流设备制造商建立了战略合作伙伴关系。融合自身优势和国际前沿技术，系统集成国际一流的物流自动化设备，使立体仓储、分拣、传输、信息管理与系统控制等一整套物流技术与装备的智能化、机械化程度达到90%以上，广泛适用于烟草、医药、商业等行业。独具特色的运输网络优化设计在物流配送中心设计上独占鳌头。

■ 公司以追求卓越的进取精神、匠心独运的设计理念、品质卓群的解决方案、至诚无昧的服务关怀和全过程质量保证体系赢得了广泛的赞誉。

■ 不拘一格选用一流人才，是我们赖以生存与发展的根本；优良的性能价格比、一流的产品是我们公平、公开、公正参与竞争的法宝；"力田逢年、善仕遇合"是我们充满活力的企业文化。

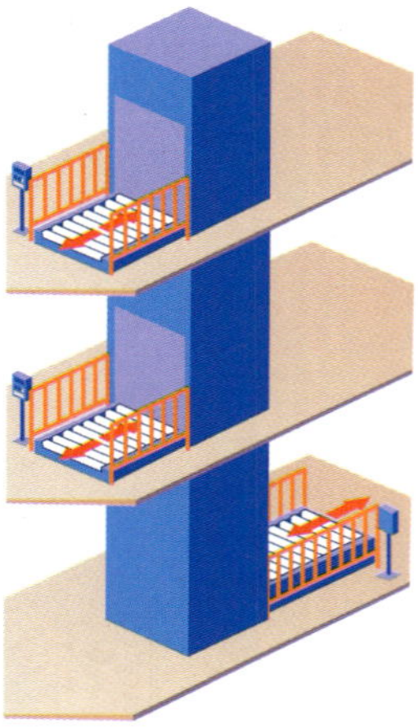

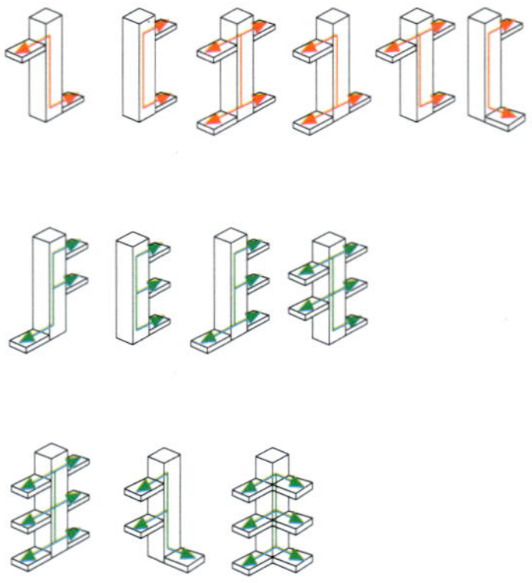

提升系统

传输系统

传输系统

地址：北京市海淀区西三旗东路邮政规划院内
邮编： 100096
电话： 86-10-82913093
86-10-82915759
86-10-82915760
传真： 86-10-82915298

技术有限公司

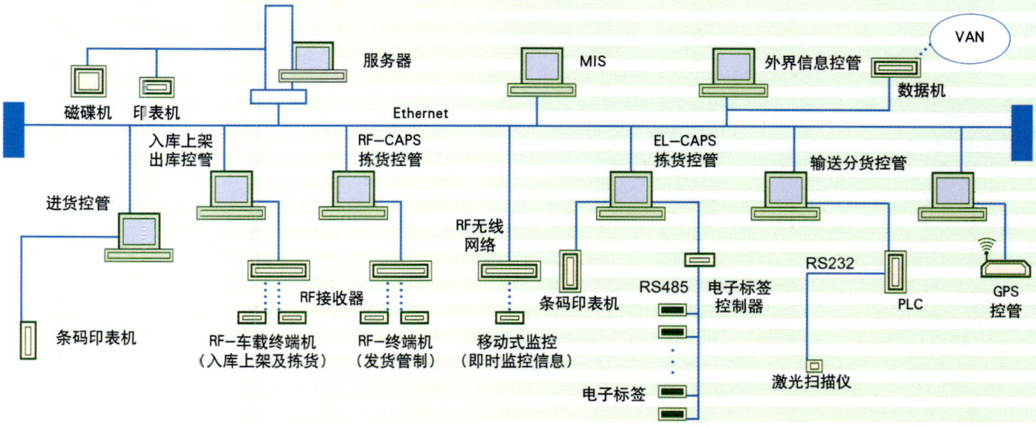

物流中心信息控管系统示意图

智能化立体库

分拣系统

配送中心示意图

成都中铁西南国际运输代理有限公司

崛起为西部物流的“珠穆朗玛”

以“五定班列”为载体，全面贯彻执行ISO9001（2000版）国际质量保证体系，建立起了一关三检验和国际国内完善的货运代理体系，并创立了30多个网点，大大便捷了物流程序。广泛利用铁路内外的信息网络资源，实现了为国内外客商全方位、全过程的高效、快捷、方便、完善的优质服务。

成都中铁西南国际运输代理有限公司，是西南现代化物流的名牌企业。公司拥有数千万资产和一批符合知识经济要求的精锐队伍。

公司全面建造现代化物流中心，大力经营陆运、海运进出口货物“一条龙”的国际运输代理，包括：揽货、订舱、仓储、中转、集装箱拼装拆箱、结算运杂费、报关、报验、保险及相关的咨询业。公司还大力开拓特种货物运输代理，经营国际国内商业、物资供销、物资配送、房地产及客票行包代理等。

① 出口美国的波音757机身48段前段由成都中铁西南国际运输代理有限公司代理

② 成都中铁西南国际运输代理有限公司除经营成都东——昆明东五定班列81753次，还经营贵阳——湛江集装箱班列80762次

③ 成都中铁西南国际运输代理有限公司代理的国际集装箱正在装船

④ 成都中铁西南国际运输代理有限公司领导班子（从左至右：温发明工会主席、李志冰副总经理、张健总经理、朱南淮副总经理、贺慰副总经理）

地址：成都市二环路北二段86号　邮编：610081
电话：028-86420211　路电：22013
传真：028-83175535　86420100
http://www.cr-swta.com.cn

广州铁路（集团）公司
GUANGZHOU RAILWAY
HITACHI
HITACHI

CORPORATION (GROUP)
热情诚信 顾客至上
提供安全 快捷 优惠
的运输服务 做顾客
真正的伙伴和朋友

中国铁路
CHINA RAILWAY

山西省物资产业集团有限公司

SHANXI GOODS &MATERIALS INDUSTRY GROUP CO.,LTD

■ 山西省物资产业集团有限公司为省政府授权资产经营的国有大型一类企业。其核心企业集团有限公司位于太原市世纪大道长风街，集团拥有全资及控股企业14户，有完备的信息网络系统和流通设施，仓储面积达53万平方米，铁路专用线10条近8000米和大批吊装运输设备。

■ 集团以自营、委托代理、易货、补偿贸易、物流配送等方式，在物资流通领域从事广泛的经营活动。并涉足期货、酒店服务、房地产开发、工程技术承包等。集团成员企业在全省汽车、工程机械、化工原材料、塑料原料、农地膜、轮胎等物资营销以及期货、拍卖、汽车拆解、旧机动车交易等特种行业中处于重要地位。

■ 山西省物资产业集团有限公司以深化改革、调整结构、振兴企业、致富职工的工作思路，与时俱进，开拓创新，在产业化、集团化的基础上，大力发展物流配送、连锁经营、电子商务，正在向着适应经济全球化的现代物流企业迈进。

① 董事长、党委书记 张化玺　② 蓬勃发展的新纪元大酒店

③ 超大面积轻钢门型结构高站台库房之一

④ 年代理销售额12亿元以上的汽车品牌代理已形成规模优势　⑤ 物流配送中的集装箱运输点

地址：山西省太原市长风街31号　邮编：030006　电话：0351-7040694

传真：0351-7041350　http://www.sxwc.com

青岛海乾物流有限公司

QING DAO HAI QIAN WU LIU YOU XIAN GONG SI

■ 青岛海乾物流有限公司，成立于1992年，是一家以公路运输为主业，集运输、仓储、配送为一体的综合性物流管理公司，公司下设有海乾运输车队、海乾仓储中心、海乾汽车修理改装厂，并设立了绵阳海乾物流有限公司，长春办事处、大连办事处、咸阳办事处、深圳办事处和无锡办事处等6个驻外分公司和办事处。

硬件设施

■ 性能优良的货运车辆187辆（其中14米半货车167辆，10米箱式货车20辆），年运能力可达2亿吨公里，停车场面积13000平方米。

■ 设施齐全，功能先进的仓储库房6座，仓储面积1.5万平方米。

■ 设备先进，技术过硬的综合性汽车修理改装厂，可以进行车辆改装和大修，是车辆技术维护和安全运行的有力保障。

经营业绩

■ 几年来，公司以雄厚的实力，先进的管理，优质的服务和良好的信誉，赢得了市场，成为四川长虹集团、中国一汽集团、海尔集团、彩虹集团、海信集团、澳柯玛集团和青岛橡胶集团等大型集团的长期合作伙伴，受到了客户的好评。

■ 公司先被海尔物流中心评为“标杆单位”，被青岛市交通局评为“先进业户”，被青岛市工商局评为“重合同守信用单位”。

战略规划

■ 为了更好的为客户服务，抓住中国加入WTO机遇，迎接挑战，逐步实现经营运作国际化，公司配备了先进的信息网络管理系统，导入ISO9002质量保证体系，经过资源整合和业务结构调整，现代化的海乾物流将以永远的真诚、永远的信誉、永远的质量，创造辉煌的明天。

运输区域

■ 山东各地以及 西部线：郑州、西安、兰州、西宁、成都、重庆、贵阳、昆明、南宁、银川、乌鲁木齐、拉萨；

东北线：大连、沈阳、长春、哈尔滨；

华东线：上海、南京、合肥、杭州、福州；

华南线：武汉、长沙、广州、南昌；

华北线：北京、天津、石家庄、太原

青岛总部

地址：青岛市重庆中路十梅庵路62号

邮编：266043

电话：0532-4913700 4819777

传真：0532-4819777

网址：hqw1.home chimrn.con

E-mail:hqw1echineran.com

绵阳高新区海乾物流有限公司

地址：四川绵阳高新区普明南路东106号

邮编：621000

电话：0816-2530276

0816-2530099

传真：0816-2530099

上海长桥物流有限公司

Shanghai Changqiao Logistics Co.,Ltd.

■ 上海长桥物流有限公司，是一家**集仓储、装卸、配送、运输和包装加工等综合物流服务于一体**的第三方物流企业。公司具有食品储存许可证、化学危险品储存和经营许可证等资质，具备良好的仓储条件和先进的仓库信息网络管理系统，并拥有占地近28万平方米和长达400米的内河码头的**大型物流基地**。基地毗邻上海南站，东临龙吴路，西连沪杭高速公路，南靠外环线，北畔淀浦河，具有十分优越的地理交通环境，**集铁运、水运、陆运为一体**。

■ 公司遵循客户至上的理念，已为周边数家大中型企业提供仓储、配送和其他增值服务。公司愿意继续依靠先进的信息技术、齐全的物流装备和优质的服务手段，为新老客户提供多品种、全方位、个性化的物流服务。**年内通过ISO9001:2000国际标准认证**

■ 主要客户有：上海永新彩色显像管股份有限公司、上海申美饮料食品有限公司、上海期货交易所、杭州华美浆纸进出口有限公司、上海市化工轻工总公司等。

公司地址：上海市徐汇区老沪闵路1070号

邮　　编：200237

电　　话：021-64106186（公司传真）

　　　　　021-64766418（市场业务部）

E-mail：cqwlgs@online.sh.cn

长桥物流 大有可为
观念更新 创出品牌
丁俊发
二〇〇二年一月二十日

⑤

⑥

中国物流与采购联合会常务副会长丁俊发为上海长桥物流有限公司题词

⑦

⑧

⑨

⑩

图片说明：

① 上海物资（集团）总公司资产部部长、上海长桥物流有限公司董事长俞正世

② 上海长桥物流有限公司总经理章立事，工商硕士、高级经营师

③ 上海物资（集团）总公司总裁王坚（左二）陪同丁俊发（左一）参观公司信息网络系统

④ 上海物资（集团）总公司副总裁余志刚（中）与公司领导研讨公司发展规划

⑤ 公司信息网络系统

⑥ 高素质的员工队伍

⑦ 为申美公司等客户提供优质的综合物流服务

⑧ 为大中型企业提供仓储配送服务

⑨ 公司承接了永新公司化学危险品生产原料供应链一体化服务

⑩ 公司自有的综合性货运码头

物流基地远景图

山西盛唐物流配送中心

SHANXISHENGTANGWULIUPEISONGZHONGXIN

山西糖酒副食有限责任公司是由原山西省糖酒副食公司改制而来的国有控股企业。曾被原国内贸易部命名为“中华老字号”。以食糖、酒类、副食批发为主导，集进出口、宾馆、餐饮、连锁超市、物流配送、彩色摄影扩放、加工、生产等多元化经营为一体。自有品牌“盛唐”、“晋唐”。资产总额14853万元。2001年通过ISO9000质量管理体系认证。营销网络覆盖全省，辐射周边省市。食糖的销量占全省销量的40%；省外名酒销量占全省销量的30%；汾酒的销量占汾酒厂名酒产量的三分之一。公司积极适应市场，强化内部管理，不断提升市场占有率，发展规模经营，更好的满足顾客需求，积极进行内部经营结构调整，由传统的批发业向现代流通业转变。依托现代批发业，向阳光产业——物流配送业发展。通过几年的努力，建成以现代批发业为基础，以物流配送为依托，电子商务为纽带，连锁超市、宾馆餐饮、摄影扩放、生产加工为一体，商流、物流、信息流、资金流、服务流，“五流合一”，以经销、代销、联营、代理、批发、仓储、配送、电子商务等手段的经营新模式，以商流促物流，以物流促商流，商物并举，综合经营，滚动发展。利用现有的商品经营和物流配送基础及优势，进一步扩大物流运营规模，建立山西一流的物流配送中心。商品批发依托现有的糖酒副食经营，通过建立稳固的分销渠道，逐步向生鲜食品、日用百货、五金家电、纺织品等拓展。分销渠道以太原市为基础，山西中部市场为中心，辐射周边地市及周边省市市场。物流配送运营通过引进先进的经营理念及物流配送技术，实现全天候、无盲点、全方位的配送服务。同时，积极筹备发展电子商务。利用物流配送优势，综合社会资源，把电话购物和网上购物结合起来，争取用3到5年的时间，将盛唐网站（Http:www.shengtang.com.cn)建成山西活跃、并具有特色的电子商务网站。建立一个以“商品销售+物流配送+电子商务+商品加工”为主体框架的全新的商品流通体系。通过优势业务互为补充，互相配合，使公司内部和社会资源得到充分利用和合理配置，实现高度集成。

传统商务只有插上电子商务的翅膀才能飞翔，而电子商务只有与传统商务充分结合才有生命力。山西糖酒副食有限责任公司一直以“合格的商品，便捷的服务，诚挚的奉献”为兴业宗旨，通过不懈的努力必将在市场竞争中处于领先地位。

为工商企业的供应链管理提供全程服务

公司主要采取以下三种方式为客户配送商品

- BTB的商品配送模式即公司为生产厂商的商品送至经销商、零售商所提供的物流配送服务。
- BTS的商品配送模式即公司受零售商委托成为零售企业物流配送后台。
- BTC的商品配送模式即公司受零售商场、网上商城的委托为他们进行直送用户的配送模式。

服务内容

山西盛唐物流配送中心为客户提供现代、高效、低成本的分销、物流、配送服务，其内容如下：

- 商品储存与保管
- 商品包装与加工
- 商品运输与装卸
- 商品分拣与配送
- 市场推广
- 商品促销与分销
- 商品陈列与展示
- 市场调查与预测
- 商品信息服务
- 货物追踪及中央传呼
- EOS电子订货及EFT电子转帐
- 分销、配送方案的策划与咨询
- 客户委托的其他业务

（北京市级重点实验室）

北京物资学院物流系统与技术实验室

Beijing Materials Institute , Logistics System & Technology Laboratory

北京物资学院物流系统与技术实验室成立于1999年。自成立之日起，实验室依托物资学院在物流研究领域有较好基础的优势（原物流专业是北京市教委重点扶持专业），将研究方向定位于物流中心的规划与建设、电子商务中物流系统的支撑、物流管理信息系统的开发、物流设备现代化及自动化方面。经过不断努力，本实验室已经在国内外物流信息的掌握、物流基础理论研究、物流实践研究以及为政府、企业设计规划等领域中处于领先水平。并向着全国物流理论研究中心、物流教学实践中心和全国物流信息中心的方向发展。2001年11月，实验室被北京市教委、北京市科委评审为北京市重点实验室。

实验室与地方政府、企业合作，积极推动将研究成果转化为社会生产力。近几年完成和正在进行的国家级、省部级研究成果主要有：《三峡建材配送关键技术研究》、《物流术语标准化》、《北京市物流环境实证研究》、《"十五"期间北京物流系统规划研究》、《"十五"期间北京生产资料流通业研究》、《北京市大运河开发研究》、《首都城市物流系统量化研究》、《北京市"十五"期间商业物流基地规划研究》、《中心城市物流及配送方式研究》、《广东某公司物流战略发展规划》等，另有地方政府、企业委托项目二十余项，取得了较好的社会效益和经济效益。实验室与国内外很多企业签订了战略合作意向书，形成了产、学、研三位一体的新的科研体制，共同推进中国物流的发展。

地方政府、企业不断向我们委托物流基地规划、咨询物流技术、设计企业物流系统，也是对我们工作的的支持和学术研究水平的肯定。实验室与西门子公司达成战略合作协议，引进先进的物流设备，将于7月份安装完毕，届时成为国内先进的物流实验室。

物流系统与技术实验室积极参与国际、国内学术交流，出席国内外学术研讨会，与澳大利亚、日本、香港地区的物流学者合作密切。物流系统与技术实验室积极与政府及企业进行多方面合作，得到了社会的认可与支持，同时也创出了物资学院的专业品牌。目前，物流系统与技术实验室为很多企业进行物流系统诊断、物流系统规划设计、物流软件开发、物流网站建设、企业物流技术咨询以及管理人员的培训等服务。

实验室从机构、体制、机制上在不断创新，进一步向社会开放，与国际、国内物流研究机构、物流企业等加强合作，积极吸纳优秀人才、引入国际先进物流理论和技术，推动我国物流事业的进步，成为国际物流学术交流的桥梁和经济建设服务的基地。

通讯地址：北京物资学院物流系统与技术实验室
邮政编码：101149
电话：+8610-89534625
传真：+8610-89534429
联系人：郑进科
E-mail：zjk@lstl.org
HTTP://www.lstl.org

湖南省京阳物流有限公司

JING YANG

■ **湖南省京阳实业有限公司**座落于“唯楚有才，于斯为盛”的历史文化名城——长沙，滨临美丽的湘江，北接319国道，东连107国道，南临320国道，京广大动脉穿城而过，交通便利，运输方便。

■ 公司是一家集科、工、贸为一体的综合性实业公司，奉行：**“诚信仁和、兴家建业、求真务实、创新开拓”**的宗旨，以优异的服务质量为己任、雄厚的技术实力为依托、强大的人才优势为根本，不断进取，不断发展，**在物流行业起着示范效应作用。**公司采用参股与控股的方式与山东、上海、河北等16个省市自治区的大型运输企业建立了良好的合作伙伴关系，与铁路、航空、航运的紧密联系以及与国内各大公路运输企业的紧密合作控制了大量的运输工具，为物资资源能进行合理配置、完善物资管理与运销的流通渠道打下了坚实的基础。公司以长沙为基地，网络全国各个主要城市和地区，网络服务几乎涵盖全国范围，已在北京、天津、上海、杭州、南京、青岛、合肥等7个城市设立分公司，经营管理上实施ISO9002质量管理体系的管理标准，运用Internet、GPS等先进的科技手段对物流全过程进行管理、监控，实现商务的电子网络化，在与国内外多家大型企业各种产品的全国性物流代理过程中，因拥有运输、配送、信息、仓储和网络的有机结合，以准确、

HU NAN SHENG JING YANG WU LIU YOU XIAN GHONG SI

① 物流公司基地大门
② 基地办公室
③ 经营窗口
④ 停车场

及时、安全、正点的服务获得很高的评价。从提供货物跟踪信息到产品市场需求信息，物流的开始与运做均以降低客户商品流通费用为宗旨，通过优化物流运做方案，使客户实现商品流通成本降低、产品增值的目标；同时，在满足客户对时间、成本和效率要求的基础上，并协助我们的客户迅速地抓住市场上出现的各种有利商机。客户的成功就是我们的目的！

■ 往者如斯乎，来者犹可追。面对过去与未来，京阳人要说的是：数年成绩何足道，昂首阔步从头越！

地址：长沙市开福区华夏路1号
邮编：410008
电话：0731－4492898
传真：0731－4361898
网址：www.jy56.com

ECHO
英格条码
现代物流不可或缺
——多联条码可变信息单
专业、成熟、精湛、诚信
——中国EMS制作专业厂家
北京英格条码技术发展有限公司
地址：北京海淀区西三旗东路
邮编：100096
电话：010—82915302　010—82913067
传真：010—82915295
http://www.bj-echo.com
E-mail:echo01@bj-echo.com

连云港中海集装箱码头有限公司
LIANYUNGANG CHINASHIPPING CONTAINER TERMINAL CO.,LTD
连云港中海集装箱码头有限公司是由连云港港务局和中国海运集团强强联合的合资公司，是连云港港从事国际集装箱装卸运输的专业化码头公司。码头设施先进，年通过能力20万TEU。公司在成都、西安、郑州、上海、广州、盐城、临沂、济宁、徐州等地设有办事处；目前已开通了多条远洋集装箱班轮航线、至南方诸港内贸集装箱航线和岚山、射阳内贸支线，航班密度每月100余班，且运价处于沿海港口较低水平，集装箱可异地直接通关转关，直接装船运往世界各地。码头设有海关，进出口检验检疫联合办公机构；公司本着“客户的合理要求就是我们的工作标准”的服务承诺，码头堆场24小时为货主、船东和代理服务。
连云港中海集装箱码头有限公司
地址：连云港市庙岭港区
邮编：222042
电话：0518-2383697
传真：0518-2383627

GLOBAL
ISO9001
UKAS
QUALITY MANAGEMENT
039
通过ISO9001
国际质量标准认证
05890
大众柜业
Dazhong Workshop Cabinet
国内率先通过ISO-9001国际质量体系认证的工位器具装备专业制造商之一。
专业化的工位器具装备，已被上海通用汽车、中国一汽、青岛海尔、日立、西门子、大亚湾核电和远大空调等国内外一流企业所采用。
国内独家采用数控技术制造销式锁芯、锁具（专利号：ZL 00 2 25031.4)。以该锁芯为基本元件的分级锁能为物流系统提供安全、方便、可靠、实用的管理。
先进的现代制造业，必然采用专业化的工位器具装备。
长沙大众柜业有限公司
Changsha Dazhong Workshop Cabinet Manufacture Co., Ltd.
电话：0731-4722612 4722052
传真：0731-4727729
http://www.csdzjd.com
E-mail:honbajfb@public.cs.hn.cr

中国物流年鉴

2002 下

CHINA LOGISTICS

■ YEARBOOK ■

2002

CFLP

中国物流与采购联合会

中国物資出版社
China Logistics Publishing House

物流信息化

一、物流产业的国内外现状分析

实现物流管理现代化的根本途径是信息化、系统化。

在物流管理活动中，信息收集起着关键的作用。进行物流管理时，需要大量准确的信息，如市场供应数量、供应价格、需求数量、需求价格以及库存数量、品种、质量、规格等等。任何信息的遗漏和错误都将直接影响物流管理的效果，进而影响企业的经济效益。因此物流界有句格言：“物流管理，信息先行”。

物流管理活动同时也是一个系统的过程。采购、运输、库存、销售等活动，在企业内部互相作用，形成一个有机的整体系统，即物流系统。物流系统通过物质的流动、所有权的转移和信息的接受、发送与外界不断作用，实现对物流的控制，同时也接受反馈。整个系统的协调性越好，内部损耗越低，物流管理水平越高，企业就越能从中受益。

（一）国外物流中心的情况

近几十年来，随着物流概念的不断完善和扩充，国外在实现物流现代化方面取得了显著的成效。尤以美国和日本发展的最为突出。从日美的物流企业的发展来看，由于全球化战略的趋势，使物流企业和生产企业更紧密地联系在一起，形成了社会大分工。生产厂集中精力制造产品、降低成本、创造价值；物流企业花费大量时间、精力从事物流服务。物流企业的满足需求系统比原来更进一步了。为了适应这样的需要，有时甚至不计成本，满足服务。从而出现生产厂和物流企业的最终利润分配的问题。成功的日美物流企业就是完善的解决了这个问题，从而使企业得到较大的发展并收到良好的回报。

1.美国物流业

（1） 物流发展的四个阶段

a、1945～1960年，此时美国仓储业主要是存储货物，存储期一般为半年到一年，年周转率一至二次，属于储存型的仓库。

b、1960～1980年，此时仓储业发生了很大变化，产品越来越多，周转越来越快，储存期越来越短，仓库由储存型转向流通型。随着科学技术的发展，对物流提出了“配送”的概念，要求流通越来越快。

c、1980～1990年，物流方式有了很大改变，特别是计算机的发展，使物流企业的作业状况发生了质的变化。仓库、配送中心已不是简单的搬搬运运，而是信息处理，流通速度加快，已发展到综合物流。

d、从1990年至现在，物流发展到一体化阶段，除了储运功能外，还提供许多服务。

（2） 物流中心的类别

a、自有型配送中心（PRIVATE)，包括原料仓库、成品仓库，均为企业集团的一部分。

b、合作型配送中心（CO—OP)。这种配送中心主要在粮食等农业部门使用，通常是区域性的配送中心。

c、公共型配送中心（PUBLIC)。它面向所有企业，只要支付服务费，即可使用该配送中心，整个美国约有250家公共配送中心。

d、配送中心出现在80年代中期，叫做合同型配送中心（CONTRACT)。这种配送中心与公共配送中心不同，它是通过签订合同，为一家或数家企业提供长期服务，而不是为所有客户服务。这种配送中心有由公共配送中心来进行管理的，也有自行管理的，但主要是提供服务。第五种配送中心是一体化配送中心（INTGRATED）。这种配送中心不单单提供仓储和运输服务，还提供各种提高附加值的流通加工服务项目，也可按客户的需要提供其它服务。

现在，美国越来越多的配送公司转向外贸方向，大部分配送公司拥有一部分从事外贸出口业务的用户，有20%的作业量与进出口有关；有许多配送公司加入到国际性组织的公司或跨国公司。

2.日本物流业

日本物流业是在1965年前后开始受到政府和企业界的重视而得到发展。经历30年的建设，今天日本的物流企业，如伊藤忠（ITOCHU）商事株式会社、三菱商社等，借助于高新技术的介入，已经步入电脑化的时代，物流操作出现无纸化和无人化，使得物流这一传统观念上的体力劳动行业发生了一系列具有革命性的变革。物流业以其高品质、高效率的服务，正在成为整个流通领域和社会生活不可缺少的重要组成部分。

（1）　配送中心的主要类型

a.大型商业企业自设的配送中心，如菱食立川物流中心和卡世美（KASUMI）中央流通中心等。

b.批发商投资，小型零售商加盟组建的配送中心，如批发商CGC投资的枥木集配中心等。

c.接受委托，为连锁超市服务的配送中心，如西友座间物流中心等。

（2）　日本配送业的管理特点

a.普遍实现电脑网络管理，使商品配送及时准确，保证商品经营正常运行。由于采用计算机连网，对定货、记帐、分拣、配货等进行全程监控，使得整个物流过程衔接紧密、准确、合理，零售门店的货架存量，压缩到最小限度，直接为零售店服务的配送中心基本上做到了零库存，大大降低了缺货率，缩短了要货周期，加速了商品流转，给企业带来了可观的经济效益。

b.严格的规章制度使商品配送作业准确有序的进行，真正地实现了优质服务。

c.先进的物流设备，激越了劳动力成本，并保证提供优质的商品。

3.日美成功物流企业的经营特点

无论日本还是美国的物流企业，在经营上都有如下特点：

(1)使用先进的物流技术，例如条形码扫描、认址系统、定位系统等，以提高生产率，为客户提供更好的服务。

(2)物流企业都有良好的信息处理和传输系统。良好的信息系统，能提供极好的信息服务，以赢得客户的信赖。

(3)成功的物流企业不断地采用新技术和有效的管理方法，以满足客户要求，对内则加强对雇员的培训，使其适应物流企业的发展。

(4)优秀的物流中心不仅要与生产厂商联系，且直接与客户联系，及时了解厂家、客户需求的信息，在沟通厂商、客户上起到桥梁的作用。

(5)再经营传统的物流业务的同时对商品进行“再加工”，从而做到增值服务，以获取最大利润。

综上所述，日美物流企业虽然在发展方向上有所差异，但其整体水平高，软硬件设施先进，代表着当今物流业发展的最高标准。

（二）国内物流企业的现状

建国以来，特别是改革开放近二十年来，我国物流企业有了很大的发展；物流运输能力和商品包装标准化率大大提高；信息技术的推广应用，使物流、商流、信息流的管理现代化水平有所提高；全国商品信息网络系统初具规模，商品市场监控预测系统初步建立，提高了引导生产、引导消费的能力。但是，整体来看中国物流发展大体上已经落后西方国家几十年。我国物流在数量上具有一定的规模，基本能够保证国家的经济及社会发展的需要。但是，物流基础设施的人均量远远落后发达国家，和同为亚洲大国的印度也有较大的差距，物流的“瓶颈”仍然较为突出。

上海作为全国的经济中心，物流业的改革和发展走在全国前列。从规模上看，目前已有各种类型的配送中心20多个，部分实现社会化配送。一些配送中心拥有较稳定的资源渠道和配送对象，有较健全的储存设备和运输车辆，有较规范的管理和配送作业程序，有的还实现了库存电脑管理，能自动编排取货路线甚至可进行自动取货。其中具有代表性的是百佳超市公司和华联超市公司的配送中心。而多数是流通型仓库，在配送作业和内部管理上仍不够规范，渠道不稳定，基本上是传统的仓库管理方法，经营效益较差。各区属连锁超市公司的配送中心大都属于这一类型。

从整体上看来，我国的物流配送业总体水平较低，软硬件都比较落后，发展速度跟不上商业流通的发展需求。其主要原因是：

1.从宏观层面上看：

（1）由于重商流轻物流的思想观念，物流的重要性没有被大家认识。发达国家把物流业看作国民经济整体的一个有机组成部分，对经济发展起到了不可忽视的作用，物流技术也成为多门学科的交叉科学，形成了成熟的理论，而我们对现代的物流仍较陌生。

（2）由于整个经济体制正在向市场经济转变，条块分割、地区封锁等旧体制下的弊病，制约了大流通和社会化共同配送的形成，而单个企业内部的配送中心因配送量过小，很难达到必需的经济规模。

（3）物流配送中心是一项涉及到道路交通、邮电通讯、仓储设施设备等领域的系统工种，缺乏社会配套环境，物流配送中心难以“孤军深入”。目前，道路交通状况较紧张，包装、集装箱、条码的标准化较差，货架、车辆等设备生产水平较落后，计算机网络水平较差，给配送中心的快速发展带来很多困难。

（4）配送中心是一项社会效益显著，经济效益较低的特殊产业，政府的扶持尤为重要。一些发达国家在配送中心的地价、税收等方面都有一系列优惠政策，尤其是把物流系统的建设纳入了城市总体规划。而我们对物流、配送中心的政策研究还很不够。

2.从微观层面上看：

(1)现有批发、仓储企业转制缓慢，经营思想陈旧，老的经营方式改变不快。

(2)现有物流企业的管理水平较低，管理手段落后，计算机应用仅仅局限商品出入库等少数物流作业领域。

(3)现有批发、仓储企业经济实力不足，难以承担建设配送中心的巨额投资，配送中心的利润率偏低，无力偿还建设投资。

(4)现有批发、仓储业企业缺乏通晓现代物流的专业人才，员工素质偏低，各类专业人才不足，特别是懂得商流、物流和信息管理的复合型人才更是难得，极大地影响了配送中心的发展。

因此，我国物流企业如何利用现有的仓储和运输网络，加强物流企业管理，技术等软件的建设，实现物流信息化，从而将企业推向国际化成为整个物流行业都关注和迫切需要解决的问题。我们只有这样做，才能使我国的物流企业在面对市场时，立于不败之地。

（三）物流中心的规划

实现物流现代化是个渐进的过程，不可能“一步到位”，既要积极主动，又要考虑到客观的可能，还必须讲求实效。物流中心应该具有物流服务综合化，物流企业信息化和物流机械自动化这三个鲜明的特点，充分体现现代物流理念：

1.物流服务综合化

实现物流中心现代化，首先要从观念上有所加强，要求企业和工作人员突破物流只是仓储和运输的思维模式，将物流业务向供货商和客户双向延伸，增强物流意识，加强物流的科学管理，做到为顾客提供低成本、完善周到的服务。

建成后的物流中心，要提供多功能全方位的物流服务，除了仓储和运输外，还包括装卸、包装、流通加工以及有关的信息发布等内容。物流中心将适应批量小、批次多、吞吐频繁的需要，按照众多用户的不同要求，除具备仓储功能外，对某一品类、规格、花色的商品数量不满一个运输包装的，拆箱发零；商品需要降低销售起点的，拆包分装；对副食品需要分级、分选、精制、冷冻的，应该进行流通加工。在操作方面，通过选拣（Picking）和分拣（Sorting）等配货作业，以令人满意的服务水平，迅速及时、准确、低成本地把商品运送到零售商店或消费者手中。

要实现物流企业现代化，必须更新观念，增强物流意识。建成后的物流中心必须是物流功能齐全，以满足客户的各种要求。同时，还必须加强物流的服务意识，物流企业本着“顾客至上”的原则作为自己的服务宗旨。实现无微不至的服务品质以及快捷、迅速的服务目标。

2.物流企业信息化

实现物流企业的现代化，关键在于实现中心的信息化。仓库的货物储存和出入库，一般采取货帐、货卡管理的方法。在物流企业里，由于商品品类多、批量小、批次多，吞吐频率高，导致吞吐速度慢，事故多，手工操作很难适应形势发展的需要。因此，首先必须加快实现电脑信息化的步伐，利用最新的搬运、检验、捡取、网络通信系统，替代原来的货帐和货卡，做到无纸化作业，并随时掌握更多的信息，比如：

(1)什么时候有多少商品来库储存；

(2)什么时候有多少库存货，包括仓库、每个仓间和每个货垛的存货；

(3)盘点清单；

(4)送来货物的数量、规格，并指示把吞吐频繁的货物放在仓库前方部分；不频繁的放在后部；经常吞吐的货物不要堆得太高；

(5)对货架进行空格管理和选拣作业；

(6)解决先进先出的问题，这对有保质期的商品至关重要。

同时，通过信息辅助系统，可以改变过去拆零选拣时，选拣人手持订单，按次序逐一寻找货位的做法，这样工效较低，又易发生差错。如果通过终端，只要将订单输入自动指引货位和选拣数量的CAP系统（又称自动显示电子票签），就能以货位上的指示灯和显示屏引导选拣，十分方便。

现代化的零售店包括超市大都设置POS系统，即销售时点情报管理系统，它管理销售时点的商品信息和顾客信息，可以了解每个品种商品的销售和存货量。物流中心如果与商店的POS系统联网，只要查询资料数据库，取得商品最新的各种商品存量，就可以做到不需要等商店提出订货要求，就把商店缺货的商品主动地送货上门。此外，在自动化立体仓库里，以及设置自动分拣系统的库房里，设置信息系统更是不可缺少的。

近些年来，物流活动已突破了商业领域，与工厂生产半成品、制成品等生产活动产生了密切的联系，实现了需求、配送和库存管理的一体化。同时，从各个市场到最终市场的物流正日趋全球化，因此，电子数据交换和国际互联网的应用，使物流效率的提高更多地取决于信息管理技术。电子计算机的普遍应用提供了更多的需求和库存信息，提高了信息管理科学化水平，使产品流动更加迅速和容易。信息是物流企业的一条生命线，只有把握住信息，实行物流企业信息化，才能更好的抓住商机，从而使本企业立于不败之地。

3.物流机械的自动化

在我国，目前物流机械的自动化主要指利用叉车与托盘、货架相结合，形成的集装单元化和装卸的作业方法。在物流的储存环节中，货架应用最为普遍。使用普通货架的最大缺陷是仓容利用率过低，仓库面积利用系数不足50%，且高度一般也仅3～4米。通过采用增大进深与高度的货架，减少通道的移动货架等各种途径，以增加仓库的空间利用率，降低土地占用面积，从而降低运营成本。

例如，20世纪60年代初，美国和德国先后建立了立体自动化仓库。这种以巷道机取代叉车存取货物，仓库高度达15米以上的自动化高层货架仓库，日本称之为“立体自动仓库”，欧美则称“自动存取系统”。高层货架仓库的单位面积储存量为普通仓库的4～7倍。同时，实行无人化操作，特别适用于低温、有毒、黑暗等特殊储存环境，能保证人员和商品的安全。

分拣（Sorting）是物流作业中的重要环节，过去都是人工操作，使用自动分拣机械取代人工操作。国外一些大中型配送中心，大都采用自动分拣系统进行分拣，它具有分拣无人化操作的优点。

但是，立体自动化仓库系统用巷道机进行物品的存取作业，只适宜于堆存批量小、吞吐频率低的物品。对于堆存商业部门吞吐频率要求较高的商品未必合适。因此，物流中心在实施的过程中，应注意合理的安排堆放批量，以及选用适合的设备达到“无人化”的目的。使用自动分拣系统的好处早已为物流界所赞赏。但是，实现自动分拣还要有一定物流量和一定的外部条件。采用自动分拣系统如每天分拣量2万件以下的不宜使用，否则，将增加物流成本，不利于竞争。此外，它还需要其它外部条件的配合来实行分拣自动化。因此，物流中心要实行分拣自动化，尚有待于我国有关标记识别的条码化和包装的标准化后，才能得到彻底的解决。在现阶段，可以采用激光条码的方法加以解决。由物流中心将代表物流信息的条码印贴在或喷印在货物的外包装一定位置上，通过激光条码扫描器（Bar Code Scanner）将条码上的分拣信息自动的读取到信息系统中。

二、物流信息系统的方案描述

（一）建设目标

系统信息管理系统的建设应借鉴国内外物流企业管理的成熟经验，结合我国改革开放的现实国情。

物流信息系统的主要建设目标包括：

1.开发设计适用于综合性物流业务管理的系统软件，降低物流企业的物流管理成本，提高物流企业的服务水平。

2.建立企业内部网，实现综合物流业务的计算机网络管理，实现总公司各职能部门之间，总公司与分公司、子公司之间的互联互通，资源共享。

3. 建立面向Internet的企业网站，实现企业信息向Internet动态发布，以及通过浏览器实现对Internet的信息查询应用，拓展信息来源渠道，开展电子商务业务。

4. 以Internet技术、网络、软硬件资源为基础，与国内外客户相互交流信息。

（二）设计原则

物流信息系统的设计将遵从以下总体建设原则：

1.以物流系统的业务需求及业务信息流量流向为依据。

2.充分利用公用通信网，满足本网内外不同层次、不同业务量的通信需求。

3. 网络具备开放性、先进性、多协议间的互联性，保护现有系统投资。

4.确保网络的安全性和可靠性。

5.为便于本系统的开发、使用及普及，采用TCP/IP网络协议，系统设计基于Internet和Intranet技术。

6.坚持软硬平台、开发运行环境、系统实现技术适度超前的原则，尽量采用成熟的新技术、新方法、新设备，避免重复建设和投资。

（三）系统支持平台

物流信息系统将是一个综合业务信息系统，它的系统支持平台是信息系统的基础支持与管理结构，由相互之间的协调一致的多种软、硬件系统紧密集合而成。它对综合业务信息系统内的各种平台和系统、网络、数据库和分布式应用及网络工作台实施集中统一而全面完善的支持与管理。功能涉及网络故障检测与恢复、数据库性能和存储空间管理、应用系统响应、时间控制及系统安全机制与结构等。

安全机制：提供一个统一的安全性模型。构造全面的安全信息技术架构，其基础安全功能包括加密等各项处理及数据库安全性标准。

系统支持与管理：集成事件和控制台管理、性能管理、工作流管理、输出管理、关联、数据传输和寿命周期管理，实现系统操作的自动化。

网络管理：对网络设备和公安应用系统进行一体化管理。实现网上故障监控管理、网络配置管理、网络性能管理、计费管理、安全管理。

计算机系统管理：通过对工作台和服务器环境管理、软硬件管理、用户管理、系统性能优化等简化工作台和服务器的管理，提高工作效率。

群件管理：对群件和邮件应用、数据库服务器和支持它们的网络与系统进行全面的管理。保证这些基础设施系统的可靠性、可用性与可预测性。

调度与性能管理：为综合业务信息网络提供全面的跨应用保障。

系统帮助台：通过自动执行关键进程、提供系统和网络管理服务、监视信息技术资源的健康状况、自动接受问题警报并采取纠正措施，成为一个可提前采取防范措施的管理中心。

（四）应用系统

物流信息系统的应用系统直接服务于物流系统的物流业务，包括物流系统主要职能业务范畴，不但可以运行在企业内部，而且可以通过Internet与企业以外的相关公司、部门配合，共同完成物流业务。

可将物流信息系统划分为六个子系统，它们分别是业务处理系统、存储管理系统、运输监控系统、配货管理系统、信息发布系统与系统维护系统。

1.业务处理系统

(1) 订货系统

订货是业务处理的重要一环，也是信息系统对外的窗口，它既是业务处理的开端，也是服务质量得以保障的根本。订货分为出订系统与受订系统，分别与供货商和客户发生业务关系。在订货处理过程中，订单的分拣与集合是十分重要的环节。订单处理的职能是填制文件，通知指定仓库将所订货物备齐。一般用订货分拣清单表明所需集合的商品项目。订货系统的主要工作内容有：

a、检查订单是否全部有效，即信息是否完全、准确。

b、客户管理部门根据客户数据库审查顾客的信誉。

(2)入库登记系统

入库登记系统的主要任务是完成收货确认，即签收。在这里，主要是将货物的详细信息通过入库登记系统加入到后台的数据库中，同时将货物及托运单等信息提供给运输系统。在货物拣选完毕后，要核对集中起来的货物。如果库存有缺货，应立即从网络上发出通知信息或对数据库进行修改。

(3)出库登记系统

当货物运出仓库时，由该系统负责有关手续的登记与处理，并在后台数据库中将相应信息加以修改。同时发出发货单到运输监控系统，其中有货物的详细信息，另外将这些消息发至客户手中，通知发货信息。

2.存储管理系统

在进行物流活动中，库存管理是重要的环节和要素。把库存量控制到最佳数量，把库存管理好，客户提供最佳服务和最大的供给保障，是库存管理的任务。在这里，根据业务需要，存储管理系统可以分为以下两个方面，即货位管理和养护监控，它们的具体内容是：

(1)货位管理

在货物的储存过程中，对于货物来说要根据仓库使用情况和流动特性改变其相应的储存位置。对于管理人员要动态了解货物的移动情况和准确的存放位置。在这里我们将GIS（地理信息系统）引入其中，开发出相应的移位管理系统，通过对货物空间数据库的录入、处理、储存和维护，实现对货物在存储过程中的位置移动等有关信息直观形象地反映出来，达到动态管理货物移动的目的。

通过货位管理系统，可实现成千上万件货物的入库、分类与移位管理，达到货物各就其位，所有变化的信息能直观动态地得到反映。

(2)自动分拣系统

自动分拣系统（Automated Sorting System）是二次大战后在美国、日本的物流中心中广泛采用的一种自动化作业系统，该系统目前已经成为发达国家大型物流中心不可缺少的一部分。该系统的作业过程可以简单描述如下：物流中心每天接受成百上千家客户的商品，要在最短时间内将这些商品卸下并按商品品种、货主、储位或发送地点准确分类，同时，当供应商或货主同意物流中心指示发货时，自动分拣系统在最短时间内从庞大的高层货架存储系统中准确找到要出库的商品所在位置，并按所需数量出库，将从不同储位上取出的不同数量的商品按配送地点不同运送到不同的理货区域或配送站台集中，以便装车配送。

自动分拣的主要特点：

a.能连续、大批量地分拣货物；

b.分拣误差率极低；

c.分拣作业基本实现无人化。

自动分拣系统的组成：

自动分拣系统一般由控制装置、分类装置、输送装置及分拣道口组成。控制装置的作用是识别、接收和处理分拣信号，根据分拣信号的要求指示分类装置、输送装置进行相应的作业；分类装置的作用是根据控制装置发出的分拣指示，当具体相同分拣信号的商品经过该装置时，该装置动作，使其改变在输送装置上的运行方向进入其他输送机或进入分拣道口；输送装置的主要组成部分是传送带或输送机，其主要作用是待分拣商品鱼贯通过控制装置、分类装置，并沿固定路线运送商品；分拣道口是已拣商品脱离主输送机（或主传送带）进入集货区域的通道，在这里，使商品从主输送装置滑向集货站台，在那里由工作人员将该道口的所有商品集中后或入库储存，或是组配装车并进行配送作业。

以上四部分装置通过计算机网络联结在一起，配合人工控制相应的人工处理环节构成一个完整的自动分拣系统。

(3)自动存取系统

自动存取系统（AS/RS）也称自动仓库、自动化立体化仓库、无人仓库等，它是二次世界大战后随着物流与信息技术的发展而出现的一种新的现代化仓库系统。

a.自动存取系统的功能：

大量储存；

自动存取。

b.自动存取系统的分类：

常温自动存取系统。用于一般日用工业品、生产资料的存取。

低温自动存取系统。包括恒温空调、冷藏、冷冻等自动存取系统，用于对湿温度有特殊要求的商品的存取。

防爆危险品自动存取系统。用于易挥发、产生尘爆的化学危险品的存取。

无尘自动存取系统。用于计算芯片、磁带等物品的存取。

c.自动存取系统的组成：

货架；

巷道机；

周边搬运系统；

控制系统。

d.自动存取系统的使用可以产生以下的效益：

提高土地使用效益；

节约劳动力；

储存效率高。

3.养护监控系统

在货物的存储管理中，只有货位管理还是

不够的，因为货位管理仅管理了货物分拣、存取与移位，对于货物在储存过程中的有关情况还必须予以监控。如：不同设备对于环境有不同的要求，有些货物要求环境控制在一定的温度与湿度等条件下。所以，根据需要，要有相应的养护监控系统，将它具体划分为两部分，即仓库环境监控与分类养护监控，详细阐述如下：

(1)仓库环境监控

对于仓库的环境予以监控，是十分有意义的。总体来说，这里提到的环境包括多个方面，对环境进行监控的目的是： 实时掌握仓库的环境各项参数，通过了解环境，提高存放货物安全的程度。仓库的环境参数包括：温度、湿度、货物之间的影响程度、安全程度和仓库的其它信息。仓库环境监控系统要具有特征实时性、准确性、交互性和可控性。

(2)分类养护监控

由于货物的不同，它们的储存方式，环境要求等都不相同，前面的货位管理中已经对货物按不同的类别进行了分类管理，在储存与养护过程中，也要对它们进行分类管理与监控，以达到如下的目的：

a.根据不同货物采用不同养护方法，既有针对性，又可节约费用。

b.保证不同货物的储存安全性，减少货物的相互影响。

c.保证货物储存的规律性，达到快速提货的目的。

养护监控的内容包括：

a.前面提及的仓库储存应达到的基本条件；

b.不同货物的特殊环境要求。

4.运输监控系统

运输监控系统是十分重要的，当货物发送后，有关信息将被提至运输监控系统，运输监控系统的职能有两方面，其一是运输优选系统，它主要是根据货物类别，运输地点等条件对运输路线和运输工具采用一定的优化算法进行一定的选择；另外是在途监控系统，此系统的目的是对货物运输途中状况和信息进行实时监控，这样可根据反馈的信息及时了解货物、运输安全性等情况。

(1)运输优选系统

运输优选系统包括两方面的内容：一是运输路线的优选，二是运输工具的优选。本系统的需要的基础信息来源于出库登记系统的有关信息。根据运输地点、运输条件和货物类别等来选择最佳路径与工具。一旦确定后，将把该信息加入数据库并将与货物信息一起将所有这些信息与预计到达的地点，具体时间通知客户。

(2)在途监控系统

货物一旦发出后，也即运输开始后，在途监控系统将对货物进行跟踪。这里可以采用GIS（Geography Information System）系统与现代通讯技术相结合的方案，也可运用GPS（全球定位系统）系统的方案。

GIS与现代通讯技术结合的办法，主要是指货物运输途中，在到达主要运输网络节点、中心城市时，通过手机等汇报情况，物流系统的信息管理人员录入相应数据，然后客户／企业就可以通过GIS系统随时找到当前货物所处的大致位置，估算货物运输到达时间。也可以提供特殊的货物查询服务，即一旦指定某批货物，系统自动打电话查询目前所处位置，当然相应的查询费用也会比较高。

GPS全球卫星定位系统是利用分布在约2万公里高空的多颗卫星对地面目标的状况进行精确测定以进行定位、导航的系统，它主要用于船舶和飞机导航、对地面目标的精确定时和精确定位、地面交通管制、空间与地面灾害监测等。进入20世纪九十年代，全球卫星定位系统在物流领域得到越来越广泛的应用。主要用于：a.汽车自定位、跟踪调度、陆地救援；b.内河及远洋船队最佳航程和安全航线的测定，航向的实时调度、监测与水上救援；c.空中交通管理、精密进场着陆、航路导航与监视；d.铁路运输管理等等。

根据目前掌握的技术条件和企业的资金情

况，前一种方案可行性更强，但是也可以考虑在适当的时机，利用第二种方案作为补充。

5.配货管理系统

配货管理是信息系统中的重要环节，根据用户的需要，配货管理系统主要完成的任务有：

（1）再包装（包括贴标签、加固包装或重新包装）

（2）商品的重新组合

（3）加工处理

不难发现，前面的自动分拣系统等都在为配货管理准备条件。在具体的配货管理系统中，根据需求，又分为包装、加工、拣选、重组和归并等几个部分。在这里，主要是根据客户要求与运输需求负责对出库货物进行包装、加工；同时，还要负责对出库货物的拣选与组配作业进行管理。

6.信息发布系统

(1)一般动态信息

在网络时代，企业要想扩大影响并使用户了解有关信息，最好的方法就是通过网络发布信息。这里拟采用将网络信息分为内部网信息与外部网信息，即Internet信息发布与Intranet信息发布。这里的信息包括企业状况、组成、承担业务等基本信息，同时，发送的货物种类、目前可用的交通方式、公司可承担的货物储存量等信息也可实时进行发布。

(2)全球查询系统

全球查询系统包括客户可以对想了解的相应信息进行实时查询，这里包括对所存货物的状态、时间、安全性、货物的出货日期、费用等的查询；另外是企业内部的信息查询，包括领导层的财务、业务等综合信息的查询，仓储管理员对货位、空位、订单与计算的取货最佳路径等的查询。业务员对货物流通计划，预测，有关生产情报与市场情报的查询。

7.系统维护系统

系统维护系统包括两部分：系统的初始化、用户的设定和权限设置。系统初始化是对系统有关参数的调整以适应业务的发展。用户设定和权限设置其目的是为了防止信息丢失和失窃，从而保障整个系统的安全。

（五）技术关键

整个应用系统的主要关键技术有以下几个方面的内容：

1.GIS技术的应用

GIS是融计算机和数据库于一体，储存和处理空间信息的高新技术，它具有很强的空间分析功能。空间信息包括空间信息和描述性信息这两方面的内容。

(1)在这里采用GIS技术的货位管理信息系统具有以下特点：

a、将传统计算机数据库的枯燥乏味的数据处理与表现以直观信息反映出来。

b、GIS属于空间数据库，系统能充分实现图数一体化，形象直观，图文并茂。

c、现在已经提出虚拟现时是未来应用于购物、储存、运输、建筑设计等各方面的重要发展方向，而GIS是其基础的一层，GIS与行业相结合，它的发展前景是非常广阔和乐观的。

(2) GIS是一项高新技术，具有以下三个方面的基本特征：

a、具有采集、管理、分析和输出多种地理空间信息（包括图形数据与属性数据）的能力，具有空间性与动态性。

b、以地理区域目标研究和地理区域决策为目的，以地理方法模型为手段，具有区域空间分析、多要素综合分析和动态预测能力，产生高层次的地理分析决策信息。

c、由计算机系统支持进行空间地理数据管理，并由计算机程序模拟常规的或专门的地理分析方法，作用于空间数据，产生有用信息。完成人类难以完成的任务。

GIS使用其特有的数据模型来组织数据和存储空间数据信息。将GIS技术与货物的储存、定位与移位技术相结合，它的应用前景是十分广阔与乐观的。

2.三层体系结构

随着Internet/Intranet技术的不断发展和完

善，现代企业管理信息系统的开发主要采用三层/多层体系结构，而客户/服务器方式的体系结构的采用越来越少。

(1) 三层体系结构中，各部分的作用是：

a、Client端（前端）：也称表示层，提供给用户交互界面，用于完成接受用户的输入，并向Application Server端发出处理请求和给用户显示返回的处理结果。

b、Application Server端（中间层）：也称为事务层，主要用于接受Client端发送来的Transaction处理请求，按照预先定义好的业务规则和约束条件，对Transaction进行处理；当需要处理与DataBase 相关的Transaction时，才建立与RDBMS的协议连接。待Transaction处理完毕后，将结果返回给Client端。

c、RDBMS端（后端）：也称为数据层，主要用于接受Application Server发送来的DataBase Transaction处理请求，并将结果返回给Application Server端，同时，管理在DataBase Server端的数据，如检查数据规则，约束条件等。

(2)三层体系结构与客户/服务器结构相比的主要优势在于：

a.客户端很瘦小，并且很容易在运行时自动升级；

b.保证了数据的安全性，并且事务层可在跨平台的客户端上共享；

c.不同逻辑组件的分离意味着图形设计人员、事务逻辑开发人员和数据库分析人员可以独立地设计他们各自的部分；

d.这种结构可更有效地在企业内部网、国际互联网和外联网上运行；

e.中间组件层充当一个服务器，这就是通常所说的应用服务器。

3.与自动控制系统的协调

在整套系统中，可采用国内外先进的自动控制系统，达到在计算机中心或中央控制室对整个装置和操作过程的全过程监控与管理，保证各项方案按最优方案进行。

（六）安全设计

系统的安全性设计，包括安全策略模型设计和安全体系结构设计。

1.安全策略模型设计

针对物流信息系统的网络安全性，制定严格的信息网络安全管理制度和条例，选择相应的安全技术，建立相关的保障错误，以保证提供系统运行的安全环境。它主要包括：

（1）遵循国内相关的信息网络的安全标准和条例，制定适合物流信息系统网络的安全标准和条例。

（2）采用国内外先进的安全技术，结合实际业务需求，设计必需的安全服务种类和对应的安全机制。

建立与本系统相适宜的安全保证错误，确保物流信息网络安全标准和条例贯彻执行。

2.安全体系结构设计

根据物流信息系统的总体构成，其相关的安全体系结构设计从安全控制上应该包括：

(1)物理安全设计

保护整个物流信息网络设备、设施免遭火灾、停电等环境事故以及人为操作失误和各种计算机犯罪行为导致的破坏。它的安全设计主要包括信息网络场地、环境安全设计，设备防盗、放电磁信息泄露、防线路截获及电源保护等安全设计。

(2)网络安全设计

包括物流信息系统的系统安全（主机、服务器安全）、网络运行安全、局域网安全等安全设计。采取的系统和网络安全技术手段主要有反病毒、安全检测、审计分析、内外网隔离及访问控制、备份与恢复等。

(3)信息安全设计

包括客户及货物数据的存储安全、网上用户的访问安全、非密信息与保密信息的分级管理等安全设计。采用的技术手段主要有数据库安全设计、数据加密传输、数据完整性鉴别、用户身份鉴别、用户授权等。

（特约撰稿：北京和利时系统工程股份有限公司　潘京华）

条码技术与物流

众所周知，任何管理活动都离不开信息，物流管理也不例外。传统物流对物流信息的搜集、记录、处理、传递、反馈等，多采用电话沟通、手工记录、人工计算、电子传真等方法，使得管理部门对物品在传递过程中的各个环节难以统筹运作和系统管理，更无法实现系统优化和对物品流动情况进行实时监控。因此，传统意义上的物流：

一是流得难；

二是流得慢；

三是流得费。

近几年来，随着信息技术的飞速发展，发达国家物流企业管理手段信息化不断加快，一些大型物流公司总是率先装备最先进的信息采集和处理设备，并及时进行系统改造和优化，使其物流信息系统始终走在竞争对手的前面。仅此一举，通常便能够使一个并不起眼的传统物流企业一跃成为现代物流的领先者。物流企业的信息系统，不仅是区别传统物流与现代物流的重要标志，也是区别物流企业竞争力强弱的重要标志。

物流信息系统比较复杂，但从其传递路径上分析，无非包含三个子系统：

数据采集、录入系统

数据处理、交换、传输系统

数据输出、反馈系统等

在物流由交寄到派送各个环节中，为了准确掌握物品的即时动态和数量，都需要以最快的速度，最便捷的方法采集和记录每件物品所包含的必要信息，并将此信息传输到中央处理站进行数据处理和交换，以满足管理控制和下一环节的作业对信息的需求。比如，在分拣环节，管理部门需要对去往某一方向的物品的数量、体积、吨位、特殊运输要求等信息了如指掌，以便安排运力和沿途接转。如果没有以上信息，管理部门无从实施科学的管理，就会造成物件传递缓慢、丢失、路向错误、运力浪费等问题。那么，用什么方法才能做到对每个物品的不同信息实施快速采集、记录、处理呢？目前世界上绝大多数公司都运用条形码自动识别技术。

条形码技术是在计算机和信息技术基础上产生和发展起来的，容编码、识别、数据采集、自动录入和快速处理等功能于一体的新兴信息技术。条码技术以其独特的技术性能，广泛应用于各行业，迅速地改变着人们的工作方式和生产作业管理，极大地提高了生产效率。尤以现代物流业运用最为广泛、有效，条码技术是物流信息系统的关键节点和沟通桥梁，可以说没有条码技术就无法建立真正的信息系统。

在现代物流信息中，按类别大致分为运输信息和物品信息，如何快速地记录、表达、识读、传输、输出（打印）和反馈信息是一个很大的问题。20世纪七八十年代，世界著名的物流公司采用一维条码，只记录最需要、最有必要的信息，如收寄地、寄达地、件数、重量等。他们把这些信息在收寄窗口人工键入计算机，由计算机及条码打印机将这些信息用一维条码表达出来，附着于物品包装箱及相关单证上，使该物品上述信息不仅自动进入信息系统进行数据处理，而且以条码标签的形式外显示于物品包装箱上。进入下一环节（分拣）后，采用识读器对条码标签识读后，以上信息就会自动录入分拣环节的计算机系统，不需要重新录入，实现一次录入、全程享用，从而不仅极大地提高了各个环节的处理速度和准确度，而且对运力调度、统计分析、市场调查等综合管理大有好处。一维条码有多种制式，常用的有39码、128码、交叉25码等。

随着经济全球化和跨国物流公司的快速发展，一维条码技术日益显露出信息容量小，不足以应付顾客对信息的需求和物流企业自身管理的需要，且需数据库支持的缺陷。

九十年代中期发明了二维条码，不仅保留了一维条码生成费用低、识读快、制作简单、实用性强等优点，而且大大提高了单个条码的信息容量（可达数百个汉字），从而实现了对物品性状与流动状态的所有信息均可在一个条码符号中表达的目标。除此之外，它还有不须数据库支持，不能仿制（防伪性）的特点，特别是纠错能力强的特性，最适合我国当前的运输条件和物品包装水平。由于经济发展阶段所限，我国运输业中野蛮装卸，运输中的磨擦、包装粗糙等，都极易对条码标签造成损坏，影响下一环节的准确、快速识读。在一维条码的实际应用中，由于这些问题带来的困扰不胜枚举，严重制约了物流企业的运行效率和效益。二维条码以其独特的算法、强大的纠错能力，最大限度地克服了一维条码的上述缺陷。一个二维条码标签，即使有50%的符号被污损，也可在极短时间内被恢复成原来的数据。这一特性，使得二维条码在我国更具实用性，加之我国物流公司的成长壮大及跨国物流企业的进入，二维条码在我国的应用前景将十分广阔。

条码技术不仅作为物流信息系统的一个节点，起着举足轻重的桥梁纽带作用，而且作为一种全球通用的计算机语言，在供应链中充当着沟通、识别工具，使物品在全球范围顺利流通。我国物流企业决策者应高瞻远瞩、统筹规划、科学设计、精心构建物流信息管理系统，推动企业现代化水平不断提高。在条码制式选择上，应紧跟世界物流领先企业，重点考虑使用二维条码，以避免日后信息系统改造的浪费。

（特约撰稿：广州中邮条码有限公司　张书红）

IT与物流

一、概 述

IT产业是全球化经济最典型、最彻底的体现。因而，全球化供应链管理和现代物流是IT产业最基本的特征。

中国IT产业物流事业具有极大的发展空间，两个方面的巨大驱动力分别导引着IT产业分销物流及制造物流的发展：中国庞大、复杂的企业及个人IT消费市场及其高速增长；珠江三角洲和长江三角洲做为全球IT制造基地的地位正在不断巩固和加强。

不论分销，还是制造，由于IT产品价值高、降价快、生命周期短的特征，物流要解决的最关键问题都是库存。

因而，我们将从分销物流及制造物流两个方面阐述IT产业物流的发展。

二、国内IT产业的分销物流

（一）IT产品物流的总量和增长

据CCID统计，2001年我国计算机市场销售总额超过2500亿人民币，其中80%以上为需要物流服务的硬件产品销售。同时，CCID预测未来5年内，市场总量将保持23%的复合增长率，（参见图1）。

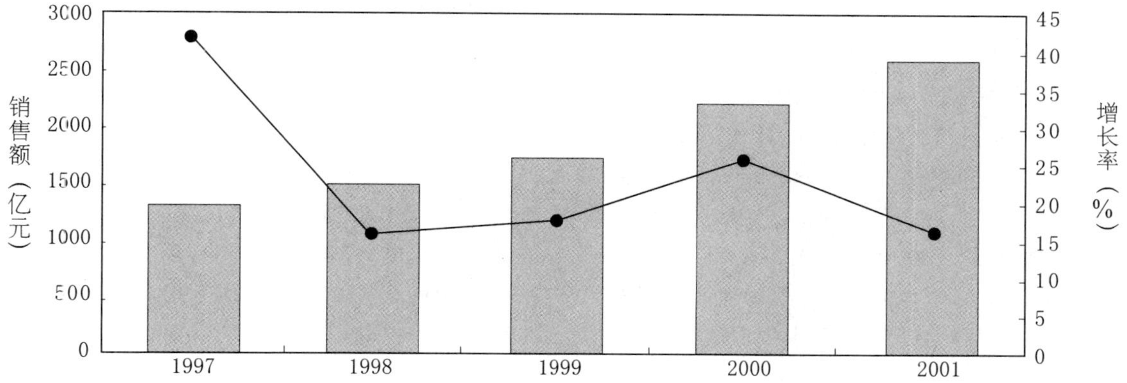

图1　　中国计算机市场规模

（资料来源：CCID市场报告）

（二）IT硬件产品在国内的销售模式

除了在市场占有率依旧较小的DELL直销模式，根据不同的产品特性大致分为两种营销模式：

1.低技术服务含量的IT产品销售：通常采用分销模式

作为历史最悠久的销售模式，分销几乎统治了整整一个时代。早期的IT企业也无一例外全部采用了分销这一模式。据权威调查部门消息，中国IT市场总体规模85%以上的IT产品技术是通过分布在全国各地的销售渠道流向最终用户的。坚持分销方式取得成功的著名企业主要包括惠普、方正、用友、和光等。

（1）产品特点

该类产品的特性是市场需求量大、服务的技术含量低、没有行业、用户或地域的限制、价格透明度极高、市场竞争非常激烈，同时产品的生命周期不断缩短，很多产品的关键型号已经发展到每季度更新一次。

（2）分销制的运作方式

分销制在实践中不断补充、发展，已经成为今天渠道中最成熟的销售模式。传统的IT分销结构主要分为四级，即：厂商，分销商，经销商和零售商。①分销商指的是向下层经销商提供一类或者几类产品的全国性或地区性经销商。分销商虽然也是经销商的一种，但它与我们平时所说的经销商的不同之处在于：它一面直接联系厂商，另一面直接联系下一级经销商。而且，一般厂商在一个国家或地区只认证一家或为数极其微小的分销商。②经销商包括独立的地区性的零售商。经销商从分销商或者上一级经销商那里获得产品，再出售给个人和公司，其中后者用户数量比较大。③零售商是由销售商、大零售商建立的店面，或者是从经销商处取货而直接面对散户的小型销售商。

（3）分销模式下的物流运做方式

由厂商将成品由生产地（非国内生产或组装）运到中国厂商自己的RDC（因产品的重量、体积及价值的不同，采用不同的货运方式。但因为该类产品的一般价值高且跌价快的原因，所以厂商超过95%的产品均采用空运的方式），再按照分销商的订单运到分销商指定的地点。分销商的运作方式与厂商的运作方式大致相同，因覆盖区域的地理位置，设立多个小型储货库，以方便二级代理或系统综合商在最近或所属区域的分销商处提货再交给最终用户。

2.服务高技术含量产品的销售

该类产品主要为网络产品及高端服务器（包括中型机及大型机等），它们的特征是价格高昂，技术含量高，专用于某些行业中的企业，没有个人客户的需求，价格透明度不高且稳定，市场中的竞争对手不多，留给供应链各成员的利润较其它产品为高。

（1）运作方式

因产品的销售是以项目形式为主，并价格昂贵，所以不论厂商、代理商或系统集成商均不会再负责区域设立库存，而是按照客户订单直接向工厂下订单并安排交货。而分销渠道的设立的主要原因是厂商的资源有限，不能自己向所有最终客户提供完善服务；而在中国还存在人与人的关系问题；而且一般项目客户不只需要单一产品，而是整体解决方案，分销商可提供客户所需的增值服务。另外厂家也希望透过与分销商的合作，争取更多的订单。

（2）物流运作方式

通过完善的分销网络，由厂商及代理商或系统集成商一同服务客户争取订单。当订单确定后，通过指定的分销商将订单发给厂商，再通过厂商的运作部或商务部负责向工厂订货，当工厂收到订单后，一般会在工厂设于全球自由贸易区内的分流仓库要求分销商提取货物，再由分销商通过自己的运输及进关渠道将货物运回国内，交给系统集成商或代理商为最终客户进行安装调试。

（三）大型分销商：国内物流分销的主要承担者和改革者

从上述分析可以看到，85%以上的硬件产品由分销模式流动到最终客户。而在分销模式中，在厂商的导引下，市场不断向少数大型分销商集中。到2001年，神州数码、英迈、佳杰、和光四大分销商的销售规模已经超过300亿元，占整个市场的20%以上。

分销商在产品物流过程中扮演着极其重要的角色。一方面，他们与厂商协作实现供应链的计划，另一方面，他们承担库存从厂商到用户的大部分物流运作工作。他们既有非常广阔的拓展前景，同时利润也受到来自上游厂商和下游客户的挤压威胁。因而，分销商以供应链和现代物流为核心的业务变革成为中国IT分销物流重要的发展历程。

首先，从1999年开始，国内的主要分销商，神州数码、佳杰、和光均已经分别投入巨资实施了SAP、Oracle、Baan等著名软件商的ERP系统，这在其他行业的分销领域是不可想象的。其次在ERP系统的基础上，各个分销商正在以不同的方式进行物流方面的改革和创新：

神州数码：建立现代化的配送中心，2001年，神州数码在上海的现代化配送中心的建设开始启动，这也是国内IT分销领域第一个面向未来需求的现代化物流基础设施投资项目。英迈：成立第三方物流公司，利用多年的物流管理经验和成熟的物流信息系统，英迈将物流中心独立为第三方物流企业，并开始向自己并未涉足其分销业务的其他厂商提供第三方物流服务。和光：启动BSP服务，和光在中国创造了包括物流服务、信息服务、供应链计划、客户服务等整合服务内容在内的BSP服务理念，并实现了BSP业务在内部的重新整合，并开始为IBM等传统上游的直销业务提供非传统分销模式的BSP服务。

总的来说，大型分销商已经成为国内IT分销物流领域的主导力量，尽管概念各不相同，通过如下一些方面的改进，分销商的努力将为中国IT行业的物流发展做出重大贡献：

1.应用现代物流技术，大大提高物流运作的效率；2.整合物流服务和IT产品特有的技术服务，降低产品从厂商到客户之间的总体流通费用。3.整合销售前端信息，优化供应链计划，尤其是库存计划，加速产品流通速度。

三、IT产业的协同制造物流

（一）IT产业制造物流的基本特征

IT行业的特征是产品更新换代的速度非常快，导致对供应链时间要求异常之高。同时，跨国公司在IT产品占有主导性的地位，位于长江三角洲和珠江三角洲的大部分制造厂都是属于跨国公司全球供应链中一部分。因此，其原材料以及成品的来源及去向基本以国外为主，属典型的“两头在外”。

从产品特征看，产品（特别是原材料）种类多，货值高，但货量（以体积、重量衡量）小。由于产品的更新换代的速度快，企业一般不会保有很多的库存，基本上按订单安排采购及生产，且运输方式以空运为主。

在物流管理上，由于一般不保有很多的库存，因此对仓库容量要求不高，也倾向于自己拥有仓库，有的企业甚至不设成品仓库，采取即产即发的政策。但由于其对运输时间的敏感，导致其对货运代理的要求非常之高。能够提供包括定舱、提（送）货、货物在途跟踪等一条龙服务的货（空）运代理，将是这些企业的首选。由于该行业属高科技行业，产品附加值较高，物流成本相对只占很小的比例，因此在外包物流服务时，服务的质量以及服务的灵活性是首要考虑的因素。

（二）案例：从OEM到协同制造外包服务

ABC是美国的一家高科技企业，也是对全球高科技产业供应链产生重大影响的企业。正是它和其他一些企业提出了合同制造（Contract Manufacturing，CM）以及电子制造服务(Electronic Manufacturing Service,EMS）的概念，迎合了当今高科技企业专注于科研、市场营销、品牌管理等核心竞争力，而将制造外包的趋势。而驱使这种变化的推动力是持续的对缩短产品投放市场时间的市场压力以及对提高资产利用率及掌握整个流程技术的要求。

ABC的产品已涵盖通信终端、基站、手机、台式电脑、笔记本电脑等等的IT产品，在中国的上海、深圳、苏州等地设立有5－6个生产点。苏州的生产厂一年的产值达到6.6亿美元。

ABC的生产方式属加工贸易，即进口的原材料按订单生产加工成成品后，返销国外。元器件等原材料以空运的方式从美国或欧洲进口。之所以采用空运的方式，是因为首先电子元器件的体积小、重量轻，而货值高，适合采取空运的方式，其次由于是按订单生产，在时间要求上比较高，相比海运，空运将大大节省原料的在途时间，最后，由于高科技产业产品更新换代的速度很快，ABC不可能保有很多的原材料库存，虽然批量订货可以节省运费（通过改用海运），但由于产品的更新换代或者订单的更改而导致的原材料过期的成本将远远高于节省的运费。ABC的原材料收货采取连续收货的方式，只有一个较小的收货库和备料库，且备料库需要严格的温度和湿度的控制。

对于成品，ABC严格采取按订单生产的方式，不保有成品库存。

ABC产品绝大部分出口，只有少量供应国内上海、南京、天津的企业。由于订单时间紧迫，出口的货物全部采取空运的方式。国内的货物则采用公路运输的方式，并要求在一天内送达客户。

ABC在供应链的管理上特别重视两点。第一点是和海关的EDI通关。加工贸易的企业都是需要通过手册进行核销管理的，由于ABC元器件种类的复杂多样，ABC单手册就有几百本，这个工作不仅费人费时，而且非常容易出错。在当地海关的大力支持下，ABC已基本实现报关的无纸化作业。事实上，为了配合苏州的产业导向政策，即大力发展高新电子信息技术产业，当地海关在EDI通关或企业和海关联网方面是走在全国前列的，和ABC的合作也被列为国内首家EDI通关试点。通过和海关的电子化联网，ABC的手册从几百本减少至只有一本，而进出口的量也得以突破原先的人工通关的瓶颈大幅上升。

第二点则是对第三方物流服务商的高要求。ABC需要的是一条龙式的全程的供应链的管理服务。从接单、取货、定舱、报关到送货，物流服务商必须提供全程的服务。同时，物流服务商必须有良好的信息系统，对全程的运作进行管理，对货物进行在途跟踪，并实时的反馈给ABC的管理系统。极其重要的一点是，由于订单的紧迫性，以及牵涉的环节众多，ABC特别强调服务的灵活性和在紧急情况下的预警通知，以便及时根据实际情况调整运作。

由于从总体上衡量，物流成本只占物料成本的很小比重，因此ABC并不会特别在意物流服务价格的高低，而会更强调服务的质量。从这个意义上说，ABC需要的是高端的物流服务。

联想是中国最重要的IT品牌，同时，联想也以自己的品牌为主导，建立一个独特的、从制造到零售的供应链体系，与IBM等国外厂商不同，联想自己控制的供应链体系从生产到零售（联想1+1零售店）均包括在内。

2002年，为了完善自己的供应链体系，联想在原有的ERP基础上，以预测和计划为核心，又在国内第一个引入了国外先进的供应链软件i2。

（三）IT产业协同制造对物流服务商的机会

从上述的一个典型案例中，我们即可发现IT产业生产物流的基本特征或需求。

1.产品体积小，重量轻，但货值高；

2.按订单生产，很少或不保有原材料及成品的库存；

3.不管是原材料还是成品，运输方式为空运；

4.有很好的内部信息系统管理，大部分是ERP；

5.有强烈的和海关电子联网，或电子通关的需求；

6.需要一个高端的物流服务商提供优质灵活、全程的内向和外向物流服务，并要求系统之间的连接。

对于这个产业来说，能够提供整合的空运代理、报关、门到门送（取）货服务，有良好的信息系统，提供货物全程跟踪的高端物流服务商将会获得主要的市场份额。同时企业实力是否雄厚，是否有很高的市场知名度也会是一个重要的考量因素。

国内目前比较知名的企业包括：大通、大田、锦海捷亚等；国外比较知名的企业有：Exel（MSAS）、Emery、近铁等；同时，估计象Fedex，UPS等企业，也会努力将他们的服务向这个方向延伸。

四、总 结

未来二到三年中，IT分销物流面临着很多巨大的变革，一方面，家庭电脑的普及和个人数字消费产品的兴起将改变以国外大厂商为主导的“推”模式，为新的零售和分销业态创造了机会；另一方面，后WTO时代全球IT制造向中国的进一步集中将为第三方物流服务商提供一个诱人的高端服务需求，激烈的竞争后的主流市场将留给基础扎实且灵活迅速的少数物流服务商。

（特约撰稿：快步易捷CEO　翟学魂）

2001年中国物流软件分析

2001是中国的物流年，不仅各类物流服务提供商如雨后春笋般涌现了出来，许许多多物流技术提供商也应势而生。新生事物不可能在短期内成熟，目前市场上的物流软件功能侧重还都参差不一。面对多如繁星般的物流软件，物流服务提供商往往难以抉择，本文将对目前国内比较成熟的几家物流软件进行简要对比分析，渴望能为广大的物流服务提供商在选择物流软件时提供参考。

一、物流软件基本功能(见表1)

表1　　物流软件功能一览表

综合管理功能	物流服务整体管理功能		管理货物从厂家到最终用户中间的存储、运输整体服务；划分物流任务，规划物流资源的调度使用。根据仓库布点位置＼目的地位置和运输线路状况，确定从哪些仓库出货或者存货，使货物的物流成本最低
	物流软件的客户管理功能		可以远程接单、查询有关帐目，物流服务商可以对客户业务情况进行分析、管理客户
仓储管理功能	基本功能	接货(Receiving)	输入收货单，设定计量方式，根据订单预计设定放置储位
		理货(Taly)	对照货物运输票据进行现场检验、积载指导等
		储存(Put awway/storage)	条码标识、存放储位记录。记录储位合并、移位等
		盘点(Counting)	支持循环盘点、按出入库频次、货物品种等设定盘点方法
		中转(Cross Docking)	指导货物从一个运载工具卸下，不入库，经过仓库换装，继续运输
		拣选(Order picking)	按照订单或出库单的要求，手工或根据RF指引从储存场所选出物品，并放置在指定地点
		包装	按照订单/出库单要求生成包装任务单，指导包装
		出库	记录货物离开仓库，打印装载运输工具上的货物清单
		人/设备工作量统计、考勤	根据任务单记录统计人员工作量和设备负荷、考核人员在岗的情况
		仓容管理	统计仓容占用率、统计制作仓容占用报告
		账款计算	按照多种方式(重、体积、长、价值)计算应收应付账款
		远程访问	通过internet可以查询到有关货物在库、盘点、出库有关情况
		多种库房管理	描述不同类型的库房属性如平库、立体库、料棚等
	决策功能	存储预警	可实现按照存量、时间等预警
		储位分配优化	根据储位和货物的形状设计存储策略、提高积载能力
		补货策略	设定多种补货策略
		在库移动	根据库区形状和出口位置设定货物在库搬运路线
		组合包装、分拣	优化存取路径和包装原料，可以实现组合分拣，组合包装
运输管理功能	基本功能	接单	接受来自仓储系统、采购系统或者其他系统的电子、运输单据
		作业调度	根据接单生成作业任务单，传递到各单位
		配载	按货配车和按车配货
		在途运输监控	采用GIS/GPS技术跟踪货物运送状况、可通过internet查询
		绩效管理	车辆和人员业绩考核
		运输费用结算	对运输过程中发生的成本、代垫费用计算并完成结算
	决策	自动配载	实现自动配载设计(一车多单，一单多车，一车多货，一单多点，零担运输等)
		车辆维护	长期内检修、报废预警
		行车线路优化	成本低，设计路径，实现最大运载效率
		运输网络调度	在整体运输网络某点上寻找换装(车)的最优位置

通过上面对物流软件功能的简要介绍可以看出，物流软件功能总体上讲，是实现货物从厂家到最终用户过程中间的存储、运输整体服务管理功能；根据仓库布点位置/目的地位置和运输线路状况，确定从哪些仓库出货、或者存货，使货物的物流成本最低；划分物流任务，规划物流资源的调度使用。在客户服务方面，实现远程接单、查询有关帐目、分析客户业务情况、管理客户的功能。

物流软件在仓储管理功能方面除了实现简单的进出库监管、辅助货物盘点、分拣、包装以外，主要通过局部优化，实现决策支持功能。比如设备使用安排的优化调度，货物入库优先顺序；根据库区形状和出口设计货物在库运输调度，寻找距离最短、费用最小、时间花费最少的运输路径以及一次运输尽可能多的搬运货物；根据历史记录统计，设计仓库中使货物移垛、进入库更为方便的货物摆放方式。

物流软件的运输管理功能，仅就运输业务而言，运输管理包括接单、调度分配人员车辆在途运输状况记录、货物送达回执、计算费用等。作为整体物流系统的一个子系统，运输系统一方面要与其它信息系统相连结，另一方面要做好自身局部的管理，能准确地提供决策支持作用。在决策支持层面上，按照功能划分，目前可以实现自动配载设计；根据运输计划，设计行车路线、沿途装卸货物决策；同时对行车路线进行优化；根据既往的历史运营记录情况，计算常规行车线路、车辆的成本，车辆运量，人员工作量统计，为运输服务定价、成本控制提供决策依据，给主要客户提供分析报告。

二、国内外物流软件对比分析

（一）国内外物流软件功能对比分析（见表2）

表2　国内外物流软件公司物流软件功能对比表

软件功能 / 企业/软件名称	综合管理功能	仓储管理基本功能	仓储管理决策支持功能	运输管理基本功能	运输管理决策支持功能
彼图彼(北京)信息技术公司/未命名		√	√		
北京杰合伟业软件技术有限公司/EFulfillment	√	√	√	√	√
上海凡丰科技有限公司/LogiCaptain TM等	√	√		√	√
上海三尔科技有限公司/无		√	√	√	√
深圳市汇驿科技有限公司/CARGO200				√	√
Paulse技术有限公司/Paulse		√	√		
Logistics软件公司/Warehouse Explorer		√	√		
GRAZ技术公司/GRAZ		√	√		
东方系统有限公司/BMS	√	√	√	√	√
EXE技术(美国)/Exceed 4000		√	√		
中储物流在线/Warehouse Window		√	√		
北京东方纪元软件技术有限公司/无		√	√		
北京易合在线物流有限公司/无		√	√	√	√
北京飞拓数码科技有限公司/无		√	√		
深圳龙行天下物流网/龙行天下				√	√

从上表来看，多数企业软件可以分别实现仓库和运输管理，如凡丰科技、上海三尔、东方系统、东方数码，但是只有少数企业可以综合仓库和运输管理，提供一体化综合物流管理功能。在我们调查的企业中只有杰合伟业、上海凡丰科技、东方系统有限公司能完成此项功能。深圳市汇驿科技有限公司的Cargo2000软件、深圳龙行天下物流网的龙行天下物流网，有较强的运输管理功能。

（二）国内外物流软件特点对比分析

物流引起人们的热切关注以后，国外的物流软件公司也都纷纷想叩开中国市场的大门，国内也涌现出了许多物流软件。下面从软件体系结构、兼容性、推广渠道、市场定位、定位策略、软件品牌和推出时间等方面，简要对这些软件做对比。下面是收集到的来自几个国家和国内来自上海、北京、深圳的几种物流软件的大致基本情况（见表3）。

表3　　国内外物流软件特点对比表

企业名（国籍/地区）	系统特点/体系结构	兼容性	营销渠道/推广方式	市场定位	定价	软件名称	首次推出时间
彼图彼(北京)信息技术公司	专注与仓储管理功能，软件采用B/S结构	定制	专业会议、专业性网站	第三方物流企业、连锁店、全国性生产企业集团的仓储管理	视具体需求情况而定	无	2001
北京杰合伟业软件技术有限公司	一体化的物流服务软件C/S+B/S	与本企业其他管理软件、用友财务软件兼容，其他厂商的软件须定制接口	专业会议、专业性网站和通用搜索引擎	第三方物流企业、连锁店、全国性生产企业集团一体化物流管理	视具体需求情况而定	EFulfill-mentLuluscm logicaptainTM	2000
上海凡丰科技有限公司	专业运输、仓储和一体化物流服务软件，C/S+B/S	EXE、MK、KWE、SAP、ORACLE等物料管理和财务模块有接口	专业会议、专业性网站和通用搜索引擎	配送中心、第三方物流企业、物流中心、制造企业的物流控制管理	视具体需求情况而定	Transir, Warehosir, 3PL Captain	2000
上海三尔科技有限公司	商业物流管理	与其它企业的系统须定制接口	专业会议、专业性网站和通用搜索引擎	连锁超市仓储卖场	视具体需求情况而定	无	2001
深圳市汇驿科技有限公司	海/空运输管理	与其它企业的系统须定制接口	专业会议、专业性网站和通用搜索引擎	国际货代	视选用的版本和定制成分面议	CARGO 2000	2000
Paulse技术有限公司(新加坡)	多种行业的仓储管理解决方案C/S+B/S	与其它企业的系统须定制接口	专业会议和通用搜索引擎	各行业仓储管理	软件使用许可+维护费用	E-paulse	不详
Logistics软件公司(加拿大)	仓储功能完善C/S	与几家著名条码打印服务提供商兼容，与其他的系统须定制	通用搜索引擎	仓储、配送中心、生产型企业仓库管理	按功能多少计费	Warehouse EXPlorer	2001
GRAZ技术公司(奥地利)	仓储功能完善强大，C/S+B/S结构	自由一套完整的物流企业管理软件；与其它系统须定制	专业会议	大型自动化程度高的物流园区服务平台	多种计费方式（购买、许可使用	ISAStore	1989
东方系统有限公司(香港)	一体化物流服务软件和简单的财务收费管理功能	有自成体系的一套物流服务和企业管理软件系统，其他须定制	专业会议	仓储、运输	明确的模块和人工服务价格	BMS	不详
EXE技术(美国)	以仓储为核心供应链一体化服务软件	提供跨平台、多语种的软件，与其他管理软件接口须定制	专业会议、专业性网站和通用搜索引擎	配送中心、生产型企业仓库	明确的模块和人工服务价格	Exceed4000 (2000发布基于inter-net的版本)	1980
中储物流在线	完善的仓储服务管理功能，B/S结构	与条码打印服务商有接口，与其他的管理软件接口须定制	专业会议、专业性网站和通用搜索引擎	配送中心、跨地区大型生产型企业仓库	租用、年费或者购买	warehouse window	2000
北京东方纪元软件技术有限公司	运输管理、仓库管理、综合物流管理分成单独的软件包C/S+B/S结构	与其它系统的接口须定制	专业会议、专业性网站、通用搜索引擎	配送中心、跨地区大型生产型企业仓库	基本的模块费用+定制费用	无	2000
北京易合在线物流有限公司	运输管理、仓库管理	与其它系统的接口须定制	专业会议、专业性网站	专业的仓储、运输和物流公司	面议	E-highway E-warehou-se	2001
北京飞拓数码科技有限公司	专注于仓库管理，B/S结构	与其它系统的接口须定制	专业会议、专业性网站	专业仓储公司、第三方物流公司、大型生产企业	面议	无	2001
深圳龙行天下物流网	专注于运输管理，B/C+B/S结构	与其它系统的接口须定制	通用搜索引擎	专业物流公司配送中心	面议	龙行天下	2001

企业软件功能特点与市场定位紧密相关。在功能上，软件的核心有以仓储管理为中心的，也有以运输管理为中心的，也有比较成熟的直接以提供物流一体化管理为中心的软件。国外的软件大到物流园区、物流中心、配送中心小到专业的仓储、运输很齐全，国内的软件目前还只具备单一运输或单一仓储，以及以仓储或运输为核心向外扩展的少量运输/仓储管理功能，只有凡丰科技、杰合伟业、东方系统的物流软件可以提供整合仓储与运输的服务管理功能。在体系结构上，体系结构上面基本上都是采用C/S，或者C/S与B/S结构结合，只有中储物流在线、飞拓数码采用单纯的B/S结构。

在与企业内部管理系统ERP/CRM、财务信息系统的兼容性方面，这些物流软件基本上都需要重新定制。只有凡丰科技的物流上校系列软件标明与知名的EXE、MK、SAP、ORACLE软件可以兼容。并且定制的费用一般要由软件购买方支付。由于物流企业所用的系统，不仅会涉及仓库和运输，还有其他的财务、ERP系统等，因此，这些系统之间的兼容性问题显得很突出。

从比较中发现，国外的几家软件公司起步较早，大约在80年代末90年代初就已经开始起步，即使没有明显时间标记的Paulse和EXE，从它们所做的客户数量和行业跨度来看，也有5年以上的历史。时至今日，大多都已经趋于成熟，物流服务功能完善，基本上都有成熟的产品。国内的企业都是在2000、2001年才出现，还处在初级阶段。

三、物流服务提供商选择物流软件考虑的因素

客户在选取软件的时候，一般会考虑以下几个因素：

系统实施风险，系统实施过程中对企业的正常业务会带来一定的负面影响，如果系统分析做不到位，导致系统实施不成功，会使企业蒙受损失。

系统更新维护风险，系统使用过程中会因操作不当，或者新的业务出现，需要不断的维护，一般来讲软件更新维护费用占到总支出的60%，如果软件扩展性不好，跟不上业务发展需要，将成为企业的鸡肋。

系统安全性因素。调查表明，用户非常关心自己的商业数据是否安全。这里安全性有两方面的含义——数据的保密和遭遇突然性事件时数据的保存、恢复问题。

人员因素，企业软件操作人员的素质不高，也制约了软件效率的正常发挥。所以，客户喜欢选“傻瓜型”的产品。

费用因素，当然任何经济人都会选取性价比较优的产品。但是由于物流行业在国内出现时间短，对软件的需求有较大的差异，企业管理信息化的程度也有较大的差异。

总体来讲，在当前的形势下，物流服务提供商选择软件与其说是选择产品，不如说是选择服务。

四、发展趋势

由于软件应用的市场环境、需求、技术在发展变化，对物流软件也提出了新的要求：

（一）软件体系结构变化

随着经济全球化进程的推进，小企业必将合并成大企业以加强竞争能力。同样，物流重新整和并购也迫在眉睫，单就仓库而言，向仓库网发展是大势所趋，同时，基于互联网的各种技术也迅速发展起来，因此要求物流软件提供商，在软件功能、结构构架上做相应的调整。在软件体系结构目前局域内物流管理比较有效，目前占大多数的客户服务器(C/S)结构。随着国内互联网基础建设日益完善、信息技术普及面越来越广，物流企业规模扩大，就需要构建分布式系统，定期对总服务器上的数据进行更新汇总。那么，在用户需要在网上开展业务压力下，软件提供上又提出了客户服务器(C/S)结构技术上架上Web应用服务器，构成C/S分布式系统B/S结构，但是这种体系结构在广域范

围内，由于摆脱不了分布式数据实时性差的问题，而且初期投入和维护成本都比较高，并不实用。目前，这方面软件已经开始把目光转移到直接开发基于服务器浏览器构架的系统，其中，中储软件和飞拓数码已经开发出了成形产品。

（二）专业化分工，接口透明

从国外物流业软件的情况来看，专业化程度很高，管理的层次就更深，更能体现信息化优势。因此，笔者并不认为软件能提供一体化解决方案就一定好。专业化程度越高就越要求软件对外接口透明，方便接入其他企业应用系统如财务系统、ERP、MRP等。另外，第三方物流服务提供商往往要和各类企业发生业务往来，因此，要求软件能与其客户的各类系统进行对接，能实现对帐功能。这也要求结构透明。

（三）收集信息范围扩大

物流与信息流相依存成为趋势，也就是说系统记录“物”有关信息将更为精确。比如，由于系统没有实现到货位和库房形状、通道管理，就无法实现货物在库移动路径优化的决策支持。另外，若没有记录物品体积、形状，那么，如果要和运输系统结合，没有物品体积形状信息，车辆配载设计就无法实现。此外，同以往相比，第三方物流企业接触的产品，呈现出多样化趋势，因此，需要企业在专业化同时，尽可能同时实现多类产品的储存运输管理。

（四）自动化调度功能

随着系统要求的增多，系统在该提供统计物流作业设备作业时间，在任务到达的时候自动产生调度作业设备、人员的调度单，实现工作任务安排功能。同时，也要突破目前只能采集到入库货物质存入位置等信息，但是没有实现对在备货区货物的管理功能。

（五）决策管理功能加强

几乎没有系统能实现对货区、路线、路况的动态管理。这些信息是系统确定最佳移动路径所必须的。随着企业发展仓库形状变化，存储货物变化，导致通道等变化，需要重新确定最佳路径。市场竞争是残酷的，实际上，物流企业也需要核算客户带来的利润率，建立客户管理迅速反应决策系统，及时淘汰达不到满足自己基本要求的客户。

总体来看，我国物流软件尚处在成长期，还不成熟，存在这样那样的问题。但是，软件成熟不仅需要软件企业有较强的管理能力，也需要物流服务提供企业自身管理在备货区货物的管理功能。

（六）决策管理功能加强

几乎没有系统能实现对货区、路线、路况的动态管理。这些信息是系统确定最佳移动路径所必须的。随着企业发展，仓库形状变化，存储货物变化，导致通道等变化，需要重新确定最佳路径。市场竞争是残酷的，实际上，物流企业也需要核算客户带来的利润率，建立客户管理迅速反应决策系统，及时淘汰达不到满足自己基本要求的客户。

总体来看，我国物流软件尚处在成长期，还不成熟，存在这样那样的问题。但是，软件成熟不仅需要软件企业有较强的管理能力，也需要物流服务提供企业自身管理规范。在中国加入WTO的压力下，我们渴望中国的物流软件能尽快上一个新台阶，从而促进我国物流业快速、稳定、健康的发展。

（资料来源：《中国储运》2002.1　张娥）

现代物流技术及应用

一、现代物流技术的涵义

现代物流是以满足客户需求为目的，为提高原材料、在制品、制成品以及相关信息从供应到消费的流动和储存的效率和效益而进行的计划、执行和控制的过程。相应的物流功能性活动包括：需求预测、订单处理、客户服务、分销配送、物料采购、存货控制、交通运输、仓库管理、工业包装、物料搬运、工厂、仓库或配送中心的选址、零配件和技术服务支持、退货处理、废弃物的回收处理等。现代物流的特征，主要表现在物流专业化和社会化，物流系统化，物流网络化，物流信息化，物流自动化和物流全球化。

现代化的物流需要现代物流技术的支撑。现代物流技术是适应现代物流的需求而采用的技术，主要包括物流系统规划与优化技术、现代物流管理技术、物流信息化技术、物流自动化技术等。

二、物流系统规划技术及其应用

物流系统主要规划技术包括系统优化技术、系统评价技术、系统仿真技术和系统布置规划（SLP）技术等。

（一）系统优化与评价技术

物流系统优化常采用的方法包括线形规划、非线性规划、动态规划等数学规划方法、网络计划方法和启发式方法等。物流系统优化技术已被广泛应用于物流网络结构优化，物流网址的选择，物流系统调度和决策等各种场合。

系统评价技术是对物流系统的主要运营指标进行分析和评定的技术。物流系统的评价方法有许多，最常用的方法为综合评价法。评价的目的是发现系统存在的问题和薄弱环节，从而对系统进行改进和完善。

（二）系统仿真技术及其应用

系统仿真是一种现代系统分析方法，首先针对真实系统建立模型，然后在模型上进行试验，用模型代替真实系统，从而研究系统性能。系统仿真技术不仅可以对新设计的物流系统的性能进行评估论证，还可用于一些现行物流系统的改造和改进以及一些管理调度决策的技术支持。通过计算机模拟系统运营后的性能和效果，从而在系统建设之前或改造之前就能发现系统存在的问题，从而避免由于设计失误或考虑不完善而造成的浪费。

系统仿真在许多领域都已得到广泛的应用。在现代物流系统中，系统仿真技术被广泛应用于物流系统的规划设计、运输调度和物流控制等领域。随着计算机技术的飞速发展与广泛应用，一些专门的计算机仿真语言和软件应运而生。例如美国的AutoMod仿真软件，是专门应用于物流系统分析的仿真软件。我国几个最有实力的物流系统集成商均购买了该套软件并用于物流系统的分析和研究。许多复杂的物流系统如一些自动化的配送中心、自动仓储系统、自动化物料搬运系统、车辆调度系统等方案设计后都要进行系统的仿真分析。

（三）系统布置规划（SLP）技术

系统布置规划（SLP）技术是对物流系统进行平面布置的方法，基本原理是通过对构成物流系统的各种设施进行流程相关性和活动相关性分析，将相关性高的设施紧密布置，相关性低的可远离布置，从而得到最优的系统布局。该方法最早起源于工厂的设计，目前已经被广泛地应用在物流设施的布局与规划中，如一些大型配送中心、仓库、集装箱站场、机场以及车站等的布置规划都可以采用这一科学的规划方法。

综上所述，物流系统规划方法的应用范围（见表1）所示。

表1　　物流系统规划技术及其应用

	数学规划方法	数学规划方法	数学规划方法	数学规划方法	数学规划方法	数学规划方法
物流网络的分析与规划	Y		Y		Y	
物流系统位置分析	Y		Y		Y	
物流调度决策	Y				Y	
物流路线的优化	Y		Y			
物流计划		Y	Y	Y		
物流系统布局					Y	Y
物流系统评估				Y		

三、现代物流管理技术

现代化的物流系统需要现代化的物流管理技术，现代物流管理的目标是供应链物流的一体化，站在整个供应链最优的角度，进行物流系统的管理和控制。供应链物流的管理方法和技术包括：

（一）有效客户反应（ECR）

有效客户信息反应（ECR），即建立一个有效反应客户需求的系统，客户需要什么就生产什么，而不是生产出东西等顾客来买。ECR的核心是要求供应商和零售商共同关注消费者的需求，把精力转移到了解消费者的需求上并为之做出努力，使消费者少付出金钱、时间、精力和风险而更加方便地获得更多信息，并得到更好的品质、更新的创意、更新鲜的商品。ECR力求将消费者、供应商和零售商结为一个利益共同体，供应商和零售商双方通过合作达到双赢。

以沃尔玛为代表的连锁零售商，率先接受了ECR思想，并获得很好的效果。

（二）供应链库存控制技术

供应链库存控制技术主要包括供应商管理库存(VMI)和共同管理库存(JMI)。

VMI是一种供应链物流管理与控制的技术，它把用户的库存决策权代理给供应商，由供应商代理分销商或批发商行使库存决策的权力。VMI是应用供应商的能力管理库存，供应商能够及时得到零售商仓库的出货数据和POS(销售点，Point of Sale)数据，并利用这些信息优化整个供应链的库存配置。

JMI是一种风险分担的供应链库存管理模式。共同库存管理和供应商管理用户库存不同，它强调双方同时参与，共同制定库存计划，使供应链过程中的每个库存管理者（供应商、制造商、分销商）都从相互之间的协调性考虑，保持供应链相邻节点间库存的一致性。任何相邻节点需求的确定都是供需双方协调的结果，库存管理不再是各自为政的独立运作过程，而是供需连接的纽带和协调中心。

这两种供应链库存技术在欧美等西方国家得到了普遍的重视和广泛的应用，我国的一些大型制造和分销企业也在进行这方面的尝试。

（三）协同、计划、预测与补给（CPFR）

协同、计划、预测和补给(CPFR)是一种基于供应链一体化的管理技术，它应用一系列的处理和技术模型，提供覆盖整个供应链的合作过程，通过共同管理业务过程和共享信息来改善零售商和供应商的伙伴关系、提高预测的准确度，最终达到提高供应链效率、减少库存和提高消费者满意程度的目的。CPFR是建立在JMI和VMI的实践基础上的最新供应链库存控制技术，它同时摒弃了JMI和VMI中的主要缺点。零售和制造商从不同的角度收集不同层次的数据，通过反复交换数据和业务情报改善制定需求计划的能力，最后得到基于POS的消费者需求的单一共享预测。这个单一共享需求计划可以作为零售商和制造商的与产品有关的所有内部计划活动的基础，它能优化供应链库存和改善客户服务，最终为供应链伙伴带来丰厚的收益。

该技术在发达国家已开始应用并取得了良好的效果，国内的一些专家学者也已开始进行该项技术的研究，将逐渐应用于一些反应性供应链的物流管理中。

（四）JIT采购与配送

JIT采购是一种先进的采购供应模式。它的基本思想是：在恰当的时间、恰当的地点、以恰当的数量、恰当的质量提供恰当的物品。它是从准时生产发展而来的，是为了消除库存和不必要的浪费而进行持续性改进。要进行准时化生产必须有准时的供应，因此准时化采购是准时化生产管理模式的必然要求。它和传统的采购方法在质量控制、供需关系、供应商的数目、交货期的管理等方面有许多不同，其中关于供应商的选择（数量与关系）、质量控制是其核心内容。准时采购包括供应商的支持与合作以及制造过程、货物运输系统等一系列的内容。准时化采购不但可以减少库存，还可以加快库存周转、缩短提前期、提高购物的质量、获得满意交货等效果。

以上一些管理技术都是基于供应链一体化的现代物流管理技术，这些现代化的管理技术在欧美和日本等国家已经得到普遍的应用。如DELL的直销模式，惠普的供应链物流整合策略、COMPAQ的营销战略，都体现了各种供应链的管理思想，应用了各种管理技术。在我国，随着我国企业现代化程度的提高，企业已经普遍认识到供应链管理对于提高企业竞争力的重要作用，因此，一些大型制造和分销企业如海尔、联想等都将供应链管理提高到企业战略高度，积极进行供应链整合，并在开始引进和应用一些基于供应链一体化的现代物流管理技术，改进和优化其供应链。如海尔集团，建设了现代化的配送中心，为生产线提供JIT供应配送，同时在全国开始构建其分销物流网络，为其产品的分销提供高效快捷的一体化服务。

四、物流信息化技术

信息化是现代物流的基础，没有物流的信息化，任何先进的物流理念和技术都不可能应用于物流领域，信息技术及计算机技术在物流中的应用将会彻底改变世界物流的面貌。物流信息化技术包括基础技术和信息系统技术。基础技术包括条码技术、数据库技术、电子数据交换技术和internet/intranet技术等。

（一）物流识别技术及应用

物流标识技术是对物流过程中的物品标识进行识别的技术，一般常采用条码技术。物流标识技术主要由物流编码技术、物流条码符号技术、以及符号印制与自动识读技术等构成。物流标识技术是物流系统现代化的关键技术，可以广泛应用于配送中心的自动分拣和运输以及仓储保管等各种物流场合。

条码技术是在计算机的应用实践中产生和发展起来的一种自动识别技术。条码技术提供了一种对物流中的物品进行标识和描述的方法，借助自动识别技术、POS系统、EDI等现代技术手段，企业可以随时了解有关产品在供应链上的位置，并即时作出反应。一些现代化的物流系统，如AS/RS、AGVS系统、自动分拣系统和全球定位系统（GPS）中，都是采用条码实现物料的识别与跟踪。

（二）EDI技术及应用

EDI（电子数据交换）是指按照同一规定的一套通用标准格式，将标准的经济信息，通过通信网络传输，在贸易伙伴的电子计算机系统之间进行数据交换和自动处理，俗称无纸贸易。构成EDI系统的三个要素是EDI软件、硬件、通信网络以及数据标准化。EDI是一种信息管理或处理的有效手段，它是对供应链上的信息流进行运作的有效方法。EDI的目的是充分利用现有计算机及通讯网络资源，提高贸易伙伴间通信的效益，降低成本。EDI在物流系统的典型应用如下：

制造企业即时响应(Just In Time)以减少库存量及生产线待料时间，降低生产成本。

物流企业快速通关报检、经济使用运输资源，降低贸易运输空间、成本与时间的浪费。

分销零售企业快速响应市场需求，减少库存，加速商品资金周转，降低成本，实现产、存、运、销一体化的供应链物流管理。

EDI应用获益最大的是零售业、制造业和配送业。这些行业通过应用EDI技术，大大提高了物流单据处理的的效率，被广泛应用在物流信息的传输和共享领域。

（三）射频（RF）技术及应用

随着计算机无线网络技术的发展，射频（RF）技术逐步应用到物流系统中。利用无线数据终端（RFDC）、中继器等装置组建成配送中心内部无线数据采集与传输系统，可以将信息系统与操作者最大限度地融合在一起，通过信息引导操作，实现物流作业的灵活、快捷、准确、高效和无障碍化。

RF技术在配送中心的典型应用就是RF拣货技术。RF拣货系统是一种无纸化的交换系统，把一般传统拣货的拣货单改为由电脑实现，一般多用在手推车或堆垛机上。无线电拣货系统是在手推车或堆垛机上安装一组电脑及无线电接收器，客户的订货资料直接由主计算机传输到车上电脑，在电脑的显示屏上，可以看到拣选区的平面布置图，同时显示出拣货路线、商店名称、拣选的商品、数量和货位号等，拣完货后按电脑上的ENTER键，拣货的资料就会传输给电脑主机将库存扣除，接着就会出现另一个订单，重复以上操作即可。

（四）地理信息系统（GIS）及应用

地理信息系统（GIS）是以地理空间数据为基础，采用地理模型分析方法，适时地提供多种空间的和动态的地理信息，是一种为地理研究和地理决策服务的计算机技术系统。GIS应用于物流分析，主要是指利用GIS强大的地理数据功能来完善物流分析技术。国外公司已经开发出利用GIS为物流分析提供专门分析的工具软件。完整的GIS物流分析软件集成了车辆路线模型、最短路径模型、网络物流模型、分配集合模型和设施定位模型等。

（五）全球定位系统（GPS）及应用

全球定位系统（GPS）是一种在海、陆、空进行全方位实时三维导航与定位系统。据丰田汽车公司的统计和预测，日本车载导航系统的市场在1995年至2000年间将平均每年增长35%以上，全世界在车辆导航上的投资将平均每年增长60.8%。我国已有数十家公司在开发和销售车载导航系统。车辆导航将成为未来全球卫星定位系统应用的主要领域之一。

GPS在物流领域，主要用于货物运输系统中车辆的定位、跟踪和调度。目前我国的一些运输企业已经安装了GPS定位系统。

（六）物流信息系统化技术

信息系统化技术包括：

电子订货系统（EOS）

仓储管理系统（WMS）

运输管理系统（TMS）

分销需求计划（DRP）

企业资源计划（ERP）

物流需求计划（LRP）

供应链物流资源计划系统等。这些系统化技术已经被我国企业所接收和采纳，被广泛应用于各类制造、分销、零售和物流企业内。

五、物流系统自动化技术

（一）分拣系统自动化技术

随着用户需求少量多样化的变化，订单向多品种、小批量化发展，配送中心的拣货、拆零作业的劳动力已占整个配送中心劳力的80%。如何提高这个物流环节的作业效率，已成为配送中心机械化、自动化的研究重点。常见的分拣自动化技术包括自动分货系统、自动拣选系统和电子标签拣货系统等。

全自动拣选系统是一种信息处理和分拣作业完全自动实现的系统，主要用于一些高价值商品的分拣，一般应用于医药、卷烟及化妆品等配送中心内。

自动分货系统，是一种全自动的自动分货设备。自动分拣机的分拣效率极高，通常每小时可分拣商品6 000–12 000箱；在日本和欧洲自动分拣机的使用很普遍。特别是在日本的连锁商业（如西友、日生协、高岛屋等）和宅急便中（大和、西浓、佐川等）自动分拣机的应用更是普遍。我国在邮政部门已采用了一些先进的自动分货系统，随着物流环境的逐步改善，自动分拣系统在我国物流领域的应用也会越来越大。

电子标签拣货系统是一种无纸化的拣货系统。一般传统拣货是拣选人员根据拣货单逐一进行拣货，工人劳动强度大，容易造成拣错或漏拣现象。而数字显示拣货系统是把打印拣货单的过程省略，而在货架上加装一组LED显示器及线路，客户的订单资料直接由电脑传输到货架上的显示器，拣货人员根据显示器上的数字进行拣货，拣货完成之后在确认键上按一下即可。采用这种方式可大大提高拣选效率，降低工人的劳动强度，而且使差错率大幅度下降。

目前，医药行业、化妆品制造行业已广泛使用全自动拣选系统（如日本资生堂、花王、大木等株式会社）；而流通领域，特别是连锁超市、便利店的配送中心一般广泛使用电子标签拣货系统。

（二）自动化仓库（AS/RS）

自动化立体仓库是用高层货架储存货物，以巷道堆垛机存取货物，并与周围的装卸搬运设备相配合，实现仓库的全自动出入库作业。

自动化仓库是物流技术的标志，它不仅彻底改变了仓储行业劳动密集、效率低下的落后面貌，而且大大拓展了仓库功能，使之从单纯的保管型向综合的流通型方向发展。自动化立体仓库具有普通仓库无可比拟的优越性，具有节约空间和劳力，提高仓库管理水平，减少货损，优化、降低库存，缩短周转期，节约资金的作用。近年来，在我国得到快速发展，据不完全统计，我国已建成的自动仓库约有500座以上，主要分布在电子、烟草、医药、化工、机电、印刷等行业，近年来，也逐渐应用于一些流通领域内，作为物流中心或配送中心的集中储存区域。

（三）无人搬运系统（AGVS）

无人搬运系统（AGVS）是自动导引车系统，它有若干辆沿导引路径行驶、独立运行的AGV组成。AGVS在计算机的交通管制下有条不紊地运行，并通过物流系统软件而集成于整个工厂的生产监控和管理系统中。该项自动化技术被广泛应用于自动化工厂和配送中心内，实现物料搬运的高度自动化和智能化。目前在我国烟厂的自动化物流系统中多采用AGVS系统。如红河烟厂、青岛烟厂和海尔配送中心内均采用了无人搬运车系统。

综上所述，现代物流技术具有广泛的内涵，物流水平的提高有赖于现代物流技术的深入研究和广泛应用，现代物流技术对物流业的发展将起到巨大的推动作用。

（特约撰稿：北京科技大学物流研究所　王转　程国全）

物流技术装备

一、物流技术装备在物流中的地位和作用

物流技术装备是实现物流技术的载体，在现代物流过程中，物料的储存、搬运、装卸、分拣、包装等作业大都要依靠物料搬运设备来完成。人们不难发现，在铁路、公路、水运、航空和管道等各种运输方式的装卸场所，在物流中心、配送中心、工厂、港、站、码头、仓库均可见到各种各样的物料搬运设备在进行储存、搬运、装卸等作业。物流技术装备是物流系统的重要组成部分，高度发达的物流技术装备是现代物流的技术支撑之一，它对提高物流能力和效率、降低物流成本、保证产品质量等方面有着非常重要的影响。

随着科学技术的进步，电子技术和自动化控制技术的日益广泛的应用，和现代物流所提出的要求，物流技术装备的品种越来越丰富、技术越来越先进、自动化程度越来越高。现代物流技术装备已远远超越了单纯减轻体力劳动这一传统概念，而是具有严格的时间、速度、安全、可靠的概念，必须根据物流系统的需要，及时、迅速、准确、有节奏地将指定物料送到指定位置上。

（注：本文不涉及到像汽车、火车、飞机、轮船、管道等运输工具。）

二、物流技术装备主要类型

为了满足物流系统的需要和工艺过程的要求，需要各种各样的装备来完成物料搬运的任务，物流技术装备种类繁多，形式多样，主要有以下几大类：

（一）物流仓储设备

物流仓储设备主要用于各种配送中心、仓库立体存取货物。它主要有：货架、堆垛机（有轨或无轨）、高位叉车、拣选叉车、搬运车、提升机、出入库输送机系统、AGV、拆码垛机器人，以及计算机管理和监控系统。这些设备可以组成自动化、半自动化、机械化高架仓库，完成对物料的堆垛、存取、分拣等任务。

（二）起重机械

在现代化生产车间中的物料搬运设备首先被人们看到，也是最为常用的是起重机械，它们可以将重物提升、降落、移动或放置于需要的位置，起重机械是生产过程中不可或缺的物料搬运设备，起重机械包括：手动、电动葫芦、电动葫芦双梁起重机、电动单梁和电动单梁悬挂起重机、通用桥式起重机、冶金起重机、龙门起重机、门座起重机、造船用起重机、装卸桥等。

（三）输送机械

输送机械是按照规定路线连续或间隙地运送散状物料或成件物品的搬运设备，它是现代物料搬运系统的重要组成部分，在很大程度上影响和决定着输送系统的能力和机械化、自动化水平。输送机械品种较多，主要有：带式输送机、斗式提升机、埋刮板输送机、滚子输送机、悬挂输送机、架空索道等。

（四）装卸机械

装卸机械在工业企业、港口中随处可见，应用普遍，在现代生产中不可缺少，他们包括有：

装载机

装车机

装船机

卸车机

卸船机

翻车机

各种堆取料机等。

（五）工业搬运车辆

工业搬运车辆包括各种类型的叉车、电动仓储车辆、拣选车、堆垛跨车、牵引车、固定平台搬运车、托盘搬运车等等，工业搬运车辆特别是叉车在仓库、码头、工厂应用极为广泛，是必不可少的物料搬运设备。

三、我国物流技术装备的发展过程及现状

解放前，我国没有独立的物料搬运机械制造业，只有一些零星的生产少量自用的起重运输机械，以及少数经营外国物料搬运机械的洋行和在中国生产物料搬运机械的外国企业。

我国的物料搬运技术是在新中国成立以后才奠基发展起来的，大致经过了以下几个历程：

（一）1949～1959年是我国物料搬运机械行业创建时期：生产方式基本上是单件、小批生产，技术上则利用国外主要是苏联的图纸进行制造或参考国外产品仿造。

（二）1960～1965年是我国物料搬运机械行业第一个发展时期，技术上已逐步从仿制走上了自行设计开发的道路。

（三）1966～1979年是我国物料搬运机械第二个发展时期，在这个时期，为国家建设发展了一批技术水平较高的新产品，加强了对物料搬运成套设备的研制，并且对于10多种成批大量生产的通用产品进行了系列更新。

（四）1980年以来，我国物料搬运技术发展较快，通过技术引进，与国外先进国家合作、合资，研制生产了大批成套的物料搬运设备，开发能力得到了很大的提高，特别是进入90年代以来，随着物流概念深入人心，物料搬运设备也得到了前所未有的发展，物料搬运设备在物流系统中得到更为广泛的应用。其表现为：

1.设计、研究、生产物料搬运设备的企业及产品产量猛增，全国生产物料搬运设备的企业超过了3000家，年产值约200—250亿元人民币。

2.开发了一批具有当代技术水平的大型、高效和专用的品种，某些产品已达到国际先进水平，在国际市场上具有很强的竞争能力，如上海振华港口机械股份有限公司生产的集装箱岸边桥连续三年世界市场份额第一。

3.增强了提供物料搬运成套设备的能力，如自动化立体仓库成套设备、码头成套装卸输送设备、散料成套输送设备等等。

4.广泛开展科研工作，采用先进的设计方法和标准，产品开发设计能力明显提高。

四、2001年我国物流技术装备市场概况

（一）物料搬运设备生产情况

近年来，国家持续发展给物流设备制造业带来的了机遇，生产厂商约有3 000余家。根据《中国机械工业年鉴》对全部国有及年销售额在500万元以上的非国有机械工业494个企业的统计，2001年物料搬运设备的工业总产值323.06亿元，工业增加值81.79亿元，产品销售收入307.16亿元。2001年叉车共销售25 603台，比去年同期增长9.56其中电动仓储车辆1 830台。手动液压托盘搬运车销售量为466 833台，比200年增长13.26。

（二）进出口情况

2001年出口内燃叉车2 132台，电动叉车1 076台，其它装有升降或搬运装置的工业车辆258 811台，出口总金额7 665万美元。

2001年进口内燃叉车2 169台，电动叉车3 512台，其它装有升降或搬运装置的工业车辆11 635台，进口总金额1 247万美元。

五、物流技术装备发展趋势

随着信息技术和计算机技术的飞速发展，给物流技术装备提供了新的发展平台。

（一）物流技术装备成套化、系统化、自动化、柔性化、标准化。

现代的自动化物流系统已发展成多学科的高新技术系统。具有信息化、全球化、网络化、智能化、敏捷化的特征，从而使物流、信息流、资会流有机结合起来。自动化物流系统中的物料搬运设备是电子商务、供应链管理、配送体系建设的重要基础支撑。现代企业生产过程要求物料快捷、有序、合理高效的流动，推动了物料搬运设备的发展。产品的性能指标和适用范围也大大改善了。

现代化的配送中心、现代企业往往都具有规模大．产品品种多，数量大的特点，企业在组织生产中，配送中心在入库、装卸、分拣、包装、配送等环节中，均对物料搬运设备提出了更高的要求，物料搬运要结合工艺过程，从系统的角度进行设计、配套、重组，以最大程度地满足需要和降低搬运成本，系统设备成套化，依靠自动存取系统、搬运机器人、自动导向车（AGV）、自动升降机（AHV），输送设备、条形码、电子扫描器、计算机管理和控制系统等组成各种形式的物料搬运系统，并将微电子技术、电力电子技术、模糊控制技术应用到机械驱动系统，实现自动化操作，还可组成物料柔性传输系统。

（二）现代化仓储技术

自动化仓库系统是现代物流系统中的重要组成部份，由高层货架、运输系统、堆垛起重机、周边设备及自动化控制设备、计算机管理设备组成的自动化立体仓库具有占地面积小、空间利用率高节约土地资源、便于实现仓储作业的机械化、自动化、储存和流通信息计算机化和网络化的优点，对库存的货物进行自动存取、自动化管理，是生产企业和流通企业现代的重要手段之一，它涉及到机械、结构、电气、自动控制、计算机、网络等学科，是综合性很强的高新技术。

（三）自动化物流系统中的物料搬运新设备

1.高速及大吨位堆垛机

为了满足出入库频率的要求，堆垛机的作业速度越来越快，激光测距、旋转编码器、齿形带、变频技术的融入，使定位精度越来越高。网络技术的渗透，使信息传递的速率也大大提高，目前，堆垛机的主要性能指标为：

（1）运行速度：

160～240 m/min，最高达320m/min

（2）起升速度：

40m/min ，最高速：60m/min

（3）货叉速度：

20m/min(满载) 40m/min(空载)

（4）认址方式：

激光测距，齿形带，旋转编码器定位

（5）停准精度：

≤±5mm　最高达±1mm

（6）起重量：

一般为≤2 000kg，最高达13600kg(航空货运)

2.轻型化模块化的输送设备

采用铝钢结构的输送设备，大大减轻了自重，模块化的设计使输送设备的品种大大减少，方便了系统集成。优化设计降低了输送设备的噪音，提高了输送平稳性。新设计的分岔合流设备，可以缩短升降、移位、等待等辅助时间(一般可控制在10秒以内)，使通过能力提高50%。带有条码识别装置的输送设备还可以对货物信息进行全过程的实时跟踪。

3.拆、码垛机器人

各种关节型、极坐标型和直角坐标型等型式的机器人已成为物料搬运设备中的新成员。作业能力可达1 300件/小时，抓取重量可达5 000N，定位精度：±1mm。目前已出现带视觉识别的拆、码垛机器人，可同时码、拆不同的物件。

4.AGVS 自动导向车系统

AGVS自动导向车系统的核心设备是AGV(自动导向车)，是当今自动化物流系统中物料搬运的有效手段，载重量从几公斤到近百吨，工作场地可以是办公室、车间，也可以是港口、码头。AGVS配有系统集中控制和管理的计算机，可以实现对多台AGV进行实时调度、监控、作业过程优化等功能。

5.AHV（Autonomous Handling Vehiche）自动运输车

AHV类似于AGV，但其上装有两只通用的机械手，在工作时依靠视觉系统对物体的位置和大小进行判断，可同人一样，用机械手自由地搬运重达几百公斤的物体。AHV的导向采用光纤陀螺仪。由陀螺仪判定是行走方向的距离。由IC卡记录搬运路线图。二者不断比较，使AHV按既定路线运行。地面可铺设任何导线或光反射带，变更路线比较方便。AHV与中央控制室之间、AHV之间采用无线通讯使之调度灵活，并可多台AHV协同搬运一件货物。大大减少了AHV的规格型号，多台同型号的AHV合作，其作业传力可提高很多。

6.高速分拣系统和条码识别装置

高速分拣系统在行李分拣、邮件分拣、配送分拣、烟厂成品发运等场合大量使用。已使为物料搬运设备中的重要成员，尤其是数字分拣系统的投入，使分拣速度和准确率大大提高。高速分拣系统可达18 000件/小时。条码识别装置的应用实现了信息实时采集，提高了生产率，改善了库存管理，实时更新数据，对产品和在制品进行跟踪确保配货准确无误。现在在邮政业、加工制造业、仓储配送业、航空货运业中大量应用。融入网络通讯后的条码识别装置，已经可以将每一个条码扫描器都作为数据通讯总线中的一个结点来实现通讯。特别是无线手持终端的出现，使系统具有更大的灵活性。

7.适用于各种场合下的叉车

叉车用途广泛，即可装卸货物，也可进行厂内短途搬运，在港口、车站货物仓库车间机场等处，均可看到叉车的身影。随着生产企业和自动化物流系统中越来越多的使用高架仓库，仓储用叉车出现了多种新的机型，如三向堆垛叉车前移式叉车窄巷道叉车，堆垛叉车堆垛高度可达14米；应用于集装箱堆放和搬运的集装箱叉车、集装箱正面吊和集装箱堆高机正在不断地发展。叉车节能技术也引起世界各叉车公司的重视，近年来生产的各类叉车迅猛发展，这类叉车的年产量已占总产量的1／6，而一种柴油—电力传动系统，用电脑控制各项参数在最佳状态下工作，达到节能40%－60%的效果。

（特约撰稿：中国机械工程学会物流工程分会 秘书长 周云）

第六部分

物流教育与研究

物 流 教 育

一、中国物流教育的发展阶段

中国开始进行物流教育的时间不长，但却经历了一个比较艰难的过程。

（一）早期的物流教育（1930-1980年）

如果以高校中只要设立与物流相关的专业（比如材料管理等）就算是开展了物流教育，则中国物流教育的历史可以追溯到20世纪30年代初。当时，上海交通大学管理系设置了（材料管理专业），1946年在原北平铁道管理学院（今北方交通大学）也设立了材料管理系。

（二）物流教育起步期（1980-1993年）

如果将高校中开始介绍“物流”概念、开设“物流管理”课程或者培养“物流管理”专业研究生作为标志，中国物流教育开始于20世纪80年代初。当时，北京物资学院王之泰教授等将物流概念引进高校课堂；北方交通大学于1982年开始招收物流管理工程方向的硕士研究生；中国社会科学院数量与技术经济研究所吴润涛教授于1985年首次招收物流管理专业硕士研究生；北京科技大学吴清一教授也于同年开始培养物流工程专业的研究生。因此，中国高等物流人才的正规培养可以说是从硕士研究生开始而不是从本科生开始的。

（三）物流教育发展期（1993-1998年）

如果将专业或者专业方向名称中是否包含“物流”二字作为判断标准，中国的物流教育开始于1993年。那一年，中国高等院校开始实施当时的国家教委新修订的大学本科专业目录，在该目录中，将“仓储运输管理”等专业变为“物流管理”专业，当时的北京商学院等院校牵头组织了专业变更的申请和论证工作，北京商学院等院校也于1993年开始率先设立“物流管理”专业，北京科技大学设立“物流工程”专业，招收本科学生。后来，陆续又有北京物资学院、郑州粮食学院、北方交通大学、华中科技大学等开办了物流管理专业或者专业方向，培养本科、硕士或者博士生。

（四）物流教育调整期（1998-2000年）

1998年，国家教育部又一次大规模修订高校本科专业目录，将原有专业目录中的500多个专业缩减到不足250个，刚刚新设立5年的“物流管理”专业也在缩减之列，新的专业目录将“物流管理”放到“市场营销”专业下面，原先设有“物流管理”专业的高校从1998年起以“市场营销”专业下面的一个专业方向继续培养“物流管理”人才。这次专业调整，客观上对正在发展的国内物流教育起到了一定的制约作用。在国内高校取消“物流管理”专业的同时，澳大利亚、英国、美国、香港、澳门等国家和地区的一些高校却趁此机会与内地高校一起进行了物流专业人才培养，比如，由上海对外贸易学院与澳大利亚皇家墨尔本理工大学（Royal Melbourne Institute of Technology，RMIT）合作培养物流管理本科专业等，南开大学与香港、台湾的高校一起开展“两岸三地”物流人才培养等。

（五）物流教育恢复发展期（2001年-现在）

2001年以来，由于中国经济的快速发展，国内市场普遍呈现出买方市场状况，企业竞争加剧，纷纷寻找新的利润增长点，被称为“第三利润源泉”的物流受到了普遍关注，加上连锁经营、电子商务、按单制造和按单销售等新型生产和流通组织形式的发展，使物流与配送的作用凸显，中央和地方政府在这一过程中也前所未有地推动中国物流业的发展。同时，2001年中国加入WTO后，作为服务业的物流业对外开放加快，外资物流企业大量进入中国。所有发生的这一切都产生了一个共同的现象，即中国物流业的发展受到了广泛关注，国内对物流人才的需求大量增加，加强和加快中国物流高等教育成为许多人的共同呼声。中国物流与采购联合会在陆江会长和丁俊发常务副会长及其他许多领导的直接筹划下，于2001年8月在华中科技大学召开了有中国16所高校参加的“全国高校物流教学研讨会”，会议提出了要启动物流人才教育工程，并向国家教育部提交了恢复“物流管理”专业的建议。这次会议对恢复中国的物流高等教育起到了一定的推动作用。

鉴于国内对物流人才的迫切需要，“物流管理”专业从本科专业目录中撤销后，一些高校采取措施很快恢复了物流专业。2001年，经过教育部批准，“物流管理”专业作为目录外专业在北京物资学院、西南交通大学等院校恢复招生，北京工商大学、北方交通大学等也于2002年恢复了“物流管理”专业招生。据不完全调查，清华大学、华中科技大学、复旦大学、上海财经大学、上海大学、对外经济贸易大学、南开大学、北京科技大学、上海海运学院、大连海事大学、郑州工程学院等一大批高等院校都在2001年前后开始或者恢复了物流高等教育。这一阶段，开设“物流管理”本科专业的院校比1998年以前还要多。

二、中国物流教育的发展变化

几十年来，中国物流教育从无到有，取得了较大的发展。就其总体发展过程来看，呈现如下一些变化规律：

（一）由按功能设置专业向按综合物流设置专业的方向发展

以物流高等教育为例，早期主要按照物流的各个功能设置专业，并无综合性的“物流管理”或者“物流工程”专业。比如，虽然从1982年开始我国已经开始进行物流管理专业方向的硕士研究生培养，但是在1993年以前的本科专业目录中，只是设有与物流相关的运输管理、仓储管理、物资管理、包装工程、运输经济等专业，1993年才开始设立“物流管理”本科专业。这种按物流功能设置专业的情况反映出当时人们还没有普遍认识物流、物流还没有成为一门系统的学问这样的实际情况。现在，物流研究在中国非常活跃，出现了很多研究成果，物流理论渐成体系，物流学科正在形成，物流教育正向更加综合的方向发展。因此“物流管理”、“物流工程”等专业取代了原来的运输管理、储运管理、物资管理或交通工程、运输工程、储运工程、物资管理工程等专业。

（二）由按部门需要培养人才转向结合部门需要但面向整个社会培养人才转变

早期的物流教育体现出浓厚的计划经济色彩，即部门办学，并且为部门而办学，因此专业设置也具有浓厚的部门特色，有些特色一直保留到今天。

比如，进行物流相关人才培养的系统就有：

交通运输系统（各交通大学、铁道学院、公路学院、海运学院、民航学院等）

商业系统（各商学院）

物资系统（物资学院以及一些综合性大学的物资管理系等）

粮食系统（各粮食学院等）

农业系统（各农业大学）

石油系统（各石油学院）

工业系统（各科技大学等）

军队系统（军事经济学院、后勤指挥学院等）

航天系统（各航空航天大学等）

现在，高等学校的毕业生分配就业体制已经实现学校推荐与自主择业相结合，毕业生不再面向某个行业分配，同时部门办学体制向地方办学体制的转变，不少大学的部门色彩已经大大淡化，这些大学开办的物流专业更加面向整个社会，而不是某个部门，这样增强了学生毕业后的适应性。这也从客观上迫使高校拓宽专业面，而“物流管理”、“物流工程”等宽口径的专业就受到了高校、考生和社会的欢迎。

目前，中国高校的物流教育主要分为以下两类：

1.物流管理类

一般招收理工类学生，侧重于物流战略规划、物流系统设计、物流营销、运作与管理等。比较典型的学校有：北京工商大学、北京物资学院、北方交通大学、上海财经大学、复旦大学、南开大学、对外经济贸易大学、上海外贸学院、上海海运学院、大连海事大学等。以北京工商大学为例，该校物流管理专业要求学生掌握现代物流管理的基本理论、基本知识和基本技能，具有从事物流业务管理的初步能力；进行企业物流系统规划设计的能力；评价与选择物流技术方案和进行物流信息系统分析设计的能力。其主要专业课程包括：物流战略与运作管理、物流设施规划、物流信息系统分析与设计、物流系统论、物流与供应链管理（双语教学）、配送系统规划（双语教学）、这类学校中，有的还侧重于某一应用领域或者物流的某些专业环节的经营与管理，比如侧重于海运管理、公路运输管理、铁路运输管理等。

2.物流工程类

招收理工类学生，侧重于物流系统技术，在工科或者综合性大学中开设的物流专业一般都为“物流工程”方向。比较典型的学校有：清华大学、北方交通大学、北京科技大学等。以北京科技大学为例，该校的物流工程专业方向的本科生教学以物流系统规划、物流系统装备和物流信息管理为主线，主要培养学生对物流工程项目的规划、管理和设计能力。主要必修课有：物流学、连续输送设备及自动化、物流管理信息系统；主要选修课有：运筹学、工业工程、网络计划技术、设施布置与规划、自动化仓储系统和起重搬运设备等。

这类学校中，有的还侧重于某一应用领域或者物流的某些专业环节的工程技术与设计等，比如包装工程、运输工程、油气储运工程等。

还有一些院校的物流人才培养侧重于经济方面，比如从物流资源的合理配置与整合的角度培养物流人才。

（三）培养层次从单一向全面发展

早期的物流人才培养主要集中在本科层次，配合一些中专和大专教育，研究生和博士教育基本上是空白。从1982年开始，一些大学开始培养物流相关专业的硕士和博士。进入21世纪以后，物流管理、物流工程专业方向的硕士和博士在我国已经进入规模培养阶段，如北方交通大学管理科学与工程专业下的物流工程专业方向每年招收8名左右的博士生，为我国物流业的发展做出了贡献。

（四）培养形式由单一向多样发展

物流教育分为学历教育与非学历教育，早期的物流教育主要集中在学历教育方面，这与当时的计划经济体制是相适应的。20世纪90年代以来，随着国家教育体制的改革，物流教育从单一的学历教育向学历教育与非学历教育结合、学校教育与岗位培训和研讨相结合、长期教育与短期教育相结合、集中教育向分散的终身教育发展。中国物流与采购联合会和相关机构还在酝酿开展岗位培训与职业资格认证相结合的物流教育新机制。这样就可以使中国的物流教育像其他任何成熟的学科、领域和行业的教育一样稳步开展。

三、对中国物流教育的总体评价

（一）中国物流教育取得的成果

1.目前一个较完整的物流教育体系已经初步建成。随着社会主义市场经济的建立，经过物流教育工作者和业界人士多年的努力，我国的物流教育初步形成了一个比较完整的教育体系。我国部分高校已经能提供专科和本科层次的物流教育，少数学校还能提供硕士和博士研究生层次的物流教育。而职业教育方面，更是开展了电大、函大、夜大、干部专修科、电视中专、函授中专、大中专自学考试、专业证书班等不同形式的教学渠道。应该说，中国的物流教育体系已经逐步建立并完善起来了。

2.现代物流理论研究取得了大量成果，为物流教育的开展提供了理论依据和框架。从原有的传统储运专业到现在的物流管理、物流工程专业，其转化过程经历了相当长的一段时间。学术界在概念的澄清方面做出了很大的努力，这也为物流专业的正确设置奠定了良好的基础。现在，绝大部分开展物流教育的院校的物流专业培养方向也符合当代物流发展的趋势，有的已经实现了与国际物流教育的接轨。

3.物流教育的国际交流日益加强。目前有很多物流研究所、高等院校的物流系、专业，与国外院校开展学术交流，国内的物流专家与学者也常有文章在国际刊物上发表，一些地区与国外的大学联合办学，也开设了物流专业。国内外物流教育交流对促进中国物流教育和物流产业的发展起到了较大的推动作用。

（二）中国物流教育存在的问题

尽管我国物流教育取得了一定的成就，但是与发达国家的物流教育相比仍然存在较大的差距，中国的物流教育才刚刚开始。

1.物流人才供不应求。从总体上看，我国物流教育还很落后，物流专业毕业生的数量与市场需要之间严重脱节。据不完全统计，到2001年，中国高等院校中设置物流专业的仅有15所左右，仅占中国全部高等院校的1%，远远不能满足市场对物流人才的需求。随着近年来市场经济的发展，国内人才市场出现了物流人才热，一些外国公司和合资企业对物流经理的需求大量增加，但国内人才市场上符合要求的物流经理人选太少。

2.物流基础研究与应用教育落后。现代物流管理是一门边缘学科，它与管理学、经济学、理学、工学等学科均有交叉和重叠。物流基础理论研究应当注意引进上述学科的研究成果，然而我国在这方面开展的研究较少，从事物流基础理论研究的科研机构很少，物流专业研究人才缺乏。

从企业应用的角度来看，我国目前的物流教育尚存在一些问题。一方面，由于经费不足和教学设施及条件所限，通常学生所掌握的分析方法和分析工具不够。另一方面，我国目前的物流研究及专业课程设置与企业实际应用存在一定程度上的脱钩。规范研究多，实证研究少。课程偏重于原理解释和分析，缺乏对企业物流管理实际案例的分析，导致部分课程实用性较差。

3.物流从业人员在职培训极度缺乏。物流从业人员的在职培训是物流教育的一个重要组成部分。不少企业为了节省经费，往往减少员工的在职培训，特别是在物流不受企业高层领导重视的情况下更是如此。由于缺乏在职培训，相当一部分物流从业人员存在知识老化的现象，不利于企业实施物流管理创新。同时，物流企业自身也忽视对物流人才的引进，由于经济效益的低下不能在待遇上留住人才，造成这些企业物流人才流失。

以上这些问题如果不解决，将成为物流人才培养的巨大障碍，阻碍物流产业发展，更无法应对经济全球化和加入世贸组织的挑战。

四、促进中国物流教育发展的对策

加快中国物流人才培养近几年来成为许多仁人志士的共同呼声。要发展中国的物流教育，必须采取以下对策：

（一）完善物流专业学科体系和物流人才培养体系

在21世纪，我国物流人才面临着严峻的挑战，我国应尽早建立长远的物流人才开发战略。

我们应在参考国外物流人才培养体系的基础上，建立我国物流专业学科体系和人才培养体系。在美国，部分高等院校本科专业中设置了物流管理、物流工程、供应链管理等专业，不少高校还提供物流专业的硕士和博士研究生课程和学位教育，这在很大程度上是由经济发展水平和人才市场的需要所决定的。从20世纪60

年代起，随着美国物流业界人士和学者认识到物流在企业管理和运作中的重要性，部分学校开始设立物流专业，或开设相应的课程，并提供专门的物流培训。同时由美国物流管理协会组织，在美国全面开展物流在职教育，为物流产业培养了大批的专业性人才。

我国可从中借鉴的经验就是以市场为导向，完善物流专业学科体系，完善物流人才培养体系。加大对物流基础理论的研究工作，对国外先进物流经营方式和管理经验进一步消化吸收和转化，形成符合我国国情的物流理论；根据人才市场的需求，建立多层次的物流人才教育培养体系，满足对物流人才多样化的需求。硕士和博士研究生教育主要培养高等学院教师、科研人员和高层次管理人才，培养的重点是具有扎实的理论基础、系统的专业知识和渊博的知识结构。大学本科主要培养中、高级管理人才，应该具有比较扎实的理论基础、比较宽的知识面和比较强的适应性。专科层次主要培养中级管理人才，培养的重点是专业知识和运作与管理能力。

除了在高等院校中设置物流管理、物流工程专业，为企业培养理论基础扎实的专业技术和管理人才之外，同时，可以在部分高校和科研机构中设立物流专业培训机构，建立物流产业终身教育系统。

最后，建立物流从业人员资格认证制度，组织员工参加物流培训并获得资格证书，作为物流企业管理人员和员工的上岗基本资格，以此促进物流从业人员素质的提高。

（二）拓宽办学途径，加快物流人才的培养

随着世界经济一体化和科学技术的飞速发展，物流产业作为国民经济中一个新兴的部门，正在迅速发展。因此，我国物流管理人才的需求量今后将大幅度增加，但现代物流人才严重匮乏。为了加快物流人才培养，教育界应当与企业界联合起来，加大对物流人才培养的投入，通过多种途径募集资金，培养不同层次人才。需要指出的是，高等教育有一定的周期，无法解决企业的实时需要，企业和大学应当积极谋求合作，加强企业从业人员的在职培训；同时企业也应当建立起行之有效的人才引进机制和对优秀人才的奖励机制，根据需要，也可走出国门寻求高质量的物流管理人才。

（三）加强物流教育研究，紧跟国际物流教育趋势

发达国家物流教育比我国先进，为了缩小与发达国家物流教育的差距，我们很有必要紧跟物流教育的国际潮流和趋势，大力开展物流教育的专题研究，保证物流业的可持续发展。物流教育专题研究的主要内容应该包括物流人才成长规律的研究、物流人才对物流业发展的贡献研究等和世界各国物流教育制度的比较研究等专题。与物流有关的学会在发展我国物流事业方面起了很大作用。中国物流与采购联合会、中国物资流通学会作为我国与国际物流界交流的窗口，为发展我国物流事业做出很大贡献。机械行业的物料搬运学会、商业系统的物流仓储学会、交通运输学会等都是在物流界非常活跃的团体。由于过去体制的影响，今后各团体还要加强沟通，促进国内和国际物流学术交流。

在新的世纪，中国物流教育面临着新的机遇与挑战，物流教育对于物流行业来说处于战略的高度，物流教育水平的提高和物流人才素质的提升必将对我国物流行业的发展起到极大的推动作用，也将对我国经济的进一步发展做出贡献。

（特约撰稿：北京工商大学　何明珂　高梦昭）

中国物流学

经历了20世纪繁荣的世界文明的发展重心重又转向古老的东方。960万平方公里上13亿人民的社会再生产、流通与消费所构成的物流实践是中国物流思想发展和理论研究最深广的基础。中国的物流学在社会主义市场经济中得到了迅猛发展，在改革开放和世界经济一体化的浪潮中不断创新与丰富，中国现代物流初见端倪。

一、中国早期的"物流初践"与"物流思想"

物流的概念由来不久，深深扎根于神州沃土的"物流初践"却源远流长，中华民族5000年的文明史无处不闪现出"物流思想"的灵光，一项项绝无仅有的伟大的"物流工程"充分展现出我们先人的智慧，并为世界范围内的物流理论和物流技术的发展奠定了深厚的基础，提供了良好的借鉴。远古的丝绸之路和郑和七下西洋的史篇，是冲出国门走向世界进行世界范围内物流活动的见证，可以说是世界上最远古的供应链的雏形。中国的英文名字是"CHINA"，而非MOUNTAIN、RIVER、或BUILDING等，这就是我们先人从事国际物流活动的真实写照。也是世界对中国早期"物流思想"与"物流实践"的认证。

（一）世界上工程量最大、修建时间最长的工程——万里长城

"上下两千年、纵横十万里"，规模宏大而又工程艰巨的万里长城，在规划设计(因地形，用险制塞)、劳动力的调配、材料来源、物料的搬运输送、施工组织与工程管理等方面都是相当庞大复杂的，而且投入的劳力之多也是世界罕见的，如北齐天宝年间（公元555年）征发180万民夫修筑从居庸关南口至大同900多华里的长城。明代修筑长城用了5000万立方米的砖石和1.5亿立方米的土方，长城的修筑发明也应用了许多先进的物料搬运技术，如采用了类似当今架空索道的"飞筐走索"的办法跨过深沟狭谷运送砖瓦和石灰；传递运输式的人力搬运，提高运输的效率；采用滚木和撬棍搬运大件物料；安置绞盘把3米多长，重2 000多斤的条石和巨大石块绞运送上山脊。

万里长城也是当时重要的商务与物流通道，具有保护通讯和商旅往来的重要的对外开放功用。秦始皇时沿长城12郡有大道相通，传递文书，商旅往来络绎不绝。长城和烽火台正是保证这些交通大道畅通的重要条件。长城的整体布局和功能设置都体现出物流系统思想，城、堡、冈、堠的设置，及关、塞、隘、口构筑都兼顾了防御、通商、生产及生活的需要。

（二）世界上最早最长的物流和军事通道——京杭大运河

中国的先人投入了大量人力物力开凿大运河，并经历了一个由短到长、由局部到整体，不断完善、不断扩大的上千年的过程。中国大运河是世界上最长的人工河，它比举世闻名、沟通太平洋和大西洋的巴拿马运河长21倍、早2245年；比连接地中海和红海的苏伊士运河长10倍、早2364年。京杭大运河全长1794公里，跨越地球10多个纬度，经过浙江、江苏、山东、河北、北京五个省市，通达黄河、淮河、长江、钱塘江、海河五大水系，是中国古代南北交通的大动脉，而且在政治、经济、军事、文化等方面都发生过重

要的影响。大运河的开通改变了中国的地理环境，打通了中国东南沿海和华北大平原的水上运输通道，进而形成了一个南北东西全方位的水上物流网，是中国古代劳动人民创造的一项伟大的水利建筑工程。

（三）经济全球化最早的物流通道——丝绸之路

丝绸之路是人类文明史的一个伟大创举。它推动了以东方中国为中心的世界经济的交融和发展。丝绸之路在我国境内实际上是一个交通网，包括草原森林丝路（从黄河中游北上，穿蒙古高原，越西伯利亚南部至中亚、波斯弯、黑海滨、地中海沿岸国家）、高山峡谷丝路、沙漠绿洲丝路及海上丝绸之路。沙漠绿洲丝路长达7000公里，延续千余年，是丝路的主干道，其起点随朝代更替政治中心转移而变化。长安、洛阳、大同、开封、大都—燕京—北京曾先后为丝路起点。海上丝绸之路起于秦汉，兴于隋唐，盛于宋元，明初达到顶峰。海上丝路在中世纪以后输出的瓷器很多，所以又名“瓷器之路”。中国南方各港口在不同的时期都是海上丝绸之路的始发港，都以出色的光彩，串起了海上丝绸之路的明珠。海上丝绸之路东至朝鲜、日本，南至东南亚诸国，西至南亚、阿拉伯和东非沿海诸国。

丝绸之路从海陆全方位构成了世界最早、最长的物流通道和范围最广的物流网络。

（四）中国西部最早的国家级高速公路——古栈道

“蜀道之难，难于青天”。栈道，“其阁梁一头入山腹，一头立柱于水中；缘坡岭行，有缺处，以木续之成道，如桥然”。秦朝在咸阳、榆林达包头市将近800公里之间建设了幅度160米的公路，现代的高速公路幅度也一般不超过100米。为了保障安全，在栈道靠河身的一侧和栈道的转弯处，还装有栏杆，以防人马车辆不慎坠入河中。川陕间的栈道，是一个早于万里长城的巨大土木工程，江为横，道为纵，构成了汉江流域上游与外界沟通、联络四方的庞大网络。相邻二栈道之间，常有若干小道相连，而且一条大道的两端，常有不同的出口，从而形成纵横交错的网状结构，栈道在物资与文化交流以及战略方面都具有不可忽视的重要性，是重要的物流与军事通道。这充分展现出当时物流系统网络思想的光辉。从古代的干线道路与现代高速公路相似的关系中，可以给中国今后的道路规划以某种启迪。

（五）水利工程史上的灿烂明珠——都江堰

都江堰是全世界年代最久、唯一留存、以无坝引水为特征的宏大水利工程。都江堰的三大主体工程蕴藏着极其巨大的科学价值，内含的系统工程学、流体力学、物流学等仍处在当代科技的前沿。

都江堰的工程设计十分巧妙、合理。“鱼嘴分水堤”是自流灌溉渠系的总开关，它利用地形、地势，巧妙地完成分流引水的任务，把汹涌的岷江一分为二。内江引水灌溉，外江排洪，而且所分的水量有一定的比例，在洪、枯水季节不同水位条件下，起着自动调节水量的作用。

宝瓶口是以火烧石，在玉垒山凿出了一个宽20米，高40米，长80米的山口。它是自行调控的节制阀（低水位每秒流速3米，高水位每秒流速6米），宝瓶口宽度和底高都有极严格的控制，古人在岩壁上刻了几十条分划（水则），那是我国最早的水位标尺。《宋史》记载“则盈一尺，至十而止；水及六则、流始足用”。内江水流进宝瓶口后，通过干渠经仰天窝节制闸，把江水一分为二，再二分为四，顺应西北高、东南低的地势倾斜，一分再分，形成自流灌溉渠系。

都江堰（长200米的溢洪道）的作用是当内江的水量超过宝瓶口流量上限时，把多余的洪水和流沙排入外江。它运用了回旋流的理论，使江水形成环流，巧妙地利用离心力作用将上游带来的泥沙和卵石，甚至重达千斤的巨石，从这里抛入外江，这样便不会淤塞内江和宝瓶口水道，可以进一步起到分洪和保证内江无灾害的作用。如遇特大洪水的非常情况，它还会自行溃堤，让大量江水回归岷江正流。

都江堰科学地解决了江水自动分流、自动排沙、控制进水流量等问题，消除了水患，使川西平原成为“水旱从人”的“天府之国”。同时，也为中国物流实践树立了又一座丰碑。

（六）闪现先进物流工程技术的最早的人工隧道——石门隧道

先人们在褒斜道南端褒河谷口七盘山下一伸入河中的高耸山嘴上，开辟了这条我国乃至世界上最早用于交通的人工隧道。石门内隧道南北长14米，东西宽3.95至4.25米，高4至4.75米，两辆车可在石门内并行。从此，行旅不再苦于登涉，车辆不再“阻以石门”。隧道工程组织工作十分繁杂，从鼓风送氧、高能量燃料采集、运输、加工、焚烧、出灰、喷水与冷却，到清渣等多道工序，以及几千名劳工的作业均需要相当严谨的系统思想和组织能力。石门隧道的开通在我国交通史上写下了光辉的篇章，它标志着我国古代科学技术水平已达到了相当高的水平，反映出我国劳动人民征服自然的能力，是造福人类的伟大创举。

（七）现代快递——驿运与八百里快递

人们惊叹现代快递业的迅猛发展，殊不知我国早期的八百里快递已有1000多年的历史。驿运(站)起自殷商，兴于秦汉，极盛于元，清代驿传制度趋于完备，驿传设有驿站、军塘、台、所、铺。乘驿须有符信，官吏驰驿，验以邮符。军事兵役，拨兵护送，验以兵牌。递送公文，验以火票。公文递送通常日行150公里，紧急日行200至300公里。并由发书官签明。快递有六百里、八百里加急等，它所具备的职能的完备性、业务服务的多样性、运作的合理性和组织的严密性都充分体现出现代物流的系统思想。杨贵妃在长安能吃到广西的鲜荔枝就是我国古代快递高度发展的生动写照。

（八）神奇的物流输送技术——木牛流马

“剑关险峻驱流马，斜谷崎岖驾木牛。后世若能行此法，输将安得使人愁？”。诸葛亮领兵34万六出祁山伐魏，由于蜀军劳师远行，军事后勤（粮草）供应颇为困难，诸葛亮的一个措施就是自绘图样建造木牛流马，利用连杆传动原理制成了一架从动两足步行机，它是一种没有轮子的步行小车，借助两条腿能够由人推着迈步行走。“宛如活者一般，上山下岭，各尽其便。”，“牛马皆不水食，可以昼夜转运不绝也。”长途运粮，搬运粮米甚是便利。木牛“方腹曲头，一脚四足；头入领中，舌着于腹。载多而行少；独行者数十里，群行者二十里”，“人行六尺，牛行四步。每牛载十人所食一月之粮，人不大劳，牛不饮食”。同时在木牛流马的舌头处暗中设置开关，以控制运行和防止敌人仿制。这是当时最先进的物流输送技术。

（九）中国综合运输的主体，最早的水上物流网——漕运制度

以大运河和黄河为主体的漕运制是我国早期的水上物流网，是当时通盐政、通军事，南粮北运及东西部物资、经济交流的重要方式。漕运由国家管理，漕运总督署是漕运最高管理机关。漕运线路上设有大批理漕官吏、卫漕兵丁，漕船要接受漕台衙门的盘查。每年千万艘粮船、盐船衔尾而行，东来西去南来北往的商人在各口岸进行货物交易。同时，漕运在各口岸与陆路衔接，由官府或民间商社组织转运或进行物资交易，并由此形成中国最早的综合性运输体系及其物流网络。

（十）其它

诸如黄帝指南车、指南针、航海罗盘、鲁班木车马和计程里车的发明，故宫宫殿等大型古建筑所用的巨石、巨木、大量建筑材料的采集、装卸、运输和安装所采用的先进的物料搬运技术组织管理等，都充分反映出先人们的聪明才智和恒书千载的物流实践。此外，围魏救赵的故事也是典型的古代军事物流成功的题材。

从以上中国古代的物流实践可以看出，虽然我们的祖先并没有明确地提出物流或者类似的概念，但是这些伟大的成就却一一闪耀着早期关于物流的智慧。

近代中国革命的先行者孙中山先生明确提出“人尽其才，地尽其力，物尽其用，货畅其流”，

这是近现代最早的关于物流的著名论述。

可见，在中国丰富的历史内涵中，积累了丰富的早期物流实践经验和潜在的物流思想，这也为中国现代物流理论的形成和发展提供了有益的基础和借鉴。

二、中国现代物流的发展历程

中国物流事业的发展是与我国不同经济发展阶段相联系的，国富民强必然导致物流业的蓬勃发展。

我国物流业大致在下述几个阶段中得到不同程度的发展：

（一）中国现代物流发展的萌芽期

1949年～1965年期间，国民经济尚处在恢复性发展时期，工农业生产水平较低，经济基础较薄弱。由于我国借鉴了前苏联的经济管理体制模式，物流功能按行业、按部门形成条块分割局面。在生产单位里虽然设立了相应的采购供应、销售和生产组织部门，但其完全是被动地服从于各级的计划而已，企业物流的各环节还处于各自为政而无系统可言。当时在流通部门开始建立数量不多的储运公司和功能单一的仓库；交通运输业处在恢复和初步发展时期，虽然修建了武汉长江大桥、一些公路国道、部分铁路线路等交通基础设施，但整体运输能力和水平等仍很落后，成为经济发展的瓶颈；物料搬运和仓储环节比较落后，物流业远远不能适应工农业生产和人民生活水平发展的需要。随着生产的发展，初步建立了物资流通网络系统，在物流管理方面也采取了一些新的措施，如组织定点供应、试行按经济区域统一组织市场供应等，初步形成了单项物流功能。

在该阶段国家按行业组建成立众多的科学研究院，如铁道科学院、交通科学院等进行本行业的总体规划设计，而新建工厂时也只是进行总图设计，缺乏物流系统理论思想的指导，因而为现今企业的物流流程重组和企业物流现代化增加了难度。起重运输机械、机电自动化、冶金自动化等一些技术开发与应用研究所进行各种物流技术与装备的开发及应用研究，如物料输送技术、装卸技术、存储技术、基本能满足企业物流活动的需要。

在上海交大、北京科大、大连理工大、太原机械学院等高等院校中设置了起重运输机械、港口机械、工程机械、包装机械等与物流技术装备相关的专业，进行服务于某一行业单项物流活动的理论和技术研究与开发。

此阶段中，“物流”还是一种潜意识，“物流功能”被动地服务于工商企业，还没有形成真正的物流理念，系统的物流理论还属空白。

（二）物流发展的蠕动期

1966年～1977年期间，持续十年的动乱给国家在经济上造成了严重的损害和制约，物流业的发展基本处于停滞状态，流通渠道单一化，但从整体上看物流基础设施还是取得了一定的发展。这期间修建了迄今还足以引为自豪的一些物流基础设施，如南京长江大桥、铁路、公路、港口等，此外，还修建了大批“小三线”仓储设施。在这期间，物流理论的研究和应用基本处于停顿状态。

（三）物流概念引入，物流研究的启动期

1978年～1990年，在此期间我国实行了改革开放政策，同时，物流概念从日本引入，物流的启蒙宣传及物流学的研究工作开始。

1978年，国家物资总局会同国家计委、财政部及山东、陕西、广西三省物资局，共17人组成中国物资工作考察团，于1978年11月14日至12月9日考察了日本的生产资料流通。在日本期间代表团听取了日本物的流通协会关于日本物流情况的介绍，参观了物流中心，回国后在考察报告中首次使用了“物流”一词。

1979年，国家物资总局又会同铁道部、交通部、国家经委综合运输研究所及外贸部（翻译），组成中国物资工作者代表团，于1979年5月28日至6月11日赴日本参加《第二届国际物流会议》，考察日本物流。回国后他们在考察报告中首次较详细地介绍了日本物流研究、物流管理和物流教育等情况；1979年10月22日至11月6日，应

中国物资经济学会（筹）的邀请，第一个国外物流代表团——日本物的流通协会第一次访华团来我国访问，先后在北京、武汉、成都、重庆、上海等城市举办了十一场物流学术报告。日本的物流学者、教授、专家热心地向我国物资工作者宣传了物流概念和物流合理化的意义。

1980年6月3日至23日，中国物资经济学会应日本物的流通协会、日本物流管理协议会的邀请，组织了由国家物资总局、社会科学院、华中工学院、辽宁财经学院组成的“中国物资经济学会赴日考察团”，该学会理事长、国家物资总局副总局长余啸谷带队，全面考察了日本物流理论研究、物流管理、物流技术现状。中国物资经济学会从筹备开始就一直十分重视物流方面的国际交流，与美国、日本、联邦德国、英国、新加坡等各国物流团体一直保持密切联系，每年都组团或派人参加国际物流学术会议，积极参与国际物流学术交流，仅在上世纪80年代的10年期间，就组织了21批物流团组出国访问考察，出席国际物流会议，接待的外国物流访华团组多达19批次。

1981年，王之泰教授在中国物资经济学会会刊《物资经济研究通讯》上连载“物流浅谈”，这也是我国在学术刊物上介绍物流的第一篇文章。1982年，由靳伟编写的“日本物流管理沿革、现状、特点和发展趋势”一文，在《物资经济研究》刊物上连载。1984年，我国第一个专业物流学术团体——中国物流研究会成立。1986年，以吴润涛、王之泰、靳伟三人为主合译的《物流手册》问世；靳伟、李振、薛宝田合译的《物流管理入门》出版；1987年，吴清一教授首次举办物流培训班，请来了日本“物流之父”平原直先生来华授课；中国物流研究会在蚌埠召开年会，讨论物流学研究问题；以李京文、徐寿波为主编，王之泰、吴润涛为副主编的《物流学及其应用》一书出版。1988年，我国第一次召开配送研讨会，北京钢铁学院吴清一教授邀请德国多特蒙德大学物流研究所尤尼曼教授来华讲学。1989年，吴清一教授编著《现代物流技术》，开办电视录像物流讲座；中国物资经济学会在北京成功地举办了《第八届国际物流会议》。

1978年至1990年，是我国物流概念引入、物流启蒙宣传和物流学研究的初始时期，也是我国物流产业发展的萌芽阶段。这一期间各种报刊杂志发表的物流文章，出版的书籍，举办的物流培训以及召开的物流会议，为我国后来的物流学研究和90年代末、21世纪初掀起的物流热潮，提供了丰富的资料，奠定了坚实的基础。

（四）物流的系统化研究与发展时期

1991年～2000年，实施“八五”、“九五”建设，我国国民经济进入高速发展时期，我国物流理论体系初步形成。在此期间，国家为高速发展物流业而采取了一系列重要措施。在“八五”规划中明确地把发展第三产业特别是物流业作为重点，在此期间动工兴建的10项特大型工程中，物流业就占据了5项。我国物流加快了向标准化和国际化方向发展的步伐。由于引进不少家用电器生产线和汽车生产线，国外先进的物流技术得到传播，有力地推动了物流技术水平的提高。各种物流机械新产品不断涌现，成为制造业中引人注目的领域，这一切都为我国物流实现现代化奠定了良好的基础。

北京科技大学、北方交通大学、北京工商大学、北京物资学院等高等院校相继设立物流专业，组建物流研究所，开展了国内外广泛的、大规模的、开放性的物流学术交流、政策研讨、专项研究活动；诸多媒体纷纷开辟物流专栏报道物流动向和开展物流研讨；电子商务、区域经济、第三方物流、配送中心和物流园区的蓬勃发展推动和加速了相关物流理论的研究和应用。

中国物流与采购联合会、中国仓储协会、中国连锁经营协会、中国电子商务协会等物流专业学术组织相继成立，有效地进行了本行业的物流研究和物流现代化的推进工作。《物流学》、《物流学导论》、《现代物流学》、《供应链管理》、《高级物流学》、《军事物流》等一大批物流著作或译著出版，对普及宣传物流理念、发展物流理论和物流科学的建设发展起到极大的作用。

（五）融入经济全球化，物流现代化全面启动，我国物流进入快速发展时期

2001年之后，预计5至10年的时间，我国物流进入快速发展时期。中国加入WTO，融入经济全球化，现代物流已迅速影响和扩展到国民经济各个领域，第十个五年计划将物流列为要大力发展的新型服务业，并于2001年制定了未来5年物流配送发展规划。同年3月，国务院六部委联合下发"关于我国现代物流发展的若干意见"的通知；同年6月和8月，在上海召开"现代物流工作"座谈会及国家经贸委建立"现代物流工作重点企业联系制度"；2002年1月，国务院批准召开"推进物流现代化"现场会等。一系列国家最高级的物流活动表明我国加快发展物流业的决心，标志我国物流现代化全面启动。

连续几届的"中国国际电子商务大会"和"中国国际物流高峰会"及各种物流论坛、物流研讨会、物流技术展示会等在物流理论探讨、物流体系建立、物流运作模式、物流管理等方面取得了长足进展。

北京、上海、广州、天津、安徽等一大批省市结合区域经济发展进行物流系统规划，并投巨资建设物流基础设施、筹建大型物流港和物流园区，建设物流中心城市等；深圳等地区将物流作为21世纪经济发展的支柱产业；其他行业，铁路第4次大面积提速、中国邮政形成全国最大的快递服务网络、中远以航运为依托，作为全球物流经营人而提供第三方物流超值服务；我国首家由政府（外经贸部）、企业（大田集团）和高校（对外经济贸易大学）三方联手建立"物流研究中心"；海尔、红塔、通用和神龙等明星企业都开始进行物流系统重组或再造，构建具有中国特色的现代物流管理模式；以30万Km的电信网络光缆、62万个端口容量的四大骨干网络和覆盖率达到90%为标志的迅速发展的信息技术，与我国物流信息交流、管理和控制形成互动发展的趋势。

2001年8月，国家标准"物流术语"付诸实施，输送、存储、搬运、编码与识别等各种物流技术或装备的标准也不断进行修改和完善。这些物流的标准化的基础工作都极大地推进了我国现代化物流的发展，并为与国际接轨和交流奠定了基础。

国营、集体及个体物流企业的重组、改制和蓬勃兴起，形成了我国现代物流全面发展的局面。Maersk、Ups、Exel、APL、佐川急便等世界知名物流业巨头纷纷以独资或合作的方式抢滩中国物流市场。这种国内外物流业的相互合作、竞争、渗透和融合，极大地促进了我国现代物流的发展，极大地丰富了我国社会主义商品经济特色的物流理论。以《物流系统论》、《第三方物流》、《物流战略与规划》、《现代物流管理务实与案例》、《连续运输机械设计手册》、《库存管理胜经》等为代表的一大批物流新作，更加系统、深入地归纳总结了我国物流学及物流技术的发展、研究成果和实践经验，是我国物流理论与应用逐步趋向成熟的标志。

中国物流发展到今天的水平，从物流学的角度来看具有如下的特点：

1.中国物流学的发展具有经济体制改革和国民经济不同发展阶段的印痕，时至今日已具有社会主义商品经济的特点。我国物流学是在大规模全方位的企业转型、改制、重组和技术创新中形成、发展和丰富的，具有鲜明的、跳跃式发展的中国特色。

2.合理的和适用的物流理论就是最好的物流的理论，与发展高度机械化、自动化和智能化的物流的理论，均适用于我国各领域、各地区和各行业发展不平衡的实际状况。

3.以电子商务、连锁经营、物流配送为发展方向的流通领域的物流理论，与以挖掘第三利润源泉和作为企业订单加速器的生产领域的物流理论，均与时俱进地达到了同步发展和平衡。

4.以先进制造技术和信息技术为依托的敏捷物流、JIT、MRP、ERP等制造业物流理论和方法是我国当今先进生产力代表的体现。

5.我国大物流网络（包括软硬件）的建设和遍及全国的"区域物流"、"城市物流"、"物流园区”、“物流中心”、“物流基地”或“物流港”的建设发展，极大地丰富了我国的物流网络系统思想理论。

6.“军事物流理论”与“地方物流”同步发展，物流场的场强与场势理论独树一帜，军地物流资源互补已呈现出良好前景。

7.我国物流学的发展是经济界、产业界、学术界、各级政府和全社会的共同参与，并互相影响和促进的结果，各种物流论著、译著、杂志、报刊呈现出“百花齐放，百家争鸣”的良好学术氛围。

三、现代物流学的学科性质和理论体系

物流理论随着社会经济的发展不断地进步，不断地深化。它的内涵极为丰富，外延极为广阔。物流所涉及的范围几乎是社会经济和国家安全的各个方面。物流科学是以社会科学和自然科学发展为基础，伴随科学技术和社会生产力高度发展而发展和完善的。物流学涉及到流通领域、生产领域、消费领域及军事国防领域中有关的各个科学领域，是一门内容相当广泛的学科。同时,物流学与其它学科一样,又具有自己的学科性质和特点、具有自己的理论体系和研究领域。目前，世界各国都把物流学作为一门重要的学科加以研究和应用。

(一)现代物流学学科性质

1.物流学是综合性的交叉学科

物流就其本质而言是一种客观存在的社会现象，物流学的产生就是以解决社会经济活动中的矛盾——流通成本上升而开始的。研究物流的目的是要有效地管理、控制物流的全过程，在保证服务质量的前提下，使其消耗的总费用最小。因此，经济指标是衡量物流系统的基本尺度，研究物流学必然涉及经济学的有关内容，特别是近代兴起的技术经济学和数量经济学都和物流研究有密切的关系。

在对作为物流要素对象物的研究以及使对象物产生时间维和空间维物理性变化的方法、手段的研究中，又涉及到工程技术科学的许多领域。在运输技术、仓储技术、搬运和包装技术中，也融合了机械、自动化等学科的成果；物流系统的有序运行离不开有效的管理，物流系统中的管理组织、管理方法、管理手段、管理思想也是现代管理科学的重要应用领域；物流系统进行定性和定量的分析，必须以数学，特别是应用数学为基础；也要以计算机作为手段，实现分析研究、管理、自动控制的现代化。

物流学可以说是自然科学和社会科学之间的交叉学科，或是工程技术科学和管理科学之间的交叉学科。它的研究范围极为广泛，必须应用多学科的成果，综合性地解决问题。

2.物流学具有系统科学的特性

系统性是物流学的最基本特性。物流科学产生的基础就是发现了各物流环节之间存在着相互关联、相互制约的关系，并且它们是作为统一的有机整体的一部分而存在的，这个有机整体就是物流系统。这一概念的确定，使得现代系统科学的理论、观点和方法在物流领域中得到广泛应用。

例如：系统分析方法、系统综合方法、以及全局观念，发展和变化的观念，环境对系统的影响和制约等。物流学和系统科学的融合，使物流学很快形成了完整的理论研究体系，是物流科学能在短期内迅速壮大，并走向成熟的重要因素。

3.物流学属于应用科学范畴

物流研究内容丰富多彩，就其性质而言，绝大多数是属于相关学科的成果在物流领域中应用，如物流系统计算机模拟、运输规划、库存控制理论等。

4.物流科学的强大生命力在于它的实践性

物流学的产生与发展和社会经济与生产密切相关，其研究的出发点和归宿都在于社会实践需要。只有从实践中提出问题，密切结合具体研究范围的自然资源、经济基础、社会条件和技术水平，提出正确的方法和结论，有效地改善物流系统，取得应有的经济效益，这样物流科学的价值才能被人们所承认、所重视。物流学正是

以它的实际应用所体现的巨大经济意义而受到人们的高度评价。

5.物流学研究范围的广泛性

物流学的交叉性、综合性和应用性决定了物流学研究的广泛性。物流活动贯穿于生产、流通、消费及国防四大领域，参与国际、国内两大经济循环，并服务于国际、国内两大市场。因此，物流研究所涉及的范围是极其广泛的。

（二）中国现代物流学的理论体系

1.系统工程的一般基础理论

在物流系统的研究分析中，应用和发展了应用数学、信息论、控制论以及大系统理论等学科成果。这些理论的进一步发展又为物流系统的发展打下坚实的基础。

如运筹学的具体理论和方法研究寻求物流的最优方案；

规划论解决物流系统中的物资运输、设施规划、计划优化等问题；

库存论解决物流系统中的最优订货量、订货间隔等库存问题；

排队论解决物流系统中的流程概率性问题，按随机过程的到达机率处理各种现象；

决策论解决物流系统中多目标、多方案决策问题；

控制论解决物流系统中技术装备与管理的控制问题；

信息论解决物流系统中的规划、组织、控制、管理，达到信息的共同沟通与传输；

大系统理论解决物流系统中的整体与部分、整体与环境之间的相互关系，使物流系统各个环节都处于最优状态；

数量经济学解决物流系统中的物资资源最优利用、数学分析、预测技术以及物流系统合理化等问题。

2.系统理论

系统理论的基本原则是整体的原则，相互联系的原则，有序的原则，动态的原则。它是从整体概念来研究分析问题的，对建立物流科学理论有很深的启发意义。因此物流科学将系统理论作为自己的基础理论。

3.协同学理论

协同学理论是研究和比较不同领域中多元素间协调合作效应的理论，揭示出不同系统间存在的深刻的相似的特征。如从无序走向有序，从不稳定走向相对稳定、平衡等。物流系统中采用协同学理论研究不同子系统间的相互关系、相互影响，尤其是在经济体制改革和政府机构改革背景下，对我国总体物流规划和运作更有特殊的意义.

4.系统动力学理论

系统动力学理论是在总结运筹学理论的基础上，为适应现代社会系统管理需要而发展的。在基本观点上不进行抽象的数学假想，不单纯追求最优解。而是以现实存在为前提，寻求改善系统行为的机会和途径；在基本技巧上，不是依据数学逻辑的推理而获得借鉴，而是依据对系统实际观测的数据，建立动态仿真模型，通过计算机模拟实验获得系统行为的描述，达到改进和完善系统的目的。物流系统中采用系统动力学理论研究分析系统与子系统以及不同子系统间的发展变化趋势、相互关系和相互影响。

5.耗散结构理论

物流系统是一个非平衡的开放系统，系统内部各元素的联系是非线性的，存在有规律的波动和无规律的随机扰动，也是一个耗散结构。它的整体化、多因素、多过程的相互作用是非加法性的，要采用耗散结构理论进行分析研究。耗散结构理论是物流系统的重要基础理论之一。

（三）现代物流学的研究方法与技术

研究物流学的基本观点主要有系统的观点、发展的观点、超前的观点、实践的观点、融合的观点；研究物流学要贯穿理论联系实践、定性分析和定量分析相结合、国内外经验相结合的基本原则。物流科学的研究涉及许多领域，其研究方法很多，常用的基本方法有：模型化技术、最优化技术、网络技术、分解协调技术和模拟技术。此外，预测、决策论、排队论、综合集成方法和俘获策略技术等技术方法也广泛应用在物流系统研究中。

1.物流模型化技术

模型化就是通过说明物流系统结构和行为的数学方程、图象或物理形式表达物流系统实体的一种科学方法。采用模型化技术，经过恰当的抽象、加工、逻辑整理，能够把复杂的物流系统变成可以准确分析和处理的结构形式，有利于得到准确的结论，是物流系统研究、设计、管理中广泛应用的技术，也是其它研究方法的基础。

2.最优化技术

物流系统中的参数大部分属于不可控因素，而且相互制约、互为条件，如何使物流系统在外界环境约束条件下，正确处理众多因素之间的关系，不采用系统最优化技术是难于得到满意结果的。最优化方法很多，一般采用数学模型方法处理问题。如：库存优化策略、最短路径问题、最大流量问题、最小费用问题等。

3.网络技术

现代物流过程涉及到方方面面，影响因素多且随机，参与单位和人员成千上万。采用网络技术可以进行统筹安排、合理规划，使生产－流通－消费之间物流平衡。对于关系复杂、多目标的物流系统研究，网络技术也是重要的基础理论。另外，网络技术与模拟技术相结合形成的网络模拟方法也广泛应用在复杂物流系统的设计与研究中。

4.分解协调技术

物流系统是包含多个子系统的复杂大系统。在分析研究时，采用分解协调技术先将复杂的物流大系统分解为若干相对简单的子系统，先实现各个子系统的局部优化；再根据物流大系统的整体利益原则、总任务、总目标，使各个子系统相互协调与配合，以得到费用低、效率高、服务好的最优目标，实现大系统的全局优化。除了各子系统间要协调外，还要考虑如何处理好物流系统与外部环境的协调、适应，从更高的层次上，把握系统的整体利益。

5.模拟技术

物流系统一般比较复杂，有时难于用数学分析的方法研究其运行状态。因此，采用计算机模拟技术可以解决常规解析方法难于解决的问题。例如，物流费用问题很难用数学分析的方法研究。即使能构造数学模型，但由于涉及面广，且各种因素随着时间的推移而变化，要找出最优解是不易的，而采用计算机模拟技术解决这个问题就比较方便。

四、现代物流学的研究对象与内容

物流学研究的根本任务就是使物流技术与经济达到最优的结合，二者互相促进，以保证取得最高的社会效益和经济效益。

（一）现代物流与宏观经济的关系方面

1.物流在宏观国民经济及生产、流通、消费及国防各领域中的地位与作用；

2.物流在全球经济一体化的背景下，对国民经济、区域经济及全球经济的影响；

3.我国现代物流的发展对提高国民经济运行质量的作用和影响；

4.军地物流发展的模式和方向。

（二）现代物流与微观经济的关系方面

1.现代物流第三利润源泉的来源、挖掘与捕获；

2.物流各项具体功能的效益、成本与增值的研究；

3.物流服务链、价值链及利润链的研究；

4.物流技术与装备、物流技术经济的研究；

5.企业物流合理化的研究；

6.生产领域和流通领域供应链重组或再造中的结构模式、运作模式和激励机制等的研究。

（三）现代物流系统方面

1.物流系统战略理论研究，物流系统化理论的研究与物流体系设计；

2.物流系统界定的原则和标准，物流系统的规划与设计的研究；

3.物流系统的流体、流量、流速、流向、流程和载体六要素中，各要素对系统的影响作用，以及各要素之间的关系；

4．物流系统功能的衔接与集成：功能、组织、运作、资源集成的规律、条件、模式、技术、措施等；

5．物流系统诊断与评价的范围、内容、方式、技术方法、评价指标等的研究；

6.物流系统的流程重组、再造的组织、规划与设计，及其内、外部环境和影响因素等的研究；

7.物流系统与生产、流通、消费等其它系统的衔接、协调及其应用技术的研究。

（四）我国现代化物流理论发展与完善过程中需要关注和研究的问题

从传统的物流意义上来看，中国物流的理论研究已经趋于成熟，也已经全面展开了物流的实践运营。随着知识经济的成熟和发展，物流理论的研究和发展也必将上升到一个新的高度。

1．物流系统的深入研究：随着经济的发展和技术的进步，物流的内涵和外延都会发生变化，因此，我们对物流系统的研究必须具有扩展的眼光，将物流系统的研究向增值服务、一体化服务等方向发展。

2.物流技术的进步赋予了对物流装备与技术研究的新的使命，新的材料、新的技术、新的功能，势必使物流装备与技术朝着集成化、系统化、智能化和生态化方向发展。

3．知识经济时代的最明显的特征是网络特征，网络的本质是信息共享，因此，未来的物流一定是信息物流或者虚拟物流。

4.现代企业运营机制决定了企业联合共赢的运营战略，矩阵式的管理手段实际上是物流的成功运营，企业重组、企业转型的过程从本质上来看，是资本与物流共舞的过程。此外，对物流租赁的研究和实践的客观条件也日益趋于成熟。

5.物流的专业化、个性化、综合化、一体化、国际化、生态化等特色物流服务的研究必定会更加深入，并逐步得到运用和发展。

6.对物流管理的研究将融入整个国民经济规划及企业的决策和运营管理中，随着物流的深入研究与实践，对物流的管理特别是物流财务管理（成本）的研究将逐步展开。

（特约撰稿：北京科技大学　王国华　游战清　冯爱兰）

物流研究机构

国家发展计划委员会综合运输研究所

综合运输研究所成立于1959年，现隶属国家发展计划委员会，是中国宏观经济管理领域唯一从事综合性交通运输研究咨询的专门机构。

1.主要研究方向和内容

交通运输体系的理论和方法，交通运输发展战略、规划和布局，运输需求分析和网络规划，旅客运输与城市交通发展，现代物流规划及方案设计，智能交通系统研究及项目规划，运输方案的技术经济论证，交通设施建设的投融资方式，交通运输企业发展战略、管理及营销策略，交通建设项目可行性研究及评估咨询，交通运输信息系统开发与管理技术，交通规划地理信息系统，中国交通运输分析数据库。

2.主要研究职能部门

交通发展战略与规划研究室、运输管理与技术经济研究室、物流研究室、旅客运输与城市交通研究室、交通运输与环境研究室、交通运输技术发展研究中心、交通运输信息咨询中心。

3.物流研究领域主要成果

物流研究室是国家计委综合运输研究所的主要研究部门之一，是1995年从原集装箱、散装与联运研究室扩充研究领域转变而来。物流研究室的主要研究领域包括区域及中心城市物流发展规划、多式联运系统规划、物流基础设施建设项目可行性研究、物流基础理论研究、企业物流系统设计、各种运输方式货物运输企业发展战略及管理研究等。近几年主要研究成果为：

我国现代物流业发展政策研究；

中心城市物流发展政策研究；

我国物流发展现状及评价研究；

云南省物流发展总体规划；

合肥市现代物流发展规划；

华中物流中心总体规划研究及建设启动项目实施方案；

津西物流中心建设的可行性研究；

北京东南物流中心的可行性研究；

北京民航快递系统可行性研究；

云南省交通运输向现代物流转型研究；

重庆公路运输总公司现代物流发展战略；

合肥物流园区发展战略及建设项目的可行性研究；

香港、深圳及珠江三角洲地区集装箱港口协调发展研究；

中技国际仓储货运有限公司物流发展战略研究；

中铁快运物流发展战略。

北方交通大学物流研究所

北方交通大学物流研究所成立于1986年，依托于北方交通大学经济管理学院，并与中国铁路物资公司等各物流企事业单位，以及中国物资流通协会学术委员会、日本物流研究机构等有着良好的合作关系，是我国最早从事物资管理教学与研究的机构之一。经过多年的发展，已具有从专科、本科、硕士及博士各层次、专业人才培养完整的教学体系，成为产、学、研相结合的科研教学型机构。主要从事物流学的教学与科研工作，也是我国第一个具有物流学博士学位授予权的专业学术单位。2001年经国家教育部批准成立博士后流动站，目前正积极进行着博士后流动站的建设工作。

物流科学研究所现有教授4人，副教授4人(博士生导师2人、硕士生导师 8人)，讲师、助教12人。物流研究所的研究工作，侧重于研究同现代生产经营、科技发展相适应的物流管理理论和方法，应用现代科技成就阐明和揭示物流活动的规律，发展物流的理论、方法和工具，提高物流的效率。其研究内容涵盖了物流研究中的基础理论研究、技术与方法论研究、实证过程研究和应用研究。主要研究方向包括：流通管理工程、物流系统分析与供应链管理研究、物流发展与物流创新战略研究、物流信息管理与企业物流信息化研究。

物流研究所在物流系统设计、配送系统设计、条形码应用研究、物流管理咨询与案例研究等方面有一定的研究手段和较高的研究水平。近年来主持、参与并完成国家、部委、地方政府、企业等委托的物流研究项目近60项，其中国家自然科学基金课题3项，省部级课题以及其它课题8项，这些项目针对国民经济及物流改革与发展中所面临的重大问题进行了研究，提出了切实可行的思路和建议，得到学术界和有关实际管理部门的高度评价。

北京科技大学物流研究所

北京科技大学物流研究所是我国第一所专门从事物流教育和研究的学术机构，由我国著名物流学家吴清一教授于1990年创建。经过十余年的发展，已成为我国重要的物流教育、研究、咨询与学术交流基地。

物流研究所的前身是物料搬运教研室（成立于1952年），于1985年开始招收物流工程研究方向的硕士研究生和博士研究生，1993年设立我国第一个物流工程专业，开始招收本科生，每年一个自然班。到目前为止，已培养出博士、硕士毕业生50余名，本科毕业生近200人。

物流研究所承担过多项国家“七五”和“八五”重点科技攻关课题等项目，曾获多项国家和部级科技进步奖。主要研究领域包括：供应链管理、第三方物流、物流园区以及物流系统规划与设计、企业物流、配送与配送中心、物流管理信息系统和电子商务等。

物流研究所于1996年创办了《物流技术与应用》杂志。该杂志是中国最有影响的物流杂志之一。

物流研究所拥有一批国内知名的物流专家学者，共有研究人员18人，其中教授3人、研究员2人、副教授5人、讲师8人。同时从国内外知名的物流学术团体、研究机构、相关企业及政府部门聘请了8名客座研究员。

北京物资学院物流系统与技术实验室

北京物资学院物流系统与技术实验室成立于1999年。自成立之日起，实验室依托物资学院在物流研究领域的优势（原物流专业是北京市教委重点扶持专业），将研究方向定位于物流中心的规划与建设、电子商务中物流系统的支撑、物流管理信息系统的开发、物流设备现代化、自动化方面。经过不断努力，该实验室已经在国内外物流信息的掌握、物流基础理论研究、物流实践研究，以及为政府、企业设计规划等领域中处于领先水平。2001年11月，实验室被北京市教委、北京市科委评审为北京市重点实验室。

实验室与地方政府、企业合作，积极推动将研究成果转化为社会生产力。近几年完成和正在进行的国家级、省部级研究项目主要有：《三峡建材配送关键技术研究》、《物流术语标准化》、《北京市物流环境实证研究》、《“十五”期间北京物流系统规划研究》、《“十五”期间北京生产资料流通业研究》、《北京市大运河开发研究》、《首都城市物流系统量化研究》、《北京市“十五”期间商业物流基地规划研究》、《中心城市物流及配送方式研究》、《广东某公司物流战略发展规划》等；另有地方政府、企业委托项目20余项，取得了较好的社会效益和经济效益。

实验室与国内外很多企业签订了战略合作

意向书，形成了产、学、研三位一体的新的科研体制，共同推进中国物流的发展。物流系统与技术实验室积极参与国际、国内学术交流，出席国内外学术研讨会，与澳大利亚、日本、香港地区的物流学者密切合作。目前，物流系统与技术实验室为很多企业进行物流系统诊断、物流系统规划设计、物流软件开发、物流网站建设、企业物流技术咨询以及管理人员的培训等服务。

北京高科物流仓储设备技术研究所

北京高科物流仓储设备技术研究所是专业从事物流仓储设备生产的企业，属“北京高新科技企业”，是国内最早研制自动化立体仓库的单位之一，现已成功地建造了几十座自动化立体仓库。不但具有专业的机械、自动控制、计算机管理软件等设计能力，还进行货架、堆垛机、托盘、电控柜等设备的生产制造。同时拥有一支高水平、高素质的现场安装调试及售后服务队伍。

北京机械工业自动化研究所

北京机械工业自动化研究所是中央直属的大型科、工、贸一体化的高科技企业。创建于1954年，现有员工1000多人，工程技术人员700多人。设有6个研究开发中心、两个中试生产基地和制造业自动化国家工程研究中心，并拥有外贸进出口权。自动化研究所以推广和发展制造业综合自动化技术为目标，致力于工业自动化单元技术、集成技术及其相关配套技术的开发和应用，其主要业务领域有：

1.自动控制与应用工程；

2.液压元件及系统与工程应用；

3.计算机综合应用软件，系统集成与仿真，网络工程；

4.工业机器人与应用工程；

5.机电仪专用集成电路设计；

6.电器物理设备；

7.机电一体化非标设备。

自动化研究所技术实力雄厚，工程实践经验丰富，具备从基础技术、新产品开发到系统集成的综合开发能力，可承接工业自动化领域大型综合成套工程项目的设计、加工制造和安装调试任务以及国家重点科技攻关项目。

对外经济贸易大学大田物流研究中心

对外经济贸易大学大田物流研究中心于2001年5月15日成立，是我国首家由政府、企业、大学三方共同参与的物流研究机构。

该中心主要职能：组织全国的物流研究精英承接物流研究项目，培训物流师资及各种物流人才，出版学术刊物《物流世界》，介绍世界物流研究成果及发展动态。中国交通运输协会会长钱永昌、大田集团总裁王树生、对外经济贸易大学校长陈准民等14人任中心高级顾问；国家计委综合运输研究所物流研究室主任汪鸣、北京物资学院教授王之泰、北方交通大学教授张文杰、北京科技大学物流研究所所长吴清一、北京工商大学商学院教授何明珂、南开大学教授刘秉镰、对外经济贸易大学副校长徐子健教授等7人组成研究中心的高级专家委员会；对外经济贸易大学经贸学院运输与物流系主任王晓东等21人任高级研究员。

机械科学研究院

机械科学研究院是原机械工业部直属的大型科研开发机构，经国务院批准转制成为中央直属大型科技型企业。研究院承担了大量国家重点工程建设和装备的研制，取得各类科技成果800多项，专利近100多项，并取得“专项工程设计证书”和“工程总承包资格证书”，可承担机械设备、生产线和安防工程的设计制造及工程承包。

交通部上海船舶运输科学研究所

自动化物流技术与装备是研究院的重点研究领域之一，多年来与外国公司合作开发研制立体停车设备系列产品，取得多项新型专利，并在国家工商总局注册“泊恺”商标。机械式、液压式立体停车库装备共计10个品种的成熟产品，已完成多项大中型立体车库工程项目，自动化物流方面具有雄厚的技术实力。承建多项大型集机电、光及信息技术为一体的自动化立体仓库及物流自动化工程项目，达到国内领先水平，受到国内各界的广泛关注和好评。

交通部上海船舶运输科学研究所成立于1962年，是中华人民共和国交通部直属的船舶运输综合技术研究开发机构，面向国内外交通运输行业。

科研成果：建设以来，取得重大科研成果1081项，获奖成果256项，专利40项。“八五”以来，承担国家、部、市重大科研项目105项。承担国家重大经济建设工程项目43项，承担国防建设重大军工项目41项，取得重大科研成果149项，专利12项，获奖成果82项，成果转化应用141项，成果转化率达94%。

该所主要研究和开发的领域有：航运安全及电子信息技术、船舶及运输系统、船舶运输控制系统、环保技术及系统工程、工业自动化系统、交通工程系统、动力机械及节能技术等，开展新技术、新装备及系统工程的论证、评价、研究、开发、设计、生产、工程承包、监理、技术咨询服务以及对外合作研究、合作开发、合作生产、合资经营和自营进出口业务，成套工程技术和高新技术产品。

交通部公路科学研究所

交通部公路科学研究所成立于1956年，是交通部直属的科研机构，也是我国公路交通领域综合性的研究开发基地。主要从事道路工程、桥梁工程、交通工程、公路运输工程、汽车运用工程、公路环境工程、筑路机械工程的科学研究与技术开发。

经过40多年的发展，交通部公路科学研究所现有职工436人，其中技术人员326人，占75%；全所除在建的位居亚洲第二的交通部公路交通试验场外，设备固定资产达5000万元；经上级有关部门批准，该所拥有交通工程与桥梁工程甲级设计证书、道路工程与环境工程乙级设计证书、环境影响评价甲级证书、工程咨询与监理资格甲级证书；具有外贸进出口权资格；具有道路、桥梁、交通工程3个专业硕士生学位授予资格，并与东南大学联合具有培养交通运输工程一级学科博士生资格；在交通部的支持下通过中加合作项目建立了交通人才发展中心；6个代表政府行使职能的检测中心（1.交通公路工程检测中心，2.交通部交通工程监理检测中心，3.交通部汽车运输能源利用检测中心，4.交通部运输节能技术服务中心，5.交通部汽车质量监督检测中心，6.交通部汽车保修设备质量监督中心）设在该所。建所以来该所主要承担国家和交通部下达的重大科研任务，国家与部级标准规范的制定、修订工作。1978年至1998年该所共获科研成果455项，共获国家和省部科技进步奖194项。1988年科技体制改革后，该所面向经济建设主战场，承担了勘察设计、工程检测、施工监理共计757项，获部、省级奖9项，签定合同1376项。1998年全所年产值达1亿元，新增合同额达1.5亿元，为所的自身发展与体制改革奠定了良好的基础。

物资流通技术研究所

物资流通技术研究所（简称物流所），原隶属国家物资部，后隶属国内贸易部。物流所长期以来主要为物资管理部门和物资流通企业提供技术服务。主要从事计算机应用软件开发，现代化仓库建设（包括自动测量、自动控制、数据传输、电视监控、计算机网络等综合集成系统），物流标准规范的制定，《物流技术》杂志的编辑与发行，并进行建筑胶与防腐涂料等方面的研究与开发。

物流所现设有计算机应用研究室、自动控制研究室、化工研究室、物流运输信息中心、《物流技术》杂志社、物流设备厂、新材料开发公司等。主要产品有：电子秤系列、上水器系列、测控仪表、建筑胶、防腐涂料等。

物流所占地30亩，现有固定资产1021万。建有功能齐全的科研大楼，配有测力仪、绘图仪、扫描仪、大型服务器等一大批先进的仪器设备。拥有计算机、自动控制、电子计量、机械、化工、外语、管理、经济等各类专业技术人员98人，其中国家级、部级专家5人，中高级技术人员53人。

近十年来物流所共承担国家和部级重大科研开发课题及地方委托开发项目100多项，荣获部级以上科技进步奖42项。

铁道科学研究院

1950年3月1日，铁道部铁道技术研究所在唐山正式成立，唐振绪任所长。同年9月，更名为铁道部铁道研究所，领导机构迁京，中央人民政府政务院任命著名科学家、教育家、桥梁工程专家茅以升为研究所所长。

从上世纪50年代开始，中国铁道科学研究院就坚持“一切为科研，科研为运输”的办院方针，建所伊始就组织力量投入备受战争创伤的铁路网的恢复运营和解放初期的新线建设；1956年铁道研究所扩建为铁道科学研究院后，科研人员参与编制了《1956—1967年铁路科技发展远景规划》，并成为实施规划的主要承担者；60年代，全院8个研究所，370多名科研骨干分别主持或参加了成昆铁路几十个会战，攻克了一批技术难关，在地势险峻、地质复杂的西南山区，为修建举世瞩目的成昆铁路做出了突出贡献；科研人员完成了青藏高原铁路、援建坦赞铁路，以及与核爆炸、导弹试验相关的科技攻关和试验任务，先后参与研究、试验和技术攻关的南京长江大桥、湘桂线红水河斜拉桥、安康汉江薄壁箱型钢梁斜腿钢构桥，代表着中国建桥技术的先进水平；80年代，大批科研骨干投身于“北战大秦、南攻衡广、中取华东”的建设，承担了大秦铁路双线电气化万吨重载运煤专线和大瑶山双线长隧道以及客运扩编、行车安全保障的重要科技攻关任务；90年代，在广深线准高速铁路成套技术攻关、既有干线提速研究和试验、京沪高速铁路总体技术和关键技术的研究、客票发售和预订系统、京九铁路建设配套工程等重大攻关项目中发挥了主力军作用。

建院以来，中国铁道科学研究院在岩土工程、轨道结构、无缝线路、桥隧建筑、水工水文、工程爆破、结构振动、沙漠冻土等特殊地质路基、滑坡和泥石流防治、编组站自动化、车站计算机控制、调度指挥、无线通信、光纤通信、数据传输、电子计算机应用、金属及非金属新材料和新工艺、无损探伤技术、自动检测、客货运输组织、运输经济、装卸机械、基础标准、科技信息以及软科学研究等方面，承担了国家和铁道部几千项科研课题，取得科技成果2684项，其中获国家级奖159项，省部级奖611项。同时，积极开拓市场，促进高新技术成果转化。中国铁道科学研究院出版各类专业技术刊物12种（含内部刊物2种），拥有图书、文献资料30余万册。

国务院发展研究中心市场经济研究所

国务院发展研究中心市场经济研究所（简称“市场所”）是国务院发展研究中心的直属事业单位。前身是国务院发展研究中心价格组，1989年更名为市场流通研究部，1993年底改组为市场经济研究所。

主要研究领域：

研究社会主义市场经济体制理论和实践，市场的发育、机制、组织和秩序，完善全国统一的市场体系，实现市场经济有效运行中的问题和政策，价格理论与政策及治理通货膨胀问题。

面向行业部门、地方政府和企业开展咨询活动。

主要学术活动及成果：

作为国务院政策咨询研究单位，市场所曾多次参与国家价格改革方案的设计和具体测算，直接参与了流通体制改革和期货市场的研究、设计和管理。承担过世界银行资助的大型课题《政府宏观决策支持系统》和《中国期货市场的组织与管理》的研究，并得到中国政府有关部门和专家的高度评价。近年来，为适应我国社会主义市场经济发展的需要，市场经济研究所积极面向地方政府、企业和各类经济组织开展了咨询研究活动，服务于社会，积累了经验，并受到广泛的赞誉。组织召开过若干次大型国际研讨会和国内研讨会。

市场经济研究所向国务院和有关部门提交的研究报告上千篇，著作数十部，多项成果获各种奖励。完成和正在进行的重点研究项目有：中国市场化进程问题研究、中国治理通货膨胀的理论与实践的研究、中国价格改革和市场物价形成跟踪研究、中国企业产权转让与交易问题的研究、期货市场和组织与管理研究、中国流通体制改革、流通组织创新和流通主体发育的研究、中国住宅业的市场培育问题研究、中国资本市场的培育和发展研究等等。

交通部科学研究院

交通部科学研究院为交通部直属一级事业单位。

主要职责：

1.承担交通行业有关软科学研究。包括行业前瞻性发展战略研究，行业性法规和政策研究，行业发展重点、热点问题的决策支持研究，重大项目的预评估和后评价等。

2.开展交通信息资源开发、建设和服务。包括交通文献资源的采集、加工、储存及服务；交通电子图书馆、有关信息库及网上信息资源开发、建设和服务。

3.开展交通信息化基础技术研究。包括物流信息技术、信息服务支持技术、交通应用信息基本系统等的研究开发、信息传媒技术研究和开发，信息化标准、规范研究等。

4.开展交通行业标准化研究工作。包括研究行业标准化基础理论、技术政策，承担制定和修订交通行业的国家和行业标准项目；进行技术标准的宣传和推广。

5.开展交通行业环境保护技术及政策研究。包括环境事故应急反应技术研究，交通环境保护对策研究，环境再造工程技术研究，噪声等污染防治技术研究，环境监测技术研究，国内外环境保护技术分析，ISO14000系列标准宣传等。

6.开展交通行业统计数据处理、统计资料编辑、统计分析、统计理论研究，参与港口、公路普查等统计调查，协助制定统计报表制度、统计信息系统建设等。

7.承担河口海岸通航条件的科学试验。为长江全线和国内外海岸、河口的整治工作和港口航道的建设提供技术服务，为其他相关工程和科研项目提供技术服务。

8.承担交通行业计量技术研究。负责公路工程仪器计量检定站和国家船舶舱容计量站的工作。

9.开展交通行业中介和科技服务。以社会效益为主的技术交易服务和行业科技成果的推广应用、信息服务、专利服务、技术咨询、技术培训、技术检测、研究试验、项目评估、质量监督、环境检测等社会中介和公共服务。

10.承担解决交通行业发展中的重大和关键性技术问题研究；承办行业国际科技交流活动，承担行业内部的技术创新交流活动；承担行业知识产权的保护、推广和实施工作；承担科研项目的查新和成果的专利申报管理工作等。

11.接受有关部门委托的其他工作，面向市场广泛开拓业务。

重庆交通科研设计院

重庆交通科研设计院（交通部重庆公路科学研究所、重庆交科公路勘察设计院）原直属交通部，经国务院批准，自2000年10月1日起，转制进入国家大型企业招商局集团，成为招商局集团的直属科技企业。经过35年的建设，形成了高等级公路建设养护运营成套技术、交通基建与交通运输环境保护技术、交通信息网络应用技术和公路客车与专用车开发技术等四大主攻方向。目前，已经发展成为国家西部的公路交通科研和技术开发基地。

该院建有全国一流水平的“公路隧道与岩土试验室”、“道路环道试验室”和“客车性能试验室”和即将建成世界领先水平的“桥梁结构动力试验室”。这四大实验室的实施代表了我国公路交通科研领域的最高水准。

35年来，该院在国家经贸委、国家科技部、国家建设部和交通部等领导部门的关心和支持下，承担了大量的科研任务，创造了国内众多的第一，其中获国家、部省级科研成果奖的项目有100多项。

多年来，该院以高技术含量完成设计和技术服务的工程总计有：一级以上高等级公路880多公里；各类大型、特大型桥梁150余座，共4.56万延米；长大隧道48座，约8.6万延米；交通工程4600多公里；高等级公路环境评价2800多公里。

国家邮政科学研究规划院

邮政科学研究规划院是国家邮政局直属的高科技企业，主要从事邮政应用设备及物流技术、邮政信息网络技术及应用软件研究开发、推广应用，以及邮政软科学（含邮政规划、标准）的研究，为中国邮政的发展提供科技服务和支撑。

在邮政应用设备及物流技术方面，该院具有长期从事物流系统的工程设计、开发、生产之经验，可为物流配送中心、大型仓储系统提供个性化的物品流程设计及物品的输送、分拣、搬运、储存以及计算机应用软件的开发、信息管理、现场监控等物流领域的机械化、自动化、智能化、信息化方面的服务。由该院开发、生产、集成的大型物品分拣设备、各种输送设备、自动搬运设备、高架立体库、条码识读设备、仓储信息管理系统已经广泛应用于邮政枢纽建设、图书配送中心、医药仓储建设、烟草配送及库房建设中。

在邮政信息网络技术及应用软件的研究开发方面，由该院自行研制开发的邮政储蓄电话语音查询和邮政储蓄业务的计算机应用软件已应用在绿卡工程，并参与或独自承担了近20个城市的绿卡工程建设。

该院还承担着邮政发展战略、规划计划、经济技术、体制标准、业务经营、网络运行、信息情报研究等邮政软科学研究，一些软科学研究成果、制定的技术体制和标准已由国家和原邮电部颁布实施。

交通部水运科学研究所

交通部水运科学研究所创建于1956年，是交通部直属骨干科研机构、国家首批改革试点的重点科研机构、交通部水运工程科研中心的理事长单位。

研究领域：

1.以运输经济管理的长远性、重大性、全局性和综合性为重点的软科学研究；

2.以港口装卸、疏浚机械及其电力传动为重点的成套重大装备技术研究；

3.以电力自动化和信息工程技术为重点的高新技术的开发研究；

4.以环境保护和劳动安全卫生技术为重点的交通行业公益性研究。

青岛自动化研究所

青岛自动化研究所是中国船舶重工集团公司第716研究所在青岛开设的大分支机构，也是青岛市重点引进的大院大所之一。

青岛自动化研究所是我国最早开展GPS研究工作的单位之一，率先引进了首套差分GPS系统。1993年成功地研制出我国首套可使用于武器装备性能测试试验的GPS目标数据采集系统。此后又成功的实现了GPS定位技术与电子地图技术的相互结合，研制出一系列有特色的符合中国国情的GPS应用系统。目前，研究所主要GPS产品有：WEB-3G物流管理系统、车辆信息增值系统、实时车载GPS监控系统、数字地图信息管理系统、GPS车辆监控调度系统、公交车辆GPS监控管理系统、便携式引航仪、高精度GPS授时仪、无人机GPS定位系统等。

中国船舶工业综合技术经济研究院

中国船舶工业综合技术经济研究院是面向全国船舶行业的综合性技术基础研究与服务机构。

主要业务领域是：高层决策支持与软科学研究，国内外船舶市场分析与预测，船舶工业科技、经济情报的搜集、研究、报道与咨询；船舶工业标准、规范的研究与编制，标准的实施与监督，船舶工业标准化技术归口、咨询与服务；舰船可靠性技术研究，舰船可靠性技术与信息管理；船舶设备的认证及生产许可证的发放与管理；科技成果管理与推广应用；专利代理、知识产权研究与咨询；国内外展览设计、施工与声像制品制作；计算机网络、信息技术研究与应用软件开发，多媒体产品的研制等。每年完成各种科研项目100多项；编辑出版国内外知名的《舰船知识》、《国际船艇》等10余种刊物，公开发行和内部提供刊物、资料达到362万份；承办国内外展览20项左右。

复旦大学现代物流管理研究中心

复旦大学现代物流管理研究中心成立于1999年。研究中心依托复旦大学雄厚的科研力量，广泛地开展国际国内的合作，从事物流与供应链管理方面的教育和研究，推动学校、企业和政府间的合作，并实施国内外物流与供应链管理方面的咨询和培训项目。

培养高级的物流管理人才是复旦大学现代物流管理研究中心的中心任务之一。研究中心成立以来，已为社会输送了一批高层次的物流管理人才，其中已培养物流方向的博士后1名，博士2名、硕士8名、工商管理硕士（MBA）60余名。

在学术研究方面，复旦大学现代物流管理研究中心已经完成国家自然科学基金项目一项，正在进行自然科学基金项目两项；研究中心的成员已在国际SCI杂志、SSCI杂志、国内权威和核心杂志上发表百余篇论文。研究中心目前进行的主要研究内容有：

企业的现代物流管理系统的设计和实现；

传统物流企业转型；

第三方物流企业的设计、组织和技术；

供应链管理系统分析和设计；

电子商务中的物流解决方案；

物流管理的决策支持系统及过程模拟；

电子商务和物流管理中的管理科学模型和方法；

物流企业的电子化解决方案；

区域城市物流规划。

解放军后勤工程学院现代物流研究所

后勤工程学院现代物流研究所是专业从事物流教学与研究的机构，成立于1987年1月，1992年取得国家首批物流专业硕士授予权，现有研究人员25名，其中教授3名、副教授8名，博士4名、硕士18名，硕士生导师6名，形成了一个知识结构、学历结构、职称结构和年龄结构较为合理的高素质的人才群体。

后勤工程学院现代物流研究所主要承担了管理工程（物流管理方向）本科专业（军队生）、管理工程（物流管理方向）本科专业（地方生）和仓储自动化大专的专业课教学任务，是我军中高级物流管理人才的主要培养基地，是管理科学与工程学科和后方专业勤务（仓储勤务）学科建设的主要承担单位，初步形成了军事物流、战备物资储备和智能决策理论与技术3个具有特色的研究领域。几年来，公开出版教材、专著19本，发表论文218篇，出席国际、国内学术交流会议20余次。

后勤工程学院现代物流研究所开展了军队、地方物流领域的各项科学研究、技术开发、规划设计、工程咨询、人才培养和业务培训，取得了突出成绩，近5年来主持或合作承担各类科研项目40余项，完成科研经费1000多万元，获军队科技进步二等奖4项、军队科技进步三等奖10项以及地方省部级奖二等奖两项、三等奖5项。目前，承担了国家自然科学基金一项、全军重点科研项目5项，重庆市重点项目3项，主持了重庆市物流信息平台建设规划及3个物流配送中心的规划论证，参加了重庆市现代物流发展规划的制定。

南开大学现代物流研究中心

该中心于2000年承担的“天津市现代物流发展纲要”课题是国家科技部软科学基金项目，被列为天津市2000年重大调研项目。该研究成果已被列入天津市“十五”规划。在咨询服务方面，该中心承担了天津、北京、山东等省、市的物流企业和制造型企业的物流管理咨询项目。

该中心已与一些国家机构，国内外学术单位及政府机构，如：欧洲物流协会、香港物流协会、中国交通运输协会、国家经贸委、科技部、国务院发展研究中心等，建立了合作关系，开展学术交流活动。

清华大学深圳研究生院现代物流研究中心

清华大学深圳研究生院现代物流研究中心是清华大学全资单位，集产学研于一体，致力于培养国内高水平的物流专业人才(包括博士后、博士生、硕士生)、承担国家及地区重大课题、以及开发在国内有巨大市场前景的软件产品。

中心师资、专家来自清华大学6个系科，均为学校骨干中青年教师。中心还聘请美国、欧洲的一些国际著名教授作为顾问。同时中心还将聘请香港及新加坡的教授担任教员和研究人员。

中心主要研究方向有：物流综合运输；物流信息技术；企业物流管理；物流仓储；物流及货运场站规划；物流环境分析。

目前正在进行及启动的研究项目有：物流规划理论与方法研究框架设计；物流网络结构设计；货运调度系统软件结构框架设计；数字化物流园规划系统结构框架设计；仓储管理软件结构设计；物流配送管理软件结构设计。

清华大学深圳研究生院现代物流研究中心将极力使之成为我国物流行业的重要技术基地和重大决策咨询的智囊型中心。

山东大学物流工程技术研究中心

山东大学物流工程技术研究中心成立于1999年10月，是在省级重点实验室“山东省CAD工程技术研究中心”、“工程系统控制实验室”和校级重点实验室“管理信息系统实验室”的基础上组建而成的，是国内最早的集科研、技术推广、应用和人才培养为一体的物流研发基地之一。

山东大学物流中心有博士和博士后3名，硕士12名，有10多名青年骨干，引进了全套物流系统规划、设计、仿真的管理调度的开发平台，形成了一支掌握物流系统先进技术的年轻队伍。

该中心主要研究领域：

1.企业物流过程再造及整合；

2. 面向各行业的物流系统规划、设计与咨询；

3.物流系统方案论证及可行性分析；

4.物流系统三维建模、动画与仿真评估；

5.项目实施、调试及“交钥匙”工程；

6.物流系统管理与调度专业化软件；

7.分布式仓储管理软件开发和仓库的选点与布局；

8.物流系统持续改进与系统升级；

9.物流新技术交流与培训；

10.物流系统设备参数研究和选型；

11.基于电子商务模式的物流信息管理系统的研究。

北京起重运输机械研究所

机械工业部北京起重机械研究所创建于1958年，是机械工业部直属的国家一类科研所。主要从事起重机械、运输机械、装卸机械、工业车辆、水利机械等各种物料搬运设备的新技术开发和新产品的研制。承建各类自动化立体仓库和架空索道工程，承担大型露天矿、港口、料场和工厂企业的物流规划设计和物料搬运成套设备的系统设计与工程承包，是国内物料搬运和物流规划的唯一甲级设计单位。

该所是我国起重运输机械行业技术归口的研究所，负责组织和指导全行业的技术信息和技术标准化工作。

该所建所以来共获得700余项科技成果，其中90余项荣获国家、部、省级优秀设计和优秀科研成果奖。该所先后派遣各种专业技术人员赴美国、英国、法国、德国等国家和地区进行考察、技术引进、技术培训、技术合作和参加各种国家会议及投标工作。

华中科技大学管理学院物流与供应链管理研究所

华中科技大学管理学院物流与供应链研究所是国内最早研究物流、供应链管理的机构之一。该研究所致力于物流和供应链管理的理论研究和实际应用，为我国培养供应链管理方面的高能人才，为我国企业提供有效的管理手段和工具、提供管理咨询和智力支持，使我国企业能够尽快适应中国加入WTO后的宏观环境，能在全球化浪潮中脱颖而出。目前有教授4人、副教授5人，此外还有博士生10余人、硕士生20余人。该研究所先后承担国家高技术863/CIMS计划资助的供应链管理研究项目、国家自然学基金项目、中－加国际合作项目等十几项理论研究课题，为30余家制造企业、物流企业、零售企业等各类企业提供管理咨询和项目开发，其中“基于供应链NRPII软件”获得了国家版权局颁发的软件著作权证书（0006550）。此外，还出版了《供应链管理》、《国际时代的供应链管理》（译著）、《物资资源配置技术》、《物流系统工程》等十几部著作和教材，在国际和国内学术期刊、国内外学术会议上发表论文近200多篇。获国家“九五”重点科技攻关计划项目优秀科技成果奖一项、宝供物流理论创新二等奖和三等奖各一项、省级优秀教学成果二等奖一项、省级优秀软件三等奖一项，在我国物流和供应链管理的理论与实际应用研究的方面做出了突出成绩。

北京中交协物流研究院

北京中交协物流研究院是在国家计委和国家经贸委有关部门的关心和支持下，于2001年6月成立。研究院的主要任务：根据政府委托，进行中国物流与运输发展战略、规划、政策法规、标准化体系建设的研究；物流与运输信息系统开发研究；物流与运输项目的前期论证工作；物流与运输企业的发展战略、经营管理咨询；物流人才培训。

研究院的科技力量主要由国内知名的物流与运输专家、计算机软件专家以及有高等学历的中青年科研人员组成。研究院还设有一个从事物流工作多年的国内外知名经济、物流与运输专家学者组成的专家委员会，并聘请经济、物流与运输界等知名人士作为研究院顾问。

主要任务：

1.根据政府委托，进行全国的和区域性的物流与运输发展战略、规划和重大技术经济政策的研究，向政府提供咨询建议；

2.根据委托进行重大物流与运输建设项目的规划、工程可行性研究等前期论证工作；

3.为物流与运输企业的发展与管理提供战略、规划、经营等方面的咨询；

4.组织物流服务方案设计决策支持系统的开发及相关参数的研究，以及运输地理信息地理数据库的建设与开发；

5.参与和研究物流与运输技术装备、设施与作业的标准化工作；

6.研究和促进中国物流与运输信息技术的开发推广；

7.组织各种类型、不同层次的物流与运输人才的培训；

8.推动国内外物流与运输界的交流与合作；

9.其它有关物流与运输的研究咨询工作。

北京中物联物流规划研究院

（中国物流与采购联合会物流规划研究院）

北京中物联物流规划研究院是由全国性物流行业组织——中国物流与采购联合会设立的综合性物流研究机构，其基本宗旨是：传播物流知识，帮助政府和企业提高物流管理水平，提升物流研究和咨询服务水平，促进中国物流理论研究和实践的健康、稳定、快速发展。

北京中物联物流规划研究院是一家具有超强人才优势的专业化物流研究机构，由中国物流与采购联合会常务副会长、著名经济学家丁俊发教授为名誉院长，吴润涛、吴清一教授等为高级顾问，牟惟仲教授级高工为院长，并由物流业内何明珂、田学军等20多位专家组成研究班子。

研究院的专家研究学科领域包括物流理论研究、物流园区规划研究、物流计算机信息系统研究、物流技术设备研究、企业管理咨询等多方面。

依托丰富的专家资源和为政府、企业咨询服务的经验，北京中物联物流规划研究院（中国物流与采购联合会物流规划研究院）主要承接项目包括：

1.地区、城市物流发展规划；

2.城市及企业物流园区规划；

3.物流中心及配送中心规划；

4.企业销售配送网络规划；

5.第三方物流整体解决方案；

6.商企业物流整体解决方案；

7.企业物流流程再造；

8.供应链管理咨询；

9.物流技术设备选配集成；

10.物流计算机信息系统设计；

11.物流管理系统设计；

12.企业发展战略研究；

13.物流配送市场调研；

14.物流市场信息服务；

15.物流政策法规方面的咨询。

湖南工程学院物流研究所

湖南工程学院物流研究所于2001年在学院原物资管理教研室（1981年成立）基础上，依托学院物流管理专业而成立。目前研究所运行的支持平台主要是学院经济管理系、机械电子工程系及湘潭电机集团和湖南步步高连锁超市集团公司等工商企业，是湖南省较早从事物流教学与研究的机构之一。

经过近20年的物流教学实践、探索与发展，现已形成专科、本科等多层次、多方位的物流人才培养体系，学院经济管理系在市场营销本科专业中设立了电子商务与物流方向，专科专业中直接设立了物流管理专业，学院机械电子工程系在工业工程本科专业中设立了物流工程专业方向。特别是学院属机械电子工业部主管期间，为全国机械电子工业企业培养企业供应物流人才1000余人。目前，大多数毕业生已成为企业物流部门主管或业务骨干。物流人才培养与物流教学模式研究为我国物流事业的发展起到了积极的推动作用。

物流研究所现有教授2人、副教授5人、高级物资经济师1人、讲师5人。研究所的研究方向侧重工业、商业、物流企业的产、供、销微观物流运作管理研究，企业物流系统规划与设计、诊断，物流设备及设施的设计、安装、调试与管理。近年来，主持省部级、院级、企业物流课题8项，其中“IE技术于生产物流再造研究”、“生产企业原材料物资合理库存诊断分析研究”、“企业物资采购全面指标比较管理研究“等项目为工矿企业物流系统改善及合理化，带来了明显的经济效益，得到了各工商企业的高度评价。研究所成员在各类专业期刊发表物流方向论文80余篇，主编或参编《企业物资管理》、《物资计划管理》、《超市物流》、《配送管理实务》等公开出版或内部使用的物流教材及参考资料多部。

中国交通运输协会运输与邮电发展研究中心

中国交通运输协会运输与邮电发展研究中心是中国交协负责研究、咨询工作的机构。其主要任务是：根据国家有关方针、政策，从国民经济的全局和运输业、通信业的实际出发，广泛组织、协调交通界的有关单位和专家、学者，开展调查研究工作，为政府和行业主管部门提供决策咨询建议。传播、研讨、交流国内外有关运输、邮电发展的经验和信息。组织协调协会所属单位的研究、咨询课题。承办协会学术委员会和专家委员会的日常工作。

研究中心于1994年组建，其前身为中国交协交通发展委员会和调研部。多年来，在交通运输发展战略和综合运输网规划，交通、邮电产业发展和改革的政策措施，重大交通建设项目的研究论证以及地区性的交通运输规划等方面，进行了大量研究工作，提出的报告获得好评，许多研究成果已被政府主管部门或企业采纳。已完成和正在组织进行的课题有《1996－2010年发展我国运输与通讯的若干建议》、《在建立我国社会主义市场经济体制过程中，缓解交通运输紧张状况若干政策问题的研究》、《中国国际集装箱多式联运系统的研究》、《1996－2020年中国旅客运输发展战略研究》等。

湖南物流研究中心

湖南物流研究中心是专门从事现代物流理论与实践研究的学术性机构，近年来已公开出版《现代企业物流运作与管理》、《现代连锁超市经营管理实务》、《现代物流运作管理精要》，即将由湖南科学技术出版社公开出版发行《现代物流运作管理丛书》；公开发表有关论文50多篇；经常组织现代物流知识培训活动；先后多次为政府有关部门提供物流决策咨询服务，为十余家大中型企业提供物流管理方案的研制、咨询、培训和指导服务；承担和完成国家级和省部级有关物流研究立项课题5项。

湖南物流研究中心已经发展成为湖南地区具有较强研究实力，较高知名度的专业化物流研究机构，希望与社会各界从事现代物流理论与实践研究的组织和个人建立更广泛、更密切的交流、合作和联系，为共同推进我国现代物流发展作出更大的贡献。

郑州工程学院物流研究所

郑州工程学院物流研究所是在中国粮食物流研究培训中心的基础上建立起来的一个研究机构。中国粮食物流研究培训中心是利用世界银行贷款，由联合国粮农组织负责实施的一个粮食流通项目，自1992年开始同世界银行谈判到现在，为我国粮食物流的科研、培训、咨询做了大量的工作。随着我国现代化物流业的发展，构建物流系统必须打破条框分割，冲破部门壁垒，因此该院于2001年10月成立了物流研究所。物流研究所现有成员近30人，其中教授3人，副教授6人，高级工程师4人，讲师、工程师14人。

该物流研究所主要从事下列工作：

1.承担与现代化物流相关的科研项目；

2.承担区域性物流规划及设计；

3.承担物流中心、配送中心等物流企业的规划与设计；

4.承担物流企业及企业物流的技术服务与咨询；

5.承担现代化物流各种类型的培训班；

6.承担现代化物流设备的设计与改造；

7.承担物流企业或企业物流的绩效分析；

8.协助物流企业进行物流成本的核算及管理；

9.承担新建物流项目的可行性论证；

10.物流管理系统的软件开发。

（注：鉴于我国物流业界的研究机构分布广泛，又因我们人力、时间及联系方式所限，一些研究机构未能列入其中，请予谅解，也希望这些研究机构能与《年鉴》编辑部联系，以便在下一部《年鉴》中予以选介。）

中国物流专家

（以姓氏笔画排序）

丁俊发

丁俊发，男，1964年毕业于中国人民大学，后留学、工作于法国，1967年回国后先后在机械工业部、物资部、国内贸易部等部门工作，历任司长、总经济师、大学副校长、国家内贸局副局长等职，现任中国物流与采购联合会常务副会长，中国市场学会副会长，中国物流学会常务副会长，国际采购与物资管理联盟理事。

丁俊发为研究员、客座教授，长期从事流通经济学、消费经济学和现代物流学等方面的研究工作，著有《路在何方》、《流通经济学》、《国内贸易经济管理》、《商品流通热点探索》、《跨世纪中国流通发展战略》、《中国加入WTO—流通业面临的挑战、机遇与发展》、《西部大发展—中国二十一世纪大战略》、《走向世界》、《中国物流》等著作。多次主持国家级和部级研究课题，两次获部级科技进步一等奖，一次中国图书奖，2000年被《中国市场》杂志评为影响中国市场的25位经济学家之一。

门晓伟

门晓伟，女，1953年出生，1982年毕业于北京大学中文系。1983年起，在国家物资局、国家物资部从事物资流通管理工作11年。

1994年进入国家经贸委，先后在市场流通司、贸易市场司，从事国内流通产业政策研究及流通体制改革工作。期间曾承担汽车等重要商品流通体制改革方案的研究和汽车、钢材代理制试点方案的制定；参与我国加入世界贸易组织分销服务业应对措施的研究；组织制定了《全国连锁经营“十五”发展规划》和《商业特许经营管理条例》。

目前，任国家经贸委贸易市场局助理巡视员、高级经济师，主要负责流通体制改革，推进连锁经营、物流配送、电子商务等现代流通方式发展。

马士华

马士华，男，1995年获博士学位。现为华中科技大学管理学院教授、博士生导师、工商管理系主任，两度在加拿大多伦多大学和蒙特立尔大学作访问学者。兼任教育部高等教育管理科学与工程教学指导委员会委员、美国生产与库存管理学会（APICS）会员、中国机械工程学会工业工程专业委员会委员、湖北省机械工程学会工业工程专业委员会秘书长、《工业工程与管理》杂志编委会委员等社会职务。

长期从事生产管理和供应链管理方面的教学与研究。主持过1项国家自然科学基金课题、3项国家高技术863/CIMS课题、3项国家自然科学基金专项课题、2项教育部课题和1项湖北省自然科学基金课题，以及十余项企业委托的研究课题。2000年4月出版了国内第一本供应链管理的专著——《供应链管理》，在社会上产生了很大的影响。

作为国内物流与供应链管理研究、应用方面有影响的学者之一，曾被评为国家863/CIMS先进工作者、获得湖北省优秀博士论文奖和宝供物流理论创新二等奖。另还翻译了《网际时代的供应链管理》，参与编著国家重点教材《生产与运作管理》，并主编其它教材两部。在国内外重要期刊和学术会议上发表论文80余篇。

王之泰

王之泰，男，1939年出生，1962年毕业于天津大学化学工程系。现任北京物资学院教授，中国物流学会副会长，北京现代贯通物流研究所名誉所长。

教学和研究领域是“商品学”、“物流学”，尤其在物流学领域成绩颇丰，获奖作品有：

《城市物资配送系统》获物资部科技进步二等奖；《论配送》获学会优秀论文奖；《配送的研究》获国家教委科技进步三等奖；《现代物流学》是国家“八五”重点出版物，获国内贸易部科技进步二等奖；《物流手册》获全国优秀畅销图书奖；《再生资源学》获国家教委科技进步（甲类）三等奖及内贸部科技进步三等奖。

主要著作：

《现代物流学》、《ABC分析在资材管理中的应用》、《物流学及其应用》、《物流手册》、《物资管理学》、《物资管理经济学》、《建材产品学》、《非金属产品学》等。

王德荣

王德荣，男，1934年7月出生。1958年毕业于北方交通大学运输管理工程系。多年来在国家经委（现为国家计委）综合运输研究所工作，曾任综合运输研究所总工程师、所长。1989年至今在中国交通运输协会工作，历任副会长兼秘书长、常务副会长。同时兼任北京中交协物流研究院院长。还兼任中国地方铁路协会、中国国防交通协会副会长、世界运输学会指导委员会委员。1991年，被评为国务院有突出贡献专家。

多年来从事的研究工作领域主要有：交通运输发展战略、综合运输网规划、交通运输技术政策与经济政策、重大运输建设项目、国际集装箱运输发展以及中国物流发展政策等。

主要研究成果及论文著作：

参加、组织、主持的“中国交通运输技术政策研究”、“2000年中国交通运输”获国家科技进步一等奖，“京沪高速铁路建设前期重大技术经济的问题研究”获国家科技进步二等奖，“2000年中国交通运输发展战略与政策研究”获国家科技进步三等奖，“中国公路运输发展战略研究”、“中国汽车工业发展战略研究”、“中国造船工业发展战略研究”、“中国冷藏运输发展对策研究”、“中国旅客运输发展战略研究”、“中国物流发展状况与对策研究”等多项研究成果获部委级奖励。目前，正根据国家计委和国家经贸委委托组织“2001—2020年中国物流发展战略”、“2001—2020年中国交通运输发展战略”、“中国物流政策”等课题的研究工作。

先后发表论文100多篇，主要著作：《中国运输布局》、《2000年交通运输发展战略与政策研究》、《中国交通产业政策研究》等。

王 佐

王 佐，男，1957年10月出生，江苏省扬州市人。中国北方工业公司高级工程师，中国物流学会常务理事、特约研究员，中国物资流通学会物流技术经济委员会委员，中国技术经济研究会高级会员。

1982年2月毕业于江苏大学（原江苏工学院）农业机械化系，获学士学位。1989年1月～1991年1月，在中国社会科学院研究生院数量经济与技术经济系，师从李京文研究员攻读“物流技术经济学”在职博士研究生课程，获结业证书和硕士研究生班毕业证书。

长期从事物流技术经济学理论研究和物资流通企业管理改革实践。曾任中国人民解放军后勤指挥学院少校讲师，中国兵工物资总公司总经理办公室副主任、机电处副处长和经营管理处副处长。著有《物流技术经济学》、《物资经营决策方法》、《现代管理技术经济大辞典》"物流经济篇"等教材和专著。

迄今，发表论文和研究报告130余篇。主要的有：《论技术经济学研究》、《军队后勤技术经济学浅论》、《物流配送服务技术经济分析原理》、《历史唯物论的数学分析》、《论流通企业的组织结构调整》、《市场营销与战略联盟》、《向生产企业回归》、《用物流的理念发展物流产业》、《电子商务与物流》、《拒绝物流"泡沫"》、《物流企业如何应对电子商务的挑战》、《什么是现代物流》、《发展物流产业与政府市场定位》、《从物流到供应链管理》、《经济全球化将带来物流全球化》等。

王宗喜

王宗喜，男，中国人民解放军后勤指挥学院硕士生导师组组长、博士生导师，专业技术三级、专业技术少将，我国著名的仓储、物流专家；是军事仓储学科创始人、军事物流学科带头人，全军优秀教员、全军院校教书育人先进教师，享受国务院授予的"政府特殊津贴"。

长期在部队仓储一线及部队高校工作，有着丰富的军事物流（仓储）管理实践经验，并享有崇高的学术威望。王宗喜教授累计授课达15000多学时，为部队培养仓储、物流领导干部近千名、博士及硕士研究生30余名、物流业务人员3500多名；先后完成专著、教材30余部，发表学术论文120多篇，获国家及军级科研、教学奖10余项，其中专著《军事物流概论》填补了我国军事物流理论的空白，由王宗喜带领的课题组完成的《军事物流理论及其应用》，荣获2000年宝供物流理论创新一等奖。

目前，担任了国务院学位委员会军事学科评议组成员、军队学位委员会军事学科评议组成员、中国物流学会副会长、中国机械工程学会理事、中国军事科学学会会员、中国物流与采购联合会专家委员会委员、总后勤部高级专业技术职务评委会副主任委员、中国物流网主持人等诸多社会职务；同时，还被中国人民解放军军需大学、后勤工程学院、镇江船艇学院等几所高校聘为客座教授。

王国华

王国华，男，北京科技大学物流研究所副所长、副教授。中国机械工程学会高级会员，中国机械工程学会物流工程分会副秘书长。协助吴清一教授创办了北京科技大学物流研究所、物流工程专业和《物流技术与应用》杂志。

长期从事物流理论和物流技术与装备研究，编著多部教学和学术专著，发表数十篇学术论文，主持参与完成多项国家级和企业物流项目。在物流技术与装备及物流系统的规划设计、诊断、优化和供应链整合等方面具有较深造诣。

王　微

王微，女，国务院发展研究中心市场经济研究所市场流通研究室主任，副研究员，经济学博士。

主要学术成果：

主编（包括合编）和参与著述了《商品分销网络》、《住房制度改革》、《期权市场运作》、《中国市场发展报告》、《中国经济结构调整战略》等著作近10部。主持了国家社会科学基金、国家科委、国务院发展研究中心等多个国家级研究课题和国际合作研究课题。其中，《中国物流产业的发展前景与政策》（由本人主笔）的研究报告得到了国务院及有关部门的高度重视，在社会上也有着广泛的影响，并获得了2001年度"宝供物流奖励基金"物流理论创新二等奖。另在国内各地、香港、新加坡、欧洲等地举办的许多国际物流会议上，就中国物流的发展现状、前景和有关政策发表了多次演讲。

2001年1月－8月，担任经济合作与发展组织（OECD）经济部顾问，并在其总部巴黎工作。期间参与OECD大型研究项目《加入WTO：中国面临的政策挑战》的研究工作，并提交了《加入WTO：中国流通业的前景与政策取向》和《中国：中央与地方财政关系的现状和存在问题》两篇研究报告（英文）。两篇研究报告已由OECD出版中、英文版。

王耀球

王耀球，男，汉族，1945年11月出生，湖南湘潭人，1968年毕业于北方交通大学材料系材料技术供应专业。毕业后在成都铁路局贵阳分局先后担任管库员、材料员及计划员，从事企业物资管理工作实践达十年。1979年考入北方交通大学材料系读研究生，1982年获工学硕士学位。毕业后留校任教。1990年以访问学者身份，由国家教委公派到法国巴黎道路与桥梁中央研究院进修半年，研究散装水泥的流通及合理使用。回国后，先后任物管系主任及工商系主任。目前，担任物流科学研究所所长。

主要研究方向为物流管理理论及方法论，先后承担省部级物流领域的研究课题8项，发表有关论文70余篇。主要代表著作有：《中国铁路物资流通》、《条码技术与电子数据交换》、《市场营销学》、《商海撷珠》，是国内外颇具知名度的物流专家之一。

王晓东

王晓东，女，现任对外经济贸易大学国际经济贸易学院国际运输与物流系主任，副教授。曾先后就读于南开大学国际经济系、对外经贸大学国际经贸学院，分别获得经济学学士、硕士学位。1999年，前往美国威斯康星州立大学麦迪逊分校(University of Wisconsin，Madison)进修物流与供应链管理。

主要著作及论文：

教材《国际货物运输实物》(参编)，对外经济贸易大学出版社，1999年。

《现代物流管理》(主编)，对外经济贸易大学出版社，2001年。

《企业物流管理》(译著)，机械工业出版社，2002年。

《“鞭子效应”与企业物流管理》(论文)，发表于《国际贸易问题》，2001年5月。

王方智

王方智，男，研究员级高级工程师，1961年1月毕业于原苏联列宁格勒加里宁工学院。原北京起重运输机械研究所总工程师，现任中国机械工程学会物料搬运学会（物流工程学会）理事。

1977年原机械工业部提出从改善厂内物流着手提高作业效率和经济效益的课题，选定瓦房店轴承厂作为实现厂内物料搬运机械化的试点。作为项目负责人对该厂的厂内搬运机械化进行了全面规划，开发了自动控制葫芦岔道搬运系统、手动和电动托盘搬运车、剪叉式液压升降台、无动力真空吸盘和采用高架叉车的立体仓库等新产品和新技术。

1982年至1983年，赴美国密歇根大学工业工程系进修物流系统的计算机模拟技术和工程经济学。

曾任中国机械工程学会工业工程分会理事，赴有关工厂就物料搬运方面的问题进行分析并提出改进建议。作为中国机械工程学会物料搬运分会（现物流工程分会）理事和物流仓储专业委员会主任委员，为中国物流界的技术交流作了不少工作。特别是在物流系统的计算机模拟技术方面，通过物料搬运学会物流仓储分会办过几次培训班，向中国的物流界介绍了基本概念和美国的经验，为在中国开展这方面的应用和开发相关的软件起了一定的启蒙作用。

1990年与蔡建国教授合作，为中国机械工程师进修大学机电一体化课程编写《现代物流技术》函授教材，这是国内较早出版的有关现代物流技术的书籍。1991年与秦明森合作，编写出版了《实用物流技术》。

1991年至1993年期间，曾任广州新沙散料码头装卸和控制系统项目的技术负责人，这是第一个由国内企业总承包的大型散料码头。系统总投资 4400万美元。项目顺利实施后获原机械工业部科技进步一等奖。

王树生

王树生，男，汉族，天津市大田航空代理公司董事长、总裁。1971年——1990年，在天津市公安局十二处任职。1990——1992年，在天津鸿福实业总公司任副总经理。1992年以6万元资金起家，带领十几个人进入货运界，成立华田航空代理公司。1992年11月，华田航空代理公司经营的天津机场第一架独联体货包机从天津飞赴莫斯科，开创了国内俄罗斯独联体包机业务的先河。1995年被国家外经贸部批准为国际一类货运代理企业，正式更名为天津市大田航空代理公司。1998年在中国已经发展了6个由外经贸部批准的一类货运代理子公司，包括：北京、大连、青岛、成都、石家庄、香港。1998年6月，开始为美国联邦快递公司代理在北京和天津的速递业务。1999年9月，与美国联邦快递公司合资成立大田——联邦快递业务。2000年，在国内拥有34家外经贸部批准一类货运代理子分公司。

现任职务：

天津市现代物流协会会长、中国国际货代协会常务理事、中国交通运输协会常务理事、中华慈善总会理事、中国民航学院客座教授、中国对外经贸大学兼职教授。

大田集团成立十年来，业务蓬勃发展，效益逐年提高，规模不断扩大。从天津一个公司发展到在国内拥有69个被国家外经贸部批准的一类货运代理子分公司的企业集团，员工也从最初的15人扩大至2700多人，拥有770余部货运车辆，60000多平方米普通和监管、保税仓库。业务从单一货代发展到包括国际快递、国内速递、空运、海运和危险品运输于一体的综合性现代物流服务，成为国家经贸委确定的34家重点物流企业之一。目前，资产达到3.9亿元，另还聘请了八位国际物流专业人才和国内资深物流专业管理人才，组建了国际化的高级物流领导团队。

在2000年，调整了公司发展战略。在目标设定、人才招聘、网络建设、基础设施方面向现代国际物流转变，并提出“第二次创业”的口号。在进行第二次创业过程中，无论在网络上、IT技术上，还是在车辆、仓储设备等基础设施上都投入大量资金，初步形成了一个集仓储、运输、配送、信息查询等供应链一体化的现代物流服务体系，向国际化现代物流企业迈进。

积极投身公益事业：

近年来，在企业创建的同时，不忘回馈社会，一直热心公益事业；并不断出资捐助教育事业和贫困群体：

1998年，捐助天津民航学院100万元，作为助教奖学金；2000年，为西部缺水地区打井捐助10万元；2001年3月，为天津市公安局烈士子女捐助救助金100万元；2001年10月，在中国对外经贸大学投资100万元，建立对外经贸大学大田物流研究中心；自2001年起，每年向中国对外经贸大学国际运输系捐助10万元，作为奖学、奖教金；2002年1月，向天津市慈善协会捐助102.4万元。

韦先义

韦先义，男，1944年8月出生，四川省宣汉县人，大学本科学历。1963年8月入伍，1968年从事军队物资工作，1978年从事军队物资专业教学科研工作。1987年至1996年先后主持论证并创办《军队物资》杂志，组织论证并创办了军队物资经济研究中心和军事信息经济学科专业。现为军事经济学院科研部技术5级副教授，管理科学与工程专业硕士研究生导师，中国信息经济学会常务理事，中国物流学会常务理事，湖北省社会科学研究会副会长，湖北省科技期刊编辑学会常务理事，《中国军事后勤百科全书物资勤务卷》编审委员会委员，中国人民解放军物资经济研究中心常务干事兼副秘书长，军事经济学院杂志社社长，《军队物资》杂志主编。

主编并参与完成了《军队物资经济学》、《物资流通经济学》等10余部著作和教材的编著，在国内外重要刊物上发表论文100余篇，其中有40多项分别获得国家部级、军队级、总部级和院校级优秀教学科研成果奖。参与起草了《中国人民解放军物资条例》，先后参与总后勤部组织的《军队物资体制改革》、《军队物资联勤构想》、《军队物资筹供改革》等军队重点课题的研究论证工作。还参与完成了全军后勤"九五"重点科研课题《中国人民解放军物资勤务史》的编著。1993年被收入《全军院校名师大典》，1998年以来先后被选编入《世界名人录》、《中国专家人名辞典》、《科学中国人·中国专家人才库》、《中外名人辞典》、《中国当代高校教授大典》和《中华百年》（人物篇）。

田学军

田学军，男，1964年出生，1984年获上海交通大学机械工程专业学士学位，1987年获上海交通大学机械工程专业硕士学位，1993年获北京科技大学物流工程专业博士学位。现任中国物流学会常务理事，中国物流与采购联合会物流规划研究院副院长。

主要研究方向：物流战略规划、供应链管理、第三方物流、电子物流等。

研究成果及论文：近年来，先后主持了《中国邮政物流发展总体方案》、《恒基中国B2B直销网物流咨询》、《德国拜耳公司上海化工项目产品分销物流方案》、《日本商船三井公司中国物流战略》等咨询项目和《电子订单履行研究》、《国外物流现状与发展趋势》等研究项目。

发表《电子商务时代的一体化物流解决方案》、《电子商务的订单履行》、《电子商务呼唤电子物流》、《现代物流与中国邮政》、《德国邮政物流发展模式》、《奥运物流：机遇与挑战》、《我国物流发展现状与政策方向》、《电子物流及其在中国的发展》等论文。

任兴洲

任兴洲，女，毕业于吉林大学经济系，获经济学硕士学位。现任国务院发展研究中心市场经济研究所副所长、研究员。兼任中国商业经济学会理事、中国消费者协会理事、全国日本经济学会理事。

主要从事：价格理论与政策、市场体系建立与市场规则的建立与完善、流通体制改革与流通产业发展、信用体系与制度、服务领域的发展与改革等方面的研究。1992年－1993年，赴日本国一桥大学经济研究所进行客座研究。

主要著作与论文：

《中国市场发展报告》(副主编)，中国发展出版社，1994－1998年。《商品分销网络－走向成功的金钥匙》(主编)，中国商业出版社，1997年。

《中国商品市场》(主编)，湖北省人民出版社。

《建立社会主义市场经济体制基本框架综合评价》(合著)，经济科学出版社。

《中国批发市场的发展与统一市场的建立》、《促进商品批发交易市场规范化发展的政策建议》、《中日流通业对外开放的比较研究》、《调整消费政策，应对买方市场》、《消费政策调控体系的建立与供求关系调整》、《中国市场化进程》、《中国流通政策的形成与发展》、《中国加入WTO对分销服务领域的影响及其应对措施研究》、《物流发展的体制和政策领域存在的主要矛盾和政策建议》、《入世对中国市场体系建设的影响及对策研究》、《商品的社会化配送与物流服务》、《经济鉴证类社会中介机构规范化发展的政策研究》、《加快建立中国社会信用管理体系的政策建议》等论文若干篇。

牟惟仲

牟惟仲，男，教授级高工、部级专家。1940年出生，1964年毕业于天津大学化工系。曾在原二机部第一设计院、第四设计研究院工作过，1978年调到国家物资总局科教司，随政府机构变动进入物资部科教司、国内贸易部科技质量局，一直从事科技规划管理工作。现担任中国物流与采购联合会物流专业委员会副主任。

社会兼职：

中国物资流通技术开发协会理事长，中国菱镁行业协会副会长，中国机械安全认证管理委员会副主任，《物流技术》杂志编委会主任。

主要学术成果：

策划了“九五”国家攻关项目“建材配送关键技术研究与开发”，主持编写了物资部“八五”科技发展规划；内贸部“九五”科技发展规划、内贸系统“九五”科技规划思路框架；国家中长期科技发展纲要“再生资源”领域。组织了沈阳市机电公司配送研究，无锡市物资配送研究，上海造船厂船板配送研究等项目；策划了“九五”国家攻关项目“建材配送关键技术研究与开发”，参加了“九五”国家攻关项目“跨世纪的中国流通发展战略——流通体制改革与流通现代化”研究工作，并负责第七章“商品流通现代化及关键技术研究”的撰稿。

许胜余

许胜余，男，华联超市股份有限公司总工程师、高级工程师。是我国第一位把“第三方物流”介绍到中国的物流专家。同时，也是我国第一位将国外物流基地的卓越举措介绍到中国的专家，并亲自参与了我国第一个大型物流基地的规划和课题论证，参与编制了《上海市公路货物集散中心项目可行性研究报告》。

现任中国物流与采购联合会常务理事、中国物流与采购联合会认证管理委员会委员、中国连锁经营协会零售信息技术专家组成员、上海紧缺人才培训工程《现代物流培训与考核》项目专家咨询组成员、上海连锁协会咨询专家、上海西北物流园区专家组成员、《中国物流年鉴》编委、《集装箱化》杂志编委、《物流科技》杂志编委、《上海连锁》杂志特约撰稿人等。

长期从事物流研究和商业物流实践工作，主持及参与华联超市股份有限公司，以及我国其他大型现代物流中心的前期规划、设计和建设等工作。

参加并完成《上海市公路货物集散中心》、《特种商品仓库设计标准（原国内贸易部部颁标准)》、《上海发展配送中心的战略》和《上海现代物流产业发展战略与规划研究》等重大科研项目及课题，撰写了《美国配送中心的发展与经营》、《美国专家谈仓库规划与商品配送技术》、《连锁经营原理》等著作；在杂志上发表了《物流中心的物流系统设计》、《物流中心的建筑设计》、《自动分拣系统》等论文100多篇。1994年被授予“上海市财贸系统优秀专家”、“拔尖人才”称号，获“科技精英奖”。

近年来，在许多国际物流研讨会、中国物流学会和中国连锁经营协会的年会上发表了大量学术报告。

朱道立

朱道立，男，教授，博士生导师，毕业于复旦大学。毕业后在航空工业部电子研究所任工程师，从事航空信息与控制系统的设计和分析工作。1979年赴法留学，1983年在法国著名的国立巴黎高等矿业学院获博士学位。1985年在上海交通大学管理学院任教。1989年赴加拿大蒙特利尔商学院、麦吉尔大学讲学，后在世界著名的蒙特利尔大学交通运输研究所工作。1998年受复旦大学之聘，回国任教。现任中国物流学会副会长、复旦大学管理学院管理科学系主任、复旦大学现代物流管理研究中心主任。

长期从事于管理科学和物流管理的教学和科研工作，强调理论研究和应用实践的密切结合。在管理科学和运输科学国际顶级杂志上发表了大量的论文；在复杂系统优化、交通网络的分析和计算以及单调性理论等方面的研究成果，达到了世界先进水平；大系统优化方法已广泛用于法国和美国电力和制造业中。1998年以来，致力于在中国推行现代物流和供应链管理，并创建复旦大学现代物流管理中心和复旦物流网，受到国内外的关注和好评。

几年来，在复旦大学物流管理学科方向开设了一系列的现代化课程，培养了大批物流方向的MBA研究生。在国内外杂志上发表了大量的论文，并为GM、联合利华等世界500强以及联华超市、宝钢集团、上汽集团等著名企业成功进行了物流管理咨询项目。

刘志学

刘志学，男，湖南武冈人，1963年8月出生。管理学博士，华中科技大学管理学院副教授、网络营销与战略研究所副所长，中华人民共和国《国家标准·物流术语》的主要起草人之一，加拿大蒙特利尔大学高级访问学者。中国物流学会理事、中国市场学会理事。

1986年毕业于华中工学院经管学院物资管理工程专业；1988年毕业于华中理工大学经管学院中加联合培养研究生班，后留校在管理学院从事教学与研究工作；1997年晋升副教授职称；1999年作为高级访问学者赴加拿大蒙特利尔大学高等商学院合作研究；2000年获华中科技大学管理学博士学位。

研究方向为现代物流管理与供应链管理。近年来，出版《现代物流手册》、《物资资源配置技术》（合著）、《国际贸易与国际物流》（合著）等著作6部，在国内外核心期刊上发表“Integrated Logistics Management.”、“供需链管理的本质”、“基于电子商务的物流模式”等论文20多篇。主持并参加了两项国家自然科学基金及多项省部级纵向课题的研究；主持《江阴长江港口物流园区规划》研究和多项关于企业物流管理的横向课题研究；参加多项物流规划课题的论证。研究成果获国家“九五”重点科技攻关计划项目优秀科技成果奖与原国内贸易部科技进步二等奖。

刘　武

刘武，男，1994年创办了广东宝供储运有限公司，现任宝供物流企业集团董事长、总裁。2000年，在中国设立了公益性的“宝供物流奖励基金”，每年斥资100万元人民币表彰奖励在物流领域有突出贡献的人士，这一举措赢得了社会各界和物流行业人士的广泛赞许。

长期致力于中国现代物流业的探索与发展，在物流领域有着丰富的经验，富有创新和开拓精神，率先在中国运用现代物流的理念为客户提供物流一体化服务，并建立起覆盖全国的物流运作网和物流信息网络；率先在中国将工业化标准－GMP的质量保证思想运用在物流服务上，确保了运作质量稳定可靠；第一个在国内创办物流企业集团；发起并组织了第一到第六届物流技术与管理发展高级研讨会。

目前，宝供集团已发展成为国内领先的第三方物流企业，在全国各大城市拥有45个分公司或办事处，业务运作网络覆盖全国并向海外延伸，为全球500强中50多家企业及一批国内大型制造企业提供物流服务。1999年，宝供物流集团被原国家内贸局确定为发展商品物流配送重点企业；2001年，被国家经贸委确定为中国34家物流重点联系企业之一；国际著名的企业管理咨询公司麦肯锡评价宝供为中国领先的物流公司；被全球著名投资公司摩根斯坦利评价为中国最有价值的第三方物流企业。

刘伟光

刘伟光，男，香港东方物流集团董事、总经理，中国物流与采购联合会咨询委员会委员、天津市商业对外储运公司的高级顾问、贵州商业储运（集团）有限公司高级顾问、天津南开大学的兼任讲师。

1996年，成立香港首家港资的第三方物流服务公司。现集团旗下公司有东方储运有限公司、东方货物运输有限公司、东方系统有限公司、东方投资集团有限公司等。其中东方系统之业务已扩展至中国大陆、马来西亚、新加坡及台湾。公司在数年间，分别荣获香港中小企业银奖（1998）、香港生产力促进局服务业生产力奖（1999）、开明雇主奖（2001）、杰出企业工业工程奖（2002）等；个人方面在2000年获选为十大创业先锋。

曾被推选为香港物资流通协会主席（1997—1999）、香港理工大学校董会成员、香港职业训练局培训委员会成员、香港特别行政区工商局中小型企业委员会委员、香港贸易发展局贸易委员会委员、香港金融管理局中央信贷数据库工作小组委员、香港货运及物流中心执行委员、2000年两岸三地物流协议签署仪式的发起人等。

刘秉镰

刘秉镰，男，1955年3月出生，天津人。1982年毕业于天津大学数学系，获理学学士学位。1987年毕业于南开大学经济研究所，获经济学硕士学位。1998年晋升为教授。1998年任南开大学中国城市与区域经济研究中心主任，南开大学经济与社会发展研究院副秘书长。2001年兼任南开大学现代物流研究中心主任。

社会兼职：

中国软科学研究会常务理事，中国区域科学研究会常务理事，中国交通运输协会常务理事，中国物流学会副会长，美国物流协会理事。

长期从事交通经济物流学理论研究，曾出版专著、译著十余部，发表论文多篇。多次主持国家级和省部级科研项目。目前，正在主持《2020年中国物流发展战略》（国家计委）、《中国现代物流发展报告》（国家经贸委）、“两岸三地现代物流论坛”等重大课题。

孙家康

孙家康，男，1960年3月出生，硕士学位，高级工程师。1982年毕业于大连海运学院航海系船舶驾驶专业，获得工学学士学位；1987年毕业于中国人民大学企业经济管理专业，获得经济学学士学位； 2001年毕业于大连海事大学获得交通运输管理专业硕士学位。

1982年加入中国远洋运输公司，曾先后负责散货船、油轮、杂货船、多用途船、重吊船和集装箱船的船队营运组织工作，在不定期船经营和班轮经营方面成绩卓著，是中国从事集装箱运输管理工作的第一批从业人员之一。曾经担任天津远洋公司箱运科科长，航运处副处长，中远集装箱运输总部三部副经理、经理及二部经理，中远集团总公司运输部总经理，现担任中国远洋运输（集团）总公司总裁助理和集团新闻发言人、中国贸易仲裁委员会／中国海事仲裁委员会仲裁员、中国交通运输协会物流企业分会理事，中国航海学会理事及学会下设危险货物运输专业委员会副主任委员，英国保赔协会董事，电子提单注册组织BOLERO下设BAL董事，中国物流与采购联合会常务理事。

研究方向为现代物流和供应链管理，自1997年起，即带领有关业务人员开始着手研究物流业的发展动向，研究并参与规划中远集团物流发展战略，2000年9月，该规划得到中远集团领导层批准并开始实施，使得中远集团物流业在最近几年得到了长足的发展。曾在全国现代物流工作座谈会等会议和相关杂志发表过《走创新之路，创物流品牌》等多篇物流方面的论文，是物流经营和国际航运管理方面的专家。

汝宜红

汝宜红，女，1953年10月出生，江苏吴县人，北方交通大学经济管理学院教授，经济管理学院物流所党支部书记，管理科学与工程、环境工程硕士研究生导师，日本国立公共卫生院废弃物工学部公共卫生学博士。兼任中国机械工程学会高级会员、中国铁道学会会员、IBM中国有限公司商品流通事业部特邀顾问。

研究成果：

先后主持了《客车废弃物发生源控制及车站处理设施规划的研究》(铁道部96Y18)、《特大城市固体废弃物发生源管理研究》（教育部）、《特大城市固体废弃物发生量及种类建模研究》(国家自然科学基金79670003)、《北京市汽车污染控制的管理体系及相关对策研究》（国家重点科技攻关项目子课题99—A04—05—01）、《物流学课件》（北方交通大学教改基金项目）、《客运固体废物治理规划研究》（计00—15）、《资源管理网络课程》等项目的研究。

主要著作及论文：

《资源管理学》（主编），中国铁道出版社。

《环境科学与工程概论》（参编），北方交通大学。

《市场采购理论与实务》（主编），中国铁道出版社。

公开发表学术论文30余篇。其中教学方面的文章1篇，一类学术杂志4篇，二类学术杂志12篇，国外学术杂志2篇（日语），国际会议论文6篇（英语），被《日本科学技术文献速报》(JICST）检索1篇。

邬　跃

邬跃，男，1983年毕业于北京经济学院（现首都经贸大学）物资管理系，并留校任教，1986年转到北京物资学院任教至今。1988年赴日本留学攻读硕士和博士学位，主攻物流学，1996年回国。曾任北京物资学院管理工程系国外流通研究所所长，《国外物资管理》杂志主编，管理系主任职务，现担任北京物资学院物流系主任、物流研究中心主任及北京市重点实验室物流系统与技术实验室主任一职。兼任中国物流与采购联合会、中国物流学会常务理事，以及中国交通运输协会物流企业分会副秘书长等职务。

翻译、写作出版《物流经营论》、《现代中国物流研究》、《物流学》等著作。发表过多篇论文。

主持国家科技部“九五”重点项目“三峡建材连锁配送关键技术研究”第一课题的研究工作；主持原国内贸易部“北京市物流环境实证研究”课题，并获内贸部科技进步三等奖；参与国内贸易部“物流术语标准化”研究课题；主持并参与北京市计委、北京市商委物流发展规划的制定；参与并主持国家科技部“十五”重点项目“物流信息化系统关键技术研究”课题可行性研究及立项工作；主持北京市科委“中心城市物流及配送方式研究”；并为很多地方政府和企业策划、设计过物流系统。

李允杰

李允杰，男，高级工程师，1956年毕业于抚顺石油学院，长期从事油品储运工程的设计工作。其主要业绩有：

负责青海省格尔木至西藏拉萨成品油管道工程的全面设计工作，该工程于1972年勘察设计，1973年动工，1976年投产。该管道是国内第一条长距离顺序输送多种油品的管道，该管道工程荣获国家优秀设计奖和国家科技进步三等奖。

负责抚顺石化公司南输成品油管道工作的设计工作，该管道工程于1993年设计，1995年投产，管道设计顺序输送多种油品，全线采用SCADA等中控制管理，是国内第一条大型商用成品油管道。

参加了镇海炼油厂的原油及成品油管道工程，海口美兰机场油品管道工程的设计，抚顺石油工厂油品储运工程，湖南长岭炼油厂的油品储运工程，河南洛阳炼油厂的油品储运工程等设计工作。

工作期间，在《油气储运》杂志上发表过数篇有关油品储运方面的文章，并参与了石油集团和石化集团共同组织的《中国油气管道》一书的编写工作。2000年，在《成品油流通现代化探讨》一书中，发表了《国内外成品油管道运输及效益比较分析》等文章。

李力谋

李力谋，男，1939年10月出生，河北赤城人。曾任美国华运公司副总裁兼司库、中国对外贸易运输总公司财务部副总经理、中外运—敦豪国际航空快件有限公司董事长兼副总经理，现任中国国际货运代理协会副会长兼秘书长。

研究重点：中国国际货代业的发展、现代企业管理、快递业务等。

主要论文有：《外企是怎样开年会的》、《企业应如何开会》、《速递业务与邮政专营的区别》、《桎梏：快递业发展之困》、《快递为促进交流而生》、《促进快递的健康发展》、《快递的历史特点和作用》等。

李　川

李川，男，1953年出生，高级经济师，深圳市中海物流公司总经理，深圳市物流与仓储协会会长。先后被华中科技大学管理学院、北京工商大学聘为兼职教授，被中国物资流通技术开发协会聘为常务理事，同时也是《物流技术与实务》丛书编委、《现代物流系列教材》编审委员会委员，中国物资出版社现代工商营销物流系列教材编审委员会委员。

学术研究：

长期从事物流实际工作，担任物流企业领导多年，对物流管理特别是在生产配送领域造诣深厚，中海物流公司首创“四流合一”和“多对多、多对一”配送模式，是全国保税物流的一面旗帜。1999年，“跨世纪的中国流通发展战略研究－流通体制改革与流通现代化”被原国家国内贸易局评为科技进步奖一等奖。“物流管理信息系统（MIS）的开发与应用”在2000年3月，获得中国物资流通技术开发协会特等奖。

主要著作及论文：

《对现代物流运作模式的认识和探索》、《论符合我国特色的国际物流运作模式》、《现代化物流企业的信息化管理》、《中海物流的信息化实践》。

李伊松

李伊松，女，北方交通大学物流所副所长、副教授。1984年毕业于北方交通大学材料管理专业，获学士学位；1984—1986年在铁道部物资总局／总公司北京办事处从事业务管理工作；1986年重回北方交通大学攻读硕士学位研究生；1989年取得北方交通大学物流管理工程方向工学硕士学位后，留校从事教学、科研工作。

主编、参编公开出版的教材有：

《价格学》（西南交通大学出版社，1997年）、《物流学》（中国铁道出版社，1996年）、《管理学》（中国铁道出版社，1999年）、《电子商务与物流》（邮电出版社，2001年）、《管理学原理》（北京大学出版社，2000年）。

另在各种刊物上发表过多篇论文，其中2000年以来发表论文5篇。

目前，正在主持参加的科研课题有：

1.云南连结南亚、东南亚国际大通道建设项目研究

2.大连经济技术开发区物流发展规划研究

3.科技部基础信息系统开发研究

4.铁路货运向现代化物流转型研究

5.施工企业并购改制机制度建设研究

6.中铁万博物流公司发展战略及形象策划研究

沈绍基

沈绍基，男，自1983年——1998年，在原商业部、原国内贸易部从事储运行业管理工作，

其中：1992年主持论证中国第一批物流配送中心建设试点方案；1996年任国内贸易部商品物流配送中心发展建设专家咨询委员会副秘书长；1997年任国内贸易部商品物流配送中心发展建设领导小组办公室副主任；1998年任中国仓储协会秘书长；1999年3月倡导组织成立了华运通物流有限公司，并任总经理；2000年7月出任华运通物流实业公司总经理。

在物流理论上具有一定的造诣，一直致力于推动我国传统储运业向现代物流业转变，已发表物流方面的论文几十篇。1992年，主要执笔起草并以商业部文件下发的《关于商品物流（配送）中心发展建设的意见》、1996年与他人联合撰写的《发展物流配送中心的几点看法》，至今还是许多储运、物流企业发展现代物流配送的参考性文件。1999年、2000年、2001年，先后3次代表中国仓储协会发表《中国物流市场供需分析报告》，在业内引起了较大反响。另对国际物流业的发展情况比较熟悉，1997年，执笔起草的《美国物流管理与技术的考察报告》，曾作为国内贸易部的参阅文件转发全国。

汪　鸣

汪鸣，男，1964年3月出生，国家发展计划委员会综合运输研究所副所长。

主要研究领域：综合运输管理、运输发展政策及规划、物流规划与管理、物流企业咨询。

主要研究成果：

1.主持完成的与物流相关的主要研究咨询项目：《我国现代物流业发展政策研究》、《华中物流中心发展规划》、《华中物流中心建设项目启动实施方案》、《重庆公路运输总公司向现代物流转型战略及实施方案》、《合肥物流园区建设规划及可行性研究》、《威海交通运输业向现代物流转型规划》、《合肥市现代物流发展规划》等10余项。

2.在报刊及国内外研讨会发表与物流相关的学术论文：《综合运输与物流发展》、《WTO与物流发展对策》、《“十五”计划与现代物流发展》、《中心城市物流发展规划及政策问题》、《中心城市物流服务功能区问题》、《2001－中国物流年综述》等50余篇。

何铁夫

何铁夫，男，从事物流工作四十多年。曾在中国科学院综合运输研究所，从事集装箱研究，后在中国物资储运总公司、中国集装箱总公司工作。上世纪80年代，主持起草了《合同法》中的《仓储合同实施细则》，并撰写《物资储运企业发展中的几个问题》等文章；主持编写《起重运输机械技术革新资料汇编》。1997年在亚太国际物流会议上，演讲了《如何提高国际集装箱门到门运输的比例》，并聘为该会学术论文评选委员。

近年，参与起草了国家标准《物流术语》，获得部级科学技术进步二等奖等。是一位既有一定理论又有丰富实践经验；既了解宏观又熟知微观的物流专家。现任中国物流学会常务理事、物流委员会副主任，北京科技大学物流研究所顾问、《中国物流年鉴》编委、《现代工商营销物流系列教材编审委员会》委员等职。

何明珂

何明珂，男，1962年出生，湖北人，博士，教授。现任北京工商大学商学院党总支书记，兼任中国物流与采购联合会副会长，是“物流技术与管理发展高级研讨会”、“宝供物流奖励基金”的主要策划人之一，曾多次赴英国、法国、瑞典工作和学习，并曾担任多家国内外著名公司顾问，为许多企业和政府部门提供了专业咨询。

1994年被授予“北京市优秀青年骨干教师”称号。1995年被确定为北京市　“百人工程”人选。1996年获北京市优秀教学成果二等奖。1997年被评为部级专家。

在北大、清华、人大、北方交大等多次为博

士、硕士举办物流讲座。主要讲授课程有：《物流系统论》、《Planning a distribution system》和《Logistics and supply chain management》等。

到2001年底，共在150多个高层次物流研讨会上进行过演讲，直接听众达1.8万人左右，累计演讲时间超过400小时。

主要研究领域有：物流系统理论与方法、供应链管理、电子商务与现代物流、流通技术与方法等。

1993年到2001年，共发表论文95篇，出版著作24部，其中专著2部，共计约200万字。

吴清一

吴清一，男，北京科技大学教授、中国物流与采购联合会副会长、北京科技大学物流研究所所长、《物流技术与应用》杂志主编、东京工业大学客座研究员、亚洲托盘协会顾问（由日、韩托盘企业组建）。

主要业绩：

组建北京科技大学物流研究所和物流工程教研室；在北京科技大学创办物流工程本科专业（已有五届毕业生），并直接指导、培养了硕士生和博士生20余名；创办《物流技术与应用》杂志；发表过《现代物流技术》（音像教材）、《设施规划与设计》、《物流学》、《物流基础》等著作和数百篇论文；承担过多项物流研究课题（包括“七五”攻关、“八五”攻关与省部级项目），获得过国家科技进步三等奖、国家“八五”攻关重大成果奖、冶金部科技进步二等奖；多次接受企业委托进行物流系统的诊断、改善、规划与设计，以及参与物流企业的经营策划等；多次参与组织全国性、国际性物流会议。积极从事物流普及活动，组织过数十次物流培训班，到各种会议和厂矿基层企业进行过二百余次物流讲演；积极从事国际交流活动，以物流研究所和《物流技术与应用》杂志编辑部为基地，和日、德、美等国物流界建立了良好的合作关系；努力倡导网络时代物流业的健康发展，积极推动我国托盘事业的发展，倡议组织托盘行业协会，开展托盘国际交流。

吴润涛

吴润涛，男，东北大学经济系毕业。现任中国物流学会（原中国物资流通学会）顾问。

从1949年开始，半个世纪以来，一直从事我国物流管理、教学和科研工作，是我国老一代物流学者和管理工作者。曾先后在原东北贸易部储运局、辽宁省商业厅储运处主管物流管理工作，约30年。1979年调到北京商学院物流管理系从事物流教学；1981年到中国社会科学院技术所，专门从事物流理论研究工作，前后20余年。

有长期搞物流管理的实践经验，又有专门从事物流教学和科研的理论基础。多年来，发表了许多有关物流的文章，如译文《关于80年代物流合理化的建议》、《物流系统化的必要性》；论文《关于中国物流业发展沿革及现状》、《社会主义中国的物流管理》等约百余篇；及译著《物流手册》、专著《物流学及其应用》等。这期间，积极发起、筹备召开了三次全国物流年会和研讨会。并先后编辑出版了三届《物流论文集》，在我国物流界广为流传，收效很好；倡议、筹备成立了“中国物流研究会”和“中国物流技术经济委员会”，为推动我国物流理论研究，提高物流管理水平，发展我国物流事业，发挥了很大作用。

吴幼喜

吴幼喜，男，湖北省人，现任中国对外贸易运输（集团）总公司研究中心主任。1998年调到中国对外贸易运输（集团）总公司，先后在投资管理部和研究中心工作，主持起草了集团投资管理规定和合营企业管理办法，参与了企业发展战略的制定和实施、中外运船队体制改革方案研究、《中国物流产业发展前景与政策》课题研究（和国务院发展研究中心合作）、中外运境外上市方案研究等工作。目前，主要研究方向是企业发展战略、物流企业管理和航运市场研究。

主要著作：

曾在《厦门大学学报》(哲社版)、《中国经济问题》、《中国改革》、《国际贸易》、《国际经济合作》、《国有资产研究》、《国有资产管理》、《学术月刊》、《财经研究》、《经济体制改革》、《改革与战略》、《国际商报》、《国际经贸消息》、《经济学消息报》等报刊杂志上发表论文60余篇。曾在国家体改委等单位主办“当代企业改革论坛”获“全国优秀论文奖”（1997年）。有些文章被中国人民大学书报资料中心、《中国经济文库》等选载、收录。

吴耀华

吴耀华，男，1963年9月出生，1996年7月获清华大学工学博士学位。1999年10月，担任山东大学物流工程中心主任、教授。

主要论文及著作：

《现代物流系统技术研究现状及发展趋势》、《现代物流系统计算机仿真分析》、《现代物流系统计算机辅助设计》、《基于Petri网模型的物流系统建模》、《现场总线技术在生产物流中的应用》、《现代物流在企业中的应用》、《The Multi-process Management and Hierarchical Structure of Modern Materials Handling System》、《现代生产物流系统及其仿真》、《实用机械电气技术手册》（主编）。

所获重要奖励：

2000年被济南市政府评为“济南市青年科技进步带头人”；2001年被济南市科委评为“济南市科技明星”；1997年“计算机集成制造系统物流自动化工程”获省科技进步一等奖；“自动化配送中心分层旋转货架控制系统”获济南军区科技进步三等奖；1999年“快速制造系统”获省科技进步二等奖。

苏雄义

苏雄义，男，台湾东吴大学企业管理学系教授。1981年毕业于台湾交通大学运输工程与管理学系，1992年取得美国马里兰大学管理科学博士学位，相关副修学程为运输物流及信息管理。在美期间多次参与国际知名管理顾问公司项目，开发物流专业软件及从事咨询服务。

1992年返回台湾，先任职于台湾知名交通运输顾问公司，继而转任东吴大学企业管理学系所专任副教授，从事物流与流通管理教育与研究工作。在此期间筹划主持了台湾首届国际物流管理研讨会，带动了台湾物流管理发展的风潮。于1996—1999年间应聘高雄第一科技大学运输与仓储营运系系主任，建置台湾运储物流专业系所。1999年复返东吴大学企业管理学系所专任教授，担任物流与供应链领域召集人，积极改造传统管理学科，建立完整的物流及供应链大学及研究所学程。2000年受邀参与“中国2000年物流产业春季研讨会”，在深圳发表了《物流新解：定义、整合与趋势》。目前正积极进行两岸三地现代物流发展之研究与教学工作，与南开大学、香港理工大学展开多项合作研究与教学计划，并举办多项研讨与论坛活动，积极推动两岸三地现代物流的发展。

主要研究领域：企业程序管理、物流管理、流通管理、供应链管理、组织与流程变革教学与研究。参与了企业流通系统规划与再造、空运物流策略规划、自由贸易区研究、全球物流环境分析、工商设施选址评估、物流组织与营运策略研究、顾客服务调查与规划、物流成本分析、运输配送系统规划、货运产业调查与分析、物流作业生产力提升、仓储设施规划、物流整合方案评估、物流管理软件项目等的研究。

常在企业管理、交通运输与信息管理类学术期刊与专业杂志上，发表研究成果及对物流与供应链管理新知的著述与介绍。主要著作有：《企业物流导论》、《物流网站资源导览》、《应用管理研究：方法与实证》、《物流与运筹管理：观念、机能与整合》。2000年著作《物流与运筹管理：观念、机能与整合》。已成为台湾畅销的物流管理高等教育教材。2001年译著《供应链之设计与管理》获得了许多管理实务与学术专家的肯定与采用。

陈文玲

陈文玲，女，国务院研究室工交贸易司副司长，研究员，经济学博士。兼任中国商业经济学会副会长、中国社会科学院经济学博士发展研究中心副主任、中国《改革与发展》论坛理事、中国商业联合会高级经济咨询专家、中国物流与采购联合会专家委员会委员、中国商贸专家委员会委员等。

主要研究成果：

出版著作、译著11部（其中合著3部），计150万字。发表论文、调查报告等103篇，计72万字。主要发表在《经济学动态》、《财贸经济》、《管理世界》、《世界经济》、《中国经济时报》、《经济参考报》等报刊杂志上。

陈自业

陈自业，男，1937年1月出生，湖南长沙市人，汉族，高级工程师，毕业于华中农业大学。现任中国民航协会副秘书长，兼任北京中航协民航咨询公司总经理。

主要业绩：毕业后，主持过农业航空数十项课题鉴定。上世纪80年代以来，组织并参加农业航空科研试验项目，有8个项目获奖。其中1项获国家科技进步三等奖，5项获部级科技进步一等奖、二等奖和三等奖；另2项获民航局技术改进二等奖和三等奖。1994年初，完成了《农业航空按面积计费标准体系研究》。另发表论文80余篇，是《中国民航通用航空事业的发展》一书的主编及作者之一。1991年，编著出版了《农业航空文集》一书。1993年至1995年，组织、主持、实施“旅客话民航”活动及其研究，被评为技术改进一等奖，进步三等奖。1981年在庆祝通用航空创立30周年活动中，被评为局直机关通用航空先进工作者。1988年在我国纪念飞播造林30周年的活动中，获得中国民航局、林业部和中国人民解放军共同颁发的荣誉证书。

陈一雄

陈一雄，男，现任大荣货运（股）公司董事长及台湾物流协会理事长。

自接掌台湾物流协会以来，致力于会务及各项业务的推动，举办各种研讨会、讲座、国内外观摩活动及出版物流专业书籍，以推广物流观念、提升业界的物流技术水准；开办固定的专业物流课程，广泛为工商企业及物流业培训各层次所需的物流人才；积极与政府物流相关部门协调及提出建议，以创造良好的物流经营环境。

近年来，随着台湾加入WTO、企业经营走向全球化，台湾物流协会也积极推动会务的国际化，除了已加入“国际仓储物流协会世界联盟”（简称IFWLA）成为正式会员外，今后，也希望与大陆及各国物流相关协会加强互动往来，共同追求进步与成长。

陈梅君

陈梅君，女，1943年出生。1965年，毕业于北京矿业学院（现为中国矿业大学）工程经济系物资管理专业。中国物资流通协会物流技术经济委员会会员、中国物资储运协会常务理事、中国物流与采购联合会理事。

大学毕业后一直从事高等院校的教学科研以及管理工作，先后在北京经济学院（现为首都经贸大学），北京物资学院任教，担任过教研室主任、系教学管理主任、教务处处长、研究生部主任等职。1987年被评为副教授，1992年被评为教授。现为研究生导师，主要在经济管理领域从事教学科研工作，先后担任过物资仓储管理、物流学、物资企业管理学、国际运输等课程的讲授。

主要著作：

主编并正式出版的书籍：《物资仓储管理》、《物流学》、《物资企业管理学》、《物流运作案例》。

担任副主编并正式出版的书籍有《物资管理学》、《流通经济学》等，其中《流通经济学》荣获第十届中国图书奖，1996年内贸部科技进步一等奖；所承担的国家科委95年重点课题“流通体制改革与流通现代化研究”获1998年度国家内贸局科技进步一等奖。

陈春益

陈春益，男，1991年取得美国普林斯顿大学博士，返回台湾后，任职于台湾交通部运输研究所，后转任至台湾国立成功大学交通管理科学系从事教职工作，目前为该系系主任、物流管理室主持人，并兼任电信管理研究所所长。

35岁以前，主要从事区域科学之研究，包括取得都市计划学士、硕士以及任职行政院经济建设委员会从事都市与区域建设相关研究与审查工作；35岁则前往美国高等学府接受数理（如运筹学）与运输管理之训练；40岁取得博士学位，随即返回台湾，以过去所学的专业知识为基础，即作业研究（运筹学）、运输管理、区域科学以及地理信息系统等，从事教学研究工作。目前已培养多位博士生毕业，在大学院校担任教职工作。

1994年设立物流管理研究室，积极从事物流相关课题之研究，研究主题涵盖陆海空不同运输工具以及国内、国际不同地域范畴，主要研究成果有：

1.两岸／国际物流：大陆台商物流（含鞋品物流、两岸物流据点布署）、亚太物流中心相关研究等。

2.陆运：物流园区规划（含台北都会区、高雄港）、物流中心相关研究（含区位选择、配送规划、以及车队管理等）、救灾物流体系相关研究等。

3.海运：货柜航商营运管理（含收益管理、货柜航线设计、空柜调度）、货柜码头／货柜场营运管理、高雄港发展为物流港相关研究等。

4.空运：飞机排程、登机门指派等。

张文杰

张文杰，男，1939年12月出生，北方交通大学经济管理学院教授，博士生导师。1963年毕业于北方交通大学材料系，先后历任物资管理工程系系主任、物流研究所所长、经济工商管理学院副院长等职务。现任北方交通大学学位委员会委员、经济管理学院学位委员会及管理科学与工程学位分委会主席、中国物流学会副会长、中国铁道学会物资管理委员会副主任、中国交通运输协会物流管理委员会理事、北京物资流通协会常务理事、中国物流网“物流系统设计”专家主持人等职务。

从事高等教学工作以来，治学严谨锐意创新，先后开出“运筹学”、“物资流通系统分析”等6门本、专科及研究生课程，具有丰富的教学经验和扎实的理论基础，为中国铁道事业培养了大批的物资管理技术人才。先后培养了博士研究生28名、硕士研究生30名、MBA研究生13名。1986年开始从事教育管理工作，在担任物资管理工程系系主任期间，为建立全国第一个“物资流通工程”博士点和改造旧专业建设新专业等学科建设做出了突出的贡献。

主要研究方向是物流系统分析及管理系统工程，曾主持和参加国家科委及铁道部等软科学研究项目30余项，其中《微机局域网物资管理信息系统》获部级科技进步奖；公开发表学术论文100余篇，其中《论物流管理数学模型》获铁路高校优秀论文奖；主编《现代综合物流管理》、《管理运筹学》、《中国铁道物资流通》等专著和教材10余部，其中《物资管理系统工程基础》获铁道部优秀教材奖。

工作近40年来，教学成绩显著，科研成

果突出，1991年荣获中国铁道学会先进工作者称号，1993年享受国务院专家津贴，1996年成为我国第一批物资流通工程博士点的博士生导师。

张智文

张智文，男，曾就读于清华大学经济管理学院博士研究生，并获得博士学位。后留学美国，现被吉林工业大学、北方交通大学、武汉科技大学等国家重点高校聘为教授和博士生导师。

现就职于国家科学技术部高新技术发展及产业化司。在“九五”期间，担任全国清洁汽车协调领导小组办公室副主任，组织实施了全国清洁汽车行动。同时，担任了国家智能交通系统发展指导协调小组副秘书长及办公室副主任。长期负责主持国家汽车及交通领域科技发展战略研究及科技攻关项目的组织管理工作，“八五”、“九五”期间组织完成了20余项国家重大科技攻关项目。如“电动汽车概念车的研制及开发”、“全国清洁汽车行动关键技术攻关及产业化”、“中国智能交通体系框架的研究”、“铁路客票系统开发和应用”等。所取得的科技成果在行业中具有开创性和先导性，对推动行业的技术进步起到了重要作用。

目前，重点负责主持国家现代物流及电子商务领域技术发展和重大关键技术攻关工作。组织制定中国现代物流及电子商务发展战略及框架、研究制定相关政策及标准。组织该领域重大科技攻关项目示范工程的实施。

张晓萍

张晓萍，女，1945年12月出生，清华大学教授。1970年毕业于清华大学，并留校任教。1984—1985年赴德国HANNOVER大学作访问学者。1998年4月，赴澳门大学讲授研究生课“系统仿真原理与应用”。1984年开始从事物流方面的研究，曾参加国家863CIMS-ERC研究，负责物流系统软件设计与开发。该系统通过国家科委验收，国家教委鉴定，获美国大学领先奖。曾参加国家863CIMS重点应用工厂华宝空调器厂物流系统总体设计，嘉陵摩托车厂CIMS系统方案设计。先后主持开发了5个企业的管理信息系统。

目前，主要研究方向为：面向供应链的物流信息系统、供应链管理中的库存控制策略、物流系统仿真与模拟等。

并主编出版了《现代生产物流与仿真》、《系统仿真原理与应用》、《锻压过程自动控制》、《材料加工企业管理信息系统》、《机械电子工程》等五本专著。其中《现代生产物流与仿真》获清华大学优秀教材二等奖。

上世纪90年代末以来，多次为企业进行物流方面的培训与咨询。现任全国高等学校机电教学指导委员会委员、中国机械工程学会会员，中国工业工程专家。

张 锦

张锦，男，1963年6月出生，四川剑阁人。西南交通大学交通运输学院副院长，交通工程研究所所长，教授。中国城市交通规划学术委员会委员，中国物流与采购联合会理事，四川省铁道学会理事，成都市政府科技顾问团顾问，成都市物流协会副理事长。

主要研究方向：交通运输规划与管理、现代物流系统规划与设计。

主要论文：

《交通运输系统的供给与需求的平衡趋势分析》、《中国城市道路交通控制系统发展研究》、《Assignment Theory and Application of ITS》、《关于基于路段的理想动态用户最优路径选择模型的若干问题分析》、《物流中心需求预测与选址评价的研究》、《动态出行选择模型的发展与未来》、《网络管理在ITS中的应用》、《重庆轨道交通一号线规划调整的分析》、《全程物流条件下物流园区信息系统规划与布局的研究》、《成都市“十五”及2015年现代物流信息化建设规划研究》、《成绵高速公路运营情况后评价研究》、《Research on an Urban Traffic Control System Based on DGPS》等。

主要完成的研究项目：

1996年主持完成四川省经协办项目“成都国际物流中心（公路口岸）与可行性研究”；1997年主持完成成都市政府项目“城市交通流疏导研究”；1998年主持完成成都市规划设计研究院项目“成都市中心区交通改善规划”；1999年主持完成深圳“三九集团”委托项目“三九集团医药产品储运优化系统研究”；2000年主持完成成都市交通局项目“成都市收费公路站点规划及远程控制系统研究”；2000年主持完成深圳市运输局项目“深圳市公交站点调查与规划”；2000年主持完成铁道部研究基金项目“物流需求预测与运输量预测方法研究”；2000年主持完成四川省科委项目“现代物流中心需求预测与选址研究”；2001年主持完成成都市规划院项目“成都物流基地规划及用地布局研究”；2001年主持完成铁二院项目“网运分离条件下铁路运量预测方法研究及系统开发”；2002年主持四川电信实业集团项目“电信集团现代物流发展战略研究”；2002年主持铁二院项目“重庆轻轨新一号线若干技术问题研究”。

张声书

张声书，男，1938年5月出生，四川省自贡人，1963年毕业于四川财经学院工业经济系。毕业后历任北京经济学院讲师、北京物资学院副教授、教授、北方交通大学兼职教授。从1986年起担任北京物资学院副院长、院长职务，同时兼任许多社会职务。

长期从事流通经济与管理的教学和研究工作。主要著作有《社会主义物资经济管理》、《物资经济学》、《中国通货膨胀》等，曾多次获得部委级科技进步奖，并荣获国务院特殊津贴中青年专家。

周　云

周云，男，高级工程师。1982年毕业于西安公路交通科技大学，供职于北京交通管理干部学院，任公路运输管理教研室负责人。1986年调入北京起重运输机械研究所，从事物流装备研究与开发，物料搬运行业管理。1996年任中国机械工程学会物料搬运分会秘书长，2000年学会更名为中国机械工程学会物流工程分会，连任秘书长。

参与编著《重大技术装备包装规范》、《连续输送机械设计规范》，发表过《物料搬运技术发展动向》等文章。

杨东援

杨东援，男，1953年1月出生。同济大学党委副书记，兼任同济大学交通运输学院院长，道路与交通工程研究所所长，建设部交通工程技术中心副主任、同济大学分中心主任，国家教委开放研究实验室副主任，上海市优秀学科带头人等职务。1997年由同济大学出版社出版了专著《交通规划决策支持系统》，至2000年底，共发表学术论文50余篇，其中20篇刊登在中文核心期刊。已培养博士8人、硕士5人，目前，指导博士后2人、在读博士生12人、硕士生4人。

自1982年以来，长期从事城市交通规划、交通需求模型、智能交通系统、物流系统规划等方面的研究工作。

近年来，主持完成的与物流规划与管理方面相关的项目有：上海市智能运输系统战略规划研究、上海市智能运输系统框架体系研究、深圳市“十五”及2015年现代物流业发展规划、苏州市物流系统规划、甘肃省物流发展规划等科研项目、宁波市现代物流发展规划、上海市现代物流业发展规划、上海市物流信息规划、汕头市现代物流发展规划、联华超市配送软件系统开发、新亚大包配送软件系统开发、上海市国力运输公司转制方案研究、上海联华超市配送方案研究、上海宝钢配送咨询研究、上海汽车销售总公司物流配送方案咨询研究等项目。

已完成的物流软件系统开发有：上海市联华超市曹杨路配送中心管理信息系统、上海市联华超市江杨路配送中心管理信息系统、上海联华超市港汇大卖场信息系统、上海联华超市便利配送管理信息系统、上海新亚大包配送中心管理信息系统。

目前，正在进行的物流项目有：上海浦东现代物流发展规划、南京市现代物流业发展规划。

季建华

季建华，女，上海交通大学安泰管理学院副院长，教授，博士生导师，运营与物流管理研究中心主任。曾于1990年和1998年分别到法国和加拿大作为访问学者进行“成组技术生产管理”和物流管理方面的合作研究。曾经主持和完成多项物流和生产管理方向的课题。如：上海西北综合物流中心总体规划、上海市十五物流规划深化研究、企业物流系统优化与设计、昂立公司设备管理系统的设计与建立等。

近几年，发表论文20多篇，以及译著：《供应链设计与管理（概念、战略与案例研究）》、《开发供应商伙伴关系供应商一体化方案》、《重构新千年零售业供应链》等，多次在国内大型供应链管理研讨会上作专题报告。

目前，主持的课题有国家自然科学基金项目“我国社会化集成物流的理论和实证研究”、“上汽集团一体化管理的理论和实证研究”和“上海海关通关风险管理”等。

范　棣

范棣，男，招商迪辰系统有限公司董事长兼首席执行官，招商局集团董事。1986年考入北京大学，在著名经济学家厉以宁教授的指导下攻读博士学位；1988年在诺贝尔经济学奖获得者弗里德曼教授推荐下赴美，在加州大学柏克莱分校攻读经济博士学位；其后在美国南加州大学获经济管理博士学位，在学期间发表学术论文百余篇。

曾任中国人民银行总行体制改革处副处长、金融研究所副主任，中国权威的金融月刊《金融研究》主编，招商银行总行高级顾问，香港友联银行副总经理，中国四十四家最大企业之一的招商局集团董事、财务总监，世界著名的美国波士顿资询公司咨询顾问，美国1990研究所研究员，美国Interlink.公司总裁等。

主要专业经验：

谙熟中、港、美三地的资本市场、融资渠道及资产运营管理。亚洲金融风暴期间，出任招商局财务总监，成功融资数百亿资金，帮助招商局安然渡过危机。出任招商迪辰董事长，成功收购香港上市公司启祥集团。

在战略规划、方案策划方面有极强的专业经验。1984—1988年间，参与国家经济体制改革与金融体制改革的重大项目研究及政策实施。1989—1996年间，曾多次参与国际组织对中国经济发展的咨询研究工作。1997—2002年间，为国内及香港的许多著名企业做过若干战略管理咨询。

在业务创新与战略管理上有成功的实践经验。1994—1995年出任美国Interlink公司总裁，成功使其扭亏为盈。1996—1997年，出任招商银行总行高级顾问，开创了该行的投资银行业务及国际资本市场业务及国际资本市场业务；出任香港友联银行副总经理，建立了中港跨境业务的风险监管制度；创办招商迪辰，成功地将其由一个电子商务公司转型成为全国科技物流领域中的领导企业。

洪水坤

洪水坤，男，1955年10月出生，浙江萧山人，中共党员。毕业于复旦大学新闻系，工商管理研究生结业，高级经济师。1978年开始在中国物资储运总公司工作，历任副处长、处长、总经理助理、副总经理等职。1996年10月，任中国物资储运总公司总经理。1998年4月，兼任中储发展股份有限公司董事长。现兼任中国诚通控股公司董事、副总裁。兼任中国物资储运协会会长、中国物资流通学会副会长、中国交通运输协会物流分会副会长、中国国际货代协会常务理事等。

长期从事储运技术和管理、物流企业运营与管理工作。担任中国物资储运总公司总经理后，领导中国物资储运总公司，实施从传统储运向现代物流企业转变的发展战略，通过中储股份上市、组织体制改造、整改、业务重组等大胆探索和实践，使一个濒临破产的国有物流企业扭亏为盈，成为国家重点物流企业。使“优质、高效、便捷、周到”的中储品牌得到普遍认同，显示出组织与运营国有大型物流企业的能力。

钟荣钦

钟荣钦，男，现任台湾物流协会秘书长。自1993年物流联谊会（台湾物流协会的前身）成立至1995年台湾物流协会正式设立迄今，带领秘书处团队执行会员大会及理监事会所通过的各项计划。

台湾物流协会，目前拥有会员厂商200多家企业、个人会员100余人，会员厂商包含制造业、流通业、物流业、物流资讯与设备及学术研究单位等。为服务会员厂商、提升业界物流经营管理能力，协会历年来举办了座谈会、研讨会、训练会、发表会、海内外观摩考察、展览会、海外交流会等，共计200余场次，参与人数达数万人次，成效卓著。

秘书处有系统地企划多种物流专业人才培训课程，及海外物流观摩研修团，多年来为台湾业界培训了很多物流专才。此外，企划、编辑了《行职业展望——物流业》一书及2000年、2001年的《台湾物流年鉴》，协会本身每年出版《物流新世纪》年度特辑杂志，提供工商业界参考、学习。

在台湾加入WTO后，国际贸易及海外投资活动会更为扩大，物流管理技术的持续提升及服务范围的扩大，将成为台湾物流产业发展的重点，台湾物流协会愿意与世界各地物流组织交往，创造互惠互利的机会。

徐天亮

徐天亮，男，1944年12月生，大学本科，中共党员，教授。1969年7月毕业于原华中工学院无线电工程系，1970年分配到四川珙县电信局工作，任技术员。1980年到华中科技大学任教。曾任物资管理教研室副主任、教研室主任、管理工程系副主任，现任华中科技大学管理学院副院长，兼任中国物流与采购联合会常务理事、中国物流学会副会长、中国物资流通技术开发协会副理事长。

长期从事物流管理和企业管理方面的教学和科研工作，主要研究领域有物流管理、企业战略管理等，负责承担“统进分销、连锁经营模式及辅助决策支持系统研究”、“三峡物资配送关键技术——配送中心集成管理信息系统”等省、部级科研项目多项，获省、部级科技进步奖二等奖一项、“九五”国家重点科技攻关计划优秀科技成果奖一项。

出版的主要著作和教材：《运输与配送》、《物流系统工程》（主要参与者）、《商品流通企业管理》、《现代企业管理概论》等，发表论文30余篇。

徐寿波

徐寿波，男，1931年9月16日出生，浙江绍兴人。中国工程院院士，国家计委研究员、学术委员、教授、博士生导师。创办全国第一个《能源》杂志、《能源基地建设》杂志、《技术经济研究》杂志、《中国技术经济科学》杂志、《中国物流》杂志首届副主编、《物流技术》杂志首届副主编。

在物流研究方面，是我国第一本物流学著

作《物流学及其应用》主编之一，并首次发表了物流技术经济学的文章：“关于物流技术经济研究的几个问题”；“物流技术经济”。另“中煤四运是我国煤炭物流的总形势”，获中国物流研究会二等奖。40多年来，在综合能源工程学和技术经济学两个学科领域共取得理论和应用成果300多项，获全国科学大会奖、中国科学院、中国社会科学院、国家计委和北京市各种奖励，其中获科技进步奖7次。

与此同时，也非常重视技术经济学和综合能源工程的教学和专门人才的培养。先后在中国社科院研究生院、清华大学、北京大学、北京科技大学等高校讲授技术经济学和综合能源工作学。1991年获国务院政府特殊津贴，是国家计委首批获此荣誉的专家。

索沪生

索沪生，女，毕业于哈尔滨工业大学机械制造工艺与设备专业和英国Cranfield大学管理学院物流与运输专业，获Cranfield大学研究硕士(MPhil)学位，并被授予博士称号。曾在英国NFC货运公司（现为Exel 全球物流公司）和英国运输部工作。任交通部公路司处长，中国交通运输协会物流分会副秘书长，中国公路学会汽车运输学会理事，中国道路运输协会理事，欧美同学会会员，英国Cranfield管理学会会员。被南开大学、对外经济贸易大学聘为兼职教授、研究员。

对西方物流发展和物流企业运作、发达国家公路运输管理及政策法规、国际公路运输及有关国际公约等领域有较深入的研究。数十次作为中国政府代表团成员，中国物流专家、运输专家参加有关的国际会议和国际运输谈判。参与国内有关部门、有关省市物流发展政策和规划研究，多次为国内有关企业、院校讲授物流课程。

在国内外刊物上发表了数十篇学术文章，主要有：

《一门与交通运输极为有关的新学科——物流管理学》、《关于物流的译法——Logistics与PD的不同》、《物流的发展与公路运输业企业经营战略的转变》、《融入物流》、《物流——他山之石可以攻玉》、《英国的公路运输政策》、《英国的公路运输管理》、《运输业向现代物流的发展和融合》、《公路运输业发展物流服务的研究》、《欧洲物流考察及相关思考》以及专访《物流“索”道之处》、《挑战的是政府，应战的是企业——索沪生谈入世后我国物流发展》等。

桂寿平

桂寿平，男，1953年1月出生，华南理工大学交通学院副院长、华南理工大学智能交通系统与物流技术研究所常务副所长、教授。兼任中国机械工程学会高级会员，中国仓储协会常务理事，全国起重机械标准化技术委员会委员，广州市物流专业技术委员会主任会员。

长期从事物流装卸机械与物流技术研究，获国家科技进步三等奖一项、电力工业部科技进步二等奖一项、广东省科学技术三等奖一项。主持制定五项物流装卸机械国家标准，五项物流装卸机械交通行业标准，撰写论文三十余篇（其中被EI检索一篇、ISTP检索一篇），主编并出版了科技专著一部。主持并完成了十项省部级基金课题；主持并完成了广东交通集团物流发展规划研究、广州地区物流起步研究、广州市交通委员会物流政策导向论证、南海市物流战略规划研究等项目。主办了广州地区交通系统物流培训班、广东省邮政局物流培训班、广州市邮政局物流培训班、广东省港口协会物流培训班并主讲物流管理等课程，多次在国内外大型物流研讨会上作报告并受香港生产力促进局邀请赴香港作物流专题演讲。

目前，已经招收四届物流硕士研究生11名。

秦明森

秦明森，男，1966年毕业于中国科学技术大学应用数学系，所学专业为运筹学及数理统计。毕业后分配到原国防科委20试验基地技术部，从事国防科研工作，曾任技术室主任等职务。1981年转业到原国家物资局物流技术研究所工作，开始了物流技术的研究和开发工作，历任副所长、总工程师等职务，技术职称为教授级高工。

近20多年来，在物流研究和物流技术开发方面取得了一定的成果，积累了比较丰富的经验。组织并参加了十多项国家科技项目的研究和开发工作，获得了较好的效果，许多项目（例如水泥合理调运、铁路货运优化配车、全国散装水泥发展对策研究、三峡建材配送等）取得了很好的经济效益，受到企业和国家主管部门的好评。个人获得省部级以上科技进步奖7项。

作为我国物流界的专家，积极参加了全国性的物流学术活动，连续几届被聘任为中国物资流通学会物流技术委员会委员。在国内外学术会议和刊物上发表学术论文20多篇。1991年主编《实用物流技术》一书，是我国最早出版的物流技术专著。该书于2001年经修改后发行第二版。2002年又主编了物流工具书《物流技术手册》。

梁智敏

梁智敏，男，香港物流协会主席。1982年获香港理工大学运输学系高级文凭，1996年获取澳洲RMIT大学运输及物流学系学士，1999年香港大学运输政策及规划硕士学位。

曾任职香港电讯、森那美汽车集团、安佳汽车集团、英发文具纸业、索尼公司及物流顾问公司。现任香港特区政府物流发展局委员及职业训练局运输物流业训练委员会委员。

所研究的项目包括：仓库的分布及建设、运输路线的确立、计算机系统的装配等，先后参与了香港政府物料供应处储运部的评核、永安百货的经营规划及计算机系统的改动项目，在制造厂推行供应链以及第三方物流的研究调查等项目。

阎 洪

阎洪，男，四川大学数学学士，日本东京电气通信大学信息管理硕士，美国卡内基梅隆大学商学院运筹学及工业管理硕士，博士。之后，加入美国波士顿顾问公司成为管理顾问，参加过多家跨国公司在东亚地区，特别是在中国大陆的市场策划，发展战略研究以及公司运作分析。1995年加入香港理工大学管理学系，之后又同时加入航运及物流管理系，并为该系副系主任。目前，担任上述两系副教授及商学院工商管理博士课程副主任。兼任内地多所大学管理学院兼职或客座教授，及学术顾问等职。

近年来，在香港理工大学及内地一些大学，为从本科到博士课程以及各类培训班开设了多个与物流管理相关的科目，包括供应链管理，物流管理，物资管理，营运管理，质量管理等等。指导多名博士生、硕士生完成了在物流及供应链管理领域中的多方面的研究，并顺利取得学位。这些研究包括供应链的信息共享模型及分析，信息管理系统再造，跨国公司在中国大陆的供应链设计及发展，香港物流网络优化等问题。其中多项研究已在生产实际中获得应用并取得显著成果。

研究兴趣涉及供应链管理的多方面，如网络设计及优化，库存及运输的平衡，信息管理的分析等。承担了香港政府、大学及企业的多项研究项目，并在多种国际学术杂志上发表了数十篇学术论文。此外，对物流管理中的环保管理问题，生产实践中的库存，运输等方面的问题进行了分析研究，在实际应用中取得明显效果。

黄国雄

黄国雄，男，福建福州市人，1937年出生。中国人民大学经济学院教授、博士生导师。毕业于中国人民大学贸易经济专业，长期从事商业管理工作，有丰富的商业实践，1980年调北京商学院任教，担任教研室主任、系副主任，商业研究所副所长，商业经济系主任。1990年调中国人民大学至今，曾担任贸易经济系主任、总支书记、市场调查所所长。现兼任中国商业经济学会副会长、中国高校商业经济研究会副会长兼秘书长、北京市商业企业管理协会副会长等。

长期从事商业理论研究，主编了商业理论创新丛书，著有：《商业经济学》、《商业经济与管理》、《现代商学通论》、《市场调查学》以及《社会主义市场经济十大观点》、《流通产业慎对电子商务》、《构筑现代物流政策框架》、《构筑现代供应链管理模式》等，是我国著名的商业经济专家和学术带头人。

康　宁

康宁，男，1963年出生，中共党员。1986年毕业于上海铁道学院运输管理专业，并获学士学位；2000年获得清华工商管理硕士（MBA）学位。现任国家邮政局网路运行部副主任，主要负责中国邮政实物网路的指挥调度、组织管理以及邮政物流经营工作。是《中国邮政物流发展总体方案》和《中国邮政物流发展实施方案》研究项目的主要领导者和直接参与者。

长期从事全国邮政干线实物网的指挥调度工作，在运输网络组织、优化等方面具有较高的理论水平和丰富的实际管理经验。1988年和1992年曾分别在澳大利亚TNT公司、日本邮政大学学习。1994年主持编制并组织实施的《建立相对独立的快速、高效干线邮运网实施方案》，为中国邮政全面推行邮区中心局体制打下了坚实的基础。1999年到2001年间，曾作为主要负责人之一，组织了全国邮政网路的组织优化工作，实现了邮政信函、包裹、特快专递以及报刊等业务的全面“提速”，提高了邮政服务水平，进而提升了邮政市场竞争能力，有力地促进了邮政业务的迅速发展。

此外，还参与组织了中国邮政航空快速网的建设工作。同时还是邮政综合计算机网干线邮运指挥调度和邮区中心局内部生产作业等两个应用子系统开发工作的负责人，多次在有关物流的会议上发表过演讲，先后在全国邮政地市局长营销培训班、全国邮政中青年干部培训班、国家邮政局机关干部培训班讲授《中国邮政与现代物流》。曾在《中国邮政报》上发表过题为《中国邮政发展物流若干问题的思考》的文章。

曾明哲

曾明哲，男，香港科技大学先进制造研究所所长。于台湾清华大学获得学士学位，后在普渡大学获得硕士及博士学位。曾在麻省理工和伊利诺大学任教，同时担任多种期刊的编辑和CIRP的常任会员。于1993年作为工业工程系的创始人加入香港科技大学。此前服务工业界二十多年，主要从事制造行业的技术及高层管理工作。

专长为快速反应及产品多样化的生产链，在这个领域有不少著作被收集在工业工程手册(McGraw Hill ）及国际知名的学术期刊。于2001年与德国慕尼黑大学在香港合创了环球个人化及定制化的大量生产会议。

主要从事产品开发和设计以及全球化制造系统的研究，并经常被邀请在该领域的国际会议上做主题演讲。

近期还为多家知名公司提供咨询，包括：AT&T公司、计算机产品公司、朗讯科技公司、洛克威尔国际公司、摩托罗拉公司、GAP公司、福特汽车公司、裕升电子有限公司、香港空运集装有限公司、英联公司　、梧桐投资公司等。

靳　伟

靳伟，男，1945年1月出生，辽宁省抚顺人。1968年大连外国语学院日语系毕业，现任北京科技大学物流研究所副所长、《物流技术与应用》杂志常务副主编，高级经济师。1979年开始接触中外物流学者、教授和企业高层负责人，潜心研究物流理论及实践。1981年起在中外物流专业刊物上登载文章，并举办物流培训班和个人讲座；多次赴国外考察、参加国际物流会议。1985年与我国物流界的元老、著名学者吴润涛研究员、王之泰教授合译了《物流手册》，作为中国第一本物流参考工具书，被评为全国优秀畅销书奖。1990年至1991年，应日本物流系统协会邀请，赴日本专门从事物流课题研究，并获得国际物流管理士的称号。

主要合译著有：《物流手册》、《物流管理入门》、《日本仓库收费标准》等。

缪立新

缪立新，男，教授，清华大学深圳研究生院现代物流研究中心主任，清华大学交通工程设计研究所所长，中国物流与采购联合会常务理事，中日重大合作研究项目“3E合作研究”中方交通组长，中国城市交通规划学术委员会委员，联合国开发计划署“二十一世纪城市规划、管理与发展”中国项目技术顾问，美国堪萨斯大学访问教授。

主要研究方向：物流园及区域物流系统规划；物流信息技术；智能交通技术；交通控制系统优化设计；城市交通规划；交通影响分析；道路桥梁工程优化设计。

所获奖项：IET国际工程教育基金会优秀教师奖，1994年；建设部科学技术进步二等奖，1999年；科技部智能交通系统设计竞赛优秀奖，2000年；北京市科学技术进步三等奖，2000年。

翟学魂

翟学魂，男，快步易捷（广州）信息服务有限公司首席执行官。清华大学理学和管理学双学士，并曾接受为期六个月的创业和企业管理的国际培训。2001年，被当选为中国物流与采购联合会常务理事，同时还长期担任PGL奖励基金评估委员会的物流信息专家，并被中国民航管理干部学院现代物流发展研究中心特聘为高级顾问。

在创立“快步”之前，率先把基于因特网的物流软件介绍到中国，成为中国物流信息系统的倡导者，也是中国因特网和电子商务的创始者和实践者，并以中国电子商务和物流信息系统领域的权威身份，经常应邀在该领域的重大会议和论坛上发言。《2001年中国物流的视野》、《建立高效的供应链支持体系：基于信息技术的物流策略、基础设施和运作》、《物流在中国的食品饮料业》、《中国特色的物流重组》等主题演讲在物流界内，引起广泛反响。

作为电子化物流解决方案的倡导者之一和中国知名的物流专家，曾为多家物流专业公司和跨国企业提供物流，尤其是分销物流方面的专业顾问服务，在高科技、家用电器、快速移动消费品和汽车行业积累了丰富的经验。

主要著作有：《从EDI到XDI》、《分销网络的IT系统》、《快步模式：引领第三代分销网络》、《切割分公司土豆构建立体轴分销》、《物流IT系统——现代物流的灵魂》、《新经济在哪里》、《中国供应链的未来》等。

黎基雄

黎基雄，男，香港理工大学航运及物流管理学系的助理教授及该学系与管理学系合办的全球供应链管理(荣誉)理学士学位课程的课程主任。香港理工大学市场学(荣誉)文学士学位及工商管理哲学博士学位，后在北京首都师范大学修读中国语文及文化和在美国麻省理工学院修读供应链管理等课程。

在香港理工大学致力于教学及研究工作，范畴包括供应链管理、物流管理中的信息科技应用、质量和营运管理及物流管理中的组织行为。目前负责两项研究：1.供应链绩效量度；2.

采购及供应关系中的承包及关系安排。另参与两项研究：1.创新、组织学习与绩效表现的关系；2.中国物流管理的特色。

研究文章曾在多个国际性学术会议发表及被多种国际性的学报刊登或已被接受刊登，其中包括Journal of Business Research、International Journal of Management、Transportation Research Part E: Logistics and Transportation Review及Total Quality Management。曾在公营及私营机构担任质量管理，采购及供应管理和物流管理等顾问工作。

戴定一

戴定一，男，1947年8月10日出生，上海人。中国物流信息中心主任，中国物流与采购联合会常务理事、副秘书长兼科技信息部主任，高级经济师。

1984年毕业于中国社会科学院研究生院数量经济专业，获得硕士学位。1984年分配到原国家经委信息中心工作，负责宏观经济分析并参与国家经委信息系统的建设。1988年在美国商务部普查局作访问学者进修一年。1989年开始在中国物资信息中心（中国物流信息中心前身）工作，从事生产资料市场监测、分析、预测工作和全国生产资料市场统计信息系统建设工作。曾获部委级科技进步一等奖、二等奖，获得国家政府特殊津贴，获得内贸部有突出贡献的中青年专家等称号。

同时，还任中国信息协会预测委员会常务理事、中国电子商会常务理事等职。先后在各种报刊杂志上发表论文数十篇，出版过译著《数理经济学》、专著《物资经济统计》、《直面WTO》等。

鞠颂东

鞠颂东，男，1946年9月12日出生。北方交通大学经济管理学院教授，博士生导师。兼任中国物流学会理事、全国MBA教育指导委员会委员、中国数量经济学会常务理事、中国成本研究会理事、中国铁道学会物资管理委员会副主任、铁道学会计划委员会委员、《数量经济技术经济研究》编委会委员、《铁道物资科学管理》编委会副主任、欧美同学会会员，并享受国务院颁发的政府特殊津贴。

著作及论文：

主要从事物流学科的教学与研究，编写教材三本，专著两册《知识经济与产业结构调整》、《国有企业兼并重组：期望与偏差》，先后在《数量经济技术经济研究》、《国外物资管理》、《铁道物资科学管理》、《铁路高等教育》等刊物及学术会议上发表论文40余篇，科研项目通过部级鉴定的6项，其中获部级科技进步奖3项，指导研究生20多名。

目前，正在进行现代物流体系、物资企业推行商务代理制及企业发展战略、中国西部交通及物流等方面的研究工作。

（注：鉴于我国物流业界的专家学者分布领域广泛，又因我们人力、时间及联系方式所限，一些专家学者未能列入其中，请予谅解。在此希望各有关物流研究机构及媒体和专家学者积极向《年鉴》编辑部推荐在物流领域有一定研究成果和学术成就且影响较大的专家学者，或告之联系方式，编辑部将在下一部《年鉴》中予以选介。）

第七部分

物流媒体

物流出版物

中国改革开放以后，注重经济效益最大化和重视经济运行效率使人们日益重视对物流理论与实践的研究。对于物流的形成和发展，中国经济理论界是有贡献的，它主要是通过物流出版物(图书、杂志和报纸)等媒介进行交流和传播的。

一、物流图书

(一)物流图书出版的沿革

20世纪70年代，物流概念引进中国的初期，中国物流界学者、研究人员以及实际工作者，主要是通过一些经济管理类报刊以及各类研讨会上发表论文，介绍国外发达国家的研究与实践的成果，阐述个人见解。进入20世纪80年代后，一些国外的物流著作以及国内专家、学者的物流专著陆续面世。

1.初期(20世纪80年代)

在这个时期的主要标志是引进、推介发达国家在物流中的经济观念、营销技巧、物资配送和存货管理等相关知识、理论和操作方法，开始物流学科的启蒙，如，中国物资出版社先后出版的《物流手册》([日] 日通综合研究所编著，吴润涛等译)和《库存控制与物料管理》([美] Richard J.Tersine,白礼常等译)；人民交通出版社出版的《物流基础》([日] 阿保荣司著，黎志荣译)等。其中，《物流手册》一面世，就受到广大读者的欢迎，当年被评为优秀畅销书。这一时期，国内一些专家学者的一些物流著作也开始出版，如经济科学出版社出版的李京文、徐寿波等主编的《物流学及其应用》；中国物资出版社出版的由王嘉林、张蕾丽主编的《物流系统工程》等。虽然物流图书出版数量较少，但由此对我国物流理论研究和物流企业管理起了很大的作用，为物流理论知识、技术研究和传播奠定了基础。

2.成长期(20世纪90年代)

在1990年到1999年10年间，物流图书的出版数量和规模有了较大的发展。据不完全统计，在这10年期间，在图书市场上销售的物流方面的图书近40种，涉及的出版机构近30家。这期间，物流类图书的主要特点是，国外学术专著引进出版、国内专家、学者的物流专著的出版以及指导物流技术的实用类图书的出版较多，从侧面反映了国内物流理论研究界以及实际工作者对相关知识的需求有了提高，同时，也标志着国内一些专家、学者在物流领域方面的研究达到了一定的水平。其中主要代表作品有：中国物资出版社出版的《实用物流技术》、《现代物流学》和《中国现代物流研究》；中国铁道出版社出版的《现代综合物流管理》；海潮出版社出版的《军事物流概念》；中国建材工业出版社出版的《物流学》；中国计划出版社出版的《物流学概论》；中国商业出版社出版的《现代物流与配送中心：推动流通创新的趋势》；上海交通大学出版社出版的《物流现代化》；清华大学出版社出版的《现代生产物流及仿真》以及人民交通出版社出版的《高级物流学》等等。

3.发展期(2000年以后)

中国进入21世纪后，国内物流理论研究、研讨以及相关产业的规划步入深入发展时期，物流热不断升温。许多地方、部门以及企业将物流视为新的经济增长点，制定物流发展规划，采取各种措施推进物流工程。在这一历史发展阶段，相关图书的出版也随之达到了高峰期。据统计，截至2001年底，在市场上销售的物流类图书累计近140种，比过去10年增长150%，所涉及的出版机构就达近70家，比前10年增加40余家。这一期间，物流图书出版的主要特点是，除了国外学术专著引进出版、国内物流专著的出版和物流实用技术类图书出版外，还增加了物流工具书、物流运作案例以及企业、高(中)等院校的培训、教学教材的出版。主要作品有：机械工业出版社引进出版的《物流经理业务手册》、《采购与供应管理——采购手册》；中国物资出版社出版的《现代物流手册》、《物流运作案例》以及适用高等院校选用的现代物流系列教材；清华大学出版的企业物流培训教材，等等。

(二)物流图书出版的基本特点

物流图书的出版是伴随着我国社会主义市场经济体制的建立、国民经济的迅猛发展和信息技术的不断进步以及社会生产、物资流通、商品交易以及管理方式所发生的变革应运而生，且随之不断提升和进步的。纵观物流图书的发展，主要有两个特点：

1.国外图书的引进出版

从20世纪初，美国人提出物流这一概念以后，经过理论研究与实践，物流学成为20世纪50年代发展起来的一门实践性、综合性很强的交叉学科，是当代最有影响的新科学之一。它全面融汇了经济科学、技术科学和管理科学，揭示了采购、运输、存储、装卸搬运、包装、流通加工、信息处理、客户管理等物流各要素的内在联系。众所周知，管理科学形成初期，主要应用于生产领域，旨在提高劳动生产率。当生产发展到一定阶段，大规模生产、大量消费促使经济活动中的物流规模日趋庞大和复杂，物流活动的低效率、高成本成为对社会再生产发展的制约因素，由此，管理科学与技术的重心则会向流通领域转移。美国、德国、英国等国家的专家普遍认为，现代工业发达国家已从生产性社会过渡为供应性社会，经济水平的提高主要取决于物流效率，而不是生产过程本身。由此，西方一些主要发达国家的物流类图书的出版种类、数量都比较多，在我国20世纪70年代引进物流概念以后，为了学习、借鉴这些国家在物流方面的研究和实践的成果、经验，中国国内一些出版社引进出版了不少来自于美国、日本以及英国专家、学者著述的物流图书，主要有：中国物资出版社先后出版的由日本日通综合研究所编著的《物流手册》和《库存控制与物料管理》([美] Richard J.Tersine，白礼常等译)；机械工业出版社引进出版的《物流管理——供应链过程的一体化》([美]唐纳德 J.鲍尔索克斯著，林国龙等译)以及《物流经理业务手册》、《采购与供应管理——采购手册》等；引进出版的出版机构还有中信出版社、上海远东出版社、海天出版社、东北财经大学出版社等。这些图书的引进，为国内理论研究界以及实际工作者对相关知识、技术的了解、消化和研究起到了积极的帮助，也为国内物流业的发展起了促进作用。

2.国内专家、学者著述图书的出版

进入20世纪80年代以后，在学习、消化国外物流理论与实践的基础上，国内一批专家、学者在物流领域方面的研究达到了一定的水平，陆续出版了一批有较高水平的物流著作。如，20世纪80年代中期第一部物流专著《物流学及其应用》(经济科学出版社)的出版；20世纪90年代国内第一部全面介绍物流技术的专著《实用物流技术》和机械工业出版社出版的《供应链管理》，受到物流界的广泛关注和物流工作者的欢迎。此外，中国经济出版社、中国商业出版社、天津大学出版社、广东经济出版社、上海远东出版社、经济科学出版社、复旦大学出版社、大连理工大学出版社和华中科技大学出版社等也陆续出版了国内学者著述的一些物流图书。

(三)2001年物流图书出版综述

2001年的中国，被国内一些专家、学者称之为物流年。在这一年里，中国第一部国家标准《物流术语》正式颁布实施；各类物流展览会、研讨会、培训班等活动层出不穷；中国加入WTO以后，物流发展以及产业的形成问题引起国内各方面的重视，由此，对物流图书出版物的需求更显得十分迫切。

1.出版品种数量聚增

据不完全统计，2000年在市场上销售的物流类图书累计近60种，所涉及的出版机构近40家。而2001年在市场上销售的物流类图书猛增至140种，比2000年增加80余种，所涉及的出版机构增加到66家。不仅是出版品种和出版机构增加，而且图书的印数、再版次数也有较大幅度的增加。

2.图书销售呈上升势头

2001年，国内经济的持续高速发展，经济市场化程度的提高和一体化进程加快，物流产业正在蓬勃兴起，逐步成为新的经济增长点，政府部门、企业以及广大读者对物流图书的需求，引起了出版机构的重视，纷纷组织策划相关选题，组织出版相关图书。同时，也引起了图书销货商的浓厚兴趣，在一些沿海城市、开放城市和中心城市的书店中，物流图书在经济管理类图书中的销售量达到了相当的数量，增长幅度加快。据从全国近百家大中型书店销售情况测算，2001年物流类图书的销售码洋比2000年增长105%；一些图书在书店当天销售数量已经进入排行榜的前三名。

3.图书出版向高水准方向发展

(1) 物流教材的出版

进入21世纪后，国内一些地区和企业将物流作为本地区经济发展和提升企业核心竞争力的重要手段，把现代物流理念，先进的物流管理及技术和现代经营模式引入制定地区经济建设的政策措施和企业之中。但是，国内的物流人才严重匮乏。表现在缺少把生产与流通企业改造成现代物流企业与加强物流管理的人才，城市规化物流系统的人才，第三方物流企业所需要能提出解决方案、物流运作的人才等。加快培养和建设与之相适应的综合性人才队伍是当务之急。而人才的培养离不开培训、教学，培训与教学离不开教材。我国在物流教育方面还非常落后，物流专业设置滞后，物流教材缺乏系统性，尚未建立一个完整的物流专业的教材体系。2001年，中国物流与采购联合会成立伊始，就着手物流学科和教材建设，成立了现代物流系列教材编审委员会，审定并由中国物资出版社出版了适用于高等院校的物流教材，如，《物流管理基础》、《物流企业财务会计》、《企业物流》、《生产企业供应管理》、《采购管理与库存控制》、《物流中心设计与运作》和《物流机械设备的运用与管理》等；此外，清华大学出版社、人民交通出版社还分别组织出版了企业物流培训教材和高等职业技术院校适用的物流教材。

(2) 指导物流运作图书的出版

现代物流是将交通运输、仓储、包装、装卸、流通加工、整理、信息等方面有机整合，从而形成完整的供应链，为用户提供多功能、一体化的综合服务。我国物流起步较晚，一些物流理论、技术上尚未普及，为宣传和普及现代物流的新概念、新技术等，出版指导性强、可操作性强、实用性强的图书是十分必要的。中国物资出版社在2001年推出的“21世纪现代物流实用丛书”，即：《现代物流——新的经济增长点》、《现代物流活动绩效分析》、《现代物流技术与装备实务》、《一体化的供应链——战略、设计与管理》、《高效率配送中心的设计与经营》和《现代物流手册》以及《物流运作案例》等书籍，中国经济出版社出版的《企业物流内控精要》等书籍，中山大学出版社出版的物流图书，均受到读者的欢迎。

(3) 物流普及读物以及工具书的出版

为满足市场和读者的需要，2001年，一些出版社组织出版了普及类图书以及工具书。如，海天出版社的《物流入门》；中国物资出版社的《现代物流手册》；机械工业出版社的《物流经理业务手册》、《采购与供应管理——采购手册》等。

(4) 物流专著的出版

2001年，国内一些出版社组织出版了由国内学者著述的物流专著，如，中国物资出版社出版的《物流配送车辆调度理论与方法》和《顾客服务——一体化供应链的营销与管理》；中国审计出版社出版的《物流系统论》；机械工业出版社出版的《供应链管理》；复旦大学出版社出版的《物流和供应链管理》；天津大学出版社出版的《物流工程》、湖南人民出版社出版的《现代企业物流运作管理》以及中山大学出版社出版的“现代物流管理丛书”，等等。

二、杂志

改革开放以来，杂志已成为宣传物流知识、传播物流技术，反映物流理论研究最新成果的一种直接的交流方式。主要有：中国物流与采购联合会会刊《中国物资流通》(现更名为《中国物流与采购》)、湖北物资流通技术研究所的《物流技术》、北京科技大学的《物流技术与应用》、北京物资学院的《中国流通经济》以及《市场周刊新物资》、《中国航务周刊》、《北京物资流通》、《集装箱化》、《起重运输机械》、《中国交通信息产业》、《公路》、《水路运输文摘》、《港口装卸》、《条码与信息系统》、《军队物资》、《综合运输》、《铁道物资科学管理》、《信息与电脑》等。

三、报纸

目前，国内尚没有物流方面的专门报纸，主要是一些经济类报纸通过开辟物流专栏或专刊等形式传播、交流物流方面的政策、新闻、学术论文和经济活动状况等。主要有:《中国交通报》、《中国经营报》、《国际商报》、《资产新闻报》、《物资信息报》、《经济日报》、《中国商报》、《国际经贸消息》、《中国包装报》、《中国传播报》、《中国电子报》、《中国国门时报》、《中国邮政报》等。

（特约撰稿：中国物资出版社社长　谢德华）

物流相关媒体简介

期刊类：

《中国物流与采购》（半月刊）

《中国物流与采购》由中国物流与采购联合会、中国物资流通学会主办，是集权威性、新闻性、学术性、实用性和可读性为一体的综合物流类刊物。杂志的宗旨是“展示物流成果与技术的主导期刊，传播商品流通与采购的信息平台。”

杂志面向当今最具利润潜力的物流与商品采购领域。

杂志创刊20多年来深受广大读者欢迎，多次被权威机构评为中国经济类核心期刊。

杂志为国内外公开发行，国际标准大16开本，每月2日、16日出版。

2003年主要栏目：

综合类栏目：政策要闻、权威论坛、焦点释疑、人物专访、营销谋略、投资参谋、成功企业案例剖析等。

物流类栏目：物流新闻、现代物流、物流人物、生产企业物流、技术与应用、IT物流、储运时讯、物流黄页、域外物流、物流文摘等。

采购类栏目：政府采购、招标采购、企业采购、军队采购、采购指南等。

物资类栏目：市场快评、市场资讯、供求信息、价格动态等。

邮发代号：82–387

每期定价：8元

全年定价：192元

电　话：010–68391393 68392136

邮　编：100834

国内统一刊号：CN11–4812/F

国际标准刊号：ISSN1671–6663

社　址：北京市西城区月坛北街25号

《物流技术与应用》

《物流技术与应用》是一本面向国内外公开发行，以“让世界物流了解中国，让中国物流走向世界”为办刊宗旨的专业物流名刊。杂志以实用技术与应用案例报道为主，关注电子商务与物流配送热点，涵盖了物流业的管理、技术、应用、信息等各个方面。读者群遍布工业、物资、商业、公路、铁路、航运、港口、航空、粮油食品、烟草、电子、医药、邮政以及学术和政府部门等，发行量大，覆盖面广，在美国、日本、德国、澳大利亚和加拿大、香港等地设有办事处，与《物流技术与战略》和日本《Material Flow》互动齐名，为企业及其产品提供优势的宣传平台。

刊物由北京科技大学创办，一直得到中国机械工程学会、中国物资流通学会、中国物流发展促进会筹委会、日本流通研究社等单位大力支持。

《现代物流》

《现代物流》（双月刊）由香港讯通出版有限公司出版，并通过中国图书出口（集团）总公司在内地发行，以宣传物流技术、物流产业和物流企业为宗旨，背靠港沪两大城市，面向全国，以引进国外先进科技、推进科技交流、传播科技信息和推动中国物流业和物流技术的发展为办刊方针。目前设置的栏目有专家特稿、专题特辑、热点综述、开发研究、企业物流、目光内外、新技术传真、展会档案、学术活动、企业风采、市场点击、物流黄页，供广大业内人士选读。

刊物主要栏目：

1.介绍物流新产品、物流公司营销、服务信息和产品信息；

2.报道物流公司的运作方式、营销服务内容和有关企业物流技术和系统研究应用情况："第三方物流"、"企业物流"栏目；

3.综述报道物流技术和产品的发展趋势和近期物流技术和产品开发研究成果："热点综述"、"开发研究"栏目；

4.推荐介绍物流企业生产和发展情况："企业风采"栏目；

5.定向报道著名物流专家新的理论和观点："专家特稿"栏目；

6.根据物流市场不同时期的市场需求增设不同的栏目。

《物流技术》

《物流技术》是原国家内贸局主管，中国物资流通学会物流技术经济委员会、物资流通技术研究所主办，国内外公开发行的科技期刊，创刊于1981年。旨在推广先进物流技术与设备，开展物流理论研究，交流国内成功经验，传递国际物流信息，为大市场、大流通、高效益服务。

《物流技术》着重报道生产经营和流通领域中各类物料的包装、运输、储存、保管、装卸搬运、流通加工、计量传递以及连锁、配送、信息传递等技术装备。

《物流技术》面向流通企业、交通运输、口岸码头、物资、商业、储运、粮食、大专院校、科研院所、生产（经营）企业物流部门以及各物流设备生产厂家等。

《物流技术》杂志是全国物流行业核心期刊，1996年荣获国内贸易部优秀科技期刊二等奖，1997年荣获第二届全国优秀科技期刊三等奖，2000年又获宝供物流促进奖。是我国物流领域第一份与国外同行对等交流的刊物。

《中国远洋航务公告》

《中国远洋航务公告》杂志，系中华人民共和国新闻出版署批准、中华人民共和国交通部主管、中国远洋运输（集团）总公司主办的航运物流经贸月刊。

《中国远洋航务公告》创刊于1995年1月。办刊宗旨是"立足中国航运，面向国际物流，广交四海朋友，服务八方客商"。设置船东透视、物流攻略、港口博览、货主聚焦、货代天地、环球航贸（英文栏目）、经济视点、电子商务、空运视窗、律师点评、航务公告等10余个栏目，刊登航运、物流和港口的各类船期公告，瞄准航运市场热点，及时准确地提供物流运输、经贸、运价等方面的业务资讯。并为海内外航运、物流、经贸企业提供优良的广告服务，发布外商来华广告，组织文化交流活动，进行经济信息咨询。

《物 流》

《物流》是集现代运输、仓储、保管、搬运、包装、产品流通加工及物流信息于一体的综合性刊物，是沟通原料供应商、生产厂商、批发商、零售商、物流公司及最终用户的桥梁，实现商品从生产到消费的各个流通环节有机地相结合，并使之成为一个整体，准确、及时、高效反馈物流信息，加强货主与承运商互相了解、交流与合作，以最低物流成本向顾客提供优质、高效的物流服务的，达到提高物流经济效益的目的。

随着市场竞争日趋激烈，运输业面临新挑战，综合物流服务成为未来发展方向。由于传统运输业弊端日益突出，导致运输行业空载现象严重。对于生产加工企业为提高企业的经济效益，节约运输、储存等物流费用来达到产品的竞争优势，已成为当今企业发展方向。怎样才能提高运输业的经济效益，让其有货物运输；以及怎样让货主找到满意的物流商，"提供最新物流资讯，创造企业第三利润泉"成为《物流》杂志的宗旨。

《中国航务周刊》

《中国航务周刊》是国家计委主管、中国交通运输协会主办的权威性货运信息周刊，创刊于1993年。在国家计委、国家经贸委、交通部、外经贸部、海关总署等有关部委的大力支持下，经过近8年的发展，以信息的实用性、可读性、及时性、权威性赢得货主、航商的广泛赞誉，成为中国乃至亚洲区内举足轻重的航运专业媒体。

《中国航务周刊》每期报道国内外最新航运政策法规、航运动态，海、陆、空货运行情和物流发展趋势，全面提供中国沿海港口直航世界各港船期公告及二程船期公告，展示各类货物承运商的业务专长及实力。《现代物流周刊》设有物流信息、企业动态、海关速递、广开言路、热点追踪、政策法规、专家讲坛、工作研究、专家答疑、IT与物流、两极对话、货代长廊、货运市场、托运门道等栏目。

《海运版》特色栏目设有眼观六路、航贸消息、价格与收费、月评速递、政府公告、龙虎榜、港口风采、航运市场、环球航运、科海前沿、业务讲座等。

《商务专号》特色栏目设有市场快报，航贸信息快递、航贸人才专版、海商海事广场、中国航贸企业指南等。

《北京物资流通》

《北京物资流通》是北京市物资流通协会会刊，是该协会1994年底组建时在原北京物资经济学会会刊《北京物资经济》的基础上改创的。《北京物资流通》全年4期，每季一期。《北京物资流通》每期约8万字，栏目设置有：流通探讨、协会物流、工作研究、流通实践、热点透视、现代物流、市场建设、民主管理、企业园地、调查报告、物资营销管理、改革论坛、茶余饭后、图片集锦等，所开辟的栏目多达40个以上。

《北京物资流通》以北京地区的物资流通企业为主要对象，从不同方面研讨物资流通理论，介绍物资企业的改革和实践经验，反映当地物资工作的现状及存在的问题，探寻搞好物资工作的对策和策略，为广大物资工作者提供研讨争鸣、各抒己见的舆论阵地，为北京市物资流通协会会员之间、企业之间以及本市物资企业与外埠物资企业进行交流与沟通发挥桥梁和纽带作用。

《北京物资流通》创办7年多来，本着“民主办会、共同参与、服务经济”的办会宗旨，发动本地区物资、建材、煤炭和成套等“几大家”物资部门共同出刊，既调动了各方面的积极性，又丰富了刊物内容。另外，从栏目设置、封面制作、内容安排、版式、图片、印刷等方面不断提高刊物的质量及品味，成为北京物资系统及外埠物资部门的读者所喜闻乐见的读物。

《中外物流快讯》

《中外物流快讯》是由中国物流与采购联合会中国市场杂志社主办的，由中国经济规律研究会国际物流交流中心、北京捷通时代文化交流中心承办的周刊杂志。该刊的定位读者是广大物流企业、相关产业及研究机构、大专院校等；该刊的办刊宗旨是“中外物流资讯汇萃，业界信息交流平台”。作为物流行业资讯传播最快，信息包含较全面且又集中的综合类物流杂志，该刊设有以下特色栏目：领导谈物流、政策要闻、专家论坛、信息快递、研究与探讨、企业风采、物流英才、WTO与物流、国外物流动态、国际交流、统计资料、经营纵横、案例精选、总经理论坛、市场调研、业内合作、专家与研究机构、软件与解决方案、物流课堂、供应链管理、技术与装备、经理交流园地、现代采购、交通运输综合信息、邮政动态等。

《中外物流快讯》的特点：

1.信息量大。集多种各类媒体、机构发布及企业提供的物流相关资讯为一身，资料、信息采集范围广，容量大。将国内物流相关机构、主要媒体及国外媒体有关物流的最新的报道、专文与各种信息汇集起来，分类编排，为读者提供极为丰富的“物流信息套餐”，为企业物流决策及物流市场调研提供可靠而丰富的动态资讯。

2.时效性强。建立高效快捷的物流信息平台，快速发布企业物流资源调配、供求协作等方面的最新信息，使物流企业与货主企业，物流企业内部，物流设备、技术、服务供应商与广大物流企业、货主企业之间的信息渠道达到最大限度的畅通，为企业拓展业务、扩大合作充当有力的帮手。

3.权威性强。中国物流与采购联合会、中国经济规律研究会等权威机构指导办刊，由国内多所大学的物流研究部门作支持单位，由联合会、研究会、研究机构的专家担任顾问，把该刊办成业内人士普遍欢迎的权威信息交流刊物。

《电子商务技术》

《电子商务技术》杂志于2001年3月正式创刊，它是我国第一本面对企业电子商务应用技术的杂志，旨在引导读者准确把握电子商务理念，推动企业电子信息化进程，加速我国企业电子商务的发展。

该刊由我国新闻出版事业的最高管理机关——国务院新闻出版署直接主管，由直属的中国印刷科学技术研究所主办，依托于具有40多年历史、每月发行量达3万册的《印刷技术》杂志的技术支持和发行渠道、全面引进该所出版发行多种杂志的先进管理方式和美工设计等成功经验，使《电子商务技术》杂志茁壮成长。

该刊宗旨是广泛介绍电子商务知识及其技术发展趋势，探讨电子商务有关的基础设施的建设和法规制度的建立健全，大力宣传电子商务有关的新技术、新产品、新方案及其成功经验，在读者和技术开发商、产品供应商之间架设沟通的桥梁，促进电子商务相关产业的繁荣与发展。引导企业加强信息化管理，普及电子商务知识，整合追踪电子商务资源，促进电子商务应用技术交流，加速国民经济信息化的进程，跨越数字鸿沟，赶超世界先进水平。

《市场与电脑》

《市场与电脑》是中国计算机用户协会主办、信息产业部计算机与微电子发展研究中心(CCID报业集团)承办的国家一级科技期刊。

杂志1995年创刊，是流通领域颇具影响力的杂志，在商品流通业名列前茅。

《市场与电脑》杂志所涉及的内容包括电子商务（B2B及B2C）、客户关系管理（CRM）、供应链管理、现代物流管理、企业资源管理（ERP）、商业流通领域信息化、商业自动化设备等等。

《市场与电脑》杂志的宗旨是将先进的理念、模式、技术方法和产品介绍给商品流通领域企业的CEO和CIO，促进传统粗放型经营向现代化集约经营转变，以适应互联网时代的挑战，引导流通领域企业的信息化建设。刊物所涉及的内容包括电子商务（B2B及B2C）、客户关系管理(CRM)、供应链管理、企业资源管理（ERP)、商业流通领域信息化、商业自动化设备等等。

《国际贸易》

《国际贸易》杂志（中文版）于1982年创刊，系中国对外贸易经济合作部属下第一本国内外公开发行的国际经济贸易专业刊物。

《国际贸易》杂志被世贸组织、联合国国际贸易中心图书馆、国际货币基金、世界银行、美国国会图书馆等国际组织及知名机构所订阅和收藏，是国内外经贸界公认的中国商务财经类期刊中权威的专业杂志。

该刊宗旨是研究中国对外经贸，促进国际贸易发展。

栏目设置：

“封面文章”，每期隆重推出一组主题文章，重点关注中国及国际贸易热点问题。

“中国贸易”，探讨我们对外贸易与经济合作重大问题。

“贸易关系”，评述我们同各国及国际组织之间的双边与多边关系。

“国际商务”，剖析国际商务理论与运作实务。

“市场”，透视国际商品市场与国别商品贸易。

“投资”，分析我国吸收外资和对外投资政策法规及投资市场。

“金融”，研究国际融资市场变异趋势。

“法律”，解析国际贸易与经济合作适用的法律法规及案例。

《集装箱化》

《集装箱化》系交通部主管、上海海运学院

主办，我国唯一向国内外公开发行的集装箱运输专业杂志。创刊于1990年。读者群覆盖海运、河运、港站码头和仓储堆场、铁路和公路运输企业，贸易、进出口公司、货运代理、船务代理、理货、检验检疫，以及租箱、集装箱工业、集装箱设备与装卸机械制造等物流技术和物流管理领域的部门、单位和个人。

《集装箱化》注重理论性、应用性和服务性，注重市场导向和管理经验的报道，于第一时间反映集装箱运输事业发展及先进技术和管理知识。具有可阅性、指导性和权威性。内容涵盖集装箱化综述、热点议论、科技动态、现代物流、国际多式联运、海路、铁路、航空集装箱运输、班轮航线、港站码头、箱运实务、货运代理、经营管理、政策法规、通关与检验检疫、市场评析、运价收费、保险理赔、知识园地、信息集锦。

《起重运输机械》

《起重运输机械》是我国物料搬运行业创刊较早的期刊，经历了几代办刊人员的努力，在本行业中的知名度很高，已成为深受我国物料搬运行业科技人员和生产第一线技术工人欢迎、在国际物料搬运行业也有很重要影响的专业技术性期刊。从1992年起，该刊与台湾起重机协会主办的《起重月刊》建立了互换期刊的关系。经其认可，自1994年开始，《起重月刊》每期均转载该刊的1～2篇文章，以充实其内容。1996年，该刊编辑部开始与《Crans Today》（今日起重机）、《Industrial Handling & Storage》（工业搬运和仓储）、《Cargo Systems》（港口货物系统）、《Morden Material Handling》（现代物料搬运）等国外物料搬运工业的著名专业杂志建立了联系，并互赠期刊，目的是对外扩大宣传，同时也及时了解、追踪国际上起重运输机械行业发展动向，以使该刊在指导内容上能紧跟新技术的发展。

《信息与电脑》

《信息与电脑》是我国第一本全力推动流通信息化的月刊，着重介绍信息技术在商贸领域的应用和网络营销实务。由北京电子信息集团主办，全国电子信息系统推广办公室为支持单位。国内外公开发行。

自1993年以来，该刊报道了零售业、批发业、物流配送业与旅游餐饮业等行业以及商业连锁经营中与信息技术相关的重大变革、政府有关方针政策；介绍了国内外最新商用电子信息产品及相关网络技术、系统集成技术和计算机系统在商贸界的应用动态及趋势；用户实用探索的得失；专家的意见和建议及开发商开拓市场的经验等。

求新务实是该刊的一贯刊风，注重新闻性、知识性和可操作性是该刊内容的特点。目前，该刊已成为商贸流通业经营决策者、信息管理人员及开发商、集成商、代理商们必备的一本实用手册。

《中国交通信息产业》

《中国交通信息产业》杂志是由交通部主管、中国公路学会主办的面向全国公路、城市交通及水运海事系统的权威期刊。主要内容为计算机技术、网络技术、电子技术及通信技术、物流技术在交通信息化建设中的应用。重点宣传交通信息产业发展政策，引导交通信息产业发展方向，推广信息产业新技术、新产品，交流信息产业应用及管理经验，发布交通信息产业供求信息。

《中国交通信息产业》杂志设高速走廊、现代物流、蓝色电波、城市红路灯、e交通五大板块。内容涉及高速公路通信、监控及收费系统的建设和管理；物流信息化建设；水运及海事信息化建设、城市交通规划、交通控制、停车及安全系统建设；交通领域的软件开发及网络建设等。文章具有技术前沿、贴近市场、传递信息、提供服务等特点。

《中国交通信息产业》将产业政策、技术研究与市场需求有机结合起来，是交通主管部门的决策参考，业内用户的支持，科研院所的信息渠道，产品供应商的市场指南和宣传窗口。

《公 路》

《公路》杂志（月刊）于1956年创刊，是中国公路行业出版最早的中央级科学技术类期刊，由中华人民共和国交通部主管，中交公路规划设计院主办。

《公路》杂志办刊方针是：宣传公路行业的科技方针、政策、法规；交流和推广国内、外公路建设的先进技术与成功经验；报道本专业及相关学科的新理论、新技术、新材料、新方法，为提高公路行业的技术和管理水平，推动我国公路交通现代化建设服务。

《公路》杂志内容以实用技术为主，兼顾政策、理论和科学实验。主要服务对象是：从事公路工程勘察、设计、施工、科研、养护、监理、管理等的技术和管理人员，大中专院校师生，市政、铁路、林业、水利、机场、地质、煤矿、石油等部门的科技工作者。

《公路》杂志设置的主要栏目有：道路、桥梁、综合、隧道、养护管理、标准规范、材料、机具、计算机应用等。

《公路》杂志1992年6月以来被评为交通部优秀期刊；1992年9月出版的《中文核心期刊要目总览》把《公路》杂志定为公路运输类核心期刊；在"1978——1993年中国报刊业发展成就博览会"上被评为优秀参展期刊；1996年获第二届全国优秀科技期刊三等奖。

《交通与计算机》

《交通与计算机》杂志创刊于1983年，现被列为国家科技论文统计用刊、中国学术期刊综合评价数据库来源期刊和中国科学引文数据库来源期刊，是国内唯一一本系统介绍交通行业有关计算机应用的方针、政策及计算机应用的科研成果和经验的期刊，是交通部优秀科技期刊。主要刊载有关计算机应用于交通行业的港航企业、公路运输、水运工程等相关专业的学术论文，以及生产、科研、教学等方面的研究成果与经验总结；适当介绍国内外有关计算机应用的新技术、新成果。面向计算机工作者、科技人员、院校师生及交通行业各部门领导、管理人员。

《水路运输文摘》

《水路运输文摘》创刊于1964年，由交通部主管、交通部科学研究院主办，是国内外公开发行的唯一一本检索中国水路运输文献的科技月刊。该刊信息量大、具有实用性、系统性、导向性和创新性。

信息部分主要栏目有政策法规、港口动态、航运快讯、船舶工业、船舶市场、船舶技术、综合物流等；科技检索部分设置运输经济、航道工程、港口工程、船舶工程、水路运输、环境保护等栏目。

《交通标准化》

《交通标准化》杂志是国家科委、国家新闻出版署批准的，由交通部主管、交通部科学研究院主办的中央级期刊，系交通系统唯一涉及标准、计量和质量且国内、国外公开发行的综合性专业化刊物。

该刊主要栏目：政策与法规、标准化工作、计量工作、质量论坛、行业管理、技术交流、标准通报、标准书苑、信息荟萃以及广告等栏目。

其主要宗旨是：

1.宣传贯彻国家有关标准化、计量、质量等方面的方针、政策和技术法规；

2.介绍国家和交通行业标准的详细内容、制定依据及贯彻实施的途径；

3.介绍公路工程、水运工程、汽车、船舶、装卸机械、工程机械、导航助航设备、救捞装备等管、用、养、修新技术、新工艺、新测试手段；

4.提供国内外交通标准化、计量、质量方面的最新信息及资料等。

《包装工程》

《包装工程》杂志1980年创刊，是国内外公开发行的全国印刷包装技术领域权威性科技期刊。

该刊的办刊宗旨是以科技进步推动产业发展。

《包装工程》杂志立足于对全行业服务，是全新包装理念、印刷包装高水平学术理论、最新应用技术、高新技术成果以及国内外行业最新动态的一个理想传播渠道和交流中心。

《包装工程》主要分科技专论和信息两大部分。科技专论又分为综述、印刷与包装机械、理论与实验研究、包装材料与辅料、包装设计与创意、包装装潢与平面广告设计、商品包装、包装自动化、包装与环保、包装教育、包装论坛等诸多栏目，着重报道新的包装理念、印刷包装学术理论、包装新技术、新设备、新材料、新工艺等。信息版块分为专利看台、行业视点，信息天地、包装标准及规范、国际包装动态等栏目，主要报道包装产品的专利技术、国内外包装科技新的发展动态、行业发展新动向等内容。该刊信息量大，内容丰富翔实，是包装印刷及相关行业从事科研、设计、制造、生产、管理、信息和教育等工作人员的必备读物。

《港口装卸》

《港口装卸》是由武汉理工大学主办，公开发行的科技刊物。该刊办刊方针是提高与普及相结合，海河港口、大中小港口兼顾，面向生产实际，致力于港口的技术进步，促进货物装卸的现代化，为经济建设服务，为发展社会生产力服务。

《港口装卸》开设的专栏有港口机械、装卸工艺、港口管理、环境保护、产品介绍、装卸工具等。

《港口装卸》的读者群为港口、车站、矿山、电厂、造船厂、货物装卸、储运公司、港口机电设备及其配套件制造厂以及有关的设计院、科研所、大专院校等单位的科技人员、管理干部和师生。该刊是中国中文核心期刊，交通部及湖北省优秀科技期刊。

《航运交易公报》

《航运交易公报》是交通部主管、上海航运交易所主办的面向海内外公开发行的国际航运及物流业的核心期刊，亦是中国交通部和上海国际航运中心对外发布信息的主要专业媒体。自创刊以来，在交通部、国家经贸委、外经贸部、海关总署等部委的大力支持下，依托上海国际航运中心，以信息的及时性、权威性、实用性赢得航贸及相关企业的广泛赞誉，目前影响已遍及全国各地以及东南亚、欧洲、美洲等地区。

《航运交易公报》每期报道国内外最新航运、物流专家撰写的市场评述、走势预测和政策诠释。

《华东公路》

《华东公路》1978 年创刊，为华东地区公路科技情报网网刊。由安徽省交通厅主办，国内外公开发行的技术类科技期刊。

《华东公路》办刊方针：以理论为指导，注重实践，以实用技术为主；着重介绍道路（含机场跑道）、桥梁、隧道、材料、交通工程、养护管理等方面的新成果；及时报道国内外公路建设与管理的先进技术和成功经验，为发展公路事业，加快公路交通现代化建设服务。

《华东公路》主要栏目有公路、桥梁、隧道、材料、机具、养护管理、微机应用等。

《华东公路》服务对象为从事公路工程勘察、设计、施工、科研、养护、监理等工作的技术管理人员；城建、市政、机场、地矿、煤炭等部门的科研人员及相关专业的大中专院校师生。

《华东公路》1998 年获安徽省优秀科技期刊奖，2001 年获中国期刊方阵双效期刊奖。

《机器人技术与应用》

《机器人技术与应用》杂志是由国家 863 计划智能机器人专家组和北方科技信息研究所共同主办，国内公开发行的科技刊物，在自动化领域享有较高的声誉。该刊主要报导工业自动化和机器人领域内的理论、技术与应用等方面的最新进展情况，涵盖面广，集知识性与趣味性于一体，读者群为机械、航天航空及相关行业的广大管理人员、技术人员、销售人员和院校师生。

《交通世界》

《交通世界》创刊于1994年，由中华人民共和国交通部主管，交通部科学研究院主办，面向国内外公开发行的中央级期刊。其凭借丰富多彩的内容、精美考究的印刷，成为交通系统权威的杂志。

《交通世界》针对交通建设，除及时、准确、全面地传递最新、最权威的国际工程机械资讯外，还将大幅度地增加道路工程和智能交通等行业内容，使之成为中国交通行业目前唯一一本权威的综合性全彩、高档杂志。

《交通世界》读者为机械车辆、建筑施工、道路交通、港口水运、综合运输等行业的各级领导、企业经理人和专家学者以及社会相关人。

《物流世界》

《物流世界》是由"对外经济贸易大学大田物流研究中心"主办的面向全国的业内交流期刊，其读者群集中于国内跨国公司、各大知名企业、外贸企业、与物流相关的企业及国内有关物流研究机构。该刊于2001年9月出版创刊号，目前暂定为季刊。该刊内设"政策风标"、"专家论坛"、"务实分析"、"理论广角"等栏目。

《全国商情·商业经理人》

《全国商情·商业经理人》主要报道商业企业经理人改革创新经营管理之道和电子技术在商业中的应用。以通俗易懂、图文并茂的形式介绍国内外最新商用电子信息产品、相关的系统集成技术和网络技术；积极反映行业专家的分析和述评，企业经营的热点和难点，IT行业开拓的商业信息市场；特别介绍电子商务方面的知识和进展。求实创新是该刊的刊风。知识性、科学性、新闻性、实用性是该刊的灵魂。为决策者服务，替信息技术人员着想，帮经营者策划，给消费者引路是该刊义不容辞的责任和义务。

《商场现代化》

《商场现代化》由中国商业联合会主管，中商科学技术信息研究所主办，服务于零售商业企业的中央级刊物。《商场现代化》是零售商业企业与产业界、消费者沟通的桥梁，是零售商业企业与海内外同行沟通的桥梁。《商场现代化》的主要栏目有：政策法规、专论综述、商场设施、购物环境、电脑应用、电子商务、超市连锁、物流配送、经理论坛、店员之友、安全防范、海外商场等。《商场现代化》以其丰富、实用的内容竭力促进零售商业企业现代化，是零售商业工作者及相关人员的益友，也是致力于推进商场现代化的厂商宣传、推广自己产品和技术的不可多得的有效媒体。

《条码与信息系统》

《条码与信息系统》创刊于1993年，是由国家质量监督检验检疫总局主管，中国物品编码中心（国际物品编码协会成员）主办，中国条码技术应用协会协办的技术性期刊，并兼有综合科技期刊的特征。该刊以最快的速度发布国家有关条码技术方面的法律、法规、方针、政策，以及国内外条码技术方面的法律、法规、方针、政策，刊登条码等自动识别技术的基础知识、科技论文和应用范例，探讨供应链管理、快速客户响应等最新管理理念及其支持技术；跟踪国际通行的物品、服务和位置的识别系统的发展。目前重点推广介绍商品条码、物流条码、二维条码及射频技术及应用系统。它是从事自动识别技术研究、开发、应用及教学的人员和商业、物流管理自动化、条码印刷企业及商品条码管理人员等各行业条码技术应用者的好朋友，是实现现代化管理和选购相应条码设备的好帮手。

《中国流通经济》

《中国流通经济》（原名《中国物资》）创刊于1987年2月，是由北京物资学院主办的财经类理论刊物，现为中国市场学会会刊。

该刊旨在加强流通经济理论研究，提高物资管理水平，加速物流技术创新，促进流通体制改革，推动我国经济持续、快速向前发展。

其办刊方针是：坚持以基础理论为主，同时又注重实际管理经验的研究，突出理论性、实践性、应用性等特点，既为决策部门提供理论依据，又为工商企业提供管理经验和咨询服务，以满足不同层次读者的需求。

开设的主要栏目有：市场分析、营销管理、企业管理、经贸论坛、投资理财、现代物流、物流产业、绿色流通、采购管理、电子商务、人力资源管理等。

《综合运输》

《综合运输》由国家发展计划委员会主管，国家计委基础产业发展司和综合运输研究所共同主办，是中国唯一涵盖铁路、公路、航空、水运、管道等五种运输方式的宏观指导性期刊。其办刊宗旨是：服务交通全局，报道运输市场。

《综合运输》杂志主要栏目有：

综合评述：宏观调控、热点话题、权威言论、形势分析；

交通发展：发展规划、交通投资、基础建设、西部开发；

封面专题：全国各地综合运输发展规划与建设专题报道；

特别报道：综合报道民航、铁道、公路、水运等方面的体制改革；

现代物流：物流管理、集装箱多式联运、企业模式、平台构建；

运输市场：行业动态、市场调查、价格分析、趋势预测；

城市交通：交通规划、交通管理、综合治理、解决方案；

车界纵横：专家谈车、汽车文化、汽车市场、车坛风采；

智能交通：报道网络、电子及通信技术在业界的应用；

专业运输：粮食、钢铁、石油、煤炭等大宗货物的运输管理；

海外视窗：反映国外业界发展趋势及可借鉴的经验；

交通在线：政策动态、数字观点、运价信息、机构简介、大事记。

《中国公路学报》

《中国公路学报》是中国公路学会主办的公路交通行业最权威的学术性刊物，主要刊载道路工程、桥隧工程、交通工程、筑路机械工程、汽车与汽车运用工程、公路运输经济与工程经济等专业的应用技术及理论性文章。以论文、专著、科技成果及有价值的建议与争鸣讨论文章为主，并适当报道有关公路交通的新技术、新材料、新工艺以及国内外重大学术活动、工程建设及科技动态信息等。

《中国公路学报》的读者对象为：公路交通界的科研人员、工程技术人员、经济管理人员及大专院校的师生。

《军队物资》

《军队物资》杂志是由总后勤部物资油料部主管、军队物资经济研究中心主办的研究军队物资勤务理论与实践的专业性期刊，是全军物资系统唯一的专业性刊物，在军队物资保障工作中起着重要的理论先导和实践指导作用。

《军队物资》杂志于1987年创刊，1990年10月经国家新闻出版署批准成为国家正式期刊。

办刊宗旨：坚持四项基本原则，坚持改革开放的方针，积极开展物资勤务理论和实践的研究，促进军队物资工作改革，提高军队物资管理水平和效益。

基本任务：宣传物资工作方针政策，开展物资勤务理论研究，探索物资业务改革思路，推广物资管理工作经验，传播物资专业科技知识，交流物资流通信息，展现物资战线新人新事，报道物资教学科技成果，促进军队“三化”建设。

主要栏目：本刊特稿、改革论坛、专家论坛、理论探讨、军用物资采购、物资联勤保障、战时物资保障、外军物资保障、站库建设、管理与效益、物流技术与应用、教育训练、思想政治工作、信息化问题研究、学员学术园地、信息窗、百花园、风范谱。

发行范围：该刊印数4000册，发全军各级后勤业务主管部门、各级物资机构、物资教学单位，并与国家和地方20多个省、市、自治区的物资流通协会、物资专业院校交流。

《铁道物资科学管理》

《铁道物资科学管理》是铁道部主管，中国铁路物资总公司主办的杂志，是中国铁路物资行业唯一的一份面向国内外公开发行的科技期刊。创刊于1982年，自办发行。

办刊宗旨：坚持四项基本原则，解放思想，鼓励创新，注重理论与实践结合，普及与提高并重，紧密联系铁路物资行业的实际，探讨、传播先进物流技术和管理理论、方法、经验，宣传党和国家有关物资流通的方针政策，促进全路乃至全国物资行业现代化管理水平的不断提高。

主要内容：对国家、铁道部有关物资流通和管理方面的政策及其贯彻执行情况的宣传报道；介绍国家经济界、物流界的知名专家、学者的相关论点和文章；对新形势下铁路物资流通和管理体制分析和论证；流通经济、物资管理、物流技术、材料工程和信息技术等方面的理论和应用技术论文；铁路基层物资部门的管理经验、设想、观点等；与铁路物资和物流有关的信息和知识性短文。

订户范围覆盖全路物资行业，上至各铁路局、工程局、各总公司物资处，下至材料厂、基层站段材料室，以及路外物资行业和大专院校。作为物资流通经济与物资管理工程领域中学术研讨、实践成果推介的一个重要载体，杂志引起了铁路内外物资系统的广泛关注，成为全国物资流通领域较具特色，有一定影响力的刊物，受到了广大读者的好评。

《中国公路》

《中国公路》是由交通部主管的，面向全国公路交通行业的唯一一份国内外公开发行的大型综合性半月刊，已入选“中国期刊方阵”。

《中国公路》分新闻要闻、养护管理、建设市场、工程技术四个专题，主要栏目有：特别报道、政要纵横、建设市场、热点扫描、世界公路之窗、路政管理、风雨养路人、信息大观园、投资与融资、经营之道、政策动态、监理与监督、科技博览等。

《中国公路》的特点是权威性、指导性、知识性、趣味性。

报纸类：

《国际经贸消息》

《国际经贸消息》(ITN)创刊于1958年1月7日，由中华人民共和国对外贸易经济合作部主管，是中国经济贸易领域历史最悠久的权威性中央级产业报。《国际经贸消息》在宣传国家外经贸政策法规、报道世界经济贸易领域重大事件、跟踪国际市场行情变化等方面独树一帜，对国别经济、区域经济贸易作出全面评述，对纺织、服装、机电设备、通信设备、汽车、粮油、食品、土畜、轻工、电子、工艺、医保、五矿、化工、建材、海运、空运、陆运等市场动态作出及时的报道和权威的评析预测，对金融、保险、海关、商检、卫检、电子商务等领域的最新情况作出快速反应，进行特色点评。

该报的《物流周刊》、《贸易网导刊》、《园区经济导刊》和《汽车导刊》以杂志化深度报道方式对当前的热门领域、IT产业和电子商务热点及国际运输市场、物流产业动态进行多方位、全角度透视，是该报满足读者阅读需求的两大亮点。

《物资信息报》

《物资信息报》创刊于1985年6月，1993年经国家新闻出版署批准，正式在全国发行。是由中国物流与采购联合会指导，在全国生产资料流通领域唯一公开发行的行业大型日报。《物资信息报》坚持正确的舆论导向和办报特色，积极宣传报道党和国家的方针政策，坚持为全国不同类型的生产资料产供企业服务，为推进生产资料和物流产业发展服务。其首创的"物资分类实用信息"和"全国物资信息网"传播方式满足了读者需要，得到了社会各界的认可。该报以权威性高，实用性强，信息量大，覆盖面广等特点成为领导决策的助手和参谋，衔接供需的桥梁和纽带。

《中国交通报》

《中国交通报》创刊于1984年11月7日，是中华人民共和国交通部主管主办的唯一面向国内外交通行业及相关行业发行的全国性行业报。《中国交通报》为周五刊，每周发行对开40版。每个工作日除出版新闻版外，还轮流出版公路周刊、物流时代周刊、汽车周刊、综合运输周刊和水运周刊。物流时代周刊每周二出版，全面报道物流产业新闻，是国内权威专业物流媒体。

《中国商报》

《中国商报》原名《中国商业报》，1985年1月1日正式创刊，1989年1月1日改为现名。《中国商报》是我国流通领域权威性日报，国内外公开发行。

办报宗旨是：

立足商业、物资、粮食行业，面向整个社会商业；立足流通，面向生产和消费；立足市场，面向整个国民经济各行各业；立足基层，面向各层次读者。

重点刊登国家对流通领域的方针、政策，不断开辟各类经济报道的新栏目，并展现生产、经营、投资、消费等方面的最新动态，传播商品供求信息，提供产销预测情况。

《国际商报》

《国际商报》是中国对外贸易经济合作部的机关报，也是全国外经贸行业唯一的权威性日报。

《国际商报》内设"重新新闻"、"货物贸易"、"服务贸易"、"展览经济"、"产业经济"、"地方经济"、"电子商务"、"创业舞台"等栏目。同时，还轮流出版"国际会展周刊"、"商务周刊"、"口岸物流周刊"、"世贸周刊"、"中国贸易指南周刊"、"商务旅游周刊"、"中国外资周刊"等。

《国际商报》创刊10年来，已发展发展成为一家独具特色，在国内颇具影响的全国性外经贸报纸。

《中国包装报》

《中国包装报》是全国包装行业唯一的国内外公开发行的国家级行业报，是为包装原材料、包装制品、包装印刷、包装机械等生产企业和包装科研、包装教育等事业单位传播政治、经济、科技、文化信息的重要媒介。

《中国包装报》主要宣传国家有关包装行业的政策和法规，报道我国包装行业的成就和发展方向，介绍包装企业在深化改革、加强管理、技术进步等方面的成功经验，推广包装新产品、新材料、新设备、新工艺，报道包装原材料的价格和市场供求信息，为各行各业的各类产品提供科学的改进包装的方法和经验。

《中国船舶报》

《中国船舶报》是中国船舶工业行业唯一的一份综合性大报。其报道内容涉及造船、航运、港口码头、船检、科研以及相关的经济贸易、金融等领域的最新信息。目前开设的实用栏目有国际船舶市场行情、二手船市场行情、经济广角、科技视点、计算机之窗、船市月评等。《中国船舶报》的读者遍及全国各造船厂、修船厂、配套厂、海军、航运部门及船务公司、船检机构、贸易公司以及海外研究、贸易、厂商机构等。

《中国电子报》

《中国电子报》是信息产业部主管的报纸，肩负着信息产业部机关报的职能，是信息产业领域最有权威的媒体之一。

《中国电子报》的读者群为国家及信息产业各级主管部门的行政管理人员；信息产业生产、科研、流通、运营等领域的管理人员、研发人员、营销人员；应用信息技术和产品的国家各部门、各行业及企事业单位的管理人员、技术人员和采购人员；关注信息产业发展的国内外各界人士及广大电子信息产品的消费者。

《中国电子报》准确宣传党和国家关于发展信息产业的方针、政策和中心工作，及时报道国内外信息产业技术、产品、市场、企业走势，深入探讨国内外信息产业发展的特点、疑点、难点、亮点等问题，以市场为导向，以客户为中心，全面覆盖信息产业从管理到营销，从微电子基础产品到整机产品，从研发到应用，从制造业到运营业完整的产业链，具有权威性、综合性、指导性和实用性。

《中国国门时报》

《中国国门时报》(前身系《中国商检报》)，由国家质量监督检验检疫总局主办，国内外公开发行，主要覆盖质量监督、检验检疫、外经贸、海关、口岸等领域，被誉为“国门第一报”。

《中国国门时报》充分发挥全国口岸系统独家新闻媒体的优势，努力做到新闻覆盖面广、信息容量大、经济报道深入、口岸特点鲜明、资讯服务准确。

《中国经济导报》

《中国经济导报》是国内外公开发行的综合性经济类报纸。它依托国家发展计划委员会及全国计划、物价部门的信息优势和网络优势，力求在国民经济和社会发展的战略、规划、总量控制、结构调整、宏观经济预测预警、投资建设、价格调控、区域经济、重要物资储备、企业经营发展等方面为全国的政府机构、企事业单位、经济学界、教学科研单位提供具有权威性、指导性、前瞻性、实用性的独家信息，力争成为联系国家宏观调控部门与微观经济主体的桥梁和纽带。

《中国邮政报》

中国邮政是由高新技术武装起来的现代化物流产业。《中国邮政报》作为中国邮政最具权威的新闻媒体，旨在及时宣传国家邮政局的各项方针政策，报道各地邮政的动态，关注邮政行业内的最新技术及其应用，介绍和交流国内外邮政改革、发展、经营、服务、技术进步等方面的做法、经验和产品；宣传邮政的新业务、新观念，辅导广大邮政职工学习掌握邮电业务技术知识。

网站类：

中国物流与采购网
(www.cflp.org.cn)

中国物流与采购网是中国物流与采购联合会的网站，由中国物流信息中心负责建设和管理，是当前我国物流与采购领域最权威、最综合的网站之一。网站是在“中国物流联盟网”的基础上发展起来的，于2002年8月正式推出。

网站特色：

1.及时。快速反映物流市场动态，尤其是来自国内、国际物流理论与实践方面的动态。

2.权威。提供专家或权威机构的物流市场分析，反映在三个方面：

一是进行热点跟踪和热点评述；

二是有统计数据，包括有关物流商品的月

度进出口数据、物流运价指数等；

三是提供高层次、高水平的专家分析报告与论文。

3.实用。突出应用案例，选择并编辑各行业现代物流改造的成功案例和物流信息化优秀案例，进行精品分析，加以宣传、推广。

4.服务。增强服务功能，新开设网上展厅、最新推荐、培训信息、信息查询等。

主要栏目：

行业资讯、工作动态、物流论坛、精品分析、培训认证、政策法规、会员专区、最新推荐、国际合作、资源集锦、科技管理、网上展厅、会展信息、资源子网等。

中国物流网

(www.china-logisticsnet.com)

中国物流网是由物流界的知名专家和学者、海外学成归国人员于1999年下半年建成的，是国内第一家综合物流门户网站。目前已经注册使用的国内及国际域名分别为：china-logisticsnet.com和56.com.cn。

中国物流网的宗旨是要做成一个面向全社会的“中性网”。

中国物流网提供：

信息服务：中国物流网以自己的信息数据库提供即时信息和信息检索；物流资料：提供以数据库为支持的图书、杂志、论文的检索和阅读；人才市场：发布物流人才的供求信息；教育研修：向会员提供网上物流研修服务；在线展会：举办专题物流展览；物流咨询：物流软件开发、系统设计、规划、科技技术、教育等方面的咨询业务；功能平台：在条件成熟时，中国物流网将向国内中、小物流企业提供供应链、分销、连锁、配送信息和操作平台。

中国物流网络

(www.chinalogistics.com.cn)

中国物流网络是在原国家国内贸易局和中国仓储协会、全国商品养护科技情报中心站、全国商业储运科技情报中心站的支持和指导下组建的。并经中国互联网络信息中心批准国家级CHINA域名。

中国物流电子商务网

(www.elogistics.com.cn)

中国物流电子商务网是在广州保税区管理委员会、广州保税区物流行业协会、广州保税区海关等有关政府部门的大力支持下，在众多合作伙伴的全力配合下，由广州保税区洪翔公司主持建立的，是向有中国业务的国际型贸易企业、国际物流企业、在中国有投资的国际生产性企业、电子商务企业提供物流供应链中国段的一站式全程服务的专业物流网站。

中国物流装备网

(www.56equip.com)

中国物流装备网以产品为主线，面向所有企业的采购者、管理者、技术人员。为国内外的物流装备、仓储设施和包装材料的制造企业提供一个网上发布环境。

该网站的特点：网站定位明确——以产品为主线发布信息。这在国内网站中不多见；市场定位明确——面向企业采购者、管理者、技术人员；独立机构——不依存于任何物流产品制造企业，完全中立。

中国物流产品网

(www.56products.com)

中国物流产品网是由行业专家主持构建的物流信息服务体系，该网的宗旨是：“以网造势、筑巢引凤、方便用户、服务企业，为物流咨询、设计、采购者提供一站式服务”。

中国物流产品网具有以下特色：

1.综合性：具有完整的、系统的物流产品和物流企业信息；

2.专业性：采用科学、规范的产品分类和快捷的检索方法；

3.服务性：以物流产品和物流企业为主，同时设有系统案例、行业动态、标准法规等服务栏目和互动交流栏目；

4.公正性：作为第三方，本身不生产、不经营、不代理任何企业的产品；

5.开放性：免费向全部客户开放；

6.实用性：网页图文并茂、清楚易明；追求实用、可操作。

中国物流在线

(www.chinatdonline.com)

中国物流在线是vertnfo.com的子网站之一，是面向物流行业包括：仓储设备，物流设备，流水线设备，物流自动化，行业资源等的垂直性网站，栏目设置包括行业新闻、科技动态、商业机会、产品展示及企业检索等。该网站的服务宗旨：

Vertical：垂直型网站。服务于专业性、行业性用户。

Valuable：为用户提供有价值的信息和服务。

Versatlle：功能多样性。以满足不同行业、不同层次客户的需要。

Voluminous：提供面向行业的最为丰富的产品、科技及商务信息。

Vitality：不断变化，适应挑战。不断追求新技术、新服务。

服务对象包括：生产型企业、采购企业、国际企业、企业管理和技术人员、企业采购和销售人员。

中国包装技术协会网

(www.cpta.org.cn)

中国包装技术协会网是中国包装技术协会于2000年建立起的专业网站，旨在利用这一网络平台，展示协会风采，宣传行业活动，推行电子政务。该网站的主要栏目设置为：协会概况、政策法规、包装标准、行业动态、热点直击、专业委员会园地、地方协会园地、企业园地、资料索引、展会信息、包装期刊、书讯、产品技术信息、供求信息。网站的服务宗旨是：通过上述栏目的内容真正成为宣传包装、服务社会的窗口，联系政府与企业的纽带，沟通企业与用户的桥梁。

航运商务网

(www.21shipping.com)

航运商务网是由上海市电子数据交换网络（EDI）中心在众多合作伙伴和风险资金的支持下成立和发展起来的专业网站，其总体目标是通过为国际经贸相关企事业单位依托互联网提供及时、全面的个性化信息增值服务，来建立业界权威的信息交流和电子商务平台。虽然该网站的运作仅有一年时间，但目前已成为中国航运界最成功的网站之一。

天运网

(www.365TT.com)

天运网是以信息网络技术和现代物流技术为一体的专业商务网站，立足传统的物流产业资源，建枢纽、筑连线、构建以深圳为窗口面向全球的现代化的一站式交通运输网；以快捷、安全、准确、优质的现代物流综合服务和电子商务实现服务，开辟中国现代交通运输产业的可持续发展道路。

新华物流网

(www.cn56net.com)

新华物流网是国内一家专业从事公路运输的信息交易网站。

新华物流网是一个全国性的物流信息网络，利用互联网加强货主与车主之间的联系。

捷利物流网

(www.jieleelogistics.com)

捷利物流网是由捷利物流有限公司推出和具体运营，以新兴的第三方物流产业为主的专业性网站。

锦程货运网

(www.jctrans.com)

锦程货运网是锦程国际货运股份有限公

司投资开发的专业国际货运网站，其目的是借助互联网技术开创企业为客户服务的新途径，进一步降低客户的运输成本，从而增强企业的综合竞争能力。锦程货运网依托自身的业务软件系统为客户提供专业的货物托运及网上货物跟踪服务，为满足客户的具体需求还推出了系列相关信息类服务频道。以专业物流资讯与实务相结合，为世界范围内的国际贸易人士提供丰富、权威的资讯信息和全方位服务。

海环国际物流网

(www.sealink-usa.com)

中国第一家专业物流资讯与实务相结合的国际性物流网——海环国际物流网，为全球范围的出口商与船公司、国际货运公司提供丰富的物流信息和全方位服务。

中国国际物流网

(www.chinafreight-gormarder.com)

中国国际物流网是在天津市对外经济贸易委员会的支持下，由中国进出口网和天津市国际货运代理协会共同主办的专业性网站。中国国际物流网的服务内容有：企业园地、政策法规、港口风貌、在线服务、船期公告、航贸信息、网络论坛等。

中国仓储物流网

(www.ec56.com)

中国仓储物流网是由易初电子技术有限公司建设的专业化物流网站，该网站发布物流行业动态、物流论文、先进物流技术及物流运作实务信息，为企业发布业务信息、交流及合作提供平台。中国仓储物流网宗旨是推动中国物流业发展。

中国物流资源网

(www.56source.com)

中国物流资源网荟萃物流专家与电子商务先行者，依托强大的网络和系统建设优势，为企业提供信息发布、企业宣传、系统建设、产品推广等服务，同时竭诚为企业提供综合性、专业化的物流服务和电子商务解决方案服务。

中国航贸网

(www.snet.com.cn)

中国航贸网是由《中国航务周刊》杂志社于1998年8月创办的航贸信息专业网站。《中国航务周刊》系中国首家公开发行的权威航贸信息刊物，与国家各运输及贸易主管部门、国内外航贸界众多企业有着广泛和密切的联系，已逐步形成业界获取航贸信息的桥梁和中心，其传递信息的权威性已受到国内外广大客户的一致好评。随着业务的迅速扩大，为让大量实时有效的信息资源得到更加合理有效的利用，应国内外广大客户的要求，中国航务周刊适时创办了“中国航贸网”。

大连口岸物流网

(www.dpn.com.cn)

大连口岸物流网充分利用大连作为口岸的区位优势，整合信息技术资源，力求成为一个开放、安全、便捷、公正的第三方物流信息服务中心和电子商务中心，推动大连口岸电子商务应用，促进大连口岸集装箱及其他货物运输业的发展，使大连向网络化、信息化的区域性乃至国际性物流中心发展。

商业物流网

(www.B2B56.com)

商业物流网是一个致力于建设物流方面电子商务信息平台和交易的专业大型网站，以丰富的内容、准确的信息、迅速的更新为客户提供综合信息、网上交易等服务。该网站目标是致力于建立中国最大的专业化物流网站，以全方位的服务为广大商家、物流公司、仓储运输企业提供最快捷的服务及广阔的发展空间。

中国物流基地联盟网
(www.base56.com.cn)

中国物流基地联盟网是由平湖物流基地独家主办的一个大型的物流专业门户网站，是与基地其它基础设施建设相匹配的基础性工程。它的开通标志着平湖物流基地“以市场信息为基础、以产品配送为主业、以现代仓储为配套、以多式联运为手段、以商品交易为依托”五位一体发展模式的全面建立和进一步完善。

其它物流相关网站：

中国物流信息网	http://www.china—56.net
中海物流网	http://www.logistics—china.com/
亚洲五金资源	http://www.asia—hardware.com/
中国行贸信息网	http://www.shippingtrade.com.cn/
复旦物流	http://www.logistics—ec.com/
伊速物流	http://www.ec—speed.com/
668 物流网	http://www.688wl.com/
亚洲物流在线	http://www.56eb.com/
中国开创物流网	http://www.china56net.com/
全国物流信息网	http://www.chinawuliu.com/
科利华中运网	http://www.2188.com/
中国地方物流联盟网	http://www.3union.com/
中国供求网	http://www.chinagq.net/
中国对外运输（集团）总公司	http://www.sinotrans.com/
海福发展（深圳）有限公司	http://www.logistics—china.com/
爱创条码数据采集系统	http://www.acctrue.com/
航运在线 —— 中国	http://www.sol—china.com/
中国工程机械商贸网	http://www.21—sun.com.cn/
湖南运输网	http://www.hntrans.com/
中国航运	http://www.shipping.com.cn/
华通储运	http://www.wahtop.com/
上海商业物流	http://www.logistics.online.sh.cn/
上海天地物流	http://www.tnt—logistics—china.com/
新系统物流	http://www.cpl.com.tw/
物流一路发	http://www.56168.com/
北京商业储运	http://www.btst.com.cn/
上海商业储运	http://www.scwt.online.sh.cn/
南昌商业储运	http://www.sc.nc.jx.cn/
深圳安必行物流顾问有限公司	http://www.alc56.net/
长沙大众柜业有限公司	http://www.csdzjd.com/

2001年国内物流展会概览

ID	展会名称	时间	地点
1	2001年成都国际铁路、高速公路工程设备、基础设施及技术展览	2001年3月1日	四川省国际展览中心
2	第四届中国国际汽车维修检测诊断设备及汽车零配件服务用品展览会	2001年3月12日至15日	北京中国国际展览中心
3	长春国际交通工程机械、路桥设备及建筑工程机械展览会	2001年3月13日至16日	长春国际展览中心
4	2001年中国国际粉体物料设备技术展览会	2001年4月3日至5日	北京全国农业展览馆
5	第三届中国国际商业设施技术展览会	2001年4月3日至5日	北京全国农业展览馆
6	第二届中国国际仓储与物流设施技术展览	2001年4月3日至5日	北京全国农业展览馆
7	2001年西部建筑、工程机械及公路配套设施展览会	2001年4月12日至15日	成都国际会议展览中心
8	2001年第二届上海国际物流展览会	2001年5月17日至19日	上海
9	2001年第四届中国(广州)国际物流展览会	2001年5月21日至24日	广州.中国出口商品交易会展览馆
10	2001物流、仓储技术与装备(重庆)展览会	2001年5月28日至31日	重庆汽车展览中心
11	2001年中国(青岛)国际物流展览会	2001年5月31日	青岛 山东国际贸易中心
12	2001天津国际物料搬运展览会	2001年6月26日至29日	天津国际展览中心
13	华南国际物流展览会	2001年8月5日至8日	深圳中国国际高新技术成果交易会展览中心
14	2001年中国上海零售业博览会	2001年8月28日至31日	上海展览中心及上海市贸易商城
15	2001年中国国际邮政技术设备展览会	2001年8月28日至9月1日	北京中国国际展览中心
16	第二届西部仓储与物流设施技术(西安)博览会	2001年9月12日至15日	西安国际展览中心
17	2001年交通运输物流仓储(太原)展览会	2001年9月18日至21日	山西省展览馆
18	中国(东莞)国际包装及塑胶工业设备博览会 中国(东莞)国际模具及金属工业设备博览会	2001年9月22日至25日	广东东莞
19	中国(国际)仓储与物流设施技术北京展览会	2001年9月26日至29日	中国国际科技会展中心
20	亚洲信息技术展览会(CeBIT Asia)	2001年10月	上海新国际博览中心
21	2001年国际条码自动识别技术展览会	2001年10月9日至12日	北京国际会议中心
22	北京国际工程机械展览与交流会	2001年10月15日至18日	北京全国农业展览馆
23	南京国际物料搬运及仓储自动化展览会	2001年10月31日至11月3日	江苏南京国际展览中心
24	2001年中国福建工程机械及专用车辆展览会	2001年11月1日至3日	福州国际会展中心
25	第三届中国超市博览会 第三届中国连锁业会议	2001年11月7日至10日	上海光大会展中心
26	中国南京工程建筑机械设备展览会暨交通建设与装备博览会之智能交通设施—仃车设备与物流展	2001年11月7日至10日	南京国际展览中心
27	中国西部商业设施—物流仓储设备与技术展览会	2001年11月8日至11日	成都国际会展中心
28	山东国际物料搬运及仓储自动化展览会	2001年11月12日至15日	山东济南会展中心
29	中国国际物流技术与运输系统展览会	2001年11月13日至16日	上海新国际展览中心
30	国际新闻、印刷、包装设备技术展览会	2001年11月20日至23日	北京全国农业展览馆
31	第六届中国国际物料搬运展览会	2001年11月21日至24日	上海光大会展中心
32	首届昆明国际商业零售业设施暨物流仓储设备展览会	2001年11月30日至12月3日	昆明国际贸易中心
33	第三届东莞国际机械及原料、塑料及包装展	2001年12月6日至9日	东莞国际会展中心

第八部分

物流相关社团组织

物流相关社团组织

中国物流与采购联合会

中国物流与采购联合会是由国务院批准设立、受国家经贸委业务指导、民政部社团登记管理的具有社团法人资格的全国性行业组织，是由全国性或省、自治区、直辖市、副省级城市物流和生产资料流通专业社团，各种经济成分的生产资料流通企业、物流企业、批发市场以及相关的科研、教学单位自愿联合组成的全国性行业组织，现有会员400多家。联合会的宗旨是：遵守中华人民共和国的宪法、法律、法规和政策，全心全意为会员及行业服务，密切社团、企业与政府间的联系，维护会员及企业的改革和发展，更好地为我国社会主义现代化建设服务。联合会的主要任务是：推动中国物流业的发展，推动政府与企业采购事业的发展，完成政府交办事项。

根据国务院关于国家经贸委管理的国家局机构改革的意见，国家国内贸易局撤销后，中国物流与采购联合会成为国家经贸委直接管理的15个综合性行业协会之一，政府授予外事、行业统计、行业标准制修订等职能，并受经贸委委托，代管26个全国性专业协会和7个事业单位。

联合会的职能和主要业务：

贯彻国家物流产业发展与生产资料流通方面的方针、政策和法规，向政府反映企业的正当愿望和合理要求，维护企业合法权益。

受政府委托，组织和实施行业调查与行业统计，向政府提出行业规划、产业政策、经济立法等建议。

开展市场调查，分析市场形势，开发信息资源，提供信息咨询。

推进本行业企业改革与产业发展，提高企业现代化管理水平。

组织经济理论与实务研究，举办各种类型的学术讨论会、报告会、促进流通经济理论水平的提高。

开展行业自律，制定行规行约，参与商品流通与物流方面国家标准和行业标准的制修订，参与行业职业技能鉴定和质量认证。

为企业培训各种专业人员，提高生产资料流通行业与物流产业的队伍素质。

协助政府加强行业法制建设，促进公开、公平、公正的市场秩序的建立，接受委托参与协调行业之间的经济、法律关系，为会员提供法律咨询服务。

组织开展各项与国外有关经济组织和物流团体的活动，促进会员发展对外贸易、经济技术、科学管理等方面的合作与交流。

组织本行业全国性和区域性商品交易活动，促进电子商务、物流配送、政府采购、连锁经营、代理制等新型营销方式的发展。

编辑出版发行会刊、年鉴、资料、出版物。

承担政府有关部门委托的工作任务。

（资料来源：中国物流与采购联合会）

中国物流学会

中国物流学会是以研究在社会主义市场经济条件下物流经济理论、物流管理科学和物流科技现代化为主要内容的全国性的非盈利性学术团体。学会是由承担物流教学、研究任务的大专院校、科研单位和社会团体、物流企业，从事物流教学、研究和管理工作的专家、学者和实际工作者自愿组成。

学会的主要任务是：

1.贯彻党和国家有关物流产业发展方面的方针、政策和法规，研究贯彻中出现的问题，向政府有关部门反映会员的正当愿望和合理要求，维护会员的合法权益；

2.组织和推动会员对我国物流理论和实践进行调查研究，向有关部门提出建议和提供咨询服务；

3.举办各种形式和各种类型的物流学术讨论会、报告会，推广交流物流先进经验，促进物流经济理论和管理技术的不断普及、提高；

4.组织协助有关地区和部门、单位，培训物流专业人才，提高物流队伍素质；

5.组织开展国际间的物流学术交流活动；

6.编辑出版有关物流书籍、资料；

7.组织物流专家、学者开展专题研究，对物流现代化设施和建设项目进行咨询服务；

8.承担政府有关部门委托的工作任务。

（资料来源：中国物流学会）

中国交通运输协会

中国交通运输协会成立于1982年，是在国家计划委员会领导下，由铁道部、交通部、邮电部、民航总局、石油天然气管道局和军事交通运输部等部门共同组织的具有法人资格的社会经济团体。中国交通运输协会拥有全国性交通运输专业协会，各省、自治区、直辖市和中心城市的地方交通运输协会团体会员52个，运输、邮电方面的企业、事业单位团体会员825个。

中国交通运输协会的宗旨是：遵循国家社会主义现代化建设方针和政策，坚持以经济建设为中心，为政府、为社会、为交通行业和企业服务；为发展中国的交通事业起参谋、咨询作用；在政府与企业之间起桥梁和纽带作用；努力促进运输、邮电事业的发展和改革，推动运输、邮电企业技术进步和现代化管理，提高运输、邮电事业的社会效益和经济效益。

（资料来源：中国交通运输协会）

中国仓储协会

中国仓储协会是经民政部批准成立的全国性行业协会，成立于1997年。1998年经外交部批准，中国仓储协会成为国际仓储与物流协会联盟正式会员。2002年协会常务副会长徐文彩同志当选国际仓联第二副主席。

中国仓储协会是由从事仓储（物流、储运，下同）的经营、管理、科学研究的单位、社会团体和与仓储业相关的单位与个人自愿组成的具有社会团体法人资格的全国性的非营利性行业组织。会员单位包括：国内商业、粮食、供销社、外贸、军队、物资部门及社会上各种所有制形式从事仓储经营业务的企业；从事仓储、物流设施设备制造与经营的企业；从事商品生产、流通的企业；从事仓储、物流科研、教学的专家、学者以及各地方仓储社团组织。目前拥有各类会员单位近200家。协会的宗旨为：坚持四项基本原则和改革开放的方针，遵守宪法、法律、法规和国家政策，遵守社会道德风尚，贯彻党和国家的方针政策，发挥协会在企业和国家主管部门之间的桥梁和纽带作用，为发展社会主义市场经济服务，为政府和企业服务，搞好行业自律，接受政府委托的行业管理事项，维护企业的合法权益，推动全行业的不断发展，为仓储、物流业的发展营造良好的外部环境。

协会自成立以来，竭诚为会员单位服务，努力做好协会的工作。2000年、2001年经国家科委批准，协会举办了两届“国际仓储与物流设施技术展览会暨国际物流管理与技术研讨会”。

（资料来源：中国仓储协会秘书处）

中国连锁经营协会

中国连锁经营协会是由连锁经营企业团体及个人自愿组成的全国性行业组织。

协会的宗旨是加强与有关部门、社会各界及相关产业的沟通与合作，为连锁企业提供全方位的服务，为连锁企业的发展营造一个良好的外部环境。

协会的主要任务是承担政府部门委托的工作，协助政府部门开展行业管理，推进连锁经营的规范化、科学化；开展连锁经营的理论研究；调查了解连锁经营管理状况，加强信息交流，指导会员单位的业务开展，为广大企业服务；向政府部门反映会员的愿望和要求，保护会员单位合法权益；开展各项社会活动，为连锁经营工作牵线搭桥，促进合作；举办各类研讨班、培训班，加强连锁经营工作者的专业培训和知识更新；沟通与国外连锁组织的联系，加强国际间的交流与合作；编辑出版有关连锁经营方面的资料和书刊。

中国连锁经营协会的会员主要由国内各大中城市的连锁企业构成，包括经营超级市场、便利店、专业店、仓储式商店、百货店等零售企业以及饭店、快餐、洗染、修理等其他类型的企业。

（资料来源：中国连锁经营协会）

中国物资储运协会

中国物资储运协会是由从事储运、贸易及生产、加工、改制、配送、货运代理等业务的企业、事业、教育、科研单位、社会团体和个人自愿组成，不以营利为目的，经中华人民共和国民政部注册、登记，具有法人资格的全国性的行业组织及社会团体。

该协会拥有180家会员单位，遍布全国各省(区)市，构成一个全国性的物流网络。其仓储面积总和约2500万平方米，其中库房面积约350万平方米；铁路专用线230条，总长20.4万米；固定式起重设备696台，移动式起重设备317台，具有较强的运输、配送能力，从业人员20000余名。

中国物资储运协会本着服务、协调、引导的工作宗旨，依照章程维护会员的合法权益，在政府和企业之间发挥桥梁和纽带作用，开展行业自律，引导行业提高管理水平、技术创新、制度创新和加强国际交流，特别是为企业体制改革和加快向现代物流企业转变以及组建行业大网络方面，发挥了积极作用。

（资料来源：中国物资储运协会）

中国电子商务协会

中国电子商务协会于2000年6月21日正式成立，是与电子商务有关的单位和个人自愿参加的全国性非盈利性社团组织，其业务主管单位为信息产业部，登记管理机关为民政部。

协会的宗旨是遵守宪法、法律、法规；贯彻执行国家有关方针政策；遵守社会道德风尚；在建设有中国特色的社会主义理论指导下，为政府服务，为会员服务；按照“公正、团结、服务”的原则开展工作，在政府和从事电子商务企事业之间发挥纽带和桥梁作用，促进中国电子商务的发展。

协会职责：

宣传贯彻国家有关的方针、政策、法规、条例；向政府有关部门提出有关发展电子商务的政策意见和建议；协助政府制（修）定有关电子商务的发展政策、法规及国家、行业标准，并推动其贯彻执行；

维护会员合法权益，反对不正当竞争，反对侵害他人知识产权，促进“行规行约”的建立和完善；

向会员及有关部门提供电子商务发展情况，市场发展趋势，经济预测等信息，做好信息咨询服务和政策、技术、产业、市场导向工作；

广泛开展电子商务学术交流；积极开展电子商务知识的普及教育和技能培训；

加强国际合作与交流，组织国内外电子商务新产品、新技术展览、展销，为企业开拓国内外市场服务；

建立中国电子商务基地，研究推广适合中国国情的电子商务新技术；

协助企事业提高产品、服务质量，积极参加有关电子商务产品、认证及质量监督活动，全心全意为用户服务；

开发信息资源，编辑出版电子商务书刊、声像资料；

完成政府或会员交由协会办理的其他事项。

（资料来源：中国电子商务协会）

中国国际货运代理协会

中国国际货运代理协会是由中国境内的国际货运代理企业自愿组成的、非营利性的、以民间形式代表中国货代行业参与国际经贸运输事务并开展国际商务往来的全国性行业组织，接受外经贸部的业务监督和民政部的行政管理。目前共有会员539家，其中理事81家，常务理事27家。2001年初被国际货运代理协会联合会FIATA接纳为正式会员。

作为联系政府与会员之间的纽带和桥梁，该协会的宗旨是：协助政府部门加强对我国国际货代行业的管理；维护国际货代业的经营秩序；推动会员企业间的横向交流与合作；依法维护本行业利益；保护会员企业的合法权益；促进对外贸易和国际货代业的发展。

协会的主要职责是：贯彻执行国家有关法律法规政策，协助政府部门加强对国际货运代理业的管理；对国内外市场情况进行调查、研究、统计、分析，为会员提供信息咨询服务，为政府制定行业发展规划和管理政策提供建议；负责制定行业自律准则，监督检查在中国境内注册的国际货运代理企业的经营行为，制止非法经营和不公平或不正当竞争；制订和推行行业统一单证和标准交易条款，建立货运代理责任保险制度；代表本行业协调与相关政府部门、货主、承运人及其国外代理等组织的关系；代表本行业参加有关国际会议，与各国和地区的同行业组织建立业务联系，促进国际间的合作和交流；组织专题研讨会；负责组织本行业业务人员资格培训，代行业主管部门颁发上岗资格证书，并举办其它形式的业务培训，以提高本行业的人员素质和经营管理水平；承担政府部门、有关团体和会员委托的工作。

（资料来源：中国国际货运代理协会）

中国包装技术协会

经国务院批准，中国包装技术协会于1980年成立。现为国家经济贸易委员会直接管理的全国性包装行业组织；是中国科学技术协会的组成部分；是由包装行业的企、事业单位和包装工作者自愿组成的经济、技术、学术团体；是中国包装行业第一家依法注册的社会团体法人。

中国包装技术协会的宗旨是：围绕国家经济建设的中心，全心全意为包装行业企、事业单位和包装工作者服务，推动包装事业的发展。它对包装行业进行全面的行业管理，起着政府宏观决策的参谋和助手作用；在政府、企业之间起桥梁和纽带作用。

协会的主要职责：

1.开展行业、地区经济发展调查研究，提出有关经济政策和立法方面的意见和建议；

2.经政府主管部门同意和授权进行行业统计，收集、分析、发布行业信息；

3.创办刊物，开展咨询；

4.组织人才、技术、职业培训；

5.组织展销会、展览会等；

6.经政府部门同意，参与质量管理和监督工作；

7.指导、帮助企业改善经营管理；

8.受委托组织科技成果鉴定和推广应用；

9.开展国内外经济技术交流与合作；

10.制定并监督执行行规行约，规范行业行为；协调同行价格争议，维护公平竞争；

11.反映会员要求，协调会员关系，维护其合法权益；

12.经政府部门授权和委托，参与制订行业规划，对行业内重大的技术改造、技术引进、投资与开发项目进行前期论证；

13.参与制定、修订国家标准和行业标准，组织贯彻实施并进行监督；

14.参与行业生产、经营许可证发放的有关工作，参与资质审查；

15.参与相关产品市场的建设；

16.发展行业和社会公益事业；

17.承担政府部门委托的其他任务。

（资料来源：中国包装技术协会）

中国铁道学会

中国铁道学会成立于1978年4月，是全国铁道科学技术工作者的学术性群众团体，具有社团法人资格，是中国科学技术协会的组成部分，受中国科协和挂靠单位铁道部党组的双重领导。

学会的宗旨是团结和组织广大铁道科技工作者，倡导献身、创新、求实、协作的科学精神，促进铁道科技事业的发展，加速中国铁路现代化的实现。

学会的主要任务：

1.开展国内学术交流，组织重点学术课题的探讨、调研和考察活动，促进科技成果转化；

2.开展民间国际学术交流，发展同国外的科学技术团体和科技工作者的友好联系与合作；

3.普及铁道科学技术知识，传播先进科学技术，推广新的科技成果；

4.开展继续教育，进行技术培训，促进知识更新；

5.开展决策咨询，提供政策建议。开展技术咨询服务、科技成果鉴定和技术标准制定等工作；

6.编辑出版学术、科普刊物以及论文集等其他学术资料；

7.开展对优秀科技人员及科技成果的表彰奖励活动，发现并推荐优秀科技人才；

8.维护科技人员的合法权益，反映会员和科技工作者的意见和呼声。

学会创办有学术性刊物《铁道学报》和科普刊物《铁道知识》。

中国铁道学会系统的各级组织为了促进铁路相关学科的发展，促进铁路行业的技术进步，开展了大量的多种多样的活动，做出了应有的贡献，多次被中国科学技术协会评为先进学会，1996年、1999年两次被国家有关部门评为“全国科普工作先进集体”。

（资料来源：中国铁道学会）

中国公路学会

中国公路学会成立于1978年8月，其前身是1921年5月在上海成立的“中华全国道路建设协会”。是全国公路交通行业科学技术工作者自愿组成的学术性群众团体，是具有公益性的、非营利的社会组织，依法登记注册，具有社团法人资格。

学会的宗旨是：团结广大公路交通科技工作者，坚持以经济建设为中心，坚持科学技术是第一生产力的思想，贯彻实施“科教兴国”和可持续发展战略，努力促进公路交通科学技术的繁荣和发展，促进公路交通科学技术的普及和推广，促进公路交通科技人才的成长和提高，为加速实现公路交通现代化做贡献。

中国公路学会成立20多年来，积极开展学术交流、技术咨询、期刊工作、国际交流与合作等，取得了许多重大的学术成果。成为公路交通行业最广泛、最有影响、最具权威的学术团体。

学会设有道路工程、桥梁和结构工程、汽车运输、筑路机械工程、交通工程、客车、公路工程地质、计算机应用、隧道工程等9个分会。学会编辑出版了《中国公路学报》、《中国公路》等刊物。全国31个省、自治区、直辖市也均建立了公路学会组织。全国共有团体会员760多个，个人会员4.9万余人。

（资料来源：中国公路学会）

中国民用航空协会

中国民用航空协会是经国家民政部批准的社团组织，现有团体会员197个，特邀个人会员14名，理事97人，常务理事44人。

中国民用航空协会的职责：

1.根据国家有关民用航空事业的方针、政策、法律、法规、条例和规章，在建立社会主义市场经济体制中发挥自律、协调、监督的职能和作用；

2.协助政府部门实施行业管理，推进民航精神文明建设和现代化管理进程，促进民航安全、正常、服务和企业管理水平的进一步提高；

3.代表会员的利益，向政府主管部门反映会员的意见和要求，维护会员的合法权益；

4.进行行业、地区民航发展的调查研究，提出发展民航事业的规划、政策和其他工作建议；

5.制定行规行约，规范行业行为，促进各会员单位间互相合作，维护公平竞争；

6.提供培训、信息和咨询服务；创办刊物，出版资料；开展研讨、交流活动；推荐企业新纪录；发布有关信息和成果；

7.协同有关部门进行市场调查，组织进行服务质量用户评价和社会质量监督，提高运输服务质量，维护航空运输市场正常秩序，提高企业经济效益；

8.开展与国内外企业及有关组织间的交流与合作；

9.积极协同政府主管部门加强海峡两岸民航界的联系与交流，促进早日实现直航；

10.举办展览、展销会和有关大奖赛；

11.受政府主管部门委托，组织民航科技成果评定、申报和推广应用；

12.按照自立、自治、自养的方针，加强协会自身建设，提高工作人员政治、文化和业务素质；

13.承办政府主管部门及会员单位委托的其他工作。

（资料来源：中国民用航空协会）

中国船东协会

中国船东协会于1993年4月在北京成立。协会是在中华人民共和国注册从事水上运输的商船所有人、经营人和与航运业相关的企业和单位组成的行业性组织，是经中华人民共和国民政部注册登记的社团法人。

协会的宗旨是：在政府与船公司、相关行业间起桥梁、纽带作用，转达政府的要求，反映会员们的意见和愿望，协助政府进行行业管理，参与法规制定的调研工作；协调船东和相关企业的经营活动，维持公平竞争的市场环境，抵制不正当的经营活动，促进我国航运事业的发展；为船公司和相关企业提供咨询、培训服务；协会对外代表中国船东的利益，积极参与国际活动，对有关船东利益的问题寻求公平合理的解决，为在国际间建立和发展平等互利的航运关系作出努力。

目前，中国船东协会有会员约200多家，会员公司经营商船约3200万载重吨。

中国船东协会现有九个专业委员会，即：冷藏运输委员会，集装箱运输委员会，中日海上运输委员会，液化气运输委员会，散货运输委员会，油轮运输委员会，海员委员会，中韩客货班轮委员会，中国船东协会长江分会。协会通过各专业委员会广泛地开展工作并进行行业自我管理和自我协调。

协会将为促进我国和亚洲海运事业的健康发展，为促进全世界海运事业的共同繁荣，为促进我国物流事业的发展，作出自己应有的努力和贡献。

（资料来源：中国船东协会）

中国港口协会

中国港口协会是全国性港口行业协会，是由港口企事业单位、港口管理机构以及其他与港口相关的单位、社团法人自愿联合组成的社会组织，是自律性、非营利性的行业管理组织，是社团法人。

中国港口协会的宗旨是为政府和企业进行双向服务，发挥联系政府与会员之间的桥梁、纽带作用；积极参与港口行业管理，加强行业自律，协调行业关系，维护公平竞争，保护行业和会员的合法权益，促进港口行业的发展。其主要职责是：受交通部委托，承担港口行业有关业务培训，港口企业市场准入的资质初审，港口行业有关技术、经济、管理等标准和规范工作，组织水运货源调查和预测，港口企业与国际港口之间的民间活动和与国际港口组织建立联系的工作，港口企业运输、装卸等价格与水运大宗货物运输市场份额的调研、监督、协调等工作。

中国港口协会成立于1981年，现有会员单位224个，个人会员12 000余人，覆盖沿海、长江、黑龙江、珠江等全国大中型港口和港口相关的企事业单位。中国港口协会的行业主管是中华人民共和国交通部。中国港口协会是国际港口协会的联系会员。

（资料来源：中国港口协会）

中国机械工程学会物流工程分会

中国机械工程学会物流工程（原物料搬运）分会是中国机械工程学会直属的专业学术组织，是全国从事物流工程和物料搬运专业科研、设计、生产、教学以及使用部门的科技工作者的学术性群众团体。

学会的主要任务是：开展国内外学术交流，促进物流工程和物料搬运技术及装备的开发与应用；组织国内外物流技术、物流管理、物流设施、物料搬运新产品、新工艺信息发布与交流；接受政府部门和企事业单位的委托，提供技术论证、技术咨询和技术服务；编辑出版科技书刊，组织技术培训；开展国际科技交流等。

该会成立于1980年10月。学会每年召开一次理事会，并举行各种专题学术会议、新技术推广会议和信息发布会议，根据需要举办技术培训班；每四年召开一次学术年会，进行论文交流，并出版年会论文集。学会还编辑出版了多种物流专业学术书籍。

目前，学会的团体会员共有400多个。这些团体会员分布在全国各地，是物流工程和物料搬运行业的主力军，有物流工程系统集成商和物料搬运设备生产厂商，最终用户，研究院所和高等院校以及从事物流业的企业。

（资料提供：中国机械工程学会物流工程分会）

中国交通企业管理协会

中国交通企业管理协会是经民政部登记注册的全国交通行业专业性社会团体，具有社会团体法人资格。

中国交通企业管理协会是1985年经交通部批准由全国交通企事业单位、各地方交通社会团体、热心企协工作的人士自愿结成的非营利性的全国交通行业专业性的社会中介组织。现有会员单位1100个，17个分支机构及《交通企业管理》杂志社和全国公路管理干部培训基地，并有法律服务中心、咨询认证中心等服务机构。

中国交通企业协会的主要任务是：

1.宣传、贯彻党和国家以及交通部有关交通的各项方针、政策、法规、条例；

2.围绕社会主义市场经济和交通系统实行行业管理的要求，组织开展交通企业管理理论、方法的研究，探索具有中国特色的现代企业制度，研究和介绍国内外管理科学的理论和方法，推进交通企业管理现代化；

3.配合交通部及各级交通主管部门的工作部署，办理委托的各项工作。依法开展自律性的行业协会活动，反映企业需求，协调同业关系；

4.反映企业的意见和呼声，举办为企业服务的有关活动，维护企业和企业经营者合法权益，提高经营者素质，表彰奖励先进企业和个人；

5.开展企业经营管理咨询和学术研究，培训各类企管人员；

6.参与制订行业性技术标准和有关管理规章、制度；

7.收集并提供企业经营管理方面的信息，总结和交流交通系统企业管理的经验，编辑出版企业经营管理书刊资料；

8.加强同国内外其他社会、学术团体的联系，组织参加国际交流活动。

（资料来源：中国交通企业管理协会）

中国道路运输协会

中国道路运输协会成立于1991年，是中国道路运输业及相关行业企事业单位自愿组成的跨部门、跨地区、跨所有制的全国性社会团体，具有独立法人资格。

中国道路运输协会坚持“双向服务”宗旨，协助政府推进行业发展与进步，促进企业整体素质提高，已初步形成政策咨询、调查研究、业务培训、信息交流、行业自律、国际合作六大行业协会双向服务功能，办有行业刊物《中国道路运输》，经过十余年的努力，实现了由单纯服务型向组织协调型的战略性转变。

中国道路运输协会直接发展大型团体会员近1000家，全国行业协会组织全部会员共计30万家，是中国道路运输行业内规模较大，颇具影响力的行业中介组织，下设客运、货运、危险品运输、汽车驾驶员工作委员会、出租汽车与汽车租赁分会和专家委员会。

（资料来源：中国道路运输协会）

香港物流协会

香港物流协会是香港提供与物流相关信息的专业性协会。它可提供有关仓储、配送、采购、市场营销、销售、客户服务、物料管理及各种物流服务供应商等方面的信息。

香港物流协会的成员来自各个行业，为建立起合作网络提供了很好的机会。其主办的会议上所提出的各种议题可覆盖综合管理与专业物流管理的各个领域，这是香港物流协会的优势。

一、协会的目标与使命

香港物流协会(HKLA)致力于为香港人提供一个公共论坛，以加深人们对物流的理解，帮助大家提高与拓宽物流运作、战略规划方面的实践技能。

为实现这一目标，协会开展一系列的活动，主要包括：

1.物流专业人员的代表性团体，与国外同类组织进行联系与沟通；

2.与其他物流专业人员交流和共享经验的机会；

3.举办研讨会，共同探讨物流方面的热点问题。

二、从1998年至2001年，协会主办了以下活动：

1998年：

举办“中国运输与物流实践座谈会”

邀请荷兰国际配送协会会长作关于“欧洲物流发展趋势”的演讲

参观7～11公司仓库

举办第二届年会

1999年：

举办了3次演讲、2个研讨会

组织4次参观

2000年：

主办中国价值链外包研讨会

为中国仓储协会开展物流管理培训

组织会员参观深圳城市规划与设计局及交通局

主办“21世纪的物流管理”研讨会

2001年：

组织所有会员参加新年联欢会

带领中国仓储协会参观香港航空货物机场

开展物流调查

组织会员参观政府物流中心

主办物流CEO研讨会

举办年会

三、香港物流协会与香港生产力促进会于1998年10月开始共同开办物流管理专业文凭课程。

该课程主要包括6个部分：

仓储与库存管理

物流管理原理

国际采购管理

国际运输管理

信息技术应用与物流管理技术

设施规划与设计

（资料来源：香港物流协会）

台湾物流协会

1994年4月台湾工商时报社公开发起成立物

流业者联谊会，同年10月，物流业者联谊会正式成立。1996年1月物流业者联谊会正式转型登记为台湾物流协会。

协会宗旨：集合工业、商业及学术界等物流发展相关单位，共同推动物流系统化及提高物流经营管理的技术水平，以促进经济成长，提高人民生活品质。

主要任务：

1.推动业界物流系统化及协助企业提高物流管理的技术水平；

2.培训物流经营及管理专门人才；

3.各类物流技术资料的汇集及分送；

4.出版物流相关的专门刊物；

5.促进会员之间的合作交流，以开创商机；

6.举办物流观摩研习团，吸收先进物流知识；

7.举办物流相关展览会；

8.举办各种物流技术相关的研讨会；

9.协助政府推行政令及参加各种社会活动；

10.制定有利于物流发展的政策及法规，创造有利物流发展的环境；

11.与各物流相关组织发展关系，促进交流；

12.与各学术单位合作，加强产学交流；

13.接受政府单位之委托，执行促进物流现代化的各项计划。

（资料来源：台湾物流协会）

（注：因我们人力、时间及联系方式所限，一些社团组织未能列入，请予谅解，也希望这些组织积极与《年鉴》编辑部联系，编辑部将在下一部《年鉴》中予以选介。）

第九部分

国内部分知名物流企业（单位）及案例

海 尔 集 团

2001 年 10 月 17 日，海尔集团被中国物流与采购联合会命名为“中国物流示范基地”的授牌仪式在青岛开发区海尔物流中心举行，这是中国第一个物流示范基地，目前也是唯一一个。

海尔集团自 1998 年开始进行流程再造，而海尔的物流改革是一种以定单信息流为中心的业务流程再造，通过对观念的再造与机制的再造，构筑起海尔的核心竞争能力。海尔被专家称为“中国物流觉醒第一人”。

海尔持色物流管理的“一流三网”充分体现了现代物流的特征：“一流”是以定单信息流为中心；“三网”分别是全球供应链资源网络、全球配送资源网络和计算机信息网络。“三网”同步流动，为定单信息流的增值提供支持。

一、海尔物流的“一流三网”的同步模式实现了四个目标

(一)为订单而采购，消灭库存

在海尔，仓库不再是储存物资的水库，而是一条流动的河，河中流动的是按单采购来生产必须的物资，也就是按定单来进行采购、制造等活动，这样，从根本上消除了呆滞物资，消灭了库存。

目前，海尔集团每个月平均接到 60000 多个销售订单，这些定单的定制产品品种达 7000 多个，需要采购的物料品种达 26 万余种。在这种复杂的情况下，海尔物流整合以来，呆滞物资降低73.8%，仓库面积减少50%，库存资金减少67%。海尔国际物流中心货区面积 7200 平方米，但它的吞吐量却相当于普通平面仓库的 30 万平方米，同样的工作，海尔物流中心只有 10 个叉车司机，而一般仓库完成这样的工作量至少需要上百人。

(二)全球供应链资源网的整合使海尔获得了快速满足用户需求的能力

海尔通过整合内部资源优化外部资源，使供应商由原来的2336家优化至 840 家，国际化供应商的比例达到 74%，从而建立起强大的全球供应链网络。GE、爱默生、巴斯夫、DOW 等世界 500 强企业都已成为海尔的供应商，有力地保障了海尔产品的质量和交货期。不仅如此，海尔通过实施并行工程，更有一批国际化大公司已经以其高科技和新技术参与到海尔产品的前端设计中，不但保证了海尔产品技术的领先性，增加了产品的技术含量，同时开发的速度也大大加快，如海尔集团美高美彩电，从设计到批量销售仅用了 2.5 个月的时间，而原有的周期至少 4～6 个月！美高美彩电一上市，销量持续飚升，成为彩电低迷市场上一道亮丽的风景线。

对外实施日付款制度，对供货商付款及时率为 100%，这在国内绝少企业能够做到，杜绝了“三角债”的出现，良好的信誉使之与供货商实现“双赢”。

建成了开发区国际工业园与胶州工业园，这两个工业园中的企业均是与海尔形成战略合作伙伴关系的国际化供货商在中国所建的工厂，这些企业在海尔周边建厂，不但实现了零部件与原材料 JIT 采购与配送，也是将最先进的技术带给了海尔，提升了海尔的竞争力，同时也实现了为当地政府的招商引资，2001 年共为政府招商 20 多亿元，繁荣了当地的经济，增加了就业机会。

(三)JIT的速度实现同步流程

由于物流技术和计算机信息管理的支持，海尔物流通过 3 个 JIT，即 JIT 采购、JIT 配送和 JIT 分拨物流来实现同步流程。

目前通过海尔的 BBP 采购平台，所有的供应商均在网上接受定单，使下达定单的周期从原来的 7 天以上缩短为 1 小时内，而且准确率为 100%；除下达定单外，供应商还能通过网上查询库存、配额、价格等信息，实现及时补货，实现

JIT 采购。

货物入库后，物流部门可根据次日的生产计划利用 ERP 信息系统进行配料，同时根据看板管理 4 小时送料到工位。为实现"以时间消灭空间"的物流管理目的，海尔从最基本的物流容器单元化、集装化、标准化、通用化到物料搬运机械化开始实施，逐步深入到对车间工位的五定送料管理系统、日清管理系统进行全面改革，加快了库存资金的周转速度，减少呆滞物资，库存资金周转天数由原来的30天以上减少到12天，实现 JIT 过站式物流管理；而看板拉动式管理实现柔性生产，每天一条生产线可以生产上百种规格的产品，大大提高了定单的响应速度，实现了以速度制胜的目标。

生产部门按照B2B、B2C订单的需求完成订单以后，满足用户个性化需求的定制产品通过海尔全球配送网络送达用户手中。海尔整合全球配送网络，配送网络已从城市扩展到农村，从沿海扩展到内地，从国内扩展到国际，全国可调配车辆达 1.6 万辆。目前可以做到物流中心城市 6～8 小时配送到位，区域配送 24 小时到位，全国主干线分拨配送平均 4.5 天，形成全国最大的分拨物流体系。

（四）计算机网络连接新经济速度

在企业外部，海尔CRM（客户关系管理）和BBP电子商务平台的应用架起了与全球用户资源网、全球供应链资源网沟通的桥梁，实现了与用户的零距离，目前，海尔 100% 的采购订单由网上下达，使采购周期由原来的平均 10 天降低到三天；网上支付已达到总支付额的 80%。在企业内部，计算机自动控制的各种先进物流设备不但降低了人工成本、提高了劳动效率，还直接提升了物流过程的精细化水平，达到质量零缺陷的目的。计算机管理系统搭建了海尔集团内部的信息高速公路，能将电子商务平台上获得的信息迅速转化为企业内部的信息，以信息代替库存，达到零营运资本的目的！

二、海尔物流通过内部配送网络，大力开展第三方分拨物流

海尔物流运用已有的配送网络与资源，并借助信息系统，积极拓展社会化分拨物流业务，目前已经成为日本美宝集团、AFP 集团、乐百氏的物流代理，与 ABB 公司、雀巢公司的业务也在顺利开展。同时海尔物流充分借力，与中国邮政开展强强联合，使配送网络更加健全，为新经济时代快速满足用户的需求提供了保障，实现了零距离服务。海尔物流通过积极开展第三方配送，使物流成为新经济时代下集团发展新的核心竞争力。

三、海尔现代物流的实质——流程再造是关键

（一）观念的再造

海尔实施的现代物流管理是一种在现代物流基础上的业务流程再造。而海尔实施的物流革命是以定单信息流为核心，使全体员工专注于用户的需求，创造市场；创造需求。

（二）机制的再造，实施市场链机制

海尔的物流革命是建立在以"市场链"为基础上的业务流程再造。以海尔文化和 OEC 管理模式为基础，以定单信息流为中心，带动物流和资金流的运行，实施三个"零"目标（质量零距离、服务零缺陷、零营运资本）的业务流程再造。

（三）构筑核心竞争力

物流带给海尔的是"三个零"。但最重要的，是可以使我们一只手抓住用户的需求，另一只手抓住可以满足用户需求的全球供应链，把这两种能力结合在一起，从而在市场上可以获得用户忠诚度，这就是企业的核心竞争力。这种核心竞争力，正加速海尔向世界 500 强的国际化企业挺进。

（供稿：海尔集团）

中国物资储运总公司

当前，物流企业大量涌现，但并不意味着传统储运企业从此消亡。现代物流是以传统仓储、运输业务为基础，利用先进的理念和技术，对由此延伸的分销、加工、配送、包装、信息服务等功能进行有效整合和提升，注重物流系统设计和物流资源的合理规划，是以为客户创造价值为前提，在实践中不断创新的业务。因此，传统储运业向现代物流企业转变有天然的业务继承性。以中储为例，传统储运向现代物流企业转变有许多优势。

一是物质资源

拥有便利的交通条件、较大的占地面积、库房、货场、水电气设施、铁路专用线及运输装卸设备等。如中储占地面积1200万平方米，铁路专用线110公里，可为生产企业的物流需求带来规模效益，降低物流成本；

二是客户资源

传统储运企业经过多年的实践，已建立起自己庞大的客户群。如中储现有客户两万余家。如果能不断满足客户多元化、个性化的需要，提高服务档次，开发新的客户群，将加快向现代物流企业转变的步伐；

三是网络资源

中储系统在全国有六十多个大中型仓库，与总公司之间建立了资产纽带，这种内部组织结构的网络化，是实现物流服务网络化的重要前提；

四是管理资源

传统储运企业有丰富的仓储、运输、加工、配送等专业管理经验，形成了一套完整的经营管理制度，拥有一批专业人才队伍。

同时，传统储运向现代物流企业转变也十分艰巨，如传统储运企业服务理念淡薄，管理和技术手段落后，人员总体素质偏低，场地设施利用率不高等。为解决上述问题，中储总公司在向现代物流的转变中进行了积极探索和实践，取得了一定成效。

一、机制创新，有效整合资源

传统储运企业的资源，如果不加以有效配置，非但不能起到应有作用，可能还会成为企业的包袱。如果不按市场需求有效整合，就等于拱手让别人去整合，而自己沦为“打工仔”。盘活资源是传统储运企业走出困境的关键。

1996年在国家政策的支持下，中储总公司对所属70多个子公司实施了国家资本金上划，将延用了30多年的行政隶属关系变为资产纽带关系，为“以股份制改造为突破、局部带动整体、增量带动存量、止血和造血双管齐下”的战略结构调整打下了基础。

1997年初，中储总公司控股63%的“中储股份”在上海证交所上市，加速了国有老企业机制创新和资产结构优化的进程。几年来，中储股份通过配股、收购中储系统的优质资产，一直保持了高速增长的势头，股本迅速扩张，净资产由上市时的5020万元增至7.5亿元，增长近15倍。上市以来共募集资金3亿元，全部用来投入高附加值的信息网络、现代配送中心等建设项目，加快了传统企业改造的步伐，也为国有老企业的全面再造找到了有效途径。

加大资产重组和置换力度。在我国城市改造的进程中，中储总公司的部分仓库因地处城市中心，货车运输受限而不能发挥作用，土地的利用价值很低；而有些仓库地处远郊，交通不便，长年亏损。中储总公司一方面根据城市规划，将部分没有发展空间的仓储用地变为商业用地，在更适于合理物流的区域置换并建设全新的物流中心。近年来通过置换，已建成石家庄和成都两个新型物流中心，资源得到合理配置，成为所在区域内最具竞争实力的物流企业。此举为传统储运企业适应现代物流需求，实现布局结构调整和解决老库改造的资金问题探索了新的途径。同时，对地理位置偏远或亏损严重的不良资产，采取破产、改制、出售、转让等手段予以处理，大大优化了资产结构。

二、业务转型，延伸服务链

随着生活资料和生产资料市场相继从卖方市场向买方市场的转变，生产企业一方面千方百计降低产品成本，扩大市场营销；另一方面，加快了产品更新换代的速度，满足消费者多样化、个性化的需求。随之而来，生产企业对专业化、低成本、高效率的物流服务的需求加大。中储在不断满足生产企业的物流需求中，市场适应能力大大增强，功能延伸到流通的各个环节，初步完成了业务转型。

(一)静—动

计划经济时期，中储作为国家当年生产准备的“蓄水池”，每年的物资平均周转次数为2次，现在为6～7次，许多生活资料已达10次以上。仓库打破了静态、封闭的状况，储存功能所潜在的信息汇集、客户众多的优势得到发挥，仓库成为各类生产资料交易市场，前站后库，延伸了众多生产企业市场营销渠道，许多仓库扮演了代理分销商的角色。中储从1993年开办第一个生产资料市场以来，目前已建成钢材、建筑材料、汽车、木材、塑料、闲置设备、农副产品、化肥、日用百货等市场近30个，其中金属材料市场10个，年交易额300多亿元。为适应生产资料小批量、多品种的需求变化，还开办了金属材料零售市场。储存功能向动态的增值服务延伸的一个重要方面是物流的中间加工，如金属材料剪切、改包装等。随着生产企业“零库存”、即时供货等作业方式的推行，储在流动中的趋势将更明显。运输方式和服务内容也趋于增值化。如货运代理包括多式联运、办理运输及报关报验相关手续、一条龙服务等。配送包含了分拣、配货、送货等延伸服务。中储从80年代开始为生产企业提供原材料、零备件、产成品的生产配送，现阶段又开展了销售配送、加工配送等多种形式。

因此，过去静态的仓库已基本具有了动态的交易中心、加工中心、配送中心的综合物流中心的雏型。

(二)单一功能—复合功能

客户对物流企业的需求是以便利为前提，实现低成本。因此，物流企业在增加单项功能的同时，更应注重功能整合。中储的物流中心针对不同客户提供不同的系列化、个性化服务，如作为生产建设工程和生产企业的供应商及物流服务商，提供多品种材料采购及配送服务；作为金属材料生产企业的分销商及物流服务商提供代理分销、加工、配送的一条龙服务，客户有宝钢、首钢、鞍钢、武钢、邯钢、包钢、攀钢、浦项制铁、晨鸣纸业、一汽、二汽、天津汽车厂等；作为家电企业及生活资料生产企业的物流服务商，提供仓储、配送及相关的物流服务，如海尔、长虹、康佳、厦华、澳柯玛、LG、美的、厦新、爱立信、百威、青岛啤酒等。目前中储的业务已向全过程物流方案设计、加工、配送、分销、国际货运代理、进出口贸易、现货交易市场、起重运输机械制造与修理、检验、房地产、物流信息系统软件开发、电子衡器生产等领域拓展。

(三)据点经营—网络经营

产品竞争的加剧导致生产企业为扩大份额，不断开辟新市场。中储为满足客户营销网络扩大的需要，从区域物流中心的据点式经营向网络化经营发展。系统内各单位统一打中储品牌，网络成员内资源共享，为客户提供从产地到销售地的联手服务，如有多个物流中心成为海尔、长虹等企业的地区配送中心；各地区金属材料分销网络联合订货已具相当规模；沿海形成国际货运代理网络；现货市场体系建立了行情发布系统，使信息资源为社会共享；进出口业务代理网络也正在形成。各类网络相互融合，拓展了服务的空间和增值服务的内涵。

(四)国内—国际

中储的国际货代业务从20世纪80年代末开始起步，多年来一直稳步发展，以国家重点工程项目为主要服务对象，以进出口货物的全过程代理、门到门服务为主要特征，与国际知名的物流企业建立战略联盟，成功地为小浪底水利枢纽工程、广西来宾电厂、首都国际机场改扩建工程等进行全过程货运代理服务。中储的进出口业务近两年增长较快，代理额已达4500万美元。为中储适应中国加入WTO后业务的进一步延伸进行了有益的积累。

(五)传统—现代供应链管理

中储前几年注重企业内部资源的挖掘和利用，随着近几年全球经济一体化的迅猛发展，世界500强企业有300多家进入中国市场，这些企业迫切需要方便、及时、低成本、高效率的现代物流系统作为其跨国生产和营销的服务保障。由此中储认识到仅仅着眼企业拥有的资源并以自身的成本核算为服务的价值取向是一种被动服务意识，应当向以市场价值和客户价值为取向的主动服务意识转变，以为客户创造价值、降低成本为出发点，整合社会资源，与客户建立稳定的渠道关系，向现代供应链管理发展。近年来，中储大力发展全过程物流组织，许多企业从客户的需求出发，积极整合社会的仓储、运输资源，扩充了中储服务网络的覆盖面。

从中储的实践可以看到，现代与传统具有很强的相融性和继承性。中储在传统与现代的融合中提出要建立“优质、高效、便捷、周到”的中储品牌。“优质”表明以客户为本，准确、安全的质量意识；“高效”体现现代物流快速反应的速度意识；“便捷”表示现代物流从方便客户出发的系列服务意识；“周到”强调挖掘客户深层需求，延伸功能的主动服务意识。

三、技术升级，提升综合价值

中储经过几年来从传统储运向现代物流转变的不懈探索，在整合、转型中积累了一些经验，但总体看我国的物流业整体水平较低。据统计，1992年我国工业生产中物流所占用的时间几乎为整个生产过程的90%，物流费用占商品总成本的比重从帐面反映已超过40%，全社会物流费用支出总水平约占国民生产总值的20%，而美国1990年的物流费用支出仅占国民生产总值的10%，且呈下降趋势。因此，要提升我国经济的整体竞争力，应对全球经济一体化的挑战，必须尽快发展我国的物流产业。物流业必须尽快提升服务水平，满足客户对规模化、网络化、信息化、系列化的现代物流需求。

四、中储未来的发展重点

(一)建成全国性、一流的现代物流企业

传统储运企业要达到与国际接轨的现代物流企业标准，需要几代人的艰苦努力，但并非高不可攀。中储的目标是从进入新世纪起到2010年，充分利用国内外两种资源及中储的内部资源，加快改革重组步伐，以现有物流基地为依托，通过置换、收购、兼并等手段，尽快实现全国合理布局，5年内建成一批与现阶段物流需求相适应的物流中心；在此基础上集中建成若干个接近国际水准、辐射若干地区、在全国有影响的物流中心，进而推动中储整体向现代物流企业转变的步伐，用10年左右时间，实现“再造中储，建成一流现代物流企业”的目标。

(二)提高核心服务能力，重点发展全过程物流组织、国际货运代理、配送和地区配送中心

目前物流市场上活跃的物流企业主要有六大类：以运输为主的如铁路、交通、外贸运输等企业；以仓储为主的如原物资、商业、粮食等企业；以专业为代表的如邮政系统等；还有新兴的第三方物流企业、生产企业自营物流、国外物流企业等。因此，中储要在物流市场上占据一席之地，必须形成自己的特色服务即核心服务能力。根据中储的资源优势重点发展的业务，一是全过程物流组织。努力与生产企业共建供应链上战略伙伴关系，业务从源头做起，加深服务内涵，扩充服务外延，提升全过程服务的附加值。二是国际货代业务。以地区物流中心为依托的国际货代网络要从沿海向内地延伸，扩展国际物流业务覆盖面，使全过程物流组织向海外发展。三是配送业务。重点发展生产企业、工程建设基础上的原材料和零部件配送、商业配送等，特别是发展供应配送、销售配送、加工配送等一体化配送服务。四是发展地区配送中心。目前中储在全国20多个城市的60多个配送中心要根据区域物流需求的变化和现代物流的理念进行科学规划，继续加强功能开发，在全国形成以商品交易或集散为特色的区域配送中心。

（三）加快信息化改造

信息化是储运实现向现代物流跨跃的先决条件。中储总公司为加快信息化改造速度，投资成立了中储物流在线有限公司，以改造后的新业务流程等基础管理标准化为突破口，加强各项业务管理系统及相关数据库的建设，构建中储系统信息神经网络，形成真正意义上的网络优势，产生整合效力，使物流功能从业务整合转向信息整合，提升企业的服务水平。在信息化建设的同时，将致力于构建现代物流的国家标准，以此促进中国物流行业的规范化经营和中储的自身发展，为企业和国家的发展作出贡献。

（四）提高全员素质

中储近几年多次举办现代物流的各类培训班，先后培训了系统内各级经理及业务骨干200多人。以地区事业部部长、子公司经理、后备干部为对象的高级培训班，极大提高了系统各级领导和业务中坚力量的整体素质，促进中储系统造就一支具备现代物流知识和技能，有强烈市场意识，能够适应激烈竞争的“职业经理人”及一流员工队伍。

（五）实行现代化管理

中储将继续按照现代企业制度的要求，充分发挥中储股份的作用，大胆进行制度创新。在新开发的业务和经营领域中引入多元投资主体，建立规范的公司制企业。建立一套科学的激励与约束机制，激活“人”这一生产力中最关键的要素，使员工个人价值的实现与企业利益的增长达到一致。完善经营者年薪制，探索期权和股权分配机制。在中储系统内推广中储股份取得ISO9000质量体系认证工作的经验，开展ISO9001—2000版的认证工作，建立以“持续质量改进和顾客满意”为目标的管理规范，全面提升中储的综合价值。

中储总公司愿在新世纪加速市场化进程，与物流界同仁加强合作、优势互补，共同为应对经济全球化的挑战而推动我国物流产业的发展做出贡献。

（供稿：中国物资储运总公司）

上海物资（集团）总公司

一、制定规划、明确发展定位

上海物资（集团）总公司从1999年底起，在集团实施“扭亏、解困和发展”三步战略的同时，开始酝酿、构思、规划、拓展现代物流新业态，与上海市政府发展研究中心一起开展物流调研并联合撰写了《上海物资集团现代物流建设研究》课题总报告和三个项目分报告，分析了上海物资集团拓展现代物流的优劣势和切入点。

2000年4月，上海物资（集团）公司制定了《上海物资集团现代物流发展战略构架》，明确了集团现代物流产业以市场信息为先导、以电子商务网络为依托、以产品加工配送为主业、以多式联运为手段、以现代仓储为基地、以金融保险为配套、以标准服务为品牌的“七位一体”的战略发展模式，以及与大工业合作、引进国际先进的物流管理技术、与金融保险业结合、争取政府支持、培养专业人才等的五大战略措施。

2001年3月，集团的一届十四次董事会批准通过了集团“十五”发展计划中提出的“把物资集团建设成为以生产资料贸易和现代物流产业为主的现代化大型企业集团”的发展目标，进一步明确了现代物流产业在上海物资集团发展战略中的地位。

2001年8月，为加快推进现代物流业的发展，集团颁发了《上海物资（集团）总公司推进现代物流产业实施工作意见》。在“统盘规划，分步实施，突出重点，有序推进”的指导思想下，以“统一认识，明确定位；突破重点，实施考核；划清界面，分级推进；组织保证，人才落实”为举措，努力推进集团现代物流“122”重点实施工程项目。“122”重点实施工程项目是，“一个基地”：长桥物流基地；“二个项目”：罗泾港油品储备配送基地和现代物流营运中心（大厦）建设项目；“二个合资”：中德合资现代物流有限公司和沪台合资物流有限公司。

二、落实措施、推进物流产业发展

（一）统一认识，明确定位

上海物资集团充分认识到上海市现代物流“十五”规划将上海物资集团作为第三方物流重点培育企业的正确定位，要求各总公司、公司统一思想认识，转变观念，正确理解集团现代物流“七位一体”的发展模式，坚持传统商贸与现代物流业同步发展，把发展现代物流产业放到重要位置，做到同步规划，同步实施。在以下三个方面统一了认识：

一是正确认识现代物流的推进、传统业态的提升是全体干部、职工的事，是集团和各总公司的事，也是靠商贸业提升与新建投入相结合，才能全面实现的事。要求集团上下携手努力，做到商贸与物流“两只轮子”同步推进，全面实现业态创新。

二是集团“七位一体”的物流发展模式，已经被上海市有关领导部门充分肯定，并列入上海市“十五”物流规划，集团不仅仅在新建企业和物流项目中要有效体现，而且，在现行四种物流业态的主动提升过程中，都应该体现其内在的含义，和其指导性意义。

三是充分认识推进集团物流工作，提升物流产业是关系到集团长远发展的特殊意义和直接关系，进一步提高各级干部的历史使命感和政治责任感。

（二）突破重点，实施考核

要求各总公司、公司对现有商流客户进行分析排队，有重点地选准1～2家有物流配送业务的大客户进行物流合作，对原材料、产成品有选择地探索运输、储存、装卸、加工、整理、配送、信息等方面的增值服务，满足客户需求，提高经济效益，形成完整的供应链，为用户提供多功能、一体化的第三方物流服务。要求各总公司、公司物流配送量每年要有一定的递增，在整个贸易额中要有一定的比重，以此列入年度预算计划。集团商务部已对此进行统计单列，物流推进进度已列为对二级公司工作考核内容。

（三）划清界面，分级推进

按照集团层面、二级公司、三级公司或仓储企业三级层面分级推进物流工作，做到落实责任，制订规划，列入预算，确保重点，积极实施。集团与二级公司均要对现代物流的投资项目做到有规划、有预算、适时启动。涉及项目所需的财力、物力做到切实可行，确保重点，有所倾斜。

（四）组织保证，人才落实

集团于2000年6月分别成立了由董事长、总裁亲自挂帅的集团现代物流工作领导小组和集团现代物流工作办公室。同时要求各总公司对现代物流推进工作落实归口部门，有专人负责，为集团现代物流产业的发展提供了组织保证。

2001年6～7月，集团选派了26位年轻干部到上海对外贸易学院进行了历时两个月的现代物流专业培训。培训结束后，作为推进面上物流工作的骨干，充实到集团的各个总公司、物流投资公司、物流基地等正在筹建的重点项目中去。同时，集团还不断吸收物流专业的大专院校毕业生和社会物流人才，充实到集团现代物流新业态发展队伍中来。集团人力资源部会同集团教育培训中心根据集团物流工作的推进，物流人才资源的需求，制订分阶段、分层次、分批进行人才培训计划。通过培训提高物流人才素质。

三、积极推进现代物流工作初具成效

经过两年多来的拓展，集团的现代物流工作在定位、布局、列项、改造和提升上取得了积极的进展，具体从四个方面得到启动，取得成效。

（一）传统商贸企业向现代物流企业转化

集团系统部分企业为增强核心竞争力，提高经济运行质量，为用户提供增值服务，已开始实施“采购代理、加工配送、储运分拨、连锁分销”等物流运作，逐步向现代物流企业转化。如：上海永兴硬质合金、上海爱姆意机电连锁、上海燃料动力配煤和上海强农农机产品配送等均在此列。据不完全统计，2001 年集团经营总额 200.60 亿元中，物流配送额为 11.56 亿元，占集团经营总额的 5.76% 左右。集团下属各总公司、公司也正在考虑结合流通业务开展情况拓展配送功能，有重点地开展物流配送业务。

（二）传统仓储场所向物流配送基地、仓储企业向第三方物流企业转化

据调查，集团系统 19 家仓储企业，仓储面积 150 万平方米，多数已初步提出了传统仓储向现代物流转化的发展目标。长桥仓库作为集团现代物流基地的重点项目，正在积极规划建设，取得了实质性的启动。金属杨浦公司等四家仓储企业已被确定为转化试点企业，金属杨浦公司开始规划仓储转化工作、机电飞翔仓储有限公司逐步成为以储存轴承产品为主的专业配送基地、强农闸殷路仓储有限公司已更名为物流公司。凡有条件的传统仓储企业，也正在按照集团的战略构架，积极向第三方物流企业转化推进。这些仓储企业在考虑选择 1～2 家大的客户作为物流配送的主要对象，拓展供应链部分环节上的物流配送功能，提升服务能级，不断满足客户需求。

（三）新建和合资筹建物流企业

为理顺集团现代物流产业的资产和管理关系，集团于 2001 年组建了上海现代物流投资发展有限公司，改制了上海长桥物流有限公司。为引进国际先进的物流理念、管理技术和物流设备，尽早同国际物流业接轨，集团正在与德国、西班牙和中国台湾等著名物流企业洽谈合资组建物流有限公司事宜。

（四）战略性的物流布局项目

根据上海经济发展的规划布局，上海物资集团从长期的战略考虑，积极与本市有关单位洽谈合作，带有战略意义的布局性项目有：罗泾港油品储备配送基地、长桥综合物流基地、现代物流营运中心（大厦）、嘉定国际汽车城物流基地、漕河泾保税物流基地、南汇国际航运中心物流园区、浦东国际空港物流园区、松江物流基地、漕泾化工物流基地以及西北物流基地等物流项目。其中集团近期重点规划建设的长桥综合物流基地和现代物流营运中心（大厦）、罗泾港油品储备配送基地、嘉定国际汽车城物流基地等几个建设项目已取得不同程度的进展。

上海物资集团近期规划建设的重点项目——长桥综合物流基地是集团现代物流的样板基地。长桥物流地处徐汇区老沪闵路淀浦河畔，交通便捷，地理位置优越，水、陆、铁路物资进出都十分方便；占地面积 275000 平方米，目前拥有库房 63 幢共 146 间，建筑面积 60000 平方米，露天货场 16 个计 40000 平方米，储罐 7450 平方米；还有一座 400 米长的内河专用码头可停靠泊位 300 吨。

长桥物流建设目标是按照现代物流理念和符合世界物流发展趋势的要求，建成一座综合性的、现代化的、功能齐全的、生态型的大型物流中心；依靠齐全的功能，高效的运作和完善的服务来确立自己的市场地位，获得长期发展的竞争优势，成为上海乃至国内具有示范作用的大型现代化物流基地。

长桥综合物流基地建设周期 5 年，总投资 2.77 亿元。

基地的整体布局充分考虑到目前及未来的物流发展需要，充分体现合乎“理念”，适应潮流；整体规划，分步实施；布局合理，交通流畅；功能齐全，卓有实效的建设精神。整个基地划分为信息中心区、储运功能区、物流配送区、增值服务区、业务保障和危险品库区六大功能性区域。

在功能设计上，运用商流、物流、信息流“三流合一”的动态一体化的服务系统，全方位满足客户在产品进入市场前对于接受订货、储存保管、评价交易条件、通讯联络、分拣理货、流通加工、分装拼装以及配送运输等各种需要；努力成为城市物流系统的有机组成部分，能更好地衔接市内外的两大物流系统，并能承担衔接中转、联运等物流的集散任务；保证各项运作高度系统化、自动化的，在规模庞大的物流活动中保证高效优质；注重综合性与专业性结合，考虑到长桥物流目标市场的定位，建立自己的特色，在产品的类型上侧重于高新技术产品和化工产品。

上海物资集团建设长桥综合物流基地具有多年从事仓储业经营管理的经验，管理规范，信誉良好；目前已经开始的第三方物流业务的探索，也为长桥积累了宝贵的经验；业已形成的仓储设施条件；公司所在地附近有着多家大型企业，对物流服务的需求潜力很大，特别是长桥距离漕河泾新兴技术开发区也非常近，集中为这些相关的高科技企业提供相应的物流、商流、信息流的服务，必然有着巨大的市场潜力；地处上海西南门户，地理位置优越，交通便利等有利条件。当然，长桥在开展现代物流建设中还存在着建设资金严重不足、现有的运输条件跟不上、目前的仓储场地有限、仓储设施老化、专业人才缺乏等一些困难，正在通过招商引资、规划建设、引进人才等方法加以解决。

根据“整体规划，分步实施”的原则，长桥物流基地的建设将按现有仓储场地以及设施的改造扩建、全面开发各项物流功能二个步骤，分五年完成。

目前，长桥综合物流基地建设项目正进入修建性详规阶段。

（供稿：上海物资集团总公司）

深圳市中海物流有限公司

一、“中国海外”、“中海物流”概况

中国海外集团是国有大型建筑联合企业——中国建筑工程总公司于1979年6月在香港成立的下属公司，在香港的主要经营项目有房地产开发业务，在国内的深圳、广州、北京、上海、成都设有子公司。目前中国海外市值300多亿港元，拥有固定资产200多亿港元，累计实现税后利润80亿港元，在国内的投资累计已超过100亿元人民币。

深圳市中海国际物流有限公司是中国海外集团下属的全资公司，是深圳福田保税区内第一家开工建设及第一家投入运作的综合型现代物流企业（下属公司有：中海货物代理公司、中海运输有限公司、中海资讯科技有限公司、海福发展有限公司、深圳鹏峻国际运输服务有限公司[国内外航空客、货代理]、瑞海联车辆改装有限公司、汇福盛实业有限公司）。目前已与美能达、IBM、联想、三星电子、诺基亚、神达电脑、宏基电脑等几十家国际著名的跨国公司建立了长期稳定的合作关系，为其提供国际物流配送服务，物流额连续几年居福田保税区内物流企业的首位。2001年公司自主开发的“中海2000物流管理信息系统”，经中国物流与采购联合会组织专家评定推荐，参加科技部全国科学进步奖

评比。2000年公司被国家外经贸部评为“全国进出口500强企业（列全国第64位）”、“全国外商投资双优企业”，2000年5月，公司被深圳市评定为全市唯一一家非生产性的、以物流软件和国际配送为主要评选条件的“先进技术企业”。1998年2月公司在全国物流行业首家取得（德国TUV）ISO9002国际物流认证。2001年中海物流公司被深圳市物流与仓储协会推举为会长单位，公司总经理经物流协会一届九次常务理事会选举，出任协会第二任会长。

二、中海物流对国际性第三方物流的尝试和探索

1998年初，公司开始与IBM合作，为其提供全方位JIT（Just in Time）配送服务，在全国15家保税区内开辟了从事第三方物流服务的先河，取得了巨大的成功。在成功的示范下，国外大型企业纷至沓来，争相合作。其中，与日本美能达合作开展的配送项目具有代表性，该项目是日本精确配送模式的代表，较之IBM以及客户的要求，运作流程更为复杂。通过数年来与IBM和美能达的合作，中海物流配送业务从无到有、从生疏到熟练、从成长到成熟，逐步摸索出了一套横向四流合一和纵向多对一、多对多的物流运作模式。

（一）商流、物流、信息流和资金流四流合一

纷繁复杂的商流网络：中海物流配送中心通过委托合同的形式为IBM和美能达提供第三方物流服务；两者与各供应商根据料件的类别、型号和价值分别签署不同的贸易合同，而且同一供应商之不同料件也有不同的条款，如CIF香港、EX Factory等，由中海物流配送中心配送料件之所有权，一部分归工厂，一部分归供应商；中海物流配送中心根据上述贸易合同，分别与供应商签署不同的物流服务委托合同，从而确定服务委托方。IBM和美能达与供应商之间的商流通过中海物流配送中心的实物配送、信息传递来实现，中海物流配送中心与IBM、美能达以及供应商之间的商流，通过提供第三方物流服务来实现。

快捷通畅的物流渠道：IBM供应商达160多家，遍布世界各地，中海物流除利用自己的硬件和软件设施以外，还通过与陆路运输公司及海运、空运货代建立稳定的合作伙伴关系，使正向物流和反向物流通畅无阻，世界各地物料在24小时内即可送达IBM工厂生产线上，保证其在零库存状态下进行正常生产，同时使不合格原料在规定时间内，准确无误地送达各境内外指定地点。正向物流即电子料件从发货地经中海物流配送中心到IBM生产线的物流活动，其运作程序是：IBM采购中心根据市场的需求，向其供应商发出订单，各供应商发货并通知中海物流配送中心，中海物流配送中心依据交货指令完成运输、报关和检疫至验货入库；IBM工厂根据生产线上的需要，向中海物流配送中心发出提货单，中海物流配送中心经过拣选、配料装车、运输和报关即时送货至工厂。反向物流则是不合格原料从IBM工厂经中海物流配送中心到各供应商或IBM指定地点的物流活动。反向物流运作程序与正向物流类同，但物料流向相反。

高效及时的信息传输：“物流未动，信息先行”。为保证配送项目的顺利进行，公司自始至终重视物流信息系统的开发，经过逐步摸索，在总结客户需求的基础上，结合第三方物流的特点，开发出一套既能满足公司内业务发展的需要，又能面向市场的物流信息管理系统。该系统融进出仓、运输、报关、检疫、信息反馈和结算于一体，录入员录入原始数据后，系统即可完成其它连续操作，入仓时电脑自动设定货物堆放位置，避免了“配货不见货”的现象，同时工作人员可通过电脑跟踪库内货物堆放情况，以便及时调整货位，提高仓容利用率。通过EDI系统与海关联机操作，初步实现了报关的无纸化作业，利用EDI或INTERNET，工厂及其各供应商可随时查看最新交易状况以及库存结构和数量。整套系统的投入使用，既节约了大量的人力、物力，又简化了工作程序，提高了工作效率。

准确无误的资金流向：中海物流处于买方

和卖方中间，是买卖双方完成商流的结点，同时也扮演了一个结算中心的角色。每天作业完毕，依据物流状况和中海物流配送准确无误。在内部财务管理方面，中海物流采用科学的物流成本效益核算方法，使物流成本和效益分摊至各物流环节，通过系统的分析，对改善物流系统提出决策数据，不断分析，不断改善，致使物流系统和总体物流效益逐步趋向最优化。

（二）多对一和多对多的运作模式

1.多对一：IBM配送项目的特点是配送中心承担多家供应商为一家工厂供货的任务，即为“多对一”。

2.多对多：美能达配送项目的特点是配送中心不仅承担多家供应商向美能达本部供货，还要承担向美能达分布在海外和国内不同关区的几十家分供方供货的任务。其供应商为美能达本部工厂提供原材料的同时，利用其它供应商提供的原材料，经过加工生产，为美能达本部工厂提供半成品。

以上模式下电子料件及半成品的集散、选配货、信息传递、运输、报送和商品检验检疫均由中海物流配送中心来完成。

中海物流配送中心目前与80多家国内外跨国企业签订合同，为其提供物流配送服务，如美能达、IBM、神达电脑、SONY、NEC、LG、NOKIA、宏基、富士康、华为、联想等，业务网络覆盖珠江三角洲、上海、香港、台湾、日本、韩国和东南亚各国，甚至远及美洲和西欧。配送业务已形成一定规模，实现了从传统仓储向现代物流、从单一服务向增值服务、从单机操作向网络作业的转变，取得了可喜的经济效益和社会效益。

三、中海物流在电子商务领域的尝试和探索

“中海物流网”是中海物流创立并运营的专业物流电子商务网站。她的背后是中海物流经验丰富、规模庞大、成绩斐然的大型跨境电子物料配送中心，仓储网络，货代网络以及运输体系。自行开发的中海2000物流管理信息系统是“中海物流网”强大的后台支持系统，可以满足客户网上下单、网上查询、网上咨询、网上结算和网上数据交换等各方面的需求，配合中海2000具有的先进的物流管理设备，如条码设备，GPS/GSM/GIS设备，客户可以24小时上网查询货物存贮、移动的实时状态，获得统计数据，发出物流指令，索取价格和结算清单。

在政府和行业组织的支持下，利用“中海物流网”以B2B的交易方式，配合功能完善的物流管理信息网络，采用会员制和战略合作伙伴等方式，实现物流资源的整合和分配，实现信息的交流和共享，是中海物流开展第四方物流的尝试。通过XML/EDI技术的应用，加强物流相关企业之间的安全数据交换，是实现物流电子商务的基础。同时，采用软件外包的方式（ASP），促进物流的信息联盟，提高物流企业的服务水平，也是“中海物流网”的发展方向。

四、中海物流在现代物流领域中的尝试与探索

针对现代物流的基本特点，并结合我国物流产业的具体情况，中海物流对此进行了一些有益的探索，以塑造品牌为经营理念，以规模发展为经营目标，以资本运营和信息技术为手段，以垂直及平行整合为发展策略（垂直整合是以中海物流为主轴，以中海货代为垂直整合的上游，发展中海运输、鹏峻国际运输和海福公司；平行整合则是以中海资讯为主轴，通过网络集成、远程信息登录，实现客户业务需求的全程信息化服务功能），延伸服务链条，增加服务功能，争取在1～2年的时间里，为客户提供门到门、一体化的全程物流服务。

品牌对企业而言是一个概念，它以信誉为核心，是一个企业给予合作的对方信心的标志，是一个企业使合作对方满意的象征。企业品牌是不可效仿的，独一无二的，它是由该企业一系列制度和质量保证体系，经过长年累月的卓有成效的优化和推广而积累形成的。对于“中海物流”这一企业品牌而言，它包含了文化、价值、

管理、个性和客户这五个方面的含义。文化：崇尚公平竞争，不断创新才能取胜；价值：追求阳光下的利润，是经营企业的主旋律；管理：精益求精，尽善尽美；个性：诚实、守信、稳健、量体裁衣；客户：合作伙伴是我们的上帝。

品牌是企业很高的无形资产，一般说来，品牌资产越高，则企业的道德力量和市场公信力等关联资产越好。卓越的品牌资产可以为公司带来有力的竞争优势，如吸引大量的人才，保持较快的发展速度，构筑更高层次的发展空间等。由于专业大型物流企业具有投资规模大，资产使用时间长及不可移动等特点，故中海物流将采取以深圳为基地，面向国内物流市场，不断依靠科技进步和完美的企业品牌，走战略合作，求共同发展，来扩大“中海物流”的规模。

企业的品牌与高质量的服务具有密不可分的关系，“中海物流”为了更好地塑造企业品牌，采取的主要措施是：

为客户度身订做物流方案：针对较大规模的生产型企业客户，根据其生产特点，设计个性化的物流方案，这是合作的基础，也是双方共求发展的基础，更是创单向运作品牌的基础。建立单项品牌，首先要有项目载体，因此，在寻找合作伙伴时，必须考虑，合作伙伴需求是什么，追求的目的和目标是什么，如：进一步降低流通成本；有效地控制流通时间；自己设计的物流方案，总有难以执行的地方，如何做到尽善尽美；如何减少自身的库存，降低资金占用；如何以最快的时间得到流通过程信息；如何使自己的产品扩大市场占有率；如何在稳定提高产品产量的过程中，物流给予强有力的支持等等，在认定项目后，就要同合作伙伴进行综合分析、探讨，制定切合项目实际情况的运作方案，并制定相应的保障措施，使该项目从启动就追求完美。

充分发挥公司整体管理的优势，实施“全程精品”战略：该公司对每一个合作项目都要追求创新，好于合作伙伴想象的物流过程，从码头、机场、公路到海关、检疫，从陆路运输到仓库及生产线，从接单到转单，从进货到配货，从单一信息到综合信息处理，从点到线到面等供应链一体化管理，全面反映公司的管理质素，在严格的质量管理保证体系下，以优质的服务来赢得客户的信任，增加品牌效应，该公司一直提供“全程精品”，就是要求在项目实施全过程的每个工作环节，都要注入“精品意识”，用全过程的“精品意识”来保证合作后的“精品项目”。

科技领先，不断提高物流全过程的科技含量与水平：随着信息技术不断发展，合作企业之间的科技含量亦越来越高，因此，中海物流以科技为先，紧追先进科技手段，将现代科技与物流全过程紧密结合起来，不断提高公司整体服务水平，如IBM公司和美能达公司，在项目启动前，根据其不同的特殊要求开发出“多对一”、“多对多”运作模式下的软件系统，对两大企业在不同关区、不同模式下24小时内将2000多种电子料件从香港机场或码头进行集货运输，经过报关、检疫、入仓、开箱、检验、配货、出仓、集柜、报关、运输、上生产线等作业环节进行全面信息化管理。假如没有软件系统，困难可想而知，正是由于公司不断追求最新信息技术手段，发展到今天，公司与200多家跨国公司及其境外供应商，建立了长期合作关系。

诚信为本，十足兑现对客户的承诺，以赢得合作企业的口碑：“中海物流”历来重视对客户的承诺，做不到的坚决不说，说了就一定要做到。只有不断提高综合管理水平和高质量的服务，才有可持久的竞争力，中海物流从事专业物流业务有七年的经历，时间虽短，但在与众多跨国公司合作中，取得了客户对公司的信任，增强了市场的竞争力。

建立完善的工作质量保证体系和全程配送的跟踪服务体系：客户在长期合作中，对工作质量保证体系和跟踪服务体系的要求是非常高的，所以项目选择得再好，没有优质的保证体系，这个项目都不会成为精品项目。“中海物流”十分重视质量保证体系的建设，于1998年在全国物流企业中，第一家获得德国TUV ISO9002国际质量保证体系认证，为公司的快速发展奠定了坚实的基础。

我国加入WTO，物流作为最不受到国家政策保护的行业，本土物流企业与国外物流企业之间的竞争优势只能保持三年。这对发展初期的中国物流行业，是机遇，更是挑战。“中海物流”在过去的几年中，对国际的第三方物流运作进行了大胆的探索和尝试，取得了一定的经验，面对国际性竞争的压力，有足够的信心去面对，在全球经济、信息、采购一体化进程中，为更多的企业做好供应链保障工作，实现共同发展的目标！

（供稿：中海国际物流有限公司）

国际商业机器中国有限公司（IBM）

2001年年初，IBM与掌运科技有限公司联合为业界推出了颇具震憾力的项目——“物流通”。该项目的商业目标是在中国建立一个以货车司机、货主和物流服务提供商为最终用户的“物流通”电子物流移动商务网，使用者将由此得到包括有效货源信息、电子地图、路况天气信息、GPS卫星定位甚至网上结算在内的多达几十种的增值服务。

作为第四方物流商，掌运科技有限公司专注于物流信息化领域的创新与发展，致力于以信息化推动中国物流现代化。经过深入研究，掌运科技发现，在整个供应链中，上游的很多企业，他们有ERP，有SCM，管理水平不错；在下游的终端，他们也有相应的措施来进行有效的控制。然而在企业与终端之间的公路干线物流管理——“在途管理”，还非常薄弱，车辆的误时和空载经常是不可避免，从而导致供应链整体运行不畅。而要成为一个供应链的整合者，没有高效率的“在途管理”是不可想象的。因为，在一个成熟的物流体系中，“在途管理”是非常重要的组成部分。“每一辆货车就是一个生产细胞，要迅速了解信息、传达沟通以及有效执行。在每一个货车司机背后，都有一个庞大指挥系统：订单管理、确认订单和核查、支付处理、承担先期责任、替你组合你做不到的服务，把你能做到的分包给你。”

据有关部门统计，目前国内货运汽车约有600万辆，其中约有200万辆处于满负荷运转状态，而其他四百万辆则经常属于空驶状态，运力资源浪费惊人。“物流通”希望达到的目标，就是通过高科技的信息化系统来追求“零空驶”的境界，填补国内物流业在“在途管理”上的空白。这样在解决了“在途管理”这个供应链中的最大难题，通过联合其他资源，掌运科技就可以成为一个能够提供全方位供应链解决方案的第四方物流商。

卓越的想法需要技术来实现。物流的问题，表面上看是我国物流服务问题，其背后的原因，是我国为物流服务运行的物流平台不能满足发展的要求，是一个技术问题。同样，“在途管理”和“零空驶”问题的解决也需要一个先进的信息化平台。在设计蓝图中，“物流通”项目是中国首个集GPS、GIS、GSM、PDA、INTERNET等多项尖端科技于一身，并利用电子物流与移动商务相结合的最新一代物流信息化应用解决方案。为了解决复杂的技术问题，掌运科技需要一个强有力的合作伙伴。

掌运科技认为他们需要的技术合作伙伴应该具备如下几个条件：一是对物流行业有一定了解；二是技术实力雄厚，能够解决这个项目中大量存在的整合问题，包括各种硬件，各种软件和各种新技术；三是能够解决一些技术上的高难课题，如磁场对设备的干扰等；四是能够在全国范围内给予技术支持；五是希望能够解决未来发展中可能出现的和不可预见的问题。

经过研究，掌运科技认为IBM公司能够满足他们的要求。

IBM拥有先进的全系列产品，在复杂的网络管理、系统管理、密集型事物处理、庞大数据库、强大的可伸缩服务器、系统集成等方面都具有强大优势。面向现代物流业的发展，IBM成立了专门的物流专业服务部门，在进行了大量的市场和行业趋势研究之后，凭借先进的管理理念、雄厚的技术实力和丰富的行业实施经验，为传统物流企业提供多种业界领先的信息技术解决方案及专业服务，涉及其管理、经营和执行的各个层面，主要包括物流商务、物流规划及物流执行三个方面。

在整合问题上，IBM在世界范围内拥有众多令人信任的电子商务整合案例，而在新技术研发上，IBM所获美国专利数连续8年排名第一。同时，IBM在中国拥有遍及全国的服务体系，同国内众多的合作伙伴，如铁道部、上海南方综合物流中心等大型的综合物流中心建立了广泛的合作管理。在全球，IBM拥有如UPS，Fedex，Ryder公司等多家知名的物流企业客户。

基于此，掌运科技选择了IBM作为“物流通”项目的技术总承包商，负责“物流通”总体技术结构方案的设计、咨询、评估、项目实施中的监控与管理，以及终端设备的采购、维护等专业服务。而掌运科技则负责为建成后的“物流通”电子物流移动商务网提供物流信息和物流管理等一系列增值服务，以及市场整体运营和推广。现在，双方的合作已经达成了阶段性的成果，一个由车载终端系统、无线通讯网关、车辆信息网络服务平台组成的“物流通”电子物流移动商务系统已经完成，进入了测试和试用阶段。该系统整合了GPS、GIS、GSM、PDA、INTERNET等多项尖端科技，包含了GPS设备、无线通讯模块、PDA与常驻在这些设备中的控制程序、配置代码和应用程序组成的车载终端、无线通讯网关、车辆信息的网络服务平台的相关服务器、网络设备等硬件以及无线网关的相关软件和网络服务平台的相关系统和应用软件，试用的用户对系统的表现非常满意。

IBM和掌运科技联合开展的“移动电子商务”是实现电子物流的关键所在。这个项目集成了各种新技术，攻克了很多技术难题，但是IBM和掌运科技并不是为了技术而技术，而是真正从需要解决的行业问题出发，去选择和发现适用的技术。从根本上而言，用户任何一个应用需求都需要被分解成为众多的技术细节，这些技术细节通过适当的方案转化为用户的利益。电子商务的本质还是商务，它需要遵循一般的商业准则，即要给企业带来利益。

随着“物流通”项目的实施，它的意义远远超越了“物流通”作为一个电子物流移动商务网的本身，这也许意味着一个“电子物流时代”的到来。而在整个物流产业即将迎来“电子物流时代”之时，每一个传统的物流企业都需要借助行业伙伴的经验来加速自己的发展。因此他们需要像IBM这样的合作伙伴，能够站在未来发展的高度上，帮助自己建立具有长期可持续优势效应的管理及信息架构。

IBM在成功实施“物流通”项目之后，还将致力于为更多本地的物流企业提供全面、优质的咨询服务，帮助他们在严谨务实的信息时代顺利地实现从传统物流向现代物流业的飞跃性转变。

（供稿：国际商业机器中国有限公司）

大田集团有限责任公司

一、概 述

大田集团有限责任公司于1992年在天津成立，经过十年的持续发展，规模不断扩大。目前业务范围涵盖空运、海运、陆运，并在国内69个城市设有分公司，是专门从事国际运输、国际国内快运派送和提供物流服务的重点企业。

近年来，大田集团已经从原来的货代企业向现代物流企业转型。大田认为：发展现代物流至少要具备以下四个基本条件：一是要具备区域性网络；二是要具有国际、国内的专业人才；三是需要IT平台的支持；四是需要仓储、交通工具等基础设施和设备。当然，传统的运输或者货代企业的组织结构也需要改变，要根据物流的要求组建相应的新的组织结构和管理体系。

在此指导思想的基础上，大田充分利用在货代行业多年积累的资源优势，积极引进先进的现代物流管理理念和管理人才，从组织框架、发展战略目标、用人政策及资金投入方面向现代物流方向发展。

二、物流系统网络的建设与管理

建立布局合理、功能完备的物流系统网络是实现现代物流的系统集成功能、满足客户需求、提供一体化供应链过程管理的基本保证。目前，大田集团已在全国69个城市设立了分公司，建立起涵盖国内126个主要城市的站点；基本形成了华北、西北、东北地区以北京为枢纽，华东、华中地区以上海为枢纽，华南、西南、海南地区以深圳为枢纽，并依托IT系统平台实现信息共享的物流网络体系。大田集团与全球100多个城市和地区的代理商建立了伙伴关系，物流服务范围遍及全球。

2001年底大田集团已拥有符合现代国际物流管理标准的监管仓库45000余平方米、保税仓库3000余平方米。大田集团位于北京和上海空港的现代化仓储分拨中心已建成并投入使用，它使得大田集团的货物分拨能力达到国内先进水平。同时大田集团在天津市西青微电子工业园区购置了55545.96平方米的土地，正在投资建设49600平方米的物流中心。并拟与香港和新加坡有关公司友好合作，组建功能包括：海关监管快件中心、联邦快递分拣中心、航空货物分拨中心、代理货物监管中心在内的“天津滨海机场货运中心”；通过延伸服务功能，进一步构成以天津空港为依托，业务辐射华北、东北、西北广阔地区的中国北方现代航空物流中心。

大田集团已投资购置了多种货运递送车辆770余部，而且还将进一步购置各种专用车辆，以满足快运、快递业务不断发展的需要。

IT平台的建立是实现物流管理系统的最重要的条件之一，大田集团在北京建立了集中式的大型数据中心，用于处理日常的综合业务信息，通过中心实时的数据处理，极大提高了业务的灵活性、反应速度和客户服务质量，各地分公司都可通过网络进行数据交换和信息反馈。同时，大田集团已经实现了网上货物信息查询，与相关的客户实现了局域网对接，并正在开发综合报价系统、财务结算系统、车辆调度系统，集团内部已经做到了为每位业务人员配置PC终端，整体实现了计算机联网和信息的快速传送与共享，使信息的传阅更加方便、快捷、准确，符合了物流网络高效率运作对管理系统的要求。大田集团正在实现GPS技术、电子扫描技术，真正建立起与物流系统网络建设相匹配的信息网络“高速公路”。

三、发展战略

大田集团的发展战略为：以国内快运为主导，带动普货运输的发展，建立大田独特的物流服务系统，以最快速度跻身于世界先进物流企业行列。

大田集团的管理运作模式为：总部集权化、业务垂直化、网络区域化、效益一体化，并将集团的整体协调、指挥、管理、控制功能有机划分为三大系统：即业务指挥协调系统、行政管理协调系统、业务支援服务系统，形成了科学、高效的管理体系。通过实现“一个利润中心”、多级成本控制的管理运作方式，有效地协调了内部各级分公司、站点的运作关系和调控方式，以充分发挥网络优势、整合形成集团的经营资源，为各类客户提供系统的、功能配套的物流服务。

大田集团不断借鉴和吸收国际物流业先进的管理经验，尤其是在与美国联邦快递的合作过程中不断吸取其成功的经营理念和管理方法，积极引进国际、国内物流行业有资深经验的中、高层管理人员，已经建立起一支具有国际化管理风格和经营视野的领导团队。

四、现状与前景

大田集团企业的目标物流服务业务围绕以下四个主要方面展开：一是电子通讯行业的企业；二是医药、服装和电器设备类企业；三是开展网上购物的电子商务企业；四是各类高科技领域中需要物流服务的企业。

大田集团的服务宗旨是：按照客户的需求设计和创造服务。这不仅仅是要满足客户全过程、安全、快捷、门到门的业务服务需求，更要以专业化、先进的经营理念和经营方式为客户度身定制系统、规范、优质、高效的超值服务方案。只有按照这个宗旨开展工作，才能为客户创造价值，为企业自身创造利润，并最终为社会创造价值。

大田集团可以实现在线查询服务，提供每票货物的最新情况及当前货物位置的24小时热线服务，研究分析客户的实际状况，结合现有资源及操作经验，设计与优化客户的运输方案。通过SOP（标准化作业流程）和KPI（工作表现指标），对操作采取有效的质量控制和成本控制。最大程度地保证了货物快捷、安全、准时的送达，实现了对每一票货物的即时跟踪和信息反馈。大田集团依靠标准的操作流程、先进的科技手段为客户提供一体化供应链式的综合物流服务。

随着中国入世的实现和全球经济一体化的发展趋势，现代物流对于企业获得长期发展战略上的竞争优势有着重大的关系，已成为企业增强国内外市场竞争力的重要手段，为此，大田集团通过不断的经营开拓和业务创新，正在为更多的企业提供第三方物流服务。2001年1月，大田集团通过不断的经营开拓和业务创新，正在为更多的企业提供第三方物流服务。2001年1月，大田集团承担了摩托罗拉公司在中国的CDMA与ROTOPOOL项目，为其在全国144个站点提供专业的快件运输服务；2001年4月，取得了深圳华为电子有限公司在国内69个点的快运物流经营业务，取得了TCL股份公司国内22个点、天士力药业公司60个城市2000个点、郎讯科技15个城市500多个点的快运物流经营业务。通过卓有成效的合作，各相关客户企业实际体验到了物流公司在为其提供战略性业务咨询、提高其公司运作效益、使产品更具竞争力和重点发展企业自身核心竞争能力等方面的价值。

正是基于日臻完善的网络系统和高标准的服务品质，大田集团赢得了越来越多客户的信赖。在与摩托罗拉、三星电机、先锋电子等众多跨国公司的成功合作中，大田高效率的物流网络体系将这些跨国公司的产品，按其要求的数量，以其规定的方式，在其规定的时间内，运输到其指定的地点，从而为客户大大降低了企业产品的总成本，大幅度提高了企业的利润，实现了现代物流的目的——满足客户的需求。

下面的为摩托罗拉GTSS CDMA的基站派送案例充分体现了大田“按照客户的需求设定和创造服务”的宗旨及为客户带来的利益。

（一）摩托罗拉的要求

移动电话的现存网络是GSM网络，而在2001年之后将由CDMA网络来代替。这就是说，现存的GSM网络的基站必须由CDMA网络的基站来置换。对于摩托罗拉来说，CDMA网络建设的第一步需要建设11个省的2500个机站，包括广东、江西、吉林、甘肃等省。大田与摩托罗拉的合同包括运输基站到安装点并且搬运到6～8层的楼高，在搬运过程中一般都不借助机械设备，采用人工搬运，这个环节也是整个工作中最困难的。

（二）规划和物流解决方案

摩托罗拉要求，必须在冬季来临之前完成整个工程，因为冬天恶劣的天气条件将会对基站的安装和调试带来极大的困难。大田在2001年8月拿到此项目，在仅余的2至3月内完成6个省份1600多套基站的派送任务。大田作为专业的物流服务商，为摩托罗拉提供了一个配套的物流解决方案。解决方案包括：中心仓库、分拨中心、路线、IT、项目小组、中心点等六个方面。

（三）安装过程和所遇到的困难

根据大田的建议，摩托罗拉制订出较专业的实施计划。当六个省份同时开始安装的时候，大田采取了由内到外的策略。在起初先设置中心仓库，接着将项目扩展到全省。但是因为天气原因，在北方的许多省份进入冰雪季节，整体的安装策略改变为由外到内，由此能够在截止期限前完成这个项目。在项目进程中，遇到了很多未曾预料到的困难，但是大田克服了所有的困难。大田的服务宗旨是不允许对客户说“不”，承诺和优质的服务是优秀物流服务商的关键。

（四）结论

整个项目按时结束，并且在某些地方还提前几周结束。大田的成果对摩托罗拉GTSS来讲也是一个奇迹。大田的杰出表现也使摩托罗拉可以争取到中国联通CDMA的二期项目。从成本的角度，由于大田的方案和增值服务，摩托罗拉比原来预算降低了15%～20%。而对大田来说，原来的服务范围只是后期的派送，而现在扩大到了前期的运输。但是最重要的是大田可以有效地利用自身的资源来完成此项目，并充分体现了团队合作的力量。

（五）评价

在完成此项目后，得到了摩托罗拉公司的充分肯定。由此大田在此领域建立起自己的声誉，并成功地将业务扩展至朗讯科技。

大田集团不仅致力于现代物流的实践，而且还注重对现代物流发展的研究，于2001年5月出资百万元与中国对外经济贸易大学共同组建了“大田物流研究中心”，主要致力于对现代物流发展动态和先进物流理论的全面系统研究，为政府制定扶持物流产业发展的政策提供决策参考，并定期提供准确的物流发展动态信息，促进国内外物流界的交流，规范物流产业的形成和发展。这种官、产、学三位一体的研究方式，不仅对指导大田集团的发展规划、经营创新和业务开拓起到有力的推进作用，而且对提高我国物流研究水平起到积极推进作用。

五、结束语

国际物流正加速着全球化的进程，物流对中国未来的经济发展会起到非常大的决定和制约作用，大田集团正在实现着物流的系统化、信息化、现代化，推进第三方物流在中国的发展。已经建立起一整套规范、快捷、高效的操作流程，形成了制度化、规范化、标准化的管理体系，并取得了可喜的成绩，呈现出一种跳跃式发展态势，具有较高的成长性，已迈入稳定的快速扩展时期。

（供稿：大田集团有限责任公司）

中铁快运有限公司

中国铁路包裹快运又称中国铁路小件货物特快专递运输（简称“中铁快运”），通过加强物流建设，在经营上取得显著成绩。截止到2000年底，中铁快运已在全国设立了400多个经营网点，实现了全系统计算机专线联网，并已基本形成以铁路运输为主，辅以航空、公路运输的综合运输网，以满足客户日益提高的物流需求。还通过了ISO9002质量体系认证。

一、物流建设

（一）信息化建设

信息化是现代物流业产生和发展的重要推动力，没有现代化的信息技术就没有现代化的物流业。因此建设企业的信息系统成为传统运输企业向物流领域发展需首要解决的问题。中铁快运自创办以来，一直努力使自身的通信设施和计算机网络能够跟上业务发展的需要，并设立了专项科研资金，用于发展物流业的信息系统建设研究。考虑到未来物流业务涉及领域广泛，在信息系统开发过程中，他们既考虑系统内信息规程与标准的统一，也考虑与海运、港口、航空、公路、口岸管理等行业的相关国际、国内标准统一。目前，该公司主要在以下几个方面加强企业的信息建设，争取通过几年的努力，把中铁快运的信息系统建设成为国际上较先进、国内一流的开放式信息服务平台。

1.管理信息

目前，公司实现了全系统全国计算机专线联网，通过《中铁快运计算机数据传输网络系统》及时、准确、完整地传递和交换业务信息，并实现了业务操作、办公、统计和结算的自动化。

2.办公自动化系统（OA）

办公自动化是企业实现信息化管理走出的第一步。中铁快运现已开发完成OA系统，并在全国范围内投入使用。该系统目前具有传统办公方式的大部分功能，包括电子邮件系统、电子会议系统、公告板系统、电报传真系统以及日程安排系统。通过该系统，公司基本上具备无纸化办公能力，而且极大地提高了办公的效率和准确性。

3.库管信息系统

现代化的仓储最显著的特征是现代化的库管系统。中铁快运物流仓储及配送信息管理系统就是利用现代化的设备技术，通过计算机来严格控制库内所有作业流程。采用无线网络射频技术使所有库内作业成为实时操作，替代了传统的纸张传递信息，大大提高了现有设备使用和人员工作效率及数据的准确性；利用条形码技术提高数据采集的效率和准确性，使差错率降低到十万分之几，是目前国内外较为先进的仓库管理信息系统。

4.货物实时跟踪、查询系统

货物跟踪查询是当前客户对物流业提出的一个普遍的要求，也是现代物流的基本属性。该公司目前正在开发新一代的货物跟踪查询系统。该系统是利用先进的无线射频技术，能够实现对每个单件货物进行电子标签标记，并加以识别，通过无线网络实现的对各个环节中货物信息的及时传输。在他们的数据中心，从各方面传来的数据经过处理，可以把有用的货物信息通过Internet或者为客户提供的专用网络接口，让客户实时地查询和跟踪货物的状况。目前该系统的第一代产品已经投入试用。

5.建立客户服务中心

随着市场竞争的日益激烈，客户需要快运企业提供快速运输服务的同时，也要求提供方便快捷的货物查询、业务咨询及投诉等信息服务，物流客户还需要物流企业提供便捷的物流解决方案和营销信息。为了进一步提高中铁快运的信息化水平和服务水平，中铁快运正在建立全国统一的客户服务中心，以对客户提供统一无差别的满意服务，创立品牌，迎接我国加入WTO后的挑战。

（二）物流设施建设

1.仓库

货场与仓库是开展物流业的重要基础设施，为保证中铁快运物流业的顺利发展，公司不断加大仓储设施的建设力度。现已有仓库总面积逾40000平方米，主要分布在北京、上海、青岛、深圳等地，仓库种类包括普通库、立体库、恒温恒湿库等。此外，该公司还将在中铁快运的七个大区中建设规模更大、更先进的物流中心库，为客户提供更加周到的服务。

2.运输工具

自创办以来，中铁快运是以铁路为主要的运输工具。安全、运量大、低成本是铁路运输的特点。然而，单一的运输方式已经不能满足以个性化和多样化需求为特征的物流业务发展。所以在强化铁路运输优势的同时，努力发展公路和航空运输，实现综合运输服务。从而能根据物流业务要求和合理安排运输组织的需要，为客户提供多样化的运输服务。

目前该公司拥有各种运输车辆1000余部，多数车辆已配备先进的通信工具，根据业务的发展和客户的需求，公司将不断增加车辆的种类和数量，而且还将通过与专业汽运公司合作，共同为客户提供物流服务。通过发展公路运输，旨在探索公路运输管理的经验，建立区域公路运输网和干线网，完善运输网络。通过合作方式，他们也在开展航空货物运输与原有的铁路网、公路网共同形成综合运输网络，随时以最好的服务质量、最优的运输方案满足客户的要求。

3.设冷链物流系统

随着经济的发展和人们的生活水平的不断提高，对各种产品的质量和时效要求越来越高，尤其在生物化工、生物制药、食品等领域，对冷链物流的需求日益增加。充分意识到这种需求现状和发展趋势，中铁快运正通过引进并转化国际上先进的冷媒技术，与高校合作开发中铁快运的冷链系统。

（三）物流队伍建设

物流的关键是先进的技术和现代化的管理，归根到底还在于人才。人才，包括专业技术人才和管理人才。物流服务是一种综合性的服务，需要运输、仓储、信息管理、经济、营销、管理等多方面的专业人才和复合型人才。市场竞争，归根结底是人才的竞争。没有一支训练有素、团结战斗的队伍，是不可能把企业搞好的。与队伍建设有关的另一个条件是先进而务实的经营理念，一个有竞争力的企业，在经营思想上应具有不断创新的能力，这种能力来源于高素质的人才。

中铁快运在发展物流业的过程中，始终把人才的培养和人才的引进作为头等大事来抓。通过内部培训和外派学习，公司不断加大人才培养的投资力度，为职工创造尽量多的学习、培训机会，为公司的管理、技术队伍创造一个充分发挥自已能力和个性的宽松环境。

（四）物流策划

以满足客户需求为中心，充分体现物流个性化和定制化的特点，是现代物流的理念，充分利用中铁快运现有的经营网络、信息网络、运输网络和配送网络及社会资源，为客户策划物流方案，并提供优质服务，努力成为客户产品供应链管理的参与者和整合者是中铁快运物流工作的核心。

二、成功案例

中铁快运作为国内三大快递企业之一，很早就开始从事物流业务的试点工作。从1997年至今，该公司已经与多家国内外知名企业进行了成功的合作，为他们提供满意的物流服务。据初步的统计，该公司曾经为中央电视台中视电视购物有限公司、海尔、壳牌、海信、柯尼卡、同方电脑、神州数码等国内外知名企业做物流服务，其中包括海尔在内的几家企业至今还与他们进行物流业务合作。下面是部分较有影响的物流案例：

（一）RE与海尔携手共奔零库存

海尔集团是目前国内企业物流做得最好的一家企业，从1998年起，中铁快运就开始与海尔合作，所涉及业务包括家电、计算机、手机、各种备件以及宣传品、礼品等。特别是在海尔的宣传品物流方面，该公司与海尔的合作尤为出色。

2000年3月，中铁快运在青岛专为海尔设立物流中心库，成立专门的工作小组，配备专用车辆、计算机和搬运设备。为海尔提供从取单、取货、仓储、承运、派送到信息反馈的全程物流服务。

在物流中心库，工作人员根据海尔公司下达的计划分配单进行取货、分拣、包装等；然后由公司按海尔的要求进行运输、配送方案的设计、运输组织等，以最快的速度把海尔的货物送达其在全国42个城市的指定地点。在货物按时运达后，还为海尔提供及时货物信息反馈。与海尔公司合作的几年，中铁快运优质高效的服务得到海尔集团的满意评价。

（二）柯尼卡的可靠合作伙伴

目前该公司正在为柯尼卡公司北方地区销售工作提供全面的物流服务。柯尼卡的货品入境后，中铁快运公司从港口提货，并运到该公司的北京物流中心。在物流中心里，他们利用先进的仓储管理系统和条形码技术，对包括整机、配件、耗材等在内的上百种不同货物实现安全、准确的仓储管理，按照柯尼卡公司的指令完成所有货物的分拣、配套以及派发工作。在合作过程中，中铁快运始终能为客户实现在准确的时间、安全可靠地送到准确的收货人手中。此外，他们还在信息系统上，为客户提供信息服务。柯尼卡公司只要通过Internet就能随时对现有的库存、在途以及达到货物进行查询和跟踪。从中铁快运为柯尼卡服务至今，还未出现过一起因为服务而引起客户的损失，为此柯尼卡公司对中铁快运的服务和效率非常满意。

（三）特殊物流，中铁快运的专长

除了提供企业物流服务外，该公司还专长于为社会各界提供特殊物流服务，其中较有代表性的是1997年承接的“中国文物精华展”展品物流。

1997年12月至1998年2月，为了让回归后的香港人民了解祖国辉煌灿烂的历史文化，文化部、国家文物局在香港举办了“中国文物精华展”，展品均为全国各地博物馆所藏具有中国各个历史时期、全国各地、各民族文化特征的珍贵文物。1997年11月，展品在北京故宫博物院集结后，中铁快运承担了自故宫到香港展览所在地——香港文化中心的往返全程运输。

此批展品共计44件，7.8吨，平均每件展品重170公斤，其中最重达1400公斤，要求全程武装押运。中铁快运接此任务后，认真、细致地安排运输方案，全程监控，在保证安全的前提下，圆满地完成了此项艰巨而又意义重大的运输任务。

三、改革与创新

随着中铁快运事业的迅猛发展，全系统的现代企业管理水平有了显著的提高，基本实现了由“作坊型”向“规范网络型”的转化。系统内已有25家单位通过了ISO9002国际质量体系认证。在体制创新方面，五年间进行了两次股份制改造，全系统已全部改制成有限责任公司，规范的现代企业管理机制正在建立和完善之中。中铁快运秉承“优质服务是我们的生命线”的理念，坚持“珍惜您的每一次委托”的行为准则，在全系统推行“精品运输”和“名牌工程”，通过导入CI企业形象识别系统，使中铁快运优质特色服务的良好企业形象和“CRE中铁快运”品牌，得到越来越广的社会认知。中铁快运坚持走科技兴企之路，自主开发研制的尼龙货物标签、编码施封锁集装袋经铁道部批准已在全路推广使用，其中编码施封锁集装袋获得了国家专利。

以自主开发为主，联合科技企业为辅的中铁快运信息系统建设也取得了突破性成果。全系统已实现计算机联网，中铁快运互联网网站已经开通，全系统的信息传递和交换已形成网络化。2000年已完成“铁路行包运输客户服务子系统”的部级科研课题研究，又承担了“中铁快运物流规划与实施方案”的部级科研课题。

四、物流发展战略

中铁快运发展物流的指导思想是：以满足顾客需求为中心，以提高中铁快运经济效益和市场竞争力为目标，在加快货物快递经营网络、综合运输网络、信息网络和配送网络建设及经营发展的同时，积极探讨和试点物流业务，做好业务培训和人才储备工作，以准确的市场定位面向国内、国际两个市场吸引或寻找物流客户，依托市场化、网络化的经营管理和基础设施，积极发展中铁快运现代物流事业。

根据中铁快运的经营特点和自身优势以及全国物流市场的发展状况，中铁快运物流发展战略将立足于以下方面：

（一）立足于货物快递，扩大现有经营网络

根据中铁快运“十五”规划，积极稳妥地利用特许经营扩大快运经营网络，同时考虑发展物流业务的需要，逐步完善经营网络。

（二）发挥“CRE中铁快运”品牌效应，建立中铁快运物流品牌

发展物流的基础是赢得顾客的信任，而品牌是企业信誉的标志，是企业规模、实力、服务质量和技术水平的集中体现。中铁快运必须利用已有的CRE品牌和良好的社会信誉，参与物流市场的竞争，并逐步树立中铁快运精品物流服务的品牌。

（供稿：中铁快运有限公司）

上海大众交通（集团）股份有限公司

一、大众物流远期构想

大众交通集团作为一家以交通运输业经营为主的上市公司，坚持客、货运并重的思路，确定了积极向现代物流领域拓展的战略目标，努力构筑全方位的交通运输服务体系，增强集团可持续发展能力。

（一）指导思想

抓住市政府重点扶持现代物流业的机遇，以稳健为原则，推进集团物流业发展。对外谋求与跨国公司全方位、多方式的合作，“联大、联强、联优”，优势互补，互惠互利；对内完善物流总公司的组织构架，使现代物流逐步成为集团又一产业支柱。

（二）企业定位

以运输为基础，以信息技术和管理为依托，专业化、规模化、集约化、知识化经营，提供高层次、全方位、综合型的第三方物流服务，最终建成一个国际知名的大型物流集团股份有限公司。

（三）市场定位

1.重点发展城市配送及区域配送，为品牌性制造商和销售商提供配送以及延伸服务。

2.积极发展专业物流，在冷冻保鲜、危险品等领域建立服务优势。

3.积极进军口岸物流，建立保税仓库及海关监管仓库，为国际物流提供两端延伸服务。

4.有次序地在全国重要区域建立运输网络，为全国性品牌制造商和销售商提供快速的整车、拼车运输以及延伸服务。

5.条件成熟时积极开展物流方案咨询与设计、供应链管理等知识化服务。

二、大众物流近期举措

为适应加入WTO后带来的竞争和保证企业可持续发展，大众物流坚持“两条腿走路”的基本原则，一方面通过寻找标杆企业，树立学习对象，通过自我加压，自我积累，大力发展现有优势业务如市内配送；另一方面通过“借船出海、借梯上楼、借鸡生蛋”的策略，通过和国内外知名物流企业合资、购并中小型物流企业、参股、建立战略联盟等外延式扩张方式，迅速壮大实力，赢取竞争的主动权。

（一）在国内端物流方面，以城市配送为切入点，立足联强联大，与日本住友商事株式会社（世界500强第18位）和佐川急便株式会社（日本第二大物流企业）积极开展合资组建工作，成立适应市场需求的、开展“宅配便”性质的专业物流公司，目前新公司已经交通部立项审批，已在上海国际会议中心举办了正式签约仪式。

（二）在国际端物流方面，以海关监管仓库为切入点，拟与台湾或欧美的物流企业进行合资，在浦东国际机场建立具有世界领先水平的海关监管仓库；目前正在积极寻找合作伙伴，前期已经接触了一些台湾的著名物流企业，双方建立了良好的关系，进一步合作有待于深入谈判。

（三）在专项物流方面，除了业已成立的危

险品运输外，将以冷冻保鲜物流为切入点，通过合资成立冷冻保鲜物流公司，该项目目前正在进行前期论证工作；冷冻保鲜物流经一年多的培育以来，也有了较大的发展，目前与哈根答斯、和路雪、雀巢、光明乳业等厂商建立了良好的合作关系。

（四）为适应WTO后国际经济一体化的需要，以现有大众国贸公司改组为契机，组建大众国际贸易进出口有限公司，争取外贸进出口权，代理2个著名品牌的进出口业务，并以国际货代和相关物流实体为其提供“供应链”全程服务，目前这项工作正在着手进行。

同时，积极与国内外同行接触并建立联系，通过建立联盟、合资乃至购并等方式在多式联运、布网建点等方面谋求合作，为大众物流的网络化、规模化发展打下基础。

三、大众物流与上海物流建设

大众物流的发展是与上海的经济发展和物流进步息息相关的。上海作为中国工业和商业发展最为完善的城市，其物流水平一直居于全国前列。2001年上海的物流产值据不完全估计约800亿元，物流总量约5.5亿吨。如果仍保持该速度，则预计2002年上海的物流产值将达到900亿元左右，总量5.8亿吨。

物流格局及其成熟程度是和城市功能紧密相联的。上海目前正在经历着两个转变：从传统工业向高科技产业转变；从传统制造基地向以服务业为主的营运中心转变。除了一个龙头四个中心外，将来上海还要发展成为国际上举足轻重的采购中心，预计2005年上海的国际采购额将达到80亿美元，2008年将达到150亿美元，2010年达到500亿美元。随着上述转变和五个中心的形成，上海作为国内外物流的集散地和中转站的作用将更为突出。在这个背景下，上海的物流格局将更多是国际物流和区域物流的结合，其基本特征是大批量、长距离、跨国界或跨区域、运输工具的大型化和集装箱化、多式联运；而市内物流的基本特征是运输工具小型化、区域集中化、内外有机联动以及内环线以内的便捷化、外环线以外的集约化。

与上述转变对应，上海的商业物流需求将超过工业物流需求成为物流企业的首要业务来源。大型空海运物流企业的地面配套物流服务将成为陆上物流企业的重要业务来源。具备全方位、一站式（特别是能将国际端物流和国内端物流有机衔接的）物流服务功能的物流企业将成为上述两个需求商的首选。

正是基于这样的现实背景，大众物流将充分发挥立足上海的优势，积极营造本地化物流品牌的形象。目前，大众物流发展的配送业务无论是自我发展还是合资发展，都是主要面向上海区域的，因为在众多老牌大型物流企业面前，大众物流的核心资源是市内车辆的通行权。而在其他方面大众物流尚未建立起竞争优势，因而，以区域（市内）物流为主，城际干线物流为辅将是大众物流审慎而明智的选择。除此，大众物流还拥有国际货物运输代理国家一类资质，实际上是具备了物流链条中的“源”和“汇”这两个结点，这也是大众物流目前的优势资源之一，大众物流将立足现有货代业务资源，积极进入口岸物流，为众多海、空运企业提供地面配套服务。总之，大众物流将利用5年左右或更长的时间，立足上海，构造大众物流在本地化物流企业格局中的一流地位，在此基础上向华东地区乃至全国延伸。

（供稿：上海大众交通股份有限公司）

中国华星集团

中国华星集团是中央企业工委管理的大型企业之一，从事汽车贸易服务、房地产开发、金融证券、高科技新材料和新产品研发生产、电子商务以及高科技生态农业产业。华星新世界汽车服务有限公司是中国华星集团公司与香港新世界集团公司在汽车销售服务领域的合作项目。项目旨在引进国际资本和国际化大公司的管理理念和创新机制，用供应链管理理论和现代物流技术拓展和提升传统汽车销售服务业。

一、利用先进物流理念和技术，改造传统营销网络

华星新世界汽车服务有限公司成立后，把"在改革产权体制和建立现代企业制度的同时，运用供应链管理理论和现代物流技术改造和提升原有的销售网络与专卖店"作为指导思想，以"四位一体"服务为基础，应用物流技术，提升分销服务质量，建立和完善以生产企业为主导的供应链管理和物流体系。

（一）ABC分析重点管理

按关键的少数和一般的多数原则，以客户订单为基础准确掌握市场需求，实行零库存管理。以汽车品种和维修等级、配件分类，将项目占5%～15%而资金占用、销售规模、利润贡献度占60%～80%的商品分为A类；将项目占20%～30%而资金占用、销售规模、利润贡献度占20%～30%的商品分为B类；其余为C类。之后确定重点管理要求，加大A类商品如奥迪、帕萨特品牌资金、人力投入和质量保障，对一般多数的B类实施最低保障管理。

采用先进的计算机管理技术和实施ABC分析重点管理模式，产生了很好的效果：

1.压缩了总库存量；

2.资金占用量减少、周转加快；

3.库存结构更加合理；

4.节约人力管理成本。

这几个方面的效果使经营管理成本明显下降，特别是管理费用和财务费用下降的比较明显。

（二）电子自动订货系统（EOS）

上海大众和一汽大众已按照德国大众模式建立了全面企业信息管理系统（ERP），通过供应链管理将产供销各节点真正实现一体化。华星集团公司所属各专卖店和营销网点，初步实现利用企业信息管理网络、互联网和终端设备的方式，通过在线联结（ON–LINE），与汽车生产企业的销售公司（总代理商）、地区分销管理中心或中心地区第三方物流，进行订货作业和信息交换。

由于实施EOS系统保证了信息的快捷、准确，是整个生产、销售计划更加符合市场实际需求和市场发展趋势。具体效果表现在以下几个方面：

1.缩短交货期，减少出错率，节省人工费；

2.降低库存水平；

3.生产企业通过分析专卖店订货信息，及时调整汽车生产、销售计划；

4.丰富物流信息系统数据，便利交换。

（三）货物跟踪系统

汽车生产企业或其销售公司、大区分销中心和专卖店能够及时获取委托的第三方物流有关汽车、零部件运输状态的信息，如品种、数量、货物在途情况、交货期间、发货地和到达地、货物的货主、运输责任车辆和人员等。具体来说，就是物流企业在汽车厂提货（整车及汽车零部件）、在物流中心重新集装运输、在向专卖店送货的同时，通过信息网络将货物信息及时传送到汽车生产企业、大区分销中心和专卖店。

主要作用表现为：

1.查询作业简便迅速，信息及时准确；

2.提高交货及时性和准确性；

3.提供差别化物流，获得竞争优势；

4.丰富供应链在线信息分享资源。

通过EOS系统和货物跟踪系统，专卖店实现了及时制(JUST IN TIME)营销服务模式。JIT原是一种均衡管理、看板管理生产方式，应用到物流上其核心就是减少库存，直至实现零库存。具体就是专卖店对终端客户服务做到将正确的

商品以正确的数量送到正确客户手中，做到不多不少，不早不晚，刚好按需送货。

（四）配送需求计划（DRP）

公司所属各专卖店与汽车生产厂销售公司共同委托第三方物流配送，并协调制定配送计划，主要解决分销商品中的供应计划和准确度的问题。

（五）物流加工服务系统

随着汽车制造生产全球采购化和零部件标准化进程，汽车生产企业产品出厂大多为标准版型或技术先进版型，功能型、豪华型、舒适型、个性化型等改装产品的服务分工到了专卖店。华星新世界所属专卖店与汽车生产企业携手合作，厂家制造、维修技师进驻专卖店，提供加装四轮驱动、豪华装饰升级、自动安全带、加装防盗装置、改装自动档等物流加工服务，并与汽车厂一起提供改装质量保障和良好服务水平。

华星新世界及所属各专卖店通过供应链管理的信息网络系统和物流技术系统，基于与国内骨干汽车生产企业的分销服务代理合作关系，与汽车生产商、原材料供应商一起实现汽车生产与分销的供应链管理，其中以信息流为主导的商流、物流和资金流体系，极大地拓展了汽车专卖店和分销网点的服务范围，提高了服务水平，降低了经营成本。因此，汽车分销经营业务稳步增长，经济效益明显提高。据统计，各专卖店2001年与历史最好水平相比，管理人员减少75%，经营费用减少35%，财务费用减少50%，而销售规模增长25%，盈利提高一倍。

二、充分发挥分销商的独特优势，降低物流成本

全面实行供应链管理和大力发展现代物流的根本目标在于，实现各种资源的科学、合理和高效配置，从而降低经济运行成本，提高企业、行业乃至整个国家的竞争力。汽车作为科技含量高、对经济发展具有高影响力和较完整物流系统的商品，汽车生产厂家必须建立庞大的采购系统和网络，同时还必须依靠第三方物流和汽车分销商的销售网络及其信息服务。汽车分销商对于汽车产业的调整与发展有着独特的作用。华星集团汽车分销的实践已经初步显示了这种独特的作用。

（一）华星作为全国最大的众多品牌汽车的分销商，开始创造华星品牌。华星品牌的特点在于：贴近用户、诚信服务、熟悉市场、网络完整、营销队伍强大。华星品牌的这种特点是生产厂家难以具备的。华星品牌以这种独特优势积极主动地融入汽车供应链管理和汽车物流体系，与生产厂家密切合作，对我国汽车市场的规范化发展，打击汽车流通环节的假冒伪劣行为，产生了良好的影响。华星汽贸所属的品牌汽车销售网点吸引力越来越大，就说明了这一点。

（二）华星的独特优势有利于降低生产厂家的生产经营成本。在各生产厂家的全国汽车物流体系中，华星集团所属的汽贸营销网络利用自身的场地和设施，积极协助生产厂家建设中转库和分销中心，实现优势互补，从而降低生产厂家的经营成本。例如，上海华星与一汽大众联手合作，在上海华星汽车广场建设了一汽大众的上海与浙江地区的汽车中转库；华星东北公司与上海大众联手合作建立上海大众汽车在东北地区的中转库和分销中心。这些项目，不仅解决了生产厂家的物流配送需求，也扩大了华星品牌的影响，使生产商和分销商双双实现了降低成本的要求。

随着以信息技术为代表的知识经济和全球一体化经济发展，汽车生产企业生产活动必将以市场需求为导向，推行订单式供应链管理和物流管理，越来越依赖分销商的信息管理系统和物流技术管理。这就是未来的以分销商为核心的汽车供应链管理。未来的分销商以拥有的客户市场和及时完全的客户信息，通过信息技术整合，反过来对汽车生产企业的供应链和物流体系加以影响，并对汽车生产和销售业发挥越来越大的作用，实现以尽可能低的成本获取尽可能高效的服务。这时，高效、适时，具有个性和最高满意度的服务与最低生产经营成本的

结合才有可能。华星新世界汽车服务有限公司将作为新型汽车分销商，全力争取成为汽车供应链管理的重要乃至核心环节。这正是华星新世界汽车服务公司追求的企业发展目标。

（撰稿：中国华星集团总经理　宋耀华）

中国铁路物资总公司

为适应中国物流产业加速发展的趋势，满足中国入世后形势发展的需要，中国铁路物资总公司审时度势，经过充分论证，提出了加快发展物流业并构架股份公司的设想，并于2001年开展了紧张的筹备工作。

目前，总公司已经初步具备一个覆盖全国主要地区的储运网络雏形；与铁路运输关系密切，各储运点的入库专用线均与全国铁路干线联接，能够以快捷的速度，为顾客提供物流全程服务；在长期的储运实践中，形成了较为完整的物资管理规章、制度和办法，打下了扎实的管理基础；具备了可靠的国际质量标准保障，总公司已全部通过国际质量体系ISO9002认证，使物资供应和服务质量处于全面受控状态，强化了对业务流程的规范管理；有稳定、广泛的用户资源网络，为进一步开展物流配送创造了良好的市场基础；初具信息网络的软硬件基础，依托铁路基干网，总公司目前正在与铁道部合作开发“物流网”等电子商务平台，利用它，以各物资储运点为基础，建立覆盖全国的物流信息网络具有很强的可操作性；在开展第三方物流上已积攒了经营理念和客户市场的经验，所属几家物流公司，依托总公司的网络优势，组织部分储运基地，以现代物流的观念和方法吸引国内外客户，先后与多家国内著名企业和国际跨国公司建立了稳定的物流服务关系，并从中学到了先进的物流经营理念，初步形成了合乎现代物流要求的服务标准和作业流程，为组建“中铁现代物流”开辟了较高起点和稳定的客户资源。通过组建现代物流股份公司，有利于发挥总公司的综合优势，并且切实可行。

2001年，总公司成立了物流股份公司筹备办公室，开始筹建工作。第一步，对系统内资源进行了整合。初步以重组单位为基础，进行结点规划，改造、新建并举，尽快建成区域物流中心，以可控资产构筑骨干物流网，形成紧密层业务支撑。按总分公司制，实行统一调度、集中结算、条块结合、立体运作的业务组织模式。尽快理顺运作流程，达到货物、信息、资金各畅其流，形成核心竞争力。第二步，加大路内及路外资源的整合力度。密切关注铁道部及地方近期的改革动向，抓住历史机遇，充分利用低成本整合路内外物流资源的契机，运用资本纽带和业务纽带，抓紧培植半紧密层企业并广泛建立松散联盟，先路内，后路外，迅速完成物流配送网络的全面覆盖。第三步，加入国际供应链。中国加入WTO之后，对外贸易及跨国物流都将大幅增长，中国物流业将成为国际供应链的重要一环，股份公司在自身条件许可后，适时与国际物流企业实现对接，走国际化道路，拓展生存发展空间。

拟设立的股份公司发展方向是成为以建立电子商务加现代物流配送体系为核心的第三方物流运营商。企业的定位是以仓储运输服务为主的第三方物流服务商，兼具第四方物流功能，核心业务主要基于两个出发点：一是着眼于物流业务链的高附加值环节的业务开拓；二是着眼于未来竞争优势的树立，即：通过建立强大和及时的信息技术支持，发挥物流组织和枢纽功能。通过实现物流整合构筑企业核心竞争力，目标是赢得国内外重要厂商分销领域的利润份额。

通过公开发行股票募集资金，使股份公司的经营规模、经营业绩得以持续提高，从而确立公司在全国物流行业中的龙头地位，并在我国证券市场上树立良好的形象。

（供稿：中国铁路物资总公司）

国家邮政总局

一、中国邮政发展物流的战略目标

（一）整体战略目标

通过发展物流，进一步提高邮政网络的运行效率与效益；提升邮政企业整体素质，带动邮政整体产业的升级；促进邮政贴近市场、转变观念、改善服务，以满足国民经济和社会发展的需要，最终成为以现代物流为核心竞争能力的现代物流企业。

1.努力构建现代化的社会公用物流服务平台，实现实物流与信息流、资金流的高度融合，逐步成为国内“精益物流”的龙头企业。

2.加快邮政实物网的建设，初步建成一批适应第三方物流要求的配送中心，逐步成为全国最大的物流配送网络体系。

3.“十五”期间，形成一个相对独立的专业，按照现代企业制度的要求，形成公司体制和运行机制。

4.“十五”期末，物流产值争取达到100亿以上。其中，第三方物流占邮政物流产值的50%以上。

5.经过若干年的努力，发展成为世界知名的物流企业。

(二)市场定位

1.总体定位

作为一体化物流解决方案（第三方物流提供商）和功能（环节）性物流服务的提供商，运用先进的物流理念和技术手段，为客户提供定制的物流服务，并逐步向企业供应链推进，最终成为企业供应链的参与、组织和整合者。

2.市场定位

(1) 以高层次物流市场为主，为社会提供精益化的物流服务（即“精益物流”)。

(2) 以高附加值、小体积、小重量、多批次、高时效的物品为主。

(3) 以电子、医药、出版、汽车配件、高档消费品、烟草、电子商务等高附加值行业为主。

(4) 以国内外大中型制造企业、品牌流通企业及电子商务企业为主。

(三)基本战略

1.发展物流要依托邮政的品牌，依托邮政现有网络资源。

2.突出物流集成商地位，以物流带动传统邮政业务；重点放在为大型企业提供第三方物流，以及居民的社区配送服务；强调提供个性化的物流服务，在时限、查询和售后服务上提供优质服务。

3.注重利用现有邮政资源，积极开发利用社会资源，做到内、外各方资源的合理整合；加强与外部大企业、大客户建立多种层面、多种形式的联合。

4.以现代物流理念为指导，积极采用信息技术和现代物流技术，特别重视物流信息网的建设。

5.理顺与现有邮政业务、网络、财务的关系，按照市场机制建立邮政物流体系。

6.积极进行用工机制改革，采取多种灵活方式招聘物流专业骨干人才。

二、中国邮政物流运营系统

(一)基本思路

围绕建立功能齐全、规模最大、范围最广的公共物流平台，努力为邮政物流发展做好支撑和服务；着眼于对邮政现有资源和社会资源的整合、改造，积极开展资本运作，走低成本扩张的发展道路；运营系统功能的完善与基础设施建设要依据物流发展需要，本着循序渐进、逐步完善的基本思路。

（二）网络布局

以全国31个省会城市和我国沿海、沿江的大连、青岛、烟台、桂林、深圳、汕头、厦门、宁波、温州等主要城市构成覆盖全国的物流网络体系。

1.以全国一、二级邮区中心局，特别是省会邮区中心局之间邮件和物流运输组织为重点，建立全国干线普通网和快速网，合理选择各种运输方式。

(1) 以自主航空邮路为重点，调整快速网结构。根据业务发展，逐步建立起以集中辐射式自主航空邮路为骨干，自主快速汽车邮路为基础，民航、铁路为补充，紧密衔接的快速网路。

(2) 通过包租（铁路行包专列）和组开行邮专列等多种方式，在西安—北京、陇海线、成都—武汉—上海、昆明—南宁—广州、哈尔滨—天津—上海、北京—武汉—广州、西安—昆明、京九线等区段建立起“四横四纵”自主铁路长途骨干大通道，同时，结合区域快速汽车邮路建设，建立衔接铁路骨干通路的普通汽车运输网路，支撑邮政物流发展。

(3) 加快集装化运输的推广进程，努力扩大运输网路的适应范围，确保物品在运输过程中的完好与安全，提高干线运输的效率，加快邮件和物品的传递速度；努力建设邮政“宽带”干线运输网。

2.加快投递网改造，努力使传统投递网向现代综合配送网转变。

以全国各地市级以上城市为重点，在城镇范围内建立邮政综合投递服务公司，结合城市和社区建点工作，建立邮政自办投递队伍和社区服务点投递互为补充的投递体系，负责邮政特快专递、报刊、函件、包裹等邮件的投递及为社会提供物品递送服务。

3.利用邮区中心局现有资源，建立仓储（分拨）中心。

在北京、上海、沈阳、武汉、广州、西安、兰州、成都设立跨省的仓储（分拨）中心；各省会以及经济发达地区设立区域仓储（分拨）中心，各城市设立配送中心。仓储（分拨）中心通过不同的时限、频次与干线运输网和配送中心相连接，满足不同客户个性化的要求。

三、中国邮政物流信息网络

（一）信息网络结构

邮政物流信息网络平台，是依托于全国邮政综合计算机网，由邮政物流全国中心、区域分中心及现场工作站等部分所组成的3层2级的集中式网络结构。

（二）信息系统功能

邮政物流信息系统又可分为接口系统、业务信息系统、业务支持与决策管理系统、作业管理系统所组成。其中，物流业务支持与决策管理系统，是中国邮政物流信息系统的关键与核心，是中国邮政走向现代物流市场的标志。

（三）信息系统建设

1.信息系统的建设目标

建立Internet基本网络架构，即建立一个高速的交换式的中心计算机网络，利用邮政综合信息网上的“核心网”以及“骨干网”与各地市邮政局、县邮政局、直属单位局域网络之间的互连，构成全国性的物流信息系统网络。

2.信息系统平台建设

(1) 全国中心

在邮政综合信息网全国中心，设立面向客户的邮政物流网站，开发网上营销、客户下单和物流可视化功能，实现网上物流服务、查询等功能，通过与GPS控制中心对接，实现运输车辆的全程跟踪。

(2) 呼叫中心

利用邮政185，在开展物流业务城市的邮政综合呼叫中心建立完善的物流客户服务。设立全国统一的呼叫接入电话，实现业务揽收、客户查询等业务。

（3）区域信息中心

在设立区域分公司的地区，利用当地的省局、地市局信息中心设备、设施构架区域分公司物流信息中心。通过邮政综合信息网实现与总部的互联。

（4）现场工作站

在区域分公司各个部门以及物流中心内组建局域网，并通过DNN或拨号方式与区域分公司信息中心联网。在现场端配备工作站，实现计算机的全程管理。

3．面向“大客户”的信息接口

中国邮政物流信息系统在向一般客户提供信息平台，实现各种物流业务电子化处理的同时，可根据“大客户”的具体要求，提供基于客户自身EDI系统的信息接口，实现双方的信息共享。目前，中国邮政物流信息系统一期工程已完工并投入使用，客户可通过“中国邮政物流网站”(www.cnpl.com.cn)，实现网上交易、信息查询等功能。

四、与雅芳等知名企业的良好合作

2002年1月，中国邮政参加雅芳公司物流招标，总分第一。雅芳公司与中国邮政签署了仓储、配送合同。雅芳公司租用中国邮政北京仓储设施2000m^2，重庆仓储设施1100m^2，作为其华北、西南地区分拨中心。中国邮政承担的北京、重庆地区雅芳产品配送开始运作。雅芳公司通过中国邮政的物流信息系统以及针对“大客户”的数据接口，随时掌握其产品配送的各类信息。

针对雅芳公司逐步实行网上订货、远程付款、将产品直接配送到专卖店的销售模式，及利用邮政储蓄网络代收货款的要求，中国邮政提出并实施了解决方案。

雅芳公司为专卖店主开立邮政储蓄账户和绿卡，交由店主本人在居住地使用。中国邮政广东邮储机构建立网上支付系统网关，与雅芳订货系统链接。店主（持卡人）在邮政储蓄网点存入足额现金，登陆“雅芳订货系统”，完成定货程序，即可下达付款指令，并实时查询存款余额。系统自动反馈其账户余额是否足够，告知付款是否成功。付款成功后，邮政储蓄系统即冻结该笔资金，将信息即时反馈到“雅芳订货系统”，于次日从店主账户中扣减，划转到雅芳公司指定的银行账户。

在尚未使用“雅芳订货系统”网上订货及付款的地区，雅芳分公司中国邮政的邮政储汇机构开立公司绿卡专户，并为每个店主开设“附属卡”户。店主在邮政储蓄网点存入资金，该资金即能存入雅芳公司绿卡专户。雅芳公司通过中国邮政提供查询系统，查询所有“附属卡”账户余额，即输入卡号、密码后即可查询到其即时余额的系统，确认后发货；中国邮政于当日，将所有附属卡账户存入的资金，转入雅芳公司专户。

中国邮政已开立了250张储蓄卡交雅芳公司，其中北京专卖店100张，重庆专卖店150张，通过银联的支付网关，实现北京市、重庆市的专卖店通过邮政储蓄网交付货款，雅芳公司通过广东银联支付网关收取货款并及时发货。双方正就与雅芳系统建立直联，提供余额查询，用户交易明细查询等服务，并将代收货款的合作范围扩大至广东全省及其他省份进行进一步的商谈。

中国邮政与雅芳公司的合作，充分显示了邮政实物运递网、金融网、信息网三网合一，提供物流、资金流、信息流一体化服务特色，成为“第三方物流”的典范。

中国邮政自2001年7月正式开展物流配送业务以来，先后与雅芳、施耐德、摩托罗拉、惠普、安德鲁、朗讯、海尔、中国电信、联通、东南、庆龄、九芝堂、统一等100余家大中型企业开展了物流方面的合作。至2001年底，中国邮政实现物流收入10亿元，展示了良好的发展前景。

（供稿：国家邮政总局）

青岛啤酒集团

改革开放以来，随着人民生活水平不断提高，我国的啤酒消费量也以较快速度增长。青岛啤酒作为世界著名品牌和全国的行业龙头也得到了长足发展。近年来，集团引入现代物流理念，加强产品物流管理，提高了营销水平，扩大了市场占有率。

一、推行现代物流管理的背景

青啤集团自1998年开始，积极实行啤酒新鲜度管理。在山东省经贸委和青岛市经委的指导下，青啤集团从企业实际出发，运用现代物流理论，规划和建设产成品物流体系，主要基于以下原因：

（一）提高产品的市场竞争能力

啤酒产品具有较高的保鲜要求，即使产品在保质期内，产品新鲜度对啤酒口味等指标也有较大影响。产品从生产厂到消费者的时间越短，各项理化指标的变化越小，啤酒的新鲜度越高，消费者的口感越好。在实行新鲜度管理之前，生产地青岛库存量过大（近3万吨），存放时间都在一个月以上，有些品种甚至存放两个月以上，影响了啤酒的口味。优化物流体系，就是要尽可能缩短产成品进入市场的时间，提高产品的新鲜度，增强产品的竞争力。

（二）加强营销管理的需要

为提高市场占有率，集团努力在全国范围内建立区域直销体系，形成完善的销售网络，而产品运输渠道的阻梗不畅却成为销售的一大难题。因产品出厂后先运至周转库，再由周转库发至港、站再至客户，环节过多导致渠道不畅、运费上升、库存额大、破损增加、资金占用大、货物流向难以控制，啤酒存放与周转周期长使鲜度降低。因此青啤集团统一规划产品物流，一方面使各地分公司把工作重点放在区域直销网络体系建设和市场营销上，把物流配送体系作为销售的后勤保障由集团统一管理。另一方面，青啤集团设置了物流的“时间管理”目标，压缩库存量，缩短库存时间，减少中间环节的运输和装卸次数，还有降低产成品资金占用，减少产品破损和运输费用，控制货物流向，提高进入市场的速率。

（三）缩小与国际竞争对手的差距

经济全球化加快了改革开放进程，使国内市场也变成国际竞争的主战场。国外品牌纷纷抢滩中国这一最具潜力的消费市场，并将青啤列为主要竞争对手。这些跨国公司在国际市场上有着成熟的物流管理经验，在进入中国市场的同时也建立了较完善的物流控制体系，相比之下青啤集团还存在着较大的差距，主要表现在：跨国公司的销售和物流是两个既相互独立又相互联系的体系，销售分支机构专心进行产品行销和市场开发，物流体系则以配送中心的形式为销售机构和客户服务。青啤集团的销售分支机构既要开拓市场又要管理物流，不能集中精力开发市场。为把握市场竞争主动权、制胜权，确保青啤的龙头地位，必须借鉴国际同行的先进经验与成功做法，建立起科学的营销管理体系和产成品物流控制体系。

（四）为入世作准备

中国入世会给各行各业带来机遇和挑战，青啤作为亚洲出口啤酒份额最大的企业，入世后将带来空前的机遇，面对机遇青啤集团必须作好准备与国际接轨。

优化产成品物流体系明显提高了公司整体营销水平，物流能力已经成为企业核心竞争能力的一个重要方面。

二、优化产成品物流体系的具体做法

建立符合现代物流管理要求的产成品物流体系，是一项复杂的系统工程，它要求对仓储、运输、信息系统纵向规划，并与整个营销体系的运行有机结合起来，形成适应整体营销目标的大营销系统。青啤集团的具体做法是：

（一）明确系统的整体目标

系统的目标是建立物流体系的基本导向，主要包括：以消费者为中心，以市场为导向；实现产品新鲜度管理，实行从生产到零售点的时间管理；节约费用，降低产成品资金占用，提高供应链运行效率；建成本埠与各销售点在物流、信息流和资金流全部由计算机网络管理的智能化配送体系。

（二）提出物流体系规划方案

物流体系的规划设计，结合销售管理的网络体系，对整个营销体系的组织结构进行改革。青啤集团根据营销的特点，结合集团对分公司资金管理的要求，实现了收支两条线电子化管理，并推动实现预算管理。根据营销系统的功能，将直销体系、物流配送体系、预算管理体系和营销策划与信息反馈系统有机结合起来，进行整体功能优化设计，使各方面的管理形成一体化等。最后，以计算机管理信息系统作为手段，实现各系统之间的信息传递、处理和分析的自动化。

（三）组织实施物流方案

在整个物流体系实施的过程中，采用边实施、边分析、边改进的做法。

1.按照“流程再造”理论，对现行各销售环节进行了深入的“再思考、再研究”，提出了重组方案，成立了仓储调度中心和物流有限公司，强化本埠的后勤保障功能，优化产成品供应链，使系统克服了以往业务流程中信息流、物流和资金流脱节的缺陷。

2.集团首次实行了招标采购。青啤集团进行的“信息化工程”是一项大工程，为确保取得较好的工程质量的同时，尽量少花钱，2000年初，对项目所涉及的软硬件进行了招标，国内外较有影响的Oracle和联想分别中标。

3.成立“物流推进小组”，选择精兵强将进行攻关。新的物流信息系统能否适应业务过程，是否便于业务操作，都将直接影响系统的效果。为了保证系统的科学、高效、易操作，青啤集团选择了精兵强将组成“物流推进小组”，对项目进行攻关，反复实验和培训。

4.处理好历史遗留问题

要想使新系统顺畅地运行，必须先解决历史遗留问题，为此，我们在系统建设过程中加大遗留问题的处理力度，清理了大量的历史遗留问题，如：存货账实不符是近20年未解决的问题，年内将获得解决。

5.从运输、仓储环节入手，对其过程的各个环节进行重新整合、优化，以减少运输周转次数，压缩库存，缩短产品仓贮与周转的时间。原来产品出厂后要全部运往中转库暂存，然后根据客户的要货再由中转库运至港、站。后来将该过程改为接到客户订单后，产品由生产厂直接送往港、站，而省内订单则直接由生产厂运到客户仓库。仅此一项运输成本就下降了0.5元/箱。同时，由于仓储职能的改进，减去了原湖岛中转库（面积2万平方米），李村库租用面积由原来的50960平方米压缩到29260平方米，平均库存降低到6000吨，最高不超过1.2万吨。

6.构筑信息网络系统，实现物流、信息流、资金流同步运行。要实现销售与物流系统的有机结合，就必须建立一整套先进的、科学的信息网络系统，以确保各种信息的及时、有效传递。青啤集团运用计算机系统这一当今最先进的信息工具，建立起各分公司与集团之间的快速信息通道，及时掌握各地最新的市场、库存及货物和资金的流动等情况，为制订市场策略提供准确的依据。同时，运用计算机系统简化各项业务的运行程序，进一步提高销售系统的运行效率。

三、取得的初步成效

物流体系经过一年多的实施、改进，达到了系统目标的要求，取得了明显成效，主要是：

（一）市场售点鲜度提高。在青岛及山东省内市场零售点，消费者能够喝上当周、甚至当日酒。省外主要市场如上海、沈阳、广东、北京及沿海城市能喝上当周酒，产品鲜度控制在一个月内，受到了消费者的普遍欢迎。

（二）销售实现大幅增长。1998年实际销量比1997年上升了18%，1999年又比1998年上升了28%，2000年又比1999年上升了20%，青啤销量创历史新高。

（三）产品库存下降导致资金占用下降了3500万元，产成品周转速度加快，1997年产成品周转速度为8.3次／年，1998年为20次／年，1999年为42.5次／年。

（四）仓储面积由1998年初50960平方下降至29260平方，仓储费用下降了187万元。

（五）降低市内周转运输费189.56万元。

（六）产品货物流向基本得到控制。

（七）物流与资金流有效结合，使销售资金周转速度加快，实现了对地区分公司资金与产品流动安全性的有效控制。

优化产成品物流体系明显提高了公司整体营销水平，物流能力已经成为企业核心竞争能力的一个重要方面。

（供稿：青岛啤酒集团）

宝供物流企业集团有限公司

在物流流日益受到关注和重视之时，人们回首中国物流发展状况时发现：中国物流业起步晚、发展缓慢、与国外物流业差距大，已成为当前经济飞速发展中的不和谐音。

宝供公司对此有着深刻的认识与体会，并早在公司成立之初便决心致力于我国现代物流业的探索与发展，经过多年的努力，宝供物流企业集团有限公司历经了从“传统储运”到“现代物流”的蜕变，成长并成熟起来了。

一、发展第三方物流取得的主要成效

宝供物流企业集团有限公司(以下简称宝供或宝供集团)创立于1994年，总部设于广州，1999年经国家工商局批准，成为国内第一家物流企业集团。宝供集团是当前国内领先的第三方物流服务供应商，2001年底已在全国40多个中心城市建立了6个分公司、43个办事机构，形成了一个覆盖全国，并向美国、澳大利亚、泰国、香港等地延伸的物流运作网络，拥有先进的物流信息平台。为全球500强中近50家大型跨国集团和国内一批大型制造企业提供物流一体化服务。2000年，全集团实现营业收入3亿多元，人均年产值近50万元，年运作货物总量超过200万吨，仓库年进出货物近亿件。

宝供以在中国物流领域不断推陈出新和在探索中国物流发展之路中的独特贡献擎起了中国现代物流业的一面旗帜。结合国外先进物流理念与国内物流实践而创造的“宝供发展模式”，在物流行业具有典型积极的示范作用，不仅成为各大专院校、物流著作、MBA课程的研究案例，屡次被推举在国际、国内重大行业论坛上进行经验介绍，还多次获得中央有关领导及中央各主管部委的肯定、赞赏和鼓励；国家国内贸易局1999年将宝供集团确定为发展商品物流配送重点企业；国家经贸委2001年确定宝供集团为我国物流发展联系企业；发起并参加了“北京物流研究院”的筹建工作。近年来，国内外媒体如中央电视台、凤凰卫视、新华社、《华盛顿邮报》、《人民日报》、《经济日报》、《中国日报》、《广州日报》、《羊城晚报》等纷纷对宝供进行了采访报道。

二、发展第三方物流的经验和做法

宝供所获得的发展与成绩受到了客户和社会的认同，也对中国物流行业的发展产生了一定影响，主要的经验与体会有：

（一）坚持观念创新，大胆探索物流领域

实践证明：正是创新，推动了宝供持续的发

展。公司成立几年来，宝供公司始终坚持“不管大步、小步，始终领先一步”的创新理念，努力挑战自我，在物流领域不断探索与创新。

1、转变物流观，建立超前的物流服务管理模式

对市场机会的敏锐观察促使宝供认识到传统购分块经营、多头负责的储运模式不能适应市场发展的需要。于是，从公司成立开始，宝供就打破传统的储运模式，建立了门对门一体化全过程物流服务方式，从生产中心到销售末端，无论中间经过多少环节，采用多少运输模式，始终实施全过程负责。宝供首先采用这种服务模式为宝洁公司提供服务，它使宝洁在中国的分销业务得以顺利开展。这一创新的服务方式后来得到了众多跨国公司的接受和认可。

2.优化客户物流模式，为客户创造价值

在为客户提供服务的过程中，宝供始终秉承“为客户创造价值”的经营理念，优化客户服务模式以提高服务质量、降低物流成本。宝供为飞利浦公司已提供了两年多的物流服务，使其从65万台的电视机库存下降到3万台，利润直线上升； TCL过去用于物流方面的费用占总产值2.7%，宝供介入后下降到2.2%，每年节约物流费用1亿多元。

公司成立后的几年时间里，从打破传统，建立门对门的服务方式，到提供物流全过程的服务，至目前的提供第三方物流供应链服务，宝供始终孜孜不倦地在现代物流领域进行着大胆的尝试与探索。

(二)重视人才的选拔与培养

宝供集团认为：市场竞争归根结底是人才的竞争，在成功企业的背后，必有一支高素质的人才队伍和良好的用人机制。几年来，宝供在吸引招纳人才、员工培训及用人机制建设方面做了大量的努力，力求培养出物流领域最优秀的人才队伍。同时，宝供也在业界创办了“物流奖励基金”及“物流高级研讨会”，激励与推进物流行业人才的成长与进步。

1、坚持“高定位、高起点”的招聘原则

早在1994年公司成立之初，宝供招聘的第一批员工就是大学生。目前，宝供集团共有员工700多名，大专以上学历的占74.8%，其中还汇集了一批包括教授、博士、硕士在内的高层次专业人才。同时，公司还力邀国内外物流领域的资深人士组成专家顾问小组。

2.加强在职员工的培训力度

宝供团队多年来形成了一支学习型的团队，这与公司不遗余力在员工培训方面进行投入有着密切关系。公司专门设立了培训机构负责培训系统的建立及实施，包括培训计划的制定、实施、跟踪和管理。宝供的员工每年年初会与他们的上司共同制定一份个人培训计划。培训的基本内容包含入职培训、岗位培训、素质培训、提高培训。培训的师资，既有企业自身的资深管理人员或专业人士，也有企业外部专家教授及一些著名培训机构的培训师。通过长期有计划、有成效的培训，宝供塑造并培养了一批物流专才。

3.建立良好的用人机制

宝供公司一直视员工为最宝贵的财富，公司尊重和重视人才，每年，公司都会与员工共同制定个人发展目标和发展计划，并尽力为他们创造良好的工作氛围和实现价值的舞台。公司建立完善的考核与激励机制，奖励选拔与提升表现突出的员工，而不受与工作表现无关因素的影响，这是宝供尊重每一位员工所坚持的原则。

4.主办产、官、学、研相结合的“物流技术与管理发展高级研讨会”

从1997年始，宝供在国家经贸委等支持下，与北京工商大学合作，每年召开一次“物流技术与管理发展高级研讨会”，邀请中外物流界的专家、学者、政府主管部门的领导及企业的物流管理者交流、研讨、传播现代物流知识及理论、技术方法，解决物流实践中存在的问题，介绍先进的物流技术与管理经验。至今为止，宝供已成功举办了五届研讨会，历次的研讨会均得到了社会各界的普遍关注，并引起了强烈反响。

5.创办物流奖励基金

2000年8月18日，宝供集团在钓鱼台国宾馆召开新闻发布会，独家发起并出资设立“宝供物流奖励基金”，该基金每年出资100万元用于无偿奖励在物流科技、物流理论、物流管理工作及对物流宣传普及方面有突出贡献的各类人才，这是目前国内物流领域中唯一的、由企业独家发起并出资的社会公益性的奖励基金。

（三）建立物流运作网络，加强物流信息管理

1.宝供物流运作网络中的任何点，都具有仓储、接发货、装卸、配送等物流各环节运作功能，都遵循严格统一的服务标准、操作规程、管理规范，并通过基于INTERNET/INTRANET的信息系统确保网络化的信息沟通，确保公司总部对网络的集中控制，确保面向客户一致的、一体化的、可跟踪的全过程服务。它从根本上改变了传统储运接货、发货、送货多头负责，出现问题相互推诿的被动局面，极大地提高了客户满意度。

此外，宝供运作网络的功能还在于：可以在全国各地拓展客户，获取更多的物流业务；通过全国性的车辆调度及配载，整合资源，提高资源利用率，降低运作成本，为客户节省物流费用。实践证明，这种做法，既受客户的支持和欢迎，也有利于企业自身的发展。

2.建立基于Internet/Intranet的物流信息管理系统

宝供公司从1996年开始就思索运用计算机技术于物流业务管理上，公司在1997年开始建立基于Internet/Intranet的全国性物流信息系统，宝供集团大胆采用了当时最先进的开放技术，并通过严格的管理制度确保了信息的及时、准确、有效性。系统的成功实施，使宝供运作的每一个单据、每一个环节都进人了信息化的管理，实现了宝供对全国各地物流信息实时动态地跟踪管理，使得公司总部能够集中了解到各地各个环节每一个业务运作，使宝供全国统一的服务规范和质量控制能够固化在网络化的计算机软件中得到不折不扣的执行。

同时，宝供在业界开始主动向客户提供信息共享服务，通过INTERNET或其他网络方式，向客户实时动态地传递货物信息，该系统还可根据客户的要求，以灵活的方式向客户提供各种业务所需的报表和数据。

2001年，宝供还通过物流信息平台实现了与飞利浦、宝洁、红牛等多家客户的电子数据交换，工作效率得到了飞跃性提高。

（四）强化科学管理，建立运作管理、质量保证系统并采用先进的管理手段

科学的管理是维持一个企业良性运作的根本保障，唯有科学的管理才能出效益。为加强公司内部管理工作，宝供建立了一系列严密的管理体系，并采用了先进的现代化管理技术和手段。同时，宝供良好的企业文化又有利地推进了公司的科学管理。

1.建立运作管理系统及质量保证系统

宝供的核心业务管理系统主要包括“运作管理系统”、“质量保证系统”、“客户管理系统”等。

为规划业务部门的运作标准，宝供建立了规范化的业务运作管理系统，系统明确规定了业务运作管理机构的设置及职能、操作岗位及职责、作业分类及运作流程、各项作业的标准操作程序(SOP)以及各项作业的考核办法。而各项作业的标准操作程序非常具体明确，包括仓储SOP、铁路发运SOP、铁路到达SOP、公路运输SOP、空运SOP、海运SOP等等，对于新开发业务则严格按客户的要求制定相应的新业务运作流程和规定。以上这些已汇辑成《系统手册》，作为物流业务运作的工作准则，通过对其正确实施，规范了业务运作，确保了物流服务的可靠性、稳定性。

1996年，宝供公司以GMP为蓝本，结合公司实际制定了宝供的质量保证系统，它确立了物流质量管理的10个关键要素，每个要素都有着深厚的内涵，宝供将每项要素的具体标准及要求，汇编成《质量管理手册》，在公司内全面施行，该手册要求每位员工都要树立明确的质量意识，都有质量职责。公司总部专门设立质量管理部，具体落实贯彻《质量管理手册》。质量管理系统购推行，使每项业务运作自始至终处于系统严密的质量跟踪及控制之下，从而确保了运作质量。去年全公司的运输残损率控制在1.018%，基本上做到了“万无一失”。将工业化标准运用在物流服务中，是宝供实现物流服务产业化、规模化的关键因素。

2.采用先进的、现代化的管理手段

在企业管理的过程中，宝供还大量辅之以先进的计算机及其他现代化管理手段，宝供公司建立了基于 Internet／Intranet的物流信息系统。实现了公司对全国各地物流运作信息的在线实时跟踪管理。2001 年，公司借助 VPN 平台、运用 XML 技术实现了与客户方的电子数据交换，全面代替了传统的传真、输单等手工操作。同时在运输车队及仓库采用了 GPS系统及条码技术。实践证明，这些技术在公司的普遍运用已大大提高了服务质量，提高了工作效率。下一步，宝供物流信息系统还将对数据的自动动态分析、自动识别、自动优化调配、自动分拣、物流仿真技术等进行开发研究。

3.科学管理的根基——宝供企业文化

多年的发展孕育了宝供良好且独特的企业文化，它有利地推动了宝供科学管理体系的建立与实施。“诚实、负责、信任、进取、创新”的价值观已深深地烙在了宝供人的心里，它引导着宝供人自觉按企业文化规范行为。同时，宝供还通过创办内部刊物、宣传栏、举办座谈会等多种渠道宣导企业文化，传达企业精神，加强管理层与员工层的互动、沟通，畅通了制度贯彻和实施科学管理的渠道。

三、物流发展工作思路

随着中国加入 WTO 及经济全球一体化进程的加快，现代物流业将成为国民经济的重要产业和经济增长点。企业也开始对物流提出更多更高的要求和期望。同时，企业营销模式的革命性变化直接导致了流通领域的变革，“多品种”、“小批量”、“多批次”运输、JIT 配送、“零库存”的方式将上升为主流，面对这些物流市场及发展趋势，宝供的思路是通过不断创新、科学管理、专业人才的积累来谋求企业的壮大发展。宝供 2002 年的发展思路是：

（一）完成物流基地项目的建设

2001 年初，宝供便开始在广州、苏州两地征地兴建大型现代化、高效的物流基地。2002 年，宝供将完成第一期的基地建设任务并投入使用。这两个大型物流基地将在充分利用宝供公司运作网络、信息网络、客户网络，发挥宝供市场优势、管理优势、人才优势的基础上建设成为一个现代化、社会化、国际化物流综合服务平台，为国内外的各界企业提供集商流、物流、信息流为一体的供应链服务。

（二）充实物流服务内涵——大力发展配送业务，开展国际货运业务

随着企业营销模式的革命性变化，流通领域也正经历着空前的变革，“多品种”、“小批量”、“多批次”运输、JIT 配送、“零库存”的方式将上升为主流，面对这些发展趋势对物流领域的影响，明年，宝供将在全国主要城市建立高效的、现代化的配送体系，大力发展城市深度分销配送，打通从制造到最终零售的高效通道。为顺应全球经济一体化及加入 WTO 的趋势，宝供还将开展国际货运业务，设立更多的海外业务点，拓展海外物流业务，将宝供物流网络及服务向国外扩展延伸，实现“宝供物流，链接全球”。

（三）加强物流个性化服务，为客户创造价值

2002 年，公司将在物流功能性服务的基础上追求个性化服务，努力为客户创造更多的价值。宝供将根据客户需求，量体裁衣地为客户提供物流策划方案及物流运作方案。同时，宝供也将结合不同客户需求，不断提升与完善现有的物流信息系统，引进现代化信息技术及自动化智能化的物流技术，并在去年与飞利浦、红牛、宝洁等公司成功完成三种形式 EDI 项目的基础上，实现今年与更多客户的电子数据对接，进一步提升物流运作效率，更直接、更高效地服务于客户。

（四）加强企业内部管理——建立宝供的 ERP 系统，推行 ISO9000

2002年，宝供将借助ERP系统的建立及ISO9000的推行，不断优化业务管理流程，强化内部管理，提升企业质量管理水平。

（五）努力培育和铸就企业的物流人才

2002年，宝供将进一步提升现有员工的物流业务专业技能和综合能力，进一步吸引国内外高素质人才，建立物流博士后流动工作站。同时，我们也将继续办好宝供的“一会一奖”，即“物流技术与管理发展高级研讨会”与“宝供物流奖”的评奖与颁奖活动。

（六）加强资本运作

进一步加强现代企业管理，在未来2～3年内创造条件，争取上市，扩大社会融资，促进企业加速发展。

21世纪是大物流、大流通的时代，在新的一年乃至今后一段时间里，“整合社会、企业内部及企业间的资源，提供一体化、网络、信息驱动的物流服务，缔造国内乃至国际领先的第三方物流企业集团”将始终是宝供物流努力发展的方向。

（供稿：宝供物流企业集团有限公司）

中国远洋运输（集团）总公司

一、优化资源结构，发挥整体优势

为了更好地适应国际物流市场需要，进一步增强市场竞争力，1995年，中远开始对所属陆上货运企业进行了重大改组和调整。这次整合，是对集团成员的中汽运总公司、外轮代理总公司以及各远洋运输公司下属货运公司的陆上货运资产进行重组，成立了中远国际货运有限公司。为使中远船、岸资源按照市场原则进行配置，更加贴近市场，中远首先由中货公司组建了国内七个口岸地区公司，从根本上解决了中远陆上货运资源布局不合理、利用不充分、重复投资、内部竞争、发展缓慢等弊端。1997年，对中远船队按照专业化生产要求又进行了经营战略性调整。同时，对海外一个地区的众多业务机构进行归口管理并成立了香港、新加坡、美洲、欧洲、日本、澳洲、非洲、西亚、韩国九大区域公司，通过理顺新体制，形成了优势，改变了中远集团在计划经济体制下多年的企业组织结构，实现了中远集团跨国经营的总体构架及全球业务分布的新格局。

通过此次资产重组和经营战略调整，使中远物流资源得到了合理利用，加快了中远物流发展步伐。如中货公司为满足客户的需求，建立了中货全球卫星定位及通讯调度系统，在国内铺设了300多个业务网点，与铁路等部门合作建立了32条海铁联运线，其中以“中国远洋号”命名的联运线有3条。同时，对所属2000多辆集装箱卡车运输实现了动态管理。另外，结合中远集装箱班轮需要开辟了长江、珠江内支线航线48条，投入驳船60多艘，初步形成了与中远干线船配套的国内支线网络，到2000年中货公司系统年完成重箱量已达到126万TEU。中远美洲公司近几年在铁路和内陆集卡车运输方面有了较大发展，年承运内陆集装箱由21万TEU增加到50万TEU。该公司在承运内陆集装箱运输的同时，充分利用中远集装箱空箱调运，承揽美国国内第三方货物运输，为客户提供经济、及时的服务。中远英国公司下属明晶货运公司(CRYSTALLOGISTICS LTD)自组建以来，围绕着航线两端的延伸服务，积极开展内陆运输，每年完成内陆运输量约8万TEU，其中11%为欧洲大陆货，此外每年还为中远班轮揽货约3000TEU。中远欧洲公司、澳洲公司等也积极采取措施整合本区域内的物流资源，以发挥中远区域物流的优势。

中远物流资源的优化使中远船队在适应市场方面获得了重要支撑，中远船队的航线覆盖面从过去的160多个国家和地区增加到170多个；停泊港口由1100多个增加到1200多个；每月开出的航班数由213班增加到300班；集装箱年运量由166．3万TEU增加到399万TEU。

二、巩固航运主业，拓展现代物流

(一)调整战略，实现两个转变

2001年中远集团提出“由拥有船向控制船转变，由全球航运承运人向全球物流经营人转变”的发展战略，为贯彻该战略，中远及时对主业结构进行了调整，同时制定了中远集团物流发展规划。近几年来，中远船队船舶载重吨由过去1700万吨增加到2300万吨，平均船龄由15.1年降到11年。中远船队的扩大和年轻化趋势不但巩固了航运主业的国际地位，同时，由于航运规模经营优势带来的客户群又成为中远物流业发展的稳定资源，船队和物流企业形成了积极良性的互动关系，促进了中远物流业持续发展。

(二)建立健全机构，加强中远物流管理

为了充分利用集团全球资源，发挥集团整体优势，打出中远物流品牌，去年中远集团总公司成立了物流管理职能机构，下设国内外各区域物流公司。区域物流公司根据经营管理需要设置若干国家(或口岸公司)公司，负责中远全球的物流业务。在总公司的统一管理下，各区域公司重点负责中远全球物流项目开发及区域内、外物流项目间的运作管理等。

为了进一步加强中远物流管理，中远结合本企业的实际情况先后下发了《中远集团物流与信息整合方案》、《中远物流简报》、《中远物流项目管理暂行办法》、《例会制度》、《中远物流业务统计月报》等办法和规定，逐步规范了各项工作，使中远物流健康、有序开展。

(三)大力拓展现代物流服务

以强大的航运实力为依托，充分利用中远全球物流资源，以中国市场为基础，以跨国公司物流需求为目标，对客户服务由运输扩展到仓储、加工、配送，直至深入到产品生产、流通、分配、消费的大部分环节，通过开展增值服务，提高盈利能力和市场竞争力。几年来，中远以客户满意为中心，以上海通用汽车、海尔电器、保伦鞋业三个典型项目为突破口，积极开发了各类物流项目73个，同时还积极走访东风汽车、长虹、福特汽车、科龙、沃尔玛等大型客户了解需求，共同协商开发物流配送方案。为使中远物流尽快与国际接轨，中远还积极与世界上著名的美智咨询公司合作，聘请美智公司作为中远的物流咨询顾问公司，引进国外先进技术和管理经验，并通过示范项目的实施与推广，进一步加快中远全球化物流发展进程。在物流通道的建设方面，为了及时抓住西部大开发这一历史性机遇，中远重点发展了国内沿海口岸至内陆的海铁联运业务，相继开通了以“中国远洋号”命名的上海／成都、上海／重庆、青岛／郑州／西安三条铁路五定班列。特别是“中远三号”的开通，第一次实现了中远由铁路托运人向承运人的转变。2000年底，中远又与中铁集签署了铁路服务协议，为中远现有32条五定班列专线进一步发展创造了有利条件。

(四)强化中远网络建设

物流网络化是物流信息化之必然，是电子商务下物流活动的主要特征。物流为了保证对产品促销提供快速、全方位服务，需要有完善、健全的物流网络体系支持，分散的物流单体只有形成网络才能满足现代化生产与流通的需要。1996～1997年间中远完成了集团TDI中心和EDI网络建设，该EDI网络基本覆盖国内50多家货运和外代网点，实现了对海关和港口的EDI报文交换，并通过北京EDI中心实现了与GEIS EDI中心的互联，连通了海内外中远集团海外各区域公司。1997年1月，中远集团总公司正式开通了WWW．COSCO．COM．CN网站。北美、欧洲、中远集运、中远散运、广远等各所属单位的因特网网站也相继建成，为中远开辟了一条通过因特网与外界通讯，加速中远信息流转的新途径。

2000年7月，中远集团成立了网络公司并推出了一系列措施，将在优化现有有形网点布局的基础上，通过强化基于英特网的中远网建设，实现有形网点的一体化和网络化，建立起可以同时服务中远内外的综合网络体系，以此来实现中远在全球范围内配置航运和物流资源的目的。为巩固中远全球承运人的地位，并使中远逐步向全球物流经营人转变，中远将加快制定、实施现代物流战略，通过调整结构，形成实体，以具有全球供应链跨国公司为主要客户群，以先进的信息技术和全球物流电子商务平台为依托，以提供全过程整体解决方案为服务产品，迅速推进物流业的发展。

（五）积极开发物流信息系统

物流网络化的基础是信息化，信息化可以为中远高起点推进现代物流提供可能。建立中远集团物流信息系统的根本目的是对中远物流资源各种管理信息实行高度集成、动态查询、快速处理和资源共享，为客户提供快捷、安全、经济、合理的服务。为充分适应当前信息技术和电子商务发展，中货公司通过努力完成了“1231”工程，即通过开发“5156.com.cn”物流网站，将“网上仓库管理信息系统”、“网上汽车调度信息系统”和“网上定舱信息系统”、“网上结算”等功能模块进行集成，并正在开发价格、保险系统，目的在于为客户提供便捷的网上物流交易电子商务平台，为物流项目的开发和运作提供技术支持。同时中远还开通了全球范围内“800—810—5156”物流服务热线，大大方便了货主，拓展了物流交易渠道。

为使全系统服务质量由目前的单纯定性评价向更为精确的定量评价过渡，去年，中远与清华大学合作，正式启动了“TCSS——客户完全满意体系”研究开发工作。它利用国际上先进的客户满意度评价原理，对服务体系和服务质量提供全面、科学、客观的评价标准，这对于推动中远物流系统整体服务质量的客户持续满意将具有深远的意义。

三、提高科技含量，积极推行品牌服务

（一）建立计算机电子订舱及网上服务系统

1997年中远率先在国内同行中推出了计算机电子委托订舱业务。这一业务的开展，突破了传统服务中的速度慢、效率低、工作量大、差错率高的问题，将PC机直接送到客户的办公桌上，使客户足不出户便可办理货物出口业务流程中的委托订舱、单证制作、信息查询等多种业务手续。在电子订舱基础上，中远紧跟国际上最先进的网上营销手段，经过不到一年的艰苦开发，终于通过国际互联网向全球客户推出了具有网上订舱、中转查询和信息公告等多项业务操作功能的国际货运网上服务系统，从而使全球互联网用户均可直接在网上与公司开展商务活动。中远推出的整套网上营销系统，具有较强的双向操作功能和较高的服务效率。其中电子订舱系统可使每一位网上用户在任何地区和时间内，通过互联网与公司开展委托订舱业务，任何一位客户只要具备上网条件，都可足不出户地直接访问公司的电子订舱系统。货物运输及中转查询系统可使客户对货物实行动态跟踪，在网上随时查询单证流转、海关申报状况、进出口及中转货物的走向等相关信息。信息公告系统还可以在最短的时间内将中远有关船期调整、运价变化等情况在互联网上作出及时反映。电子商务的成功开展，提高了营销手段的科技含量，促进了中远物流的发展。

（二）推行客户方便的“一站服务”

1998年1月，中远正式向客户推出了一站服务(即0NE STOP SERVICE)品牌。这项营销举措的推出使公司在客户心中的形象有了全新的改变。一站服务的基本原理是：由中远全球营销网络中的每一个服务窗口全部接受业务，并完成客户原先需在公司其他几个部门或窗口才能完成的托运操作手续，从而最大程度地为客户提供便捷和优化的服务。从客户角度说，他们只要找一位业务员，进一道门，办理一次委托手续，就可以将极其繁复的出运操作流程交付给中远一站服务人员去处理。一站服务的最大优越性

在于：让客户找的人越少越好，让客户等的时间越短越好，让客户来公司的次数越少越好，让客户越方便越好。事实证明，以客户的满意来优化中远的经营模式，是成功的营销。

（三）直接参与客户经营活动的“绿色服务”

1999年1月，中远在以满足客户需要为主旨的“一站服务”模式基础上，以超越客户需求，创造新的客户需求的营销理念推出了绿色服务这一更为优越的营销模式。绿色服务从公司派出优秀的业务人员进驻客户单位进行联合办公这一形式开始，客户只需向这些业务人员提供委托书或订舱书，然后整个出运业务流程的运转便全部由这些高素质、高效率的业务人员来完成。与一站服务不同的是，中远的业务人员直接参与了客户的经营活动，在与客户的伙伴关系中直接为客户创造价值。中远一旦接受了客户委托，便要向客户出具书面承诺。该承诺意味着从接受委托这一刻起，公司将承担起出运过程中所遇到的一切风险，从而较好地突出了“快捷、高效、安全、方便”的服务特色。它使客户摆脱了出运过程中诸多业务上的细节，从而远离风险。现在中远的绿色服务已经受到了客户的高度评价，市场反响良好。中远相信这一新的服务模式，一定会让更多的客户获得更多的价值，也会使中远的营销水平再上一个新的台阶。

（四）以技术创新为优势，参与国际项目竞争

通过提高营销的科技含量，将目标市场集中定位于跨国公司和大型基本建设项目上。中标三峡工程运输项目就是中远最近获得多个大型成功项目中的一个案例。三峡工程是全国首屈一指的超巨型工程，其左岸电站共安装14台700兆瓦水轮发电机组，法国阿尔斯通、瑞士ABB集团、加拿大通用电气以及德国的西门子等欧美著名大型水电机厂商共同组成联营体，成为该次设备的供应商，机组设备将在9个国家的17个工厂进行制造加工，其中水轮机单机容量达70万千瓦，是目前世界上最大的水轮机组。参加此次三峡工程进口设备运输招标的共有9家国内外知名的国际运输企业。大家都知道客户的需要就是“万无一失”。而运输单件达430吨的水轮机，在长江航运史上就从未有过先例，为确保“万元一失”，中远搜集了上千份的长江水文、气象、航道等资料。在此基础上分析了各环节的难点、重点，独家运用自行编制的计算机决策系统进行反复仿真模拟，独家并在国内首次运用全球卫星定位系统(GPS)，变客户过去被动了解设备动态，为24小时全天候主动掌握设备动态。先进的科技手段在客户心中培养出这样一种独特的营销理念，即“货物始终掌握在客户自己手中”。

（五）以客户满意为中心，提供整体解决方案

近几年来，中远在开发物流项目过程中，以客户满意为中心，注重整体解决方案，在实践中取得了一定成效。如上海通用汽车项目是上海市1998年一号工程，总投资15.2亿美元，是中美两国迄今为止最大的合资企业。该公司从北美进口 CKD汽车散件，海运、保税、港口卸货、内陆运输等整体运作方案是由我们设计的，并取得了合作成功，目前年运量达到6000FEU。海尔物流项目是该公司家电业的物流配送项目，海尔公司每年出口计划的80%装配中远船，该公司与海尔合作，首先是建立了智能化配箱系统、装箱条形码管理，并相互联网，在青岛中货的计算机平台上实现了数据交换。目前已在全国六个地区的省内、市内、城间实行成品配送服务。保伦鞋业是美国最大的鞋业销售商，该公司每年从中国进口大量鞋类产品，并且原材料大多配套进口。每月分别从深圳、厦门、上海、青岛、天津出口鞋子约2000 × 40’HQ，并保持持续增长的良好势头。中远向该公司及时推出了内陆运输—港口集中存储—品质检验—拼图装箱—分批出库—通关装船—目的地交货等全过程服务，受到了客户的欢迎，其中青岛地区的操作受到了客户的高度评价。此外，最近中标的连云港因湾核电站设备运输项目，该项目建设总投资32.5亿美元，是中俄目前最大的经济合作项目。中远根据该项目设备运输周期长、操作复杂、多环节等要求，集中了本系统的全球物流资源，精心组织策划，在面对国内外27家竞争对手的强大阵容面前，打出了一张中远物流品牌，在激烈的竞争中一举中标。

随着经济全球化和区域集团化发展，物流业国际化成为一种强大的潮流，网络化和电子商务的发展又加快了这一国际化进程。21世纪亚洲太平洋地区将成为全球经济贸易中心，中国将成为世界最大的工业制造中心和最重要的货物生成地，面对这样一个物流发展的新阶段，中远要抓住有利时机，克服传统观念影响，加快现代物流进程，努力缩短中远同世界先进同行的差距，迈上新台阶，实现新跨越，跟上新世纪变革的步伐。

（供稿：中国远洋运输总公司）

中国外运集团

一、概　况

中国外运集团是以中国对外贸易运输（集团）总公司（以下简称中国外运）为母公司，以运输为主业，全面发展的，实行跨地区、跨行业和跨国经营的大型国有企业集团，是经国务院批准的国家120家大型试点企业集团之一。2001年，被国家经贸委确定为中国34家重点物流联系企业之一。

中国外运成立于1950年，经过50多年的发展，在国内外拥有了完善的业务经营网络。业务范围包括：货运代理、海洋运输、租船、船舶经营、班轮运输、船务代理、航空货运、航空快件、铁路运输、汽车运输、多式联运、仓储、进出口贸易，以及对外经济合作、工程承包、金融、保险、旅游、房地产等诸多领域。2001年集团的国内经营额达140亿元，集团总资产240亿元人民币。

二、中国外运的发展战略

中国入世，机遇与挑战并存。外运（集团）总公司冷静分析了入世后企业所面临的市场环境，于1999年就制定了《中国外运集团战略发展纲要》，提出把中国外运从一个传统的外贸运输企业改造升级为一个综合性的、国际化和现代化的物流企业集团。

《纲要》的制定，给改革中的外运人确立了在21世纪初叶发展的总定位、总方向、总目标。它是以高科技为先导，以市场经济为导向，以客户为中心，以先进的服务方式和使客户满意的服务质量，发展新兴的物流事业；带动“中国外运”传统储运业务的整合和优化，推动“中国外运”体制改革和管理进步，最终建立起一个社会主义市场经济环境中强大的“中国外运”，实现产业升级和企业转型，与国际接轨，迎接“入世”后的挑战，这是中国外运在社会主义市场经济条件下进行“二次创业”的主旋律。围绕这个战略目标，中国外运充分利用入世契机，加快对外运集团进行资源的优化配置，发展核心产业，提高核心竞争能力，力争在最短的时间内把中国外运打造成一个有合理网络布局、有一体化的多层次的营销体系、有标准的操作体系、具有有效的成本控制体系和有效的系统评价体系的一体化运作组织，使外运集团真正成为一个能够向市场和客户提供一流服务的世界级物流企业。

三、中国外运的物流实践

（一）广泛宣传，统一认识，使集团上下明确外运物流发展的核心产业

中国外运产业升级的要求，是在发展综合物流的总体战略目标的指导下，中国外运的核

心产业（国际货代、仓储、海运、陆运、航空运输、租船、船代等业务与新开发的满足客户和市场需求的相关业务）必须按照现代物流的标准和要求，以信息技术为依托，建立统一的作业流程和操作规范；另根据市场和客户的要求，确定主导物流产品，打造集团新的市场竞争的核心能力。今天，广大外运员工对此已经形成了高度的共识。

（二）多层次的开展物流业务

为了满足不同客户对物流服务多层次的需求，同时也是为了充分利用各级外运企业的物流服务资源，总公司决定在集团范围内多层次的开展物流业务。即在一个省、市范围内的物流业务由当地的省、市外运企业负责开发和管理；一个区域内跨省、市范围的物流业务由当地周边有关的省、市外运企业共同协商开发和管理，总公司给以必要的协调；跨区域的物流业务由集团总公司统一开发和管理，各有关的省、市外运企业共同参与完成。实践证明，这种做法有利于调动多方面的积极性，促进了集团整体物流业务的发展。

（三）积极推进大客户战略

集团总公司审时度势成立了物流发展部，统筹集团的物流发展工作。与此同时，还重点开发全国性的物流大客户。中国外运的大客户战略，即调动全集团资源获取大客户，以大客户的物流需求推动全集团的服务升级、流程再造和组织再造；在探索中积累经验，并有力地指导集团对发展物流进行进一步改革。经过深入地调查研究，将食品饮料、电子通讯产品、电子消费产品三大行业定为目标市场，为用户提供全新的物流服务。其核心产品包括：供应链管理、物流中心管理、分拨与配送、物流咨询；并提供EDI、GPS、条码、包装、装配、培训、返修服务、代收货款等增值服务。在深入理解物流市场的基础上，中国外运制订了相应的工作目标与发展策略。

作法如下：

1．采用大客户经理负责制，具体实施咨询式销售

咨询式销售是利用专业人才优势，从为特定客户提供物流咨询服务入手，深入到企业内部，提供全套物流解决方案，帮助企业整合业务流程与供应链上下游；进而提供仓储、配送等配套服务。以咨询带动其他物流服务的销售，是中国外运的独特经营方式。

实践证明，咨询式销售也是拓展客户的有力途径。大客户经理针对每个客户的不同特点，成立独立的项目组，组织行业专家、大客户代表、作业管理部门、项目经理等人员，从始至终负责整个项目的销售、方案设计与服务实施。这样做保证了项目的实施效果，提高了客户满意度。

2．坚持在尽可能低的总成本条件下，实现既定服务水平的物流服务总目标

中国外运认为第三方物流提供商的竞争优势体现在物流成本与物流效率两个基本要素的综合平衡上，也是为客户带来最大物流服务效应的唯一选择。因此，中国外运在物流发展之初，就拥有一个既有现实性又有一定前瞻性的价值目标，从而避免了工作中的盲目性。

3．以国际大型跨国公司与国内名牌企业为目标客户

在客户营销方面，现阶段将重点放在了跨国公司、三资企业及国内名牌企业方面，这样不但能使公司新兴的物流业务得到稳步扩大，同时也会接触到国际上先进的物流理念，有利于提高物流服务能力。一年多来，外运集团已经为明基、爱立信、夏普、联想、飞利浦、摩托罗拉、卡夫、帕玛拉特、柯达等一批知名跨国公司提供产品的库存管理、分拨和配送等服务，不断地扩大着自己的市场份额。

4．推进流程再造与组织再造，建立适合物流市场的服务体系

中国外运从微观的企业管理角度入手，制定标准流程，并规范业务的各个环节，使公司内部各单位的运作高效有序，保证各项服务维持在既定的质量标准之上。这既是一个公司实现

其对客户承诺的基本保障之一，也是物流公司核心竞争力的一种体现。所以，物流流程的再造，成为中国外运向物流企业转型的首要任务。目前，流程再造已经取得了积极进展，以总公司物流部为中心，集团已经成立了16家地方物流部，一个稳定、统一的物流服务体系初具规模。

5.大力提高物流服务的科技含量与知识含量，培养新的核心能力

提高物流服务和科技知识含量是中国外运产业升级的一个重要方面。中国外运以高起点、高速度、低成本建设物流信息系统为指导思想，在对多家评估的基础上选购了美国CA公司的物流软件；并在摩托罗拉、明基和NUTRICIA三个项目中，开始实施全程跟踪物流管理信息系统。同时，为了培养物流人才，特别是培养以知识密集型为特征的供应链管理与物流设计人才，公司加大了对人力资本的投入，为物流事业的发展提供了很好的人员保障。

6.将研发、咨询、销售相结合，不断为客户提供增值服务

中国外运的物流服务定位是建立在“双赢”基础上的，这种双赢的关系不仅仅体现在业务的合同性、稳定性上，更重要的是体现在双方共同的物流目标上，即如何才能更充分的挖掘现代物流的效能，更多地为客户创造价值。为了实现这一点，中国外运的物流服务不是静态的，而是有一个不断创新、不断发展、不断延伸的动态演变过程。只有积极地投入到目标客户物流体系的研究中去，才能找出更有效、更经济、更科学的物流运作方式。从综合的储运服务、物流配送的后勤保障，到全过程的供应链管理，有意识地推动客户物流观念的转变、采取新的运作方式并延伸到对公司的物流需求，这种关系给双方带来的是一个双赢的结果。

7.积极开拓展览、体育等物流服务业

会展经济正在日益为人们所重视。1999年，外运集团成功地为在我国昆明举办的世界园艺博览会提供了全面的物流服务。目前，中国外运作为固定物流服务商的知名会展还有：开罗国际博览会、科隆五金展、法兰克福灯具展、迪拜外商投资成果展等国际大展。

在体育赛事物流服务方面，外运集团成功地为1990年的第11届北京亚运会提供了全面的货物总代理服务；2001年9月又为参加北京第21届世界大学生运动会的各国代表提供了优质的国际货运服务，得到了大会组委会的表彰。同年，在举国关注的北京申办2008年奥运会的工作中，外运总公司及时组织力量倾力支持，为北京申奥成功做出了积极的贡献，受到了北京奥申委的表扬。为借助奥运东风，实现外运与体育产业的“双赢”，集团总公司及时与中国奥委会签约，成为了中国奥委会在国内物流和货运服务行业的独家高级赞助商，荣幸地成为2004年第28届（雅典）奥运会、第19届冬奥会中国体育代表团货运和物流的高级赞助商。2002年初，又被国家推荐为2010年上海申办世界博览会的企业后援团成员，中国外运愿把这方面的服务做得更好，为国家为民族争光。

（撰稿：中国外运集团 刘建新）

深圳平湖物流基地

一、概　况

平湖物流基地位于深圳市北部，是深圳市建设区域性物流中心城市战略的先导性工程，是深圳市“十五”规划重点基础建设项目。按照深圳市第三次党代会的要求，平湖物流基地的开发目标是：发挥平湖交通便利的优势，建设辐

射周边及国内外的大型物流配送基地。根据深圳是现代物流业发展的战略规划，平湖物流基地、盐田港物流园区和西部港物流园区分别位于平南铁路、平盐铁路的三个端点，共同构成了深圳的一个“物流三角”，这个三角稳固地嵌在了深圳市的正中，将港口、铁路以及高速公路串联在了一起，形成了深圳物流空间布局的一个主体框架。

平湖物流基地作为深圳市规划的六大物流园区其中之一，它是唯一一家以政府投资为主体兴建的物流园区。它的这一特性决定了它的功能定位——优化投资政策、优化服务。它这方面上。是为入驻企业提供配套设施的建设，包括搭建基地内的硬件和软件方面的物流平台。

二、市场定位与开发模式

(一) 市场定位

平湖物流基地首期开发区规划出两大功能片区，即占地2.6平方公里的综合物流园区和占地1.8平方公里的中转物流园区。通过对市场的细分，在两大功能片区内确定出三大目标市场：仓储配送市场、货物集散市场和集装箱中转市场。

(二) 开发模式

“五位一体”、“多式联运”模式：

综合物流园区占地2.6平方公里，是“以市场信息为基础、以产品配送为主业、以现代仓储为配套、以多式联运为手段、以商品交易为依托”五位一体模式发展。

中转物流园区占地1.8平方公里，是以多式联运为手段，发展以港口及货代企业为对象的集装箱国际转运业务和国际货运业务。

(三)“产学研”一体化

从2002年开始，平湖物流基地积极探索产、学、研一体化发展途径，与清华大学合作兴建的——清华大学·深圳龙岗物流规划联合研究中心已正式启动；2002年国内第一个以教学和观摩为主要目的的公共示范仓进入了全面的规划阶段。

(四)“战略联盟”

2001年，根据深圳市、区两级“建设辐射周边及国内外的大型配送基地”的战略要求，平湖物流基地将着力构筑全国范围内的物流基地联盟，以实现辐射带动功能，扩张服务辐射范围，形成整体聚合优势。经过三年多的发展，平湖物流基地已与深圳市六大物流园区共同竞争与合作，与大京九沿线省份形成供应链关系，与国内外物流企业形成战略伙伴关系。

三、代表项目

(一) 万佳百货配送中心

万佳百货配送中心位于平湖物流基地的综合物流园区内，占地4万平方米，建筑面积6万平方米，建设投资2亿元人民币。该中心设计配送能力为每年100亿人民币，配送范围300公里，配送对象为30家分店，日均进出货物20万箱，日均用车量为300辆。2001年12月25日，万佳百货配送中心正式动工，这标志着平湖物流基地实现了从基础建设到项目建设的转变。该配送中心建成后，可利用基地的交通条件和区位条件，不断扩大万佳百货的经济辐射范围，并可满足公司今后在华南地区的发展需要。

在多变的市场竞争中，该公司不仅在迅速崛起中得到长足的发展，而且还取得了令人瞩目的经济效益，其中1999年度营业额突破10亿元，居广东省同行业第二，2000年上半年营业额近8亿元，居广东省同行业第一。

(二) 深圳市平湖生产资料物流中心

深圳市长宜物流股份有限公司(原深圳市平湖批发市场股份有限公司)成立于1993年，注册资本为6000万元人民币。该公司在平湖物流基地内沿富安大道、平新大道拥有红线用地20多万平方米，拟在该地块内建设深圳市平湖生产资料物流中心。该项目是深圳市重点建设项目之一，已列入《深圳市九五重大项目计划》。

深圳市平湖生产资料物流中心定位于现代化商品物流中心，目标是通过大市场、大流通、大信息、大配送的运作，运用现代物流理念和现代信息技术，衔接并辐射国际、国内两大市场，形成国内外大宗商品的批发交易、展示窗口、仓储集散、加工配送、价格形成、信息网络等六大功能。

四、信息平台

2001年1月9日，由平湖物流基地主办，由北京、上海、成都、沈阳、贵阳等地五大物流基地加盟的"中国物流基地联盟网"（www.base56.com.cn）正式在国际互联网上亮相，该网站的开通，标志着平湖物流基地"以市场信息为基础、以产品配送为主业、以现代仓储为配套、以多式联运为手段、以商品交易为依托"五位一体发展模式的全面建立和进一步完善；标志着平湖物流基地与国内其他城市骨干物流基地建立多边合作、共同推动中国物流产业快速发展的战略全面启动。

作为一个大型的物流专业门户网，"中国物流基地联盟网"在为平湖物流基地及入驻企业提供日常服务的基础上，将建成一个为全国物流企业特别是大型物流基地提供资讯服务、上网服务乃至进行电子商务的综合信息平台，还将和清华大学、北方交通大学、西南交通大学、北京物资学院、北京贯通现代物流研究所等院校和科研单位共同开展远程物流教育，与中国物流网、亚洲物流在线、中运网、中海物流网等共同推动全国范围内的网上交易。

2002年初，在国家经贸委召开的全国现代物流工作重点联系单位第一次联席会议上，原则通过了由平湖物流基地代建国家经贸委物流重点联系企业工作平台的决定，为"中国物流基地联盟网"成为国内权威的专业物流信息中心打下了基础。

五、"一揽子"服务原则

平湖物流基地的职能既包含管理又包含服务，在招商引资方面，"服务"显得更为重要和突出，而服务又要以便利商家为出发点。目前，基地实行的措施是"一揽子"服务的方式，即从项目跟踪开始，专人负责某一项目的全方位服务工作，把对企业的被动服务变为主动服务，单项服务变为综合服务。例如，万佳百货配送中心在建设期间，供水供电等基础设施方面未能全面到位，平湖物流基地本着以"想商家之所想，急商家之所急"为宗旨的"一揽子"服务原则，想万佳之所想，急万佳之所急，在供水供电方面与水厂、供电公司取得协商，将问题落到实处，为该企业彻底解决了高功能的双路供电供水问题。这种"一揽子"服务的方式，受到了入驻企业筹建负责人的高度评价。

国际中转功能区是基地的重要功能区之一，目前，多家跨国物流企业已与基地多次接洽，就入驻该功能区与基地办达成意向并进行了初步的选址。其中，以香港九广铁路公司平湖货运中心最具代表性，该项目拟占地40万m^2，首期投资6亿港币。大型项目势必要求更为完善的投资环境，就目前情况看，通关条件是一个比较突出的瓶颈问题。2001年，基地办通过多方努力与海关总署、国家口岸办、深圳海关总关、笋岗海关等单位建立了联系，海关总署已初步表态同意在平湖设立口岸。2002年2月，深圳海关组织总关办公室、总关监管处、笋岗海关三个单位联合成立了调研小组，就在平湖基地设立通关条件的必要性以及具体运作管理模式进行调研。基地办抓住这个机遇，也组织了专门力量全力配合，并参与调研小组的具体工作，力争在年内落实解决基地通关条件的问题。通关问题的解决，将使平湖物流基地受到更多国内外的商家关注与好评。

六、结束语

平湖物流基地今后的工作仍将放在物流基础设施的建设方面上，因为未来的现代物流体系是建立在物流基础设施之上的。同时，会继续加大在物流基础设施方面的投资力度，并从宏观方面入手，作好总体的物流规划，以达到我国物流的合理化和物流整体效益的最优化，将有限的资金合理规划，权衡使用，改变目前我国物流业各部门互不协调、重复建设的现状。充分利用大中城市的地理优势和经济实力，建立一些大的全国性的物流网络，从而推动物流业向集团化、联合化、规模化方面发展。

作为全国物流基地建设的先行者，平湖物流基地的成功实践，得到了国家行业主管部门和相关单位的肯定与好评。1999 年 8 月，被中国物流与采购联合会确立为国内唯一的“物流试验基地”；2001 年被国家经贸委确定为中国 34 家物流重点联系单位之一；从 1999 年起，平湖物流基地历年来被深圳市人民政府认定为市级重大建设项目。

（供稿：深圳平湖物流基地）

华运通物流有限公司

一、概　况

华运通物流有限公司于 1999 年 3 月成立，是国家经贸委 34 家重点联系的物流企业之一。公司总部设在北京，在全国主要大中城市和交通枢纽地区设有分公司和配送中心，并拥有一个覆盖全国的、完善的物流配送网络系统。公司致力于为大中型企业的原材料供应、产成品转移和销售提供供应链管理和物流服务；为商业连锁企业提供多点进货、多点分送的系统服务；为电子商务提供 BtoB、BtoC 配送保证。公司的运营方式是物流总代理，即系统设计、网络运输、多点配送、全方位服务、全过程跟踪。公司从成立至今，利用先进的物流理念和专业化的物流技术，已经成功地为 20 余家国内外知名企业量身定制了高效、快捷、安全的专业物流服务。

二、华运通物流有限公司的核心能力

（一）卓越的物流信息管理系统

华运通从成立开始就非常重视信息系统的建设，为此成立了信息系统研发专门小组；并在系统实施过程中根据客户的要求和新技术的应用进行持续改进。从某种意义上讲，对于一个非资产型的第三方物流企业来说，拥有一套完善的物流管理信息平台来开展和整合物流业务，比拥有自己的车队和仓库更为重要。华运通的物流管理信息平台有如下特点和功能：

1. 华运通的物流管理信息系统采用 Java 语言编写，支持 HTTP、SSL、J2EE、COM+ 业界标准，是跨平台的开放系统。

2. 支持 SET，多级身份验证和密码保护，确保运作指令和数据传递的准确和安全。

3. 对内可以将公司总部与全国各地的配送中心联结成一个内部通信网，公司通过系统合理调配和使用车辆、库房、人员等各种资源，以便统一调度、统一管理和集中决策。

4. 对外能与上游的厂商和下游的最终收货人通过 EDI 链接，客户端通过 WEB 浏览器，可随时了解货物的动态情况（包含在途运输状况、各地库存状况等）；并提供实时的信息查询、统计报表及承运物品的各种运作指标。

（二）完备的物流配送网络

华运通物流有限公司有遍及中国的 7 家分公司、20 家配送中心和 2 个办事处。可提供全国范围的干线运输（铁路、公路、水路、航空），中转接发、库存保管、加工包装、区域及城市内配送，以及运费垫付、货款结算、业务统计、人才培训等全天候、全方位、全过程的综合物流服务，有强大的物流网络来支持服务。

（三）物流人才优势

华运通公司董事长沈绍基先生是中国仓储协会秘书长，是国内知名的物流专家，在物流业界享有广泛的知名度。华运通公司还有从台湾聘请来的物流管理专家，具有台湾物流管理经验和物流资源背景，再加上160余名的资深物流从业人员、高级物流专家，为客户们提供全方位、全天候、全过程的综合物流服务。

三、为客户量身定制物流解决方案

华运通公司是一家非资产型的第三方物流公司，在全国拥有可随时调动的5000辆车源，超过50万平方米的仓储资源，有极其优越的物流资源整合优势。华运通从成立至今的3年多时间里，已为数十家客户量身定制了专业的物流解决方案，这些成功做法主要有以下几点：

（一）专门的项目小组

华运通对运作地点涉及两个以上的全国性大客户，会成立专门的项目小组，实行项目负责制管理。从试运行前的实地调研开始，项目小组对客户物流服务的每一个环节负全责：即从实地调研到制定和持续改进物流运作方案；对干线运输、区域配送和仓储的各个环节负全责；对出现意外情况，积极与客户以及收货人联系，协助客户解决并承担损失，确保货主利益。

（二）实地调研，按客户要求，量身定制科学的物流运作方案

华运通承认并尊重每一位客户的特点和根据其服务要求的不同，保证为客户设计的物流运作方案适合客户的个性特征，因此，华运通对所有欲合作的客户，都要先进行实地调研。华运通的物流服务，是从调查、分析、评估客户现行的物流系统与物流需求开始的，并立足于客户的供应链现状与发展目标；通过前期的实地调研，从全局和长远的角度出发，由华运通物流专家和客户一起设计适合于客户供应链特征的、科学的、基于客户确认的物流运作方案。华运通根据物流运作方案，设定标准操作程序SOP (standard operation process),确保公司的每一个岗位、每一项任务环节都按标准程序工作。这些标准操作程序有：运输服务规范标准操作程序、仓储服务规范标准操作程序、合作商确认规范标准操作程序，这些标准操作程序确保了每一步作业都按章操作、减少差错、提高运作质量，为客户提供稳定的、始终如一的物流作业服务。

（三）试运行、评估，持续改进物流运作方案

华运通对试运行的所有客户，都会制订出推进计划，并与客户一起来评估、改善试运行的物流运作方案。所有的物流运作方案都要支持和符合客户业务拓展的需求，真正为客户提供后继无忧的后勤保障。

（四）正式运作及物流总代理

经过试运行的评估改善后，华运通与客户签订正式运行合同，从系统设计、网络运输、多点配送、全方位服务、全过程跟踪的物流总代理来满足客户的整体物流服务要求，以达到系统最优。在华运通项目制管理下的所有客户，只要发出运作指令，华运通都能及时、准确、安全、经济地完成，并提供随时随地的查询和报表服务。

四、选择华运通给企业带来的益处

华运通目前已与十多家国内外跨国企业建立了战略合作伙伴关系，积累了家电、食品、饮料、保健品、电子机械制造、纸业等行业的物流总代理经验。华运通的战略合作伙伴在与华运通合作过程中逐步体会到了专业物流的优势：

（一）减少了在物流环节上资源的投入

很多与华运通公司建立了伙伴关系的企业，缩减或取消了分公司或办事处的物流管理机构；减少了人力资源和资金的投入，降低了运营风险。

（二）有效控制了物流总成本

华运通通过总体最优化策略，重新评估设计并持续改进的专家级物流运作方案；可对企业物流的全过程进行有效的策划、实施、监控和整合；有效控制了客户的物流运作总成本。选择华运通以后，客户的平均存货成本降低了20%，运输成本降低了至少8%。

（三）一站式物流服务所带来的便利

华运通项目制管理下的所有客户，只要发出物流运作指令，其余的都让华运通来完成，客户可以专注于核心业务的开展。

（四）提高了客户的物流服务质量和后勤保障力度

客户的主要物流运作指标如：运输按时到货率、货损率、丢失率、货物签收回单；仓储库存准确率、库存破损率、随时提供库存报告及报告的准确性、客户投诉都有较大改善。

（供稿：华运通物流有限公司）

北京医药股份有限公司

北京医药股份有限公司是经北京市政府批准，于2000年12月正式成立的股份制企业，年销售额20亿元，为北京市最大的医药流通企业。2001年5月，北京医药股份有限公司成为全国首批、北京市第一家通过国家级《药品经营质量管理规范》GSP认证的企业。同年，又被国家经贸委确定为中国34家物流重点联系企业之一。

一、利用自身优势，明确发展目标

公司在医药批发方面，与国内外上千家医药厂商建立了稳定的合作伙伴关系，并设有5家销售分公司，市场覆盖面占到北京市甲级以上医疗单位和零售药店的98%以上；在零售连锁方面，拥有经国家药品监督管理局特许跨省连锁的医保全新大药房有限责任公司，目前已在北京发展了160余家连锁药店。

股份公司成立之时，正值国家大力同步推进城镇职工基本医疗保险制度、医疗卫生体制和药品生产流通体制三项改革时期。国家经贸委在《关于深化医药流通体制改革的指导意见》和《医药行业十五规划》中明确指出，在药品批发企业中倡导代理配送制，在医药零售企业中倡导连锁经营制。北京市政府专门制定的《北京生物工程与医药产业发展振兴纲要》，也明确提出扶植发展药品经营规模化、医药零售连锁化的流通企业。中国加入WTO后，承诺在2003年1月1日起对外资开放药品分销服务业，即允许外商在中国从事药品采购、仓储、运输、配送、批发、零售等一系列经营活动，届时国内的医药流通企业将直接面对国际跨国公司的全面竞争。为适应改革、迎接挑战，北京医药股份有限公司决心抓住当前国家还尚未对外全面开放医药商业的有利时机，加快发展的步伐，努力做大做强，增强企业实力；但不可否认的是传统的医药流通企业物流配送属于劳动密集型行业，技术含量较低，人工操作成本高，费时费力，效率低下，信息沟通不畅，配送速度慢，已经成为严重制约企业发展的“瓶颈”。而现代物流将网络信息技术与光机电技术有机结合起来，促进商流、物流和信息流的高效统一，这对于传统的流通方式来说将是一场革命。为此，公司把建立现代医药物流中心确定为企业近期内发展的重要目标，与企业扩大医药代理配送和零售连锁相匹配，进一步促进规模化、集约化、连锁化经营，提高核心竞争力。公司的这一规划目标，得到了北京市政府的较大关注和大力支持。

二、审时度势，实施北京现代医药物流中心项目

目前，北京现代医药物流中心项目正在实施之中。该物流中心位于北京市广安门外马连道商业物流园区内，建筑面积达1.2万平方米，总投资约3 000万元人民币（不含土建），整体设计及技术设备均从世界先进物流设计、生产制造企业西门子德马泰克集团引进，预计2003年上半年全部竣工并投入使用。新建的北京现代医药物流中心将根据现代物流和GSP的要求来进行整体方案设计，不仅要有前瞻性，而且符合

医药物流配送特点具有可操作性。其主要特色是：

（一）将先进的仓储管理系统（WMS）与现代化物流设备相结合，实现与企业ERP的无缝对接，提高对市场快速反应能力。

（二）采用RF无线射频技术与电子标签拣选系统，完成商品入库、出库和复核。

（三）采用高速垂直输送和水平输送系统，取代人工在货场内的低效走动。

（四）采用电子识别系统，实现商品自动分拣。现代医药物流中心将极大地提高操作效率和收发货准确率，降低物流成本，减少流通费用，能较好地满足企业日益增长的零售连锁区域配送需要，同时配合企业由传统的医药批发模式向代理配送方式转变，向社会提供更有价值和更为满意的服务。

2002年7月18日，由北京医药股份有限公司和西门子德马泰克集团合作建设现代医药物流中心项目在北京成功签约。这是西门子德马泰克集团在中国安装的第一个现代化的医药物流系统。通过合作，促进北京医药股份有限公司市场网络资源和西门子德马泰克集团先进物流技术的紧密结合，这无疑将会从根本上改变北京传统医药流通企业科技含量低的状况，并在全国医药行业中处于领先地位，对振兴北京新医药产业、乃至发展国内现代物流行业起到重要的推动作用。

三、进一步推动企业可持续发展

北京医药股份有限公司在完成此项目的基础上，为进一步达到推动企业可持续发展的目的，公司“十五”期间还将建设多个大型医药物流中心（含第三方物流）。

这些大型医药物流中心选择在地理位置较好、交通十分便利、幅射范围较广的地区建设，这为公司今后扩大规模经营和实现跨省连锁、拓展第三方物流业务、巩固和发展与国内外大型企业战略合作伙伴关系而创造新的条件。

（供稿：北京医药股份有限公司）

快步易捷（广州）信息服务有限公司

一、概　况

快步易捷公司是国内首家以财务驱动为目标的专业物流解决方案供应商，同时拥有自己的核心物流软件，为制造业、分销业、零售业及物流业的领先企业提供先进可行的“一站到位”式物流策略、流程和信息技术解决方案，并为客户提供系统性和权威性的专业物流培训。另外，由于是每一项服务均针对于企业不同的战略层面量身订制，从而全方位地帮助企业在短时间内改善物流状况，直接为企业提高了利润。

2000年，快步易捷的物流信息系统被英特尔公司(Intel)评为亚太地区BtoB成功案例。2001年，快步易捷被国家经贸委指定为中国34家物流重点联系企业中，唯一一家专门从事物流专业化解决方案的公司。

二、发展战略及企业特点

快步易捷之所以能够在短短两年的时间里，拥有众多的成功案例，并在物流业界享有较高知名度，是因为快步拥有高素质的专家队伍，是他们将物流与IT专长相结合，把海外与本土的经验融会贯通。

（一）快步在国内率先从战略高度认识到，物流体系变革对企业财务状况产生的巨大影响，并基于此创新出一整套从战略、模式到运作的改革方案。快步针对国内分销网络的现状第一个提出一体化物流管理模式，并将之应用于国内大批领袖企业；和光、TCL、科龙、小天鹅等企业都是借助于快步新的物流管理模式来提高企业竞争力。

（二）在高新物流技术领域，快步易捷研发出XDI技术；使用XML技术通过将不同企业数据转换成通用文档的egisitcs标准格式，来实现跨企业物流流程的电子化协作。XDI技术与WMS、TMS等物流软件系统捆绑应用，更能轻松实现企业内部各个环节或企业与多个合作伙伴间的系统对接，因而达到全过程电子化物流管理的目的，这不仅大大缩短了企业之间物流流程的响应时间，还杜绝了人为的错误，从而降低了供应链过程中的前置时间，为企业降低了物流总成本。

（三）快步易捷第一个将国外物流培训机构和教材引入中国，并成功进行了多次高级物流培训。2001年，300多位跨国和国内知名企业的高级物流经理，通过快步的培训为中国物流经理人提供了一个良好的交流平台，并已将其形成中国最高端的物流精英网络。

（四）快步易捷创新出一套完整的，以行业供应链为出发点来开发和规划大型物流枢纽的完整模式，并应用于天津、深圳、北京等地的大型项目中。

更重要的是快步易捷不仅与客户一起发现问题，提出解决方案，同时还将努力与客户长期合作，共同实施，直到真正实现既定改革目标。

三、案例

多位客户凭借着快步易捷提供的一体化物流解决方案，实现了以最优化的物流体系驱动企业财务的良性发展，从而在我国加入WTO后竞争日趋加剧的形势下，在同行业和资本市场的竞争中获取并保持领先地位。

案例1：快步易捷助力青岛啤酒集团“物流推进计划项目”

快步公司首先将国外最前沿的“第四方物流（4PL）”概念和成熟的物流商业模式引入中国，并在青啤集团“物流推进计划项目”中成功的担当了4PL的角色，为青啤集团“物流推进计划项目”的顺利实施提供了关键性的物流咨询和配套服务。

在青啤“物流推进计划项目”的实施过程中，快步资深的物流咨询专家和顾问，首先对青啤项目进行了深入细致的“物流快速诊断和审计”，帮助青啤找出它在物流方面所存在的核心问题以及具体的物流需求，并在此基础上为青啤项目的具体实施，提供了专业化的物流规划策略和相应的方法论。经过切实而有效的物流诊断，青啤集团及时发现了自己在物流整体规划和具体细节方面所存在的关键问题。

目前，青啤在快步的咨询成果基础上，与招商局物流有限公司进行合作，并共同出资组建了青岛啤酒招商局物流有限公司，该公司于2002年1月1日就投入了运行。

案例2：快步易捷与安泰达共同规划未来

国内家电行业的领先企业科龙、小天鹅与国内著名的物流企业“中国远洋运输集团”计划合资建立一个专业化的家电物流服务平台——广州安泰达物流有限公司，快步易捷担任了安泰达物流规划项目的合作伙伴。

快步首先对科龙、小天鹅的物流现状进行了审计：选择供应商、选用运输工具、确定运输路线、确定每次运货批量、跟踪在途货物、有效利用仓库、确定最佳库存量、确定库存时间、提高服务水平做好自动补货、订单管理等有效的控制物流成本，并在操作中做好物流信息传输、整理、统计、分析、控制的不断优化整合。这样，物流信息平台的雏形就建立起来了。

同时，通过对科龙、小天鹅两家集团的供应链现状的深入调研，快步易捷发现，要想从以前专为某一企业服务的物流部门转型为家电行业的专业物流平台，安泰达还需要在仓储管理、运输管理两个方面进行整合。

根据快步的实施方案，安泰达配置相应的

人力资源，并对仓储和运输进行了全面整合，经过一段时间的运作，效果显著。另外，实时、可靠的数据和稳定的响应时间也为安泰达带来了实际收益。目前，安泰达已经顺利接收了科龙、小天鹅的全部业务，并可以为它们提供仓储、运输之外的一些增值服务，使得库存管理能力大大提高，实现了在不降低服务水平的前提下总成本达到最低的要求，从而在真正意义上来讲，体现了高效物流系统的“第三利润源泉”作用。

案例3：快步易捷与TCL联手打造一体化物流服务平台

面对家电行业格局的巨大变化，TCL意识到目前的物流体系已不能适应多元化产品和多元化渠道环境下的竞争要求。

快步易捷派出由物流运作、供应链模型、财务等各方面的专家，与TCL组成了物流规划项目组。从TCL当前物流运作的系统调研分析入手，建立了包括预测、计划、分货补货、物流网络、生产基地为主的供应链动态模型，以历史数据进行仿真优化，并以此为参考提出了总体的物流体系方案设计。同时，充分考虑了TCL销售公司与事业部以及全国分支机构的关系特点，以及物流部门局限于长途运输管理的基本能力，提出了具体的实施步骤和计划，并且准确定位了每一步的投资和回报预期。

目前，快步易捷正与TCL一起工作，并逐步将一体化物流服务平台的构想转为现实，该项目的成功实施将在短期内使TCL的库存水平和物流总体成本大幅度下降。

除了参与关键项目的实施，快步易捷还在物流管理的各方面提供专业的意见，如协助物流管理部门建立选择第三方物流服务商的原则和条件，提供中立的评估意见，为TCL全国的物流经理进行专业培训等等。

长期的合作加深了双方的理解与信任，伙伴关系成为大家共同的宝贵资源。

四、未　来

从供应链变革的思路到清晰的供应链战略，从战略、系统到可行的实施方案；从方案到组织、IT系统及运作模式等各方面的具体落实，再一步步创造出体现在企业财务报表中量化的真实收益和竞争优势。另外，作为企业长期的物流系统合作伙伴，快步易捷将伴随着企业的供应链持续创新，并希望将自己的专业能力和创新精神融入到中国现代物流体系的建设中，努力成为所有中国创新企业长期的合作伙伴。

（供稿：快步易捷（广州）信息服务有限公司）

新华书店总店

新华书店总店是中央一级图书、音像出版物大型批发企业，隶属国家新闻出版总署；在2001年，被国家经贸委指定为中国34家物流重点联系单位之一。新华书店总店具有60余年的书业营销运作经验，在长期发展中，构筑了全国性的赊销客户网络、仓储运输网络和资金结算网络，具备集约化、规模化经营条件。近年来，为适应图书市场日益发展的需要，在图书发行业务中加大高新科技手段的利用。目前，正在建设全国出版物信息网络系统和企业业务管理网络，并正在筹划电子商务BtoB图书业务系统。企业机构健全，实力雄厚，拥有固定资产逾3亿元，营销面积及仓储场地近8万平方米，年物流吞吐量可达20亿元，承担了向全国5000余家各级新华书店及社会书店办理中央一级、北京地区及全国各地500多家出版社的出入物进发货业务。

随着社会主义市场经济逐步建立和完善，新华书店总店不断加快改革步伐，并在改革中发展壮大。特别是近几年来，企业效益不断提升，年均销售额、毛利率、利润总额、库存额分别为12.8亿元、7.33%、2400万元和1.57亿元。主营图书批发业务构成较为合理。通过多年积累，企业资产总额已达7亿元，其中所有者权益3.98亿元，资产负债率多年来保持在50%左右的合理水平。图书市场覆盖率90%以上，图书销售市场占有率5～7%左右，并将逐年扩大，成为国有图书发行行业中不可或缺的重要中坚力量。随着图书市场不断向“统一、开放、竞争、有序”的方向发展，新华书店总店将会有更大的作为和发展。

企业现有职工近千人，职工队伍稳定，业务人员素质较高，管理人员爱岗敬业，具有较丰富的发行经验和业务综合实力。

近年，本店坚持以“市场开发”为指针，积极推进代理寄销制和推销制，构思适应市场经济发展的新思路，推行区域发展战略，努力增强自身的实力与活力，调整资源配置，实现产业的多元化组合。目前，企业已初步构建了若干个经营系统：

以北京发行所和批销中心为主的图书期、现货采购供销系统；

上海东华图书发行代理有限公司为主的图书区域批发系统；

以大型商场门市为主的图书音像零售连锁网络系统；

新华音像租赁发行有限公司为主的图书、音像、电子出版物制作发行及社区连锁销售实体；

以储运公司、物流中心为主的图书物流配送系统；

以《中国图书商报》为主的，以图书信息服务为经营手段的媒体广告实体；

以信息中心为主的与出版信息发布和出版物传统征订业务相结合的图书电子商务系统和进销业务计算机化的管理体系；

以物业管理服务为主的资产经营实体；

以书香园宾馆和中新华旅行社为主的多种经营实体。

新世纪，新华书店总店继续坚持以深化改革、转换管理、开拓经营、促进自身稳步发展的方针，力争经济效益稳步增长，把企业建设成为辐射全国的大型现代化图书流通中心。同时，也将继续解放思想，并按照党的十五届五中全会精神，实行体制和科技创新，加快企业改革，推进快速发展，以繁荣图书市场为己任，实施“大公司战略”，加快向现代企业制度的转移，使企业实现由“大”向“强”的根本转变。

（供稿：新华书店总店）

嘉维克网络科技有限公司

北京嘉维克网络科技公司成立于2000年，注册资本2350万元人民币，投资方为华南实业有限公司。主要研究方向是以多年的第三方物流实践为依托，并结合在中－俄国际物流领域深入研究的基础上，提供从国际物流技术咨询到解决方案设计、软件开发、专用设备研制、网络工程、系统集成等全方位服务。

一、中－俄国际贸易背景及特点

新世纪伊始，中俄战略伙伴关系进入全面深入发展的历史时期，两国建立了“世纪友好，永不为敌”的新型国家关系。中俄互为最大邻国和主要贸易伙伴，经济互补性强，发展双边贸易合作潜力巨大，扩大对俄贸易，全面提升双边经贸合作水平是我国对俄贸易的重大战略举措。

近年来，中俄贸易市场呈现逐步增长的趋势，民间贸易获得了很大的发展，但中俄贸易由于贸易品种单一，双方市场都不健全和不规范，符合国际规范的机制也尚不完善等因素，影响了双边贸易和发展，更加大了中－俄之间物流公司操作困难程度。

中俄民间贸易具有以下特点：

（一）客户数量庞大，不容易识别把握。

（二）市场预测会受到中－俄两国政治、经济、季节、地域等因素影响，客户收发货物在时效性上要求极高。

（三）两国物流公司的网络化、信息化、自动化水平都非常低。

（四）两国的物流公司都没有健全、统一的市场运作标准。

（五）两国的物流公司在资金面、信息面上都缺乏大规模的市场运作能力。

二、嘉维克公司在中—俄国际物流领域的服务内容

针对中俄航空货物运输的需求情况，嘉维克公司开发研制了航空货物运输信息管理系统。

该系统包括17个子系统，共115个模块。主要为：储运管理、销售管理、包机管理、机场服务管理、国外办事处管理、客户管理、运营财务管理、员工绩效考核管理、辅助决策管理等系统。

其主要功能是用以解决航空运输的货物从接受委托到完成委托（交给客户）的全过程中物流信息的自动化、网络化管理。

（一）实现管理的自动化

1.系统利用条形码对货物进行单包跟踪管理，实现货物录入自动化，数据输出自动化和数据管理自动化的目标。

2.完成了单据管理自动化。

3.具有高效方便的客户服务和业务查询功能。

4.自动化生成各种统计报表。

（二）建立辅助决策支持系统

为了适应航空运输中配舱的要求，应用最优化管理，建立了机舱配置的最优化数字模型，实现了配舱自动化，同时还开发了货物定价、收货和相关的辅助决策系统。

（三）研制数据采集和无线传输器，货物体积、重量自动识别仪，实现数据自动采集和无线传输，避免人为差错。

（四）本系统具有以下特点：

1.实用性——具有广阔的业务范围和实际运作经验，可应用于包装加工、仓储、配送、运输、国际贸易等多项物流操作业务。

2.先进性——中俄间的国际贸易特点决定了这种物流信息系统的复杂性，即物流配送呈现出集中化、规模化、专业化；客户消费则表现为多样化、个性化，这些特点反映在物流服务上则是多品种、少批量、多批次、短周期。本系统有机的处理上述矛盾，同时建立了具有国内先进水平的机舱和集装箱优化配舱数字模型，因此，可以满足国内大多数物流行业的软件需求。

3.通用性——通过运作管理标准化操作，使运作流与信息流完美结合，并符合国际物流标准和规范，适用任何以国际惯例操作的物流环境。

4.可靠性——具有良好的安全措施，保证系统的数据安全和运行安全。

5.灵活性——具有灵活的功能模块组合性能，可根据企业的不同需要量体裁衣。

6.易操作性——具有直观的操作界面，所有的说明都以帮助文档的形式出现。

7.可扩展性——具有良好的继承性，以适合将来系统功能增加和升级。

8.可维护性——拥有良好的维护手段，方便的进行现场或远程不停机维护。

9.配套性——本系统软件配合公司独自研发的数据无线传输器和正在调试的货物体积、重量、条码扫描自动计量器，实现了软硬件的有机结合，从而更好地为客户服务。

10.时效性——本系统与外部设备的完美结合，提高了客户的工作效率，从而使客户投诉率降低。

11.廉价性——本系统是公司自主研发的物流系统，与国际同类产品相比价格优势明显。

三、航空货物运输信息管理系统在合作伙伴及中俄物流领域中的应用

嘉维克公司拥有软通动力公司、华圣国际运输服务公司、瑞龙森物流公司等优秀的战略合作伙伴。他们涉及软件、仓储、空运、路运、配送、货代、国际贸易等物流领域。

嘉维克公司与其战略伙伴构成的物流服务网络目前只是为中－俄国际物流服务，在工作流程、数据管理和交换、有效资源的合理调配等方面均有较突出的贡献。例如：华圣与瑞龙森都是经营对俄贸易的物流公司，前者为主营空运业务，而后者为铁路路运业务。嘉维克利用本系统对信息资源的掌握，可以有机的把两者的仓库、包装加工、货物运输的信息资源调动起来，并对中－俄货物运输市场进行预测，从而使客户更加准确的把握市场商机。

航空货物运输信息管理系统是基于C/S结构设计而成的，嘉维克公司与软通动力软件公司合作利用其B/S结构开发经验而组成更具核心竞争力的战略要求，从而使本系统的升级版将更符合当今国际贸易的发展潮流。

嘉维克公司以中－俄贸易的多种不规范物流服务实践为研究对象，在大量分析、研究的基础上完成了人工物流管理向计算机信息系统管理的转变。

四、结束语

随着中俄贸易的不断深入发展，嘉维克公司所提供的电子商务、物流资源管理系统和多种先进物流技术集成的物流解决方案等，将会在中俄物流领域起到越来越重要的作用。

（供稿：嘉维克网络科技有限公司）

连云港中海集装箱码头有限公司

一、概　述

地处新亚欧大陆桥东方桥头堡的连云港中海集装箱码头有限公司（以下简称“连云港中海码头”）成立于2000年5月，是由连云港港务局、中国海运集团强强联合的合资公司。近年来，连云港中海码头公司外树形象、内抓管理，在改善公司软、硬条件上下工夫，综合实力显著增强，在“西部大开发”和我国加入WTO中扮演着重要的角色。

现代物流业对全球的各个行业都产生了重要的影响，其中对运输业的冲击最大。连云港中海码头公司敏锐地感觉到发展港口物流化经营，对港口经营和社会经济的发展有重要的意义，于是积极地由码头承运人向物流经营人转变，并借助连云港港务局、中国海运集团合作经营集装箱码头的有利契机，以满足客户需求为中心，从改变港口单一的装卸功能入手，以物流作业能力的形成为基础，以信息技术为支撑，大力发展物流事业，最终在强手如林的货运市场上站稳脚跟。2001年公司集装箱吞吐量一举突破15万TEU，2002年上半年集装箱吞吐量突破10万TEU，同比递增35%。

二、实施大物流战略，提高物流作业能力

“竞争力才是根本，规模不是一切”。面对激烈的市场竞争，连云港中海码头利用其作为“东方桥头堡”的区位优势，在2001年初启动了大物流战略。

（一）进一步拓展腹地的市场网络。先后在郑州、西安、成都等腹地中心城市以及连云港周

边的鲁南、苏北经济带设立货源开发办事处，与当地的货代携手合作，协调解决在查验、铁运、汽运等方面的瓶颈问题，直接上门为货主提供一条龙服务。

（二）抓住“西部大开发”的机遇，整合物流资源。先后协调解决了四川、陕西、甘肃、河南等地区进出口货源在连云港发运的转关问题，开通了连云港至西安、郑州、成都的集装箱专列和至绵阳的“五定班列”，中西部地区的货源通过铁路可一步到港，直接上船发运，大大降低了货主的成本，缩短了货物流动的时间。连云港以其独特的优势被有关专家誉为中国加入WTO和实施“西部大开发”的最佳结合点。

（三）在连云港周边500公里以内的腹地，积极开展集卡车双向配货业务，以大客户为纽带，降低公路运输的整体成本，吸引中小货主，收到良好的成效。

（四）协调船公司，在内外贸舱位互用、船公司舱位共享等方面，也做了一些有益的尝试和探索。

通过上述措施的实施，连云港中海码头的市场辐射范围和占有率不断扩大，与一些新的大客户建立了较为稳定的合作关系。

三、建立有效的物流质量保证体系

（一）按照市场经济规则，建立了优质服务开发组织，完善了优质服务考核体系，使公司的经营运作充分体现客户需要哪些服务，而不是能为客户提供哪些服务，真正做到客户第一，一切从客户的需要出发，千方百计方便客户，满足客户的要求，将服务延伸到生产中去。

为客户着想，为客户的客户着想，同时还要考虑到客户已经面临的问题和客户尚未预见到的问题，将“为客户创造价值”的经营理念切实融入到生产经营中去。因此，在口岸历次船、货代测评中，公司屡获好评。

（二）按照物流运作“高效、安全”的整体要求，在原有的质量管理体系的基础上，根据整合的作业流程，重新设定岗位标准、服务内容、服务范围。在传统的质量管理中赋予了新的内涵，推行标准化作业制度，导入创新机制，使之与原有ISO9000质量保证体系达到相辅相承、相得益彰的效果。2001年公司未发生任何重大货损、货差事故，装卸效率稳步提高，现已达到32个自然箱／小时。另外，公司还有针对性地对一些潜在货源或新货种组织人员研究出与之相配套的拆装、装卸工艺，稳固了新的货源。

（三）信息化、网络化管理是现代港口发展的重要特征，应用TNTERNET、EDI、GPS等计算机支持的信息管理系统，达到了物流全过程的可视化和自动化管理的目标。目前，公司利用自建的EDI中心与口岸船公司货代、查验单位联网，实现电子通关和贸易无纸化，建立起公共交易平台，初步实现了“信息共享”的目标。

四、健全组织机构，培养物流人才

为更好地推进物流业的发展，连云港中海码头抽调业务骨干、吸收物流人才，专门成立了物流发展部，与原有的市场开发部配套运作物流业务，形成一支多层次的物流营销队伍，使物流业务从市场调研到具体运作处于可控状态，为物流工作深入开展打下了坚实的基础。

在员工培训上，连云港中海码头除积极派员参加各种物流培训、研讨与交流外，还聘请国内大专院校的专家、教授到公司讲课，鼓励和支持员工利用业余时间自学物流知识，从知识和观念方面改造员工。同时，公司还非常重视物流人才的引进工作，这些都为发展物流业奠定了人才基础。

五、布局建网、物畅其流

“布局建网、物畅其流”是连云港中海码头公司大力拓展现代物流业的手段和目标。目前，公司在拓展集装箱主业生产的同时，正着手进行大规模的码头基础设施建设；进一步提升其在华东地区的区域性国际物流中心的地位。充分发挥新亚欧大陆桥东方桥头堡的作用，以及独有集铁路、高速公路网于一体的运输优势，力争用3年左右的时间，形成集装箱吞吐量40万TEU的规模，并可为客户提供经营技术咨询、管理培训以及仓储、装卸和管理为主业；面向海内外，为广大客户提供订仓、报关、运输、配送在内的全程物流服务，逐渐成为第三方物流领域的新型码头公司。

（供稿：连云港中海集装箱码头有限公司）

北京中邮创制机电技术有限公司

北京中邮创制机电技术有限公司，是国家邮政局、国家邮政局科学研究规划院、北京晨光创业投资有限公司共同组建的集新产品研发、生产制造、系统集成为一体的股份制企业。

作为源于邮政的现代物流系统工程设计公司，中邮创制也伴随中国物流产业的快速发展而不断发展、壮大、成长、成熟。在推进成熟的邮政物流技术社会化、特别是物流中心技术与装备的研发方面做了许多积极的探索和实践，也积累了大量不同行业、企业物流运作的基础资料和经验。

公司独立开发具有自主知识产权的通用分拣机，经北京市科学技术委员会评审，被认定为高新技术企业。

一、对现代物流的基本认识

从追求的功能目标看，传统物流与现代物流并无区别：一方面实现以量为标准的运输、仓储、搬运、包装、加工和信息功能；另一方面实现以质为标准的时间、成本和效率保证功能，但从其承载的使命和实现的手段看，却有着本质的区别。传统物流的重点在于实物的移动，而现代物流则要求整合供应链上的所有资源以实现商流、物流和信息流三流一体的系统运作；同时依靠现代信息技术和通信技术的广泛应用以实现物流各环节的自动化、计算机化、信息化、网络化、电子商务化和智能化。在此过程中传统功能模块的连接方式、出入端口数量、流程顺序等也必然发生极大的变化而形成新的运作模式。因此，现代物流的基本任务并不是上述各功能模块现代化实施过程本身，而是建立在对不同行业或企业特点分析基础上的物流运作模式再造。这也是中邮创制在将邮政物流经验向其他行业广泛社会化过程中一直着力解决的核心问题。

二、物流运作模式再造的基本思路

按照供应链系统管理的一致性原则，即物流运作模式首先是源于企业或行业的管理模式。而管理模式又是寻着这样的轨迹而来，即管理模式来源于企业的竞争战略；竞争战略又来源于企业的发展战略，而决定企业发展战略的重要依据是目标客户的需求。因此，针对不同的产品、不同的客户服务要求和不同的市场竞争环境，物流运作的管理模式也是不尽相同的。目前，我国物流整体发展水平尚不平衡，因此在实际项目中中邮创制本着立足当前需要、着眼未来发展的原则，依据上述各功能的关联程度，将物流中心的运行程序简划为9个基本模块：进货、搬运、储存、盘点、定单处理、拣选、补货、发货和配送；信息系统归纳为6个功能模块：采货进货系统、销售发货系统、库存储位管理系统、财务会计系统、运营业绩管理系统和决策支持系统。这样的设计思路主要基于三点考虑：一是满足分阶段物流现代化的需要；二是可以在各模块进出端预留柔性拓展接口；三是便于管理水平的进一步提升。

三、物流技术与设备的研发策略

尽管目前国内物流业发展势头迅猛，但在技术层面上与国外的先进水平还有很大差距。考察国内外的物流供应商可以发现，国外厂商的长项是IT系统、行业和专业经验；而国内企业的优势在于成本、本土经验和国内网络。以中邮创制的经验认为，国内企业较适宜采取整体方案源自国内、关键技术或设备国外引进或合作开发的策略。因此，经过对邮政、烟草、医药、商业等行业核心需求和其运作流程的认真分析，中邮创制与国际著名的物流设备制造商如GEBHARDT、VIASTORE、FKILOGESTEX等进行广泛的技术合作，使物流配送设备的智能化、机械化程度达到90%以上；同时在中国市场拓展方面与其结成战略合作伙伴关系，以实现中邮创制物流技术“高起点、国际水准、跨越式发展”的战略意图。中邮创制在引进、消化、吸收国际先进的物流技术基础上独立开发的通用分拣机已获得自主知识产权。

实践证明，这样的设计思路和技术策略完全符合国内大多数用户的需要。中邮创制公司在邮政、烟草、医药等行业的物流项目招标中屡次中标，设计方案和技术水平赢得广泛赞誉。

四、典型案例介绍

（一）以设计中的苏南地区配送中心为例：其设立的动因是通过将原有的配送网络剥离，进行独立经营，以激活多年来投入巨资建立起来的配送硬件系统。不但在本行业内提高运营效率、创造利润，而且在未来向其他领域如食品、商业等行业渗透，扩大利润渠道。其配送区域要求分拣、搬运方式已远远不能满足需要。因此，系统管理、集约经营、现代化装备的配送中心就势在必行。这样规模的区域物流中心不仅考验基本功能方面的设计经验和实力，而且对其前覆盖江苏省城市、农村1145个批发网点，送货达45万户零售商。如此庞大的“三流”处理量和处理端口，传统人工作业、分散仓储和独立向和后向的增值和延伸功能也提出了较高的要求。

中邮创制公司提供的设计方案中，以分拣系统为核心的设备系列较好的满足了强大的三流处理需要，最大限度抑制了通路堵塞情况的发生；时时监控系统、网络管理系统和预警系统满足了配送中心与供应链整体运行的同步要求，为强大的“三流”处理能力基础上优化资源配置提供了可靠保证；信息处理系统、设备和运作模式等方面与前向和后向模块的精密兼容保证了整个物流系统的高效通畅；具有独特优势的运路优化设计使区域内整体物流成本大幅降低、效率大幅提高。

该方案较完整的实现了业主精密、快速、无人化、自动化的要求，从入库到出库，物流量的90%完全实现了自动化处理；平均每年处理120万大箱香烟，平均拣选一条香烟的时间为0.11秒；上午接到定单，下午立即拣货、包装，并配送到中转站，次日中午送到分店。

（二）又如西北地区某大型医药经营连锁企业，在全省有300余家连锁门市；随着企业的迅速发展，连锁门市的不断增加，原有的物流和仓储系统已不能满足市场和业务的需求，成了制约该企业扩大经营规模和增加利润的瓶颈；为降低企业综合成本，提高企业经济效益，必须建立一个集物流、信息流和资金流于一身的自动化物流配送中心。中邮创制在项目咨询、整体方案设计、内部所有物流设备的规划和系统建设过程中，根据该物流中心的作业要求；按功能将其主要划分为：进货区、库存区、流通区、入库及出库暂存区、拣货区、包装区等；整体的物流系统为：订单处理系统、储位与库存管理系统、水平式旋转料架系统、电子标签辅助拣货系统、包装作业系统、包装分流系统、路线分流系统；各系统间相互作用，软、硬件间紧密相联，使该企业的ERP系统经由订单处理程序、拣货作业、包装至出货，一气呵成。

不论从成本、人力、物力，或者是时间的角度来分析，拣货作业在整个物流中心中占有极为重要的地位。在拣货作业的规划上，按商品出货频率的高低，将现场拣货区域划分为三大部分：有出货频率高的货架拣货区、出货频率中低的水平式旋料架区和出货频率低的重型货架区；其中重型货架区所存放的大多为特殊形状物品或大型物品，因不适合在输送带上传送；且占用的存放面积较大，拣货时采用原箱出货。在出货频率高的货架区则规划采用一对一电子标签辅助拣货系统、配以人工进行快速而精确的拣货，而在水平式旋转料货架区也搭配了电子标签；以实现即拣即分的省力且高效率的作业。而对于重型货架区的物品，由于形状、体积及频率的原因，则采用按单拣货的作业模式；而各拣货区之间，均以输送带作为相互间连结的动力式设备；减少人员的搬运，用自动控制来提高作业效率。此外，在拣货区中全部采用“拣货物流箱”作为各客户订单的物品承载容器；并将拣货物流箱与输送带间进行严紧的链接，以实现自动化的拣货流程。而在整体作业上采用条码作为辅助，以达到自动、精确和快速的识别控制，包括客户订单资料、拣货物流箱的外箱识别码及路线分流系统的路线资料辨识码等。该设计方案分拣能力为3000件／小时，并充分考虑系统未来的可延伸性：系统在规划上不管是软件系统还是硬件设备，均考虑其未来扩充和可延伸的空间与效能，以应对物流中心在物品数及订单量上的增长；其延伸能力可满足该公司发展到2010年的入库量，入库总数可达到350万件，其中入库件数170万件，出库件数170万件。

五、结束语

物流产业社会化、现代化是一项工程浩大、涉及面广泛、内容庞杂、技术要求繁复的系统工程，需要中国物流界的所有同仁携手做长期艰苦的努力。中邮创制公司愿以真诚的服务、精益求精的设计方案和一流的技术、设备水平为中国物流业的快速发展贡献一份力量。

（撰稿：北京中邮创制机电技术有限公司总经理　童燕平）

（注：有些物流企业虽然在物流方面开展工作比较好，但因我们人力、时间及联系方式所限，未能收入，请有关企业见谅。同时也希望这些企业积极与我们联系，将该企业的物流发展状况及案例推荐给《年鉴》编辑部，以便在下一部《年鉴》中予以介绍。）

第十部分

国外物流

全球物流概况

一、全球物流市场的规模和结构

（一）总量规模和结构

1．美国密歇根州立大学的Donald J. Bowersox博士和Roger Calantone博士于1998年首次发表了关于全球物流市场规模、结构和趋势的研究报告。报告指出，保守的测算，1996年全球物流支出为34300亿美元。其中，占全球GDP29%的北美三国的物流支出约为9150亿美元；占全球GDP27%的欧盟12国的物流支出为9410亿美元；亚太地区的物流支出为6520亿美元，其他国家则为9160亿美元。

从各国物流支出占当年名义GDP的比重来看，美国的物流运作效率最高，仅为10.5%，其次是英国为10.63%，再次是法国为11.14%。

从地区物流的发展水平来看，北美地区的物流支出平均为当年名义GDP的10.77%，欧盟12国平均为11.79%，亚太地区国家平均为11.64%，其余各国平均为12.94%。

研究表明，从1992年到1996年，全球物流支出占GDP的比重下降了3.6%，这说明全球的物流运作效率提高了。但实际的发展并不平衡。北美和欧洲是降低的，亚洲和其它欠发达国家则基本上保持了1992年的水平。

但是，密歇根州立大学后来并没有继续进行全球物流市场的研究。因为他们希望建立一个有10～15个公司和组织参加的协作体来共同增加有关全球物流成本支出的知识和研究全球物流问题，但没有找到合适的赞助单位。所以，美国物流市场研究权威Robert V. Delaney先生评论说：许多公司和组织只想得到结果，但不愿意参与产生结果的过程。

2．实际上，目前仍有若干咨询顾问公司或研究机构在从事全球物流市场或物流细分市场的测算研究。

（1）据Mercer顾问公司的分析测算，2000年全球物流总支出为3.8万亿美元。其中，北美地区1.114万亿美元；欧洲0.994万亿美元；亚太地区0.619万亿美元；其它地区1.065万亿美元。预计到2002年全球物流总支出将达4.137万亿美元。从1996年到2002年，全球物流市场的年均增长率为4%。从物流支出的行业属性来看：2000年服装行业的物流支出为3128亿美元；高技术和电子产业的物流支出为2146亿美元；汽车工业的物流支出为1131亿美元；B2B的电子商务的物流支出为665亿美元。这4个行业的物流支出构成了物流市场的主要客户群。

（2）Datamonitor商务信息公司在1999年曾发表了题为《1999全球物流》的研究报告。实际上是对占80%以上的全球物流运作公司（52家，平均有15%的收入来自于全球物流合同）的主要负责人进行深度访谈的结果。在2000年则推出题为《2000年全球物流公司概要》的研究报告中，重点分析了领先的20家全球物流公司的运营情况，包括这些公司的一些深层次的背景信息。这样的研究报告实际上是给物流企业制定市场竞争战略或做标杆分析（Benchmarking）用的。

（3）Bear Stearns投资银行公司在2000年6月举办的一次技术发展研讨会上声称：美国2000年与电子商务有关的物流市场规模约为420亿美元，预测到2004年时将达到2740亿美元。相应的第三方物流则分别为110亿美元和1000亿美元。

(4) ARC咨询公司于2001年5月发表研究报告：2000年，全球仓库管理系统软件（WMS）的销售额为8.4亿美元，到2005年将达16亿美元，年均增长率为15%。全球供应链事件管理(Supply Chain Event Management)解决方案的市场价值在2000年约为1.25亿美元，到2005年时将超过5.18亿美元，年均增长率差不多为33%。

(5) Forrester技术研究所于2001年8月预测：欧洲的在线物流收入到2005年时将达到1173亿美元，占欧洲全部物流市场的21%。卡车运输收入到2005年时将达607亿美元，其中，道路运输的在线交易额将占50%。货运服务的市场到2005年时将达308亿美元，占在线物流收入的20%。同期航空货运将只有3%转入在线交易。

事实上，不同的研究机构给出的市场测算数据可能差别很大。主要是物流理念和调统测算方法的差异造成的。由于物流理念本身在不断的丰富内涵和扩大外延，使得准确的统计测算全球物流市场的规模和结构变得更加困难。

（二）第三方物流(Third-party Logistics，3PL）的规模和结构

1.据Mercer公司的分析测算，1996年全球3PL市场份额为1340亿美元，占当年全球物流总支出的3.9%；1998年为1740亿美元，占当年全球物流总支出的5%；2000年全球3PL的市场份额为2070亿美元，占当年全球物流总支出的5.5%。预计到2002年，全球3PL的市份额将达2810亿美元，占当年物流总支出的比重将达7%，年均增长率为13%。虽然3PL市场的总量还非常低，但其年均增长率是物流市场总体增长率（4%）的3倍多。

2.3PL市场最发达的是欧洲。企业不仅将仓储和运输活动外包，而且还外包信息技术服务，订单处理，物料管理，会计结算，管理咨询和反向物流运作等。据Datamonitor公司测算：1999年欧洲3PL的市场价值为422亿美元，占全部物流成本支出的比重为27.4%。预计到2005年的比重将达30.6%，为650亿美元，年均增长率为6.5%。

3.在3PL市场中，与仓库的功能从存货中心转向分拨中心再转向增值服务中心的过程相适应，以增值仓储或分拨服务为主业的第三方物流市场的增长最为显著。制造商正在把越来越多的简单装配，产品配套，包装贴标等工作转移到第三方仓库实施。

二、大物流公司的全球物流运作

大规模的并购和重组是大物流公司战略调整和全球物流市场整合的最主要特征。德国、英国和荷兰的物流企业主要是向美国的市场扩张，而美国的第三方物流企业则将全球化的目标主要定位在欧洲、南美和亚洲。

有专家统计，在过去5年中发生的重要的物流企业并购案有33起。涉及17家主要的物流公司，包括APL，德国邮政，EGL，FedEx，PBB全球物流，荷兰邮政，UPS和USF货运公司等。其中，比较典型的有：

1.2000年9月，荷兰邮政集团（TPG）收购了英国著名的泰勒－巴那德(Taylor Barnard)运输和配送公司（年营业额为1.6亿美元、有2200名员工、750部车辆和约35万平方米的仓库)。而就在8月底，TPG刚刚用6.5亿美元收购了美国的一家运输公司CTI物流。

2.APL物流公司以为客户提供“一体化的国际供应链解决方案”为战略指针，通过一系列的并购和重组迅速建立起全球化的陆上物流支持系统。从2000年9月至2001年6月，APL先后与日本濑户内海九州快递结盟；收购美国第二大以增值仓储服务为主业的GATX物流公司（利用GATX物流公司的仓储分拨系统，APL的全球供应链可以直达最终客户）和德国汉堡的Mare物流公司；在东部非洲的蒙巴萨设立办事机构；为在俄国和波罗的海地区诸国集装箱多式联运市场上充当物流运作的组织者，任命新的地区市场总监。

3.UPS通过并购和重组实现其“在世界上的任何地方、以任何方式、在任何时间、处理任何货物”的物流服务能力扩张战略目标。

(1) 2001年5月完成收购全球货代和客户经

纪的领头羊Fritz物流公司（该公司在全球200多个国家设有400多个分支机构），在业界引起轰动。同时，UPS将此前收购的7个主要运作美国从加拿大和墨西哥进口物流的货代公司，以及UPS原有在美国、英国和意大利的货代业务整合，成立了一个新的全球货代和客户经纪事业部。

(2) UPS为了让客户借助资金、货物和信息的一体化运作更好的管理其供应链，于2001年1月收购了专门为中小企业服务的第一国际银行的母公司第一国际银行公司。2001年4月，开通了每周六班直航中国的专机。为了帮助客户评价总体的运营状态，2001年10月成立了UPS咨询公司。2002年2月成立了专门为大公司提供运输、金融和物流一体化服务的供应链解决方案事业部。

4. UPS物流集团（UPS Logistics Group）为了迅速占领全球高技术产品的配件物流（Service Parts Logistics）市场，从1999年12月到2001年7月先后收购了法国的Finon Sofcom公司；美国Burnham物流公司的配件物流事业部；拉丁美洲和加勒比海地区著名的配件物流服务供应商Comlasa公司；澳大利亚的计算机物流解决方案公司（CLS）；瑞士的Polysys公司和欧洲领先的高技术产品物流服务供应商；德国的UNI－DATA公司，在全球范围内迅速建立起由总面积约25万平方米的450多处仓库和1100多个服务网点组成的关键零部件的紧急配送网络体系。

5. 日本虽然受到经济衰退的影响，但在物流市场的扩张方面并没有裹足不前。与美国和欧洲的物流企业不同，日本的物流企业主要是通过建立战略联盟的方式来整合物流市场，强化其与北美和欧洲的物流一体化运作。如日本运输公司（Seino）与德国申克公司（Schenker）的战略联盟(1999年10月)；日本近铁快递(Kintetsu)与荷兰邮政集团（TPG）就为亚洲和欧洲的客户提供一体化的物流解决方案的战略合作（1999年12月）；伊藤忠商社（Itochu）与美国的GATX物流公司就北美和亚洲之间的物流服务合作确立战略联盟关系（2000年10月），丰田贸易公司与Ryder物流在美国成立合资的TTR物流公司(2000年11月）等。

6. 欧洲物流巨人瑞士的德迅国际（Kuehen and Nagel）于2001年8月完成了对美国著名的仓储物流公司USCO（2000年营业收入为2.35亿美元，专长于为制药业、零售业和高技术企业提供仓储和第三方物流服务，在北美地区拥有70个分支机构，3000多名员工和140万平方米的仓库）的价值3亿美元的收购。

可以预计，大公司的全球化经营和物流企业对在全球范围内提供“一站式”服务境界的追求将进一步推进物流企业的全球化并购。

三、物流运作全球化前途光明，但任重道远

经济全球化、企业外包扩大和信息技术的迅速发展必然要求企业物流运作的全球化，即全球物流市场的开放。

（一）进入21世纪，贸易全球化进程的加快为全球物流运作展现了良好的发展前景

2002年1月发生在北美、欧洲和亚洲的四件大事必将对物流运作全球化产生重大和深远的影响。

一是中国正式加入WTO。在降低关税壁垒，市场准入和强制性标准化等方面的承诺意味着全球潜力最大的物流市场将很快全面对外开放。

二是成立30年的东南亚国家联盟(Association of Southeast Asian Nations)开始启动10国自由贸易区(ASEAN Free Trade Area)计划。目前正在研究接纳中国的方案和考虑澳大利亚和新西兰加入的可能性。

三是欧元的流通为在1993年就形成的泛欧物流（Pan-European Logistics）理念的早日实现又消除了一个障碍。

四是根据美国总统布什2001年12月签署《美国2002财年的运输拨款法案》的附件，美国将有条件的对墨西哥卡车承运人开放美国边界，允许他们从2002年1月1日起进入美国高速公路系统从事运输物流服务。

（二）在充分开放市场的同时，维护公平竞

争的环境，维护客户和公众利益的机制正在进一步完善

典型的案例有：

1.1994年UPS向欧洲委员会控告德国邮政用专营信件投递的收入来补贴市场化的包裹投递业务，造成在包裹投递市场上的不公平和不平等竞争。2001年5月，欧洲委员会裁定：要求德国邮政将信件和包裹业务拆分，并对德国邮政滥用专营权罚款2100万美元。

2.美国运输部于2001年5月驳回了UPS要求取消DHL全球快递作为外国货代公司注册资格的请求。同时还驳回了UPS和FedEx共同提出的要求美国运输部对DHL空运的国籍进行正式调查的请求。实际上，在美国的国内航空货代市场上，UPS占了53%，FedEx占26%，而DHL全球快递仅占0.6%。竞争之激烈，可见一斑。

3.美国运输部在2001年6月根据NAFTA宣布了两项修正案：一是解除对墨西哥公民在美国投资客货运输的限制；二是墨西哥公民可以在美国境内完全拥有并经营定线的国际货物运输。到2001年末，将进一步允许墨西哥公民在美国开办的运输公司从事过境的国际货运和经批准的客运公司从事定线的客运服务。

4.虽然物流企业为了提高客户服务水平，纷纷推出7天24小时的服务，但美国运输部的联邦汽车承运人安全管理局（FMCSA）为了维护公众安全利益，还是在2000年4月提出要把卡车司机每天的在岗时间限定在12小时以内，并要求每天强制休息10小时。

（三）物流运作全球化仍面临许多障碍

1.在亚洲，ASEAN成员国之间在政治、文化和经济等方面的巨大差异是显而易见的。虽然FTA计划中包括了铁路（贯穿东南亚10国，从新加坡至中国昆明，长达5500公里），高速公路，电力和管网等基础设施建设项目，但真正实现贸易自由化还是步履维艰，甚至出现反复。

2.在欧洲，道路交通的拥堵，各国运输政策的不一致，百姓对本国产品的传统偏好，以及创建一个能够同时适用多种语言的信息系统等对那些打算采用集中配送系统的企业，尤其是要求实行JIT配送的企业提出了严峻的挑战。所以，即使在欧盟宣布建立统一大市场8年以后，目前还没有一个全球物流服务供应商在欧洲是独立全程操作的。虽然可以提供“一站式”服务，但实际上都要通过分包的办法来实施。这必然增加服务成本和降低运营效率。

3.在北美，《美国2002财年运输拨款法案》（371－11号）的附件规定，墨西哥的卡车承运人必须通过限定的口岸进入美国领土。必须在过境之前接受美国边检人员的严格的现场检查，包括对司机驾照、车辆状况和卡车公司的背景等的检查，以确保进入美国的墨西哥卡车承运人符合美国的安全和环境标准。

另一方面，由于美国运输部要配备相应的检测人员、设备和设施以及制定有关的程序规则，所以实际上墨西哥的卡车何时能够真正在美国的高速公路上运营还是个未知数。

4.在中南美洲，2001年4月，美国在Quebec城重新启动预定在2005年建成美洲自由贸易区（FTAA）的谈判，要求在北美、中美和南美34国取消所有关税和贸易壁垒。但有专家认为由于该地区实际的政治制度、经济结构、物流运作规程和基础设施条件等存在巨大差异，即使按照NAFTA的模式套用到FTAA，对从事运输和物流运作的人来说，实际操作的可能性仍然值得怀疑。哪怕是应付10～20次FTAA的审计，就足以让物流经理提前退休。

5.在非洲，虽然2000年7月非洲联盟宣告成立，同时成立38年的有53个成员国的非洲统一组织结束使命。但全球49个最贫穷国家中有34个在非洲。要建立非洲统一大市场决不是件轻而易举的事情。

物流运作的全球化既是经济全球化的必然要求，也是物流企业实现客户服务全球化的必要条件。但要真正实现物流全球化运作还要经历艰难的历程，还有待企业、政府、学术界和有关组织的共同努力。

（特约撰稿：中国北方工业公司　王佐）

国外物流研究和教育

国外运输和物流方面的学术研究可以追溯到19世纪40、50年代，当时美国耶鲁大学校长、经济学家亨利·亚当斯（Henry Adams）开设了一门关于铁路运输经济学的课程，它主要是从经济和商业的角度来综合分析运输问题。而关于物流(Logistics)，一些学者把该词追溯到拿破仑时代的法国军队中，另外一些学者则认为物流一词出自于1844年居里·杜彼特的一篇关于水运和道路运输的论文中。到了20世纪初，国外对物流的研究开始进入一个新的阶段。1901年，约翰·F·格鲁威尔(John F. Crowell)在美国政府报告《农产品流通产业委员会报告》中第一次论述了对农业产品流通产生影响的各种因素和费用。1916年，阿什·沙(Arch Shaw)在《经营问题的对策》一书中，初次论述物流在流通战略中的作用，1927年，拉尔夫·布索迪(Ralph Borsodi)在《流通时代》一书中，正式用Logistics称呼物流，为物流的概念化奠定了基础。

但直到二战之前，对物流的认识和观念始终处于启蒙与产生之中，关于物流的系统理论尚未形成。二战期间，由于此时军事人员和物品要在欧洲、北非及西太平洋地区之间流动，加上美国国内大量物质在战场、码头和其他一些地区运输，使得人们十分关注运输效率和物品流动管理，物流开始得到广泛关注。其中两个重要的因素引起人们的重视：一个因素是关注运输效率（货物如何能够被迅速、高效的处理和移动）；另一个因素是货物流动管理。对于效率的重视，战时人们努力地进行了一些创新，如托盘化、堆高机的使用、增加机械对人工的替代等；对于管理的重视，战时人们努力地使原先日常的航运从业人员转变为更具分析性工作的交通经理。该时期的学术研究方面，冠以“交通管理(Traffic Management)”或“工业交通管理(Industrial Traffic Management)”的有关物流课程和教课书开始出现，随后交通管理部分[后来被称之为实物配送(Physical Distribution)]和物流(Logistics)开始出现在一般的运输教科书中，表1

表1　包括有交通管理、实物配送或物流部分内容的部分运输类著作

1950	玛英·费尔和厄尼斯特·威廉姆斯：运输经济学（该书在1959年增加了物流内容）
1951	查理斯·兰顿：运输：原理、实践和问题
1952	鲁塞尔·威斯特迈耶：运输经济学
1952	特鲁曼·C·比格曼和梅里尔·J·罗伯特：运输
1955	斯图特·达格特：运输原理（第5版）
1957	富兰克·H ·摩斯曼和纽顿·摩顿：运输原理
1963	富格·诺顿：现代运输经济学
1963	杜德利·F·佩格鲁曼：运输：经济学和公共政策，1968
1966	罗伊·桑普森和马丁·法里斯：国内运输，实践，理论和政策，1971，1975，1979；（和大卫·斯洛克）1985，1990
1966	约翰·B·兰星：运输和公共政策
1967	马丁·法里斯和保尔·T·迈克厄希尼：现代运输选读，1973
1978	唐纳德·V·哈伯：美国运输，1982
1978	罗伯特·C·列伯：运输：国内系统，1981，1987，1994
1982	约翰·J·柯伊，爱德华·J·马迪和乔斯费·L·卡维那特：运输，1986，1990（诺瓦克替代了卡维那特1994，1996）
1987	费里德里克·J·斯蒂文森：美国运输

列出了其中的部分著作。

目前对物流的兴趣一方面来自于对运输经济学和交通管理的关注；另一方面，市场营销概念的发展也是重要原因之一。进入20世纪50年代以后，现代市场营销观念的形成，彻底改变了企业经营管理的行为，使企业意识到顾客满意是实现企业利润的唯一手段，因而顾客服务成为经营管理的核心要素，随着这种经营哲学的发展，物流活动被认为承担了提供顾客服务的作用。20世纪60年代，实物配送管理（Physical distribution management）一词开始出现，在营销和运输课程的教科书和文章中逐渐出现“配送渠道（Channels of Distribution）”和“实物配送（Physical Distribution）”等词。大约同时在20世纪60年代，物流(Logistics)一词开始出现在教科书中，有时跟配送、实物配送管理或交通管理联系在一起，有时却是一个单独的术语（见表2）。

物流内涵的演变是渐进的。首先，关于物

表2　　1953～2001年国际上冠以物流的学术著作

1953	弗兰克·H·莫斯曼和纽顿·曼顿：配送中的物流
1963	罗伯特·M·迈克卡拉尔：生产和物流管理
1964	詹姆斯·L·赫斯科特和罗伯特·M·爱维以及尼克勒斯·A·格拉考斯基：商业物流
1965	弗兰克·H·莫斯曼和纽顿·曼顿：配送系统中的物流
1966	詹姆斯·A·康斯坦汀：物流管理原理
1967	马丁·E·马科斯和罗伯特·M·泰勒：营销物流：视角和观点
1968	保尔·T·迈克爱希尼和查尔斯·希尔顿：物流和交通管理导论
1969	诺曼·E·丹尼尔和里查德·琼斯：商业物流：概念和观点
1969	杰瑞·斯科尔：营销中的物流
1970	里查德·J·刘易斯：营销分析中的物流信息系统
1972	马丁·克里斯托弗和高登·威尔斯：营销物流和配送规划
1973	詹姆斯·L·赫斯科特，刘易斯，罗伯特·M·爱维以及尼克勒斯·A·格拉考斯基：商业物流中的案例问题
1973	罗纳德·H·巴罗：商业物流管理
1974	格兰特·M·戴维斯和斯蒂芬·布郎：商业物流
1976	约翰·J·考伊尔和爱德华·J·巴第：商业物流中的管理
1977	弗兰克·H·莫斯曼，保尔·班开提，奥马尔·荷非里奇：物流系统分析
1977	詹姆斯·C·约翰逊和唐纳德·F·伍茨：现代物流（1982.1986.1990.1993.1996）
1978	罗纳德·H·巴罗：基础商业物流学，1987
1979	范里恩·罗斯：物流管理：系统&要素
1982	道格拉斯·拉伯特和詹姆斯·R·斯脱克：战略物流管理，1987,1993
1983	格兰特·M·戴维斯和约翰·F·第拉德：物流管理
1984	菲利普·B·斯查理：物流决策，教材和案例
1985	罗依·夏皮罗和詹姆斯·L·赫斯科特：物流战略：案例和概念
1986	卡尔·M·古尔佐：物流管理导论
1986	唐纳德·J·鲍尔索克斯，戴维·J·克劳斯：物流管理：一个配送、制造支持和物质处理的系统一体化
1987	诺曼·E·霍奇逊：物流管理的一体化方法
1992	马丁·克里斯托弗：物流和供应链管理
1992	艾特伍德，彼特和尼格尔：配送系统中的物流
1992	马沙·库伯，丹尼尔·伊尼斯，彼特·迪克逊：物流的战略规划
1992	克里斯托弗·高帕和加利·库希尔：制造业中的物流
1992	马丁·克里斯托弗：物流：战略问题
1993	密契尔·权伊尔和勃亚·琼丝：物流：一种一体化方法
1993	S·C·格雷维，A·H·G·利诺伊，P·H·赞普肯：生产和库存中的物流问题
1995	约翰·郎福：物流：原理和应用
1996	唐纳德·J·鲍尔索克斯，戴维·J·克劳斯：物流管理：供应链过程的一体化
1998	卡斯·林格，拉吉：物流和运输：设计及其规划
1999	唐纳德·瓦特斯：全球物流和配送规划：战略管理
1999	卡罗斯·F·达千佐：物流系统分析
1999	桑多·鲍伊逊：物流及其延伸企业
2001	马歇尔·德柯：设施区位和配置中的物流

资、库存控制和购买等被加入到运输、交通管理和实物配送中，并形成了许多种物资需求模型(MRP&MRPII)。更重要的是，实物供给(Physical Supply)以及供应链(Supply Chain)开始与实物配送结合在一起。但现在人们关于什么是物流已经开始取得某些一致，人们认识到企业内的物流角色是阶段性演进的，目前的物流有更强的可预见性和识别性，物流更需要在一个企业内同其它一些主要功能相协调和一体化，物流正在形成供应商、顾客和第三方的联盟。国外学者预测未来物流研究将更关注于质量管理、时空耦合、国际物流中的巨大机遇以及真正第三方企业的出现来对完全的物流功能进行管理。

尽管物流已经是产业和经济生活中的重要特征，但物流教育只是在最近这些年才开始得到重视。国外所有物流从业人员必须接受职业教育，经过考试获得相应资格后，才能从事有关的物流工作。与之相适应，目前国外的物流和配送教育培训已经十分发达，形成了比较合理的物流和配送人才的教育培训系统。

国外相当多的大学和学院中设置了物流管理专业，并广泛地为工商管理各专业的学生开设物流课程；部分商业院校设置了物流方向的研究生课程和学位教育，形成了一定规模的研究生教育系统；在各国物流行业协会的领导和倡导下，全面开展了物流和配送的职业教育。国外典型的物流课程基于配送和物流的核心要素、物流战略、配送系统设计、运输与仓储的规划与管理、配送信息系统、信息技术与物流、物流系统设计、高等仓储设计、供应链管理等。课程设置十分重视信息技术和配送信息系统的开发与利用，也涉及相关的分析和管理技能与方法，如建模技术、统计学、运筹学、管理会计、物资与库存管理、人力资源管理以及法律与商业之间的交叉学科。同时还花一定时间来开发学生的职能效率与沟通技能。

美国形成了较为合理的物流人才教育培训体系。首先，建立了多层次的物流专业教育，包括博士研究生、硕士研究生、本科生和职业教育等多个层次。许多著名的高等院校中设置物流管理专业，并为工商管理及相关专业的学生开设物流课程，例如加州大学伯克利分校、麻省理工学院、宾夕法尼亚州立大学、西北大学、密执根州立大学、奥尔良州立大学、亚利桑那州立大学、威斯康星州立大学等，或设立了独立的物流管理专业，或附属于运输、营销和生产制造等其他专业。佐治亚理工学院广泛开展物流职业教育，培养物流管理专业的专科生。其中部分高等院校设置了物流方向的研究生课程和学位教育，形成了一定规模的研究生教育系统。美国商船学院的全球物流与运输中心和佐治亚理工学院的物流所开展物流方面的科学研究。其次，在美国物流管理委员会(American Council of Logistics Management)的组织和倡导下，全面开展物流在职教育。美国物流管理委员会成立于1985年，它的前身是美国国家产品分校管理委员会（National Council of Physical Cistribution)。它成立的宗旨之一就是开展学术交流，进行物流培训，促进物流业的发展。在美国物流管理委员会的积极努力下，建立美国物流业的职业资格认证制度，例如仓储工程师、配送工程师等若干职位。

欧洲的物流课程设置、教学大纲基本上采用的是欧洲物流协会开发和制定物流教育培训标准，并形成了相应的物流从业资格制度。法国还专门成立了物流培训学院（AFT－IFTIM)，它是由1957年成立的“运输职业培训发展协会”和1961年成立的“法国物资选址与库存管理学院”合并而成的。目的是为工业生产企业、商业企业和物流企业进行开发培训。该学院有几个特点：(1) 培训对象分三个层次，一是对年轻人初级技术培训，二是物流专业的学分式培训，包括大学或硕士课程，三是在职培训。(2) 在课程设置上，500项课程充分考虑了业界的需求，且采用模块化结构，允许相关企业视各自的需要灵活组配；(3) 在培训地点方面灵活掌握，并形成了一个培训网络。除了在国内组织培训外，该学院还与许多国家的相关组织在培训方面开展了双边合作，如美国、俄罗斯、加拿大和意大利等。

（特约撰稿：清华大学　魏际刚　缪立新）

国外物流行业组织

由于物流在各国国民经济中的作用日益突出，使得许多国家的政府都十分重视本国的物流发展，并根据本国国情，采取不同的物流行业管理和组织方式。但是，西方发达国家的政府机构中一般很少设立专门的物流管理部门，而以物流相关行业为基础，根据自愿原则组织起来的产业性组织——民间的行业性协会和综合性商会却很发达。在国际上，物流行业协会组织主要有三个层次：一是区域性物流行业联合会；二是各国的物流行业组织；三是地区性或专业性物流协会等。

物流行业组织作为政府与企业的中介，是连接政府与企业的桥梁和纽带。其宗旨是服务于会员，服务于流通企业，服务于国际物流界的交流，其服务是双向的，既要为政府提供信息、理论、政策参谋服务，又要为企业提供信息咨询、法律咨询、理论业务培训等项服务。他们一般都实行会员制，从会员中产生会长或理事长，日常专职工作人员从社会上聘任，经费来源主要是会费和咨询服务费等，少部分来自政府的支持。

物流行业协会根据会员企业的需要，努力提供范围广泛的服务内容，如向政府提出维护会员利益的政策建议和意见；通过举办各种会议，发行刊物、简报，及时向成员企业通报贸易、市场、投资及行业发展趋势；对成员企业上至高级管理人员，下至一般雇员进行多种形式的培训；帮助成员企业努力开拓市场特别是国际市场，等等。为使会员能更迅速地了解有关信息和协会的工作动态，在因特网上建立了网址，会员通过计算机就可随时了解协会的最新信息。他们还计划将协会编辑的新闻快讯通过传真传递给每个会员。由于协会注意扩大服务的内容，提高服务的质量和效率，因而得到了会员的拥护和欢迎，其影响力越来越强，会员也就越来越多。实际上，协会不仅为成员企业服务，也为政府提供了服务。协会在行业内有广泛联系，由于它所处的位置，观察问题的角度就不同于单个企业，因此可把成员企业的一些共同问题与政府部门沟通，提出建议；而政府部门一般也非常乐意通过协会掌握行业的情况，分析、比较各个行业的动向和发展趋势，在协会的帮助协调下，政府的一些政策意图也容易贯彻实施。

民间性物流行业组织在美国的物流管理体制中占有一席之地，但它们在主要意义上并不是管理机构，而是一种由对物流管理感兴趣的个人组成的非盈利性学术组织。1940 年劳埃德·威尔逊（G.Lloyd Wilson）博士和宾夕法尼亚的一群大学生组织发起了三角阿尔法运输协会（Delta Nu Alpha Transportation Fraternity），其目的是为了推动有关运输方面的教育。该组织在州内外对那些对运输有极大兴趣的人们提供会议场地，同时从 1989 年起出版了运输管理杂志（Journal of Transportation Management）。另外一个协会是国防运输协会（National Defense Transportation Association），成立于1944年。1946年，美国交通运输协会（American Society of Traffic and Transportation）成立，该协会后更名为美国运输和物流协会（American Society of Transportation and Logistics），1961 年，该协会出版了运输杂志（Transportation Journal）。

美国物流界目前有 3 个协会：仓储协会

(AWA)、物流管理协会(CLM)及仓储科研教育协会(WERC)。1963年,国家物流配送管理委员会(National Council of Physical Distribution Management)创立,1978年出版了商业物流(Business Logistics)杂志,1985年,该委员会更名为物流管理委员会(Council of Logistics Management),该协会目前主要从事学术活动并趋向于理论研究。该协会是非盈利性机构,由热衷于提高物流管理技术的专业人士组成,该协会积极参与物流业活动,并发挥成员专家的优势,致力于促进物流业的发展,为物流专业人士提供物流教育机会与相关信息。开展的活动主要有:编辑出版《商业物流》、《物流评论》等6种刊物,每年召开一次年会,交流物流业信息,进行学术讨论,组织教育与职业培训,增加物流管理人员的就业机会。设立"杰出奖",每年评奖一次,每次奖励一人,奖给对物流管理作出杰出贡献的个人;设立"博士论文奖",每年一次奖励一人;设立"优秀论文奖",奖励在《商业物流》等杂志上发表很有影响的物流方面的文章;设立"大学生奖",每年奖励数量不等的物流专业大学生,并为物流专业大学生安排实习活动。

美国仓储科研教育协会来自于生产企业、批发配送及零售企业、公共仓储企业、物流设备制造商、学校等各方面的团体与专业人员。该协会旨在促进与仓储及配送管理相关人员的教育及科研,主要为会员提供仓储及配送业的发展趋势、存在问题及其它相关的信息资料,开展的活动主要有:支持和组织仓储及配送领域的学术交流(包括出版简讯、书籍、研究报告、培训人员、召开研讨会、发布各地动态,组织年会等)。

与美国的物流行业协会一样,加拿大物流管理协会是由加拿大物流企业和从事物流管理技术的专业人员自愿组织的民间组织,在加拿大物流界具有广泛的影响,是加拿大最大的物流行业组织,在许多城市设有分支机构。该协会成立以来,通过开展丰富多彩的活动,充分发挥成员单位专家的优势,促进加拿大物流管理和技术的发展,为加拿大物流现代化建设发挥了巨大的作用。加拿大有两种性质的协会,一种是行业性协会,另一种是专业技术性协会。前者的任务主要是代表某一行业或某些集团的利益对政府进行游说,以影响政府政策的制订。而加拿大物流管理协会属后一种,是"物流专业技术发展和教育的协会"。协会开展的活动主要有:(1)每年一次的全国物流大会,交流物流管理和技术经验,展示物流管理和技术最新动态。(2)物流管理和技术发展方向和解决物流问题的技术展示会,一般穿插在全国物流大会上进行,今年展示的是计算机在物流方面的应用。(3)每月一次的圆桌会议,交流共同感兴趣的问题,以午餐会的形式分五个地区举行,每次都有一个主题,选择典型事例围绕主题进行交流。(4)每年两次与约克大学联合举办物流高级人才培训班,一次在多伦多,一次安排在别的城市。培训分10个项目,每次25人左右,时间一周。(5)提供信息服务,如编辑出版季刊杂志、月刊新闻快讯,以及会员目录、贸易展览目录手册等;通过国际互联网向会员传递信息,会员可随时上网了解协会的最新动态。

大多数欧洲国家没有专门的政府机构管理物流。但政府尤其是地方政府在物流基础设施建设中发挥了积极作用。在欧洲一体化进程中,随着贸易壁垒的消除和减弱,欧洲大陆内的物流量增加。欧洲各国为了强化自身的竞争优势,纷纷加强了以港口、中心城市为依托的交通设施以及物流园区等基础设施建设,其中以荷兰、德国、法国、比利时最为突出。

与西方发达国家市场经济体制下的物流行业组织不同,以日本为典型的后起市场经济类型国家和地区的物流管理体制和行业组织有以下三个特点:

1.虽然没有专职物流管理部门,但有统辖大部分物流环节的政府部门。日本政府主管物流的部门是运输省,它成立于1949年,主管陆运、空运、水运及其他机构的管理。1984年实施机构改革以后，由直接行政管理和指挥，转为交通运输综合政策的设计和组织。其职能不仅覆盖了运输省所管辖范围内各种运输方式的政策设计、计划制定及城市与区域运输的规划与协调，而且还包括了现代物流“供应链”概念所涉及的仓储与配送等市场准入方面的工作。

2.政府参与组织物流行业协会，并通过这一中介组织对物流业进行较为集中的管理。如日本物流系统协会（JILS），是经通产省和运输省认可，由政府、企业界和学术界三方共同组成的专门从事物流发展研究的全国性行会机构。JILS也是一个非赢利性组织，它除了具有学术研究功能外，还在政府引导和授权下参与物流管理工作，并由此成为政府管理工作的有力助手。

3.个别地域较小的国家和地区对物流实行集中统一的管理。如新加坡，因其国土面积较小，统筹规划相对容易，所以物流由国家贸易发展局统一管理。我国的香港地区也因地域面积较小采取了这种集中统一管理方式，由特区政府的贸易发展局管理。同时，为促进物流进一步发展，香港还于2000年上半年，成立了“物流服务发展委员会”，以协调香港的物流行业的运作。

除了上述一些仅局限本国的物流行业组织外，国际上还存有一些跨国物流行业组织，如国际采购联盟、亚洲太平洋物流联盟、欧洲物流协会等。国际采购联盟创办于1974年，目前该联盟的会员包括世界上40多个全国性的采购与物流协会，拥有约20万名采购专家。联盟的宗旨是促进采购专业知识的普及与传播，通过先进的采购方式与手段，降低采购成本，提高企业效益，进而提高人们的生活水平。国际采购联盟创办以来，在促进国际采购领域技术进步和推广先进的采购方式方面，发挥了很重要的作用，有着很大的影响。亚洲太平洋物流联盟(以下简称亚太物流联盟)于1995年11月17日在日本东京成立。亚太物流联盟是由原“亚太地区物流管理联盟”和“亚太地区物流团体联盟”两个物流组织合并组成。这两个组织是分别由两个日本的物流团体牵头，于1991年6月13日和1990年10月15日成立的。由于客观情况的变化，日本方面经与有关国家的物流团体协商一致，将以上两个亚太地区物流组织合并成立了“亚太物流联盟(APLE)。它是亚洲、太平洋地区各国的物流团体组织起来的非盈利性的国际组织。亚太物流联盟的宗旨是通过会员间的情况交流与研究，推进物流工作的合理化，为亚洲、太平洋地区以至全世界的社会经济发展作出贡献。亚太物流联盟的活动根据联盟章程的规定，联盟将进行以下活动:(1)至少每两年举行一次全体大会;(2)在教育和培训活动方面促进会员间合作;(3)推荐和派遣有能力在国际会议和其他集会中担当发言人和主席的人员;(4)收集和提供会员国的信息;(5)向轮流在各会员国举行的国际会议提供支持;(6)为达成上述目的而必须进行的所有工作。欧洲物流协会是由36个欧洲国家的物流行业协会组成的协会联合会，有5万多个会员，它的主要职能有5项:(1)引导和促进作用。通过问卷调查，跟踪分析整个欧洲物流产业发展状况，结合世界物流产业的发展趋势，引导和促进整个行业的发展。(2)咨询服务作用。(3)教育和培训。各国采用的物流课程设置、教学大纲基本上采用的是欧洲物流协会开发和制定的物流教育培训标准，并形成了相应的物流从业资格制度。(4)行业规范作用。欧洲物流协会与欧洲标准化委员会研究机构合作，参与制定了多种物流行业标准，并编写了多种物流词典、规范物流用语。(5)联络和交流作用。利用研讨会和专项研究活动等，促进物流产业内部的交流和合作;建立与欧盟组织和各国政府的对话机制和交流渠道，反映行业的呼声和利益要求，积极寻求政府对物流产业发展的支持。

(特约撰稿 清华大学 缪立新 魏际刚)

国外物流交流与传播

物流作为经济和社会发展的重要组成部分，其在经济增长和国际交流中的地位和作用正日益受到人们的重视。由于物流产业是一个领域涉及面广、专业性强、技术密集型的产业，它不仅吸纳和使用着许多代表当今科技发展水平的现代化技术，其自身也在不断创新和开发许多独特的物流技术。各国在物流产业发展过程中会共同遇到一些技术、经营理念、管理方式、组织制度以及政策方面的变化和挑战，各国在物流发展的速度和绩效方面往往也存在很大差异。各国政府为了提高本国物流发展的整体水平，促进物流行业发展，十分注重推动本国与他国之间针对物流领域中的学术、技术、人才、项目展开交流和合作，政府、物流行业协会、大学以及物流企业等组织紧紧围绕物流领域中遇到的问题，展开多种形式、多种层次、广泛深入的合作与交流，推动各国对物流认识的不断深化和物流现代化的实践步伐。

各国政府在物流交流与传播方面的作用主要是通过制定相关产业政策引导和促进本国物流发展，促进企业物流技术进步。如英国在20世纪60年代末期，组建了物流管理中心，开始以工业企业高级顾问委员形式出现，协助企业制订物流人才的培训计划，组织各类物流专业性的会议。到了20世纪70年代，正式组建了全英国管理协会，以提高物流管理的专业化程度，并为运输、装卸等部门管理者和其他对物流有兴趣的人员提供一个相互交流的中心场所。英国政府一再向本国业界灌输综合性的物流理念，并致力于发展综合物流体制，以全面规划物资的流通业务。日本早在1965年，就在《中期五年经济计划》中强调要实现物流的近代化。1977年，日本运输省流通对策部公布了对推进企业物流管理有着深远影响的《物流成本算定统一基准》。1997年，日本制定了一个具有重要影响力的政策文件——《综合物流实施大纲》。该文件目前已成为日本物流向现代化、纵深化发展的指针。日本政府为了把电子信息通信技术广泛应用于物流领域，发展该领域的系统化和网络化技术，确定了物流技术战略。在国际交流中，日本凭借本国在电子信息通信技术领域的领先地位，努力推动和促进物流领域的信息通信技术形成国际统一标准，并力求在国际统一标准的制订过程中发挥主导作用，从而提高日本物流业在全球的国际竞争力和影响力。日本运输省、大藏省等政府部门与丰田汽车、日本电信等企业，组成“官民联合体”，共同投资合作开发汽车电子商务网。在日本政府的大力推动下，日本的一些大公司如综合商事汽车公司、日本通运公司、电信通讯公司等将跨越不同行业间的鸿沟，联手建立电子物流信息市场，这是一个涵盖整个日本国内的一个包括一切物流分支部门的大市场，使得日本电子物流信息市场的规划、构筑和运行走在世界的前列。美国从20世纪80年代起，运输结构已有了根本性的变化。美国通过“汽车承运人规章制度改革和现代化法案”以及“斯泰格斯铁路法”的出台创造了一种发展综合物流的宏观市场环境，放松了由公共承运人和契约承运人提供的有关服务、价格，以及承担义务方面的限制，改变了允许私人运输的范围。在20世纪90年代又相继通过了“协议费率法”、“机场航空通道改善法”和“卡车运输行业规章制度改革法案”。减少了联邦法案的约束，推动了运输业更接近“自由市场的体系”。这些制度的实施，对物流业产生了重大的社会影响。一方面是对托运人和承运人的作业产生经济影响；另一方面放松管制对探索物流的整体效用，对供应链过程一体化提供了可行的解决办法。

跨国界的政府性组织对物流交流与传播也十分重视，如联合国贸易与发展委员会(UNCTAD)，作为联合国大会处理贸易、投资和经济发展问题的重要组织，已与总部在美国的Savi Technology公司合作以便给发展中国家输送先进的物流管理、监控和安全系统技术。

尽管政府性组织在物流交流和传播方面有着十分重要的作用，但在物流交流与传播方面起着至关重要作用的主要是一些专业性的物流行业协会，它们的主要目标就是通过会议、研讨、继续教育项目、专业期刊和书籍出版、职业认证等方式，推进协会所属成员的专业知识，设法把学术界和产业界专家聚集在一起，缩减物流研究和实践之间的距离。国际上这种通过各种学术交流与培训活动普及物流知识，提高行业水平的组织为数较多，如欧洲物流协会、美国物流管理协会、日本物流系统协会、澳大利亚物流协会、英国物流中心协会、加拿大物流协会等均为其例。

各国专业性物流协会交流的主要活动内容包括举行各种类型的年会，主持物流培训班，组织区域性研讨会，进行行业调查和信息发布，提供物流方面的书籍及其他资料，组织物流技术和设备展览等。在开展国际学术交流方面，各国着眼于跟踪先进的科学与技术，加强物流领域相关人士的交往，通过出国考察、参加国际学术会议、邀请国外有关专家做学术报告、讲学、互派研修生、举办双边学术研讨会、共同研究试验以及互换刊物、资料、设立研究奖学金等方式，促进各国物流界了解国际学术动态，学习先进技术，相互交流的经验，促进人才成长等。

各国在物流交流与传播中，举行有关物流的学术年会和研讨会是十分重要的内容。在每届的年会上，出席大会的国家都会提交一份本国有关物流的论文，这些论文基本上反映了当代各国物流的经营、管理水平。每年类似这样的学术交流和发展的论文，对提高物流经营和管理理论提供了很好的学习机会。

编辑出版物流领域方面的一些期刊和书籍是各国在物流交流和传播方面的另一重要内容，如美国物流管理协会出版的《商业物流期刊》(Journal of Business Logistics)被认为是当今物流界最高水准的国际性学术刊物；美国物流运输和物流协会出版的专业性期刊《运输期刊》(transportation journal),内容涉及一些非数量性的运输问题，如法律和政策问题。这些期刊对推进物流理论研究、交流物流理论、传播物流科技信息、启迪学术思想和思维创造能力、培养人才，推广科研成果及其转化、促进决策科学化和民主化、努力提高各国自身的发展水平方面作出了积极的努力。

实地考察参观也是各国物流交流和传播的重要方式之一，通过身临其境地考察和感受，能使考察者深入了解国际物流的现状和物流全貌，了解先进国家的企业管理经验，获取最新的物流动态和物流技术信息。

各国各种形式和层次的物流交流和传播不断深化着人们对物流的认识，推动了物流理论的进展，国内外各大物流公司被组织起来，共同讨论物流发展趋向，相互交换物流概念的新理解，以促进物流理论和实践的新发展。通过学术交流有助于学习国际先进的物流管理理论。各国物流企业通过组织行业协会来相互沟通、收集信息、对政府施加影响，对各国现代物流业的发展起到了有力的推动作用。

除了政府和物流行业协会在物流交流和传播中承担着十分重要的作用外，各国高等学校和相关研究机构在物流教育和物流知识普及方面都起着不可或缺的重要作用。国外相当多的大学和学院中设置了物流管理专业，并广泛地为工商管理各专业的学生开设物流课程；部分商业院校设置了物流方向的研究生课程和学位教育，形成了一定规模的研究生教育系统；在各国物流行业协会的领导和倡导下，全面开展了物流和配送的职业教育。各大学相继开设了一些物流课程，物流管理学得以形成，之后物流管理愈发得到重视，物流实践得以广泛推广。

近几年来，以国际互联网为代表的计算机网络带来了以信息革命为特征的新一轮技术进步和观念更新。许多物流企业建立自已的站点作为企业信息交流的窗口，一些公共信息量大的单位和机构也开始考虑利用国际互联网作为对外发布信息的媒体。信息交流工具的不断发展，促使各种组织机构搭建物流信息交流平台如专业物流网站。

(特约撰稿：清华大学 魏际刚 缪立新)

美 国 物 流

一、物流理念伴随物流实践的发展在不断进化

（一）美国物流管理协会（The Council of Logistics Management, CLM）于2002年1月初推出最新物流定义：物流是供应链运作的一部分，是以满足客户要求为目的，对货物、服务和相关信息在产出地和消费地之间实现高效且经济的正向和反向的流动和储存所进行的计划，执行和控制的过程。

同时，CLM 还第一次推出了对供应链管理(Supply Chain Management)的定义：供应链管理是以提高企业个体和供应链整体的长期绩效为目标，对传统的商务活动进行总体的战略协调，对特定公司内部跨职能部门边界的运作和在供应链成员中跨公司边界的运作进行战术控制的过程。

这个定义实际上是美国田纳西大学一个由 John T. Mentzer 博士领导的研究小组在研究了上百篇文章和著作，并与 20 个大企业的供应链主管进行访谈后，于2001年9月发表的研究结果。

（二）美国物流管理协会（CLM）的前身是成立于1962年的全美实物分配管理协会(the National Council of Physical Distribution Management, NCPDM)。NCPDM 在1985年更名为美国物流管理协会。

NCPDM 在成立的时候将实物分配（物流）定义为：实物分配这个术语指的是在生产制造和商业流通过程中，为有效的将产成品从生产线的末端转移到客户手中，有时还包括将原材料从供应点转移到生产线始端所从事的一系列活动。这些功能性活动包括：产成品的运输、仓储、物料搬运、防护包装、存货控制、工厂和仓库选址、定单处理、市场预测和客户服务等。

（三）1985 年，美国物流管理协会给物流下了一个至今仍被普遍接受并堪称经典的定义：物流是以满足客户要求为目的，以高效和经济的手段来组织原料、在制品、制成品以及相关信息从产出地到消费地的流动和储存而进行计划、执行和控制的过程。CLM 认为典型的物流系统应包括这样一些功能性活动：客户服务、需求预测、分销联络、存货控制、物料搬运、订单处理、零部件和技术支持、工厂和仓库选址、采购进货、包装、退货的处理、废弃物和报废产品的回收处理、交通和运输、仓储和保管。

随着物流运作实践的丰富，1991 年，CLM 修订了对物流的定义：物流是以满足客户要求为目的，以高效和经济的手段来组织产品、服务和相关信息从产出地到消费地的流动和储存而进行计划、执行和控制的过程。该定义把物流管理的理念从生产制造部门扩大到服务部门，说明物流不仅是生产制造企业的事，那些属于服务部门的政府机构、医院和学校、零售商和批发商，银行和金融服务机构等都与物流有关。

1998 年，CLM 为了适应企业物流运作向供应链管理(Supply Chain Management)一体化方向发展的变化，对 1991 年的定义又进行了修订："物流是供应链过程的一部分，是以满足客户需求为目的，以高效和经济的手段来组织产品、服务和相关信息从产出地到消费地的流动和储存而进行计划、执行和控制的过程"。

（四）历史的来看，现代的物流是从传统的市场营销中逐步分化出来的。物流与市场营销之间存在着无法割断的历史渊源。美国市场营销协会（AMA）定义委员会在 1948 年对实物分配（Physical Distribution）所下的定义是：货物从生产地到消费地或使用地的转移和处理。

市场营销学大师Philip Kotler对实物分配的定义是：计划、实施和控制原材料和最终产品从起始点向使用点转移，并在赢利的基础上满足顾客需要的过程。

二、物流市场规模进一步扩大，物流运作

效率进一步提高

（一）美国物流产业的发展，根据运营环境的变化，以1980年为界，被划分为两个时期。1980年之前属于管制时期，实际上是限制竞争时期。1980年以后属于解除管制时期，实际上是鼓励竞争时期。其分界的立法标志是1980年7月1日卡特总统签署《汽车承运人规章制度改革和现代化法案》(Motor Regulatory Reform and Modernization Act，MCA－80)，即公法第96－296法案(Public Law 96－296)，放宽了汽车承运人的市场准入条件，限制了集体制定费率的范围，鼓励汽车承运人为提高运营效率而扩大服务范围。1980年10月14日卡特总统又签署了《斯塔格司铁路法》(Staggers Rail Act)，即公法第96－488法案（Public Law 96－488)，解除了政府对铁路行业的管制，使得铁路运输公司有权降低运输费率来应对市场竞争，也有权增加费率以弥补经营成本的增加。有权淘汰无利可图的线路和创新铁路运输的管理等。同时还鼓励铁路运输公司通过并购进入汽车运输领域发展多式联运。

1980年以前的20年，以1960年为基数，美国物流成本支出占名义GDP的比重平均为14.4%。其中，运输成本平均为8.2%，存货维持成本平均为5.7%。尤其是70年代的后5年，制造商和分销商在主要的大城市都保有过多的存货和仓库以应付运输服务愈来愈严重的能力不足和服务的不可靠。在水陆运输业中，制造商和分销商自营卡车的份额增长非常快。事实上，美国物流产业真正的发展正是在1980年以后。

1980年以后的20年，是美国物流管理（生产之前）和实物分配（生产以后）逐步整合成物流的时期。除了由于运输管制的解除在1980年和1981年出现了短暂的由于市场过度竞争所造成的物流运作低效率（物流成本支出占当年名义GDP的比重分别为16.1%和16.2%）以外，以1980年为基数，美国物流成本支出占名义GDP的比重平均为11.0%。其中，运输成本平均为6.24%，存货维持成本平均为4.8%。

2000年，美国的物流成本支出首次突破1万亿美元大关。但是，与1980年相比，美国在解除运输管制20年以后，存货维持成本占当年名义GDP的比重下降了51%，运输成本下降了22%，物流总成本则下降了37%。全社会生产率的提高是显而易见的。

（二）2000年，美国物流成本总支出为10060亿美元，比上年增长9.2%，占当年名义GDP的10.1%。其中，存货维持成本为3770亿美元，比上年增长13.5%，占当年名义GDP的3.8%，包括利息支出950亿美元，有关的税收、过时损失、折旧和保险支出2040亿美元，仓储费用780亿美元。运输成本为5850亿美元，比上年增长6.5%，占当年名义GDP的5.9%，包括卡车运输4810亿美元（城际卡车运输3230亿美元，本地卡车运输1580亿美元)，铁路运输360亿美元，水运260亿美元（国际水运180亿美元，国内水运80亿美元)，管道油料运输90亿美元，空运270亿美元(国际空运80亿美元，国内空运190亿美元)，货代60亿美元。此外，还有与货主有关的物流成本50亿美元和物流管理成本390亿美元。预计在未来的3～5年内，美国物流成本支出的年增长率将稳定在4%左右。

卡车运输是美国货物运输的主要手段，占全部运输成本支出的81.5%。由于美国的经济在2000年的下半年大幅度下滑，导致对卡车运输服务需求的显著下降，再加上较高的利率和保险费，司机的短缺和燃料价格的大幅度增长，致使美国的卡车运输公司出现了创记录的倒闭现象。全年倒闭了3600余家卡车运输公司，比1997年增加了35.5%。

（三）虽然追求JIT的生产环境在制造业已经逐步成为潮流，虽然许多第三方物流公司声称要取消仓库，但是，美国2000年的仓库面积达65亿平方英尺，约6亿平方米，比1999年增长了6.6%。

由美国《仓储管理》杂志（Warehousing Management）在2000年对美国拥有最大仓库的50家企业的跟踪调查表明：在建筑业中最忙的业务

是仓库和配送中心的建设。配送中心是越建越大，企业所管理的仓库的面积也越来越大。美国拥有最大仓库的50家企业中，有18家公司拥有1000万平方英尺，约93万平方米以上的仓库。包括UPS（6650万平方英尺，已经连续第二年名列榜首），Exel（2950万平方英尺），通用汽车（2310万平方英尺），GATX 物流公司（2200万平方英尺），Supervalue超市公司（2120万平方英尺），Sysco公司（1800万平方英尺，北美最大的食品服务分销商），AmeriCold物流公司（1720万平方英尺，经营104个冷冻仓储设施），Fleming公司（1700万平方英尺，美国第二大食品分销批发商），Tibbett & Britten集团（1510万平方英尺，在30多个国家开展业务）和Target Stores（1440万平方英尺，在美国拥有1250多家商店）等，而在1999年时只有10家。

调查表明，随着企业间并购的继续，仓库的规模还会扩大，但仓库的数量会减少。仓库选址的战略定位常常是接近主要的州际边界或者设在靠近美国边界的城市。越来越多的企业认为使用第三方物流服务供应商能够延伸自己的业务。企业外包仓储服务已经不是仅仅为了省几个钱，而是作为优化运输和降低供应链中存货水平的战略手段。

（四）2000年，美国第三方物流（Third Party Logistics）市场规模达564亿美元，比上年增长24%，占当年物流成本总支出的5.6%。其中，专项合同运输87.2亿美元，比上年增长21%；国内货运管理100.3亿美元，比上年增长21%；增值的仓储或配送服务204.4亿美元，比上年增长23%；在美国本土的国际化运作138.5亿美元，比上年增长15%；第三方软件服务35亿美元，比上年增长17%。这是由美国权威的第三方物流市场研究机构Armstrong & Associates公司A&A发布的数字。

A&A公司从1993年开始研究美国第三方物流市场，已经连续9年发布题为《第三方物流服务供应商指南》的市场研究报告。2001年第9版《指南》实际上已经扩大到全球范围，在总数120家主要的第三方物流公司中，包括了30家欧洲和亚洲的第三方物流服务供应商的背景资料。该公司的创办人Richard Armstrong先生是国际上公认的第三方物流研究专家。

2000年美国最大的第三方物流服务供应商按营业净收入排序前10名为：Danzas/AEI(36.24亿美元），其核心竞争力是空海运输和海关经纪。Ryder（17.28亿美元），其核心竞争力是专项合同运输和供应链管理。Exel Americas（15.5亿美元），其核心竞争力为仓储和货运管理、解决方案设计和空运货代。Penske Logistics(10.6亿美元），其核心竞争力为专项合同运输、配送中心的管理和回运物料的协同供应。Schneider Dedicated （10.35亿美元），其核心竞争力是专项合同运输。northAmerican（8.45 亿美元），其核心竞争力为运输、仓储、信息系统和物流服务。UPS Logistics （8.15亿美元），其核心竞争力为全球供应链设计和管理。T&B（7.66亿美元），其核心竞争力为仓储和运输。 EGL（7.2亿美元），其核心竞争力为客户定制化的运输服务。APL（7.14亿美元），其核心竞争力为一体化的国际供应链解决方案。

美国第三方物流市场的发展速度非常快。从1980年到2000年，美国第三方物流的营业额从只有约20亿美元增长到560亿美元。甚至美国军方也于2001年4月开始进行第三方运输物流战略试点。一项对美国500个最大的制造业公司使用3PL服务的调查表明：即使在美国经济环境如此严峻的情况下，还是有越来越多的美国制造商要在全球范围内把物流运作外包给第三方。

A&A公司认为，由于《财富》500家企业中有许多企业还没有外包诸如货运、仓储和存货管理等非核心竞争力的业务，同时许多中小型企业正在寻求由单一的合同物流公司来管理其一体化供应链系统，所以美国第三方物流市场的发展还存在巨大的空间。市场竞争的压力将迫使越来越多的企业外包物流服务。在未来的3～5年，美国的第三方物流服务市场仍将以15～20%的速率增长。所以，有专家认为第三方物流的增长对企业经理人形成了严峻的挑战，因为它威胁到传统的托运人和供应商的关系。

但是，美国的第三方物流市场还不如欧洲和亚洲的成熟，以至 Delaney 先生发出呼吁，希望英国、欧盟和亚洲的第三方物流服务供应商能够考虑北美巨大的物流市场。

三、反向物流管理开始受到高度重视

美国反向物流执行委员会(Reverse Logistics Executive Council,RLEC)发现:不适当的反向物流管理可能使原设备制造商（OEM）的净利润减少35%以上。在计算机和电子产品的销售中，约有10～20%的产品要进入反向物流过程，这些产品如果回收处理，每星期的贬值率高达3%。对传统的为零售客户服务的配送中心来说，产品的返回率为2～6%。对目录销售和网上零售商来说，售出商品的返回率则高达30～60%。RLEC估计，美国企业一年用于处理反向物流的成本支出可能超过350亿美元。

低效的反向物流管理不仅会导致供应链系统中存货水平的提高，还会直接导致企业市场份额的下降。据 Gartner 公司测算，美国2002年在线销售商品中将有110亿美元的售出商品被退回，并导致18～25亿美元的损失。

在美国，USF Processors 公司就是一家在北美和加拿大设有80多个分支机构的著名的反向物流管理公司。

美国对反向物流管理的重视反映在 CLM 对物流的最新定义之中。

四、美国的物流运作已经进入供应链管理的时代

综观美国物流产业的发展的40年，Alfred J. Battaglia 先生1996年将美国物流产业的发展历程，实际上也就是物流理念的进化过程分成四个阶段：

第一阶段是20世纪60年代以前，企业物流活动处于离散状态。

第二阶段从60年代到70年代，离散的物流活动逐步整合成生产制造之前的物料管理(Materials Management)和生产制造之后的实物分配(Physical Distribution)这两大功能性活动。

第三阶段从80年代到90年代，物料管理和实物分配又逐步整合为物流（Logistics)。

第四阶段则是从21世纪开始，经过20世纪90年代物流与战略规划、信息技术、市场营销和销售等功能的再整合，美国物流进入了供应链管理(Supply Chain Management)的时代。

（特约撰稿：中国北方工业公司　王佐）

日本物流

一、日本的经济发展与物流

日本物流的发展与日本经济的发展有着密切的关系，一般来说，从20世纪50年代日本经济开始复苏到最近经济持续不振，大致经历了四个时期，即高速成长期、稳定发展期、泡沫经济期、经济不振期四个阶段。物流作为经济发展的重要基础，自然受到相同时期经济的影响，其规模、产业结构、发展模式与当时经济的发展有着重要的关系。

（一）高速成长期

1956年，日本政府组织相关部门的官员赴美国考察流通情况，第一次将物流概念带到日本，揭开了日本物流的新篇章。这一时期，日本的产业结构是以重化学工业为基础，产品的特点表现为“重、厚、长、大”。受当时世界经济的影响，日本进入了大量生产、大量消费的时代。相

对于物流量的急剧增长，物流的供给能力、物流的设施数量已远远不能满足需要，物流成为经济进一步发展的瓶颈。

同时，各种运输方式的比重也在发生变化，铁路运输的主导地位逐渐削弱，而卡车运输的比重提高。卡车以快捷、安全、准时等特点受到消费者的青睐，逐步成为日本国内运输的最重要的手段。

（二）稳定发展期

70年代，日本经济受石油危机的影响，从高速增长进入了稳定发展期。经济结构、产业结构发生了显著的变化。产品从“重厚长大”向“轻薄短小”的转变，商业中超级市场、连锁商店等新兴业态的出现，消费者需求的多样化、个性化，企业管理体制的现代化发展等，推动了日本企业及消费者对物流需求的从量变向质变的转化。因此，这一时期，可以说是日本物流向现代化发展的重要时期。

（三）泡沫经济期

80年代后期，在地产证券投机的带动下，日本经济出现了过热发展。由于企业对劳动力需求的增加，物流业出现了劳动力不足的问题。特别是物流业的3K（肮脏、危险及艰苦三字的日文单词字母）问题，更难吸引年轻人。因此，这一时期日本物流的主要课题是改善劳动环境，提高物流现代化水平，提倡无人化、自动化、合理化。

（四）经济不振期

90年代，泡沫经济破灭后，日本经济出现了持续不景气。企业经营范围缩小，失业率上升，消费需求不足，企业间竞争的加剧，使物流业也不得不寻找新的出路。随着互联网的发展，电子商务需求的急速增加，日本物流开始通过加快信息化进程，提高快速反应能力等方式增加竞争实力。同时，3PL服务也开始出现，正在逐渐成为日本物流服务的主流。

二、日本的物流政策

物流的发展离不开政府政策的引导和支持。从20世纪50年代起日本政府就开始根据不同时期经济发展的侧重制定相关政策。通过政策的制定使有限的资源、资金和人力最大限度地用于国民经济的关键部位，通过低息贷款、优惠税率、外汇配额等政策的经济手段、法律及行政措施保证产业政策的落实和实施。

50年代，日本政府为了扩大工业生产，发展国民经济，通产省确定了扶持汽车、石油化工、机械、电子等工业的目标，利用外汇配给制、征收关税和进口审查制等办法，限制国外同类产品的进口，保护民族工业的产业政策。大生产、大流通的发展，使日本政府有识之士意识到连接生产和消费的流通是国民经济中的重要环节，从美国考察回国后，开始重视流通领域现代化的重要作用，物流的发展也从此进入了一个崭新的阶段。

60年代，日本迎来了经济高速发展的时代。通产省结合国家总体发展目标，提出了产业结构设想。该设想选择以发展重工业和化学工业为重点的方向。同时，经济的高速发展也使得流通瓶颈的矛盾日益突出。为此，经济企划厅在编制“中期经济计划”时，第一次正式表明了政府开始重视流通的决心。通产省在60年代以前，一直把注意力放在发展工业上，流通政策也只着眼于中小商业，曾制定了《新百货店法》、《零售商业调整正措施法》。60年代以后，面对日本经济社会新形势，开始注重流通政策的研究和调整。1964年，通产省在产业构造委员会中设置了流通小委员会，正式着手计划和实施流通政策和措施。在短短的几年中就先后制定了“流通政策的基本方向”、“流通现代化的展望和课题”、“流通活动系统化报告”、“流通系统化基本方针”等政策措施。此外，通产省还与经济企划厅、运输省、建设省、农林水产省等六个政府部门联合制定了《流通市街地整备法》。决定整顿城市流通秩序，统一规划流通设施，以解决城市交通混乱、空气污染和噪音等公害。根据此法，在提供低息贷款、资金和保证土地等方面，政府鼓励在指定的流通业务区域内，建设流通基础设施。其目的是通过使集中在大城市中心的流通设施向已经整备好的外围地区集中搬迁，以提高大城市的流通机能以及使道路交通流畅，维持和提高城市的机能。根据这一法律，目前已在22城市中建设了24个业务团地。运作的程序如下：

通产省、运输省、农林水产省、建设省以及经济企划厅的5位主管大臣对有关流通业务的城市进行设施配备，制定全国通用的具体政策，并且决定对象城市。

在每个对象城市，都道府县的知事等作为城市规划者，制定流通业务地区的数量、位置、规模、机能、设施的种类等基本方针。

地方的公共团体、建设团体等根据城市规划进行流通业务团地的土地建设及团地内的公共设施、公益设施等的配备工作。

70年代后，随着日本经济的变化，产业结构的调整，铁路运输比例逐年下降，公路运输成为日本物流中重要的支撑工具。因此，日本政府从70年代起对《日本国有铁道法》、《道路运输法》等进行修订调整，使之适应时代的要求。

80年代末，日本经济的发展，要求物流业有更为宽松、更为灵活的物流政策以及更为低廉、更为高效、更为合理的物流系统服务。所以，日本政府对原有物流相关法律又进行了大幅调整及制定，其中最为重要的是对所谓“物流二法”的出台，即货物卡车运输事业法和货物运输经营事业法。两个法律的制定改变了过去与物流有关法律众多，限制物流事业发展的问题，给日本物流业发展注入了生机。

进入90年代，为了扭转日本物流业国际竞争力逐年下降的局面，日本政府几年来连续出台了若干政策鼓励物流业的发展。

一是1996年公布的产业再造计划。为了防止企业的空洞化，日本政府出台了一系列政策强化经济。其中在再造计划中，对物流业提出了四个发展方向，它们是：

1.国际物流基地的建设和其机能的现代化；

2.区域物流结构的改革；

3.城市内部物流的效率化；

4.物流系统的信息化。

另一个重要的政策是1997年和2001年分别推出的《综合物流施策大纲》和《新物流施策大纲》，其具体内容为：

（一）《综合物流施策大纲》

1997年4月4日，日本政府制定了具有重要影响力的《综合物流施策大纲》，该大纲是根据1996年12月17日日本政府决定的《经济构造的变革和创造规划》中有关“物流改革在经济构造中是最为重要的课题之一，到2001年为止既要达到物流成本的效率化，又要实现不亚于国际水准的物流服务，为此各相关机关要联合起来共同推进物流政策和措施的制定”这一指示而制定的。该大纲是日本物流现代化、纵深化发展的指针，对于日本物流管理的发展具有历史意义。该大纲的主体框架是：

1.基本目标：大纲中提出了到2001年物流发展的3项基本目标，即，第一，提供亚太地区便利性且充满魅力的物流服务；第二，实现对产业竞争不构成阻碍的物流成本；第三，减轻环境负担。

2.横向措施：横向措施包括三大部分，第一部分是社会资本配置，即集中社会资本建设物流基础设施，加强相关部门的合作与配合。第二部分是制度、政策的柔性化，即在法规、政策上推动物流效率化。第三部分是物流系统的现代化，这其中一是信息化，如无纸贸易、一站式服务、EDI系统；二是标准化，如集装箱的标准化等；三是其它措施，如技术开发、商业惯例的改进等。

3.不同领域的措施：这一节也分为三部分，一是都市内物流，即缓和交通阻塞、提高汽车装载效率、提高物流服务质量、减轻环境负担，在发展方向上主要是建立道路交通的通畅机制(物流共同配送、交通需求管理)以及货车的自营转换(提高装载率)。第二部分是地域间物流，通过多种方式完善陆海空运输的竞争条件，实现多式联运以减轻环境负担。第三部分是国际物流，即为了对应日本市场商品输入增加的状况，缩减国际物流的时间和成本，纠正内外价格差，改善产业地域竞争力。

4.构筑各部门合作的政策推进体制：该部分的目的在于推进各政府机关、地方公共团体、物流业者和货主联合采取物流现代化措施，加强地方与中央的合作。

从以上的日本《综合物流施策大纲》中可以看出，今后日本物流进一步发展、强化的方向是：

（1）信息化的推进；

（2）物流技术的开发；

（3）物流人才的培育；

（4）新物流服务的开展；

（5）国际化的对应；

（6）包装机械化、库存管理数码化的推进；

（7）社会资本的充实；

（8）规格化、标准化的推进；

（9）共同化、协作化的推进。

（二）《新物流施策大纲》

2000年7月，由于日本国内及国际局势发生了变化，同时为了检验1997年制定的大纲实施以来的成果，日本政府又出台了《新物流施策大纲》。

在1997年制定的大纲中，提出了三个目标，并取得了一定的成果，即：

1.亚太地区方便并且充满魅力的物流服务

包括基础设施建设，放宽规制，简化贸易手续，利用标准化、信息化提供高质量的物流服务等。同时为了适应国际化的进展，进一步改善软硬件交易。

2.实现对产业竞争不构成阻碍的物流成本

日本的物流费用逐年降低，与美国相比已不分高低，但在与港口相关的费用上，与亚洲国家的某些港口相比，费用还处在高水平，不利于日本参与国际竞争。

3.减轻环境负担

为了使城市交通更加顺畅，进一步改善基础设施建设，减少交通事故。

新大纲的要点为：

（1）为了实现建设日本新的物流系统的目标，到2005年要实现以下目标：

构筑包括物流成本在内的具有国际竞争力的物流市场；

建设低环境负荷的物流体系为循环型社会做出贡献。

（2）政策推进的角度有：各主体承担各自的作用；构筑公平竞争的物流服务市场；物流重点设施的建设和现存设施的合理利用。

为了实现上述目标，在新的大纲中明确了以下三个方向：

（1）建设具有国际竞争力及高效的物流系统

①构筑高效的物流系统

促进企业共同化、信息化的发展，推动规制改革，简化行政手续。

推进标准托盘运输的单元化。

在区域间物流中，推动建设使消费者在卡车、海运、铁路各种运输方式的自由竞争中，可以自由选择运输手段的交通体系。

在城市内部的物流中，推进TDM（交通需求管理）政策的实施。

②强化国际物流结点的功能

进一步加强对连接国际物流结点的接口道路、海上高速网络及干线道路网络的建设。

推进港口24小时营业制，进出口货物手续的电子化、一站式服务等，大幅度改善国际港口物流的效率。

（2）构筑解决社会课题的物流系统

①地球温暖化问题的应对

促进卡车运输效率的提高，推动运输方式的转化。

②大气污染等环境问题的应对

强化排出尾气的限制，开发和普及低公害车辆，建设环状道路增加交通容量，利用TDM政策使城市交通更加通畅。

③为了实现循环型社会，构筑静脉物流系统

④物流安全问题的应对

（3）构筑支撑国民生活的物流系统

①在物流规制放宽后，确保能够提供安定的物流服务和保护消费者利益不受损害。

②城市建设中充分考虑与物流的衔接。

③构筑安定的物流系统。

三、日本的物流现状——用数据看物流

1. 日本货物运输量

年份	铁路	公路	内海航运	航空	合计（万吨）
1985	9629	504805	45239	54	559726
1991	8662	611357	57520	87	677626
1992	8570	626081	57189	87	691927
1993	8240	610171	54041	85	672537
1994	7926	582154	52884	86	643050
1995	7895	581037	55576	91	644599
1996	7693	601657	54854	96	664301
1997	7356	617727	54691	100	679873
1998	6923	606538	54144	101	667706
1999	6037	581988	51665	102	639791

注：根据日本物流研究会资料做成。

2. 日本货物周转量

年份	铁路	公路	内海航运	航空	合计（万吨）
1985	21919	205941	205818	482	434160
1991	27196	274244	244546	799	546785
1992	27157	283776	248203	812	559948
1993	26668	281599	248202	804	557073
1994	25443	275885	233526	817	535661
1995	24963	280587	238540	871	544491
1996	25101	294648	238330	924	559002
1997	24968	305510	241756	962	573196
1998	24618	306263	237018	981	568880
1999	22920	300670	226980	985	551555

注：根据日本物流研究会资料做成。

3. 日本物流成本在GDP的比重

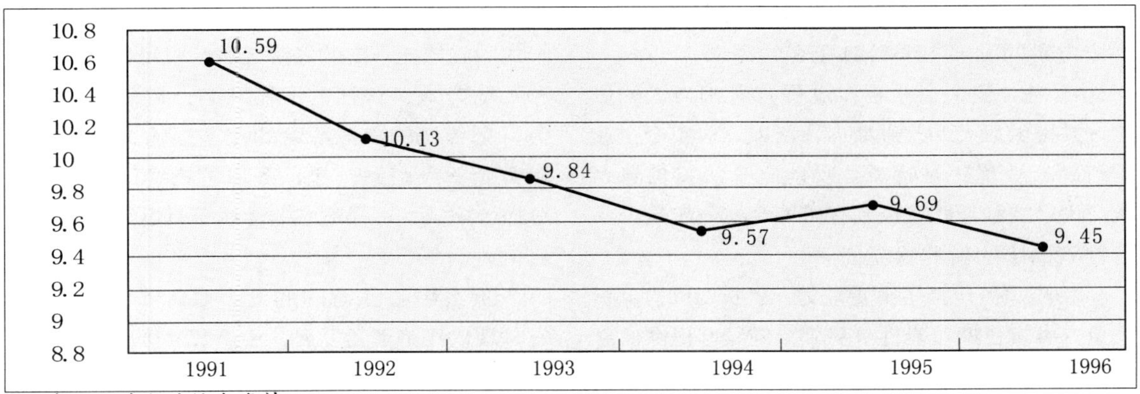

注：根据日本物流协会资料。

（特约撰稿：北京物资学院　邬　跃）

德 国 物 流

一、形成及发展

（一）经济全球化的挑战

德国物流业发展是随着高速公路的快速发展和经济全球化的加快而发展的。德国的企业充分认识到，只有全球化市场才能保证质量产品的销售。全球化不仅表现在生产和销售，而且采购也日益全球化。通过全球化采购，不仅可以降低采购的成本，而且可以将别的地区的革新成果迅速地引入自己的产品中。这对物流带来巨大的挑战。一方面它需要将供货商在信息和组织上有机地联接一起，另一方面需要距离上有效和快速的运输。

物流作为管理信息和物品流动的手段，为企业带来降低成本的潜力，平均来看，可以通过物流管理将总成本降低6%～7%。尽管物流任务不断增加，但物流成本可以通过不断优化来减少。70%以上企业对物流的理解包括：仓储、分拣、包装、发送、物流管理和控制，企业外运输企业内运输，高效的信息处理。物流费用占工业企业总成本的11%，商业企业的21%。

（二）物流业的新任务

物流方案的成功因素在于，它不仅为企业提供高速度和低成本，而且对于各种变化既保持高度灵活性、适应性，又保持稳定性和可靠性。顾客的需求成本因素在未来更为重要，所以物流方案的发展主要针对顾客的需求。

流物对整个企业运作过程有着相当大的影响，并提供巨大的改进潜力，所以，对整个企业进行跨行业优化是物流业功能之一。将信息系统、生产控制，质量控制有机综合在一起是企业管理者面临的新的物流任务。

物流服务包括了供货能力、供货时间、供货质量、供货日期可靠性。另外，向顾客提供信息成为越来越重要的标准之一。通过向顾客提供更多的信息，可以开发出新的市场和新的顾客。特别是顾客通过这些物流服务对企业生产能力特点作出判断。

一个重要标准是供货时间，缩短供货日期的潜力主要在于减少处理合同的行政时间，因为纯生产时间占总时间的很少一部分，供货时间短也意味着低成本和对市场反应快。

（三）管理机构

德国货运管理的部门是联邦货运交通局(BAG)。联邦货运交通法中规定联邦货运交通局的任务是监督和控制。为了更好地实行监督功能。联邦货运交通局对所有参加运输的人员不仅在办公室内而且在室外(公路、高速公路、停车场)进行监督，其中也包括发货人、中介人和运输公司。联邦货运交通局规定，如违反规定，要受到主管局的惩罚或联邦货运交通局制裁。

欧洲大市场的实现不仅意味着边界消失和障碍消除，而且要求欧共体各成员国加强运输市场的管理，以实现商品和服务的自由流通。

没有公路货运的灵活性和极强的适应性，就不能承受由欧洲一体化过程带来的货物流量。

二、货运中心

培育和建设货运中心是德国加强现代物业建设的一项重要举措。

货运中心，又称货物分拨中心，货物配载中心，是德国大力倡导、扶持发展的集约运输组织形式。它依托一定的经济区域，以可供选择的多种运输方式、快捷的运输网络、周到的运输服务，把传统的分散经营的众多运输企业及运输服务企业吸引到一起，各方货物经过中心进行分拨、配载，选择适宜的运输工具迅速地输送到目的地。

货运中心在德国的发展是近十多年的事。它是现代经济迅猛发展，生产贸易国际化、自由化的迅速发展的必然要求。另外，德国着力于完善综合运输体系，也是推动货运中心发展的政策条件。德国综合运输政策的目标是长距离运输以铁路、水路为主，两头的衔接与集疏以公路为主。

德国建立和发展货运中心由联邦政府统一规划，由州政府负责按规划进行建设，并采取相关政策，扶持其发展。建立货运中心，德国着眼的是巨大的社会效益。从运输经济本身来看，货运中心是通过提供必要的服务设施和条件，合理组织物资集疏，达到物流经济快捷而资源充分利用的目的；从社会效益来看，货运中心能减少噪音和污染，有利于保护环境。同时也能为区域经济繁荣和发展注入新的活力，创造较多的就业机会，并且增加税收，德国规划建设货运中心与规划建设交通干线、主枢纽统筹考虑。在广泛进行生产力布局，货物种类、流量、流向调查的基础上，根据各种运输方式衔接的可能，确定货运中心的规模与发展。德国规划到2010年左右建设30至40个货运中心，目前已建成16个。

货运中心选点建设一般考虑3个因素。一是至少有两种以上运输方式联接，特别是公路和铁路；二是选择交通枢纽中心地带，使货运中心网络与运输枢纽网络适应；三是经济合理性，包括运输方式的选择利用、环境保护与生态平衡，以及与此同时货运中心经营的成员利益的实现等。

为了引导各州按统一规划建设货运中心，德国交通主管部门对规范建设的货运中心给予资助，未按规划建设的则不予资助。在货运中心的建设过程中，州政府发挥了很大作用，提供建设所必需的土地，建设中心运转所需要的公路、铁路、通讯等公共设施。

三、物流中心

物流中心在德国的发展已有10年。德国经济学家、交通运输专家经过长期的研究认为，生产贸易国际化、自由化的迅速发展，有赖于人员、物资、信息的及时、有效的流动与供给。在产、运、销的链条上，运输业的生产既涉及加工、包装、仓储、装卸、运输，又涉及管理、经营与服务，并涉及土地资源的利用、环境保护和生态平衡等。如何把如此诸多的运输过程环节经济合理地组织起来，寻求一种资源节约、运行高效的运输服务，必须对传统的分散化的运输组合形式进行变革，在一定区域选择一个或几个点，配备一切必要的运输服务设施，把不同地方、不同厂家的运输流相对集中，再根据货物种类、流向、流量、缓急程度等因素，选择合适的运输方式，进行发送。这是德国物流中心兴起与发展的内在因素。另一方面德国极大地发展和完善综合运输体系，减少交通对环境和生态的负面影响。综合运输的政策目标是长距离运输以铁路、水路为主。发展物流中心，为实现综合运输的目标提供了畅通的、便利的、有效益的方式，使货物与运输工具得到合理的配置，各种运输方式尽展其长，并且使货主与客户都感到方便、保险、快捷、便宜，从而减少载重汽车的投放。

四、德国联邦政府的政策

德国建立和发展物流中心由联邦政府统一规划，由州政府负责按规划进行建设，并采取相关政策扶持其发展。发展物流中心具有现实的巨大社会效益。从运输经济本身来看，物流中心是通过提供必要的服务设施和服务条件，合理组织物资集疏达到物流经济快捷而资源充分利用的目的。从社会效益看，物流中心着力减少空驶，减轻道路拥挤，从而减少噪音和污染，有利于保护环境。从区域经济看，物流中心能吸引就地办厂，为繁荣经济注入活力，创造较多的就业机会，增加税收。目前德国已建成物流中心16个，规划到2010年左右建设3040个物流中心。物流中心的建设一般考虑三个方面的因素：一是至少有两种以上运输方式联接；二是选择交通枢纽中心地带，使物流中心网络与运输枢纽网络相适应；三是经济合理性，包括运输方式的选择利用、环境保护和生态平衡，物流中心成员的利益共享等。

五、德国物流中心的运营

德国联邦政府通过宏观规划和指导，将物流中心的场地向运输企业或与运输有关的企业出租，承租企业则依据自身的经营需要建设相应的库、堆场、车间、配备相关的机械设备和附属设施，以物流中心为基地，把服务触角伸向广阔的市场。一般物流中心有众多的成员，成员有其联系的客户和资源渠道，彼此之间的联系是自愿而松散的，各自独立经营。如某物流中心成员有宠物饲料运输公司、零担货运公司、综合运输公司、冷冻食品运输公司、邮政包裹运输公司、公铁联运公司等。

德国物流中心自身经营管理机制采取股份制形式，整个物流中心成员，是一种由企业“自治”的方式。每个成员企业按实有职，每人每月向中心交纳一定的管理费(380 马克)。物流中心的职能主要是为成员企业提供信息、咨询、维修等服务：代表成员企业与政府对话，与其它物流中心进行联系。它不具有行政职能。物流中心一般都兴建有综合服务中心、维修保养厂、加油站、清洁站、餐厅、驾驶员培训中心等。由于有良好的设施和优质的服务，物流中心的投入产出比为1/6 。

(资料来源：《上海交通运输》)

新加坡物流

新加坡利用其良好的地理条件，在加快经济发展而成为亚洲经济“四小龙”之一的同时，积极发展现代物流业，在亚洲国家中占得先机，物流规模特别是国际贸易物流位居亚洲前列，物流管理技术在亚洲具有优势，成为亚洲乃至国际性的区域物流中心。

一、物流产业具有支柱地位

新加坡的物流业产值占其国内生产总值(GDP)的8%，有大约11.5万人受雇于物流行业，为全国总劳动人口的6%。其中，2001 年，新加坡第三方专业化物流(3PL)服务业完成产值占国内生产总值(GDP)的3%以上。新加坡的物流业较为发达，较突出地反映在专业物流企业发展环境较好，规模较大，3PL 成为在新加坡较具影响力的企业，从而奠定了其在新加坡经济中的支柱地位。

据 2001 年的一项调查显示，新加坡工业及商业企业运用物流组织管理技术和运用专业化的3PL服务非常普遍，约60%的新加坡企业使用3PL服务，其中有83%已经是3年以上的3PL服务客户。超过90%的使用者认为，3PL 的服务能帮助他们降低成本，并对3PL提供的物流服务十分满意，这是新加坡3PL服务产业化发展的重要基础。

此外，世界知名物流企业如敦豪、联邦快递、辛克等都在新加坡设立了区域总部。再加上与互联网结合，新加坡物流业更以电子物流的全新经营模式，发展出一套独具特色的网络供应链管理系统(ISCM)，吸引跨国企业利用新加坡物流业的优势，构建亚太地区的外包供应网，让跨国企业专注于产品研发及市场营销，提高国际竞争力，从而更加巩固了新加坡物流业的支柱地位。

二、物流效率高，技术先进

新加坡物流业的发展，得益于较高的物流运作效率。新加坡港务集团是世界上效率最高的集装箱码头经营管理机构之一，在该机构的合理、高效运作下，新加坡全国集装箱年吞吐量超过1700万TEU(标准箱)，多年来一直位居全球前两位(与香港在规模上相当)。

新加坡的 3PL 服务业广泛采用高效率的仓库设施和合理使用仓库储存空间，并运用信息技术，积极发展即时网上存货搜寻、货物跟踪及管理系统，为港口间、港口与内陆物流企业间、物流企业与服务对象间进行信息共享和及时传递物流信息创造了条件。此外，新加坡还建设了一批具有世界一流水准的配送中心，使其成为高效物流服务的基础。

新加坡在物流信息技术上的优势，还表现在其技术和人才的输出上，我国的深圳、广州、上海、大连、青岛、苏州等重要港口和工业、商业城市，在物流企业经营、人才引进上均有新加坡企业的参与。其中，广州港、大连港以吸收新加坡资本和技术参与建设和经营，深圳的新科安达等已成为我国较为知名的3PL服务企业。

三、政府积极支持物流业的发展

新加坡政府干预经济的发展在世界上既具有知名度，也是较为成功的。新加坡物流业的快速发展即得益于政府的大力支持。政府支持物流行业发展的政策，主要包括地税优惠、研究发展的资助和提供各项教育与在职培训计划。如新加坡国立大学与以工业和制造工程著名的美国乔治亚州科技学院携手合作，设立了“物流学院”，该学院的发展基金来自不同的公营团体和私营企业的拨款。

由于得到政府的大力支持，新加坡的物流行业投资规模较大，且有强大的推动力和持续性。1996年，新加坡物流行业的固定资产就达到了11亿新元，比上一年增长了70%。而2001年，仅私营物流服务供应商投资就达到了4亿新元。

新加坡物流业的发展，还在于其在政策上对物流业进驻新加坡投资没有限制，其良好的物流服务环境还吸引了大批国际著名企业在新加坡设置企业及物流运作基地，如汽车业巨头戴姆勒——克莱斯勒公司最近宣布投资8000万美元，由卡特彼勒物流公司负责，在新加坡建立其除北美和西欧之外最大的区域物流中心，负责向亚太及日本约20个国家和地区的市场供应零部件，以加强回应客户需求，减少运输时间，并提供更好的服务。预计该物流中心明年启用后，将创造6亿美元的年销售额。此外，在机械制造业方面，知名的轴承制造商SKF也与新加坡Accord物流公司签订了15年、总额达4000万美元的物流服务合约，由Accord物流公司为其新建物流中心，向其提供物流配送服务。

四、大力发展电子化物流

现代物流业与传统物流业的重要区别在于信息技术的广泛应用，包括计算机技术、网络技术、条码及扫描技术、GPS技术等。新加坡作为一个开放的自由贸易城市，具有发达而完善的交通信息和电信通讯网络，以此为基础，新加坡物流业近年来成长迅速。

借助新加坡CWT物流公司建立的ISCM，DuPontCorian公司及其经销商能方便地进行在线物流管理与库存控制作业，并在其B2B门户平台上传输即时物流信息，整合仓储、运输管理以及电子计划与配置系统，成为一个在线、可读取且易操作的信息平台。ISCM的构建，使DuPont Corian的经营成本降低了15%。

此外，新加坡政府还计划将新加坡的化学工业以电子商务为重点，发展产业供应链管理体系，让面临利润趋薄且激烈竞争的化学工业，凭借物流外包，得以降低成本和实现高效经营。美国通用旗下的GE Plas-tics公司选择新加坡作为在亚太地区的电子商务中心，成立了一个电子商务专责小组，新加坡国家贸易发展局配合推动产业推广，引进整合型的物流系统，连结化学工业上下游的厂商，并对化学工业人员提供在线培训，构建以网络为基础的生产、销售、物流运作体系。随着企业信息化的不断演进，新加坡物流业充分展现出它在产业供应链管理体系中担当的重要角色，促进了物流业的不断发展。

五、积极发挥物流协会的作用

在物流业发达国家，行业协会在物流业发展中的作用较大。在现代物流技术的发展中，传统的物流行业协会并未抱残守缺，而是纷纷调整结构和功能，适应发展需要。在新加坡，航空货运业协会曾在其物流业发展中扮演了重要角色，但为了适应现代物流业的发展，现已正式改名为新加坡物流协会(SLA)，反映出货运业发展的大趋势。

新加坡航空货运业协会成立于 1973 年，改名为新加坡物流协会(SLA)以后，其宗旨也随即发生了改变，目的是要将新加坡建成世界级的枢纽港，为客户提供物流解决方案的专业知识和管理经验。目前，该协会有会员公司 212 家，协会将制订一套物流行业标准，积极组织职业培训，担当政府联系企业的桥梁。

(特约撰稿：国家计委综合运输研究所副所长　汪鸣)

附录

物流相关行业十大新闻

物流相关行业"十大新闻"

2001年度中国物流十大新闻

一、"十五"物流发展规划出台

2001年，我国制订了未来5年物流配送发展规划，以推动物流业的快速发展。该规划包括扶植和规范发展一批第三方物流企业，构建全国性商品物流配送绿色通道，建设若干规模合理、运作规范的现代化物流中心和专业化配送中心，构建全国性物流配送网络，培育若干个国家物流骨干基地等。

二、六部委发布《关于加快我国物流发展的若干意见》

3月1日，国家经贸委联合铁道部、交通部、信息产业部、外经贸部、民航总局共同签署文件，发布了《关于加快我国现代物流发展的若干意见》的通知。通知要求各有关单位结合实际，参照《意见》，规划发展现代物流业。

三、六部委召开现代物流工作座谈会

6月底，国家经贸委、铁道部、交通部、信息产业部、外经贸部、民航总局联合在上海召开了现代物流工作座谈会，发布了《我国物流发展现状及对策研究报告》，讨论了今后现代物流工作的思路。

四、物流工作重点企业联系制度建立

为加强政府与企业的沟通，及时了解物流发展中存在的问题，以便政府部门协调解决，为企业发展现代物流创造良好环境，2001年8月底，国家经贸委发出《关于建立现代物流工作重点企业联系制度的通知》。确定了34家企业为现代物流工作重点联系企业，对其实行动态管理。

五、北京将建中国内地最大物流港

10月23日召开的第五届京港经济合作洽谈会传出消息，京泰集团和香港嘉里集团将在北京投资110亿元人民币，建设中国内地最大的物流港。该物流港的物流中心已由京港合作开发并将启动，物流港内的商贸中心、会展中心、信息中心和综合服务中心等五大中心也已进入规划阶段。

六、上海将投资百亿建物流基础设施

根据上海市政府规划，今后10年，外高桥直接投资于物流基础设施和物流项目的资金将超过100亿元人民币，并力争吸引20家国际知名的船公司、50家大型物流企业及200家跨国公司在沪建立配送中心，使年国际物流量达到2000万吨，年进出口货值达到400亿美元。

七、海尔成为我国首个物流示范基地

10月17日，中国物流与采购联合会在青岛开发区海尔工业园举行中国物流示范基地授牌仪式，海尔集团以其富有特色的现代物流管理模式——"一流三网"同步流程，成为中国第一个物流示范基地。

八、EMS提速　邮政布全国最大快递网

8月1日，中国邮政开始在全国范围内办理国内快递包裹业务。邮政承诺：国内包裹快递业务的省会城市全程运递时限为4～6天，全程采用陆路运输，按每日两个频次组织投递到户。

九、国家标准《物流术语》颁布

一部新的国家标准《物流术语》于8月1日付诸实施。这意味着现代物流业这一已列入"十五"规划的新世纪中国经济发展的重要产业，将告别无序发展状况。

十、中远向全球物流经营人转变

4月27日中远成立40周年。面向新世纪，中

远集团提出新的发展战略：将由全球承运人向以航运为依托的全球物流经营人转变，为国内外客户提供第三方物流超值服务。

（《中国航务周刊》、中央电视台、《国际商报》、《国际经贸消息》、《中国交通报》联合评出）

首届“中国物流十大风云人物”

（按姓氏笔划排序）

丁俊发

中国物流与采购联合会常务副会长

王之泰

中国物流学会副会长

王树生

天津市大田航空代理公司董事长

王德荣

中国交通运输协会常务副会长

文显伟

美集物流运输(中国)有限公司董事总经理

刘　武

广东宝供物流企业集团董事长

陈学淳

UPS中国董事总经理

张瑞敏

海尔集团首席执行官

罗开富

中国对外贸易运输(集团)总公司董事长

魏家福

中国远洋运输(集团)总公司总裁

（《中国物流与采购》、《中国交通报》、《中国航务周刊》、《国际商报》、《国际经贸消息》、中央电视台、台湾《航贸周刊》、《中国公路》联合评出）

2001年中国交通十大新闻

一、西部大开发步伐加快，西南公路出海大通道全线贯通

12月5日，西南公路出海大通道全线正式贯通。至此，西部地区有了自己的出海通道，而且是最便捷、最经济的出海通道。西南公路出海大通道途经川、黔、桂三省区，全长1709公里，全部由二级以上高等级公路构成。它的建成，对于加快西部大开发的步伐，加快西部地区经济的发展具有十分重大的意义。

二、港口体改深化，港口下放地方工作全面展开

酝酿已久的港口管理体制改革工作，经国务院批准，终于进入了实质性实施阶段，港口下放工作将于2002年3月底前完成。此次港口管理体制改革的主要内容是将现由中央管理的秦皇岛港以及中央与地方政府双重领导的港口，全部下放到地方管理。港口下放后，将逐步放开理货市场，引入竞争机制；另外，现行引航管理体制也将逐步进行改革

三、继上海港、广州港、宁波港之后，今年又有天津港、秦皇岛港、青岛港和大连港货物吞吐量超过亿吨

继上海港、广州港、宁波港成为超亿吨大港之后，我国沿海各大主要港口的年货物吞吐量不断攀升，今年又有天津港、秦皇岛港、青岛港和大连港四个港口的年吞吐量突破了亿吨大关。至此，我国已有7个港口步入了吞吐量超亿吨港口行列。

四、中、老、缅、泰共同努力，澜沧江—湄公河商船正式通航

6月26日，中华人民共和国、老挝人民民主共和国、缅甸联邦和泰王国澜沧江——湄公河商船正式通航典礼在云南省景洪市隆重举行。中、老、缅、泰四国交通部部长或副部长率代表团出席会议。四国间商船的正式通航，将为开创湄公河次区域经济合作新局面、为澜沧江—湄公河国际航运史翻开新的一页。

五、以通县油路建设为代表的西部公路建设步伐加快

4月2日至3日，交通部在贵阳召开了西部交通建设座谈会，要求应确保西部交通建设取得明显进展。8月17日，四川省拉开了甘孜、阿坝、凉山三州交通建设大会战的序幕。9月22日，

交通部与四川省人民政府联合召开的四川省三州通县公路建设现场办公会在甘孜举行，要求把三州通县油路建设这一关系三州发展、开放、稳定的好事办好、把实事办好。10月25日，投资规模373亿元，惠及15省区、280多个地县的西部地区通县道路建设工程正式启动。11月1日，交通部召集西部地区主管通县公路建设的厅(局)长在京召开西部地区通县公路建设工作座谈会，要求"抓住机遇，努力完成建设任务"。

六、全国交通系统捐助西藏价值3100多万元的养路机械

8月25日，全国交通系统援助西藏公路养护机械活动在雪域高原的布达拉宫广场举行，西藏共收到捐赠公路养护机械75台，价值3100多万元。这一举措对提高西藏公路养护技术水平，改善一线养路工的工作条件，促进西藏公路交通事业的发展具有十分重要的意义。

七、我国海上联合搜救迈上新台阶，首次军地海上搜救演习成功

9月26日，一场代号为"海救一号" 的大规模军地海上联合搜救演习在黄海某海域成功举行，这标志着我国军地海上联合搜救迈上新台阶，海上搜救能力得到进一步加强。此次演习是建国以来海军和交通部联合组织的规模最大的一次海上联合搜救演习，共有23艘军地舰船、5架飞机和5000多人的兵力参加了联合大搜救。

八、交通部批准成立的首家跨省市高速公路快运企业诞生，山西等地纷纷组建大型汽车运输集团企业

3月29日，交通部批准了北京市交通局成立新国线运输有限公司的请示，至此，全国首家由交通部批准的跨省市高速公路的快运企业宣布成立。"新国线"将严格按照《公司法》和现代企业制度进行运作，努力实现规模化、集约化的经营。之后，山西等地纷纷组建大型汽车运输集团企业。

九、国务院颁布《中华人民共和国国际海运条例》，自2002年1月1日起施行

为加强我国国际海运业的规范和监管、解决国际海运市场存在的突出问题、履行我国加入世贸组织的有关承诺，12月5日，朱镕基总理召开国务院第49次常务会议，讨论并原则通过了《中华人民共和国国际海运条例(草案)》。12月底，朱镕基总理颁布第335号国务院令，正式通过了《中华人民共和国国际海运条例》，《条例》自2002年1月1日起施行。

十、交通部提出"十五"期间"三学四建一创"行业精神文明建设任务目标

10月16日至19日，交通部在南京召开精神文明建设会议，会议提出了开展"三学四建一创"的行业精神文明建设任务目标，即继续学习包起帆、"华铜海轮"、青岛港等先进典型，建设"交通基础设施优质廉政工程"、"交通行政执法素质形象工程"、"交通运输通道文明畅通工程"、"交通运输企业安全效益工程"，按照中央要求创建文明行业。这将是全国交通行业群众性文明创建活动的主要任务。

(《中国交通报》评出)

2001年中国公路十大新闻

一、我国高速公路总里程达到1.9万公里，跃居世界第二位。

二、5月，交通部在南昌召开全国公路养护管理工作会议，制定"十五"养护管理工作方针和未来十年养管工作纲要。

三、12月4日，成都至北海的西南出海通道全线贯通。这条出海通道全长1709公里，总投资255亿元，是国家西部大开发战略率先完成的大型建设项目。

四、广东查出一宗高速公路"窝案"，这是建国以来交通涉案人员最多、职务最高、影响最大的腐败案件，在交通行业再次引起强烈震动。

五、8月25日，全国交通系统援助西藏养护机械捐赠仪式在拉萨布达拉宫广场举行，全国共向西藏捐赠公路养护机械75台套，总价值3100多万元。

六、历时三年的"公路质量年"活动划上圆

满句号，我国公路建设质量水平得到全面提升。

七、为确保2008年北京举办奥运会期间交通顺畅，北京市决定投资900亿元用于道路交通建设。

八、国务院启动西部油路“通县工程”，总投资373亿元，这项工程对提高西部路网水平，促进西部经济发展和社会稳定将起到巨大的推动作用。

九、11月7日，被誉为“亚洲第一拱桥”的宜宾小南门大桥突然发生断裂，市区南北交通中断，已停止11年的轮渡重新启用。

十、4月28日，中国公路建设行业协会成立，标志着公路建设市场在行业自律与规范经营方面进入新阶段。

（《中国公路》评出）

2001年中国民航十大新闻

一、民航改革快马加鞭

2001年，民航改革进入攻坚阶段。4月27日，民航总局局长刘剑锋在北京宣布，民航直属航空运输企业暨服务保障企业改革重组启动，包括国航、东航、南航、西南航、西北航、北方航、云南航、新疆航等在内的民航直属航空公司和中国航空油料总公司、中国航材总公司、中国民航计算机信息中心、中国民航结算中心等在内的民航直属服务保障企业均参与改革重组，这是中国民航从1987年以来规模最大也最为复杂的改革，改革的力度、深度、范围前所未有。11月28日、12月18日，中国民航最后两家政企合一的直属单位——云南、新疆民航先后完成分立重组，新的民航云南省管理局、乌鲁木齐管理局和云南航空公司、新疆航空公司正式成立，为航空运输企业重组创造了条件。

面对改革浪潮，地方航空公司也纷纷加快联合重组进程。4月18日，上海航空公司、山东航空公司、深圳航空公司、四川航空公司、武汉航空公司及中国邮政航空公司宣布联合组建“中国中天航空企业集团”，以提高整体市场竞争实力。此项联合涉及100架飞机和500多条航线。与此同时，海南航空集团公司继2000年兼并长安航空公司后，于2001年又先后重组新华航空公司，并控股山西航空公司，向中国较有实力、颇具规模的航空运输企业迈进。

二、航空公司通过运行合格审定

截至2001年4月30日，22家具备独立法人代表资格、独立名称和独立标记的国内航空公司全部通过中国民航总局的运行合格审定，它们分别是东方、南方、国际、厦门、上海、海南、西南、西北、新疆、山东、新华、云南、北方、深圳、邮政、山西、武汉、四川、浙江、长安、长城和中国货运航空公司。这标志着1995年开始启动、1999年正式开始的中国民航公共航空运输企业运行合格审定工作已全部完成，中国民航的所有公共航空运输企业全部达到了国际民航组织规定的运行标准，对于国内公共航空运输企业实现管理的科学化、规范化和与国际接轨起到了积极推动作用。

三、民航采取措施应对“9·11”事件影响

美国发生“9·11”恐怖袭击事件后，民航总局和公安部联合发布通告，采取更加严格的航空安全检查措施，以确保飞行安全。“9·11”事件后，全球承保人联合调整了第三责任险中因战争原因的赔偿条款，机身战争险保费亦大幅上涨，航空公司不堪重负。受此影响，从10月15日起，中国内地各航空公司在自中国内地始发的国际航线（不含国际航线国内段）和至香港、澳门的国内航线上，向旅客收取航空保险附加费，收取标准为每位旅客每航段最高不超过2.5美元，国内航线暂不收取此项费用。此后，民航总局又发出通知，自2001年11月1日起，中国内地航空公司在自或至中国内地的国际航线（不含国际航线国内段）和自或至中国内地的香港、澳门航线上，可以收取航空货物安全保险附加费。

四、京广航路实施雷达管制

为加大空中交通流量，民航总局积极推动雷达管制工作，经过两年的努力，我国第一条雷

达管制航路——北京至广州航路（京广航路)6月30日正式开通。这条贯穿南北的空中大动脉的开通，宣告了我国无一条航路实施雷达管制的历史结束。京广航路是我国飞行流量最大、最繁忙的航路之一。京广航路实行雷达管制后，大大提高了航路的容量，极大缓解了该航路上的运输紧张现状，减少了因流量控制而造成的航班延误现象的发生。

五、APEC会议民航交出满意答卷

10月20日至21日，举世瞩目的第九届亚太经合组织领导人非正式会议（APEC）在上海隆重举行，这是我国主办的规模最大、与会领导人层次最高、影响深远的一次国际盛会。APEC相关会议在我国大连、苏州，特别是上海举行的9天时间内，民航各有关单位密切协作，圆满完成了运输保障任务。其中，上海浦东、虹桥两个国际机场和东航成功地保障了来自与会的经济成员体的专机、包机、公务机及要客航班163架次，创中国民航机场保障专包机（公务机、要客航班）数量之最。

六、东航南航飞越北极

5月30日上午10时20分，随着担负东航MU588芝加哥——上海航班任务的A340客机平安降落在浦东机场，中国民航首次穿越北极上空的极地航路试飞任务圆满完成，这也是中国民航首次实现中国与美国东部城市之间的不经停直航。

7月15日，南航首家使用波音777飞机完成从美国东海岸的纽约经北极直飞北京这条新航线的试飞。这标志着南航北极航路验证飞行获得圆满成功。以往中美间跨太平洋上空的航路基本是通过一定弧度、围绕地球的同纬度飞行，而极地航路则是沿经线穿越极地区域的竖直方向飞行，可以避免由此引起的中间经停，实现不经停直飞美国东部和中部城市。极地飞行的优势在于缩短了航程，减少了高空风的影响，节约了时间。同时，对旅客来说，从极地经过，不仅没有任何不舒适的感觉，而且还可以欣赏别具一格的极地景色，旅途更快捷舒适。这些都使穿越极地的航路成为中美商业飞行最经济最有效的航路。

七、新飞行规则实施

7月27日，国务院总理朱镕基和中央军委主席江泽民联合签署命令，对2000年7月24日公布的《中华人民共和国飞行基本规则》作出修改。该修改决定于8月1日零时施行。

8月9日，《中国民用机场高度表拨正程序和过渡高度层改革方案》在31个国际机场率先实施。民航总局确定用两年时间完成此项改革。计划分三批实施，第一批为国际机场，第二批为国内运输机场，第三批为一般运输航空机场和通用航空机场。这是我国民航在空中交通服务领域和飞行方面的一项重要改革，是保证飞行安全的又一重要举措。

八、京津机场实现联合

1月16日，北京首都国际机场和天津滨海国际机场正式宣布实施联合。这标志着中国机场业通过联合重组实现集团化的趋势已初见端倪。这两家机场的联合是优势互补、整合优化的战略性联合。两家机场联合后，北京首都机场将定位于构筑辐射东北亚的国际航空枢纽机场，天津机场则以货运为主，客货兼营，机场功能和潜力将得到进一步发挥，从而避免出现恶性竞争，达到双赢。

九、国航上航代号共享

国航与上航在21条国内航线上开展代号共享，这是中国民航直属航空公司和地方航空公司首例代号共享合作，在国内民航同类合作中规模最大、起点最高。

5月10日，国航与上航在上海签署了《国航——上航代号共享合作协议》，宣布从6月份起，在双方21条国内航线上开展代号共享合作。同时，国航和上航还签署了《国航——上航常旅客计划合作协议》的一个附件，今后两家公司的常旅客可以在代号共享航线上互相累积里程。

这次合作是在民航改革重组的大背景下展开的，对国内民航市场竞争格局以及国内航空公司应对外航竞争将产生深远影响。

十、中国航信、中国航油海外上市

2月7日，“中国航信”在香港成功上市，募资12.75亿港元，用于打造中国民航自己的全球分销系统（GDS），成为新世纪第一年中国首家海外上市公司。

12月6日，中国航油（新加坡）股份有限公司在新加坡证券交易所主板正式挂牌上市，筹资量为8000万新加坡元。这是中国航油领域的首家上市公司，也是首家利用自有资产在新加坡上市的中资企业。据新加坡发展银行宣布，“中国航油”是今年新加坡股票市场筹资量最大、市盈率最高的公司，受到了国际资本市场投资者的青睐。

（《中国民用航空》评出）

2001年中国航运十大新闻

一、我国港口管理体制改革全面展开

10月8日，国务院办公厅下达了《转发交通部等部门关于深化中央直属和双重领导港口管理体制改革意见的通知》，根据通知要求，交通部将会同国家计委、国家经贸委、财政部、中央企业工委等有关部门，组织专门班子，配合地方人民政府，于2002年3月底前完成港口的下放工作。

二、水运价格五月起全面放开

3月6日，国家发展计划委员会与交通部联合下发了《关于全面放开水运价格有关问题的通知》。通知指出，自2001年5月1日开始，水运客货运输价格全面放开，实行市场调节价。除合同运价外，水运企业调整水路客、货运输价格，应提前30天向社会公布。

三、中远重组拉开序幕

11月12日，中远集团在青岛的下属企业召开大会，宣布中远集团重组工作首先在青岛展开，集团副总裁高伟杰到会发表动员讲话。

中远集团下属企业将重新按照班轮与物流两大体系进行构架。中远集运总经理许立荣与中货总经理叶伟龙，作为两大体系筹备组的主要负责人，分别部署重组工作。

四、我国诞生首例航线市场准入公约

9月18日，青岛船东协会的会员单位共同签署了《青岛地区中日集装箱班轮航线市场准入公约》。作为我国第一个集装箱班轮航线市场准入的试点，今后船公司在青岛地区报批国际集装箱班轮航线，必须要有青岛船东协会的推荐意见，交通部水运司国际航运管理处在审批过程中将以此为重要参考依据。

五、天津港成为我国北方第一座亿吨大港

天津港距2001年年底还有46天即实现货物吞吐量超亿吨目标，从而成为中国北方第一座亿吨大港，也是我国继上海、广州、宁波之后的第四座亿吨大港。

六、上海货代协会与承运人达成共识 中美航线货代佣金适度下调

9月27日，上海货代协会与总统轮船、达飞轮船、长荣海运、韩进海运、现代商船等12家经营美国航线的班轮公司代表就运费下跌、佣金相对过高的问题进行了协商，并就货代佣金适度下调达成共识。

七、中海集团涉足空运业

6月18日，中海环球空运有限公司在上海挂牌开业，该公司是外经贸部和中国民航总局批准的一类国际货运代理企业，注册资金为8000万元，公司主营国内航空运输和进出口货物的国际航空运输代理。

八、中国船舶代理行业协会在京成立

6月8日，中国船舶代理行业协会(以下简称中国船代协会)在北京召开成立大会。经大会选举表决，交通部副部长洪善祥任名誉会长，中国外轮代理总公司总经理陆富根任首任会长。

九、中国沿海散货运价指数十月起发布

上海航运交易所完成“中国沿海散货运价指数”研发项目，从10月份起，在每周五发布信息，公布单航线散货运价指数、单货种运价指数和综合指数。这一指数的定期发布，成为我国沿海海上运输的晴雨表。

十、交通部整顿航运市场秩序加大处罚力度

交通部4月9日正式发出通知，撤消香港世

桥集运中国至美西集装箱班轮航线的经营资格。此外，香港海洋班轮公司青岛至日本航线、瑞航公司大连至日本航线均被责令停航。

（《中国航务周刊》评出）

2001年中国船舶工业十大新闻

一、中国承接、建造VLCC大事不断。

二、4月2～4日，第一次全国船舶工业行业管理工作会议在南京召开，标志着我国船舶工业行业管理体系已基本形成。

三、7月17日，由上海电力建筑工程公司承担的沪东中华造船(集团)有限公司600吨门式起重机吊装工程发生特大事故，造成36人死亡。

四、8月30日～31日，中国船舶工业行业协会第二届会员代表大会在北京隆重召开。

五、11月8日，我国最大船厂——上海外高桥造船有限公司正式投产。

六、11月16日，中国进出口银行与挪威索莫盖斯有限公司在北京签署出口买方信贷协议，这是我国提供的第一笔船舶出口买方信贷。

七、11月28日，我国第一家中外合资船舶设计公司——大连福凯船舶设计有限公司成立。

八、12月4～7日，规模空前的第11届中国国际海事会展在上海隆重举行。

九、沪东中华造船(集团)有限公司2001年造船产量达100万吨，成为国内第一个年造船产量过百万吨的企业。

十、中国船舶工业集团公司2001年生产经营工作取得重大突破，造船产量首次突破200万吨，全年承接新船订单超过200万吨，承接造船合同金额达218亿元。

（《中国船舶报》评出）

2001年中国航运海事十大新闻

一、《中华人民共和国国际海运条例》公布

《中华人民共和国国际海运条例》于2001年12月5日国务院第49次常务会议通过。国务院总理朱镕基2001年12月11日签署第335号国务院令，公布《中华人民共和国国际海运条例》，宣布自2002年1月1日起施行。

《中华人民共和国国际海运条例》共七章六十一条，主要内容包括总则、国际海上运输及其辅助性业务的经营者、国际海上运输及其辅助性业务经营活动、外商投资经营国际海上运输及其辅助性业务的特别规定、调查与处理、法律责任及附则等。

二、我国确定十五港航发展规划

7月6日，交通部编制了《公路水路交通"十五"发展计划》(以下简称《计划》)，作为指导"十五"交通建设与发展的纲领性文件。《计划》对公路水路交通建设的主要目标、建设重点都作了详细规定。根据这项计划，要实现公路水路交通"十五"建设目标，沿海港口需投资700亿元，内河航运需投资276亿元(含长江口续建工程90亿元)，支持系统需投资67亿元。

三、"小三通"正式实施，两岸船只分别实现世纪首航

2001年元旦，备受瞩目的两岸"小三通"正式实施，金门"海安"号游艇1月1日上午10时35分由料罗港首航厦门。"海安"号原想抢先成为50年来第一班直航厦门的客船，但启航未到30分钟，即因风浪过大而返航。

1月2日上午11时30分，来自马祖福澳港的"台马"轮顺利抵达福州马尾港，成为第一艘正式完成"小三通"的船只。

2月6日中午，祖国大陆第一艘参加"小三通"的船只"鼓浪屿"号客轮顺利抵达金门料罗港。这是自1949年中华人民共和国成立以来祖国大陆船只首次直航台湾。"鼓浪屿"号客轮的抵达，标志着海峡两岸的直接通航获得成功。"鼓浪屿"号也成为第一艘参加"小三通"的祖国大陆船只。

四、BIMCO、第十届亚洲船东论坛在北京召开

5月份，波罗的海国际航运理事会(BIMCO)在北京召开会员大会。数天之后，亚洲船东论坛会议又隆重举行。两大会议不约而同地关注"走向繁荣的亚洲航运”。

这说明占世界商船队40%的亚洲航运正在得到世界航运界的关注，羽翼渐丰的亚洲航运在应对新世纪的机遇与挑战时发出了自己的声音。

亚洲航运对世界航运起着举足轻重的作用，但在国际机构，尤其在航运机构的重大决策时，亚洲船东的权益并未得到充分的考虑，亚洲船东们的呼声难以传播出去，要求和愿望也难以在国际机构制定相应规则时得到体现。然而，在北京相继召开的2001波罗的海国际航运理事会年会和第10届亚洲船东论坛年会都把关注的目光投到蓬勃发展的亚洲航运上，亚洲成为世界航运业注目的中心。亚洲船东论坛最后正式通过《联合公报》。论坛主要在以下几个方面取得了共识：

1.坚决支持争取可观数目的世界贸易组织成员参加尽早恢复有关海运问题的实质性谈判。

2.通过严格坚持国际标准和不断改善航行安全以保护海洋环境。

3.将有关船舶保险委员会的职能扩展到包括船舶的法律责任，因此将该委员会的名称改为“亚洲船东论坛保险与责任委员会”。

另外，论坛还就有关船舶回收、船员利益、航行安全与环境等问题达成一致意见。

五、交通部发布《关于航运业结构调整的意见》

2月，交通部发布《关于航运业结构调整的意见》，指出航运业结构调整的重点是：运力结构调整、运输结构调整和航运企业结构调整。同时为我国航运业结构调整指明了方向：通过10年左右的努力，实现“航运业四化”，即船舶大型化、船队专业化、企业经营集约化、内河船舶标准化，使航运企业经济效益明显提高，科技创新能力、市场竞争能力、抵御风险能力明显增强，建立起现代企业制度，使大部分的航运企业全面走向良性发展的轨道；调整船队结构，建成与我国贸易结构相适应的国际和国内大型集装箱、原油、液化气、散货船队，船舶平均吨位、船舶技术水平普遍提高，初步实现内河船舶标准化；集装箱运输和集装箱化程度要达到国际先进水平；建成具有较强国际竞争力的海运商船队，建立与其他运输方式发展相协调和衔接的国内航运体系以及较完善的国际、国内多式联运和物流系统，把航运大国建成航运强国，以满足国民经济、对外贸易和国家安全的需要。

六、中国沿海运价指数在上海首次发布

中国沿海运价指数于11月28日起在上海首次发布。这是我国航运界继1998年中国出口集装箱运价指数推出的第二大运价指数。中国沿海运价指数的编制和发布，可以及时反映沿海航运市场的价格走势，引导市场健康有序发展，为政府部门宏观调控沿海航运市场提供客观依据，有的放矢地规范沿海航运市场。

中国沿海运价指数的推出，为沿海航运市场运输交易提供了一个可衡量的价格尺度，提高了市场运作的透明度，有利于船公司、货主、贸易公司、港口、代理了解市场动态，介入公平竞争，提高经营管理水平。

航运界人士认为，新发布的中国沿海运价指数也将为我国建立健全完善的沿海航运市场的运作体系，规范沿海运输市场，促进航运市场走向成熟发挥重要作用。

七、水运价格5月起全面放开

为适应市场经济体制要求，充分发挥价格杠杆对水运市场资源的配置作用，促进水运业发展，经国务院批准，按国家计委和交通部要求，5月1日起水运价格全面放开，一改过去由政府统一定价的做法，实行市场调节价。除合同运价外，水运企业制定和调整水路客、货运输价格实行申报备案和公布制度。具体水运价格由水运企业根据经营成本和市场供求情况提出意见，报经省价格、交通主管部门备案确认后(具体备案管理办法另发)，提前30天在《海南物价公报》及有关报刊和收费场所向社会公布。

八、我国最大的造船集团在沪组建

4月8日，沪东造船集团和中华造船厂强强联手，组建沪东中华造船(集团)有限公司，这是

目前中国船舶工业集团公司旗下规模最大的造船集团。

沪东中华造船(集团)有限公司组建后，总资产接近70亿元，目前拥有造船订单33艘141万吨，船用柴油机订单78台104万马力，生产计划已安排到2004年。“十五”期间，集团将启动新一轮技术创新和产品创新，开发7000箱大型集装箱船、LNG和超大型油轮等新船型。预计到2005年，集团将实现年造船120万吨、造机(柴油机)100万马力、销售翻一番的目标。

九、上海加快建设国际航运枢纽港

上海国际航运中心建设是“十五”期间中国沿海港口建设的重中之重，并已经列入《十五计划纲要》。建设上海国际航运中心，是中国经济发展的需要，对中国进一步发展对外贸易，搞活长江三角洲和整个长江流域地区经济意义重大，为此，中国对上海国际航运中心建设非常重视。

上海国际航运中心洋山深水港区一期工程项目，4月份经国务院批准，国家计委正式批复动工，长江口深水航道二期工程也将在“十五”期间完成。洋山深水港区一期工程将建设5个集装箱泊位，年设计吞吐能力200万标箱；投资约为120亿元。这些建设项目全部完成后，上海将会成为国际航运枢纽，形成四通八达的国际交通运输网络。

十、中远集团举行成立40周年庆祝活动

2001年4月27日晚，中远集团成立40周年庆祝活动在北京人民大会堂举行。中远集团总裁魏家福、党组书记王云茂等集团领导和海内外700多朋友参加了这一活动。中远集团是新中国成立最早的从事远洋运输贸易的专业公司，目前拥有和经营着五百四十余艘现代化商船，包括集装箱船、干散货船、杂货船、客货船、特种船和油轮、液化气船等，共计二千三百万载重吨；远洋航线遍及世界一百六十多个国家和地区的一千二百多个港口，年货运量超过一点五亿吨。除航运主业外，中远还涉足造船、发电、钢铁、房地产、物流、航空货运、旅游、财经、信息网络等十多个行业。下一阶段中远集团将从四方面着力发展，即巩固航运主业，拓展现代物流业，优化陆上产业和强化网络建设。作为庆祝中远成立40周年活动之一，当天上午，中远集团在集团总部北京远洋大厦举行“迈进21世纪国际航运研讨会”。

（亿通网与《国际商报·口岸周刊》联合评出）

2001年中国邮政十大新闻

一、2001年1月召开的全国邮政工作会议提出了“十五”期间邮政发展的主要目标，吹响了向邮政三年所扭亏发起总攻的进军号角。

二、2001年7月1日正式向社会推出了电子汇款，为2002年1月1日起全国市县以上邮政汇兑业务停止使用传统实物汇票传递作好准备。

三、2001年2月16日中国邮政与中国联通签署战略合作框架协议。

四、新《国内邮件处理规则》2001年3月1日起正式实行。

五、2001年3月28日中国邮政航空快速网全面开通，9月又增开5条新航线。

六、“热爱邮政、奉献邮政——我为扭亏作贡献”劳模事迹报告电视电话会议2001年6月8日在京举行。

七、7月1日国家邮政局发行《中国共产党成立八十周年》纪念邮票1套1枚，江泽民总书记为邮票首日纪念封题词。

八、7月13日北京申奥成功之夜，国家邮政局与香港邮政和澳门邮政同时发行“北京申办2008奥运会成功纪念”邮票，这是三地首次联合发行的同题材、同版式、同主图邮票，并且三地邮票全张还连印在一起构成三连版张，这是邮票发行史上的创举。

九、新世纪首次全国邮政职工业务知识竞赛活动于2001年8月至11月举行。

十、2001年中国邮政实现业务收入471亿元，实现盈利6000万元，完成了三年扭亏的历史任务。

（《中国邮政报》评出）

2001年经贸工作十大要闻

一、国民经济持续快速健康发展，经贸工作实现“十五”良好开局。

二、中国正式成为世界贸易组织成员。

三、适应建立和完善社会主义市场经济体制要求，正式撤消了原国家经贸委管理的9个国家局，有关行政职能并入国家经贸委。

四、整顿和规范市场经济秩序工作深得人心，并取得初步成效，查处了一批社会反映强烈的大案要案，惩治了一批违法犯罪分子。

五、淘汰落后和劣势企业退出市场步伐加快，工业经济效益提高。煤炭实现全行业扭亏为盈，重点监测的14个行业，盈利的达到13个，仍然亏损的军工行业亏损额明显下降。

六、企业改革进一步深化，重点抓了培育大型企业集团和股份制企业的规范工作；继续采取多种形式放开搞活国有小型企业。

七、全国技术改造投资保持20%的增速。紧紧围绕品种、质量、效益和扩大出口，下达1218个国债支持企业技术改造项目专项计划。

八、扩大内需政策成效显著，强劲拉动经济增长；外贸出口克服困难，实现增长不低于5%。

九、组建国家安全生产监督管理局，安全生产得以加强，突出抓了重点行业和重点地区的监管，重点查处了安全事故的大案要案，对重大安全事故负有领导责任的省、部级领导受到严肃行政处分。

十、围绕提高企业管理水平，企业管理信息化建设提上重要日程。

（《中国经贸导刊》评出）

2001年中国连锁业十件大事

一、李岚清对连锁经营做出批示，指出流通机制改革是至关重要的；

二、《商业特许经营管理条例》列入国家立法计划；

三、上海华联、北京西单、超市发共同组建“北京西单华联超市”；

四、上海华联超市第1000家店开业，成为首家门店过千的零售企业；

五、2000年中国连锁业百强发布会召开；

六、中国连锁经营协会取得“2003年亚洲特许展”主办权；

七、经贸委又批准多家合资零售企业列入外商投资商企试点；

八、华润获准出资4.57亿元收购深圳万佳百货；

九、ECR中国委员会成立；

十、“马兰拉面”三家分店在巴黎开业，中式快餐首次进入欧洲市场。

（第三届中国连锁业会议评出）

2001年中国零售业十大新闻

一、购物代币券风波

2月初，国务院纠风办、国家经贸委、中国人民银行发出紧急通知，要求立即停止印制、发售、购买和使用各种代币购物券(卡)，已发放的限期在2月28日前由出售和购买单位妥善处理。

一道禁令引起了全国各地有关部门和各大商场超市及消费者的重视，引发了严查购物代币券的潮流，一些商家因此得到了查处，业界人士、相关部门、新闻媒体等就此纷纷展开了讨论和反思；有关代币券的新闻大量见诸报端，如“南京急停3亿代币券、代币券缘何影响国家税收、湖北一商厦遭遇百万假购物券”等等。

二、京沪三连锁巨头联手开店

春节刚过，在大多数商家还在忙着清点过年的战绩时，一条消息突然炸响：京沪两地三家知名企业，上海华联超市、北京西单商场、北京超市发在2月3日正式签约，联手组建北京西单华联超市有限责任公司，计划2001年在京开设100家华联超市。

北京西单商场2000年销售额达16.3亿元；北京超市发连锁股份有限公司拥有连锁店铺63家，年销售额达12亿元；上海华联超市连锁门店达

682家，网点遍布上海市场各区县，并辐射江苏、浙江、辽宁等省，去年销售额达56亿元。3家企业均名列中国零售业50强。

三、家乐福被责令整改

2月8日，英国《金融时报》发布了一条爆炸性的消息：家乐福违反了中国政府关于零售业开放的有关规定，中国政府将对家乐福采取整改措施。报道称，家乐福的主要违规之处在于它在中国开设的许多分店都只得到当地政府的认可，而没有获得中央政府主管部门(国家经贸委)的批准。

对于此次被整改事件虽然国家相关部门起初一直没有给明确的说法，家乐福对此也是遮遮掩掩，但家乐福要在中国增开10家以上分店的扩张计划明显受阻，遭受整改的真相也逐渐明朗，家乐福承认被责令整改，但幸运的是并未受到严惩，据家乐福有关负责人透露，他们将按正常程序在国家经贸委为已有的27家超市办理审批手续。

四、苏宁引爆家电血战

4月中旬，中国家电连锁业龙头老大苏宁，突然刮起价格风暴——冰箱降幅20%，洗衣机25%，空调35%，音响50%，彩电最高降幅40%。苏宁此举在南京引起强烈反响，也震撼了全国，老对手北京国美毫不示弱。4月21日，国美宣布向全国50多家分店投放向科龙采购的价值1.6亿元的空调，其中1万套是由国美向科龙定制，价格降幅最低500元，最大1000元。苏宁、国美引发的山洪使国内家电巨头苦心构筑的价格防线全面崩溃，一时间处处墙倒屋塌，人仰马翻。29英寸纯平彩电跌破3000元，名牌DVD跌破1000元……。

家电战迅速波及到了全国，全国各地也纷纷打响家电价格大战，家电大战持续三月有余。

五、上海百盛和太平洋之争

4月6日是上海“百盛”成立四周年纪念日，该店推出了买199送80的让利促销活动。针对“百盛”促销，“太平洋百货”迅即作出反应。有消息称，他们立即召集供应商开会，明确表示：第一不要在“百盛”设柜，否则从“太平洋”撤柜；第二，不要参加“百盛”的促销活动，否则强制贴上买200送80的标牌，促销费用全部由厂商承担；第三，对主动从“百盛”撤柜的，“太平洋”将给予优惠。

多家供应商迫于“太平洋”压力，纷纷从“百盛”撤柜，还有的采取封柜不营业的做法。

六、华润入主万佳

8月28日，万佳的老东家深圳万科企业发表董事会公告宣布：该公司将把手中持有的万佳72%的股份以股权转让的方式，全部卖给中国华润总公司(及下属公司)，交易金额为4.57亿元人民币。

9月28日，在万科企业股份有限公司召开2001年度第二次临时股东大会，股东投票表决，正式通过《关于转让深圳市万佳百货股份有限公司股权的议案》，这意味着万佳正式“出嫁”，被万科以4.57亿元的价格一次性将其直接和间接持有的万佳72%股权正式卖给中国华润总公司。

七、广州零售业大改革67亿资产大变阵

随着深圳、上海、外资等零售兵团的侵入，广州零售业面临内外交困、四面楚歌处境，在此情况下，广州零售业积极寻求出路，谋求对策，曾先后北上到上海、大连、武汉、美国等地取经，在8月终于推出大手笔，广州市商业局公布了一场涉及67亿元资产和2万多员工的重组方案：整合广州现有的国有百货企业，形成两大板块。以广州友谊商店股份有限公司为核心，购并广百集团的新大新公司形成一个板块；以广州百货大厦为龙头，以广百集团为基础，通过整合物资集团的有效资源，对东百集团、南大集团及3家已托管企业实施先托管后重组，形成另一个板块。目标是经过2年左右的调整磨合，并吸纳境内外社团法人、自然人参股，力争到2003年末形成以上市公司为龙头的两个百货商业的“月亮”，并跻身国内零售业十强之列。

八、京城诞生商业零售航母“首连集团”

11月7日，京城7家连锁企业的出资人和6家投资企业老总共同发起创立首都商业连锁集团股份有限公司。

北京新燕莎集团、供销合作总社、二商集团、东方达泰资产经营公司、物美集团、宏润投资经营公司、城市之光商业有限公司7家企业决定将其连锁企业或部分店铺资源，以实物资产折价入股的方式参与整合；中国华润总公司、市国有资产经营公司、西单友谊集团、汇源饮料食品集团、富基旋风科技公司、中国商业服务网6家企业决定以投资入股的方式进入，共同发起设立首都商业连锁集团股份有限公司。

初步预计集团的总资本近10个亿，拥有各类店铺500余个，年销售总额将超过30亿元。首都商业连锁集团将以超级市场和大型综合超市为主力发展业态，以合资或合作的方式发展折扣店、便利店等其他业态。集团将立足北京，辐射周边地区，加速规模扩张、业态延伸和跨区域经营，力争五年内，店铺数量发展到1500余个，销售额突破200亿元，进入全国连锁超市的前列。

九、零售业入世

在中国加入WTO的协议中，关于零售服务，中国政府承诺在烟草销售不开放的前提下，加入WTO后一年内允许外商设立合营公司，从事书报杂志、药品、农药、农膜、化肥、成品油以外所有进口和国产商品的零售业务，5年内逐步取消上述7种商品的经营限制；加入WTO后一年内允许外商控股；3年内取消合营公司的数量、地域、股权和企业设立方式方面的限制，5年内除经营少数重要商品和仓储式超市业态的30家店铺以上的连锁企业仍由中方控股外，取消其他一切限制。中国还承诺加入WTO后允许外国公司通过特许经营形式进行营销活动，并在3年内取消经营方面的所有限制。

中国在中美关于中国入世的协议中承诺，在加入世贸组织后立即开放武汉和郑州，在入世一年内开放宁波和其他计划单列市。

十、我国取消黄金零售许可证制度，黄金价格放开

4月28日，中国人民银行行长戴相龙在召开的中国人民银行金融服务工作会议上宣布：我国长期实行的黄金“统购统配”计划管理体制将被取消，代之以黄金市场的建立。黄金管理体制改革的基本思路是：取消黄金“统购统配”的计划管理体制，建立黄金市场。主要内容包括：(一) 取消黄金的计划管理。按照会员制的形式，在上海组建黄金交易市场；(二) 取消对黄金制品零售、批发、加工制造等业务的许可证管理制度；(三) 根据外汇体制改革的进程，逐步放松黄金进口管理；(四) 建立健全新型的黄金流通管理法律法规。

7月中旬，国家计委宣布放开和下放107种商品和服务定价，此前一直由中央政府定价的足金饰品价格首次名列其中，8月1日，黄金价格正式放开，意味着黄金市场开放迈出了一大步。

（国内零售行业网络媒体联商网“www.linleshop.com.cn”评出）

附录

物流相关行业十五规划选编

信息产业（摘录）

前　言

21世纪初的5至10年是我国国民经济和社会发展的重要时期，是信息产业快速发展的关键时期。世界信息产业和信息技术的快速发展以及激烈的市场竞争，既给我国信息产业带来了难得的发展机遇，也使我国信息产业面对严峻的挑战。党的十五届五中全会明确指出，信息化是我国产业优化升级和实现工业化、现代化的关键环节，要把推进国民经济和社会信息化放在优先位置。大力推进国民经济和社会信息化，是覆盖现代化建设全局的战略举措。要以信息化带动工业化，发挥后发优势，实现社会生产力的跨越式发展。将信息化放在如此高的战略地位，在党中央全会决议中是第一次，是党中央站在时代的前列作出的伟大战略决策，这对发展我国信息产业、加速推进信息化，提高信息产业在国民经济中的比重具有重大而深远的历史意义和现实指导意义。因此，振兴我国电子信息产品制造业、通信业和软件业，推进我国国民经济和社会信息化进程，是信息产业“十五”期间的紧迫任务。

“十五”期间的发展对新世纪信息产业的更大跨越至关重要。根据党的十五届五中全会的战略部署和国务院的总体要求，在深入调查研究、广泛征求意见和多层次科学论证的基础上，编制了《信息产业“十五”计划纲要》。本纲要是“十五”期间指导我国信息产业发展的宏观性、战略性、政策性的文件。

“十五”期间是我国信息产业快速发展的关键时期。我们要以党的十五届五中全会精神为指导，统一思想，提高认识，立足当前，谋划未来，实现“十五”信息产业的跨越式发展，争取在新世纪有一个好的开局。

一、信息产业发展环境分析

（一）经济全球化趋势更加明显

经济全球化是半个世纪以来日益鲜明的一个发展趋势，其深层次背景是资源在全球范围内的优化和配置。主要表现为：

——产业国际化。信息产业具有最广泛的国际性，产业梯次转移发展的趋势十分突出。发达国家凭借其资金、技术和品牌优势，主要从事系统集成和高技术产品的开发与销售，而把技术含量较低的产品生产大量向发展中国家和地区转移。发达国家在行业中的地位更加突出。由于技术高速发展和市场激烈竞争，使得技术开发的难度和风险越来越大，所需经费和高科技人才投入越来越多，因此，各大公司和国家间联合研究开发之风势不可挡。市场、资金和技术的国际化使得国际竞争由资源、产品的竞争转向技术、品牌、资本和市场份额的竞争。

——跨国公司的主导作用更加突出，跨国公司通过兼并、联合成为行业主导力量的产业格局已经形成。

——生产规模化。电子产品大部分具有显著的规模经济效益。随着技术的飞速发展，其生产规模将越来越大，进入门槛将越来越高，没有巨额的资金投入，很难形成真正有竞争力的产业。

——产品本地化生产销售趋势明显。出于开拓市场的需要，各跨国公司都在大力推行本地化战略，纷纷通过独资、合资、合作等方式在发展中国家和地区建立了自己的生产基地。

（二）加入世界贸易组织（WTO）和参加信息技术协议（ITA）对我国信息产业的机遇和挑战并存

加入世界贸易组织（WTO）和参加信息技术协议（ITA）有利于引进国外先进的技术和管理以及外资，有利于规范完善国内信息市场，也有利于扩大电子产品出口，对加速产业结构调整，提高整个产业的国际竞争力，推进产业快速发展有利。

同时随着市场和资本的进一步开放，我国通信运营业和高技术含量的电子产品国内市场将面临巨大冲击，对我国部分电子产品出口也有一定影响。

（三）国际上信息化进程加速，信息化差距逐步扩大，形成新的贫富分化格局

——信息已被各国看作现代社会的重要战略资源。以发展信息产业和信息经济为主要内容的信息化浪潮，正在冲击着全球。这种趋势为我国信息产业的持续高速发展提供了良好的历史机遇，同时网络和信息安全也开始成为突出重要的问题。

——各国信息化差距也在进一步扩大，加快我国信息化进程是缩小我国与发达国家差距、增强综合国力的重要举措。

——国内地区间信息贫富不均的问题更加突出，城乡差距加大。各种通信企业在转轨期展开激烈的市场竞争，在一定程度上会使农村和边远贫困地区的基本通信服务缺乏相应的保障，普遍服务成为“十五”期间要突出解决的问题。

（四）信息产品和服务的需求规模迅速扩大，供求格局发生显著变化

——国民收入将大幅度提高，大众的消费结构将由以满足基本物质生活为主转向更多追求精神享受，人们对邮政、电信服务和新型家用电子产品以及信息服务提出多种类、多层次的服务要求。

——市场供求格局发生了根本性转变，买方市场初步形成，发展受市场的约束越来越明显。

（五）信息技术飞速发展

——数字化、宽带化、智能化、个人化是未来信息产业的主流技术。进入20世纪90年代，数字化技术已成为通信和消费类电子产品的共同发展方向；通信网规模的扩大和业务的多元化需求，信息传输所占据的带宽飞跃增长，推动传输网不断刷新带宽的数量级；计算机技术的高速发展，促进了人工智能技术的发展；随着通信设备研发制造技术的不断创新，个性化的通信服务将迅速提高，21 世纪将是智能技术和通信个人化高速发展时期。

——各种技术相互渗透，产品界限日趋模糊。数字化、多媒体等信息技术促进了电视、计算机、通信的逐步融合。

——技术进步对市场的影响越来越大，产品更新换代越来越快，电子技术的这种日新月异升级换代，为电子市场保持快速增长不断注入了新的活力，并不断产生新的产品门类。

——以IP 为基础的宽带多媒体网络成为网络建设和业务发展的重点。

（六）软件、集成电路、新型元器件是电子信息产品制造业竞争力的核心

软件、集成电路和新型元器件的作用日益重要。在某种程度上可以说，美国、日本在电子信息产品制造业的霸主地位是由于他们掌握并垄断着核心软件、集成电路和关键元器件设计与生产。加强核心软件、集成电路和关键元器件设计与生产是“十五”我国信息产业发展的重中之重。

二、指导思想

以邓小平理论为指导，深入贯彻落实党的十五大、十五届五中全会和全国九届人大四次会议精神，坚持发展是硬道理的战略思想，以发展为主题，以结构调整为主线，以改革开放和科技进步为动力，把提高人民生活水平作为根本出发点，从社会主义初级阶段的基本国情出发，积极推进两个根本转变。顺应信息技术的发展，立足改革开放，面向市场需求，推进体制创新，加强宏观调控，调整产业结构，合理配置资源，提高创新能力。要把推进国民经济和社会信息化放在优先位置，以信息化带动工业化，努力实现我国信息产业的跨越式发展。

（一）处理好产业发展中总量与结构、速度与效益、市场导向与政府管制、普遍服务与有效竞争、开放与安全、制造业与服务业相互促进协调发展的关系。

（二）继续深化改革，破除垄断，健全法规，

规范市场，加强行业管理。抓好国有企业的改革与发展，推进国有企业战略性改组，建立现代企业制度。积极培育发展实力雄厚、竞争力强的大企业和企业集团，有的可以成为跨地区、跨行业、跨所有制和跨国经营的大企业集团。

（三）强化基础设施建设，综合利用各种资源，提高资源使用效率。统筹规划，合理布局，发挥地区区域优势，优化资源配置，避免低水平重复建设。

（四）贯彻国家西部大开发战略。有步骤、有重点地推进西部大开发，合理开发优势资源，加大西部地区信息产业对内对外开放力度，加快产业结构调整和优化升级的步伐。

（五）坚持自主发展，增强创新能力和核心竞争力，掌握以集成电路和软件技术为重点的信息产业的核心技术，提高具有自主知识产权产品的比重。重点支持有市场前景的科研成果的产业化，加大新技术、新业务的开发与应用力度。加大技术标准研究，积极参与国际标准的制定。高度重视信息和网络安全。

（六）调整产业结构，坚持有限目标，突出重点，有所为有所不为，重点突破和解决制约信息产业发展的瓶颈。

（七）加速用信息技术改造传统产业，促进传统产业结构升级，提高为国民经济各部门提供系统装备和服务的能力，推进国民经济和社会信息化。

（八）加强国际合作，提高国际竞争力。稳步有序地开放国内通信服务市场，进入国际通信服务市场，迅速提高企业综合竞争实力。积极、合理、有效地利用外资，加大利用外资的力度，提高利用外资的质量。调整出口产品结构，扩大规模，突出信息产业在国家外贸出口中的支柱地位。

三、发展目标

"十五"期间，我国信息产业将继续保持高速发展，到2005年，产业规模将在2000年基础上再翻一番，在国民经济各行业中名列前茅，信息产业增加值占GDP的比重将超过7%，成为带动国民经济增长、结构升级的支柱产业和增强综合国力的战略性产业。国民经济和社会服务信息化水平迈上新台阶。

——将基本形成法律制度完善、竞争有序、资源配置有效合理的通信市场环境；建成世界上规模容量最大、技术先进、安全可靠、基本满足国民经济和社会发展需要的通信网络；形成一批具有国际竞争力的通信企业。邮政形成集实物传递类、金融服务类、电子信息类、集邮类业务为一体的多品种、多层次、方便、灵活、快捷的服务体系。网络能力及技术层次达到较高水平，实现国有邮政企业的扭亏为盈和邮政产业的优化升级。

——电子信息产品制造业规模将位居世界电子信息产品制造业大国之列。建立布局合理、经济规模、竞争力较强的具有自主发展能力的软件产业体系。整体技术水平显著提高。在全社会广泛应用信息技术，提高计算机和网络的普及应用程度，加强信息资源的开发和利用。提高信息化装备和系统集成能力，满足市场对各类信息产品的需求。

（一）经济增长目标

——"十五"期间，通信产业发展速度继续保持超过国民经济增长速度发展，到2005年，通信业务收入达到10000亿元，年均增长23.38%，为国民经济增长速度（7%）的3倍多。其中，邮政业务收入达到800亿元，约为2000年420亿的2倍；电信业务收入达到9200亿元，是2000年3070亿元的3倍左右。

——电子信息产品制造业系统内工业总产值达到25000亿元，年均增长20%；工业增加值达到3200亿元，年均增长约22%；销售收入达到15000亿元，年均增长20%；出口创汇额达到1000亿美元，年均增长15%左右（按海关统计口径）。

（二）通信能力目标

——国内光缆总长度250万公里（其中长途光缆50多万公里），基本覆盖全国城乡。固定交换设备总容量超过3亿门，移动通信交换设备总容量超过3.6亿户，均位居世界首位。

——加快国际通信海光缆建设步伐，提供高质量、安全可靠的传输通道，扩大全球范围通信市场份额，发展成为亚洲地区主要通信枢纽和国际通信转接和信息服务中心之一。

——上网计算机4000万台左右，ISP/ICP达到5000个。

——完善营销投递网。邮政局所控制增长、优化布局，达到6.7万处，实现电子化网点3.95万处，其中，邮储网点联网2.5万处，ATM1万台，POS2.5万个。

——邮路长度达到445万公里，其中：干线火车邮路17.8万公里，干线汽车邮路16万公里。

（三）产品产量目标

到2005年，主要产品年产量达到：集成电路200亿块、电子元器件5000亿只（其中片式元器件占80%）、微型计算机1800万台、移动通信手机1亿部、光纤2000万公里、彩色电视机4000万部、激光数字视盘机2000万台、彩色显象管4500万只、网络产品销售额370亿元、软件业销售额2500亿元。

（四）服务水平目标

——电话用户总数超过5亿户，全国电话普及率将超过40%。力争实现全国95%以上的行政村村村通电话。

——固定电话用户数达到2.4～2.8亿。用户数占世界总数的20%，位居世界第一。主线普及率由2000年11%提高到18%左右，超过当时世界平均水平（17.65%）。

——移动通信用户数达到2.6～2.9亿，用户约占世界总数的四分之一，居世界首位。普及率由2000年6.7%提高到21%，超过当时世界平均水平（15%）。

——数据、多媒体和互联网用户数达到2亿户，上网用户普及率达到15%。

——广播、电视网络基本覆盖全国，有线电视用户达到1.5亿户。

——电信服务质量达到国家制定的电信服务标准。

——全国城市地区具备通邮条件的全部实现通邮，逐步解决农村通邮问题。全国人均函件量达到13件／人。

——地市以上城市户箱普及率达到80%。

——全国省会城市之间基本实现信函4日以内投递；大城市之间邮政特快专递基本实现次日投递。

——电话呼叫邮政服务覆盖95%城市；县市以上城市基本实现邮政包裹投递到户。

（五）技术创新目标

——建立起技术创新机制，自主开发能力明显提高，重点突破微电子技术、数字技术、软件技术、网络技术等部分主要关键技术和大生产技术。力争在深亚微米集成电路的设计和制造、高性能计算机、光电子材料与器件等领域实现产业化。

——加强技术创新，使我国信息产业的整体技术水平有明显的提高，使科技进步对信息产业经济增长的贡献率达到60%以上，初步建成以企业为主体，产、学、研、用有机结合的信息技术创新体系与机制，为信息产业发展提供有力的技术支撑，为国民经济和社会信息化提供有力的技术支撑。

——扩大知识产权拥有量，科技成果转化率达到20%，国产信息技术产品的市场占有率达到60%。

（六）投资与效益目标

——为了实现“十五”计划目标，经初步测算，“十五”期间投资规模为17000亿元，其中电信业12500亿元，邮政业投资规模为500亿元，电子信息产品制造业4000亿元。

——2005年，电信业全行业投入产出比由2000年的1：1.5提高到1：3.3左右；百元固定资产产出值将由2000年的50～55元提高到60～70元。国有邮政企业实现扭亏，并略有盈余，劳动生产率达到16万元／人。电子信息产品制造业全员工业增加值生产率将由2000年的6万元／人年提高到13万元／人年，固定资产投入产出比达到1：4。

（七）通信行业管理目标

在通信服务领域内建成公平、公正、规范的市场。

——出台“电信法”及相关法规，修订《邮政法》及《无线电管理条例》等。

——建立通信业务资费价格监测和成本监测体系，形成政府定价、政府指导价和市场调节价相结合的分层次的通信业务资费体系。

——实现公平互联互通。

——确立完善的市场准入许可制度，根据各类业务特点发放一定数量的经营许可证，形成有效市场竞争格局。

——形成合理的频率、轨道、码号等资源的有偿使用机制。

——拟订对各部门专网及有线广播电视传输网管理的办法，进行统一管理。

（八）产业结构调整目标

——制造业在产业结构方面向高技术、高附加值型产业转变；技术进步方面建立技术创新机制，在引进、消化、吸收的基础上，向自主开发和创新为主转变；企业组织结构方面向集团化、专业化方向转变，形成一批具有国际竞争力的综合型企业集团，并建成现代企业制度；地区工业布局在继续加快东部地区改革和发展的同时，通过对西部地区的政策支持，逐步缩小东、西部地区之间的差距。

——积极扶持通信企业在立足国内市场、提高综合竞争实力的同时，走向国际通信服务市场，在国外市场占有一定的市场份额。

（九）信息技术改造传统产业目标

信息技术改造传统产业的作用显著增强，努力提高工业的整体素质和国际竞争力，使信息化与工业化融为一体，互相促进共同发展。大幅度节能降耗，大中型企业基本实现计算机管理、生产控制和辅助设计，提高生产效率，成为促进国民经济增长方式根本转变和结构升级的主要手段。

（十）推进国民经济和社会信息化水平目标

信息产业为国民经济和社会信息化提供系统、装备和服务的能力显著提高。基本满足金融、财税、教育、政府宏观调控、国防等领域对信息系统、装备和服务的需求。信息技术在国民经济和社会各领域得到广泛应用，并取得明显效果，使国民经济宏观调控水平、经济运行质量和经济效益有较大提高。大中型企业信息化取得明显成效，企业对企业、企业对消费者的电子商务取得明显进展。信息服务业形成规模。

——政府上网工程取得成效。县以上各级政府上网，地、市以上各级政府文件生成、收发电子化，公众上网查询可公开的政府信息。

——在中、小学普及计算机教育。

——电子商务的技术和网络基础满足发展要求。大中型企业管理信息化取得明显成效，在社会环境具备的条件下力争基本实现企业对企业（B–B）方式的电子商务；大力推进企业对消费者（B–C）方式的电子支付系统。

（资料来源：信息产业部）

综 合 交 通

前 言

交通运输是国民经济发展的基础，是社会生产、流通、分配、消费各环节正常运转和协调发展的先决条件，对保障国民经济持续健康快速发展、人民生活的改善和促进国防现代化建设具有十分重要的作用。继续加快交通运输建设，是国民经济和社会发展“十五”计划的重要内容。

本规划是国民经济和社会发展"十五"计划的重要组成部分，是落实加快交通基础设施建设、优化运输结构的重点专题规划，是指导和组织2001年至2005年我国综合交通体系建设和发展的纲领性文件。本规划包括综合交通发展现状和未来形势的分析，"十五"综合交通体系的发展方针和目标、发展重点以及主要的政策措施等内容。

一、发展现状及"十五"面临的形势

(一)综合交通发展成绩显著

改革开放以来，为适应国民经济与社会发展，消除交通运输严重的"瓶颈"制约，国家采取了一系列重大举措，增加投入并加大政策支持的力度，推进了交通运输的改革与发展，使长期困扰我国经济发展的交通运输落后被动的局面初步扭转。综合交通发展取得显著成绩，主要有：

1.基础设施快速发展，运输能力不断增强。以干线铁路、高速公路、枢纽机场、国际航运中心为重点的运输基础设施建设，极大地改善了交通运输设施条件和装备技术水平，其中高速公路建设和铁路提速成为20世纪90年代交通运输快速发展的形象工程，取得了突破性进展。到2000年末，铁路营业里程6.8万公里，比1995年增加6000公里，其中复线里程2.16万公里，电气化里程1.5万公里，分别比1995年增加4700公里和5300公里；公路通车里程140万公里，比1995年增加24万公里，其中高速公路1.6万公里，比1995年增加1.27万公里，公路已通达99%的乡镇和90%的行政村，分别比1995年提高1.9和10个百分点；民航机场129个，比1995年增加11个，航线1120条，比1995年增加323条，航线里程151万公里，比1995年增加39万公里；输油（气）管道2.5万公里，比1995年增加7800公里；内河千吨级以上航道7855公里，比1995年增加1140公里；沿海港口万吨级以上泊位646个，比1995年增加164个。基础设施的快速发展，使交通运输在满足运输需求、降低运输成本、节约运输时间、提高运输质量等方面发生了深刻的变化。目前，铁路运输紧张状况有所缓解；公路交通状况明显改善；港口压船压港减少；民航干线运输基本适应需求。2000年全社会货运总量135亿吨，比1995年增加11亿吨，货物周转量43359亿吨公里，比1995年增加7629亿吨公里；全社会旅客运输总量146亿人，比1995年增加29亿人，旅客周转量12188亿人公里，比1995年增加3186亿人公里。城市交通发展速度加快，目前全国668个设市城市中有613个城市有公交设施，公共交通车辆21万辆，地铁线路120公里，出租汽车79.1万辆；城市道路长度15万公里，道路面积18亿平方米。总体上，运输紧张状况有较大程度的缓解。

2.综合运输体系逐步形成，各种运输方式的优势开始得到发挥。从"八五"开始着手建设的全国综合运输大通道骨架已初步形成，由铁路、公路、内河和沿海港口组成的煤炭运输通道，以沿海主要港口为龙头、后方各种运输方式为集疏运的外贸货物运输通道，以沿海和长江港口为重点的原油、铁矿石运输通道运输能力大幅度增加，运输效率不断提高，通过高速公路建设、民航运输发展、特别是铁路的提速，以北京、上海、广州为中心的客运快速通道框架基本形成，服务质量明显改善。经过不断调整和优化，客货运输依赖单一或少数运输方式的运输结构有了很大变化，各种运输方式的优势开始得到较好发挥。2000年与1980年相比，货物周转量中，铁路比重由48%降为31.4%，公路比重由6%上升为13.8%，水运比重由42%上升为53.2%，管道比重仍维持1.6%左右；旅客周转量中，铁路比重由60.6%降为36.8%，公路比重由32%上升为54.2%，水运比重由5.7%降为0.8%，民航比重由1.7%上升为8.2%。公路的基础性作用日益显现，铁路、水运的长距离、大运量的优势得到了较好发挥。

3.交通运输改革取得进展。运输管理体制与企业经营机制改革取得一定进展，铁路全面推行资产经营责任制，提出"网运分离"的改革方案，公路、内河和海上运输基本实现"政企分开"，国有大中型运输企业通过重组、改制，现代企业制度正在建立。交通设施建设的投资主体、投资渠道与投资方式多元化格局正逐步形成。运输价格改革稳妥推进，公路、内河水运等运输方式运价基本与市场接轨。不同行业与多种经济成分参与运输经营，运输市场竞争机制正在建立，运输质量与服务水平不断提高，用户已开始有可能通过运输市场选择经济、合理和服务质量高的运输方式及运输企业。

（二）综合交通发展中急需解决的问题

我国交通运输面貌发生的巨大改变，使"十五"交通运输发展比以往有了更加好的基础，但是，由于我国交通运输的基础脆弱，承受需求波动的弹性小，尤其是当前尚没有足够的空间改善运输质量，交通运输仍处于国民经济与社会发展的薄弱环节。主要表现在：

1.运输网规模总量不足，地区发展不平衡。我国现有的运网密度低，跨区域干线运输通道不足，现有主要铁路干线运输负荷过重，省际干线公路不成网，运输能力不适应市场需求，西藏自治区仍未通铁路，全国尚有460多个乡镇、7万多个行政村不通公路；西部地区交通基础设施更加落后，运输网的密度只有全国平均水平的三分之一左右，与东部地区相比差距更大；农村交通条件较差，道路等级低、路况差，大部分为砂石路面，严重制约农村经济发展。

2.结构矛盾突出。随着经济结构的不断调整，运输方式之间和运输方式内部的一些结构性矛盾日显突出。在综合运输方面，各种运输方式之间的协调配合、运输设施的统筹规划建设、运输装备的发展以及运输经营管理都尚未形成有机整体，除了部分单一货种的联运系统建设有了一定进展外，具有综合功能的运输枢纽尚未形成，各种运输方式缺乏有效衔接，要建立完善的综合运输体系尚需很长时间。在运输方式内部，铁路网络结构不尽合理，繁忙线路客货混行影响了速度的提高和效率的发挥；民航干支线、大中型与小型飞机比例失调，支线机场和支线飞机数量明显不足；公路虽然加快了国道主干线建设，但广大农村公路交通条件仍然比较落后，中西部及边疆地区公路条件也亟需改善；港口集装箱及大型散货泊位能力不足，一般杂货码头利用率下降，主要港口及重要出海口航道水深严重不足；城市道路建设滞后，大中城市交通拥挤严重，路网结构仍不够合理，快速交通路网体系尚未形成，交通结构单一，特大城市缺乏快速大容量的地铁、轻轨等轨道交通方式。

3.技术装备水平与运输质量不高。我国交通运输硬件设施的总体技术水平仍然很低，铁路复线和电气化率不高，机车车辆通信信号等技术装备与世界先进水平差距很大，客运高速和运营管理自动化等尚处于起步阶段，集装箱和冷藏等现代化运输装备不足；公路三级及以下标准的公路比重近90%，通行条件较差；内河能通行300吨级以上船舶的航道里程比重仅占19.3%，大部分内河港口的装卸设备十分落后；沿海港口缺少大型、深水、高效的专业化泊位，难以适应发展需要；民航空管及通信导航技术装备落后，综合配套与管理水平不高；交通运输工具技术状况参差不齐，运输效率和效益较低，安全性较差。我国交通运输软件建设仍处于较低水平，尚不能为用户提供更为安全、快捷、方便、舒适的服务，突出表现在服务人员素质不高、运输中转衔接不协调、运输信息不及时、客货代理机制不健全、旅客及货物托运人的权益不能得到有效保证和一些行业不正之风依然存在等。在货物运输方面，由于没有完全摆脱运输紧张局面，目前只提供单纯的运输服务，很少涉足物流的其它过程，与国外的货物运输服务已经全面涉足现代物流的全过程相比，运输服务与质量存在很大差距。

4.交通运输改革相对滞后。铁路、民航、港口至今仍未实现真正的"政企分开"，"过于集中"、"统得过死"的弊端未能完全消除；适应交通运输行业特点与市场经济发展需要的基础设施建设投融资体制尚未健全；运输市场化进程缓慢，国有大中型运输企业，尽管进行了多种改革试点，但现代企业制度的建立仍未到位；市场竞争机制尚不完善，一些运输行业垄断经营的局面未被打破；运输价格的形成机制与管理体制仍不适应市场经济的需要；交通运输法律、法规建设滞后。

（三）“十五”综合交通发展面临的形势

“十五”时期，世界经济呈平稳增长趋势，又是我国实施第三步战略目标的起步阶段，从国内外经济发展态势分析，交通运输的发展机遇将大于挑战。

1.随着经济全球化的日益增强，特别是加入WTO后将对我国交通运输带来新的机遇与挑战。我国对外开放进一步扩大，对外贸易将会较快增长，促使交通运输需求持续增长。

2.经济结构的调整，产业与产品结构的优化升级，将使货物运输结构发生较大变化，高附加值产品，特种货物及鲜活货物有较大幅度增加，使单位产值的货运强度有所下降，但货运需求总量仍呈增长态势，“十五”期间货物运输与国民经济增长的弹性系数在0.5左右。

3.随着经济的不断发展，人民生活水平的不断提高，人员往来将更加频繁，特别是西部开发战略的实施，国家为扩大内需努力开拓农村市场，客运需求增幅将高于货运需求，“十五”期间旅客运输与国民经济增长的弹性系数在1.0左右。

4.改革开放以来，我国各种运输方式承担的运输市场份额发生了较大变化，“十五”期间，随着运输市场竞争机制的进一步完善，不同运输方式、不同运输企业之间在运输市场中所占有的比重将继续发生变化，并日趋合理。

5.城市化战略的实施将促进农村剩余劳动力的转移，增加农民收入，增加内需，将使运输需求的总量、结构与分布格局发生新的变化，对运输资源的合理配置产生直接影响。

6.交通运输发展需要占用和消耗大量的能源、土地及岸线资源，产生大量的交通噪音和空气污染，对自然环境造成很大压力，可持续发展战略的实施对交通运输发展提出了更高的要求。

7.21世纪初，尽管和平与发展仍是世界的主旋律，但威胁和平的因素依然存在，树立安全意识，保障国家安全是国民经济与社会发展中要倍加重视的问题。“十五”时期，要特别重视国边防交通建设，完善国防交通网络，进一步增强国防交通综合保障能力。

根据需求分析和多种方法测算，“十五”期间，我国货物运输年均增长速度将在3.5%左右，其中铁路2%、公路5.7%、水运3.0%、沿海主要港口货物吞吐量5.5%左右、航空货邮13%左右。旅客运输将以7%左右的速度增长，其中铁路4.6%、公路7.9%、航空8～10%；水运旅游、海峡及陆岛间的旅客运输量有一定增长，但客运总量将保持现有水平或略有下降。

预测到2005年，我国客货运输需求总水平为：全社会货运总量约165亿吨，比2000年增加30亿吨，货物周转量约49000亿吨公里，比2000年增加8000亿吨公里；全社会旅客运输总量约210亿人，比2000年增加64亿人，旅客周转量约17000亿人公里，比2000年增加4770亿人公里。

二、发展方针和目标

（一）发展方针

为适应国民经济与社会发展，根据交通运输行业现状、存在的问题及所面临的形势，“十五”期间我国交通体系发展指导思想是：以市场经济为导向，深化交通运输改革；以扩展网络为重点，继续加快交通基础设施建设；以适应市场变化为目标，加强结构调整；以科技创新为动力，全面提高交通运输的现代化水平和安全水平；以效益为中心、服务为宗旨，最大限度地满足用户的需求。为此，“十五”综合交通体系发展方针是：深化改革，扩大网络，优化结构，完善系统，提高质量，开发西部。

1.深化改革

深化改革是推动交通运输发展的客观要求。“十五”期间，交通运输改革的重点是推进以“政企分开”为核心的交通运输管理体制和经营机制改革，同时，交通运输投融资体制和价格体制的改革也要取得新的进展。

2.扩大网络

扩大运输网络、增强设施能力是“十五”交通运输发展的一项主要任务。扩大网络要注意新建与改造相结合，并做到因地制宜。扩大网络的重点是：

强化运输骨架，扩大干线通道能力。围绕综合运输骨架网的形成，重点完善既有铁路干线，适当布局建设新的跨区铁路通道，进一步加快公路国道主干线和水运主通道建设，加强干线机场建设和改造，增加油输管道里程，提高运输能力。

扩展覆盖面，提高通达度。建设区域铁路，填补省区铁路空白；加强农村公路建设，把农村公路建设作为实施城镇化战略、启动农村消费市场和加强农业基础地位的重要配套措施；积极推进支线机场特别是中西部地区支线机场建设。

增强国际运输能力和国际竞争力。为适应我国加入WTO后国际贸易运输增加和国际运输竞争加剧的趋势，加强对外贸易运输设施和设备的建设。重点是加强以上海国际航运中心集装箱深水港为主的沿海大型枢纽港口建设，增强与周边国家和地区的竞争能力；加强远洋船队建设，优化结构，增强适应国际航运发展趋势的能力；加强海、陆、空口岸设施与通道建设，增强国际运输能力。

建立与区域经济发展相适应的运输梯次格局。进一步优化运输网络的区域布局，在扩大运输设施规模和提高运输设施质量方面，根据各地区的不同特点和要求，有重点地展开。东部地区重点提高运输网络的质量，中西部地区扩大网络与提高质量相结合，使各地区运输网络的规模和质量更贴近经济发展阶段的要求。

3.优化结构

优化运输网络结构。根据新时期交通运输面临的形势与任务，以及客货运输市场的变化调整好运输网络结构，充分发挥铁路、公路、水运、民航以及管道等运输方式各自的优势，使各种运输方式的交通设施规模与布局更为合理。

优化设施与装备的技术结构。一是加快高速铁路、高速公路、高等级航道、港口大型专用泊位尤其是大型集装箱专用泊位等现代化设施的建设，增加高等级设施与装备的比重。二是坚持高标准、高起点方针，结合各地区客货运输市场特点，选定合理的技术标准，使整体技术结构进一步优化。

优化客货运输产品结构。运输产品要适应多极化、不同层次客货运输用户的要求。货物运输要满足集装运输、冷藏运输、散货运输等专业化的运输需要，实行货物运输组织的“客运化”。旅客运输要根据客运需求的特点与变化，不断调整运输产品结构，为不同层次与不同需要的旅客提供相应的运输服务。优化城市道路网络与公交线路网络，调整各种公交车辆的结构比例，为城市居民提供方便、安全、快捷、准点的城市公共交通服务，最大限度的满足乘客的出行需求。

4.完善系统

城间旅客快速运输系统。一是建立以北京、上海、广州等中心城市为核心，连接主要省会城市的城间旅客快速运输系统。积极发挥铁路、航空和公路运输各自的优势，通过对既有干线铁路全面提速以及加快高速铁路和客运专线、高速公路和省际干线公路、大型枢纽机场和省会机场的建设，初步形成城市间的旅客快速运输系统。二是建立城市群间的旅客快速运输系统。以高速公路和城间铁路干线为重点，加强京津唐、沪宁杭以及广珠深等城市群客运系统的建设。三是重视城市客运枢纽的建设，特别是大城市、特大城市的市内运输与城间运输的配套衔接工程。

大城市和市郊旅客运输系统。为改善大城市交通拥挤状况，减少交通对城市环境的污染，拓展城市郊区功能的开发，“十五”期间要加快大城市和市郊旅客运输系统的建设。大城市、特大城市客运交通要发展以轨道交通为骨干、道路交通为主体的公共交通系统。

集装箱运输系统。充分发挥各种运输方式优势，加强协调配合，建立多式联运系统。注重集装箱运输场站、运输装备以及集装箱运输管理信息系统建设，实施全程运输实时跟踪，全面提高集装箱运输系统的效率、效益与服务水平。

国际集装箱运输重点加强以大连、天津、青岛、上海、厦门和深圳等沿海主要集装箱港及后方铁路、公路和内河集疏运通道组成的集装箱运输链。

集装箱运输系统建设，要注意加快长江三角洲地区集装箱深水港区的建设，这是我国华东地区以及全国集装箱运输系统建设的重中之重。

内贸集装箱运输要搞好系统的规划、建设，沿海港口通过泊位的结构调整与内贸集装箱泊位的新建，逐步形成沿海内贸集装箱运输系统和铁路、公路、内河等组成的内陆内贸集装箱运输系统。

大宗物资运输系统。大宗物资运输系统是现代物流的重要组成部分。目前我国煤炭、石油、铁矿石虽然初步形成以水陆联运为主的运输系统，但在衔接配套、能力协调方面还存在一些问题。“十五”期间，调整、完善煤炭运输系统进行，充分发挥已建成设施的能力，提高运输效益。石油运输系统要协调好与大型石化企业集团之间的关系，重点改造现有设施，并新建沿海大型原油泊位，适应原油进口增长的需要。铁矿石运输系统，要改进运输组织，减少中转次数，降低运输费用，提高运输系统效率和效益，继续完善以宁波——舟山海域为主的进口中转基地，适应上海及长江沿岸钢铁企业进口铁矿石的运输需求，建设北方沿海进口铁矿石运输设施，满足东北、华北地区钢铁企业进口铁矿石的运输需求。

“十五”期间，在建设完善大宗物资运输系统时，还应注重运输装备、仓储设施以及现代信息技术与管理体系的建设，为推进现代物流系统的形成奠定基础。

特种货物运输系统。推进货物运输向专业化、集约化方向以及最终建成现代物流系统的方向发展，“十五”期间要重视冷藏货物、危险货物、滚装运输等特种货物运输系统的建设。

——冷藏运输。加快发展冷藏运输，使鲜活、易腐等货物充分利用冷藏专业运输；增加冷藏车船数量和设备，建立多式联运冷藏链，逐步形成完整的冷藏运输系统，改变针对目前我国冷藏运输薄弱的状况。

——危险货物运输。对易燃、易爆、腐蚀性强及放射性物质等危险货物的运输，应积极组建专业运输公司，实行专业化规模经营。加强危险货物分类、检测、包装标准和储存运输规则的制订，逐步与国际标准接轨，在统一规划、合理布局的基础上建设专用设施，配备专用船舶车辆等运输工具，逐步建立完善的危险货物运输系统。

——滚装运输。加强陆岛、海峡间轮渡滚装运输系统建设。为沟通沿海通道，进一步改善陆岛、海峡之间的交通条件，重点在大连烟台间、沪甬舟间、琼洲海峡间和渤海湾、杭州湾、北部湾内增设轮渡设施，发展滚装运输船队，形成布局合理、竞争有序的车渡滚装运输系统。为适应汽车工业发展，满足商品汽车运输需求，重点在长江干流及沿海港口增建滚装码头。

5.提高质量

在继续扩大交通基础设施建设规模的同时，积极采用高新技术与现代化经营管理手段，保证运输安全，提高运输质量与效益。在综合运输体系的规划、建设中积极开发、应用高新技术，紧紧追踪国际先进水平。铁路以高速铁路与快速铁路网建设为重点，搞好成套技术的研究开发；建立以现代信息技术为基础的高度智能化的列车实时追踪系统，自动化管理系统，行车安全监控系统；公路以加快新材料和新工艺的开发与应用，推进新技术、新产品在公路建设和养护中的应用，建立智能化的高速公路交通运输综合信息服务系统、高效的公路运输管理系统、货物动态跟踪系统。水运以提高沿海主枢纽港现代化装备水平，实现内河水运主要水系干支与江海直达运输，建设以电子商务系统为核心的集装箱综合管理系统，加强海事、救助等支持系统的建设；民航运输以提高安全保障能力和通航能力为目标，建立安全高效的信息网络服务系统；城市交通以提高公共交通服务质量和管理水平为宗旨，应用新技术，开发和使用先进的设备，提高公共交通的装备水平和服务水平，建立高效的智能化车辆调度系统、快捷的信息反馈系统和安全的救援保障系统。

在提高运输速度的同时，加强交通安全设施的建设，提高交通安全管理的整体水平，减少交通事故，确保旅客与货物运输安全；增强服务意识，全方位提高服务水平，充分利用现代化的管理设施，落实服务质量责任制，加强服务质量管理，建立高效、快捷、安全、舒适、便利的服务体系。

6.开发西部

西部地区综合交通建设是长期艰巨的任务。在全国综合交通规划的大框架下，"十五"期间西部地区综合交通建设重点是：

首先，尽快打通西部地区连接中、东部地区的运输大通道。通过对现有铁路、公路、内河、民航、管道等运输设施的改扩建与新线的建设，使综合运输大通道的建设有实质性进展。

其次，加强西南、西北地区间的运输通道、西部地区内的干线运输网络以及交通枢纽的建设，同时，加强国边防公路与农村公路建设。

第三，尽快打通通江达海与口岸运输通道。要改变目前西部地区对周边国家运输通道数量过少的状况，新辟通往周边国家的国际运输通道，改善口岸运输条件，以满足西部地区对外开放的需要。

（二）"十五"发展目标

我国交通运输发展的长期战略目标是：以市场经济为导向，以可持续发展为前提，建立客运快速化、货运物流化的智能型综合交通运输体系。

为实现这一长期目标，"十五"期间的阶段性目标为：通过深化改革，基本建立比较完善的交通运输市场体系；综合运输能力继续增强，结构进一步趋于合理，运输质量明显提高；初步形成大城市间的快速客运系统、多种运输方式协调配套的集装箱运输系统、大宗散货运输系统和特种物资运输系统；以信息化、网络化为基础，加快智能型交通的发展，在市场机制较完善、交通基础设施较发达的地区，推进现代物流系统的形成。

到2005年，铁路营业里程达到7.5万公里，其中复线里程2.5万公里，电气化里程2万公里；公路通车里程160万公里左右，其中高速公路2.6万公里；沿海主要港口深水泊位800个；内河通航里程11万公里，其中千吨级以上航道8800公里；通航机场150个左右；输油（气）管道里程4万公里；城市道路长度18万公里，城市道路面积26亿平方米，城市公共交通车辆30万辆，出租汽车100万辆。

到2005年，运输服务质量明显提高，旅客运输的安全、快捷、舒适、方便性进一步增强，各种运输方式的衔接更加紧密；货物运输更好地满足用户的需求，更加安全、及时、便捷，并向现代物流方向发展。

到2005年，运输领域中建设和经营的市场化机制基本形成，各种运输方式面向市场化的改革取得更大的进展，交通运输建设与经营的市场准入、运输市场的规范及法律、法规建设等方面迈出更大步伐。

（三）2010年发展设想

21世纪的前10年是实现我国第三步战略目标与交通运输发展战略目标的重要阶段。到2010年，我国交通运输的改革与发展将取得更大进展，比较完善的交通运输市场体系基本形成，综合交通路网整体骨架布局趋于合理。铁路网规模达到8万公里，其中高速铁路和客运专线预计达5000公里，复线铁路3.5万公里，电气化铁路3万公里，基本形成布局合理、干支协调的路网整体骨架，高速客运网初具规模，货运重载网全面完善，基本形成快捷的运输系统；公路通车里程180万公里，其中：高速公路3.6万公里，基本建成国道主干线系统；沿海港口深水泊位850个，吞吐能力17亿吨，建成高效、完善的集装箱、大宗散货和滚装运输系统；内河航运建成长江、珠江、京杭运河、淮河及黑龙江等1.5万公里的水运主通道，配套建成内河主枢纽港口，形成完善的内河航运体系；民航形成以大城市为中心的快速、安全的客运系统和快捷、方便的货运系统。快速客运系统和货运物流系统初步形成，使我国交通运输的总体能力、服务质量、市场化进程等基本适应国民经济发展和社会进步的需要，为建成智能型综合运输体系奠定坚实的基础。

三、"十五"综合交通建设重点

"十五"期间要紧紧围绕交通运输发展的重点任务和建立综合运输系统的要求，加强交通设施建设，全面实现"十五"综合交通发展目标。具体建设重点是：

（一）铁路

东部地区重点调整结构，繁忙干线逐步实行客货分线，建设客运专线与高速铁路，补充必要的支线与联络线，加大既有线技术改造，特别是电气化改造的力度。中部地区，配合西部大开发战略，以加快承东启西运输干线和能源外运干线建设为重点，扩展网络，形成大能力的运输通道。西部地区，重点建设连结中部、东部地区的运输通道，完善内部运输网络，开辟新的国际运输通道，从根本上解决西南、西北地区对外通道能力受限制的问题。

"十五"期间，国家铁路和合资铁路建设规模为：新线6000公里，既有线复线3000公里，既有线电气化5000公里，地方铁路建设规模为1000公里左右。

1.铁路主通道建设

"十五"期间重点建设和强化改造"八纵八横"（约34000公里）铁路主通道：

京哈通道。建成秦沈客运专线，改造京秦铁路，贯通京沈客运快速铁路；完成哈大铁路电气化改造，进行天津至沈阳段电气化改造。

东部沿海通道。建成大连至烟台铁路轮渡、兰村至烟台铁路复线、兰村至新沂铁路、新沂至长兴铁路，建设温州至福州铁路。

京沪通道。主要是实现客货分线运营，开工建设京沪高速铁路，对既有京沪线进行电气化改造；建成蚌埠枢纽复线工程。

京九通道。建成龙川至东莞东段复线，完成全线提速改造。

京广通道。建成武广段电气化工程，实现全线电气化，开工建设武汉长江铁路二桥。

大湛通道。建成北同蒲线太原至朔州段复线，进行焦柳线洛阳至襄樊段电气化改造，建成益阳至永州铁路和粤海通道，建设永州至玉林（或茂名）铁路。

包柳通道。建成神木北至延安北铁路，完成西安至延安铁路扩能改造，建成西安至安康铁路新线，完成襄渝线襄樊至达县段扩能改造。

兰昆通道。完成成昆线电气化改造。

京兰通道。完成包兰线包头至石嘴山段复线工程和石嘴山至兰州电气化改造工程，同时对京包线进行提速改造。

煤运北通道。建成朔州至黄骅重载铁路新线。

煤运南通道。进行胶济铁路的电气化改造，完成新月线电气化改造和菏兖石铁路复线建设。

陆桥通道。建成陇海线宝鸡至兰州段复线，完成陇海线郑州至宝鸡段提速改造、完成徐州至郑州、武威至张掖段电气化改造工程。进行兰州至武威及北疆铁路扩能改造。

宁西通道。建设西安至南京铁路和南京至启东铁路南京至海安段。

沿江通道。进行宁芜铁路、武汉至九江铁路扩能改造，建设铜陵至九江铁路新线、枝城至万县铁路新线，建成长江埠至荆门铁路。

沪昆（成）通道。建成贵昆线昆明至沾益段、株州至六盘水铁路复线，进行浙赣线、沪杭线电气化改造，开工建设沪杭铁路客运专线。

西南出海通道。建设广深线第四线，对南昆铁路进行扩能改造。

在对路网主骨架进行建设强化的同时，继续加强区域内铁路建设，完善路网布局。建成芜湖长江大桥、阳涉铁路、锡桑铁路、天津港1000万吨煤炭下海铁路工程，完成外福铁路、石门至怀化铁路电气化改造和邯长铁路扩能改造，建设赣州至龙岩铁路、合浦至河唇铁路。

2.铁路既有线技术改造

铁路既有线改造重点是提高主要干线的装备水平，形成通畅的大能力主通道。抓紧建成一批电气化改造项目。东北地区的重要铁路干线围绕提速、安全、降低运营成本等要求，改善线路技术条件，整治路基、桥隧等病害。华北、华东、中南地区铁路干线按照客运提速要求，改造、提高线路质量，更换提速道岔，完成道口平交改立交工程等。西南、西北地区加强线路病害整治，围绕保障行车安全、适度提高行车速度等进行系统改造。

3.西部地区铁路网建设

除加强陆桥通道、京兰通道、沪昆通道、沿江通道、西南出海通道、宁西通道建设外，重点建设遂宁经重庆至怀化铁路；建成内江至昆明、水城至柏果、达川至万州铁路，完成内宜、盘西线电气化改造；规划建设新的西北至华北铁路和进藏铁路；加快新的西北至西南铁路、中吉乌铁路和泛亚铁路的前期研究工作，条件成熟即开工建设。

4.地方铁路建设

继续加快发展地方铁路，续建沙蔚铁路、德龙烟铁路大莱龙段、惠澳线等项目；同时做好保定至霸州铁路、赤峰至大板铁路、登封至阜阳铁路等项目前期工作，并力争开工建设。

（二）公路

“十五”期间公路建设以“五纵七横”国道主干线和西部地区公路建设为重点，进一步完善省际高等级公路网，强化路网建设与改造，提高技术水平，充分发挥公路运输的基础性和主通道作用。

“十五”中期，全面贯通“三纵两横两条重要路段”国道主干线，初步实现联网，在全国形成数条横连东西、纵贯南北的高等级公路运输大通道。

“十五”期间，全国公路新增公路通车里程20万公里，其中高速公路1万公里。到2005年，全国公路通车里程达到160万公里，其中：高速公路达到2.5万公里，二级以上高等级公路比重达18%，通达公路的乡（镇）和行政村比重分别达到99.5%和93%左右。

1.“五纵七横”国道主干线建设

——“三纵两横”主干线

同江至三亚国道主干线。建成哈尔滨至长春、莱西至汾水、宁波至温州、温州至福州、漳州至诏安、开平至电白等高速公路。

北京至珠海国道主干线。建成驻马店至信阳、信阳至武汉、武汉至长沙、长沙至湘潭、小塘至广州等高速公路和郑州黄河大桥。

重庆至湛江国道主干线。建成贵阳至新寨、雷神店至崇溪河、崇溪河至遵义、水任至南宁、山口至湛江等高等级公路。

上海至成都国道主干线。建成合肥至高河埠、万县至长寿、成都至南充等高等级公路。

连云港至霍尔果斯国道主干线。建成连云港至徐州、徐州至商丘、洛阳至三门峡、天水至忠和、奎屯至赛里木湖高等级公路。

——其他主干线

北京至福州国道主干线。续建泰安至徐州，新建福州至三明、三明至南昌等高等级公路。

二连浩特至河口国道主干线。续建祁县至临汾，新建丰镇至原平、阎良至禹门口等高等级公路。

绥芬河至满洲里国道主干线。新建齐齐哈尔至甘南、博克图至满洲里等高等级公路。

丹东至拉萨国道主干线。续建丹东至本溪、怀来至宣化、麻黄沟至中宁，新建呼和浩特至老爷庙等高等级公路。

青岛至银川国道主干线。续建古窑子至王圈梁，新建济南至石家庄等高等级公路。

上海至瑞丽国道主干线。续建杭州至衢州、麻江至凯里、大理至保山、湘潭至邵阳，新建梨园至温家圳等高等级公路。

衡阳至昆明国道主干线。续建衡阳至枣木铺，新建罗村口至砚山等高等级公路。

2.西部开发公路建设

在继续实施现有规划的国道主干线基础上，规划并起步建设八条新的通道：

兰州至云南磨憨口岸。连接西北、西南及对外通道；

阿荣旗至北海。连接西北、西南的南北出海通道；

阿勒泰至红其拉甫口岸。连接南北疆及对外通道；

银川至武汉。连接西北与中部及通达长江的公路通道；

西安至合肥。连接西北与华东地区的公路通道；

长沙至重庆。连接中西部的公路通道；

西宁至库尔勒。西北地区横向公路通道；

成都至西藏樟木口岸。与上海至成都国道主干线连通，是西藏通向四川及我国中、东部地区以及对外口岸的主要通道。

西部地区干线路网改造的重点为国道214线西宁至打洛段、国道215线敦煌至格尔木段、国道216线阿拉泰至乌鲁木齐段、国道312线兰州至平凉段、国道317线成都至那曲段，国道326线秀山至曲靖段、国道315线西宁至喀什段、国道212线兰州至重庆段等。

3.完善公路网络

加快公路网的建设与改造，提高路网技术水平，改善通行条件。东部地区基本建立通达地市级城市的快速公路网，通县级城市的公路达到二级以上标准；中西部地区大部分通地市级城市的公路达到二级以上标准及通县级城市的公路达到三级以上标准，并继续扩展覆盖面和通达度。建设主要铁路场站、公路主枢纽场站、主要港口以及机场的客货集疏运公路和省会城市的环城公路，提高运输枢纽的集疏运能力。

4.农村公路建设

公路是农村地区的主要交通方式，农村公路建设要坚持从农村社会经济发展需要出发，与当地山、水、田、林综合治理、小城镇建设及资源利用相结合。重点抓好通往经济中心、交通中心，以及连接国省干线公路的“出口路”建设；抓好资源开发、旅游、贫困地区联片开发的“经济路”建设；抓好通往不通公路的乡镇、行政村的“通达路”建设。到2005年，公路交通制约农村经济发展的状况得到初步缓解。

5.国边防公路和口岸公路建设

重点加强东南沿海、西部边境及进藏公路的建设，完善配套边境口岸公路设施。

（三）沿海港口

以优化港口布局和调整泊位结构为主，通过新建与改造，重点完善沿海港口集装箱运输系统、大宗散货运输系统。加快港口设施的技术进步，提高技术装备的现代化水平，实现由数量增长型向质量提高型、由管理粗放型向集约经营型的两个转化。

“十五”期间，沿海港口建设深水泊位140个，新增吞吐能力2.6亿吨。其中：集装箱泊位50个，吞吐能力1650万标准箱；大型原油接卸泊位3个，吞吐能力3000万吨；大型矿石接卸泊位3个，吞吐能力3000万吨。

1.集装箱运输

“十五”期间，重点建设上海国际航运中心集装箱深水港和能靠泊第四代以上集装箱船舶的干线港，相应发展支线港、喂给港，促进我国形成布局合理、层次清晰、干支衔接、功能完善、管理高效的国际集装箱运输系统和我国大陆沿海具有1000万标箱以上的集装箱枢纽港。

北方地区。重点建设大连、天津、青岛三个集装箱干线港和营口、秦皇岛、烟台、连云港四个支线港。

华东地区。重点建设上海集装箱枢纽港，相应发展江浙两翼的宁波、太仓两个干线港，及南京、镇江、张家港、南通和温州等支线港。

华南地区。在保持香港国际航运中心地位的同时，重点建设深圳港，相应发展广州、厦门两个干线港，及福州、汕头、珠海、湛江、防城、海口等支线港。

“十五”期间，内贸集装箱运输重点改造利用现有件杂货泊位，新建部分必要的码头泊位，以满足迅速增长的内贸集装箱运输需求。

2.散货运输

进口铁矿石运输。“十五”期间，我国仍需要增加进口高品位铁矿石数量，需建设20万吨级以上大型深水专用泊位及转运系统设施，以满足东北、华北、华东及长江中下游大型钢铁企业的需要。

在北方地区，择点建设矿石接卸码头，新增接卸能力1600～2000万吨。

进口原油运输。“十五”期间，我国原油进口量将继续增加，为配合石化工业的发展与原油战略储备的需要，需增加大型原油泊位的接卸能力。我国北方地区与华东地区是建设大型原油接卸泊位的重点地区。

3.老港口挖潜改造与结构调整

“十五”期间，有重点地对大连、青岛、上海、广州等港口老港区的泊位功能进行调整、改造和动迁，以适应运输需求和城市发展需要。

4.改善主要出海口航道及主要枢纽港口进出港航道通航条件

整治长江口深水航道，建设广州港出海航道二期工程、深圳铜鼓航道工程，有计划地安排天津、烟台、营口、连云港、温州、厦门、汕头、湛江、深圳、防城港等枢纽港口航道的升级和疏浚。

5.海上搜巡救助系统

提高海上运输安全保障能力，加大海事、救助装备的更新力度建立海上立体搜寻救生体系。

（四）内河航运

加强长江、珠江水系及京杭运河等水运主通道及长江三角洲、珠江三角洲水网密集地区骨干航道与内河主枢纽港的建设，提高航道等级，调整优化港口与内河运力结构，重点发展集装箱、大宗散货与滚装运输，完成三峡库区重点水运设施淹没复建工程，继续解决内河碍航闸坝问题。鼓励航电结合，以电养航。

“十五”期间，内河航运建设的规模为：改善内河航道里程3350公里，其中三级航道950公里，增加内河港口吞吐能力2500万吨。

1.水运主通道和水网航道建设

长江水系主通道。长江干流重点整治中、下游武穴航道、碾子湾河段、张南及东流水道等碍航河段；结合长江口航道治理工程，综合治理下游航道；上游重点做好三峡库区航运复建工程。主要支流，按四级航道标准，重点梯级渠化嘉陵江航道，开发江汉平原、洞庭湖区等航道网及汉江、赣江航道等。

珠江水系主通道。加快西江航运干流向上游延伸工程，为云、贵等西部省区打通出海航道，重点建设柳黔江、红水河和右江三条出海通道。

京杭运河、淮河主通道。京杭运河重点改善北段航行条件，提高船舶吨级和航道管理水平。

长江三角洲江南航道网。按四、五级航道标准，改善江南航道网通航条件，完善航运网络，重点建设苏申内港线、申张线、长湖申线、苏申外港线、平申线、芜太运河等跨省市干线航道。

珠江三角洲航道网。按三级航道标准，逐步完善该地区航道网，重点整治小揽、陈村、劳龙虎水道等航道。

为实施西部开发战略，西部地区内河重点建设长江、西江两条出海通道、澜沧江跨境运输航道以及相应的区域性航道。

2.内河港口集装箱、大宗散货、汽车滚装运输设施建设

集装箱运输。重点在长江水系和珠江水系形成国际集装箱支线运输网络。

大宗货物运输。重点完善煤炭、矿石、原油、成品油等大宗散货的港口装卸系统。

汽车滚运输。重点在长江沿线汽车工业主要生产基地和消费地，建设商品汽车滚装码头，逐步形成内河汽车滚装运输系统。

（五）民航

实施航空枢纽工程建设，合理安排机队配置，加强支线航空，强化空中交通管制系统建

设，改造和完善配套系统，全面增强航空运输能力。

1.机场建设

按照枢纽辐射航线网络布局的原则，建设枢纽机场，完善干线机场，增加支线机场。重点加快西部地区机场建设。

枢纽机场。重点建设北京、上海、广州机场，使其成为功能完善、设施配套、运行高效和管理一流的全国航空枢纽。

干线机场。重点扩建天津、沈阳、大连、宁波、济南、青岛、成都、重庆、昆明、西宁、西安、拉萨、兰州等机场，迁建和新建汕头、长春机场和乌鲁木齐备降机场等。

支线机场。新建和改扩建敦煌、黑河、达川、格尔木、万州、九寨沟、佳木斯、兴义、荔波、黎平等40个支线机场。

2.机队配置

适应市场和航线结构需求，控制远程宽体飞机，适当增加干线飞机，大力提高支线飞机的比重。飞机的增加要与生产增长相适应，充分发挥现有运力作用，调整机队结构，重视飞机的经济效益。积极支持国产支线飞机发展。购租飞机实行多元化战略。

3.空中交通管制系统建设

东部地区以实现雷达管制为目标，建设通信、导航、航管、航行情报等设施。建设北京、上海、广州三个区域管制中心，完成航路二期的改造工程，在部分主要航路上实现雷达管制；西部地区实施航路自动相关监视系统、卫星导航航路监视系统、卫星导航精密进行系统。

4.维修设施建设

重点建设和完善北京、上海、广州、成都等飞机维修基地和北京、广州、成都发动机维修基地，提高修理能力和技术水平，特别要加大发动机修理深度，努力使各型飞机、发动机立足国内检查和修理。

5.航空信息系统建设

重点建设和完善空管通信网和商务数据网，增加网络服务功能，积极推进航空公司和机场的信息系统建设，实现集中信息系统互联。

6.航油供应

重点建设北京、上海、广州机场和其他干线机场供油的基础设施，适应航空运输发展的需要。提高供油设备设施自动化水平，缩短储油周期，使航油的购、运、储、注的管理水平有较大幅度提高。

（六）管道

继续加强既有输油气干线运输系统配套设施的建设，提高现有输油气管道运输能力，结合国内油气资源的开发与进口油气的需要，规划、建设新的输油气管道，完善全国输油气干线运输网络。“十五”期间输油气管道规划建设重点是：

1.新疆塔里木轮南至上海的西气东输工程。

2.青海柴达木盆地至西宁、兰州输气管道。

3.重庆忠县至湖北武汉输气管道。

4.长庆气田至内蒙呼和浩特输气管道。

5.兰州至成都成品油管道。

6.深圳秤头角LNG接收站至佛山输气干线。

7.长江三角洲与长江中下游地区进口原油接卸系统的管道运网工程。

8.海气登陆工程。

（七）城市交通

优先发展公共交通，特大城市规划建设地铁、轻轨等轨道交通，大城市建立地面准快速公共交通优先网络系统，提高公共交通的运输能力，完善和发挥城市交通的功能。“十五”期间城市交通规划建设重点是：

1.城市道路、桥梁和停车场的规划建设，发挥交通枢纽作用。

2.城市公共交通车辆的更新改造和场站建设。

3.北京、上海、天津、长春、哈尔滨、广州、深圳、海口、西安、乌鲁木齐、重庆、成都及川中地区的清洁燃料公共交通车辆示范工程。

4.北京、上海、广州、深圳、南京、武汉、重庆、成都、沈阳、天津、长春、青岛、大连、西安等大城市的地铁、轻轨和城市铁路的建设。

5.城市智能交通系统的示范工程。

6.大城市地面准快速公共交通优先网络系统。

四、"十五"综合交通发展的主要政策和措施

交通运输在相当长的时间内仍然是我国社会和经济发展的战略重点之一，国家应在政策上予以扶持，以保证其在21世纪实现综合运输系统的现代化，适应经济和社会发展的需要。

(一)进一步深化改革，建立比较完善的交通运输市场体系

1.积极推进管理体制改革，实现"政企分开"，建立现代企业制度，全面建立"市场准入"机制，切实转变政府职能

"政企分开"是建立交通运输市场机制的基础，"十五"期间，铁路、民航、港口是实行"政企分开"的重点，要取得实质性进展，同时完善公路、水运管理体制。

铁路运输体制改革的基本模式是"网运分离"，把具有自然垄断性的国家铁路网基础设施管理与具有竞争性的铁路客货运输经营分开，组建国家铁路网公司及若干个客、货运公司，实行分类管理。政府铁路主管部门的职能转向宏观管理和行业管理，不再干预铁路企业的日常生产经营活动。"十五"期间的主要任务是：落实铁路企业的市场主体地位，完善资产经营责任制。实现政企分开、社企分开、事企分开和减员增效，组建客运公司及专业货运公司等；民航以"政企分开"为前提，建立投资多元化、充分发挥各方积极性的机场管理体制。航空公司成为独立的经营实体，实行集团化管理，增强竞争能力；港口要加快管理体制改革，将现有中央与地方双重领导的港口移交地方政府，同时实行"政企分开"。按照"一城一港一政"的原则设置港口行政管理机构，港口企业成为独立经营实体；公路和水运，在进一步完善运输市场的基础上，健全建设体制的市场化；城市交通，加快城市公共客运交通改革的进程，增强科技开发、市场竞争和抵御风险的能力，提高经济效益。

在"政企分开"的基础上，对国有大中型运输企业进行规范的公司制改革，建立有效激励、严格约束、责权利相统一的法人治理机制。除少数国有大型骨干运输企业保持国有控制力外，大部分企业要通过联合经营、兼并、中外合资、股份置换、上市、股份合作制、托管、租赁等形式，进行产权制度改革，逐步实现股权多元化。在运输企业改制过程中，要引入市场竞争机制，遵循客观经济规律，以企业为主体，以资本为纽带，通过市场机制，在竞争中形成。

"市场准入"是建立市场体制的条件，只有在"政企分开"的同时建立公开、公平、有序的"市场准入"机制，才有可能建立比较完善的交通运输市场体系。各种运输方式在投资建设和运输经营方面都要建立科学的"市场准入"标准和要求，凡是符合标准和要求的企业都可以进入投资领域和运输市场。进一步打破行业垄断，继续鼓励不同经济成分、不同行业的企业从事运输经营，放宽外资企业进入运输市场的条件，引进竞争机制，开展公平竞争。改革运输领域的审批制度，将审批制改为登记备案制。要鼓励运输市场的合理竞争，保持适度的市场竞争规模，合理划分适度竞争与低水平重复建设的界限，要通过市场规律淘汰经营效益低下的运输企业。

各级交通行政主管部门要切实转变职能，退出直接参与的经营活动，着重做好行业管理，研究制定交通发展战略和规划；负责安全生产的监督和管理；制定市场准入标准，规范市场运作规则，对市场实施监督，发布各类交通信息等。要转变行业管理的方式和方法，扶植中介机构，发挥行业协会的作用，为企业创造公平、公正、公开的竞争环境。

依照市场经济规律，完善交通运输法律法规，规范交通运输的建设与经营行为。"十五"期间，推动《港口法》、《运输市场准入条例》、《管道法》、《城市公共交通管理条例》等法律法规出台和《铁路法》、《公路法》、《民航法》等法律法规的修订。

2. 积极推进交通建设投融资体制改革，实施投资分类管理，培育、完善交通建设市场

通过改革，实行交通运输投资主体、投资渠道与投资方式多元化政策，以筹措建设资金和推动运输经营主体多元化、市场化进程；建立和完善宏观调控体系，发挥市场对投资活动的调节作用，形成投资主体风险约束机制。

交通运输设施建设与经营按性质可分为经营性、公益性和既有公益性又有经营性三类。各类交通基础设施建设，都要采取市场竞争的办法，进行建设和运营管理。经营性建设项目，可以进入市场，直接招标，择优选择投资者；既有公益性、又有经营性的建设项目，政府应给予必要的资助或特许条件，招标选择投资和经营者；完全公益性的建设项目，在政府明确其承担投资并提出有关条件后，通过市场招标，择优选择建设者。对于交通设施的维护，也要采用市场办法。

在国家宏观调控指导下，逐步完善交通建设的市场管理机制。实行交通建设项目投资主体、项目法人以及项目设计、评估、施工建设全过程的招投标。建立必要的制度，强化交通建设项目管理，对交通项目建设全过程进行监督，确保建设质量。

（二）广开资金渠道，加快交通基础设施建设

1. 建立政府投资调节机制

在交通基础设施建设中，各级政府应承担其相应的责任。完全公益性的基础设施建设，由政府承担投资；对于既有公益性、又有经营性的基础设施建设，政府承担必要的投资。政府投资的主要来源是预算内投资、政府性建设基金、政府财政债券等。“十五”期间，要完善政府基金制，通过实施费改税，确立政府基金的稳定性。要避免在交通运输紧张状况有所缓解的情况下，削弱政府基金；费税改革后，要保证用于交通设施建设和养护的资金，并应有稳定的增长。要继续扩大“以工代赈”方式，加大贫困地区农村公路建设力度，发行必要的财政债券，用于西部地区和农村地区交通设施建设。

充分发挥政府资金的调控作用，各类政府基金要纳入各级政府计划管理，按照发展规划、区域布局和建设重点，进行必要的调节，组织好建设项目的实施。中央政府投资主要用于中西部地区和农村地区交通设施建设，对于具有竞争力的建设项目，政府不再投资或给予资金补助。

2. 积极利用国内外资金参与交通设施的建设与运营

在继续增加利用国际金融组织贷款、国外政府贷款以及国内金融机构贷款建设交通设施的同时，采取更为灵活的优惠政策，吸引国内外资金参加交通基础设施的建设与经营。“十五”期间，改革外商投资的有关规定，扩大外商直接投资的范围，调整外商投资股比的限制，采取积极的引资政策，增加交通项目建设的直接投融资比重。同时，建立相应的反垄断机制，以保证经济安全。

3. 建立交通产业投资基金，发行中长期建设债券

建立产业投资基金和发行中长期建设债券，吸引社会资金和居民手持现金用于交通设施建设。对于产业投资基金投资，可以享受与外商投资相同的政策，对产业投资基金投向经济效益较差的项目，政府可以给予定额补助或设定可控上限的回报率。

（三）交通价格改革

交通价格改革的目标是建立符合运输市场体制的运价形成机制。改革的思路是，以市场形成价格为主，政府指导价格相结合，分类指导，分类管理。对于竞争性运输价格，由运输企业根据市场自行确定；对于垄断性运输价格，由政府价格部门发布指导运价或最高限价，具体价格水平由企业根据市场确定。收费价格，如收费公路的收费标准等，由政府价格部门确定最高限价，允许企业向下浮动。运输企业要充分利用市场机制，建立多种价格形式组成的价格结构。在客运价格方面，可以实行多种形式的浮动价、折扣价。

以市场形成为主的价格形成机制建立后，政府要加强监督和管理，制定反不正当竞争的具体措施，规范价格行为，创造公平竞争的环境。为了更好地发挥价格机制的作用和有效管理，政府可以把一些监督工作委托相应的行业协会等组织承担。

（四）推进交通运输技术进步

1.推广应用当代国内外先进、实用的交通运输技术

铁路要着手建设时速在300公里的高速铁路，积极推进上海浦东磁悬浮铁路试验项目，掌握相关的设计、制造和建设技术；要应用信息技术，实现铁路信息化，发展行车安全保障技术，建立安全监控网络；公路要发展中高档客车，集装箱拖挂车及大型专用货车，全面提高公路运输车辆性能；运输船舶要重点发展远洋第四代以上集装箱运输船、大型散货船、沿海集装箱船、滚装船和特种专业船，以及推进内河船舶标准化；继续增加技术经济性能先进的运输飞机，重视使用国产新型支线飞机，积极采用当代最新飞机维修技术，增加安全可靠性；城市交通的发展要广泛采用新技术、新工艺，大力推进技术进步。

积极推进交通运输智能化进程，目前重点做好电子商务在交通运输中的应用和IC卡、GPS在公共交通系统的应用以及不停车电子收费系统的应用，加快港口口岸EDI系统的建设，建成长江沿线的EDI系统。

2.紧紧追踪国内外交通运输发展的新趋势、新动向

“十五”期间要引进、开发涵盖交通基础设施规划、建设与运营全过程的信息技术、网络技术、智能交通等当代最先进的交通运输技术，以及现代物流系统中成熟先进的技术，引进、开发当代最新科技，加速综合运输体系现代化建设。

3.重视交通运输技术装备国产化

经过20多年的努力，我国交通科技已有了很大进步，一些科技成果已达到或接近国际先进水平，在引进国外最新技术的同时，必须加强国内科技成果的转化，推动技术装备国产化。

（五）扶持西部地区交通发展

交通是西部开发的基础和保障。西部交通设施建设要综合考虑经济效益、社会效益和开发效益，但也要因地制宜，少花钱多办事。为扶持西部地区交通运输发展，需要采取与其他地区交通建设有所差别的特殊政策。

1.增加国家财政资金与政策性贷款向西部地区的投入，支持西部地区交通设施建设。

2.采取更为灵活的政策，吸引国内外投资参与西部地区交通建设。在西部地区放开中外合资、合作建设交通基础设施与经营项目的股比限制；对投资者予以土地开发、或利用其他资源开发的特许经营权，进行投资效益综合补偿；政府对投资者给予必要的投资回报补贴。

3.放宽西部收费政策的限制。如放宽西部地区公路收费标准限制等。

4.东部地区交通设施建设以扩大市场调节能力和范围为主，鼓励东部地区向西部地区投入。西部地区可通过加强与东中部地区的资源优势互补，加快交通基础设施建设。

（资料来源：国家发展计划委员会）

公路　水路

前　言

交通运输是国民经济发展的基础，是社会生产、流通、分配、消费各环节正常运转和协调发展的先决条件，对保障国民经济持续健康快

速发展、改善人民生活和促进国防现代化建设等具有十分重要的作用。“九五”时期是我国公路水路交通发展最快、最好的时期，建设速度明显加快，基础设施总量迅速扩大，交通结构得到改善，运输生产持续增长，在综合运输体系中的作用明显增强，为新世纪的发展奠定了坚实基础。从2001年开始，我国将进入全面建设小康社会和加快推进社会主义现代化的新阶段，进一步加快公路水路交通发展是今后五到十年一项十分重要的任务。

根据《中华人民共和国国民经济和社会发展第十个五年计划纲要》，结合交通行业自身发展规律，特编制公路水路交通“十五”发展计划，作为指导“十五”交通建设与发展的纲领性文件。

一、“九五”期间公路水路交通事业的发展

“九五”期间，交通行业全面推进改革与发展，认真贯彻中央扩大内需和实施积极财政政策的方针，牢牢把握历史机遇，加快以公路为重点的基础设施建设，集中力量完成了“三主一支持”长远规划中的一批骨干工程，运输生产也取得了显著成绩，为国民经济和社会发展作出了重要贡献。

（一）公路水路交通建设成绩显著

公路建设实现跨越式发展。“九五”期间，公路建设完成投资8974亿元，比“八五”增加了3倍。五年新增公路24万多公里，超出原计划15万公里，其中新增高速公路1.3万公里。到2000年底，全国公路总里程超过140万公里，公路网密度达到14.6公里／百平方公里。高速公路里程突破1.6万公里，跃居世界第三位。京沈、京沪高速公路全线贯通，在我国东北、华北、华东地区之间形成了一条公路快速运输大通道。“五纵七横”国道主干线建成1.8万公里，占规划里程的一半以上，为国道主干线提前10年建成奠定了基础。公路网整体技术水平有较大提高，二级以上公路里程达到18.9万公里，占总里程的比重达到13.5%，高级次高级路面公路里程占公路总里程的比重达到42.5%。国道网中的断头路基本消除，大中城市出入口和过境交通继续改善。南京长江二桥、江阴长江大桥、厦门海沧大桥等一批特大桥的建成，标志着我国深水基础、大跨径桥梁建设水平已进入世界先进行列。公路通达深度进一步提高，五年中又有662个乡镇、52872个行政村通了公路，公路通乡和通行政村比重达到98.3%和89.5%。交通扶贫成绩显著，新改建公路3.2万公里，桥隧243座。

沿海港口建设取得进展。“九五”期间沿海港口建设共完成投资416亿元，建设中级以上泊位130个，其中深水泊位97个，新增吞吐能力1.9亿吨，新增集装箱吞吐能力848万标准箱。沿海20个主枢纽港共建成深水泊位75个，新增吞吐能力1.5亿吨；煤炭、原油、散粮、散水泥等运输系统不断完善，到2000年底，沿海港口万吨级以上泊位达到651个，其中3万吨级以上泊位达到214个。总吞吐能力11.7亿吨，其中专业化集装箱泊位吞吐能力1200万TEU。上海国际航运中心建设取得较大进展，长江口深水航道整治一期工程已经完成，水深达到8.5米。一批陆岛交通码头建成，基本解决了3000人以上岛屿的进出岛交通问题。初步形成了以环渤海地区、长江三角洲地区和珠江三角洲地区港口群体为主的总体格局。

内河航道落后面貌得到明显改善。“九五”内河建设是建国以来投资最多、成效最显著的时期，共完成投资231亿元，整治内河航道4151公里，其中三级以上航道1140公里，四级航道1040公里，五级航道1600公里，新（扩）建内河港口泊位351个，新增港口吞吐能力6013万吨。到2000年底，全国五级以上航道里程达到2.3万公里，占通航总里程的19%。其中水运主通道建成三级以上航道1398公里，四级航道300公里，达到规划标准的航道里程共计6870公里，占规划里程的46%。京杭运河江南段建成通航500吨级标准船舶的航道，运量达1.6亿吨；山东段建成通航1000吨级标准船舶的三级航道。西江、湘江、嘉陵江

航电结合的尝试，取得了显著的经济效益。

支持系统建设继续加强。“九五”期间，支持系统建设共完成投资65亿元，使支持系统薄弱落后状况得到进一步改观。到2000年，沿海港口和重要水域建成交管系统17个，全球海上遇险和安全系统投入运行。全国海上干线航标达到2300多座，基本实现“沿海港口和重要水道航标成链”的发展目标。巡逻、航标船舶得到大面积更新，海事管理手段明显增强；救助基础设施和技术装备得到改善，海上立体救助系统起步建设，一批新建的海上救助船舶投入值班待命；13艘新型工程挖泥船投入长江航道的疏浚保畅工程中；交通专用卫星长途通信网建成并实现了全国联网。公路工程、水运工程和船舶运输三个科研中心建设通过验收，大连和西安两校的“211工程”建设取得标志性成果。“康居工程”和高校“筒子楼”改造计划使高校教职工居住条件明显改善，人均居住面积达到10平方米，超额完成国务院确定的目标。

利用外资成绩突出。“九五”期间，公路、水路交通建设利用国际金融组织贷款和外国政府贷款76亿美元，比改革开放以来至“八五”期末累计的总和还要多出近四分之一。直接利用外资也取得进展。

车船运力迅速增长。到2000年底，全国民用汽车保有量达到1609万辆，五年新增569万辆；从事公路运输的营运汽车为535万辆，其中客车99万辆，货车436万辆。车辆档次不断提高，车型结构向多品种方向发展。船舶运力总规模达到5100多万载重吨，比改革开放前增加了3倍多，其中从事国际航运的船舶超过2200万载重吨。尽管船舶艘数大幅度减少，但平均吨位显著提高。集装箱船发展迅速。

（二）公路水路交通在综合运输体系中的地位得到加强

交通基础设施与运输装备的改善，提高了公路水路客货运输能力和服务水平，增强了公路水路运输的市场竞争力，促进了综合运输体系的发展和完善。

公路完成的运输量占各种运输方式的比重明显上升，在综合运输体系中的作用继续增强。2000年公路客运量、旅客周转量、货运量、货物周转量分别达到134.7亿人、6657亿人公里、103.9亿吨和6129亿吨公里，占各种运输方式总运量的比重分别达到91.3%、54.8%、78.3%和14.2%，分别比1995年提高2.5、4.2、2.1和1.1个百分点。高速公路的迅速发展使公路的大动脉作用日益明显，公路客、货平均运距进一步延长，2000年分别达到49.4公里和59公里，五年间分别增长13%和17%。

水路货物周转量占各种运输方式的比重稳步上升。与1995年相比，水路货物周转量占各种运输方式的比重由49%增到54.9%。国际航运承担了我国外贸货物运输量的85%。我国战略性资源运输需求继续加大，凸现国际航运的重要地位。沿海水运主通道在北煤南运、北油南运中作用明显。内河航运成为江浙地区和珠江三角洲地区的主要运输方式之一。

沿海港口吞吐量增长迅速。2000年全国沿海港口货物吞吐量完成12.9亿吨，其中外贸吞吐量完成5.3亿吨，年均增长均超过8%。国际标准集装箱运输发展迅猛，沿海港口集装箱吞吐量突破2000万TEU，年均递增速度近30%。主枢纽港地位加强，20个主枢纽港完成的吞吐量超过总吞吐量的85%、外贸吞吐量的93%。

（三）公路水路交通存在的主要问题

公路水路交通面貌发生的巨大变化，使“十五”公路水路交通运输发展比以往有了更好的基础。但是，由于我国交通运输的基础脆弱，承受需求波动的弹性较小，尤其是当前没有足够的空间改善运输质量，公路水路交通仍是国民经济与社会发展的薄弱环节。主要表现在：

1.交通基础设施总量不足。公路里程少，密度低，跨区域干线运输通道不足，省际干线公路不成网，通达深度不够。到2000年，全国仍有773个乡镇和7.7万多个行政村不通公路。沿海主枢纽港公用码头超负荷运行，集装箱码头吞吐能力严重不足。

2. 交通基础设施标准低。等级公路里程比重低，二级以上公路仅占公路总里程的13.5%，高级、次高级路面里程仅占42.5%，大部分国道路段交通量超过设计通过能力，混合交通严重，行车不畅。农村公路等级低、路况差，抗灾能力弱。沿海主要港口航道不能适应船舶大型化的要求，成为港口发展的"瓶颈"。内河航道等级偏低，高等级航道数量明显不足。内河港口四无（无码头、无机械、无堆场、无锚地）现象普遍。水上交通安全、通信、救助等手段薄弱。

3. 地区间发展不平衡。东、中、西部公路交通发展差距过大的趋势未能从根本上扭转；西部地区与东部地区相比，二级以上公路比重差距加大，高级、次高级路面里程比重低21个百分点，县乡公路无路面里程和等外公路里程比重分别是东部地区的2倍和3倍。西部地区集中了全国不通公路的乡镇、行政村数量的85%和50%。

4. 结构性矛盾突出。公路网各个层次不完善；公路技术等级结构不合理；区域发展不平衡；客货运枢纽站场建设滞后；建设与养护未能做到均衡发展。沿海港口大型专业化深水码头短缺；尚未形成比较完善的现代化集装箱运输系统；一些老港区位于城市中心，与城市发展的矛盾日趋尖锐。具有层次结构的内河航道网尚未形成，主要内河航区间缺乏有效连接。

车船装备结构落后。高档客车数量少，高效低耗的重型、厢式货车、集装箱拖挂车、特种专用车比重低。海洋船舶结构不合理，普通干散货船比重高，液体散货船和专业化船舶比重低，船舶大型化发展缓慢，国际海运船队中的方便旗船舶比重过大。内河船型杂乱，技术落后，平均吨位小。

公路、水路运输市场发展不规范，政出多门，市场监管不力。运输组织落后，运输信息不畅，经营机制不活，人员素质不高。缺少主导市场发展的大型公路运输企业，大型散货专业化运输和多式联运等现代化运输组织方式在运输体系中尚未占据应有比重，现代物流刚刚起步。

5. 信息化工作进展缓慢。交通信息化在公路、水路传统产业中的战略意义及重要作用未能定位到应有的高度，各级行政主管部门推动行业信息化的方式和手段不足，面向社会提供信息服务的力度不够；信息资源没有被有效利用；复合型管理和建设人才匮乏。

二、"十五"时期公路水路交通发展面临的形势

（一）宏观形势

经过二十多年的改革开放和发展，我国社会生产力、综合国力和人民生活水平都上了一个大台阶，市场供求关系、体制环境和对外经济关系发生了重大变化，为开始实施现代化建设第三步战略部署奠定了良好基础。"十五"期间，我国国民经济仍将保持较高的发展速度，社会主义市场经济体系将进一步完善，国有经济战略布局将作出重大调整，以信息化带动工业化，促进产业与产品结构优化升级，城市化进程加快，人民生活水平显著提高，用于住、行的支出比重将大幅度增加，实施西部大开发战略使经济发展重心西移。同时，随着经济全球化的发展和我国加入世界贸易组织，外贸运输将保持较快增长速度。这些都将给公路、水路交通带来新的发展机遇和严峻挑战。

（二）公路水路交通运输量预测

"十五"期间，预计货运需求总量仍呈增长态势，货物运输与国民经济增长的弹性系数在0.5左右。客运需求增幅将高于货运需求，旅客运输与国民经济增长的弹性系数在0.8左右。

1. 客运量

预计到2005年公路客运量180亿人，年均增长6.0 %；旅客周转量9500亿人公里，年均增长7.5%；水上客运量1.8亿人，旅客周转量100亿人公里，均继续呈下降趋势。

2. 货运量

预计到2005年公路货运量126亿吨，年均增长4.0%；货物周转量8000亿吨公里，年均增长5.5%；水路货运量14.0亿吨，年均增长3.0%；货

物周转量31800亿吨公里，年均增长6.0%。

3.沿海港口吞吐量

预计到2005年沿海港口吞吐量16.8亿吨，年均增长5.5%，其中外贸吞吐量达7.5亿吨，年均增长7.5%。主枢纽港吞吐量14.5亿吨，年均增长6.5%，占总吞吐量的86%。国际标准集装箱吞吐量4000万TEU，比“九五”末增长一倍。主枢纽港集装箱吞吐量3600万TEU。

三、公路水路交通发展的指导思想、基本原则和目标

（一）指导思想

“十五”公路、水路交通发展的指导思想是：按照建立社会主义市场经济体制的要求，坚持发展综合运输体系的方向，继续实施“三主一支持”长远发展规划，加强西部地区交通建设，加快结构调整步伐，深化改革，扩大开放，以科技进步为动力，以质量为重点，以效益为中心，以创新促发展，实现公路水路交通可持续发展。

（二）基本原则

——坚持“统筹规划，条块结合，分层负责，联合建设”的基本方针，正确处理全局和局部、中央和地方等关系，调动各方积极性，加快基础设施建设。

——正确处理普及与提高、效率与公平的关系，紧紧围绕实施西部大开发战略，加大对西部地区的扶持力度，加快东部现代化进程，加强中部地区建设，促进区域经济协调发展。

——正确处理建设与养护、建设与管理、建设与运输的关系，使基础设施建设和养护管理、运输市场协调发展。

——正确处理发展与调整、新建与改造的关系，在扩大公路、水路基础设施建设的同时，注重扩大内涵再生产。

——强化质量意识，加强质量管理，严格质量管理责任制，提高工程建设和运输服务质量。

——大力推进交通信息化。紧紧围绕公路、水路交通发展目标，以信息资源开发利用为中心，全面提高交通运输的效益和效率。

——坚持“科教兴交”战略，建立有利于技术创新的体系和机制，加快交通人才培养，依靠科技进步和提高劳动者素质，提高科技进步贡献率。

——实施可持续发展战略，提高资源利用效率，保障安全，减少污染，努力改善生态，加强环境保护。

（三）发展目标

“十五”公路水路交通发展的总目标是：继续加快基础设施建设，为提前十年建成公路国道主干线系统奠定基础，主枢纽港通过能力有较大增长，水运主通道通航条件进一步改善，西部地区交通建设取得明显进展；交通结构调整取得显著成效；消除影响交通运输生产力发展的体制性障碍并取得实质性突破；交通法制建设有新的推进；交通信息化和科技创新能力提高到一个新的水平；行业文明建设得到进一步加强。

公路、水路交通建设的主要目标是：

——公路，全面建成“两纵两横三个重要路段”，“五纵七横”国道主干线系统建成2.6万公里；到2005年，全国公路总里程达到160万公里，五年新增20万公里，路网密度达到16.7公里／百平方公里；高速公路超过2.5万公里；二级以上公路里程达到28万公里，占公路总里程的18%左右；公路通达深度明显提高，全国99.5%的乡镇和93.0%的行政村通公路。建设5万公里GBM工程路段，创建5条国道文明样板路，改造完成所有国省干线公路上的危桥。

——沿海港口，新增深水泊位135个，改造深水泊位45个，新增吞吐能力2.5亿吨以上，新增集装箱吞吐能力1650万TEU，到2005年深水泊位达到800个，总吞吐能力达到14.5亿吨以上；长江口航道整治工程达到−12.5米水深；解决千人以上岛屿进出岛交通问题。

——内河航道建设，改善航道里程3350公里，其中三级航道950公里，四级航道900公里，五级航道1500公里，改善内河水运主通道2500公里，到2005年水运主通道中符合规划标准的里

程达到7940公里，占54.2%；改造和新建内河泊位200个，新增吞吐能力2500万吨。

——支持系统，海事管理初步建成“监管立体化、反应快速化、管理信息化、航测自动化”的统一、规范、高效的体系，50海里内重要干线航道和重要港口附近应急到达时间不大于3小时；救助系统全部以新船值班待命，立体救助范围进一步扩大，救助整体水平大幅度提高；科研开发的整体水平提高，技术创新能力增强，科技进步对交通增长的贡献率提高10个百分点；成人教育培训体系初步形成，交通职工队伍专门人才比例稳步增长，大连海事大学校园总体上得到较大改观。

要实现公路水路交通“十五”建设目标，总投资需10543～11043亿元，其中公路9500～10000亿元，沿海港口700亿元，内河航运276亿元（含长江口续建工程90亿元），支持系统67亿元。

四、“十五”公路水路交通建设重点

1.公路

“十五”期间，公路重点建设国道主干线系统、区域干线公路网络、县乡公路网络、公路运输服务网络，同时加强国边防公路和边境口岸公路建设。

(1) 国道主干线系统：“两纵两横和三个重要路段”全部建成；力争建成丹拉、渝湛干线和沪蓉支线、衡昆支线、沪瑞支线、丹拉支线等几条重要干线；加大国道主干线系统中未建成路段的建设力度，建成京福公路、同三支线、二河公路、绥满公路、青银公路、沪瑞公路、衡昆公路的部分路段。

(2) 区域干线公路：重点发展省会到地市或到主要县城的公路及国道主干线连接线等干线公路，加快国家重点干线公路和大中城市过境公路及出入口公路建设。

(3) 县乡公路网络：一是连接国省干线公路等对外出口公路；二是贫困地区联片开发公路、资源开发公路和旅游公路；三是具备建设条件的通乡、通村公路。加大乡村公路通达工程的建设，使有条件通公路的乡、行政村特别是西部地区和老、少、边、穷地区有条件通公路的乡、行政村尽快实现通公路。结合小城镇的发展规划，加强城镇间公路建设。

(4) 公路运输服务网络：加快以公路主枢纽为重点的站场体系建设，初步形成以高等级干线公路为依托的省际间、重要城市间快速直达公路运输系统和重要港口、铁路枢纽集散运输服务网络。充分发挥公路主枢纽面向社会的优势，加强信息网络建设。

2.沿海港口

强化上海国际航运中心和沿海主枢纽港口的建设，重点建设集装箱码头、大型专业化原油、铁矿石接卸码头；通过新建和技术改造使沿海港口适应货物的结构性变化和专业化、大型化、集约化的运输发展要求，积极推动部分老港区的功能调整；大力改善主要出海口航道及主要港口进出港航道的通航条件；相应发展地区性重要港口，适度建设地方中小港口，继续改善岛屿交通条件。

(1) 重点建设上海国际航运中心，建设上海、宁波、大连、天津、青岛、深圳等主要港口第四代以上集装箱码头；相应新建和改造支线港及喂给港。

(2) 在东北、华北、华东地区分别布局建设大型原油接卸码头。

(3) 在大连和华北地区分别布局建设大型专业化矿石码头；利用湛江港现有码头改造成大型专业化矿石码头。

(4) 加快主要港口现有基础设施的大规模技术改造，结合部分新建项目形成一批专业化的木材、粮食、钢材、水泥、化肥及滚装运输码头，加快上海、大连、青岛、广州等老港码头功能调整和城市化改造的步伐。

(5) 重点建设长江口航道整治工程、广州港出海航道二期工程、深圳铜鼓航道工程，有计划地安排天津、烟台、连云港、湛江、防城港等主枢纽港口航道的升级。

3.内河航运

长江水系，上游加快三峡库区重点水运基础设施的复建工程；中下游实施航道清淤应急工程，整治武穴航道、碾子湾河段、张南及东流水道；建设嘉陵江、湘江、汉江、赣江、安徽合裕线等主要航道；长江三角洲按四、五线航道标准建设跨省航道，基本建成江南五级以上航道网，起步建设杭甬运河。

珠江水系，重点解决红水河大化、百龙滩枢纽恢复通航问题，打通西南出海中线通道，建设南线通道；重点整治小榄水道、陈村水道、劳龙虎水道、潭江水道等航道，基本建成珠江三角洲三级航道网。

黑龙江和松花江水系，重点建设松花江哈尔滨至佳木斯段航道，使松花江哈尔滨以下全线达到三级航道标准。

内河港口，以集装箱等专业化泊位建设和港口技术改造为重点，建设长江干线重庆、万州、武汉、芜湖、马鞍山等多用途和集装箱泊位，对城陵矶、南京、镇江港等老港区（码头）进行改造。

4.支持系统

——海事：建设长江口、珠江口、大连、宁波、厦门等船舶交管工程；完成海事信息系统三级网络；继续建设工作船码头和航标基地；对体制改革后新划转单位的业务用房进行统筹规划，按轻重缓急分步建设；控制巡逻船总量优化船舶结构，更新各类船舶。

——救助：建设大连、连云港、宁波和海口救助站，改扩（迁）建荣城、温州、厦门、汕头、三亚救助站；改造救助基地水电管网设施；新建救助拖轮和快速救生船；在北方和南方海区配备海上搜救直升机。

——科研：继续进行科研基础设施和装备建设，重点建设智能交通系统工程和公路工程技术研究中心，路基路面结构工程和公路环境实验室；集装箱和散货运输关键技术实验室等。建立以企业为主体的交通技术创新体系，健全技术创新和成果转化的激励机制，加大技术创新投入，在关键技术上有所突破。

——教育：积极发展交通职业技术教育和成人教育，初步形成分层次、分类别、多渠道、多形势、重实效、有活力的教育培训体系，到"十五"末交通行业专门人才比例力争达到30%。进一步加强任职培训和岗位培训。大连海事大学重点建设航海与轮机主学科，提高教学和科研水平，加强校园基础设施建设；进一步提高培训中心的基础设施和教学实验设备的能力。

5.西部开发

在继续实施现有规划的国道主干线基础上，起步建设兰州至云南磨憨、阿荣旗到北海、阿勒泰至红其拉甫、银川至武汉、西安至合肥、长沙至重庆、西宁至库尔勒、成都至西藏樟木等八条西部省际公路通道；重点改造国道214线西宁至打洛、国道317成都至那曲、国道326秀山至曲靖、国道315西宁至喀什、国道212兰州至重庆等路段；加快县乡公路建设。至2005年，国道主干线建成1.37万公里，占西部地区总长度的85%，西部八大通道建成1.03万公里，占规划总里程67%；通乡通村公路比重分别提高2.7和8.4个百分点，公路通乡通村率达到公路99.6%和88%。

内河建设重点分为三个层次，第一层次是水运主通道及主枢纽港口的建设，包括加快长江、西江两条出海通道、澜沧江跨境运输航道以及主要支线航道的建设；第二层次是连接水运主通道的重要支流和重要的地区性河流的航道以及地区重要港口建设；第三层次是效益显著的区间通航河流（段）及库区航运建设。

五、"十五"交通运输结构调整重点

"十五"交通运输发展，要把结构调整作为主线，坚持在发展中推进结构调整，在结构调整中保持快速发展。

基础设施，重点调整公路网的层次结构、技术等级结构和地区分布结构，提高公路网的整体服务水平；调整沿海港口公用码头和货主码头结构，加强公用码头特别是大型专业化深水码头、集装箱运输系统和进出港航道建设；调整内河航道网结构，加快高等级航道建设。

运输装备，运力结构调整要以提高乘坐舒适性、安全可靠性和高效环保为目标。鼓励发展集装箱、冷藏、散装、液罐车等专用运输车辆，大力推广厢式车，重点发展适合高速公路、干线公路的大吨位重型货运汽车列车和短途集散用小型货运汽车，鼓励发展车货总重为8吨以上的多轴重载大型车辆，积极发展适合城市取送货服务和农村公路货运的轻型及多功能车辆，推广使用符合营运客车等级制标准的车型，鼓励发展空气悬架、下置行李仓、冷暖空调的大中型高档客车，发展适合农村客运的经济型客车以及适合到大型批发市场和农民赶集用的带货客车。

远洋、沿海船舶要向大型化、专业化方向发展，重点发展大型散货船、大型油轮、集装箱船、滚装船、客滚船、液化气船。内河船舶通过调控总量，加快更新运力，重点发展内河自航船、顶推船队、江海直达船、集装箱船和滚装船，适度发展旅游客船，逐步淘汰技术落后的船型，向标准化、系列化和现代化方向发展。

道路运输，要通过深化道路运输体制改革，引导企业走经营组织化、管理集约化、生产专业化、发展规模化及现代化的道路。重点引导和扶持部分优势企业，按照专业化分工协作和规模经济原则，加快组织结构调整，尽快形成一批区域和全国性的具有较强实力并能主导道路运输发展方向的大型运输企业或集团。

在旅客运输方面，要大力发展快速班车客运，特别是高速公路与其他高等级公路相结合的连接主要省会城市的旅客快速运输系统；积极发展城乡和农村班车客运；鼓励发展汽车旅游客运；稳步发展出租汽车客运。在货物运输方面，要大力发展国际集装箱、零担、快件、冷藏保鲜、危险品和散装货物运输，鼓励汽车运输企业提供仓储、包装、运输等全过程一体化的第三方服务，积极发展物流业。

水路运输，要通过加快航运企业改革，建立比较完善的现代化企业制度，以市场为中心转换经营机制，扩大经营规模，提高经济效益。要积极改革和调整经营方式和运输生产结构，组建跨地区、跨行业、跨所有制和跨国经营的大型企业和企业集团，努力实现“船舶大型化、船队专业化、企业经营集约化、内河船舶标准化”，基本建立统一开放、竞争有序的水运市场体系。

在旅客运输组织方面，要加快实现常规客运向旅游化、高速化、客滚化、区域化方向发展，积极发展陆岛运输、旅客联运。在货物运输组织方面，要大力发展国际、沿海、内河集装箱运输，鼓励干线运输，推进内支线运输，不断提高集装化水平。重视冷藏货物、危险货物、滚装货物和特种货物运输系统的建设，推进货物运输向专业化、集约化以及最终建成现代物流的方向发展。

六、加快交通信息化建设

“十五”公路、水路交通信息化的总目标：大力建设公路、水路信息基础设施，特别是信息资源基础设施的建设；充分发挥公路、水路运输方式的优势，以信息化、网络化为基础，加快智能型交通的发展；引导和鼓励公路、水路运输企业利用现代信息技术改造、提升传统的交通运输业，促进产业结构调整，构筑交通信息服务产业化的框架，努力实现交通行业的跨越式发展。

“十五”公路、水路交通信息化的工作重点：

1.建立以“三网一库”为基本架构的政府系统政务信息化的枢纽框架，实现机关主要办公业务数字化和网络化、公文信息无纸化传输，为领导同志提供图像信息服务；实现部与交通厅(局)和有关单位的网络互联；建设体系完善、标准统一、内容实时、流程规范的动态信息资源库。实现各级政府间办公业务的电子化、自动化和网络化，共享信息资源，最大限度地满足各级领导和政府机关的基本应用需求。建成完善的船岸通信体系。加快制定公路、水路交通信息化技术标准。

2.初步形成面向社会的政府公众信息服务网。在政府办公业务资源网建设的同时，逐步建立不同层次的、具有交通行业特点的、有实效的公众信息服务系统，真正为行业用户和出行者提供优质服务。

3.以提高运输效率和质量、改善运输安全为目标，着重抓好高速公路联网收费及紧急事件管理系统、城市间旅客快速运输管理和信息服务系统、道路运输车辆和货物运输管理信息系统、水路货运物流信息系统、水路信息服务系统、水上安全监督信息系统的建设，开展物流、电子商务的研究和应用，为实现智能型交通奠定基础，促进传统运输企业向现代物流企业的转型，形成交通信息服务的基础框架，增强交通行业在国内外市场的整体竞争力。

七、“十五”计划实施的政策措施

（一）建议国家采取的政策

1.继续将交通运输作为国民经济发展的战略重点。坚持把公路、水路交通基础设施建设摆在重要位置，在今后相当长的时期内优先发展。各级政府要继续对公路、水路交通建设实行优惠政策。

2.加大国家对交通建设的投入。公路、水路交通是提供重要公共产品和服务的行业，投资规模大、建设周期长、影响面宽。对于公路和航道等公益性基础设施，应主要由国家投资建设。尽快明确港口建设中属于公益性的范围并以国家投入为主。交通支持系统建设属于国家公益性、公务性范畴，需国家投入并在资金安排上给予倾斜。

3.确保公路、水路交通建设资金稳定的来源渠道。公路税费改革后，国家征收的车购税和车辆燃油税应专款用于公路建设，并保证稳步增长；港口建设费在未实行税费改革前保持原费率不变；保持内河建设基金政策的长期性和稳定性；从船舶燃油税中划出专款用于支持系统船舶建设和运输船舶更新改造基金。

4.研究出台针对西部地区公路、水路交通建设的支持政策。包括：在国家财力稳定增长的前提下，建立并实施中央财政转移支付制度，加大对西部地区交通发展的支持力度；建立国家西部开发专项基金，主要投向基础设施建设；近期国家财政债券投向应向西部倾斜；国家开发银行和商业银行要以充分的贷款规模支持公路、内河建设，并适当延长贷款年限；对公路、水路交通建设征用土地减免有关税费；简化与交通建设有关的林业、环保、水利、文物等方面的审批手续，清理规范对公路、水路建设的费收，降低收费标准。

5.加大对交通基础设施项目融资支持力度。对拟上市的高速公路公司应取消“需三年业绩”的规定；支持公路基础设施建设向保险基金、养老基金、住房公积金等发行长期债券。鼓励港口对老港区采用土地置换方式盘活资产，筹集资金建设新港区；鼓励建设者对内河航道、港口附近的荒滩及工程吹填造地实施土地资源综合开发利用。

6.进一步放宽建设项目审批权限。目前，大中型项目审批权高度集中，程序复杂、时间长，影响了项目建设进度，难以适应加快建设的需要。对于符合规划的重点公路、水路建设项目，建议放权给部和省区负责审批。

7.提升国际航运的战略地位。随着我国战略性资源运输需求的不断加大，为保障我国经济安全和国防需要，国家在发展战略上应提升国际航运的战略地位，采取有效措施改善船队结构，吸引方便旗船舶回流，壮大船队规模，提高我国的国际海运地位。

（二）交通行业要采取的措施

1.制定交通发展战略和行业政策。制订公路、水路交通行业政策，对行业发展方向进行调节、指导和规范；加强行业发展战略研究，提出交通发展长远战略目标、战略重点和实施步骤，指导制订各类中长期发展规划，保证公路、水路交通事业健康持续发展。

2.加快法制建设。加强交通立法的计划性、科学性，提高立法质量，逐步形成交通法规体系，推进“依法治交”进程。力争用5年左右时间建立以《公路法》、《道路运输法》、《港口法》、《航道法》、《航运法》、《海上交通安全法》、《船员法》、《海商法》等为龙头，以相应的《公路管理条例》、《道路运输管理条例》、《收费公路管理条例》、《水路运输管理条例》、《国际海运管理条例》、《港口岸线资源管理条例》等为骨干的配套法规体系，并修正有关法规中与国际惯例不衔接的条款，将行业管理纳入法治的轨道。

3.加大改革力度，转变政府职能，加强宏观管理。深化公路管理体制改革，逐步建立统一领导、分级负责、权责分明、政令畅通、工作规范、运营良好的管理体制；深化水运体制改革，按照政企分开、责权一致、精简高效的原则，理顺中央与地方的关系，逐步建立和完善统一管理、职责明确、权责一致、运转协调的水运行政管理体系；加快港口政企分开的改革步伐。

4.加大对西部地区的支持力度。国家投向西部公路建设专项资金比例达到50%以上，国家补助西部地区内河航道建设的投资比东部地区高出20%。帮助西部地区多渠道筹措交通基础设施建设资金，争取地方政府和全社会的支持。切实加大对西部地区的科技投入，加大科技创新力度，加强人才培养。

5.进一步拓宽交通建设投资渠道。继续坚持“贷款修路、收费还贷”政策，积极稳妥地发展规范的收费公路；扩大“以工代赈”成果。继续积极利用国际金融组织和外国政府优惠贷款，优先安排西部地区的公路水路建设，提高利用外资的水平和质量；推进国内外资金以BOT方式建设基础设施项目，争取“十五”期取得明显成效。内河继续坚持“航电结合，以电养航”政策。

6.加强运输市场建设。要积极推进道路、水路运输市场建设，各级交通行政主管部门要退出直接参与的经营活动，把工作重心转向制定市场准入标准，规范市场运作规则，对市场实施监督和管理，发布各类交通信息。要扶植中介机构，发挥行业协会的作用，使中介机构真正成为联系企业和政府的桥梁与纽带。要改革运输审批制度，简化审批程序，在条件成熟的领域实行登记备案制。

大力发展物流业，支持与鼓励建设物流中心，提升交通行业整体水平。按照国际通行规则和WTO规则，建立国际航运市场新秩序，提高国际竞争力。

7.加强交通建设和运输企业资质管理，规范市场经营行为。建立严格的交通建设与运输企业资质管理认可制度和监督检查制度，通过实施资质管理制度，提高交通建设与运输企业管理素质和安全管理水平。清理整顿交通建设与运输市场，保护合法经营，加大对违法经营扰乱交通建设与运输市场秩序的处罚力度，加大对恶性竞争行为的监督和管理力度，维护广大旅客、货主和其他消费者的合法权利，促进公平竞争，建立竞争有序的交通建设与运输市场。

8.加强信息化的组织管理和增强安全意识。信息化包含方方面面，协调高于一切，应避免各自为政，多头管理。各部门、各单位应建立健全信息化工作管理部门，统筹信息化建设中重大问题。

要增强安全意识，提高防范能力。各部门、各单位的网络、信息安全体系的建设必须符合国家的要求，要与网络和信息系统的建设同步进行，要重视完善信息安全保密管理制度，强化内部安全管理，确保党和国家秘密信息的安全。

9.落实“科教兴交”战略，加大科技投入，重视科技进步，提高交通行业技术创新能力。紧紧围绕交通基础设施建设和运输生产中关系全局的关键技术，集中力量在高等级公路建设与养护技术、高等级公路网络运营管理技术、大跨径桥梁施工和养护技术、深水筑港技术、内河航道整治技术以及智能交通系统等领域有所突破，带动交通行业总体技术水平提高。各级交通主管部门和交通企业要建立专项资金支持技术创新。

10.提高交通从业人员素质。加大对执法管理人员的培训、考核、轮岗等工作力度，逐步形成优胜劣汰的用人机制。加强对交通从业人员、特别是关键岗位人员的职业道德和职业素质培训，实行持证上岗制度。加强运输政策、经济理论、法律法规和业务知识培训，形成经营者依法经营，管理者依法行政的行业新风。

11.加强前期工作。建立前期工作项目储备制度，严格执行基本建设程序。不断改进和完善交通基础设施建设招标投标制度和工程监理制度，确保前期工作和工程建设质量。

12.加强运力调控。综合运用经济、技术、法律和必要的行政手段，建立车船运力运行年限（里程）标准和运力技术标准相结合的运力市场准入和退出制度，调控运力总量，优化运力结构。

（资料来源：交通部）

铁 路（摘录）

一、“九五”回顾

“九五”期间，在以江泽民同志为核心的党中央指引下，在部党组的领导下，全路干部职工深入贯彻党的十四大和十五大精神，按照“一个目标、两大任务、三个立足”的总体工作思路，解放思想，抓住机遇，迎难而上，艰苦奋斗，全面完成了铁路“九五”计划的各项任务。铁路不仅在数量上有了较大发展，而且在质量上有了新的提高，在交通运输体系中有效地发挥了骨干作用，为国民经济持续、快速、健康发展做出了应有的贡献。

客货运输实现扭亏增盈。五年累计完成旅客周转量19374亿人公里、货物周转量65709亿吨公里，分别比“八五”增长16.6%、9.9%。国家铁路1999年提前一年实现了扭亏目标，2000年完成运输收入1097亿元，实现盈利5亿元。

路网建设取得重大成就，相继建成了一批对国民经济发展具有重要意义的铁路项目。五年新线正线铺轨5600公里，既有线复线正线铺轨4270公里，既有线电气化4300公里。到2000年底，全国铁路总营业里程达到6.8万公里，是改革开放以来新增营业里程最多的五年。

体制改革实现新的突破，运输企业全面实行了资产经营责任制，非运输企业顺利脱钩重组，企业结构及生产布局调整步伐加快。“九五”后三年，结构性分流近80万人，运输业减员32万人。

科教兴路取得丰硕成果，为三次提速奠定了基础，提高了运输安全的可控程度。对外开放迈上新台阶，扩大了中国铁路的国际影响。多元经营取得新成绩，成为铁路参与市场竞争的重要力量，为运输业精干主体、减员增效作出了积极贡献。政治工作和精神文明建设进一步加强。职工生活明显改善。

“九五”铁路工作的主要经验是：第一，必须坚持用发展的办法解决前进中的问题。发展是硬道理。只有抓住机遇加快建设，扩大运输能力，才能更好地解决铁路前进中存在的各种问题。第二，必须坚持市场导向提高经济效益。“九五”期间，铁路根据市场需求，积极实施以提速调图为核心的客货营销战略，优化运输资源配置，调整运输产品结构，提高了市场竞争能力，收到了良好的经济效益和社会效益。第三，必须坚定不移地加快铁路改革。“九五”期间，铁路加快改革步伐，激发了企业的内在动力和活力，促进了企业管理水平和经济效益的提高。第四，必须依靠科技进步推进铁路现代化建设。科学技术是第一生产力。“九五”期间，铁路积极推进科教兴路战略，科技进步在扩大运输能力、提高运输质量、保障行车安全、提高行车速度和增强市场竞争能力方面发挥了巨大作用。

在肯定成绩的同时，必须认识到，铁路还存在不少问题和困难。主要表现在：运输负荷重，主要运输通道能力紧张；路网规模偏小，布局不尽合理，特别是西部地区路网单薄；运输质量亟待提高；科技持续创新能力较弱；政企分开尚未全部到位，各项改革需要深化。解决这些问题和困难，需要在“十五”期间付出更大的努力。

二、“十五”铁路运输市场分析

从新世纪开始，我国将进入全面建设小康社会，加快推进社会主义现代化的新的发展阶段。全社会客货运输需求稳步增长，对运输质量的要求日益提高。据国家有关部门预测，2005年全社会旅客、货物发送量年均增长7.0%、3.5%左右。经济发展和社会进步，为铁路发展提供了新的机遇，也提出了更高的要求。预计2005年铁路旅客、货物发送量年均增长速度分别为4.4%、0.9%；旅客、货物周转量年均增长速度分别为2.4%、1.0%。“十五”期间，铁路运输将呈现以下几个特点：

中长途旅客运输持续增长。预计2005年，行程在200公里以上铁路旅客发送量、周转量将占铁路客运量的40%和88%，年均递增1.2%、2.4%。

城际旅客运输快速增长。预计2005年，全国81个50万人以上城市的铁路旅客发送量将占铁路旅客发送总量的65.4%，年均递增5.1%，高于全国铁路平均水平。

大宗货物运输平稳增长。煤炭、石油、冶金产品、建材产品和粮食等大宗货物运输的增幅低于历史水平，总量有所增长。

高附加值货物及外贸运输潜力较大。这类货物重量轻，体积小，批数多，对运输质量要求高，对运费的承受力强，是运输市场竞争的焦点。

随着我国对外开放的进一步扩大，大陆桥运输将会快速发展。预计2005年，承担大陆桥运输的满洲里、二连、阿拉山口三个铁路口岸出入境总量增幅达100%。

西部地区客货运输增速加快。西部大开发战略的实施，铁路运输优势将得到进一步发挥。预计2005年，西部地区铁路客货运量占全国铁路的比重，将比2000年提高2～3个百分点；客、货发送量年均增长速度分别在6%和3%以上。

三、“十五”铁路发展的指导方针和战略目标

“十五”期间，要以邓小平理论为指导，坚持把发展作为主题，按照“三个代表”重要思想的要求，深入贯彻党的十五届五中全会和国家《“十五”计划纲要》精神，以改革开放和科技进步为动力，以结构调整为主线，加快铁路发展。要突出贯彻以下指导方针：

坚持服务于国民经济和社会发展的需要。铁路是国家重要的基础设施，必须把服务于国民经济和社会发展的需要作为首要任务，为经济社会发展提供高质量的运输服务。

坚持以市场需求为导向。随着经济结构调整，人民生活水平提高，运输市场需求将发生很大变化。铁路要积极调整产品结构，提高竞争能力。

坚持加大结构调整力度。要以经济效益为中心，对铁路进行战略性调整，以结构调整促进铁路发展。

坚持体制创新和技术创新。依靠体制创新和科技创新，突破影响铁路发展的体制性障碍，解决铁路发展的关键技术。

坚持各种运输方式协调发展。铁路既要注重在交通系统中发挥骨干作用，也要加强同其他运输方式的协调，发挥优势，互为补充，共同发展。

坚持加强铁路精神文明建设。始终坚持两手抓、两手都要硬的方针，提高职工的思想道德素质和科学文化素质，塑造服务人民、奉献社会的良好形象。

“十五”铁路发展的战略目标是：建成在我国交通运输中起骨干作用的大能力铁路通道，建立高效、便捷、安全、舒适的铁路运输服务体系，运输能力和服务质量基本适应国民经济和社会发展需要。在政企分开、网运分离、引入竞争、加强监管方面取得重大进展，初步形成适应社会主义市场经济的铁路管理体制和经营机制。

产业技术水平明显提升。职工物质文化生活有较大改善。两个文明建设协调发展。

强化路网主要骨架，提高区域干线质量，扩大西部路网规模，积极发展地方铁路。重点建设在我国交通运输中起骨干作用的高标准、高质量、大能力的“八纵八横”铁路主通道。实现高速铁路、部分繁忙干线客货分线的突破。加强技术改造，完善区际通道，优化路网结构，提高综合运输能力。到2005年全国铁路营业里程达到7.5万公里左右，其中复线铁路约2.5万公里，电气化铁路2万公里以上。

提高运输质量，增强市场竞争力。调整运输结构，改进运输组织，不断开发运输新产品，提高产品档次。旅客运输“快速、准时、舒适”，主要干线城市间铁路旅行实现500公里左右范围内“朝发夕归”，1200～1500公里左右范围内“夕发朝至”，2000～2500公里左右范围内“一日到达”。货物运输“大宗物资直达化、高值物资快速化”。运输能力和质量基本满足不同层次客货运输市场需求，运输效率和投资效益进一步提高。

进一步推进政企分开、社企分开、事企分开和减员增效。铁道部重点转向行业规划、协调、监督、服务，完善适应市场经济要求的政府宏观调控体系。优化企业组织结构，推进干支分离，实现主副分离，“十五”末铁路运输业人员减至140万人。

坚持自主创新与引进国外先进技术相结合，高新技术与适用技术并重，走有中国铁路特点的技术跨越发展道路。

在提高劳动生产率和经济效益的同时，提高职工生活水平。职工实际收入稳步增长，住宅和医疗卫生条件进一步改善，文化和福利设施进一步发展，职工生活更加富裕。

四、“十五”铁路发展计划

（一）继续加快路网建设

“十五”要围绕“八纵八横”路网主通道进行建设，加快繁忙通道客货分线，完善区际通道，优化路网结构，发展地方铁路，提高综合运输能力。国家铁路和中央与地方合资铁路建设规模为新线6000公里，既有线复线约3000公里，既有线电化6000公里。地方铁路建设规模为1000公里左右。

1.强化路网骨架

八纵：

——京哈通道（北京—哈尔滨—〈满洲里〉）

建成秦沈客运专线，完成京秦线提速改造，形成北京至沈阳快速客运铁路。完成哈大线电气化改造，进行天津至沈阳铁路电气化改造。

——沿海通道（沈阳—大连—烟台—无锡—〈上海〉—杭州—宁波—温州—厦门—广州—〈湛江〉）

完成蓝村至烟台铁路复线、宣城至杭州铁路扩能改造，建成新沂至长兴铁路，建设大连至烟台铁路轮渡、胶州至新沂铁路、温州至福州铁路，完善东部和东南沿海地区铁路网。

——京沪通道（北京—上海）

建设京沪高速铁路，进行既有京沪铁路电气化改造，建成蚌埠枢纽复线。使京沪通道逐步成为高标准、高质量、大能力的客货分线运输通道。

——京九通道（北京—南昌—深圳—九龙）

建成龙川北至东莞东复线，形成北京经深圳达九龙的复线运输通道。增建广深铁路四线。

——京广通道（北京—武汉—广州）

完成武广电化改造，建设武汉长江第二铁路大桥，增建长沙至衡阳段第二双线。实现北京至广州通道全线电气化。

——大湛通道（大同－太原－焦作－洛阳－石门－益阳－永州－柳州－湛江－〈海口〉）

建成北同蒲铁路太原至原平段复线，进行洛阳至襄樊电气化改造，建成益阳至永州铁路和粤海通道。

——包柳通道（包头—西安—重庆—贵阳—柳州—〈南宁〉）

建成神木北至延安北、西安至安康铁路，进行延安北至新丰镇、黔桂铁路扩能改造，建设安康至达县复线。形成包头至柳州贯通西部地区的南北通道。

——兰昆通道（兰州—成都—昆明）

建成宝成铁路阳平关至成都段复线，完成成昆铁路电气化改造。形成兰州至昆明的电气化铁路通道。

八横：

——京兰通道（北京—呼和浩特—兰州—〈拉萨〉）

建设青藏铁路。进行丰沙、京包、包兰铁路提速改造，提高北京经呼和浩特、银川至兰州的旅客列车运行速度。

——煤运北通道（大同—秦皇岛、神木—黄骅）

除完善大秦、丰沙大等铁路外，建成朔黄铁路。

——煤运南通道(太原—德州、长治—济南—青岛、侯马—月山—新乡—兖州—日照)

完成石德、胶济、新月铁路电气化和邯长铁路扩能改造，建成菏泽经兖州至日照复线。

——陆桥通道（连云港—兰州—乌鲁木齐—阿拉山口）

建成宝鸡至兰州、郑州东至郑州西复线，完成徐州至郑州、武威南至张掖电气化改造，进行兰州至武威南、北疆线扩能改造。

——宁西通道（西安—南京—〈启东〉）

建设西安至南京铁路，西安至合肥及合肥至南京段、南京至启东铁路，南京至南通段，逐步形成西北至华东地区的一条便捷铁路通道。

——沿江通道（重庆—武汉—九江—芜湖—南京—上海）

建成长江埠至荆门铁路，进行武九、宁芜铁路扩能改造，建设枝城（或宜昌）至万州、铜陵至九江铁路，逐步形成沿长江铁路通道。

——沪昆（成）通道（上海—株洲—怀化—贵阳—昆明〈怀化—重庆—成都〉）

建成株洲至六盘水、昆明至沾益复线，建设遂宁至重庆至怀化铁路，进行浙赣线、沪杭线电气化改造。

——西南出海通道（昆明—南宁—黎塘—湛江）

完成湘桂线黎塘至南宁段复线和南昆线扩能改造。

此外，继续加强区域内铁路建设，完善路网布局。建设上海南站、焦柳线石门至怀化段电气化、沟海铁路电气化、赣龙铁路、永州至玉林（或茂名）铁路等。

2.扩大西部路网规模

“十五”加快西部铁路建设的总体要求是：拓展内外通道，强化技术改造，提高运输能力，适应发展需要。建设的重点是：

——加快沟通东西部通道的建设

加强陆桥通道、京兰通道、宁西通道建设，研究修建西北至华北地区便捷铁路通道。

强化沪昆（成）通道，建设沿江通道。

——加强西部省区间通道的建设

除打通包柳通道外，建成内昆铁路安边至梅花山段、水城至柏果铁路，完成盘西、内宜线电化改造。

建设青藏铁路格尔木至拉萨段，完成青藏铁路西宁至格尔木段扩能改造。

——进行西部国际通道建设

建设西北、西南进出境铁路。建设中吉乌铁路，与南疆铁路一起，形成亚欧大陆桥的南部新通路。修建云南进出境新铁路，开辟我国至东南亚国际新通道。

3.建设高速铁路、客运专线

按照“全面规划、重点突破、分期建设、逐步成网”的原则，做好高速铁路、客运专线的发展规划。“十五”期间建成秦沈客运专线，完成京秦铁路提速改造，形成北京至沈阳快速客运通道。增建广深铁路四线、京广铁路长沙至衡阳段第二双线，形成客运专线。认真做好京沪高速铁路建设前期工作。

4.积极发展地方铁路

为增强铁路辐射能力，开发地方资源，促进地方经济发展，积极发展地方铁路。在完成续建项目的基础上，研究建设一批新项目。

对一批国土开发性项目抓紧组织研究论证。

（二）加强既有铁路技术改造

围绕扩能、提速、安全和能源结构调整等要求，加大既有铁路技术改造力度，整治设备病害，提高铁路干线质量。以东部地区繁忙干线电化成网为重点，加快既有铁路电气化改造，安排建设浙赣、沪杭、津沈、京沪、郑徐、胶济铁路电气化等项目。加强西部地区既有铁路干线复线建设，扩大东西联系通道运输能力。以疏通主要干线能力卡口、继续完善重载运输网为重点，加强能力控制区段扩能改造，加快主要编组站自动化改造，继续实施繁忙干线1050米股道延长工程，协调干支、点线能力，提高路网整体能力。围绕快速客运系统和运输安全设施保障体系建设，加快主要干线提速、达速改造，加强安全基础设施建设，完善客运配套设施，提高服务质量。

（三）加强系统建设

1.逐步形成城市间快速客运系统

“十五”期间，按照“总体规划，分期实施”的原则，加快快速客运系统建设。客货运输繁忙干线逐步实现客货分线，建设客运专线，客运专线旅客列车运行时速达到160公里以上。其他主要干线采用客货混跑方式，通过线路改造或采用先进的移动设备，使旅客列车时速达到120～160公里。形成以北京、上海、广州为中心，大部分省会城市为结点，幅射全国主要地区的快速客运系统。到2005年，初步建立以京沈快速客运通道为龙头，京沪、京广、哈大、陇海、兰新、京九、浙赣、胶济、襄渝(安康至重庆)、成达、遂渝、渝怀、湘黔(株洲至怀化)、广深线为主体的铁路快速客运系统骨架，形成“四纵两横”快速客运主通道雏形。客运快速线路总长达到14000公里左右。

2.初步形成集装箱运输系统

“十五”期间，以改善货物运输质量、提高货物送达速度、开展多式联运、实现门到门运输、提高经济效益及竞争力为目标，在继续扩大开行直达快运、“五定”班列、行包专列的基础上，依托“八纵八横”路网主通道，加强集装箱场站建设，扩大集装箱保有量，发展集装箱专用车辆，研究和建设双层集装备箱运输通道，初步形成集装箱运输系统。

“十五”集装箱运输系统建设的重点，一是强化广州、上海、北京、天津、成都、昆明、重庆、乌鲁木齐、兰州、哈尔滨、西安、郑州、武汉、沈阳、青岛15个集装箱结点站，建成具有先进水平的特大型集装箱办理站。二是建设40个左右靠近省会城市、大型港口和主要内陆口岸的集装箱专用办理站。三是合理布局200个左右集装箱办理点。四是扩大集装箱保有量，增加国际标准箱数量，发展快速集装箱专用平车，研究开发双层集装箱车辆。

3.加快铁路信息化系统建设

铁路发展必须依靠信息化，以信息化带动现代化。铁路信息化系统建设的目标是：按照总体规划、统一规范、统一标准、资源共享的原则，将信息技术广泛应用于铁路经营管理的各个方面，改造传统产业，促进装备水平升级，增强市场竞争能力，提高经济效益。到2005年，建成铁路办公信息系统、铁道部政府网站和铁路运输业务主要信息系统，初步建立铁路电子商务体系。实现铁路各信息系统的综合利用和数据、信息共享，铁路信息化总体程度达到国内先进水平。

（四）大力加强技术创新

依靠科技进步，促进铁路发展。发展适应高速、快速和重载需要的机车、客车和货车，重型钢轨、重型道岔，开展高速铁路工程关键技术研究。铁路勘测设计手段现代化、信息化、智能化。充分利用各种通信网络资源，优化结构配置，完善铁路专用通信网，形成高效快捷的话音、数据、图像综合网络平台。高速铁路和客运专线建成综合自动化系统和列车运行控制系统。初步建立起移动设备与固定设备互监和自监的行车安全技术保障体系。进一步加强铁路建设和运营中的环保工作，开展流动污染源治理，开发新的污染防治技术和设备，推进铁路沿线绿化带的建设。加快铁路能源消耗结构调整。把节水放在突出位置，积极发展适应铁路特点的新能源或代用品，推广节能新技术。

（五）深化运输体制改革

按照“政企分开，网运分离，引入竞争，加强监管”的总体改革思路，加快推进铁路改革，建立适应社会主义市场经济的铁路管理体制和经营机制。

（六）拓展多元经营

充分发挥铁路网络优势、地缘优势、资源优势和行业优势，努力拓展发展空间。重点发展运输代理、物流配送、旅游、广告、房地产、商贸流通、外经外贸、制造、建筑等产业，积极发展高新技术产业。

（七）重视开发人力资源

优化劳动组织结构，深化分配、用工和人事制度改革，加大人力资源培训力度，培养适应铁路现代化发展需要的复合型人才。继续加强社会主义精神文明建设，提高全体职工的思想道德、科学文化素质和职业技能。职工物质文化生活有较大改善。

五、“十五”计划建设资金需求

“十五”期间铁路发展计划宏伟、任务十分艰巨。按照2000年价格估算，共需投资约3500亿元。其中基建投资2700亿元（大中型基建投资约2550亿元），机车车辆购置及更新约800亿元。铁路建设资金短缺仍是制约铁路发展的主要因素。因此，除了用好铁路建设基金外，必须积极推进铁路投融资体制改革，实行分类建设，盘活存量资产，逐步实现投资主体多元化、资金来源多渠道。同时，还要争取国家和地方政府对铁路建设在投资、贷款、征地拆迁、税费征收、沿线资源开发等方面给予强有力的政策支持。

“十五”是铁路发展进程中一个非常重要的时期，全路干部职工团结起来，在以江泽民同志为核心的党中央领导下，遵循国家《“十五”计划纲要》的要求，按照部党组的战略部署，为实现铁路发展目标而努力奋斗。

（资料来源：铁道部）

科技兴贸“十五”计划纲要

《纲要》共分四部分：一、工作进展和“十五”面临的形势；二、指导思想与基本原则；三、主要目标和重点任务；四、实施科技兴贸战略的保证措施。

《纲要》明确指出，科技兴贸“十五”规划的指导思想是：以提高我国出口产业和产品的国际竞争力、加强体制创新和技术创新、提高我国高新技术产业国际水平为基本指导思想，以“有限目标、突出重点、面向市场、发挥优势”为发展思路。

科技兴贸“十五”规划的基本原则是：以市场为导向，以企业为主体，以创新为动力，加强政府的服务保障作用，建立和完善企业提高产品出口竞争力的政策环境，建立较为完善的政策、法律、知识产权保护、出口促进服务体系，提高高新技术产品出口持续发展能力和传统出口产品的技术含量和附加值，取得全球市场的战略性突破。

《纲要》指出，加快出口商品结构调整，推进我国高新技术产业国际化，大力改造和提升传统出口产业，促进国内产业结构升级，提高我国企业的竞争力，是科技兴贸“十五”规划的主要目标。具体目标是：（1）大力促进高新技术产品出口。高新技术产品出口在2000年占外贸出口15%的基础上，保持15%的年增长速度，到2005年占外贸出口的比重达到20%。到2010年占外贸出口品质比重达到30%。(2) 提高传统出口产品的技术含量和附加值。以出口额最大的机电产品、纺织产品和农产品作为高新技术改造传统产业重点，到2005年，使其出口商品中技术含量、附加值较高的产品所占比重从目前的20%提高到50%。

《纲要》提出，科技兴贸“十五”规划的重点任务为：

1.促进高新技术产品出口体制创新。研究在有基础、有条件、有优势的国家高新技术产业开发区中建立高新技术产品出口创业园试点，培育一批国际化的具有较强技术开发能力、拥有自主知识产权的高新技术产品出口企业。与此同时，促进高新技术产业发展和产品出口的资金投入机制创新，建立以政府投资为引导、企业投资为主体、金融保险系统和社会风险投资共同支持的渠道高新技术产品出口投入体系。

2.发展重点产业和技术领域的产品出口。发挥聚集效应，使电子信息产品、生物医药、新材料等竞争力强、出口市场前景良好的高新技术产品较快形成较大的出口规模。加强对外宣传自有品牌的产品，组织重点出口产品关键技术开发，国家和地方政府对重点出口企业和科研院所重大技术开发项目给予前期资助。

3.加强出口产品的高新技术支持。用高新技术改造一批机电行业和纺织行业的重点出口企业，加快利用高新技术开发新产品、新材料，实现行业技术改造跨越式升级。初步建立技术引进、消化、吸收、创新的良性循环机制。

4.构筑科技兴贸服务体系。加强技术贸易法律法规体系建设，研究和完善电子商务的交易规则、管理制度、技术手段和配套设施。加强对我国知识产权保护的法规建设。

《纲要》同时对实施科技兴贸战略的保证措施做出了要求，强调要进一步加强四部委的联合工作机制，建立以促进高新技术产品出口和提高传统出口产品技术含量和附加值为核心的多部门参加的部际领导体系。在科技兴贸重点城市率先建立产完善的出口服务体系和政策环境。从财政、金融、市场准入等方面研究促进高新技术产品出口和利用高新技术改造传统出口产业的鼓励政策。充分利用国际技术贸易、国际工业技术合作的多双边机制，稳步推进建立多双边高新技术产业化示范基地。完善我国出口管制法律体系，为我国高技术进口和高新技术产业发展创造良好的外部环境。在重点行业和地区发展一批为高新技术产品出口企业服务的规范化的中介服务代理机制。为出口培育科技兴贸人才，培养一批管理人才和中介代理人才，并充分发挥国外留学生的市场开拓作用。

（资料来源：国家经贸委）

附录

物流相关行业政策、法规

公路运输管理暂行条例

(1986年12月29日发布 交通部 国家经委[86]交公路字1013号 自发布之日起施行)

第一章 总 则

第一条 为加强公路运输行业管理，保护合法经营，保障货主和旅客的正当权益，维护运输秩序，促进公路运输事业的发展，实现货畅其流，人便于行，提高社会效益，特制定本条例。

第二条 凡从事公路客货运输、搬运装卸、汽车维修、运输服务(以下简称公路运输)，均属公路运输行业管理范围。

第三条 凡从事公路运输的单位和个人，都必须遵守国家有关法律、法令、法规和交通主管部门发布的公路运输规则。

第四条 公路运输在国家计划指导下。实行各地区、各行业、各部门多家经营的方针。坚持国营、集体、个体各种经济形式协调发展。保护正当竞争。

第五条 公路运输分为营业性、非营业性两种。

营业性运输指为社会提供劳务、发生各种方式费用结算的公路运输；非营业性运输指为本单位生产、生活服务，不发生费用结算的公路运输。

第六条 各级交通主管部门是各级人民政府主管公路运输的行政管理机关，负责本条例的贯彻实施。

第二章 开业和停业管理

第七条 申请从事营业性公路运输及运输服务的单位和个人(含联户，下同)，必须履行以下手续，方可开业：

1.持当地乡以上人民政府或主管单位的证明，报请县(含县，下同)以上交通主管部门进行开业技术业务条件审查；

2.交通主管部门根据社会需要和其生产能力、经营范围、技术和经营条件情况，在30天内提出审核意见，符合条件的发给经营许可证明；

3.申请者持交通主管部门的经营许可证明向工商行政管理部门申请登记，由工商行政管理部门按照有关规定进行审查，核发营业执照；

4.按国家规定分别向税务部门申请办理税务登记，向保险公司办理保险事宜；

5.临时(不满3个月)从事营业性公路运输的单位和个人(指从事非营业性运输的单位和个人临时转向营业性运输)，经县以上交通主管部门批准，发给临时营运证，即可经营。

第八条 经工商行政管理部门批准开业的公路运输企业和个体运输户以及临时参加营业性公路运输的单位和个人，按其注册营运车辆数，由交通主管部门发给营运证，一车一证，随车携带，全国通行。

第九条 从事营业性运输的单位和个人停业，应在30天前向交通主管部门和工商行政管理部门提出报告，经审查同意，缴销营运证和营业执照后，方可停业。

第十条 本条例发布前已经开业的公路运输单位和个人，均应按照第七条、第八条的规定，到交通主管部门补办登记手续。

第三章 货物运输管理

第十一条 从事营业性运输的单位，在接受国家计划指导，保证完成指令性运输任务的前提下，有独立进行经营活动的自主权。

第十二条 企业、事业单位的非营业性货运车辆，主要为本单位生产、生活服务；运力有余需参加营业性运输时，按第七条规定办理。

第十三条 县以上人民政府确定的抢险、救灾、战备等紧急运输任务，各运输单位要服从统一调度，实行责任运输，保证完成。

第十四条 经省(自治区、直辖市，下同)人民政府批准的重点港、站集散物资、重点物资以及定线货物班车运输，在地方政府领导和有关部门协助下，由当地交通主管部门组织协调，开展合理运输。

第十五条　除本条例第十三条、第十四条规定以外的货物运输，实行谁受托、谁承运的原则。托运人可择优托运。任何单位或个人都不得以任何借口搞地区或部门封锁，垄断货源，欺行霸市，抢装强运。

第十六条　国家和省人民政府规定禁运、限运的物资，必须按规定办理审批手续，方准运输。

危险货物运输，按《公路危险货物运输规则》的规定办理。

第十七条　公路货物运输承、托运双方，要按《中华人民共和国经济合同法》和《公路货物运输合同实施细则》的规定，订立运输合同，实行责任运输。

第十八条　交通主管部门应积极引导和组织各公路运输企业之间，按照自愿、平等、互利的原则，加强横向联系，开展合理运输，相互配载，减少空驶，节约能源。

第四章　旅客运输管理

第十九条　各公路运输企业和个体运输户经营旅客运输的线路或区域，按分级管理的原则，分别报经县以上交通主管部门审查批准。

第二十条　客运(旅游)班车线路、站点、班次，由交通主管部门统筹安排。经过城市的行驶路线、站点设置，由交通主管部门会同有关部门研究确定。

第二十一条　各企业、事业单位的自用客车要经营公路客运，须按第七条规定办理。

第二十二条　从事公路客运的车辆，都要在车前右侧悬挂经营线路或区域标志，在车内悬挂所经营范围的票价表。

第二十三条　经批准开行的客运(旅游)班车线，经营期一般不少于3个月，未经批准不得自行停开，也不得随意减少班次、停靠站点或变更线路、区域。

第二十四条　公路运输企业、个体运输户在同一条线路上经营公路客运，要根据需要统一排定班次。任何单位或个人都不得以不正当手段争揽乘客或干扰、排挤他人的正常经营活动。

第二十五条　严禁使用拖拉机经营公路客运。

第五章　省际运输管理

第二十六条　要打破地区界限，根据需要，开展省际间直达运输，方便旅客和货主。

第二十七条　省际间公路客运(旅游)班车、货运班车，应按平等互利、共同经营的原则，由双方运输企业签定协议，经双方省级交通主管部门同意后，即可营运。如一方因运力不足或其它原因暂时不能投入营运时，应允许对方先行营运。

第二十八条　属于本条例第十四条规定范围的跨省物资运输，按照平等互利、共同营运的原则，由双方交通主管部门协商，确定运输分工，组织双方运输企业或其他运输单位共同完成。其余跨省物资运输，按谁受托、谁承运的原则办理。

第六章　搬运装卸业的管理

第二十九条　凡从事公路搬运装卸的单位和个人，都必须按当地交通主管部门核准的作业范围进行作业活动。要遵守操作规程，坚持文明生产，保证装卸质量。

第三十条　承担港站搬运装卸任务的地方装卸企业，要确保港站畅通，保证完成指令性物资运输的搬运装卸任务。

第三十一条　允许货主和承运单位自行装卸。各企、事业单位的自有装卸力量，其作业任务超出本单位范围的，应纳入当地交通主管部门的行业管理。

第七章　运输服务业的管理

第三十二条　允许国营、集体企业和个人经营客货联运、货运委托、客运代办、货物包装、仓储理货、存车等运输服务业，并保护其正当经营活动。

第三十三条　经营公路运输服务业，必须

具备同所经营的范围和项目相适应的生产资金、机具设备、站场库房和技术业务条件，并按规定收费。运输企业不得把本身正常的业务，以多种经营的名义，另设机构办理，多收费用。

第三十四条　鼓励和扶持兴办公用型客货站点，提倡运输企业现有的客货站点向社会开放，为运输单位、个人和货主、旅客提供服务。并要逐步创造条件，实行车站与车队分管。

第八章　汽车维修业的管理

第三十五条　经营汽车维修(含汽车保养和专项维修)的企业和个体修车户，须具备必要的维修、检测设备和符合国家计量标准的量具。汽车维修企业要配备必要的技术人员，个体修车户应有合格的修车技工。

第三十六条　汽车维修企业和个体修车户，必须严格执行国家标准局发布的汽车修理技术标准和交通主管部门制订的技术规范和修理质量标准，并符合车辆管理部门安全检验标准的要求。

第三十七条　交通主管部门对汽车维修行业管理，必须坚持的“规划、协调、服务、监督”方针，促进行业内的横向联合，走专业化生产的道路，使各种类型汽车维修业协调发展。

第九章　运输工具的管理

第三十八条　各级交通主管部门应对所辖范围内从事公路客货运输的机动车辆、拖拉机、人畜力车，分别建帐立卡进行登记，做好车辆注册工作。

第三十九条　各级交通主管部门要认真搞好辖区内公路运输行业的经济调查，根据当地运输需要和油料供应情况，按时向有关综合部门提供全行业对增加、更新车辆和车型、品种的需求信息。

第四十条　凡需购置和更新车辆的单位和个人，在向主管部门报送所需车型、数量计划的同时，要抄送当地交通主管部门。

第四十一条　各级交通主管部门要加强运输组织，合理核定各类汽车的耗油定额和供油标准，组织推广节油新技术，并定期向石油供应部门提供本辖区汽车数量、类型、运量、油耗等情况的统计报表、数据资料，配合石油部门做好燃油供应工作。

第四十二条　各公路运输企业、单位和个人，必须按规定向当地交通主管部门报送生产工具、从业人员、生产量、生产成本、油料消耗、营业收入等有关统计资料。

第十章　价格及单证的管理

第四十三条　各级交通主管部门应根据国家有关价格管理的规定，按照分级管理的权限，制定公路客货运价和搬运装卸、运输服务、汽车维修等费率，经物价部门同意后，在本辖区内公布实行。

第四十四条　从事营业性公路运输的单位和个人，都必须使用统一的费用结算凭证和客票。违反者，单位不予报销，银行不予划拨。

第四十五条　凡机动车辆，均须使用统一行车路单。行车路单是行车命令，是记录车辆运行和进行运输统计的依据，由车属单位或个人按规定自行填写、使用。营运车辆的行车路单，不作为车辆通行的路检项目。

第四十六条　公路运输的营运证、统一行车路单，由交通部统一制定样式，各省、自治区、直辖市交通主管部门统一印制和管理。

第十一章　公路运输管理费的征收和使用

第四十七条　公路运输管理费是根据国家规定，向应征者征收用于公路运输行业管理和服务的事业费。公路运输管理费由各车籍所在地的交通主管部门负责征收，分级管理，专款专用，并接受财政部门和审计机关的监督、稽查。

第四十八条　公路运输管理费按公路运输经营者的营业额征收，收费标准按经交〔1983〕594号文件规定执行。对不易按营业额计算的，可测算年度营业收入，按月定额征收。

第十二章 监督检查和处罚

第四十九条 各级交通主管部门所属的运政管理机关要加强对公路运输的监督、检查。根据管理工作需要，经省、自治区、直辖市人民政府批准，运政管理机关可派人参加公安机关组织的联合检查站，负责对客货运输商务活动、营运证照、经营范围、服务质量、运输纪律及运价、票证等进行监督和检查。

第五十条 对公路运输过程中发生的商务、质量等重大事故，当事人应及时查明原因，分清责任，按规定协商解决。如发生纠纷，在赔偿时效内，任何一方均可向当地运政机关申请调解处理。

第五十一条 对违反本条例有关规定的单位或个人，根据情节轻重分别给予警告、罚款、吊扣营运证件的处分。对触犯刑律者，移交司法部门追究刑事责任。

对违反条例行为，原则上由车籍所在地运政管理机关处理。在检查中，发现外藉所在地车辆违反条例行为，一般应采取发违章通知书办法，转告车籍所在地运政管理机关进行处理，严禁乱扣车、滥罚款。

第五十二条 公路运输管理人员在执行任务时，应有统一标志和证件。

第十三章 附 则

第五十三条 涉外公路运输管理办法另行规定。

第五十四条 各省、自治区、直辖市可根据本暂行条例制定实施细则并报交通部备案。

第五十五条 本条例由中华人民共和国交通部负责解释。

第五十六条 本条例自发布之日起施行。

国内水路货物运输规则

(2000年8月28日发布 交通部2000年第9号令 2001年1月1日起施行)

第一章 总 则

第一条 为了明确国内水路货物运输有关当事人的权利、义务，保护其合法权益，依据有关法律、行政法规，制定本规则。

第二条 中华人民共和国沿海、江河、湖泊以及其他通航水域中从事的营业性水路货物运输适用本规则。内河拖航视为水路货物运输，适用本规则。

第三条 本规则下列用语的含义是：

(一) 水路货物运输合同（以下简称“运输合同”），是指承运人收取运输费用，负责将托运人托运的货物经水路由一港（站、点）运至另一港（站、点）的合同。

(二) 班轮运输，是指在特定的航线上按照预定的船期和挂港从事有规律水上货物运输的运输形式。

(三) 航次租船运输，是指船舶出租人向承租人提供的全部或者部分舱位，装运约定的货物，从一港（站、点）运至另一港（站、点）的运输形式。

(四) 承运人，是指与托运人订立运输合同的人。

(五) 实际承运人，是指接受承运人委托或者接受转委托从事水路货物运输的人。

(六) 托运人，是指与承运人订立运输合同的人。

(七) 收货人，是指在运输合同中托运人指定接收货物的人。

(八) 货物，包括活动物和由托运人提供的用于集装货物的集装箱、货盘或者类似的装运器具。

(九) 单元滚装运输，是指以一台不论是否装载货物的机动车辆或者移动机械作为一个运输单元，由托运人或者受雇人驾驶驶上、驶离船舶的水路运输方式。

（十）集装箱货物运输，是指将货物装入符合国际标准（ISO）、国际标准、行业标准的集装箱进行运输的水路运输方式。

第二章　运输合同的订立

第四条　运输合同，应当按照公平的原则订立。

第五条　指令性水路货物运输，有关当事人应当依照有关法律、行政法规规定的权利和义务订立运输合同。

第六条　当事人可以根据需要订立单航次运输合同和长期运输合同。

第七条　订立运输合同可以采用书面形式、口头形式和其他形式。书面形式是指合同书、信件和数据电文（包括电报、电传、传真、电子数据交换和电子邮件）等可以有形地表现所载内容的形式。

第八条　班轮运输形式下的运输合同一般包括以下条款：

（一）承运人、托运人和收货人名称；

（二）货物名称、件数、重量、体积（长、宽、高）；

（三）运输费用及其结算方式；

（四）船名、航次；

（五）起运港（站、点）（以下简称起运港）、中转港（站、点）（以是简称中转港）和到达港（站、点）（以下简称到达港）；

（六）货物交接的地点和时间；

（七）装船日期；

（八）运到期限；

（九）包装方式；

（十）识别标志；

（十一）违约责任；

（十二）解决争议的方法。

第九条　航次租船运输形式下的运输合同一般包括以下条款：

（一）出租人和承租人名称；

（二）货物名称、件数、重量、体积（长、宽、高）；

（三）运输费用及其结算方式；

（四）船名；

（五）载货重量、载货容积及其他船舶资料；

（六）起运港和到达港；

（七）货物交接的地点和时间；

（八）受载期限；

（九）运到期限；

（十）装、卸货期限及其计算办法；

（十一）滞期费率和速遣费率；

（十二）包装方式；

（十三）识别标志；

（十四）违约责任；

（十五）解决争议的方法。

第十条　采用合同书形式订立运输合同的，自双方当事人签字或者盖章时合同成立。采用信件、数据电文等形式订立合同的，可以在合同成立之前要求签订确认书。签订确认书时合同成立。

第三章　运输合同当事人的权利、义务

第一节　托运人

第十一条　托运人应当及时办理港口、海关、检验、检疫、公安和其他货物运输所需的各项手续，并将办理各项手续和有关单证不及时、不完备或者不正确，造成承运人损失的，托运人应当承担赔偿责任。

第十二条　托运人托运货物的名称、件数、重量、体积、包装方式、识别标志，应当与运输合同的约定相等相符。托运人未按前款规定托运货物造成承运人损失的，应当承担赔偿责任。

第十三条　散装货物，托运人确定重量有困难时，可以要求承运人提供船舶水尺计量数作为申报的重量。

第十四条　以件运输的货物，承运人验收货物时，发现货物的实际重量或者体积与托运人申报的重量或体积不符时，托运人应当按照

实际重量或者体积支付运输费用并向承运人支付衡量等费用。

第十五条　需要具备运输包装的货物，托运人应当保证货物的包装符合国家规定的的包装标准；没有包装标准的，货物的包装应当保证运输安全和货物质量。

第十六条　需要随时备用包装的货物，托运人应当提供足够数量的备用包装，交承运人随货免费运输。

第十七条　托运危险货物，托运人应当按照有关危险货物运输的规定，妥善包装，制作危险品标志和标签，并将其正式名称和危险性质以及必要时应当采取的预防措施书面通知承运人。

第十八条　托运人应当在货物的外包装或者表面正确制作识别标志。识别标志的内容包括发货符号、货物名称，起运港、中转港、到达港、收货人、货物总件数。托运人应当根据货物的性质和安全储运要求，按照国家规定，在货物外包装或者表面制作储运指示标志。识别标志和储运指示标志应当字迹清楚、牢固。

第十九条　同一托运人、收货人整船、整舱装运的直达运输可以不制作识别标志。外贸出口货物到港口不变换原包装的可以使用原包装的商品标志作为识别标志。

第二十条　除另有约定外，托运人应当预付运费。

第二十一条　托运人托运货物，可以办理保价运输。货物发生损坏、灭失，承运人应当按照货物的声明价值进行赔偿，但承运人证明货物的实际价值低于声明价值的，按照货物的实际价值赔偿。

第二十二条　除另有约定外，运输过程中需要饲养、照料的活动物、有生植物以及尖端保密物品、稀有珍贵物品和文物、有价证券、倾向货币等，托运人应当向承运人申报并随船押运。托运人押运其他货物须经承运人同意。托运人应当在运单内注明押运人员的姓名和证件。

第二十三条　托运笨重、长大货物和舱面货物所需要的特殊加固、捆扎、烧焊、衬垫、苫盖物料和人工由托运人负责，卸船时由收货人拆除和收回相关物料；需要改变船上装置的，货物卸船后应当由收货人负责恢复原状。

第二十四条　托运人托运易腐货物和活动物、有生植物时，应当与承运人约定运到期限和运输要求；使用冷藏船（舱）装运易腐货物的，应当在订立运输合同时确定冷藏温度。

第二十五条　托运人托运木（竹）排应当按照与承运人商定的单排数量、规格和技术要求进行编扎。托运船舶或者其他水上浮物，应当向承运人提供船舶或者其他水上浮物上加载货物，应当经承运人同意，并支付运输费用。航行中，木（竹）排、船舶或者其他水上浮物上的人员（包括船员、排工及押运人员）应当听从承运人的指挥，配合承运人保证航行安全。

第二十六条　下列原因发生的洗舱费用由托运人或者收货人承担。

（一）托运人提出变更合同约定的液体货物品种；

（二）装运特殊液体货物（如航空汽油、煤油、变压器油、植物油等）需要的特殊洗舱；

（三）装运特殊污秽油类（如煤焦油等），卸后须洗刷船舱。

第二十七条　在承运人已履行本规则第三十条规定义务情况下，因货物的性质或者携带虫害等情况，需要对船舱或者货物进行检疫、洗刷、熏蒸、消毒的，应当由托运人或者收货人负责，并承担船舶滞期费等有关费用。

第二十八条　承运人将货物交付收货人之前，托运人可以要求承运人变更到达港或者将货物交给其他收货人，但应当赔偿承运人因此受到的损失。

第二十九条　托运人不履行合同义务或者履行合同义务不符合约定的，应当承提继续履行、采取补救措施或者赔偿损失等违约责任。托运人因不可抗力不能履行合同的，根据不可抗力的影响，部分或者全部免除责任。迟延履行后发生不可抗力的，不能免除责任。

第二节 承运人

第三十条 承运人应当使船舶处于适航状态，妥善配备船员、装备船舶和配备供应品，并使干货舱、冷藏舱、冷气舱和其他载货处所适于并能安全收受、载运和保管货物。

第三十一条 承运人应当按照运输合同的约定接收货物。

第三十二条 承运人应当妥善地装载、搬移、积载、运输、保管、照料和卸载所运货物。

第三十三条 承运人应当按照约定的或者习惯的或者地理上的航线将货物运送到约定的到达港。承运人为救助或者企图救助人命或者财产而发生的绕航或者其他合理绕航，不属于违反前款规定的行为。

第三十四条 承运人应当在约定期间或者在没有这种约定时在合理期间内将货物安全运送到约定地点。货物未能在约定或者合理期间内在约定地点交付的，为迟延交付。对由此造成的损失，承运人应当承担赔偿责任。承运人未能在本条第一款规定期间届满的次日起60日内交付货物，有权对货物灭失提出赔偿请求的人可以认为货物已经灭失。

第三十五条 因不可抗力致使不能在合同约定的到达卸货的，除另有约定外，承运人可以将货物在到达港邻近的安全港口或者地点卸载，视为已经履行合同。承运人实施前款规定行为应当考虑托运人或者收货人的利益，并及时通知托运人或者收货人。

第三十六条 托运人违反规则规定，承运人可以拒绝运输。

第三十七条 托运人未按照本规则第十七条规定通知承运人或者通知有误的，承运人可以在任何时间、任何地点根据情况需要将危险货物卸下、销毁或者使之不能为害，而不承担赔偿责任。托运人对承运人因运输此类货物所受到的损失，应当承担赔偿责任。承运人知道危险货物的性质并已同意装运的，仍然可以在该项货物对于船舶、人员或者其他货物构成实际危险时，将货物卸下、销毁或者使之不能为害，而不承担赔偿责任。但是，本款规定不影响共同海损的分摊。

第三十八条 货物运抵到达港后，承运人应当在24小时内向收货人发出到货通知。到货通知的时间，信函通知的，以发出邮戳为准；电传、电报、传真通知的，以发出时间为准；采用数据电文形式通知的，收件人指定特定系统接收数据电文的，以该数据电文进入该特定系统的时间为通知时间；未指定特定系统的，以该数据电文进入收件人的任何系统的首次时间为通知时间。

第三十九条 根据运输合同的约定应当由收货人委托港口作业的，货物运抵到达港后，收货人没有委托时，承运人可以委托港口经营人进行作业，由此产生的费用和风险由收货人承担。

第四十条 应当向承运人支付的运费、保管费、滞期费、共同海损的分摊和承运人为货物垫付的必要费用以及应当向承运人支付的其他运输费用没有付清，又没有提供适当担保的，承运人可以留置相应的运输货物，但另有约定的除外。

第四十一条 承运人发出到货通知后，应当每10天催提一次，满30天收货人不提取或者找不到收货人，承运人应当通知托运人，托运人不在，承运人发出通知后30天内负责处理该批货物。托运人未在前款规定期限内处理货物的，承运人可以将该批货物作无法交付货物处理。

第四十二条 承运人交付货物的情况符合《中华人民共和国合同法》第一百零一条、第三一十六条规定的条件时，承运人可以根据《中华人民共和国合同法》的规定将货物提存。

第四十三条 承运人对收集的地脚货物，应当做到物归原主；不能确定货主的，应当按照无法交付货物处理。

第四十四条 收货人有权就水路货物运单（以下简称运单）上所载货物损坏、灭失或者迟延交付所造成的损害向承运人索赔；承运人可以适用本规则规定的抗辩理由进行抗辩。

第四十五条　承运人将货物运输或者部分运输委托给实际承运人履行的，承运人仍然应当对全程运输负责。虽有前款规定，在运输合同中明确约定合同所包括的特定的部分运输由承运人以外的指定的实际承运人履行的，合同可以同时约定，货物在指定的实际承运人运输期间发生的损坏、灭失或者迟延交付，承运人不承担赔偿责任。

第四十六条　承运人与实际承运人都负有赔偿责任的，应当在该项责任范围内承提连带责任。

第四十七条　根据本规则第四十六条的规定，当实际承运人承担连带责任时，本规则对承运人责任的有关规定，适用于实际承运人。承运人承担本规则规定的义务或者放弃本规则赋予的权利的任何特别协议，经实际承运人书面明确同意的，对实际承运人发生效力；实际承运人是否同意，不影响此项特别协议对承运人的效力。

第四十八条　承运人对运输合同履行过程中货物的损坏、灭失或者迟延交付承担损害赔偿责任，但承运人证明货物的损坏、灭失或者迟延交付是由付下列原因造成的除外：

（一）不可抗力；

（二）货物的自然属性和潜在的缺陷；

（三）货物的自然减量和合理损耗；

（四）包装不符合要求；

（五）包装完好但货物与运单记载内容不符；

（六）识别标志、储运指示标志不符合本规则第十八条、第十九条规定；

（七）托运人申报的货物重量不准确；

（八）托运人押运过程中的过错；

（九）普通货物中夹带危险、流质、易腐货物；

（十）托运人、收货人的其他过错。

第四十九条　货物在运输过程中因不可抗力灭失，未收取运费的，承运人不得要求支付运费；已收取运费的，托运人可以要求反还。货物在运输过程中因不可抗力灭失的，承运人按照实际交付的货物比例收取运费。

第五十条　散装液体货物只限于整船、整舱运输，由托运人在装船前验舱认可后才能装载。

第五十一条　单件货物重量或者长度超过下列标准的，应当按照笨重、长大货物运输：

（一）沿海：重量5吨，长度12米；

（二）长江、黑龙江干线：重量3吨，长度10米。各省（自治区、直辖市）交通主管部门对本省内运输的笨重、长大货物标准可以另行规定，并报国务院交通主管部门备案。

第五十二条　运输笨重、长大货物，应当在运单内载明总件数，重量和体积（长、宽、高），并随附清单标明每件货物的重量、长度和体积（长、宽、高）。

第五十三条　承运人在舱面上装载货物，应当同托运人达成协议，或者符合航运惯例，或者符合有关法律、行政法规的规定。承运人与托运人约定将货物配装在舱面上的，应当在运单上注明“舱面货物”。

第五十四条　承运人依照本规则第五十三条规定将货物装载在舱面上，对由于此种载的特殊风险造成的货物损坏、灭失，不承担赔偿责任。承运人违反本规则第五十三第一款规定将货物装载在舱面上，造成货物损坏、灭失的，应当承担赔偿责任。

第五十五条　承运人对运输的活动物、有生植物，应当保证航行中需的淡水，有关费用由托运人承担。运输活动物所需饲料，由托运人自备，承运人免费运输。

第五十六条　因运输活动物、有生植物的固有的特殊风险造成活动物、有生植物损坏、灭失的，承运人不承担赔偿责任。但是，承运人应当证明业已履行托运人关于运输活动物、有生植物的特别要求，并证明根据实际情况，损坏、灭失是由于此种固有的特殊风险造成的。

第五十七条　承运人应当将与托运人约定的运输易腐货物和活动物、有生植物的运到期限和运输要求，使用冷藏船（舱）装运易腐货物的冷藏温度，木（竹）排的实际规格，托运的船舶或者其他水上浮物的吨位、吃水及长、宽、高和抗风能力等技术资料在运单内载明。

第四章 运输单证

第五十八条　运单是运输合同的证明，是承运人已经接收货物的收据。

第五十九条　运单内容，一般包括下列各项：

（一）承运人、托运人和收货名称；

（二）货物名称、件数、重量、体积（长、宽、高）；

（三）运输费用及其结算方式；

（四）船名、航次；

（五）起运港、中转港和到达港；

（六）货物交接的地点和时间；

（七）装船日期；

（八）运到期限；

（九）包装方式；

（十）识别标志；

（十一）相关事项。

第六十条　运单应当按照下列要求填制：

（一）一份运单，填写一个托运人、收货人，起运港、到达港；

（二）货物名称填写具体品名，名称过繁的，可以填写概括名称；

（三）规定按重量和体积择大计费的货物，应当填写货物的重量和体积（长、宽、高）；

（四）填写的各项内容应当准确、完整、清晰。

第六十一条　承运人接收货物应当签发运单，运单由载货船舶的船长签发的，视为代表承运人签发。

第六十二条　运单签发后承运人、承运人的代理人、托运人、到达港港口经营人、收货人各留存一份，另外一份由收货人收到货物后作为收据签还给承运人。承运人可以视情况需要增加或者减少运单份数。

第五章 货物的接收与交付

第六十三条　除另有约定外，散装货物按重量交接；其他货物按件数交接。

第六十四条　散装货物按重量交接，承运人与托运人应当约定货物交接的计量方法，没有约定的应当按船舶水尺数计量，不能按船舶水尺数计量的，运单中载明的货物重量对承运人不构成其交接货物重量的证据。

第六十五条　散装液体货物装船完毕，由托运人会同承运人按照每处油舱和管道阀门进行实封，施封材料由托运人自备，并将施封的数目、印文，材料品种等在运单内载明；卸船前，由承运人与收货人凭舱封交接。托运人要求在两个以上地点装载或者卸载或者在同一卸载地点由几个收货人接收货物时，计量分劈及发生重量差数，均由托运人或者收货人负责。

第六十六条　收货人接到到货通知后，应当及时提货，不得因对货物进行检验而滞留船舶。

第六十七条　承运人交付货物时，应当核对证明收货人单位或者身份以及经办人身份的有关证件。

第六十八条　收货人提取货物时，应当验收货物，并签发收据，发现货物损坏、灭失的，交接双方应当编制货运记录。收货人在提取货物时没有就货物的数量和质量提出异议的，视为承运人已经按照运单的记载交付货物，除非收货人提出相反的证明。

第六十九条　按照约定在提货时支付运费、滞期费和包装整修、加固费用以及其他中途垫款的，应当于办理提货手续时付清。

第七十条　下列情况，应托运人或者收货人的要求，承运人可以编制普通记录：

（一）货物发生损坏、灭失，按照约定或者本规则第四十八条的规定，承运人可以免除责任的；

（二）托运人附在运单上的单证丢失；

（三）托运人押运和舱面货物发生非承运人

责任造成的损坏、灭失；

（四）货物包装经过加固整理；

（五）收货人要求证明与货物数量、质量无关的其他情况。

第七十一条　货运记录和普通记录的编制，应当准确、客观。货运记录应当在接收或者交付货物的当时由交接双方编制。

第七十二条　收货人在到达港提取货物前或者承运人在到达港交付货物前，可以要求检验机构对货物状况进行检验；要求检验的一方应当支付检验费用，但是有权向造成货物损失的责任方追偿。收货人或者承运人按照前款进行检验的，应当相互提供合理的便利条件。

第六章　航次租船运输的特别规定

第七十三条　本规则第三十条和第三十三条的规定，适用于航次租船的出租人。本规则其他有关合同当事人之间的权利、义务的规定，仅在航次租船运输形式下的运输合同没有约定或者没有不同约定时适用于出租人和承租人。

第七十四条　出租人应当按照合同的约定提供船舶舱位；经承租人同意，出租人可以更换船舶。但提供的船舶舱位或者更换的船舶不符合同约定的，承租人有权拒绝或者解除合同。因出租人责任未提供约定的船舶舱位造成承租人损失的，出租人应当承担赔偿责任。

第七十五条　出租人在约定的受载期限内未提供船舶舱位的，承租人有权解除合同。但是出租人在受载期限内将船舶延误情况和船舶预期抵达起运港的日期通知承租人的，承租人应当自收到通知时起24小时内，将解除合同的决定通知出租人。逾期没有通知的，视为不解除合同。因出租人责任延误提供船舶舱位造成承租人损失的，出租人应当承担赔偿责任。

第七十六条　承租人可以将其租用的船舶舱位转租；转租后，原合同约定的权利、义务不受影响。

第七十七条　承租人应当提供约定的货物；经出租人同意，可以变更货物。但是，更换的货物对出租人不利的，出租人有权拒绝或者解除合同。因承租人责任未提供约定的货物造成出租人损失的，承租人应当承担赔偿责任。

第七十八条　航次租船运输形式下，收货人是承租人的，出租人与收货人之间的权利、义务根据航次租船运输形式下运输合同的内容确定，收货不是承租人的，承运人与收货人之间的权利、义务根据承运人签发的运单的内容确定。

第七章　集装箱运输的特别规定

第七十九条　承运人向托运人提供集装箱空箱时，托运人应当检查箱体并核对箱号；收货人返还空箱时，承运人应当检查箱体并核对箱号；承运人、托运人、收货人对整箱货物，应当检查箱体、封志状况并核对箱号；承运人、托运人、收货人对特种集装箱，应当检查集装箱机械、电器装置、设备的运转情况。集装箱交接状况，应当在交接单证上如实加以记载。

第八十条　根据约定由托运人负责装、拆箱的，运单应当准确记载集装箱封志号；交接时发生封志号与运单记载不符或者封志破坏的，交接双方编制货运记录。

第八十一条　根据约定由承运人负责装、拆箱的，承运人与托运人或者收货人对货物进行交接。

第八十二条　集装箱货物需拆箱后转运的，其包装应当符合第十五条的规定。

第八十三条　收货人提取货物后，应当按照约定将空箱归还，超期不归还的，按照约定交纳滞箱费。

第八十四条　集装箱货物时应当做到合理积载、堆码整齐、牢固。集装箱受载不得超过其额定的重量。

第八章　单元滚装运输的特别规定

第八十五条　单元滚装运输方式下运输合同的履行期间为运输单元进入起运港至离开到达港。

第八十六条　承运人应当对运输单元的表

面状况进行验收，发现有异常状况的，应当在运单内载明。

第八十七条　运输单元进入起运港时承运人应该在运单上签注，离开到达港时托运人应当在运单上签注，并将签注后的运单交还给承运人。

第八十八条　单元滚装运输不得运输危险品。

第八十九条　运单上应当载明车牌号码、运输单元的重量、体积（长、宽、高）。

第九十条　托运人对车辆或者移动机械所载货物应当绑扎牢固。运输单元在船舶上需要特殊加固绑扎的，托运人应当在托运时向承运人提出，并支付相关费用。承运人应当备妥加固绑扎的物料，并为防止运输单元滑动而进一般性绑扎和加固。对有特殊绑扎要求的，由双方另行约定。

第九十一条　运输单元驶上或者驶离船舶时，司乘人员应当遵守有关规定，服从船方指挥，按顺序和指定的行车路线行驶。运输单元进入指定车位后，司机应当关闭发动机，使车辆处于制动状态。

第九十二条　运输单元的实际重量、体积与运单记载不符的，托运人应当按照实际重量或者体积支付运输费用并向承运人支付衡量等费用。

第九十三条　从事单元滚装运输的船舶应当分设供旅客和运输单元上下船的专用通道；船舶只设有一个通道时，旅客与运输单元上下船时必须分流。承运人应当在船舱内配备照明、通风等设施。

第九章　附 则

第九十四条　水路与其他运输方式之间货物联运中的水路运输、水路军事运输、邮件运输、危险货物运输，除另有规定外，适用本规则。

第九十五条　本规则由国务院交通主管部门负责解释。

第九十六条　本规则自2001年1月1日起施行。《水路货物运输规则》和《水路货物运输管理规则》（交通部[95]交水发221号）、《国内水路集装箱货物运输规则》（交通部[1996]16号令）、《水路货物滚装运输规则》（交通部1997年第6号令）、《船舶无法交付货物处理试行办法》（[88]交河字75号）、《关于沿海航线蜜蜂运输的几项规定》（[82]交水运字729号）以及本规则施行前交通部发布的其他与本规则不一致的相关规定同时废止。

汽车货物运输规则

（1999年11月15日发布　交通部令　1999年第5号　2000年1月1日起施行）

第一章　总　则

第一条　为保护汽车货物运输当事人的合法权益，明确承运人、托运人、收货人以及其他有关方的权利、义务和责任，维护正常的道路货物运输秩序，依据国家有关法律、法规，制定本规则。

第二条　在中华人民共和国境内从事营业性汽车货物运输及相关的货物搬运装卸、汽车货物运输服务等活动，应遵守本规则。

除法律、法规另有规定外，汽车运输与其他运输方式实行货物联运的适用本规则。拖拉机及其他机动车、非机动车辆从事货物运输的，可参照本规则执行。

第三条　本规则下列用语的含义：

（一）承运人，是指使用汽车从事货物运输并与托运人订立货物运输合同的经营者。

（二）托运人，是指与承运人订立货物运输合同的单位和个人。

（三）收货人，是指货物运输合同中托运人指定提取货物的单位和个人。

（四）货物运输代办人（以下简称货运代办人），是指以自己的名义承揽货物并分别与托运人、承运人订立货物运输合同的经营者。

（五）站场经营人，是指在站、场范围内从事货物仓储、堆存、包装、搬运装卸等业务的经营者。

（六）运输期限，是由承托双方共同约定的货物起运、到达目的地的具体时间。未约定运输期限的，从起运日起，按200千米为1日运距，用运输里程除每日运距，计算运输期限。

（七）承运责任期间，是指承运人自接受货物起至将货物交付收货人（包括按照国家有关规定移交给有关部门）止，货物处于承运人掌管之下的全部时间。本条规定不影响承运人与托运人就货物在装车前和卸车后对承担的责任达成的协议。

（八）搬运装卸，是指货物运输起讫两端利用人力或机械将货物装上、卸下车辆，并搬运到一定位置的作业。人力搬运距离不超过200米，机械搬运不超过400米（站、场作业区内货物搬运除外）。

第二章　运输基本条件

第一节　承运人、托运人与运输车辆

第四条　承运人、托运人、货运代办人在签订和履行汽车货物运输合同时，应遵守国家法律和有关的运输法规、行政规章。

第五条　承运人应根据承运货物的需要，按货物的不同特性，提供技术状况良好、经济适用的车辆，并能满足所运货物重量的要求。使用的车辆、容器应做到外观整洁，车体、容器内干净无污染物、残留物。

第六条　承运特种货物的车辆和集装箱运输车辆，需配备符合运输要求的特殊装置或专用设备。

第二节　运输类别

第七条　托运人一次托运货物计费重量3吨及以下的，为零担货物运输。

第八条　托运人一次托运货物计费重量3吨以上，或不足3吨但其性质、体积、形状需要一辆汽车运输的，为整批货物运输。

第九条　因货物的体积、重量的要求，需要大型或专用汽车运输的，为大型特型笨重物体运输。

第十条　采用集装箱为容器，使用汽车运输的，为集装箱汽车运输。

第十一条　在规定的距离和时间内将货物运达目的地的，为快件货物运输；应托运人要求，采取即托即运的，为特快件货物运输。

第十二条　承运《危险货物品名表》列名的易燃、易爆、有毒、有腐蚀性、有放射性等危险货物和虽未列入《危险货物品名表》但具有危险货物性质的新产品，为危险货物汽车运输。

第十三条　采用装有出租营业标志的小型货运汽车，供货主临时雇用，并按时间、里程和规定费率收取运输费用的，为出租汽车货运。

第十四条　为个人或单位搬迁提供运输和搬运装卸服务，并按规定收取费用的，为搬家货物运输。

第三节　货物种类

第十五条　货物在运输、装卸、保管中无特殊要求的，为普通货物。普通货物分为三等。

第十六条　货物在运输装卸、保管中需采取特殊措施的，为特种货物。特种货物分为四类。

第十七条　货物每立方米体积重量不足333千克的，为轻泡货物。其体积按货物（有包装的按货物包装）外廓最高、最长、最宽部位尺寸计算。

第四节　货物保险与货物保价运输

第十八条　货物运输有货物保险和货物保价运输两种投保方式，采取自愿投保的原则，由托运人自行确定。

第十九条　货物保险由托运人向保险公司投保，也可以委托承运人代办。

第二十条　货物保价运输是按保价货物办

理承托运手续，在发生货物赔偿时，按托运人声明价格及货物损坏程度予以赔偿的货物运输。托运人一张运单托运的货物只能选择保价或不保价。

第二十一条 托运人选择货物保价运输时，申报的货物价值不得超过货物本身的实际价值；保价运输为全程保价。

第二十二条 分程运输或多个承运人承担运输，保价费由第一程承运人（货运代办人）与后程承运人协商，并在运输合同注明。承运人之间没有协议的按无保价运输办理，各自承担责任。

第二十三条 办理保价运输的货物，应在运输合同上加盖“保价运输”戳记。保价费按不超过货物保价金额的7‰收取。

第三章 运输合同的订立、履行、变更和解除

第一节 合同的订立

第二十四条 汽车货物运输合同采用书面形式、口头形式和其他形式。书面形式合同种类分为定期运输合同、一次性运输合同、道路货物运单（以下简称运单）。汽车货物运输合同由承运人和托运人本着平等、自愿、公平、诚实、信用的原则签订。

第二十五条 定期汽车货物运输合同应包含下列基本内容：

（一）托运人、收货人和承运人的名称（姓名）、地址（住所）、电话、邮政编码；

（二）货物的种类、名称、性质；

（三）货物重量、数量或月、季、年度货物批量；

（四）起运地、到达地；

（五）运输质量；

（六）合同期限；

（七）装卸责任；

（八）货物价值，是否保价、保险；

（九）运输费用的结算方式；

（十）违约责任；

（十一）解决争议的方法。

第二十六条 一次性运输合同、运单应包含以下基本内容：

（一）托运人、收货人和承运人的名称（姓名）、地址（住所）、电话、邮政编码；

（二）货物名称、性质、重量、数量、体积；

（三）装货地点、卸货地点、运距；

（四）货物的包装方式；

（五）承运日期和运到期限；

（六）运输质量；

（七）装卸责任；

（八）货物价值，是否保价、保险；

（九）运输费用的结算方式；

（十）违约责任；

（十一）解决争议的方法。

第二十七条 定期运输合同适用于承运人、托运人、货运代办人之间商定的时期内和批量货物运输。

一次性运输合同适用于每次货物运输。

承运人、托运人和货运代办人签订定期运输合同、一次性运输合同时，运单视为货物运输合同成立的凭证。

在每车次或短途每日多次货物运输中，运单视为合同。

第二十八条 汽车货物运输合同自双方当事人签字或盖章时成立。当事人采用信件、数据电文等形式订立合同的，可以要求签订确认书，签订确认书时合同成立。

第二节 货物托运

第二十九条 未签订定期运输合同或一次性运输合同的，托运人应按以下要求填写运单：

（一）准确表明托运人和收货人的名称（姓名）和地址（住所）、电话、邮政编码；

（二）准确表明货物的名称、性质、件数、重量、体积以及包装方式；

（三）准确表明运单中的其他有关事项；

（四）一张运单托运的货物，必须是同一托运人、收货人；

（五）危险货物与普通货物以及性质相互抵

触的货物不能用同一张运单；

（六）托运人要求自行装卸的货物，经承运人确认后，在运单内注明；

（七）应使用钢笔或圆珠笔填写，字迹清楚，内容准确，需要更改时，必须在更改处签字盖章。

第三十条　已签订定期运输合同或一次性运输合同的，运单由承运人按第二十九条的规定填写，但运单托运人签字盖章处填写合同序号。

第三十一条　托运的货物品种不能在一张运单内逐一填写的，应填写“货物清单”第三十二条 托运货物的名称、性质、件数、重量、体积、包装方式等，应与运单记载的内容相符。

第三十三条　按照国家有关部门规定需办理准运或审批、检验等手续的货物，托运人托运时应将准运证或审批文件提交承运人，并随货同行。托运人委托承运人向收货人代递有关文件时，应在运单中注明文件名称和份数。

第三十四条　托运的货物中，不得夹带危险货物、贵重货物、鲜活货物和其他易腐货物、易污染货物、货币、有价证券以及政府禁止或限制运输的货物等。

第三十五条　托运货物的包装，应当按照承托双方约定的方式包装。对包装方式没有约定或者约定不明确的，可以协议补充；不能达成补充协议的，按照通用的方式包装，没有通用方式的，应在足以保证运输、搬运装卸作业安全和货物完好的原则下进行包装。

依法应当执行特殊包装标准的，按照规定执行。

第三十六条　托运人应根据货物性质和运输要求，按照国家规定，正确使用运输标志和包装储运图示标志。

使用旧包装运输货物，托运人应将包装与本批货物无关的运输标志、包装储运图示标志清除干净，并重新标明制作标志。

第三十七条　托运特种货物，托运人应按以下要求，在运单中注明运输条件和特约事项：

（一）托运需冷藏保温的货物，托运人应提出货物的冷藏温度和在一定时间内的保持温度要求；

（二）托运鲜活货物，应提供最长运输期限及途中管理、照料事宜的说明书，货物允许的最长运输期限应大于汽车运输能够达到的期限；

（三）托运危险货物，按交通部《汽车危险货物运输规则》办理；

（四）托运采用集装箱运输的货物，按交通部《集装箱汽车运输规则》办理；

（五）托运大型特型笨重物体，应提供货物性质、重量、外廓尺寸及对运输要求的说明书；承运前承托双方应先查看货物和运输现场条件，需排障时由托运人负责或委托承运人办理；运输方案商定后办理运输手续。

第三十八条　整批货物运输时，散装、无包装和不成件的货物按重量托运；有包装、成件的货物，托运人能按件点交的，可按件托运，不计件内细数。

第三十九条　运输途中需要饲养、照料的有生动、植物，尖端精密产品、稀有珍贵物品、文物、军械弹药、有价证券、重要票证和货币等，托运人必须派人押运。

大型特型笨重物件、危险货物、贵重和个人搬家物品，是否派人押运，由承托双方根据实际情况约定。

除上述规定的货物外，托运人要求押运时，需经承运人同意。

第四十条　需派人押运的货物，托运人在办理货物托运手续时，应在运单上注明押运人员姓名及必要的情况。

第四十一条　押运人员每车一人，托运人需增派押运人员，在符合安全规定的前提下，征得承运人的同意，可适当增加。押运人员须遵守运输和安全规定。

押运人员在运输过程中负责货物的照料、保管和交接；如发现货物出现异常情况，应及时作出处理并告知车辆驾驶人员。

第三节　货物受理

第四十二条　承运人受理凭证运输或需有关审批、检验证明文件的货物后，应当在有关文件上注明已托运货物的数量、运输日期，加盖承运章，并随货同行，以备查验。

第四十三条　承运人受理整批或零担货物时，应根据运单记载货物名称、数量、包装方式等，核对无误，方可办理交接手续。发现与运单填写不符或可能危及运输安全的，不得办理交接手续。

第四十四条　承运人应当根据受理货物的情况，合理安排运输车辆，货物装卸重量以车辆额定吨位为限，轻泡货物以折算重量装卸，不得超过车辆额定吨位和有关长、宽、高的装卸规定。

第四十五条　承运人应与托运人约定运输路线。起运前运输路线发生变化必须通知托运人，并按最后确定的路线运输。承运人未按约定的路线运输增加的运输费用，托运人或收货人可以拒绝支付增加部分的运输费用。

第四十六条　货物运输中，在与承运人非隶属关系的货运站场进行货物仓储、装卸作业，承运人应与站场经营人签订作业合同。

第四十七条　运输期限由承托双方共同约定后应在运单上注明。承运人应在约定的时间内将货物运达。零担货物按批准的班期时限运达，快件货物按规定的期限运达。

第四十八条　整批货物运抵前，承运人应当及时通知收货人做好接货准备；零担货物运达目的地后，应在24小时内向收货人发出到货通知或按托运人的指示及时将货物交给收货人。

第四十九条　车辆装载有毒、易污染的货物卸载后，承运人应对车辆进行清洗和消毒。因货物自身的性质，应托运人要求，需对车辆进行特殊清洗和消毒的，由托运人负责。

第四节　合同的变更和解除

第五十条　在承运人未将货物交付收货人之前，托运人可以要求承运人中止运输、返还货物、变更到达地或者将货物交付给其他收货人，但应当赔偿承运人因此受到的损失。

第五十一条　凡发生下列情况之一者，允许变更和解除：

（一）由于不可抗力使运输合同无法履行；

（二）由于合同当事人一方的原因，在合同约定的期限内确定无法履行运输合同；

（三）合同当事人违约，使合同的履行成为不可能或不必要；

（四）经合同当事人双方协商同意解除或变更，但承运人提出解除运输合同的，应退还已收的运费。

第五十二条　货物运输过程中，因不可抗力造成道路阻塞导致运输阻滞，承运人应及时与托运人联系，协商处理，发生货物装卸、接运和保管费用按以下规定处理：

（一）接运时，货物装卸、接运费用由托运人负担，承运人收取已完成运输里程的运费，返回未完成运输里程的运费。

（二）回运时，收取已完成运输里程的运费，回程运费免收。

（三）托运人要求绕道行驶或改变到达地点时，收取实际运输里程的运费。

（四）货物在受阻处存放，保管费用由托运人负担。

第四章　搬运装卸与交接

第五十三条　货物搬运装卸由承运人或托运人承担，可在货物运输合同中约定。

承运人或托运人承担货物搬运装卸后，委托站场经营人、搬运装卸经营者进行货物搬运装卸作业的，应签订货物搬运装卸合同。

第五十四条　搬运装卸人员应对车厢进行清扫，发现车辆、容器、设备不适合装货要求，应立即通知承运人或托运人。

第五十五条　搬运装卸作业应当轻装轻卸，堆码整齐；清点数量；防止混杂、撒漏、破损；严禁有毒、易污染物品与食品混装，危险货物与普通货物混装。

第五十六条　对性质不相抵触的货物，可以拼装、分卸。

第五十七条　搬运装卸过程中，发现货物包装破损，搬运装卸人员应及时通知托运人或承运人，并做好记录。

第五十八条　搬运装卸危险货物，按交通部《汽车危险货物运输、装卸作业规程》进行作业。

第五十九条　搬运装卸作业完成后，货物需绑扎苫盖篷布的，搬运装卸人员必须将篷布苫盖严密并绑扎牢固；由承、托运人或委托站场经营人、搬运装卸人员编制有关清单，做好交接记录；并按有关规定施加封志和外贴有关标志。

第六十条　承、托双方应履行交接手续，包装货物采取件交件收；集装箱重箱及其他施封的货物凭封志交接；散装货物原则上要磅交磅收或采用承托双方协商的交接方式交接。交接后双方应在有关单证上签字。

第六十一条　货物在搬运装卸中，承运人应当认真核对装车的货物名称、重量、件数是否与运单上记载相符，包装是否完好。包装轻度破损，托运人坚持要装车起运的，应征得承运人的同意，承托双方需做好记录并签章后，方可运输，由此而产生的损失由托运人负责。

第六十二条　货物运达承、托双方约定的地点后，收货人应凭有效单证提（收）货物，无故拒提（收）货物，应赔偿承运人因此造成的损失。

第六十三条　货物交付时，承运人与收货人应当做好交接工作，发现货损货差，由承运人与收货人共同编制货运事故记录，交接双方在货运事故记录上，签字确认。

第六十四条　货物交接时，承托双方对货物的重量和内容有质疑，均可提出查验与复磅，查验和复磅的费用由责任方负担。

第六十五条　货物运达目的地后，承运人知道收货人的，应及时通知收货人，收货人应当及时提（收）货物，收货人逾期提（收）货物的，应当向承运人支付保管费等费用。收货人不明或者收货人无正当理由拒绝受领货物的，依照《中华人民共和国合同法》第一百零一条的规定，承运人可以提存货物。

第五章　运输责任的划分

第六十六条　承运人未按约定的期限将货物运达，应负违约责任；因承运人责任将货物错送或错交，应将货物无偿运到指定的地点，交给指定的收货人。

第六十七条　承运人未遵守承托双方商定的运输条件或特约事项，由此造成托运人的损失，应负赔偿责任。

第六十八条　货物在承运责任期间和站、场存放期间内，发生毁损或灭失，承运人、站场经营人应负赔偿责任。但有下列情况之一的，承运人、站场经营人举证后可不负赔偿责任：

（一）不可抗力；

（二）货物本身的自然性质变化或者合理损耗；

（三）包装内在缺陷，造成货物受损；

（四）包装体外表面完好而内装货物毁损或灭失；

（五）托运人违反国家有关法令，致使货物被有关部门查扣、弃置或作其他处理；

（六）押运人员责任造成的货物毁损或灭失；

（七）托运人或收货人过错造成的货物毁损或灭失。

第六十九条　托运人未按合同规定的时间和要求，备好货物和提供装卸条件，以及货物运达后无人收货或拒绝收货，而造成承运人车辆放空、延滞及其他损失，托运人应负赔偿责任。

第七十条　因托运人下列过错，造成承运人、站场经营人、搬运装卸经营人的车辆、机具、设备等的损坏、污染或人身伤亡以及因此而引起的第三方的损失，由托运人负责赔偿：

（一）在托运的货物中有故意夹带危险货物和其他易腐蚀、易污染货物以及禁、限运货物等行为；

（二）错报、匿报货物的重量、规格、性质；

（三）货物包装不符合标准，包装、容器不

良，而从外部无法发现；

（四）错用包装、储运图示标志。

第七十一条 托运人不如实填写运单、错报、误填货物名称或装卸地点，造成承运人错送、装货落空以及由此引起的其他损失，托运人应负赔偿责任。

第七十二条 货运代办人以承运人身份签署运单时，应承担承运人责任，以托运人身份托运货物时，应承担托运人的责任。

第七十三条 搬运装卸作业中，因搬运装卸人员过错造成货物毁损或灭失，站场经营人或搬运装卸经营者应负赔偿责任。

第六章 运输费用

第七十四条 汽车货物运输价格按不同运输条件分别计价，其计算按《汽车运价规则》办理。

第七十五条 汽车货物运输计费重量单位，整批货物运输以吨为单位，尾数不足100千克时，四舍五入；零担货物运输以千克为单位，起码计费重量为1千克，尾数不足1千克时，四舍五入，轻泡货物每立方米折算重量333千克。

按重量托运的货物一律按实际重量（含货物包装、衬垫及运输需要的附属物品）计算，以过磅为准。由托运人自理装车的，应装足车辆额定吨位，未装足的，按车辆额定吨位收费。统一规格的成包成件的货物，以一标准件重量计算全部货物重量。散装货物无过磅条件的，按体积和各省、自治区、直辖市统一规定重量折算标准计算。接运其他运输方式的货物，无过磅条件的，按前程运输方式运单上记载的重量计算。拼装分卸的货物按最重装载量计算。

第七十六条 汽车货物运输计费里程按下列规定确定：

（一）货物运输计费里程以千米为单位，尾数不足1千米的，进为1千米。

（二）计费里程以省、自治区、直辖市交通行政主管部门核定的营运里程为准，未经核定的里程，由承运双方商定。

（三）同一运输区间有两条（含两条）以上营运路线可供行驶时，应按最短的路线计算计费里程或按承托双方商定的路线计算计费里程。拼装分卸从第一装货地点起至最后一个卸货地点止的载重里程计算计费里程。

第七十七条 汽车货物运输的其他费用，按以下规定确定：

（一）调车费，应托运人要求，车辆调出所在地而产生的车辆往返空驶，计收调车费。

（二）延滞费，车辆按约定时间到达约定的装货或卸货地点，因托运人或收货人责任造成车辆和装卸延滞，计收延滞费。

（三）装货落空损失费，因托运人要求，车辆行至约定地点而装货落空造成的车辆往返空驶，计收装货落实损失费。

（四）排障费，运输大型特型笨重物件时，需对运输路线的桥涵、道路及其他设施进行必要的加固或改造所发生的费用，由托运人负担。

（五）车辆处置费，因托运人的特殊要求，对车辆改装、拆卸、还原、清洗时，计收车辆处置费。

（六）在运输过程中国家有关检疫部门对车辆的检验费以及因检验造成的车辆停运损失，由托运人负担。

（七）装卸费，货物装卸费由托运人负担。

（八）通行费，货物运输需支付的过渡、过路、过桥、过隧道等通行费由托运人负担，承运人代收代付。

（九）保管费，货物运达后，明确由收货人自取的，从承运人向收货人发出提货通知书的次日（以邮戳或电话记录为准）起计，第四日开始核收货物保管费；应托运人的要求或托运人的责任造成的，需要保管的货物，计收货物保管费。货物保管费由托运人负担。

第七十八条 汽车货物运输的运杂费按下列规定结算：

（一）货物运杂费在货物托运、起运时一次结清，也可按合同采取预付费用的方式，随运随结或运后结清。托运人或者收货人不支付运费、保管费以及其他运输费用的，承运人对相应的运输货物享有留置权，但当事人另有约定的除外。

（二）运费尾数以元为单位，不足1元时四舍五入。

第七十九条　货物在运输过程中因不可抗力灭失，未收取运费的，承运人不得要求托运人支付运费；已收取运费的，托运人可以要求返还。

第八十条　出入境货物运输、国际联运汽车货物运输的运价，按有关规定办理。

第七章　货物事故和违约处理

第八十一条　货物事故是指货物运输过程中发生货物毁损或灭失。货运事故和违约行为发生后，承托双方及有关方应编制货运事故记录。

货物运输途中，发生交通肇事造成货物损坏或灭失，承运人应先行向托运人赔偿，再由其向肇事的责任方追偿。

第八十二条　货运事故处理过程中，收货人不得扣留车辆，承运人不得扣留货物。由于扣留车、货而造成的损失，由扣留方负责赔偿。

第八十三条　货运事故赔偿数额按以下规定办理：

（一）货运事故赔偿分限额赔偿和实际损失赔偿两种。法律、行政法规对赔偿责任限额有规定的，依照其规定；尚未规定赔偿责任限额的，按货物的实际损失赔偿。

（二）在保价运输中，货物全部灭失，按货物保价声明价格赔偿；货物部分毁损或灭失，按实际损失赔偿；货物实际损失高于声明价格的，按声明价格赔偿；货物能修复的，按修理费加维修取送费赔偿。保险运输按投保人与保险公司商定的协议办理。

（三）未办理保价或保险运输的，且在货物运输合同中未约定赔偿责任的，按本条第一项的规定赔偿。

（四）货物损失赔偿费包括货物价格、运费和其他杂费。货物价格中未包括运杂费、包装费以及已付的税费时，应按承运货物的全部或短少部分的比例加算各项费用。

（五）货物毁损或灭失的赔偿额，当事人有约定的，按照其约定，没有约定或约定不明确的，可以补充协议，不能达成补充协议的，按照交付或应当交付时货物到达地的市场价格计算。

（六）由于承运人责任造成货物灭失或损失，以实物赔偿的，运费和杂费照收；按价赔偿的，退还已收的运费和杂费；被损货物尚能使用的，运费照收。

（七）丢失货物赔偿后，又被查回，应送还原主，收回赔偿金或实物；原主不愿接受失物或无法找到原主的，由承运人自行处理。

（八）承托双方对货物逾期到达，车辆延滞，装货落实都负有责任时，按各自责任所造成的损失相互赔偿。

第八十四条　货运事故发生后，承运人应及时通知收货人或托运人。收货人、托运人知道发生货运事故后，应在约定的时间内，与承运人签注货运事故记录。收货人、托运人在约定的时间内不与承运人签注货运事故记录的，或者无法找到收货人、托运人的，承运人可邀请2名以上无利害关系的人签注货运事故记录。货物赔偿时效从收货人、托运人得知货运事故信息或签注货运事故记录的次日起计算。在约定运达时间的30日后未收到货物，视为灭失，自31日起计算货物赔偿时效。

未按约定的或规定的运输期限内运达交付的货物，为迟延交付。

第八十五条　当事人要求另一方当事人赔偿时，须提出赔偿要求书，并附运单、货运事故记录和货物价格证明等文件。要求退还运费的，还应附运杂费收据。另一方当事人应在收到赔偿要求书的次日起，60日内作出答复。

第八十六条　承运人或托运人发生违约行为，应向对方支付违约金。违约金的数额由承托双方约定。

第八十七条　对承运人非故意行为造成货

物迟延交付的赔偿金额，不得超过所迟延交付的货物全程运费数额。

第八十八条　货物赔偿费一律以人民币支付。

第八十九条　由托运人直接委托站场经营人装卸货物造成货物损坏的，由站场经营人负责赔偿；由承运人委托站场经营人组织装卸的，承运人应先向托运人赔偿，再向站场经营人追偿。

第九十条　承运人、托运人、收货人及有关方在履行运输合同或处理货运事故时，发生纠纷、争议，应及时协商解决或向县级以上人民政府交通主管部门申请调解；当事人不愿和解、调解或者和解、调解不成的，可依仲裁协议向仲裁机构申请仲裁；当事人没有订立仲裁协议或仲裁协议无效的，可以向人民法院起诉。

第八章　附　则

第九十一条　按法律、法规和规章的规定，对利用汽车货物运输合同危害国家利益、社会公共利益的，由县级以上人民政府交通主管部门及其所属的道路运政管理机构负责监督处理。

第九十二条　本规则由交通部负责解释。

第九十三条　本规则自2000年1月1日起施行。1988年1月26日交通部发布的《货物运输规则》同时废止。

铁路货物运输管理规则

（铁道部颁布　铁运[2000]90号　2000年11月1日实施）

第一章　总　则

第一条　为提高铁路货运管理水平、工作效率和工作质量，安全、迅速、经济、便利地组织货物运输，适应市场需求，增强铁路竞争力，特制定本规则。

第二条　本规则是明确铁路货物运输作业各环节基本内容和质量要求的内部规定，不作为托运人、收货人与铁路间划分权利、义务和责任的依据。

第三条　铁路局在不违反本规则的前提下，可结合具体情况制定补充规定，并报铁道部备案。

第二章　货物运输基本作业

第一节　受理和承运

第四条　车站应根据批准的货物运输计划或运输合同受理货物运单。在受理零担、集装箱或按特定条件运输的货物时，还必须按照有关规定办理。

车站办理货物运输票据的手续实行一次办理。除托运人在现场与货运员办理的货物交接手续外，其余各种手续均由货场人员办理。

第五条　车站受理货物运单时，应确认托运的货物是否符合运输条件，各栏填写是否齐全、正确、清楚，领货凭证与运单相关栏是否一致。对营业办理限制(包括临时停限装)、起重能力、专用线专用铁路办理范围、证明文件等有关内容进行审查。对到站、到局和到站所属省、市、自治区各栏内容应相互核对。

对货物运单确认无误后，应指定进货日期或装车日期。

第六条　对搬入货场的货物，车站要检查货物品名与运单记载是否相符，运输包装和标志是否符合规定。按件数承运的货物，应对照运单点清件数。零担和集装箱货物要核对货签是否齐全、正确。零担货物还应核对货物外形尺寸和体积，对个人托运的行李、搬家货物，要按照物品清单进行核对，并抽查是否按规定在包装内放入标记(货签)。集装箱货物还要核对箱号、封号，检查施封是否正确、有效。需要使用装载加固装置和加固材料的货物，应按规定对装载加固装置和加固材料的数量、质量、规格进行检查。对超限、超长、集重货物，应按托运人提供的技术资料复测尺寸。

按规定由铁路确定重量的货物，要认真过秤。由托运人确定重量的货物，车站应组织抽查。抽查的间隔时间，每一托运人(大宗货物分品种)不超过一个月，零担和集装箱货物不超过一个月。对按密度计算重量的货物，应以定期测定的密度作为计算重量的依据。

货物应稳固、整齐地堆码在指定货位上。整车货物要定型堆码，保持一定高度。零担和集装箱货物，要按批堆码，货签向外，留有通道。需要隔离的，应按规定隔离。货物与线路或站台边缘的距离必须符合规定。

第七条　货物进齐验收后，车站应予签证，及时办理承运。

承运的整车货物要登记“货物承运簿”，集装箱货物登记“集装箱到发登记簿”(格式见《铁路集装箱运输管理规则》)，零担货物根据业务量大小，可以使用“货物承运簿”，也可以由车站自行建立登记制度，并将登记资料装订成册，妥善保管。

货物运单“承运人填写”部分和货票填制要符合《货物运单和货票填制办法》的规定，加盖的车站日期戳记要清晰、正确。

对领货凭证，必须正确填写货票号码及各栏内容，并在领货凭证及货物运单与领货凭证接缝处加盖车站承运日期戳。

在作业环节之间，对货物和运输票据要进行严格交接。

货物运单和货票，使用“货运票据封套”的，应左右对齐折叠，不使用“货运票据封套”的，按上下对齐折叠。货运票据封套除加盖经办人章外，还应加盖监封人员章。货运票据封套封口前，经办人、监封人必须同时对票据封套记载的事项和实际运单、货票核对，保证运输票据齐全。

车站应建立货票自核、互核、总复核制度以及票据、现金管理制度，制票和收款不能由一人负责。发送存查及到达票据要装订整齐，妥善保管。计算机制票要使用规定的软件，货票各联必须一次复写打印，要建立计算机安全使用管理制度，保证货票原始信息的完整与安全。

第八条　承运易腐货物时，车站要按照《铁路鲜活货物运输规则》(以下简称《鲜规》)的有关规定办理。对《鲜规》未列品名而易于腐坏、变质的货物，车站应认真审定运输条件。

易腐货物装车时，要检查装载方法是否符合规定要求。以冷藏车装运的，应检查装车单位填写的冷藏车作业单是否齐全、正确。使用加冰冷藏车的，应检查托运人是否加足冰盐，并将作业单附在运输票据中随车递送。途中加冰时，加冰站应认真填写加冰作业记录。使用机械冷藏车的，应将该作业单交机械冷藏车乘务组递交到站。到站应负责检查冷藏车情况，在作业单上填记到站作业记录，并妥善保存。

第九条　承运危险货物时，车站要按照《铁路危险货物运输管理规则》(以下简称《危规》)的规定，对品名、编号、类项、包装、标志以及“托运人记载事项”栏的内容进行检查。对《铁路危险货物品名表》中未列载的危险货物或改变危险货物包装时，应按有关规定的运输条件办理。

办理危险货物的车站，应根据具体情况，制定承运、交付、包装检查、内部交接、装卸作业及存放保管等安全措施和管理制度。

第二节　临时停限装

第十条　车站应按照《货物运价里程表》规定的营业范围办理货运业务。遇有特殊情况必须临时加以限制时，属铁路局管内的，由铁路局批准，跨局的须经铁道部批准。

由于设备大修、改建等原因限制整车货物到达时，应提前一个月办妥报批手续。

第十一条　对临时停限装事项，车站应在营业场所对外通告。

凡要求停止零担货物到达的车站，应同时停止零担货物发送业务。

第三节　取送车作业

第十二条　车站应做好日班装车作业计划和卸车预确报工作，并根据装卸作业、待装货物和货位情况，确定取送车计划，及时取送。送车要对准货位。装卸作业始末时间和取送车始末时间，均应有汇报和登记制度。

第四节　装车和卸车

第十三条　装运货物要合理使用货车，车种要适合货种，除规定必须使用棚车装运的货物外，对怕湿或易于被盗、丢失的货物，也应使用棚车装运。发生车种代用时，应按《铁路货物运输规程》的要求报批，批准代用的命令号码要记载在货物运单和货票“记事”栏内；装车时，应采取保证货物安全的相应措施。毒品专用车不得用于装运普通货物。冷藏车严禁用于装运可能污染和损坏车辆的非易腐货物。

第十四条　铁路组织装车时，车站应做到：

装车前，认真检查货车的车体(包括透光检查)、车门、车窗、盖阀是否完整良好，有无扣修通知、色票、货车洗刷回送标签或通行限制，车内是否干净，是否被毒物污染。装载粮食、医药品、食盐、鲜活货物、饮食品、烟草制品以及有押运人押运的货物等时，还应检查车内有无恶臭异味。要认真核对待装货物品名、件数，检查标志、标签和货物状态。对集装箱还应检查箱内装载情况，检查箱体、箱号和封印。

装车时，必须核对运单、货票、实际货物，保证运单、货票、货物“三统一”。要认真监装，做到不错装、不漏装，巧装满载，防止偏载、偏重、超载、集重、亏吨、倒塌、坠落和超限。对易磨损货件应采取防磨措施，怕湿和易燃货物应采取防湿或防火措施。装车过程中，要严格按照《铁路装卸作业安全技术管理规则》有关规定办理，对货物装载数量和质量要进行检查。

对以敞、平车装载的需要加固的货物，有定型方案的，严格按方案装车；无定型方案的，车站应制定装载加固方案，并按审批权限报批，按批准方案装车。装载散堆装货物，顶面应予平整。对自轮运转的货物、无包装的机械货物，车站应要求托运人将货物的活动部位予以固定，以防止脱落或侵入限界。

装车后，认真检查车门、车窗、盖、阀关闭及拧固和装载加固情况。需要填制货车装载清单及标画示意图的，应按规定填制。需要施封的货车，按规定施封，并用直径3.2毫米(10号)铁线将车门拧紧。需要插放货车表示牌的货车，应按规定插放。对装载货物的敞车，要检查车门插销、底开门搭扣和篷布苫盖、捆绑情况。篷布不得遮盖车号和货车表示牌。篷布绳索捆绑，不得妨碍车辆手闸和提钩杆。两篷布间的搭头应不小于500毫米。绳索、加固铁线的余尾长度应不超过300毫米。装载超限、超长、集重货物，应按装载加固定型方案或批准的装载加固方案检查装载加固情况。对超限货物，还应对照铁路局、分局的批示文电，核对装车后尺寸。

要严格执行装车质量签认制度，建立档案管理。

第十五条　铁路组织卸车时，车站应做到：

卸车前，认真检查车辆、篷布苫盖、货物装载状态有无异状，施封是否完好。

卸车时，必须核对运单、货票、实际货物，保证运单、货票、货物“三统一”。要认真监卸，根据货物运单清点件数，核对标记，检查货物状态。对集装箱货物应检查箱体，核对箱号和封印。严格按照《铁路装卸作业安全技术管理规则》及有关规定作业，合理使用货位，按规定雄码货物。发现货物有异状，要及时按章处理。

卸车后，应将车辆清扫干净，关好车门、车窗、阀、盖，检查卸后货物安全距离，清理线路，将篷布按规定折叠整齐，送到指定地点存放。对托运人自备的货车装备物品和加固材料，应妥善保管。

卸下的货物登记“卸货簿”、“集装箱到发登记簿“或具有相同内容的卸货卡片、集装箱号卡片。在货票丁联左下角记明卸车日期。

第十六条　车站应加强专用线(包括专用铁路，以下同)的管理，凡货主在运单上指明到达专用线的，不得强制在货场或其他专用线卸车。凡货主未指定专用线卸车的，不得强制送往专用线。专用线装卸车时，铁路要加强交接检查，确保装载质量。还要做好以下工作：

1.定期与企业签订运输协议；

2.掌握专用线内货源、货位、装卸劳力和设备情况，协助企业做好货车的取送、对货位、装卸车组织等工作；

3.宣传铁路运输知识，协助企业改进货物包装，执行企业运输员业务培训合格持证上岗制度，办理零担货物的专用线还应指导企业合理配装；

4.掌握装卸车进度，按规定填写“货车调送单”，车站凭“货车调送单”正确核收货车使用费，做好货物码放安全距离、货车清扫、洗刷除污、门窗关闭、篷布使用和保管等情况的检查；

5.提高专用线装车质量，严格货物(车)的交接检查，防止超重、偏重、集重、超限和坠落及匿报品名；

6.正确填报有关统计资料，对合理使用货车和货物装载进行技术指导。

第十七条 按规定卸后须洗刷除污的货车，应在卸车站洗刷除污。如卸车站洗刷除污有困难时，须凭分局或局调度命令向指定站回送。对回送洗刷除污的货车，卸车站应清扫干净，并在两侧车门外部及车内明显处所粘贴“货车洗刷回迭标签”各一张，货物如有撒漏，应在标签上注明。洗刷除污站应按规定要求洗刷除污后将标签撤除，并在车内外两侧车门附近粘贴“洗刷工艺合格证”各一张。

沿途零担车或分卸货车按规定需要洗刷除污时，由列车货运员或分卸站在“货车装载清单”或整车分卸货票上注明原装货物品名及“需要洗刷除污”字样，由最终到站负责洗刷除污。未经洗刷除污的货车严禁排空或调配装车。

洗刷除污站对洗刷除污的货车应建立登记制度。

洗刷除污站的设置及分工由铁路局确定。

第十八条 铁路货场内装卸组织工作由货运部门统一指挥，装卸组织管理由铁路装卸管理部门负责，监装卸由货运部门负责。

运营部门与装卸部门的内部劳务清算(包括联运货物换装)，根据实际作业情况，填制有关单据作为清算依据。单据的格式、填写方法、清算办法、清算项目和单价，除有统一规定者外，由铁路局规定。

下列工作属于装卸车附属作业，不另清算：

1.铺垫或整理防湿垫枕，苫盖、撤除、折叠和取送篷布；

2.清扫货车、货位，关闭拧固车门、车窗、盖、阀；

3.整理装车后剩余货物，必要时用篷布苫盖或搬入库台；

4.安装或撤除支柱、挡板、垫板、禽畜支架；

5.装载货物的捆绑加固(需要铆接、焊接等特殊加固除外)；

6.托盘、网络等铁路装卸工具的铺设、撤移、整理和堆码。

第五节 货运票据封套、货车装载清单、回送清单和货车表示牌

第十九条 为便于交接和保持运输票据的完整，下列货物的运输票据应使用货运票据封套(以下简称封套)，封固后随车递送。

1.国际联运货物和以车辆寄送单回送的外国铁路货车；

2.一辆货车内装有两批以上货物；

3.整车分卸货物；

4.以货运记录补送的货物；

5.附有证明文件或代递单据较多的货物。

军运货物使用封套的范围及填记和封固方法，按军运有关规定办理。

第二十条 封套封面上各栏应根据实际情况填记并加盖车站日期戳记和带站名的经办人名章。一车有两个以上到站的封套，“货物到站”栏应按到达顺序填写站名，并冠以(1)、(2)、(3)等顺序号码。途中各到站卸后抹去本站站名和与前方卸车站无关的事项，填写需要增加的内容，并在更改处加盖带有站名的经办人名章。整零车封套的“运单号码”栏只填记“内装票据××份”，“货物品名”栏填记“整零”字样。

国际联运进口(或过境)货车的封套“发站”栏填记进口国境站名，出口(或过境)货车的封套“货物到站”栏填记出口国境站名，并均应在站名下标一“㊍”字。

装运危险物时，应在封套的“记事”栏内注明危险货物的类项和编组隔离标记。

装运鲜活货物时，应在封套购“记事”栏内注明“活动物”或“易腐货物”字样，易腐货物还应填记“△K”标记。

装运属于“△B”的保价货物时，应在“记事”栏内填记“△B”标记。有关货车编组、解体、挂运时应注意的其他事项(包括规定的标记、符号)，也应在“记事”栏内注明。

第二十一条　封套内运输票据的正确完整由封固单位负责。除卸车站或出口国境站外，不得拆开封套。当运输途中发生特殊情况必须拆开封套时，由拆封套的单位编制普通记录证明(附人封套内)，并再行封固，在封口处加盖带有单位名称的经办人名章。

第二十二条　整车国际联运出口货物和过境货物，发站(或进口国境站)应填制货车装载清单一份，随同货车递送到站(或出口国境站)。零担、集装箱货物按有关规定填制货车装载清单。

第二十三条　“特殊货车及运送用具回送清单”，是铁路内部根据规定运送下列铁路所属的货车或用具(产权属铁道部)的运输及交接凭证：

1.按规定免费挂运的非运用车；

2.卸(送)空罐车(润滑油专用空罐车应凭收货人提出的货物运单填制货票免费回送)、散装粮食车(L_{17}型)、散装水泥车(K_{15}、U_{60}型)、长大货物车(D型)、运梁专用车(N_{15}型)、加冰冷藏车(B型)、毒品专用车(W型)、集装箱专用车(X型)；

3.向指定站回送需要洗刷除污的货车；

4.铁路空集装箱；

5.运营用衡器；

6.按规定以调度命令免费运送的装卸机械和工具；

7.军用移动设备(军用备品)、军用移动站台和装卸备品、军用捆绑加固材料(装置)；

8.货车篷布及根据调度命令调拨、送修及修好返回的防湿篷布；

9.铁道部规定免费回送的其他物品。

回送清单由车站负责填发，各栏要填写清楚、正确，有更改时应加盖带有站名的经办人名章。回送清单应具备车站编制的顺序号码，加盖车站日期戳，并有经办人签名或盖章，方为有效。按调度命令回送的应将命令号码记入“回送命令号码”栏内。回送清单一式两份，一份留站存查，一份随同货车(或用具)递送到站。

第二十四条　按规定需要禁止溜放或限速连接的货车，装车站应在货车两侧插挂“货车表示牌”，由到站卸后撤除。

第二十五条　货物承运簿、卸货簿(卡)、封套、货车装载清单和回送清单的保管期均为一年。到达的施封锁保管期为六个月。

第六节　到达和交付

第二十六条　车站对到达的货物应及时发出催领通知，并在货票内记明通知方法和时间。必要时应再次催领。收货人拒领或找不到收货人时，到站要按规定调查处理。发站接到到站函电后，应立即联系托运人，要求其在规定时间内提出处理意见，并将该处理意见答复到站。

第二十七条　到站在办理交付手续时，应在货物运单和货票(丁联)上加盖车站日期戳。货物在货场内点交给收货人后，还应在货物运单上加盖“货物交讫”戳记，凭此验放货物。车站也可根据需要，建立货物搬出证制度。

第二十八条　车站接到不能按约定时间到达的货物预报后，应立即通告，必要时应发出通知。

货物的运到期限期满后经过15天，或鲜活货物超过运到期限仍不能在到站交付的，到站除按规定编制货运记录外，还必须负责货物的查询工作，依次从发站顺序查询。被查询的车站，应自接到查询的次日起两日内将查询结果电告到站，并向下一作业站(编组、区段或保留站)继续查询。到站应将查询的最终结果及时通知收货人。

第二十九条　对到达的海关监管货物，车站应按照海关监管的有关规定办理。

第三章　货物交接、检查和换装整理

第一节　货物交接和检查

第三十条　为保证行车安全和货物安全，对运输中的货物(车)和运输票据，应进行交接检查，并按规定处理。

第三十一条　车站和列车(车务)段应根据货物、运输票据交接检查的要求，制定实施办法，明确责任。车站各工种之间也应建立相应的交接检查制度。

第三十二条　货运交接检查的内容包括：列车中货物装载、加固状态；车辆篷布苫盖状态；施封及门、窗、盖；阀关闭情况；货车票据完整情况。发现异状时，应及时处理。

第三十三条　罐车和集装箱的封印、苫盖货物的篷布顶部、集装箱顶部、敞车装载的不超出端侧板货物的装载状态，在途中不交接检查，如接方发现有异状，有运转车长的由交方编制记录后接收，无运转车长的要由发现站拍发电报。发现重罐车上盖开启，车站负责关好，并由交方编制普通记录证明。在发站和中途站发现空罐车、加冰冷藏车冰箱盖上盖张开，要及时关闭。

第三十四条　整车货物变更到站时，处理站应对该车的装载加固情况进行检查，对施封货车应检查施封是否完好，站名、号码是否与票据相符。

第三十五条　货物运单、封套上的到站、车号、封印号码各栏，不得任意涂改。在装车站(含分卸站)、换装站、变更处理站因作业需要或填写错误时，应按规定更改。

运输途中发生运输票据丢失时，丢失单位或处理站应编制普通记录继运到站，并及时拍发电报向有关站查询，全列车运输票据丢失时，还应于当日上报主管分局(不设分局的为铁路局，以下同)。被查询站接电后，均应于48小时内电复或继续查询。发站接到查询电报后，48小时内应按货票的内容拍发电报并将货票抄件寄送到站处理。

第三十六条　货物在运输途中，由于货物本身、车辆技术状态或自然灾害等原因，发生货车滞留，在站滞留时间达到48小时，应拍发电报，通知发到站；必要时，应抄送有关分局。

第三十七条　装车站按施封办理的货车，途中不得改按不施封办理。

第三十八条　我国发往或换装到朝鲜以及朝鲜进口或过境我国的棚车、冷藏车，应选用上下部门扣良好的车辆，在下部门扣处施封。列车编组站在列车编组顺序表上均应注明“㊌”字样。朝鲜进口或过境我国的；上部门扣以8号铁线拧固，凭下部门扣原朝鲜封印(铅饼)交接，发现封印丢失、失效，由交方编制普通记录并补施施封锁。我国发往或换装到朝鲜的，上部门扣以10号铁线拧固，下部门扣施以施封锁(环状)。在发站、到站、局间分界站(或商定购交接站)以及补封站，均应检查封印的站名、号码。

其他国际联运货车的施封及交接方法，按本规则规定办理。

国境站对外交接时，仍按现行国际联运办法的规定办理。

第二节　有运转车长值乘列车的交接、检查及处理

第三十九条　车站与运转车长或运转车长相互间使用列车编组顺序表和乘务员手册办理签证交接。交接的时间、地点由分局指定，涉及两个分局的由有关分局商定。接收方应在规定时间内将列车检查完毕并办理交接签证。

到达列车在规定时间内未经车站签证，车长不得退勤；超过规定时间，车站未同车长办理交接，车长要求车站值班负责人(无值班负责人时为车站值班员)签证后退勤。

站车交接中发现问题车长拒绝出具证明时，车站应于列车到达后120分钟内拍发电报，主送责任列车段抄知主管分局。

第四十条　货物检查、交接的内容，以及发现问题的处理方法，按(表1)规定办理。

表1

顺号	检查内容	发现的问题	处理方法
1	运输票据或封套	（1）有票无货（车）或有货（车）无票	有票无货（车）车长不接收，车长交给车站时应编制记录；有货（车）无票，在装车站车长不接收，在其他站（指中途站和到站，以下同）由交方编制记录。
		（2）货物运单或封套上记载的车号、到站与编组顺序表或现车不符	在装车站不接收；在其他站由交方编制记录后接收。有涂改时，应加盖带有所属单位的经办人名章（简称盖章，以下同）并编制记录（编组顺序表涂改时不编记录）。
		（3）货物运单或封套上封印站名或号码被划掉、涂改未按规定盖章。	在装车站不接收；在其他站由交方编制记录证明。货车上无封印时，由交方补封（车长交出时为委托车站代封，以下同）是否清点货件由交方确定，并负担费用。
		（4）封套的封口有异状或票据不全。	在装车站不接收；在其他站由交方编制记录。
		（5）货物运单或封套以及编组顺序表记有铁路篷布，现车未盖有铁路篷布；现车盖有铁路篷布，货物运单或封套以及编组顺序表未记载，或记载张数不符。	在装车站不接收；在其他站由交方拍发电报编制记录。
2	货车的施封	（1）封印失效、丢失、断开或不破坏封印即能开启车门。	在装车站不接收；在其他站由交方编制记录并补封。是否需要清点货件由交方确定，并负担费用。 对封印站名、号码不清、无法辨认和交接双方意见不一致时，由交方编制记录证明印文现状后接收。
		（2）封印站名或号码与运输票据或封套上记载不一致。	在装车站不接收；在其他站由交方编制记录后接收。
		（3）货车已施封，但未在运输票据或封套上记明施封号码。	在装车站不接收；在其他站由交方编制记录。
		（4）未使用施封锁施封（罐车和朝鲜进口货车除外）。	在装车站不接收；在其他站由交方编制记录并补施施封锁。
		（5）在同一车门上使用两个以上封串联施封。	在装车站不接收；在其他站由交方编制记录证明现状。
		（6）货车两侧或一侧未按规定在车门下部门扣处施封。	
		（7）施封货车的上部门扣未以铁线拧固（车门构造只有一个门扣或上部门扣损坏的除外）。	由车站拧固后接收。
3	装有货物的货车	（1）车门窗未按规定关闭（损坏的车窗已用木板、铁箱、木箱封固）。	在装车站由车站关严后接收；在其他站由交方编制记录，由车站关闭门窗，是否清点货件由交方确定，并负担费用。
		（2）货物损坏、被盗。	在装车站不接收；在其他站由交方编制记录，并由车站处理。
		（3）棚车车体、平车及集装箱专用平车装运的集装箱箱体的可见部位损坏或集装箱箱门开启。	
		（4）篷布（包括自备篷布）苫盖捆绑不牢、被刮掉或被割危及运输安全。 易燃货物未按规定苫盖篷布或未采取规定的防护措施。	在装车站不接收；在其他站由交方编制记录后接收，并由车站换装、整理或补苫篷布。但对篷布苫盖不严，在其他站可根据具体情况处理。货物是否有坠落可能，货物或篷布捆绑松动程度，双方意见不一致时，由车站确认能保证安全的，可编制记录继续挂运。 补苫篷布时，车站应在货物运单、货票或封套上注明补苫张数和号码。如篷布数量发生变化时，还应在编组顺序表上修改或填写篷布张数。
		（5）货物装载有异状或超过货车装载限界；支柱、铁线、绳索有折断或松动；货物有坠落可能；车门插销不严，危及运输安全；底开门车用一个扣铁关闭底开门（如所装货物能搭在底板横梁上，且另一个搭扣处用铁线捆牢者除外）。	
		（6）超限货物无调度命令。	由车站取得调度命令后，车长方可接收。
4	货车使用和通行限制	（1）货车违反运行区段的通行限制。	在装车站不接收；在中途站由交方编制记录，并由车站换装适当货车。
		（2）装载金属块、长度不足2.5米的短木材或空铁桶使用的车种违反《铁路货物装载加固规则》（以下简称《加规》）货车使用限制表的规定。	

第三节　无运转车长值乘列车的交接、检查及处理

第四十一条　无运转车长值乘的列车实行站与站间交接检查的区段负责制，车站负责交接检查的工作。

区段负责制是指在对货物列车的交接检查中，按列车运行区段划分货运检查站责任的制度。

列车运行途经有技术作业的车站或无技术作业但停车时间在35分钟以上的技术作业车站，视为责任货运检查站(简称货检站)，由车站组织人员进行货运检查作业。

第四十二条　中间站保留及甩挂作业的货物列车，由车站负责看护，保证货物安全，发生问题车站要及时处理。

第四十三条　货物列车无改编作业时，货检站对货车的施封状态，仅凭列车编组顺序表的有关记载检查施封是否有效，不核对站名、号码。货物列车有改编作业时，货检站对货车的施封状态，交接时只核对站名，不核对号码。

第四十四条　交接检查时发现的问题应按有关规定进行处理，并应于列车到达后120分钟内以电报通知上一货检站，同时抄知发到站。电报的内容应包括列车的车次、到达时分、车种、车号、发站、到站、品名、发现问题及简要处理情况，需编制记录时按规定要求编制，并将记录粘贴在货票丁联背面或封套背面，无法粘贴的随封票交接。

第四十五条　运输票据由编组列车的车站封固并与机车乘务组实行封票签字交接。列车运行中在车站更换机车时，由更换地所在车站检查封固状态，并负责传递。机车乘务人员负责将票据完整地传递至列车终到站、甩挂作业站，并与车站办理票据签字交接，没有车站签字不得退勤，发生票据丢失，追查当事人责任。途中临时甩挂车作业时，由车站编制普通记录后启封处理，并将运输票据连同普通记录重新封固。

车站与机车乘务员应在商定的地点进行地面交接。

第四十六条　货物检查、交接的内容，以及发现问题的处理方法，按(表2)规定办理。

第四节　普通记录的管理

第四十七条　车站(车务段)对普通记录应建立请领、发放、使用及保管制度。普通记录用纸须按号码连续使用。普通记录存查页应及时收回，不丢失，不缺页。运转车长使用的普通记录，应由列车(车务)段负责登记和集中保管。

第五节　交接电报的管理

第四十八条　无运转车长值乘的列车，接方进行货运检查发现问题后，按规定拍发的电报作为有车长值乘时交方出具的普通记录。

车站对交接电报应建立登记制度，自编号码，妥善保管。

第六节　货物换装整理

第四十九条　在运输中发现货车偏载、超载、货物撒漏，以及因车辆技术状态不良，经车辆部门扣留，不能继续运行，或根据本规则有关规定需要换装整理时，由发现站(或分局指定站)及时换装整理，并在货票(丁联)记事栏记明有关事项。

换装整理的时间一般不应超过两天。如两天内未换装整理完毕时，应由换装站以电报通知到站，以便收货人查询。

编组、区段站对扣留的换装整理货车，应进行登记，并按月汇总报主管分局和铁路局，同时通知有关分局和铁路局。

货物换装整理所需的加固材料，由车站购置，以成本列支并保证满足使用需要。

第五十条　铁路责任的货物整理费由整理站(分局)列销；换装费由原装车站(分局)负担，但由于行车事故或调车冲撞发生的换装费由责任单位负担；因车辆技术状态不良发生的换装，属车辆部门责任，换装费由发生局负担。

需要向责任单位清算的换装费，由换装站将记录连同有关费用的单据，按月汇总报主管分局，在发生换装的次月内向责任分局(或责任单位)清算，但每一责任分局每月发生款额累计不足1000元的不清算。

表2

序号	检查内容	发现的问题	处理方法
1	运输票据或封套	（1）有票无货（车）或有货（车）无票。	编制记录并拍发电报。
		（2）货物运单或封套上记载的车号、到站与编组顺序表不符。	
		（3）货物运单或封套上记载的车号、到站有涂改，未加盖带有所属单位的经办人名章时。	
		（4）货物运单或封套上记载的车号与现车不符。	编制记录并拍发电报，查明情况后继运。
		（5）货物运单或封套上封印号码被划掉、涂改未按规定盖章。	编制记录并拍发电报证明现状继运。货车上无封印时，由发现站确定是否补封。
		（6）货物运单或封套以及编组顺序表记有铁路篷布，现车未盖有铁路篷布；现车盖有铁路篷布，货物运单或封套以及编组顺序表未记或记载张数不符。	编制记录并拍发电报。
2	货车的施封	（1）封印失效、丢失、断开或不破坏封印印能开启车门。	拍发电报并补封，是否清点货件由发现站确定。
		（2）运输票据或封套上记载的封印站名或号码与现封不一致或发生涂改。	核对站名，拍发电报。到站检查封印站名、号码。
		（3）货车已施封，但未在运输票据、编组顺序表或封套上记明封印号码。	编制记录证明现状继运。
		（4）未使用施封锁施封（罐车和朝鲜进口货车除外）。	拍发电报并补施施封锁。
		（5）在同一车站上使用两个以上封串联施封。	拍发电报并补封，如因车门技术状态无法补封时，车站以交方责任继运。
		（6）货车两侧或一侧在车门上部施封。	按现状拍发电报。
		（7）施封货车的上部门扣未以铁线拧固（车门构造只有一个门扣或上部门扣损坏的除外）。	由发现站拧固。
3	装有货物的货车	（1）车门窗未按规定关闭（损坏的车窗已用木板、铁箱、木箱封固）。	由发现站关闭并拍发电报。
		（2）货物损坏、被盗。	拍发电报、编制记录进行处理。
		（3）棚车车体、平车或集装箱专用平车装运的集装箱箱体的可见部位损坏或集装箱箱门开启。	拍发电报，并由车站处理。
		（4）易燃货物未按规定苫盖篷布或未采取规定的防护措施。	拍发电报，编制记录补苫篷布并采取防护措施。
		（5）篷布（包括自备篷布）苫盖捆绑不牢、被刮掉或被割危及运输安全。	及时进行整理。丢失或补苫篷布时由发现站拍发电报并编制记录。
		（6）货物装载有异状或超过货车装载限界；支柱、铁线、绳索有折断或松动，货物有坠落可能；车门插销不严、危及运输安全；底开门车用一个扣铁关闭底开门（如所装货物能搭在底板横梁上，并且另一个搭扣处用铁线捆牢者除外）。	由发现站按规定换装或整理并拍发电报。
		（7）超限货物无调度命令。	取得调度命令后继运。
4	货车使用和通行限制	（1）货车违反运行区段的通行限制。	拍发电报，并由车站换装适当货车。
		（2）装载金属块、长度不足2.5米的短木材或空铁桶使用的车种违反《加规》货车使用限制表的规定。	

第七节　货运检查站的管理

第五十一条　货检站要加强干部职工队伍建设，提高货检人员技术、业务素质；落实岗位责任制，严格作业标准；加强安全设备和设施的管理工作，提高设备和设施的管理水平；建立互联、互控、分析报告和信息反馈制度，做好有关台账和资料的统计分析工作。

货检站之间应加强工作联系，及时处理交接中发现的问题。

第四章　货场管理

第一节　货场管理的基本要求

第五十二条　车站货场是铁路办理货物运输的场所，也是货运产品的营销窗口，并以铁路承运人资格代表铁路运输企业参与市场经营，履行铁路运输企业赋予的权利和义务。

除铁路运输主业外，其他任何单位都无权以铁路承运人资格和名义办理铁路货运业务。

为满足货物运输的需求，安全、方便、快捷地运送货物，货场应严格执行规章制度，加强安全基础工作，完成运输生产经营任务，不断提高管理水平。

第五十三条　货场应由主业实行生产和经营的统一管理、统一费率、统一收费、统一清算，对外一体化经营，对内一体化考核，发挥货场整体经营的基本功能，积极开展货运营销，不断增强铁路在市场中的竞争能力。

第五十四条　车站要应用现代化管理方法和新技术、新设备管理货场，不断提高工作质量和服务质量。货场要努力创优，不断改进装备设施，提高现代化管理水平；经常保持安全、文明、整洁、畅通；做到：服务文明化，管理科学化；作业标准化，不断提高运输集装化和装卸机械化水平；

第五十五条　货场内应建立适应货主办理运输手续的作业流程，加强各环节间内部衔接，实行一个窗口办理、一次收取费用、一张支票。开办货运信息服务项目，利用电话、电传、计算机等现代化手段，为货主提供进货、到货、运费等信息咨询。零星小件货物实行就地检斤、就地收货、就地承运。

第五十六条　车站应根据货运设备、装卸机具和办理货物种类等情况合理划分货区、确定货位分工，充分发挥货场的作业能力；应协调好货运、装卸、运转部门间的关系，明确分工，密切配合。

货场内禁止闲杂人员进入，货区内严禁吸烟。

未经铁路局批准，货场内不允许其他单位设点办公。

第五十七条　铁路装卸管理部门应对货场内的委托装卸实行统一管理、统一派班、统一费率、统一收费、统一清算的“五统一”管理。凡未与铁路签订合同的，不准在货场内进行装卸作业。需用机械装卸至汽、马车或船舶的货物(包括集装箱)，应由货场内设置的铁路装卸机械作业。货场允许托运人、收货人以自备交通工具进出货物。铁路局规定由铁路负责零担货物出入库的车站，托运人、收货人不得进库取货、送货。收货人领取整车货物时，车站应督促收货人将货位清扫干净，并将残留的货底、衬垫物等搬出货场。

第五十八条　货场应对经营、安全、技术业务、设备、消防、收入、专用线等实施规范和科学的管理。货场内的管理和生产人员应严格遵守《货装职工守则》。

第二节　货场管理的基本制度

第五十九条　货场应建立货装分工负责制，包区、包库或包线负责制，货场清扫分工负责制，运输票据、货物检查交接制，取送车作业制，站车交接检查制，保价运输管理制，施封锁请领、发放、使用、保管制，门卫、巡守、消防制，衡器使用、维修、保管制，统计分析制等项作业制度。

第三节　货运设备管理

第六十条　货运设备包括仓库、货棚、站台、货物线、堆货场及通道、房屋、装卸机具、衡器、军用加固材料、防湿篷布，上水、加冰、洗刷除污以及用于货运业务的电子计算机等各项设施。车站要设专职或兼职人员管理货运设备，建立设备台账，逐项登记入册。遇有变更及时修正，上报备案。

第六十一条　车站要充分利用货运设备，发挥设备的效能。凡属货场范围的土地、设备，未经铁路局批准，其他单位不得占用。

要加大铁路货场建设，配置质量良好的仓库、雨棚、装卸机具和装卸场地，完善服务设施，健全服务功能，为招揽货源、服务货主提供必要的物质条件。

第六十二条　车站应积极应用电子计算机技术，提高货运、装卸管理水平和工作效率。

车站(车务段)应有专人负责货场内电子计算机的管理工作。管理人员应熟悉货场使用的各种计算机的性能、构造，能够排除计算机常见故障。

第四节　货运技术管理

第六十三条　为加强货运技术管理工作，在货运量较大的以及经常办理超长、超限、集重、危险、鲜活、军运、国际联运货物的车站货场内，应配备货运工程技术人员，建立货运技术室，实行技术负责制。

第六十四条　车站货运技术工作的职责范围是：

负责车站货运技术工作，掌握车站货运技术情况，并对货运技术资料进行统计分析；查定货运设备能力和作业能力，编制货场改建和扩建计划；编制货运作业程序和质量标准；研究改进货物运输条件，改善货物包装，签订试运协议和专用线运输协议；组织货运技术革新，推进现代化管理；编制货运技术业务教育计划，并组织实施；按部有关规定制定超限、长大货物、危险货物和鲜活货物的装载运输方案以及其他货物的定型装载方案。

第五节　车站货运管理细则

第六十五条　为顺利执行日常货运作业计划，正确组织货物运输，落实各项货运规章制度，保证安全生产，明确和协调货场内各种工作关系，车站(车务段)应根据实际情况编制《车站货运管理细则》。特、一等站的《车站货运管理细则》经铁路局批准后执行；二、三等站的《车站货运管理细则》经分局批准后执行。

第六十六条　《车站货运管理细则》应包括以下内容：

一、车站货场概况

1.货场的位置，占地面积，作业性质，设计能力，实际运量(标明年度)，大宗货物品类。

2.各种货运设备、装卸机具、消防设施的数量、分布及能力(包括货场、专用线等平面图)。

3.货区和货位的数量、面积、分布及分工。

二、货运、装卸组织管理系统

1、组织机构、指挥系统及货装职责分工。

2.人员配备及分工。

三、货运计划管理

1.整车、零担、集装箱运输计划的编制方法、步骤，计划的受理与审批制度。

2.装卸车方案和日班计划的编制、审核与执行。

四、各项基本作业制度

五、货场内各种单项管理办法

单项办法包括：安全、防火、设备、规章、文电、业务教育、计算机、篷布、军运、票据、施封用具、加冰上水、货车洗刷除污、专用线、竞赛奖励，以及其他需要单独明确的办法。

六、岗位责任制

七、各项作业基本程序、内容和质量标准

八、检查及考核办法

九、附件

第五章　货运监察

第六十七条　为加强对货运工作的监督检查，维护人民铁路为人民的宗旨，搞好路风建设，保证货运安全，铁道部和铁路局、分局均应建立货运监察制度，配备监察人员，严格执行《铁路货物运输服务质量监督监察办法》，做好监察工作。

第六十八条　货运监察人员的基本职责是：

按照国家政策、法令和铁路规章制度，对路风建设、安全管理、运杂费管理、执行规章等方面的货运工作情况进行经常性的全面监督检查。

货运监察人员有权查阅有关部门和站段的案卷、记录、表报、票据及有关业务资料，检查作业现场，参加或召集调查、分析会议。对危及行车安全和货运安全的行为或现象，有权当场制止或纠正，并通知有关分局和铁路局。

检查中发现的问题作成监察记录交被检查单位领导签认，限期改正。

第六十九条 货运监察人员应由思想端正、作风正派、业务熟练、严于律己、秉公办事的干部担任。

铁道部的货运监察人员，由铁道部运输局考核和管理，报部长批准；铁路局的货运监察人员由铁路局长批准，报铁道部备案；铁路分局的货运监察人员由分局长批准，报铁路局备案。

铁道部的货运监察证由铁道部核发，铁路局、分局的货运监察证由铁路局核发。

货运监察证由铁路局按铁道部统一规定的式样印制。

第七十条 货运监察人员执行职务时应持有监察证。携带本人公用乘车证可优先乘坐旅客列车，添乘货物列车，可在乘务员公寓住宿，准予使用铁路电话、电报。

各铁路局应根据上述原则，制定本局货运监察办法。

第六章 附 则

第七十一条 本规则由铁道部运输局负责解释。

第七十二条 本规则自2000年11月1日起施行。铁道部1991年发布的《铁路货物运输管理规则》(铁运[1991]84号) 同时废止。

中华人民共和国海关法

（第二至五章）

(1987年1月22日第六届全国人民代表大会常务委员会第十九次会议通过，2000年7月8日第九届全国人民代表大会常务委员会第十六次会议修正，2001年1月1日起施行)

第二章 进出境运输工具

第十四条 进出境运输工具到达或者驶离设立海关的地点时，运输工具负责人应当向海关如实申报，交验单证，并接受海关监管和检查。停留在设立海关的地点的进出境运输工具，未经海关同意，不得擅自驶离。进出境运输工具从一个设立海关的地点驶往另一个设立海关的地点的，应当符合海关监管要求，办理海关手续，未办结海关手续的，不得改驶境外。

第十五条 进境运输工具在进境以后向海关申报以前，出境运输工具在办结海关手续以后出境以前，应当按照交通主管机关规定的路线行进；交通主管机关没有规定的，由海关指定。

第十六条 进出境船舶、火车、航空器到达和驶离时间、停留地点、停留期间更换地点以及装卸货物、物品时间，运输工具负责人或者有关交通运输部门应当事先通知海关。

第十七条 运输工具装卸进出境货物、物品或者上下进出境旅客，应当接受海关监管。货物、物品装卸完毕，运输工具负责人应当向海关递交反映实际装卸情况的交接单据和记录。上下进出境运输工具的人员携带物品的，应当向海关如实申报，并接受海关检查。

第十八条 海关检查进出境运输工具时，运输工具负责人应当到场，并根据海关的要求开启舱室、房间、车门；有走私嫌疑的，并应当开拆可能藏匿走私货物、物品的部位，搬移货物、物料。海关根据工作需要，可以派员随运输工具执行职务，运输工具负责人应当提供方便。

第十九条　进境的境外运输工具和出境的境内运输工具，未向海关办理手续并缴纳关税，不得转让或者移作他用。

第二十条　进出境船舶和航空器兼营境内客、货运输，需经海关同意，并应当符合海关监管要求。进出境运输工具改营境内运输，需向海关办理手续。

第二十一条　沿海运输船舶、渔船和从事海上作业的特种船舶，未经海关同意，不得载运或者换取、买卖、转让进出境货物、物品。

第二十二条　进出境船舶和航空器，由于不可抗力的原因，被迫在未设立海关的地点停泊、降落或者抛掷、起卸货物、物品，运输工具负责人应当立即报告附近海关。

第三章　进出境货物

第二十三条　进口货物自进境起到办结海关手续止，出口货物自向海关申报起到出境止，过境、转运和通运货物自进境起到出境止，应当接受海关监管。

第二十四条　进口货物的收货人、出口货物的发货人应当向海关如实申报，交验进出口许可证件和有关单证。国家限制进出口的货物，没有进出口许可证件的，不予放行，具体处理办法由国务院规定。进口货物的收货人应当自运输工具申报进境之日起十四日内，出口货物的发货人除海关特准的外应当在货物运抵海关监管区后、装货的二十四小时以前，向海关申报。进口货物的收货人超过前款规定期限向海关申报的，由海关征收滞报金。

第二十五条　办理进出口货物的海关申报手续，应当采用纸质报关单和电子数据报关单的形式。

第二十六条　海关接受申报后，报关单证及其内容不得修改或者撤销；确有正当理由的，经海关同意，方可修改或者撤销。

第二十七条　进口货物的收货人经海关同意，可以在申报前查看货物或者提取货样。需要依法检疫的货物，应当在检疫合格后提取货样。

第二十八条　进出口货物应当接受海关查验。海关查验货物时，进口货物的收货人、出口货物的发货人应当到场，并负责搬移货物，开拆和重封货物的包装。海关认为必要时，可以径行开验、复验或者提取货样。经收发货人申请，海关总署批准，其进出口货物可以免验。

第二十九条　除海关特准的外，进出口货物在收发货人缴清税款或者提供担保后，由海关签印放行。

第三十条　进口货物的收货人自运输工具申报进境之日起超过3个月未向海关申报的，其进口货物由海关提取依法变卖处理，所得价款在扣除运输、装卸、储存等费用和税款后，尚有余款的，自货物依法变卖之日起一年内，经收货人申请，予以发还；其中属于国家对进口有限制性规定，应当提交许可证件而不能提供的，不予发还。逾期无人申请或者不予发还的，上缴国库。确属误卸或者溢卸的进境货物，经海关审定，由原运输工具负责人或者货物的收发货人自该运输工具卸货之日起3个月内，办理退运或者进口手续；必要时，经海关批准，可以延期3个月。逾期未办手续的，由海关按前款规定处理。前两款所列货物不宜长期保存的，海关可以根据实际情况提前处理。收货人或者货物所有人声明放弃的进口货物，由海关提取依法变卖处理；所得价款在扣除运输、装卸、储存等费用后，上缴国库。

第三十一条　经海关批准暂时进口或者暂时出口的货物，应当在6个月内复运出境或者复运进境；在特殊情况下，经海关同意，可以延期。

第三十二条　经营保税货物的储存、加工、装配、展示、运输、寄售业务和经营免税商店，应当符合海关监管要求，经海关批准，并办理注册手续。保税货物的转让、转移以及进出保税场所，应当向海关办理有关手续，接受海关监管和查验。

第三十三条　企业从事加工贸易，应当持

有关批准文件和加工贸易合同向海关备案，加工贸易制成品单位耗料量由海关按照有关规定核定。加工贸易制成品应当在规定的期限内复出口。其中使用的进口料件，属于国家规定准予保税的，应当向海关办理核销手续；属于先征收税款的，依法向海关办理退税手续。加工贸易保税进口料件或者制成品因故转为内销的，海关凭准予内销的批准文件，对保税的进口料件依法征税；属于国家对进口有限制性规定的，还应当向海关提交进口许可证件。

第三十四条　经国务院批准在中华人民共和国境内设立的保税区等海关特殊监管区域，由海关按照国家有关规定实施监管。

第三十五条　进口货物应当由收货人在货物的进境地海关办理海关手续，出口货物应当由发货人在货物的出境地海关办理海关手续。经收发货人申请，海关同意，进口货物的收货人可以在设有海关的指运地、出口货物的发货人可以在设有海关的启运地办理海关手续。上述货物的转关运输，应当符合海关监管要求；必要时，海关可以派员押运。经电缆、管道或者其他特殊方式输送进出境的货物，经营单位应当定期向指定的海关申报和办理海关手续。

第三十六条　过境、转运和通运货物，运输工具负责人应当向进境地海关如实申报，并应当在规定期限内运输出境。海关认为必要时，可以查验过境、转运和通运货物。

第三十七条　海关监管货物，未经海关许可，不得开拆、提取、交付、发运、调换、改装、抵押、质押、留置、转让、更换标记、移作他用或者进行其他处置。海关加施的封志，任何人不得擅自开启或者损毁。人民法院判决、裁定或者有关行政执法部门决定处理海关监管货物的，应当责令当事人办结海关手续。

第三十八条　经营海关监管货物仓储业务的企业，应当经海关注册，并按照海关规定，办理收存、交付手续。在海关监管区外存放海关监管货物，应当经海关同意，并接受海关监管。违反前两款规定或者在保管海关监管货物期间造成海关监管货物损毁或者灭失的，除不可抗力外，对海关监管货物负有保管义务的人应当承担相应的纳税义务和法律责任。

第三十九条　进出境集装箱的监管办法、打捞进出境货物和沉船的监管办法、边境小额贸易进出口货物的监管办法，以及本法未具体列明的其他进出境货物的监管办法，由海关总署或者由海关总署会同国务院有关部门另行制定。

第四十条　国家对进出境货物、物品有禁止性或者限制性规定的，海关依据法律、行政法规、国务院的规定或者国务院有关部门依据法律、行政法规的授权作出的规定实施监管。具体监管办法由海关总署制定。

第四十一条　进出口货物的原产地按照国家有关原产地规则的规定确定。

第四十二条　进出口货物的商品归类按照国家有关商品归类的规定确定。海关可以要求进出口货物的收发货人提供确定商品归类所需的有关资料；必要时，海关可以组织化验、检验，并将海关认定的化验、检验结果作为商品归类的依据。

第四十三条　海关可以根据对外贸易经营者提出的书面申请，对拟作进口或者出口的货物预先作出商品归类等行政裁定。进口或者出口相同货物，应当适用相同的商品归类行政裁定。海关对所作出的商品归类等行政裁定，应当予以公布。

第四十四条　海关依照法律、行政法规的规定，对与进出境货物有关的知识产权实施保护。需要向海关申报知识产权状况的，进出口货物收发货人及其代理人应当按照国家规定向海关如实申报有关知识产权状况，并提交合法使用有关知识产权的证明文件。

第四十五条　自进出口货物放行之日起3年内或者在保税货物、减免税进口货物的海关监管期限内及其后的3年内，海关可以对与进出口货物直接有关的企业、单位的会计帐簿、会计凭证、报关单证以及其他有关资料和有关进出口货物实施稽查。具体办法由国务院规定。

第四章 进出境物品

第四十六条 个人携带进出境的行李物品、邮寄进出境的物品，应当以自用、合理数量为限，并接受海关监管。

第四十七条 进出境物品的所有人应当向海关如实申报，并接受海关查验。海关加施的封志，任何人不得擅自开启或者损毁。

第四十八条 进出境邮袋的装卸、转运和过境，应当接受海关监管。邮政企业应当向海关递交邮件路单。邮政企业应当将开拆及封发国际邮袋的时间事先通知海关，海关应当按时派员到场监管查验。

第四十九条 邮运进出境的物品，经海关查验放行后，有关经营单位方可投递或者交付。

第五十条 经海关登记准予暂时免税进境或者暂时免税出境的物品，应当由本人复带出境或者复带进境。过境人员未经海关批准，不得将其所带物品留在境内。

第五十一条 进出境物品所有人声明放弃的物品、在海关规定期限内未办理海关手续或者无人认领的物品，以及无法投递又无法退回的进境邮递物品，由海关依照本法第三十条的规定处理。

第五十二条 享有外交特权和豁免的外国机构或者人员的公务用品或者自用物品进出境，依照有关法律、行政法规的规定办理。

第五章 关 税

第五十三条 准许进出口的货物、进出境物品，由海关依法征收关税。

第五十四条 进口货物的收货人、出口货物的发货人、进出境物品的所有人，是关税的纳税义务人。

第五十五条 进出口货物的完税价格，由海关以该货物的成交价格为基础审查确定。成交价格不能确定时，完税价格由海关依法估定。进口货物的完税价格包括货物的货价、货物运抵中华人民共和国境内输入地点起卸前的运输及其相关费用、保险费；出口货物的完税价格包括货物的货价、货物运至中华人民共和国境内输出地点装载前的运输及其相关费用、保险费，但是其中包含的出口关税税额，应当予以扣除。进出境物品的完税价格，由海关依法确定。

第五十六条 下列进出口货物、进出境物品，减征或者免征关税：

（一）无商业价值的广告品和货样；

（二）外国政府、国际组织无偿赠送的物资；

（三）在海关放行前遭受损坏或者损失的货物；

（四）规定数额以内的物品；

（五）法律规定减征、免征关税的其他货物、物品；

（六）中华人民共和国缔结或者参加的国际条约规定减征、免征关税的货物、物品。

第五十七条 特定地区、特定企业或者有特定用途的进出口货物，可以减征或者免征关税。特定减税或者免税的范围和办法由国务院规定。依照前款规定减征或者免征关税进口的货物，只能用于特定地区、特定企业或者特定用途，未经海关核准并补缴关税，不得移作他用。

第五十八条 本法第五十六条、第五十七条第一款规定范围以外的临时减征或者免征关税，由国务院决定。

第五十九条 经海关批准暂时进口或者暂时出口的货物，以及特准进口的保税货物，在货物收发货人向海关缴纳相当于税款的保证金或者提供担保后，准予暂时免纳关税。

第六十条 进出口货物的纳税义务人，应当自海关填发税款缴款书之日起15日内缴纳税款 ；逾期缴纳的，由海关征收滞纳金。纳税义务人、担保人超过3个月仍未缴纳的，经直属海关关长或者其授权的隶属海关关长批准，海关可以采取下列强制措施：

（一）书面通知其开户银行或者其他金融机构从其存款中扣缴税款；

（二）将应税货物依法变卖，以变卖所得抵缴税款；

（三）扣留并依法变卖其价值相当于应纳税款的货物或者其他财产，以变卖所得抵缴税款。海关采取强制措施时，对前款所列纳税义务人、担保人未缴纳的滞纳金同时强制执行。进出境物品的纳税义务人，应当在物品放行前缴纳税款。

第六十一条　进出口货物的纳税义务人在规定的纳税期限内有明显的转移、藏匿其应税货物以及其他财产迹象的，海关可以责令纳税义务人提供担保；纳税义务人不能提供纳税担保的，经直属海关关长或者其授权的隶属海关关长批准，海关可以采取下列税收保全措施：

（一）书面通知纳税义务人开户银行或者其他金融机构暂停支付纳税义务人相当于应纳税款的存款；

（二）扣留纳税义务人价值相当于应纳税款的货物或者其他财产。纳税义务人在规定的纳税期限内缴纳税款的，海关必须立即解除税收保全措施；期限届满仍未缴纳税款的，经直属海关关长或者其授权的隶属海关关长批准，海关可以书面通知纳税义务人开户银行或者其他金融机构从其暂停支付的存款中扣缴税款，或者依法变卖所扣留的货物或者其他财产，以变卖所得抵缴税款。采取税收保全措施不当，或者纳税义务人在规定期限内已缴纳税款，海关未立即解除税收保全措施，致使纳税义务人的合法权益受到损失的，海关应当依法承担赔偿责任。

第六十二条　进出口货物、进出境物品放行后，海关发现少征或者漏征税款，应当自缴纳税款或者货物、物品放行之日起一年内，向纳税义务人补征。因纳税义务人违反规定而造成的少征或者漏征，海关在三年以内可以追征。

第六十三条　海关多征的税款，海关发现后应当立即退还；纳税义务人自缴纳税款之日起一年内，可以要求海关退还。

第六十四条　纳税义务人同海关发生纳税争议时，应当缴纳税款，并可以依法申请行政复议；对复议决定仍不服的，可以依法向人民法院提起诉讼。

第六十五条　进口环节海关代征税的征收管理，适用关税征收管理的规定。

中华人民共和国国际海运条例

（2001年12月11日发布　国务院第335号令　2002年1月1日起施行）

第一章　总　则

第一条　为了规范国际海上运输活动，保护公平竞争，维护国际海上运输市场秩序，保障国际海上运输各方当事人的合法权益，制定本条例。

第二条　本条例适用于进出中华人民共和国港口的国际海上运输经营活动以及与国际海上运输相关的辅助性经营活动。

前款所称与国际海上运输相关的辅助性经营活动，包括本条例分别规定的国际船舶代理、国际船舶管理、国际海运货物装卸、国际海运货物仓储、国际海运集装箱站和堆场等业务。

第三条　从事国际海上运输经营活动以及与国际海上运输相关的辅助性经营活动，应当遵循诚实信用的原则，依法经营，公平竞争。

第四条　国务院交通主管部门和有关的地方人民政府交通主管部门依照本条例规定，对国际海上运输经营活动实施监督管理，并对与国际海上运输相关的辅助性经营活动实施有关的监督管理。

第二章　国际海上运输及其辅助性业务的经营者

第五条　经营国际船舶运输业务，应当具

备下列条件：

（一）有与经营国际海上运输业务相适应的船舶，其中必须有中国籍船舶；

（二）投入运营的船舶符合国家规定的海上交通安全技术标准；

（三）有提单、客票或者多式联运单证；

（四）有具备国务院交通主管部门规定的从业资格的高级业务管理人员。

第六条　经营国际船舶运输业务，应当向国务院交通主管部门提出申请，并附送符合本条例第五条规定条件的相关材料。国务院交通主管部门应当自受理申请之日起30日内审核完毕，作出许可或者不予许可的决定。予以许可的，向申请人颁发《国际船舶运输经营许可证》；不予许可的，应当书面通知申请人并告知理由。

国务院交通主管部门审核国际船舶运输业务申请时，应当考虑国家关于国际海上运输业发展的政策和国际海上运输市场竞争状况。

申请经营国际船舶运输业务，并同时申请经营国际班轮运输业务的，还应当附送本条例第十七条规定的相关材料，由国务院交通主管部门一并审核、登记。

第七条　经营无船承运业务，应当向国务院交通主管部门办理提单登记，并交纳保证金。

前款所称无船承运业务，是指无船承运业务经营者以承运人身份接受托运人的货载，签发自己的提单或者其他运输单证，向托运人收取运费，通过国际船舶运输经营者完成国际海上货物运输，承担承运人责任的国际海上运输经营活动。

在中国境内经营无船承运业务，应当在中国境内依法设立企业法人。

第八条　无船承运业务经营者应当在向国务院交通主管部门提出办理提单登记申请的同时，附送证明已经按照本条例的规定交纳保证金的相关材料。

前款保证金金额为80万元人民币；每设立一个分支机构，增加保证金20万元人民币。保证金应当向中国境内的银行开立专门账户交存。

保证金用于无船承运业务经营者清偿因其不履行承运人义务或者履行义务不当所产生的债务以及支付罚款。保证金及其利息，归无船承运业务经营者所有。

专门账户由国务院交通主管部门实施监督。

国务院交通主管部门应当自收到无船承运业务经营者提单登记申请并交纳保证金的相关材料之日起15日内审核完毕。申请材料真实、齐备的，予以登记，并通知申请人；申请材料不真实或者不齐备的，不予登记，书面通知申请人并告知理由。已经办理提单登记的无船承运业务经营者，由国务院交通主管部门予以公布。

第九条　营国际船舶代理业务，应当具备下列条件：

（一）高级业务管理人员中至少2人具有3年以上从事国际海上运输经营活动的经历；

（二）有固定的营业场所和必要的营业设施。

第十条　经营国际船舶代理业务，应当向国务院交通主管部门提出申请，并附送符合本条例第九条规定条件的相关材料。国务院交通主管部门应当自收到申请之日起15日内审核完毕。申请材料真实、齐备的，予以登记，并通知申请人；申请材料不真实或者不齐备的，不予登记，书面通知申请人并告知理由。

第十一条　经营国际船舶管理业务，应当具备下列条件：

（一）高级业务管理人员中至少2人具有3年以上从事国际海上运输经营活动的经历；

（二）有持有与所管理船舶种类和航区相适应的船长、轮机长适任证书的人员；

（三）有与国际船舶管理业务相适应的设备、设施。

第十二条　经营国际船舶管理业务，应当向拟经营业务所在地的省、自治区、直辖市人民政府交通主管部门提出申请，并附送符合本条例第十一条规定条件的相关材料。省、自治区、直辖市人民政府交通主管部门应当自收到申请之日起15日内审核完毕。申请材料真实、齐备的，予以登记，并通知申请人；申请材料不真实或者不齐备的，不予登记，书面通知申请人并告知理由。

第十三条　国际船舶运输经营者、无船承运业务经营者、国际船舶代理经营者和国际船舶管理经营者经依照本条例许可、登记后，应当持有关证明文件，依法向企业登记机关办理企业登记手续。

第十四条　国际船舶运输经营者、无船承运业务经营者、国际船舶代理经营者和国际船舶管理经营者，不得将依法取得的经营资格提供给他人使用。

第十五条　国际船舶运输经营者、无船承运业务经营者、国际船舶代理经营者和国际船舶管理经营者依照本条例的规定取得相应的经营资格后，不再具备本条例规定的条件的，国务院交通主管部门或者省、自治区、直辖市人民政府交通主管部门应当立即取消其经营资格。

第三章　国际海上运输及其辅助性业务经营活动

第十六条　国际船舶运输经营者经营进出中国港口的国际班轮运输业务，应当依照本条例的规定取得国际班轮运输经营资格。

未取得国际班轮运输经营资格的，不得从事国际班轮运输经营活动，不得对外公布班期、接受订舱。

以共同派船、舱位互换、联合经营等方式经营国际班轮运输的，适用本条第一款的规定。

第十七条　经营国际班轮运输业务，应当向国务院交通主管部门提出申请，并附送下列材料：

（一）国际船舶运输经营者的名称、注册地、营业执照副本、主要出资人；

（二）经营者的主要管理人员的姓名及其身份证明；

（三）运营船舶资料；

（四）拟开航的航线、班期及沿途停泊港口；

（五）运价本；

（六）提单、客票或者多式联运单证。

国务院交通主管部门应当自收到经营国际班轮运输业务申请之日起30日内审核完毕。申请材料真实、齐备的，予以登记，并通知申请人；申请材料不真实或者不齐备的，不予登记，书面通知申请人并告知理由。

第十八条　取得国际班轮运输经营资格的国际船舶运输经营者，应当自取得资格之日起180日内开航；因不可抗力并经国务院交通主管部门同意，可以延期90日。逾期未开航的，国际班轮运输经营资格自期满之日起丧失。

第十九条　新开、停开国际班轮运输航线，或者变更国际班轮运输船舶、班期的，应当提前15日予以公告，并应当自行为发生之日起15日内向国务院交通主管部门备案。

第二十条　经营国际班轮运输业务的国际船舶运输经营者的运价和无船承运业务经营者的运价，应当按照规定格式向国务院交通主管部门备案。国务院交通主管部门应当指定专门机构受理运价备案。

备案的运价包括公布运价和协议运价。公布运价，是指国际船舶运输经营者和无船承运业务经营者运价本上载明的运价；协议运价，是指国际船舶运输经营者与货主、无船承运业务经营者约定的运价。

公布运价自国务院交通主管部门受理备案之日起满30日生效；协议运价自国务院交通主管部门受理备案之时起满24小时生效。

国际船舶运输经营者和无船承运业务经营者应当执行生效的备案运价。

第二十一条　国际船舶运输经营者在与无船承运业务经营者订立协议运价时，应当确认无船承运业务经营者已依照本条例规定办理提单登记并交纳保证金。

第二十二条　从事国际班轮运输的国际船舶运输经营者之间订立涉及中国港口的班轮公会协议、运营协议、运价协议等，应当自协议订立之日起15日内将协议副本向国务院交通主管部门备案。

第二十三条　国际船舶运输经营者有下列情形之一的，应当在情形发生之日起15日内，向国务院交通主管部门备案：

（一）终止经营；

（二）减少运营船舶；

（三）变更提单、客票或者多式联运单证；

（四）在境外设立分支机构或者子公司经营国际船舶运输业务；

（五）拥有的船舶在境外注册，悬挂外国旗。

国际船舶运输经营者增加运营船舶的，增加的运营船舶必须符合国家规定的安全技术标准，并应当于投入运营前15日内向国务院交通主管部门备案。国务院交通主管部门应当自收到备案材料之日起3日内出具备案证明文件。

其他中国企业有本条第一款第（四）项、第（五）项所列情形之一的，应当依照本条第一款规定办理备案手续。

第二十四条　国际船舶运输经营者之间的兼并、收购，其兼并、收购协议应当报国务院交通主管部门审核同意。

国务院交通主管部门应当自收到国际船舶运输经营者报送的兼并、收购协议之日起60日内，根据国家关于国际海上运输业发展的政策和国际海上运输市场竞争状况进行审核，作出同意或者不同意的决定，并书面通知有关国际船舶运输经营者。

第二十五条　经营国际船舶运输业务、无船承运业务和国际船舶代理业务，在中国境内收取、代为收取运费以及其他相关费用，应当向付款人出具中国税务机关统一印制的发票。

第二十六条　未依照本条例的规定办理提单登记并交纳保证金的，不得经营无船承运业务。

第十七条　经营国际船舶运输业务和无船承运业务，不得有下列行为：

（一）以低于正常、合理水平的运价提供服务，妨碍公平竞争；

（二）在会计账簿之外暗中给予托运人回扣，承揽货物；

（三）滥用优势地位，以歧视性价格或者其他限制性条件给交易对方造成损害；

（四）其他损害交易对方或者国际海上运输市场秩序的行为。

第二十八条　外国国际船舶运输经营者从事本章规定的有关国际船舶运输活动，应当遵守本条例有关规定。

外国国际船舶运输经营者不得经营中国港口之间的船舶运输业务，也不得利用租用的中国籍船舶或者舱位，或者以互换舱位等方式变相经营中国港口之间的船舶运输业务。

第二十九条　国际船舶代理经营者接受船舶所有人或者船舶承租人、船舶经营人的委托，可以经营下列业务：

（一）办理船舶进出港口手续，联系安排引航、靠泊和装卸；

（二）代签提单、运输合同，代办接受订舱业务；

（三）办理船舶、集装箱以及货物的报关手续；

（四）承揽货物、组织货载，办理货物、集装箱的托运和中转；

（五）代收运费，代办结算；

（六）组织客源，办理有关海上旅客运输业务；

（七）其他相关业务。

国际船舶代理经营者应当按照国家有关规定代扣代缴其所代理的外国国际船舶运输经营者的税款。

第三十条　国际船舶管理经营者接受船舶所有人或者船舶承租人、船舶经营人的委托，可以经营下列业务：

（一）船舶买卖、租赁以及其他船舶资产管理；

（二）机务、海务和安排维修；

（三）船员招聘、训练和配备；

（四）保证船舶技术状况和正常航行的其他服务。

第四章 外商投资经营国际海上运输及其辅助性业务的特别规定

第三十一条 外商在中国境内投资经营国际海上运输业务以及与国际海上运输相关的辅助性业务，适用本章规定；本章没有规定的，适用本条例其他有关规定。

第三十二条 经国务院交通主管部门批准，外商可以依照有关法律、行政法规以及国家其他有关规定，投资设立中外合资经营企业或者中外合作经营企业，经营国际船舶运输、国际船舶代理、国际船舶管理、国际海运货物装卸、国际海运货物仓储、国际海运集装箱站和堆场业务；并可以投资设立外资企业经营国际海运货物仓储业务。

经营国际船舶运输、国际船舶代理业务的中外合资经营企业，企业中外商的出资比例不得超过49%。

经营国际船舶运输、国际船舶代理业务的中外合作经营企业，企业中外商的投资比例比照适用前款规定。

中外合资国际船舶运输企业和中外合作国际船舶运输企业的董事会主席和总经理，由中外合资、合作双方协商后由中方指定。

第三十三条 经国务院交通主管部门批准，外商可以依照有关法律、行政法规以及国家其他有关规定投资设立中外合资经营企业、中外合作经营企业、外资企业，为其拥有或者经营的船舶提供承揽货物、代签提单、代结运费、代签服务合同等日常业务服务；未在中国境内投资设立中外合资经营企业、中外合作经营企业、外资企业的，上述业务必须委托中国的国际船舶代理经营者办理。

第三十四条 外国国际船舶运输经营者以及外国国际海运辅助企业，经国务院交通主管部门批准，可以依法在中国境内设立常驻代表机构。

外国国际船舶运输经营者以及外国国际海运辅助企业在中国境内设立的常驻代表机构，不得从事经营活动。

第五章 调查与处理

第三十五条 国务院交通主管部门应利害关系人的请求或者自行决定，可以对下列情形实施调查：

（一）经营国际班轮运输业务的国际船舶运输经营者之间订立的涉及中国港口的班轮公会协议、运营协议、运价协议等，可能对公平竞争造成损害的；

（二）经营国际班轮运输业务的国际船舶运输经营者通过协议产生的各类联营体，其服务涉及中国港口某一航线的承运份额，持续1年超过该航线总运量的30%，并可能对公平竞争造成损害的；

（三）有本条例第二十七条规定的行为之一的；

（四）可能损害国际海运市场公平竞争的其他行为。

第三十六条 国务院交通主管部门实施调查，应当会同国务院工商行政管理部门和价格部门（以下统称调查机关）共同进行。

第三十七条 调查机关实施调查，应当成立调查组。调查组成员不少于3人。调查组可以根据需要，聘请有关专家参加工作。

调查组进行调查前，应当将调查目的、调查原因、调查期限等事项通知被调查人。调查期限不得超过1年；必要时，经调查机关批准，可以延长半年。

第三十八条 调查人员进行调查，可以向被调查人以及与其有业务往来的单位和个人了解有关情况，并可查阅、复制有关单证、协议、合同文本、会计账簿、业务函电、电子数据等有关资料。

调查人员进行调查，应当保守被调查人以及与其有业务往来的单位和个人的商业秘密。

第三十九条 被调查人应当接受调查，如实提供有关情况和资料，不得拒绝调查或者隐匿真实情况、谎报情况。

第四十条 调查结束，调查机关应当作出调查结论，书面通知被调查人、利害关系人。

对公平竞争造成损害的，调查机关可以采取责令修改有关协议、限制班轮航班数量、中止运价本或者暂停受理运价备案、责令定期报送有关资料等禁止性、限制性措施。

第四十一条　调查机关在作出采取禁止性、限制性措施的决定前，应当告知当事人有要求举行听证的权利；当事人要求听证的，应当举行听证。

第六章　法律责任

第四十二条　未取得《国际船舶运输经营许可证》，擅自经营国际船舶运输业务的，由国务院交通主管部门或者其授权的地方人民政府交通主管部门责令停止经营；有违法所得的，没收违法所得；违法所得50万元以上的，处违法所得2倍以上5倍以下的罚款；没有违法所得或者违法所得不足50万元的，处20万元以上100万元以下的罚款。

第四十三条　未办理提单登记、交纳保证金，擅自经营无船承运业务的，由国务院交通主管部门或者其授权的地方人民政府交通主管部门责令停止经营；有违法所得的，没收违法所得；违法所得10万元以上的，处违法所得2倍以上5倍以下的罚款；没有违法所得或者违法所得不足10万元的，处5万元以上20万元以下的罚款。

第四十四条　未办理登记手续，擅自经营国际船舶代理业务或者国际船舶管理业务的，由国务院交通主管部门或者其授权的地方人民政府交通主管部门责令停止经营；有违法所得的，没收违法所得；违法所得5万元以上的，处违法所得2倍以上5倍以下的罚款；没有违法所得或者违法所得不足5万元的，处2万元以上10万元以下的罚款。

第四十五条　外国国际船舶运输经营者经营中国港口之间的船舶运输业务，或者利用租用的中国籍船舶和舱位以及用互换舱位等方式经营中国港口之间的船舶运输业务的，由国务院交通主管部门或者其授权的地方人民政府交通主管部门责令停止经营；有违法所得的，没收违法所得；违法所得50万元以上的，处违法所得2倍以上5倍以下的罚款；没有违法所得或者违法所得不足50万元的，处20万元以上100万元以下的罚款。拒不停止经营的，拒绝进港；情节严重的，撤销其国际班轮运输经营资格。

第四十六条　未取得国际班轮运输经营资格，擅自经营国际班轮运输的，由国务院交通主管部门或者其授权的地方人民政府交通主管部门责令停止经营；有违法所得的，没收违法所得；违法所得50万元以上的，处违法所得2倍以上5倍以下的罚款；没有违法所得或者违法所得不足50万元的，处20万元以上100万元以下的罚款。拒不停止经营的，拒绝进港。

第四十七条　国际船舶运输经营者、无船承运业务经营者、国际船舶代理经营者和国际船舶管理经营者将其依法取得的经营资格提供给他人使用的，由国务院交通主管部门或者其授权的地方人民政府交通主管部门责令限期改正；逾期不改正的，撤销其经营资格。

第四十八条　未履行本条例规定的备案手续的，由国务院交通主管部门或者其授权的地方人民政府交通主管部门责令限期补办备案手续；逾期不补办的，处1万元以上5万元以下的罚款，并可以撤销其相应资格。

第四十九条　未履行本条例规定的运价备案手续或者未执行备案运价的，由国务院交通主管部门或者其授权的地方人民政府交通主管部门责令限期改正，并处2万元以上10万元以下的罚款。

第五十条　依据调查结论应当给予行政处罚或者有本条例第二十七条所列违法情形的，由交通主管部门、价格主管部门或者工商行政管理部门依照有关法律、行政法规的规定给予处罚。

第五十一条　国际船舶运输经营者与未办理提单登记并交纳保证金的无船承运业务经营者订立协议运价的，由国务院交通主管部门或者其授权的地方人民政府交通主管部门给予警告，并处2万元以上10万元以下的罚款。

第五十二条　未经国务院交通主管部门批准，外国国际船舶运输经营者以及外国国际海运辅助企业擅自设立常驻代表机构的，由国务院交通主管部门或者其授权的地方人民政府交通主管部门责令限期改正，并处2万元以上10万元以下的罚款。

外国国际船舶运输经营者以及外国国际海运辅助企业常驻代表机构从事经营活动的，由工商行政管理部门责令停止经营活动，并依法给予处罚。

第五十三条　拒绝调查机关及其工作人员依法实施调查，或者隐匿、谎报有关情况和资料的，由国务院交通主管部门或者其授权的地方人民政府交通主管部门责令改正，并处2万元以上10万元以下的罚款。

第五十四条　非法从事进出中国港口的国际海上运输经营活动以及与国际海上运输相关的辅助性经营活动，扰乱国际海上运输市场秩序的，依照刑法关于非法经营罪的规定，依法追究刑事责任。

第五十五条　国务院交通主管部门和有关地方人民政府交通主管部门的工作人员有下列情形之一，造成严重后果，触犯刑律的，依照刑法关于滥用职权罪、玩忽职守罪或者其他罪的规定，依法追究刑事责任；尚不够刑事处罚的，依法给予行政处分：

（一）对符合本条例规定条件的申请者不予审批、许可、登记、备案，或者对不符合本条例规定条件的申请者予以审批、许可、登记、备案的；

（二）对经过审批、许可、登记、备案的国际船舶运输经营者、无船承运业务经营者、国际船舶代理经营者和国际船舶管理经营者不依照本条例的规定实施监督管理，或者发现其不再具备本条例规定的条件而不撤销其相应的经营资格，或者发现其违法行为后不予以查处的；

（三）对监督检查中发现的未依法履行审批、许可、登记、备案的单位和个人擅自从事国际海上运输经营活动以及与国际海上运输相关的辅助性经营活动，不立即予以取缔，或者接到举报后不依法予以处理的。

第七章　附　则

第五十六条　香港特别行政区、澳门特别行政区和台湾地区的投资者在内地投资经营国际海上运输业务以及与国际海上运输相关的辅助性业务，比照适用本条例。

第五十七条　外国国际船舶运输经营者未经国务院交通主管部门批准，不得经营中国内地与香港特别行政区、澳门特别行政区之间的船舶运输业务，不得经营中国内地与台湾地区之间的双向直航和经第三地的船舶运输业务。

第五十八条　内地与香港特别行政区、澳门特别行政区之间的海上运输，由国务院交通主管部门依照本条例制定管理办法。

内地与台湾地区之间的海上运输，依照国家有关规定执行。

第五十九条　任何国家或者地区对中华人民共和国国际海上运输经营者、船舶或者船员采取歧视性的禁止、限制或者其他类似措施的，中华人民共和国政府根据对等原则采取相应措施。

第六十条　本条例施行前已从事国际海上运输经营活动以及与国际海上运输相关的辅助性经营活动的，应当在本条例施行之日起60日内按照本条例的规定补办有关手续。

第六十一条　本条例自2002年1月1日起施行。1990年12月5日国务院发布、1998年4月18日国务院修订发布的《中华人民共和国海上国际集装箱运输管理规定》同时废止。

国际集装箱多式联运管理规则

（1997年3月14日颁布　交通部　铁道部令　1997年第2号　1997年10月1日起施行）

第一章　总　则

第一条　为了加强国际集装箱多式联运的管理，促进通畅、经济、高效的国际集装箱多式联运的发展，满足对外贸易发展的需要，根据《中国人民共和国海商法》、《中华人民共和国铁路法》和中华人民共和国交通部、铁道部（以下简称交通部、铁道部）有关规定，制定本规则。

第二条　本规则适用于水路、公路、铁路的国际集装箱多式联运。

第三条　交通部、铁道部是我国国际集装箱多式联运的主管部门。

各省、自治区、直辖市交通主管部门根据本规则管理本地区的国际集装箱多式联运。

铁路部门按系统管理国际集装箱多式联运。

第四条　本规则下列用语的定义

（一）“国际集装箱”，是指符合国际标准化组织规定的技术标准的集装箱。

（二）“国际集装箱多式联运（以下简称多式联运）”，是指按照国际集装箱多式联运合同，以至少两种不同的运输方式，由多式联运经营人将国际集装箱从一国境内接管的地点运至另一国境内指定交付的地点。

（三）“国际集装箱多式联运合同（以下简称多式联运合同）”，是指多式联运经营人凭以收取运费、负责完成或组织完成国际多式联运的合同。

（四）“国际集装箱多式联运单据（以下简称多式联运单据）”是指证明多式联运合同以及证明多式联运经营人接管集装箱货物（以下简称货物）并负责按合同条款交付货物的单据。该单据包括双方确认的取代纸张单据的电子数据交换信息。

（五）“国际集装箱多式联运经营人（以下简称多式联运经营人）”，是指本人或者委托他人以本人名义与托运人订立一项多式联运合同并以承运人身份承担完成此项合同责任的人。

（六）“区段运输承运人”，是指与多式联运经营人签订区段运输合同，完成此项多式联运中的某区段运输的人，不管他是否与多式联运经营人属于同一人。

（七）“托运人”，是指本人或委托他人以本人的名义与多式联运经营人订立多式联运合同，将货物交给多式联运经营人的人。

（八）“收货人”，是指有权从多式联运经营人处接收货物的人。

（九）“迟延交付”，是指货物未在明确约定的时间内交付。

（十）“计算单位”，是指国际货币基金组织规定的特别提款权(SDR)。

第二章　多式联运的管理

第五条　申请经营多式联运业务的企业应符合下列条件：

（一）具有中华人民共和国企业法人资格。

（二）具有与从事多式联运业务相适应的组织机构、固定的营业场所、必要的经营设施和相应的专业管理人员。

（三）该企业具有3年以上国际货物运输或代理经历，有相应的国内、外代理。

（四）注册资金不低于人民币1000万元，并有良好的资信。增设经营性的分支机构时，每增设一个分支机构增加注册资金人民币100万元。

（五）符合国家法律、法规规定的其他条件。

第六条　多式联运经营人的审批

（一）铁路系统以外的企业申请经营多式联运业务，应上报至省、自治区、直辖市交通主管部门，并抄报所在地市(设区市)以上的交通主管部门。省、自治区、直辖市交通主管部门自收到全部申请文件起30日内提出意见后转报交通部。国务院部门在京直属企业申请经营多式联运业务，可直接向交通部、铁道部申报。铁路系统的企业申请经营多式联运业务，由企业所在地的铁路局向铁道部直接申报。在收到上述转、申报文件后60日内，交通部、铁道部共同审核发出批准文件或不批准的通知，并按两部共同商定的工作程序办理。

（二）已批准经营多式联运业务的企业凭批准文件到省、自治区、直辖市交通主管部门领取经营许可证，国务院部门在京直属企业到接受申请单位领取经营许可证，铁路系统的企业到铁道部领取经营许可证。

（三）申请经营多式联运业务的企业，应提交下列文件：

1.申请报告；

2.企业章程、业务章程；

3.经营多式联运业务的可行性研究报告；

4.多式联运单据样本；

5.国、内外代理机构企业名称、地址和协议；

6.资信证明；

7.企业法人营业执照副本及批准文件；

8.法定代表人的个人简历和身份证明；

9.五名以上业务人员的国家承认、相关专业中级以上的职称资格证书和任职证书；

10.该企业3年以上国际货物运输或代理经历的证明；

11.主管部门要求的其他文件。

（四）经交通部、铁道部共同审批同意后，凭批准文件、经营许可证，按照有关法律、法规的规定向工商、海关、银行、税务部门办理相应手续。

第七条　申请成立多式联运企业应符合第五条（一）、（二）、（四）、（五）项的规定，其主要投资者应具有3年以上国际货物运输或代理经历，有相应的国内、外代理。审批程序按第六条的规定办理。

第八条　经营许可证的有效期为3年。有效期届满，需继续从事多式联运业务的，应在有效期满30日前向原发证主管部门申领换证。如不申请换证，其多式联运业务资格在期满后自动丧失。

交通部、铁道部及省、自治区、直辖市交通主管部门对多式联运经营人的经营行为随时进行监督检查。省、自治区、直辖市交通主管部门对多式联运经营人的资格条件和多式联运单据进行年审，铁路系统的年审由铁道部执行，国务院部门在京直属企业的年审由交通部、铁道部共同执行。

第九条　多式联运企业设立经营性分支机构应向有关部门提出申请，提交申请报告、可行性研究报告，并具有与分支机构经营相适应的组织机构、固定营业场所、必要的经营设施、相应的管理人员、流动资金，审批程序按第六条的规定办理。

第十条　要求停止多式联运业务的企业必须向发放经营许可证的单位提出申请，上报交通部、铁道部，经审批同意后，收回经营许可证，并凭批准文件向工商、海关、银行、税务部门办理相应手续。

第十一条　中外合资企业、中外合作企业申请经营多式联运业务，需经交通部、铁道部共同批准后，按照有关法律、行政法规的规定到有关部门办理相应手续；其申领经营许可证、换证、停业均按本章有关规定办理。

外商独资企业不得从事多式联运业务，法律、行政法规，另有规定的除外。

未经交通部、铁道部共同批准，境外企业不得从事我国国际集装箱多式联运业务。

第十二条　从事多式联运业务的企业使用的多式联运单据应符合第三章规定的要求。多式联运单据实行登记编号制度。凡在我国境内签发的多式联运单据必须由多式联运经营人或其代理人报交通部、铁道部登记，并在单据右上角注明许可证编号。

第十三条　多式联运经营人使用电子计算机传递运输信息、数据时，其传送代码、报文格式应符合国内规定适应国际标准的EDI标准，参加多式联运的区段运输承运人应按多式联运经营人的要求提供集装箱的动态信息及有关资料。

第三章 多式联运单据

第十四条 多式联运单据的内容

（一）多式联运单据应当载明下列事项：

1.货物名称、种类、件数、重量、尺寸、外表状况，包装形式；

2.集装箱箱号、箱型、数量、封志号；

3.危险货物、冷冻货物等特种货物应载明其特性、注意事项；

4.多式联运经营人名称和主营业所；

5.托运人名称；

6.多式联运单据表明的收货人；

7.接受货物的日期、地点；

8.交付货物的地点和约定的日期；

9.多式联运经营人或其授权人的签字及单据的签发日期、地点；

10.交接方式，运费的交付，约定的运达期限，货物中转地点；

11.在不违背我国有关法律、法规的前提下，双方同意列入的其他事项。

（二）多式联运单据缺少本条第一款所指事项中的一项或数项，并不影响该单据作为多式联运单据的法律效力，但应当能证明具有第四条(四)项的规定内容。

第十五条 多式联运经营人接收货物时，应由本人或其授权的人签发多式联运单据。多式联运单据上的签字，可以是手签、盖章或双方确认的电子数据。

签发一份以上正本多式联运单据时，应注明正本份数。副本单据应注明不可转让。

第十六条 多式联运单据的转让依照下列规定执行：

（一）记名单据：不得转让；

（二）指示单据：经过记名背书或者空白背书转让；

（三）不记名单据：无需背书，即可转让。

第四章 托运人责任

第十七条 托运人将货物交给多式联运经营人，所提供货物的名称、种类、包装、件数、重量、尺寸、标志等应准确无误，如系特殊货物还应说明其性质和注意事项。

第十八条 由于下列原因所致造成货物灭失、损坏或对多式联运经营人造成损失，托运人应自行负责或承担赔偿责任：

（一）箱体、封志完好，货物由托运人装箱、计数、施封或货物装载于托运人的自备箱内；

（二）货物品质不良或外包装完好而内装货物短损、变质；

（三）运输标志不清，包装不良。

第十九条 由于托运人的过失和疏忽对多式联运经营人或第三方造成损失，即使托运人已将多式联运单据转让，仍应承担赔偿责任。

多式联运经营人依照第十七条与前款规定取得这种赔偿权利，不影响其根据多式联运合同对托运人以外的任何人应负的赔偿责任。

第二十条 托运人托运危险货物，应当依照该种货物运输的有关规定执行，并妥善包装，粘贴或拴挂危险货物标志和标签，将其正式名称和性质以及应采取的安全防护措施书面通知多式联运经营人；由于未通知或通知有误的，多式联运经营人可以根据情况将货物卸下、销毁或者采取相应的处理手段，而不负赔偿责任。托运人对多式联运经营人因运输该种货物所受到的损失，应当负赔偿责任。

多式联运经营人知道危险货物的性质并已同意装运的，在发现该种货物对于运输工具、人员或者其他货物构成实际危险时，仍然可将货物卸下、销毁或者使之不能发生危害。多式联运经营人的责任适用于所发生区段的有关法律、法规。

第五章 多式联运经营人的责任

第二十一条 多式联运经营人签发多式联运单据后，即表明多式联运经营人已收到货物，对货物承担多式联运责任，并按多式联运单据载明的交接方式，办理交接手续。

第二十二条　多式联运经营人对货物的责任期间：

自接收货物时起至交付货物时止。

接收是指货物已交给多式联运经营人运送，并由其接管。

交付是指按多式联运合同将货物交给收货人或根据交付地适用的法律或贸易作法将货物置于收货人的支配下、或必须交给的当局、第三方。

第二十三条　多式联运经营人在接收货物时，已知道或有合理的根据怀疑托运人陈述或多式联运单据上所列货物内容与实际接收货物的状况不符，但无适当方法进行核对时，多式联运经营人有权在多式联运单据上作出保留、注明不符之处、怀疑的根据或无适当核对方法的说明。

多式联运经营人未在多式联运单据上对货物或集装箱的外表状况加以批注，则应视为他已收到外表状况良好的货物或集装箱。

第二十四条　除依照第二十三条的规定作出保留外，多式联运经营人签发的多式联运单据，是多式联运经营人已经按照多式联运单据所载状况收到货物的初步证据。

第二十五条　多式联运经营人有义务按多式联运单据中收货人的地址通知收货人货物已抵达目的地。

第二十六条　收货人按多式联运单据载明的交接方式接收货物，在提货单证上签收。多式联运经营人收回正本多式联运单据后，多式联运经营人责任即告终止。

第二十七条　货物的灭失、损坏或迟延交付发生在多式联运经营人责任期间内，多式联运经营人应依法承担赔偿责任。

货物在明确约定的交货日期届满后，连续60日仍未交付，收货人则可认为该批货物已灭失。

货物的灭失、损坏或迟延交付发生于多式联运的某一区段的，多式联运经营人的赔偿责任和责任限额，适用该运输区段的有关法律、法规。

货物的灭失、损坏不能确定所发生的区段时，多式联运经营人承担赔偿责任的赔偿责任限制为：多式联运全程中包括海运的适用于《中华人民共和国海商法》，多式联运全程中不包括海运的适用于有关法律、法规的规定。

第二十八条　货物的迟延交付不能确定所发生的区段时，多式联运经营人对迟延交付承担的赔偿责任限制，在多式联运全程中包括海运段的，以不超过多式联运合同计收的运费数额为限。

货物的灭失或损坏和迟延交付同时发生的，多式联运经营人的赔偿责任限额按货物的灭失或损坏处理。

第二十九条　因货物灭失、损坏或迟延交付造成损失而对多式联运经营人提起的任何诉讼，不论这种诉讼是根据合同还是侵权行为或其他理由提起的，均适用第二十七条、第二十八条规定的赔偿责任限制。

第三十条　由于货物灭失、损坏或迟延交付造成损失而对多式联运经营人的受雇人提起诉讼，该受雇人如能证明其是在受雇范围内行事，则该受雇人有权援用多式联运经营人的辩护理由和赔偿责任限制。

第三十一条　如能证明货物的灭失、损坏或迟延交付是多式联运经营人有意造成或明知有可能造成而毫不在意的行为或不行为所致，多式联运经营人则无权享受第二十七条和第二十八条所规定的赔偿责任限制。

第三十二条　多式联运经营人可以与有关各方签订协议，具体商定相互之间的责任、权利和义务及有关业务安排等事项，但不得影响多式联运经营人对多式联运全程运输承担的责任，法律、法规另有规定者除外。

第六章　书面通知、诉讼

第三十三条　书面索赔通知提出时效

（一）多式联运经营人向收货人交付货物时，收货人未将货物灭失或者损坏的情况书面通知多式联运经营人的，此项交付视为多式联运经营人已经按照多式联运单据的记载交付以及货物状况良好的初步证据。

货物灭失或者损坏的情况非显而易见的，整箱货物交付的次日起连续15日内，货物拆箱交付的次日起连续7日内，收货人未提交书面通知的，适用前款规定。

（二）货物交付时，收货人已经会同多式联运经营人对货物的状况进行联合调查或检验，无需就查明的灭失或损坏的情况提交书面通知。

（三）多式联运经营人自向收货人交付货物的次日起连续60日内，未收到收货人就货物因迟延交付造成经济损失而提交书面通知的，不负赔偿责任。

（四）本条有关书面通知提出时间，并不妨碍在所确定货物灭失、损坏发生区段法规所适用的书面通知提出的时效。

第三十四条　诉讼时效

（一）多式联运全程包括海运段的，对多式联运经营人诉讼时效期间为1年。

多式联运全程未包括海运段的，按民法通则的规定，对多式联运经营人的诉讼时效时间2年。

（二）时效时间从多式联运经营人交付或应当交付货物的次日起计算。

（三）本条诉讼时效的规定不妨碍索赔人在能确定货物发生灭失、损坏区段时，根据该区段法规所规定的有权提起的诉讼时效。

（四）多式联运经营人对第三人提起追偿要求的时效期限为90日，自追偿的请求人解决原赔偿请求之日起或者收到受理对其本人提起诉讼的法院的起诉副本之日起计算。

第七章　罚　则

第三十五条　擅自经营多式联运业务，一经查获，处以非法收入两倍的罚款，最高不超过30000元。

虽经批准从事多式联运业务，但以后又不具备多式联运经营人资格的企业开展多式联运业务，视情节轻重处以20000—30000元罚款。

第三十六条　多式联运经营人未在多式联运单据上印制许可证编号，一经查获，令其改正，应在15日内按要求申报登记，并在单据右上角注明许可证编号之后方可经营多式联运业务。限期内不改正者，视情节轻重处以10000—30000元罚款。

不按第四十一条规定报送统计报表的给予警告，并限期补报；限期不报的，处以2000—10000元罚款。

第三十七条　处罚由省、自治区、直辖市交通主管部门执行；铁路系统的处罚由铁道部执行；国务院部门在京直属企业的处罚由交通部、铁道部共同执行。法律、法规另有规定者除外。

第八章　附　则

第三十八条　国内水运和国际海运视为两种不同运输方式。

第三十九条　非国际标准集装箱多式联运可参照本规则执行。

第四十条　多式联运单据推荐格式（表略）。

第四十一条　多式联运经营人应在每年一月底前将上年的经营情况报告当地省、自治区、直辖市交通主管部门和交通部、铁道部。铁路系统的同时报告所在地铁路局。报告内容为：

（一）多式联运运量；

（二）经营情况及存在问题；

（三）多式联运经营人的基本情况说明（包括拥有的设备、设施、运力）。

第四十二条　本规则由交通部、铁道部共同负责解释。

第四十三条　本规则自1997年10月1日起施行。

中国民用航空货物国内运输规则

（中国民用航空总局1996年2月29日颁布　1996年3月1日起施行）

第一章 总 则

第一条 为了加强航空货物运输的管理，维护正常的航空运输秩序，根据中华人民共和国民用航空法的规定，制定本规则。

本规则适用于出发地、约定的经停地和目的地均在中华人民共和国境内的民用航空货物运输。

第二条 承运人应当按照保证重点、照顾一般、合理运输的原则，安全、迅速、准确、经济地组织货物运输，体现人民航空为人民的宗旨。

第三条 本规则中下列用语，除具体条文中另有规定者外，含义如下：

（一）“承运人”，是指包括接受托运人填开的航空货运单或者保存货物纪录的航空承运人和运送或者从事承运货物或者提供该运输的任何其他服务的所有航空承运人。

（二）“代理人”，是指在航空货物运输中，经授权代表承运人的任何人。

（三）“托运人”，是指为货物运输与承运人订立合同，并在航空货运单或者货物记录上署名的人。

（四）“收货人”，是指承运人按照航空货运单或者货物运输记录上所列名称而交付货物的人。

（五）“托运书”，是指托运人办理货物托运时填写的书面文件，是据以填开航空货运单的凭据。

（六）“航空货运单”，是指托运人或者托运人委托承运人填制的，是托运人和承运人之间为在承运人的航线上承运货物所订立合同的证据。

第二章 货物托运

第四条 托运货物凭本人居民身份证或者其它有效身份证件，填写货物托运书，向承运人或其代理人办理托运手续。如承运人或其代理人要求出具单位介绍信或其它有效证明时，托运人也应予提供。托运政府规定限制运输的货物以及需向公安、检疫等有关政府部门办理手续的货物，应当随附有效证明。 货物托运书的填写及基本内容：

（一）托运人应当认真填写，对托运书内容的真实性、准确性负责，并在托运书上签字或者盖章。

（二）货物托运书的基本内容：

1.货物托运人和收货人的具体单位或者个人的全称及详细地址、电话、邮政编码；

2.货物品名；

3.货物件数、包装方式及标志；

4.货物实际价值；

5.货物声明价值；

6.普货运输或者急件运输；

7.货物特性、储运及其它说明。

（三）运输条件不同或者因货物性质不能在一起运输的货物，应当分别填写托运书。

第五条 货物包装应当保证货物在运输过程中不致损坏、散失、渗漏，不致损坏和污染飞机设备或者其它物品。托运人应当根据货物性质及重量、运输环境条件和承运人的要求，采用适当的内、外包装材料和包装形式，妥善包装。精密、易碎、怕震、怕压、不可倒置的货物，必须有相适应的防止货物损坏的包装措施。严禁使用草袋包装或草绳捆扎。货物包装内不准夹带禁止运输或者限制运输的物品、危险品、贵重物品、保密文件和资料等。

第六条 托运人应当在每件货物外包装上标明出发站、到达站和托运人、收货人的单位、姓名及详细地址等。托运人应当根据货物性质，按国家标准规定的式样，在货物外包装上张贴航空运输指示标贴。托运人使用旧包装时，必须除掉原包装上的残旧标志和标贴。托运人托运每件货物，应当按规定粘贴或者拴挂承运人的货物运输标签。

第七条 货物重量按毛重计算，计量单位为公斤。重量不足 1 公斤的尾数四舍五入。每张航空货运单的货物重量不足 1 公斤时，按 1 公斤计算。贵重物品按实际毛重计算，计算单位为 0.1 公斤。非宽体飞机载运的货物，每件货物重量一般不超过 80 公斤，体积一般不超过 40 × 60

× 100厘米。宽体飞机载运的货物，每件货物重量一般不超过250公斤，体积一般不超过100 × 100 × 140厘米。超过以上重量和体积的货物，承运人可依据机型及出发地和目的地机场的装卸设备条件，确定可收运货物的最大重量和体积。每件货物的长、宽、高之和不得小于40厘米。每公斤货物体积超过6000立方厘米的，为轻泡货物。轻泡货物以每6000立方厘米折合1公斤计重。

第八条　托运人托运的货物，毛重每公斤价值在人民币20元以上的，可办理货物声明价值，按规定交纳声明价值附加费。每张货运单的声明价值一般不超过人民币50万元。 已办理托运手续的货物要求变更时，声明价值附加费不退。

第三章　货物承运

第一节　货物收运

第九条　承运人应当根据运输能力，按货物的性质和急缓程度，有计划地收运货物。 批量大和有特定条件及时间要求的联程货物，承运人必须事先安排好联程中转舱位后方可收运。遇有特殊情况，如政府法令、自然灾害、停航或者货物严重积压时，承运人可暂停收运货物。凡是国家法律、法规和有关规定禁止运输的物品，严禁收运。凡是限制运输的物品，应符合规定的手续和条件后，方可收运。 需经主管部门查验、检疫和办理手续的货物，在手续未办妥之前不得收运。

第十条　承运人收运货物时，应当查验托运人的有效身份证件。凡国家限制运输的物品，必须查验国家有关部门出具的准许运输的有效凭证。承运人应当检查托运人托运货物的包装，不符合航空运输要求的货物包装，须经托运人改善包装后方可办理收运。 承运人对托运人托运货物的内包装是否符合要求，不承担检查责任。承运人对收运的货物应当进行安全检查。对收运后24小时内装机运输的货物，一律实行开箱检查或者通过安检仪器检测。

第十一条　航空货运单（下称货运单）应当由托运人填写，连同货物交给承运人。如承运人依据托运人提供的托运书填写货运单并经托运人签字，则该货运单应当视为代托运人填写。托运人应当对货运单上所填关于货物的说明或声明的正确性负责。货运单一式八份，其中正本三份、副本五份。正本三份为：第一份交承运人，由托运人签字或盖章；第二份交收货人，由托运人和承运人签字或盖章；第三份交托运人，由承运人接受货物后签字盖章。三份具有同等效力。承运人可根据需要增加副本。货运单的承运人联应当自填开货运单次日起保存两年。货运单的基本内容包括：

（一）填单地点和日期；

（二）出发地点和目的地点；

（三）第一承运人的名称、地址；

（四）托运人的名称、地址；

（五）收货人的名称、地址；

（六）货物品名、性质；

（七）货物的包装方式、件数；

（八）货物的重量、体积或尺寸；

（九）计费项目及付款方式；

（十）运输说明事项；

（十一）托运人的声明。

第二节　货物运送

第十二条　需办理急件运输的货物，托运人应当在货运单上注明发运日期和航班，承运人应当按指定的日期和航班运出。需办理联程急件货物，承运人必须征得联程站同意后方可办理。限定时间运输的货物，由托运人与承运人约定运抵日期并在货运单上注明。承运人应当在约定的期限内将货物运抵目的地。承运人应当按本章第十三条的发运顺序尽快将货物运抵目的地。

第十三条　根据货物性质，承运人应按下列顺序发运：

（一）抢险、救灾、急救、外交信袋和政府指定急运的物品；

（二）指定日期、航班和按急件收运的货物；

（三）有时限、贵重和零星小件物品；

（四）国际和国内中转联程货物；

（五）一般货物按照收运的先后顺序发运。

第十四条　承运人应当建立舱位控制制度，根据每天可利用的空运舱位合理配载，避免舱位浪费或者货物积压。承运人应当按照合理或经济的原则选择运输路线，避免货物的迂回运输。承运人运送特种货物，应当建立机长通知单制度。

第十五条　承运人对承运的货物应当精心组织装卸作业，轻拿轻放，严格按照货物包装上的储运指示标志作业，防止货物损坏。承运人应当按装机单、卸机单准确装卸货物，保证飞行安全。承运人应当建立健全监装、监卸制度。货物装卸应当有专职人员对作业现场实施监督检查。在运输过程中发现货物包装破损无法续运时，承运人应当做好运输记录，通知托运人或收货人，征求处理意见。托运人托运的特种货物、超限货物，承运人装卸有困难时，可商托运人或收货人提供必要的装卸设备和人力。

第十六条　承运人应当根据进出港货物运输量及货物特性，分别建立普通货物及贵重物品、鲜活物品、危险物品等货物仓库。货物仓库应当建立健全保管制度，严格交接手续；库内货物应当合理码放、定期清仓；做好防火、防盗、防鼠、防水、防冻等工作，保证进出库货物准确完整。

第十七条　货物托运后，托运人或收货人可在出发地或目的地向承运人或其代理人查询货物的运输情况，查询时应当出示货运单或提供货运单号码、出发地、目的地、货物名称、件数、重量、托运日期等内容。承运人或其代理人对托运人或收货人的查询应当及时给予答复。

第三节　货物到达和交付

第十八条　货物运至到达站后，除另有约定外，承运人或其代理人应当及时向收货人发出到货通知。通知包括电话和书面两种形式。急件货物的到货通知应当在货物到达后 2 小时内发出，普通货物应当在 24 小时内发出。自发出到货通知的次日起，货物免费保管 3 日。逾期提取，承运人或其代理人按规定核收保管费。货物被检查机关扣留或因违章等待处理存放在承运人仓库内，由收货人或托运人承担保管费和其它有关费用。动物、鲜活易腐物品及其它指定日期和航班运输的货物，托运人应当负责通知收货人在到达站机场等候提取。

第十九条　收货人凭到货通知单和本人居民身份证或其它有效身份证件提货；委托他人提货时，凭到货通知单和货运单指定的收货人及提货人的居民身份证或其它有效身份证件提货。如承运人或其代理人要求出具单位介绍信或其它有效证明时，收货人应予提供。承运人应当按货运单列明的货物件数清点后交付收货人。发现货物短缺、损坏时，应当会同收货人当场查验，必要时填写货物运输事故记录，并由双方签字或盖章。收货人提货时，对货物外包装状态或重量如有异议，应当场提出查验或者重新过秤核对。收货人提取货物后并在货运单上签收而未提出异议，则视为货物已经完好交付。

第二十条　托运人托运的货物与货运单上所列品名不符或在货物中夹带政府禁止运输或限制运输的物品和危险物品时，承运人应当按下列规定处理：

（一）在出发站停止发运，通知托运人提取，运费不退。

（二）在中转站停止运送，通知托运人，运费不退，并对品名不符的货件，按照实际运送航段另核收运费。

（三）在到达站，对品名不符的货件，另核收全程运费。

第二十一条　货物自发出到货通知的次日起 14 日无人提取，到达站应当通知始发站，征求托运人对货物的处理意见；满 60 日无人提取又未收到托运人的处理意见时，按无法交付货物处理。对无法交付货物，应当做好清点、登记和保管工作。凡属国家禁止和限制运输物品、贵重物品及珍贵文史资料等货物应当无价移交国家主管部门处理；凡属一般的生产、生活资料应当作价移交有关物资部门或商业部门；凡属鲜活、易腐或保管有困难的物品可由承运人酌情处理。如作毁弃处理，所产生的费用由托运人承担。经作价处理的货款，应当及时交承运人财务部门保管。从处理之日起90日内，如有托运人或收货人认领，扣除该货的保管费和处理费后的余款退给认领人；如90日后仍无人认领，应当将货款上交国库。对于无法交付货物的处理结果，应当通过始发站通知托运人。

第四节　货物运输变更

第二十二条　托运人对已办妥运输手续的货物要求变更时，应当提供原托运人出具的书面要求、个人有效证件和货运单托运人联。要求变更运输的货物，应是一张货运单填写的全部货物。运输变更应当符合本规则的有关规定，否则承运人有权不予办理。

第二十三条　承运人应当及时处理托运人的变更要求，根据变更要求，更改或重开货运单，重新核收运费。如果不能按照要求办理时，应当迅速通知托运人。在运送货物前取消托运，承运人可以收取退运手续费。

第二十四条　由于承运人执行特殊任务或天气等不可抗力的原因，货物运输受到影响，需要变更运输时，承运人应当及时通知托运人或收货人，商定处理办法。承运人应当按照下列规定处理运输费用：

（一）在出发站退运货物，退还全部运费。

（二）在中途站变更到达站，退还未使用航段的运费，另核收由变更站至新到达站的运费。

（三）在中途站将货物运至原出发站，退还全部运费。

（四）在中途站改用其他交通工具将货物运至目的站，超额费用由承运人承担。

第五节　货物运输费用

第二十五条　货物运价是出发地机场至目的地机场之间的航空运输价格，不包括机场与市区间的地面运输费及其它费用。贵重物品、动物、鲜活易腐物品、危险物品、灵柩、骨灰、纸型以及特快专递、急件货物等按普通货物运价的150%计收运费。声明价值附加费的计算方法为：〔声明价值－（实际重量×20)〕×0.5%。

第二十六条　承运人可以收取地面运输费、退运手续费和保管费等货运杂费。

第二十七条　托运人应按国家规定的货币和付款方式交付货物运费，除承运人与托运人另有协议者外，运费一律现付。

第四章　特种货物运输

特种货物运输，除应当符合普通货物运输的规定外，应当同时遵守下列相应的特殊要求：

第二十八条　托运人要求急运的货物，经承运人同意，可以办理急件运输，并按规定收取急件运费。

第二十九条　凡对人体、动植物有害的菌种、带菌培养基等微生物制品，非经民航总局特殊批准不得承运。凡经人工制造、提炼，进行无菌处理的疫苗、菌苗、抗菌素、血清等生物制品，如托运人提供无菌、无毒证明可按普货承运。微生物及有害生物制品的仓储、运输应当远离食品。

第三十条　植物和植物产品运输须凭托运人所在地县级（含）以上的植物检疫部门出具的有效“植物检疫证书”。

第三十一条　骨灰应当装在封闭的塑料袋或其它密封容器内，外加木盒，最外层用布包装。灵柩托运的条件：

（一）托运人应当凭医院出具的死亡证明及有关部门出具的准运证明，并事先与承运人联系约定；

（二）尸体无传染性；

（三）尸体经过防腐处理，并在防腐期限以内；

（四）尸体以铁质棺材或木质棺材为内包装，外加铁皮箱和便于装卸的环扣。棺内铺设木屑或木炭等吸附材料，棺材应当无漏缝并经过钉牢或焊封，确保气味及液体不致外溢；

（五）在办理托运时，托运人须提供殡葬部门出具的入殓证明。

第三十二条 危险货物的运输必须遵守中国民用航空总局有关危险货物航空安全运输的管理规定。

第三十三条 动物运输必须符合国家有关规定，并出具当地县级（含）以上检疫部门的免疫注射证明和检疫证明书；托运属于国家保护的动物，还需出具有关部门准运证明；托运属于市场管理范围的动物要有市场管理部门的证明。托运人托运动物，应当事先与承运人联系并定妥舱位。办理托运手续时，须填写活体动物运输托运申明书。需专门护理和喂养或者批量大的动物，应当派人押运。动物的包装，既要便于装卸又需适合动物特性和空运的要求，能防止动物破坏、逃逸和接触外界，底部有防止粪便外溢的措施，保证通风，防止动物窒息。动物的外包装上应当标明照料和运输的注意事项。托运人和收货人应当在机场交运和提取动物，并负责动物在运输前和到达后的保管。有特殊要求的动物装舱，托运人应当向承运人说明注意事项或在现场进行指导。承运人应当将动物装在适合载运动物的飞机舱内。动物在运输过程中死亡，除承运人的过错外，承运人不承担责任。

第三十四条 托运人托运鲜活易腐物品，应当提供最长允许运输时限和运输注意事项，定妥舱位，按约定时间送机场办理托运手续。政府规定需要进行检疫的鲜活易腐物品，应当出具有关部门的检疫证明。包装要适合鲜活易腐物品的特性，不致污染、损坏飞机和其它货物。客运班机不得装载有不良气味的鲜活易腐物品。需要特殊照料的鲜活易腐物品，应由托运人自备必要的设施，必要时由托运人派人押运。鲜活易腐物品在运输、仓储过程中，承运人因采取防护措施所发生的费用，由托运人或收货人支付。

第三十五条 贵重物品包括：黄金、白金、铱、铑、钯等稀贵金属及其制品；各类宝石、玉器、钻石、珍珠及其制品；珍贵文物（包括书、画、古玩等）；现钞、有价证券以及毛重每公斤价值在人民币2000元以上的物品等。贵重物品应当用坚固、严密的包装箱包装，外加#字型铁箍，接缝处必须有封志。

第三十六条 枪支、警械（简称枪械）是特种管制物品；弹药是特种管制的危险物品。托运时应当出具下列证明：

（一）托运人托运各类枪械、弹药必须出具出发地或运往县、市公安局核发的准运证或国家主管部委出具的许可证明；

（二）进出境各类枪支、弹药的国内运输必须出具边防检查站核发的携运证；枪械、弹药包装应当是出厂原包装，非出厂的原包装应当保证坚固、严密、有封志。枪械和弹药要分开包装。枪械、弹药运输的全过程要严格交接手续。

第三十七条 根据货物的性质，在运输过程中需要专人照料、监护的货物，托运人应当派人押运，否则，承运人有权不予承运。押运货物需预先订妥舱位。押运员应当履行承运人对押运货物的要求并对货物的安全运输负责。押运员应当购买客票和办理乘机手续。托运人派人押运的货物损失，除证明是承运人的过失造成的以外，承运人不承担责任。经证明是由于承运人的过失造成的，按本规则第四十五条的有关条款赔偿。 承运人应当协助押运员完成押运任务，并在押运货物包装上加贴“押运”标贴。在货运单储运注意事项栏内注明“押运”字样并写明押运的日期和航班号。

第五章 航空邮件及航空快递运输

第三十八条 航空邮件的托运和承运双方要相互协作、密切配合，按公布的航班计划和邮件路单安全、迅速、准确地组织运输。航空邮件应当按种类用完好的航空邮袋分袋封装，加挂“航空”标牌。 承运人对接收的航空邮政信函应当优先组织运输。航空邮件内不得夹带危险品及国家限制运输的物品。航空邮件应当进行安全检查。 航空邮件按运输时限的不同计收相应的运费。承运人运输邮件，仅对邮政企业承担责任。

第三十九条 航空快递企业要以本规则为依据，使用专用标志、包装。航空快递企业应当安全、快速、准确、优质的为货主提供服务，并按规定收取相应的服务费。发生违约行为时应当承担相应的经济责任。

第六章　货物包机、包舱运输

第四十条　申请包机，凭单位介绍信或个人有效身份证件与承运人联系协商包机运输条件，双方同意后签订包机合同。包机人与承运人应当履行包机合同规定的各自承担的责任和义务。包机人和承运人执行包机合同时，每架次货物包机应当填制托运书和货运单，作为包机的运输凭证。包机人和承运人可视货物的性质确定押运员、押运员凭包机合同办理机票并按规定办理乘机手续。

第四十一条　包用飞机的吨位，由包机人充分利用。承运人如需利用包机剩余吨位应当与包机人协商。

第四十二条　包机合同签订后，除天气或其它不可抗力的原因外，托运人和承运人均应当承担包机合同规定的经济责任。包机人提出变更包机前，承运人因执行包机任务已发生调机的有关费用应当由包机人承担。

第四十三条　包用飞机，承运人按包机双方协议收取费用。

第四十四条　申请包舱或包集装板（箱）的合同签定及双方应当承担的职责和义务参照包机的有关条款办理。

第七章　货物不正常运输的赔偿处理

第四十五条　由于承运人的原因造成货物丢失、短缺、变质、污染、损坏，应按照下列规定赔偿；

（一）货物没有办理声明价值的，承运人按照实际损失的价值进行赔偿，但赔偿最高限额为毛重每公斤人民币20元。

（二）已向承运人办理货物声明价值的货物，按声明的价值赔偿；如承运人证明托运人的声明价值高于货物的实际价值时，按实际损失赔偿。

第四十六条　超过货物运输合同约定期限运达的货物，承运人应当按照运输合同的约定进行赔偿。

第四十七条　托运人或收货人发现货物有丢失、短缺、变质、污染、损坏或延误到达情况，收货人应当场向承运人提出，承运人应当按规定填写运输事故记录并由双方签字或盖章。如有索赔要求，收货人或托运人应当于签发事故记录的次日起，按法定时限向承运人或其代理人提出索赔要求。向承运人提出赔偿要求时应当填写货物索赔单，并随附货运单、运输事故记录和能证明货物内容、价格的凭证或其它有效证明。超过法定索赔期限收货人或托运人未提出赔偿要求，则视为自动放弃索赔权利。

第四十八条　索赔要求一般在到达站处理。承运人对托运人或收货人提出的赔偿要求，应当在2个月内处理答复。不属于受理索赔的承运人接到索赔要求时，应当及时将索赔要求转交有关的承运人，并通知索赔人。

第八章　附　则

第四十九条　本规则自1996年3月1日起施行。中国民用航空局1985年制定发布的《中国民用航空局货物国内运输规则》同时废止。

中国民用航空货物国际运输规则

（中国民用航空总局　2000年4月21日颁布，2000年8月1日起施行）

第一章　总 则

第一条　为了加强对货物国际航空运输的管理，保护承运人、托运人和收货人的合法权益，维护正常的国际航空运输秩序，根据《中华人民共和国民用航空法》第九章公共航空运输的有关规定，制定本规则。

第二条　本规则适用于依照中华人民共和国法律设立的公共航空运输企业使用民用航空器运送货物而收取报酬的国际航空运输，也适用于公共航空运输企业(以下称承运人)使用民用航空器办理免费的货物国际航空运输。

第三条　本规则下列用语，除具体条款中另有规定外，含义如下：

(一)“公约”，是指根据合同规定适用于该项运输的一九二九年十月十二日在华沙签订的《统一国际航空运输某些规则的公约》和《修改一九二九年十月十二日在华沙签订的统一国际航空运输某些规则的公约的议定书》。

(二)“承运人”，是指包括发行航空货运单的承运人和运输货物、约定运输货物或者约定提供与此航空运输有关的任何其他服务的所有承运人。

(三)“代理人”，是指经承运人授权，代理承运人从事与货物运输有关活动的任何人，但本规则中另有规定的除外。

(四)“托运人”，是指与承运人订立货物运输合同，其名称出现在航空货运单托运人栏内的人。

(五)“收货人”，是指承运人将货物交给航空货运单收货人栏内所载明的人。

(六)“航空货运单”，是航空货物运输合同订立和运输条件以及承运人接受货物的初步证据。

(七)“货物”，是指除邮件或者凭“客票及行李票”运输的行李外，已由或者将由民用航空器运输的物品，包括凭航空货运单运输的行李。

第四条　承运人办理货物国际航空运输，应当遵守中华人民共和国以及运输过程中有关国家的法律和规定。

第五条　货物由包机运输的，应当由包机人与承运人签订包机合同，并在包机合同中列明适用的运价及其条件；未列明的，应当明确所适用于该包机合同的有关条件。

第二章　货物托运

第六条　托运人托运货物，应当遵守出发地、经停地和目的地国家的法律和规定。

第七条　托运人托运货物，应当填写或者由他人代为填写航空货运单(以下简称货运单)正本一式三份，连同货物交给承运人。运费和其他费用已经确定的，应当由承运人填入货运单。

货运单第一份注明“交承运人”，由托运人签字、盖章；第二份注明“交收货人”，由托运人和承运人签字、盖章；第三份由承运人在接收货物后签字、盖章，交给托运人。

承运人根据托运人的请求填写货运单的，在没有相反证据的情况下，应当视为代托运人填写。托运的货物超过一个包装件的，承运人可以要求托运人分别填写货运单。

第八条　托运人在货运单上填写的内容有错误或者有遗漏的，经托运人授权，承运人可以予以更正或者补充，但不承担义务。

第九条　货运单上应当包括下列内容：

(一)填写的地点和日期；

(二)出发地点和目的地点；

(三)出发地点和目的地点均在中华人民共和国境内，而在境外有一个或者数个约定的经停地点的，至少注明一个经停地点；

(四)托运人的名称和地址；

(五)第一承运人的名称和地址；

(六)收货人的名称和地址；

(七)货物的性质；

(八)包装件数、包装方式、特殊标志或者号数；

(九)货物的重量、数量、体积或者尺寸；

(十)货物和包装的外表情况；

(十一)运费，如经议定，付费日期和地点及付费人；

(十二)提取货物时支付货款的，应当注明货物的价格和必要时应付的费用金额；

(十三)需要声明货物在目的地点交付时的利益的，应当注明声明价值金额；

(十四)货运单的份数；

(十五)随货运单交给承运人的文件；

(十六)如经议定，应当注明完成货物运输的时间和概要说明经过的路线；

(十七)货物运输的最终目的地点、出发地点或者约定的经停地点之一不在中华人民共和国境内，依照所适用的国际航空运输公约的规定，应当在货运单上声明此项运输适用该公约的，货运单上应当载有该项声明。

第十条　托运人应当对货运单上所填关于货物的说明和声明的正确性负责。因货运单上所填的说明和声明不符合规定、不正确或者不完全，给承运人或者承运人对之负责的其他人造成损失的，托运人应当承担赔偿责任。

第十一条　货运单上所填的内容被涂改或者删除的，承运人可以不接收该货运单。

第十二条　托运人托运毛重每公斤价值超过承运人规定限额的货物，可办理货物声明价值，并支付声明价值附加费。

第十三条　托运人应当以适当的方式对货物进行包装，确保货物在正常掌管情况下的安全运输。

托运人应当在每一包装件上清晰和耐久地标明托运人、收货人的名称及详细地址。

第三章　货物收运

第十四条　承运人不得收运中华人民共和国以及运输过程中有关国家的法律和规定禁止运输的货物。

承运人收运中华人民共和国以及运输过程中有关国家的法律和规定限制运输的货物，应当查验有关国家出具准许运输的证明。

根据中华人民共和国以及运输过程中有关国家的法律和规定需办理查验、检查等手续的货物，在手续未办妥之前，承运人不得收运。

承运人收运运费到付的货物，应当符合货物目的地点国家的法律和规定，以及有关航空联运承运人的规定。

第十五条　承运人应当收运托运人托运符合下列条件的货物：

(一)出发地、目的地、经停地和飞越国家的法律和规定允许运输或者进出口；

(二)包装适合于航空器运输；

(三)附有必需的资料、文件；

(四)不危及航空器、人员或者其他财产的安全。

第十六条　承运人可以对货物、货物的包装、货物的资料、文件进行检查，但承运人不承担此种检查的义务。

第十七条　承运人可以规定每张货运单的声明价值限额。承运人对超过其声明价值规定限额的货物可以拒绝运输。

承运人可以规定每架航空器载运货物总价值的限额。

第十八条　承运人对收运的货物，应当进行安全检查或者采取其他保证安全的措施。

承运人对收运的货物应当妥善保管，防止货物损坏或者遗失。

第四章　运价、运费和其他费用

第十九条　承运人应当公布运价。运价应当是填开货运单之日的有效运价。

第二十条　除承运人另有规定外，运价和运费只适用于机场至机场的航空运输，不包括承运人提供与航空运输有关的其他附属服务所收取的费用。

第二十一条　托运人应当使用承运人公布的货币支付运费和其他费用。支付的货币不是公布货币的，托运人应当按照规定的兑换率换算后支付。

第二十二条　托运人托运货物，应当支付所有预付运费和其他费用。收货人提取货物，应当支付所有到付运费和其他费用。

所有预付或者到付的费用，无论货物是否遗失、损坏或者货物未运达货运单上载明的目的地，均为承运人的全部所得。如因承运人的原因造成货物遗失、损坏或者货物未运达货运单上载明的目的地，承运人应当承担责任。

第二十三条　托运人或者收货人未支付运费和其他费用的，承运人可以依法留置货物，并催付有关的运费和其他费用。托运人或者收货人未在规定的期限内支付运费和其他费用的，承运人可按照有关规定处置货物，并事先通知货运单上载明的托运人或者收货人。

第二十四条　承运人垫付与货物有关的税款或者费用的，托运人和收货人应当承担向承运人偿付这些税款或者费用的连带责任。

第二十五条　托运人拒绝支付运费和其他费用的，承运人可取消该货物的运输。

第五章　运输货物

第二十六条　托运人应当提供必需的资料和文件，以便在货物交付收货人前完成法律、行政法规规定的有关手续；因没有此种资料、文件，或者此种资料、文件不充足或者不符合规定造成的损失，除由于承运人或者其受雇人、代理人的过错造成的外，托运人应当对承运人承担责任。

除法律、行政法规另有规定外，承运人没有对前款规定的资料或者文件进行检查的义务。

第二十七条　承运人在班期时刻表上或者其他场所公布的时间为预计时间，不构成运输合同的组成部分，也不能作为货物运输开始、完成或者货物交付的时间。经特别约定并在货运单上注明的，承运人应当按照约定的时间运输；没有特别约定的，承运人应当用合理的时间运输。

第二十八条　承运人应当合理安排运输货物。承运人可以不经通知改变货运单上注明的航班、路线、机型或者承运人。也可以在不经通知，但应适当考虑托运人利益的情况下，使用其他交通工具运输货物。

第二十九条　承运人收运货物后，应当采取措施及时将货物运至目的地，由于无法控制或者无法预测的原因，承运人可以不经通知，取消、终止、改变、推迟、延误或者提前航班飞行，或者继续航班飞行而不载运货物或者载运部分货物。除法律另有规定外，承运人对由此而造成的后果不承担责任。

第三十条　根据适用的法律、行政法规，承运人可以在货物之间，货物和邮件或者旅客之间做出优先运输的安排。承运人也可以在任何时间、地点从一批货物中卸下部分货物后继续航班飞行。因优先运输导致货物未运输或者推迟、延误运输或者部分货物被卸下，承运人对由此而造成的后果不承担责任。

承运人做出优先运输安排的，应当考虑托运人的实际利益，并对未及时运输的货物做出合理的运输安排。

第三十一条　承运人应当建立监装、监卸制度并按其规定装卸货物。

第三十二条　承运人对无法续运的货物，应当做好记录，及时通知托运人或者收货人，并征求处理意见。

第三十三条　托运人应当在出具货运单托运人联，并以书面方式提出后，方可行使对货物的处置权，并适用于一张货运单填列的全部货物。由于行使处置权而变更收货人的，变更后的新收货人，应当视为货运单上的收货人。

货运单上已载明的声明价值不得变更。对已办妥声明价值的货物行使处置权的，已付的声明价值附加费不予退还。

第三十四条　托运人在履行航空货物运输合同规定的义务的条件下，有权在出发地机场或者目的地机场将货物提回，或者在途中经停时中止运输，或者在目的地点或者途中要求将货物交给非货运单上指定的收货人，或者要求将货物运回出发地机场；但是，托运人不得因行使此种权利而使承运人或者其他托运人遭受损失，并应当偿付由此产生的费用。

第三十五条　托运人要求处置货物的，应当符合中华人民共和国以及运输过程中有关国家的法律和规定。对不符合规定的，承运人应当拒绝办理。

托运人处置货物的指示不能执行的，承运人应当立即通知托运人。

第三十六条　因发生在航空运输期间的事件，造成货物毁灭、遗失或者损坏的，承运人应当承担责任，但法律规定免除责任的除外。

第六章　货物交付

第三十七条　货物运达目的地后，承运人在未收到其他指示的情况下，应当及时向收货人或者货运单上载明的、经承运人同意的其他人发出货物到达通知。此通知以通常方式发出，对未收到或者未按时收到此通知的，承运人不承担责任。

第三十八条　收货人收到或者要求提取货物、货运单的，托运人对货物的处置权即告终止。收货人拒绝接收货运单或者货物，或者承运人无法同收货人取得联系的，托运人继续行使对货物的处置权。

第三十九条　除货运单上另有特别载明外，货物只能交付给货运单上所载明的收货人或者其代理人。按下列情况之一交付货物的，应当视为有效交付：

（一）承运人已将准许提取货物的凭证交付给收货人或者其代理人的；

（二）按适用的法律，已将货物交付给海关或者其他政府当局的。

第四十条　货物运达目的地后，收货人拒绝或者未在规定的时间内提取货物的，承运人应当执行货运单上载明的托运人的指示。货运单上未载明指示或者指示不能执行的，承运人应当将收货人未提取货物的情况通知托运人，并要求托运人予以指示。

第四十一条　货物运达目的地机场后三个月内未收到托运人指示的，承运人按其无法交付货物的规定处理。

货物运达目的地后，收货人在三个月内未办妥货物提取手续的，承运人在处置货物前，应当通知收货人。

第四十二条　托运人应当承担因收货人未提取货物而产生的其他费用，包括根据托运人指示运回货物所产生的其他费用。

第四十三条　收货人接收货运单或者货物，应当承担与运输有关所有未支付费用的支付责任。除非另有约定，托运人不得被解除支付这些费用的责任，并与收货人承担连带责任。承运人可根据支付费用的情况有条件的移交货运单或者交付货物。

第七章　特种货物运输

第四十四条　特种货物是指危险物品、活体动物、易腐物品、灵柩等特种货物。

第四十五条　托运人托运特种货物，除应当符合普通货物运输规定外，还应当符合特种货物运输规定。托运人因未遵守规定而给承运人造成损失的，托运人应当承担责任，并对承运人运输此种货物而造成的损失给予赔偿。托运人托运特种货物应当事先与承运人联系，经承运人同意后方可托运。

托运人和收货人应当在承运人指定的地点办理托运和提取特种货物。

第四十六条　承运人收运特种货物，除应当符合普通货物运输规定外，还应当符合特种货物运输规定。承运人因未遵守规定而给托运人造成损失的，承运人应当承担责任。

承运人运输特种货物，应当建立机长通知单制度。

承运人应当指定办理托运和提取特种货物的地点。

第四十七条　承运人未经中国民用航空总局批准，不得运输作战军火、作战物资。

第八章　承运人的运输条件、规定等的制定和修改

第四十八条　为了对货物国际航空运输进行管理，承运人应当依法制定、公布和修改其运输条件、运输规定及运价和其他费用。任何修改不适用于修改前已经开始的运输。

第四十九条　本规则自 2000 年 8 月 1 日起施行。

外商投资道路运输业管理规定

（2001年11月20日发布　交通部　对外贸易经济合作部2001年第9号令　自发布之日起施行）

第一条　为促进道路运输业的对外开放和健康发展，规范外商投资道路运输业的审批管理，根据《中华人民共和国中外合资经营企业法》、《中华人民共和国中外合作经营企业法》、《中华人民共和国外资企业法》以及有关法律、行政法规的规定，制定本规定。

第二条　外商在中华人民共和国境内投资道路运输业适用本规定。

本规定所称道路运输业包括道路旅客运输；道路货物运输；道路货物装卸、道路货物仓储和其他与道路运输相关的辅助性服务及车辆维修。

第三条　允许外商采用以下形式投资经营道路运输业：

（一）采用中外合资形式投资经营道路旅客运输；

（二）采用中外合资、中外合作形式投资经营道路货物运输、道路货物搬运装卸、道路货物仓储和其他与道路运输相关的辅助性服务及车辆维修；

（三）采用独资形式投资经营道路货物运输、道路货物搬运装卸、道路货物仓储和其他与道路运输相关的辅助性服务及车辆维修。

本条第（三）项所列道路运输业务对外开放时间由国务院对贸易经济主管部门和交通主管部门另行公布。

第四条　外商投资道路运输业的立项及相关事项应当经国务院交通主管部门批准。

外商投资设立道路运输企业的合同和章程应当经国务院对外贸易经济主管部门批准。

第五条　外商投资道路运输业应当符合国务院交通主管部门制定的道路运输发展政策和企业资质条件，并符合拟设立外商投资道路运输企业所在地的交通主管部门制定的道路运输业发展规划的要求。

投资各方应当以自有资产投资并具有良好的信誉。

第六条　外商投资从事道路旅客运输业务，还应当符合以下条件

（一）主要投资者中至少一方必须是在中国境内从事5年以上道路旅客运输业务的企业；

（二）外资股份比例不得多于49%；

（三）企业注册资本的50%用于客运基础设施的建设与改造；

（四）投放的车辆应当是中级及以上的客车。

第七条　设立外商投资道路运输企业，应当向拟设企业所在地的市（设区的市，下同）级交通主管部门提出立项申请，并提交以下材料：

（一）申请书，内容包括投资总额、注册资本和经营范围、规模、期限等；

（二）项目建议书；

（三）投资者的法律证明文件；

（四）投资者资信证明；

（五）投资者以土地使用权、设备等投资的应提供有效的资产评估证明；

（六）审批机关要求的其他材料。

拟设立中外合资、中外合作企业除应当提交上述材料以外，还应当提交合作意向书。

提交的外文资料须同时附中文翻译件。

第八条　外商投资企业扩大经营范围从事道路运输业，外商投资道路运输企业扩大经营范围或者扩大经营规模超出原核定标准的，外商投资道路运输企业拟合并、分立、迁移和变更投资主体、注册资本、投资股比，应由该企业向其所在地的市级交通主管部门提出变更申请并提交以下材料：

（一）申请书；

（二）企业法人营业执照复印件；

（三）外商投资企业批准证书复印件；

（四）外商投资企业立项批件复印件；

（五）资信证明。

第九条　交通主管部门按下列程序对外商投资道路运输业立项和变更申请进行审核和审批：

（一）市级交通主管部门自收到申请材料之日起15个工作日内，依据本规定提出初审意见，并将初审意见和申请材料报省级交通主管部门；

（二）省级交通主管部门自收到上报材料之日起15个工作日内，依据本规定提出审核意见，并将审核意见和申请材料报国务院交通主管部门审批；

（三）国务院交通主管部门自收到前项材料之日起30个工作日内，对申请材料进行审核。符合规定的，颁发立项批件或者变更批件；不符合规定的，退回申请，书面通知申请人并说明理由。

第十条　申请人收到批件后，应当在30日内持批件和以下材料向省级对外贸易经济主管部门申请颁发或者变更外商投资企业批准证书：

（一）申请书；

（二）可行性研究报告；

（三）合同、章程（外商独资道路运输业只需提供章程）；

（四）董事会成员及主要管理人员名单及简历；

（五）工商行政管理部门出具的企业名称预核准通知书；

（六）投资者所在国或地区的法律证明文件及资信证明文件；

（七）审批机关要求的其他材料。

第十一条　省级对外贸易经济主管部门对上述材料初审后，将申请材料和初审意见报国务院对外贸易经济主管部门或者其授权部门。国务院对外贸易经济主管部门或者其授权部门收到申请材料后，在45日内作出是否批准的书面决定，符合规定的，颁发或者变更外商投资企业批准证书；不符合规定的，退回申请，书面通知申请人并说明理由。

第十二条　申请人在收到外商投资企业批准证书后，应当在30日内持立项批件和批准证书向拟设企业所在地省级交通主管部门申请领取道路运输经营许可证，并依法办理工商登记后，方可按核定的经营范围从事道路运输经营活动。

第十三条　申请人收到变更的外商投资企业批准证书后，应当在30日内持变更批件、变更的外商投资企业批准证书和其他相关的申请材料向省级交通主管部门和工商行政管理部门办理相应的变更手续。

第十四条　申请人在办理完有关手续后，应将企业法人营业执照、外商投资企业批准证书以及道路运输经营许可证影印件报国务院交通主管部门备案。

第十五条　取得外商投资道路运输业立项批件后18个月内未完成工商注册登记手续的，立项批件自行失效。

第十六条　外商投资道路运输业的经营期限一般不超过12年。但投资额中有50%以上的资金用于客货运输站场基础建设的，经营期限可为20年。

经营业务符合道路运输产业政策和发展规划，并且经营资质(质量信誉)考核合格的外商投资道路运输企业，经原审批机关批准，可以申请延长经营期限，每次延长的经营期限不超过20年。

第十七条　申请延长经营期限的外商投资道路运输企业，应当在经营期满6个月前向企业所在地的省级交通主管部门提出申请，并上报企业经营资质（质量信誉）考核记录等有关材料，由省级交通主管部门审核后，报国务院交通主管部门，由国务院交通主管部门及对外贸易经济主管部门审核后批复。

第十八条　外商投资道路运输企业停业、歇业或终止，应当及时到国务院交通主管部门、对外贸易经济主管部门或其授权部门和工商行政管理部门办理相关手续。

第十九条　香港特别行政区、澳门特别行政区和台湾省的投资者以及海外华侨在中国内地投资道路运输业参照适用本规定。

第二十条　本规定自公布之日起施行。交通部1993年颁布的《中华人民共和国交通部外商投资道路运输业立项审批暂行规定》（交运发[1993]1178号）同时废止。

附录

物流术语

物 流 术 语

国家质量技术监督局

2001年4月17日发布　　2001年8月1日实施

1 范围

本标准确定了物流活动中的基本概念术语、物流作业术语、物流技术装备与设施术语、物流管理术语及其定义。

本标准适用于物流及相关领域的信息处理和信息交换，亦适用于相关的法规、文件。

2 引用标准

下列标准所包含的条文，通过在本标准中引用而构成为本标准的条文。本标准出版时，所示版本均为有效。所有标准都会被修订，使用本标准的各方应探讨使用下列标准最新版本的可能性。

GB/T 1992—1985 集装箱名词术语(neq ISO 830:1981)

GB/T 4122.1—1996包装术语基础

GB/T17271—1998 集装箱运输术语

3 基本概念术语

3.1 物品 article

经济活动中涉及到实体流动的物质资料。

3.2 物流 logistics

物品从供应地向接收地的实体流动过程。根据实际需要，将运输、储存、搬运、包装、流通加工、配送、信息处理等基本功能实施有机结合。

3.3 物流活动 logistics activity

物流诸功能的实施与管理过程。

3.4 物流作业 logistics operation

实现物流功能时所进行的具体操作活动。

3.5 物流模数 logistics modulus

物流设施与设备的尺寸基准。

3.6 物流技术 logistics technology

物流活动中所采用的自然科学与社会科学方面的理论、方法，以及设施、设备、装置与工艺的总称。

3.7 物流成本 logistics cost

物流活动中所消耗的物化劳动和活劳动的货币表现。

3.8 物流管理 logistics management

为了以最低的物流成本达到用户所满意的服务水平，对物流活动进行的计划、组织、协调与控制。

3.9 物流中心 logistics center

从事物流活动的场所或组织，应基本符合下列要求：

a）主要面向社会服务；

b）物流功能健全；

c）完善的信息网络；

d）辐射范围大；

e）少品种、大批量；

f）存储、吞吐能力强；

g）物流业务统一经营、管理。

3.10 物流网络 logistics network

物流过程中相互联系的组织与设施的集合。

3.11 物流信息 logistics information

反映物流各种活动内容的知识、资料、图像、数据、文件的总称。

3.12 物流企业 logistics enterprise

从事物流活动的经济组织。

3.13 物流单证 logistics documents

物流过程中使用的所有单据、票据、凭证的

总称。

3.14 物流联盟 logistics alliance

两个或两个以上的经济组织为实现特定的物流目标而采取的长期联合与合作。

3.15 供应物流 supply logistics

为生产企业提供原材料、零部件或其他物品时，物品在提供者与需求者之间的实体流动。

3.16 生产物流 production logistics

生产过程中，原材料、在制品、半成品、产成品等，在企业内部的实体流动。

3.17 销售物流 distribution logistics

生产企业、流通企业出售商品时，物品在供方之间的实体流动。

3.18 回收物流 returned logistics

不合格物品的返修、退货以及周转使用的包装容器从需方返回到供方所形成的物品实体流动。

3.19 废弃物物流 waste material logistics

将经济活动中失去原有使用价值的物品，根据实际需要进行收集、分类、加工、包装、搬运、储存等，并分送到专门处理场所时所形成的物品实体流动。

3.20 绿色物流 environmental logistics

在物流过程中抑制物流对环境造成危害的同时，实现对物流环境的净化，使物流资源得到最充分利用。

3.21 企业物流 internal logistics

企业内部的物品实体流动。

3.22 社会物流 external logistics

企业外部的物流活动的总称。

3.23 军事物流 military logistics

用于满足军队平时与战时需要的物流活动。

3.24 国际物流 international logistics

不同国家（地区）之间的物流。

3.25 第三方物流 thirdpart logistics(TPL)

由供方与需方以外的物流企业提供物流服务的业务模式。

3.26 定制物流 customized logistics

根据用户的特定要求而为其专门设计的物流服务模式。

3.27 虚拟物流 virtual logistics

以计算机网络技术进行物流动作与管理，实现企业间物流资源共享和优化配置的物流方式。

3.28 增值物流服务 valueadded logistics service

在完成物流基本功能基础上，根据客户需求提供的各种延伸业务活动。

3.29 供应链 supply chain

生产及流通过程中，涉及将产品或服务提供给最终用户活动的上游与下游企业，所形成的网链结构。

3.30 条码 bar code

由一组规则排列的条、空及字符组成的，用以表示一定信息的代码。

同义词: 条码符号 bar code symbol [GB/T 4122.1—1996中4.17]

3.31 电子数据交换 electronic data interchange (EDI)

通过电子方式，采用标准化的格式，利用计算机网络进行结构化数据的传输和交换。

3.32 有形损耗 tangible loss

可见或可测量出来的物理性损失消耗。

3.33 无形损耗 intanglble loss

由于科学技术进步而引起的物品贬值。

4 物流作业术语

4.1 运输 transportation

用设备和工具，将物品从一地点向另一地点运送的物流活动。其中包括集货、分配、搬运、中转、装入、卸下、分散等一系列操作。[GB/T 4122.1——1996中4.4]

4.2 联合运输 combined transport

一次委托，由两家以上运输企业或用两种以上运输方式共同将某一批物品运送到目的地的运输方式。

4.3 直达运输 through transport

物品由发运地到接收地，中途不需要换装

和在储存场所停滞的一种运输方式。

4.4 中转运输 transfer transport

物品由生产地运达最终使用地，中途经过一次以上落地并换装的一种运输方式。

4.5 甩挂运输 drop and pull transport

用牵引车拖带挂车至目的地，将挂车甩下后，换上新的挂车运往另一个目的地的运输方式。

4.6 集装运输 containerized transport

使用集装器具或利用捆扎方法，把裸装物品、散粒物品、体积较小的成件物品，组合成为一定规格的集装单元进行的运输。

4.7 集装箱运输 container transport

以集装箱为单元进行货物运输的一种货运方式。[GB/T 17271—1998中3.2.1]

4.8 门到门 door-to-door

承运人在托运人的工厂或仓库整箱接货，负责运抵收货人的工厂或仓库整箱交货。[GB/T 17271—1998中3.2.3.1]

4.9 整箱货 full contaimer load(FCL)

一个集装箱装满一个托运人同时也是一个收货人的货物。[GB/T 17271—1998中3.2.4.2]

4.10 拼箱货 less than container load(LCL)

一个集装箱装入多个托运人或多个收货人的货物。[GB/T 17271—1998中3.2.4.3]

4.11 储存 storing

保护、管理、贮藏物品。[GB/T 4122.1—1996中4.2.]

4.12 保管 storage

对物品进行保存及对其数量、质量进行管理控制的活动。

4.13 物品储备 article reserves

储存起来以备急需的物品。有当年储备、长期储备、战略储备之分。

4.14 库存 inventory

处于储存状态的物品。广义的库存还包括处于制造加工状态和运输状态的物品。

4.15 经常库存 cycle stock

在正常的经营环境下，企业为满足日常需要而建立的库存。

4.16 安全库存 safety stock

为了防止由于不确定性因素（如大量突发性订货、交货期突然延期等）而准备的缓冲库存。

4.17 库存周期 inventory cycle time

在一定范围内，库存物品从入库到出库的平均时间。

4.18 前置期(或提前期) lead time

从发出订货单到收到货物的时间间隔。

4.19 订货处理周期 order cycle time

从收到订货单到将所订货物发运出去的时间间隔。

4.20 货跺 goods stack

为了便于保管和装卸、运输，按一定要求分门别类堆放在一起的一批物品。

4.21 堆码 stacking

将物品整齐、规则地摆放成货垛的作业。

4.22 搬运 handling/carrying

在同一场所内，对物品进行水平移动为主的物流作业。

4.23 装卸 loading and unloading

物品在指定地点以人力或机械装入运输设备或卸下。[GB/T 4122.1 1996中4.5]

4.24 单元装卸 unit loading and unloading

用托盘、容器或包装物将小件或散装物品集成一定质量或体积的组合件，以便利用机械进行作业的装卸方式。

4.25 包装 package/packaging

为在流通过程中保护产品、方便储运、促进销售，按一定技术方法而采用的容器材料及辅助物等的总体名称。也指为了达到上述目的而采用容器、材料和辅助物的过程中施加一定技术方法等的操作活动。[GB/T 4122.1—1996中2.1]

4 .26 销售包装 sales package

又称内包装，是直接接触商品并随商品进入零售网点和消费者或用户直接见面的包装。

4.27 定牌包装 packing of nominated brand

买方要求卖方在出口商品／包装上使用买方指定的牌名或商标的做法。

4.28 中性包装 neutral packing

在出口商品及其内外包装上都不注明生产国别的包装。

4.29 运输包装 transport package

以满足运输贮存要求为主要目的的包装。它具有保障产品的安全，方便储运装卸、加速交接、点验等作用。[GB/T 4122.1—1996中2.5]

4.30 托盘包装 palletizing

以托盘为承载物，将包装件或产品堆码在托盘上，通过捆扎、裹包或胶粘等方法加以固定，形成一个搬运单元，以便用机械设备搬运。[GB/T 4122.1—1996中2.17]

4.31集装化 containerization

用集装器具或采用捆扎方法，把物品组成标准规格的单元货件，以加快装卸、搬运、储存、运输等物流活动。

4.32 散装化 in bulk

用专门机械、器具进行运输、装卸的散状物品在某个物流范围内，不用任何包装，长期固定采用吸扬、抓斗等机械、器具进行装卸、运输、储存的作业方式。

4.33 直接换装 cross docking

物品在物流环节中，不经过中间仓库或站点，直接从一个运输工具换载到另一个运输工具的物流衔接方式。

4.34 配送distribution

在经济合理区域范围内，根据用户要求，对物品进行拣选、加工、包装、分割、组配等作业，并按时送达指定地点的物流活动。

4.35 共同配送 joint distribution

由多个企业联合组织实施的配送活动。

4.36 配送中心 distribution center

从事配送业务的物流场所或组织，应基本符合下列要求：

a）主要为特定的用户服务；

b）配送功能健全；

c）完善的信息网络；

d）辐射范围小；

e）多品种、小批量；

f）以配送为主，储存为辅。

4.37 分拣 sorting

将物品按品种、出入库先后顺序进行分门别类堆放的作业。

4.38 拣选 order picking

按订单或出库单的要求，从储存场所选出物品，并放置在指定地点的作业。

4.39 集货 goods collection

将分散的或小批量的物品集中起来，以便进行运输、配送的作业。

4.40 组配 assembly

配送前，根据物品的流量、流向及运输工具的载质量和容积，组织安排物品装载的作业。

4.41 流通加工 distribution processing

物品在从生产地到使用地的过程中，根据需要施加包装、分割、计量、分拣、刷标志、拴标签、组装等简单作业的总称。

4.42 冷链 cold chain

为保持新鲜食品及冷冻食品等的品质，使其在从生产到消费的过程中，始终处于低温状态的配有专门设备的物流网络。

4.43 检验 inspection

根据合同或标准，对标的物品的品质、数量、包装等进行检查、验收的总称。

5 物流技术装备与设施术语

5.1 仓库 warehouse

保管、储存物品的建筑物和场所的总称。

5.2 库房 storehouse

有屋顶和围护结构，供储存各种物品的封闭式建筑物。

5.3 自动化仓库 automatic warehouse

由电子计算机进行管理和控制，不需人工搬运作业，而实现收发作业的仓库。

5.4 立体仓库 stereoscopic warehouse

采用高层货架配以货箱或托盘储存货物，用巷道堆垛起重机及其他机械进行作业的仓库。

5.5 虚拟仓库 virtual warehouse

建立在计算机和网络通讯技术基础上，进行物品储存、保管和远程控制的物流设施。可实现不同状态、空间、时间、货主的有效调度和统一管理。

5.6 保税仓库 boned warehouse

经海关批准，在海关监管下，专供存放未办理关税手续而入境或过境货物的场所。

5.7 出口监管货物 export supervised ware-house

经海关批准，在海关监管下，存放已按规定领取了出口货物许可证或批件，已对外买断结汇并向海关办完全部出口海关手续的货物的专用仓库。

5.8 海关监管货物 cargo under custom's su-pervision

在海关批准范围内接受海关检验的进出口、过境、转运、通关货物，以及保税货物和其他尚未办结海关手续的进出境货物。

5.9 冷藏区 chill space

仓库的一个区域，其温度保持在0℃～10℃范围内。

5 .10 冷冻区 freeze space

仓库的一个区域，其温度保持在0℃以下。

5 .11 控湿储存区 humidity controlled space

仓库内配有湿度调制设备，使内部湿度可调的库房区域。

5.12 温度可控区 temperature controlled space

温度可根据需要调整在一定范围内的库房区域。

5.13 收货区 receiving space

到库物品入库前核对检查及进库准备的地区。

5.14 发货区 shipping space

物品集中待运地区。

5.15 料棚 goods shed

供储存某些物品的简易建筑物，一般没有或只有部分围壁。

5.16 货场 goods yard

用于存放某些物品的露天场地。

5.17 货架 goods shelf

用支架、隔板或托架组成的立体储存货物的设施。

5.18 托盘 pallet

用于集装、堆放、搬运和运输的放置作为单元负荷的货物和制品的水平平台装置。[GB/T4122.1—1996中4.27]

5.19 叉车 fork lift truck

具有各种叉具，能够对货物进行升降和移动及装卸作业的搬运车辆。

5.20 输送机 conveyor

对物品进行连续运送的机械。

5.21 自动导引车 automatic guided vehicle(AGV)

能够自动行驶到指定地点的无轨搬运车辆。

5.22 箱式车 box car

除具备普通车的一切机械性能外，还必须具备全封闭的箱式车身和便于装卸作业的车门。

5.23 集装箱 container

是一种运输设备，应满足下列要求：

a）具有足够的强度，可长期反复使用；

b）适于一种或多种运输方式运送，途中转运时，箱内货物不需换装；

c）具有快速装卸和搬运的装置，特别便于从一种运输方式转移到另一种运输方式；

d）便于货物装满和卸空；

e）具有1m³及以上的容积。

集装箱这一术语不包括车辆和一般包装。[GB/T 1992—1985中1.1]

5.24换算箱 twenty—feet equivalent unit(TEU)

又称标准箱。Twenty—feet equivalent unit(TEU)以20英尺集装箱作为换算单位。[GB/T 17271—1998中3.2.4.8]

5.25 特种货物集装箱 specific cargo container

用以装运特种物品用的集装箱总称。[GB/T 4122.1—1996中2.2.2]

5.26 全集装箱船 full container ship

舱内设有固定式或活动式的格栅结构，舱盖上和甲板上设置固定集装箱的系紧装置，便

于集装箱作业及定位的船舶。[GB/T 17271—1998中3.1.1.1]

5.27 铁路集装箱场 railway container yard

进行集装箱承运、交付、装卸、堆存、装拆箱、门到门作业，组织集装箱专列等作业的场所。[GB/T 17271—1998中3.1.3.6]

5.28 公路集装箱中转站 inland container depot

具有集装箱中转运输与门到门运输和集装箱货物的拆箱、装箱、仓储、和接取、送达、装卸、堆存的场所。[GB/T 17271—1998中3.1.3.9]

5.29 集装箱货运站 container freight station (CFS)

拼箱货物拆箱、装箱、办理交接的场所。

5.30 集装箱码头 container terminal

专供停靠集装箱船、装卸集装箱用的码头。[GB/T 17271—1998中3.1.2.2]

5.31 国际铁路联运 international through railway transport

使用一份统一的国际铁路联运票据，由跨国铁路承运人办理两国或两国以上铁路的全程运输，并承担运输责任的一种连贯运输方式。

5.32 国际多式联运 international multimodal transport

按照多式联运合同，以至少两种不同的运输方式，由多式联运经营人将货物从一国境内的接管地点运至另一国境内指定交付地点的货物运输。

5.33 大陆桥运输 land bridge transport

用横贯大陆的铁路或公路作为中间桥梁，将大陆两端的海洋运输连接起来的连贯运输方式。

5.34 班轮运输 liner transport

在固定的航线上，以既定的港口顺序，按照事先公布的船期表航行的水上运输方式。

5.35 租船运输 shipping by chartering

根据协议，租船人向船舶所有人租赁船舶用于货物运输，并按商定运价，向船舶所有人支付运费或租金的运输方式。

5.36 船务代理 shipping agency

根据承运人的委托，代办与船舶进出港有关的业务活动。

5.37 国际货运代理 international freight forwarding agent

接受进出口货物收货人、发货人的委托，以委托人或自己的名义，为委托人办理国际货物运输及相关业务，并收取劳务报酬的经济组织。

5.38 理货 tally

货物装卸中，对照货物运输票据进行的理（点）数、计量、检查残缺、指导装舱积载、核对标记、检查包装、分票、分标志和现场签证等工作。

5.39 国际货物运输保险 international transportation cargo insurance

在国际贸易中，以国际运输中的货物为保险标的的保险，以对自然灾害和意外事故所造成的财产损失获得补偿。

5.40 报关 customs declaration

由进出口货物的收发货人或其代理人向海关办理进出境手续的全过程。

5.41 报关行 customs broker

专门代办进出境报关业务的企业。

5.42 进出口商品检验 commodity inspection

确定进出口商品的品质、规格、重量、数量、包装、安全性能、卫生方面的指标及装运技术和装运条件等项目实施检验和鉴定，以确定其是否与贸易合同、有关标准规定一致，是否符合进出口国有关法律和行政法规的规定。简称“商检”。

6 物流管理术语

6.1 物流战略 logistics strategy

为寻求物流的可持续发展，就物流发展目标以及达成目标的途径与手段而制定的长远性、全局性的规划与谋略。

6.2 物流战略管理 logostics strategy management

物流组织根据已制定的物流战略，付诸实

施和控制的过程。

6.3 仓库管理 warehouse management

对库存物品和仓库设施及其布局等进行规划、控制的活动。

6.4仓库布局warehouse layout

在一定区域或库区内，对仓库的数量、规模、地理位置和仓库设施、道路等各要素进行科学规划和总体设计。

6.5 库存控制 inventory control

在保障供应的前提下，使库存物品的数量最少所进行的有效管理的技术经济措施。

6.6经济订货批量economic order quantity(EOQ)

通过平衡采购进货成本和保管仓储成本核算，以实现总库存成本最低的最佳订货量。

6.7 定量订货方式 fixedquantity system(FQS)

当库存量下降到预定的最低的库存数量（订货点）时，按规定数量（一般以经济订货批量为标准）进行订货补充的一种库存管理方式。

6.8 定期订货方式 fixedinterval system(FIS)

按预选确定的订货间隔期间进行订货补充的一种库存管理方式。

6.9 ABC分类管理 ABC classification

将库存物品按品种和占用资金的多少分为特别重要的库存（A类）、一般重要的库存（B类）和不重要的库存（C类）三个等级，然后针对不同等级分别进行管理与控制。

6.10 电子订货系统 Electronic order system(EOS)

不同组织间利用通讯网络和终端设备以在线联结方式进行订货作业与订货信息交换的体系。

6.11 准时制 just in time(JIT)

在精确测定生产各工艺环节作业效率的前提下按订单准确的计划，消除一切无效作业与浪费为目标的一种管理模式。

6.12 准时制物流 just-in-time logistics

一种建立在JIT管理理念基础上的现代物流方式。

6.13 零库存技术 zero-in-ventory technology

在生产与流通领域按照JIT组织物资供应，使整个过程库存最小化的技术的总称。

6.14 物流成本管理 logistics cost control

对物流相关费用进行的计划、协调与控制。

6.15 物料需求计划 material requirements planning(MRP)

一种工业制造企业内的物资计划管理模式。根据产品结构各层次物品的从属和数量关系，以每个物品为计划对象，以完工日期为时间基准倒排计划，按提前期长短区别各个物品下达计划时间的先后顺序。

6.16 制造资源计划 manufacturing resource planning(MRP Ⅱ)

从整体最优的角度出发，运用科学的方法，对企业的各种制造资源和企业生产经营各环节实行合理有效地计划、组织、控制和协调，达到既能连续均衡生产，又能最大限度地降低各种物品的库存量，进而提高企业经济效益的管理方法。

6.17 配送需求计划 distribution requirements planning(DRP)

一种既保证有效地满足市场需要，又使得物流资源配置费用最省的计划方法，是MRP原理与方法在物品配送中的运用。

6.18 配送资源计划 distribution resource planning (DRP Ⅱ)

一种企业内物品配送计划系统管理模式。是在DRP的基础上提高各环节的物流能力，达到系统优化运行的目的。

6.19 物流资源计划 logistics resource planning (LRP)

以物流为基本手段，打破生产与流通界限，集成制造资源计划、能力资源计划、分销需求计划以及功能计划而形成的物流资源优化配置方法。

6.20 企业资源计划 enterprise resource planning (ERP)

在MRP Ⅱ的基础上，通过前馈的物流和反馈的信息流、资金流，把客户需求和企业内部的生产经营活动以及供应商的资源整合在一起，体现完全按用户需求进行经营管理的一种全新的管理方法。

6.21 供应链管理 supply chain management (SCM)

利用计算机网络技术全面规划供应链中的商流、物流、信息流、资金流等，并进行计划、组织、协调与控制。

6.22 快速反应 Quick response(QR)

物流企业面对多品种、小批量的买方市场，不是储备了“产品”，而是准备了各种“要素”，在用户提出要求时，能以最快速度抽取“要素”，及时“组装”，提供所需服务或产品。

6.23 有效客户反应 efficient customer response (ECR)

以满足顾客要求和最大限度降低物流过程费用为原则，能及时做出准确反应，使提供的物品供应或服务流程最佳化的一种供应链管理战略。

6.24 连续库存补充计划 continuous replenishment program(CRP)

利用及时准确的销售时点信息确定已销售的商品数量，根据零售商或批发商的库存信息和预先规定的库存补充程序确定发货补充数量和配送时间的计划方法。

6.25 计算机辅助订货系统 computer assisted ordering(CAO)

基于库存和客户需求信息，利用计算机进行自动订货管理的系统。

6.26 供应商管理库存 vendor managed inventory(VMI)

供应商等上游企业基于其下游客户的生产经营、库存信息，对下游客户的库存进行管理与控制。

6.27 业务外包 outsourcing

企业为了获得比单纯利用内部资源更多的竞争优势，将其非核心业务交由合作企业完成。

2001 年重点物流论文索引

1.《启动中国物流市场的战略选择》 丁俊发
2.《物流企业的借鉴》 泽 汉
3.《ERP在中国》 金达仁
4.《正确认识物流业作用 积极推进物流业发展》 丁俊发
5.《运输 航运企业如何开展物流服务》 曹 栋
6.《供应链 现代物流迎合供应链管理的发展》 木星一
7.《第三方物流：梗阻在何方？》 谢平涛
8.《供应链 供应链管理：新的利润空间》 杨 磊
9.《电子商务 守望互联网经济—电子商务发展现状与趋势》 李春儒
10.《ERP 知识经济时代的物流企业管理》 王 涛 汝宜红 郑 凯
11.《我国物流企业如何迎接电子商务—开展基于Internet的综合物流代理(系列之三)》 张 铎
12.《运输 航运发展的战略地位理论》 曲林迟
13.《ERP 智者重管理》 筱 月
14.《供应链 供应链中潜藏危机》 李华柏
15.《供应链 基于Web的供应链信息系统》 龚道国
16.《我国物流企业存在的问题及出路》 张 勇
17.《中国的ERP现状》 李 际
18.《供应链管理及物资供应整合》 赵启兰
19.《新型企业间合作关系—供应链联盟》 绎明宇 张成海
20.《基于物流管理创新的企业发展模式分析》 邬文兵 詹荷生 毛荐其
21.《我国网上商店的物流解决方案》 王婷婷 苏少虹
22.《一体化物流与供应链管理》 绎明宇 魏际刚
23.《电子商务发展的安全性制约》 吴 俊 詹荷生
24.《从外企在中国的物流策略看我国物流业的发展》 安 茜 李卫顺
25.《ERP企业资源计划》 陈兵兵
26.《企业信息化的若干思考》 叶葆春
27.《电子商务时代的ERP》 易 文
28.《物流与信息流的技术应用》 郑莉陵
29.《ERP与业务流程重组》 宋远方 汪涅明
30.《漫谈供应链管理》 陈兵兵

31.《后勤信息系统及全球供应链管理》　黄培清　揭　晖
32.《供应链管理策略》　仲　淇
33.《精细化供应链管理》　陈志祥　马士华　陈荣秋
34.《供应链管理》　白立新
35.《物流配送—靠近我点》　刘　慧
36.《信息时代的供应链管理》　王　焰
37.《供应链中潜藏危机—认清问题才能防患于未然　》　李华柏
38.《进入供应链系统的物流》　许胜余
39.《中国物流发展战略与物流体制改革》　陈家林
40.《现代物流与海洋战略研究》　成圣复　朱　筠
41.《从海洋运输走向综合物流服务》　叶伟龙
42.《MRPIII物流系统设计》　李巍巍　周惠光
43.《物流与配送在中国的发展前景》　王　微
44.《全球化供应链管理》　胡双增　张　铎
45.《待开发的经济新大陆》　丁俊发
46.《迎接中国物流业发展的春天》　丁俊发
47.《中国电子商务的发展状况和物流对策》　何明珂
48.《供应链管理——　一次彻底的管理革命》　邵清东
49.《更现实的物流》　贺志刚
50.《公共平台：物流企业的捷径》　沈　立
51.《中国物流商机与中小企业》　黄淑仪
52.《理性认识物流》　李冠霖
53.《加入 WTO 对中国海运业的影响》　于洪潭
54.《物流仍在我国企业的大门外徘徊》　刘玉坤
55.《物流统计初探》　赵　艳　张文杰
56.《物流各环节的基本功能》　靳　伟
57.《透析 IT 企业的物流管理》　田　源
58.《“物流热”与规划先行》　王之泰
59.《企业物流是我国物流业发展的关键》　刘玉坤
60.《电子商务与物流中心的发展》　魏修建
61.《物流企业与 ISO 质量管理体系》　张永周
62.《航运企业与物流供应链管理》　彭　程
63.《航空快递企业第三方物流经营模式分析》　曹允春
64.《电子商务与采购》　丁俊发
65.《我国现代电子商务物流的发展》　陈柳钦
66.《W T O规则对中国物流业的影响》　汪　鸣
67.《连锁经营引领流通现代化》　王永平
68.《供应链管理》　陈国权
69.《第三利润源泉与物流费用》　靳　伟

70.《民营快递：如何在夹缝中生存》　徐　勇
71.《区域性物流》　徐文静
72.《盘活土地资产　发展现代物流》　缑文林
73.《网络时代物流的特点》　吴清一
74.《物流产业商机多》　王　佐
75.《加快城市物流产业发展》　李范坤
76.《铁路站点的发展方向—物流中心》　张伯敏
77.《“天眼”下的物流》　王　耀
78.《有关物流理论的探讨》　王　佐
79.《关于企业设立物流管理部门的探讨》　龚国华　冯天俊
80.《信息技术让物流“变脸”》　李　华
81.《入世后：保税区路在何方？》　肖苑生
82.《第三方物流与物流一体化》　胡双增　张　铎
83.《物流产业的发展与物流园区的建设》　王大明
84.《解析现代流通魔力》　陶小淳　刘泰山
85.《拓展物流服务空间》　王　佐
86.《论现代企业虚拟经营与第三方物流》　廖成林
87.《第三方物流企业的合作与竞争》　陈保国　琚泽钧　林自葵
88.《对现代第三方物流的认识与探索》　李　川
89.《西部现代物流的认识与探索》　杜　华
90.《电子商务时代的物流配送思考》　孔轶楠
91.《问鼎物流》　方世兴　潘　越
92.《物流理念与时俱进》　王　佐
93.《略论在中国发展现代物流业》　荷　蓉
94.《剥离物流》　周　蕾
95.《GPS 在现代交通运输中的应用》　鲁忠武
96.《21 世纪中国西部物流发展展望》　陈志莉
97.《现代物流及供应链管理》　王　倩
98.《略论城市物流》　杨传杰
99.《WTO 与我国物流市场》　丁俊发
100.《第四者物流之概念与特性》　杨钰池
101.《企业如何拓展第三方物流》　王　佐
102.《开放的物流》　王　佐
103.《发展物流产业与政府市场定位》　王　佐
104.《发展第三方物流的切入点及对策》　吴　刚　陈兰芳　黄荣来
105.《我国第三方物流发展模式探讨》　樊　宏
106.《正确认识加入 WTO 对船代行业的利与弊》　周通韶
107.《现代物流与管理信息化》　吴金棒
108.《标准化现代物流不能忽视的课题》　牟惟仲

109.《中国物流产业发展战略初探》 张　震
110.《对物流现代化的探讨》 牟惟仲
111.《西部电子商务与物流配送模式研究》 姜大立　甘　明　姜玉宏
112.《现代物流企业不只一种模式》 王　珍
113.《铁路货运面向外资的门只开了一半》 崔　毅
114.《国际航运与现代物流的发展》 李耀辉
115.《流通产业中企业的物流变革战略》 宋　华
116.《现代物流，信息系统的建立是关键》 谢廷军　刘伟兵　纪桦
117.《现代企业的业务外包管理》 彭璧玉
118.《中国港航服务业“入世”后的经营环境》 潘锡芒
119.《现代物流中心规划建设的探索与研究》 赵　蕾　林炳耀
120.《物流市场到底有多大》 王　佐
121.《物流业如何应对入世挑战》 何　伟
122.《企业供应链管理和第三方物流外包服务》 杨　鹏
123.《物流热不会成为泡沫》 徐天亮
124.《经济全球化浪潮中的中国物流业》 刘伟丽　程文生
125.《建立现代物流业的新型财务运作模式》 陈继英
126.《企业物流外包决策》 张　巍　李静芳
127.《现代集装箱港口发展趋势》 肖钟熙
128.《推动现代商业物流发展的五大动因》 周　咏
129.《我国保税区物流发展的对策》 孙垂凤　田　源　张文杰
130.《加快发展第三方物流》 沈柏年
131.《加快企业信息化　提高核心竞争力》 刘　力
132.《中国流通产业发展前瞻》 向　欣
133.《当代我国物流业的出路及趋势》 张亦驰
134.《启动中国物流人才教育工程》 丁俊发
135.《中国物流发展五十年述略》 吴润涛
136.《浅析货主、托运人和第三方物流》 郑　懿
137.《物流与企业核心竞争力》 胡松评
138.《“十五”计划与中国物流业》 汪　鸣
139.《对我国物流现代化建设的思考》 刘傲洋
140.《现今供应链管理质量的三个主要标志》 胡树威
141.《中国物流业：拥挤的地平线》 孙　武　谢加辉
142.《物流制胜要诀》 吴智勇
143.《从物流管理到供应链整合》 刘　建
144.《仓库管理信息系统》 陈方建
145.《浅议现代物流的功能定位》 张　弘
146.《物流和供应链的社会作用》 吴智铭
147.《全方位推进现代物流——关于工厂现代物流问题》 王之泰

148.《综合物流时代的港口竞争与港口合作》　徐剑华
149.《知识经济时代的物流企业管理》　王　涛　汝宜红　郑　凯
150.《中国需要物流基地》　王之泰
151.《物流决胜点:金融服务》　陈学淳
152.《关于农产品流通与现代物流对接的思考》　闵耀良
153.《物流与物流工程》　王之泰
154.《物流产业发展的潜力和前景分析》　陈文玲
155.《配送中心研究》　王之泰
156.《中国物流发展战略与物流体制改革》　陈家林
157.《构筑中国的物流平台》　王之泰
158.《海尔集团首席执行官张瑞敏谈物流》
159.《物流的真相》　尹小山
160.《物流的预热时分》　王晓冰
161.《给物流以个性服务》　廖　可
162.《21世纪物流业的大趋势》　许胜余

(注:因我们人力、时间及联系方式所限,还有许多观点独到、较有影响的文章未能收入,请见谅。同时希望广大作者将当年已发表的有关物流方面的重点文章推荐给我们,编辑部将在下一部《年鉴》中予以选介。)

中国华星集团

华星集团属于中央企业工委管理的大型企业之一。

华星集团由原国内贸易部组建，经过几年整改、重组、招商改制，已由资不抵债转变为具有发展潜力的大型企业集团。中国华星集团公司作为国有独资公司和集团的核心企业，负责国有资产的保值增值，定位于国有资产的投资经营与监管。其所属成员企业目前已经基本完成改制任务，实现了产权结构多元化，初步建立了公司制企业治理结构。包括集团所属企业各级领导班子成员在内，全体职工已经实行了劳动用工市场化和岗位聘任制。到2001年底，华星集团拥有成员企业19家、112个投资点、30个合并报表户头，总资产29.6亿元，所有者权益11.83亿元，资产负债率53.5%，净资产收益率为4.2%。

华星集团的发展思路是“**一切以投资回报为出发点，努力创建新体制、新业务和新文化**”，华星集团的企业文化概括为“**创新、务实、自律、和谐**”。

目前，集团在各个成员企业初步建立现代企业制度的基础上，已经确立和正在形成汽车销售服务、房地产、金融证券、高科技材料和产品的生产、IT业务等核心业务框架以及现代农业专业化经营。

1、**汽车贸易等流通服务业务**。华星汽贸重塑了一个年销售额60亿元的品牌经营业务，拥有通用、克莱斯勒、丰田、奥迪、宝莱、帕萨特、富康等国内外著名品牌汽车销售代理权，建有汽车品牌专卖店32家，分布在全国主要大中城市，年营业额占全国汽车市场销售份额的4%，占全国轿车市场销售份额的12%。集团与香港新世界集团合作组建了“华星新世界汽车服务有限公司”，引进国际资本、先进管理理念和运行机制，用供应链管理理论和现代物流技术提升汽车销售服务网络。

2、**房地产开发业务**。集团控股的佳友房地产有限公司和中国阳光投资有限公司以及参股的中国华力高科技创业有限公司目前开工面积已经超过100万平方米；与此同时，几家公司联合，正在研究重建海南三亚为世界一流水城的方案。房地产开发项目分布在北京、天津、上海、大连和海南等地。

3、**高新技术业务**。集团参股的华力高科公司对大连理工大学领先集团进行重组改造，组建大连理工大学领先集团有限公司，下属大连宝力膜新材料有限公司，主要产品是国家“八五”、“九五”重点科技攻关项目开发成功的新型高性能工程材料，广泛用于航天航空、电气机械工程。

4、**金融证券业务**。集团参股的中国泰盛投资控股有限公司已完成对三峡证券公司重组改造，同时收购香港协和集团入主香港协和证券公司，搭建国际化的资本运作平台。

此外，集团分别联合湖北清江水电投资公司和大连市有关企业等地方大型骨干企业和高校科技企业，对农业项目进行投资，采用“资本＋科技”→“公司＋农户”→绿色生态产业→国际市场的运作模式，共同**探索我国农业产业化与农户专业化的路子**。

目前，集团改革与发展正呈现出新的气象。2001年财政部按照“企业效绩评价规则”的8项基本指标和16项修正指标进行综合排序，华星集团在169家中央直管企业排名第45位，按保值增值率高低排名为第20位、按商贸类企业排名为第一位，是63家优秀企业之一。国家统计局评选2000年中国最大1000家企业之一，华星集团名列第324位。在江泽民同志“三个代表”重要思想的指引下，集团领导班子决心带领广大职工按照集团制定的发展思路和发展战略，继续拼搏，不断创出新的成果。

集团公司总经理、法人代表：宋耀华
集团公司党委书记：王志森
办公地址：北京市宣武区广安门外大街180号新纪元大厦5层
邮政编码：100055
电话（TEL）：(010) 63274896　63461188－507
传真（FAX）：(010) 63279097
E－mail：csjhuaxing@163.com
hx0516@hotmail.com

长春公路主枢纽有限责任公司情况简介

长春公路主枢纽有限责任公司是长春市交通局下属企业，于2000年12月26日注册成立。法人代表：冯延辉。公司占地面积129000平方米，集仓储、客货运输、信息配载、配送、货代、电子商务为一体，是吉林省颇具实力的大型第三方物流企业。

凭着雄厚的资产实力、良好的企业信誉、现代化管理模式以及完善的服务体系，赢得了广大客户的普遍信赖。

一、各分公司情况简介

1、长春市运输服务中心

长春市运输服务中心毗邻长春光复路市场旁，现有辐射全省的零担运输线路41条，具有仓储、运输代理、信息配载、生活办公等功能。

2、杨家店物流中心

杨家店物流中心位于长春经济技术开发区内，长吉高速公路和长春绕城高速公路从物流中心附近穿过，是长春市向东、东北方向的主要出口，主要服务于经济技术开发区，其功能是中转换装、仓储、运输代理、信息配载、搬运装卸和生活服务等。

3、绿新物流中心

绿新物流中心位于长春市西南部长沈公路1.5公里处（绿新大市场院内），靠近长春绕城高速公路。主要服务于汽车厂区、长春高新技术开发区，其功能是中转换装、仓储、运输代理、信息配载、搬运装卸和生活服务等。

4、凯旋路客货站

凯旋路客货站位于长春市东二环路与凯旋路交汇处。主要服务于长春火车站、华正批发市场及春华批发市场的人流和物流需求。其功能是中转换装、仓储、运输代理、信息配载等。

二、公司所具有的优势

1、长春是全国45个公路主枢纽城市之一，长春公路主枢纽已经交通部和吉林省人民政府批复，是长春市“十五”期间重点建设项目，交通部于1998年建立了以全国45个主枢纽城市为节点的“华夏交通在线”网络，公司已加入成为其会员。

2、中共长春市委第十次党代会上提出要把长春建设成为现代制造业中心、区域性物流中心和科教文化中心的战略，加快推进长春现代化国际性城市的建设进程，并明确指示要在相关的领域给予一定的政策倾斜。

3、长春市地处东北亚中心，而商机无限的东北亚已成为世界瞩目的经济发展热点，公司下属的分公司多处在长春市南下北上的交通要塞，地理位置得天独厚。

三、公司的经营目标

公司的奋斗目标是：以发展交通为主题，以建设主枢纽为主线，以场站和基础设施为载体，以信息网络技术为先导，最终把公司提升为吸引强度和辐射强度较高的第三方物流企业。

公司经营方针：一流的服务、一流的保障。

服务质量方针：以质量求生存，以质量求发展，为客户提供安全优质、准确及时、经济方便、文明周到的物流服务。

服务质量目标：采用先进的设备，依靠一流的队伍加强科学管理，创造优质的服务，确保用户满意。

服务质量承诺：货物的差错率低于5‰，客户服务率在95%以上，安全责任事故降为零。为客户提供24小时的热忱服务。

欢迎国内外有志于发展物流事业的企业与我方洽谈、合作！

联系人：王家青

联系电话：0431-4666234　4666235

13009118210

联系地址：长春市民康路13号

邮编：130041

北京市物资储运总公司百子湾公司

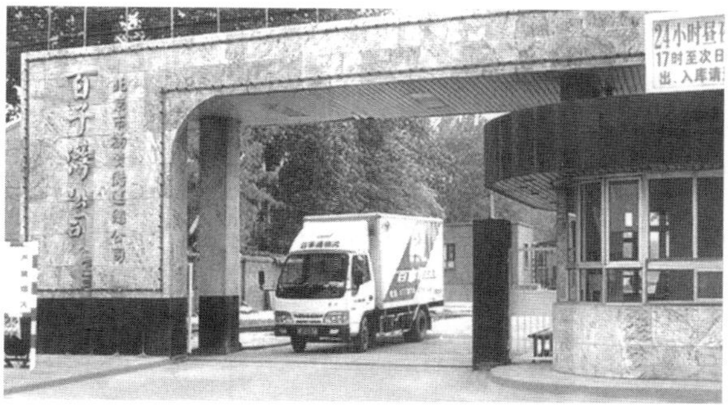

简　　介

北京市物资储运总公司百子湾公司，是国有大型综合性物流企业，成立于1958年。经过四十多年的积累，尤其是近几年的努力，已经具备现代物流基本条件。

- 地理位置优越，与多条主干路毗邻，距东四环1.5公里、京通快速4公里、京沈高速3公里、京津塘高速路4公里；
- 占地二十万平方米，固定资产5800万元；
- 库房三十二栋，库房面积46000平方米；
- 露天货场36000平方米；
- 铁路专用线两条，1900米；
- 起重机械十二部，总起重量160吨；
- 运输机械二十余部，总运力100余吨；
- 专业化的物流管理队伍，中等专业学历以上人员占职工总数的80%；
- 百余家的商驻机构，更包括首钢、鞍钢、宝钢、包钢、莱钢、安阳钢厂等多家大型钢厂及TCL、康师傅、张裕酒、农夫山泉等全国知名企业常驻机构；
- 现代物流的配送，包括张裕酒、农夫山泉、通用磨坊、均瑶牛奶等多家食品企业的储存及全市的物流配送；
- 庞大的电子信息网　“中国地方物流联盟网北京兰格信息网”；
- 计算机联网的“进销存物流软件”管理系统；
- 这一切，为物流、商流、资金流、信息流的多流合一创造了条件！

地址：北京市朝阳区广渠东路6号
电话：(010) 67782043
传真：(010) 67710649
邮编：100022
http://www.3unlon.com

昆明元亨物流自动化有限公司

昆明元亨物流自动化有限公司成立于2000年12月6日，公司总部设在昆明市高新技术开发区内，是一家专业从事物流自动化系统和光机电一体化设备的研制和生产为主的民营高科技企业。公司现有高级职称员工3人，中级职称员工18人，大专以上学历人员占公司人员总数的80%以上。公司在物流自动化工程、机电一体化工程、自动控制、自动检测、精密机械等专业领域有着丰富的实践经验。

服务宗旨：

一流的产品质量
优质的售后服务

生产开发产品：

制品储存输送系统（上下游生产设备自动联结系统）、
生产辅料自动存取立体库、
产成品自动存取立体库、
零备件立体库等

联系电话：0871-8311005　8320782　8311158
传真：0871-8311005
法人代表：杨志刚
公司地址：昆明市高新开发区科医路78号
邮政地址：昆明市高新邮政局58号信箱
邮编：650106
E-mail:yhauto@public.km.yn.cn

湖南工程学院物流研究所简介

湖南工程学院物流研究所于2001年在学院原物资管理教研室（1981年成立）基础上，依托学院原物资管理专业改造为物流管理专业而成立。目前研究所运行的支持平台主要是学院经济管理系、机械电子工程系及湘潭电机集团公司和湖南步步高连锁超市集团公司等工商企业，是湖南省较早从事物流教学与研究的机构之一。

经过近20年的物流教学实践、探索与发展，现已形成专科、本科等多层次、多方位的物流人才培养体系，学院经济管理系在市场营销本科专业中设立了电子商务与物流方向，专科专业中直接设立了物流管理专业，学院机械电子工程系在工业工程本科专业中设立了物流工程方向。特别是学院属机械电子工业部主管期间，为全国机械电子工业企业培养企业供应物流人才1000余人。目前，大部分毕业生已成为企业物流部门主管或业务骨干。物流人才培养与物流教学模式研究对我国物流事业的发展起到了积极的推动作用。

物流研究所现有教授2人、副教授5人、高级物资经济师1人、讲师5人。研究所的研究方向侧重工业、商业、物流企业的产、供、销微观物流运作管理研究，企业物流系统规划与设计、诊断，物流设备及设施的设计、安装、调试与管理。近年来，主持省部级、院级、企业级物流课题8项，其中“IE技术于生产物流再造研究”、“生产企业原材料物资合理库存诊断分析研究”、“企业物资采购全面指标比较管理研究”等项目为工矿企业物流系统改善及合理化，带来了明显的经济效益，得到了各工商企业的高度评价。研究所成员在各类专业期刊发表物流方向论文80余篇，主编或参编《企业物资管理》、《物资计划管理》、《超市物流》、《配送管理实务》等公开出版或内部使用的物流教材及参考资料多部。

物流研究所将在学院物流专业学科建设的基础上，发挥传统物资管理专业办学历史悠久的优势，依托工商、物流企业，产学研结合之路，致力于物流理论、方法与技术研究，推动我国企业物流事业的健康发展。

地址：湖南省湘潭市东湖路18号

邮编：411104

电话：0732-8680245

传真：0732-8680080　8688888

联系人：张思军　手机：13973220921　电话：8688561

刘联辉　手机：13017149006　电话：8680348

刘坤成　手机：　电话：8688839

李智斌　手机：13973298803　电话：8680067

北京市红星蔬菜食品冷冻有限公司

本公司莅临于南四环与南苑机场之间，紧邻大红门南路西侧，公路交通十分便捷，优越的地理位置实属仓储、配送首选之地。

公司占地20000余平方米，建设有低温可调节冷库2500余平方米，可存储量8000T，并仍在继续扩大规模，积极招租新的合作伙伴。主库区内先进的固定货架配置、一流的照明条件达到了北京地区大中型冷库的标准要求，并可为用户提供多种优质的服务配置。

多年来，我们为中美合资北京辛普劳食品有限公司和上海光明乳业华北区物流配送及其它知名企业提供低温冷储服务，合理的价位、圆满的工作质量保障和真诚的服务合作获得了用户的一致赞誉。于此我公司表示：欢迎广大同行和企业界、工商界及选择冷储的广大用户到公司光临指导，并选择多种形式的合作方式前来洽商，一定让您获得满意的结果。

地　　址：丰台区南苑北里三区14号
联系电话：（010）67993898、67992633（传真）
联系人：李根来　周卫平

第四方物流（北京）有限公司

第四方物流（北京）有限公司是集多年物流运作经验，顺应现代及未来经济发展趋势而成立的，注册资金两千万元，位于高科技企业云集的上地信息产业基地。

公司2002年在山西投资建设一个占地面积为3000亩的物流基地，主要作为能源的孵化基地；在河北省保定市建立一个占地面积为600亩的物流基地，作为农业企业的孵化基地；同时我公司在北京拥有一座信息大厦，主要作为IT企业的孵化基地。目前我们正在筹划的物流基地还包括沈阳等主要中心城市在内的数十个物流基地。

公司为大中小型企业提供全国范围内的货物长途运输、异地仓储、包装、配送等一系列传统物流服务。利用自身雄厚的资金实力，为客户进行仓单抵押等资金运作业务，为生产、流通企业盘活资金，提供紧急情况下的资金支持。

我公司前期针对北京市的蔬菜消费情况，正在策划运行酒店的配送业务和社区的蔬菜零售业务，我们计划建立一个覆盖北京市的蔬菜零售网络，为后期启动农业配送项目奠定基础。

我们根据IT行业的特点，推出了IT行业物流项目，一方面我们适应IT行业资金占用大、商品周转快、物流水平要求高的特点，推出了高水平的物流服务；另一方面我们为优秀物流企业提供包括仓单抵押在内的资金上的融通。

我们与IBM和其他物流科研院校合作为企业提供物流解决方案，并可以根据企业实际需求提供物流操作。

FAX：010-62963852　TEL：010-62963858　E-mail：www.e54e.com
地址：北京市海淀区上地信息产业基地信息路8号辰光大厦
邮编：100085

复旦大学现代物流管理研究中心简介

复旦大学现代物流管理研究中心成立于1999年。研究中心依托复旦大学雄厚的科研力量，广泛地开展国际国内的合作，从事物流与供应链管理方面的教育和研究，推动学校、企业和政府间的合作，并实施国内外物流与供应链管理方面的咨询和培训项目。研究中心由5名教授、5名副教授、2名讲师以及在校博士后、博士生和硕士生组成，中心主任为中国物流学会副会长朱道立教授，顾问是复旦大学管理学院名誉院长郑绍濂教授。

培养高级的物流管理人才是复旦大学现代物流管理研究中心的中心任务之一。研究中心成立以来，已为社会输送了一批高层次的物流管理人才，其中已培养物流方向的博士后2名、博士6名、硕士12名、工商管理硕士（MBA）60余名。

在学术研究方面，复旦大学现代物流管理研究中心已取得了较好的成绩，成为国内物流教育研究领域的一支重要力量。研究中心已经完成国家自然科学基金项目1项，正在进行自然科学基金项目2项。研究中心的成员已在国际SCI杂志、SSCI杂志、国内权威和核心杂志上发表百余篇论文。

在努力做好物流教育和物流研究的同时，复旦大学现代物流管理研究中心承担了多项物流咨询项目和培训项目。其中有上海通用汽车有限公司订货决策支持系统、联合利华公司物流系统优化、上海汽车集团大众销售公司物流诊断和改进项目等。研究中心凭借其在物流领域的丰富经验，使这些项目达到了较好的效果，研究中心也在这一领域建立了良好的声誉。

为了推进物流管理教育事业，提高研究水平，发展学校和企业的合作，研究中心在2000年建立了复旦物流网。主要内容包括中心介绍、物流信息、政策法规、专题研究、物流知识等。从复旦物流网建立以来，网站访问量已超过12万人次。复旦物流网的网址是www.logistics-ec.com。

加快接轨　创新发展

——记浙江物产元通机电（集团）有限公司

浙江元通集团公司总部——元通大厦

“东南形胜，三吴都会，钱塘自古繁华”。浙江物产元通机电（集团）有限公司就座落在富饶美丽的杭州市，通过近四十年的艰苦创业和几代人的不懈努力，已发展成为一家拥有成员公司45家、年销售收入达62亿元的大型现代企业集团。

公司的经营范围涉及贸易及服务业、房地产物业、金融期货业、科技实业等领域；在国内建立了418家营销服务网点，形成了跨行业、跨地区、多元经营、多点辐射的集团组织体系。贸易及服务是公司的重点业务，公司全面实施品牌战略，目前已与55个海内外知名品牌建立了代理合作关系。近年来公司的经营规模稳步提高，取得了较好的经济效益和社会效益，并被多家银行授予AAA信用等级。

“创新是我们的民族之魂”，公司之所以能取得这样的经营业绩，并走出持续稳健的发展之路，是因为公司把创新作为企业发展的主旋律。在经营领域上，公司从传统的机电汽车综合经营基础上，大力发展品牌经营，开拓多元经营。中国加入WTO以后，公司及时调整经营策略，加快与国际接轨，积极应对新的挑战，确保企业具有持续的市场竞争能力。创新为企业带来了无限生机，使公司步入了一个崭新的境界。

创新发展为品牌经营插上翅膀

贸易及服务是浙江元通集团公司的基础，贸易业务包括汽车、摩托车、机械电工产品、原辅材料及家用电器等品种。公司在贸易及服务中坚持品牌经营战略，把品牌建设作为经营工作的重点，通过品牌优势赢得市场份额。实行品牌细分化、专营化，巩固、提高品牌的营销服务水平，重点扶持效益较好、竞争力强、富有潜力的品牌进行精心培育。同时积极开发引进新的产品品牌，增加公司发展的活力。

公司与奔驰、宝马、欧宝、福特、沃尔沃、丰田等国际知名品牌建立了良好的合作关系。先后被别克、奥迪、桑塔纳、帕萨特、三菱、西门子等55种知名品牌的生产企业授权为浙江地区的特许经销商，成功地开设了32家品牌经营公司，在省内各地建立了集产品销售、配件供应、维修服务为一体的国际化3S品牌销售服务中心。2001年销售各类汽车3.5万辆，维修汽车13万辆次，实现了规模化经营。几年来，品牌贸易占公司销售总额的比例逐年提高，去年公司专营品牌实现销售45.2亿元，占公司销售总额的74.5%，品牌经营使公司的经营工作步入稳健发展的快车道。

公司在加强品牌经营的同时，坚持以服务为先导，以服务促贸易。公司开展的服务及延伸业务有：旧车交易、汽车租赁、汽车拍卖、机动车回收、汽车维修、汽车装潢、储运和配送。形成了一整套完善的汽车售前、售中和售后的服务体系。

面对世界经济全球化、信息化的挑战，以及日益激烈的市场竞争，公司积极开拓新的经营领域，在贸易及服务业基础上，公司已经开拓了房地产物业、期货经纪业、科技实业等多元经营，并取得了良好的经营业绩。

加快与国际接轨，积极应对入世后新的挑战

随着中国正式加入WTO，机电汽车流通领域也将逐步对内资和外资全面开放，公司一方面将面临全方位的竞争格局，另一方面也给公司与外资企业、民营企业开展经贸合作提供了更多的机遇。目前，公司正在以超前的思路、开拓的精神，全面实施二十一世纪第一个五年计划，为实现新世纪的腾飞的战略目标而扎实努力。

首先是经营理念的创新。公司决策者深深意识到要全面应对入世后新的挑战，加快与国际接轨的关键是思想观念、经营理念上的接轨，为此公司确立了“转变观念、深化改革、服务营销、开拓市场”的工作方针，引导全体员工树立充分的市场意识、竞争意识、危机意识，真正地面对市场，真诚地面对客户。在经营理念上将传统的以销售为中心的营销方式转变为以客户为中心、以服务为中心的营销方式，切实推行服务营销，以优质完善的服务去赢得客户、赢得市场，扩大市场占有率，从而争取良好的效益和回报。

其次是经营机制的进一步创新。公司目前正在稳步推进“二次改制”工作，积极寻求与外资企业、民营企业的合作时机，在引进多元投资主体、优化股本结构的同时，完善法人治理结构，借鉴先进的经营管理经验，引入市场化的经营机制。建立适应市场，激励与约束相统一的经营机制，按照现代企业制度的要求规范运作，提高工作效率和管理水平，确保公司在决策的科学性、高效率上能跟上时代的步伐。

再次是实施市场建设规划与品牌经营战略。公司计划在五年内建设以杭州为中心，宁波、温州两个综合基地，辐射全省，面向国内外的营销服务网络，贴近市场，服务市场，逐步完善网络功能。根据“有所不为，有所为”的原则，有计划地规划一批重点品牌。按照重点品牌的营销需要，在重点城市进行合理的市场布点，拓展经营场所，分别建立营销服务中心，进一步完善服务功能，提高服务水平。

最后是抓好新时期的人才队伍建设。为准备未来几年可能发生的人才争夺战，公司将部署一套有元通特色的人才战略，以灵活多样的用人机制来吸引更多的优秀人才加盟元通，加强人才培养工作，通过建立科学的培养、选拔制度来凝聚人才，以机制留人，事业留人，待遇留人，感情留人，稳定人才队伍尤其是经营管理骨干力量，确保元通集团的核心竞争力。

雄关漫道真如铁，而今迈步从头越，浙江元通集团将坚持“立足贸易，多元发展，以人为本，科学管理”的经营方针，满怀信心，勇于创新，把握机遇，迎接挑战，在改革发展的道路上再铸辉煌，再攀高峰。

青岛海乾物流有限公司

青岛海乾物流有限公司，自1992年成立以来，合着我国物流发展的脚步，从一个只有几辆车的单一的运输公司，发展成为一家自有大型货运车辆187辆，年运输能力超过2亿吨公里，仓储面积1.5万平方米，车辆运行全程GPS监控，全面实行网络化管理的设施齐全、装备精良、管理先进的以公路运输为主业，集运输、仓储、配送为一体的现代化综合性物流管理公司。

海乾物流的发展，经历了以下三个阶段：

一、以优秀的服务质量赢得大型客户的认可。海乾物流，早期作为一家运输公司，首先要解决的是货源问题。董事长王竹林坚决地把公司的业务发展方向定为“服务于大型企业”。通过一次次优质高效的完成计划，赢得了客户一次次地满意和赞美，使得公司的顾客满意度和美誉度不断提高，从而逐渐得到了客户的认可。

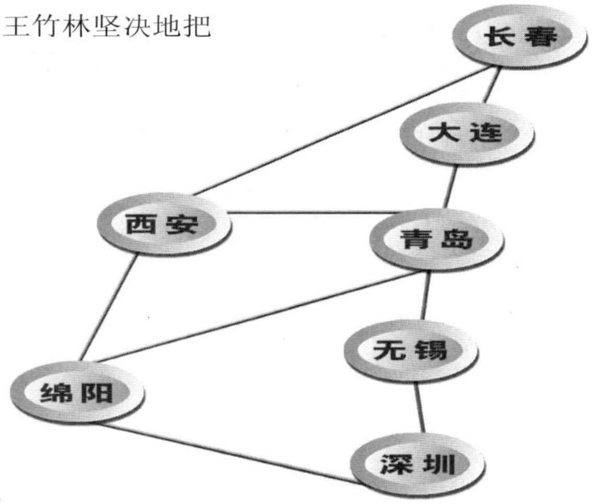

二、海乾物流先后与中国一汽集团、红塔集团、海尔集团、海信集团、澳柯玛集团、长虹集团、彩虹集团和青岛橡胶集团等国内大型集团公司建立了长期友好合作关系。同时，海乾物流面向8大集团公司，根据他们物资流通的线路，分别在长春、大连、咸阳、绵阳、深圳、无锡设立了六个办事处或分公司，建立了一个属于自己辐射全国的物流网络（如图）。这个网络的高效运行，不但保证了客户物资流通的实效要求，保障了海乾物流的服务质量，降低了物流运输成本，也增强了海乾物流的市场竞争力。

三、基于高效运行的物流网络，利用宽绰的仓储容量，轻松迈入第三方物流。海乾物流，凭借多年与大型企业合作所积累的经验，结合以市场为导向的经营意识，基于业已建立起来的物流网络，利用自己宽绰的仓储容量，深层次服务客户，轻松进入第三方物流领域。

海乾物流所参与的第三方物流管理，主要是中间产品第三方物流管理。

由于资源利用的合理性，加之雄厚的实力，先进的管理，优质的服务和良好的信誉，海乾物流已经同中国一汽集团、海尔集团、海信集团、澳柯玛集团和彩虹集团等5家大型集团公司建立了中间产品第三方物流管理的长期合作关系，并且仍有新的客户正在磋商过程中。

青岛海乾物流有限公司，以其卓越的综合优势，良好的服务理念，协调统一的组织管理和团结奋进的团队精神，必将创造辉煌的未来，为我国的物流事业发展做出应有的贡献。

建设良好品牌效应，树立安得物流行业新形象

芜湖安得物流有限公司是一家第三方物流公司，于2000年1月在安徽芜湖注册成立，注册资金为1000万元，流动资金6000万元。现有在册员工500余人，其中大中专以上学历员工超过70%，大学本科学历员工超过40%。此外，安得还与全国各大院校和国内外物流技术研究机构建立了紧密的合作关系，作为中国物流与采购联合会的常务理事单位，安得物流公司经常被邀请参加行业规划讲座和行业标准编制。

安得物流公司整合社会资源，建立了上万辆货车的汽车运输队伍，稳定挂靠车辆400多辆，与几十个货运信息部建立了良好的合作关系，具备每年超过千万吨的铁路运输组织能力。

建立了顺德、杭州、郑州、芜湖、沈阳、西安、重庆、北京、上海、武汉10大物流中心，在67个大中城市设立了业务网点，管理遍布全国的100多个仓库，所有业务网点分为两级机构，其中包括30个分公司、36个办事处，每一个分公司和办事处均配备现代化的通讯工具和信息系统的终端，具有独立的仓储、运输、周边城市配送、信息加工等业务能力，充分了解和掌握当地的仓库资源、运输资源、配送资源，网点与公司总部之间、网点与网点之间保持全天候的联系，以基于Internet的信息系统进行高效的信息互动管理。

公司目前拥有“安得物流信息管理系统”、“信息系统集成系统”、“安得内部网站”三大信息系统。其中 “安得物流信息管理系统” （alis系统）为公司业务运作的核心系统，该系统使公司实现了业务流程管理，数据安全管理和数据管理，在电子商务的构架下，完成物流仓储管理，运输调度管理，费用核算管理，客户远程查询，使公司能够为客户提供量身裁剪的专业化物流业务管理；“信息系统集成系统”是公司根据客户的需要提供的一种实现业务对接的系统，该系统单独使用可以提供网上定单、客户定单审核、更加方便快速的业务查询方式、全流程的业务跟踪功能，也可以与客户的业务系统进行对接，实现与客户业务一体化的服务承诺；“安得内部网站”是安得公司内部管理的有效途径，该网站为公司管理信息的方便、快捷传递起到了十分重要的作用。

安得物流公司以强大的业务运作能力、全国一体化的仓储体系、畅通的信息网络为客户提供物流方案设计、货物多式联运、仓储管理和终端配送等从设计到实施和运作的全过程物流服务。并以ISO9001质量管理体系2000版的导入，使安得的管理和服务更加规范。并以客户满意为关注焦点，努力建立良好有效的客户关系管理体系，为客户提供优质的物流服务，赢得了良好的信誉和客户满意度。现有客户满意率一直保持在93%以上，并引起了更多的工商企业的惠顾，目前正在洽谈有意向合作单位有：伊莱克斯、联想集团、方正电脑、卡夫广通食品、美标洁具等多家知名企业。

安得物流公司重视与社会各界开展广泛的合作。全球经济一体化和知识经济时代，是合作的时代，是共赢的时代，封闭自己，就是将自己排除在进步者之列。因此，安得将与制造商、流通商、官方机构、学术团体、研究单位、传播媒体、ICP、ISP以及行业伙伴等进行广泛的接触，开展深度的沟通、合作，营造良好的企业发展的生态环境。

中原物流中心项目概况

中国中原物流中心由洛阳市芳达实业（集团）有限责任公司开发建设。洛阳市芳达实业（集团）有限责任公司是1999年由洛阳市芳达实业公司改制成立的一家民营集团公司。1994年7月1日，当时洛阳市芳达实业公司是一家集体企业，注册资金500万元人民币。公司经过几年的不断努力，拓宽公司的发展空间，公司经济效益良好，资产总额逐年递增，1998年8月经洛阳市审计师事物所评估资产总额达到了1.85亿元，并通过资产重组，对原公司进行改制，于1999年5月成立了注册资金1亿元人民币的“洛阳市芳达实业有限责任公司”。在此基础上又相继成立了“洛阳高新芳达暖通设备有限责任公司”、“洛阳市芳达置业有限责任公司”、“洛阳芳达印务有限责任公司”、“洛阳市芳达商贸有限责任公司”、“洛阳市芳达投资有限责任公司”、“洛阳市芳达物资贸易有限责任公司”、“洛阳芳达酒店管理有限公司”、“芳达中原物流中心管理公司”等独立法人企业，并以“洛阳市芳达实业（集团）有限责任公司”为母公司，以上述法人企业为子公司，经河南省工商局一次性验资、核准，于2000年8月成立了资本总额达1.12亿元人民币的“河南芳达集团”，从而使公司步入了现代企业规模化发展的轨道上来。2001年初，在洛阳市商业银行增资扩股中，芳达集团成为洛阳市商业银行的投资股东，到目前为止，该集团公司不动产存量已达2.3亿元人民币，成为以房地产开发、物业管理为龙头，集科、工、贸为一体的河南省骨干民营企业。曾被河南省人民银行连续多年评定为“AAA”信誉等级企业，洛阳市地税局评为利税大户，洛阳市人民政府评为优秀非公有制企业、洛阳市非公有制企业综合实力第一名、河南省三十强民营企业等荣誉称号。

展现大框架结构的中国物流业，在加入WTO后势必要成为中国继旅游业崛起后的又一新的经济增长热点，在热点催生下，呼之欲出的中国中原物流中心，优势独具，地处中原，辐射全国，对扩大以中原为中心，陇（海）兰（新）经济带为辐射地带内需，特别是拉动公路、铁路、港口、生产制造、原料、科技等一系列产业的再一次快速发展具有巨大的促进作用，并为国家实施西部战略——西部大开发，特别是整合东部的沿海经济带的经济、科技、人才优势和先进的思想文化意识优势，与中部的区位优势和人力资源优势，西部的原料资源优势和特色资源优势，使之优化配置，优势互补而搭建的高起点、综合性、规模化、现代化的大型超一流物流平台。

同时，还将充分展现具有久远厚重的历史文化底蕴，处于“九州腹地”欧亚大陆桥中环，有中华民族的发源地、华夏文明史的起始地之称的九朝古都洛阳，具有构建现代化大型综合性商贸物流中心的天时、地利、人和等诸多优势。是发展商品大流通、大贸易的宝地，自古就有“十省通衢”、“形势甲天下”、“商品集散地”之称。可谓立足中原，辐射全国，特别是中西部十多个省、市、区，是大流通和大贸易的理想中转站和流通枢纽。

中国中原物流中心的构架，是现代商业理念，市场贸易理念和企业理念的整合，是商业贸易、市场贸易、生产企业、原料基地、仓储运输服务业的整合；是商业文化、市场文化、企业文化和历史人文文化的整合；是市场优势、贸易优势、人才优势、科技优势、工业优势、人力优势、原料优势、产品优势和品牌优势、特色资源优势及仓储运输服务优势、网点运营优势、消费终端优势、区位优势等多优势的整合，并最终形成集众多优势于一体，特点独具的架构中的大型物流平台，这一平台，将是厂家直销、经销代理与批发、零售相结合，场内交易、会展交易与电子商务相结合，商贸、生产加工与仓储、配送相结合，综合商业园区、专业园区与储运中心园区、工业园区相结合。

建设中的中原物流中心位于洛阳市西出口大花坛的东北角，中州西路与310国道的夹角处，东起谷党路，南至中州西路，西北靠310国道，涧河从中蜿蜒而过。总建筑面积129万平方米，占地316公顷，共分六个园区：综合商业园区、专业商业园区、工业园区、储运园区、生活园区和大型商务活动会展中心。先后进行两期四阶段开发建设，开发建设总投资约12.96亿元。区内主要经营服装鞋帽、日化百货、五金文具、箱包皮具、电子、电动产品、针纺织品、小家电等，主要以建立品牌厂家直销批发窗口为主要经营目标。园区内环境优美，公用设施配套齐全，区内交通物流非常便利，该项目的建成，对于洛阳市拉大城市框架，完善城市功能、调整产业结构、改善城市环境、方便群众生活起到巨大的推动作用，特别是在国家西部大开发的实施中，洛阳占据着重要的地理位置，她处于古丝绸之路的东起点，有着悠久的古代文明，地产矿藏丰富。在历史上，洛阳一直是经贸活动的中心城市，古都文明曾是洛阳的辉煌，如今，每年一度的牡丹花会使大批客商云集洛阳，以花为媒带动经济发展，这是洛阳市的发展战略，因此，建设一个大型的物流中心是这一主体的最佳平台。

在推进该项目建设的同时，芳达集团公司积极加快招商工作力度，他们通过商务洽谈，征求意向、走访谒拜、广告宣传、征邀、函邀等方式，并利用地缘人缘优势，已同全国多处厂家和商户建立了联系，通过对江苏、浙江等闻名全国的8个商品交易市场的考察访问，综合商业园区将招来义乌小商品约1500余户，杭州、常熟服装约600户，浙江桐乡羊毛衫约500余户，浙江河北一带有投资意向的皮货箱包商约500余户，电子家电产品500余户，上海轻工厂商家1500户，共计招商5000余户。这些商户分布在各专业区域中，从事高档次的厂家直销和品牌代理，这些商户的加入，足以形成规模，给本综合商业园带来活力，从而创造出可观的经济收益。

目前，“世界500强”企业已有30余家明确表达了与中国中原物流中心的合作意向，国内数百家知名企业、知名品牌的商家也欲前来落户，中心已决定在中心园区开设“世界500强”企业产品和国内国际精品名牌产品展示窗口。同时，中国中原物流中心还将以其地处祖国腹部的独特区位优势集聚能量，辐射全国，特别是国家“沿桥开发战略”经济带上的内陆省分和西部省区，并起到东西部经济优势互补的中心桥梁作用。届时的中国中原物流中心可谓真正成为精品的世界，物流的平台。

陕西智圣物流信息产业股份有限公司
SHAANXI GESAINT LOGISTICS INFORMATION INDUSTRY CO.,LTD

——为您提供世界级的标准与服务

陕西智圣物流信息产业股份有限公司是由陕西智圣科技贸易有限公司联合六家股东单位发起成立的高科技物流企业，是以物资仓储配送、物流软件开发、物流管理与咨询输出为主业的第三方物流公司。公司秉承“平衡互动，内通外达”的经营理念，以建设国内一流、西北地区领先的物流配送基地为目标，投巨资引进世界一流的管理系统和仓储机械设备，在西安高新技术产业开发区兴建大型现代化物流配送中心。

智圣物流公司恪守“与企业共同成长，与社会共同进步”的价值观念，坚持以市场为导向，通过“一价到底”和“一票到底”的整合服务能力，以管理为保障，以服务为核心，以“信息管理平台＋仓储中心先进技术与设备＋精通业务的管理团队”为手段，以制造商、批发商、零售商为服务对象，努力成为链接生产与再生产的纽带，沟通生产与消费的桥梁，为客户提供全方位的物流解决方案。努力实现物流配送速度化，配送功能集成化，配送服务系列化，配送作业规范化，配送目标系统化，配送手段现代化，配送组织网络化，配送流程自动化。可为企业及时提供产品销售、库存统计报表和客户资料，通过对企业提供的销售与生产数据进行慎密分析，提供产—存—销的最优化模式，为企业降低物流成本，提高物流效率，增强市场竞争力贡献力量。智圣物流将自身的发展与客户的利益融为一体，共存共荣，实现双赢。

陕西智圣物流信息产业股份有限公司配送中心

欢迎您光临　感谢您关注　www.gesaint.com

智圣物流竭诚欢迎广大企业来人来函洽谈业务，共谋发展！

地址：西安市高新区科技一路通力大厦二层
邮编：710075
传真：（029）8321363 转 111
电话：（029）8321363　8321750　8321560
Email：liuyj@gesaint.com

Address:2/F of TongLi Building, First KiJi road, Xi'an development zone of Hi-Tech and industry
Postcode：710075
Tel：（029）8321363　8321750　8321560
Fax：（029）8321363 转 111

中国物流产品网(www.56products.com)

中国物流产品网是由行业专家主持构建的我国的物流信息服务体系(详情请点击本网)；是集**中国物流产品大全**，**中国物流企业大全**，中国物流标准图书大全，中国物流政策法规大全，中国物流技术动态大全等。

网络媒体具有：刊登信息量大；不受地域、时间限制；浏览人数多；成本低等显著优势。

中国物流产品网的宗旨是：以网造势、筑巢引凤、方便用户、服务企业。

中国物流产品网的目的是：向物流咨询、设计、采购者提供一站式服务。

中国物流产品网具有以下特色：

1、综合性：具有完整的、系统的物流产品和物流企业信息；

2、专业性：采用科学、规范的产品分类和快捷的检索方法；

3、服务性：以物流产品和物流企业为主，同时设有系统案例、行业动态、标准法规等服务栏目和互动交流栏目；

4、公正性：网站为第三方，本身不生产、不经营、不代理任何企业的产品；

5、开放性：欢迎供应方加入本网，并免费向全部客户开放；

6、实用性：网页在形式上图文并茂、清楚易明；内容上追求实用、可操作。

中国物流产品网宣传方式：《中国物流与采购》、《物流技术与应用》、《MM 机电信息》、《物流技术》、《物流科技》、《起重运输机械》、《港口与装卸》、《中国远洋航务公告》、《东风物流》、《叉车技术》等杂志友好合作和广告；各地物流展览会宣传方式：合作和广告；著名搜索网站和物流网站的连接等等。

我们热忱欢迎您的加盟与合作，衷心感谢您的支持！

为您提供采购物流产品　规划物流系统的一站式服务

中国物流产品网联系方式：

单位：中国物流产品网(www. 56products. com)

地址：北京市安内大街方家胡同 46 号松梅宾馆 403 室

邮编：100007

电话：010—84026658　13601358735

传真：010—84026658

E-mail：lsl @56products. com

物流产品供需方的桥梁　物流工作者交流的园地

北京小白羊超市连锁总店

总经理：李红玉

北京小白羊超市连锁总店隶属于北京糖业烟酒公司，是其由批发向零售延伸的龙头企业和对外宣传的窗口，超市以“服务社区、方便百姓、奉献真诚”为办店宗旨。实行“统一形象、统一采购、统一管理、统一结算”的连锁四统一原则，经营内容以突出中华老字号、百姓心目中的名牌商品为特色。经营品种十万余种，深受周边广大消费者的喜爱，树立了“全店无假货”的形象。

小白羊超市自 1998 年 1 月 18 日开办第一家门店以来，不断发展壮大，目前已拥有三十余家门店，集大型综合卖场、超级市场和便利店三种业态形式，两个配送中心，一个总部的规模，营业面积达到 70000 平方米。

我们在不断提高服务质量的同时，狠抓商品质量，十八家门店荣获“用户满意企业”、“购物放心单位”、“用户满意单位”称号。NO. 1、NO. 6、NO. 7、NO. 8 分店还先后被消费者协会评为“消费者信得过超市”，2000 年和 2001 年总店被中国连锁协会评为“中国连锁百强企业”，2000 年销售增长比率位居全国第一，2001 年排名 50 位，2000 年 11 月 25 日通过 ISO9000 质量管理体系认证，并获得国际认证机构“英国国家质量保证有限公司 NQA”、国家认证机构“北京新世纪认证有限公司 BCC”证书。

“以人为本、顾客是上帝，为百姓提供全方位的服务”是我们的原则。在今后的发展道路中小白羊超市将以总店决策为主题，以财务管理为核心，服务管理为重点，建立全方位、多层次的严密管理体系，保证小白羊超市快速发展。

地址：北京市石景山区苹果园大街甲 2 号
邮编：100041
联系人：鲍俊
电话：010-68835147
传真：010-68835147
网址 www.98118.com.cn

图书在版编目(CIP)数据

中国物流年鉴.2002/中国物流与采购联合会编.-北京：中国物资出版社，2002.8

ISBN7-5047-1885-8

Ⅰ.中… Ⅱ.中… Ⅲ.物流-中国-2002-年鉴… Ⅳ.F259.22-54

中国版本图书馆CIP数据核字(2002)第064056号

临时性广告经营许可证：京工商广临字200208062号

中国物资出版社出版发行

社址：北京市西城区月坛北街25号

网址：http://www.clph.com.cn

电话:(010) 68392742 邮编：100834

全国新华书店经销

北京民族印刷厂印刷

开本：889×1194mm 1/16 印张：50.5 字数：1000千字

2002年8月第1版 2002年8月第1次印刷

ISBN 7-5047-1885-8/F·0673

印数：0001-3000册

定 价：398.00元（上、下册）

（图书出现印装质量问题，本社负责调换）